I0242191

MONUMENS

ANCIENS

Essentiellement utiles à la France, aux Provinces de Hainaut, Flandre, Brabant, Namur, Artois, Liége, Hollande, Zélande, Frise, Cologne, et autres Pays limitrophes de l'Empire,

RECUEILLIS ET ANNONCÉS PAR SOUSCRIPTION EN 1782

PAR LE COMTE

JOSEPH DE SAINT-GÉNOIS,

Chambellan de Sa Majesté l'Empereur d'Allemagne, Député de la Noblesse des États de la Province de Hainaut, etc. etc. etc.

DEUXIÈME VOLUME

PRÉSENTÉ A SON ALTESSE SÉRÉNISSIME MONSEIGNEUR

LE PRINCE

CAMBACÉRÈS,

ARCHI-CHANCELIER DE L'EMPIRE FRANÇAIS, etc. etc. etc.

A BRUXELLES,

De l'Imprimerie de WEISSENBRUCH, place de la Cour, No. 1085.

ANNÉE 1806.

A SON ALTESSE SÉRÉNISSIME

MONSEIGNEUR LE PRINCE

CAMBACÉRÉS,

GRAND DIGNITAIRE ET ARCHI-CHANCELIER DE L'EMPIRE FRANÇAIS; GRAND-OFFICIER DE LA LÉGION D'HONNEUR; DE L'AIGLE NOIR DE PRUSSE; PRÉSIDENT DE LA HAUTE-COUR IMPÉRIALE; MEMBRE DE L'INSTITUT DE FRANCE, etc., etc., etc.

MONSEIGNEUR,

J'AVAIS vingt-sept ans, lorsque, le 11 Juin 1776, la Cour Souveraine de Hainaut, à Mons, me donna le second rang dans sa nomination, pour remplacer le Conseiller noble et Chevalier de Cour de Masnuy, honneur que je devais moins à des connaissances acquises qu'à des preuves d'application et de zèle.

Occupations de Jos. de St.-Genois, depuis 1776.

Animé par un encouragement aussi flatteur, j'ai cru devoir justifier le choix de cette Cour, en cherchant tous les moyens de me rendre utile. Je réfléchis plus que jamais sur les obligations sacrées que m'imposait le caractère de Membre de la Noblesse des États de cette Province, dont j'étais revêtu, et je ne vis, qu'en tremblant, le fardeau sous lequel je craignais de succomber. Je me représentais, avec un étonnement mêlé d'inquiétudes, les devoirs pénibles auxquels devaient s'astreindre rigoureusement le Clergé, la Noblesse et le Tiers-État. Concilier les droits du Trône et de la Patrie : connaître les productions et les richesses de la Province; apprécier la balance du commerce; calculer les progrès de la popula-

Devoirs des Membres des États des Provinces Belgiques.

tion; faire le bien général, sans préjudice du bien particulier; *répartir avec justesse les taxes publiques;* discuter, avec sagacité, quels étaient les établissemens les plus avantageux à la société, et quels étaient les moyens les plus simples, les plus faciles, et les moins dispendieux pour les exécuter, tel était le tableau de devoirs si importans et si multipliés : telle était la grandeur des connaissances que me semblait requérir le titre de Membre des États.

But de l'ouvrage qui a pour titre *Monumens anciens.*

En 1780, j'ai eu la satisfaction d'annoncer au public différens ouvrages diplômatiques, parmi lesquels le plus utile a pour titre : MONUMENS ANCIENS. Vous en avez reçu l'hommage avec bonté : vous l'avez même honoré de votre suffrage. Cet ouvrage devait se borner à la seule Province de Hainaut; mais, dans les circonstances où se trouvèrent depuis les Provinces Belgiques, et une grande partie de l'Europe, j'ai cru devoir étendre mes recherches plus loin. Permettez, MONSEIGNEUR, que j'aie l'honneur de vous communiquer quelles furent alors, et qu'elles sont encore mes réflexions.

Dans les circonstances critiques et malheureuses où nous nous trouvions, j'ai cru qu'un ouvrage, qui fixerait les droits du Souverain et du Peuple, devenait indispensable, et, dès-lors, j'ai compté pour rien ce qu'il devait me coûter. L'état déplorable, où une partie de l'Europe s'est trouvée réduite, ne nous prouve que trop le danger des innovations, des maximes philosophiques, en matière de constitution. Le gros bon sens de nos aïeux a plus fait, pour le bonheur des peuples, que la philosophie du dix-huitième siècle. Leur conduite simple et droite peut et doit être notre boussole; et tout homme de bonne foi conviendra sans peine que *les Capitulaires de CHARLEMAGNE* peuvent servir de modèle à tout législateur. C'est en étudiant ces lois anciennes, en approfondissant le régime qui a fait le bonheur de nos pères, que nous apprendrons à le chérir. Mais le temps, les passions, la fragilité des choses humaines, amènent nécessairement des abus, nécessitent des réformes : c'est encore, en étudiant la conduite de nos pères, que nous nous instruirons dans la manière de les introduire.

Je me suis donc livré sans relâche à rassembler ces *Monumens Anciens* qui me paraissaient fixer les principes fondamentaux de notre droit public. On doit être convaincu, par mon premier volume, que ma tâche est déjà très-avancée pour les Provinces de Flandre, Hainaut, Namur et Artois. Mais je crois n'avoir rien fait tant qu'il me reste quelque chose à faire. Je vois avec regret que la Province de Brabant n'est entrée que pour très-peu de choses dans mon travail : je voudrais la faire participer aux mêmes résultats. Si Monsieur de CHABAN, Préfet actuel du Département de la Dyle, daigne m'accorder sa confiance et l'accès aux Archives de la Chambre des Comptes de Bruxelles, du Conseil Privé, ou de tout autre dépôt qu'il lui plaira désigner, je serai enchanté d'être à même de procurer au Brabant, une des plus intéressantes des Provinces Belgiques, autrefois le centre du Gouvernement Général, les connaissances qui peuvent le concerner directement. Livré aux ressources de mon zèle et de mon industrie, je ferai sans doute des découvertes très-intéressantes sur ses droits, sa législation et ses intérêts politiques. J'en avais obtenu la permission de Son Altesse Royale L'ARCHIDUC CHARLES, Capitaine-Gouverneur Général des Pays-Bas. Je dois conserver le souvenir le plus reconnaissant, et le plus respectueux, pour ce grand Prince, que la France regarde comme un HÉROS VERTUEUX, qui honorera à toujours les Annales de la Maison d'Autriche.

Offres pour le Brabant à Mr. de Chaban, Préfet de la Dyle.

Réflexions sur la Noblesse personnelle.

Le premier volume a sans doute pleinement convaincu VOTRE ALTESSE SÉRÉNISSIME, Monseigneur DE CHAMPAGNY, Ministre de l'Intérieur, et autres, que mon ouvrage n'est pas, comme plusieurs ont voulu l'insinuer, un recueil uniquement destiné à alimenter l'orgueil. Des citoyens de toute classe, paysans, fermiers, marchands, négocians, enfin tous propriétaires peuvent y faire des recherches utiles. Je respecte l'hômme dans la classe où il se trouve, dès qu'il l'honore. Je dois un respect religieux à un Gentilhomme qui n'a jamais méconnu les devoirs sacrés attachés à la Noblesse. J'ai souvent fait à ce sujet les réflexions les plus sérieuses. Permettez que j'aie l'honneur de vous communiquer celles que je publiai en 1780.

La Noblesse fut dans tous les temps la récompense et l'apanage de la vertu. Nos aïeux la recevaient comme le prix du courage. Ils la payaient souvent de tout leur sang. Dans les Monarchies, où L'HONNEUR est le principe et le soutien du Gouvernement, les distinctions, qu'on accorde au mérite, sont les plus puissans ressorts de l'émulation. Ce sont elles qui font les grands hommes, et les bons citoyens. Il n'y a point de peuples policés sur la terre, qui ne respectent la Noblesse. Il est beau de ne la devoir qu'à soi-même, mais il est doux et consolant de la transmettre à ses neveux. Les monumens les plus glorieux de la vertu des Héros sont des enfans qui leur ressemblent. Heureux les hommes qui n'ont point à rougir de leurs ancêtres, et qui, pouvant les prendre pour modèles, marchent eux-mêmes sur leurs traces, et ne font rien d'indigne de leur gloire! Mais que me sert-il d'être issu du sang le plus illustre si je ne puis placer mon portrait auprès de ceux de mes aïeux? J'aime mieux les Lettres de DUGUÉ-TROUIN, que les Blasons antiques d'un fier Castillan qui s'endort dans la mollesse sur les titres poudreux de ses péres. Le célèbre Dugué-Trouin, un des plus grands Capitaines que la France ait produits, fils d'un armateur de St.-Malo, fut nommé Commandeur de l'Ordre Royal et Militaire de St.-Louis, et Lieutenant-Général des armées navales en 1728. Louis XIV lui avait accordé des lettres de Noblesse en 1709. Ce grand homme dit que ces lettres lui parurent plus flatteuses et plus honorables que celles qu'il eût pu se procurer, en fouillant dans les titres de sa famille, et qu'il aima mieux recevoir la Noblesse, comme le prix de sa valeur, que de la devoir à sa naissance. Il mourut en 1736, après avoir battu les ennemis en plusieurs rencontres; après avoir pris et saccagé Rio-Janéiro, le plus riche établissement des Portugais dans les Indes-Occidentales, et vengé, sur toutes les mers, l'honneur du pavillon français.

On rencontre, dans l'histoire, un grand nombre de ces exemples. Ne voit-on pas en Allemagne, où la Noblesse a tant de prérogatives, le moindre particulier être en très-peu de temps élevé aux charges les plus importantes, civiles et militaires, lorsque de rares talens l'y appellent? Quel spectacle plus frappant pour l'œil sévère de la critique que ces Révolutions étonnantes que la postérité des grands hommes a éprouvées dans tous les âges! La société est une grande famille, formée de l'assemblage d'une multitude innombrable de familles particulières qui en sont comme les membres, et dont les actions et les accidens ont une influence immédiate sur le corps qu'elles composent.

La nature, jalouse de la conservation de son ouvrage, a jetté dans le sein de tous les êtres qui respirent les étincelles de ce désir constant et inaltérable qui les porte à se reproduire, et à perpétuer leur espèce. Attentive à distinguer, du reste des animaux, celui qu'elle a créé pour être le Roi et le Souverain du monde, elle lui a donné la raison : elle a gravé dans son cœur, en traits profonds et ineffaçables, l'amour de la gloire et de l'immortalité. Cette passion généreuse, qui remplit l'ame d'un enthousiasme sublime, est le principe et le germe des vertus sociales, et la source de toutes ces distinctions qui entretiennent l'émulation parmi les hommes. Un Héros, tel que l'Empereur NAPOLÉON, doit être bon, citoyen, brave, guerrier. Il doit faire le bien parce qu'il cesserait d'être Héros s'il ne le faisait pas. Avant d'entreprendre une action, il doit porter plus d'une fois ses regards sur la couronne que la victoire lui a préparée, et lui montra au bout de sa carrière comme la récompense de son zèle et de son courage. Les applaudissemens de ses contemporains seront pour lui de sûrs garans des suffrages de la postérité. Non content de jouir des hommages de son siècle, il veut revivre dans la mémoire des siècles futurs : les plus beaux titres, les monumens les plus précieux qu'il désire de laisser après lui, sont des héritiers capables d'éterniser le souvenir de sa gloire. Celui qui succède à un Héros veut mériter de remplir sa place en l'imitant.

Noms de plusieurs Auteurs qui ont écrit sur la Noblesse héréditaire.

La Noblesse héréditaire paraît avoir un avantage réel et précieux sur la Noblesse personnelle, puisqu'en transmettant aux enfans les prérogatives et les distinctions de leurs pères, elle leur impose rigoureusement l'obligation de retracer une image vivante de leurs vertus aux yeux de la postérité. Portons nos regards sur l'antiquité, et parcourons, d'un coup-d'œil rapide, la chaine des siècles les plus reculés.

Platon.

Consultons PLATON. Il distingue la Noblesse en quatre espèces : 1°. dont les ancêtres ont été vertueux et illustres : 2°. dont les aïeux ont été puissans, ou Princes : 3°. dont les ancêtres ont acquis beaucoup de réputation par des actions importantes : 4°. de ceux qui ont la Noblesse par leur vertu personnelle.

St.-Jérôme.

2. Saint-JÉRÔME a parlé de la Noblesse attachée aux aînés et à ceux destinés au service de Dieu dans l'ancienne loi.

St-Grégoire.

3. Saint-Grégoire de Naziance, tom. 1, *oratione* 28, page 480.

Aristote.

4. Aristote parle de la Noblesse qui vient, 1°. des richesses, 2°. de la race, 3°. de la vertu, 4°. de la science et des bonnes habitudes.

Le Mire.

5. Aubert le Mire, Chanoine d'Anvers, *de Ordinibus Equestribus seu Militaribus.*

Limneus.

6. Jean-Limneus, *de variis Nobilium appellationibus et causis Nobilitatis.*

Balde.

7. Balde, *Glossa in leg. Nobiliores, cod. de commerciis et mercatoribus.* Il parle 1°. de celle donnée par le Prince; 2°. de celle qui s'augmente par alliances avec des familles illustres; 3°. de l'ancienne qu'il appelle Noblesse de race, *stirpis et sanguinis.*

Tiraqueau.

8. André Tiraqueau, *Andreas Tiraquellus Senator Regius Parisiensis, C.* 19, *de Nobilitate.* Il dit que plus la Noblesse vieillit, plus elle est estimée.

Agrippa.

9. Henri-Corneille Agrippa, *de incertitudine et vanitate omnium scientiarum et artium de Nobilitate*, [illegible] Son opinion est que la Noblesse vient, 1°. de la Chevalerie ; 2°. de la valeur; 3°. de la possession des Seigneuries.

Landulphe et Therriat.

10. Landulphe, 11. Florentin de Therriat. Tous deux parlent de la Noblesse de race et de la Noblesse civile.

Bartole.

12. Bartole : il divise la Noblesse en trois espèces. La 1ere. surnaturelle, la 2e. naturelle, ou du droit des gens, la 3e. politique, ou civile.

13.

Baquet.

13. Jean Baquet, Avocat du Roi en la Chambre du Trésor à Paris, dit qu'il n'existe que deux sortes de Nobles, ou de race, ou par le bénéfice du Prince.

Guenois.

14. Pierre Guenois, Lieutenant particulier d'Issoudouin en Berry, est du même avis.

Expilly.

15. Claude d'Expilly, Président du Parlement de Dauphiné, *en ses plaidoyers et arrêts*, page 224, dit que le Souverain annoblit, 1°. par des lettres d'annoblissement données à ceux qui ont bien servi; 2°. par les offices, après vingt ans de service, ou en mourant dans les fonctions de sa charge, ce qui était d'usage en Dauphiné.

Pasquier.

16. Etienne Pasquier, Avocat-Général en la Chambre des Comptes à Paris, *dans ses recherches sur la France*, donne une distinction générale des états. Les uns appellés *Gentilshommes* qui sont les Nobles : les autres, appellés *Vilains*, qui sont ceux de condition roturière.

Loiseau.

17. Charles Loiseau, Avocat au Parlement de Paris, *dans son traité des Ordres*, distingue la Noblesse en trois lignages, 1°. qu'on appelle lignée royale; 2°. les Gentilshommes qui ont de grands fiefs; 3°. les annoblis selon le droit des gens.

Osorio.

18. Alvarez Osorio, Espagnol, est du même avis.

Du Haillan.

19. Bernard de Girard du Haillan, *en son histoire de France*, divise la Noblesse en originelle qui est tirée des ancêtres, et en accidentelle qui se prend des offices.

Hennequin.

20. Jean Hennequin, Secrétaire de la Chambre du Roi, *dans son guide des finances*, dit qu'il y a trois sortes de Noblesse. La 1ere. issue de noble lignée, c'est-à-dire, dont les ancêtres ont toujours vécu noblement, faisant acte et profession des armes, sans avoir jamais été imposés aux subsides. La 2e., qu'il appelle accidentelle, consistant en Offices et États. La 3e., lorsque le Souverain annoblit après information faite des mœurs de l'impétrant, de sa famille, de ses facultés, du nombre des enfans et de quel sexe, s'il est imposé aux tailles, à quelle somme, et s'il possède fiefs.

Histoire de Béarn.

21. L'auteur de l'histoire de Béarn, *livre six, chap.* 24, dit que la Noblesse de cette Principauté était divisée en Barons, en Camets, ou Chevaliers, et en Dommagers, Damoiseaux et Écuyers.

Blanca.

22. Jérôme de Blanca, *in commentariis rerum Arragoniæ*, dit que la Noblesse d'Arragon avait trois ordres, 1°. des principaux Barons appellés *Ricos Hombres*, riches hommes, qui possédaient les grands fiefs; 2e. les *Cavaleros*; 3e. les *Infançons*, qui sont les Damoiseaux, ou Écuyers.

Vpton.

23. Nicolas Vpton, Anglais, de *militari officio*, *lib.* 1. *C.* 18, dit que la Noblesse est, ou militaire, ou littéraire qui vient des sciences et de la robe.

Miles.

24. Thomas Miles, autre auteur Anglais, *in tractatu de Nobilitate nativa et politica*, est du même avis.

Chamberlaine.

25. Edouard Chamberlaine, Gentilhomme Anglais, *état présent de l'Angleterre, traduit en français et publié en* 1669, fait plusieurs divisions de la Noblesse de sa nation : 1°. des Princes, savoir : en fils, petits-fils, frères, oncles et neveux du Roi d'Angleterre; 2°. de cinq degrés de Noblesse : Ducs, Marquis, Comtes, Vicomtes, et Barons; 3°. celle qui est composée de Baronets.

Du May.

26. Louis du May, *Etat de l'Empire*, distingue deux sortes de Noblesse.

L'une immédiate, ne reconnaissant que l'Empereur : l'autre, qui reconnaît l'Empereur comme chef de l'Empire, sans être exempte de la juridiction d'un autre Prince.

Coutier. 27. Jean Coutier de Château Bornay, Baron de Souhey, Chevalier d'honneur en la Chambre des Comptes du Duché de Bourgogne, dit, *dans ses Mémoires*, qu'il y a trois espèces de Noblesse, 1°. l'ancienne, ou du sang; 2°. la riche; 3°. l'illustre : que la 1ere. est fondée sur l'ancienneté, parce qu'il faut être connu pour être réputé noble : que la 2e. est attribuée aux richesses et fiefs qui donnent de l'éclat à la condition : que la 3e. vient des emplois et charges, en quoi consiste la puissance. Il est honorable lorsque ces trois espèces se trouvent réunies dans la même personne.

Du Carrel. 28. Jacques du Carrel, Docteur en droits, estime qu'il existe trois espèces de Noblesse, 1°. celle fondée sur la vaillance; 2°. sur la sagesse; 3°. sur la richesse. Il dit : « *la Vaillance* n'est pas la principale vertu, mais le peuple la connaît mieux, parce que tout cède à la terreur qu'elle porte dans les cœurs et à l'éclat qui environne les conquérans. *La Sagesse*, ou la vertu civile, les gens de bien la préfèrent, parce qu'elle consiste à rendre la justice. *Les Richesses* donnent le moyen de faire paraître la vertu par des aumônes, des actes de bienfaisance, en dotant les hôpitaux, les écoles publiques ».

Haylet. 29. M. Hay du Chastelet, en ses maximes politiques, remarque aussi trois sortes de Noblesse, 1°. celle dont on ne connaît pas l'origine; 2°. celle qui vient par lettres, ou chartres; 3°. celle que les charges, ou offices, transmettent.

Vulson. 30. Marc Vulson, Chevalier, Seigneur de la Colombière, *en sa Science héroïque*, divise la source de la Noblesse en douze principes. Il dit qu'elle s'acquiert, 1°. par les armes; 2°. par les sciences; 3°. par l'administration de la justice; 4°. par les ambassades, et les négociations; 5°. par l'invention des arts; 6°. par les dignités ecclésiastiques; 7°. par les finances; 8°. par les richesses et les trésors qu'on emploie au bien de l'état; 9°. par la navigation et découvertes des terres étrangères; 10°. en vivant noblement, et s'abstenant des arts mécaniques; 11°. par les priviléges de certains lieux, comme par les mairies; 12°. PAR LA VERTU, en quoi consiste la vraie Noblesse.

De la Roque. 31. Gilles André de la Roque, Chevalier, Seigneur de la Lontière, qui a donné un *Traité très-savant et très-étendu sur la Noblesse avec plusieurs questions et maximes, confirmées par grand nombre de chartres et autres titres authentiques, et par une infinité d'arrêts intervenus sur cette matière.* Il réduit la Noblesse à vingt espèces, 1°. qui commence avec les fiefs; 2°. *la militaire*; 3°. *l'accidentelle*, civile, politique, ou palatine, qui prend son origine des charges; 4°. *la commensale* qui vient du service domestique et des tables des Maisons Royales, comme autrefois celles des Chambellans ordinaires; 5°. *la libérale* : celui qui a dépensé son bien pour la défense de l'État; 6°. *la littéraire* : celui qui, par son grand génie, est reconnu capable des emplois les plus importans; 7°. *la titrée* qui tire son annoblissement du titre de Chevalerie; 8°. *l'inféodée* qui prend son origine d'un fief; 9°. *la privilégiée* qui vient des emplois; 10°. *l'utérine* ou coutumière qui prend sa source du côté de la mère, en vertu d'une coutume, ou usage; 11°. *la verrière*, dont la profession, quoique mécanique, ne déroge point; 12°. *l'archère*, qu'on prétend descendre des Francs Archers; 13°. *la vénale*, fondée sur les écrits et chartres, portant finance; 14°. *la prononcée* : lorsque, de concert entre les habitans d'un lieu, et la partie qui se fait inquiéter, on obtient un jugement confirmatif d'une Noblesse supposée et mal fondée; 15°. *la débarquée*, ou de transmigration, qui aborde d'un pays étranger, sous un nom emprunté; 16°. *l'empruntée*, lorsqu'un parent annobli prête son Diplôme à un non annobli, pour mettre toute sa race à couvert de la recherche de la taxe des Francs-Fiefs, et de la taille; 17°. *la greffée*, lorsque, par la ressemblance du nom, on veut se mêler avec quelque autre race; 18°. *la protégée*, qui fait des alliances illustres, afin d'acquérir un titre; 19°. *l'usurpée*, lorsqu'on prend dans les contrats, sans y être autorisé, la qualité de Noble, Ecuyer, Chevalier etc. 20°. *l'officieuse*, lorsque les Grands élèvent leurs domestiques pour services rendus.

Les Archiducs Albert et Isabelle.

31. Albert et Isabelle, Archiducs d'Autriche, Ducs de Brabant et Comtes de Flandre. L'ordonnance qu'ils donnerènt pour les Pays-Bas, le 14 Décembre 1616, sur le fait de la Noblesse, a fixé la distinction qu'on doit faire et de quelle manière on pouvait être réputé Noble. Il est bon d'en rappeller les termes.

Prima, *sit illorum qui ex nobili sanguine, et antiqua prosapia orti sunt.* Secunda, *quorum pater et avus ipsique palam nobiliter vixerunt et pro nobilibus habiti.* Tertia, *qui ipsi eorumque paterni in ipsa masculina linea majoris à nobilitate à principibus donati sunt.* Quarta, *qui, ratione Munerum Dignitatum et Honorum quos ipsi pater avusque gesserunt, Nobilitate fruuntur.*

S. E. Mons. Portalis, Ministre des Cultes.

32. Son Excellence M. Portalis, Ministre des Cultes, Membre de l'Institut national, Grand Cordon de la Légion d'Honneur, etc. Voici ce qu'on lit dans un ouvrage qui vient de paraître. C'est l'éloge de M. Séguier, premier Avocat-Général du Roi au Parlement de Paris, et l'un des quarante de l'Académie Française.

« Antoine-Louis Séguier naquit à Paris, le premier Décembre 1726, d'une » *famille illustre et ancienne.* Ses aïeux lui avaient transmis un riche héritage » de science et de vertu. Si, dans nos principes, dit M. Portalis, qui refusent » tout à la vanité, et qui n'encouragent que le mérite, on peut parler encore de » la naissance, comme d'un avantage réel, c'est quand elle perpétue, en » faveur de ceux qui peuvent s'en prévaloir, des souvenirs honorables qui » élèvent l'ame et la préparent aux grandes choses. *C'est une famille il-* » *lustre...!* en effet, qu'une famille, qui, pendant, trois siècles de services pu- » blics, a fourni un Chancelier, et un Garde des Sceaux de France, cinq Prési- » dens à Mortier, deux Lieutenans Civils, trois Avocats-Généraux, treize Conseillers » au Parlement de Paris, sept Maîtres de Requêtes, un Ambassadeur, et plusieurs » militaires tués les armes à la main! *C'est une famille illustre*, qui, dans ce » *Chancelier*, montre l'ami et le protecteur des Lettres, c'est-à-dire, le bienfai- » teur du genre-humain, en même-temps que le chef de la Magistrature Fran- » çaise: qui, dans un de ces *Présidens*, offre à l'Eglise et à la Nation Gallicanes, » celui par qui elles ont été préservées de l'inquisition: qui, dans un de ces *Con-* » *seillers*, rappelle, au cœur des Parisiens, le père de leurs orphelines, et, dans » un autre, rappelle, au cœur de tous les Français, le Magistrat choisi par leur » Henri IV, tantôt pour lui ramener ses sujets égarés par la rébellion, tantôt » pour secourir ses villes affligées d'une contagion, au milieu de laquelle ce » *Magistrat Héros* meurt lui-même martyr de son dévouement et rival de la » bienfaisance de son maître adoré. Une telle illustration est un avantage réel.

» De tels souvenirs élèvent l'ame en effet et la préparent aux grandes choses. » Le service de l'État s'y trouve donc intéressé autant que la gloire des particu» liers. Il faut reconnaître ici que le respect de la vertu ne peut pas exister » sans le respect des races qui l'ont éminemment pratiquée, ni l'amour de la » patrie sans la reconnaissance envers les familles qui ont bien mérité d'elle. » Il faut, en remontant à la source de toute justice, et de toute sagesse, ré» péter cet oracle de l'écriture : *Les générations des hommes justes seront* » *bénies*. En redescendant aux autorités mortelles ; en séparant ces priviléges » politiques, abandonnés aux caprices, aux inconstances, et aux révolutions » humaines, de ces droits indestructibles de l'opinion et de la vérité, il faut » dire ici avec Boileau :

La Noblesse, Dangeau, n'est point une chimère.

» Ce qui n'empêche pas de dire ensuite avec Voltaire

Qui sert bien son pays n'a pas besoin d'aïeux.

De Bauduin, Empereur de Constantinople, Protecteur de la Chevalerie.

On doit convenir que, dans tous les temps, les Princes, les Rois, les Empereurs, ont comblé la Noblesse de leurs graces et de leurs faveurs avec une prédilection paternelle. Mon premier volume renferme un millier d'actes de ce genre. On y voit qu'un Prince, dont la mémoire sera à jamais respectable dans nos annales, dont nous ne devons jamais prononcer le nom qu'avec un sentiment profond de reconnaissance et de vénération, le législateur de nos Provinces BAUDUIN, Comte de Flandres et de Hainaut, qui fut élu, par les Croisés, Empereur de Constantinople, dans ce corps de lois sages et équitables qu'il fit rédiger sous ses yeux, montra qu'il regardait la Noblesse comme la portion la plus précieuse de ses Peuples, et comme le plus ferme appui de ses Etats, surtout la classe des Chevaliers.

De l'ancienne Chevalerie.

La Chevalerie ne fut point alors ce qu'elle fut de nos jours. Le titre et la qualité de Chevalier imposaient des obligations sacrées qui étaient regardées comme autant de lois inviolables que le temps, ou plutôt les différentes révolutions, qui sont arrivées dans les mœurs et dans les constitutions politiques, ont abrogées depuis quelques siècles. Défendre l'honneur des Dames, la Religion, le Prince et la Patrie, venger l'innocent opprimé, protéger et secourir les malheureux, voilà quels étaient les devoirs des anciens Chevaliers. Dans ces temps, *comme aujourd'hui*, où la vertu guerrière était le seul chemin qui menait aux honneurs, la Chevalerie était aussi le premier degré pour parvenir aux emplois et aux distinctions militaires. Un Souverain même n'eût osé commander sa propre armée, s'il n'eût été Chevalier. Tel me paraît aujourd'hui le but de l'institution

De la Légion d'Honneur.

de la LÉGION D'HONNEUR qui a un avantage que n'avait pas la Chevalerie, en ce qu'elle favorise tous les Etats et tous les arts utiles, pourvu que ceux qui les exercent se distinguent par leur mérite.

Un des plus grands Rois que la France ait produits, qui s'est rendu immortel par sa valeur intrépide dans les combats, et par la protection bienfaisante qu'il ac-

De François I, Roi de France, armé Chevalier par Bayard.

corda aux lettres et aux beaux-arts, FRANÇOIS I, avant la bataille de Marignan, voulut être armé Chevalier des mains du fameux *Bayard*, à qui son courage, sa grandeur d'ame, et sa probité, avaient mérité le nom de *Chevalier sans peur et sans reproche*. Cette démarche du Monarque François était un hommage naïf et glorieux qu'il rendait publiquement à la vertu de Bayard. Les Souverains, qui savent ainsi distinguer le mérite, sont dignes d'avoir des Héros pour défenseurs. Dans ces siècles héroïques, la dignité de Chevalier était toujours le prix

du

du courage. Tous les braves avaient droit d'y prétendre. Jamais la faveur ou le hasard de la naissance ne furent des titres suffisans pour y arriver. Elle communiquait à ceux qui en étaient revêtus une espèce de Noblesse qu'ils pouvaient toutefois transmettre à leurs enfans, pourvu que ceux-ci eussent été décorés de la qualité de Chevalier dans les temps prescrits par les lois. Par ce sage réglement, on récompensait la vertu des pères, et on encourageait celle des fils qui rentraient dans l'obscurité, s'ils n'achetaient la Noblesse par leurs exploits. Il était rare de voir les descendans des grands hommes s'abandonner au sommeil léthargique de la mollesse, à l'ombre des lauriers de leurs aïeux, parce qu'ils ne pouvaient se prévaloir des belles actions de leurs ancêtres qu'autant qu'ils ne dégénéraient pas.

L'indifférence de la Noblesse à rechércher le principe de son illustration est un vice de tous les siècles, de tous les pays, mais dont les conséquences sont très-funestes à la gloire et au repos des familles. Combien de procès éternels et ruineux n'éviterait-on pas dans l'ordre des successions, si l'on connaissait bien toutes les alliances et toutes les différentes branches de sa maison? Je gémis, et mon cœur se serre malgré lui, lorsque je vois des citoyens honnêtes et vertueux, tristes et derniers rejettons des tiges les plus fameuses, ne conservant rien de la grandeur de leurs pères, qu'un nom glorieux qu'ils craignent presque de porter, victimes déplorables de la misère et de l'indigence, réduits à s'ensevelir pour jamais dans une obscurité involontaire, faire la comparaison douloureuse de leur abaissement avec l'élévation de leurs aïeux, arroser de leurs larmes des titres inutiles qui deviennent la proie des vers, et qui ne servent à leur rappeller ce qu'ils devraient être que pour leur faire sentir plus cruellement ce qu'ils sont.

Des Nobles déchus et malheureux.

Je fais, hélas, une comparaison malheureusement applicable à mon épouse et à mes enfans! Ils vont se trouver sans biens, sans aucune espèce de ressources que celles que je leur procurerai par mon travail. Tristes effets de la cupidité, de la calomnie, du crime de faux même qu'un homme de loi mercenaire, de Bruxelles, a osé imaginer pour parvenir plus facilement à me ruiner entièrement, à duper les Anversois ses commettans, et à égarer la Cour d'Appel de Bruxelles. Puisse la Cour de Cassation, en accueillant mon recours, arrêter les progrès trop rapides de cette ruine! Pour s'en convaincre, il suffit de lire l'Exposé qui se trouve à la fin de la table de mon premier volume, sous ce titre: *Ruine de Joseph de Saint-Génois*. On y voit que la haine m'a entraîné dans l'antre bruyant des procès, que le *noir corbeau de la chicane* a battu des ailes *à la vue de sa proie*, et croisa de joie en me dépouillant.

A qui mieux recourir dans mes malheurs qu'à vous, MONSEIGNEUR! Souffrirez-vous que mes enfans dont les ancêtres se sont sacrifiés généreusement pour leur Prince et leur Patrie se trouvent réduits à vivre dans un oubli honteux? Tous trois, *seul but des soins tendres et continuels d'une mère trop infortunée*, méritent que vous les protégiez. J'ose assurer que si le Souverain les adopte, et les élève à l'ombre du Trône, ils en deviendront les plus fermes soutiens.

Quoi qu'il en soit, le public ne doit pas souffrir de mes revers. Toujours calme, toujours serein dans l'infortune, plus que jamais je veux redoubler de zèle pour me rendre utile; mon genre de travail devient aujourd'hui nécessaire à toutes les classes de la société. Depuis trente-cinq ans, et au milieu des révolutions les plus terribles, je me suis continuellement occupé à recueillir, par-tout où je me trouvais, les titres, les monumens, les inscriptions, les épitaphes, les archives publiques et particulières, étant autant de sources fécondes où je pouvais puiser tous les renseignemens nécessaires.

Réflexions sur les tombeaux des grands hommes.

Je n'ai pas hésité de descendre dans les tombeaux des grands hommes. En pénétrant dans ces retraites sombres et paisibles, où leurs ombres vertueuses dorment dans le sein de la gloire, tous mes sens étaient agités et saisis de cette émotion douce, tranquille et délicieuse, qui suit un réveil agréable, précédé d'un songe enchanteur. Je n'éprouvais point cette horreur secrette, cet effroi morne et silencieux, ces agitations terribles, tristes restes des préjugés de notre enfance dont la vue de notre néant, et le nom seul de la *mort*, glacent nos cœurs timides. Tout mon sang semblait se soulever dans mes veines : je soupirais, je frémissais, non pas de crainte, ni de terreur, mais de douleur, de tendresse, de désespoir d'égaler jamais ceux dont je déplorais la perte. Je voyais *la Vertu* assise sur leurs cendres glorieuses, me montrant les lauriers immortels dont leurs fronts sont couronnés. Je l'entendais qui me criait avec une voix foudroyante, « *les Héros* que vous approchez étaient des *Citoyens* » *fidèles à Dieu, au Souverain et à la Patrie.* Vous pensez approcher des morts, » vous approchez des demi-dieux : leurs tombeaux sont devenus leurs autels : si » vous ne vivez pas comme ils ont vécu, *mourez* ».

Quel arrêt effrayant ! Quelle leçon sublime ! Frappé d'un sentiment profond de vénération, je me prosternais devant les mausolées que je baisais avec un transport religieux. Je contemplais les images éplorées qui les environnent. Ici, c'est la Religion gémissante, privée de ses plus fermes soutiens. Là, c'est la Patrie abattue qui pleure ses plus zélés et ses plus braves défenseurs. Je voyais des armoiries suspendues aux murs de nos Temples, des colonnes couvertes de trophées, des drapeaux déployés et flottans sous des urnes funèbres, des statues mutilées, des inscriptions effacées par la main du temps qui détruit tout, des casques brisés, des cottes d'armes, des bannières dépécées, des amas d'épées et de lances rompues dont ils se servaient mieux encore dans les combats que dans les tournois. J'ai consulté enfin les trophées érigés à la valeur, les autels fondés et dotés par la piété.

Ce sont ces réflexions, MONSEIGNEUR, qui ont fixé ma passion dans la recherche *des Monumens anciens.* J'ai fouillé dans les registres des Paroisses, dans les Greffes, dans les actes des Tribunaux. J'ai consulté les annales de l'histoire dont le pinceau sûr et fidèle retrace sans cesse le tableau des différens âges aux yeux de la postérité. C'est dans ces archives inaltérables qui dureront autant que l'univers, et qui portent l'immortelle empreinte du sceau de la vérité ; c'est dans ce dépôt sacré, ouvert à tous les peuples et à tous les siècles, que la simplicité religieuse de nos ancêtres a consigné et comme enregistré les noms de ceux dont elle voulait éterniser la gloire. J'ai fait un recueil très-considérable de diplômes, de rescrits, et de titres des Souverains. J'ai tâché de débrouiller ce cahos d'écritures anciennes, presque effacées par la main du temps, dont tous les traits sont comme autant d'énigmes qui semblent jetter quelque nuage sur l'origine des familles.

Utilité des recherches généalogiques.

Le Philosophe de la Nature s'extasie à la vue d'une plante indigène ou exotique qu'il n'avait pas encore découverte. Quel est l'homme qui fera moins de cas de l'être qui respire que de celui qui végète ? N'est-ce pas se ravaler, se dégrader, se mettre au niveau, et même en-dessous des brutes, que de chercher à connaître un insecte qu'on écrase à chaque pas, à chaque instant, sous ses pieds, et de regarder comme des extravagances toutes les recherches qui peuvent conduire à la découverte des différentes branches des familles ?

Telles ont été mes occupations pendant presque tout le cours de ma vie. Les malheurs que j'éprouve peuvent sans doute ébranler la tête la mieux organisée. Mais la Religion, la confiance que m'inspire LE GRAND MONARQUE qui nous gouverne, celle que j'ai en VOTRE ALTESSE SÉRÉNISSIME, mes devoirs envers mon épouse et mes enfans, m'imposent des lois que je dois suivre. J'ai la satisfaction de ne pas avoir vécu inutilement. Il me reste un talent, une aisance extraordinaire pour le travail. Je suis infatigable lorsqu'il est question de me rendre utile. D'ailleurs, mes recueils ne m'appartiennent pas : je m'y suis adonné uniquement pour le public.

Occupations de St.-Génois à Vienne en Autriche.

Je profitai de mon séjour à Vienne pour augmenter mes recueils. Présenté, par mon parent *le Prince régnant de Ligne*, à Sa Majesté L'EMPEREUR JOSEPH II, ce grand Monarque daigna accueillir la demande que je lui faisais qu'on m'ouvrît tous les dépôts d'archives. Il m'admit plusieurs fois dans son cabinet : il me fit travailler sous ses yeux : il m'ordonna de former un catalogue des manuscrits qui se trouvaient à la Bibliothèque Impériale ; je le fis. Ce Prince éclairé me parla souvent d'un Système Bibliographique. Il m'ordonna de lui communiquer mes idées. Heureusement, je m'étais occupé de cette partie avec mon plus ancien ami *Monsieur Michel*, actuellement Procureur Impérial à la Cour d'Appel de Douai. C'est à lui que je dois l'amour du travail. Il est très-modeste et très-profond dans les sciences les plus abstraites, telles que Physique, Mathématiques et autres. Il fait tous les jours les découvertes les plus savantes, dignes d'être accueillies par les Académies.

Mon but étant de rendre compte à VOTRE ALTESSE SÉRÉNISSIME de mes occupations, je vais donner une très-courte analyse du Système Bibliographique que j'ai présenté à Sa Majesté l'Empereur d'Allemagne. Le voici :

Système Bibliographique, présenté, en 1788, à S. M. l'Empereur Joseph.

Les connaissances humaines se réduisent à tout ce que la raison nous démontre, tout ce que l'expérience nous enseigne, tout ce que l'histoire nous apprend, tout ce que les conventions ont établi, tout ce que les opinions nous suggèrent.

Les Vérités Religieuses tiennent par-tout le premier rang dans le système de nos connaissances.

Les Vérités d'expérience tiennent le second rang en fait de stabilité et de certitude : car, outre que la Nature est toujours la même dans ses principes, l'expérience est le meilleur guide de la raison, et la démonstration marche souvent de concert avec l'expérience.

Les Vérités historiques sont plus difficiles à vérifier, et par conséquent moins certaines que les vérités d'expérience et de démonstration.

Les Vérités de convention sont aussi incertaines et aussi versatiles que les volontés humaines.

Division.

On divise tout le système en cinq classes : 1°. en vérités religieuses ; 2°. en vérités démonstratives ; 3°. en vérités d'expérience ; 4°. en vérités historiques ; 5°. en vérités de convention.

1ère. CLASSE.

Vérités Religieuses, ou d'opinion.

Vérités religieuses, ou d'opinion. Cette classe comprend la Théologie Chrétienne et étrangère. Je mets en premier rang la Religion Chrétienne. Je suis la division ordinaire, en Bibles, Liturgies, Conciles, Pères, Scholastiques, Polémiques, Moralistes, Cathéchistes, Paramétiques, Ascétiques.

Les Bibles renferment les textes et versions dans toutes les langues, les commentaires et interprétations, les concordances, l'histoire, les figures de la Bible et la Philologie sacrée. On doit faire une distinction entre les orthodoxes et les hétérodoxes : n'étant point sur la même ligne dans l'ordre des opinions, on doit suivre les opinions reçues.

Quant à la Théologie non Chrétienne, il suffira de la rapporter à trois chefs principaux qui sont les livres sacrés, les liturgies, les ouvrages des Théologiens.

2e. CLASSE. Vérités démonstratives.

Vérités démonstratives. Cette classe renferme tout ce qui est compris sous le nom de Mathématiques. On les distingue en Mathématiques pures, et Mathématiques mixtes, ou Physico-Mathématiques. Quoique celles-ci dans leur application soient plus ou moins modifiées par l'expérience, la certitude de leurs principes et de leurs conséquences, sous le simple rapport de calcul, leur assure le droit de marcher immédiatement après les Mathématiques pures dans la classe des vérités démontrées.

Mathématiques.

Les Mathématiques pures ont pour objet des quantités discrètes, ou concrètes. De là naissent, 1°. l'Arithmétique qui s'occupe des quantités discrètes; 2°. la Géométrie qui s'occupe des quantités concrètes; 3°. l'Algèbre qui s'occupe indifféremment des uns et des autres.

L'Arithmétique peut se diviser en arithmétique décimale, arithmétique non décimale et arithmétique mécanique. L'arithmétique décimale est celle dont nous faisons usage. L'arithmétique non décimale comprend l'arithmétique binaire, trinaire, et le calcul romain. L'arithmétique mécanique s'exécute à l'aide de quelqu'instrument qui présente les résultats tout formés. On peut y rapporter les tarifs, ou comptes faits.

La Géométrie est élémentaire, ou transcendante.

L'Algèbre a trois branches connues, 1°. l'algèbre élémentaire; 2°. l'algèbre infinitécimale; 3°. l'algèbre appliquée à la géométrie. On en ajoute une quatrième, l'algèbre de situation que Leibnitz a soupçonnée sans la trouver, sur laquelle Van der Monde a donné quelques essais, et dont le Procureur Impérial *Michel* a trouvé les principes, avec une notation nouvelle.

Physico-Mathématiques.

Je comprends sous le titre de Physico-Mathématiques, la mécanique, l'optique, l'astronomie, l'acoustique, l'art militaire et l'art de conjecturer.

Je place *l'Optique* après la mécanique, parce qu'elle est fondée sur le mécanisme particulier d'un organe fort délicat, et d'une analyse plus difficile que les machines ordinaires. Il y a d'ailleurs une certaine dépendance qui soumet l'optique à la mécanique, puisqu'on a vu, en Angleterre, un homme né aveugle donner des leçons d'optique par des moyens mécaniques, au lieu que des leçons de mécanique par des moyens d'optique sont tout-à-fait impossibles.

L'Astronomie, étant toute fondée sur la mécanique et sur l'optique, tire toute sa certitude de ces deux sciences, et par conséquent elle leur est subordonnée sous ce rapport.

L'Acoustique encore imparfaite devait nécessairement céder le pas à toutes ces sciences.

L'Art Militaire.

Quant à *l'Art militaire*, il a tant de liaison avec les mathématiques, dont il dépend en beaucoup de choses, que Mr. d'Alembert en a rapporté une partie à la Dynamique et une autre à la Géométrie élémentaire : j'ai cru mieux faire en réunissant ici le tout immédiatement avant l'art de conjecturer, les combinaisons militaires n'étant pas moins sujettes à des dérangemens imprévus que les calculs par lesquels on cherche à enchaîner la fortune. Enfin quoiqu'il soit impossible d'assujettir à un calcul le concours des causes inconnues que nous appellons

pellons le hasard, quoique l'art d'en conjecturer les effets ne donne pas toujours des résultats d'accord avec les événemens; cet art, ayant des principes et des procédés démontrés, on ne peut se dispenser de lui accorder au moins la dernière place parmi les sciences de démonstration.

Le Calcul conjectural repose ou sur des bases strictement déterminées, comme la théorie des jeux de hasard, ou sur des bases éventuelles, telles que les observations faites sur la durée de la vie humaine, ce qui motive ici une subdivision mécanique du systême.

La Mécanique a pour objet l'équilibre et les forces mouvantes; de là vient la division en Statique et Dynamique. La Statique des corps solides s'appelle *Géostatique :* celle des corps liquides *Hydrostatique :* celle des fluides aériformes *Aérostatique.* La Mécanique.

La Dynamique se divise de même en trois branches, suivant les objets dont elle traite, ce qui donne la Dynamique, proprement dite, *l'Hydro-Dynamique* et la *Pucumatique*, ou plutôt la *Pucumato-Dynamique.* La Dynamique.

L'Optique traite de la vision qui s'opère par l'effet de la lumière, ou directe, ou réfractée, ou réfléchie. D'où, l'Optique, proprement dite la *Dioptrique* et la *Catoptrique* auxquelles il faut joindre la *Perspective*, parce qu'elle est fondée sur la théorie de la visière, quoique d'une manière un peu indirecte. L'Optique.

L'Astronomie décrit l'état et la position des astres, ou elle en explique les mouvemens. Elle a donc pour branches la Cosmographie, ou Astronomie descriptive, et l'Astronomie systématique. L'Astronomie.

La Cosmographie a deux parties : la description du ciel, et la description de la terre. Ce sont l'uranographie et la géographie. Et comme la mer fait aussi partie de ce globe, la géographie comprend aussi l'hydrographie, proprement dite, dont le nom s'applique en général et assez mal-à-propos à l'art de la navigation.

L'Astronomie systématique embrasse tous les systêmes anciens et modernes sur les mouvemens des astres, et la théorie de l'attraction Neutonienne. Je réunis à l'Astronomie, la *Gnomonique,* laquelle, en traçant la marche des ombres, indique celle des corps lumineux dont la présence les occasionne.

Je divise *l'Art militaire* en Génie, Artillerie, Tactique et Marine. Je place à la tête le Génie qui, pour la partie des fortifications, tient de près à la Géométrie élémentaire. L'Art Militaire.

L'Art de conjecturer. J'ai donné ci-dessus les motifs qui ont déterminé la subdivision de cette partie.

Vérités d'expérience. La vie de l'homme est un cours d'expériences continuelles et souvent involontaires. Chaque impression qu'il éprouve est une leçon que la Nature lui donne. L'homme vulgaire oublie ces leçons, ou les néglige : le philosophe les recueille avec soin, et tâche de les fixer dans sa mémoire pour les méditer à loisir. Non content de celles que le hasard lui offre, il se porte au-devant des autres : il les provoque par des artifices ingénieux : il en combine les rapports : il en étudie les effets et les causes : et enfin il en applique les résultats à satisfaire ses besoins, ou à multiplier et perfectionner ses jouissances et celles de ses semblables. Ainsi la philosophie n'est que l'expérience *raisonnée*, car l'expérience et la raison sont dans une dépendance mutuelle. 3e. CLASSE. Vérités d'Expérience.

La Philosophie doit donc présider à cette classe : elle est ou théorique ou pratique. La Philosophie.

La Philosophie théorique a pour objet la connaissance de Dieu et de ce qu'il a créé. Cette connaissance est plus ou moins difficile à acquérir. Tantôt, se bornant à la contemplation des objets que la Nature lui offre, l'observateur tient un registre exact de tout ce qu'il remarque. Voilà l'observation et l'histoire naturelle qui en sont le fruit. Tantôt, plus curieux, il recherche les élémens, et les propriétés, les causes et les effets des objets naturels : et, pour parvenir à ses fins, il a recours à mille procédés divers. C'est la Nature qu'il met aux prises avec elle-même, afin de la contraindre à lui dévoiler ses secrets. Voilà ce qu'on appelle la Physique. Elle s'exerce sur des objets qui échappent à la simple observation, ou sur des effets que l'observation seule ne nous ferait jamais découvrir.

L'Histoire Naturelle.

Histoire Naturelle. Le premier objet, et le plus intéressant qui s'offre aux observations de l'homme, c'est lui-même. De cette connaissance il est porté naturellement vers l'étude de ses semblables, puis vers celles des autres états qui ont avec lui une analogie fondée sur la participation de l'intelligence, de sentiment, de mouvement local, et ensuite des objets dans lesquels cette analogie ne se laisse point appercevoir : enfin il étudie l'ensemble qui résulte de toutes ces choses et les phénomènes qu'ils produisent, ou sur le globe qu'il habite, ou dans l'espace qui l'environne. Ainsi l'observation embrasse l'homme, les animaux, les plantes, les minéraux, les fossiles, la terre et le ciel.

De l'Homme.

Histoire naturelle de l'Homme. Dans l'homme on considère sa constitution et ses habitudes. *Sa constitution* : de-là naissent l'Anatomie et la Physiologie. *Ses habitudes :* ici doit se rapporter l'histoire des sensations, des perceptions, des affections, et de toutes les opérations intellectuelles et morales de l'homme. J'en désigne les deux branches sous les noms de *Noologie* et d'*Ethologie.* Je sais que cette partie des sciences est une des moins avancées. On l'a rendue dans tous les temps méconnaissable par les différentes opinions dont on l'a surchargée. Mais elle n'en doit pas moins tenir sa place dans le système général de nos connaissances : et cette place doit être marquée pour les livres à faire dans un système de Bibliographie universelle, où l'on doit laisser des cases pour les livres qu'on n'a point encore, mais qu'on peut acquérir.

L'Anatomie.

L'Anatomie comprend l'Ostéologie, la Myologie, la Névrologie.

La Physiologie.

La Physiologie embrasse toute l'économie de l'homme en action, et sur-tout de l'homme considéré dans l'acte important de la génération.

L'histoire des habitudes de l'homme n'exige point encore d'autres subdivisions que celle dont j'ai parlé en Noologie et Éthologie.

Des Animaux.

Histoire naturelle des Animaux. L'histoire naturelle des animaux est susceptible des mêmes divisions que l'histoire naturelle de l'homme. Elle comprend tout ce qui a rapport à la description extérieure, l'anatomie, la vie, la reproduction et les habitudes des divers animaux. Sa distribution est celle de la Nature, en quadrupèdes, oiseaux, poissons, reptiles, insectes, et animaux microscopiques.

Des Plantes.

L'histoire naturelle des Plantes a de même pour objet la description, la vie et la reproduction des végétaux. Cette science doit être distinguée de la Botanique par le nom de Botanographie.

Des Minéraux.

L'histoire des Minéraux et des Fossiles traite aussi de la description, des habitudes, de la conservation et de la reproduction de ces substances.

Du Globe.

L'histoire naturelle du Globe est la Géographie-physique.

L'histoire céleste est celle des météores et des apparences célestes. Presque tout ce que nous en avons est mêlé avec la Physique, ou l'Astronomie. Je lui conserve néanmoins une place séparée dans le système avec la dénomination de Météographie.

La Physique est la seconde branche de la Philosophie théorique. C'est une étude de la Nature plus recherchée et plus approfondie que la simple observation. Elle s'occupe des rapports qui existent entre les causes et les effets naturels. PHYSIQUE.

Elle est ou générale, ou particulière. La Physique générale traite des propriétés générales des corps, telles que la divisibilité, la pénétrabilité, la dureté. C'est ce qu'on a coutume d'appeller assez improprement la Métaphysique des corps. Toutefois il faut avouer que ce nom convenait assez bien à la manière dont on traitait la chose dans les écoles.

La division de la Physique particulière est indiquée par la nature des objets dont elle traite, savoir : l'eau, l'air, le feu, la lumière, l'électricité, les météores, et les principes communs à toutes ces choses. De là naissent l'Hydrologie, l'Aërologie, la Pyrologie, la Photologie, l'Électrologie, la Météorologie, la Chimie.

Je placerai *la Chimie* au premier rang pour deux raisons imparfaites. La première, c'est que cette science, recréée depuis peu d'années, se traite par des procédés susceptibles d'une démonstration presque mathématique, tels, par exemple, que ceux de la décomposition et de la récomposition de l'eau. La seconde, c'est que cette science, un jour perfectionnée, prendra nécessairement le pas sur toutes les autres branches de la Physique : car il arrivera que toutes celles que nous venons de rappeller ne seront plus que des conséquences des démonstrations chimiques. On trouvera peut-être cette idée hasardée, mais la postérité la jugera. De la Chimie.

La Chimie, dont il est question, est celle qui s'exerce à l'analyse, c'est-à-dire, à la décomposition et à la récomposition des corps. Il est vrai que la décomposition est la seule de ces deux opérations qui mérite à proprement parler le nom d'analyse ; mais la récomposition en est la preuve, et, par cette raison, il n'est pas possible de l'en séparer.

L'Hydrologie traite des propriétés de l'eau considérée sous sa forme ordinaire, ou sous les formes de glace et de vapeur.

L'Aërologie, des propriétés de l'air atmosphérique.

La Pyrologie, des propriétés du feu et des corps combustibles.

La Photologie, de la lumière et des couleurs.

L'Electrologie, des phénomènes et des causes de l'électricité.

La Météorologie, de la nature des météores, de leurs causes et de leurs effets.

La Philosophie pratique fait usage des connaissances théoriques pour aider la Nature, ou pour en corriger les effets qui nous déplaisent. Elle s'exerce, ainsi que la théorie, ou sur des êtres doués de sentiment, tels que l'*homme* et les *animaux*, ou sur ceux qui, ayant la vie en partage, nous paraissent dépourvus de sentiment, tels que les *plantes*, ou sur ceux que nous croyons privés de l'un et de l'autre, tels que les *objets dits inanimés*, auxquels notre industrie donne mille formes diverses qui n'ont que des modèles éloignés dans la Nature. Je tire de là ma subdivision en quatre branches relatives à l'homme, aux animaux, aux plantes, aux substances mortes qui font la matière des De la Philosophie pratique.

arts, et j'y ajoute une cinquième branche en faveur du Commerce qui embrasse toutes les productions de la Nature et des Arts.

De l'Homme et des Animaux.

L'homme et les animaux sont considérés dans deux états différens, la santé et la maladie. Selon ces différens états, on s'occupe de leur éducation, ou de leur guérison, ce qui donne, pour les deux premières branches dont je viens de parler, une sous-division particulière, en éducation et médecine.

L'Education humaine.

L'éducation humaine se subdivise en deux parties, savoir; l'éducation physique et l'éducation intellectuelle et morale. L'éducation physique de l'homme a pour objet le développement, et le maintien de son organisation, ou l'exercice et le perfectionnement de ses organes. Je désignerai la première de ces deux nouvelles branches par le nom de *Pédotrophie*, la seconde, par celle de *Gymnastique.*

La Gymnastique.

La Gymnastique s'entend ici d'une manière générale de tous les exercices du corps. Les uns exigent de la force et s'exécutent, pour la plupart, par les mouvemens du corps entier, tels que la danse, la natation, la lutte, l'équitation, l'escrime, les tours de force et d'équilibre. Les autres n'exigent guères que de l'adresse, de l'agilité, et la flexibilité de quelques organes particuliers. C'est pourquoi je divise la Gymnastique en *Athlétique* et *Dexterique*, et je rapporte à cette seconde partie les tours d'adresse et l'exécution de la Musique vocale et instrumentale.

L'éducation intellectuelle et morale embrasse la culture de l'esprit et du cœur. La culture de l'esprit peut se réduire à l'art de penser, l'art de communiquer ses pensées, et l'art de retenir ses pensées.

Art de penser.

L'art de penser est la Logique. Il faut y accoller la Dialectique laquelle est plutôt l'art de disputer : mais on l'a confondue avec la logique dans des temps où l'on croyait que disputer et raisonner n'étaient qu'une même chose.

La Pensée.

L'art de communiquer la Pensée. La Pensée se communique par des paroles, ou par des signes.

La Parole. La Grammaire. La Rhétorique. La Poétique. La Critique. La Phylologie. La Pédagogique

La Parole est susceptible de divers degrés de perfection qui déterminent les subdivisions de cet article. *La Grammaire* rend le discours intelligible. *La Rhétorique* l'embellit et lui donne le charme de la persuasion. *La Poétique* y ajoute une magie particulière qui séduit l'imagination et laisse peu de part au raisonnement. *La Critique* examine, épure, restitue les expressions altérées. *La Phylologie* embrasse la littérature universelle. *La Pédagogique*, qui me paraît mieux indiquée par le nom de *Didactique*, indique le choix des ouvrages et des moyens les plus propres à l'instruction.

De la Grammaire.

La Grammaire a pour objet la formation des mots, leur choix, et la manière de les combiner. Les mots se forment de vive voix, ou par écrit. L'écriture appartient à l'art de communiquer par signes dont je parlerai ci-après. Mais c'est ici la place de l'orthographe : on ne peut la séparer de la prononciation dont elle fixe les principes. Il faut joindre aussi à la prononciation la prosodie qui en est une partie essentielle.

Le choix et la signification des mots font l'objet des dictionnaires, et des ouvrages qui traitent de la propriété des expressions. La combinaison des mots se règle par les principes de la Syntaxe et de la construction.

De la Syntaxe.

La Syntaxe est, comme on le voit, une partie de la grammaire. La construction se divise en construction simple, et construction oratoire. La première rentre dans la Syntaxe : ainsi la subdivision relative à la combinaison des mots se réduit à la Syntaxe et à la construction oratoire.

La

La Rhétorique a deux parties. La composition et l'action oratoire ou la dé- De la Rhé-
clamation. Je les fais précéder par la traduction que je regarde comme le meil- torique.
leur exercice préliminaire de cet art. Car il est plus facile de s'exercer ainsi que de s'exercer à penser soi-même et en même-temps à exprimer ses pensées.

La Composition prend divers caractères, suivant les circonstances où l'on La Compo-
parle. L'orateur, le philosophe, l'homme d'affaires, l'historien s'expriment d'une sition.
manière toute différente du ton qui règne dans la société. Les inscriptions publiques ont encore un style particulier dont la concision et l'énergie font le principal mérite. Ainsi la composition peut se diviser en oratoire, philosophique, historique, civile, familière et numirucétique.

La division de la Poésie, donnée par d'Alembert et d'après Bacon, est POÉSIE.
évidemment incomplette. M. Michel la divise en narrative, dramatique, lyrique, didactique, et allégorique. J'ajoute à ces divisions deux autres branches nécessaires, les Poëmes en prose et les Romans.

La Poésie narrative comprend les poëmes épiques, les poëmes héroïco- La Narrative.
miques, les contes et les voyages, ou autres récits en vers.

La Poésie dramatique comprend la Tragédie, la Comédie, le Drame, l'O- La Drama-
péra, la Pastorale, et les Dialogues en vers. Les pièces de Théâtre, quoiqu'en tique.
prose, appartiennent aussi à cette division.

La Poésie lyrique comprend les Odes, Chansons, Madrigaux, Épigram- La Lyrique.
mes, et les pièces de Société qui n'appartiennent pas aux autres divisions.

La Poésie didactique est bornée aux poëmes qui portent ce nom. La Didactique.

La Poésie allégorique embrasse les poëmes qu'on intitule les Allégories, et L'Allégorique.
les Emblêmes en Devises.

Les Signes dont on se sert au défaut de la communication orale sont écrits, SIGNES.
ou non écrits.

L'Ecriture est littérale, ou hiéroglyphique. L'Écriture littérale s'exécute en L'Ecriture.
toutes lettres, ou par des abbréviations, ou par des moyens idéaux. L'écriture en toutes lettres est moderne, ou ancienne. L'art de déchiffrer les écritures anciennes s'appelle la Paléographie. L'Écriture secrette est la Stananographie.

La Musique s'écrit. Cet art porte le nom de Musicographie, ou la Nota- La Musique.
tion musicale.

On a trouvé les moyens d'écrire les pas et les mouvemens de la Danse. Cet La Danse.
art porte le nom de Chorégraphie.

Pour ne pas pousser trop loin les subdivisions, je divise tout d'un coup l'Écriture en Paléographie, Olographie, Tachygraphie, Stégarographie, Musicographie et Chorégraphie.

Les Signes non écrits se font par des mouvemens du corps, ou à l'aide d'instrumens étrangers. Dans le premier cas, c'est la Pantomime : dans le second, c'est la Télégraphie, ou l'art des signaux.

L'Ecriture hiéroglyphique est ancienne ou moderne. Parmi les Hiéroglyphes modernes, il faut ranger l'art héraldique, lequel était hiéroglyphique dans son principe, qualité qu'il n'a conservé que pour les armoiries parlantes.

La Morale est l'école du cœur. Son but est de diriger la volonté de l'homme MORALE.
vers le vrai bonheur. Elle n'est point [illegible] [illegible] développée pour donner lieu à de grandes subdivisions. Est-ce un bien ? Est-ce un mal ? Les vérités les plus claires ne sont pas celles sur lesquelles on a le plus écrit. La Morale est plutôt soumise au sentiment qu'à la raison. Elle est plutôt le fruit d'une bonne édu-

cation et des bonnes habitudes que d'une science réduite en principes. Les moralistes ne font que proclamer des vérités qui reposent dans tous les cœurs.

Les vérités morales ont pour objet les droits et les devoirs de l'homme considéré collectivement et séparément.

Des hommes en société. Les hommes réunis en société ont des devoirs réciproques à remplir. Les sociétés particulières ont aussi des devoirs les unes envers les autres, et ces devoirs dérivent de la même source que les devoirs individuels ; car l'obligation d'être juste est la même d'une société à une autre, que d'un homme à un autre homme.

Les devoirs réciproques des grandes sociétés que l'on appelle des Nations et des Peuples, forment, par leur réunion, ce qu'on nomme le Droit des Gens : ceux qui gouvernent les Peuples ont en outre des devoirs de convention dont ils composent le droit public, et des principes de conduite, appropriés à leurs vues : c'est ce qu'ils appellent la Politique. Quoiqu'il n'y ait point de véritable sagesse, sans justice, la corruption humaine a réduit la Politique en un systême de sagesse arbitraire, dont les principes, fondés sur l'égoïsme national, sont subordonnés à la manière d'exister propre à chaque peuple, à la situation géographique, aux ressources qu'il tire de son sol et de son industrie, et sur-tout à la forme de gouvernement qu'il se donne, ou qu'il souffre, aux lois particulières qu'il adopte, aux rapports qui en résultent entre ses voisins et lui, et souvent, pour le malheur de l'espèce humaine, aux intérêts privés et aux caprices de ceux qui jouissent de l'autorité. C'est pourquoi j'ai séparé le Droit public de la Morale, et je l'ai renvoyé dans la classe des conventions arbitraires.

(Marginal notes: Le Droit Public. La Politique.)

Le Droit des Gens. Outre les devoirs collectifs dont j'ai parlé ci-dessus et qui composent *le Droit des Gens*, nous avons nos devoirs particuliers à remplir en qualité d'hommes et de citoyens, et enfin en qualité de pères, d'époux, de fils, d'amis, et ces derniers sont compris en général sous le nom de devoirs domestiques.

En recueillant toutes ces distinctions, on voit que la morale toute entière peut se rapporter à quatre chefs principaux. Les devoirs des sociétés entre elles : les devoirs de l'homme : les devoirs de citoyen et les devoirs domestiques. Si on veut des divisions ultérieures, on les puisera dans la diversité des états et des fonctions que chacun remplit dans la société.

MÉDECINE. *Médecine humaine.* La Médecine a pour objet de prévenir les maladies de l'homme, de les reconnaître lorsqu'elles se présentent, d'en prévenir l'issue, et d'en faire la cure. D'après cela, elle se divise en Hygiène, Pathologie, Séméiotique, et Pharmaceutique. Il faut rapporter à *l'Hygiène*, l'Orthopédie et la Cosmétique. *La Thérapeutique* embrasse la Diète, la Chirurgie et la Pharmacie.

Education et Médecine animale. *Education et Médecine animale.* L'éducation des animaux comprend, 1°. l'art d'élever et de nourrir les bestiaux et les animaux de basse-cour. C'est une branche importante de l'économie rustique ; 2°. les établissemens et le régime des haras, le manége et tout ce qui s'y rapporte ; 3°. la vénerie et la fauconnerie ; 4°. enfin l'éducation des animaux non compris dans différentes classes.

Art vétérinaire. Les grands progrès faits dans l'art vétérinaire m'obligent de lui donner la première place dans la médecine animale. Presque tout le reste de cette science dans son état actuel est mêlé avec l'économie rustique. Il sera facile de lui trouver des subdivisions tirées des objets qu'elle traitera lorsqu'elle acquerra une plus grande étendue.

CULTURE. La Culture, ou l'éducation des plantes en général, se divise en agriculture, jardinage et botanique. Le jardinage concerne le potager, les arbres fruitiers, les fleurs. Voici les divisions de cet article.

Des Arts.

Il me reste à parler, pour achever ce chapitre, des arts qui sont le résultat de l'industrie et de l'expérience appliquées aux substances mortes. Ces arts sont en grand nombre. Pour les classer, Mr. d'Alembert a eu recours à la diversité des matières premières qu'ils mettent en œuvre : mais il n'a point déterminé l'ordre de ces matières premières, ni par conséquent des arts qui en dépendent. Je l'ai fait jusqu'à un certain point, en tirant mes subdivisions de la nature des différens règnes auxquels ces matières premières appartiennent, et je fais une classe à part des arts nommés libéraux, parce que, outre les matériaux grossiers tirés de la nature, l'artiste y apporte de son côté une industrie et une intelligence distinguée.

Arts mécaniques.

Ainsi les arts mécaniques se divisent en *Arts Zootechniques*, dont la matière première est tirée du règne animal; *Arts Phylotechniques*, dont la matière première se tire du règne végétal; *Arts Azotechniques*, dont la matière première se tire des objets naturellement dépourvus de vie, tels que les minéraux et les fossiles; et *Arts Polytechniques*, dont la matière première est de plusieurs règnes à la fois.

Arts Zootechniques.

Les Arts Zootechniques sont le travail des os, de la peau, des écailles, de la corne, de la viande, du poil, de la laine, des boyaux et des animaux, ou des productions qu'ils tirent eux-mêmes de leur substance comme la soie.

Arts Phylotechniques.

Les Arts Phylotechniques sont le travail du bois, du chanvre, du lin, de l'écorce et du coton, etc.

Arts Azotechniques.

Les Arts Azotechniques sont le travail de l'or, de l'argent, du fer, du cuivre, du plomb, de l'alun, du soufre, du sel, du salpêtre, de la chaux, de la pierre, des briques et du plâtre, etc.

Arts Polytechniques.

Les Arts Polytechniques sont le travail de l'arquebusier, du tailleur, du miroitier, du tapissier, etc.

Arts libéraux.

Les Arts Libéraux, qui me restent à placer, sont l'imprimerie, la peinture, la sculpture, la gravure, la musique et la choretechnie, ou l'art de composer des ballets et des danses, car il exige une espèce de talent supérieur à la simple exécution.

Le Commerce

Cette seconde classe est terminée par celui des arts qui donne du prix à tous les autres, *le Commerce*. Il tient à la division générale de la Philosophie pratique, en ce qu'il s'applique indistinctement à toutes les productions de la Nature et des Arts.

4e. CLASSE. *Vérités Historiques.*

L'Histoire est le registre des actions humaines, c'est l'expérience permanente des habitudes de l'homme en différens temps et en différens lieux. L'Histoire des hommes en différens temps est l'Histoire prise dans son acception la plus ordinaire. L'Histoire des hommes en différens lieux est l'Histoire des voyages.

Quoique les relations des voyageurs manquent souvent d'exactitude et de véracité, ce défaut leur étant commun avec l'histoire proprement dite, je leur donne néanmoins le pas sur celle-ci, parce que les descriptions qu'elles renferment peuvent souvent être vérifiées par la confrontation avec les objets encore subsistans, ce qui leur donne un caractère de certitude que ne peuvent avoir, par leur nature, les récits des événemens passagers.

Voyages.

Je n'ai rien de neuf à dire sur la division de l'histoire des Voyages. On passe ordinairement du général au particulier, et on distribue les Voyages suivant les pays parcourus. C'est le cas de mettre, à la tête des Voyages particuliers, les

Voyages faits dans les contrées les plus voisines de nous, et sur lesquelles il a été plus facile de se procurer des renseignemens fidèles et nombreux.

Chronologie. L'Histoire proprement dite se divise en Histoire universelle et Histoire particulière. Je réunis à l'Histoire universelle *la Chronologie* qui lie ensemble tous les événemens. L'Histoire particulière traite des sociétés, ou des individus, ou des monumens historiques.

Histoire Ecclésiastique. On a coutume par-tout de placer l'Histoire ecclésiastique avant l'Histoire profane. C'est un usage chez tous les peuples religieux.

Des Peuples. Je place au second rang l'Histoire des Peuples :

Des Sociétés. Et en troisième l'Histoire des sociétés qui n'en sont pas.

Je divise donc l'Histoire particulière, en Histoire nationale et Histoire congrégationale.

Je suis, pour les Histoires nationales, les divisions reçues, en Histoire ancienne et moderne, en Histoire de France, d'Italie, etc. On doit commencer par son pays, non pas par l'effet d'un égoïsme national, excusable à tout bon citoyen, mais parce que c'est celle dont les faits, étant les plus proches de nous, ont dû en général nous être mieux connus. C'est ainsi que je rentre dans mon système. J'avais été forcé de m'en écarter un instant, en conservant le pas à l'Histoire ancienne, malgré ses obscurités, afin d'éviter une interversion trop choquante dans l'ordre de temps. Au reste, on s'appercevra que, dans cette classe, il y aurait trop d'inconvéniens et trop peu d'avantages à porter l'ordre des certitudes jusques dans les dernières divisions.

Les Sociétés particulières qui se forment dans les Sociétés politiques sont réunies par un but religieux. Ainsi je les partage en deux classes : les Sociétés Religieuses et les Sociétés non Religieuses.

L'analogie veut que l'Histoire des Sociétés Religieuses marche immédiatement après les Histoires des peuples : plusieurs Sociétés de ce genre étant devenues assez considérables pour avoir leurs lois et leur gouvernement, à l'instar des grandes nations, *l'Eglise Chrétienne* par exemple.

Il y a dans presque toutes les religions des dogmes et des usages communs à tous leurs sectateurs, et des pratiques particulières auxquelles certaines personnes s'assujettissent par des obligations qui les lient entre elles, ou envers les ministres du culte principal, de sorte qu'ils semblent avoir à part une espèce de religion, ou de culte qui leur soit propre. C'est pourquoi je distingue l'Histoire des cultes d'avec l'Histoire du monachisme, et je fais deux subdivisions majeures de l'Histoire des Sociétés Religieuses.

Les cultes étrangers nous étant peu connus, je partagerai l'Histoire des cultes en deux branches : l'Histoire de l'Église Chrétienne et l'Histoire des Religions Hétéronomes.

Église Chrétienne. L'Histoire générale de l'Église Chrétienne remonte aussi haut que l'Histoire du monde telle que nous l'avons, cette Religion n'étant qu'une suite de l'ancienne Religion Juive.

Pour la division de l'Histoire particulière de l'Église, je pourrai suivre la division des sectes, je mettrai d'une part l'Histoire de l'Eglise Catholique, et de l'autre celle de toutes les sectes particulières qui se sont formées à ses côtés.

Église Romaine. L'Histoire de l'Église Romaine se subdivise, selon les régions, en Histoire de l'Église d'Italie, de France, etc. qui sont les Églises européennes, et en Histoire des Églises Grecque, Arménienne, Coptatos, qui sont les Églises hors de l'Europe.

L'Histoire

L'Histoire des Sectes et Eglises Chrétiennes non Catholiques comprend l'Histoire du Luthéranisme, du Calvinisme, etc.

L'Histoire des Cultes étrangers comprend celle du Mahométisme, du Laurisme, etc. Cultes étrangers.

Entre l'Histoire des Cultes et celle du Monachisme, il faut intercaller, comme une appendice nécessaire qui appartient à l'une et à l'autre, l'Histoire des Persécutions.

L'Histoire du Monachisme se divise en Histoire Monastique Chrétienne, et Histoire Monastique étrangère. L'Histoire Monastique Chrétienne doit embrasser non-seulement l'Histoire des Moines et Religieux proprement dits, mais encore celle des Chanoines et celle des Confréries et Sodalités, qui ont, à l'instar des Moines, leurs statuts. L'Histoire Monastique étrangère comprend l'Histoire des Bouxes, des Daroiches. Monachisme.

L'Histoire des Sociétés non Religieuses tire ses divisions de la nature des liens qui les ont formées. Le goût des Sciences a formé les Académies et les Sociétés littéraires qui ont avancé les Sciences, et les Universités qui les ont fait dégénérer. L'intérêt des Gouvernemens a formé les Corps militaires. Des institutions financières ont établi les compagnies de Judicature et de Finance. L'ardeur insatiable du monopole a donné naissance aux compagnies commerçantes, et enfin la similitude des professions, ou des institutions bizarres, a créé beaucoup de Sociétés particulières, telles que les Corps des métiers, les Clercs de la Bazoche, les Francs-Maçons, les Mopses, etc. Ces diverses classes auront leurs histoires à part. C'est tout l'ordre qu'on peut mettre dans cette partie. Sociétés non Religieuses.

Je divise l'histoire individuelle ou la Biographie, en Biographie ancienne et moderne. La Biographie ancienne n'est pas assez étendue pour exiger des subdivisions. La Biographie moderne étant très-nombreuse, je la partagerai en quatre classes, selon l'espèce de célébrité des personnes dont on écrit l'histoire. Les unes ont été célèbres par de grands pouvoirs : voilà l'Histoire des Rois, des Ministres, des Généraux, etc. D'autres ont dû leur célébrité à leurs talens ; ce sont les savans, les hommes de lettres, les artistes dans tous les genres. D'autres ont acquis par la pureté de leur vie aussi une célébrité. Enfin il y a dans tous les temps des hommes qui, sans être vraiment célèbres, se sont fait distinguer par quelque singularité. Leur Histoire tiendra le dernier rang parmi les ouvrages de Biographie. De la Biographie.

Je crois qu'on doit ici ajouter une cinquième branche; les Nobiliaires, les Livres généalogiques.

Les monumens de l'Histoire sont écrits ou non écrits. Les monumens écrits sont les livres : leur Histoire porte le nom de Bibliographie.

Les monumens non écrits ont rapport à l'Histoire civile, ou aux opinions religieuses. C'est pourquoi j'en fais deux subdivisions particulières, celle des Antiquités proprement dites, et celle des monumens religieux. A cette dernière branche appartient l'Histoire des Églises, des Cimetières, des Lieux Saints, des Reliques, des Images, etc.

Les conventions humaines sont des lois entre ceux qui les font. Outre les lois de la nature, les hommes en ont imaginé beaucoup d'autres qu'ils sont tenus d'observer autant que la nature ne les désavoue pas. 5e. CLASSE. *Vérités de Convention.*

De même que l'Histoire renferme beaucoup de mensonges, la Jurisprudence renferme beaucoup de lois qui n'en sont pas, à proprement parler, puisqu'étant contraires à la nature, elles ne peuvent obliger personne.

Les lois règlent les droits des Sociétés politiques entre elles, ou les droits des hommes qui composent ces Sociétés. Les droits des citoyens sont réglés par les lois civiles, et l'exécution de celles-ci est assurée par des lois criminelles. Les Sociétés religieuses, et la force militaire sont aussi réglées par des lois particulières, en sorte que toute la Jurisprudence peut se rapporter à cinq chefs principaux, savoir ; 1°. le Droit Public ; 2°. le Droit Civil; 3°. le Droit Criminel; 4°. le Droit Militaire ; 5°. le Droit Sacerdotal.

Droit Public. Le Droit Public est le résultat des conventions faites entre les Sociétés politiques, ou ceux qui les gouvernent. Il présuppose l'existence de ces Sociétés, et il se modifie suivant les intérêts divers qui naissent de la forme de leur gouvernement. Voilà pourquoi il n'est pas possible qu'un grand Peuple change tout-à-coup son gouvernement, sans occasionner une grande secousse, et un grand désordre momentané dans ses rapports avec les peuples qui l'entourent.

Politique. La science des principes et des intérêts des Gouvernemens est la Politique.

Diplomatie. La science des conventions, ou traités qui existent entre les Gouvernemens, est la Diplomatique.

On confond ordinairement le Droit des gens avec le Droit public. Cependant l'un tient à la Morale, l'autre à la Jurisprudence des Nations. On devrait avoir égard à cette différence dans la classification des livres, afin de n'être pas induit en erreur par les titres, plusieurs ouvrages étant intitulés *Codes du Droit des Gens*, qui ne sont que des recueils diplomatiques. Mais, dans l'état actuel des choses, presque tout ce qu'on a écrit sur le Droit des Gens, étant mêlé avec les principes du Droit public, il n'est pas possible qu'on les sépare dans le systéme de nos connaissances.

Droit Civil. Le Droit civil règle les Droits des hommes réunis en sociétés civiles. Je ne puis me dispenser de coordonner toutes les divisions, qui le concernent, au systéme de nos lois sur lesquelles nous avons acquis incomparablement plus de connaissances que sur toutes les autres ensemble. J'adopterai donc à-peu-près les subdivisions reçues et, cette partie n'ayant rien de bien intéressant, je ne m'appesantirai pas sur les détails.

Droit Romain. Dans le Droit civil, je donnerai le premier rang *au Droit Romain*, d'où le droit des différentes Nations tire son origine. Je placerai à la suite le droit de mon pays, le droit étranger et ce qui peut y avoir rapport.

Le Code Criminel doit suivre immédiatement après.

Droit Militaire. Le Code Militaire ne figure pas ordinairement parmi les ouvrages de Jurisprudence, je ne sais pourquoi on l'en exclut. Il est certain que les lois militaires tiennent de près à l'ordre social : on ne peut donc pas se dispenser de leur assigner une place parmi les moyens destinés à le maintenir.

Droit Sacerdotal. Le Droit Sacerdotal devrait suivre la division des Peuples et des Sectes, si le régime de toutes les Religions nous était également connu. Au défaut, je

Droit Catholique. Droit à-Catholique. le diviserai en Droit Sacerdotal Chrétien et non Chrétien. Je subdiviserai le Droit Sacerdotal Chrétien en Droit Catholique, en Droit Canon et Droit Ecclésiastique à-Catholique. Je suivrai ensuite pour le Droit Canonique les divisions ordinaires, en mettant à la tête tout ce qui appartient au régime général de l'Église Catholique, descendant ensuite aux lois et aux différens régimes des Églises particulières, des Collégiales, des Ordres Religieux, des Confréries et autres Etablissemens de ce genre.

Statuts des Sociétés particulières.

Après toutes les lois, un dernier article contiendra les règles et usages qui ne sont pas des lois, mais qui en tiennent lieu dans certaines circonstances. De ce nombre sont les Statuts de quelques Sociétés particulières, les caprices de la mode, du cérémonial et de l'étiquette, en exceptant toutefois le cérémonial des Cours, lequel appartient au Droit public à raison de l'importance qu'elles y attachent.

Ce systême étant démontré, il me restait un travail: c'était de le réunir dans un tableau figuré et de former, d'après ce tableau, un projet raccourci d'un tableau bibliographique.

THÉOLOGIE.

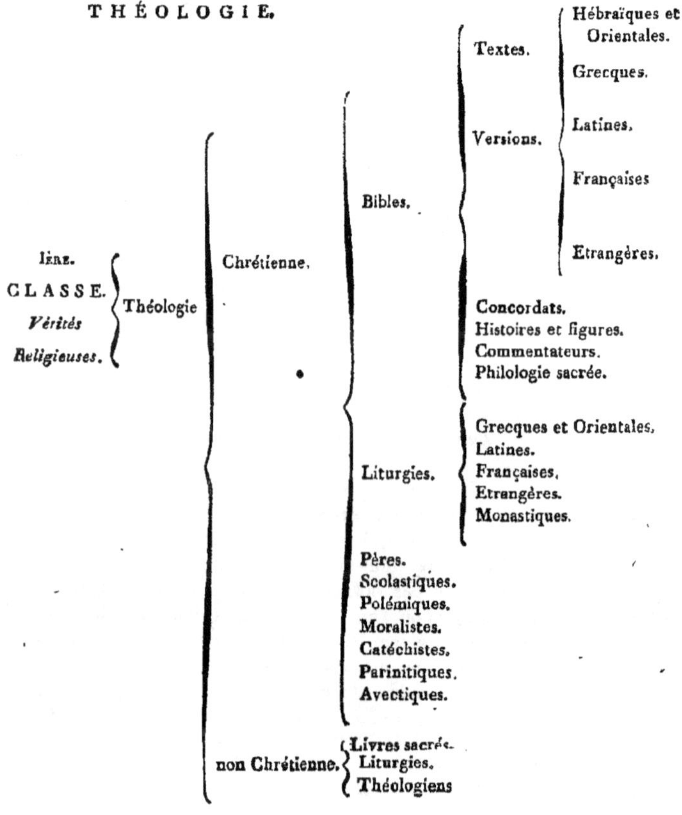

VÉRITÉS DÉMONSTRATIVES.

- Mathématiques.
  - Mathématiques pures.
    - Arithmétique.
      - Décimale.
      - Non-décimale.
      - Mécanique.
        - Comptes faits.
    - Géométrie.
      - Élémentaire.
      - Transcendante.
    - Algèbre.
      - Élémentaire.
      - Infinitécimale.
      - De situation et appliquée.
        - *Algebræ situs.*
  - Physico-Mathématiques.
    - Mécanique.
      - Statique.
        - Géostatique.
        - Hydrostatique.
        - Aërostatique.
      - Dynamique.
        - Dynamique.
        - Hydro-Dynamique.
        - Pucumato-Dynamique.
    - Optique.
      - Optique.
      - Dioptrique.
      - Catoptrique.
      - Perspective.
    - Astronomie.
      - Cosmographie.
        - Uranographie.
        - Géographie.
        - Astronomique.
        - Gnonomique.
      - Systématique.
    - Art militaire.
      - Génie.
      - Artillerie.
      - Tactique.
      - Marine.
    - Art de conjecturer.
      - Calcul des hasards.
      - Calcul des événemens.

PHILOSOPHIE ET ARTS.

- Philosophie théorique.
  - Histoire naturelle.
    - Histoire naturelle de l'homme.
      - Sa constitution.
        - Anatomie.
          - Ostéologie.
          - Myologie.
          - Néorologie.
        - Physiologie.
        - Nosologie.
        - Ethéologie.
      - Ses habitudes.
    - Histoire naturelle des animaux.
      - Quadrupèdes.
      - Reptiles.
      - Oiseaux.
      - Poissons.
      - Insectes.
    - Histoire naturelle des Plantes.
      - Terrestres.
      - Aquatiques.
      - Lithophytes.
    - Histoire naturelle des minéraux et des fossiles.
    - Cosmologie physique.
    - Géographie physique.
    - Météographie.
  - Physique.
    - Physique générale.
    - Physique particulière.
      - Chimie.
      - Hydrologie.
      - Aërologie.
      - Pyrologie.
      - Photologie.
      - Electrologie.
      - Météorologie.
- Philosophie pratique.
  - A. *Voyez la page suivante.*

PHILOSOPHIE PRATIQUE.

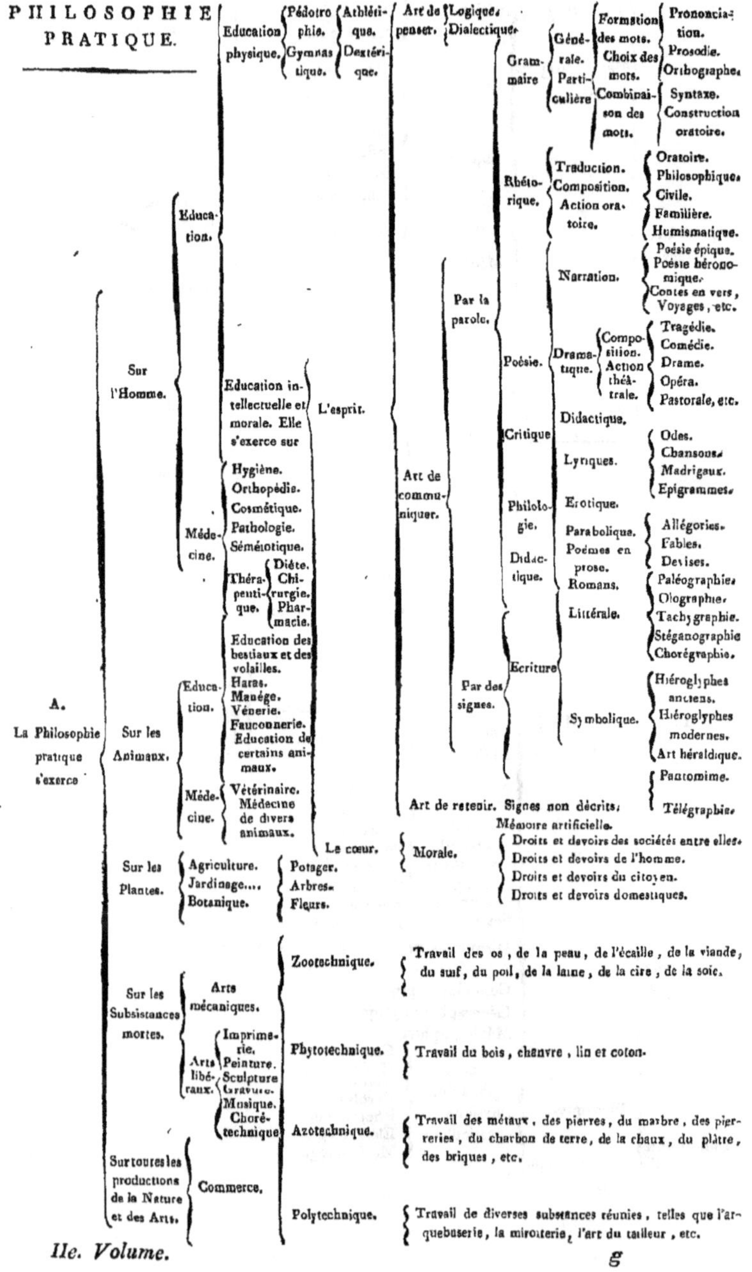

- **A.** La Philosophie pratique s'exerce
  - Sur l'Homme.
    - Education.
      - Education physique.
        - Pédotrophie.
        - Gymnastique.
          - Athlétique.
          - Dextérique.
      - Education intellectuelle et morale. Elle s'exerce sur
        - L'esprit.
          - Art de penser.
            - Logique.
            - Dialectique.
          - Art de communiquer.
            - Par la parole.
              - Grammaire
                - Générale.
                - Particulière
                  - Formation des mots.
                    - Prononciation.
                    - Prosodie.
                    - Orthographe.
                  - Choix des mots.
                  - Combinaison des mots.
                    - Syntaxe.
                    - Construction oratoire.
              - Rhétorique.
                - Traduction.
                - Composition.
                - Action oratoire.
                  - Oratoire.
                  - Philosophique.
                  - Civile.
                  - Familière.
                  - Humismatique.
              - Poésie.
                - Narration.
                  - Poésie épique.
                  - Poésie héronomique.
                  - Contes en vers, Voyages, etc.
                - Dramatique.
                  - Composition.
                  - Action théâtrale.
                    - Tragédie.
                    - Comédie.
                    - Drame.
                    - Opéra.
                    - Pastorale, etc.
                - Didactique.
                - Lyriques.
                  - Odes.
                  - Chansons.
                  - Madrigaux.
                  - Epigrammes.
                - Erotique.
                - Parabolique.
                  - Allégories.
                  - Fables.
                  - Devises.
                - Poëmes en prose.
                - Romans.
              - Critique.
              - Philologie.
              - Didactique.
            - Par des signes.
              - Ecriture.
                - Littérale.
                  - Paléographie.
                  - Olographie.
                  - Tachygraphie.
                  - Stéganographie
                  - Chorégraphie.
                - Symbolique.
                  - Hiéroglyphes anciens.
                  - Hiéroglyphes modernes.
                  - Art héraldique.
              - Signes non décrits.
                - Pantomime.
                - Télégraphie.
          - Art de retenir. Mémoire artificielle.
        - Le cœur.
          - Morale.
            - Droits et devoirs des sociétés entre elles.
            - Droits et devoirs de l'homme.
            - Droits et devoirs du citoyen.
            - Droits et devoirs domestiques.
    - Médecine.
      - Hygiène.
      - Orthopédie.
      - Cosmétique.
      - Pathologie.
      - Séméiotique.
      - Thérapeutique.
        - Diète.
        - Chirurgie.
        - Pharmacie.
  - Sur les Animaux.
    - Education.
      - Education des bestiaux et des volailles.
      - Haras.
      - Manége.
      - Vénerie.
      - Fauconnerie.
      - Education de certains animaux.
    - Médecine.
      - Vétérinaire.
      - Médecine de divers animaux.
  - Sur les Plantes.
    - Agriculture.
    - Jardinage....
      - Potager.
      - Arbres.
      - Fleurs.
    - Botanique.
  - Sur les Subsistances mortes.
    - Arts mécaniques.
      - Zootechnique.
        - Travail des os, de la peau, de l'écaille, de la viande, du suif, du poil, de la laine, de la cire, de la soie.
      - Phytotechnique.
        - Travail du bois, chanvre, lin et coton.
      - Azotechnique.
        - Travail des métaux, des pierres, du marbre, des pierreries, du charbon de terre, de la chaux, du plâtre, des briques, etc.
      - Polytechnique.
        - Travail de diverses substances réunies, telles que l'arquebuserie, la miroiterie, l'art du tailleur, etc.
    - Arts libéraux.
      - Imprimerie.
      - Peinture.
      - Sculpture.
      - Gravure.
      - Musique.
      - Chorétechnique.
  - Sur toutes les productions de la Nature et des Arts.
    - Commerce.

JURISPRUDENCE.

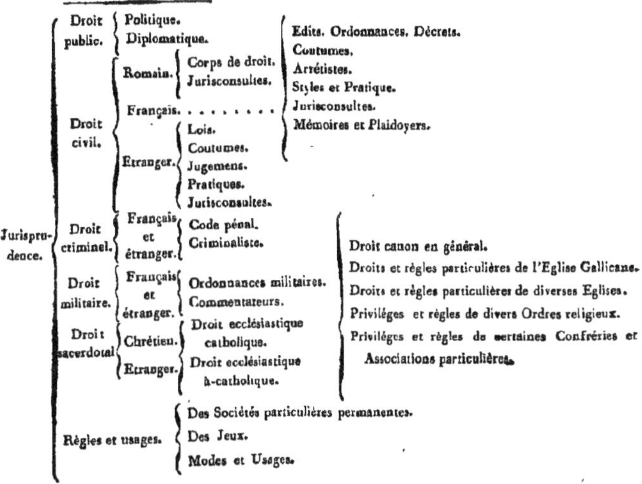

HISTOIRE.

Je ne me bornai point au système et aux tableaux qui précèdent. J'avais encore dans l'idée les observations de M. le Procureur Impérial Michel sur les Catalogues de livres. Voici le projet que je présentai à Sa Majesté l'Empereur Joseph.

Tout le système se divise en cinq grandes classes qui répondent aux divisions du système figuré ci-devant, savoir : BIBLIOGRAPHIE.

I. *Vérités Religieuses*, ou *Théologie*.

II. *Vérités démonstratives*, ou *Mathématiques*.

III. *Vérités d'expérience*, ou *Philosophie et Arts*.

IV. *Vérités historiques*, ou *Histoire*.

V. *Vérités de Convention*, ou *Jurisprudence*.

Ire. Classe. Vérités Religieuses. Théologie.

Section 1re. Théologie Chrétienne. 1ère. CLASSE.

I. Bibles. — 1o. Traités préparatoires à l'étude de l'Écriture. 2o. Bibles et Textes de l'Écriture. 3o. Textes et Versions Hébraïques et Orientales, Grecques, Latines, Françaises, Etrangères. 4o. Harmonie et Concordes Évangéliques. 5o. Histoires et Figures de la Bible. 6o. Commentateurs universels de la Bible. 7o. Commentateurs particuliers, rangés suivant l'ordre des livres qu'ils ont commencés. 8o. Critiques et Philologie sacrée. Théologie. Bible.

II. Liturgie. — 1o. Traités de l'Office Divin et des Cérémonies de l'Eglise. 2o. Pontificaux et Rituels. 3o. Liturgies de l'Eglise ancienne Grecque et Orientale. 4o. Liturgies de l'Église Romaine. 5o. Liturgies de l'Église Gallicane. 6o. Liturgies de différens pays. 7o. Liturgies Monastiques. Liturgie.

III. Conciles. — 1o. Collection générale des Conciles. 2o. Collections et Conciles particuliers. 3o. Traités de la célébration des Conciles. Conciles.

IV. Pères. — 1o. Traité de la lecture des Pères de l'Église. 2o. Collection générale des Pères. 3o. Collection et ouvrages particuliers des Pères. Pères.

V. Scolastiques. 1o. Traités préparatoires à l'étude de la Théologie. 2o. Ouvrages des Théologiens Scolastiques et de leurs Interprètes, Critiques et Commentaires, rangés suivant l'ordre chronologique des temps auxquels ces Théologiens ont vécu. 3o. Cours de Théologie. 4o. Mélanges et Lexiques particuliers de Théologie Scolastique. Scolastiques.

VI. Théologie morale. — 1o. Institutions de la Théologie morale. 2o. Traités généraux de Théologie morale, et Dictionnaire des cas de conscience. 3o. Traités particuliers de Théologie morale. Théologie morale.

VII. Controversistes. — 1o. Traités généraux de Théologie polémique vers l'établissement de la Religion Chrétienne. 2o. Traités polémiques sur les Dogmes contestés, rangés suivant l'ordre chronologique des faits relatifs à ces contestations: Controversistes

VIII. Catechistes. — 1o. Catéchismes généraux et particuliers. 2o. Explications du Catéchisme. Catéchistes.

IX. Ascétiques. — 1o. Mystiques et Ascétiques anciens et modernes. 2o. Traités particuliers de l'Amour Divin. 3o. Traités de la Perfection Chrétienne. 4o. Méditations et Exercices spirituels. Ascétiques.

X. Sermonniers. — 1o. Traités de la Science de la Chaire. Apparats et Répertoires des prédicateurs. 2o. Sermons Grecs et Orientaux. 3o. Sermons Latins par ordre chronologique. 4o. Sermons Français par ordre chronologique. 5o. Sermons étrangers. Sermonniers.

SECTION II. Théologie Hétéronome. Théologie Hétéronome.

I. Livres sacrés de diverses Religions. II. Liturgies Hétéronomes. III. Autorités humaines reçues dans diverses Religions. IV. Morale religieuse hétéronome. V. Ouvrages dogmatiques et moraux de divers cultes. VI. Mélanges relatifs aux cultes étrangers.

Vérités démonstratives. Mathématiques. 2e. CLASSE.

Section Ire. Traités généraux et cours de Mathématiques.

Section II. Mathématiques pures. I. Traités communs, d'Arithmétique, Mathématiques.

d'Algèbre et de Géométrie. II. Traités et Cours d'Arithmétiques, Comptes faits. III. Traités et Cours de Géométrie. IV. Traités et Cours d'Algèbre.

SECTION III. MATHÉMATIQUES MIXTES. I. Traités communs à plusieurs branches de Physico-Mathématiques.

Mécanique. II. Mécanique. 1°. Traités et Cours généraux de Mécanique. 2°. Traités particuliers de Statique. 3°. Traités particuliers de Dynamique.

Optique. III. Optique. 1°. Traités et Cours d'Optique. 2°. Traités particuliers d'Optique et de Perspective.

Astronomie. IV. Astronomie. 1°. Traités et Cours d'Astronomie. 2°. Traités particuliers d'Uranographie et Recueils d'observations astronomiques. 3°. Traités de la figure de la terre et de la mesure des degrés du Méridien. 4°. Traité de Gnonomique. 5°. Systèmes astronomiques.

Acoustique. V. Traités d'Acoustique.

Art Militaire. VI. Art Militaire. 1°. Traités généraux de l'Art Militaire. 2°. Traités et Cours de Génie. 3°. Traités et Cours d'Artillerie. 4°. Traités et Cours de Marine. 5°. Traités et Cours de Tactique. 6°. Mélanges sur l'Art Militaire.

III. CLASSE. VÉRITÉS D'EXPÉRIENCE. PHILOSOPHIE ET ARTS.

Philosophie. SECTION. Ire. I. Traités préparatoires ou généraux de Philosophie. Introductions. Lexiques Philosophiques et autres généralités de même nature. II. Ouvrages des anciens Philosophes. III. Ouvrages des Philosophes qui ont paru depuis la chûte de l'Empire Romain.

SECTION II. Philosophie Théorique.

Histoire naturelle. I. Histoire naturelle. 1°. Traités préparatoires à l'étude de l'Histoire naturelle. 2°. Traités généraux d'Histoire naturelle. 3°. Histoire naturelle de l'homme en général et Traités généraux ou particuliers d'Anatomie et de Physiologie. 4°. Histoire naturelle des Animaux. 5°. Traités de Botanique, Herbiers. 6°. Traités et Mémoires sur la Géographie physique. Ces traités étant peu nombreux, le Bibliothécaire trouvera peut-être plus commode de les réunir aux traités de Géographie destinés à faciliter la lecture des Historiens. 7°. Observations Météorologiques.

Physique. II. Physique. 1°. Cours et Traités généraux de Physique. 2°. Traités particuliers de Chimie et de Physique.

Philosophie pratique. SECTION III. Philosophie pratique. I. Traités généraux sur l'utilité et l'application des connaissances philosophiques.

L'Homme. II. Education physique de l'Homme. 1°. Traités sur l'Éducation physique de l'Homme. 2°. Traités particuliers de Cosmétique et de Gymnastique.

III. Médecine humaine. 1°. Traités généraux, Cours et Dictionnaires de Médecine. 2°. Traités particuliers de Médecine. 3°. Traités généraux de Thérapeutique et de Pharmacie. 4°. Traités généraux et Cours de Chirurgie. 5°. Traités particuliers de Chirurgie. 6°. Mélanges de Médecine et de Chirurgie.

Les Animaux. IV. Education et Médecine des Animaux. 1°. Traités généraux et Dictionnaires d'économie rustique. 2°. Traités particuliers d'économie rustique, relatifs à la nourriture des bestiaux et à leur éducation. 3°. Traité des Haras et du Manége. 4°. Traités de Vénerie et de Fauconnerie. 5°. Traités sur l'éducation de divers animaux, et particulièrement des abeilles et vers à soie. 6°. Traités généraux et particuliers de Vétérinaire.

Arbres et Plantes. V. Éducation et Culture des Arbres et des Plantes. 1°. Traités généraux d'Agriculture. 2°. Traités particuliers de la Culture des Arbres, des Fleurs, des Plantes indigènes, ou exotiques, etc. ou Botanique pratique.

Arts et Métiers. VI. Arts et Métiers. 1°. Dictionnaire et Traités généraux des Arts. 2°. Traités des Arts Zootechniques. 3°. Traités des Arts Phytotechniques. 4°. Traités des Arts Azotechniques. 5°. Traités des Arts Polytechniques.

VII. Arts Libéraux. 1°. Traités des Arts Libéraux en général. 2°. Traités et Mémoires sur l'Imprimerie. 3°. Traités de la Peinture, de la Gravure, de la Sculpture et de l'Architecture civile. 4°. Traités de la Musique.

VIII.

VIII. Mélanges physiques et techniques.

SECTION IV. Etude théorique de l'homme intellectuel et moral. Education de l'homme.

Méthaphysique. — 1°. Traités généraux de méthaphysique. 2°. Traités particuliers de méthaphysique.

I. Art de penser. — 1°. Traités de Logique. 2°. Traités de Dialectique.

II. Communication de la Pensée.

Parag. 1er. Ecriture. — 1°. Principes d'Ecriture et d'Orthographe. 2°. Principes de Tachygraphie. 3°. Principes et Traités de Stéganographie. 4°. Traités de la Pantomime et de l'Art des Signaux, ou Télégraphiques. 5°. Principes de Chorégraphie. 6°. Principes de Lecture. Ecriture.

Parag. 2me. Grammaire. — 1°. Traités sur la Grammaire générale. 2°. Traités généraux de Grammaire. 3°. Grammaires et Dictionnaires Polyglottes. 4°. Grammaires et Dictionnaires des Langues Orientales. 5°. Grammaires et Dictionnaires de la Langue Grecque. 6°. *Idem* de la Langue Françoise. 7°. *Idem* des Langues Etrangères. Grammaire.

Parag. 3me. Principes de Littérature. — 1°. Cours et Principes généraux de Littérature. 2°. Cours et Traités de Rhétorique. 3°. Cours et Traités de Pratique. 4°. Traités de l'Action Théâtrale. Littérature.

Parag. 4me. Prosateurs. — 1°. Dialogues Grecs et Latins. 2°. Dialogues Modernes. 3°. Epistolaires Anciens. 4°. Epistolaires Modernes. 5°. Orateurs Grecs. 6°. Orateurs Latins. 7°. Orateurs Modernes. 8°. Poemes en Prose. 9°. Romans. Prosateurs.

Parag. 5me. Poëtes. — 1°. Collections et extraits des Poëtes Grecs. 2°. Ouvrages des Poëtes Grecs. 3°. Collections et extraits des anciens Poetes Latins. 4°. Ouvrages des anciens Poëtes Latins. 5°. Collections et extraits des Poetes Latins Modernes. 6°. Ouvrages des Poëtes Latins modernes. 7°. Collection et extraits des Poetes Français. 8°. Ouvrages des Poetes Français. 9°. Collections et extraits des Poetes étrangers. 10°. Ouvrages des Poëtes étrangers. Poëtes.

Parag. 6me. Théâtre. — 1°. Théâtre national. 2°. Théâtre étranger. Théâtre.

Parag. 7me. Poésies paraboliques. Traités et Recueils des Poésies allégoriques, devises et Emblêmes. Allégoriques.

Parag. 8me. Critique et Philologie. 1°. Traités généraux et particuliers de Critique et de Philologie. 2°. Critiques anciens et modernes. 3°. Satyres, Invectives, Défenses, Apologies. 4°. Dissertations et Mélanges de Critiques et de Philologie. Critique et Philologie.

Parag. 9me. Didactique. — 1°. Traités généraux des Etudes et de l'Education. 2°. Traités particuliers sur la manière d'étudier, ou d'enseigner. Didactique.

Parag. 10me. Polygraphie. — 1°. Polygraphes anciens. 2°. Polygraphes français. 3°. Polygraphes étrangers. Polygraphie.

III. Mémoire. Traités sur la Mémoire naturelle et artificielle. Mémoire.

IV. Morale. — 1°. Traité du Droit des Gens. 2°. Traité du Droit de l'Homme, de Citoyen et des Principes du Gouvernement. 3°. Traité de Morale domestique. Morale.

VÉRITÉS HISTORIQUES. Histoire. SECTION I. Histoire des lieux. 4e. CLASSE. Histoire

I. Géographie. — 1°. Cours et Dictionnaires généraux de Géographie. Atlas. 2°. Géographie ancienne, et Géographie comparée. Géographie.

II. Voyages et Relations. — 1°. Traités généraux sur les Voyages. 2°. Collection des Voyages. 3°. Voyages autour du Monde. 4°. Voyages en diverses parties du Globe. 5°. Voyages en Europe et Descriptions particulières. 6°. Voyages d'Asie. 7°. Voyages d'Afrique. 8°. Voyages d'Amérique. Voyages.

SECTION II. Histoire des Hommes. *Parag.* I. Histoire universelle.

1°. Chronologie. Ouvrages de Chronologie technique. 2°. Ouvrages de Chronologie historique. Chronologie.

II. Histoire universelle. — 1°. Histoire universelle de tous les temps. 2°. Histoire universelle de certains temps. 3°. Collections et Documens relatifs à l'Histoire universelle, telle que Dictionnaires, Journaux historiques, etc. Histoire universelle.

Parag. 2. Histoire nationale. Histoire Nationale.

I. Histoire ancienne. — 1°. Histoire ancienne universelle. 2°. Histoire des Juifs. 3°. Histoire des Chaldéens, des Babyloniens, des Assyriens, des Mèdes et des Perses. 4°. Histoire Grecque et Carthaginoise. 5°. Histoire Romaine. 6°. Histoire Byzantine.

II. Histoire moderne Européenne. — 1°. Histoire générale de l'Europe. 2°. Histoire de France. Histoire Européenne.

3°. Histoire d'Italie. 4°. Histoire d'Espagne et des Pays-Bas. 5°. Histoire d'Angleterre. 6°. Histoire d'Allemagne. 7°. Histoire de Hollande. 8°. Histoire des Suisses et de leurs Alliés. 9°. Histoire de Russie. 10°. Histoire de Suède et de Dannemarck. 11°. Histoire de Pologne.

Histoires étrangères. III. Histoire Orientale et Etrangère. --- 1°. Histoire Orientale et Etrangère. 2°. Histoire des Arabes, des Sarrasins et des Turcs. 3°. Histoire Asiatique. 4°. Histoire de l'Amérique. 5°. Histoire Africaine.

Congrégationales. *Parag.* 2. Histoires Congrégationales.

I. Histoire des Sociétés Religieuses. --- 1°. Histoire générale des Cultes Religieux. 2°. Histoire générale de l'Eglise Chrétienne. 3°. Histoire particulière des Eglises Catholiques d'Italie, de France, d'Allemagne, d'Angleterre, etc. Grecques, Arméniennes, etc. 4°. Histoire particulière des Eglises Luthériennes, Calvinistes, Anglicanes, etc. 5°. Histoires des Persécutions et des Inquisitions. 6°. Histoire particulières des Cultes étrangers. 7°. Histoire générale des Ordres Monastiques et Religieux. 8°. Histoires particulières des différens Ordres Monastiques et Religieux de l'Eglise Romaine. 9°. Histoire des Ordres Monastiques étrangers à l'Eglise Romaine. 10°. Histoires générales et particulières des Eglises Métropolitaines et Collégiales, des Bénéficiers et des Confréries.

II. Histoire des Sociétés non Religieuses. --- 1°. Histoires générales et particulières des Ordres et Corps Militaires. 2°. *Idem* des Sociétés Académiques et Littéraires. 3°. *Idem* des Compagnies de Finance et de Judicature. 4°. *Idem* des Compagnies de Commerce. 5°. Histoire de diverses Sociétés connues sous le nom de Francs-Maçons, Mopses et autres.

Parag. 3. Histoires personnelles. Biographie.

Biographie. I. Biographie ancienne.

II. Biographie moderne. --- 1°. Vies des hommes célèbres dans la politique. 2°. Vies des hommes célèbres par leurs talens. 3°. Vies des hommes célèbres par leur piété. 4°. Vies des hommes connus par quelques singularités. 5°. Notices des hommes connus par des titres généalogiques.

Parag. 4. Histoire des Monumens historiques.

I. Histoire des Monumens écrits.

II. Histoire des Monumens non écrits.

I. Histoire des Monumens de l'Histoire civile. --- 1°. Antiquités. 2°. Histoire des Monumens Religieux. Histoires des Eglises, des Lieux Saints, des Images, des Reliques et des Miracles.

Vérités Conventionnelles. Jurisprudence. Section 1ère. Droit public.

5e. CLASSE. I. Traités généraux et particuliers sur la Politique, sur le Droit public, etc.

Jurisprudence. Droit public. Politique. II. Politique. --- 1°. Traités généraux et particuliers sur les intérêts des Cours. 2°. Traités sur les négociations, le cérémonial, etc.

Diplomatie. III. Diplomatique. --- 1°. Introduction et Traités généraux de la science diplomatique. 2°. Corps universel diplomatique. 3°. Traités de Paix et Négociations particulières.

Droit civil. Section II. Droit civil.

Droit romain. I. Droit romain. --- 1°. Introduction et Traités généraux du Droit civil. 2°. Corps de Droit et ses Commentateurs. 3°. Jurisconsultes qui ont traité du Droit civil en général.

Droit français. II. Droit Français. --- 1°. Introduction au Droit Français. 2°. Lois, Capitulaires, Ordonnances, etc. Décrets et Procès-verbaux des Assemblées des Etats, des Assemblées Nationales et autres. 3°. Coutumiers généraux et particuliers. 4°. Arrêtistes. 5°. Jurisconsultes généraux du Droit Français. 6°. Jurisconsultes qui ont traité de quelques points particuliers du Droit Français.

Droit étranger. III. Droit civil étranger. --- 1°. Droit et Jurisprudence des Nations Européennes. 2°. Jurisprudence particulière des Nations Européennes. 3°. Droit et Jurisprudence des Peuples hors de l'Europe.

Droit criminel. Section III. Droit criminel.

I. Droit Criminel Français. --- 1°. Traités généraux sur la Jurisprudence criminelle. 2°. Code Pénal Français. 3°. Criminalistes Français.

II. Droit criminel étranger. 1°. Loix Pénales étrangères. 2°. Criminalistes étrangers.

Section IV. Droit Sacerdotal. I. Droit Sacerdotal Chrétien. Droit sacerdotal.

Parag. 1er. Droit Ecclésiastique Catholique. 1°. Droit Canonique général. 2°. Capitulaires. Décrétales. Bulles. Canonistes. 3°. Droit Canonique de diverses Eglises particulières et sur-tout de l'Eglise Gallicane. 4°. Droit Canonique régulier. Règles et Constitutions de divers Ordres Religieux et des Congrégations Religieuses. Règles et Privilèges des Confréries et autres Etablissemens particuliers.

Parag. 2me. Droit Ecclésiastique à-Catholique. 1°. -- Droit Ecclésiastique, et Discipline des Eglises Chrétiennes à-Catholiques. 2°. Réglemens et Usages particuliers des Associations qui peuvent se former dans leur sein.

Parag. 3me. Droit Sacerdotal étranger. -- 1°. Lois, Réglemens, Usages, Disciplines et Cérémonies des Juifs. 2°. Lois, Réglemens, Usages, Disciplines et Cérémonies des Cultes étrangers à la Religion Chrétienne et à la Religion Juive.

Section V. Réglement et Usages particuliers. Usages particuliers.

1°. Statuts et Réglemens des diverses Sociétés permanentes qui sont étrangères à l'Ordre civil. 2°. Lois et Règles des différens Jeux. 3°. Modes, Cérémonial et Usages de la Société.

Section VI. Mélanges de Jurisprudence et autres objets rapportés à cette classe.

D'après ce travail, dont je viens de rendre compte à VOTRE ALTESSE SÉRÉNISSIME, il me fut aisé d'obtenir la permission de faire des recherches dans les Manuscrits nombreux qui se trouvaient à la Bibliothèque de Vienne : Sa Majesté l'Empereur JOSEPH II daigna me donner un billet de sa main, par lequel il ordonnait de me procurer toutes les facilités possibles. J'en profitai, et je travaillai sans relâche à me donner un Inventaire, ou plutôt un Catalogue des Manuscrits de l'Histoire Profane. Occupations de Jos de St.-Génois, à la Bibliothèque impériale de Vienne.

Je profitai aussi de l'accès que j'avais près de ce grand Monarque pour lui parler d'un Canal de Mons à Ath, ou de St.-Ghislain vers l'Escaut. Il serait aisé de s'étendre sur la grande utilité d'un tel Canal pour le Hainaut, aujourd'hui Département de Jemmappe. On sait que le Commerce, qui en occupe la plupart des Habitans, consiste principalement dans l'exploitation des Carrières dont le Hainaut abonde, et que le grand débit y est souvent empêché par les grands frais et les difficultés du transport que la nature des chemins rend insurmontables une grande partie de l'année. La construction de ce Canal excite les spéculations des Négocians depuis plusieurs siècles. On a même fait des tentatives réitérées pour y réussir ; mais rebuté, au premier aspect, soit des difficultés que la nature des lieux fait naître, soit des dépenses considérables qu'exige une pareille entreprise, on n'avait jamais assez approfondi les opérations pour s'assurer de la possibilité, ou de l'impossibilité absolue de l'exécuter. JOSEPH II ordonna aux États de Hainaut, assemblés le 27 Août 1780, de faire un dernier effort pour satisfaire les désirs du Public. Les Etats nommèrent une Commission, composée de deux Membres de chaque Chambre, chargée de faire, conjointement avec la Députation, toutes les démarches qui pouvaient conduire à une décision définitive. Je donnerai dans ce Volume les plans que j'en fis graver à Vienne. Je profiterai des offres très-obligeantes que M. FAYPOULT, Préfet du Département de l'Escaut, m'a faites pour recueillir tous les actes qui concernent cette entreprise, aussi utile à la Flandre qu'au Hainaut. Il sollicite l'exécution d'un Canal en Hainaut.

C'est ainsi, MONSEIGNEUR, que je passai mon temps à Vienne, où des affaires particulières de la plus grande importance m'avaient appellé. J'aurais pu employer les momens d'intervalles, qu'elles me laissaient, à des amusemens honnêtes : j'en fis le sacrifice au public. Au lieu de fréquenter les promenades, les spectacles, je fis ma cour aux chefs des Tribunaux et des Dépôts publics. Je fus assez heureux pour mériter leur confiance et leurs bontés. Dès-lors, je ne fus plus regardé comme étranger : toutes les entrées me furent accordées, et je ne me rappelle jamais sans enthousiasme le plaisir pur que j'éprouvais, en voyant les plus grands Seigneurs travailler comme élèves et simples chancelistes, pour se rendre capables des grandes places auxquelles leur naissance les appellait. C'est ainsi que l'Empereur JOSEPH II, de glorieuse mémoire, savait exciter l'émulation et préparait le bonheur de la génération future, en travaillant à former, de préférence, ceux qui devaient un jour la gouverner.

Fidélité de Jos. de Saint-Génois, à ses Souverains.

Rendez compte, MONSEIGNEUR, au Gouvernement de mon zèle et de mon désintéressement dans une vie aussi laborieuse. Faites-lui connaître mes principes, ma loyauté, mon attachement à l'auguste Maison d'AUTRICHE, lorsque j'étais son sujet. Trois mois de prison et de persécutions, pendant les *Révolutions Belgiques* en 1791, ma sentence d'abolition, malgré l'inquisition plus que rigoureuse, la rage de mes ennemis, ont montré que j'avais su allier la fidélité à mon Souverain avec celle que je devais à ma Patrie. Je ne rappelle point cette époque pour me faire valoir et appuyer mes prétentions : elle est la plus belle et la plus glorieuse de ma vie. Ce que j'ai souffert ne peut jamais entrer en comparaison avec le plaisir pur que j'ai éprouvé, en remplissant le devoir le plus cher à mon cœur. Je veux seulement prouver à la France, à l'Univers entier, que l'amour pour mes Maîtres est la plus forte de mes passions : que je ne suis pas indigne de la confiance de SA MAJESTÉ L'EMPEREUR ET ROI NAPOLÉON, et que je suis incapable d'en abuser.

Je suis avec le plus profond respect,

MONSEIGNEUR,

DE VOTRE ALTESSE SÉRÉNISSIME,

Le très-humble et très-obéissant serviteur,
JOSEPH DE SAINT-GÉNOIS de Grand-Breucq.

Du Château de Grand-Breucq,
Département de Jemmappes,
le 1er. *Août* 1806.

CAUSE CÉLÈBRE EN CASSATION.

OBSERVATIONS

De M. DU BUS, ancien Jurisconsulte, ci-devant Conseiller du Conseil Provincial de Tournay,

A MONSIEUR MAILHE,

Avocat en la Cour de Cassation et au Conseil des prises, Défenseur de JOSEPH DE SAINT-GÉNOIS *contre ses Crédi-rentiers Anversois.*

Les notes en marge indiquent les pièces qui se trouvent dans un ouvrage imprimé, dont le titre est : *Recueil d'affaires*, etc. On y lit les consultations données à Paris par MM *Cambacérès*, *De Bonnières*, *Tronchet*, *Férey*; à Tournay par MM *Goblet*, *Du Bus*, *Lehon*; à Mons par MM. *Latteur*, *Du Saussoit*, *De Vigneron*, *Guiselain*, *De la Hault*; à Bruges par MM. *De Goubau*, *Du Burck*, *Deurwardere*, *De la Rue* et *Holvoet*. Ces Messieurs ont trouvé Joseph de Saint-Génois très fondé dans les procès qu'on le forçait de soutenir Malheureusement les Anversois ont accordé leur confiance à l'avocat Boucqueau qui a déclaré que ces consultations n'étaient que l'effet d'une imagination complaisante. Cet homme, peu délicat, pour ne pas en dire davantage, a diffamé par-tout Joseph de Saint-Génois, ses conseils, ses agens d'affaires, ses receveurs, ses notaires. Cependant par-tout il a perdu ces procès; et si la Cour d'Appel de Bruxelles a prononcé, le 30 Août 1804, un jugement qui met à la merci des Anversois toutes les vastes propriétés de Joseph de Saint-Genois, c'est que Boucqueau, pour y parvenir, a osé se servir du crime de faux et de grand nombre d'impostures qui répugnent à l'honnête homme.

Les observations de M. Du Bus donnent l'historique de tous ces procès, qui ont commencé en 1797. Ses récits sont simples, vrais, sans passion. Je dois à l'honneur de ma maison, de les transmettre à la postérité, en les insérant dans cet ouvrage, qui m'honore par son utilité. Il existe d'ailleurs une alternative effrayante. Le pourvoi en cassation est-il accueilli? *Les Anversois seront généralement payés des rentes et capitaux, et il restera des propriétés à la maison de Saint-Génois pour une valeur au-delà d'un million.* Le pourvoi est-il rejetté? *Les Anversois ne seront pas totalement payés et la maison de Saint-Génois sera totalement spoliée.* Tels furent les projets de Boucqueau depuis 1797.

LE Conseil soussigné, qui a vu l'Arrêt rendu par la Cour d'Appel, séant à Bruxelles, le 13 Fructidor an 12, au préjudice de M. Joseph de Saint-Génois, et au profit de MM. Van de Werve de Schilde, Henri-Joseph Geelhand de Merxem, Jean-Baptiste Ullens et Jacques-Nicolas Dierixsens, rentiers, à Anvers, *agissans tant pour eux que pour leurs consors*, toutes les pièces y afférentes, et le pourvoi de M. de Saint-Génois à la Cour de Cassation contre ledit Arrêt, est d'avis des résolutions suivantes.

M. de Saint-Génois avait perdu son père en 1784. Les biens auxquels il succédait étaient considérables; mais ces biens étaient chargés de dettes qu'il fallait acquitter. Par contrat du 6 Février 1792, M. de Saint-Génois et la Dame de Morzin, son épouse, levèrent, des Anversois, un capital de 360,000 florins de change, et constituèrent, pour ce capital, une rente annuelle de 16,200 florins, même monnaie, à raison de quatre et demi pour cent, payable à quatre pour cent, si le paiement avait lieu dans les trois mois de l'échéance.

> L'obligation personnelle, passée en 1792, se trouve page 225, au 1er. Recueil d'affaires.

Au moyen de cette levée, et par ses propres ressources, M. de Saint-Génois éteignit une masse de dettes qui s'élevait à 422,674 florins : cette masse excédait donc, de 62,694 florins, le montant de son emprunt fait à Anvers. Dans cette masse se trouvaient des rentes, ensemble au capital de 94,929 florins, constituées à trois pour cent, et dues à des Anversois; ce capital fit partie intégrante de la levée de 360,000 florins, et procura ainsi aux prêteurs une augmentation d'intérêt d'un pour cent, et même d'un et demi pour cent, lorsque la rente ne se payerait pas dans les trois mois de l'échéance.

> Emploi de ce capital par Jos. de Saint-Génois, prouvé au Trib. Civil de Mons. *Ibid.*, *page* 26.

La rente au capital de 360,000 florins, créée par acte du 6 Février 1792, était, par sa constitution, divisible en 360 portions égales. Elle fut assurée par hypothèque sur des biens, lesquels, avec les accessoires, revenus seigneuriaux, droits de dîme et de terrages, supprimés depuis, valaient au-delà de *trois millions de francs*. La suppression de ces droits *fit perdre à M. de Saint-Génois au moins un million*.

> Tableau des biens donnés pour sûreté aux Anversois, *entre les pag.* 24 *et* 25, *ibidem.*

Les malheurs, amenés par la révolution, ne lui permirent point d'être exact au paiement de la rente de 16,200 florins. Le cours forcé des assignats et la dépréciation énorme de cette monnaie fictice, avec laquelle on lui remboursa au pair un capital de 71,560 livres, augmenta son embarras. Il pouvait se libérer entièrement, en payant aussi de cette manière. La vente d'une très-modique partie de ses fonds lui eût procuré les moyens d'affranchir tous les autres Mais M. de Saint-Génois résista au cri de son intérêt, pour n'écouter que la voix de l'honneur. Il fit diverses propositions les plus favorables à ses créanciers; il offrit même de leur céder, *en extinction de la rente*, des fonds de terre d'une valeur supérieure

> La fortune de Joseph de Saint-Génois diminuée d'un million par la suppress. des dîmes, terrages, rentes, etc.

au capital de la rente. Toutes ses démarches furent inutiles; on y répondit que tous les propriétaires des 360 actions, composant la rente entière, n'étaient pas connus; qu'il était impossible de réunir les intéressés, et on éluda ainsi toutes ses offres.

Jos. de Saint-Génois est arriéré dans ses paiemens.

Mais, après la démonétisation du papier monnaie, les Anversois se hâtèrent à poursuivre M. de Saint-Génois pour avoir paiement de cinq canons arriérés. Cette poursuite ne se fit point par simple ajournement, comme on le lit dans l'arrêt de la Cour de Bruxelles, du 13 Fructidor an 12, mais par voie de Commandement, en vertu du contrat de rente déclaré exécutoire. Sur opposition de M. de Saint-Génois, et après quelques débats devant le Tribunal de Jemmappes, M. de Saint-Génois proposa, en son nom et en celui de son épouse, un projet de transaction qui fut accepté par les crédi-rentiers d'Anvers, et décrété par le Tribunal Civil de Jemmappes, le 21 Vendémiaire an 6.

Premier procès terminé par une transaction le 24 Vendém. an 6. *Ibid. pag.* 25 *à* 29.

Par l'article 1er. de ce projet de transaction, M. et Mme. de Saint-Génois annoncent le désir de se liquider entièrement envers les Anversois, tant du capital que des intérêts, et proposent de faire vendre des fonds à cet effet.

L'article 2 présente la liquidation de ce qui était dû pour intérêts, jusques et compris l'échéance du 15 Décembre 1797, faisant avec le capital 436,963 florins, argent de change; *laquelle somme*, y est-il dit, *pourrait être diminuée de celle de* 22,215 florins, aussi argent de change, *à cause de la remise que les crédi-rentiers sont priés de faire d'une année d'intérêts, et de la modération des intérêts à quatre, au lieu de quatre et demi, pour cent, au cas que les conditions et stipulations, contenues dans ces offres, s'observent ponctuellement et strictement.*

Les autres articles règlent le mode qui sera suivi dans les ventes qui seraient faites par M. de Saint-Génois lui-même. Et au cas que, par ces ventes, le tiers de la somme, mentionnée article 2, ne se trouve point liquidé dans les trois mois, et aussi au cas que, dans six mois, la totalité de la créance ne fût point liquidée, l'article 4 porte que M. de Saint-Génois renonce au pouvoir de vendre lui-même ses biens; et qu'il autorise ses crédi-rentiers à faire eux-mêmes les ventes à leur choix, *sans cependant déroger à l'article* 9.

Cet article 9 est ainsi conçu : *Au cas que, par un contre-temps inattendu, les ventes ci-dessus mentionnées ne pourraient avoir lieu jusqu'en définitif, de sorte que l'extinction et libération totale de la somme mentionnée en l'article 2 ne seraient point terminées, les parties de terre non vendues, ni cédées, resteront affectées pour les sommes restantes, au profit des crédi-rentiers ou ayant-cause, sur le pied de la constitution de rente, et porteront l'intérêt, en conformité d'icelle, pour les sommes restantes être divisées en 360 portions égales.*

L'arrêt de la Cour de Bruxelles, du 13 Fructidor an 12, énonce, *dans le récit des faits*, que M. de Saint-Génois, n'ayant pu remplir en entier les conditions de cette transaction, dut de nouveau soutenir un procès contre ses créanciers; que la cause fut portée jusqu'en instance d'appel, et fut enfin terminée par une nouvelle transaction, du 25 Nivôse an 11, décrétée par cette Cour d'Appel, le 25 Pluviôse suivant.

Il y a erreur dans cet exposé des faits. M. de Saint Génois n'a manqué à aucune des conditions que la transaction du 21 Vendémiaire an 6 lui avait imposées. Il n'a pas vendu, à la vérité, une masse de biens suffisante pour opérer l'entière liquidation de la somme déterminée article 2, mais il n'était pas tenu absolument de le faire. Par l'article 9, on avait prévu le cas *où, par un contre-temps inattendu*, les ventes ne pourraient avoir lieu jusqu'au définitif, de sorte que l'extinction et libération totale de la somme mentionnée article 2, ne seraient point terminées. Ce cas est arrivé par le défaut d'enchérisseurs. M. de Saint-Génois voulait bien vendre: c'est-à-dire, céder ses biens à un prix raisonnable; mais il ne voulait et ne pouvait point les abandonner au prix le plus vil; c'eût été dilapider, et la dilapidation n'avait pu être l'objet que les parties s'étaient proposé.

Les paiemens faits aux Anversois, depuis le 7 Frim. an 6, jusqu'en Vent. même année, montent à 147,998 flor. de change. *Voyez le tableau pag.* 250, *ibidem.*

Cependant M. de Saint-Génois avait vendu plusieurs belles parties de biens et à des prix inférieurs à leur valeur. Mais les Anversois, voyant que le produit de ces ventes n'était point suffisant pour liquider la somme entière, imaginèrent d'imputer au fait de M. de Saint-Génois ce qu'on ne pouvait attribuer qu'aux événemens, et sur-tout à la circonstance de la mise en vente des biens de M. de Saint-Génois, dans un moment où on exposait aussi en vente une énorme quantité de biens nationaux, dont l'acquisition facile, à un prix très-bas, allèchait les amateurs, et les éloignait d'employer leurs capitaux à l'achat de biens patrimoniaux. Il n'y avait qu'une chose à faire, c'était de liquider, avec le produit des ventes, 1°. les intérêts exigibles par les Anversois; 2°. et. par imputation du surplus sur le capital, la somme restante du capital pour former et déterminer, sur pied de la constitution primitive, la rente qui devait résulter de cette somme restante, et diviser cette rente et son capital en 360 portions égales.

M. de Saint-Génois provoqua cette liquidation. Les Anversois refusèrent de s'y livrer, et prétendirent avoir le droit de vendre par eux-mêmes les biens de M. de Saint-Génois à tel prix que ce fut, jusqu'à l'extinction et libération totale du capital et de tous les intérêts. C'est là le second procès que M. de Saint-Génois dut soutenir contre les Anversois. Ce procès ne fut jamais porté en appel à la Cour de Bruxelles, ni terminé par aucune transaction : il fut jugé en première instance par le Tribunal de Jemmappes, et en dernier ressort par le Tribunal de la Lys.

Les Anversois imaginent un nouveau procès.

Le Tribunal de Jemmappes ne jugea qu'après l'examen le plus sévère et le plus approfondi : il admit les Anversois à vérifier *que le contre-temps inattendu*, arrivé par le défaut d'enchérisseurs, *serait le fait de M. de Saint-Génois*, et il est résulté au contraire de l'enquête, qu'il avait fait ce qui était en lui pour vendre, même en sacrifiant ses intérêts.

M. de Saint-Génois a justifié, devant ce même Tribunal, que les ventes faites avaient produit flor. 147,991 - 10 - 8; que les biens restans présentaient un revenu de 21,919 florins, somme double environ de la rente, lorsqu'elle serait réduite et fixée après liquidation. D'après ces considérations, le Tribunal de Jemmappes a rejetté la prétention des Anversois, à vendre par eux-mêmes les biens de M. de Saint-Génois; il a déclaré que celui-ci, nullement astreint au remboursement des capitaux restans, ne serait tenu qu'à la rente qui devait en résulter.

Enquête favorable à Joseph de St.-Génois *Ibid. page* 196.

Ce jugement est du 12 Floréal an 7. Avant et après ce jugement, M. de Saint-Génois réitéra ses offres d'entrer en compte et liquidation pour déterminer le capital restant et en régler la rente. Mais les Anversois, *persévérant dans leur dessein de ruiner leur débiteur*, appellèrent du jugement de Jemmappes, du 12 Floréal an 7. Le Tribunal de la Lys, saisi de la cause d'appel, confirma le premier jugement, par arrêt du premier Floréal an 8.

Jugement contre les Anversois à Mons. *Ibidem, page* 217.

Entre-temps les Anversois avaient fait faire, le 22 Messidor an 7, commandement à M. de Saint-Génois de payer les intérêts échus depuis le 15 Décembre 1797. Ils déterminaient, à leur gré, une somme arbitraire. Ils demandaient, par voie d'exécution, une somme qui n'était pas liquide; ils faisaient cette demande, nonobstant l'appel qu'ils avaient interjetté du jugement du 12 Floréal an 7, et ils énonçaient des réserves incompatibles avec un système de liquidation générale. M. de Saint-Génois se rendit opposant. Un jugement préjudiciable à ses droits fut prononcé par le Tribunal de Jemmappes, le 12 Fructidor an 7. Il en appella et obtint la réformation de ce jugement, par arrêt du Tribunal de la Lys, du 23 Prairial an 8, qui a déclaré nulle et de nulle valeur la sommation faite par les Anversois le 22 Messidor an 7.

Les Anversois condamnés de nouveau en appel à Bruges. *Ibid., page* 279.

Au lieu de liquider avec M. de Saint-Génois, comme celui-ci ne cessait de le demander, les Anversois s'opiniâtrant à poursuivre le paiement des sommes qu'eux-mêmes auraient arrêtées, firent citer leur débiteur en conciliation devant le Juge-de-paix de Celles, le 5 Thermidor an 8, pour des intérêts échus, qu'ils fixaient à leur manière, et qu'ils demandaient toujours avec des réserves, dont l'objet lui-même devait être discuté dans une liquidation préalable.

Refus des Anversois de liquider, pour avoir occasion d'entamer un nouveau procès.

Le mandataire des Anversois, au bureau de paix, n'avait que des pouvoirs insuffisans, puisqu'il ne pouvait transiger que sous ratification; M. de Saint-Génois en fit l'objection et néanmoins offrit d'entrer en compte et liquidation sur tous les points; il y eut acte de non conciliation. Il fut cité une seconde fois en conciliation, le 12 Messidor an 9. Les Anversois persévérant dans le même système, et leur mandataire n'ayant pas des pouvoirs suffisans, M. de Saint-Génois se retrancha dans la même défense.

Cette affaire fut portée au Tribunal Civil de première instance séant à Tournay, lequel, par jugement du 6 Fructidor an 9, déclara les Anversois citans non recevables dans leurs fins et conclusions, les en renvoya et les condamna aux frais.

Nouveau procès jugé à Tournay contre les Anversois. *Ibid. page* 391.

En jugeant ainsi, le Tribunal de Tournay s'était proposé d'après les objections de M. de Saint-Génois, les questions, 1°. *si un mandataire qui n'a de pouvoir de transiger par devant le Juge-de-Paix en conciliation* que sous la ratification de son commettant *a les pouvoirs voulus par l'art.* 16 *de la loi du* 27 *Mars* 1791, *pour le représenter*; 2°. *si les Sieurs* Van de Werve, Geellhand, Ullens et Dierixsens, *sont suffisamment mandatés pour soutenir dans cette cause les intérêts des actionnaires dans la levée de* 560,000 *florins de change*; 3°. en cas de négative, *s'ils peuvent au moins s'y présenter pour soutenir les parts qu'ils y ont.*

Sur la première question, le Tribunal a considéré : *que l'article* 16 *de la loi du* 2 *Mars* 1791 *ainsi conçu : aucuns* Avoués, Greffiers, Huissiers, et ci-devant Hommes de loi, ou Procureurs, ne pourront représenter les parties aux bureaux de Paix : les autres citoyens ne seront admis à les représenter que lorsqu'ils seront revêtus de pouvoirs suffisans pour transiger, *a exigé qu'un citoyen, en représentant d'autres, eût des pouvoirs suffisans pour transiger.* Que les pouvoirs pour transiger supposent à celui qui en est revêtu le droit de *terminer l'affaire définitivement. Qu'un mandataire, qui ne peut* transiger que sous ratification, *n'a point le pouvoir de terminer l'affaire en vertu de sa procuration et qu'il a besoin d'un autre acte, de celui de ratification, pour y mettre fin. Que le but de la loi du* 27 *Mars* 1791, *étant que le Juge-de-Paix et ses Assesseurs amènent, par leur médiation, les parties à transiger, ce but serait manqué, si la partie ne comparaissait par une personne suffisamment mandatée pour terminer l'affaire par un arrangement irrévocable. Que la loi, ayant écarté du bureau de Conciliation, les Avoués, Greffiers, Huissiers, Hommes de loi, ou Procureurs, a voulu qu'ils ne pussent, par leur influence, arrêter l'arrangement des parties et que cette fin ne serait pas atteinte, si l'on pouvait donner des pouvoirs à son mandataire pour comparaître en conciliation* et y transiger sous ratification; *ces hommes attachés au Barreau pouvant alors être consultés et arrêter la ratification.*

Ces considérations déterminant la fin de non recevoir, *objet de la première question*, contre les citans, dont quatre seulement, représentés devant le bureau de Paix, l'avaient été par un mandataire qui ne pouvait transiger que *sous ratification*, le Tribunal crut inutile d'examiner les seconde et troisième questions.

Les Anversois appellent de ce jugement avec citation pour comparaître devant le Tribunal

Appel des Anversois.

de Bruxelles le 3 Frimaire an 10. M. de Saint-Génois ne comparaissant pas, les Anversois demandent défaut contre lui. Le Tribunal accorde le défaut, attendu, dit-il, que, par la non comparution, *de Saint-Génois était censé ne vouloir donner aucune suite au jugement du Tribunal Civil de Tournay*. Mais, avant d'adjuger le profit du défaut, il proroge la cause au 3 Nivôse suivant.

Jugement par défaut contre Joseph de Saint-Génois.

Le Jugement est signifié à M. de Saint-Génois qui y forme opposition le 21 Frimaire. Un concours de circonstances fatales l'empêche de se présenter à cette audience. L'affaire est mise en délibéré, et à l'audience du lendemain, 4 Nivôse an 10, le Tribunal d'Appel prononçant le profit du jugement rendu par défaut le 3 Frimaire précédent, déclare qu'il accorde aux Anversois défaut sur l'opposition formée par Jos. de Saint-Génois, joint cette opposition au principal et *adjuge* aux Anversois *leurs fins et conclusions* avec dépens. Ces conclusions, prises par les Anversois à l'audience du 3 Frimaire, étaient *qu'il fût déclaré que mal avait été jugé par le Tribunal de Tournay dans son jugement du 6 Fructidor an* 9, *que bien et avec griefs avait été appellé par eux : et à ce que le Tribunal, faisant ce que le juge* à quo *aurait dû faire, déclarât Joseph de Saint-Génois, pour avoir conclu à la nullité de l'exploit d'assignation à lui signifié le* 25 *Thermidor an* 9, *non fondé, ni recevable : et à ce qu'évoquant* la cause *il ordonnât à Joseph de Saint-Génois de plaider au fonds à une audience fixée à bref terme par le Tribunal, avec condamnation aux dépens des deux instances.*

Opposition signifiée trop tard, par la négligence d'un agent.

Une opposition, faite par M. de Saint-Génois à ce jugement du 4 Nivôse, fut sans effet par ce que, par la *négligence* d'un Agent, elle fut signifiée à tard. Il ne restait que la voie de Cassation. Il avait paru à M. de Saint-Génois *et à ses conseils*, que les conclusions des Anversois leur ayant été adjugées en totalité, et sans réserve par le jugement du Tribunal d'Appel du 4 Nivôse, il en résultait deux points principaux d'ouverture à Cassation, savoir : 1°. que la cause était évoquée au fonds, sans qu'il fut statué sur le fonds, définitivement à l'audience par un seul et même jugement, ce qui néanmoins est prescrit par l'art. 2, du titre 6 de l'Ordonnance de 1667 : — 2°. qu'en adjugeant le profit du défaut avec effet, *que M. de Saint-Génois était déclaré non fondé ni recevable dans la conclusion qu'il avait prise devant le premier juge à la nullité de l'exploit d'assignation*, le Tribunal d'Appel, sans avoir égard à l'art. 3, du titre 5 de ladite Ordonnance qui porte, *que les conclusions du demandeur (en matière de défaut) ne pourraient lui être adjugées qu'autant que la demande se trouverait juste et bien vérifiée*, avait néanmoins jugé, contre le texte de la loi, qu'une assignation devant le Tribunal de première Instance était recevable et admissible, quoique devant le bureau de Paix, pour l'essai préalable de la voie de Cassation, les demandeurs fussent seulement représentés par un mandataire dont le pouvoir ne lui permettait de transiger que *sous ratification*. M. de Saint-Génois se pourvut en Cassation de ces deux chefs, mais son pourvoi fut rejetté.

La cause évoquée à la Cour d'Appel. De St.-Génois implore la médiation de la Cour. Il fait lecture d'une lettre remplie d'outrages, d'impostures, de mépris, écrite contre lui par Boucqueau au jurisconsulte Méjan, demeurant à Paris. *Pag. 58 du 2me. Recueil.*

Les Anversois poursuivirent la cause au fonds devant la Cour d'Appel : l'évocation, faite par cette Cour, privait M. de Saint-Génois du premier degré de jurisdiction, car rien n'avait été traité, ni discuté, ni jugé au fonds en première Instance. La condamnation prompte de M. de Saint-Génois au paiement d'une somme considérable pour intérêts d'un capital non connu, non déterminé, était dans le vœu des Anversois. M. de Saint-Génois réclamait les principes : il demandait que la cause au fonds fût renvoyée aux premiers juges : il prétendait, dans tous les cas, que la demande de ses adversaires était au fonds non recevable, avant qu'on eut effectué la liquidation qu'il n'avait cessé de provoquer, et à laquelle ils s'étaient constamment refusés. Mais ils étouffaient le cri des principes par de vaines clameurs : ils accablaient M. de Saint-Génois *par les imputations les plus odieuses et les plus outrageantes*, et les choses furent amenées au point que celui-ci crut ne pouvoir se sauver qu'en proposant de transiger, et en implorant, à cet effet, LA MÉDIATION DE LA COUR D'APPEL, qui, dans sa séance du 2 Nivôse an 11, nomma pour Commissaire M. le juge *Fournier*, à l'intervention de M. *Beyts*, Commissaire du Gouvernement.

Nouvelle transaction très-diffuse, d'un style très-dur, d'une impossibilité méditée, rédigée par Boucqueau.

Efforts inutiles du Juge Fournier et du Commissaire Beyts, pour la rendre plus intelligible, et obtenir une prolongation de temps pour l'exécution de cette transaction. Ils s'écrient inutilement contre la dureté de l'art. 16.

Une transaction fut signée à Bruxelles, le 25 Nivôse an 11, à onze heures du soir. Il suffit de lire cet acte pour être convaincu que M. de Saint-Génois n'a concouru en aucune manière à sa rédaction, et qu'il a dû subir la loi imposée : l'article 16 en fournit une preuve bien frappante, le voici : *si les défendeurs* (M. et Mme. de Saint-Génois) *n'accomplissaient pas ponctuellement les clauses et conditions contenues dans le présent contrat, et ce, soit* par simple omission, soit par quelque difficulté, contre-temps, prétexte, ou obstacle quelconque, ou même par quelque raison ou événement que ce fût, ou pût être, attendus ou inattendus, pensés ou non pensés, soit par défaut d'amateurs, d'offres suffisantes, ou d'enchérisseurs véritables ou factices, avenus par la faute, ou sans la faute des défendeurs, *dans ce cas et dans chacun de ces cas, les défendeurs, dès à présent, pour lors, renoncent au pouvoir de vendre eux-mêmes leurs biens et autorisent lesdits citoyens* Van de Werve, Geelhand, Ullens et Dierixsens, *tant en leur nom que comme constitués des autres demandeurs* à faire eux-mêmes les ventes desdits biens *à leur choix, et au nom des défendeurs, par dix jours de siége, distant de quinzaine, par devant Notaire et à trois mois de crédit, pour les prix d'achat être employés à la même destination, comme ci-devant, jusqu'à concurrence de ladite somme totale, ou du restant de ladite somme. Lesdites rénonciation et autorisation étant ici stipulées et déclarées irrévocables comme faisant partie du présent contrat de transaction.*

Ainsi

Ainsi donc, on obligeait M. de Saint-Génois à supporter tous les cas fortuits, tous les événemens de force majeure : on le forçait même à l'impossible : et, après avoir écrit qu'il serait responsable et exécuté même, lorsqu'il n'y aurait rien de sa faute, il ne manquait plus que de stipuler qu'il serait responsable aussi de la faute des Anversois, car c'est au vrai ce que ceux-ci ont prétendu et c'est virtuellement ce que la Cour d'Appel de Bruxelles a jugé.

Mais n'anticipons point. Par cette transaction, il fut fait, non une liquidation complette et générale, telle que M. de Saint-Génois était fondé à l'exiger, mais une liquidation partielle avec des réserves pour le surplus.

Par l'article 2, le restant du capital est porté à flor. 266,751 - 9 - 4, et la somme due pour les intérêts jusques et compris ceux de l'an 1802, y compris aussi ce qui avait été érogé par les Anversois pour droit d'inscriptions hypothécaires, etc. a été fixée à 54,516 florins 13 sols 3 deniers. Outre quoi les Anversois se réservaient la prétention à une somme de 42,417 florins 15 sols 6 deniers, Brabant, de change, faisant 89,773 francs 6 centimes et 88 centièmes, pour différentes causes, objet de leurs réserves précédentes; et les parties ont soumis les difficultés relatives à cette prétention *à l'arbitrage des Sieurs Bara, Raoux et Cokaert*, Jurisconsultes à Bruxelles. (*Il est à remarquer que, par la décision de ces arbitres du 2e. Complémentaire an 13, l'import de ce qui est adjugé aux Anversois ne s'élève qu'à 8000 francs environ, ce qui ne fait pas le onzième de leur prétention : ils sont renvoyés et déclarés respectivement non recevables et non fondés dans le surplus. Tant il est vrai que les Anversois ont moins pensé a exercer contre M. de Saint-Génois des actions fondées qu'a lui en susciter qui pussent le chagriner et le tracasser.*)

De Saint-Génois redevable de 321,267 flor. de change, pour intérêts et capitaux, sauf une somme de 42,417 flor. de change, renvoyé à la décision de MM. Bara, Raoux et Cockaert, nommés arbitres.

Par l'article 3 de ladite transaction, M. et Mme. de Saint-Génois s'obligent de payer la somme de 54,516 florins 13 sols 3 deniers, en trois paiemens égaux, dont *le premier* avant le 25 Floréal an 11, *le deuxieme* avant le 25 Thermidor même année; et *le troisième* avant le 25 Brumaire an 12, sans pouvoir toucher aux hypothèques affectées aux demandeurs.

Selon l'article 5, *si l'un des paiemens ne s'effectuait pas, à son échéance, et ce soit par simple omission, soit par quelque difficulté, contre-temps, prétexte; ou obstacle quelconque, ou même par quelque raison ou obstacle que ce fût, ou pût être, attendus ou inattendus*, pensés ou non pensés, *dans ce cas et dans chacun de ces cas, et entre autres dans le cas que les défendeurs pour faire lesdits paiemens eussent touché à l'hypothèque, les défendeurs s'obligent de se liquider entierement envers les demandeurs, tant dudit capital restant que desdites sommes..... et faire vendre au profit des demandeurs les fonds nécessaires pour effectuer ces libérations*, etc., etc.

Dans l'article 6, les défendeurs s'obligent à rembourser ce capital de 6 mois en 6 mois et par sixième. Par la combinaison des art. 5 et 6, on voit que, manquant au paiement du premier tiers de la somme de 54,000 et des florins, dont l'échéance était fixée au 25 Floréal an 11, le premier terme de 6 mois pour payer (*en vendant les biens*) le premier sixième du capital et arrérages réunis, commençait à courir dès le 25 Floréal an 11, correspondant au 15 Mai 1803, et devait conséquemment écheoir le 25 Brumaire an 12, correspondant au 17 Novembre 1803. Cependant le rédacteur de l'arrêt de la Cour d'Appel, contre lequel il y a pourvoi, a écrit *que le premier sixième devait se payer avant la fin du semestre qui suivrait le 15 Décembre 1802*; il fait ainsi écheoir le premier semestre au 15 Juin 1803. Ce qui est une erreur grave. Ce premier semestre n'échéait et ne devait écheoir qu'au 17 Novembre 1803; on ne doit pas perdre de vue cette observation Il est reconnu, article 7, que, pour se libérer ainsi par sixième de 6 mois, en 6 mois, des sommes totales, en capitaux et arrérages, les défendeurs peuvent vendre les hypothèques.

L'article 14 porte : les défendeurs feront vendre chaque lot, ou marché desdites ventes, quitte et libre des charges des crédi-rentiers et des autres charges : bien entendu que cette clause de la libération *des charges des demandeurs, a laquelle les demandeurs consentent, ne devra être* exécutée *que du moment que le prix d'achat de chaque vente sera payé et reçu par eux, ou par les citoyens* Dillis, *ou* Piat-Lefebvre *et que* l'exécution *de ladite clause* se fera *sans frais des demandeurs*, au moyen d'une simple autorisation *pour consentir* en leur nom *à la levée de leurs hypothèques sur l'objet de ladite vente.* Cette dernière clause de l'article 14, *au moyen d'une simple autorisation pour consentir*, etc. est importante et essentielle. Les Anversois promettaient solennellement de donner cette autorisation. Nous verrons qu'ils ont été en retard d'exécuter cet engagement.

Les Anversois promettent solennellement, article 14, d'envoyer une procuration pour radier de leurs hypothèques les parties vendues, après en avoir reçu les prix.

L'article 16, que nous avons déjà transcrit, est conçu dans le même esprit qui a fait rédiger l'art. 5, et en général la transaction entière. On a vu, dans cet article 16, que le seul fait de non accomplissement des clauses et conditions du contrat (*quelqu'en fût la cause*) emportait de la part des défendeurs renonciation au pouvoir de vendre eux-mêmes, et autorisation aux demandeurs de faire les ventes des biens au nom des défendeurs.

Par l'art. 21, il est convenu *que les difficultés quelconques, qui pourront survenir entre parties, relativement aux objets, ou à l'exécution du présent contrat, devront être portées directement au Tribunal d'Appel de Bruxelles.*

M. de Saint-Génois avait bien prévu qu'il lui serait difficile d'effectuer, pour le 25 Floréal an 11, le paiement du premier tiers des arriérés. Ayant annoncé la vente de plusieurs parties de biens non hypothéqués, il n'obtint aucun succès. Par un effet de cette transaction qu'il ne lui avait pas été permis de rejetter, sans s'exposer, et sa famille, à une ruine certaine, il dut se décider au remboursement des capitaux de la rente, et de tous les arriérés, dans les termes fixés par la transaction. Il communiqua cette résolution au Notaire *Vinchent* chargé des ventes, lequel écrivit le 21 Germinal an 11 (11 Avril 1803) au Sr. Dillis à Anvers, pour lui donner part que M. de Saint-Génois se décidait à effectuer le remboursement intégral, en 6 paiemens égaux de 6 mois en 6 mois; qu'en conséquence il invitait les crédi-rentiers d'Anvers à envoyer, le plutôt possible, la procuration nécessaire pour radier leur inscription hypothécaire sur les parties qu'on vendrait. La procuration du 27 Messidor ne parvint à Tournay que le 2 Thermidor (21 Juillet) *donc plus de trois mois après la demande*: et le paiement du premier sixième devait être effectué pour le 25 Brumaire an 12 (17 Novembre 1793) voilà donc *trois mois et plus de perdus* pour M. de Saint-Génois, non par sa faute, *mais par la faute des créanciers d'Anvers*. CE N'EST PAS TOUT. En vertu de la procuration du 17 Messidor an 11, le Sr. *Faucheux*, Conservateur des hypothèques au bureau de Tournay, fit d'abord quelques radiations. Mais ensuite, l'ayant examinée avec plus d'attention, il remarqua que cette procuration était insuffisante, en ce qu'elle n'était signée que par les Srs. *Van de Werve*, *Geelhand*, *Ullens et Dierixsens*, tandis que l'inscription hypothécaire était prise au profit du Sr. *de Meulenaer*. Le Sr. *Faucheux* refusa de radier ultérieurement, jusqu'à ce que M. *de Meulenaer* eût donné une procuration expresse, ou confirmé et ratifié celle du 27 Messidor.

Première procuration pour radier, envoyée 3 mois après la demande. 2e. *Recueil*, *page* 98, avec une lettre de M. Dillis.

Cette procuration déclarée insuffisante par le Conservateur des hypothèques.

NOUVEL EMBARRAS et nouvelle perte de temps pour M. de Saint-Génois qui s'empressa de communiquer aux Anversois ce refus et l'observation du Sr. *Faucheux*. Il fit et fit faire des instances réitérées pour avoir une nouvelle procuration, *et les Anversois, dont le but était de consommer l'œuvre de spoliation* qu'ils avaient méditée, et dont les moyens étaient préparés dans la transaction même, envoyèrent à Tournay le 25 Nivôse an 12, une nouvelle procuration signée par le Sr. *de Meulenaer*, à Anvers, le 16 du même mois (7 Janvier 1804) deux mois après l'échéance du premier semestre.

Deuxième procuration, arrivée 2 mois après le refus du Conservateur. *Ibidem*, *page* 104.

Le retard dans l'envoi de la première procuration avait nui considérablement aux ventes annoncées par M. de Saint-Génois : plusieurs amateurs en avaient conçu des inquiétudes, et les inquiétudes ont augmenté encore, lorsqu'après l'arrivée de cette première procuration, le Conservateur des hypothèques eut élevé des doutes sur la suffisance et refusé de continuer les radiations qu'il se repentait d'avoir trop légèrement commencées.

Préjudices et procès intentés par les acquéreurs contre Jos. de Saint-Génois, à cause du retard de l'envoi de cette 2e. procuration.

D'un autre côté, un acquéreur assigna M. de Saint-Génois en bureau de conciliation, annonçant des conclusions tendantes à le faire condamner à procurer les radiations. Un autre rétractait l'offre qu'il avait faite d'un prix pour une partie exposée en vente. La défiance était générale. M. de Saint-Génois était arrêté et paralysé dans ses projets de vente. Et c'est ainsi que par la faute des Anversois, par un événement qui n'est imputable qu'à eux seuls, M. de Saint-Génois s'est trouvé dans l'impossibilité de completter pour le 25 Brumaire an 12, le paiement du premier sixième. Ce premier sixième portait 53,544 florins 13 sols 9 deniers. M. de Saint-Génois, malgré les entraves et les retards qu'on lui a fait éprouver, a payé 52,416 florins 14 sols 4 deniers; il y avait déficit de 1127 florins 19 sols 5 deniers, et c'est à cause de ce mince déficit, résulté par leur faute, que les Anversois se mirent en devoir de procéder par eux-mêmes à la vente d'une partie des biens hypothéqués. M. de Saint-Génois y fit opposition : et, *après des démarches extrajudiciaires*, *après des tentatives au bureau de Paix qui furent méprisées*, il cita ses adversaires devant la Cour d'Appel. Il se pourvut aussi par pétition à la Cour d'Appel pour obtenir un sursis.

De St.-Génois cite les Anversois au bureau de paix. *Ibid.*, *page* 110.

Les Anversois affichent les biens de J. de St.-Génois, qui s'adresse à la Cour d'Appel de Bruxelles, pour en obtenir un sursis et prorogation de temps.

A l'audience, il conclut *à ce qu'il plût à la Cour arbitrer un nouveau délai de prorogation qui lui serait accordé pour continuer, par lui-même et sur le pied de la transaction, les ventes dont s'agissait au procès.*

La transaction, du 25 Nivôse an 11, imposait à M. de Saint-Génois des conditions dures et excessivement rigoureuses. Il devait, dans un terme très-court, payer une somme considérable pour les canons arriérés. On lui avait défendu de toucher à l'hypothèque pour faire ce paiement, quoique l'hypothèque fût d'une valeur supérieure de beaucoup à ce que les Anversois pouvaient raisonnablement exiger pour leur sûreté. Mais on désirait qu'il ne pût payer l'arriéré dans le temps limité. On avait pris la précaution d'exiger impérieusement que, dans ce cas, les capitaux mêmes seraient exigibles. Par cette condition, les Anversois stipulaient, en leur faveur, le remboursement intégral des capitaux d'une rente dont ils n'auraient pu obtenir deux tiers dans le commerce. Ce n'était pas assez d'obtenir cet avantage si ruineux pour leur débiteur, il fallait se ménager le pouvoir de dilapider un jour ses belles propriétés. Et, à cet effet, on exigea que, l'arriéré ne se trouvant pas entièrement payé dans le délai fixé, M. de Saint-Génois devrait se libérer des sommes totales, tant en capitaux qu'en intérêts, par paiemens égaux de 6 mois en 6 mois, avec la faculté d'aliéner à cet effet les biens hypothéqués, et que, manquant à l'un de ces paiemens, le moindre retard, ou déficit dans les sommes versées, investirait de suite les Anversois de la faculté de vendre, par eux-mêmes, les biens de leur débiteur.

Une rigueur aussi extraordinaire doit être modérée par le tempérament que l'équité suggère. Le seul but raisonnable que les Anversois puissent avoir, c'est d'être payés. Tout ce qui peut adoucir la condition du débiteur et diminuer ses pertes, sans contrarier la fin proposée qui est le paiement à faire aux créanciers, semble devoir être accordé. On doit donc entendre sainement et bénignement les clauses de la transaction. On doit, quelque fût la rigueur exprimée dans les articles 5 et 16, prendre en considération les embarras, les obstacles que le débiteur a rencontrés, sans qu'il y eût de sa faute. Et lorsque, malgré ces obstacles, le débiteur est parvenu à se libérer du premier sixième des sommes totales, à la différence près (très-modique) d'une sommes de 11 cents et quelques florins, l'équité repousse la prétention des créanciers à exproprier, par eux-mêmes, leur débiteur, et semble commander qu'on accorde un délai ultérieur à celui-ci. Ces considérations doivent sur-tout faire impression sur les juges, dans la circonstance qu'en supposant qu'aucun obstacle n'eut été apporté, par les Anversois eux-mêmes, il est évident que M. de Saint-Génois ne pouvait exécuter la loi qu'on lui avait imposée qu'en faisant des efforts inouis et au-delà du pouvoir humain, ou bien en donnant plutôt qu'en vendant ses propriétés.

S'il a été en défaut, parce que ce qu'il n'a point fait était impossible à faire, on ne peut le lui imputer. Personne n'est tenu à l'impossible. *S'il a été en défaut*, parce qu'on prétendrait que, ne pouvant vendre à un prix raisonnable, il aurait du abandonner ses biens au prix le plus vil : alors ce point, auquel on voudrait porter l'engagement de M. de Saint-Génois, serait injuste, odieux et contre les bonnes mœurs. L'engagement serait nul. Mais ces moyens n'étaient point les seuls que M. de Saint-Génois eut à proposer. Il fondait sa demande de surcis, et d'un nouveau délai, sur un motif puisé dans le droit strict, dans le principe que les Anversois devraient avoir exécuté la transaction de leur côté, pour être recevables à prétendre qu'elle le fut du côté de M. de Saint-Génois, et dans cet autre principe qu'une condition est toujours censée remplie, lorsque celui à qui son inexécution donnerait des droits, a empêché par son fait qu'elle ne fut remplie.

Or, ce double principe s'élevait contre la prétention des Anversois à vendre par eux-mêmes. Ils devaient procurer une autorisation pour faire radier les hypothèques sur les biens que M. de Saint-Génois vendrait. Cette autorisation n'était point acquise, comme ils l'ont prétendu, par l'art. XIV de la transaction. Cet article porte, 1°. *que M. et Mme. de Saint-Génois feront vendre les biens avec cette clause, quittes et libres des charges des crédi-rentiers; et* 2°. *que l'exécution de cette clause se fera sans frais des Anversois* au moyen d'une autorisation *pour consentir, en leur nom, à la levée de leurs hypothèques sur l'objet de la vente.* Cette autorisation, pour exécuter la clause *quittes et libres*, était donc une autorisation à donner : il ne peut y avoir de doute sur ce point, et les Anversois l'ont eux-mêmes entendu dans ce sens, en donnant l'autorisation. *Mais comment et dans quel sens l'ont-ils donnée?* Par une procuration insuffisante envoyée, trois mois et plus, après qu'elle fut demandée.

Cet envoi tardif a fait perdre un temps précieux au débiteur ; cette perte, qui est le fait des créanciers, doit être restituée par eux à M. de Saint-Génois. COMME INSUFFISANTE, cette procuration n'avait pas même le mérite d'être de la part des créanciers l'accomplissement tardif de leur obligation. On ne peut nier qu'elle ne fut insuffisante, puisqu'elle n'était pas signée par M. de Meulenaer, au profit de qui l'inscription avait été prise. On peut d'autant moins le nier que les Anversois ont reconnu eux-mêmes cette insuffisance, *en envoyant une seconde procuration signée par M. de Meulenaer.* Mais, depuis le temps de la remarque faite par le Conservateur de l'insuffisance de la première procuration jusqu'à l'envoi de la seconde, il s'était écoulé encore un mois environ : donc encore un mois de plus que M. de Saint-Génois avait à reclamer de ses créanciers, et ainsi près de 5 mois avec le premier retard.

Conclusions sages et fondées sur les lois, prises par le jurisconsulte Du Burck, défenseur de Jos. de Saint-Génois.

La perte de temps n'est pas le seul dommage que M. de Saint-Génois ait essuyé par ce retard arrivé par le fait et la faute des Anversois. Le discrédit des ventes, la désertion des amateurs, la rétractation par l'un d'eux d'une offre de 16 mille florins pour 10 bonniers de terre, sont un effet direct de ce retard et sur-tout de l'insuffisance de la première procuration. Ces motifs faisaient espérer à M. de Saint-Génois que ses créanciers auraient été déclarés non recevables et non fondés à vendre par eux-mêmes, et qu'un surcis aurait été accordé au débiteur, avec prorogation de délai, pour remplir les engagemens qu'il avait contractés par la transaction. *Mais* la Cour d'Appel ne tint aucun compte de ces moyens.

Les Anversois ont soutenu que les retards n'étaient l'ouvrage que de M. de Saint-Génois lui-même. Absurde et révoltante assertion, relative à une procuration que les Anversois devaient donner et envoyer ! Il ont allégué que leur débiteur avait violé des articles précis de la transaction, tant par une coupe d'arbres qu'il avait fait faire, qu'en ne pas soumettant, dans le temps fixé, aux arbitres le différend relatif à une somme de 42,000 florins environ, rappellé article deux. Mais une seule coupe a été faite, savoir dans le bois d'Antoing. Cette coupe ordinaire très-modérée, faite en saison, et réglée par l'aménagement du bois, était permise. Les créanciers hypothécaires n'auraient eu aucun droit de s'y opposer.

Conclusions des Anversois, par leur homme de loi, Boucqueau, qui diffame Jos. de Saint-Génois pendant près de trois heures, avec un maintien qui annonçait la rage et le delire.

Quant à l'arbitrage, convenu article deux de la transaction, ce n'est point par le fait de M. de Saint-Génois que les arbitres n'avait point décidé, mais parce qu'en réglant que les arbitres jugeraient en-déans 6 mois du jour de la transaction, sur les mémoires à donner par les parties, sans déterminer dans quel terme ces mémoires devraient être remis, les arbitres, *considérant que l'une ou l'autre des parties aurait pu remettre son mémoire à la fin de* 6 *mois*, et que, dans ce cas, il ne leur resterait pas de temps pour examiner et juger, avaient refusé d'accepter le compromis. Depuis lors, *ce compromis a été repris : le mode d'instruction devant les arbitres a été réglé : ceux-ci ont accepté. Ils ont jugé et sur* 89,000 *francs, import total de leurs conclusions, les Anversois ont été reconnus et déclarés* excessifs demandeurs *de quatre-vingt-un mille francs.*

Les Anversois déclarés excessifs demandeurs de 82,000 fr., par jugement arbitral définitif.

Ils prétendaient aussi *que la procuration qu'on leur avait demandée pour radier leur hypo-*

thèque n'était pas nécessaire. Nous avons vu qu'elle était indispensable, et que les Anversois s'étaient engagés à donner l'autorisation, sans laquelle la radiation ne pouvait certainement être faite par le conservateur. *Ils niaient que la première procuration ne fut arrivée à Tournay, que long-temps après la demande.* Mais la correspondance sur ce point prouve que cette dénégation était faite de mauvaise foi.

CRIME DE FAUX imaginé par Bourqueau, pour spolier Jos. de Saint-Génois.

Enfin de toutes les défenses proposées par les Anversois, ***LA PLUS CRIANTE, LA PLUS RÉVOLTANTE*** se lit dans la partie de l'arrêt expositive des dires respectifs des parties en ces termes : ON NIE, *que jamais* le Conservateur *des hypothèques ait fait quelques difficultés à cet égard* (à l'égard des radiations demandées). *Cette assertion est* démentie *par le* certificat *même de ce conservateur produit sur le bureau.*

Si ce prétendu certificat que M. de Saint-Génois n'a jamais vu, et qui a disparu du dossier des pièces, aussi-tôt après que l'arrêt fut rendu, contenait que le Conservateur avait fait quelques radiations, le fait serait indifférent parce que nous avons déjà observé que le Conservateur, n'ayant pas examiné de près la première procuration, avait effectué des radiations, mais qu'ensuite il avait tout-à-coup refusé de radier ultérieurement, parce qu'il avait remarqué que cette procuration était insuffisante. Et si l'on prétend que ce certificat renfermait la déclaration du Conservateur qu'il n'avait jamais refusé de faire aucune radiation, en vertu de cette procuration, alors LE CERTIFICAT EST UN ACTE FAUX, démenti et désavoué par le Conservateur lui-même, ainsi qu'on le verra ci-après.

Sur les débats des parties, la Cour d'Appel a trouvé que la cause ne présentait à examiner qu'une seule question, qu'elle a posée et qu'elle a décidée comme il suit. *Les défendeurs* (créanciers d'Anvers) *sont-ils fondés à faire par eux-mêmes la vente des biens dont il s'agit?*

Arrêt de la Cour d'Appel qui met les vastes propriétés de Jos. de Saint-Génois à la merci des Anversois.

Attendu *que les demandeurs* (M. et Mme. de Saint-Génois) *sont restés en défaut d'accomplir la transaction du 25 Nivôse an 12:*

Attendu *que les demandeurs n'ont fait aucune demande judiciaire pour constituer les défendeurs en demeure sur l'envoi des procurations, ni justifié de l'obstacle que le retard de cet envoi a pu mettre à la continuation des ventes, qu'ils ne se sont pas mis en devoir de poursuivre dans les délais fixés par la transaction, d'où il suit qu'il n'y a pas lieu* d'empêcher les diligences *commencées par les défendeurs pour vendre, en conformité de l'article* 16 *de la transaction, ni par conséquent d'accueillir les conclusions des demandeurs;*

(*Par ces motifs, la Cour DÉBOUTE les demandeurs de leurs conclusions, en prorogation de délai pour vendre par eux-mêmes et les condamne aux dépens*).

Recours de Jos. de Saint-Génois à la Cour de Cassation, dirigé par l'ancien jurisconsulte Mailhe.

D'après cet arrêt, du 13 Fructidor an 13, (31 Août 1804), les Anversois ont vendu, par eux-mêmes, des biens de leur débiteur, quoiqu'ils sussent que celui-ci se pourvoyait en cassation. Ils ont vendu pour 200,831 francs des biens qui valent à-peu-près le double de cette somme. S'ils continuent de dilapider ainsi la fortune de leur débiteur, ils le dépouilleront de toutes ses propriétés, et lui laisseront encore des dettes à payer. La ruine de M. de Saint-Génois est donc entièrement consommée, s'il ne parvient à faire casser l'arrêt du 13 Fructidor an 12.

MOYENS DE CASSATION.

Ce grand intérêt de M. de Saint-Génois à la cassation d'un arrêt, dont l'exécution anéantirait toute sa fortune, est heureusement accompagné de moyens pour l'obtenir. Il y a lieu à cassation, lorsque l'arrêt attaqué contient contravention expresse aux lois, soit dans les formes, soit dans les dispositions que l'arrêt prononce. Or l'arrêt du 13 Fructidor an 12, contient tout-à-la-fois violation des formes et contravention relative au fonds.

1°. Que la Cour d'Appel n'a posé aucun fait relatif à la cause.

L'article 15, du titre 5 de la loi du 24 Août 1790, recueilli et rendu obligatoire dans les départemens de la Belgique, par l'arrêté des Représentans du Peuple, en date à Bruxelles du 2 Frimaire an 4, ordonne : *la rédaction des jugemens, tant sur l'appel qu'en première instance, contiendra 4 parties distinctes.* Dans la première, *les noms et qualités des parties seront énoncées.* Dans la seconde, *les questions de fait et de droit, qui constituent le procès, seront posées avec précision.* Dans la troisième, *les résultats des faits, reconnus ou contestés par l'instruction et les motifs qui auront exprimé le jugement, seront exprimés.* La quatrième enfin, *contiendra le dispositif du jugement.*

Les Anversois, défendeurs devant la Cour d'Appel de Bruxelles, soutenaient qu'ils étaient fondés à faire par eux-mêmes la vente des biens de M. de Saint-Génois. Et M. de Saint-Génois, et son épouse, demandeurs, disaient que cette prétention des Anversois ne pouvait être accueillie. *C'était là l'objet du litige.* La décision de ce litige dépendait de l'examen de plusieurs questions de fait et de droit.

Dans le fait : les parties étaient en contrariété. M. de Saint-Génois alléguait que ses adversaires n'avaient point rempli, de leur côté, l'engagement que la transaction leur avait imposé : que leur première procuration avait été envoyée à tard : que la seconde reconnue nécessaire, à cause de l'insuffisance de la première, envoyée nécessairement plus tard encore, avait ajouté à la perte de temps essuyée par lui : qu'il en était résulté un discrédit dans les ventes : qu'il avait été, *à cause de la non radiation de l'hypothèque des Anversois*, attrait en justice par un acquéreur : qu'un amateur d'acquérir une belle partie de 10 bonniers de terre avait retiré l'offre qu'il avait faite d'un prix suffisant et acceptable.

Dans le droit : il y avait à examiner la nature et les effets des engagemens résultés à la

charge

charge des deux parties par la transaction du 25 Nivôse an 11 : il y avait à examiner, si cet acte n'imposait pas à M. de Saint-Génois des obligations impossibles à remplir : s'il n'attribuait pas aux Anversois des droits que les bonnes mœurs, et l'honnêteté publique dussent faire rejetter : si, dans tous les cas, *l'extrême rigueur* des conditions et stipulations de ce contrat ne devraient pas être tempérées par l'équité : s'il n'était pas convenant et même nécessaire de ramener, à ce principe d'équité, les effets de la transaction, pour empêcher qu'un droit excessivement rigoureux ne se réalisât en une injustice révoltante ? *Il y avait à examiner* si, en supposant vrais les faits allégués par M. de Saint-Génois, les Anversois étaient recevables, même dans le droit le plus strict, à prétendre l'exécution d'un acte synallagmatique qu'eux-mêmes n'avaient pas exécuté de leur côté et que, par leur défaut, et par les entraves apportées de leur part, ils avaient empêché M. de Saint-Génois de pouvoir exécuter entiérement du sien, dans le temps prescrit par le contrat, etc., etc.

Dans cet état de la cause, l'arrêt attaqué devait, pour être rédigé dans la forme voulue par la loi, *poser avec précision* les questions de *fait*, et de *droit*, relatives et tendantes à la décision du litige. Mais aucune question, ni de fait, ni de droit, n'est *posée*, ni *précisée* dans l'arrêt. Car la demande que s'est faite la Cour d'Appel, *si les défendeurs étaient fondés à faire par eux-mêmes la vente des biens dont s'agit*, n'est que l'énoncé de l'objet même du litige, et non la position d'une question de laquelle la décision du litige pouvait dépendre. Donc il y a prévarication à l'art. 15, du titre 5, de la loi du 24 Août 1790, en ce que, dans l'arrêt attaqué, les questions de fait et de droit qui constituent le procès ne sont point posées avec précision. Il y avait nécessité de poser ces questions, et de les poser avec précision, parce que c'est une des formes dans la rédaction des jugemens, ordonnée par la loi. Il y avait encore nécessité, parce que les motifs de la décision, qui doivent aussi être énoncés, doivent présenter la réponse à ces questions.

Le but de la loi, en ordonnant cela, était d'obtenir que les jugemens fussent une vraie consultation raisonnée et motivée qui pût appaiser les parties *sur le bien, ou le mal jugé*, et qu'ils indiquassent les points de droit, et la résolution de ces mêmes points, pour s'assurer que les juges seraient constamment les organes de la loi, et en feraient une juste application à l'objet de leurs décisions. L'objection que cette forme salutaire n'est point prescrite par la loi, *à peine de nullité*, ne serait pas à craindre. Il faut distinguer entre les formes prescrites par des lois antérieures à la révolution, non abrogées, et celles prescrites par les lois émanées depuis la révolution. La violation des formes prescrites par des lois antérieures ne donne ouverture à la cassation, qu'autant que ces formes sont ordonnées *à peine de nullité*. Mais cette nullité ne doit pas être prononcée relativement aux formes commandées par une loi moderne, pour que la violation de ces formes *emporte cassation*. Cette distinction est établie par la loi du 4 Germinal an 2.

CONTRAVENTIONS RELATIVES AU FONDS.

PREMIER CHEF. Il y a contravention à la loi 185, *ff. de regulis juris*. -- *Impossibilium nulla obligatio est*. Aut. §. 7 et 16 de la loi 7, *ff.* De pactis, §. 7 -- ait prætor : *Pacta conventa quæ neque dolo malo, neque adversus leges, plebiscita, senatus-consulta, edicta principum, neque quo fraus cui eorum fiat, facta erunt, servabo*. -- §. 16 -- *Et generaliter quoties pactum à jure communi remotum est, servari hoc non oportet : nec legari, nec jusjurandum de hoc adactum, ne quis agat, servandum Marcellus* libro secundo digestorum scribit : et si stipulatio sit interpretatio, sit interposita, de his pro quibus pacisci non licet, servandus non est sed omnino rescindenda.

A la loi 6. Codice de Pactis. -- *Pacta quæ contra leges, constitutionesque, vel contra bonos mores fiunt, nullam vim habere, indubitati juris est*. Les articles 1131 et 1133 du Code civil ont rapport à ces dispositions du droit Romain. Art. 1131. *L'obligation sans cause, ou sur une cause fausse*, ou sur une cause illicite, *ne peut avoir aucun effet*. -- Art. 1133. *La cause est* illicite, *quand elle est prohibée par la loi, quand elle est contraire aux bonnes mœurs, ou à l'ordre public*.

Et en général, contravention à tous autres textes relatifs qui désavouent les conventions, ou les clauses pénales, soit impossibles, soit excédant les efforts ordinaires, soit contraires aux bonnes mœurs, au droit commun, ou aux usages.

Nous avons vu, en effet, par quel enchaînement de circonstances M. de Saint-Génois s'est trouvé dans la dure nécessité d'accepter sa transaction du 25 Nivôse an 11, telle qu'il a plu à ses créanciers de la rédiger et de la présenter à sa signature. On lui impose, par cet acte, l'obligation de vendre ses biens dans un temps limité et très-court. Et si, dans ce délai, il n'en vend point pour une somme suffisante au paiement convenu, il n'en résulte pas contre lui une exécution dans l'ordre légal, mais ses créanciers se trouvent, par le fait, autorisés à vendre par eux-mêmes. Des contre-temps, une force majeure, des obstacles pouvaient s'élever et rendre impossible la vente que M. de Saint-Génois devait faire. Cette impossibilité ne le dispensera point. Il sera puni pour n'avoir pas fait ce qui aurait été démontré qu'il ne pouvait faire. Cette peine est de laisser faire les ventes par les créanciers eux-mêmes. C'est bien-là s'obliger éventuellement à l'impossible, et se soumettre à une peine pour le cas, où il n'aurait pas fait ce qui n'aurait pas été dans l'ordre des choses possibles qu'il fît. Or, l'exécution d'une clause pénale, en pareil cas, répugne à l'équité, et à la disposition formelle de la loi. Une obligation de cette nature est radicalement nulle. Il pouvait arriver aussi que la vente fût physiquement possible par M. de Saint-Génois, mais désastreuse et ruineuse par le défaut d'offres suffisantes. On pouvait ne lui présenter que le prix le plus vil : mais cette vilité dans les offres ne lui servira point d'excuse : il n'y aura pas de milieu pour lui : ou il sera lui-même l'artisan de sa ruine, en donnant plutôt qu'en vendant, ou bien il devra laisser faire cette dilapidation par ses créanciers.

Dans les ventes, par subhastation judiciaire, la loi a établi des précautions pour empêcher qu'un créancier impitoyable ne pût faire adjuger les biens de son débiteur qu'à un prix qui du moins pût mériter ce nom. Mais cette ressource même est ôtée à M. de Saint-Génois : il doit souffrir que la vente soit faite par les Anversois, et la transaction est rédigée de manière à ce que ceux-ci pourront délivrer les biens, pour la somme la plus modique, comme cela est arrivé pour plusieurs parties de bien qu'ils ont vendues depuis la prononciation de l'arrêt de Bruxelles.

L'honnêteté publique, les bonnes mœurs s'opposent au maintien d'une convention qui met ainsi la fortune d'un père de famille à la merci de ses créanciers, pour être livrée par eux au pillage et à la déprédation.

DEUXIÈME CHEF. Contravention aux lois et aux principes du droit, suivant lesquels une partie est non-recevable à provoquer l'exécution d'un contrat synallagmatique; lorsqu'elle est elle-même en défaut d'avoir exécuté l'engagement qu'elle avait pris par ce même contrat : et en conséquence *contravention à la loi* que les parties s'étaient imposée par la transaction du 25 Nivôse an 11 : attendu que c'est par le fait de ses adversaires et parce qu'ils n'avaient pas fourni l'autorisation promise, et nécessaire à l'effet de la radiation des inscriptions hypothécaires, que M. de Saint-Génois ne put consommer et continuer dans le délai convenu la vente qu'il s'était obligé à faire de ses biens. Les faits relatifs à ce moyen sont exposés plus haut. On sait que, par l'article 14 de la transaction, les Anversois étaient obligés de fournir une autorisation pour consentir, en leur nom, à la levée des hypothèques sur les biens que M. de Saint-Génois vendrait : qu'à cet effet ils ont envoyé, *mais trois mois et plus après la demande*, une procuration du 27 Messidor an 11, en vertu de laquelle le Conservateur fit d'abord quelques radiations, mais qu'ayant reconnu l'insuffisance de cette procuration, il refusa de radier, et ne le fit ultérieurement qu'après que les Anversois eurent fourni une seconde procuration, du 16 Novembre an 12, signée du Sieur de Meulenaer, au nom de qui les inscriptions étaient prises.

Pièce essentielle à lire. Elle a pour titre : *Affreux mensonge* inventé pour tromper la Cour d'Appel. On fait déclarer par le Conservateur qu'il n'a jamais refusé de radier.

Devant la Cour d'Appel, les Anversois ont nié *que jamais le Conservateur des Hypothèques eût fait quelques difficultés à cet égard*, et l'arrêt porte qu'ils ont produit sur le bureau un certificat de ce Conservateur, pour démentir l'assertion des demandeurs. Si la Cour de Bruxelles avait ordonné la preuve des faits contestés entre les parties, M. de Saint-Génois aurait alors démontré, comme il a fait depuis, la vérité de tous ceux qu'il avait allégués. Depuis l'arrêt, il a sollicité du Sr. *Faucheux*, Conservateur des Hypothèques à Tournay, une déclaration sur le certificat qu'on disait signé de lui, et dont il est parlé dans l'arrêt. M. de Saint-Génois, n'ayant pu l'obtenir de *sa complaisance*, le fit citer en conciliation, et de là au Tribunal civil de Tournay. Le procès-verbal constatant la non-comparution du Sr. Faucheux devant le Juge-de-Paix, le 30 Frimaire an 13, et l'exploit du 5 Messidor suivant, par lequel il fut assigné devant le Tribunal civil de première instance, renferment un narré de faits complettement vérifiés par les pièces justificatives qui y sont rapportées : et le Sieur Faucheux est venu rendre lui-même hommage à la vérité par sa déclaration faite en justice à l'audience du Tribunal de Tournay le 13 Messidor an 13.

Le Conservateur comparait par-devant le Tribunal Civil de Tournay, pour déclarer qu'il a refusé, et qu'il a dû refuser de radier.

Cette déclaration essentielle porte, 1°. *Qu'en vertu de la procuration du 27 Messidor an 11 des Sieurs Phil. L. J. J.* Van de Werve, *H. J.* Ghelland, *J. E. B.* Ullens, *et Jacques* Dierixsens, *crédi-rentiers de M. de Saint-Génois, il* (le Sr. Faucheux, Conservateur,) *a rayé les inscriptions prises sur quelques parties de bien, vendues par ce dernier; qu'il croit n'avoir fait que les radiations de sept de ces inscriptions.* --- 2°. *Que lui Conservateur s'étant apperçu que cette* procuration ne contenait pas le nom du Sr. Charles-François de Meulenaer, *au nom duquel les inscriptions avaient été prises sur les biens de M. de Saint-Génois, il crut ne pas devoir rayer les inscriptions portant sur d'autres parties de bien, vendues par ce dernier, et qu'il renvoya à M. Vinchent, Notaire, les expéditions de plusieurs actes de radiation consentie par MM. Piat-Lefebvre et fils, Mandataires des quatre personnes dénommées No. 1°. ci dessus, et faisant faire audit Notaire l'observation qui précède par le Sr. Herbaux, employé au Bureau de la Conservation des Hypothèques.* --- 3°. *Que la justesse et le bien fondé de cette observation fut tellement senti par le Notaire, qu'il fit venir une procuration donnée, devant* Jean-François Rooms, Notaire à Anvers, *et témoins, par le Sr. Charles-François de Meulenaer, le 16 Nivôse an 12, qui consentait aux radiations des inscriptions prises à son profit, et qui contenait ratification de deux radiations faites, par le Conservateur antérieurement, et avant qu'il se soit apperçu que le consentement* du Sr. de Meulenaer *manquait dans la procuration du 27 Messidor an 11.* --- 4°. *Qu'aussitôt le dépôt d'une expédition de cette nouvelle procuration (du 16 Nivôse an 12) fait de la part du Notaire Vinchent au Bureau des Hypothèques, toutes les inscriptions hypothécaires prises au nom des Sieurs* de Meulenaer *et consors, sur les parties de bien, vendues par M. de Saint-Génois et son épouse, ont été rayées sans aucune difficulté et à la première demande.* --- 5°. Que lui Conservateur des Hypothèques n'a donné à qui que ce soit d'autres certificats, *relatifs aux affaires et intérêts de M. de Saint-Génois, que les certificats de radiations d'inscriptions, ainsi qu'il est mentionné aux numéros 1 et 4 ci-dessus, et que c'est, sans doute, de l'un ou de l'autre de ces certificats, probablement de l'un des premiers dont il aura été fait usage par les créanciers de M. de Saint-Génois plaidant contre lui à Bruxelles, mais que ce fait absolument étranger au cité* (le Sr. Faucheux) *lui est parfaitement indifférent. Moyennant cette déclaration, confirmée par les pièces produites par M. de Saint-Génois lui-même, le cité soutient d'avoir fait plus qu'il ne doit faire en pareille occurrence.*

Il est à remarquer que la déclaration ci à côté, a été redigée par M. Sta, avocat des Anversois à Tournay.

Ainsi la preuve est acquise qu'il a existé, de la part du Conservateur, un refus de radier, motivé sur l'insuffisance de la procuration du 27 Messidor an 11; que ce refus a subsisté jusqu'à l'époque à laquelle les Anversois ont envoyé une seconde procuration du 16 Nivôse an 12; que le Conservateur n'a délivré d'autres certificats que ceux des radiations d'inscriptions qu'il avait faites dans le principe, en vertu de la procuration du 27 Messidor an 11, avant qu'il se fut apperçu de l'insuffisance de cette procuration.

Au surplus, M. de Saint-Génois a levé au Bureau de la Conservation des Hypothèques de Tournay un état signé par le Sr. Faucheux, Conservateur, le 27 Messidor an 13, de toutes les radiations faites par lui. On y voit : 1°. *Que, depuis et en vertu de la procuration du 27 Messidor an 11, jusques à l'envoi de celle du 16 Nivôse an 12, il avait été donné 13 actes de consentement à radiation; que sept radiations seulement ont été faites et que six radiations sont restées à faire.* --- 2°. *Que ces six actes de consentement pour autant de radiations qui n'ont pas été faites avant l'envoi et le dépôt de la seconde procuration sont tous du 29 Brumaire an 12.* --- 3°. *Que, depuis ces six actes de consentement du 29 Brumaire an 12, les six radiations, qu'ils provoquaient, n'ont été faites que le 28 Nivôse an 12.*

Acte donné par M. Faucheux, par lequel il déclare que six acquéreurs, qui avaient entièrement payé chez le banquier des Anversois, ont été, pendant 2 mois, sans avoir leur radiation, faute de procuration suffisante.

Ainsi le refus du Conservateur, justement motivé sur l'insuffisance qu'il avait remarquée dans la procuration du 27 Messidor an 11, et l'attente d'une seconde procuration que les Anversois ont reconnu qu'ils devaient donner et qu'ils ont effectivement envoyée, à cause de l'insuffisance de la première, *ont fait RETARDER DE DEUX MOIS les six radiations consenties* en vertu de la première procuration par les six actes du 29 Brumaire an 12.

De là le DISCREDIT dans les ventes, résulté de ce refus de radier, dans lequel le Conservateur a persévéré pendant deux mois, parce que les Anversois n'avaient pas procuré l'autorisation pertinente et suffisante que la transaction leur faisait une loi de donner : DISCREDIT AUGMENTÉ par la cédule qu'Etienne Pollet, l'un des acquéreurs, a levée le 8 Nivôse an 12, contre M. de Saint-Génois, pour le faire condamner à procurer main-levée des inscriptions prises au profit des Anversois, sinon à indemniser cet acquéreur, sur quoi il y eut acte de non-conciliation devant le Juge-de-Paix du canton de Celles le 26 dudit mois de Nivôse. De là encore est résulté la RESILIATION donnée le 15 Janvier 1804 (24 Nivôse an 12) par le Sr. H. J. Sturbaut, du village d'Ecanaffles, de l'offre qu'il avait faite d'un prix pour l'acquisition d'une belle partie de bien (*Résiliation motivée sur ce que les créanciers d'Anvers ne donnaient pas les décharges promises, que le Conservateur refusait de radier les inscriptions sur des biens déja vendus, et que lui Sturbaut venait d'apprendre qu'*Etienne Pollet, *qui avait aussi essuyé ce refus, s'était pourvu en justice*): ce qui a privé M. de Saint-Génois d'une somme de 16,000 florins, avec laquelle il aurait plus que completté le premier sixième qu'il devait fournir à ses créanciers.

Jos. de Saint-Génois attaqué judiciairement en demande de radiation par un acquéreur. *ame. Recueil.*

Résiliation d'un marché de 16,000 florins pour la même cause.

Tous ces effets, si désastreux pour M. de Saint-Génois, sont dus au fait même des Anversois. Ils sont le résultat de l'insuffisance reconnue de la première procuration, et cette insuffisance ne peut être imputée qu'à eux seuls. En consentant, par l'article 14 de la transaction, à ce qu'on apposât dans les contrats de vente la clause de la libération des charges inscrites à leur profit, ils ont promis *pour l'exécution de ladite clause* de fournir une autorisation pour consentir, en leur nom, à la levée de leurs hypothèques sur chaque lot, ou marché, qui se vendrait; cet article 14 n'est pas l'autorisation, mais il renferme l'obligation de la donner. Ils n'ont point satisfait à cet engagement par la première procuration, du 27 Messidor an 11, parce qu'elle était insuffisante : et, depuis cette insuffisance reconnue et objectée, jusqu'à l'envoi de la seconde procuration, il s'est écoulé deux mois, comme on l'a vu. Or, n'y eût-il que ce retard de deux mois, c'est plus qu'il n'en faut pour leur opposer avec fruit qu'ils n'ont pas exécuté de leur côté la loi du contrat, et que c'est par leur fait que M. de Saint-Génois n'a pu remplir ses engagemens dans le délai convenu.

La transaction, du 25 Nivôse an 12, est un contrat synallagmatique bilatéral, par lequel chacun des contractans s'engage envers l'autre. Dans ces contrats, l'une des parties ne s'oblige qu'en contemplation et par dépendance de l'obligation de l'autre partie, de manière que l'engagement de l'une est le fondement de l'engagement de l'autre, et le produit, comme la cause produit son effet. Si donc une partie manque à son engagement, elle ne peut exiger l'exécution de celui contracté par l'acte; ce serait vouloir un effet après avoir fait cesser la cause.

Réflexions sur les contrats synallagmatiques.

Les Anversois s'étaient obligés à fournir l'autorisation nécessaire pour faire rayer leurs inscriptions hypothécaires, et ils devaient la fournir de manière à ne pas entraver, ni arrêter les opérations de M. de Saint-Génois dans les ventes, et à ne pas empêcher qu'il satisfît dans le délai fixé par la transaction à l'engagement qu'il avait contracté de son côté. Ainsi et dès-lors que, par leur fait, ils ont occasionné des retards à leur débiteur, ils étaient non-recevables à faire les ventes par eux-mêmes. Donc, en prononçant qu'ils pouvaient faire ces ventes, il est contrevenu, par l'arrêt de la Cour d'Appel de Bruxelles, à la loi que les parties s'étaient imposée par la transaction, et aux principes élémentaires du droit, sur l'exécution des contrats synallagmatiques.

Au lieu de ces principes, on lit dans l'arrêt attaqué comme motif de décision *que les demandeurs n'ont fait aucune demande judiciaire pour constituer les défendeurs en demeure sur l'envoi des procurations, ni justifié de l'obstacle que le retard de cet envoi a pu mettre à la continuation des ventes qu'ils ne se sont pas mis en devoir de poursuivre dans les délais fixés par la transaction.*

La Cour d'Appel a donc reconnu *qu'il y avait eu retard dans l'envoi des procurations. Elle a reconnu que les Anversois étaient tenus à cet envoi : et cela suffisait pour l'application des principes que nous venons d'exposer. Mais elle a pensé et jugé que ce n'était pas assez d'avoir demandé ces procurations aux créanciers : que ce n'était pas assez que, par leurs délais et par l'insuffisance de la première procuration, ils eussent fait perdre cinq mois à leur débiteur, il fallait encore*, selon la Cour d'Appel, *constituer les Anversois en demeure, par une demande judiciaire.*

Il est bien reçu dans nos usages que les clauses pénales n'ont point leur effet de plein droit, après l'expiration du délai, et cette observation prouve qu'il n'avait pas été permis aux Anversois de procéder par eux-mêmes aux ventes, sans avoir provoqué et obtenu un jugement. Mais on ne peut dire, sans violer les principes, que celui qui doit faire une chose sous une peine convenue, et qui a été empêché de faire cette chose, parce que la personne au profit de qui la peine est stipulée, *n'a point fait de son côté ce qu'elle avait promis et qui était nécessaire pour que la chose pût s'effectuer*, doit subir la peine, parce qu'il n'a pas constitué cette personne en demeure par une demande judiciaire. La loi décide en pareil cas, que, si cette personne exige la peine, sa demande sera repoussée par l'exception qu'elle n'a pas rempli de son côté l'engagement qu'elle avait contracté, et sans lequel l'obligation de l'autre, n'a ni base ni fondement.

Quant à l'obstacle que le retard de l'envoi des procurations avait mis à la continuation des ventes, etc., M. de Saint-Génois avait allégué à cet égard des faits positifs et très concluans. Et, si l'obstacle ne paraissait pas encore vérifié, pourquoi la Cour d'Appel n'a-t-elle pas ordonné cette vérification dans la circonstance que les parties étaient en faits contraires ? M. de Saint-Génois devait croire que, si un nouveau délai ne lui était pas accordé d'emblée pour continuer les ventes par lui-même et exécuter la transaction, du moins on ne ferait pas droit au fonds, sans avoir éclairci ultérieurement les faits, et qu'il serait intervenu un arrêt de réglement à preuve. Alors il aurait fourni les preuves les plus complettes des faits sur lesquels sa demande était appuyée, il eût démontré jusqu'à l'évidence que le retard dans l'envoi des procurations avait mis obstacle à la continuation des ventes, qu'il avait nui aux ventes, en avait écarté les amateurs, leur avait inspiré de la défiance et déterminé l'un d'eux, qui avait offert un beau prix, pour une des parties exposées, à rétracter et résilier ses offres, et qu'enfin tous les mouvemens et les efforts qu'il s'était donnés par de nombreuses affiches pour parvenir à effectuer de nouvelles ventes pendant le fatal retard, avaient été vains et inutiles.

TROISIÈME CHEF. Contravention à la loi 122, §. 3, *ff. de verborum obligationibus*, et autres textes ou principes analogues, qui décident qu'il n'y a pas lieu à l'application de la peine, quand c'est par le fait du créancier que le débiteur n'a pas pu remplir son obligation. Le §. 3 de ladite loi 122 citée est ainsi conçu : *Coheredes cum prædia hereditaria diviserant, unum prædium commune reliquerant sub hoc pacto, ut si quis eorum partem suam alienare voluisset, eam vel coheredi suo, vel ejus successori, venderet centum viginti quinque :* quod si quis aliter fecisset pœnam centum invicem stipulati sunt. *Quæro cum coheres mulier coheredis liberorum tutores sæpius testato convenerit et desideraverit, ut secundum conventionem aut emerent, aut venderent, hique nihil tale fecerint, an, si mulier extero vendiderit, pœna ab ea centum exigi possit?* Respondit *secundum ea quæ proponerentur, obstaturam doli mali exceptionem.*

La saine raison dit que le fait de quelqu'un ne doit nuire qu'à lui seul et nullement à d'autres. On a fait de cette maxime une règle positive de droit que la loi 155 du titre du digeste *de reg. jur.* consacre en ces termes : *Factum cuique suum non adversario nocere debet.* Une autre règle de droit, écrite dans la loi 39 au même titre, porte que celui qui est obligé de s'acquitter de quelques devoirs est censé y avoir satisfait, lorsque l'obstacle ou le retard vient d'un autre : *In omnibus causis pro facto accipitur id in quo per alium moræ fit, quominus fiat.*

On devait le décider ainsi, à plus forte raison, lorsque l'obstacle, ou le retard vient du fait du créancier même. Dans ce cas, il serait plus injuste encore que le créancier, qui doit se reprocher son propre fait, sa propre demeure, que le créancier, de qui est venu l'obstacle qui a empêché le débiteur d'exécuter son engagement, puisse exiger, de ce débiteur, la peine stipulée pour ce défaut d'exécution. Cette conduite du créancier serait un véritable dol qui le rend non-recevable à exiger la peine convenue, et c'est ce que prononce le §. 3 de la loi 122, *ff. de verborum significationibus.*

Il en est des clauses pénales comme des clauses conditionnelles, dans ce sens, que la condition

condition étant le motif de la disposition, où elle est insérée, c'est de l'existence de la condition que dépend l'effet de la disposition : et de même, dans une clause pénale, son effet, qui est la peine encourue, dépend nécessairement du défaut d'accomplissement de l'engagement auquel elle est apposée. Mais aussi les lois prononcent clairement qu'une condition est censée exécutée, lorsque celui, à qui elle est imposée, a été empêché de la remplir par celui qui avait intérêt à ce qu'elle ne fût pas exécutée.

Voyez entre autres la loi 161, *ff. de reg. jur. In jure civili receptum est quoties per eum, cujus interest conditionem non impleri, fiat quominus impleatur, proinde haberi ac si impleta conditio fuisset, etc. etc. etc.* Cette décision s'applique avec une supériorité de motifs aux clauses pénales, toujours odieuses de leur nature, et qui, par cette raison même, doivent souffrir une interprétation moins rigoureuse. Or, il est clairement établi que M. de Saint-Génois n'a manqué au complément de ses engagemens que par des entraves, des retards, des obstacles survenus de la part des créanciers d'Anvers. Donc, en accordant à ceux-ci, contre M. de Saint-Génois, la peine stipulée par la transaction, il y a, dans l'arrêt de la Cour de Bruxelles, violation des principes et des lois ci-dessus invoqués.

Cette violation est d'autant plus manifeste, que la Cour d'Appel a même renvoyé M. de Saint-Génois de sa demande et déclaré, en faveur des Anversois, le droit de faire les ventes par eux-mêmes, sans avoir aucun égard aux faits posés par M. de Saint-Génois. Nous avons déjà remarqué que la Cour d'Appel n'a pris en aucune considération les faits posés, et qu'elle n'a point examiné les points de droit qui devaient en résulter.

Si cet examen avait été fait, il serait arrivé de deux choses l'une. --- 1°. Ou il aurait été reconnu que les Anversois étaient réellement en défaut d'avoir exécuté la convention de leur côté : que le non-accomplissement intégral de l'engagement de M. de Saint-Génois, pour le paiement du premier sixième, n'avait été occasionné que par l'insuffisance de la première procuration, par les retards résultés du fait même des créanciers, etc. etc. etc. ; et, dans ce cas, l'examen des questions de droit amenait, pour résultat nécessaire, que les Anversois étaient non-recevables et non fondés à faire dans ces circonstances les ventes par eux-mêmes. --- 2°. Ou la partie du procès, *qui gît en fait*, aurait été considérée dans les termes d'allégation d'une part et de dénégation d'autre part : et alors il ne pouvait y avoir lieu à prononcer définitivement, mais bien à ordonner la vérification des faits contestés. *Ex facto enim jus oritur.*

QUATRIÈME CHEF. Fausse application des lois romaines, qui décideraient que les clauses pénales ont leur effet de plein droit, après l'expiration du délai. On sait que ces lois ne sont pas observées parmi nous, et que, dans nos usages, soit qu'on ait, ou qu'on n'ait pas fixé un terme, il faut que le débiteur ait été mis en demeure, pour qu'il y ait ouverture à la peine. *Les clauses pénales*, dit de Ferrière, de même que les clauses résolutoires, ne sont jamais prises à la rigueur, et ne passent que pour comminatoires, et on n'est jamais condamné à subir la peine, à moins qu'on ne soit en demeure d'accomplir la promesse que l'on a faite, *expectato judiciorum strepitu, et multis variisque certaminibus habitis.*

Ainsi les Anversois ne pouvaient d'emblée procéder aux ventes par eux-mêmes, sans avoir provoqué et obtenu un jugement déclaratoire de ce droit. Mais dans le systême même des lois romaines, la rigueur, dans l'exécution des clauses pénales, n'est point absolue. Elle est tempérée par des adoucissemens que l'équité commande. Il y a sur ce point des textes précis qui ordonnent, selon les circonstances, qu'un délai ultérieur sera accordé : *spatium datum videri*, hoc idem dicendum *et cum quid ea lege venierit, ut nisi ad diem pretium solutum fuerit inepta res fiat.* L. 23, *ff.* de oblig. et act. -- *Neque enim magnum damnum est in morâ modici temporis.* L. 21, *ff.* de judiciis. -- *Dilationem negari non placuit cujus rei arbitrio judicantis conceditur.* L. 45, §. 10, *ff.* de jure fisci. -- *Quod omne ad judicis cognitionem remittendum est.* L. 135, §. 2, *ff.* de verb. obligat.

Ces dispositions étaient d'autant plus applicables à M. de Saint-Génois, qu'il n'y avait qu'un déficit d'onze cents et quelques florins pour completter le premier sixième, au désir de la transaction, et qu'on ne pouvait lui imputer à faute que le total n'eût pas été payé. C'était donc bien le cas de lui accorder le nouveau délai qu'il demandait. Ce délai ne pouvait nuire aux intérêts des créanciers pleinement assurés par hypothèque. Tableau donné par M. Pit Lefebvre, des paiemens faits pour les Anversois.

CINQUIÈME CHEF. Contravention à la loi 155, §. 2, *ff.* de regulis juris. -- *In pœnalibus causis benignius interpretandum est* -- à la loi 42, *ff.* de pœnis. -- *Interpretatione legum pœnæ molliendæ sunt potius quam asperandæ*, et autres textes qui veulent que tout ce qui est odieux, ou trop rigoureux, soit renfermé dans les bornes les plus étroites et favorablement interprêté.

Ces dispositions du droit s'entendent des peines stipulées dans les conventions, comme de celles prononcées par les lois. Dans tous les cas où il s'agit de décider s'il y a lieu à l'application d'une peine, on doit regarder le fait du côté le plus favorable et le plus doux. *Benignius interpretandum.* Ainsi le non accomplissement, par M. de Saint-Génois, de l'engagement, qu'il avait pris de payer un premier sixème dans un délai convenu, devait être considéré avec les circonstances qui avaient rendu plus ou moins difficile l'exactitude à remplir cet engagement. Le doute, s'il pouvait en rester, dans un tel état de choses devait encore être résolu en faveur du débiteur. Car l'affaire, en mettant même à l'écart les autres moyens ci-dessus développés, se réduirait alors à la question de savoir *si M. de Saint-Génois était* obligé *à laisser vendre ses biens par les Anversois?* Or, lorsqu'il s'agit de savoir *s'il y a, ou point obligation*, la loi veut qu'on accueillît de préférence les raisons pour la négative. *Arrianus* ait *multum interresse quæras, utrum aliquis obligatur, an aliquis liberetur? Ubi de obligando quæritur propensiores esse debere nos, si habeamus occasionem, ad negandum. Ubi de liberando ex diverso ut facilior sit ad liberationem.* L. 47, *ff.* de *obligat. et action.*

S'il en est ainsi dans toutes les affaires civiles en général, il y a bien plus de raison d'admettre dans les causes pénales le principe qu'on ne peut prononcer la peine que quand son application n'est combattue par aucun motif, ni excuse, et que lorsqu'il y a nécessité absolue de prononcer une peine. On doit interpréter la loi, ou la convention qui l'impose, dans le sens le plus favorable au débiteur. La raison de ce principe, fondée sur ce que *les peines sont odieuses*, se tire de la loi des douze tables, qui veut que ce qui est odieux soit renfermé dans les bornes les plus étroites : *Odia sunt restringenda favores vero ampliandi.*

La Cour d'Appel aurait donc dû accueillir et prendre en considération les motifs qui intéressaient en faveur de M. de Saint-Génois. Plus on avait mis de rigueur dans la rédaction de la transaction qui contient, au préjudice de M. de Saint-Génois, *des clauses insolites, dures et presqu'inexécutables*, plus la Cour d'Appel devait être sévère aux créanciers qui, par leur défaut d'avoir donné, dans le temps, une procuration suffisante pour radier les inscriptions, avaient occasionné au débiteur des retards, et l'avaient mis dans une position à ne pouvoir faire autant de ventes qu'il en aurait effectuées, si ce contre-temps, *qui est le fait des créanciers*, n'était venu l'entraver.

Cette excuse, alléguée par un débiteur, traité d'ailleurs dans la transaction avec une dureté révoltante, aurait bien dû le faire absoudre de la peine comminée par cette transaction, les circonstances de fait étaient décisives en sa faveur. Et, nous le répétons, s'il y avait du doute, c'était encore en sa faveur que le droit aurait dû être résolu. Tous ces motifs puisés, l'un dans la violation des formes, et les autres dans des contraventions relatives au fonds, doivent faire espérer à M. de Saint-Génois que sa demande en cassation sera admise.

Délibéré à Tournay, le 24 Juillet 1806.

Signé F. J. DU BUS.

A SON EXCELLENCE

MONSIEUR FRANÇOIS (DE NEUFCHATEAU),

Sénateur, Grand Officier de la Légion d'Honneur, Titulaire de la Sénatorerie de Bruxelles.

MONSIEUR LE SÉNATEUR,

VOUS avez reçu avec bonté le prospectus de ce second volume, que Monseigneur l'ÉVÊQUE DE TOURNAY a bien voulu vous offrir de ma part. Vous avez daigné reconnaître la grande utilité de mes recherches. Telles sont les expressions de ce grand Prélat, dans la lettre qu'il me fit l'honneur de m'écrire le 25 Juillet dernier. Plus que jamais je vais prouver que ma passion dominante est de me rendre utile. Mes Recueils sont très-considérables, et dans les circonstances où la France, la Belgique, la Hollande et une grande partie de l'Europe se trouvent, je ne dois pas regretter de m'être livré à un genre d'étude que le public, toujours attaché à l'écorce et à la superficie, n'est guères en état d'apprécier. Dans cette carrière, il faut l'avouer, j'ai rencontré plus souvent des épines que des roses; mais l'espoir de servir mon pays m'a soutenu contre les dégoûts et les obstacles.

Vous pouvez me faciliter les moyens de rendre cet ouvrage plus intéressant, c'est de m'honorer de vos conseils, de m'aider de vos lumières, de votre profonde érudition. Il s'agit d'éclairer une des plus belles contrées de l'Europe, très-riche en monumens d'histoire, sur-tout dans les siècles reculés. Mes Recueils apprendront de quelle manière nos anciens Souverains proposaient les lois; comment le Peuple les pesait; comment, enfin, le Prince, juste et éclairé, *n'ayant pas de plus grand intérêt que le bonheur de son Peuple, y acquiesçait.* C'est sans doute de cet accord admirable entre le Prince et ses sujets que naissent l'ordre, la justice et le bonheur, et non de cet attachement opiniâtre et *superstitieux* du Peuple à ses droits et ses prérogatives, qui lui fait rejetter souvent les réformes les plus justes et les plus avantageuses. C'est, enfin, par les exemples que nous ont laissé nos ancêtres, que nous apprenons que *le droit du Prince n'est pas de tout oser, comme celui du Peuple n'est pas de tout refuser : que la fidelité du sujet ne consiste pas dans une soumission aveugle; mais dans une obéissance raisonnable et fondée sur l'intérêt public, plus encore que sur l'intérêt particulier;* qu'il y a plus d'orgueil et d'ambition à lutter contre la volonté du Souverain, que de vrai patriotisme; *que le Peuple a pour défendre ses droits la voie de représentation et non* d'insurrection; *que ses vrais amis ne sont pas ceux qui l'excitent à la révolte, parce que sa sûreté et sa félicité ne sont fondées que sur le maintien et la vigueur de l'autorité légitime.* Pour s'en convaincre, il suffira de lire les articles de Bruges et de Gand, que je donne dans le premier recueil alphabétique de ce volume, année 1488.

D'après ces principes, et pour imiter les vertus de mes ancêtres depuis les siècles les plus reculés, j'ai reconnu que je devais rester fidèle à l'EMPEREUR JOSEPH, Prince digne de l'amour de ses peuples qu'on a égarés. *Ce sont ces mêmes principes* que je grave dans le cœur de mes enfans. Déjà Votre Excellence a daigné accueillir mon aîné et l'encourager par des expressions flatteuses (1). Puisse-t-il, par ses progrès, les mériter de plus en plus! Puisse-t-il trouver l'occasion de prouver que le Souverain aura toujours en lui un sujet fidèle, zélé et dévoué, et qu'il est, de Votre Excellence, l'admirateur le plus sincère et le plus désintéressé.

Je suis avec un profond respect,

MONSIEUR LE SÉNATEUR,

DE VOTRE EXCELLENCE,

Le très-humble et très-obéissant serviteur,

JOS. DE SAINT-GÉNOIS DE GRAND BREUCQ.

---

(1) Mon fils aîné Rodolphe, âgé de 15 ans et demi, étudie la poésie au collége de Tournay. M. Bouly, qui en est le Principal, a pour lui tous les soins paternels : il emploie tous les moyens possibles pour le rendre un citoyen vertueux en état d'être accueilli du gouvernement et digne de l'estime de ses concitoyens. C'est une très-grande consolation dans les malheurs, sans exemple, que ma femme et moi éprouvons. Malheurs, hélas, qui vont sans doute augmenter d'une manière irréparable, et bien affligeante, si notre pourvoi en cassation est rejetté.

C'est mon fils aîné que M. Bouly a choisi pour complimenter Son Excellence M. le Sénateur François (de Neufchâteau), à son arrivée à Tournay. Il m'est flatteur de pouvoir transmettre un passage de cette même lettre de Mgr. l'Evêque de Tournay, du 25 Juillet dernier. Voici ce qu'il écrit.

M. le sénateur a été charmé d'entendre hier votre cher fils dans le petit exercice que, Messieurs du Collége *ont donné en présence de Son Excellence. Je n'ai pas manqué de saisir cette occasion pour lui parler avantageusement de ses chers et respectable parens, et l'intéresser en leur faveur.*

MENTION HONORABLE

Sur JOSEPH DE SAINT-GÉNOIS, et son ÉPOUSE, donnée le 5 Vendémiaire an 13, en présence de M. SIX, Juge-de-Paix du Canton de Celles, par différens Maires et Adjoints des Communes voisines du Château de Grand-Breucq.

Je donne ci-contre le plan du château de Grand-Breucq, résidence de mes ancêtres depuis plusieurs siècles. Boucqueau attend avec impatience le moment où il pourra nous en chasser. Il ne sera satisfait que lorsqu'il aura consommé son crime spoliateur. Hélas ! Ce moment approche-t-il ? Je n'aurai rien à me reprocher : j'aurai tout fait pour éviter cette ruine non méritée. Le mémoire de M. DU BUS me justifie. L'érudition et les soins de M. MAILHE, seront peut-être victorieux près la Cour de Cassation.

DÉCLARATION POUR JOSEPH DE SAINT-GÉNOIS,

Contre les impostures de l'homme de loi BOUCQUEAU.

NOUS, Charles-Joseph SIX, Juge-de-Paix du Canton de Celles, arrondissement de Tournay, département de Jemmapes, déclarons que M. Joseph de Saint-Génois, propriétaire, demeurant au château de Grand-Breucq, commune d'Ecanafles, canton susdit, nous a remontré que, se trouvant diffamé par les propos et mémoires de l'homme de loi BOUCQUEAU, chaque fois qu'il doit plaider devant les Tribunaux, croit devoir repousser de pareilles calomnies par l'attestation des Maires et Adjoints des communes qui l'entourent.

En conséquence, les soussignés, comparaissant devant Nous, ont donné la déclaration suivante :

Qu'il est de leur connaissance que M. Joseph de Saint-Génois, à l'exemple de son père, a mérité, de la part de ses Concitoyens, l'attachement et l'estime du public, dans les circonstances même les plus difficiles ; qu'il est un des propriétaires de Notre canton que les suppressions du régime féodal ont frappé, et d'une manière si considérable, qu'il se trouve privé d'une grande partie de ses revenus ; que, malgré ses malheurs, on l'a toujours vu aider les pauvres du canton, autant qu'il était en son pouvoir, par différentes distributions faites dans le temps de disette ; que même il a cherché à occuper les pauvres de différentes communes : et, afin de les forcer à respecter les propriétés, il leur donnait à filer, à tisser, et différens autres ouvrages.

Qu'il est également de leur connaissance que, depuis plusieurs années, se trouvant poursuivi par ses crédi-rentiers Anversois, il a pris tous les moyens possibles pour vendre ses propriétés à leur profit. Qu'à cet égard, il a mis des affiches à profusion, et a fait tous ses efforts pour se procurer des acquéreurs ; et que, quoique ses biens fussent situés dans des cantons très-fertiles, on a vu plusieurs recours tout-à-fait déserts, ce qu'on pourrait attribuer, tant au grand nombre de propriétés qui sont à vendre, qu'au bruit qui courait qu'il serait exproprié par ses adversaires ; que le retard de la Procuration, que les Anversois devaient donner pour la radiation des parties aux Acquéreurs, fit beaucoup de bruit, et préjudicia à M. Joseph de Saint-Genois ; qu'un habitant de Pottes, nommé Étienne POLLET, a dû l'attaquer pour avoir cette radiation.

Qu'il est d'une notoriété publique que M. Joseph de Saint-Génois a voulu vendre, mais qu'il a été malheureux dans la réussite.

Déclaré à Celles, le 5 Vendémiaire an 13.

DUVIVIER, Maire d'Ecanafles ; VERTENEUIL, Adjoint : CARETTE, Maire de Velaines ; FERREIEN, Adjoint : DE FORMANOIR, Maire de Celles ; BRUNEAU, Adjoint : le Maire de Pottes, absent ; PINS, Adjoint : DE BRABANT, Adjoint du Maire d'Hérines absent.

Quant à ce qui est de Notre connaissance particulière, en Notre qualité de Juge-de-Paix du canton susdit (fonctions que Nous exerçons depuis le commencement de l'an 7), Nous déclarons que Nous avons toujours vu M. de Saint-Génois se soumettre aux lois, vivre tranquillement dans ses foyers, sans s'immiscer, en aucune manière, aux affaires qui lui étaient étrangères, et continuellement occupé à un genre de travail qui le rend d'une grande utilité au public ; qu'enfin, au lieu d'être diffamé, il doit, au contraire, être présenté comme digne de l'estime générale, d'autant plus qu'on l'a toujours vu soutenir ses malheurs avec dignité, et une fermeté peu ordinaire ; qu'il donne l'éducation la plus soignée à ses trois enfans, et que son ÉPOUSE se trouve honorée de tout le canton par ses éminentes vertus.

Que son zèle pour la chose publique lui fit prêter, pendant plusieurs années, une partie de son château de Grand-Breucq pour l'établissement de Notre Tribunal, le dépôt des archives, la demeure du Greffier et de l'Huissier ; conduite qu'il avait également tenue à Frasnes, canton de Leuze, où le Juge-de-Paix tient encore ses séances *gratis* dans une maison qui lui appartient. Ainsi déclaré, à Celles, le 5 Vendémiaire an 13.

C. J. SIX.

RECHERCHES

DANS

LES ARCHIVES DE LA CHAMBRE-DES-COMPTES DE LILLE,

DEPUIS L'ANNÉE 1300 JUSQU'EN 1400,

Très-utiles à l'étude du Droit public d'une grande partie des dix-sept Provinces, aux Ducs de Brabant, Comtes de Flandre, Hainaut, Namur, Artois, aux Maisons de Bavière, de Luxembourg, et à un très-grand nombre des premières Maisons de France.

1303. ABBIETTE. (*Abbaye à Lille*). Lettres de Henri, fils du Comte de Flandre, par lesquelles il confirme les Lettres du Comte Gui, du mois de Décembre 1296, portant donation à la maison de l'Abbiette d'une rente de 55 liv. 12 s. sur la terre de Verlinghehem, donnée en partage audit Henri. 1303 à Gand, le lundi de l'Octave de l'Epiphanie (13 Janvier). *Sous le vidimus des Prieures et Sœurs de N. D. à Lille, du jour de St. Simon et St. Jude 1310, en parchemin, scellé d'un morceau du scel de cette Prieure, en cire verte pendant à double queue de parchemin.*

1379. ABCOUDE. Sueder d'Abcoude, Sire de Putte, Chevalier, frère de Guillaume, en 1379. *Voyez mon premier volume, page 360.*

1307. ACHAYE (*Principauté d'*). Acte du refus fait par Noble Homme Jean Pipin, Conseiller et Maître des Comptes de Charles, Roi de Sicile, au nom de ce Roi, de recevoir copie d'une cédule concernant la Principauté d'Achaye, que le Procureur de Noble Dame Isabelle, Princesse d'Achaye, offrait de lui remettre. Passé devant François *Magistri*, Mathieu de Mevania, Notaire Impérial, à Poitiers, dans le palais du Roi, devant la Chambre du Roi, en présence de témoins, le 21 Juillet 1307, indiction 6e., la 2e. année du Pontificat de Clément V. *Orig. en parchemin, signé du paraphe du Notaire.*

1309. ACRENE. (*Terre*). Lettres par lesquelles Gui de Flandre, Comte de Zélande, et Gérard, Sire de Sotenghien, déclarent qu'ayant nommé arbitres du différend entre Nobles Hommes Monseigneur Watier, Seigneur de Braine, Chevalier, et Guyot d'Audenarde, au sujet des droits de pêche, de pendre les filets et de les faire sécher sur les rives, de détourner l'eau hors de son cours, et du rouissage des lins dans la rivière et Acrêne, et concernant les serfs et ceux qui doivent le meilleur catel et le droit de *Pel et Planke* que ledit Gui demandait a Acrêne, pour lesquelles difficultés on a tenu des enquêtes, ils ont prononcé ce qui suit :

Les Pêcheurs de Guyot d'Audenarde pourront pêcher dans la terre d'Acrêne et faire sécher les filets sur les bords de la rivière, pourvu qu'ils ne causent aucun dommage.

Personne ne pourra rouir du lin dans cette terre, sans la permission dudit Guyot, ou de ses gens.

Guyot doit tenir les serfs et les gens de meilleur catel à Acrêne, et peut le lever tranquillement, l'usage du Sire de Braine à cet égard n'étant d'aucune valeur.

Ceux qui doivent audit Guyot *Pel et Planke* à Acrêne seront obligés de le payer tous les ans le mercredi de la Pentecôte, à peine de douze deniers d'amende contre les délinquans : et il pourra s'adresser au Seigneur de Braine, ou à ses gens, pour faire contraindre les redevables au paiement de ces rentes et des amendes. Le mardi avant l'Annonciation de Notre-Dame, en Mars, à Peteghem, 1309. *Ces lettres sont avec d'autres du 12 Décembre 1293 et du 6 Avril 1295, sur une feuille de parchemin.* Voyez la table de mon premier volume.

1394. ADORNE. Quittance de Pierre Adorne, Receveur-général de Flandre et d'Artois, de cent francs d'or, reçus de Jacques de Meikerke, Chevalier; Bailli de Berghes, pour un prêt qu'il fait au Duc de Bourgogne. 1394, 18 Octobre. *Orig. en parch. signé dudit Adorne, et scellé de son scel en cire rouge pendant à simple queue.*

1330. AERLEBEKE. Lettres de Wautier d'Aerlebeke, Chevalier, par lesquelles il reconnaît avoir vendu au Comte de Flandre cent livrées de terre à Parisis, qu'il tenait en fief et hommage dudit Comte. 1330, Avril. *Origin. en parch. scellé du petit scel dudit Wautier, en cire rouge pendant à simple queue.*

1366. AELTERT. Voyez Ninove en 1366.

1313. AGIMONT. Lettres de Jean Sire d'Agimont et de Walchaing, et de Mahaut sa femme, contre ceux de la ville de Ransines, par lesquelles ils maintiennent les habitans de la ville de Givet vers Notre-Dame et de la ville de Gomeries dans le droit d'usage et bois dit de Har. Le Seigneur et Dame d'Agimont ont fait sceller ces lettres par Ponchar, Châtelain d'Agimont, Franket de Hère, Jean Mear et Wibeckon d'Auberive leurs hommes de fief. 1313, le mercredi après la Purification Notre-Dame. *Orig. en parch. auquel il ne reste plus que trois sceaux.*

1357. Acte notarial par lequel Dlle. Marie, fille de Jean, Seigneur d'Agimont, Chevalier, à ce autorisée de son père, renonce au profit de Jean Seigneur de Rochefort, et de Dame Isabelle sa femme, à tout ce qu'elle pouvait prétendre, comme héritière de Jean son oncle en la terre et seigneurie d'Agimont, et en celle d'Asso, situés en Flandre. Les Seigneur et Dame de Rochefort renoncent en faveur de la Dlle. d'Agimont à ce qu'ils pouvaient prétendre ès terres et seigneuries de Walhaing et de Vighesées, situées dans le Comté de Namur. 1357, 28 Avril, en l'église N. D. à Fons, à Liége. *Orig. en parch. signé d'un Notaire.*

1330. AILLY (*écrit Ally*). Lettres des Bailli et Hommes de fief de Bruges, contenant le déshéritement fait par Isabeau Dame de Merchem et d'Ally et Robert Sire d'Ally et de Merchem son mari, au profit du Comte de Flandre, de la ville d'Oudembourg et du chambellage de Flandre. 1330, 10 Septembre. (En flamand). *Orig. en parchem. scellé de 13 sceaux.*

1330. Lettres des mêmes Isabeau et Robert, par lesquelles ils déclarent avoir vendu a Louis Comte de Flandre la ville d'Oudenbourch et le chambellage de Flandre, et leurs appendances et dépendances, excepté la terre de Merchem et les hommages que ladite Isabeau en tient : ils ratifient les lettres de ladite vente passées devant les Bailli et Hommes dudit Comte. 1330, 10 Septembre. *Orig. en parch. scellé de leurs sceaux.*

1361. AIRE. (*Chapitre*). Accord fait entre le Seigneur de Drincquam, Messire Malin de le Nieppe, *Trésorier de Cambray*, et Willaume le Tolnare, Receveur de la Comtesse de Bar, Dame de Cassel d'*une part*, et Jean de Varennes, Prévôt du Chapitre de St. Pierre d'Aire, et Jacques de Cambronne au nom de ce Chapitre d'autre part, sur ce que les Officiers de cette Dame prétendaient que le Bailli du Chapitre à Cappelle-Bruech, en la Châtellenie de Bourbourg, ne peut mettre aucun malfaiteur à gehine ni à question sans congé, ou présence du Bailli de Bourbourg.

Par cet accord, il est convenu que les gens de la Dame de Cassel restitueront au Bailli du Chapitre à Cappelle-Bruech le prisonnier qui a donné lieu à ce procès, et ressaisiront les Prévôt et Chapitre de St. Pierre d'Aire, de leur loi, Bailli et Echevins de la Ville, et de ce qu'ils tiennent en Cappellebreucq; et ce fait, ledit Bailli de Cappellebreucq requerra congé au Bailli de Bourbourg et la présence des francs Hommes de la Dame de Cassel, ou qu'il veuille être lui-même présent à la *question* et *gehine* qui devra être donnée audit prisonnier. Le tout sans préjudice à ladite Dame ni au Chapitre. Et lorsque la Dame de Cassel sera revenue en son pays, les Prévôts et Chapitre de St. Pierre d'Aire lui présenteront leurs *privilèges* pour, iceux vus, en être, par la Dame et son Conseil, ordonné ce qui sera de raison, le Chapitre se soumettant à l'ordonnance de ladite Dame. 1361, 14 Décembre. *Orig. en parch. scellé de 5 sceaux.*

1362. Accord fait entre Yolend de Flandre, Comtesse de Bar, et Dame de Cassel, et les Prévôt et Chapitre de St. Pierre d'Aire, au diocèse de Térouane, au sujet que dessus, par lequel a été convenu que les Prévôt et Chapitre, leur Bailli de la ville de Capellebroec, ni autre pour eux, ni pour leur Eglise, ne pourront doresnavant et ne devront procéder, ni faire procéder à aucune *question* ou *gehine* contre quelque criminel, et pour quelque crime que ce soit, jusqu'à ce que le Bailli de Cappellebroec pour ledit Chapitre l'ait fait savoir au Bailli de Bourbourg, en ladite ville de Bourbourg, qu'il entend procéder à ladite *question* et *gehine*, en lui indiquant jour et heure compétens pour que ledit Bailli de Bourbourg puisse y venir et y être présent si bon lui semble, et si le Bailli de Bourbourg ainsi duement averti ne s'y trouve aux jour et heure indiqués, le Bailli du Chapitre pourra aller en avant et procéder à ladite question. 1362, 10 Août. *Origin. en parchem. scellé du grand sceau de la Comt. de Bar en cire rouge et de celui du Chapitre en cire jaune, tous deux pendans à double queue de parchemin.*

1383. Lettres de Philippe le Hardi, Duc de Bourgogne, etc. par lesquelles il confirme son amé et féal Chevalier et Conseiller Messire Henri d'Espierres en l'office de Bailli de la ville d'Aire. 1383, 4 Mars à Lille. *Origin. en parchem. dont le scel est brisé.*

1393. (*Lettres de St. André lez Aire*). Lettres d'Allaume de Longpré, Ecuyer, Bailli d'Aire, et de cinq francs hommes du château d'Aire, contenant le rapport fait pardevant eux par le fondé de procuration de Jean, Abbé et des Religieux de St. André lez Aire, d'une maison en la ville d'Aire pour sûreté de l'arrentement perpétuel fait à cette Abbaye par le Duc de Bourgogne de huit mesures de pré en deux pièces appellées *Pincebure*, situées près de ladite Eglise de St. André, à raison de 10 sols de rente par mesure. 1393, 20 Février. *Origin. en parchem. scellé de six sceaux.*

1304. ALCKMAER. Lettres des Echevins, Conseil et Communauté de la ville d'Alckmaer, par lesquelles ils promettent fidélité à Willaume Comte de Hainaut, Hollande, etc. 1304, le lundi après St. Luc (19 Octobre). En flamand. *4e. cart. de Hain. pièce* 214.

1379. ALLEGAMBE. (*Ecrit As-Ghambes.*) Quittance de Jean Lidue, Censier de Ste. Croix de Cambray, de 4 chapons reçus de Jean As-Gambes, Ecuyer, Receveur du Comte de Flandre en sa terre de Feignies, pour une année de la redevance annuelle dont la maison de Feignies est chargée envers le Chapitre de Ste. Croix. 1379, le jour de l'an 1er. Janvier. *Origin. en papier dont le cachet est tombé.*

1308. ALLEMAGNE. Voyez Jean Duc de Brabant. 1308.

1395. ALLEMANS. Jean dit Allemans, Chevalier, bâtard et Bailli de Hainaut en 1365. *Voyez Bourbon.* Voyez aussi *Berlaimont en* 1333.

1318. ALMARE. Fief tenu de Gillon d'Almare en 1318. *Voyez Bourbon.*

1317. ALOST. (*Terre considérable.*). Lettres de Robert Comte de Flandre, par lesquelles il investit Robert son fils puîné des terres d'*Alost*, de Grandmont, des quatre métiers et pays de Waes, tenus de l'Empire, qu'il lui avait données en appanage, du consentement de Louis Comte de Nevers, son fils aîné, en présence et par l'avis des hommes de fief dudit Comte, ci-après nommés, des lieux donnés audit Robert, savoir: Henri de Flandre, Comte de Loddes, frère du Comte de Flandre, Ottebon de Karette, Prévôt de St. Donat de Bruges et Chancelier de Flandre: maître Nicole de le Pierre, Prévôt de Notre-Dame de Bourges: Huon, Châtelain de Gand et Seigneur de Sottenghien: Robert, Seigneur de Nivelle et Châtelain de Courtray: Philippe d'Axelles le père: Phil. d'Axelle le fils: Gérard Seigneur de Masmines: Gossuin Seigneur d'Erpe: Robert Seigneur de Pontreward: Alard de Brifeul: Gérard de Hulkerque: Yvain de Warnewych: Huon de Buerft; Jean de Tilleke: Roger de Hallewyn: Sohier de Bailleul: Bernard Delaubiel: Willaume Dokenghem dit Martel: Eulart de Woistwincle: Eustache Leuwaert, Chevaliers: Ernoul de le Berst: Wautier de Herseaus: Henri Châtelain d'Alost: Henri Châtelain de Liedekerke: Jean de le Pierre: Roger Thonys: Olivier de Clarout: Philippe de Wulsbergbe: Adam Delatre: Jacquemon du Sach: Ernoul de Landenghem: François Lauward: Wautier le Maiheur de Vinderont: Antoine de le Pierre: Ant. le Maiheur de Donze: Basse Calle: Jean Lussier et Meus le Viel Makere, tous assemblés en la salle du château de Gand. 1317, le vendredi jour de Ste. Catherine, à Gand. *Origin. en parch. qui était scellé de 40 sceaux, dont il n'en reste plus que 12.*

1654. Commission donnée par le Comte de Flandre à Claix d'Ouremère, Chevalier, Bailli de la terre d'Alost, pour recevoir le déshéritement de Jean de Rothelers, de la terre de Rothelers et en adhériter Henri de Flandre, Comte de Lodes. 1331, 2 Septembre, à Molins-lez-Ingilbert. *Orig. en parchem. scellé.*

1394. Lettres de Philippe Duc de Bourgogne aux gens de ses comptes à Lille, au Bailli d'Alost, et à ses autres officiers, par lesquelles il leur fait savoir que le Duc de Bar et Marquis de Pont lui a fait hommage des terres qu'il avait au Comté d'Alost et dans le Comté de Flandre hors du Royaume: leur enjoint en conséquence de le laisser jouir de toutes ses terres. 1394, 21 Janvier à Paris. *Origin. en parchemin scellé.*

1356. ALYNS. Lettres de Bauduin Châtelain de Beaumont et Sire de Solre-le-Castiel; Jean Connez, Jean le Pautier Mayeur de Mons; Jean de Chiply: Fastrés d'Espiennes; Jacquemart du Mortiers et Jacquemart Barrez, hommes de fief du Comte de Hainaut et de Hollande, contenant que Simon Ryms et *Pietre Alyns* se sont soumis par-devant eux à la paix et accord fait à Bruxelles entre lesdits Ryms et *Alyns*, à cause du meurtre de Henri et Sohier, frères germains dudit Pietre, commis par ledit Simon Ryms et ses complices y nommés. 1356, 28 Mars; à Mons en Hainaut. *Origin. en parchem. scellé de 7 sceaux en cire verte pendant à double queue de parchemin.*

1304. AMERVAL (*Bois d'*). Jugement rendu par Thieri du Casteler, Bailli de Hainaut, Jean Seigneur de Lens; Baudri Seigneur de Roisin; Fastrés Seigneur de Ligne; Jean Seigneur de la Hamayde; Nicolon Seigneur de Houdeng; Ernoul d'Enghien Seigneur de Praiaus; Will. Seigneur de Gomignies; Gérard de Virue; Watier de Kievrain; Nicolon de Reing; Gillon de Biaussart dit Provertes; Henri de Hiltzbach; Jean le Borgne de Gemapes; Buridant de Hordeng; Alard de Roisin Seigneur de Blarignies; Philippon le Coustre, Chevaliers; Philippon de Prouvy; Jackemon de Loheraine; Gillon Grignart, Mayeur de Mons; Willaume de Preus; Nicaise du Sart; Anseau le Tailleur, et Colart le Herus, hommes de fief du Comte de Hainaut, qui y ont apposé leurs sceaux, et aussi rendu par Ostun le Brun, Chevalier, Collart de Willoncamp, et Jean Sgr. de Ressai, Chev. qui ne les ont pas scellé, par lequel ils déclarent que Watier Sire de Bouzies, Chevalier, est bien fondé dans la plainte qu'il avait faite contre les Abbé, Chambrier et Couvent de St. Denis en France, qui l'avait fait troubler par leurs Echevins de Solesmes dans la possession où il était de la haute et basse Justice sur la maison, bois et sart d'*Amerval*, appartenant au Borgne d'Amerval et sur le fief de Beaureng appartenant à Jacquême de Biaureng, tenus de lui en fief. 1304, le lendemain de la Pentecôte (18 Mai) en la salle du château de Mons, en plains plaids. *Origin. en parchem. dont il manque une petite partie et dont tous les sceaux sont tombés à l'exception de quatre en cire verte, pendant à un cordon de soie rouge, qui sont ceux de Châteler, Houdeng, Roisin, le Coutre et du Sart.*

1334. AMBOISE. Le Seigneur d'Amboise, de Neelle et de Tenremonde, en 1334. *Voyez Tenremonde.*

1305. AMSTELLE. Lettres par lesquelles Gui, Evêque d'Utrecht, reconnaît avoir reçu de Jean d'Avesnes, Comte de Hainaut, Hollande, etc. etc. son frère, les biens des Seigneurs d'Amstelle et de Woerden, pour n'en jouir qu'autant de temps qu'il plaira à sondit frère. 1305, Mars. En flamand. *4e. Cart. de Hain.*

1369. AMIENS. Lettre de Jean Maughiers, garde du scel du Bailhage d'Amiens, établi en la Prévôté foraine de Beauquesne, portant que par-devant Regnaut Wion et Mathieu Hazequin, Auditeurs du Roi audit Bailliage, nobles personnes Monseigneur Hellin, Seigneur de Waziers, et Monseigneur Pierre Seigneur de Wallain, Chevaliers, se sont constitués cautions envers le Comte de Flandre de l'obligation souscrite par le Roi de décharger les villes et châtellenies de Lille, Douai et Orchies de toutes charges et assignations faites sur icelles, depuis la cession qui en avait été faite au Roi de France. 1369, 19 Mai. *Origin. en parchem. scellé des sceaux dudit Bailliage et desdits Auditeurs.* Voyez Palu, année 1342.

1349. AMNEREZ. Procuration donnée par Jean de Hainaut, Sire de Beaumont à N. Seigneur de Crèvecœur, Thieri Seigneur de Sainzelles, Galehaut de Luilly; Chevaliers, et Jean Ramercel, Bailli du Comté de Soissons, pour faire l'assiette sur la maison et terre d'*Amnerez* et appartenances de la rente viagère de trois mille livres tournois que le Roi lui avait donnée. 1349, 7 Août, à Paris. *Origin. en parchem. scellé du scel dudit Seigneur de Beaumont en cire verte, pendant à double queue.*

1312. ANCHIN. Lettres de Waleran de Luxembourg, Chevalier, Sire de Ligny, Châtelain de Lille, et de Guyotte sa femme, par lesquelles ils cèdent à l'Abbaye de St. Sauveur d'*Anchin* la *justice* dans les marais d'Emmerin, excepté ès quatre cas souverains. 1312 Novembre. Les lettres ont été confirmées par Guill. Comte de Hainaut la nuit de Pâques fleuries, qui fut le 7 Avril 1312. *3e. cart. de Hain. pièce 35.*

1340. Promesse de Raoul Comte d'Eu, Connétable de France, Lieutenant du Roi ès frontières de Flandre et de Hainaut, de Terache et ès environs, de ne point mettre des gens de guerre en l'Abbaye d'*Anchin*, et en la ville de Peskencourt, pendant la présente guerre, pourvu que le Comte de Hainaut n'y en mette pas non plus. 1340, 8 Mai, à Douai. *Orig. en parchem. scellé du scel dudit Raoul, en cire verte, pendant à double queue.*

1353. Sauf-conduit donné par le Roi Jean à Nicolas Sire de Lalaing: Gilles dit Hawiau de Quiévrain, Sire de Fontenoy. Jean de Harchies: Gérard de Veudegies, Sire de Roesnes, Chevaliers: et a Guillaume du Casteler, Châtelain d'Ath, Ecuyer, pour venir s'excuser devers lui de quelques entreprises et forfaits qu'ils avaient commis ès l'Eglise d'*Anchin* et de Peskencourt. 1353, 26 Novembre à Bavelinghelien. *Origin. en parchem. dont le scel est tombé et signé par le Roi en son Conseil: Blanchet.*

1346. ANEKIN. Promesse de Godef. Seigneur d'Anekin, Chevalier, de servir Louis Comte de Flandre et ses successeurs Comtes envers et contre tous, excepté contre son souverain Seigneur, de qui il tient sa terre, et ce en reconnaissance de ce que ledit Comte par ses lettres, de la même date que la présente,) insérées, a retenu de son ménage et hôtel ledit Seigneur d'Anekin, pendant sa vie, avec son compagnon, ses gens et ses chevaux, a promis d'acquitter ledit Chevalier et son compagnon, de tous coûst et frais pendant le temps qu'ils seront à son service, et de les monter l'un et l'autre, pour lequel service le Comte lui assigna une pension annuelle de cent cinquante livres parisis. 1346, 29 Octobre, a Pont St Maxence. *Origin. en parchemin scellé du scel dudit Godef en cire verte, pendant à simple queue.*

1311. ANGLETERRE. (*Traité de paix.*) 1311, le jour de l'an renouf, dans la maison du Comte à Male, près de Bruges, Robert, Comte de Flandre confirme et ratifie, tant pour lui que pour ses gens de Flandre, le traité et accord fait en Angleterre entre les gens du Roi d'Angleterre et ceux du Comte, lequel se trouve dans une cédule y insérée.

Par ce Traité conclu à Westminster dans le Parlement du Roi Edouard II, le jour de St. Clément Martyr, précédent, la 5e. année de son règne, il a été convenu entre le Conseil du Roi d'Angleterre, et le Seigneur Jean de Fiennes et Guillaume de Nivelle, Chevaliers, envoyés du Comte de Flandre, que ledit Roi nommerait Messeigneurs Robert de Kendale, Connétable de Douvres et Gardien des cinq ports, Henri de Cobeham le puisné, Jean de Northwode l'aîné, et Jean de Frefingfeld, Chevaliers, pour entendre et terminer, selon les lois et coutumes de la terre, et selon la loi marchande, tout ce qui s'était passé sur le fait de *Crandon* entre les Anglais et les Flamands, tous les *trépas* faits des Flamands par les Anglais depuis que le Roi est monté sur le trône, et toutes les difficultés qu'ils pouvaient avoir ensemble, et que cette enquête commencerait à Londres en dedans la quinzaine de la Chandeleur au plus tard.

Que le Comte de Flandre nommerait aussi quelques personnes pour s'informer de tous les *trépas* faits des Anglais et de toutes leurs difficultés, lequel travail commencerait à Bruges le jeudi après la mi-carême au plus tard.

On fera gré aux Anglais qui ont fait jusqu'à présent des démarches auprès du Comte de Flandre, pour recouvrer leurs biens : on fera la même chose aux Flamands, mais aucun arrêt ne pourra être fait d'une part ni d'autre d'ici au jeudi après la mi-carême. *Origin. en parchemin scellé du grand sceau du Comte en cire jaune, pendant à simple queue.* Voyez Flandre, année 1311.

1320. Traité fait entre les Procureurs du Roi d'Angleterre et ceux du Comte de Flandre, par lequel on ordonne la restitution de tout ce qui avait été pris par les sujets des deux Puissances les uns sur les autres. 1320. — A la suite est la procuration donnée par Robert Comte de Flandre, pour entendre audit Traité Eustache Lauwaert, Chevalier, Guillaume le Doyen, Echevin de Bruges, Nicaise le Sage, Michel Belle, Conseillers jurés, et maître Jean Bourhque, Clerc de la ville d'Ipre. A Courtrai, le 1er. Octobre 1320. *Copie en parchem. Origin. en parchem. de la procuration scellée du grand sceau du Comte, en cire jaune, pendant à double queue.*

1347. Lettres d'Edouard III, Roi d'Angleterre, de France et Seigneur d'Irlande, par lesquelles, en mémoire des Flamands et des Anglais tués, ainsi que des incendies et roberies qui furent commis de part et d'autre, et pour rétablir l'amitié entre les Anglais et les Flamands, ce Roi promet de fonder et doter dans l'isle de Cadzant *un Monastère de Chartreux*, au dire de trois bonnes villes de Flandre, Gand, Bruges et Ipres, et de fonder dans le Comté de Flandre, hors de ladite isle, *un Hôpital* pour sept Religieuses, comprise la Prieure, et le doter au dire desdites trois bonnes villes : les Religieuses et Chapelains seront à la nomination des Comtes de Flandre. Edouard son fils aîné confirme ces lettres. A Berghes, la huitième année de son règne de France, et d'Angleterre la 21e. (1347). *Origin. en parchem. scellé du grand sceau du Roi, en cire verte, pendant à un cordon de soie verte, et du petit sceau de son fils en cire rouge, pendant de même.*

1367. Lettres d'Edouard, Roi d'Angleterre, par lesquelles il donne pouvoir à Henri Lescrop, Chevalier, Gouverneur de Calais, Guines et Merk, et à Thomas de Brantyngham, Receveur desdits lieux, de signer le Traité d'alliance fait avec le Comte de Flandre. A Westminster, 29 Mai, la 41e. année de son règne, ce qui revient à 1367. *Origin en parchem. scellé du grand sceau de ce Roi.*

1367. Articles d'alliance entre le Roi d'Angleterre et le Comte de Flandre, convenus et arrêtés par Simon Archevêque de Cantorbery, Chanc. : Jean Evêque d'Ely, Trésorier d'Angleterre : et Guillaume de Wikeham, Garde du scel privé, Conseillers du Roi d'Angleterre : Louis Seigneur de Colscamp, Roger Botelyn, Chevaliers, et maître Jean du Gardin, Conseillers du Comte de Flandre. 1367, 23 Février, à Londres. *Origin. en parchem. scellé des sceaux des Députés du Roi d'Angleterre.*

1371. Accord fait entre les Députés du Roi d'Angleterre et ceux du Comte de Flandre, pour terminer les débats élevés au sujet du commerce.

Députés du Roi d'Angleterre : Simon Cardinal de Cantrebur : Henri Lescrop, Chevalier-Banneret : Hue de Grave, Chevalier : Jean de Schepeye, Docteur : Adam de Bury et Jean Piel.

Députés du Comte de Flandre : Le Seigneur de Ghistille, Chevalier Banneret : Phil. de Masmines : Goossin le Wilde, Chevaliers : le Doyen de St. Donat de Bruges, Chancelier de Flandre, et Jean de le Faucille.

Députés de Gand : Jean de le Rake, Daniel Serseanders, Resse de le Walle et Henri de Roden.

Députés de Bruges : Pierre Rycasses, Michel d'Assenede, et Jacques de Thourout.

Députés d'Ipres : Henri Rugghinnoet, et Wautier Croeselin.

Députés du Franc de Bruges : Messire Gui, fils de Messire Gui le Bâtard : Messire Nicaise le Mol, Chevaliers : Riquard de Straes : Roger de Steelant, et Jean de le Brouke. 1371, 20 Mars, à Marke. *Origin. en parchem. scellé de dix sceaux, restant de onze.*

1388. Lettres de Charles VI, Roi de France, par lesquelles il mande à son amé et féal Chevalier et Chambellan Jean de Vienne, Amiral, et son Conseiller, et à tous les Capitaines, Lieutenans, Gendarmes, etc. de laisser passer tranquillement Jean de Fay, Baron de Wemme, Emond de la Poele, Robert de Witeneye, Chevaliers : maître Richard Ronhale, Docteur ès lois : Rogier Walden, Trésorier de Calais : Henri Voneur : Thomas Neucon, Jean Goenevant, Thomas Beuppeny', Jean Newelz, et Jean Ulting, Envoyés par le Roi d'Angleterre à Calais, pour traiter et faire trève et abstinence de guerre avec les Commissaires du Roi. 1388, 20 Juin, à Paris. *Origin. en parch. scellé du sceau du Roi, en cire jaune.*

1391. Mandement du même Roi au Gouverneur de Flandre, au Sire de Ghistelle, et au Gouverneur de Lescluse, ou à leurs Lieutenans, Conservateurs de la trève faite à Amiens, le 18 Avril 1391, entre la France et l'Angleterre, d'entretenir ladite trève prolongée pour un an. 1392, 27 Mai, à Paris. *Origin. en parchem. scellé.*

1339. ANTOING. Don fait par le Roi Philippe de Valois à *Henri d'Antoing*, Chevalier, en récompense de ses services, d'une rente perpétuelle de deux cent livres parisis, pour sûreté de laquelle il lui cède le Vivier de Rodegnies, et cent arpens des bois de Glanchon, à l'entrée de Revellon, en la terre de Mortagne, dont la prisée a été faite par Godemar de Fay, Chevalier, Gouverneur pour le Roi à Lille et Tournai, et par Pierre Bauchans, Bailli du Roi à Lille, à tenir du Roi en foi et hommage. 1339. Mars, à Poissy. Sous le vidimus de Mathieu, Prieur du Val des Ecoliers à Mons, et la signature d'Etienne Viard, de Tongres, du Diocèse de Cambray, Notaire Impérial ; du 9 Avril 1407. *Origin. en parchem. scellé du sceau dudit Abbé, en cire verte, pendant à double queue.*

1339. Lettres du même Roi par lesquelles il cède audit Henri d'Antoing, Chevalier, la basse Justice jusqu'à 60 sols et au-dessous, sur les vivier et bois mentionnés ci-dessus. 1339, Avril, à Lay. Sous le vidimus des mêmes et du même jour. *Origin. en parchem. scellé comme ci-dessus.*

1372. Quittance d'Amauri le Cordewanier, Chapelain, Receveur de Henri d'Antoing, Chevalier, Sire du Plaisiet, de cent livres parisis reçues pour une année de la pension due audit Seigneur d'Antoing sur la recette du bois de Nieppe. 1372, 19 Janvier. *Origin. en parchem. scellé.*

1373. Récépissé de Henri d'Antoing, Chevalier, Lieutenant de la Comtesse de Bar, en sa terre au duché de Bar, de quelques effets à lui remis pour la garnison du château de Clermont. 1373, 18 Juillet. *Origin. en parchem. cacheté.* Voyez Bar.

1383. Quittance de Henri d'Antoing, Sire du Plaissis, de

17 liv. 11 s. monnaie de Flandre, reçus de François de le Bieque, Bailli de Dunkerque, pour la dépense à Gravelines et à Dunkerque avec le Sire de Sempi, le Sire de Silles, le Sire de Waringny et plusieurs autres. 1383, 8 Janvier. *Origin. en papier cacheté d'un scel en cire rouge.*

1385. Lettres par lesquelles Henri d'Antoing, Seigneur du Plessis et de Haveskerke, déclare que, pendant les trois jours qu'il a séjourné au château de Nieppe depuis le Dimanche 11 Février dernier, Guillaume Cloet, Clerc des provisions dudit château, lui a donné 44 sols pour sa dépense, et lui a fourni l'avoine pour ses chevaux. 1385, 14 Février. *Origin. en papier cacheté d'un petit scel en cire rouge.*

1347. Procuration donnée par Jean Duc de Brabant, etc. à Jean Seigneur de Blaerswelt, Nicole du Châtel, Doyen de l'Eglise Notre-Dame d'Anvers, et Henri Coke, Doyen de l'Eglise de Ste. Gudule de Bruxelles, pour traiter et accorder le mariage de Marguerite fille dudit Duc avec Louis Comte de Flandre. 1347, 18 Mai, à Bruxelles *Origin. en parchem. scellé du sceau dudit Duc, en cire jaune, pendant à double queue.* Voyez Bar, année 1387.

1313. ANVERS. Acte passé devant Jean-Hughes Wedeghe, Clerc du Diocèse de Tournay, Notaire Public et Impérial, qui contient la publication de la protestation du 15 Avril, faite à *Anvers* dans le Chapitre de N. D., diocèse de Cambray, en présence de plusieurs Ecclésiastiques et de Noble Seigneur Nicolas de Dorne, Chevalier. *Origin. en parchem. signé dudit Notaire.* Voyez Brabant, année 1347.

1313. Acte passé devant ledit Jean-Hughes Wedeghe, contenant la publication susdite à Biervliet, Diocèse d'Utrecht, dans le chœur de l'Eglise de N. D. 1313, indiction 11e. 12 Mai, la 8e. année du Pontificat de Clément V; la 1re. de l'Empire de Henri: la 5e. de son règne (en latin). *Origin. en parchemin signé dudit Notaire.*

1313. ARBALESTRIERS. Pierre de Galard, Chevalier, Maître des Arbalestriers et Capitaine du Comté de Flandre, en 1313. *Voyez Courtray.*

1330. ARDEMBOURG. Lettres de Gérard li Moors, et de Hédèle sa femme par lesquelles, pour rentrer en la grace du Comte de Flandre, ils lui cèdent et transportent une rente de seize livres de gros sur la ville d'*Ardembourg*, une maison, l'écouterie et le tonlieu d'Ardembourg et de Slepeldamme avec la maison de Beaupré-lez-Bruges. 1330, 9 Février, à Bruges. *Origin. en parchemin scellé de deux petits sceaux en cire jaune pendant à double queue.*

1388. ARKEL. Lettres d'Otte, Seigneur d'Arckel et de Jean son fils, Seigneur de Haghestein, de Pierpont et de *Maslines*, par lesquelles ils promettent de ne faire aucun mal, ni dommage à Richer de Lus, Prévôt de Marville et de St. Mard, ni aux habitans du Duché de Luxembourg, à cause de la prise et arrêt fait par ledit Lus de la personne de Zegher, fils de Florent de Zwindrecht, Prévôt et Châtelain de Pierrepont, pour avoir frappé d'une lance sur la tête le Sergent du Roi des Romains à Arancy, lequel Zegher avait été ensuite remis à Messire Huard, Seigneur d'Autel, Sénéchal du Duché de Luxembourg. 1388, 15 Avril. *Origin. en parchem. scellé de deux sceaux, l'un en cire brune, et l'autre en cire verte, pendant à double queue.*

1308. ARRAS. (*St. Vaast.*) Bulle du Pape Clément V, par laquelle il donne a Thiéri de Fuysy, Moine de l'Abbaye de St. Jean à Laon, Ordre de St. Benoît, à la prière d'Etienne, Cardinal-Prêtre, du titre de St. Ciriace, oncle dudit Thiéri, dépendante de l'Abbaye St. Vaast à Arras, vacante par la promotion de Frère Nicolas, qui en était Prévôt, à l'abbaye de St. Vaast. A Ulme, diocèse de Narbonne, 15 des calendes de Mars, la quatrième année de son pontificat, 15 Février 1308. (En latin).

Ensuite sont des lettres des Commissaires du Pape, du samedi avant le dimanche des Rameaux 1308, pour mettre ledit Thiéri en possession de cette Prévôté, et annuller la donation de la même Prévôté, faite par l'Abbaye de St. Vaast, en faveur de Florent de Ville. *Deux bandes de parchemin cousues ensemble.*

1386. (*Famille*). Sentence arbitrale rendue par Willaume, Prévôt de l'église de Watènes, Gui Pouche et Jean de Nielles, entre *Guillaume d'Arras*, Seigneur de Danebreuc, et de St. Pierre-Breuc, et Ernoul du Wes, Chevaliers. Cette sentence condamne Ernoul à rendre et restituer audit Guillaume 28 mesures de terre qui sont déclarées faire partie de sa Seigneurie de Saint-Pierre-Breuc. 1386, dernier Janvier. *Origin. en parchemin, auquel il ne reste plus que le sceau du Prévôt de Watènes, et celui d'Arnoul du Wes.*

1386. (*Famille*). Commission de la Comtesse de Bar, Dame de Casse, au Bailli de Bourbourg, pour ajourner pardevant elle *Guillaume d'Arras*, Chevalier, et Arnoul du Wes, Chevalier, sur le procès qu'ils avaient entre eux pour les 28 mesures de terre mentionnées ci-dessus. 1386, dimanche, 20 Novembre, à Nieppe. *Origin. en parchem. scellé.* Jointe la relation d'Herbert de Wergelo, Bailli de Bourbourg, du jeudi pénultième Novembre 1386. *Origin. en papier cacheté.* Voyez Langatre en 1318.

1388. (*Eglise N. D. à Arras*) Cession et transport fait par Philippe Duc de Bourgogne, et Marguerite sa Femme aux Prévôt, Doyen et Chapitre de l'*Eglise N. D. d'Arras* du droit de Gaule que lesdits Duc et Duchesse levaient tous les ans, à cause de leur Comté d'Artois, sur les maisons, terres et héritages, appartenances audit Chapitre et à leurs sujets, manans, habitans et tenans dudit Chapitre ès villes et terroirs de Borelle, St. Léger près Croisilles, au Hamel-lez-Fampoux, dit le Petit Fampoux à Estary.

A charge, par le chapitre, de payer et rendre chacun an à leurs propres coûts et dépens aux Comtes d'Artois dans leur grenier à Arras 200 mencauds d'avoine, mesure d'Arras, au trait de *Pestrique*, sans aucun avantage de golenie. 1388, 3 Décembre, en l'Abbaye de Maubuisson-lez Pontoise. Ces lettres ont été ratifiées par la Duchesse de Bourgogne et Jean son fils aîné à Mombar le 10 Janvier 1388, et par les Prévôt, Doyen et Chapitre d'Arras, le dernier Mars 1388, à Arras; sous le vidimus de Thomas Bouchel, bourgeois d'Arras, Garde de scel du Bailliage d'Amiens, Prévôté foraine et ville de Beaucaisne, par Pierre Froissart et Thomas Wallon, Auditeurs du Roi en ladite ville, du 8 Octobre 1389. *Origin. en parchemin, dont les sceaux sont tombés.*

1395. (*Evêque d'Arras*). Lettre écrite à l'Evêque d'Arras, Chancelier du Duc de Bourgogne, par les Officiers de la Chambre des Comptes de Dijon, contenant qu'ils avaient déposé dans leur chambre l'appointement touchant Messire Jean de Ste. Croix, au sujet de Verdun et la Borde de Rulée. Ils représentent que si le procès touchant le cinquième de Verdun est jugé à Dijon, pardevant les Gens du Conseil et des Comptes, ou que si on l'envoyait à Paris pour être terminé par le Chancelier, et qu'il y eut appel du jugement, cet appel serait porté au Parlement de Paris, ce qui serait au préjudice du Duc de Bourgogne et de sa Seigneurie, parce que Verdun est situé outre la rivière de Saone, et que, supposé qu'il soit du Duché, on a coutume de prononcer les arrêts pour les parties qui sont outre ladite rivière de Saone, à St. Laurent, à Châlons, qui est outre cette rivière, d'où on ne peut pas appeller au Parlement de Paris. Ils mandent qu'ils envoient copie des pièces qui s'étaient trouvées en la chambre concernant la Borde. (Voyez 1354, le jeudi 7 Août avant St. Laurent, et 1339 le vendredi après St. Georges), et qu'ils avaient fait mettre en main du Duc toutes les rentes sur la Sauperie des Salins. Sans date d'année. (1395, 10 Janvier à Dijon.) *Original en papier.*

1395. ARTISIEN. (*Famille.*) Ordonnance de Philippe le Hardi, Duc de Bourgogne, au Receveur de St. Omer et d'Aire de payer 20 livres parisis à Guillaume *Lortisien* pour ses salaires d'avoir fait un Registre des fiefs, rentes et revenus du domaine d'Aire. 1395, 2 Septembre, à Arras. *Origin. en parchemin scellé.*

1396. Quittance de Gui l'Artisiens de ladite somme.

1397. Reconnaissance d'Alleaume de Loncprey, Ecuyer, Bailli d'Aire et de Hue Coquillau, Receveur dudit Bailliage, d'avoir reçu le Registre ci-dessus mentionné. *Ces trois pièces sont attachées ensemble.*

1306. ARTOIS. (*Province.*) Mandement du Roi Philippe-le-Bel à sa chère et féale cousine Mahaut, Comtesse d'Artois et de Bourgogne, de faire rendre sans délai aux habitans de la Flandre les terres qu'ils possédaient dans le Comté d'Artois sous sa jurisdiction; et ce, en exécution du traité que le Roi avait fait avec les Flamands. 1306, 1er. Juin, à Paris. (En latin.) *Sous le vidimus de l'amini de Coquerel, Garde de la Prévôté de Paris, du mardi après la Trinité.* 1306. *Signé sur le pli* Quentin, *et scellé d'un morceau de sceau.*

1309. (*Comte d'Artois.*) Quittance de Blanche de Bretagne, veuve de Philippe, fils aîné du Comte d'Artois, et de Robert leur fils, de la somme de 6000 liv. qu'ils avaient reçue pour le premier paiement de 24,000 liv., de laquelle ils étaient convenus par ordonnance du Roi de France avec Mahaut, Comtesse d'Artois et de Bourgogne, sœur dudit Philippe, au sujet de la succession d'Artois à laquelle ledit Robert prétendait avoir droit. 1309, le jour de la Chandeleur. *Origin. en parchem. scellé de deux sceaux en cire brune pendant à double queue.*

1311. Quittance des mêmes et d'une même somme en 1311, le jour de la Chandeleur. *Origin. en parchem. scellé de deux sceaux en cire verte, pendant à double queue.*

1385. (*Comté d'Artois.*) Lettres du Duc de Bourgogne par lesquelles il ordonne à ses Bailli et autres Justiciers dans son Comté d'Artois de tenir et faire tenir les Assises et les Plaids, le matin, avant heure de dîner. 1385, 18 *Décembre à Tournai.*

1318. ASPREMONT. (*Famille*) Traité entre Louis, fils aîné du Comte de Flandre, Comte de Nevers et de Réthel, et *Gobert Sire d'Aspremont* et de Don, son cousin, contre Edouard Comte de Bar; passé devant Pierre Bilre, Clerc, Tabellion Papal et Impérial, en présence de Jacques Seigneur d'Orcimont: Bauduin Seigneur d'Ammoisies, Chevalier: Pierre de Jailli, Prêtre, Chapelain du Comte de Nevers: Jean de Lille: Jean de Verrières, Châtelain de Castel-Renaut: Gérard de Bobaing: Baudes de Thourout: Jean Caucette: *Wautzem d'Aspremont*: Werion, fils Conrard l'Arbalestrier: Hannekin, son frere: Ansel de Brièles, Clerc de Mons. d'Aspremont. 1318, le mardi avant l'Ascension, à Maisières sur la Meuse, en l'hôtel du Comte de Nevers nommé la Tournelle. *2e. cart de Flandre, pièce* 563.

Traité d'alliance entre les mêmes contre ledit Duc de Bar et l'Evêque de Liège. En récompense des services du Sire d'Aspremont, le Comte de Nevers lui donne la maison de Bois-Jardin, située au Comté de Nevers, et 300 livres de rente, pour lesquelles il doit lui assigner des terres. 1318, le mercredi avant l'Ascension, à Maisières sur Meuse, en l'hôtel de la Tournelle. *Origin. en parchem. scellé des sceaux de ces deux Seigneurs.*

1323. Lettres de Robert, Sire d'Aspremont, par lesquelles il quitte Noble Damoisel et Puissant Louis Comte de Flandre et de Nevers, fils de feu Louis Comte de Nevers et de Rhetel, moyennant la somme de 6000 l. parisis, que le Comte Louis lui a assignées sur son Comté de Flandre, des 60,000 liv. qu'il prétendait lui être dues pour les dommages qu'il avait essuyés, faute par le défunt Comte de Nevers d'avoir exécuté l'alliance qu'il avait faite avec lui. 1373, le jeudi après l'octave de St. Remi en Octobre. *2e. cart. de Flandre, pièce* 564. *Origin. en parchem. scellé du scel dudit Sire d'Aspremont, en cire brune pendant à double queue de parchemin.*

1389. ASSCHE (*Famille*). Lettres d'Yolenthe de Flandre, Comtesse de Bar, Dame de Cassel, par lesquelles elle assigne sur les revenus de la terre de Bornehem le paiement de la somme de 1300 francs d'or de France due à *Jean d'Assche*, Evrard Serclaes et autres heritiers de l'Evêque de Cambrai dernier décédé, pour le prix d'une maison située a Paris, sur la rivière de Seine, en la rue de Biévre, que la Comtesse avait fait acheter d'eux par Henri d'Antoing, Chevalier. 1389, 20 Juill. à Clermont. *Origin. en parchem. scellé du scel de la Comtesse, en cire rouge, pendant à double queue.*

1390. Quittance de Robert d'Assche, Chevalier, Sire de Meulhem, de 50 francs de France que Fournier de Metkerke, Receveur de la Comtesse de Bar, lui a payé, et dont cette Comtesse lui avait fait don, en récompense de ce qu'il lui avait fait vendre une maison à Paris par Jean Seigneur d'Assche son fils, héritier, à cause de sa femme, du défunt Evêque de Cambrai. 1390, 13 Juillet, à Brousse. *Origin. en papier cacheté du scel dudit Robert, en cire rouge.*

1391. Procuration donnée par Nobles Hommes Jean d'Assche à cause de Béatrix Serclaes, (*écrit Cerclaes*), sa femme, Evrard Cerclaes, frère de ladite Béatrix, fils aîné d'Evrard Cerclaes, Chevalier, frère de défunt Jean Cerclaes, Evêque de Cambrai, ledit Evrard tant en son nom que comme tuteur de Wenceslas, Jean, Marie et Jeanne Cerclaes, ses frères et sœurs, pour mettre Yolenthe de Flandre, Comtesse de Bar, en possession d'une maison. A Paris, 1391 5 Janvier. (En latin.) *Origin. en parchem. signé dudit Notaire.* A cette procuration sont jointes les lettres d'André, Evêque de Cambrai, du 25 Juill. 1392, pour attester la signature du Notaire. *Origin. en parch. scellé.*

1339. ATH (*Châtellenie d'*). Commission donnée par le Roi Philippe de Valois à maître Jacques Rousselot, Conseiller, et à Jean de Cayeu, Chevalier, pour avec Henri de Jodoigne, Chanoine de Cambrai, et le Seigneur de Haveray, Châtelain de Mons, Commissaires du Comte de Hainaut, pour informer des entreprises faites par les Officiers du Roi en la terre du Pont St. Amand et en la *Châtellenie d'Ath*, qui sont hors du Royaume. 1339, 14 *Août, à Vincennes. Origin. en parchem. dont le scel est tombé.*

1305. ATHÈNES. Déclaration de Sohier d'Alouaigne, Chevalier, Garde de la terre d'Avesnes et de Guise, par laquelle il certifie aux Mayeur et Echevins de la terre d'Estruen que Messire Siusses de Boussoit, Chevalier, a fait hommage au Comte de St. Paul pour la terre d'Estruen au nom de Madame *la Duchesse d'A-*

thènes, fille de feu Florent de Hainaut. 1305, le 2e. vendredi de Septembre, à Englaincourt (10 Sept). *Origin. en parchem. dont le scel est tombé.*

1308. (*Duchesse d'Athènes*). Lettres de Guillaume Comte de Hainaut, etc. par lesquelles il s'oblige de payer tous les ans en deux termes à sa chère cousine *la Duchesse d'Athènes* fille d'Isabelle Princesse de la Morée, sa chère tante, 400 liv. noirs tournois pour les terres que ladite Duchesse devait avoir à Escidam en Berlant et ailleurs dans les Comtés de Hollande et de Zélande. 1308. Le mardi après la Magdelaine (23 Juillet). 3e. *cart. de Hainaut, pièce* 313. *Imprimé dans le Recueil des chartes de Mieris, tom. 2, pag.* 77.

1311. (*Duchesse d'Athènes*). Accord entre Guillaume Comte de Hainaut, Hollande et Zélande, et Isabelle Princesse de la Morée, par lequel ils conviennent, 1°. que la Dame Isabelle n'empêchera point que *la Duchesse d'Athènes* sa fille, et ses hoirs, ne puissent hériter de la Principauté de la Morée comme à elle appartenant de droit, étant l'aînée. Ladite Duchesse d'Athènes, cousine du Comte Guillaume, jouira depuis la mort de son mari des terres qu'elle lui a données par delà, comme n'ayant pas été données suffisamment. 1311, le jeudi après St. Marc, à Valenciennes. *Origin. en parchem. scellé du sceau de Guill. en cire verte, pendant à simple queue.*

1302. AUBRECHICOURT. Lettres de Bauduin d'Aubrechicourt, Chevalier, Sire d'Estainbourg, par lesquelles il se constitue caution pour Jean Comte de Hainaut, Hollande et Zélande, et Philippes sa femme, et Robert Crespin et Baude son frère d'une somme de 13,000 l. parisis. 1302, Juin *Origin. en parchem. scellé du sceau de Bauduin, en cire brune à double queue.*

1302. Donation faite par Jean Comte de Hainaut susdit à Bauduin *d'Obrechicourt*, Chevalier, Seigneur d'Estainbourg, et à Yolenthe sa femme, fille de Baudri, Chevalier, Seigneur de Roisin, d'une rente de 200 l. tournois sur la forêt de Mormal, à recevoir leurs vies durant. 1302, le jour de la Trinité, 17 Juin. *Origin. en parchem. scellé du scel du Comte, en cire jaune, pendant à double queue de parchemin.*

1314. AUDENARDE. Testament d'Arnoul, Sire d'Audenarde. Il nomme pour ses exécuteurs testamentaires Willaume de Mortagne, Seigneur de Dossemer son fils, Guyon son frère. 1302, Septembre. Sous le vidimus de H. Abbé de St. André de Grammont de la 6e. férie après St. Pierre aux liens, 1314. *Origin. en parchem. scellé du scel de cet abbé, en cire verte, endommagé, pendant à double queue.*

1317. Lettres de Jean d'Audenarde, Sire de Rosoit, par lesquelles il quitte le Comte de Hainaut, et la ville de Maubeuge, d'une rente de 610 l. et de tout ce que le Comte pouvait lui devoir à cause de l'acquisition des villes de Flobecq et de Lessines. 1317, le jour de St Marc Evangeliste. 3e. *cart. de Hain. pièce* 214.

1317. Renonciation de Jean d'Audenarde, Sire de Rosoit, en faveur du Comte de Hainaut, à une rente de 610 liv. que lui devait la ville de Maubeuge. 1317, le jeudi avant St. Marc Evangeliste. *Orig. en parchem. dont le scel est tombé.*

1321. (*Famille et ville d'Audenarde.*) Lettres de Gérard Preit, Seigneur de Hufalize, et d'Isabelle d'Audenarde sa femme, par lesquelles ils déclarent que lorsqu'ils ont adhérité Guillaume de Mortagne, leur fils, *de la Terre et Baronnie d'Audenarde*, ils s'en sont réservé les profits pendant leurs vies, et qu'ils donnent sur ces profits à Marie d'Audenarde leur fille, en accroissement de son mariage 2000 l. de terre au tournois, à prendre tous les ans sur les bois de Portebergbe. 1321, le jour de St. Clément. 2e. *cart. de Hainaut, pièce* 172.

1335. Promesse de Guillaume Comte de Hainaut de payer à Demoiselle Marie d'Audenarde, femme de G. de Grandpret, Seigneur de Hufalize, une rente viagère de cent livres parisis à prendre dans les 400 liv. de rente, que ledit Comte doit à Isabelle dite Dame d'Audenarde, mère de ladite Marie, pour le prix de la vente de Flobecq et Lessines. 1335, le jour de St. Michel, à Valenciennes. 2e. *cart. de Hainaut, pièce* 271. Voyez Roissi, Mortagne, Tourcoin, en 1371.

1391. Certificat de Jean de Pouques, Chevalier, Seign. de Molimont, Conseiller et Maître-d'hôtel du Duc de Bourgogne, et Châtelain de son Châtel à Lille, d'avoir bien exercé l'office de Capitaine du nouveau Château et Forteresse d'Audenarde. 1391, 15 Juin, Lille. *Origin. en parchem. scellé de son scel, en cire rouge, pendant à simple queue.*

1321. AVESNES. (*Ville.*) Compromis entre Guill. Comte de Hainaut, et Guy de Châtillon, Comte de Blois et Sire d'Avesnes, par lequel le Comte de Hainaut nomme Godefroy de Naste et Sausset de Boussoy, le Comte de Blois, le Borgne de Cramailles et Jean de Plancy, Chevaliers, arbitres du différent qu'ils avaient entre eux touchant la haute justice dans la ville d'Avesnes. 1321, le mardi après la Nativité de Notre Dame. 3e. *cart. de Hain. pièce* 89.

1398. Rapport en gros, rendu par Jean de Bretagne, Comte de Penthièvre, Vicomte de Limoges, Sire d'Avesnes et de Nouvion, de la Ville et terre d'Avesnes, tenue en fief liége du Comte de Hainaut, de la valeur de six mille livres tournois par an. 1398, 9 Avril, au château de Landrecies. *Origin. en parchem., scellé du scel dud. Jean de Bretagne, en cire rouge pendant à double queue.*

1323. AUFAIMONT. Alix d'Aufaimont, épouse de Jean de Dampierre, en 1323. *Voyez Dampierre.*

1315. AULESY. Promesse de Guillaume d'Aulesy, Sire de Jailly, et d'Agnès Dame de Tracy, sa femme, de servir Messire Louis, fils aîné du Comte de Flandre, Comte de Nevers et de Rethel, en l'office de Maître de son Hôtel, moyennant la pension de 80 liv. tournois, que le Comte a donnée audit Sire de Jailly et à sa femme, leurs vies durant, sur les issues et rentes de la Châtellenie de Montenesson. Promet en outre ledit Chevalier de garder le château de Montenesson, dont le Comte l'a établi Châtelain. Il est loisible au Sire de Jailly, et à sa femme, de quitter le service du Comte de Nevers, quand bon leur semblera, en abandonnant ladite rente, et le Comte aura la même liberté pour cause raisonnable. 1315, le vendredi après St.-Martin d'hiver, passée devant Jean Durant de St.-Satur, Clerc juré, Notaire de la Prévôté de Bourges, sous le scel de ladite Prévôté, Etienne de Veance, Garde dudit scel. *Origin. en parchem., scellé d'un scel en cire verte pendant à double queue.*

1330. AUSY. Quittance de Hues d'Ausy, Sire de Couppes, de la somme de 300 liv. de gros tournois qu'il avait reçue de la ville de Bruges, au nom de la Dame de Merchem et d'Ally, à compte de plus grande somme pour le prix de la vente de la ville d'Oudembourg. 1330, 10 Septembre. *Origin. en parchem., scellé de son scel.* Voyez *ci-devant Ailly, année* 1330.

1333. AUSSONNE. Guillaume d'Aussonne en 1333. *Voyez mon premier volume, pag.* 392.

1341. Guillaume d'Aussonne, Evêque de Cambrai, en 1341. *Voyez Cambrai.*

1341. AUTEL. Lettres de Wenceslas, Roi des Romains et de Bohême, Duc de Luxembourg, par lesquelles il donne à Havard d'Autel, Sénéchal du Duché de

Luxembourg, la garde de la ville de Verdun, avec 500 florins d'or de gages, et un droit sur chaque feu que les Citoyens et habitans de la ville de Verdun doivent payer tous les ans au Roi pour ladite garde. 1384, 1er. Novembre, à Luxembourg (en latin). *Copie en parchem. sous le scel de la cour de Verdun du 15 Février. 1411, en cire jaune pendant à double queue.*

1383. AUTERIVE (en latin *Alta ripa*). Ricouwart Sire d'Auterive, Chevalier, Bailli de Douai en 1383. *Voyez Douai.*

1386. AUTRICHE. Lettres de Léopold, Duc d'Autriche, par lesquelles il prolonge jusqu'au 20 Mai prochain l'accomplissement du mariage de Léopold, Duc d'Autriche, son second fils, avec Catherine, seconde fille du Duc de Bourgogne. 1386, 15 Avril, à Baden (en latin). *Origin. en parchemin. ; scellé du scel dudit Duc Léopold, en cire rouge, entourée de cire jaune pendant à double queue.*

1397. Procuration donnée par Jean, fils aîné du Duc de Bourgogne, Comte de Nevers et Baron de Donzy, à Renier Pot et à Jacques de Courtiamble, Chevaliers, ses Chambellans, pour recevoir de Sigismond d'Autriche, Roi de Hongrie, la somme de 100,000 florins, que ce Roi a promis de donner pour la rançon du Comte de Nevers. 1397, 16 Janvier, à Tremsie (en latin). *Copie en parchem. Collationnée le 18 Août 1455, par deux Notaires.* Voyez *Bourgogne, en* 1397.

1315. AXELLE. Lettres de Philippe, dit Sire d'Axelle, Philippe, son fils aîné, Wautur d'Axelle, et Simon de Disteldonc, Chevaliers, par lesquelles ils se rendent cautions de la promesse faite par Messire Hue li Gauwere, Chevalier, d'être fidèle au Comte de Flandre, sous la peine de mille livres de noirs tournois petits. 1315, 16 Avril, à la Biloke, à Gand. *Origin. en parchem. scellé de 5 sceaux.*

1357. Collation de la Chapelle de St.-Jacques à Axelle par Jean, Seigneur et Patron d'Axelle, en faveur de Jean de Caliga, Prêtre. 1357, la veille de St.-Marc Evangéliste (en latin). *Origin. en parchem., scellé du sceau dudit Jean d'Axelle en cire rouge pendant à double queue.*

1367. Information tenue par-devant les Bailli et Hommes de fief du vieux Bourg de Gand, pour prouver la franchise de la Seigneurie que Dame Marg. d'Axele, Dame de Masmines, épouse de Gérard de Rasseghien, possède dans Sommerghien qu'elle tient de Dieu et non d'autre. 1367, 26 Octobre (en flamand). *Origin. en parchem., scellé de 3 sceaux le surplus étant tombé.*

1301. AYNE. (*Nom de terre et de famille*). Lettres du Roi Philippe-le-Bel, par lesquelles il mande à son Receveur de Flandre qu'il aurait reconnu que les ville et maison d'*Ayne* et de *Herines*, et appartenances situées entre Gand, Audenarde et Tournay, qu'il avait données à Jean Châtelain de Lens en Artois, Chevalier, qui en avait fait hommage à Charles, Comte de Valois, frère, et au nom du Roi, appartenaient à Marie, fille et héritière de feu Jean, Seigneur d'Ayne, Chevalier, et femme dudit Châtelain, pourquoi il avait fait expédier audit Châtelain d'autres lettres patentes, et ordonne audit Receveur de lui restituer les fruits perçus. 1301 à la Renenghe à Lille, le lendemain de St.-Mathieu, Apôtre, 22 Septembre (en latin). 3e. *Cartul. de Flandre, pièce* 270. Il est souvent écrit Aisne.

1340. Lettre de Massars d'Ayne au Comte de Haynaut, par laquelle il lui rend l'hommage qu'il tenait de lui, attendu qu'il est obligé de servir le Roi contre le Comte. 1340, le samedi avant l'Ascension à Ayne. *Orig. en parch. scellé du scel dudit d'Aisne, un peu rompu, en cire jaune, pendant à simple queue.*

1384. Procuration donnée par Jean Sire d'Aisne, Chevalier, à Jean Barat, *dit Jeunier*, Jean le Bainier, Aubert de Saint-Denis et Hanin de Mande, pour soutenir ses intérêts devant les Commissaires du Comte de Hainaut dans le procès qu'il avait contre Willaume de Wargny, Chevalier, au sujet de la terre de Wargny. 1384, le jour de Saint-Luc, à Mons en Hainaut. *Orig. en parch. scellé du scel dudit Jean d'Aisne, en cire verte, pendant à double queue.*

1386. Commission de Capitaine et Garde du château de Saint-Omer, donnée par Philippe, Duc de Bourgogne, à Alard d'Ayne, Bailli de Saint-Omer, au lieu de Messire Jean de Cagent. 1386, 27 Septembre à Arras, sous le vidimus des Maire et Echevins de Saint Omer du 2 Décembre 1386. *Orig. en parch. dont le scel est rompu.*

B.

1365. BAILLEUL. Lettres de Louis, Comte de Flandre, contenant qu'en sa Cour tenue en sa présence par Messire Olivier de le Court, Chevalier, Bailli avec ses hommes de fief, savoir Bauduin, Seigneur de Praet, Messire Franke de Hale; Messire Roger Boetelin; Messire Ghildolf de le Gruuthuse; Engheran Hauwel; Messire Yvain de Versenare (*Wassenaere*); Simon d'Artrike; Jean d'Artrike; Jean Bonin; Clais Bonin; Olivier-le-Long; Guillaume de le Chambre; Guillaume Zesbroot; et Gilles Hoste, et en présence du Seigneur de Fieules (*Fiennes*), Connétable de France, de Henri de Flandre et du Seigneur de Ghistelle, Louis de Namur s'est devesti, à titre de douaire, en faveur de Dame Isabelle, Comtesse de Roucy sa future épouse, *des terres, ville et châtellenie de Bailleul* en Flandre, et de la terre de Peteghem, tenues du Comte de Flandre, et desquelles ladite Dame a été mise en saisine et possession. 1365, 17 Mai à Male. *Orig. en parch. scellé du scel dudit Comte, en cire jaune, et des sceaux desdits Bailli et Hommes de fief en cire rouge, tous pendans à double queue, et signé de* Lambert Vromond, *Prêtre du diocèse de Tournai, Notaire.*

1391. (*Bailleul famille*). Mémoire des raisons de Messire Pierre de Créquy, Chevalier, défendeur contre la Dame de Boulieu sa sœur, veuve de Messire Pierre de Bailleul, demanderesse en paiement d'une somme de 450 francs d'or qui lui avait été donnée en mariage par Messire Ernoul de Créqui son père. 1391, 2 Novembre à Nieppe. *Orig. en papier signé.*

1311. BAR. Lettres de Jean de Bar, Chevalier, Sire de Puisoye, par lesquelles il remet au jugement du Comte de Nevers et de Rethel, le différent qu'il avait, tant en son nom, qu'en celui de l'héritier de Bar, avec Robert, Comte de Flandre, touchant une rente de 700 liv. tournois, que le Comte de Flandre leur devait. 1311, le samedi après la Trinité, à Pontoise. *Orig. en parch. scellé.* Confirmation de ces lettres, par Edouard, Comte de Bar. 1311, Septembre, le vendredi après la Nativité N. D. *Orig. en parch. scellé.*

1318. Voyez ci-devant Aspremont 1318.

1329. Lettres de créance d'Edouard, Comte de Bar, pour Gilles de Bormont son Chapelain et Philippe de Bellande, son Ecuyer, ses députés vers Louis, Comte de Flandre. 1329, le vendredi, veille de la division des Apôtres, à Bar. *Orig. en parch. scellé.*

1337. (*Mariage*). Acte passé par devant Maié de la Prée et Guyot de Tremybret, Clercs, Notaires jurés au Châtelet de Paris, par lequel Henri, Comte de Bar, âgé de 16 ans, et Yolenthe de Flandre, âgée d'onze et et demi, sa future épouse, fille de feu Robert de Flandre, Sire de Cassel, et de Jeanne de Bretagne, promettent garantir ladite Jeanne de Bretagne de toutes les demandes que le Roi de France, ou le Comte de Flandre pourraient lui faire, si elle donne son consentement au mariage dudit Comte avec sa fille Yolenthe qui était encore mineure. 1337, le mercredi 4 Février à Paris. *Orig. en parch. scellé du sceau de la Prévôté de Paris, en cire verte pendant à las de soie rouge et verte, Pierre Belagent étant Garde de ladite Prévôté.*

1337. Promesse passée devant les mêmes Notaires, par Henri, Comte de Bar et Yolenthe de Flandre sa future épouse, d'entretenir les articles de leur mariage dont ils étaient convenus avec Jeanne de Bretagne, et la renonciation aux 40,000 liv. léguées par le défunt Seigneur de Cassel à sa fille, et de maintenir le douaire qui avait été donné à ladite Jeanne de Bretagne 1337, le jeudi 5 Fevrier à Paris. *Orig. en parch. scellé comme ci-dessus.*

1357. Lettres d'Yolenthe de Flandre, Comtesse de Bar, Dame de Cassel, et de Robert Sire de Fieules (*Fiennes*) Châtelain de Bourbourg, par lesquelles ils nomment chacun deux Commissaires pour tenir enquête sur le droit que prétendait ledit Robert du tiers dans les confiscations, bâtardises et déshéritances et lues dans la Châtellenie de Bourbourg. La Comtesse de Bar, consent que ledit Châtelain jouisse de ce tiers pendant deux ans, sans que cette possession puisse lui attribuer aucun droit. 1357, 9 Mai. *Orig. en parch. auquel ne reste plus qu'un scel.*

1359. Mandement du Duc de Bar, Marquis de Pont, au Doyen de Bar son chapelain, de payer à son ami Chevalier Messire Jeoffroi de Fou, une somme de 300 fl de Florence, qu'il devra remettre à ceux de Chaalons pour Marchandises. 1359, 26 Juin. *Orig. en papier cacheté d'un cachet rompu en cire rouge.*

1359. Lettres par lesquelles Jean de St.-Omer, Sire de Morbeque, reconnaît qu'Eloi Surieu, Clerc de la Comtesse de Bar, a payé, en vertu du mandement de cette Comtesse, au fondé de pouvoir de Jean Philipot, de Londres, 850 moutons d'or de France, pour la rançon dudit Sieur de Morbeque. 1359, 28 Février. *Orig. en parch. scellé.* Mandement de la Comtesse de Bar, à Eloi Surieu son Clerc, de payer la somme ci-dessus mentionnée. 1359, 21 Janvier à Bar. *Origin. en papier.*

1361. Hommage rendu par Philippe de Navarre des terres qu'il tenait du Comte de Flandre, à cause de la Comtesse de Bar sa femme, devant Pierre Seigent, Notaire. Témoins les Evêques de Chartres et d'Evreux; Jean de Melun, Comte de Tamarville; Théri Châtelain de Dixmude et Raoul de Lopi, Chevaliers 1361, 26 Janvier à Paris (en latin) *Orig en parch. signé.*

1312. Sentence de Drouart de Hainaut, Lieutenant du Bailli de Vermandois, qui entérine les Lettres de Grace données au Val-la-Comtesse, le 21 Août 1362, par le Roi Jean, à Pierre, dit Clignet de Brabant, Ecuyer, Jean et Gautier de Lor, Frères, et Barat de la Bove, Chevaliers; Gobaut de la Bove, Gérard et Robert de Résignies; Jean de Véelut; Guillaume Lengles, et un nommé Vachot, Ecuyers, pour les voies de fait, enlèvement de personnes et d'effets, commis par les dessus nommés, tant dedans que dehors le Royaume, contre la Comtesse de Bar, ses gens et ses sujets. 1362, le jeudi jour de notre Dame de Septembre. *Orig. en parch. scellé.*

1363. Renonciation d'Yolenthe de Flandre, Comtesse de Bar, de Longueville, Dame de Cassel, aux biens-meubles, dettes actives et passives délaissées par le trépas de Philippe de Navarre son mari, passée par-devant Jean de Dohem, Notaire. Présens; Nobles Jean, Seigneur de Drincham; Jean, Seigneur de Morbeke; Théri de Hazebrouk; Siger Calkin; et Guillaume de Setainville, Chevaliers; François de Houzé; Hugue de Billey; Philippe de Fains et Baudoin de Matinghem, Ecuyers. 1363, 7 Octobre à Hazebrouck, en la maison de Jean du Bies, dit Hure (en latin). *Orig. en parch. scellé, auquel sont annexées deux autre pièces à ce sujet.*

1363. Lettres de Drouart de Hainaut, Garde du scel du Bailliage de Vermandois, établi à Laon, contenant que Messire Clignet de Brabant, Chevalier, a reconnu par-devant Jean Froment, Clerc, demeurant à Laon, que Monseigneur Raoul de Coucy, Chevalier, lui a remis les chevaux, malles, argent et effets pris par ledit Clignet, sur la Comtesse de Bar, et qu'il avait déposés ès-mains dudit Raoul de Coucy, dans l'espérance de s'accorder avec ladite Comtesse de Bar. 1363, 25 Février. *Orig. en parch. scellé.*

1363. Procès-verbal dressé par Notaires des dire et réponses faits par Jean de Fou et Robin de Marville, Sergens de la Comtesse de Bar, et par elle envoyés à Laon, pour y livrer à Raoul de Coucy, Chevalier, Jacquemain, fils de Jean de Révigny, Receveur de cette Comtesse, prisonnier, avec un cheval et 30 fl. au mouton, en conséquence des conventions faites entre lesdites Dame de Cassel et le Seigneur de Coucy, et des dire et réponses de Bersel de Biaumeix, Ecuyer, familier dudit Raoul de Coucy, et par lui envoyé à Laon, pour déclarer auxdits Sergens que ledit Seigneur de Coucy ne recevrait ledit Jacquemin qu'en sa maison d'Alnet, 12 Mars à Laon. *Orig. en parch. signé d'un Notaire.*

1363. Protestation faite par la Comtesse de Bar contre la saisie et inventaire que le Comte de Flandre avait fait faire des meubles et cateux de feu Philippe de Navarre, Comte de Longueville, mari de cette Comtesse, auxquels elle avait renoncé, passée devant Jean de Hem, Notaire impérial de la Cour de Terouane, en présence de Guillaume de Stainville, Chevalier, Hugues de Billy, Ecuyer, et Jean Ledral, prêtre, témoins. 1363, 12 Octobre, au château de Nieppe, en latin. *Orig. en parch. signé du Notaire.*

1364. Commission du Roi Charles V, au Bailli de Vermandois pour informer des voies de fait, enlèvemens d'effets et de personnes, commis en la ville d'Espa et à Vaux-sous-Laon, dans le Bailliage, par Jean Clignet (de Brabant), Ecuyer, contre la Comtesse de Bar et ses gens. 1364, 22 Juillet, à Paris. *Orig. en parch. scellé.*

1365. La Comtesse de Bar déclare que Jean Roillon, son Receveur au Duché de Bar, a payé sur les deniers provenans des prières faites, en cette année, pour les compagnies, à Testart Motternel, Bouteiller de cette Comtesse, la somme de 60 francs d'or, pour aller à Paris, acheter certaines armures et autres choses qu'il devait auxdites compagnies pour sa rançon. *Orig. en parch. cacheté d'un scel en cire rouge.* 1365, 1er. *Novembre à Clermont.*

1365. Mandement de la Comtesse de Bar, aux gens de ses comptes, de passer ès-comptes de Jean Roillon susdit la somme de 40 francs d'or qu'il avait payée à Guillaume de la Mothe, Ecuyer, Beau frère (*serourge*) de Messire Jean de Bricey, Chevalier, à compte de 60 fr. d'or que cette Comtesse lui devait pour le prix d'un cheval qu'il avait perdu à son service. 1365, dernier Janvier à Clermont. *Orig. en papier dont le cachet est tombé*

1365. Lettre du Roi Charles V à la Comtesse de Bar,

BAI

pour la prier de tenir Clignet de Brabant, Chevalier, quitte et paisible de tout ce qu'il avait fait contre elle, suivant l'accord passé entre eux, attendu que le feu Roi avait obligé ledit Clignet de restituer à Philippe de Navarre, mari de cette Comtesse, les effets et joyaux qu'il avait pris sur elle: promettant S. M., si ledit Clignet avait fait quelque chose contre ledit accord, d'en faire satisfaire ladite Dame. 1365, 17 Mai, à Saint-Denis en France. *Orig. en parch. signé.*

1366 Quittance de Colin li Galières et Jean dit le Geore, Bourgeois d'Auberville, de 12 petits florins reçus de la Comtesse de Bar pour 12 queues de vin. 1366, le samedi avant la Nativité N. D. *Orig. en papier cacheté du scel de Jean de Moncel, Ecuyer, en cire jaune.*

1367. Lettres de Bauduin de Hallines, Chevalier, Lieutenant de la Comtesse de Bar, Dame de Cassel, dans le Duché de Bar, par lesquelles il déclare que Jean Raullons, d'Aubreville, Receveur de cette Dame, a payé sur les pièces faites pour le mariage du Duc de Bar, la somme de 1015 liv. de France; savoir à Bertrand de Novoiant, Ecuyer, 1100 petits florins, et le surplus à autres personnes 1367, 18 Mai. *Orig. en parch. dont les sceaux sont perdus.*

1367. Commission du Roi Charles VI, pour faire assigner, par-devant les gens du Conseil du Roi, Bertrand de Glasquin, Comte de Longueville, qui empêchait Yolenthe, Comtesse de Bar, veuve de Philippe de Navarre, Comte de Longueville, de se mettre en possession, à cause de son douaire, du tiers des terres qui avaient appartenues à son mari en Normandie. 1367, 17 Août, de Paris *Orig. en parch. scellé.*

1367. Quittance de Jean de la Loge, Chevalier, Sire de Quarnay, de 7 florins et demi qui lui avaient été payés par Jean Rollon, Receveur de la Comtesse de Bar, pour le terme échu à la Noël 1366, de la redevance qu'il avait droit de prendre sur les moulins à draps de Varennes 1367, 16 Avril. *Orig. en papier cacheté d'un scel en cire brune rompu.*

1367. Quittance du même de pareille somme reçue pour la même cause d'Ernoudon Cornaille, Receveur de la Comtesse de Bar à Clermont. 1367, 3 Juillet. *Orig. en papier dont le cachet est tombé.*

1375. Mandement de la Comtesse de Bar à Messire Wautier de Hallewin, Chevalier, Bailli de Cassel, de quitter à Mess Reli, la somme de 30 livres parisis sur le quint denier qu'il devait à ladite Comtesse, à cause d'une Seigneurie et justice du revenu de 100 livres de Flandre, située en la ville de Rubruec, tenue de la terre de Cassel que Messire Gui, Seigneur de Reli, avait cédée audit Orengoix son frère pour son partage. 1375, le mardi 24 Juillet a Nieppe. *Orig. en parch. dont le scel est tombé, signé C. Levesque.*

1377. Lettres de Jean de Serre, garde de la Prévôté d'Yenville, contenant que Huguelen Gillet, comparant par devant lui, a reconnu s'être obligé avec autres, pour la Comtesse de Bar, en une somme de 200 francs d'or, que cette Comtesse avait promis de prêter à Jean le Mattre, qui devait la donner à Lancelot Boyau, Ecuyer, pour le mariage de Mar. Matre (*ainsi écrit*) sa femme, fille dudit Jean. 1377, le samedi après la conversion de St.-Paul. *Orig. en parch. scellé du scel de ladite Prévôté.*

1387. Procuration donnée par la Comtesse de Bar à Hustin de Havesquerque, Chevalier, Pierre de le Nieppe, Eloi Surieu, et à Jean de Chastillon son secrétaire, pour comparaître par devant les Commissaires nommés par le Comte de Flandre, arbitre du différent entre les Comtes d'Artois et de Bar, au sujet de Neuf-fossé. 1378, le lundi 30 Août. *Orig. en parch. scellé du scel de la Comtesse de Bar.*

1387. Lettres de Jacques de le Val, Chevalier, par laquelle il rend compte, à la Comtesse de Bar, de la commission qu'elle lui avait donnée de porter une lettre à Sohier le Courtrisien, Seigneur de Melle et de Herseaux, et de la réponse dudit Sohier. 1387, 13 Décembre. *Orig. en parchemin scellé.*

1387. Lettres d'Yolenthe de Flandre, comtesse de Bar et Dame de Cassel, par lesquelles elle cède la Seigneurie du Pont d'Etaires à Henri d'Antoing, Chevalier, Seigneur de Haveskerke et du Plaissiet, en échange de 200 liv. de rente qu'elle lui avait assignée sur le Bois de Nieppe. 1387, 24 Mars, au château de Nieppe. *Orig. en parch. scellé.* Lettres dudit Henri d'Antoing, portant acceptation de la cession de ladite Seigneurie du Pont d'Etaires. 1387, 27 Mai. Sous le Vidimus des Echevins de la ville de Warneton du 28 Septembre 1391. *Orig en parch. scellé.*

1301. Lettre de la Comtesse de Bar à Messire Henri de Reinchevliet, Châtelain de Bornehem, par laquelle elle lui mande de venir à Gand le mercredi après Noël, avec les Receveurs de Bornehem et de Rodes, pour compter des exploits du Bailliage de Bornehem, attendu qu'elle avait assigné sur les revenus de ces terres une somme de 1300 liv. qu'elle doit au Sire d'Asche et à Evrard Cherlaux (*Serclaes*) pour l'acquisition d'une maison à Paris, sans date d'année (1391) 4 Décembre, à Clermont. *Orig. en pap. attaché à la pièce précédente.*

1391. Lettres de Jacquemart le Saige, Bailli de Cassel; Henri d'Antoing, Hector de Criseaucourt; François de Wische, Pierre de Metkerke, Jacques de Houdaing; Gilles de Walon-Capelle; Jacques de le Berque; Jean de Walon-Capelle; Robert Morteroel, Bauduin Surieu; Mathieu de le Rue; Jacqueme Slener; Sauvage de le Court; Gilles le Chien; Eloi Surieu et Louis Février, contenant que Messire Wautier, Sire de Morbêque, Gilles Walins et Messire de Pennes ont permis par la foi de leurs corps, *sur paix brisée*, *sur meurtre* et sur peine de 1000 francs *au profit de la Comtesse de Bar*, de tenir et d'observer l'ordonnance et sentence qui serait rendue par ladite Comtesse de tout le débat, guerre et content qui étaient entre ledit de Morbeque, ses parens et amis d'une part, et lesdits Gilles Walins et Sire de Pennes, au sujet de la mort du feu Sire de Morbeque, de Jean de Morbeque son fils, de Henri Walins et de Jean de le Bourre, et qu'en conséquence de cette promesse, la comtesse de Bar a rendu son jugement et a ordonné bonne paix entre les parties. 1391, 9 Avril. *Orig. en parch. scellé de 17 sceaux, tous en cire rouge, pendans à double queue.*

1391. Mémoire pour la Comtesse de Bar, contre les hommes de Cassel qui prétendaient être seuls juges de Wautier, Sire de Morbeque et du Sire de Pennes, que cette Comtesse avait fait mettre en prison, faute par eux d'avoir exécuté la sentence qu'elle avait rendue sur la guerre privée entre ces deux Seigneurs. Sans date. (1391) *en papier.*

1392. Sentence de Jean Picquet, Ecuyer, Seigneur du Gueinel, lieutenant du Bailli d'Amiens, qui renvoie devant la gouvernance de Lille la cause mue entre *la Comtesse de Bar*, Dame de Cassel, et Jacque Harle, changeur, demeurant à Lille, sur ce que ladite Dame demandait audit Harle la restitution d'une somme de 600 florins d'or qu'elle lui avait confiée. 1392, 18 Novembre. *Orig. en parch. dont le scel est rompu.*

1392. Sentence de Gérard du Bos, Écuyer, Lieutenant

du Souverain Bailliage de Lille, Douai et Orchies, qui remet à 6 semaines la cause d'entre la Comtesse de Bar, et J. Hale, Changeur à Lille. 1392, le vendr. 20 Déc. *Orig. en parch.*, *dont le scel est tombé.*

1392. Commission de Thiébaut, Seigneur de la Boissière, Chevalier, Bailli d'Amiens, pour ajourner ledit Jacques Hale, à la requête de ladite Comtesse de Bar. 1392, 21 Octobre à Amiens. *Orig. en parch. scellé.*

1395. Déclaration donnée par Yolenthe de Flandre, Comtesse de Bar, Dame de Cassel, des terres qu'elle tenait en foi et hommage du Comte de Flandre, savoir, Cassel, Dunkerque, le Bois de Nieppe, Warneton, Gravelinés, le Pont d'Etaires et Bourbourg, et en l'empire Bornehem, Roddes et Winchi, à cause de laquelle Seigneurie, elle était Pannetière de Flandre *Orig. en parch. scellé du scel de ladite Comtesse* 1395, 10 *Mai à Paris.*

1395. Promesse de Jean de Relenghes, Ecuyer, de payer à la Comtesse de Bar, la somme de 300 fr. pour et en l'acquit de Franç. de Havesquerque, Chevalier, qui devait cette somme à la Comtesse. 1395, 16 Novembre. *Orig. en parch.*, *scellé du scel dudit Jean en cire rouge*, *pendant à double queue.*

1396. Lettres de Guillaume Prévôt de l'église de N D. de Watenes, ordre de St. Augustin et du couvent dudit lieu, par lesquelles ils reconnaissent avoir terminé le procès qu'il avaient avec le Duc de Bar, Seigneur de Cassel, au sujet de la haute justice qui appartenait à cette abbaye à Nordpenes, à cause de la Seigneurie de Balhnberg, qui ressortit sans moyen à la Cour de Cassel. 1396, 10 Juillet en l'église de Watenes *Orig en parch. scellé de 2 sceaux en cire verte pendant à double queue.*

1397. Dénombrement rendu par Rob., Duc de Bar, des terres de Cassel, Dunkerque, Gravelines et Bois de Nieppe. 1397, 1er. Mai à Bar. *Copie collationnée en papier.* Sentence du Conseil du Duc de Bourgogne qui reçoit le blame fourni par le Procureur général contre ce dénombrément 1397, 3 Août. *Orig. en parch. signé.*

1383. BARAS. Lettres de Jean Lucnas, Bailli de la terre de Gommegnies, pour Monseigneur de Gommegnies, et des hommes de fief dudit lieu, contenant le déshéritement fait par Messire, dit *Baras* de Sars, Sire du Maisnil, Chevalier d'un fief de 40 livrées de terres à prendre sur la taille de Gommegnies, tenu dudit Seigneur de Commegnies : Adhéritement de ce fief donné à Noble Homme Jean de Mastaing, Chevalier. 1368, 6 Mars, à Gommegnies, en la maison Maton. Le Seigneur du Maisnil a rapporté les lettres de déshéritement de ce fief fait en 1312, et qui y sont insérées, devant Guillaume, Sire de Gommegnies, Chevalier et ses hommes de fief, savoir : Fastre de Berlaimont; Wautier de Wargny Chevalier; Florent de St-Ylier; Gérard d'Audegnies; Gilles de Preux, Gillon Malin, Gillon de Villers et Jeannet d'Ausnoit, par Gilles du Sart Ecuyer, au profit de Marie sa fille, sauf l'usufruit réservé audit Gilles et à Philippe sa femme. Ensuite sont les lettres de Sim. de Lallaing, Sire de Kievrain, Sénéchal d'Ostrevant, Chevalier, Bailli de Hainaut, et de Weri d'Anich, Prévôt de Mons, Jacquemart Grigore, Simon de Ghelin; Jean de la Planke, dit Hincelin, Thomas Cambr. .., Mathieu le Tondeur et Jean Craspournient, hommes de fief de Hainaut, contenant le déshéritement fait par Messire Jean de Jauche, Sire de Gommegnies, Chevalier d'un fief de 100 liv. blancs de rente, à prendre sur la terre Bois et revenus de Baudour, duquel fief, Dame Yolenthe de Sorre, Dame de Trene, a la jouissance sa vie durant. Adhéritement de ce fief, donné à Noble homme Monseigneur Jean de Mastaing, Seigneur de Sassegnies, Chevalier, cousin dudit Seigneur de Gommegnies. 1383, 10 Janvier à Mons, en la maison Béatris, veuve de Jean Mackin, sur le marché. Sous le vidimus de Jean Roger, Prieur de N. D. Val des Ecoliers de Mons. *Orig. en parch. scellé* Voyez nécessairement le premier volume, pages 216, 225 et 361.

1353. BARBANÇON. Quittance donnée par Renaud de Barbançon (*écrit Barbanchon*), Chanoine de Liége, et Isabeau de Mauny, Dame de Sorre, exécuteurs du testament de Jean de Barbanchon, Seigneur de Sorre, et par Henri de Sorre, Sire de Haussi, héritier dudit Jean de Barbançon son frère, de la somme de 386 livres 12 s. 9 d., reçue de Willaume de Lesclatère (*écrit Del escatière*), Receveur de Hainaut, à compte d'une rente de 1200 livres que ledit Henri avait sur la terre de Rumes à cause des hoirs de Waremme. 1353, le samedi après St.-Christophe. *Orig. en parch. scellé de 3 sceaux*, *dont 2 en cire jaune et un en cire verte*, *tous pendans à double queue.* On trouve dans le premier volume un très-grand nombre de titres qui concernent cette maison.

BAREIS. Fastré Bareis, Chevalier en 1336. Voyez Liége.

1331. BARLET. Reconnaissance passée devant les juges des Privilèges de l'eglise de Laon, par Jean de Semerengle, Chanoine de ladite église que *Jean de Barlet*, écuyer, valet et familier de Jean de Hainaut, Seigneur de Beaumont, lui a remis une quittance dudit Seigneur de Beaumont y insérée, datée du jour de l'Annonciation N. D., au mois de Mars 1331, de la somme de 142 livres 9 s. 1 d., provenant de la succession de Monsieur Jean de Soissons, Doyen de l'église de Laon, oncle dudit Seigneur de Beaumont, que ledit Semerengle avait fait payer audit Jean de Hainaut, pour employer aux frais de l'exécution du testament dudit Jean de Soissons. 1331, le lundi après l'Annonciation de la Vierge. *Orig en parch, scellé d'un morceau de scel en cire verte*, *pendant à double queue.*

1368. BARMEN. Hommage rendu au Comte de Flandre par Henri de Barmen, Chevalier, pour un fief de 100 écus par an. 1368, 29 Mai *Orig. en parch.*, *scellé d'un scel en cire rouge*, *pendant à double queue.*

1393. BARRET. Le Seigneur Jacque Barret, en 1393. *Voyez Bavière.* Ce nom se trouve très-souvent dans le premier volume.

1378. BARI Barthelemi, Archévêque de Bary, en 1378. *Voyez Pape.*

1385. BAVAY Commission donnée par Aubert de Bavière, gouverneur de Hainaut à Simon de Lallaing, Sire de Kievraing, Bailli de Hainaut, à Jean de Jauche, Seigneur de Gommegnies, à Jean dit Alleman, oncle, Batard du Comte de Hainaut, et à Guillaume de Herinnes, Seigneur d'Estainkerke, pour informer dans le différent que *les Lombards de la table de Bavai* avaient contre ceux de la table de Mons. 1385, dernier Août, à la Haye en Hollande *Orig. en parch. scellé du scel dudit Aubert en cire verte*, *pendant à simple queue.*

1392. BAUDELO. Voyez Pape en 1392.

1335. BAUDOUR. (*Belle terre près de Mons*, *voyez le premier volume*). Vente faite par Gérard de Jauche, Sire de Baudour, à Guillaume, Comte de Hainaut, de la ville, terre, bois et Seigneurie de Baudour et adhéritement de cette terre, donné audit Comte par Gérard, dit Sausses d'Aimc, Ecuyer, Bailli de Hainaut, Jean de Hainaut, Seigneur de Beaumont, Wistasse, Seigneur du Roeux, Jean, Seigneur de Trazegnies, Gérard, Seigneur de Rassenghiens, de Lens, et de Liedekerke, Jean, Seigneur de Barbançon, et Jean, Seigneur de le Hamayde, Chevaliers, hommes de fief dudit Comte. 1335, le mardi avant la Magdelaine, à Binche, en la Chambre du Comte, 2 *Cart. de Hainaut, pièce 261.*

1335. Lettres par lesquelles Guillaume, Comte de Hainaut, remet à Gérard de Jauche, toutes les droitures et revenus de la terre de Baudour qu'il avait acquise dudit Gérard, a tenir de lui en fief de Pairie, comme auparavant ladite vente, se réservant seulement les hommages de Jean, Guillaume, et Gillon, frères dudit Gerard de Jauche. 1335, le mardi avant la Magdelaine à Binche, en la Chambre du Comte. 2 *Cart. de Hainaut, pièce 263.*

1335. Lettres de Guillaume, Comte de Hainaut, par lesquelles il s'oblige avec Jean de Hainaut, Seigneur de Beaumont, son frère, Waleran de Luxembourg, Sgr. de Ligny; Wistasse, Seigneur du Rues (*Roeux*), Jean, Seigneur de Trazegnies, Gér. de Rassinghien, Seigneur de Lens, Guillaume de Duvort, Guillaume, Seigneur de Gommegnies, Gillebaut, Seigneur de Gres: Henri de Liedekerke: Vilain d'Estainkerke, Chevaliers: Bernard Royer: Bertrand Turck: Jean de Harchies Chatelain d'Ath: Gillon le Ramoneur, Prévôt de Mons: et Bauduin de Roisin, Prévôt de Maubeuge, cautions du Comte, en la somme de 9000 livres tournois, plus ou moins, selon la prisée qui sera faite de la terre de Baudour, qu'il avait acquise de Gérard de Jauche. 1335, le mardi avant la Magdelaine, à Binche, en la Chambre du Comte. 2e. *Cart. de Hainaut, pièce 263.*

1335. Lettres de Gérard, Sire de Jauche et de Baudour, par lesquelles il déclare avoir vendu à Guillaume, Comte de Hainaut, les villes, terre, bois et Seigneurie de Baudour, dont il s'était réservé l'usufruit sa vie durant, à charge de payer 170 livres et 500 faisceaux de rente viagère, allignés sur cette terre à Jean le Cochon, Jacquemart son frère: Jean Berniet, Prévôt de Valenciennes, Marguerite Crousée, et à sa sœur Marguerite d'Avesnes, Nonne d'Espinleu. 1335, le jeudi avant la Magdelaine à Binche. 2e. *Cart. de Hainaut, pièce 262.*

1383. Voyez ci-devant *Baras*, en 1383.

1356. BAVIÈRE. (*Il n'est pas possible de trouver des titres plus intéressans, concernant la maison de Bavière, que ceux qui se trouvent en originaux à Mons, à la trésorerie des Chartes. On les trouve indiqués dans mon premier volume. Recourez à la table*). Promesse de Guillaume de Bavière, Comte de Hainaut, Hollande, etc. de payer à son cousin Waleran de Luxembourg, Sire de Liny, 200 livres tournois, monnaie courante en la ville de Dordrecht, et 20 liv., même monnaie pour deux faucons forts, pour en jouir par ledit Waleran, sa vie durant, et les tenir en fief et hommage du Comte de Hainaut. 1356, le jour de N. D. de Septembre à Valenciennes. *Orig. en parch. scellé du scel dudit Comte en cire verte, pendant à double queue.*

1357. Lettres de Guillaume, Duc de Bavière, Comte de Hainaut, etc. par lesquelles il permet pour lui et pour les Nobles Bannerets, Chevaliers, Ecuyers, Bonnes Villes, Gens et Pays de Hainaut, à Louis, Comte de Flandre, Duc de Brabant, qu'au cas que Wenceslas, Duc de Luxembourg et de Brabant, et les villes de Brabant ne voulussent pas exécuter le jugement arbitral que le Comte de Hainaut doit rendre sur le différent, pour lequel lesdits Comtes de Flandre, et Duc de Luxembourg se faisaient la guerre, d'aider le Comte de Flandre de toutes ses forces contre ledit Duc et ses adhérens *Souscriptions.* Robert, Sire de Moriaumes: Jean, Seigneur de Barbenchon: Hugues, Seigneur d'Antoing: Jean Sénéchal de Hainaut: Gérard, Seigneur d'Havrech: Godefroi, Seigneur de Hast: Rasse, Seigneur de Hérimes: Jean, Seigneur de la Hamayde: Gilles, Seigneur de Chin: Grass, Seigneur de Ville: Gérard, Seigneur de Jeumont: Nicolle, Seigneur de Villers: Gilles, Seigneur de Berlemont: Robert, Sgr. de Montigny: Jean, Seigneur de Gommegny, Bauduin, Seigneur de Roisin: Oste, Seigneur de Trasegnies: Chevaliers. Michel de Ligne: Gérard de Jauche, Ecuyers de Hainaut. Les villes de Valenciennes, Mons, Maubeuge, Ath et Quesnoy. 1357, 15 Mai. *Orig. en parch. auquel il reste encore 15 sceaux pendant à double queue de parch. le surplus étant tombé.*

1363. Lettres d'Aubert, Duc de Bavière, Comte Palatin du Rhin, gouverneur des Comtés de Hainaut, Hollande, etc. par lesquelles il déclare avoir donné à Jean, Seigneur de Gomegnies, Chevalier, en faveur de son mariage avec Dame Cunegonde de Weisrhx de Bavière son épouse, et à leurs hoirs, une rente de 200 florins d'or au mouton de France, à recevoir sur toute la haie d'Artois, dite de Haourdiaul, et sur le tiers denier que le Comte de Hainaut avait en deux tailles des bois du Seigneur de Gommegnies, dits les Bois de Cueluupont. 1363, 13 Juillet à Mons. *Orig en parch. scellé du scel dudit Duc en cire verte, pendant à double queue.*

1373. Contrat de mariage, en 1373, entre Guillaume, fils aîné d'Aubert, Duc de Bavière et Madame Mar., fille du Roi de France. Voyez le premier volume, page 226. *L'original se trouve encore à Mons très-bien conservé.*

1373. Lettres du Comte de Flandre, par lesquelles il déclare que le Duc Aubert de Bavière, *Rewart* de Hainaut, arbitre nommé pour terminer les différens qu'il y avait entre Messire Gérard d'Espierre, et les siens *d'une part;* le Sire de Montigny en Ostrevant, le Sire de Lalaing; Messire Gérard de Vendegies, et les leurs, *d'autre part*, ne pouvant vaquer audit accommodement, le Duc de Bavière avait commis en sa place le Sire d'Antoing, le Comte de Flandre, Messire Gérard de Rassenghien, Chevalier, son Gouverneur de Lille et Douay, pour travailler avec ledit Seigneur d'Antoing à terminer, et mettre à bonne fin le différent dont il est question. 1382, 24 Septembre, à Hesdin. *Orig. en parch. signé par Monseigneur* Gilles *et scellé.*

1389. Lettres du Duc Aubert de Bavière, Comte de Hainaut, par lesquelles il donne en ferme perpétuelle aux Prévôt, Jurés et Echevins de la ville de Valenciennes, les fouées et tonlieux qui lui appartenaient dans cette ville, pour la somme de 90 liv 9 s blancs par an; et les droits des poids et balances pour 30 liv. blancs par an, 1389, le jour St. Jean-Baptiste, sous le vidimus des Prévôt, Jurés et Echevins de Valenciennes du 4 Juillet 1389. *Orig en parch. scellé du scel de ladite ville, en cire verte, pendant à cordon de fil vert.*

1389. Promesse des Prévôt, Jurés, Echevins, Consaulx et Communauté de la ville de Valenciennes, de payer tous les ans aux Comtes de Hainaut, les 2 rentes de 90 liv. 9 s blancs, et 30 liv. blancs pour les causes mentionnées et lettres précédentes. 1389, le jour de Saint-Jean-Baptiste. *Orig. en parch. scellé du grand scel de cette ville en cire verte, pendant à double queue.*

1391. Lettres du même Duc Aubert, par lesquelles il déclare qu'étant sommé par le Roi de France, de lui faire hommage de l'Ostrevant qu'il tenait de lui en Comté, et en Noblesse de Baronnie, et qu'ayant donné ledit pays d'Ostrevant à son fils, Gouverneur du Hainaut, en considération de son mariage avec Marguerite de Bourgogne, il consent que sondit fils rende hommage au Roi pour ledit pays, promettant d'avoir pour agréable ce qu'il ferait à cette occasion. 1391, 27 Août, à La Haye en Hollande. *Orig. en parch. scellé du scel dudit Duc de Bavière en cire verte, pendant à double queue.*

1391. Lettres du Roi Charles VI, par lesquelles il déclare avoir reçu Guillaume de Bavière, Comte d'Ostrevant, Gouverneur de Hainaut, en foi et hommage de l'Ostrevant qu'il tenait du Roi en Comté et Noblesse de Baronnie, sans que pour cet hommage le Roi prétende étendre ses droits plus que ses prédécesseurs n'avaient fait. Il consent que quatre arbitres, deux de part et d'autre, règlent les parties de l'Ostrevant qui sont du Royaume. 1391, 13 Septembre à Paris. *Orig. en parch., signé, par le Roi en son Conseil, Gannoy, et scellé du scel du Roi en cire jaune, pendant à double queue.*

1391. Lettres de Guillaume de Bavière, Comte d'Ostrevant, etc., par lesquelles il déclare avoir fait foi et hommage lige au Roi pour la terre d'Ostrevant, ainsi que ses prédécesseurs avaient fait. Il reconnaît tenir cette terre du Roi en Comté et Noblesse de Baronnie. Sous le *vidimus* du Prévôt de Paris, du lundi 15 Janvier 1391. *Orig. en parch. dont le scel est tombé.*

1393. Lettre de Guillaume de Bavière, Comte d'Ostrevant, à l'Évêque d'Arras, Chancelier du Duc de Bourgogne, par laquelle il l'informe qu'il a défendu à Guyot de Lompré, Ecuyer, d'aller plus avant en la prolongation de trêve, proposée entre le Duc Aubert de Bavière, père de ce Comte, et lui, jusqu'à ce qu'il eut la réponse que le Duc aurait faite aux Nobles et villes du pays de Hainaut, qui avaient envoyé vers lui pour obtenir modération aux 4 articles. *Orig. en pap.* Les 4 articles que le Duc Aubert exige de son fils. 1393, 21 Septembre à Mons en Hainaut. *Copie en papier.*

1382. BEAUFFREMEZ. Lettres des Bailli et hommes de fief, de la Gorghe, par lesquelles ils déclarent avoir reçu le déshéritement de *Thomas de Beauffremez*, Sire de Flequières, Chevalier, du quart d'un fief de 90 liv. parisis par an, situé à la Gorghe, et d'en avoir adhérité Jean Males, dit Piercevans de Hocron, Chevalier, neveu dudit Sire de Flequières. 1382, 19 Av. *Orig. en parch. scellé de 6 sceaux.*

1385. Quittance dudit Thomas, Sire de Wartingnies, de 22 liv. 10 s. parisis, pour une année de rente héritière à lui due sur la terre de la Gorghe et de Laleu. 1385, 4 Octobre. *Orig. en parch. scellé.*

1317. BEAUJEU. Lettres de Guichard, Sire de Beaujeu, par lesquelles il reconnaît tenir en fief d'Eude, Duc de Bourgogne, le château et la ville de Perrues, le château et la ville de Tise, le château et la ville de Lay, le château et la ville de Chavaigne, la ville de Belleville, la ville de St.-George de Rounens, et en arrière-fief le château de la Buissière que le Sire de la Buissière tient dudit Sire de Beaujeu. 1317, le samedi avant les Brandons. Copie collationnée le 23 Mars 1399, par Jean Breton, Clerc, Coadjuteur d'Audry, Etienne de Fannay, Tabellion de Dijon, en présence de Jean de Bournay Prêtre et de Jeannot Denisot, Clerc, et Coadjuteur dudit Tabellion. *En parch. scellé du scel de la Cour de Dijon.*

1330. Lettres par lesquelles Louis Comte de Flandre déclare avoir reçu en foi et hommage Madame Blanche de Beaujeu, Dame de Louvrens, sa cousine, pour 100 liv. de rente sur la Renenghes, à elle échues par la mort de son père. 1330, 19 Juillet à Bruges. *Orig. en parch. scellé du scel de ce Comte en cire jaune, pendant à simple queue.*

Mention de cet hommage. *2e. cart. de Flandre, pièce 358.*

1332. BEAUPRÉ. Don fait par Louis Comte de Flandre à son amé et féal cousin Messire Gui de Flandre, Seigneur de Riquebourg, de la terre de *Beaupré*, près de Bruges, qui fut Monseigneur Gérard le Mor, à tenir de lui en fief lige. 1332, 22 Juin à Compiègne. *2e. cart. de Flandre, pièce 170.*

1332. Reconnaissance dudit Gui de Flandre, d'avoir reçu les lettres de don ci-dessus. 1332, 22 Juin, à Compiègne. *Orig. en parch. scellé, 2e. cart. de Flandre, pièce 271.*

1332. Mention de l'hommage qui précède de cette terre et du Moulin. Présens Messire Nicole de Wasiers; Messire de Sombref, Chevalier, Monsieur Guillaume d'Auxonne, Chancelier du Comte de Flandre, même date. *2e. Cart. de Flandre, pièces 272 et 381.*

1345. Lettres de Jean de Luxembourg, Châtelain de Lille, par lesquelles il déclare avoir fait foi et hommage à Louis Comte de Flandre, pour la maison et manoir de *Beaupré* lez Bruges et ses dépendances, que ledit Comte avait donné à Gui de Flandre, Seigneur de Riquebourg, père dudit Châtelain, par lettres y insérées du 22 Juin 1332 à Compiègne. 1345, 17 Janvier à Paris. *Orig. en parch. scellé.*

1362. BEAUVAL. Lettres de l'adhéritement donné par les Bailli et hommes de la Cour de Cassel à Thiebaut de Bourmont, d'une rente annuelle de 213 rasières de bled en la Paroisse de Neuf Berkin, mesure dudit lieu, tenue en fief de la Dame de Cassel, à lui vendue par Jean de Beauval, Seigneur de Haveskerke, et de Neuf Berkin. 1362, 21 Août. Sous le *vidimus* d'Audoin Chauveron, Chevalier, Garde de la Prévôté de Paris, du mercredi 4 Décembre 1387. *Orig. en parch. dont le scel est tombé.*

1306. BÉNÉFICIERS. *Exempts de résidence.* Bulle du Pape Clément V, adressée aux Abbés de St.-Jean à Valenciennes, de St.-André du Château, et au Doyen de l'Eglise de St.-Géry à Valenciennes, Diocèse de Cambrai, par lesquelles il dispense de résidence pendant 3 ans, quatre Ecclésiastiques qui serviront près de la personne de Guillaume, Comte de Hainaut, et leur conserve tous les fruits de leurs bénéfices, excepté les distributions journalières. A Poitiers, le 2 des ides de Novembre, la 2e. année de son Pontificat (12 Novembre, en latin). *Orig. en parch. scellé de la bulle de plomb de ce Pape, pendant à de la ficelle.*

Voyez France en 1312.

1383. BERGHEM. Hommage fait au Duc de Bourgogne par Renier de Berghem, Chevalier. 1383, 20 Mars, à Bruxelles. *Orig. en parch. scellé dudit Renier en cire jaune, pendant à double queue.*

Voyez Borsèle en 1379.

1253. BERGHES. Lettres de Robert de le Wastinne, Chevalier; Soyhars Herwyn, Chevalier, Wautier Marteel; Willaume Puls; Ghiselin de Belke; Renghers le Jovene; Guillaume fils de Jean; Jean de Bambeke; Jean li Amman de Bambeke; Jean de Brabantère et Jean Stoop, Echevins et Coeurhers du terroir de *Bergues*, par lesquelles ils déclarent que ceux des Wateringhes d'Ostover, de Werdikes, et de Zundhover, n'ont aucun pouvoir de mettre leurs digues les unes sur les autres, ni de tirer du secours de leurs Watergans, si ce n'est du consentement de ceux des Watergans. 1808, le vendredi avant l'Epiphanie, 3 Janvier. *Cette pièce se trouve avec plusieurs autres de 1253, 1273 et sur deux grandes feuilles de par-*

chemin où chaque pièce a été collationnée aux origin. en 1397. Signé H. Herre.

1275. Confirmation par Robert, Comte de Flandre, des lettres y insérées du mois de Mai 1275, accordées à l'hôpital de St.-Jean à Berghes (*Bergues*), par Marg., Comt. de Flandre et de Hainaut, et Gui Comte de Flandre, Marquis de Namur, son fils. *Copie en papier.*

Voyez Bourbourg, en 1301.

1309. Lettres du Roi Philippe le Bel, par lesquelles il mande à son cher et féal Robert, Comte de Flandre, que les hommes des villes de *Melebeque* et Ledringhem, lui ayant porté plainte que quoiqu'ils paient avec le Comte d'Artois, dont ils sont des arrières-fiefs, toutes les tailles et impositions qui se lèvent dans son Royaume, *cependant les hommes de la Châtellenie de Berghes* et d'autres *terrarii* de Flandre les inquiètent, et se sont même emparés de quelques uns d'entreux et de leurs biens, pour les faire contribuer aux tailles et impositions de leur pays. En conséquence le Roi mande au Comte, si cela est, d'empêcher lesdits *Hommes de la Châtellenie de Berghes*, de retenir les biens et les personnes de ces deux villes: et si le Comte prétend que ces deux villages sont des dépendances de Berghes, en ce cas le Roi l'ajourne, comme son Souverain, à comparaître par-devant lui à la mi-carême, et lui enjoint de faire remettre au Bailli d'Amiens, tout ce dont s'étaient emparé *les Hommes de Berghes*, lequel lui en donnera recréance en son nom. Si le Comte tarde à faire exécuter ce qu'il lui mande, le Roi donne pouvoir au Bailli d'Amiens de le faire de suite. 1309, 12 *Février à Paris, (en latin). Orig. en parch. dont le sceau est perdu.*

1310. Voyez Dunkerque en 1310.

1310. Robert, Comte de Flandre, accorde que toutes les femmes qui demeurent dans la Cour du *Béguinage à Berghes* (*Bergues*) soient exemptes de tailles et exactions, sauf celles qui seront grandes *drapierières*, (fabriquant de draps), qui seront tenues de payer des tailles raisonnables dont l'assiette sera faite par les personnes qui seront nommées par le Comte. Les personnes que le Comte choisira auront le pouvoir de nommer la grande maitresse. Si quelques *Beghines* sont rebelles, on aura recours au Bailli de Berghes qui pourra les faire sortir de la Cour. Le Comte nommera un ou deux bourgeois de Berghes, pour régir les biens temporels des Béguines et les défendre devant tous juges. *Copie simple en parchemin, 1310 à Courtrai.*

1317. Acte notarial de l'affirmation faite par Wautier Scorboet d'Ipres, Chanoine de Terouane, Notaire apostolique et impérial, *que J. Abbé et les Religieux de l'abbaye de St.-Winocq à Berghes* (Bergues), ordre de St.-Benoît, ne l'ont jamais requis de faire un instrument portant que c'était par grace que lesdits Abbé et Religieux défrayaient de toutes dépenses R. Comte de Flandre et les siens, toutes les fois que le Comte venait en leur Abbaye. Passé à Ipres, devant Jean dit Cramme, Clerc du Diocèse de Térouanne, Notaire Apostolique et Impérial, en présence de François dit Belle, Jean Falais, Echevins; Jean de la Mote, Lieutenant du Châtelain d'Ipre et Georges dit Scorboet, le 12 Octobre, 1317, indiction 15e. la 2e. année du pontificat de Jean 22 (en latin). *Orig. en parch. signé du Monogramme du Notaire* Cramme, *de celui dudit Wautier* Scorboet *et scellé du sceau dudit Wautier, en cire verte, pendant à double queue de parch.*

1328. Commission donnée par Robert de Flandre, Seign. de Cassel, à Noble homme Jean de Bailleul, à Jean de Claroud et à Jean Palster, pour tenir enquête sur les rébellions de la ville de Berghes. 1328, *le jour St.-Valentin à Nieppe. Orig. en parchemin scellé.*

1328. Semblable commission donnée aux mêmes pour tenir information des rébellions du terroir de Berghes, même date. *Orig. en parch. scellé.*

1330. Sentence rendue par Jean Desprez, Prévôt de l'Eglise de Soissons, et Raoul de Joy, Chevalier, Commissaire en cette partie, qui renvoie au Parlement la cause entre le Comte de Flandre et Robert de Flandre, Seigneur de Cassel, touchant le rachat de *Berghes*, Nieuport et Donze. 1330, le lundi après la Toussaint. *Orig. en parch. scellé de leurs sceaux.*

1352. Lettres de l'Evêque de Tournai, de Jean Chauwart, Josse de Hemsrode, et Jean de Zandtorde, députés du Comte de Flandre, du Seigneur de Louppy, Henri de Voisières, Chevaliers, et Thibaut de Bourmont, Clerc, Députés de la Comtesse de Bar, au sujet de l'information qui se devait faire de la valeur des rentes que le Comte de Flandre, offrait en échange de Berghes, Nieuport et Douze. 1352, 16 Juillet. *Orig. en parch. cacheté de 6 cachets.*

1379. Lettres de Costin Van Berghem (*souvent écrit Berghes*), Chevalier, par lesquelles il reconnaît être pleinement satisfait de Louis, Comte de Flandre, pour l'avoir servi en la guerre contre les Rebelles de son pays de Flandre. 1379, 2 Décembre a Anvers, (en flamand). *Orig. en parch. scellé de son scel, en cire rouge, pendant à simple queue.*

1379. Pareilles lettres de quittance données par Costin de Berghes, Ecuyer, même date, en flamand. *Orig. en parch. scellé du scel dudit Costin, en cire rouge, pendant à simple queue.*

1383. Voyez ci-devant Berghem, en 1383.

1383. Hommage fait au Comte de Flandre par Renier de Berghes, Chevalier, à cause d'une rente annuelle de 100 livres sur le tonlieu de Malines. 1383, 14 Décembre (en flamand). *Orig. en parch. scellé du scel de Renier, en cire verte, pendant à double queue.*

Voyez nécessairement le premier volume.

1302. BERGHES-OP-ZOOM. Promesse de Gérard de Wezemale, Seigneur de Berghes-op-Zoom, de maintenir la paix faite par Rasse, Seigneur de Liedekerke et de Bréda, Arnoul, Seigneur de Wezemale, Jean, Seigneur de Cruninghe, Chev., et Godevart de Bergues, Ecuyer, entre les habitans de Zélande, les sujets dudit Rasse, demeurant entre Honte et Hincknesse d'une part, et ceux de Berghes. 1302, le mardi après St.-Nicolas. (11 Déc. en flamand). 4e. *Cart. de Hain. Pièce* 164.

1302. Promesse dudit Gérard de Wezemale de faire entretenir l'appointement fait entre le Comte de Hollande, Zélande et ses sujets d'une part, et *les sujets de Berghes*, d'autre part. Même date (en flamand). 4e. *Cart. de Hain. Pièce* 166.

1355. Lettres de Gérard de Merxshem, Seigneur de Berghes-sur-le-Zoom, par lesquelles il donne à Louis, Comte de Flandre, les forteresses de Berghes-sur-le-Zoom et de Steenberghe, aux conditions y contenues. 1355. (13 Décembre, en flamand). *Orig. en parch. scellé du scel dudit Gerard qui porte 3 fleurs de Lys, deux et une, en cire verte, pendant à un cordon de fil vert.*

1305. BERLAIMONT. (*Le premier volume indique un très-grand nombre de lettres qui concernent cette maison une des plus anciennes et des plus illustres du Hainaut*). Cession faite par Henri, Sire de Berlaimont, Chevalier, moyennant une somme de 4,344 liv. de tout ce qu'il pouvait prétendre contre le Comte de Flandre, tant pour les dommages qu'il avait soufferts pendant la guerre, que pour avoir été fait prisonnier. 1305, le vendredi après Ste.-Catherine, à Courtrai, 26 Novembre. 2e. *Cart. de Flandre, pièce* 282.

1308. Lettres de Phil. Comtesse de Hainaut et de Guillaume son fils, Comte de Hainaut, par lesquelles ils accordent à Gilles, Sire de Berlaimont, Chevalier, avoué de Flamengrie, 1500 livres de petits noirs tournois à prendre sur les revenus de la Ville et Châtellenie de Bouchain, en dédommagement de ce que Jean, Comte de Hainaut, père dudit Guillaume, avait fait brûler le Château de Berlaimont. 2e. *Cart. de Hainaut, pièce 1ère.* 1308 *en Février.*

1321. Lettres de Guillaume, Comte de Hainaut, Jean de Hainaut son frère et Hue de St.-Pol, par lesquelles ils se rendent cautions et ôtages pour maître Henri de Joudongne, que Noble Homme Henri, Sire de Berlaimont, retenait en prison par ordre du Duc de Brabant. 1321, le lundi après l'Assomption N. D. Août. 3e. *Cart. de Hainaut, pièce* 90.

1321. Lettres du même, par lesquelles il prie le Seigneur d'Aspremont, de sceller les lettres, par lesquelles ledit Comte Jean de Hainaut son frère, Hue de St.-Pol, le Sire d'Enghien, et ledit Seigneur d'Aspremont, (*écrit Auspremont*), s'étaient rendus cautions envers le Seigneur de St.-Jean à Mons. 3e. *Cart. de Hainaut, pièce* 92.

1321. Lettres de Guillaume, Comte de Hainaut et de Jean de Hainaut son frère, par lesquelles ils s'obligent de payer 2000 liv. à Noble homme Henri Sire de Berlaimont, si M. Jean de Joudogne, que le Sire de Berlaimont avait élargi de prison jusqu'au lendemain de Noel, obtenait sentence d'excommunication, ou d'interdiction, dans ce délai, à cause de ladite prise. 2e. *Cart. de Hainaut, pièce* 91, *même date.*

1333. Lettres de Guillaume, Comte de Hainaut, contenant le déshéritement' fait par Gilles Sire de Chin et de Busignies, d'un fief nommé *le Bois de Berlaimont*, que Jean dit Cambrisien tenait de lui, lequel avait eu de Gilles Sire de Berlaimont et de Perruves; et d'un autre fief, situé au Fayt, venant de Hues, dit *Allemans* du Fayt, aussi tenu de lui : adhéritement de ces deux fiefs, pour être tenus du Comte de Hainaut, par le Sire de Chin en un seul fief avec la terre et Seigneurie de Busignies. Présens, Pierre de Percheval de Semo..... Guillaume de Foddes, Chevalier, Jacques de Maubeuge, Jacques de le Loge, Jean de Harchies, Jacquemon Loyson de Hélemnes, Guillaume de Sommaing, Jean Maton, de Denaing, Aumant de Hamiel, Jean de Rocourt, Bernard Royer, Gilon Buridiel, et Guillaume de Présiel, hommes de fief du Comte de Hainaut. 1333, le lendemain de St.-Barnabé en la Salle du Château du Quesnoit. *Orig. en parch. scellé de onze sceaux, en cire de différentes couleurs, pendant les uns à cordon à fil vert, d'autres de cordon à fil jaune.* 2. *Cart. de Hainaut, pièce* 204.

1369. Cession faite par Marguerite de Berlaimont, (*il est écrit Blamont dans le titre*) veuve de Jean de Salines le jeune, à Jean Comte de Salines son frère, de ce qui pouvait lui appartenir en la somme de 4,344 liv. petits tournois, due par le Comte de Flandre à Monseigneur Henri, Seigneur de Berlaimont son aïeul. 1369, la veille de Saint-Jean-Baptiste. *Orig. en parch. scellé d'un scel en cire verte, pendant à double queue.*

Voyez le 1er. volume, page 1054.

1153. La maison de Berlaimont fit des donations très-considérables à plusieurs abbayes. J'ai vu, dans les archives de l'abbaye de St.-Ghislain, que Gautier de Berlaimont et Gilles de Chin son fils donnèrent à ce Monastère, en 1153, les grands biens qu'ils possédaient à Wasmes; et cette donation fut confirmée cinquante ans après par le Pape Luce III, avec celle que Hughes, Seigneur d'Enghien, fit d'une terre, située au même village. En prononçant ici le nom de Gilles de Chin, je ne puis me rappeller sans un attendrissement, mêlé d'admiration, l'action héroïque qui a rendu ce nom immortel, et à jamais cher à toute la province de Hainaut; et puisque mes recueils sont consacrés particulièrement à la gloire des héros et des bienfaiteurs des Provinces Belgiques, qu'il me soit permis de jetter quelques fleurs sur la tombe de ce brave Chevalier, dont la valeur et l'intrépidité seules auraient suffi pour illustrer la maison de Berlaimont, si elle n'eût eu d'ailleurs assez d'autres titres pour assurer sa gloire, et relever l'éclat de sa Noblesse.

Un monstre effroyable ravageait les environs de Wasmes et de St.-Ghislain. Retiré dans une caverne profonde qui regorgeait sans cesse de sang et de carnage, couché sur les membres déchirés et palpitans de ses victimes, en attendant que le hasard offrit une nouvelle proie à sa voracité insatiable, il ne sortait de sa retraite que pour s'élancer sur les troupeaux, et dévorer ceux qui les conduisaient. Les campagnes étaient désertes et sans culture : les habitans, réduits à la cruelle alternative de périr par la dent meurtrière du monstre, ou d'être consumés par la faim dont ils éprouvaient toutes les horreurs, se tenaient renfermés dans leurs tristes chaumières, et n'avaient plus désormais d'espoir de salut que dans la bonté et la protection du ciel. L'animal, fier de sa force, et fort de la faiblesse de ses ennemis, semblait être le maître de tout le pays où il exerçait paisiblement sa fureur. Les guerriers même les plus courageux et les plus déterminés, loin d'oser affronter ses regards, se croyaient trop heureux d'échapper à sa poursuite, et c'était courir à une mort certaine que de s'exposer au danger de le combattre.

Tandis que la terreur commune, qui glaçait les cœurs même des plus braves, tenait tous les esprits plongés dans une morne consternation, Gilles de Chin, à qui les périls semblaient relever le courage, conçut le dessein généreux et hardi de délivrer son pays de l'horrible fléau qui le désolait. Persuadé que la valeur, sans la prudence, n'est qu'une force aveugle et téméraire, il prit de sages mesures pour assurer le succès de son entreprise : il dressa un certain nombre de chiens et de chevaux au genre de combat auquel il les destinait; et, pour les familiariser d'avance avec le danger, et les accoutumer à envisager leur ennemi sans effroi, il fit faire en carton la figure du monstre contre lequel il devait les conduire. Ces animaux belliqueux, affermis contre la crainte et exercés à lutter contre cette figure effroyable, apprirent bientôt à attendre le monstre de pied ferme, à l'attaquer, à le harceler, et à le saisir par les parties de son corps les plus exposées aux blessures : la hardiesse intrépide, l'espèce de fureur et d'acharnement qu'ils faisaient paraître dans ces combats simulés, firent concevoir à Gilles de Chin, les espérances les plus flatteuses de la victoire. Après ces premiers préparatifs que le héros avait crus nécessaires pour favoriser l'exécution de son projet, comme s'il eût pressenti que le jour marqué pour son triomphe était prêt d'arriver, il se prépara au combat par les jeûnes, les mortifications et la prière. Telle était alors l'heureuse simplicité de nos aïeux : les dignes Chevaliers, dont la piété seule égalait la valeur, s'imposaient à eux-mêmes des lois sacrées et inviolables qu'ils juraient d'observer et qu'ils observaient jusqu'au dernier soupir. Protecteurs nés de l'humanité, ils vengeaient l'innocence, défendaient l'honneur des Dames, croyaient en Dieu, servaient leur Prince et mouraient pour leur pays. Imbu de ces principes sublimes qui font les grands hommes, nourri dans ces maximes héroïques qu'il avait sucées avec le lait, et dont il avait trouvé la source dans le sang de Berlaimont, Gilles de Chin regardait comme un devoir, encore plus que comme un honneur, l'action généreuse qu'il était sur le point d'entreprendre ; et le premier de tous ses soins fut de hâter l'instant heureux qui devait le couvrir de gloire. Enfin ce moment tant souhaité arriva.... Encouragé par les louanges de son Prince, Bauduin VI, Comte de Hainaut, qui applaudit à sa noble audace, comblé des bénédictions de tout un peuple qui l'appelle son libérateur, son sauveur, et son plus ferme appui, il prend le chemin de Wasmes, suivi de quelques Chevaliers résolus de mourir ou de vaincre avec lui : l'éclat de leurs armes, la sérénité de leurs visages, leur contenance fière et assurée semblent être des présages certains du succès. On fait des vœux pour leur retour, et tous les esprits dans l'attente de l'événement demeurent suspendus entre l'espérance et la crainte. Arrivé à la Chapelle de Notre-Dame de Wasmes, Gilles de Chin fait mettre pied à terre à toute la petite troupe; et tous ensemble, prosternés au pied des autels, invoquent le Souverain arbitre des combats dont ils attendent le plus ferme secours. Remplis d'une nouvelle force, et enflammés d'une nouvelle ardeur, ils poursuivent leur route et vont chercher ce monstre jusques dans sa retraite. L'animal toujours altéré de sang, bondissant de rage, les yeux étincelans de fureur, s'élance sur eux avec des hurlemens affreux, comme sur une proie assurée. Les chiens volent à sa rencontre et engagent les premiers le combat avec une hardiesse à laquelle leur ennemi n'était point accoutumé : animés par les cris des Chevaliers, les uns tâchent de le saisir par les flancs; les autres s'attachent à son ventre et à sa poitrine; mais tout son corps ressemble à un immense boucher à l'épreuve de toutes les blessures : on ne voit de toutes parts que chiens dispersés, ensanglantés, déchirés et mis en pièces. La troupe des Chevaliers, serrée et sans perdre ses rangs, marche droit au monstre, en lui présentant de tous côtés un rempart hérissé de lances. L'animal voit leurs mouvemens sans s'en étonner; il devine et prévient leur dessein; il les attaque, les repousse, et en est bientôt repoussé à son tour : tantôt vainqueur, tantôt à demi-vaincu, il avance, il recule, et revient aussitôt à la charge : tantôt immobile et inébranlable au milieu du champ de bataille, il ressemble a une armée qui reprend haleine au plus fort du carnage, ou à une forteresse qui brave tous les efforts de l'ennemi. Tantôt le combat se ranime avec plus de chaleur; il est frappé presque à la fois de mille coups; les lances brisées volent en éclats ; la terre est couverte du sang des Chevaliers blessés, et des chevaux renversés. Gilles de Chin, toujours à la tête des siens, les encourageant par son exemple, les animant du geste et de la voix, rallie sa petite troupe et remplit en même-temps les devoirs de Soldat et de Capitaine. Le monstre semble le remarquer et le distinguer entre tous les autres; il s'attache à lui seul, comme au seul adversaire digne de lui résister : bientôt le combat devient particulier, comme celui de deux braves en champ clos : le héros toujours inaccessible à la crainte, mais toujours maître de son courage, épie les momens favorables pour frapper son adversaire. Il lui porte des coups terribles et se dérobe avec adresse à sa poursuite. Trois fois le monstre, rendu plus furieux par ses blessures, fait de nouveaux efforts pour terrasser son ennemi, trois fois la vigoureuse résistance du guerrier déconcerte toutes ses attaques. Enfin, après avoir recueilli toutes ses forces, l'animal écumant de rage, et comme résolu de faire une dernière tentative, se précipite avec une impétuosité aveugle sur Gilles de Chin, et menace de l'écraser du poids énorme de son corps. Celui-ci, par la légèreté de ses mouvemens simulés, évite sa rencontre; et, revenant sur ses pas avec la même agilité, il lui perce la gorge de sa lance, tandis qu'il se retournait pour s'élancer de nouveau contre lui. Le monstre blessé mortellement tombe dans des flots de son sang, et expire en mordant la poussière aux pieds de son vainqueur. Gilles de Chin lève les yeux au Ciel, auquel il rend graces de sa victoire. La nouvelle en est bientôt portée à Mons, et fait succéder la joie et l'allégresse a l'inquiétude et aux allarmes. Bauduin, Comte de Hainaut, suivi d'un peuple innombrable, accourt sur le champ de bataille, et embrasse le vainqueur dont il élève le courage jusqu'aux cieux : on le reconduit en triomphe dans la ville, où l'on transporte le monstre comme un témoignage authentique de sa valeur. L'aspect de cet animal inspire encore la terreur même après sa mort. On ne peut se lasser de le regarder ; et plus on le contemple, plus l'action du Chevalier paraît sublime et héroique. Tous les chemins sont parsemés de fleurs; les rues retentissent d'acclamations : le nom de Gilles de Chin vole de bouche en bouche; on lui rend autant d'honneurs que s'il eût triomphé lui seul de toutes les forces des ennemis de l'état. Pour éterniser la mémoire de cet heureux événement, Bauduin ordonna de conserver soigneusement la tête du monstre, comme un trophée et un monument de cette victoire. Les Français, en sortant de Mons en 1697, emportèrent cette tête à Lille : mais ils furent obligés de la rendre après en avoir détaché quatre a cinq dents d'une grandeur prodigieuse. Les Anciens, pour immortaliser la gloire des héros, leur élevaient des autels et les plaçaient au rang des dieux. Délivrer la terre des monstres et des brigands qui la désolaient, c'était un titre pour prétendre aux hommages et à l'encens des mortels. Gilles de Chin, dans des siècles moins éclairés, eût eu sans doute le même sort que ces bienfaiteurs de l'humanité, dont l'antiquité fabuleuse vante les travaux et les exploits. Ses contemporains voulurent que la Religion mît en quelque sorte le sceau à tous les honneurs dont ils le comblaient. Ils instituèrent une procession solennelle dans laquelle on porte encore tous les ans, le jour de la Trinité, la figure d'un Dragon suivie de plusieurs Cavaliers représentant Gilles de Chin et ceux de sa suite. Ce brave Chevalier, après avoir rendu des services signalés à son Prince et à son pays, finit ses jours aussi glorieusement qu'il avait vécu : il fut tué d'un coup de lance au siège de Rollecourt, et inhumé à l'église de St.-Ghislain. On nous avait conservé, jusqu'au moment de l'anéantissement de cette superbe Abbaye, la première épitaphe qui fut gravée sur son tombeau. Cette inscription, conçue dans le langage simple et naïf de nos pères, en dit plus que le panégyrique le plus pompeux et le plus magnifique.

L'an 1137 *trois jours devant le my-Aoust, trespassa Messire* Gille de Chin *li bons chers ky fut tué d'une lance et est lui quy tua* le gayant. *Et en faict on l'obit à Monsr. St.-Ghislin en l'abbaye où il gist trois jours devant le my-Aoust aussi solempnellement quon faict du* Roy Dagobiers *quy fonda l'Eglise ne que d'Abbez quelconque puisse dire, ne pour Feste qui soit en l'an, on ne lairait a faire son service et fut tué à Rollecourt Gilles de Chin d'une lance.*

Ce monstre était-il né dans les forêts du Hainaut? Venait-il de quelque contrée lointaine ? Par quel

mécanisme

mécanisme incompréhensible la nature forma-t-elle cette production extraordinaire ? Ce sont des faits que je laisse à discuter aux naturalistes. Quoi qu'il en soit, il est certain que l'existence de ce monstre et la victoire de Gilles de Chin ne doivent point être mises au rang des fables. On lit, dans *l'histoire de Malthe*, par M. l'abbé de Vertot, qu'un Chevalier tua dans l'île de Rhode un dragon d'une grandeur prodigieuse, et qu'il se servit du même stratagême que Gilles de Chin pour en triompher. *L'histoire de Normandie* rapporte, et c'est une tradition qui subsiste encore aujourd'hui, que St.-Romain, premier Evêque de Rouen, assisté de deux criminels condamnés à mort, tua un dragon monstrueux qui ravageait les environs de cette ville : et on prétend même que c'est en mémoire de cette action que le Chapitre de l'Eglise Métropolitaine de Rouen jouissait du privilége de délivrer tous les ans, le jour de l'Ascension, un meurtrier et ses complices, auxquels on faisait lever la chasse de St. Romain.

1309. BERSÈLE. Mandement à Robert, Comte de Flandre, à ses Baillis de Gand, Bruges et d'Ardembourg, de payer a son ami et féal Monseigneur Florent de *Bersèle* 3000 liv. faible monnaie, faisant 1000 liv. bonne monnaie, qu'il lui avait donné pour sa *soustenanche* pendant cette année. *Orig en parch. scellé du grand sceau du Comte, en cire jaunâtre, pendant à simple queue.* 1309, *le jour de St.-Jean Decolasse.*

1384. BERSIS. Commission de Capitaine et Garde du Châtel et Forteresse de Nogent-le-Rotrou, donnée par Yolenthe de Flandre, Comtesse de Bar, Dame de Cassel, à Bernard de Bersis, Ecuyer, 1384. 13 Mars, à St.-Fargeau. *Cop authent. en parch.*

1316. BERTAUT. Promesse de Florent Bertaut, Chevalier, de ne point tirer vengeance contre Robert, Comte de Flandre, Sohier de Bailleul, Châtelain de Rupelmonde; ni contre les sujets du Comte, de ce que ce Comte l'avait retenu prisonnier au Château de Rupelmonde. 1316, le jour des Innocens. *Orig. en parch. scellé de son scel.*

BERTRANGES. Lettres de Théoderic, Evêque de Metz, par lesquelles en reconnaissance de ce que Wenceslas, Duc de Luxembourg, avait fait restituer au Seigneur de Bertranges *le Château de Bertranges*, tenu de l'Evêque de Metz, dont le Duc de Lorraine s'était emparé dans la guerre qu'il faisait à cet Evêque, et avait contraint le Seigneur de Bertranges d'en faire hommage audit Evêque. Il promet de ne jamais consentir à aucune vente, ou transport de la terre et forteresse de Bertranges, à moins que les Seigneurs de cette terre ne donnent bonne et suffisante sûreté au Duc : qu'il ne recevra aucun dommage de la forteresse, et que les hommes de Bertranges, avec ce qu'ils tiennent de l'Evêque et de l'Evêché, feront tel service au Duché de Luxembourg qu'il est d'usage d'ancienneté, sauf et réservé audit Evêque la foi et hommage. *Orig. en parch. scellé du scel de cet Evêque en cire verte, pendant à double queue.* 1377, 17 *Avril.*

BETHUNE. (*Nom de ville et de famille*).

En 1780, j'ai donné l'histoire d'une branche de la maison de Béthune, connue premièrement sous le nom de Carency, et ensuite sous celui de Desplancques. Ceux qui ne se sont pas procuré cet ouvrage seront aises de trouver ici de quelle manière j'ai traité cette origine.

Béthune, Carency, Desplancques. « S'il est difficile de completter l'histoire des Nations, il ne l'est » pas moins de completter celle des familles. La » moindre circonstance suffit pour rallentir la marche » de l'historien, et celle du généalogiste. La vérité » échappe à l'un et à l'autre, au milieu des monumens » qui semblaient faits pour la dévoiler toute entière à » leurs regards. Ici, le défaut d'un seul titre rend » leurs recherches inutiles, et met un obstacle insur- » montable à leurs découvertes. Là, un titre supposé » les expose à tomber dans les fautes les plus grossières. » L'ignorance involontaire et l'erreur féconde en illu- » sions et en prestiges, sont les écueils les plus dan- » gereux contre lesquels ils risquent à chaque ins- » tant d'échouer. L'une, comme un guide paresseux, » leur montre sans cesse devant eux le terme de leur » course, et détourne leurs regards distraits et incer- » tains des objets importans dont la vue pourrait les » dédommager des travaux et des fatigues de leur pé- » nible voyage ; l'autre, comme un guide infidèle, » les écarte à chaque pas de la route qui s'ouvre et » s'applanit devant eux, les conduit à travers les ro- » chers et les précipices, les égare dans des pays in- » connus, ou bientôt plusieurs autres écrivains, » comme des voyageurs sans expérience, vont après » eux s'égarer sur leurs traces, et tromper ceux qu'ils » prétendaient éclairer ».

» Je rends un hommage sincère et désintéressé à » ces génies laborieux et pénétrans, dont les veilles et » la sagacité ont répandu un jour si lumineux sur les » faits qui concernent l'existence et l'état des diffé- » rentes branches des plus célèbres maisons de l'Eu- » rope. J'applaudis en particulier au travail solide et » délicat du savant *Duchesne*, dont les ouvrages ont » des droits sacrés et incontestables a la reconnais- » sance de la postérité. Mais, dans le nombre des fa- » milles dont ce généalogiste profond nous a donné » l'histoire, il s'en trouve plusieurs dont il n'a pas » embrassé toutes les divisions, et qui, ayant été né- » gligées dans quelques-unes de leurs branches, sem- » blent demander un supplément particulier. Telle est » la maison *de Carency, branche cadette de celle de* » *Béthune.* L'auteur a parlé, il est vrai, d'Elbert de » Carency qui vivait à la fin du XIIe. siecle. Il le » dit *fils* de Sicher, Sire de Carency et d'Ablain; » *petit fils* d'Elbert I, Sire de Carency et d'Ablain; » arrière-petit-fils de Bauduin, fils puîné de Robert, » Sire de Béthune, Carency, Richebourg, avoué » d'Arras, né en 970 et mort en 1037; mais il n'a » pas connu tous ses enfans, et il s'est contenté de » donner le tableau généalogique de la branche aînée. » J'ai vu des titres qui prouvent d'une manière dé- » monstrative qu'*Elbert de Carency* était Seigneur » *Desplanques*, et qu'il donna cette terre à Hugues » de Carency, le plus jeune de ses enfans. C'était » alors la coutume des Seigneurs de pourvoir aux » appanages de leurs fils puînés, lorsqu'ils avaient » atteint l'âge de 21 ans, fixé pour la majorité féo- » dale. La loi excluait les mineurs de la possession » des fiefs, parce que cette possession leur imposait, » à l'égard de leurs Seigneurs suzerains, des obliga- » tions sacrées et inviolables que la faiblesse de leur » âge semblait les rendre incapables de remplir. Cette » loi souffrit néanmoins quelques tempéramens et » quelques restrictions au commencement du XIIIe. » siècle ; et les pères furent tenus, lorsqu'ils mariaient » leurs fils, ou qu'ils les armaient Chevaliers, à leur » donner *le tiers de la terre.* Cette nouvelle institution » fut l'ouvrage de la sagesse de ce Prince religieux » *que la France et l'Eglise ont mis au rang des plus* » *grands et des plus saints Rois.*

» La postérité de Hughes de Carency ne méritant » pas moins d'être tirée de l'oubli que les autres bran- » ches de cette illustre maison, je vais entreprendre » de la faire connaître de père en fils jusqu'à nos jours.

1187. « Elbert de Carency, à la Seigneurie *Desplanques* » qu'il avait donnée à Hugues, ajouta encore 4 me» sures de terre, situées près de Gavion, dans le vil» lage de Hersin. L'acte en fut passé le 7 Mai 1187. » Hugues était déjà marié à cette époque; et ce fut » même Marie, son épouse, qui le représenta dans » cette circonstance, et qui accepta la donation en » l'absence et au nom de son mari. Les témoins furent » *Bauduin, Qualon, et Amaury*, tous trois frères de » Hugues et enfans d'Elbert de Carency. Ce titre con» tient mot à mot ce qui suit ».

Ego ILBERTUS DE CARENCHY *notum fieri volo tam præsentibus quam futuris quod ab aliquo tempore* Simon de Berlette *tunc temporis homo meus fecit utilitati meæ, causâ feloniæ quatuor mencaldatas terræ, paulo plus vel paulo minus, sitas prope Gavion, in parochiâ de Hersin, quas mihi fisco adjudicare feci causâ prædicta, ideoque intendens utilitati meæ et successorum meorum bene dedi, et benigne cessi prædictas terras* Hugoni Plancharum domino filio meo natu minimo, *quas in posterum de me tenebit in feodo per relevium quod mihi debebat prædictus Simon, et acceptavit pro filio meo absente* Maria uxor ejus *per ramum et cespitem in præsentia hominum meorum* de Carenci, *et astantibus filiis meis* Baldnino, Qualone et Amalrico. *Ut hæc autem donatio firma sit et stabilis, præsentem cartam secreti mei munimine roboravi anno Dominicæ Incarnationis* 1187, *mense Maio.*

Cet Elbert de Carency est le seizième aïeul d'Eugène-François Léon, Marquis de Béthune-Hesdigneul, créé Prince par l'Empereur d'Allemagne Joseph Deux. Voyez mon ouvrage qui a pour titre: *Mémoires généalogiques pour servir à l'histoire des Familles des Pays-Bas.*

1310. Commission donnée par Philippe, Roi de France, à Gilles de Remi, Chanoine de Cambray, et Denis d'Aubigny pour mettre sa chère et féale cousine Mahaut, Comtesse d'Artois, en possession de ce qui appartenait au Roi dans les villes et châtellenie de Béthune; et ce, pour lui tenir lieu de ce qu'elle avait donné en dot dans le Comté de Bourgogne et la terre de Salins, à Philippe II, fils du Roi. 1310, 19 Février en latin. *Cop. en parch. du 14 Juillet 1311, sous les sceaux desdits Gilles et Denis.*

1312. Voyez Lille en 1312, 1313 et 1314.

1386. Lettres des Echevins, Prévôt et Mayeur de la ville de Béthune, par lesquelles ils reconnaissent que c'est par grace que Guillaume de Namur a supprimé l'office de Rewart dudit Bethune qui avait été établi par le Comte de Flandre, en faveur de Lesclaire Danekin, Ecuyer, et consentent que ledit Seigneur puisse établir un Rewart toutes les fois qu'il le jugera convenable. 1386, 26 Mars. *Orig. en parch. scellé.*

1388. Promesse des Echevins, Mayeur et Prévôt de la ville de Béthune, de ne point faire des prisons dans le Beffroy que Guillaume de Namur, leur Seigneur, leur avait promis de faire reconstruire sur un nouvel emplacement, mais seulement d'y faire mettre les cloches de l'ancien Beffroy, et d'y faire poser une horloge. 1388, 22 Juin, à Béthune. *Orig. en parch. scellé.*

1391. Lettres de Philippe le Hardi, Duc de Bourgogne, par lesquelles il remet à Guillaume de Namur et à Jeanne de Harecourt sa femme, les droits seigneuriaux qui lui étaient dus à cause de l'assiette faite par ledit Guillaume du douaire de sa femme sur les ville et châtellenie de Béthune et autres terres. 1391, 18 Juin à Paris. *Orig. en parch. scellé.*

1295. BETTE. On ne trouve point Bette dans les anciens titres, mais bien Beths, Bets, ou Betz. *Page* 840 du 1er. volume, on voit Water Betz, Chanoine de Courtrai, en 1295. Page 1054, j'ai donné plusieurs Chanoinesses de Mons, toutes issues d'Adrien Bette, Chevalier, Seigneur d'Angrelles et de Jacqueline de Verdière. De très-grands procès existent depuis la mort d'Emmanuel-François Bette, Marquis de Lède, arrivée le 6 Juillet 1792. On trouve, au Château de Lède, des archives très-considérables concernant cette ancienne et illustre maison qui possédait la terre de Lède, depuis Isabeau de Gruntère qui avait des biens très-considérables. Elle avait épousé Jacques Bette, fils d'Adrien et de Jacqueline de Verdière, lequel Adrien était frere de Louis Bette, ou plutôt Beths, qui a laissé un fils naturel de Lyine de Roethaers, nommé Louis. Ce Louis fut légitimé par lettres qui lui furent accordées en 1571. C'est du gré de cette branche, qui existe encore aujourd'hui à Luxembourg, que je donne ici ces lettres à cause des avantages qui y sont repris.

Philippe, par la grace de Dieu, Roi de Castille, etc. Savoir faisons à tous présens et à venir que Nous avons reçu l'humble supplication de *Louis Beths*, fils de Messire Louis, contenant que son père étant veuf l'a procréé au corps de Liévine de Roethaers, jeune fille à marier. Et comme le suppliant désirerait prendre un état dans Notre ville de Gand, qu'il ne peut y parvenir sans avoir préalablement obtenu Nos lettres de légitimation à ce necessaires, qu'il est bourgeois de ladite ville à Notre service, il Nous a très-humblement supplié de les lui accorder. *Considéré spécialement les bons services qu'il Nous a rendus, tant en Espagne, devant Malte, en France, que contre Nos Rebelles*, c'est pourquoi que Nous, les choses susdites considérées, inclinant favorablement à la supplication et requête dudit suppliant, Nous l'avons de Notre certaine science, autorité, pleine puissance et grace spéciale, *légitimé* et *légitimons*, et ledit défaut de sa naissance aboli et effacé, abolissons et effaçons par ces présentes lettres, donnant et accordant de Notre dite grace audit Louis suppliant *la permission et consentement de succéder comme personne légitime et habile en tous les biens meubles et immeubles, esquels de droit, et selon les coutumes et usages de Nos pays il pourrait succéder comme s'il était né et procréé en léal mariage, et comme tel venir aux successions de ses père et mère, et autres ses parens qui lui compètent et pourraient appartenir ci-après*, pourvu toutes fois que à ce consentent ses parens plus prochains du lignage, ou parenté, que aucun droit ne soit déjà acquis par autres, *et que en ce cas il puisse et pourra avoir et tenir pour lui, ses hoirs et successeurs à toujours, tous les biens qui lui advindront et écherront desdites successions et autrement, et qu'il a acquis et acquérera ci-après. Comme aussi que dorenavant* il soit reçu à tous honneurs, états et autres fonctions légitimes, *et réputé, et tenu, comme s'il était né en léal mariage; et qu'après son trépas, malgré qu'il était bâtard, ainsi qu'il est dit ci-dessus, ses hoirs, ou autres proches parens puissent succéder en ces biens qui seront en sa possession, et autres biens qu'il a acquis, ou qu'il acquérera et délaissera, de manière et non autrement qu'il serait, s'il était né et procréé en légitime mariage, sans que* à causes de sa dite bâtardise, *Nous, ou Nos successeurs puissions demander aucun droit à l'avenir, nonobstant tous droits, coutumes et usages à ce contraires*, à charge néanmoins que le suppliant sera tenu de payer à Notre profit, une certaine finance, et somme de deniers, selon la faculté et qualité de ces biens, etc., etc., etc.

Voici la filiation légitime depuis ce Louis.

I. Louis Bette, fils de Josse et de Judith de Nevèle, eut pour fils naturel, de Livine Roetbaels, Louis qui suit.

1604. II. Louis Bette, Bailli d'Everghem, légitimé en 1571. Il conste qu'il épousa Françoise Kerremans, par un partage passé devant les Echevins des parchons à Gand, le 29 Mai 1604, et par autres pièces qu'on trouve à la mortuaire d'Anne de Suttère, veuve de Josse de Stoppelaere. Il eut de Françoise Kerremans Jean qui suit.

1633. III. Jean Bette, Bailli d'Everghem, époux de Jeanne de Vos. Il est prouvé fils de Louis et de Françoise Kerremans, par un contrat de mariage inséré dans un état de biens, passé à la mortuaire de Demoiselle Jossine Van de Kerchove, dite Van der Varent, épouse dudit Jean, en date du 7 Mars 1633. Ils eurent pour fils François qui suit.

1660. III. François Bette épousa Jacqueline de Viron. Une liquidation passée le 17 Novembre 1660, entre ladite Jacqueline de Viron et ses enfans, prouve que son époux François était fils de Jean, et qu'ils eurent pour fils Philippe-Jacques qui suit.

IV. Philippe-Jacques Bette épousa Antoinette-Josephine Van der Beken, dont:

1701. V. Louis-François Bette, époux de Jeanne de Vos, qualifié fils des précédens dans une copie authentique de l'état de biens passé le 29 Avril 1701, à la mortuaire de ses père et mère. Ils eurent pour fils François Louis qui suit.

1723. VI. François-Louis Bette, baptisé à Bruges, le 26 Janvier 1723, époux de Marie Ange du Prel.

Qu'il me soit permis de répéter mes reflexions sur les bâtards.

Dans les 14 et 15e. siècles, les enfans naturels des maisons illustres jouissaient d'un rang distingué dans la société; et c'est à tort que quelques maisons respectables ont, en quelque sorte, honte d'avouer qu'elles leur doivent leur origine Les branches bâtardes portaient les noms de leurs pères: mais il fallait que ces noms fussent précédés d'un B, chargé d'une barre, pendant l'espace de plusieurs générations. C'était la seule marque qui les distinguait de la postérité légitime: et nos aïeux avaient assez de bon sens et d'humanité pour ne pas faire retomber sur les fils le reproche d'une faute, ou plutôt d'une ivresse momentanée, à laquelle ces derniers étaient redevables de la vie.

Dans notre siècle, où la raison épurée a répandu par-tout les rayons de sa lumiere, où nous affections avec une ostentation magnifique de fouler aux pieds les vieux préjugés, nous avons adopté d'autres préjugés plus extravagans et plus barbares, dont la simplicité de nos ancêtres pourrait tirer des conséquences bien humiliantes pour leurs descendans comme cette philosophie orgueilleuse qui nous rend si vains et si présomptueux. Nous osons presque flétrir les enfans naturels des grands hommes, comme si nous ignorions que les grands hommes ne sont pas des dieux, et que leurs faiblesses même doivent être excusées, sur-tout lorsqu'elles ne dégradent pas leurs vertus. Les héros peuvent être bâtards; la grandeur d'ame et la bienfaisance les légitiment.

Par-tout où coule le sang de ces hommes généreux et utiles à la patrie, quelque soit la manière dont ils l'ont transmis à leurs neveux, il est digne des hommages et de la vénération de la postérité, dès qu'il ne dément pas la pureté de sa source. Je révère ces lois admirables et sublimes, ces lois marquées du sceau de la Religion et adoptées par la politique qui assurent l'état civil de chaque individu dans la société, et maintiennent la force des liens sacrés du mariage. Je les regarde comme le chef-d'œuvre de la sagesse de nos augustes souverains. Les bâtards devaient être exclus naturellement de l'héritage de leurs pères: les fils d'une étrangère ne sont pas faits pour partager le patrimoine des héritiers légitimes: une disposition de cette nature eût interverti l'ordre des successions, troublé le repos des citoyens, et allumé des guerres cruelles dans les familles. Cette rigueur, que l'état exerce contre les enfans naturels, était nécessaire au bien de la société, mais on n'a pas prétendu par là les punir de leur naissance La patrie même les adopte: elle veille sur eux avec une tendresse spéciale: elle leur ouvre un asyle dans son sein maternel, sous la tutelle et la protection de ses magistrats.

1334. BEUDEGHEM. Voyez le Borgne, année 1334.

1334. BEUKEL. Don fait par le Comte de Flandre à Mathieu Maches, son valet, de deux fiefs confisqués sur Hughes, fils de Blauwel Beukel. 1334, le jour de Noel, a Male, 2e. *Cart. de Flandre, pièce* 433.

1307. BEVEREN Procuration de Jean *par la grace de Dieu*, jadis Evêque de Potense, Sire de *Baverne*, (ainsi écrit) à son cher et amé cousin, Gérard de Rasenghem, Seigneur de Masmines, Jacquemon, don Dam et Jean Vanekin ses valets, pour le défendre en l'enquête que les Commissaires du Roi Philippes devaient faire au sujet de l'attentat que la Duchesse de Lorraine disait avoir été commis, au préjudice de son appel, par cet Evêque, ou ses gens. 1307, le Dimanche apres St.-Martin d'hiver, en Novembre à Larne, 12 Novembre. *Orig. en parch. scellé du scel dudit Evêque en cire verte, pendant à double queue de parch.* Voyez Brabant en 1308.

1309. Arrêt du Parlement rendu entre la Duchesse de Lorraine, et le Comte de Flandre au sujet de la *terre de Bèvre*. 1309, le Jeudi après la Chandeleur, à Paris, (en latin). *Orig. en parch. dont le scel est brisé.*

1309. Procuration donnée par Isabelle, Duchesse de Lorraine, Dame de Rumigny et de Bone, pour reprendre en son nom la saisine de *la terre et château de Bevre*, et en recevoir tous les revenus échus depuis l'appel fait par cette Duchesse de la Cour du Comte de Flandre à Audenarde, à celle du Roi. 1309, le Dimanche après l'Invention de la Ste.-Croix, au mois de Mai. *Orig. en parch. dont le scel est brisé.*

1309. Lettres de Jean de Gavre, Sire d'Escornay, Ernoul d'Escornay son fils; Bauduin, Sire d'Orschbruech; Malin de Beausart, Connétable de Flandre; et Jean Sire de Renenghes, Chevaliers, par lesquelles ils se rendent cautions *de la Dame de Bèvre*, envers le Comte de Flandre, pour une somme de 100 livres parisis. 1309, le Vendredi avant la N D. de Septembre a Ipres. *Orig. en parch. scellé de 5 sceaux.* Voyez Lorraine en 1313, et 1331.

1331. Lettres de Thiéri de Bèvre, Châtelain de Dixmude, portant promesse de faire tenir, garder et observer la déclaration y insérée de Louis Comte de Flandre, donnee à Male, le 20 Février 1331, en interprétation et modération de quelques articles et points contenus en son ordonnance touchant la ville et les habitans de Dixmude, ainsi que tous les autres articles de ladite ordonnance. *Orig. en parch. scellé.*

1334. Accord fait entre le Comte de Flandre par Thiéri Notac, Chevalier et Jean de Ziesselles, ses commissaires d'une part; Hue de Lorraine, *Seigneur de Beveren* et de Martingny d'autre part, touchant la vente faite par ledit Hue de la *terre de Beveren* 1334. le Jeudi après l'octave des Brandons; à Martingy

(Martigny). *Orig. en parch. auquel ne reste plus que le sceau de. . . . .*

Henri de Bèvre, Châtelain de Dixmude, en 1370. *Voyez Dixmude.*

BIERVLIET. Voyez Anvers, année 1313.

1330. BINCHE. Vente faite par Happart de Bievene, homme de fief du Comte de Hainaut, à ce Comte, de 52 bonniers, un journal de bois, joignant les bois dudit Comte *à Binche*, tenus de lui en fief et adhéritement donné par Watier, Sire de Bousies; Gérard, Sire de Potes; Henri de Liedekerke; Guillaume de Fordes; Mathieu de Launais, *Chevaliers;* Jean de Florence; Daniel, Curé de Hal; Jean Bernier, Prévôt de Vallenciennes; Jacquemon de Benengh, Receveur de Hainaut; Jean de Sommaing; Wuill. Cotteriaus de Hourt; et Colart Hardi, *Hommes de fief de Hainaut*, 1330, la nuit de St.-Pierre entrant Août, en la chapelle de la Salle du Quesnoy. 2e. *Cart. de Hainaut, pièce* 191.

1350. BINCHORST. Promesse de Harban de Binchorst, Chevalier, de servir et aider Marg., Comt. de Hainaut, contre ceux qui voudraient l'inquiéter. 1350, le Mercredi après le jour de St.-Pontion, en flamand. 4e. *Cart. de Hain., pièce* 189.

1323. BINCHVELT. Mule de Binchvelt; Mule son fils, Garde du château de Niedeghe; Renier de Binchvelt; Coeme de Binchvelt: tous en 1323. *Voyez Hainaut.*

1391. BISTOUL. Lettre de la Comtesse de Bar à Messire Henri de Reinscherliet, Châtelain et Bailli de Bornehem, par laquelle elle lui mande de contraindre *Sohier Bistoul*, son sujet et justiciable de Bornehem, de restituer à Luc le Roi, Receveur dudit lieu, neuf grosses bêtes à cornes qu'il lui avait prises; et en cas de refus de l'emprisonner. 20 Octobre à Nieppe. *Orig. en papier.*

1328. BLAESVELT. La terre de Blaesvelt appartenait en 1328, à Raoul de Pipenpoy, Chevalier. *Voyez Malines.*

1323. BLANKENEM. Arnoul, Seigneur de Blankenem; Gérard son frère, en 1323. *Voyez Hainaut.*

1323. BLATON. Lettres de Gérard de Liedekerke, Chevalier, par lesquelles il déclare avoir donné au Comte de Hainaut les villes, terres de *Blaton* et Prayaux, leurs appartenances et dépendances, promettant de donner la ratification de Marguerite, fille de Madame Marguerite de Cantaing, femme d'Ern. d'Enghien, jadis Seigneur de Prayaus, aussi-tôt qu'elle sera professe en Religion, ou avant sa mort, sous peine de 5000 liv. d'amende. *Présens*, Th. du Casteler, Bailli de Hainaut; Gérard, Sire de Pottes, Chevalier, Henri de Liedekerke et Jacquemin du Sart, Châtelain de Bouchain, Hommes de fief du Comté de Hainaut. 1323, le vendredi avant la N. D. de Mars, en la maison Colard de Gand. 2e. *Cart. de Hainaut, pièce* 52.

1328. Déshéritement de Pierre de Machau, valet du Roi de France, fils de Piéron de Machau, au profit de Guillaume, Comte de Hainaut, d'un fief de 45 livres de terre; et des bois, prés et reveaus qu'il avait a *Blaton*, et tenus de la Seigneurie de Blaton, fait pardevant Gilles, Sire de Berlaimont, Arnoul de Boulaut; Simon, bâtard de Hainaut; Henri de Lidekerke, *Chevalier;* maître Jean de Florence; Jacquemon de Maubeuge; Jean dou Fayt, Bailli des bois, et Jean Caufécire (*Calfécire*), hommes de fief du Comte de Hainaut. 1328, Septembre, au Quesnoy. 2e. *Cart. de Hain., pièce* 149.

1328. Vente faite par Robert de Mancicourt, Chevalier, Bailli de Hainaut, au profit de Guillaume, Comte de Hainaut, d'un fief de 40 livres de terre à Blaton, tenu dudit Blaton. Adhéritement de ce fief donné par Michel de Ligne, Sire du Pontoit, Maréchal de Hainaut, Florent de Beaumont, Sire de Beaurieu; Gérard, Sire de Potes; Eustache, Sire de Montegni; Gérard de Gomegnies, Sire de Mastaing; *Chevaliers;* Jean Berniers, Prévôt de Valenciennes et Jacques de Benengh, dit le Lombard, Receveur de Hainaut. 1328, la nuit de St.-Pierre en Février. 2e. *Cart. de Hain., pièce* 148.

1333. Déshéritement fait par Guillaume de Hainaut, de Guillaume, Comte de Hainaut de la terre, et Seigneurie de *Blaton*, et adhéritement de cette terre, donné à Louis, Comte de Flandre, par Guillaume, Comte de Hainaut; Henri de Flandre, Comte de Lodes; Jean de Hainaut, Seigneur de Beaumont, frère du Comte; Waleran de Luxembourg, Seigneur de Ligny; Wautier, Seigneur de Bousies; Gérard, Seigneur de Pottes; Guillaume, Seigneur de Gommegnies; Henri de Liedekerke; Oulfard de Ghistelle; Vilain d'Estainkerke; Baras de le Haye; *Chevaliers:* Jacquemon de Maubeuge; Jean Gillars, Clerc du Comte; Jean Bernier, Prévôt de Valenciennes; Arnoul de Gavre; et Jean Cauffechire, hommes de fief, du Comte de Hainaut. 1333, le Mercredi après St.-Martin, au Quesnoy. 2e. *Cart. de Hain., pièce* 210.

1333. Commission donnée par le Comte de Hainaut à Robert de Marke, Seigneur de Manchicourt, Chevalier, et Jacquemon de Beneng, Receveur de Hainaut, pour faire avec Monsieur Bloc de Steenlant, et Josse d'Emsrode, Ecuyers, députés du Comte de Flandre, l'estimation de la prisée des terres de Blaton et de Feignies, qui devaient être assignées au Comte de Flandre, en exécution du traité de Cambrai, par lequel le Comte de Hainaut avait promis au Comte de Flandre, mille livres de terres en Hainaut. 1333, 19 Novembre au Quesnoy. 2e. *Cart. de Hainaut, pièce* 211.

1333. Commission de Louis, Comte de Flandre, auxdits Steelande et Heimsrode, Ecuyers, pour informer du revenu des terres de Blaton Feignies, cédées à ce Comte par le Comte du Hainaut. 1333, 19 Novembre, au Quesnoy. *Orig. en parch. scellé.*

BLICQUY. *Les Seigneurs successifs de la terre de Blicquy, située près d'Ath, sont indiqués tome premier, page* 75.

1325. Voyez aussi le premier volume; année 1325, page 290, il est écrit Bleky.

1357. Voyez Oisy, ci-après, année 1357.

BLOC. Voyez Steelande.

BLOIS. Voyez nécessairement Blois et Chastillon dans le premier volume.

1336. Lettres de Jean de Hainaut, Sire de Beaumont, par lesquelles il quitte Louis de Blois son gendre, fils de Charles de Blois, de tout ce qu'il pouvait lui devoir, tant à cause de la donation de la terre de Trélon, mouvant de celle de Chimai, faite audit Louis de Blois par son père, qu'à cause de l'assignation faite par ledit Louis, sur sa terre de Trelon, du douaire de Jeanne de Beaumont sa femme, fille dudit Jean de Hainaut. 1336, le Dimanche, veille de St.-Martin d'hiver. *Orig. en parch. scellé du scel dudit Seigneur de Beaumont, en cire brune pendant à double queue.* Voyez Chimay. Voyez aussi le premier volume.

1376. Promesse de Guy de Blois, Sire de Beaumont et de Chimay, Chevalier, de ne plus faire fabriquer monnaie en son château de Fumaing, qu'il tenait en foi et hommage du Comte de Hainaut, sans le consentement de ce Comte et de ses successeurs; cette promesse faite à la prière du Duc Aubert de Bavière.

Gouverneur

Gouverneur de Hain. 1376, 24 Octobre, au Quesnoy. *Orig. en parch. scellé de son scel en cire rouge, pendant à simple queue. 4e. cart. de Hainaut, pièce 342.*

1376. Déclaration faite par Gilles de Louppars de Wattignies, Ecuyer, et Jean de Derrey, hommes de fief du Comte de Hainaut, que Jean dit Sausses de Maurège, Prévôt de Maubeuge, les mena au château de Fumaing qui leur fut ouvert par Hustin de Dour, Châtelain d'icelui, et que ledit Maurège avait saisi en leur présence tous les outils, propres à faire monnaie, qui s'étaient trouvés en ce château. 1376, 27 Octobre. *Orig. en parch., auquel ne reste plus que le premier sceau en cire verte, pendant à double queue. 4e. cart. de Hain., pièce 345.*

1316. BOHÊME. *Rois de Bohême de la maison de Luxembourg.* Lettres de François Lambert, Citoyen de Metz, par lesquelles il reconnaît avoir repris sa maison de Leustenges, de *Jean Roi de Bohême* et de Pologne, Comte de Luxembourg, à charge de la rendre audit Roi, toutes les fois qu'il en aura besoin pour défendre sa terre. Présens Dom Thiéri de Nancey, Abbé de Villeirs; Arnoul, Sire de Sickingen, Sénéchal du Comté de Luxembourg (*peut être Pickingen*). Monseigneur Jean dit le Veelon; Jean dit Fakenel, Citoyen de Metz, et autres. 1316, le vendredi après St.-Luc. *Orig. en parch. scellé du scel de l'Abbé de Villeirs, en cire verte, pendant à double queue.*

1321. Déclaration donnée par Jean de Hainaut, Sire de Beaumont; Waleran de Luxembourg, Sire de Ligni et de Diavoir; Gobert, Sire d'Aspremont; Godefroid, Sire de Naste; Eustache, Sire du Ruel; Jean Sausses, Sire de Boussoit; Gilles de Roisin, Sire de Bietrechies; Guillaume, Sire de Gommignies; Thiéri du Chasteler, Bailli du Hainaut et Sire de Bielain; Gérard, Sire de Pottes; *Chevaliers;* et Jean de Florence, Prévôt de Songnies, d'avoir été présens lorsque *Jean, Roi de Bohême* et de Pologne, et Comte de Luxembourg, avait fait foi et hommage au comte de Hainaut, pour les terres d'Aimeries, Pont-sur-Sambre, Quarte, Dourlers, Raymes, et leurs appartenances, ainsi qu'il les avait eues *de l'Empereur Henri, son père.* 1321, le Vendredi avant Ste.-Croix, en Septembre, à Mons. *2e. cart. de Hain., pièce 13; 3e. cart. de Hain. pièce 68.*

1321. Lettres de Jean, Roi de Bohême et Comte de Luxembourg, par lesquelles il reconnaît avoir fait serment de fidélité à Guillaume, Comte de Hainaut, pour le château d'Aimeries et autres terres qu'il avait en Hainaut. 1321, 4 Mars. *Orig. en parch. dont le scel est tombé. 2e. cart. de Hain., pièce 21.*

1323. Lettres de Jean, Roi de Bohême et de Pologne, Comte de Luxembourg, par lesquelles il déclare que Noble homme, Simon de Marcheville, Sire de Perroie, a repris de lui, en hommage lige, la maison, fort, ville et seigneurie de Marcheville, sauf l'hommage que ledit Simon doit au Duc de Lorraine. 1323, le mardi après Pasques, au mois de Mars, *sous le vidimus* de Jean de Ste.-Geneviève, Prévôt de Lonwy; Jean, Curé de St.-Denis, et Thomas, Curé de Lonwy, Clerc-juré dudit lieu, Garde du scel de la Prévôté de Lonwy, du 21 Août 1364. *Orig. en parch. scellé du scel de ladite Prévôté, en cire brune, pendant à double queue.*

1338. Lettres de Raimion Braidif, de Metz, par lesquelles il reconnaît avoir reçu du *Roi de Bohême* cent liv. tournois, pour dix liv. de rente, à tenir en fief dudit Roi et de ses successeurs Comtes de Luxembourg; laquelle rente ledit Raimion assigne sur les cens et rentes d'Ay et de Trimery qu'il tient en franc-alleu. Il promet aussi d'assigner sur les mêmes biens une autre rente de dix livres pour pareille somme de cent livres que ce Roi devait lui payer dans un an. 1338, 11 Juillet, à Luxembourg *Orig. en parch. scellé du scel de Garciliot Boulay, de Metz, en cire verte, pendant à double queue.*

1338. Lettres de Thierri, Comte de Lo.... et de Ch., Seigneur de Heynsperch et de Blankemberg, par lesquelles il reconnaît avoir reçu par les mains de Nobles hommes Louis, Seigneur de Raudenrod, Arn., Seigneur de Steyn, et Lambert de Heynsperch, Chevaliers, ses Commissaires, de *Jean, Roi de Bohême* et Comte de Luxembourg, la somme de 13,500 florins que ce Roi lui devait. 1338, la 4e. férie avant St.-Jacques et St.-Philippe, à Hassel, (en latin). *Orig. en parch. scellé du scel dudit Thieri, un peu rompu, en cire verte, pendant à double queue.*

1338. Lettres de Jean Galleye, Citoyen de Metz, par lesquelles il reconnaît avoir reçu de Henri Garret, Receveur *du Roi de Bohême*, 100 livres petits tournois, pour 10 livres de rente assignée sur les maisons devant Ste.-Marie, à Chayne, lesquelles maisons ledit Galleie tenait en franc-alleu, et les tiendra dorénavant dudit Roi et de ses successeurs, Comtes de Luxembourg. Il déclare, en outre, que ce Roi doit lui payer, dans un an, pareille somme de cent livres tournois, pour une autre rente de dix livres qui sera assignée sur les mêmes maisons, même date. *Orig. en parch. dont le scel est tombé.* 11 *Juillet, à Luxembourg*, 1338.

1339. Lettres de Thiery, Comte de Loss.. et de Chinutzen, Seigneur de Heynsperch et de Blankemberg, par lesquelles il reconnaît avoir reçu de Jean, Roi de Bohême et Comte de Luxembourg, en presence de Nobles Seigneurs Arn. de Pittyng; Louis d'Azymont, Thomas de Sept-Fontaines, Walerand de Cheyn et autres, la somme de 19,000 florins d'or de Florence, pour le prix de la terre *Ykodu* et de Fertun qu'il lui avait vendue. 1339, le Dimanche avant St.-George, 17 Av., à Liége; (en latin). *Orig. en parch. scellé du scel dudit Comte, en cire jaune, pendant a double queue.*

1342. Lettres de Mathieu Lambers, Citoyen de Metz, par lesquelles il reconnaît avoir repris en fief et hommage, de *Jean, Roi de Bohême*, Comte de Luxembourg, 51 journaux de terre labourable, un pré produisant 12 charetées de foin par an, quelques cens en argent, chapons et poules, et généralement tout ce qui lui appartient en la ville de Morville qu'il tenait en franc-alleu, et pour lesquels il est devenu Homme dudit Roi, à plein hommage, après l'Evêque de Metz. 1342. *Orig. en parch. scellé du scel dudit Lambert, et de celui de l'Official de Metz, en cire verte, pendant à double queue de parchemin.*

1343. Lettres de Simon de Helfeldenges, Ecuyer, par lesquelles il reconnaît avoir repris en fief, de *Jean Roi de Bohême*, Comte de Luxembourg, tout ce qu'il avait au château de Helfeldenges, pour raison de quoi il est devenu Homme dudit Roi et de ses successeurs Comtes de Luxembourg. En témoignage de quoi Simon a scellé ces lettres de son scel, et les a fait sceller des sceaux de ses oncles Messire Arnoul de Sierques, Chevalier, et Jean de Sierques, son frère. 1343, 4 Mars, à Luxembourg. *Orig. en parch. auquel ne reste plus qu'un scel en cire verdâtre, pendant à double queue. Les deux autres sont tombés.*

1343. Vente et transport fait par Pierre de Heu, Chevalier, et Colignon son frère, Echevins de Metz, enfans de feu Seigneur Thibaut de Heu, au profit de

Jean de Heu, Chanoine de Metz, d'une rente de 90 livres, au principal de 900 livres, constituée à leur profit par *Jean, Roi de Bohême*, Comte de Luxembourg, pour sûreté de laquelle rente ce Roi leur a cédé et engagé les villes de Haianges et de Thermelez-Thionville, avec le passage du pont à Orne. Cette cession consentie par Willemin et Roger, enfans dudit défunt Thibaut de Heu; Poincignon Grieuordin leur Serorge; Dame Amiote, femme de Ferri de Crovemberch, Chevalier, et Poincette, femme de Forquignon-le-Riche. Lesdites Amiote et Poincette, filles dudit défunt Thiebaut: passée par-devant Simonat dit Veudebanap, Clerc, Notaire juré de la Cour de l'Official de Metz, sous le scel dudit Official. 1343, le Vendredi avant St.-Simon et St.-Jude. *Orig. en parchemin dont le scel est tombé.*

1344. Donation par le Roi de Bohême, Jean, Comte de Luxembourg, à son amé et féal Jean de Heu, en récompense de ses services, de toutes ses vignes situées au terroir de Haianges, pour en jouir pendant sa vie seulement. 1344. *Orig. en parch. scellé du scel de ce Roi, en cire jaune, pendant à double queue.*

1354. Lettres de Wenceslas de Bohême, Duc de Luxembourg, par lesquelles il donne à Jeanne de Brabant son épouse, pour son douaire, le Comté de la Roche et la terre du Durrebuis tenus du Comté de Hainaut. 1354, le jour de St.-Martin d'hiver. *Souscriptions*, Henri, Comte de Saumes (*Salm*): Thieri, Seigneur de Hufalize; Jean, Seigneur de Rodemacre; Jean, Seigneur de la Roche; Henry, Seigneur de Neufchatel (*écrit Nuecastiel*) et de Croneberch; Jacquemon de Los, Seigneur de Castel-Thieri; Watier, Seigneur de Memsembourch; Wery, Seigneur de Berperche, Justicier des Nobles du Duché de Luxembourg; Jean, Seigneur de Beaurewart; Walter, Seigneur de Clerue, et Godefroi, Seigneur de Wes, Chevaliers. *Orig. en parch. scellé de huit sceaux, celui du Duc de Luxembourg est cire jaune; les autres en cire verte, tous pendant à cordon de soie verte; il manque en outre quatre sceaux.*

1358. Lettres de Thibaut de Metri, Echevin, et Amau de Metz, par lesquelles il reconnaît que le Duc de Luxembourg et ses successeurs pourront retirer toutes les fois qu'il leur plaira, entre Pâques et la Pentecôte, la ville de Blallneville que ledit de Metri tient présentement, laquelle a été engagée par le défunt Roi de Bohême, père dudit Duc de Luxembourg, à Guyot, fils d'Andrieu de Hompont. 1358, 3 Septembre, à Yvoix. *Orig. en parch. scellé du scel dudit de Metri, en cire verte, pendant à double queue.*

1358. Lettres de Wenceslas de Bohême, Duc de Luxembourg, etc., par lesquelles il déclare avoir confirmé le don fait par feu Jean, Roi de Bohême, Comte de Luxembourg, son père, à Jean de Heu, Chanoine de la grande Eglise de Metz, de tous les Chalteis, Prouvaiges et issues de la ville de Haianges et de la ville de Ternes et leurs dépendances, pour en jouir par ledit Jean jusqu'au remboursement d'une rente de 90 livres tournois, au principal de 900 livres. *Voyez ci-devant le titre de vente et transport de l'an* 1333.— 1358, 4 Septembre. *Orig. en parch. scellé du scel de ce Duc, rompu, en cire jaune, pendant à simple queue.*

1363. Voyez Ligne en 1329 et 1363.

1384. Sentence arbitrale rendue par Ouly; Seigneur de Fenestranges, entre Wenceslas, Roi des Romains et de Bohême, Duc de Luxembourg, et Jean de Marcous, Citoyen de Metz, sur le différend qui était entr'eux au sujet de la hauteur et des revenus de la ville de Marenges, et à cause de plusieurs héritages, cens, rentes, terres, pré, bois et autres choses que ledit Roi prétendait lui appartenir de son propre héritage. Ledit Jean de Marcous prétendant que les trois-quarts desdits hauteurs et advenus lui appartenaient, savoir: la moitié à cause des Religieuses et Abbesse de Hays, et l'autre quart à cause des Abbesse et Couvent de Fristorf: duquel différend le défunt Duc de Luxembourg avait nommé arbitres Remon de Coulemers, Jean de Warnepert, Ecuyers, et Thieri Jehei, Prévôt d'Iouux. Ledit Marcous avait nommé Henri de Morhanges, Chevalier, le Trésorier du Grand Moutier de Metz, et Guillaume de Luc, Ecuyer. 1348, 19 Octobre. *Orig. en parch. scellé du Seigneur de Fenestranges, en cire verte, rompu, pendant à double queue.*

1333. BOIS DE HAINNE. Sentence par défaut rendue contre Henri Desmoulins et Marie de Bourdiaux, sa femme, par les Bailli et Hommes de fief de Jean de Condet, Seigneur de Bailleul et de Moriaumés, par laquelle ils adjugent à Watier du Bois de Hainne, fils de Huon, un fief situé à Boussoit, Thier, Marke, Bois de Hainne et aux environs, échu audit Huon du Bois de Hainne, par la mort de Jean dit Sausset, Chevalier, Seigneur de Boussoit. 1333, le Jeudi après la décolation de St.-Jean-Baptiste, au château de Bailleul. 2e. *cart. de Hain.*, *pièce* 253.

1336. Lettres de Jean de Condeit (Condé), Sire de Bailluel et de Moriaumés, Chevalier, par lesquelles il déclare qu'en la présence de Wistasse, Seigneur du Ruels (Rœulx), Robert de Bailleul, Seigneur d'Estrepy, son frère, Chevaliers; Robert d'Auby, son valet, et Bauduin de Giesmes, ses Hommes de fief, il avait reçu Louis du Bois de Hainne, Maire de Braine-le-Comte, en foi et hommage lige, pour le fief que Messire Jean Sausset, Sire de Boussoit, tenait dudit Jean de Condé, à Boussoit, à Marke et au Bois de Hainne, lequel fief passa, par la mort dudit Jean Sausset, à Huon du Bois de Hainne qui le laissa a Watier du Bois de Hainne, son fils, par la mort duquel il est passé à sa sœur, mère dudit Louis, de laquelle il l'a reçu. 1336, le Lundi après la Toussaint, à Mons, au Marché aux Chevaux 2e. *cart. de Hain.*, *pièce* 292.

1318. BOIS-DE-NIEPPE. *Voyez Cassel, en* 1318.

1366. BOMBEQUE (Terre). Voyez Ninove, en 1366.

1343. BORGICOURT. Déclaration en forme de dénombrement donné par Raoul de Bongneguille, Sire de Borgicourt, de la terre de *Borgicourt* qu'il avoue tenir en fief du Comte de Blois, suivant les coutumes des fiefs de Brecuel. 1343, Le lundi après la Purification N. D. en Février. *Orig. scellé du scel dudit Raoul, en cire jaune, pendant à double queue.*

1319. BORGNE (le). Lettres par lesquelles Hue le Borgne et Renaut, son frère, fils de feu Jean le Borgne dit de Beauparesis, quittent le Comte de Hainaut de tout ce qu'il devait audit Jean leur père. Ils en quittent aussi M. de Barbançon, Thieri du Chasteler, les ville de Vallenciennes, Maubeuge et Binche qui s'étaient rendus cautions pour Jean, Comte de Hainaut, et Phil. sa femme, père et mère du Comte Guillaume. 1319, 7 Mai. 3.e *cart. de Hain.*, *pièce* 116.

1334. Déshéritement fait par Demoiselle Sibille d'Odembruek, veuve de Pieron le Borgne, et de Hanin le Borgne, son fils, au profit de Guillaume, Comte de Hainaut, de l'hommage d'un fief à Beudeghem, appartenant à feu Messire Florent d'Estalle. Adhéritement dudit hommage par Simon, Batard de Hainaut; Gérard, Sire de Potes; Jean dit Vilain, d'Estainkerke, *Chevaliers*; Jacques de Maubenge, Chanoine de Cambrai; Jacques de Beneng; Guillaume dit Cotterians et Jean Cauffecire, Hommes de fief du Comté de Hainaut. 1334, 19 Janvier, à Vallenciennes, à la maison dite de Hollande, en la chambre du Comte de Hainaut. 2e. *cart. de Hainant*, *pièce* 137.

1389. BORNEHEM. *Voyez Assche.* 1389.

1292. BORSELE. (*Cette maison existe encore à Bruges*). Quittance de Wulfard de Borsele, Chevalier, de certaine somme reçue du Comte de Flandre, pour cinq mois, commencés au mois d'Août, et finissant au mois de Décembre, de ses gages et des autres alliés du Comte de Flandre, en Zélande, à raison de 320 livres 16 sous 8 deniers pour chaque mois. 1292, le jour de St.-Nicolas, en flamand. *Orig. en parch. scellé du scel dudit Wulfard, en cire jaune, pendant à simple queue.*

1350. Lettres par lesquelles Volfard de Borsele, Seigneur de Vere; Clais de Borsele; Florent de Borsele, Chevaliers; Wulfar et Hugheman, enfans de Clais de Borsele, Henri, fils de Florent de Borsele; Gille et Boudin de Bruggbedam; Gilles, fils de Guillaume; Pierre, fils de Woiten, et Boudin, fils de Wautier de Dombourg, déclarent de soumettre à la décision de la Comtesse de Hainaut, pour la mort du Seigneur de Mormont et de Wolfar, Bâtard de Borsele. 1350, 18 Janvier, (en flamand). 4e. *cart. de Hain.*, *pièce* 184.

1350. Sentence rendue à ce sujet par la Comtesse de Hainaut. 1350, à Zierictzée (en flamand). 4e. *cart. de Hain.*, *pièce* 190.

1350. Lettres par lesquelles Wolfard de Borsele, Seigneur de Vere, reconnaît que Marguerite, Comtesse de Hainaut, Holande et Zélande, est sa Princesse naturelle. 1350, 18 Janvier, (en flamand). 4e. *cart. de Hain*, *pièce* 186.

1379. Hommage fait au Comte de Flandre par Wolfart de Borsele, Seigneur de la Vere et de Zandenborch, à cause d'une rente viagère de 500 livres. 1379, 29 Novembre, (en flamand). *Orig. en parch. scellé du scel dudit Wolfart, en cire verte, pendant à double queue.*

1382. Reconnaissance donnée par Gui de Chatillon, Comte de Blois, Sire d'Avesnes, de la somme de 5700 livres qu'il devait à Messire Jean de Vienne, Chevalier, Amiral de France, Guillaume de la Hogue, Jean Rose, Jean Brumeu, Guillaume Langlois et autres non nommés, pour la rançon de Henri de Borselle, Chevalier, Sire de la Vere, et de quatre Ecuyers, ses serviteurs. 1382, 19 Août, au château de Blois. *Orig. en parch. scellé du scel du Comte de Blois, en cire rouge, pendant à double queue.*

1368. BORST. Hommage rendu au Comte de Flandre par Jean de le Borst, Chevalier, pour un fief de 100 écus de rente par an. 1368, 25 Mai, (en Flamand). *Orig. en pap. dont le scel est tombé.*

1383. BOS. Inventaire des meubles, vivres et munitions laissés par Guillaume du Bos, Ecuyer, Châtelain du château de Tournehem, à Messire Henri d'Espierre, Chevalier, Capitaine et Bailli d'Aire. 1383, 11 Février. *Orig. en pap. cacheté du scel dudit Guillaume, en cire rouge, couvert de papier.*

1392. Voyez Bar, en 1392.

12..... BOUCHAIN. Bande de parchemin, de 4 pouces de largeur sur 14 pouces de hauteur, qui a pour titre: *Chest li usages de le Bourgesie de* Bouchaing, *lequel li Maires dist et démontre à chiaus qui y voellent entrer.*

1311. Commission donnée par Henri de Noers Chevalier, et Jean de Vannoix, Gardes des foires de Champagne et de Brie, au Prévôt de St.-Quentin, pour faire exécuter les biens meubles que le Comte de Hainaut avait à *Bouchain*, pour le paiement d'une somme de 1092 livres tournois petits que Jean d'Avesnes, Comte de Hainaut, devait a des changeurs, et mettre en liberté le Maire de Bouchain et deux Echevins de cette ville qui avaient été arrêtés pour les dettes de leur Seigneur, parce que, n'étant pas de *serve condition*, ils ne devaient pas tenir prison et répondre des dettes de leur Seigneur. *Orig. en parch. dont les sceaux sont perdus.* 1311, *en Juin.*

1311. Relation de Gérard de Kievrens, Lieutenant du Prévôt de St.-Quentin, contenant que, pour s'acquitter de ladite commission, laquelle etait *forte, etroite et cruelle*, il a envoyé des Sergens à *Bouchain* qui ont reconnu que tout ce qui appartenait au Comte de Hainaut dans cette ville était tenu de l'Empire, et qu'il est étonné que l'on n'ait pas donné cette commission à exécuter à Maubeuge, ou en l'une des 17 villes qui sont du Royaume. *Orig. en parch dont le sceau est perdu.* 1311. *Le Vendredi après l'octave de St.-Martin d'hiver.*

1334. Lettres de Guillaume, Comte de Hainaut, Holande et Zélande, par lesquelles il donne en fief et hommage à son cousin Walerand de Luxembourg, Chevalier, Sire de Liny, les châteaux, maisons, revenus et dépendances de *Bouchain*, Renaut-Folie et Quesnoy; mille livres tournois, par an, sur la forêt de Mormal, et autres rentes, pour en jouir après la mort du Comte de Hainaut, et pendant la vie de Jeanne de Valois, femme de ce Comte. En cas que le Seigneur de Liny meure avant la Comtesse, le Comte ordonne que ces biens passeront à Jean, Seigneur de Rayneval, Chevalier, ou à son défaut à Jean de Liny, Chevalier, fils dudit Walerand, pour, après la mort de la Comtesse, retourner au Comte de Hainaut. *Souscriptions*: Jean de Hainaut, Seigneur de Beaumont, frere du Comte; Jean, Seigneur de Boussut; Simon, frère Batard du Comte; Florent de Beaumont, Willaume dit Barat de le Haye; Robert de Manchicourt, Jean de Lisseroeles, *Chevaliers*. Gerard dit Sausset d'Aimne, Bailli de Hainaut; Jean Bernier, Prévôt de Valenciennes; Gillon le Ramoneur, Prévôt de Mons; Jacquemon de Deneng et Jean Caulfecire. 1334, Février, à Valenciennes, en la maison dite de Holande. *Orig. en parch. auquel pend encore, à cordon de soie cramoisie, 11 sceaux en cire verte. Il y en a deux autres tombés.*

1392. BOUFFLERS. Quittance d'Engueran de Boufflers, Ecuyer, Garde du château de Gosnay, pour Wittart de Bours, Châtelain dudit château, de 36 livres 10 s. Parisis, pour une année des gages dudit château. 1397, 9 Août. *Orig. en parch. scellé.*

1338. BOULAY. Lettres de Garicliot de Boulay, de Metz, par lesquelles il reconnaît avoir reçu du Roi de Bohême 100 livres tournois, pour 100 livres de rente, assignée à Montcourt, que ledit Boulay tenait en francalleu, et qu'il tiendra à l'avenir en fief et hommage dudit Roi et de ses successeurs, Comtes de Luxembourg. 1338, 11 Juillet, à Luxembourg *Orig. en parch. scellé du scel dudit Boulay, en cire verte, pendant à double queue.*

1365. BOURBON. Lettres de Jeanne de St.-Paul, Comtesse de la Marche, Dame de Leuze, de Carenci, par lesquelles elle déclare avoir donné, pour le terme de six ans, à son fils, Jacques de *Bourbon*, Chevalier, les terres et revenus de Leuze et de Condé sur l'Escaut, avec appartenances et dépendances, aux conditions y reprises, sous le vidimus d'Oudart de Renty, Sire d'Embry et de Corlu, Chevalier du Roi, Gouverneur de Tournay, Lille, Douai, et appartenances, du 6 Février, 1369. *Orig. en parch. scellé du scel aux causes de la ville de Tournay, en cire verte, pendant à double queue.*

1365. *Voyez France.* Lettres de Noble homme Messire Jacques de Bourbon, Chevalier, par lesquelles il déclare avoir pris de Dame Jeanne de St.-Pol, Comtesse de la Marche, sa mère, le bail et gouvernement des terres de Leuze et de Condé, pour six ans. 1365, *le samedi* 5 *Janvier*. Ensuite est la ratification de ces lettres auxquelles elle devait être annexée par ledit Jacques de Bourbon, faite le lundi, jour de la Purification de Notre-Dame. 1365, à Mons, en la maison de Jean de Chiply, sur le Marché, par-devant Jean dit Allemans, Chevalier, Bâtard et Bailli de Hainaut; Daniauls de Neufville, Chevalier, Châtelain d'Ath, Colart Dango, Receveur de Hainaut; Jean le Doux; Jacquem. du Mortier, et Amouris li Herris, Hommes de fief du Comte de Hainaut. Sous le vidimus des Maires et Echevins de la ville d'Arras, du 30 Juin 1369. *Orig. en parch. scellé du scel de ladite ville.*

1301. BOURBOURG. Lettres du Roi Philippe-le-Bel, par lesquelles il mande aux Bailli et Sous-Bailli de Bergues qu'il confirme l'appel fait à sa Cour par Jean Richer, Ecuyer, de la sentence rendue contre lui par les Echevins et Cœurhers de *Bourbourg*, en faveur de Bauduin de St.-Nicolas, Chevalier; il ordonne que cette affaire soit jugée à Bourbourg par les Cœurhers et Echevins de Furnes et de Berghes. 1301, à la Renenghe, à Lille, le jour de St.-Michel-Archange, 29 Septembre, (en latin). *Ces lettres sont, avec d'autres, de* 1300 *et* 1301, *dans un vidimus des Echevins de Bourbourg, du* 8 *Avril* 1328, *en parch., scellé du scel de cette Ville, en cire verte.*

1301. Mandement du Roi aux Bailli et Sous-Bailli de Bergues, de se transporter à Bourbourg, et y notifier les lettres qui précèdent touchant Jean Richer. 1301, à Paris, le Dimanche avant St.-André, Apôtre, 26 Novembre, (en latin). *Ce mandement est dans le même vidimus.*

1301. Mandement du Roi au Bailli de Bergues, ou à son Lieutenant, de faire ajourner Jean Richer, Ecuyer, et Bauduin de St.-Nicolas, Chevalier, à comparaître au Parlement à Paris, le jour de l'octave de la Chandeleur, sur l'appel interjetté par ledit Richer, d'un jugement des Echevins de Bourbourg. 1301, à Paris, en Parlement. Le mardi après l'octave de l'Epiphanie, 16 Janvier, (en latin).

1301. Mandement du Roi à son cher et féal Jacques de Chastillon, Seigneur de Condé et de Lenze, Chevalier, ou à son Lieutenant à Bourbourg, de la vérité de la plainte que les Cœurhers et Echevins de *Bourbourg* lui ont portée, contenant que, quoique le Roi leur ait confirmé leurs lois, coutumes et usages, où il est entr'autres statué des peines contre le port des armes, néanmoins le Bailli du Roi, dans cette Châtellenie, cherche à extorquer beaucoup d'argent des Echevins et Cœurhers de cette Châtellenie, au mépris de leurs priviléges; et, si cela est, de rétablir les choses comme elles doivent être. 1301, à Paris, le vendredi après la Chaire de S.t-Pierre, (19 Janvier, en latin). *Ces deux lettres sont, avec d'autres, de* 1300 *et* 1301 *ci-dessus, dans un vidimus des Echevins de Bourbourg, du* 8 *Avril*, 1328, *en parch. scellé.*

1306. Voyez Colomiers, en 1306.

1350. Lettres de Pierre du Gardin, Jean de Louvre, Jean de le Grance, Wuillaume Legbier, Jean le Mol, Jean de Vlargelo, et Nicaise de Monnecove, Hommes de fief de la Comtesse de Bar, Dame de Cassel, *de sa Châtellenie de Bourbourg*, par lesquelles ils déclarent que sur les requêtes présentées par Homme Noble et Puissant Monseigneur Robert, Seigneur de Fiennes (*écrit Fieules*), Châtelain de Bourbourg, à maîtres Maulin de le Niepe, Jean de le Delf (*Van der Dilf*), Receveur et Conseiller de la Dame de Cassel et Pierre de le Nieppe, Bailli de Bourbourg, pour cette Dame, tendante a ce que;

1°. Le Seigneur de Fiennes, comme Châtelain de Bourbourg, soit maintenu dans le tiers des amendes et forfaitures échues et à échoir en la ville et la Châtellenie de Bourbourg, au jugement des Echevins de ladite ville, ou des Cœurhers de la Châtellenie, au conjurement dudit Châtelain.

2°. A ce que ce Châtelain fût maintenu en la jouissance des catheux et des héritages des Bâtards échus, ou qui écherront en sa propre Justice et Seigneurie, et que les empêchemens mis en ce par la Dame de Cassel fussent levés; et la levée de l'empêchement mis par la Dame de Cassel touchant Laurent d'Oudenhove, banni de la terre dudit Seigneur de Fiennes, et par sa loi de Capelbruec, lequel banni ladite Dame avait voulu rappeller, ce qu'elle ne pouvait faire.

Lesdits Receveur, Bailli et Conseiller reconnurent en présence desdits Hommes de fief que, de toutes amendes et forfaits échéant èsdites ville et Châtellenie, pour cas appartenans au jugement des Echevins et Cœurhers, et au conjurement dudit Châtelain, la tierce partie en appartenait audit Châtelain, en tant qu'il peut toucher à Catel, soit pris par jugement, par composition, par accord, ou autrement.

Ils reconnurent ensuite que la Dame de Cassel avait levé les empêchemens mis par elle ou ses officiers, touchant les droits de bâtardise et de ban mentionnés ci-dessus. Ensuite le Seigneur de Fiennes requit les mêmes personnes de lui faire délivrance de tous les biens échus et venus en ladite Châtellenie par manière de Laghan. *Item*, le tiers des héritages échus par fourfaiture, ou confiscation, au jugement des Echevins et Cœurhers desdites Ville et Châtellenie, au conjurement dudit Châtelain. — *Item*, l'état de tous les avoirs, cateux, ou héritages, échus ou à échoir èsdites ville et châtellenie, par mort de Bâtards.

Sur quoi lesdits Officiers requirent le Seigneur de Fiennes de remettre la décision de ces demandes lorsque la Dame de Cassel serait revenue en Flandre. Le Bailli de Bourbourg promit au Châtelain de faire rendre un jugement sur cette question par les Hommes de fief, si la Dame de Cassel ne lui faisait pas droit endéans la fête de Notre-Dame de Septembre prochain. 1350, 7 Août. *Cop. simple en papier.*

Commission des gens du Conseil du Duc de Bourgogne en Flandre, au Bailli de Bergues ou autres Officiers sur ce requis, pour, en vertu des lettres de Philippe, fils du Roi de France, Duc de Bourgogne, Comte de Flandre, et y insérées, données à Paris le 4 Janvier 1386, et à la requête de son amé et féal Cousin le Comte de Ligny et de St.-Pol, Châtelain de la ville et châtellenie de *Bourbourg*, comme héritier de feu Seigneur de Fiennes, ajourner, par-devant les gens dudit Conseil, la Comtesse de Bar, Dame de Cassel, pour voir maintenir ledit Comte de St.-Pol, en qualité de Châtelain de Bourbourg, en la possession et jouissance des biens des Etrangers et Bâtards qui sont morts en ses fiefs et terres, sans rien excepter.

Dans la perception du tiers des amendes jugées en ladite ville et châtellenie de Bourbourg, par les Echevins de ladite ville, et par les Cœurs de la Châtellenie, au conjurement dudit Châtelain, auquel seul, et pour le tout, appartient la connaissance de conjurer les lois d'Echevins et Cœurhers en ladite ville et Châtellenie: ensemble le tiers de toutes compositions, forfaitures et autres causes échéans èsdites ville et Châtellenie.

Le voir maintenir dans la perception de la moitié des tonlieux de Gravelines: dans la connaissance des cas arrivant sur la grande rivière qui vient de Saint-Omer à Gravelines, et le droit de faire lever, par les Echevins ou Cœurhers desdites ville et Chatellenie au

conjurement

BOU

conjurement du Châtelain, les corps de ceux qui se sont noyés en cette rivière.

Au préjudice desquels droits, la Comtesse de Bar, ses Officiers, ont levé la composition faite avec le Receveur de ladite Dame, par Huet de Wargnies; la composition faite par un nommé Le Brun; tous les cateux et biens de la Dlle. du Breuc, Bâtarde, morte dans le fief dudit Châtelain; tous les biens d'un nommé Bitterel, mort sans héritiers; esquelles compositions et successions le Châtelain devait avoir le tiers.

La Dame de Cassel et ses Officiers ont refusé de payer audit Châtelain le tiers de 200 liv., forfaits par Jean le Croc, ou par ses pleges, et le tiers d'une forfaiture commise par Jean Lodinc.

Enfin les gens de la Dame de Cassel ont baillé à cense, ou ferme, les tonlieux de Gravelines, sans y appeller le Receveur ou autre Officier dudit Châtelain, et ont empêché ledit Châtelain de lever la moitié du produit de ces tonlieux, qui lui appartiennent. 1387, 27 Av., à Lille. *Copie simple en papier.*

1391. Transaction passée entre Yolenthe de Flandre, Comtesse de Bar, Dame de Cassel, et Waleran de Luxembourg, Comte de Liny et de St-Pol, Châtelain de Bourbourg, pour terminer les difficultés qu'il y avait entr'eux, au sujet des droits prétendus par le Châtelain de Bourbourg, contenant les art. suivans:

Sur ce que le Châtelain se plaignait que le Bailli et les autres Officiers de la Dame de Cassel faisaient compositions avant jugement des méfaits, crimes ou délits, ce qui tournait au préjudice du Châtelain, la Comtesse ordonne qu'aucune composition ne se fera avant jugement. S'il se fait composition avant jugement, elle se fera en la manière accoutumée, et le Châtelain y aura son tiers.

Sur ce que le Châtelain se plaignait que les Officiers de la Comtesse avaient pris à son profit aucunes *extraiures*, épaves ou autres biens vacans, sans qu'il en ait eu le tiers, elle déclare que si aucune chose est trouvée épave, vacant ou extraiure en ladite Ville ou Châtellenie, pour cas de délit ou méfait, dont ceux qui exercent la loi en la Ville et en la Châtellenie de Bourbourg se démettraient et n'en prendraient connaissance, selon leurs coutumes et usages, tous les biens doivent appartenir à ladite Dame, sans que le Châtelain y doive rien avoir. Mais si le Châtelain doutait que le cas ne fût tel que la loi se dût démettre de la connaissance d'icelui, ledit cas serait mis à la loi, et la loi déclarerait si elle en doit avoir la connaissance ou non, ce qui déterminerait en même-temps, lorsque le Châtelain aurait le tiers desdites extraiures, biens vacans ou épaves, *car de tout ce de quoi ladicte loi peut cognoistre, le Castelain a le tierch.*

De tous autres épaves, biens vacans ou extraiures qui ne viendraient, ou écheraient pour fait de délits ou méfaits, le Châtelain aura son tiers.

Sur ce que le Châtelain se plaignait que les Officiers de la Dame de Cassel voulaient l'empêcher d'avoir son tiers et quints deniers donnés à elle ou à ses Officiers, pour être payés des dettes dues à ceux qui donnaient lesdits quints, elle déclare que le Châtelain aura le tiers de ces quints deniers.

Sur ce que le Châtelain se plaignait de l'empêchement mis au paiement de ce qui lui était dû sur le tonlieu de Gravelines, la Comtesse déclare que le Châtelain pourra prendre la moitié du revenu dudit tonlieu, en l'acquit de la somme de 231 liv., qui est due annuellement, et ce jusqu'à ce que ledit tonlieu soit de plus grande valeur, et que la moitié de son produit annuel excède ladite somme de 231 liv., auquel cas ladite Comtesse, ou ses ayant causes, pourront prendre ledit tonlieu en leurs mains, en payant audit Châtelain ladite rente.

Et l'autre moitié dudit tonlieu, au cas que le Châtelain jouisse de la moitié, à cause de ladite rente, sera employée au paiement des rentes données et aumônées aux Églises, par lettres antérieures au don fait au Châtelain, de ladite rente de 231 liv. Si après le paiement desdites rentes et aumônes, il reste quelque chose du produit de ladite moitié, cet excédant sera remis au Châtelain jusqu'à concurrence de sadite rente de 231 liv.

Quant à ce que le Châtelain se plaignait que le Bailli, ou autres Officiers de la Dame de Cassel, avaient pris aucunes personnes sur lesquelles on avait donné quints deniers, et après avoir mené ces personnes où il leur avait plu, ils les avaient contraints de payer leurs dettes, ensemble lesdits quints deniers, la Comtesse veut que ce qui en a été fait ne porte aucun préjudice au Châtelain, mais que dorénavant la poursuite se fasse au conjurement du Châtelain, en la manière accoutumée.

Quant à ce que le Châtelain se plaignait de ne pas être payé de 40 sous, qu'il dit avoir chacun an sur la Mairie de Carwich, la Comtesse ordonne qu'il sera payé de cette rente, et que, faute de paiement, le Châtelain se pourra traire à son about.

Quant à l'article faisant mention que la Comtesse, par ses gens et Officiers, avait reçu quelqu'argent ou autre chose, pour raison d'aucuns faits, dont mention est faite ès articles précédens, cet objet demeurera par-devers ladite Comtesse, sans qu'il porte préjudice, pour le temps à venir, audit Châtelain.

Quant à l'article faisant mention de trois mesures de terre confisquées par Jean Marquelois, qui fut banni pour soupçon d'avoir tué la femme de Jean le Mol, desquelles trois mesures de terre le Châtelain dit lui en appartenir une pour son tiers, à cause de ladite confiscation, la Comtesse veut que le Châtelain en ait une.

Sur ce que le Châtelain se plaignait que le Bailli de la Comtesse avait laissé aller, sous caution donnée devant les francs-hommes, plusieurs personnes soupçonnées de crimes, délits ou autres méfaits, laquelle caution aurait dû être donnée devant la loi, la Comtesse veut et accorde que les cas et faits soient reputés pour non-avenus, sans porter préjudice à aucune des parties. 1391, 10 Août. *Orig. en parch., signé sur le pli par Mons. le Comte T. Villr. Les deux sceaux sont tombés; il reste seulement les doubles queues de parchemin auxquelles ils pendaient.*

1333. Promesse d'Hersende, Abbesse du Monastère de Bourbourg et du Couvent dudit lieu, de célébrer tous les ans un obit pour défunt Robert de Flandre, Seigneur de Cassel. 1333, 6 Mars. En latin. *Orig. en parch., scellé de deux sceaux de cire verte, pendans à simple queue.*

1376. Fondation faite par Robert, Sire de Fiennes, Châtelain de Bourbourg, pour lui et sa femme Marguerite de Melun, Dame de Fiennes et Comtesse de Joigny, d'une Chapelle sous l'invocation de la Vierge et de St.-Jacques, Apôtre, en l'Église de St.-Jean de Bourbourg, à l'Autel étant derrière le grand Autel de cette Eglise. 1376, 20 Juin. *Orig. en parch., scellé du scel dudit Robert de Fiennes.*

1311. BOURGOGNE. Lettres par lesquelles le Roi Philippe cède à M. Comtesse d'Artois et de Bourgogne, sa cousine, et à ses hoirs, tout ce qu'il avait ou dû avoir dans la Ville de Béthune et appartenances, en échange de 1131 l. - 14 s. - 4 d. de terre à Tournois,

BOU

que cette Comtesse lui avait donné au-dessus de l'estimation des terres situées dans le Comté de Bourgogne. Sous le vidimus de Hugues de Cruty, Garde de cette Prévôté de Paris, du Lundi 26 Mars 1329, en parchemin, signé, dont le sceau est perdu. 1311, *Décembre, à Fontainebleau.*

1315. Lettres de Gui de Prangi, Chevalier, par lesquelles il déclare qu'il a été envoyé par Louis (de Bourgogne), Prince de la Morée, Sire de Braine, en Hainaut, et Mahaut de Hainaut, sa Femme, pour emprunter du Comte de Hainaut 3000 liv., pour sûreté de laquelle somme ledit Comte de Hainaut tiendra les terres dudit Prince situées en Hainaut et en Hollande. 1315, le Samedi après Noël, à Valenciennes. 3e. *Cart. de Hain.*, *pièce* 178.

1315. Abandon fait par le même Louis de Bourgogne, à Guillaume, Comte de Hainaut et de Hollande, des revenus de tous leurs biens situés en Hainaut et Hollande, pendant six ans, moyennant 2500 liv. monnaie de Hainaut, par an, sur quoi il retiendra les sommes par lui avancées audit Prince de la Morée. 1315, le jour de l'an. 3e. *Cart. de Hain.*, *pièce* 177.

1315. Reconnaissance de Guillaume, Comte de Hainaut, d'avoir reçu du Roi Louis X, par les mains de Gui de Prangy, Chevalier, familier du Duc de Bourgogne, Prince de la Morée, la somme de 3000 liv. 1315, la nuit de la Circoncision. 3e. *Cart. de Hain.*, *pièce* 179.

1309. Traité d'alliance entre Marguerite de France, Comtesse de Flandre, d'Artois et de Bourgogne, Philippe de France, Duc de Bourgogne, Aimé, Comte de Savoye, et Hughe de Châlon, Sire d'Arlay. 1369, 13 8bre., à Paris. *Copie en parch.*, *collationnée par la Chambre des Comptes de Dijon.*

1330. Lettres d'Eudes de Bourgogne; Jeanne de France, sa femme; Louis, Comte de Flandre, et Marguerite de France, sa femme, par lesquelles ils nomment Gui Chevrier, Chevalier, et André de Charelles, Chevalier, sur-arbitres, des différens qui pourraient naître au sujet des 10,000 liv. de rente que le Duc de Bourgogne devait assigner au Comte de Flandre, ensuite de l'accord fait entr'eux pour la succession de Jeanne de France, mère desdites Jeanne et Marguerite. 1330, Septembre. *Orig. en parch.*, *scellé de quatre sceaux*, *pend. à simple queue de parch.*

1330. Lettres desdits Eudes et Louis, par lesquelles ledit Duc nomme Jean d'Arennes, Chevalier, et Jean de Salins, son Clerc. Le Comte nomme Godefroi de Sombrece, Chevalier, et Pierre de Venaz, son Clerc, pour faire l'assiette des 10,000 liv. de terres mentionnées ci-dessus. 1330, le Mardi après la Nativité N. D., au mois de 7bre., à Paris. *Orig. en parch.*, *scellé.*

1330. Accord entre lesdits Duc de Bourgogne et Comte de Flandre, à cause de Jeanne et Marguerite de France, leurs femmes, pour le partage de la succession de Jeanne d'Artois, Reine de France, leur mère. 1330, 2 7bre., à Becoisel. *Orig. en parch.*, *scellé des grands sceaux des Duc et Comte*, *en cire verte*, *pend. à las de soie verte.*

1335. Mention de l'hommage fait au Duc de Bourgogne par le Comte de Flandre, pour raison de ce qui était échu à la Comtesse de Flandre, dans le Comté de Bourgogne, par la mort de la Reine Jeanne. Présens Mgr. Guillaume de Vergy, Gérard de Mairy, Jean d'Argentoel; Mgr. de Thil, le Châtelain de Dixmude, le Sgr. de St.-Venant, Eudes de Cromary, Eudes de Chois, Michel de Paris, Eudes d'Arsy, Roger, Thonis, le Sgr. de Hangest, Philippe de Haveskerke et Guillaume d'Auxonne, Chancelier de Flandre. 1335, la veille de St.-Pierre et St.-Paul, à Maubuisson, près Pontoise. 2e. *Cart. de Flandre*, *pièce* 560.

BOU

1335. Lettres d'Eudes, Duc de Bourgogne, Comte d'Artois et de Bourgogne, adressées à Messire Gui de Villefrancon, Chevalier, par lesquelles il lui ordonne de mettre le Comte de Flandre en possession de ce qui était échu à sa femme par la mort de la Reine de France Jeanne. 1335, 9 Juil., à Paris. 2e. *Cart. de Flandre*, *pièce* 556.

1335. Lettres de jussion du même Duc, audit Gui, au même sujet. 1335, le Dimanche apres la Magdel., à Juigni. 2e. *Cart de Flandre*, *pièce* 557.

1335. Mandement du Comte de Flandre au Bailli de sa terre en Bourgogne et au Prévôt d'Arbois, d'établir dans ses terres de Bois, Morihet, Ghisse, Lielle, Beaufort et autres, des Forestiers, Prévôts et autres Officiers nécessaires, jusqu'à ce que Dimanche de Salins, Chevalier, soit au pays. 1335, 10 Juillet, à Paris. 2e. *Cart. de Flandre*, *pièce* 659.

1339. Vente faite par Jeanne de Pontaillier (*de Ponte Cisso*), Dame de Trimières, à Eudes, Duc de Bourgogne, d'une rente annuelle de 12 livrées de terre au tournois, qu'elle avait sur la terre de Roulée. 1339, le Vendredi après St.-George. Cette vente a été passée sous le scel de la Cour de Jean de *Columpna*, Cardinal, Diacre, Archidiacre de Beaum.....; en l'Eglise d'Autun. Témoins Vincent de Sampign..... Clerc, Notaire de ladite Cour; Hugues Grassot de Chatillon, Bailli de Dijon, et Colin de Samoiseaux, Châtelain de Vergy. *Copie en papier*, *collationné par la Chambre des Comptes de Dijon*, *le* 11 *Janvier* 1395. *Signé M. Aubert et J. Castel.*

1354. Traité de mariage du Duc de Bourgogne avec Marguerite, fille du Comte de Flandre, conclu et arrêté par Jeanne de Boulogne, Reine de France; Gui de Boulogne, Evêque de Port..... Cardinal, tant pour lui que pour le Comte de Montfort et Godefroi de Boulogne, ses frères; Jean, Evêque de Châlon; Androin, Abbé de Clugny; Guillaume de Vergy, Seigneur de Mirabel; Thiebaut, Seigneur de Neufchatel, Gardiens du Comté de Bourgogne; Gautier, Seigneur de Ray; Geoffroi de Blasi, Seigneur de Manelli, et Gérard de Thury, Maréchal de Bourgogne. 1354, 6 Août, au bois de Vincennes. *Orig. en parch.*, *scellé de neuf sceaux en cire rouge*, *pendant à double queue.* A ce traité est attaché, sous trois sceaux en cire rouge, une promesse de Jacques de Bourbon, Comte de Ponthieu, Connétable de France; Gautier de Chatillon, Sire de la Ferté en Ponthieu, et Geoffroy de Charny, Sire de Savoize, *du même jour que le traité*, d'exécuter et faire exécuter ce traité.

1354. Lettres de Jeanne de Pontarlier (*de Ponte Scisso*), Dame de Tremière, par lesquelles elle ratifie la vente qu'elle avait faite vers l'an 1342, à Eudes, Duc de Bourgogne, pour la somme de 2078 florins, de la moitié de la terre de la Borde-de-Roulée, échue à ladite Dame de Tremière, avec la moitié des terres de Fangeyo et de Samgueyo proche Bel.... par la mort de Jeanne, fille de feu Jean de Revellée, Damoiseau. Présens Huet Olearii de *Salone Capella*, Clerc, aide de Hugues Poissenet, Notaire à Dijon, et Tabellion de la Cour de Langres; noble et puissant Chevalier de *Loya*, Seigneur de Fol.....; Chevalier vénérable et discret Robert de *Lignego*, Chancelier de Bourgogne; Gui Rabi, Chanoine de la Chapelle du Duc, à Dijon; Jean de *Ponte-Scisso*, Seigneur de Maigny, Chevalier; Guillaume de *Pailleyo*, Chevalier; Dominique de *Vitello*, Receveur du Duché de Bourgogne, et Jean

Roserii, Richard de Courcelles, et Richard Bonoti, Docteurs en droit à Dijon. 1354, le Jeudi avant St.-Laurent, 7 Août (en latin). *Copie en papier. Collationné par la Chambre des Comptes de Dijon, le 11 Janvier 1395. Signé J. Castel et M. Aubert.*

1384. Lettres par lesquelles le Duc de Bourgogne déclare que son amé et féal Chevalier et Chambellan Messire Guillaume Bouteillier, Seigneur de St.-Chartrier, lui a fait foi et hommage lige d'un fief de 100 liv. parisis, monnaie de Flandre, de rente, sur la Renenghe de Flandre, à lui échu de feu Messire Adrien de Chauvigny, son oncle, et avait été donné par un des prédécesseurs du Duc, à Messire Louis de Beaujeu. 1384, 14 Juillet, à Paris. *Orig. en parch., scellé du scel du Duc, en cire rouge, pendant à double queue.* Vidimus des mêmes lettres.

1384. Lettres de Jean, Seigneur de Ghistelle et de Harnes, et de Gui de Pontaillier, Maréchal de Bourgogne, Chevalier, Conseiller et Chambellan du Duc de Bourgogne, Comte de Flandre, etc., ses Commissaires en cette partie, par lesquelles, en vertu des lettres dudit Duc, y insérées, données à Paris le 28 Mai 1384, il défend aux hommes dudit Duc, à cause de sa salle d'Ipres, de prendre connaissance de la cause du Châtelain d'Ipres, qui prétendait avoir droit de nommer trois des neuf Echevins qui sont élus tous les ans en la Châtellenie d'Ipres, mais de laisser et renvoyer la connaissance de ladite cause à la Cour du Duc. 1384, 25 Juin, à Ipres. *Orig. en parch., scellé.*

1386. Testament de Philippe, Duc de Bourgogne, fondateur des Chartreux de Dijon, par lequel il dispose de plusieurs biens pour achever la fondation desdits Chartreux. 1386, 13 Septembre, à Arras. Approuvé par Marguerite, Duchesse de Bourgogne, à Dijon, le 14 Novembre 1386. *Orig. en Parch., auquel il reste encore un morceau du scel du Duc, mais celui de la Duchesse est tout-à-fait tombé.*

1387. Don fait par le Duc de Bourgogne à Gilles de Violande, Ecuyer, son maître d'hôtel, en récompense de ses services, de 200 deniers d'or de pension, sa vie durant. 1387, 10 Décembre, à Noyon; sous le vidimus de Jean, Seigneur de Foleville, Garde de la Prévôté de Paris, du Samedi, 29 Janvier 1395. *Orig. en parch., dont le scel est tombé.*

1388. Voyez Lille, en 1388. Poucques en la même année.

1392. Arrêt du Parlement, portant homologation du traité, et accord fait entre le Duc de Bourgogne et Walerand, Comte de Liney et de St.-Paul, par lequel est réglé les causes dont la connaissance appartiendra à la Gouvernance de Lille, et celles dont le Châtelain pourra faire demander le renvoi, ainsi que les cas dans lesquels le Châtelain aura le tiers des amendes. 1392. 27 Mai, à Paris, en Parlement (en latin). *Orig. en parch., scellé du grand scel du Roi, en cire jaune, pendant à double queue.*

1392. Lettres du Roi Charles VI, par lesquelles il ajourne en son Parlement le Duc de Bourgogne et son grand Conseil, pour y soutenir la sentence rendue par ledit Duc et son Conseil contre la Comtesse de Bar, en faveur de l'Abbaye de St.-Bertin. 1392, 7 Novembre, à Paris. *Orig. en parch., scellé du grand scel du Roi.*

1392. Lettres du même Roi au Bailli d'Amiens, pour faire ajourner le Duc de Bourgogne. Même date. *Orig. en parch., dont le scel est tombé.*

1392. Commission donnée par Jean Piquet, Ecuyer, Seigneur du Quesnel, Lieutenant du Bailli d'Amiens, pour présenter au Duc de Bourgogne les lettres d'ajournement ci-dessus. 1392, 12 Novembre, à Amiens. *Orig. en parch., scellé du scel dudit Piquet, en cire rouge, pendant à simple queue.*

1397. Voyez *Autriche* en 1397, et *Faukemont* en 1395.

1331. BOURRE. Lettres par lesquelles Cordewan de le Bourre, Chevalier, se constitue caution de la Dame de Cassel. 1331, le Vendredi jour de la Toussaint. *Orig. en parch., scellé de son scel, un peu rompu.*

1378. Offre que Jean de le Bourre fait et présente à la Comtesse de Bar et de Cassel, pour accomplir celles qu'il a faites et baillées, sous son scel, pour la paix d'entre Wautier et Roger de Morbeque, leurs parens et amis, d'une part, et ledit Jean de le Bourre d'autre. 1378, 7 Janvier. *Orig. en papier, cacheté du scel dudit Jean, en cire brune.*

Offres faites par Jean de le Bourre à Wautier et Roger de Morbeque, Ecuyers, et à leurs amis, par le moyen de la même Comtesse, pour la paix, à cause de la mort du Seigneur de Morbeque et de Jean, son fils. Sans date. *Orig. en parch., cacheté du scel dudit Jean, en cire rouge.* --- Manière en laquelle Jean de le Bourre et ses pléges s'obligèrent pour la même paix. *En papier.* --- Liste des hommes par-devant lesquels ledit Jean fit sûreté pour tenir la paix, dit et ordonnance de la Comtesse de Bar, entre ceux de Morbeque et ledit de le Bourre. Sans date. *En papier.*

Liste de ceux qui ont été au jugement quand Jean de le Bourre a mis tout le sien entre la main du Bailli de Cassel, pour accomplir les offres de paix qu'il a faites à ceux de Morbeque. *Idem.* --- Trois lettres du Seigneur de Hondrecoutre à ce sujet. *Toutes ces pièces sont attachées ensemble.*

1397. BOURS. Witart de Bours, Châtelain du Gosnay, en 1397. *Voyez Boufflers.*

BOUSIES. (*On trouve dans le 1er. volume un grand nombre de titres qui concernent cette maison*). Jugement rendu par Thierri du Casteler, en faveur de Watier, Sire de Bousies, Chevalier, en 1304. *Voyez ci-devant Amerval.*

1313. Lettres par lesquelles Pierre, Evêque de Cambray, donne à Noble Homme *Monseigneur Wautier, Sire de Bouzies*, son Prévôt de Cambrésis, en récompense de ses services, les six deniers parisis que chaque manant et habitant de Cambray avait été condamné, par la sentence de Ferri de Pequigny, à lui payer chaque année, pour la garde du Château de Cambray; à charge par ledit Wautier d'envoyer du monde suffisamment pour garder le Château de Cambray, dit *de Selles*, toutes les fois qu'il en sera requis, et que les frais seront à la charge de l'Evêque, à cause de cette donation, 1313, *le 5e. jour de l'issue du mois de Septembre.*

1327. Mandement de Guy, Evêque de Cambray, aux Prévôt et Echevins de Cambray, de faire jouir le Seigneur de Bouzies de la donation qui précède. *Plus bas est écrit* que le jour de N. D. de Mi-Août 1328, furent appellés à ces ordonnances, comme hommes de l'Evêque de Cambray et Pairs de *Monseigneur de Bouzies*, Messire Wistasses, Sire de Vertaing, Chevalier; Godefroi li Doien; Fournes don Castel et autres. 1327, *le Mardi après l'octave de St.-Pierre et St.-Paul, au Cateau-Cambrésis.*

1353. BOUSSOIT, *très-belle terre près de Mons.* Sentence des Bailli et Hommes de fief de Wistasse, Seigneur du Rœux, au profit de Wautier de Haynne, fils de Huon, contre Henri Desmolins et Marguerite de Bourdiaux, sa femme, qui adjuge audit Watier *les fiefs, Ville et Château* de Boussoit, échus audit Huon, par la mort de Jean, dit Sausset, Chevalier, Seigneur de Boussoit. 1353, le Jeudi avant St.-Barnabé; à Rœux, en la maison la Bielle Emmelot, un jour des plaids. 2e. *Cart. de Hainaut*, *pièce 252*.

1334. Jugement rendu par Gérard, dit Sausses d'Aynne, Chevalier, Bailli de Hainaut, en présence d'Ernoul, Abbé de St. - Denis en Brokervie; de Watier, Seigneur de Boursies; Oston d'Arbre; Gérard de Sassegnies; Gellon de Biaufort, *Chevaliers*; Grehel de Noyele; Jean de Harchies, Prévôt du Quesnoy; Pierron de Septenay, Bailli d'Avesnes; Bauduin de Roisin, Prévôt de Maubeuge; Bauduin de Potes; Gillon le Ramoneur, Prévôt de Mons; Jean de Roncourt; Aoustin le Taye; Wautier Lestrune; Wery le Beghe de Montay; Jean Cauffechire et Robaut le Duc, Hommes de fief du Comte de Hainaut, entre Louis du Bois de Hainne, Henri Desmoulins et Marie Desbourdiaus, sa femme, par lequel il adjuge audit Louis du Bois d'Aynne *un fief situé à Boussoit*, échu à Huon du Bois d'Aynne, père de Watier, oncle dudit Louis, par la mort de *Jean Sausset, Seigneur de Boussoit, Chevalier*. 1334, le Lundi avant St. - Jacques et St. - Christophe, au Château de Mons, en pleins plaids. Orig. en parch., avec 16 sceaux. *2e. Cart. de Hain., pièce 266*.

1339. BOUSSUT. Lettres de Gérard, Sire de Boussut, Prévôt de Conving et de six de ses Hommes de fief, contenant le déshéritement fait par Jean de le Malaise, Ecuyer, et *Marguerite de Boussut*, sa femme, avant veuve de Gilles de Macons, Ecuyer, et fille de *Coymal de Bossut*, de tout le fief et douaire qu'elle avait de sondit feu mari, et qu'elle tenait du Château de Chimay, avec une somme de 800 liv. à reprendre sur ledit fief, échue à ladite Marie de Boussut, par le décès de Jean de Boussut, Ecuyer, son oncle, et adhéritement desdits fief et douaire au profit de Watier Bourlet, Prévôt et Bourgeois de la Ville de Chimay. 1339, 8 Février. *Orig. en parch.*, *auquel ne reste plus que trois sceaux en cire verte, pendant à double queue.*

BOUTEILLER DE HAINAUT. *Voyez Berlaimont.*

1383. BOUTERSHEM. Hommage fait au Duc de Bourgogne, Comte de Flandre, etc., par *Henri de Boutershem*, Seigneur de Berghes-sur-le-Zoom, Chevalier. 1383, 20 Mars, à Bruxelles. *Orig. en parch., scellé du scel dudit Henri.*

1386. BOUTILLIER (LE) Lettres de Guillaume le Boutillier, Chevalier, Sire de St.-Chartrier, par lesquelles il reconnaît avoir vendu à Jacques de Sereyhem, Receveur général de Flandre et d'Artois, pour et au nom du Duc de Bourgogne, une rente de 100 liv. de Flandre, que ledit Guillaume avait droit de prendre sur les Renenghes de Flandre. *Souscriptions :* Messire Jean le Pisson, Seigneur de la Chapielle, Souverain Bailli de Flandre; Messire Bauduin le Vos; Messire Gadifer de Hazebrouc, *Chevaliers*; Guillaume Styp, Bailli de Bruges; Jacques le Damhoudem et Jean Brantin, *Ecuyers*, Hommes de fief du Duc de Bourgogne. *Orig. en parch.*, *avec sept sceaux*.

819. BRABANT. Il paraît que le Brabant s'étendait très-loin en 819. Un titre de cette année fait connaître que Louis le Débonnaire accorda l'exemption de toute jurisdiction publique au Monastère appellé *Ganda*, situé, y est-il dit, dans le territoire de Brabant, où St.-Bavon a été enterré.

Comme il n'entre pas dans mon plan de faire l'histoire générale de cette province, je me crois dispensé de rapporter les différens traités, les différentes cessions qui en ont resserré les limites territoriales. Je

remarquerai seulement que la piété, le zèle de Louis le Débonnaire ne furent pas toujours dirigés par la sagesse. Il n'était pas nécessaire, pour honorer les cendres et la mémoire de St.-Bavon, d'accorder un privilége qu'il n'eût lui-même ni sollicité, ni approuvé, parce qu'il était diamétralement opposé aux vertus qu'il avait prêchées, et dont il avait donné l'exemple pendant toute sa vie, la modestie, la dépendance, la soumission aux lois et aux Magistrats de son pays. Ces exemptions accordées si libéralement aux Monastères, tendaient à en faire des corporations indépendantes, à anéantir l'esprit primitif de leur institution. Il est beau, sans doute, de voir l'EMPEREUR NAPOLÉON protéger la Religion et honorer ses Ministres; mais il doit, avant tout, les contenir dans les bornes de la modestie que leur prescrit cette Religion. *Voyez la page 864 de mon premier volume.*

1154. Godefroi le Barbu, Duc de Brabant, accorda, en 1154, une certaine pièce de terre dans le parc d'Enghien, pour tenir nature et jurisdiction du Brabant, en considération de l'hommage que Hugues, Seigneur d'Enghien, lui avait prêté pour sa terre, quoique relevant du Comté de Hainaut, ce qui donna lieu à une contestation. *Page 37 de mon premier volume.*

1190. Les Barons du Brabant, du Hainaut et de la Flandre furent consultés, en 1190, par Bauduin, Comte de Flandre, qui voulait donner des lois à la Ville de Grammont, nouvellement bâtie aux frontières de ces trois Provinces.

Ce trait, et une infinité d'autres, que j'aurai grand soin de rapporter dans le cours de cet ouvrage, prouve jusqu'à l'évidence le droit de législation dans les Souverains de cette Province; droit cependant dont leur modération n'a jamais abusé, et qu'ils n'ont exercé qu'après avoir consulté les intérêts du peuple et pesé ses représentations. C'est d'après ces droits incontestables que l'Empereur JOSEPH II, de glorieuse mémoire, pressé par le plus vif désir de son cœur, *celui de rendre son peuple heureux*, se proposait de nous donner un nouveau Code judiciaire, depuis long-temps sollicité par les plaintes et les cris réitérés de cette Province. *Page 487, ibidem.*

1194. Henri, par la grace de Dieu, Duc de Lothier et de Brabant, fit, en 1194, un traité d'alliance avec le Comte de Hainaut. Il fut confirmé par la Duchesse de Brabant et les habitans des Villes d'Anvers, Bruxelles, Louvain, Nivelles, Jembloux, Tirlemont, Leve, Liere, Jodoigne, toutes Villes du Brabant. En voyant les Villes du Brabant donner leur consentement et ratifier en quelque sorte ce traité d'alliance, vainement on voudrait en inférer que le peuple était en possession de conclure les traités conjointement avec son Souverain. Cette ratification était une sûreté que voulait avoir le Comte de Hainaut, et un gage que lui accordait le Duc de Brabant; et le peuple, en intervenant dans ce traité, était plutôt regardé comme garant que comme partie contractante. *Page 197 de mon premier volume.*

1233. Henri, Duc de Lothier, donne, en 1233, à Arnould d'Audenarde, dont il voulait récompenser les services, une rente sur le moulin au brai de Bruxelles, avec le consentement de Henri de Louvain, son fils aîné, de ses Hommes et Echevins de Bruxelles. Il lui avait donné une autre rente sur le même moulin en 1230.

1235. Le même Duc promit, en 1235, à la Ville d'Anvers,

vers, qu'aussitôt que les Bourgeois de St.-Quentin se seraient acquittés d'une somme qu'ils devaient aux Bourgeois de Bruxelles, il renverrait leurs ôtages. On est sans doute étonné de voir la Ville d'Anvers solliciter si vivement pour les Bourgeois de St.-Quentin. Mais cet étonnement cessera lorsqu'on voudra considérer que la Ville d'Anvers, comme la plus commerçante des Pays-Bas, avait des relations commerciales avec la Picardie, et pouvait en avoir de très-particulières avec la Ville de St.-Quentin, qui, par sa situation avantageuse sur la rivière de Somme, devait être une des Villes les plus commerçantes de cette Province. *Page* 536, *ibidem.*

1238. Le Comte d'Artois rendit une sentence, en 1238, au sujet d'une difficulté entre le Duc de Brabant et Valerand de Limbourg, concernant le Château de Poilvache. *Page* 539, *ibidem.*

1247. En 1247, Henri, Duc de Brabant et de Lothier, s'intéressa près du Comte de Flandre, en faveur de Lamnn Pilate. *Page* 540, *ibidem.*

1250. Il promit, en 1250, de faire maintenir le traité fait, en cette année, entre le Comte de Hollande et le Comte de Flandre, au sujet de la Zélande. *Page* 573, *ibidem.*

1252. Henri fut présent, en 1252, aux lettres d'investiture que Guillaume, Roi des Romains, comme Chef de l'Empire, donna à son beau-frère Jean d'Avesnes, des terres de Namur, Alost. *Page* 576, *ibidem.*

1256. Il prononça, en 1256, pour terminer les contestations entre le Comte de Flandre et Florent de Hollande, au sujet des tonlieux à percevoir en Hollande et en Zelande sur les marchandises de Flandre. Cette sentence fut confirmée. *Page* 684, *ibidem.*

1263. Le Duc de Brabant est exclu, dans la promesse que le Comte de Juliers fit, en 1263, de servir et aider le Comte de Flandre. *Page* 601, *ibidem.*

1262. Alix, Duchesse de Lothier et de Brabant, fait, en 1262, un accord avec le Comte de Flandre, au sujet des mal-faiteurs qui seront bannis des terres de cette Comtesse. *Page* 597, *ibidem.*

1265. Il est parlé d'Alexis, Duchesse de Lorraine et de Brabant, dans une lettre de l'an 1265, qui concerne Marguerite d'Audenarde. *Page* 607, *ibidem.*

1270. Jean, Duc de Lothier et de Brabant, interpose ses bons offices, en 1270, au sujet d'une dette dont Arnould de Wesemale était redevable à Godefroy de Lerves, Ghiselbert de Here, Chevaliers, et Wautier, dit de Loyers, leur cousin. *Page* 628, *ibidem.*

Il est parlé de la mort de Jean de Ligne, Archidiacre de *Cambray en Brabant*, dans un titre de 1270. Ce nom si beau, si recommandable dans nos annales, se trouve dans nos plus anciens titres, et s'y lit toujours avec un nouveau plaisir. Je saisis avec empressement cette occasion pour prouver mon dévouement à cette illustre maison. Je serai peut-être un jour à même de donner son histoire d'une manière assez suivie, si la communication, que son illustre Chef, actuellement à Vienne, m'avait accordée de ses archives, peut avoir lieu. Je m'en occuperai avec d'autant plus de plaisir, que ce Seigneur n'a point démenti, par sa conduite, pendant notre Révolution belgique, la fidélité que ses ancêtres ont eue dans tous les temps pour leur légitime Souverain. Je me fais un devoir de publier, à la face de l'univers, le zèle et le désintéressement qu'il a montré aux dernières assemblées des Etats de Hainaut, auxquels il présidait en sa qualité de Grand Bailli de cette Province. Je l'ai vu alors chercher avec ardeur et proposer les

moyens de rapprocher les esprits; de faire naître la confiance, d'inspirer le respect qu'il est si naturel d'avoir pour ses Souverains. *Page* 629 *de mon premier volume.*

1273. Il est parlé de Béatrix de Brabant, veuve de Willaume de Flandre, en 1273. *Page* 639, *ibidem.*

1273. Marguerite, Comtesse de Hennebert, rénonce, en la même année, aux biens de feu sa mère Mathilde de Brabant, au profit de la Comtesse de Hainaut, sa sœur. *Ibidem.*

1274. Jean, Duc de Lothier et de Brabant, reconnut, en 1274, ce qu'il devait au Comte de Gueldres. *Page* 643, *ibidem.* Il donna, en la même année, des lettres à sa Magnifique et Honorable Dame Marguerite, Comtesse de Flandre et de Hainaut, par lesquelles il la prie de payer en son nom à Philippe III, Roi de France, une somme qu'elle lui devait à cause de son mariage. *Page* 646, *ibid.*

1275. L'Archidiacre de Brabant, en 1275. *Page* 654, *ibid.*

1277. Dans une lettre de 1277, il est parlé des terres de Leuze, Condé et Ecanaffles en Brabant, relevant du Hainaut. *Page* 663, *ibidem.*

1278. Difficultés entre le Duc de Brabant et le Comte de Flandre rappellées, en 1278, dans des lettres données par Florent V, Comte de Hollande. *Page* 664, *ibidem.*

1278. Jean, Duc de Lothier et de Brabant, déclare, en 1278, qu'à sa demande le Comte de Flandre, son père, s'était rendu caution pour lui d'une somme envers ceux qui s'étaient obligés vis-à-vis du Roi de France. *Page* 666, *ibidem.*

1282. On voit, dans les lettres de 1282, que Jean, Duc de Brabant, avait acheté de Witmare de Ghemingen les Châteaux de Carpenne, Peffendorf, Gliss, Widshoven et appartenances. *Page* 698, *ibidem.* — Le Duc déclare, en la même année, que, voulant terminer les difficultés entre le Comte de Flandre, son père, et le Comte de Hainaut, ces deux Comtes se sont promis, à sa priere, une trêve pour tout leur pays. *Page* 704, *ibidem.*

1282. Le Duc de Brabant, en 1282, au sujet des monnaies. *Page* 708, *ibidem.*

1283. Jean, Duc de Brabant, fut nommé Arbitre, en
1283, d'un différent entre les Comtes de Hainaut
et de Flandre. Il promit d'aider celui des deux qui
se soumettrait à la décision des Arbitres. *Page* 713,
ibidem. Il était redevable d'un homme envers le
Comte de Flandre, en la même année, et il quitta
le Comte de Hollande et ses Hoirs d'un hommage
que ce Comte lui devait. *Page* 715, *ibidem.* Il
1284. nomma, en 1284, des Arbitres pour terminer les
différens qu'il avait avec le Comte de Gheldres, au
sujet du Duché de Limbourg qui fut adjugé à ce
Comte pendant sa vie et celle de sa femme. L'année
1285. suivante, il promit de ne point aider Ghiselbert
d'Amestelle et ses frères contre le Comte de Hollande, s'ils refusaient d'exécuter le traité qu'ils avaient
fait ensemble. *Page* 732, *ibidem.* Il s'obligea, en
1286. 1286, de partager, avec le Comte de Hollande tout
ce qu'ils pourraient prendre dans le Comté de Gueldres. *Page* 738, *ibidem.*

1286. Wautier Volckaert, Chevalier, reçut, en 1288, de Béatrix, Dame de Courtray, la somme que le Duc de Brabant lui avait prêtée. *Page* 726, *ibidem.*

1288. Jean, Duc de Brabant et de Limbourg, accorde, en 1288, aux habitans des deux Villes que le Comte de Hollande avait bâties dans la Zélande, savoir: Brydorp et Arnemude, l'exemption de tous tonlieux par eau et par terre, pour tous leurs effets et marchandises. *Page* 794, *ibidem.*

1289. On voit, par un titre de l'an 1289, que le Duc de Brabant avait fait abattre la maison de Lonchin.

1289. Jean, Duc de Brabant, donna, en 1289, une procuration à Bertaut, Seigneur de Berlaer, pour recevoir, en son nom, le Château de Heroc, du Comte de Flandre. Il fit la même chose pour le Château de Sprimont. Il est aussi parlé d'une somme due au Duc par Jean de Kuck. *Page* 775, *ibidem*.

L'Evêque de Liége promet, en la même année, de tenir les alliances entre lui et le Duc de Brabant, son frère. Il y est stipulé que, si le Duc entreprend des choses contre les biens de son Eglise, il pourra renoncer à cette alliance. 777, *ibidem*.

Jean, Duc de Brabant, fut nommé, en 1290, Arbitre par le Comte de Hollande. (*Voyez Hollande.*) Ce Duc Jean, confondu par les historiens dans la foule des Princes, n'a peut-être pas la célébrité dont il était digne par son désintéressement, son amour pour les lois, sa loyauté, son équité qui força l'estime et la confiance de ses voisins, et le fit choisir pour Arbitre par le Comte de Hollande. Cependant ces qualités paisibles sont, aux yeux du sage, mille fois préférables aux qualités bruyantes des Héros et des Conquérans : et c'est pour moi un plaisir bien pur et bien vif de pouvoir payer à ce Prince juste et bon le tribut de louange et d'admiration qu'il a mérité. 782, *ibidem*. Le même Duc promet d'aider le Comte de Flandre contre le Comte de Hollande, si celui-ci ne souscrit à l'arbitrage qu'il devait prononcer. Il déclare avoir promis au Comte de Hollande de le quitter d'un homme qu'il devait au Comte de Flandre. (*Voyez Zélande*). Il promet de se rendre caution des promesses faites par le Comte de Hollande au Comte de Flandre, s'oblige de se rendre à Gand avec lui et de ne pas quitter le Comte de Flandre qu'il n'ait été satisfait. 748 *de mon 1er. volume*.

Noble Demoiselle Marguerite, fille de Noble Homme le Duc de Brabant, en 1290, à cause de son mariage avec le Duc de Luxembourg. Cette noble simplicité, dans les qualités que prend la fille d'un Souverain, et qui caractérise tous les actes de nos bons aïeux, n'est-elle pas bien au-dessus de cette magnificence, de cet étalage de titres qu'on prodigue dans nos actes modernes? Celui de *Haut et Puissant Seigneur*, donné quelquefois à un pygmée ou à un homme nouveau, m'a toujours paru le dernier période du ridicule. 788, *ibidem*.

1290. Grart de Roetelers, Sénéchal de Brabant, en 1290. 789, *ibidem*.

Jean, Duc de Brabant, passa un acte avec le Comte de Flandre, son père, en 1290. Il scella en la même année une lettre de promesse faite par Jean de Kuck. 792, *ibidem*.

1291. Fondation, en 1291, à l'Abbaye de Baudelo, pour l'ame de Marguerite, Duchesse de Brabant, fille de Gui, Comte de Flandre. 796, *ibidem*.

Jean, Duc de Brabant, donna, en 1291, son consentement pour les limites du Comté de Namur. Le même acte parle des terres tenues du Duc de Brabant. Il fit un traité de ligue en la même année, avec Gui, Comte de Flandre, son père. Il
1292. déclare, en 1292, qu'il profitera de ce que son père, le Comte de Flandre, a prolongé le séjour qu'il devait faire à Gand pour ses affaires. Il promet de ne molester en rien le Comte de Luxembourg et les siens jusqu'au jour de St.-Pierre de cette année. Il promit aussi alors de dédommager le Comte de Flandre, son père, de la caution à laquelle il s'était obligé pour lui de la somme qu'il avait promise en faveur du mariage de sa fille avec le Comte de Luxembourg. 804, *ibidem*.

Il est parlé du Duc de Brabant comme allié avec le Comte de Hainaut et l'Evêque de Liége, contre le Duc de Luxembourg, en 1292. 805, *ibidem*.

Le Duc reconnait, en la même année, avoir reçu une somme en prêt de son père le Comte de Flandre. 806, *ibidem*. Il déclare que Noble Homme son cher Sire et Père Gui, Comte de Flandre, Noble Homme Robert, Comte de Nevers, et Messire Willaume, Sire de Crevecœur, ses frères, fils dudit Comte, se sont engagés de payer une somme pour lui à Robert Crespin et à Baude, son frère. Il promet de les dédommager. 806, *ibidem*.

L'Empereur Adolphe consentit, en la même année, que le Duc, et à son défaut le Seigneur de Kuck, lui fit hommage de ce que le Comte de Hollande tenait de l'Empire. 809, *ibidem*.

Le Duc de Brabant fut présent à un hommage prêté, en la même année, à Utrecht, par Evrard, Comte de la Marck. On voit qu'il s'était entremis de faire un accord entre le Comte de Flandre, son père, et le Comte de Hainaut, entre-autre au sujet du Château du Quesnoy, et donne pour caution Godefroy de Brabant, Sire d'Arschot et de Virson, son frère. Il promit ensuite de dédommager son père de cette caution. Il souscrivit, en la même année, une obligation au profit de sondit père, et une promesse de lui rendre une somme qu'il lui avait prêtée.

1293. Il déclara, en 1293, avec plusieurs autres, que Gerlac d'Isembourg, Chevalier, Procureur du Comte de Flandre, a dit, en leur présence, de la part de son Maître Adolphe, Roi des Romains, que le Comte de Flandre ne pouvait venir en personne pour faire hommage à l'Empereur des fiefs qu'il tenait de l'Empire. (Voyez Flandre.) 819, *ibidem*.

La trève faite entre les Comtes de Flandre et de Hainaut pour le Château du Quesnoy, est confiée au Duc de Brabant. 819, *ibidem*.

Monseigneur Pierron, Chapelain de Noble Prince Jean, Duc de Brabant, en 1293. Monseigneur Chapelain n'est pas dans le style modeste et noble de ce siècle, où le Duc de Brabant se qualifie de *Noble Homme*, et sa fille de *Noble Demoiselle*. Cette différence ne viendrait-elle pas de ce que Monseigneur Chapelain ne l'est que par accident et non par naissance? On remarque communément que les hommes qui ne sont pas nés pour les titres, en sont toujours plus avides que les autres. *Ibidem*.

Raoul de Neele prie, en la même année, Noble Prince Jean, Duc de Brabant, d'être sa caution. 826, *ibidem*.

1295. Godefroy de Brabant, Seigneur d'Aerschot et de Virson, fut nommé, en 1295, avec le Seigneur de Dampierre, Arbitre des difficultés entre les Comtes de Flandre et de Hainaut. La sentence qu'ils rendirent, intéresse à-la-fois les Provinces de Flandre, de Hainaut et de Namur. 837 *et* 838, *ibidem*.

Gilles de Harlebeke, Chanoine de Courtrai, et son Sergent, se rendirent à Tournay pour remettre audit Godefroy de Brabant tous les titres qui concernaient les difficultés entre les Comtes de Flandre et de Hainaut. En conséquence de cette sentence, le Comte de Flandre nomma Wautier, Seigneur de Nivelles, pour fixer les limites des Comtés de Flandre et de Hainaut, et réparer celles de Hainaut et de Namur. 843, *ibidem*.

1301. Jean, Duc de Brabant, ayant été consulté au sujet d'une affaire qui concernait Gérard de Juliers, Sire de Castre, et le Comte de Flandre, prononce que

Gérard et ses Hoirs serviront le Comte de Namur dans toutes les guerres, nommément contre le Comte de Hainaut. 843, *ibidem*.

1308. Jean, Duc de Lothier, Brabant et Limbourg, fit un traité d'alliance, en 1301 et 1308, avec le Comte de Hainaut. Godefroy de Brabant est cité dans le premier, et le deuxième rappelle une alliance perpétuelle que le Duc et le Comte de Hainaut avaient avec l'Eglise d'Utrecht. 198 *de mon 1er. vo-*
1307. *lume*. Ce Prince fit, en 1307, une trève marchande avec Robert, Comte de Flandre. 199, *ibidem*. Il
1308. promit, par lettres de l'an 1308, de payer ce qui avait été promis par son père Jean, Duc de Brabant, pour le mariage de sa fille Marguerite, sœur dudit Jean, Duc de Brabant, et femme de Henri, Comte de Luxembourg. Il y est parlé de Marguerite, Reine de France, tante du Duc de Brabant, fils de Godefroy de Brabant, oncle du Duc de Brabant, fils de Marguerite, Duchesse de Brabant, épouse du Duc Jean.

1322. Jean, Duc de Brabant, fait un traité, en 1322, avec le Comte de Hainaut, par lequel ces deux Princes conviennent de marier leurs enfans ensemble, savoir : Jeanne, fille du Duc, avec Guillaume, fils du Comte. Les Villes de Louvain, Bruxelles, Anvers, Bois-le-Duc, Tirlemont, Lerves, Nivelles et Maestricht, apposèrent leurs sceaux de la part du Duc. 217, *ibidem*. Jean passa aussi un accord,
1329. en 1329, pour le mariage de Jean, son fils aîné, avec Isabelle, fille du Comte de Hainaut. Ce traité, passé à Bruxelles, n'a pas été exécuté. 219, *ibidem*.

1333. Le Duc de Brabant ratifia, le 22 Mai 1333, un traité qu'il avait passé en la même année à Malines, pour terminer les différens qu'il avait avec Adolphe, Prince de Liège, le Comte de Hainaut, le Comte de Gueldre et le Comte de Juliers. On rappelle, dans ce traité, que la fille aînée du Duc de Brabant était promise à Guillaume, fils aîné du Comte de Hainaut. Je trouve cet acte très-intéressant, parce qu'il contient plusieurs articles qui concernent les intérêts de plusieurs Provinces. 203, *ibidem*.

1333. Le Duc de Brabant est excepté dans le traité d'alliance fait, en 1333, par les Comtes de Flandre et de Hainaut. 204, *ibidem*.

1334. Jean, Roi de Bohême et de Pologne, Comte de Luxembourg, les Evêques de Cologne et de Liége, les Comtes de Flandre et de Hainaut, de Namur et de Juliers, firent, en la même année, un traité d'alliance contre le Duc de Brabant, qui promit, l'année suivante, 1334, d'entretenir le traité de paix fait entre lui et l'Archevêque de Cologne, par l'entremise du Roi de France. On ne doit pas être étonné de voir ces ligues formidables exister contre un Souverain aussi puissant et aussi riche que le Duc de Brabant. Ce pays, si étonnant par la richesse de son sol, par les avantages de sa situation, ses canaux, ses rivières navigables, ses manufactures qui ont été les premières de l'Europe, était bien fait pour exciter la cupidité et l'envie de ses voisins. C'est à cette cause, sans doute, qu'on peut attribuer les guerres sanglantes qui l'ont dévasté dans tous les siècles; et nos derniers malheurs, pendant la Révolution belgique, malgré les prétextes de *Religion* et *Constitution*, si ridiculement mis en avant par le fanatisme, n'ont peut-être pas eu d'autre cause que l'ambition des Cours jalouses de la Maison d'Autriche.

En la même année, le Duc Jean conclut un traité avec le Comte de Hainaut pour le mariage de son

fils aîné, concernant les Duchés de Brabant et de Limbourg, la propriété de la Seigneurie de Rodes qu'il avait promise à Godefroy, son fils, destiné à la fille du Comte de Juliers. Ces deux Princes font un accord, la même année, par lequel ils conviennent que Henri, second fils du Duc, épousera Isabelle de Hainaut, en cas que Jean, fils aîné et frère de Henri, vienne à mourir avant de l'avoir épousée. On voit avec grand plaisir, et on ne peut s'empêcher d'admirer la bonté de ce Prince, qui se dépouille lui-même pour procurer à son fils une alliance qui doit établir une paix durable entre les peuples des deux Etats, en applanissant les difficultés qui ne surviennent que trop souvent entre les Princes voisins, dont les intérêts, trop rapprochés, se croisent et se choquent continuellement. Il existe plusieurs actes de cette année qui concernent le Duc de Brabant et les promesses que ce Prince a faites dans les traités antérieurs. Il spécifie, dans l'un d'eux, qu'au cas qu'il veuille poursuivre Jean de Hainaut, Comte de Beaumont, et autres, il le fera par les lois et coutumes du pays. Cette promesse honore le Prince qui la fait, ainsi que celui qui l'exige. Les Princes ont autant d'intérêt que les peuples à se soumettre aux lois et aux coutumes de leur pays. Chargés de les faire observer, ils doivent être les premiers à donner l'exemple du respect et de la soumission qu'ils exigent. Les Empires n'existent que par les lois : ils touchent à leur décadence lorsqu'elles cessent d'être observées. On devrait élever des autels aux généreux citoyens qui osent faire entendre ces vérités aux Princes et se dévouer généreusement aux lois de leur pays. Mais la Société ne saurait punir trop rigoureusement les *ambitieux* et les *hypocrites* qui se servent de ce prétexte pour séduire le peuple, établir leur fortune et leur indépendance.

Le Duc de Brabant donna aussi, en la même année, une reconnaissance par laquelle il convenait que le Comte de Hainaut pourrait révoquer, quand il voudrait, la permission qu'il lui avait accordée de faire prendre les mal-faiteurs dans son bois de Hal, entre le pays de Brabant et celui de Hainaut. Il est bien malheureux que les Princes, dans tous les siècles, aient montré tant de jalousie et de délicatesse sur un point auquel tient si fortement le bon ordre et la sûreté publique! Les mal-faiteurs sont une calamité universelle. Tous sont intéressés à leur destruction; tous doivent y concourir. 212, *ibidem*.

On voit aussi, en la même année, les mêmes Princes conclure un traité très-important, par lequel ils promettent réciproquement de donner à leurs sujets la liberté d'aller dans le pays des uns et des autres, et qu'on nommera des députés pour fixer les limites du Brabant, du Hainaut, de la Hollande, Zélande et autres. Ce traité nous donne une idée de l'état déplorable où les plus belles contrées de l'Europe étaient réduites dans les siècles reculés. Les peuples, fixés sur leur territoire par des préjugés, vivaient isolés, sans relation ni communication d'aucune espèce, et n'en sortaient que pour s'entre-détruire dans les temps de guerre. Les Villes, les Provinces étaient alors aussi étrangères les unes aux autres, que l'Amérique l'était à l'Europe, avant les découvertes de Christophe Colomb. Un voyage de Bruxelles à Lille était, pour nos pères, une entreprise aussi difficile et aussi effrayante qu'un voyage à la Chine et au Japon. Les deux Souverains, dans le traité de 1334, paraissent avoir senti la nécessité de rapprocher les peuples, de faciliter les com-

BRA

munications. Aussitôt le commerce dans les Provinces belgiques s'étend dans toute l'Europe, et avec lui les richesses, les lumières et la civilisation.

On trouve plusieurs autres titres dans le 1er. volume. Voyez la table.

1305. Promesse de Guillaume, Comte de Hainaut, Hollande, Zélande, Seigneur de Frize, de tenir le compromis fait entre Jean, Duc de Brabant, et Robert, Comte de Flandre, par lequel ils étaient convenus de rendre la liberté à Gui, Evêque d'Utrecht, oncle dudit Guillaume, et aux autres prisonniers faits les uns sur les autres, et de s'en remettre, pour la rançon desdits prisonniers, à l'arbitrage de quatre Chevaliers, savoir : le Seigneur de Maldeghem, Guillaume Pisson, le Seigneur de Putte et Philippe de Dunevort. 1305, le Lundi après St.-Pierre entrant Août. *Orig. en parch., scellé du scel dudit Guillaume, en cire jaune, pendant à double queue.*

1305. Lettres de Jean, Duc de Lothier, de Brabant et de Limbourg, Robert, Comte de Flandre, et Guillaume, Comte de Hainaut, Hollande et Zélande, par lesquelles ils consentent de rendre la liberté à l'Evêque d'Utrecht et aux autres prisonniers faits pendant la guerre qui était entre le Duc Jean et Robert, d'une part, et ledit Guillaume, d'autre, et de s'en rapporter pour la rançon desdits prisonniers à l'arbitrage de quatre Chevaliers, les mêmes que ceux ci-dessus. 1305, le Lundi après St.-Pierre entrant Août. 2 Août. *Orig. en parch., scellé de deux sceaux en cire jaune, pendant à double queue; le troisième, qui était celui du Comte de Flandre, est tombé.*

1305. Traité de paix fait entre Jean, Duc de Lothier, de Brabant et de Limbourg, Robert, *par la grace de Dieu*, Comte de Flandre, d'une part, et Guillame, Comte de Hainaut et de Hollande, d'autre part, par lequel il est convenu que l'Evêque d'Utrecht et les autres prisonniers seront mis en liberté de part et d'autre; les ôtages estimés par quatre Chevaliers, savoir; le Seigneur de Maldeghem et Monseigneur Guillaume Pisson, de la part du Comte de Flandre; Monseigneur de Putte et Monseigneur Philippe de Dunevort, de la part du Comte de Hollande.

Si Gilbert d'Ysestene fait serment d'être allié du Comte de Flandre, il sera cru sur sa parole, rentrera dans son bien, *et on ôtera le siége* qu'on lui fait. Messires Gilles de Cruninghes et Gérard de le Malestede donneront pouvoir de se racheter selon le dire de Monseigneur de Mortagne et de Sausset. 1305, le Lundi après St. Pierre entrant Août (2 Août). *Orig. en parch.*

1305. Promesse de Guillaume, Comte de Hainaut d'exécuter le traité ci-dessus, et l'estimation qui sera faite par les quatre Chevaliers de la rançon de Gui, Evêque d'Utrecht, son oncle, et des autres prisonniers. Même date. *Orig. en parch.*

1306. Lettres de Robert, Comte de Flandre, Jean, Duc de Lothier, de Brabant et de Limbourg, et Guillaume, Comte de Hainaut, Hollande et Zélande, par lesquelles ils conviennent d'une trève jusqu'au jugement des Arbitres, et permettent la liberté du commerce dans leurs Etats respectifs 1306, le Lundi après St.-Barnabé, à Rœux, (13 Juin). *Orig. en parch., scellé des sceaux de ces trois Princes.*

1306. Lettres de Gui, Evêque d'Utrecht, Gaucher de Châtillon, Comte de Porcien, Connétable de France, Jean de Flandre, Comte de Namur, et Gui, son frère, Arbitres entre Jean, Duc de Brabant, Robert, Comte de Flandre, d'une part, et Guillaume Comte, de Hainaut, d'autre, par lesquelles ils prolongent jusqu'au treizième jour après Noël la trève qui était entre ces Princes. 1306, le lendemain de St.-André. *Orig. en parch., scellé de quatre sceaux.*

BRA

1306. Lettres desdits Robert, Jean et Guillaume, par lesquelles ils nomment Wautier, Sire d'Enghien, pour sur-Arbitre, au cas que Jean de Flandre, Comte de Namur, et Guyon de Flandre, Arbitres des Comte de Flandre, Duc de Brabant, Guy, Evêque d'Utrecht et Gautier de Chatillon, Comte de Porcien, Connétable de France, Arbitres du Comte de Hainaut, ne puissent terminer les différens entre lesdits Duc et Comte. 1306, le Lundi après St.-Barnabé, au Rues (13 Juin). *Orig. en parch.*

1307. Lettres de la trève faite entre Robert, Comte de Flandre, et Jean, Duc de Brabant, d'une part, et Guillaume, Comte de Hainaut, d'autre part. 1307, le Vendredi avant Pâques clôse (31 Mars). 5e. *Cart. de Hainaut, pièce* 16.

1307. Lettres de Jean, Duc de Lothier, Brabant et Limbourg, et de Guillaume, Comte de Hainaut, Hollande, Seigneur de Frise, contenant les articles suivans : Le Comte de Hainaut promet de rendre aux alliés du Duc de Brabant, en Hollande et Zélande, tous leurs biens, et de les recevoir pour ses hommes, à charge par lesdits de renoncer aux alliances qu'ils pourraient avoir faites contre le Comte de Hainaut, et de promettre de n'en plus faire. 1307, à Mons, en Hainaut. 10 Avril. *2e. Cart. de Hainaut, pièce 25, imprimée dans l'*Hist. de Zélande, *par M. Kluit, tom. 2, part. 2, page* 1090; *et par extrait dans les* Tropbées du Brabant, *par Butkens, preuves, page* 140; *dans le* Recueil des traités, *de Moetjens, tom. 1er., page* 132, *et dans le* Traité de diplomatique *de Dumont, tom. 1er., p.* 344.

1308. Traité d'alliance entre Jean, Duc de Brabant, Guillaume, Comte de Hainaut, Henri, Comte de Luxembourg, Jean de Flandre, Comte de Namur, Gérard, Comte de Juliers, et Ernoul, Comte de Los et de Chiny. 1308, 11 Mai, à Nivelle. 3e. *Carte de Hain., pièce* 18.

1308. Lettres de Jean, Duc de Brabant, Henri, Comte de Luxembourg, Jean, de Flandre, Comte de Namur, Ernoul, Comte de Los et de Chiny, Gérard, Comte de Juliers, Gui de Flandre, frère du Comte de Namur, par lesquelles ils promettent qu'en cas que l'un d'eux soit élu Roi d'Allemagne, ils recevront le Comte de Hainaut en foi et hommage de ce qu'il pourrait tenir d'Allemagne comme ses devanciers, et ledit Guillaume, Comte de Hainaut, ne pourra s'en excuser, sous quelque prétexte que ce soit. 1308, 12 Mai, à Nivelle.

1308. Promesse de Jean, Duc de Brabant, Gérard, Comte de Juliers, Renaut, Sire de Fauquemont et de Montjoie, Florent Bertaut, Sire de Berlaer, de dédommager Robert, Comte de Flandre, pour avoir, à leur prière, remis à Gérard de la Marck et Isabeau, sa femme, la terre de Bevere, que le Comte de Flandre avait fait saisir à cause du procès qu'il y avait en la cour du Roi pour la propriété de cette terre, entre la Duchesse de Lorraine, d'une part, et Monseigneur Jean de Bevere, d'autre part. 1308, le Jeudi après l'octave de l'Epiphanie, à Cologne. *Orig. en parch., scellé de quatre sceaux.*

1322. Traité de mariage de Guillaume, fils aîné de Guillaume, Comte de Hainaut, et de Jeanne, son épouse, avec Jeanne, fille aînée de Jean, Duc de Lothier, de Brabant et de Limbourg, et de Marie, son épouse. Présens, Jean, Roi de Bohême, de de Pologne, Comte de Luxembourg; Renault, fils du Comte de Gueldres; Jean, Comte de Namur; Gérard, Comte de Juliers; Arnoul, Comte de Loos; Godefroy, Seigneur de Heinsberghe; Florent Bertaus, Seigneur de Malines; Henri de Louvaing, Seigneur de Harstal et de Gasebeke; Gérard, Seigneur de Diestre, Châtelain d'Anvers; Guillaume, Seigneur de Wesemale, Maréchal de Brabant; Jean, Seigneur de Marbais, Châtelain de Bruxelles; Jean Bertaud, Seigneur de Helmond; Alard, Seigneur de Ram; Jean, Seigneur de Sombrefe, Roger de Levedale, Jean de Kesterbeke et Jean de Raucourt, Chevaliers. *Les comparans de la part du Comte de Hainaut furent* Jean, Seigneur de Beaumont, son frère; Gui, Comte de Blois, Seigneur d'Avesnes, son cousin; Gautier, Seigneur d'Enghien, Huon de St.-Pol, Seigneur de Leuze; Jean, Seigneur de Barbançon; Sire Jean de Saint-Génois; Eustache, Seigneur de Rues; Godefroy, Seigneur de Naste et de Brongny; Jacquemon de Werchin, Sénéchal de Hainaut; Fastreit, Seigneur de Ligne; Michel de Ligne, Seigneur de Pontoit; Watier, Seigneur de Bousies; Gérard, Seigneur de Vorne et Châtelain de Zélande; Jean, Seigneur d'Arele; Gui, Seigneur de Putte, Guillaume de Horne, Seigneur d'Altena; Pierron, Seigneur de le Lecke; Jean Sausset, Seigneur de Boussoit; Jean de Croinghes et Florent de le Vere, Chevaliers. 1322, le Jeudi après St.-Luc, Evangéliste, à Malines. 5e. *Cart. de Hain.*, *pièce* 118.

1323. Traité entre Jean, Duc de Lothier, de Brabant et de Limbourg, et Guillaume, Comte de Hainaut, Hollande, Zélande, pour le mariage de Jean, fils du Duc de Brabant, avec Isabelle, fille du Comte de Hainaut. *Cet acte se trouve à Mons. Voyez le 1er. volume, page* 217.

1333. Traité fait entre Louis, Comte de Flandre, et Renaut, Comte de Gueldres, en présence d'André, Evêque d'Arras, et Hugues Quieret, Chevalier, Ambassadeurs du Roi Philippe VI, dit de Valois, pour terminer les différens qui étaient entre Adolphe, Evêque de Liége; Guillaume, Comte de Hainaut; Renaut, Comte de Gueldres; Guillaume, Comte de Juliers, d'une part, et Jean, Duc de Brabant, d'autre part. 1333, le Vendredi après *Quasimodo*, à Malines. 2e. *Cart. de Hain.*, *pièce* 209.

1334. Lettres de Jean, Duc de Brabant, portant ratification de ce qui avait été fait par Messire Jean Helbeke, Sire de Loenhout et d'Ophain, et Messire Gilles de Quaderebbe, ses Commissaires, qui avaient pris pour Adjoints Daniel de Staden, Bailli du Roman-Pays, et Jean de Grambays, Châtelain de Geneppe, et par Messire Waleran de Luxembourg, Sire de Ligny, et le Sire de Pottes, Commissaires du Comte de Hainaut, lesquels avaient pris pour Adjoints Guillaume, dit Cotteriel, Bailli de Hal, et Jean le Coustre, Châtelain de Braine, touchant *les limites des Duchés du Brabant*, et le Comté de Hainaut. 1334, le jour de la Trinité. 2e. *Cart. de Hain.*, *pièce* 227.

1336. Traité de paix et d'alliance entre Louis, Comte de Flandre, et Jean, Duc de Brabant, au sujet particulièrement de la Seigneurie et Ville de Malines, et de la Seigneurie de Lestroem de l'Escaut. Ces lettres ont été scellées par les Nobles de Flandre et de Brabant.

Nobles de Flandre : Henri de Flandre, Comte de Lode, Gui de Flandre, Seigneur de Riquebourch; Morel de Fieules, Châtelain de Bourbourg et Seigneur de Gavre; Robert de Wavrin, Seigneur de St.-Venant, Sénéchal de Flandre; Jean, dit Seigneur

de Ghistelle; Philippe, dit Seigneur d'Axelle; Thieri de Bovere, Châtelain de Dixmude; Sohier de Courtray, Seigneur de Tronchiennes; Wautier de Harlebeke; Ghilebert, Châtelain de Berghes et Seigneur de le Cappelle; Watier, dit Seigneur de Hondescote; Sire Jean de Saint-Génois; Jean de Ghistelle; Oste, Seigneur de Steenhuuse et de Haneligbem; Baudoin, Seigneur de Praet: Jean, Seigneur de le Gruuthuse et de Aa; Jean Tobbin, Seigneur de Reingardsvliet; Olivier, Seigneur de Pouke; Philippe, Seigneur de Maldeghem; Ernoul de Gavre, Seigneur d'Escornay; Rasse de Gavre, Seigneur de Herimes et de Nockere; Wautier de Halluwin, Seigneur de Rodelinghem; Willaume de Nivelles, Seigneur d'Untberghe; Jean de Bailloel, Seigneur de Douxlieu; Jean de Staulé, Châtelain de Furnes; Jean d'Axelle; Gérard d'Outre, Châtelain d'Ipre; Alard, Seigneur d'Espierres; Gérard de Steenhuses, Seigneur de Zwenghem; Gérard Vilain; Roger de Lichtervelde; Roland de Pouke; Jean Mulaerd, Seigneur de Parde; Riquarc Standart; Gérard de Ghistelle, Seigneur de le Wastinne; Gérard le Moor; Wauterman de Gand, *Chevaliers ;* Jean Dayshove et Jean de Roddes, *Ecuyers.*

Et par les bonnes Villes de Flandre, savoir: Gand, Bruges, Ipre, Alost, Grammont, Termonde et Ruppelmonde.

Nobles de Brabant : Jean, Evêque d'Utrecht (du Treit), Seigneur de Diestre; Henri, Comte de Viane; Thieri, Seigneur de Fauquemont; Guillaume, Seigneur de Horne et d'Altena; Guillaume, Seigneur de Wezemale, Maréchal de Brabant; Ernoul, Seigneur de Steine; Jean, Seigneur d'Agimont et de Wallehaing; Jean, Seigneur de Marbais; Jean, Seigneur de Sombreffe; Thomas de Diestre, Seigneur de Zelem; Gérard de Woizemale, Seigneur de Merxsem; Willaume de Duneworde, Seigneur d'Oesterhout; Willaume, Seigneur de Cravendonc; Henri Bertaut, Seigneur de Duffle et de Ghele; Jean de Kuyc, Seigneur de Haestraten; Wautier de Berchem; Louis, Seigneur d'Yepembeke; Jean de Helebeke, Seigneur de Loenhout et d'Oepheni, Ernoul, Seigneur de Troyerhem et de Goy; Thierri de Wailecourt, Seigneur d'Aa et de Bigni, Maréchal de Hainaut; Godefroy de Wezemale, Seigneur de Lecluse; Gérard, Seigneur de Vorselaer, Châtelain de Jodoigne; Gille, Seigneur de Bouchout; Guillaume, Seigneur de Pietersem; Guillebaut de Greis; Gille de Quatrebbe, Seigneur de Berghes; Ernoul de Holebeke; Willaume du Bos; Weinemaer de Hoestraten; Costin de Berchem; Jean Pylliser, Jean, Seigneur de Meulubem; Henri de Walehem, Seigneur de le Wael; Henri, Seigneur de Fauerchines; Herman de Os; Adam Doephem; Gossuin de Eilvordes, *Chevaliers ;* Jean, Seigneur de Rotheler, Avoué de Treit, et Jean de Maudrege, *Ecuyers.*

Et par les bonnes Villes de Brabant, savoir: Louvain, Bruxelles, Anvers, Bois-le-Duc, Thienlemont, Liewes et Berghes-sur-le-Zoem. 1336, dernier Mars, à Tenremonde. *Ces lettres sont quadruples. Orig. en parch., scellé.*

1336. Traité d'alliance entre Jean, Duc de Lothier, de Brabant et Limbourg; Louis, Comte de Flandre, Nevers et Rethel; Guillaume, Comte de Hainaut, Hollande et Sire de Frise. Ce traité est scellé par les Nobles desdits pays, savoir, de Brabant:

Jean, Evêque d'Utrecht; Henri, Comte de Viane; Thieri, Seigneur de Fauquemont; Otton, Seigneur de Kuyc; Willaume, Seigneur de Wezemale, Arnaud de Steine; Willaume de Dunevorde; Louis,

BRA

Seigneur de Diepenbeke; Jean de Levendale, Châtelain de Bruxelles; Alard, Seigneur de Rave; Louis de Berlaer, Seigneur de Helmont; Louis de Crayenhem; Adam de Hellebeke; Jean de Doerne; Jean d'Arscot, Seigneur de Scocnhove; Ywain de Meaudrège, Nicole de Herlaer, Jean de Kersebeke, Gérard de Bourdel, Jean de Crayenhem, Daniel de Lierre, Ernoul de le Wolfhaeghe, Jean de le Heyde et Watier, Seigneur de Melin, *Chevaliers.*

Les bonnes Villes de Brabant, savoir : Louvain, Bruxelles, Anvers, Bois-le-Duc, Thieulemon, Lewel et Berghes-sur-le-Zoem:

Nobles de Flandre : Henri de Flandre, Comte de Lode; Gui de Flandre, Seigneur de Riquebourt; Robert de Wavrin, Seigneur de St.-Venant, Sénéchal de Flandre; Jean, dit Seigneur de Ghistelle; Philippe, dit Seigneur d'Axelle; Thieri de Bevere, Châtelain de Dixmude; Roger de Briseteste, Seigneur de Buxem; Jean Ferrant; Wulfart de Ghistelle, l'oncle; Gossuin de le Moere; Ywain, Seigneur de Warnewic; Watier, Seigneur de Puthem, le père; Jean de Poelvoerde, Watier de Poelvoerde, Pamel de Halewin, Philippe de le Poele, Enguerran Hauweí, Willaume de Statel, le fils; Watier de Scirvelde, Sohier de Balleul, Louis de Marcke, Willaume de le Bourch, Willaume de Levringhem, Gossuin, Seigneur de le Vichte, Chevaliers.

Les Villes de Gand, Bruges, Ipre, Alost, Grandmont et Ruppelmonde.

Les Nobles de Hainaut et de Hollande : Guillaume, Comte de Zélande, fils du Comte de Hainaut; Jean, Seigneur de Beaumont, frère dudit Comte de Hainaut; Waleran de Luxembourg, Seigneur de Liny; Gérard, Seigneur de Vornes; Eustache, Seigneur du Rues; Willaume, Seigneur de Horne et d'Altena; Gérard d'Enghien, Châtelain de Mons et Seigneur de Havrech; Jean, Seigneur d'Ercle; Henri d'Antoing, Seigneur de Bugheuot; Henri, Seigneur de Brederode; Jean, Seigneur de Barbenchon; Huon de Barbenchon, Seigneur de Sorre; Willaume, Seigneur de Gommignies; Gérard, Seigneur de Potes; Henri de Liedekerke, Seigneur d'Inchies; Ernoul de Hérimes, Jean de Poullane et Jean Perssin, *Chevaliers.*

Les Villes de Valenciennes, Mons, Maubeuge, Binche, Ath, Dordrecht, Leiden, Delft et Harlem.

Et pour Guillaume, Comte de Zélande : Florent de Haemstede, Jean de Cruninghe, Clais Kerwine, Florent de le Vere, Rasson de Cruninghe et Willaume le Frison, *Chevaliers.*

Les Villes de Midelbourg, Ziriczée et Reymerswalle. 1336, 1er. Avril, à Tenremonde. *Deux orig. en parch., scellés.*

1339. Traité d'alliance perpétuelle entre Jean, Duc de Brabant, et Louis, Comte de Flandre, leurs pays et sujets.

Les Seigneurs de Brabant qui ont scellé ces lettres sont : Otton, Seigneur de Kuyc; Guillaume, Seigneur de Hornes et de Gaesbeke; Thomas de Diest, Seigneur de Zelem; Guillaume, Seigneur de Wezemale, Maréchal de Brabant; Guillaume de Dunnenvoorde, Seigneur d'Osterhout; Jean, Seigneur de Rotselaer, Justicier de Brabant; Jean de Loen, Seigneur d'Agimont et de Walem; Henri Bertoud, Seigneur de Duffle; Jean de Levedaele, Bourguemaître de Bruxelles; Guillaume, Seigneur de Boecstell; Jean, Seigneur de Sombreffe; Jean de Huyc, Seigneur de Hoestraten; Louis, Seigneur de Diepenbeke; Dieric de Walencourt, Seigneur de Aa et Maréchal de Hainaut; Henri de Walicourt, Seigneur de Faverchinel; Louis de Berlaer, Seigneur de Helmont; Gilles de Quaderebbe, Seigneur de Bergues; Arnoul de Helbeke, Jean Pyliser, Jean de Kersebeke, Herman de Os, Loonis Van der Boorgh, *Rentier* de Brabant; Jean de Meldert, Jean Pulleman, Bailli de Brabant, Jean de Wineghem, Daniel de Bouchout, Henri de Botersem, Henri de Walem, Rasse de Graven, Seigneur de Linter; Gossiune, Seigneur de Godsenhoven; Ywain de Meldert, Arnold de Wyere, Guillaume Van den Bossche, Gérard de Vorselaere, Bourguemaître de Gheldenake; Jean de Ymmerseele, Golive de Vilvorde-Utenhoven, Jean de Crayenhem, Jean de Schoenhoven, Charles Van der Rivieres et Wouters, Seigneur de Melyn, Chevaliers.

Les Seigneurs de Flandre sont : Henri de Flandre, Seigneur de Ninove; Philippe, Seigneur d'Axelle; Simon de Mirabel, Seigneur de Perwez; Gérard, Seigneur de Rasseghem et de Lens; Rasse de Gavre, Seigneur de Hérimez; Arnoul de Gavre, Seigneur de Scornesse; Jean de le Gruthuuse, Seigneur de Aa; Roger Briseteste, Seigneur de Buxhem; Jean d'Axele, Olivier, Seigneur de Pouke; Guillaume de Nivelle, Gossiine de le Moure, Wullard de Ghistelle, l'oncle; Gérard de Rosseghem, Seigneur de Crayenem; Gérard d'Outre, Bourguemaître d'Ipre; Jean de Belle, Eustache Passharis, Roger, Seigneur de Lichtervelde; Zéghere de Dronghene, Seigneur de Mebe; Sire Jean de Saint-Génois, Gérard de Ghistelle, Daniel de Rosembeke, Roger Briseteste, Simon Van der Maelsteden, Roger de Varnewic, Gérard de Mourseke, Guillaume de Straten, Jean de Poelvoerde, Jean de Messemine, Rasse d'Erpe, *Ecuyer*; Jean de Aysbove, Ghyselbrecht de Leewerghem, Gérard de Massemine, Daniel de Dronghene, Jean de Herzeele, Jean de le Moure, Arn. Benagen, Jean de Hourterke, Louis de Mourkerke, Hugues de Steenlant, Jean de Lokerne, Chambellan. 1339, 3 Décembre, à Gand (en flamand). *Traduction française, en parch. Orig. en parch., scellé de 87 sceaux.*

1345. Ratification par le Comte et la Comtesse de Flandre, et par Philippe, Roi de France, du traité fait à Binche en Hainaut, le 5 Févrter 1345, par Béranger de Montaut, Archidiacre de Lodève; Simon de Bucy, Chevalier, Maîtres de Parlement et des Requêtes de l'Hôtel; Pierre des Essarts, Maître des Comptes, et Pierre de Verberie, Clerc et Secrétaire du Roi, *entre le Duc de Brabant et le Comte de Flandre*, par lequel a été arrêté le mariage de Louis, fils du Comte de Flandre, avec Marguerite, fille du Duc de Brabant : que le Comte *renoncera*, en faveur du Duc, *à ses droits sur la Seigneurie de Malines*; se soumettant au Roi, à l'égard des prétentions sur Termonde. 1345, 14 Février, en l'hôtel de Madame de Valois, à Notre-Dame-des-Champs, près Paris. *Orig. en parch., scellé du scel secret du Roi, en cire rouge, pendant à simple queue.*

1345. Procuration donnée par Louis, Comte de Flandre, de Nevers et de Rethel, à Philippe d'Arboys, Doyen de Bruges, au Seigneur de le Vesthte, Maréchal de Flandre, et à Josse de Heinsrode, pour traiter le mariage de son fils Louis avec Marguerite, fille du Duc de Brabant. 1345, 27 Novembre, à Paris. *Orig. en parch., scellé d'un petit scel en cire rouge, pendant à double queue.*

1347. Acte passé devant Léonard de St.-Nicolas, Clerc de Beauvais, Notaire, par lequel Pierre-André, Evêque de Clermont; Guillaume Flotte, Seigneur de Revel, Chancelier de France; Gilles de Soyecourt, Jacques la Vache et Olivier de Laye, Bailly

BRA

de Vermandois, Procureurs de Philippe, Roi de France : Jean de Blavell..... et autres, Procureurs de Jean, Duc de Brabant : Philippe d'Arbois, Doyen de Bruges, et Robert de Beaussart, Connétable de Flandre, Procureurs de Louis, Comte de Flandre, promettent et jurent esdits noms de tenir et garder les traité et alliances faits entre les Procureurs du Roi et ceux du Duc de Brabant; le traité de mariage de Henri, fils aîné du Duc de Brabant, avec Jeanne, fille du Duc de Normandie; le traité de mariage du Comte de Flandre avec Marguerite, fille du Duc de Brabant, et le traité de mariage de Godefroi, fils du Duc de Brabant, avec Bonne, fille du Duc de Bourbon. 1347, 6 Juin, à Saint-Quentin, en la maison des Frères Prêcheurs. (En latin) *Orig. en parch.*

1347. Reconnaissance de Jean, Duc de Lothier, etc., d'avoir reçu des lettres de Louis, Comte de Flandre, par lesquelles il s'oblige d'épouser Marguerite, fille dudit Duc, avec un dédit de 60,000 florins d'or de Florence. 1347, 6 Juin, à Saint-Quentin. *Orig. en parch., scellé du grand scel dudit Duc.*

1347. Procuration donnée par Jean, Duc de Brabant, etc., à Jean, Seigneur de Blaersvelt; Nicole du Châtel, Doyen de l'Église de N. D. d'Anvers, et Henri Coke, Doyen de l'Église de Ste.-Gudule de Bruxelles, pour traiter et accorder le mariage de Marguerite, fille dudit Duc, avec Louis, Comte de Flandre. 1347, 18 Mai, à Bruxelles. *Orig. en parch.*

1347. Procuration donnée par Philippe, Roi de France, à Pierre, Evêque de Clermont; Guillaume Flote, Sire de Revel, Chancelier de France; Gilles de Soiecourt, Clerc; Jacques la Vache, ou la Bache, Chevalier, et Olivier de Lace, Chevalier, Bailli de Vermandois, pour traiter du mariage de Louis, Comte de Flandre, avec Marguerite, fille du Duc de Brabant. 1347, 25 Mai, à Arras. *Orig. en parch., scellé du scel du Roi.*

1347. Lettres par lesquelles Jean, Duc de Brabant, promet que Marguerite, sa fille, sera à Levure le Mardi après la Nativité St.-Jean-Baptiste, pour accomplir son mariage avec Louis, Comte de Flandre. 1347, 6 Juin, à St.-Quentin. *Orig. en parch.*

1347. Procuration donnée par Louis, Comte de Flandre, à Robert de Beaussart, dit de Wingles, Connétable de Flandre, et Philippe d'Arboys, Doyen de Bruges, pour traiter de son mariage avec Marguerite, fille de Jean, Duc de Brabant. 1347, 17 Mai, à Conflans lez Paris. *Orig. en parch., scellé.*

1363. Voyez Bar, année 1363 et 1364.

1338. BRAIDIF. Raimon Braidif, de Metz. Voyez Bohême, 1338.

1303. BRAINE. Accord entre Jean, Comte de Hainaut et de Hollande, et les Prévôt, Doyenne et Chapitre de Ste.-Waudru à Mons, par lequel ils conviennent de nommer alternativement à la Chapelle de la Houssière, vers Braine, que l'on dessert au Béguignage de Braine, et qui est appellée la Chapelle le Comte : le Comte de Hainaut en prétendant la collation et présentation, parce qu'elle avait été fondée par sa mère, ou par Florent, Prince de la Morée, son frère, sur une partie des biens et tréfons du Comté de Hainaut · le Chapitre soutenant au contraire que la présentation de cette Chapelle lui appartenait, parce qu'elle était fondée dans les limites de la paroisse de Braine, qui était de leur patronage, sans que le Prince Florent eût obtenu le consentement nécessaire pour s'en conserver la présentation. Ils conviennent de plus que le Chapelain nommé par le Comte y restera, et qu'après ils

BRE

nommeront chacun à leur tour. 1303, Février. 4e. *Cart. de Hain., pièce* 94.

1384. BRARDRIE. Lettres de Philippe-le-Hardi, Duc de Bourgogne, par lesquelles il remet à Messire Georges Brardrie, Chevalier de Bruges, la moitié des droits seigneuriaux qu'il pouvait lui devoir à cause de la vente qu'il avait été obligé de faire *pour soutenir son état* pendant les derniers troubles, d'un fief consistant en une rente de 100 livres parisis, sur le tonlieu du Dam. 1384, 2 Octobre, à Lille. *Orig. en parch., signé Dangeul, scellé d'un petit scel.*

1350. BREDERODE. (*Voyez nécessairement le 1er. volume.*) Promesse de Thiéri de Brederode, Chevalier, de servir et aider Marguerite, Comtesse de Hainaut, contre tous ceux qui voudraient l'inquiéter. 1350, le Mercredi après le jour de St.-Pontion. (*En flamand.*) 4e. *Cart. de Hain., pièce* 178.

1333. BREQUIN. Sentence de congé de Cour, rendue par le Bailli d'Amiens, en l'assise de Montreuil, contre la Dame de Haveskerque et Jean du Brequin, Ecuyer. 1333. *Orig. en parch., scellé.*

1326. BRETAGNE. Lettres de Charles, Roi de France, par lesquelles il approuve le consentement donné par Madame Jeanne de Flandre, Dame de St.-Goubain, pour l'assignation du douaire de Dame Jeanne de Bretagne, femme de Robert de Flandre, Sire de Cassel. 1326, 4 Mai, à Paris. (En latin.) *Orig. en parch., scellé du grand sceau du Roi.*

1398. Rapport en gros, rendu par Jean de Bretagne, Comte de Penthièvre, Vicomte de Limoges, Sire d'Avesnes et de Nouvion, de la Ville et Terre d'Avesnes, tenue en fief lige du Comte de Hainaut, de la valeur de 10,000 livres tournois par an. 1398, 9 Avril, au Château de Landrecies. *Orig. en parch., scellé du scel dudit Jean de Bretagne.*

1385. BROEDERLAM. Lettres de Gérard de Rassenghien, Sire de Basserode, Gouverneur du Souverain Bailliage de Lille, Douay et Orchies, contenant que Melchior Broederlam, Peintre et Valet-de-Chambre du Duc de Bourgogne, a reconnu que les lettres qui étaient attachées à celle de l'année 1385, étaient scellées de son scel. Voyez Wietes. *Orig. en parch.*

1299 et 1301. BROIART. Confirmation par Philippe IV, des lettres y insérées, données à Bruges, au mois de Novembre 1299, par Charles, fils du Roi de France, Comte de Valois, par lesquelles il donne à *Robert Broiart* de Maulinghem, Ecuyer, 75 livres de rente sur la bourse du Roi et la recette de Flandre, à tenir en fief. 1301, Novembre, à Bétisy. (En latin.) 3e. *Cart. de Flandre, pièce* 88.

BROIGNY. *Voyez Cassel, en* 1318.

1385. BRUGDAM. Quittance passée devant Simon de Brugdam, Chevalier, Capitaine de la Ville de l'Ecluse, de 50 sols gros, pour avoir porté des oiseaux à Arras. 1385, 21 Septembre, à l'Ecluse. *Orig. en parch.*

1304. BRUGES. (*Voyez nécessairement le 1er. volume.*) Procuration, en latin, donnée par Jacques, dit Vinne, à Eliz., sa femme, veuve de Jean, dit Meraels, pour vendre, aliéner, donner et échanger, à sa volonté tous les fonds qui leur appartenaient à Bruges, hors de la porte des Flamands, passée dans la Ville du Dam, dans la maison de Jacques Vinne, le 9 Mai sortant 1304, indiction 2e., la 1re. année du Pontificat de Benoît II (23 Mai), par-devant Jean Everdeys de le Herst, Clerc, Notaire Impérial du Diocèse d'Utrecht, en présence d'Olivier, Curé de la Paroisse; Nicolas, dit Vallie; Gérard Gallin,

BRU

Jean, dit de Gand; Arnoul Campion, Pierre Dunekin et Christine Mimels, témoins. 2e. *Cart. de Flandre, pièce* 49.

1304. Donation, en latin, faite par ladite Elizabeth, veuve de Jean de Meraels et veuve de Jacques Vinne le-Vieux, aux Frères de l'ordre de St.-Augustin, des maisons et terrains y détaillés, situés en la Ville de Bruges, à charge de dire une Messe pour eux tous les jours pendant un an; passée à Bruges, dans la maison des Augustins, le 4 Mai sortant 1304, devant ledit Jean Everdeys, Notaire, en présence de Philippe Zomer, Jean Boighere, Lamsin de St.-Omer, *Clercs*; Jean de Cassel, Ludolphe de Ariste, Ghiselin, dit de Leffinghe, Jean Cranekin, Willaume Marl, Jean Sceke, Barbier; Jean de *Novo Templo*, Willaume de Rexpoude, Simon, dit Scot, Eustache, dit Zuin, et Jean, dit Roger-le-Vieux, *Laïques*, témoins. *Cart. de Fland.*, *pièce* 50.

1304. Procuration, en latin, donnée par ladite Elizabeth à Frère Simon, Procureur de l'ordre des Augustins en Cour de Rome; Frères Jean de Aldenarde et Nicolas de Dixmude, du même ordre; Michel Cupere, Willaume Salomon, Gilles Custod et Jean Balkard, pour mettre les Augustins de la Ville de Bruges en possession des maisons et terrains ci-dessus; passée devant le même Notaire, le 8 Juillet entrant 1304, dans la Ville du Dam, en la maison de Jacques Vinne, en présence de Jean, dit de la Pierre-le-Jeune, Jean de Moelnache Gérard Galyn, *Clercs*; Arnoul Campion, Marie, femme de Jean de la Pierre le Vieux; Catherine, sa fille, et Zoetine, dite de Ravenscoet, témoins. 2e. *Cart. de Fland.*, *pièce* 51.

1305. Lettres de Philippe de Flandre, Comte de Thiette et de Loute, par lesquelles il quitte les bonnes gens du franc de Bruges, de la somme de 1735 livres, monnaie de Flandre, qu'ils lui avaient accordée quand il partit pour Lyon. 1305, à Bourbourg, le Mercredi après St.-Nicolas (8 Décembre). *Orig. en parch.*

1307. Quittance de Thomas Fin, Receveur de Flandre, de 1558 liv. 17 s. 2 den., faible monnaie de Flandre, reçu de Guillaume de Cleyem, à compte du don de 8000 livres fait par ceux du franc Metier de Bruges à Monseigneur de Flandre, quand il partit pour Rome. 1307, à Lille, le jour de l'an renouf. (1er. Janvier.) *Orig. en parch.*, *scellé du scel dudit Thomas.*

1308. Quittance donnée par Robert, Comte de Flandre, de la somme de 430 deniers d'or à la mache, à 63 sols la pièce, faisant 1354 liv. 10 s., monnaie de Flandre, payée à son Receveur par Willaume de Cleem, Clerc du franc de Bruges, à ce Comte, pour un voyage qu'il devait faire en France. 1308, le Samedi après le jour de l'Ascension, à Courtray. *Orig. en parch.*, *dont le scel est perdu.*

1308. Quittance de Gui de Flandre, Comte de Zélande, de 2727 liv., reçues des habitans du franc de Bruges, pour la taille des *saudoiers*, qui lui avait été assignée pour lesdits habitans par le Comte de Flandre. 1308, le Mardi avant St.-Simon et St.-Jude, Apôtres. (26 Octobre.) *Orig. en parch.*

1309. Acte passé par-devant Notaires, qui certifie qu'en présence de plusieurs témoins, Guillaume de Plesiano, Chevalier, nommé par le Roi, par commission y insérée, donnée à Paris, le 25 Mai 1309, a présenté et fait lire, dans l'attre ou dans le verger des Frères mineurs de la Ville de Bruges, aux Baillis, Crieboudere, Bourguemaîtres, Echevins, Chevaliers, Ecuyers, Hommes féodaux et Communauté du franc Métier de Bruges, le traité conclu à Athis, au mois de Juin 1305, et la ratification faite à Paris, par le Comte Robert, au mois d'Avril 1309, y insérés en entier, et qu'ils l'ont confirmé et approuvé. Passé en 1309, 8 Juillet. *Orig. sur trois bandes de parch.*, *de 82 pouces de hauteur*, *sur* 19 *pouces de largeur.*

BRU

1310. Lettres par lesquelles Philippe, Roi de France, accorde aux Chevaliers, Echevins et Communauté du franc terroir de Bruges, repit jusqu'à la Toussaint pour payer les dettes qu'ils avaient contractées pour l'echevinage du franc terroir, excepté celles qu'ils lui devaient aux foires de Champagne. *Deux vidimus en parchemin*, *donnés par Jean Ploiebaus*, *Garde de la Prévôté de Paris*, *le Dimanche après Pâques.* 1311. *Scellé.* Passé en 1310, 13 Avril, a Charlieu.

1311. Lettres du Roi Philippe le-Bel adressées aux Chevaliers, Bourguemaîtres et Communautés du franc Métier de Bruges, par lesquelles il déclare que, *voulant avoir la paix chez lui et avec ses voisins*, il défend, par ce présent *Edit*, aux Barons, Prélats et autres ses sujets, de se rendre avec gens armés, à pied ou à cheval, hors de son Royaume pour attaquer les pays voisins, sans avoir obtenu sa permission. 1311, 6 Octobre, à Creil. (En latin.) *Orig. en parch.*, *scellé d'un morceau du sceau du Roi.*

1313. Acte passé devant Jean Karlin de Bruges, Clerc, Notaire, qui contient la publication de la protestation du Comte de Nevers, du 14 Avril précédent, faite à Bruges, dans l'Eglise de St.-Donat, en présence de plusieurs Ecclésiastiques et de Guillaume le jeune, Jean de Uikerke et Paul, dit Langhemaere, Chev. 1313, 9 Mai, à Bruges. *Orig. en parch.*, *signé de Jean Karlin*, *Notaire.*

1313. Lettres de Philippe IV, dit Le Bel, Roi de France, à Jean, Seigneur de Fienles (*Fiennes*), au sujet du manquement de ceux de Bruges, et autres Villes de Flandre, à l'exécution des articles de paix que le Roi leur avait accordés, et dont ledit Jean était caution avec les autres Seigneurs du pays. 1313, 19 Juin, à Pontoise. *Orig. en parch.*, *scellé.*

1328. Lettres de Robert de Flandre, Seigneur de Cassel; Waleran de Luxembourg, Sire de Ligni, Chevalier; André de Florence, Clerc, Trésorier de Reims, et Pierre de Cuignières, Chevalier, Conseillers du Roi de France et ses Commissaires en cette partie, aux Bourguemaître, Echevins, Conseil et Communauté de la Ville de Bruges, contenant la liste de 500 personnes de tous métiers de ladite Ville, qu'ils avaient choisis pour se rendre en la Ville de Lille et y servir d'ôtages au Roi. 1328, le Samedi 17 Septembre, à Bruges. *Orig. en parch.*, *scellé de 4 sceaux.*

1371. Voyez ci-devant *Angleterre*, année 1371.

1373. Procuration donnée par Louis de Flandre pour aller à Rome et faire connaître que la nomination à la Prévôté de St.-Donat de Bruges, lui appartient et que le Pape y a nommé mal-a-propos; passée devant Henri Heere, Clerc du Diocèse de Tournay, Notaire public, par l'autorité apostolique et impériale. 1373, 21 Février, a Gand. (En latin.) *Orig. en parch.*

1382. Douze lettres en flamand des Villes d'Oostbourg, Ysendique, Dam, Mude, Oudembourg, Munikerede, Ardembourg, Dixmude, Ghistelle, Ostende, Blanckemberghe et Houke, enclavées dans le terroir du franc, par lesquelles elles déclarent avoir, *en punition de leur rebellion*, remis leurs privilèges entre les mains des Commissaires du Comte de Flandre. 1382. *Orig. en parch.*, *scellé des sceaux de ces Villes.*

Promesses

BRU

1394. Promesse des Echevins, Conseil et Communauté de la Ville de Bruges de payer au Duc de Bourgogne une somme annuelle de 60 nobles d'or, en reconnaissance de la suppression faite par ledit Duc, par ses lettres données à Paris au mois de Décembre 1394, du droit appellé *le Cort*, qui se percevait au profit du Comte de Flandre sur les marchandises qui se vendaient à personnes étrangères pendant la foire qui se tenait à Bruges tous les ans entre Pâques et la Pentecôte. 1394, 14 Mars. *Orig. en parch. scellé.* Voyez Lécluse, année 1394.

1395. Lettres du Duc Philippe de Bourgogne, par lesquelles il reconnaît avoir reçu des Echevins de Bruges, par les mains de Clais Barbessen et Jean Biesse, Trésoriers de ladite Ville, 2,500 liv., monnoie de Flandre, en déduction de 10,000 francs accordés par ladite Ville pour les ouvrages de la tour de Bourgogne, construite au havre de Lécluse, à l'opposite du Château dudit lieu. 1395, 15 Novembre, à Paris. Sous le vidimus des Bourguemaîtres, Echevins et Conseil de ladite Ville de Bruges. 17 Mai 1395. *Orig. en parch.*

1326. BRUGHEDAVINE. Don fait par Louis, Comte de Flandre, à Florent et Ernoul de Brughedavine, fils de feu Simon, Chevalier, à chacun de 100 liv. de rente viagère sur les nouveaux briefs des quatre métiers appellés *les Briefs* de Pierre Masière. 1326, 5 Octobre, à Gand. *2e. Cart. de Flandre, pièce* 439.

1372. BRUNE. Inghel Brune, Homme de fief du Duc de Bourgogne en 1372. Voyez Carnin.

1357. BRUYANS. Gilles, dit Bruyans, Sire de Bliquy en 1357. Voyez Oisy.

1339. BRUYERE (DE LA). Quittance de Colin de la Bruyère, Sire de Bois-Roisin, de 50 liv. tournois que la Dame de Cassel lui devait. 1339, le Mercredi après St.-Luc, à St. Quentin. *Orig. en parch., scellé.*

1361. BUCY. Quittance de Simon de Bucy, Chevalier, Conseiller du Roi et du Comte de Flandre, pour une année de la pension viagère qu'il prend sur les Renenghes de Flandre. 1361, 10 Juillet. *Orig. en parch., scellé.*

1310. BURDEBURE. Adhéritement donné par Jean, dit Havart de Rupelmonde, Bailli du pays de Waes, à Gilles Stovere du fief de la pêcherie en l'Escaut, depuis Burdebure jusqu'à Terstanen, à lui vendu par Marguerite de Burdebure, fille d'Alexandre, Chevalier, et épouse d'Adam de Raduars. Présens Wautier de Mullem, Chevalier; Pierre de Burdebure, Gérard Moer, Gilles de Sconsele, Gilles de Berghe, Gilles Enghel et Thomas de Bossche, Hommes de fief du Comte de Flandre. 1310, la veille de St.-Jacques et St.-Philippe. (En latin). *2e. Cart. de Flandre, pièce* 420.

C.

1372. CABELLIAU. Jean Cabelliau, Chevalier, en 1372. Voyez Carnin.

1362. CALKYN. Lettres par lesquelles Sohier de Calkin, Chevalier, déclare être devenu *Homme* d'Yolend de Flandre, Comtesse de Longueville et Dame de Cassel, et lui avoir promis foi, loyauté et service, à cause d'une rente viagère de 100 liv. parisis sur la Ville de Nogent-le-Rotrou, que ladite Comtesse lui a donnée par lettres de ce jour insérées en celles-ci, en récompense des services qu'il avait rendus à Philippe de Navarre, Comte de Longueville, mari d'Yolend. 1362. 10 Juillet. *Orig. en parch., scellé.*

1331. CALLOO. Les habitans de Calloo en 1331. Voyez Lorraine.

CAM

1301. CAMBRAY. (*Voyez nécessairement le 1er. volume*). Commission donnée par Philippe, Roi de France, à Mathieu de Trie, Chevalier, pour prêter aux Eglises de Cambray le serment dont le Roi était tenu, comme ayant en sa main le Comté de Flandre et jouissant en cette qualité du gavène de Cambray. 1301, en Juin, à Bruges. *Sous le vidimus de l'Official de Cambray, du 22 Juillet* 1305. *En parch., scellé et signé.*

1301. Accord fait entre Gilles de *Bono-Vado* (Bouqué), Chapelain de l'Eglise de Ste.-Croix à Cambray, Procureur de Jean, Comte de Hainaut, et Barthelemi dit Craielin, Clerc-Procureur des Prévôt, Doyen et Chapitre de Cambray, par lequel le Comte déclare n'avoir eu aucune part au fait de *Bernet* et autres, qui se sont passés contre l'usage du pays et contre raison.

On nomme de chaque côté deux Preud-hommes, Clercs, pour terminer les différens qu'il y avait entre eux au sujet de la Souveraineté et de la Régale; savoir : de la part du Comte, M. Markaire, Chanoine de Liége, et Jean de Biaufort, Trésorier de Ste.-Croix, et pour le Chapitre, Robert Bichons, Doyen, et Jean de Lyége, Chantre de Cambray. Ces Preud-hommes seront confirmés par le Pape à l'égard du Chapitre, et à l'égard du Comte, par le Roi d'Allemagne ou l'Evêque de Liége.

Le Comte rétablira le Chapitre dans ses possessions à la Malemaison.

Quant aux difficultés qui concernent *Avesnes-le-Waubert* et les saisies qui y ont été faites pour choses qui ne regardent la Souveraineté ni la Régale, et quant au fief de Juibise, on nomme deux Preudhommes pour les terminer; savoir : Wautier dit le Cat, Official et Chanoine de Cambray, pour le Chapitre, et Jean Hennière, Châtelain de Bouchain, pour le Comte.

Toutes les lettres obtenues par le Comte contre le Chapitre et la *cessation de leur Eglise*, lui seront rendues, et après que les deux parties auront promis d'exécuter ce qui sera ordonné, le Chapitre *reprendra le chant*.

L'interdit et l'excommunication lancés par le Chapitre contre le Comte, ses gens et son pays, seront suspendus jusqu'au jugement des arbitres, et si les difficultés n'étaient pas arrangées dans le terme désigné, l'interdit et l'excommunication recommenceront, mais non la *cessation* de Cambray.

Si pendant l'arbitrage il arrive de nouvelles difficultés touchant la Souveraineté et la Régale, les arbitres en connaîtront : mais, le terme de l'arbitrage passé, chaque partie restera dans son droit à l'egard des choses qui n'auront pas été terminées. Les Arbitres doivent rendre leur jugement endéans un an, à moins que ce terme ne soit prolongé du consentement des deux parties.

Si quelques Arbitres venaient à mourir, ceux du Comte seront remplacés par M. Oëdon de Sens, Chanoine de Reims, et l'Ecolâtre de St.-Paul de Liége, et ceux du Chapitre, par M. Watier et M. Jakemon de Marli, Chanoines de Cambray.

En conséquence de cet accord, le Procureur du Comte a fait restitution au Chapitre, en la personne de M. Watier, Grand Ministre de l'Eglise de Cambray, des biens de la Malemaison et autres repris dans cet accord, a donné caution pour 200 livres tournois qu'il avait touchés de ces biens, et a remis toutes les lettres qu'il avait obtenues pour la cessation de cette Eglise.

Cet accord est en français. Il a été reçu par Jacques dit Roussiel, Clerc de Cambray, Notaire public, et Willaume de Cambray dit de Halewin, Tabellion par blic, par acte en latin fait à Cambray dans le Chapitre, le 12 Juillet 1301, en présence de Hugues, Curé de Mainvaut; Jean, Curé de Romeries; Alard de Ryencourt, Thomas d'Arras, Willart dit d'Escaudeuvre, Jean de Morchies, Jacques d'Orchies, Chapelains; Jean de Béthune, Sagalon Carbon, Vicaires perpétuels de cette Eglise; Jacques, Curé du Petit-Wargny, et Pierre Clerc dit Lefebvre, témoins. *Orig. en parch., signé des chiffres des deux Notaires. On voit, par un compromis du Mardi après Quasimodo 1320, que les Arbitres n'ont pas rendu leur jugement.*

1302. Bulle du Pape Boniface VIII, par laquelle il donne à Henri, fils de Noble Homme Jean, Comte de Hainaut et de Hollande, la premiere Prébende non sacerdotale qui vaquera dans l'Eglise de Cambray. A Latran, le jour des ides de Mars, la 8e. année de son Pontificat (15 Mars 1302). *Orig en parch., scellé de la Bulle de plomb de ce Pape, pendant à de la soie jaune et cramoisie.*

1307. Lettres de Jean, Abbé, et de tout le Couvent de St.-Aubert à Cambray, par lesquelles ils déclarent que la *souffrance* que le Comte de Hainaut leur avait accordée pour la jouissance de 6 muids de terre qui leur appartenaient au terroir d'Iwuir, et dont le Châtelain de Bouchain voulait les empêcher de jouir, parce que ces terres n'avaient pas été amorties suffisamment, ne pourra porter aucun préjudice à ce Comte ni à leur Eglise. 1307, 21 Août. *Orig. en parch., où il ne reste plus que le scel de l'Abbaye.*

1307. Lettres des mêmes Abbé et Couvent de St.-Aubert, par lesquelles ils renoncent à tout ce qu'ils pouvaient répéter contre la succession du feu Comte de Hainaut et de la Comtesse sa femme. 1307, le lundi après N. D. mi-Août. *Orig. en parch., où il ne reste plus que le scel de l'Abbaye.*

1309. Lettres par lesquelles Robert, Comte de Flandre, reconnaît avoir reçu du Chapitre N. D. de Cambray et des autres Couvent et Eglises des Villes et Comté de Cambray, le *gavene* que ses prédécesseurs Thierri et Philippe, son fils, Comtes de Flandre, avaient perçu, promet de conserver les biens et les personnes de toutes ces Eglises, et de ne faire passer ce *bénéfice* qu'au légitime héritier du Comté de Flandre. — Consistance de ce gavene et manière de le percevoir: chaque charrue donnera un demi-muid de froment et autant d'avoine. Celui qui ne cultivera pas de terre, donnera seulement un mencaud de froment et d'avoine, mesure de Cambray, et ils seront obligés de le porter dans cette Ville au lieu qu'on leur désignera. Ces lettres ont été passées dans le chœur de la grande Eglise, en présence des Prévôt, Archidiacres, Doyen et autres qui les ont souscrites. *Deuxième cart. de Flandre, pièce 607. 1309, mois de Mai, en latin.*

1311. Lettres par lesquelles l'Abbé et tout le Couvent de de St.-Aubert, à Cambray, reconnaissent avoir reçu, par les mains de Jean de Beaufort, Trésorier de Ste-Croix à Cambray, l'un des exécuteurs testamentaires de défunt Jean, Comte de Hainaut et Phil. sa femme, une Bible en langue française, en deux volumes, que feu le Seigneur de Lalaing leur avait donnée et que ce Comte leur retenait depuis long-temps. 1311, Juin, à Cambray, (en latin). *Orig. en parch., dont les sceaux sont perdus. 4e. Cart. de Hain, pièce 86.*

1311. Lettres par lesquelles les Prévôt, Doyen et Chapitre de l'Eglise N. D. de Cambray nomme Watier dit le Cat, Archidiacre d'Anvers, et Michel As Cloketes, Chanoines de ladite Eglise, Arbitres des différens qu'ils avaient avec le Comte de Hainaut touchant la Souveraineté et la Régale de l'Evêché de Cambray. Cet Arbitrage doit être terminé avec les personnes que le Comte nommera endéans le jour de la Résurrection du Seigneur. Le jugement doit être rendu conformément à des lettres du 12 Juillet 1301, qui y sont citées et rappellées ci-devant. 1311, 2 Février, à Cambray. *Orig. en parch., scellé du sceau du Chapitre. 4e. Cart. de Hain., pièce 19.*

1312. Lettres par lesquelles Pierre, Evêque de Cambray et Comte de Cambresis, et Guillaume, Comte de Hainaut, Hollande, déclarent qu'attendu la sûreté et le profit de leurs pays respectifs, le Comte disant qu'il est Homme de l'Evêque et qu'il lui doit foi et loyauté comme à son Seigneur et son *Père en Dieu*; et l'Evêque disant qu'il doit foi et loyauté audit Comte comme à son *Fils en Dieu*, et qu'il lui doit amour comme à *Noble Prince*; ils sont convenus des articles suivans:

Ils se promettent réciproquement aide et assistance. Le Comte de Hainaut promet d'aider l'Evêque contre tous, excepté contre le Roi d'Allemagne, le Roi de France, l'Evêque de Liége et leurs alliés.

L'Evêque excepte le Pape, l'Archevêque de Reims, le Roi d'Allemagne, le Roi de France et ses alliés.

Les monnaies des deux alliés auront cours dans leurs pays respectifs. 1312, le jour de St.-Augustin, le mois d'Août. *3e. Cart. de Hain., pièce 39.*

1313. Acte passé devant Jean-Hughes Wedeghe, Clerc du Diocèse de Tournay, Notaire impérial, qui certifie qu'en sa présence Jean de Tronchiennes, Clerc et Procureur de Louis, Comte de Nevers et de Rethel, a lu, publié et prononcé les protestations faites au nom de son Seigneur contre les procédures du Roi, savoir, le 15 Avril à Haspre, Diocèse de Cambray, à l'heure de grand'Messe, lieu choisi par tout le Chapitre N. D. de Cambray, pour célébrer l'Office divin, à cause des difficultés énormes et des guerres capitales que l'Evêque avait contre la Communauté de cette Ville, laquelle était interdite: en présence de la plus grande partie du Clergé et de l'Eglise de Cambray et autres Ecclésiastiques. La 2e., publiée à Gand, le 8 Mai, dans le Chœur de l'Eglise de St.-Christ, en présence de plusieurs Ecclésiastiques et de Nobles Hommes Robert de Zaemsschlacbt, Simon de Brugdamme et Jean de Straeten, Chevaliers. 1313, 8 Mai (en latin). *Orig en parch., signé du Notaire Jean-Hughes de Wedeghe.*

1313. Acte notarial, qui porte qu'entre la tour de Relenghes et Cambray se sont rendus les Prévôt, Echevins et le *Peuple* de la Cité de Cambray, où se sont aussi trouvés Pierron, Evêque de Cambray, avec plusieurs personnes, *tant Religieux que Nobles*, pour entendre lecture d'une ordonnance rendue par Monseigneur Ferri de Pickigny, Seigneur de Saluel, Chevalier, touchant les difficultés qu'il y avait entre l'Evêque et les *Prévôt, Echevins et le Peuple de Cambray*, et que ceux-ci, au nom des Citoyens de cette Ville, *votant, mis à genoux, les mains jointes et ayant ôté leurs chaperons de la tête*, ont supplié l'Evêque de leur faire grace et miséricorde des mefaits et injures qu'ils avaient commis contre lui; à quoi l'Evêque a répondu que, vu leur *humilité* et leur *obédience*, il était prêt à leur accorder ce qu'ils demandaient, et qu'ensuite, dans un endroit appellé *Escaufaut*, on y avait fait lecture 1°. d'un instrument public, daté de 1313, 21 Mai, indiction IIe., la 8e. année de *l'incarnation* du Pape Clément V, qui porte que les Echevins et l'Université de la Ville de Cambray, assemblés au vieux Marché aux vieux Draps, tenant à la Maison de la Paix, ont requis et supplié Pierre, Evêque de Cambray, d'avoir pitié et merci d'eux, pour toutes les désobéissances, rébellions, émeutes qu'ils avaient commis contre lui et ses Gens, et qu'ils ont promis de s'en rapporter à Noble Homme Monseigneur Ferri de Pékigni, Chevalier, pour faire la paix, sauf leurs vies et leurs membres; à quoi l'Evêque a répondu qu'il verrait à faire ce qu'il jugerait à propos. Ensuite lesdits Habitans et Communauté se sont obligés à tenir ce que prononcerait ledit Ferri, et à leur donner pour sûreté de leur promesse 80 ou 100 ôtages à sa volonté, et le Château de Selles qui est audit Evêque, et ils l'ont juré *les mains tendues* vers l'Eglise N. D. de Cambray. L'après-dîner les Prévôt et Echevins de Cambray ont promis et juré la même chose en présence de Nobles Hommes Messire Godefroi de Sombreffe, Jean d'Estourmel, Jean li Brun d'Astice, *Chevaliers*; Rogier de Walers, *Valet* du Comte de Flandre; Jean de Wasnes, Mailles de Fontanges et Jean de Sains, *Ecuyers*; Jakemars Roussians de Cambray, Guillaume de Chartres et Guillaume Ledesne, *Clercs*, Notaires publics, ont été présens à tout ce qui s'est passé. 2°. D'un acte notarial du même jour 21 Mai, en latin, qui certifie que les Prévôt et Echevins de Cambray ont remis entre les mains de Ferri de Pékigni, Chevaliers, les clefs du Château de Selles, appartenant à l'Evêque de Cambray, dont les Bourgeois s'étaient emparés. Cet acte, passé en présence des mêmes personnes et Notaires que le précédent. 3°. Des lettres de Pierre, Evêque et Comte de Cambray et du Cambresis, données au Câteau-Cambresis le 23 Mai 1313, par lesquelles il déclare que les *Citoyens* et Habitans de la Ville de Cambray l'ayant requis humblement d'avoir pitié d'eux, à cause des *rebellions*, *désobéissances*, *fourfaitures*, *injures et dommages* qu'ils avaient commis envers lui; il charge Ferri de Péckigni, en qui il a la plus grande confiance *comme extrait de Noble et Loyale Personne*, et lui donne pouvoir et autorité de punir lesdites rebellions et désobéissances. Les Prévôt, Doyen et Chapitre de Cambray confirment et approuvent ces lettres. 4°. De la sentence de Péckigni portant ce qui suit : La Cité de Cambray et le Château de Selles, propre patrimoine de l'Evêque et de l'Evêché de Cambray, que lesdits Prévôt, Echevins et Peuple de Cambray occupent contre le gré de l'Evêque lui seront rendus. *Réservé jusqu'à plus amplement informé, de prononcer sur l'empêchement mis par le Peuple de Cambray à la levée de l'assise qui se percevait pour le fait d'Artois.* Pour l'assaut à la Chapelle du Palais de l'Evêque, qui a été forcée et violée, et des *Maisnies* (Domestiques de l'Evêque, qui y furent tués) : on fondera en outre dans la Ville de Cambray, au lieu qu'il plaira à l'Evêque, une Chapelle qui sera dotée de 30 liv. tournois de rente : une autre Chapelle dans l'endroit où cinq Bourgeois de cette Ville furent tués devant la Maison de la Paix, à laquelle on assignera aussi 30 liv. de rente. Chaque Habitant de cette Ville qui aura feu et lieu, Clerc, Marié, Marchand ou Laïc, payera tous les ans, le jour de St.-Grégoire, 6 deniers; et ces Chapelles seront construites aux dépens de la Commune. Chaque Habitant de la Ville payera encore 6 deniers par an le jour de St.-Remi, pour faire garder le Château de Selles dont le Peuple de Cambray s'était emparé. Le Peuple de Cambray ayant levé les bannières en manière d'ost, et les ayant portées en bataille rangée en dedans et en dehors cette Ville contre les Gens de l'Evêque, il est ordonné que ces bannières seront apportées devant l'Evêque pour en faire sa volonté. Il n'y aura dans le Comté de Cambray qu'une seule bannière aux armes de l'Evêque, et qu'il fera garder par ses Gens. Si quelqu'un lève bannière sans la permission de l'Evêque, il perdra tous ses biens, meubles et non-meubles, ainsi que la Cité et le Pays à toujours. Si le Peuple de la Cité lève ou consent qu'on lève bannière contre l'Evêque, il payera mille marcs d'or fin à l'Evêque. Les bretèches et forteresses construites aux portes et aux murs de la Ville depuis que l'Official a été tué, seront démolies et tous les matériaux appartiendront à l'Evêque. Les lois, coutumes, usages et échevinage de la Ville de Cambray seront dans la volonté et ordonnance de l'Evêque, et il est défendu aux Echevins de faire loi et office d'échevinage sans la permission de l'Evêque. Les Habitans de Cambray sont condamnés à payer à l'Evêque, pour les frais de la guerre, 10,000 liv. bons petits tournois noirs, en deux termes. Ils sont en outre condamnés à restituer les dommages qu'ils ont causés par *arsins* ou autrement pendant la guerre aux Habitans de dehors. Tous les Habitans de la Cité, Laïcs ou Clercs, âgés de 14 ans et au dessus, jureront de garder l'Evêque, son Official, et ce serment sera renouvellé tous les cinq ans le jour de St.-Grégoire, et à chaque renouvellement d'Evêque.

Cette sentence ayant été lue, lesdits Prévôt et *Peuple* l'ont approuvée d'une voix unanime et ont juré de l'exécuter à toujours. Ensuite l'Evêque, à la prière de Ferri et des Religieux et Nobles présens, a fait remise au Peuple de la somme de 2,000 liv. sur celle de 10,000 liv. qui lui avait été adjugée; a absous ceux qui avaient été excommuniés a cause du meurtre de l'Official, et levé l'interdit mis sur la Ville de Cambray.

Présens à ces choses les Abbés de Cantinpré et de Femy, Nobles Hommes Albert de Hangest, Seigneur de Genli; Wautier, Seigneur de Bouzies; Jean Sausset; Jean et Hughes de Barbenchon; Jean, Seigneur d'Estourmel (*écrit Estoumiel*); Evrard, Seigneur de Florzies, *Chevaliers*, et autres; Jacques Roussiel et Pierre Fabri, Clerc, Tabellions publics; Jean de Cambray, dit *de Foro*, Clerc, Tabellion impérial, certifie avoir été présent à tout ce qui est dit ci-dessus et en avoir fait lecture publiquement. *Copie sur cinq bandes de parch., cousues ensemble, collationnée à l'original le dernier Juin 1327, par Arn., dit Muzinghes, Clerc, Notaire public, qui a signé.* On a traduit en français et copié sur du parchemin tout ce qu'il y avait en latin dans cet acte, et on l'a cousu en face du latin. *Sur le dos se trouvent deux lettres qui sont rapportées ci-devant page 27, au nom de Bousies, années 1313 et 1327.*

1326. Lettres par lesquelles les Prévôt, Doyen et Chapitre de Cambray nomment Me. Arnaud, Grand Archidiacre, et François de Mont-Flasthon, Ecolâtre de cette Eglise, leurs Arbitres pour, avec Nobles Hommes Sausses de Boussoit et Simon de Lalaing, Chevaliers, Arbitres du Comte de Hainaut, terminer les différens qui étaient entre ce Chapitre et ledit Comte, à cause de la *Souveraineté et Regale* pendant la vacance du siége de Cambray. 1326, 1er Mai. *Orig. en parch., scellé du scel du Chap., en cire jaune. 4e. Cart. de Hain., pièce 21.*

1341. Commission donnée par Guillaume, Comte de Hainaut, à Nobles et discrets Jean, Seigneur de Harchies; Gérard de Jauche, Seigneur de Mastaing, *Chevaliers*; Pierre de St.-Amand, Professeur ès lois; Arnoul de *Altonitis* de Florence, Docteur en droit; Jean de Fumone, Chanoine de St.-Géry de Cambray, et à Etienne de Mahon, Prêtre, pour comparaître et soutenir ses droits devant Pierre, Evêque de Palestrine; Ambal, Evêque de Frascati, et Bernard, Cardinal, Prêtre du titre de St.-Cyriac-aux-Termes, Arbitres nommés pour terminer le différent que le Comte avait avec Guillaume d'Aussonne, Evêque de

CAN

Cambray, au sujet de la guerre qui était entre Philippe, Roi de France, et Edouard, Roi d'Angleterre. 1341, 12 Mai, à Valenciennes, en la Chapelle de l'Hôtel du Comte (en latin), passé par-devant Jean de Béthune, Clerc du Diocèse d'Arras, et Jacques Du Moulin, Clerc du Diocèse de Cambray, Notaires impériaux et apostoliques. *Orig. en parch.*, *signé de ces deux Notaires.*

1341. Mandement des Vicaires généraux de l'Evêque de Cambray, *qui était caché*, adressé à tous Doyens, pour lever *l'excommunication fulminée* contre le Sénéchal du Hainaut, le Seigneur de Barbenchon, Jean et Jacques Dou Sart, le Seigneur de Lissereules, Simon, Bâtard de Hainaut, Wolfard de Ghistelle, *Chevaliers;* Le Baron de Beaumont, Fréderic de Hordaing, le Châtelain d'Ath, les Prévôt et Villes de Valenciennes, Mons et autres qui, avec Guillaume, Comte de Hainaut, Jean, Seigneur de Beaumont, et Maître Henri de Geldon, *avaient pillé et brûlé* la Maison de Ribaucourt, celle de Saussoit, *assiégé la Ville de Cambray* et pillé tout le Cambresis. 1341, le Samedi après la Noël (en latin.) *Orig. en parch.*, *dont le scel est tombé.*

1345. Acte notarial de la déclaration faite par Jean de Sommaing, Willaume de Sommaing, Prévôt du Quesnoy, frères, et Robert de Warigny, *Ecuyers*, envoyés par le Seigneur de Gomignies vers Gui, Evêque de Cambray, assistés de Jean dit le Clerc de Gomignies, et Jean Quaret, *Familiers* du Seigneur de Gomignies, que ledit Seigneur de Gomignies, à cause de l'évasion de Jean dit de Valle, Clerc, des prisons de cet Evêque, où il avait été envoyé par la Dame de Gomignies, sa mère, prendrait tant de biens dudit Evêque et de ceux de ses Gens, que lui et sa mère en seraient satisfaits. 1345, 1er. Février, au Cateau Cambresis, en la Maison épiscopale (en latin). *Orig. en parch.*, *signé du monograme de P. Brunelli, Notaire apostolique.*

1382. Information faite, à la requête du Chapitre de Cambray, contre Gherart d'Estourmel, Ecuyer, et ses complices, qui avaient fait des injures et dommages à l'Eglise de Cambray et à ses Gens de Fontaine N. D. 1382, 27 Janvier et jours suivans. *Orig. en parch.*

1301. CAMBRY. *Les Seigneurs de cette Maison se sont souvent appellés* Cambray, *au lieu de Cambry.* Willaume de Cambray, en 1301. *Voyez ci-devant page 37.*

1500. Le 1er. volume annonce plusieurs titres. *Page* 897, Jean Cambry, en 1500. --- *Page* 1052, épitaphe, avec huit quartiers, de Sire Jean de Cambry, Ecuyer, Seigneur de Baudimont, Houplines, Viescourt, Chatelet,
1581. Prévôt de Tournay, mort en 1581, et de son épouse
1590. Anne de Rets, morte en 1590. --- *Page* 898, Anne de Cambry, veuve d'Antoine de Cambry, Dame de
1603. Velaines, exempte du droit de franc-fief, en 1603, comme issue d'ancienne Noblesse. *Le Chef de cette Maison fait sa résidence au Grand-Chastelet, belle terre enclavée dans Celles-Molembais, Département de Jemmappes.*

1386. Voyez Cantaing, en 1386.

1389. Voyez Assche, en 1389, *ci-devant pag.* 6.

1388. CANNY. Lettres de Raoul Flament, Chevalier, Seigneur de Canny et de Varesnes, par lesquelles il déclare que pour le profit de Jean de Canny, dit le Baudrain, Ecuyer, son neveu, fils de feu Watier de Canny, son frère, et de Jeanne de Bauterllu, sa veuve, à présent femme de Bernard de Themericourt, Ecuyer d'écurie du Roi, il a remis audit Bernard, qui a le bail dudit Jean de Canny, à cause de sa femme, mère dudit Jean, une lettre de 100 liv., monnaie de Flandre, de rente hérit., appartenant audit Jean, pour la vendre et en employer le prix au profit dudit Jean. 1388, 7 Août. *Orig. en parch.*, *scellé du scel dudit Raoul.*

CAN

1388. Vente faite au Duc de Bourgogne par le susdit Bernard de Themericourt, tant en son nom que comme ayant le bail et garde du prédit Jean de Canny, d'une rente annuelle et perpétuelle de 100 liv., qui furent données par le Comte Gui à feu Raoul Flament, duquel Jean de Canny a les droits, tenus en fief du Comte de Flandre, passée devant Richard de Bailly et Jean de la Croix, Clercs; Notaires au Châtelet de Paris. 1388, le Dimanche 23 Août. *Orig. en parch.*, *scellé du scel de la Prévôté de Paris.*

1323. CANTAING. Accord entre Guillaume, Comte de Hainaut, et Guillaume de Meulent, Chevalier, et Jean de Meulent, Archidiacre de Brie en l'Eglise de Meaux, frères de Noble Homme Monseigneur Amauri de Meullent, jadis Seigneur de Neufbourg, par lequel le Comte ôte sa main et promet de laisser jouir du *Château et terre de Cantaing* les enfans que ledit Amauri de Meullent avaient eu de Madame Marie, jadis Dame de Cantaing. 1323, 10 Janvier., 2e. *Cart. de Hain.*, *pièce* 78.

1323. Lettres de Jean de Fosseux, Ecuyer, par lesquelles il reconnaît avoir donné au Comte de Hainaut la Ville, Château et terre d'Escaudeuvre; promet de faire adhériter le Comte de cette terre dans l'année, après que Marguerite, *fille de Marguerite de Cantaing*, veuve d'Ernoul d'Enghien, Seigneur de Préaux, son cousin, aura fait profession en Religion, ou en cas qu'elle vienne à mourir. Présens Messire Jean, Sire de Watenes; Messire Thierri du Casteler, Bailli de Hainaut; Messire Gérard, Sire de Pottes; Messire Percevaus, Sire de Semeriel, *Chevaliers*, et Jakeme, Châtelain de Bouchain, Hommes de fief du Comte de Hainaut. 1323, le Vendredi avant la N. D. de Mars, à Mons, en la maison du Comte, qui fut Jean Frekin. *Orig. en parch.*, *scellé de 6 sceaux en cire verte pendant à double queue.* 2e. *Cart. de Hain.*, *pièce* 53.

1386. Sentence rendue par le Duc de Bourgogne contre Jacques, Sire de Cantaing, Chevalier, a cause de l'injure par lui commise contre l'Eglise de Cambray, en faisant mutiler un Habitant de la Ville de Fontaines, appartenant à cette Eglise. 1386, 22 Septembre, à Arras. *Orig. en parch.*

1400. CANTIMPRE. Promesse de Jean, Abbé, et du Couvent de N. D. de Cantimpré près de Cambray, Ordre de St.-Augustin, de célébrer tous les ans un *Obit* et de payer chacun an au Comte d'Artois 80 mencauds de bled de mouture, pour un moulin à l'eau situé à Castelet près de Cambray, que la Comtesse d'Artois et Philippe, Fils de France, Comte d'Artois, son neveu, leur avaient donné en arrangement perpétuel. 1400, 8 Mai. *Orig. en parch.*, *scellé du sceau de l'Abbé et de celui du Couvent.*

1387. CARANT. Quittance de Jean de Carant, Chevalier, Châtelain et Garde du Château de St.-Omer, de 7 liv. 13 s. 4 d. parisis, pour ses gages. 1387, 24 Novembre. *Orig. en parch.*, *dont le scel est tombé.*

1372. CARNIN (VAN). Déclaration de Jean Machet, Bailli d'Audenarde, Jean Cabelhau, Gilles Van der Meeren, Inghel Brune et Gérard Van der Hagen, Hommes de fief du Duc de Bourgogne, qu'ils ont reçu un mandement de ce Duc, par lequel il leur ordonnait de ne pas laisser sortir Haelmant Van Carnin, Ecuyer, des Ville et Châtelenie de Lille, jusqu'à ce qu'il ait payé deux fois 64 liv. parisis, et 64 liv. pour amende adjugée audit Bailli. 1372, 7 Décembre (en flamand.) *Orig. en parch.*, *scellé de plusieurs sceaux et signé de Gérard Raphaest, Notaire du Diocèse de Cambray.*

CARRIER. Voyez Horne, en 1331.

CAS

1310. CASSEL. Mandement du Roi Philippe-le-Bel au Comte de Flandre, de faire révoquer la sentence de bannissement, rendue par le Bailli de Cassel, contre quelques Bourgeois de St.-Omer détenus dans la prison du Roi; et que, s'il veut poursuivre son droit, il ait à comparaître à Paris au Parlement, le jour du Bailliage d'Amiens. *Orig. en parch., scellé d'un morceau du sceau du Roi.* 1310, *7 Juin, à Compiègne, en latin.*

1312. La garde du Château de Cassel, en 1312. *Voyez France.*

1318. Accord entre Louis, Comte de Nevers, et Robert son frère, fils de Robert, Comte de Flandre, par lequel Robert renonce aux terres d'Alost, pays de Waes et quatre métiers qui lui avaient été donnés en assènement de 10,000 liv. de rente pour son partage, et en échange *reçoit les Terres et Seigneuries de Cassel, Bois de Nieppe, Bornehem, Dunkerque, du Perche et de Broigny.*

Confirmé par le Comte Robert et fait en présence de Monseigneur Jean de Reinghiersvliet, Maître Robert de Zaemslachte, Maître Philippe de le Poule, Monseigneur Henri Griffon, *Chevaliers;* Maître Nicole de le Pierre, Jean Destborch, Bauduin de Sinnebieque, Jean Bonoit, Clercs, Jean de le Pierre, Receveur de Flandre, Jean de Lille et Jean Palstre. 1318, Août, à Courtray. *Orig. en parch., scellé du scel du Comte Robert et de ceux de ses deux fils.*

1323. Acte de l'hommage rendu par Robert de Flandre, *Seigneur de Cassel*, à Louis, Comte de Flandre, sans préjudice aux droits de ce Comte sur les biens de Robert, au cas qu'il eût manqué *au devoir d'Homme de fief*, et à charge par le Seigneur de Cassel d'aller à Amiens dans le terme de 6 jours, pour y jurer d'observer la paix qui avait été faite entre le Roi de France et le Comte de Flandre. *Présens* Guillaume, Comte de Hainaut; Jean, Comte de Namur; Jean de Hainaut, Seigneur de Beaumont; Gaucher de Châtillon, Connétable de France; Gaucher, son fils aîné; Jean de Flandre, Seigneur de Nele; le Seigneur de Fiennes; Gui de Flandre; le Seigneur de Masmines; Philippe de le Poule; Fastré et Michel de Ligne; Jean et Simon de Saint-Génois; Arnoul de Bacquehem (*écrit Baskchem*), *Chevaliers;* Bauduin de Senebeke, Prévôt de Furnes; Jean de Bruges et autres, reçu par Pierre de *Cameraco*, dit Favre, Tabellion. 1323, 10 Juillet, à Ipre (en latin). *Orig. en parch., scellé.*

1326. Lettres de Robert de Flandre, Sire de Cassel, et de Jean de Bretagne, Comte de Montfort, par lesquelles ils nomment Simon du Mesnil, Chevalier, pour, avec la Dame de St.-Gobain, choisir un dépositaire de l'argent promis audit Robert, à cause de son mariage avec Jeanne de Bretagne, lequel argent devait être employé en acquisition d'héritages. 1326, le Mercredi avant St.-Vincent, à Aluye en Perche. *Orig. en parch., scellé des sceaux desdits Robert et Jean.*

1326. Confirmation par le Roi des lettres de Robert de Flandre, du Samedi après la Chandeleur ci-dessus, touchant le douaire de sa femme. 1326, Mars, à Vincennes (en latin). *Orig. en parch., scellé du grand scel du Roi, en cire verte.*

1328. Main-levée donnée par Jean de Vienne, Evêque d'Avranche, et Gaucher de Châtillon, Comte de Portien, Connétable de France, à Robert de Flandre, Seigneur de Cassel, de la terre et Seigneurie de Cassel, que le Roi avait saisie et mise en sa main à cause de la révolte de ce Seigneur. 1328, le Mardi, veille de St.-Mathieu, Apôtre, à Lille. *Orig. en parch., scellé de deux sceaux.*

1331. Commission de Philippe, Roi de France, à Gui Chevrier, Guillaume Courtebuse, Chevaliers, et Martin des Essarts, ses Conseillers, pour informer des paiemens faits par le Comte de Flandre, en déduction de la somme de 20,000 liv. parisis qu'il devait à *Robert de Flandre, Seigneur de Cassel*, des termes échus à cause de sa provision, partage et renonciation au Comté de Flandre. 1331, 19 Avril, à St.-Christophe en Halate. *Orig. en parch., dont le scel est tombé.*

1331. Protestation faite par Bauduin de Creki, Chevalier, de n'être pas sujet à payer *la taille qui se levait dans la Châtellenie de Cassel* par Jeanne de Bretagne, Dame de Cassel, laquelle a consenti cette protestation, sauf ses droits et sans que les Sujets dudit Bauduin de Creki puissent s'en aider. 1331, le Dimanche 5 Avril, à Cassel. *Orig. en parch., scellé des sceaux de la Dame de Cassel et de Bauduin de Creki.*

1331. Récépissé de Jean de Mees, Ecuyer, des pièces qui lui avaient été remises concernant le procès que la Dame de Cassel avait contre le Comte de Flandre. 1331, le Vendredi après St.-Martin d'hiver. *Orig. en parch., scellé de son scel.*

1331. Procuration donnée par Alix, Dame de Haveskerque et de Beauval, pour la constituer caution envers le Comte de Flandre, *de Jeanne de Bretagne, veuve de Robert de Flandre, Seigneur de Cassel*, à cause de la tutelle de Jean et Yolende de Flandre, ses enfans. 1331, le Mardi après St.-Denis. *Orig. en parch., scellé de son scel.*

1331. Lettres de ladite Dame de Haveskerque, par lesquelles elle se rend caution de la Dame de Cassel. Même date. *Orig. en parch., dont le scel est tombé.*

1331. Procuration donnée par Drieues de St.-Venant, Chevalier, à Jean de Champeaus, Seigneur de Loys, Jean Amiot, Chapelain, et Etienne de le Bourdinière, pour obliger lui et ses biens de Flandre envers le Comte de Flandre, pour plége et *caution de la Dame de Cassel*, à cause du bail de Jean de Flandre, son fils. 1331, le Samedi après St.-Luc. *Orig. en parch., scellé de son scel.*

1331. Lettres d'Alix de Monchy, Dame de Pontrohart, et de Marguerite de Pontrohart, sa fille aînée, par lesquelles elles se rendent pléges et cautions envers le Comte de Flandre, de la Dame de Cassel, à cause du bail de Jean de Flandre, son fils 1331, le Vendredi jour de St.-Luc, Evangeliste. *Orig. en parch., dont les sceaux sont brisés.*

1331. Procuration donnée par Jean de Morbeke à Jean de Champeaux, Seigneur de Loys, Guillaume As Cleukes et Jean Amiot, pour le constituer caution de Jeanne de Bretagne, Dame de Cassel, envers le Comte de Flandre, à cause de la garde et bail de son fils. 1331, le Dimanche après St.-Luc, Evangeliste. *Orig. en parch., dont le scel est brisé.*

1331. Lettres de Jean de Châtillon, Comte de St.-Paul, par lesquelles il se constitue plége et caution, envers le Comte de Flandre, de la Dame de Cassel, à cause du bail et garde de son fils. 1331, 17 Juillet, à Pernes. *Orig. en parch., scellé de son scel.*

1331. Lettres de Gui de Châtillon, Comte de Blois, par lesquelles il se constitue caution envers le Comte de Flandre, de la Dame de Cassel, à cause du bail de son fils. 1331, le jour de St.-Jacques et St.-Christophe, à Blois. *Orig. en parch., dont le scel est tombé.*

1331. Lettres de Jean de Haveskerque, Sire de Watenes, par lesquelles il se rend plége et caution de la Dame de Cassel envers le Comte de Flandre, à cause du bail de Jean de Flandre, fils de cette Dame. 1331, le Lundi après St.-Simon, St.-Jude. *Orig. en parch., scellé de son scel.*

CAS

1331. Promesse de Jeanne de Bretagne, Dame de Cassel, d'indemniser Sohier le Courtrisien, et Sohier, son fils, Chevaliers, des pertes et dommages qu'ils pourraient supporter dans la suite pour s'être constitués plèges et cautions de ladite Dame envers le Comte de Flandre, à cause du bail et garde de Jean et Yolende de Flandre, enfans de ladite Dame de Cassel et de défunt Robert de Flandre, son mari, passée devant Etienne de Montargis et Robert Beradant, Clercs, Notaires du Roi au Châtelet de Paris, sous le scel de la Prévôté de Paris, Jean de Milon, Garde de ladite Prévôté. 1331, le Vendredi 27 Février. *Orig. en parch., scellé du scel de ladite Prévôté.*

1331. Pareille promesse d'indemnité donnée par ladite Dame a Jean de Vatenes, Ecuyer, passée comme dessus. Même date. *Orig. en parch., scellé comme dessus.*

1331. La même à Jean de Formezelles, Ecuyer. *Orig. en parch.*

1331. La même à Jean de Bailleul, Chevalier. *Idem.*

1331. La même à Alix, Dame de Haveskerke et de Beauval. *Ut supra.*

1331. La même à Noble Homme Godefroi de Sombreffe. *Idem.*

1331. La même à Dlle. Eléonore de Gavre, Dame de Pitgan. *Idem.*

1331. Commission de Gui Chèvrier, Guillaume Courteheuse, Chevaliers, et Martin des Essars, Conseillers du Roi et ses Commissaires en cette partie, à Jean Loys, Sergent Royal au Bailliage d'Amiens, pour ajourner le Comte de Flandre par-devant eux en la Chambre des Comptes de Paris, sur la demande que lui faisait Robert de Flandre, Seigneur de Cassel, de 20,000 liv. parisis, des termes passés pour sa provision, partage et renonciation au Comté de Flandre. *Orig. en parch., dont les sceaux sont tombés.*

1331. Lettres de Sohier, fils de Sohier de Courtray l'aîné, Chevalier, par lesquelles il se constitue caution de Jeanne de Bretagne, Dame de Cassel, envers le Comte de Flandre, pour le bail des enfans de ladite Dame. 1331, le Samedi après St.-Luc. *Orig. en parch., scellé de son scel.*

1331. Pareilles lettres de Jean, Comte de Dreux, Sire de Montpensier, de St.-Valery et du Château du Lair. 1331, le Mardi après la Magdelaine, à Vouray lez le Château du Lair. *Orig. en parch., scellé.*

1331. Procuration de Jean de Châtillon, Comte de St.-Pol, pour se constituer caution de la Dame de Cassel envers le Comte de Flandre, à cause du bail des enfans de ladite Dame. 1331, 18 Juillet, à Paris. *Orig. en parch., scellé.*

Pareille procuration de Jean de Palstre. 1331, le Mardi après St.-Luc. *Orig. en parch., scellé.*

Idem de Jean de Haveskerke, Seigneur de Watenes.

Idem de Guillaume, Sire de Coucy, Oisy et Montmirail.

Idem de Jean Palstre.

Idem de Cordewan de le Bourre, Chevalier.

Idem de Gui de Laval, Sire de Pacy, Chevalier.

Idem de Bouchart Volckin.

Idem de Jean, Sire de Walaincourt, Chevalier.

Idem de Jean, Sire de Fieules, Chevalier, Châtelain de Bourbourg, et d'Isabelle de Flandre, sa femme.

Idem de Jean de Morbeque.

Idem de Sohier de Courtray et Sohier son fils.

Idem de Jean de St.-Venant, Chevalier. *Tous ces titres sont originaux de l'an 1331.*

1333. Sentence de congé de Cour rendue par le Bailli d'Amiens, en l'assise de Montreuil, au profit de la Dame de Cassel, contre Guilbert de Piennes, Ecuyer, Appellant d'une sentence de feu Robert de Flandre. 1333, le Mercredi après St.-Remy. *Orig. en parch., scellé.*

1333. Sentence du Bailli d'Amiens rendue entre la Dame de Cassel d'une part, le Seigneur de Fiennes, Cordouan de le Bourre, Jean de Wastennes, Ecuyer, et la Dame de Beauval et de Haveskerke, opposans à ladite ordonnance prononcée contre eux et leurs sujets par feu Robert de Flandre, d'autre part. Elle renvoie les parties au parlement de Paris. 1333, le Mercredi après St.-Remy. *Orig. en parch., scellé.*

1333. Sentence du Bailli d'Amiens qui continue à la prochaine assise la cause d'entre la Dame de Cassel d'une part, Jean de Heuchin, Cordouan de le Bourre, Chevaliers, Guilbert de Piennes et Jean de Watenes, Ecuyers, d'autre part. 1333, le Vendredi après l'Ascension. *Orig. en parch., dont le sceau est rompu.*

1333. Lettres par lesquelles Ghiselin de Tannay, Ecuyer, se désiste du procès qu'il soutenait conjointement avec Jean de Heuchin, Chevalier, Sire de Fiennes, et autres Vassaux de la Châtellenie de Cassel, contre la Dame dudit Cassel, à cause de ladite ordonnance prononcée par feu Robert de Flandre contre les Sujets desdits Vassaux. 1333, le Jeudi après St.-André. *Orig. en parch., scellé de son scel.*

1333. Commission de Châtelain et Garde du Château et Châtellenie de Bornhem, donnée à Henri de Merkerke, fils de Wautier, par Gilles Nazars, Chevalier, Sire de Jumes, Rewart, et Gouverneur de la terre de la Dame de Cassel et de ses enfans, en Flandre et dans le Comté d'Alost, établi en cette qualité par lettres de ladite Dame, y insérées, données à Cassel, le 1er. Janvier 1332. 1333, le Mercredi après St.-Pierre entrant Août, à Cassel. *Orig. en parch., dont le scel est rompu.*

1333. Quittance de Simon de Créchy, Chevalier, de 50 liv. parisis, reçues de la Dame de Cassel, pour une année de sa pension. 1333, le Vendredi avant le Dimanche des Brandons. *Orig. en parch., scellé.*

1333. Quittance de Robinet de Florence, Valet de Simon de Créchy, de 50 mailles de Florence, qu'il avait reçues de la Dame de Cassel pour son maître. 1333, le Vendredi après St.-Martin d'été, à Paris. *Orig. en parch., scellé.*

1334. Commission du Bailli d'Amiens pour ajourner pardevant lui la Dame de Cassel, à la requête de Jean, Sire de Rely, Chevalier; Jean, Châtelain de Bergues, Chevalier; Wautier de Hondescote, Sire de Houtequerke, Chevalier; Jean, Sire de Morbeque; Bauduin de Heuchin, et de l'Abbé de Ham, à cause des poursuites que ladite Dame de Cassel faisait contre leurs Sujets, en vertu de l'ordonnance de son défunt mari. 1334, 1er. Juin, à Montreuil-sur-Mer. *Cop. en parch., sous le scel de Jean de Biaurain, Sergent Royal au Bailliage d'Amiens.*

1334. Sentence du Bailli d'Amiens qui renvoie en l'assise à Montreuil la cause d'entre Jean de Reli, Chevalier, et Jean de Morbeque d'une part, et la Dame de Cassel d'autre. 1334, le Dimanche après St.-Jean-Baptiste. *Orig. en parch., scellé.*

1334. Commission du Parlement pour ajourner Cordouan de la Bourre, Chevalier, et Jean de Wastennes, Ecuyer, à l'encontre de la Dame de Cassel. 1334, 9 Juin, à Paris, en Parlement (en latin). *Orig. en parch., dont le scel est tombé.*

1334. Arrêt par défaut pour la Dame de Cassel, contre lesdits de le Bourre et de Wastennes. 1334, 26 Avril, à Paris, en Parlement (en latin). *Orig. en parch., dont le scel est tombé.*

1334. Quittance de Simon de Crécy, Sire de Moronval, Chevalier, de 60 liv. parisis, reçues de la Dame de

CAS

Cassel, pour un terme de sa pension. 1334, 17 Mars, à Warneton en Flandre. *Orig. en parch.*, *scellé de son scel.*

1335. Arrêt qui ordonne une enquête sur la contestation que Jean, Seigneur de Reli, Jean de Brequin, Chevalier, et Jean de Morbeque, Ecuyer, avaient contre la Dame de Cassel, à cause de la contribution exigée par ladite Dame, des sujets de ces Seigneurs, ès tailles imposées par feu Robert de Flandre sur les Habitans de la Châtellenie de Cassel. 1336, 20 Janvier, à Paris, en Parlement (en latin). *Orig. en parch.*, *dont le scel est tombé.*

1335. Quittance de Simon de Crécy (*ut supra*, en 1334). 1335, 16 Juillet. *Orig. en parch.*, *scellé.*

1336. Mandement du Roi Philippe aux Baillis d'Orléans et de Chartres, de décider la difficulté que la Dame de Cassel avait avec Jeanne de Beaujency, Dame de la Ville de la Ferté, couverte de fer, au sujet de la jurisdiction du ressort de ladite Ville 1336, 9 Janvier, à Paris; sous le *vidimus* de Guillaume de la Touche, Bailli d'Aiiuye et de Montmirail, du Mardi après la Décolation de St-Jean, 1340. *Orig. en parch*, *scellé.*

1336. Arrêt qui remet au prochain Parlement la cause d'entre la Dame de Cassel d'une part, Jean de Reli, Jean de Brequin, Chevaliers, et Jean de Morbeque, Ecuyer, au sujet de l'emprisonnement des Echevins et Sujets des Villes du Thil, du Brequin et de Morbeque d'autre part. 1336, 2 Janvier, à Paris, en Parlement. *Orig. en parch.*, *dont le scel est tombé.*

1336. Pareille quittance de Simon de Crécy, *ut supra.* 1336.

1337. Mariage d'Yolenthe de Flandre, fille de feu Robert, Sire de Cassel, et de Jeanne de Bretagne. *Voyez Bar, en* 1337.

1337. Quittance de Dlle. Agnès de Succy, veuve d'Adam de Mandres, Ecuyer, de la somme de 12 liv. tournois qui lui était due par la Dame de Cassel, pour le quint denier de plusieurs héritages situés en la Ville et terroir de Limeul, tenus en fief de ladite Agnès, pour lesquels la Dame de Cassel était en souffrance et pour lesquels Guillebert de Neilonchel (*écrit Médonchel*), Chevalier, à cause de Béatrix d'Estaimbele, sa femme, a été jadis en la foi et hommage de ladite Agnès. 1337, le Dimanche après St-Denis; passé devant Jean le Tourneur, Prévôt de Braye, et Jean le Cordier, Clerc, Garde du scel de ladite Prévôté. *Orig. en parch.*, *scellé.*

1338. Arrêt concernant l'accord fait entre la Dame de Cassel d'une part, la Dame de Havesquerque et Jean de Heuchin, Chevalier, Seigneur de Tiennes d'autre part, par lequel lesdits de Havesquerque et de Tiennes consentent à l'exécution commencée sur leurs sujets en la Châtellenie de Cassel, en vertu de l'ordonnance de feu Robert de Flandre, Seigneur de Cassel, rendue au sujet des dernières émeutes et rébellions de Flandre. 1338, 8 Avril, à Paris en Parlement. *Orig. en parch.*, *scellé.*

1339 Quittance de Colin de la Bruyère, Sire de Bois-Roisin, de 50 liv. tournois que la Dame de Cassel lui devait. 1339, le Mercredi après St.-Luc, à St.-Quentin. *Orig. en parch.*, *scellé.*

1342. Lettres par lesquelles Pasquier, Lieutenant d'Honorable Homme et Sage Alexandre de Crevecœur, Bailli d'Orléans, et Simon Douet, Lieutenant d'Honorable Homme et Sage Vincent Michiel, Bailli de Chartres, Commissaires du Roi, déclarent que *Guillaume de la Touche, Procureur de Madame de Cassel*, M. de Bar et Madame sa femme d'une part, Guillaume de Bourdineau, Procureur de Dlle. Jeanne de Beaugency, Dame de la Ferté, couverte de fer, et Jean Boulieu, Procureur du Roi, d'autre part, ont comparu pardevant eux et qu'ils les ont assignés à comparaître devant leurs Maîtres, le Mardi après la Chandeleur. 1342, le Dimanche après Noël. *Orig. en parch.*, *dont les sceaux sont tombés.*

CAS

1342. Arrêt qui continue au prochain Parlement la cause d'entre Bertrand des Baux, Comte de Montrains, et Marguerite d'Aunay, sa femme, d'une part, la Dame de Cassel, les Comte et Comtesse de Bar, d'autre part. 1342, 9 Décembre, à Paris, en Parlement (en latin). *Orig. en parch.*, *dont le scel est tombé.*

1342. Arrêt qui donne acte aux Comte et Comtesse de Bar et à la Dame de Cassel de leur présentation en la cause qu'ils avaient contre défunt Jean de Brequin, Chevalier. 1342, 27 Janvier, à Paris, en Parlement. *Orig. en parch.*, *dont le scel est tombé.*

1343. Arrêt qui remet au prochain Parlement la cause d'entre Jean de Morbeque, Chevalier, et le fils et héritier de feu Jean, Seigneur de Rely, Chevalier, d'une part, et la Dame de Cassel d'autre part. 1343, 26 Janvier, à Paris en Parlement (en latin). *Orig. en parch.*, *dont le scel est tombé.*

1345. Lettres par lesquelles Jacques de la Varlie, Chevalier, Conseiller du Roi, reconnaît avoir reçu de la Dame de Cassel 10 liv. tournois, pour dédommagement d'une rente de demi-muid de vin, dont les vignes de Valenton, que cette Dame lui avait vendues, sont plus chargées qu'il n'est porté au contrat de vente. 1345, 20 Août. *Orig. en parch.*, *scellé de son scel.*

1345. Arrêt qui continue au prochain Parlement la cause d'entre la Dame de Cassel et la Comtesse de Bar d'une part, Jean, de Morbeque et Gui, Seigneur de Rely, Chevalier, d'autre part. 1345, 21 Mars, à Paris en Parlement (en latin). *Orig. en parch.*, *dont le scel est tombé.*

1346. Arrêt qui continue au prochain Parlement la cause d'entre la Dame de Cassel et la Comtesse de Bar d'une part, et Bertrand des Baux, Comte de Montrayns d'autre. 1346, 28 Avril, à Paris, en Parlement (en latin). *Orig. en parch.*, *dont le scel est tombé.*

1353. Donation faite par Yolenthe de Flandre, Comtesse de Bar et Dame de Cassel, du consentement de Philippe de Navarre, son mari, à Jean le Mattre, son Ecuyer, et Perrote du Plessy, sa Demoiselle, femme dudit le Mattre, en faveur de leur mariage, de 40 liv. de rente sur le Maregbelt de Cassel. 1353, 27 Octobre, au bois de Nieppe. *Orig. en parch.*, *scellé de deux sceaux.*

1353. Don fait par la même Dame à Jean du Chenne, de 30 liv. de rente viagère, sur les héritages qui furent Pierre St.-Nicolay, situés en la Châtellenie de Bourbourg. 1353, 27 Octobre, au bois de Nieppe. *Orig. en parch.*, *scellé.*

1355. Confirmation par ladite Comtesse de Bar et son mari, de la vente de la rente ci-dessus par ledit Jean du Chenne à Jean le Mattre, Ecuyer, avec consentement que ledit de le Mattre et Perotte dou Plessey, sa femme, jouiront de cette rente viagèrement. 1355, 15 Août. *Orig. en parch.*, *scellé.*

1355. Procuration donnée par Simon de Roucy, Chevalier, Jean de Champeaux, Archidiacre de Melun en l'Eglise de Sens, et Messire Jean de Goupil, Prêtre, *Exécuteurs du testament de Jeanne de Bretagne, Dame de Cassel*, à Jean Olivier, Marc Olivier, Etienne Biseul, Jean de Lormeteau, Jean le Blonde, Jean Bec, Eloy Surien, Guillot Henry, Simon Datechi, Guiart de St.-Crespin, Jean Fallier et Jean Loiseleur, pour agir au nom desdits Exécuteurs dans toutes les affaires concernant l'exécution dudit testa-

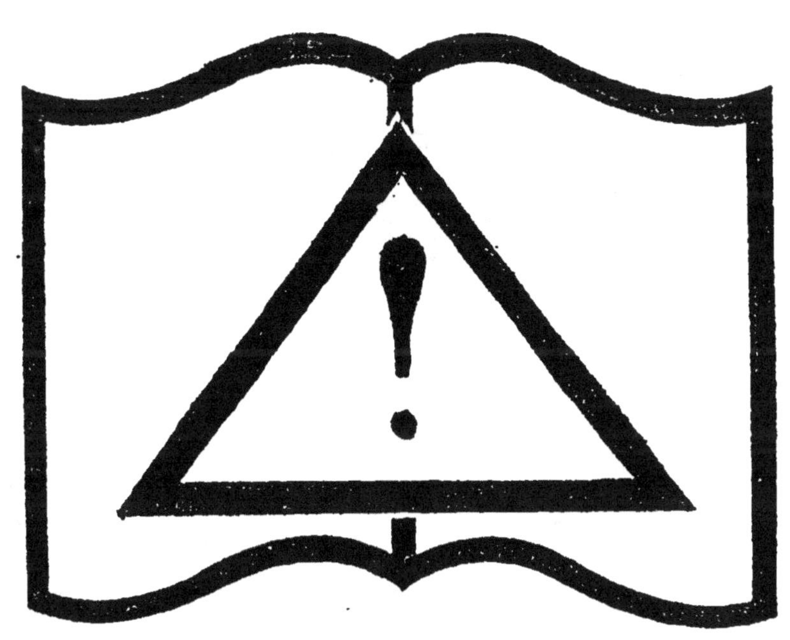

PAGINATION DECALEE

CAS

ment; passée sous le scel de ladite Prévôté, à Paris, en présence de Guillaume Staise, Garde de ladite Prévôté, par-devant Jean de Montmirail et Guillaume Pite, Clercs, Notaires du Roi au Châtelet à Paris. *Orig. en parch., dont le Scel est tombé.*

1366. Quittance des Doyen et Chapitre de St.-Pierre de Cassel, de la somme de 14 liv. parisis, monnaie de Flandre, à eux payée par Monseigneur Bauduin de Hallines, Chevalier, Receveur de la Comtesse de Bar, en Flandre, pour un quartier de la rente assignée à ce Chapitre par la Comtesse de Bar sur le tonlieu de Cassel, pour la fondation d'une Messe solennelle par semaine. 1366, 14 Juillet. *Orig. en parch., dont le scel est tombé.*

1369. Voyez Drincam, en 1369.

1370. Obligation de la somme de 6,000 flor. d'or, du coin du Roi de Hongrie, et de 5,000 flor. d'or de France, souscrite par *Yolenthe de Flandre, Comtesse de Bar et Dame de Cassel*, Jean, Sire de Drincam, Thieri de Hazebreuc et Jean de Winezelle, *Chevaliers*; Pierre de le Nieppe, Jean, dit Macquet de la Bretaigne, Eloy Surien, et Jean de Walloncapelle, *Ecuyers*, et les Bourguemaîtres, Echevins, Conseil, Mayeurs et toute la Communauté des Villes de Dunkerque et de Gravelinnes, au profit de Thomas Bonderan et Brunet Carbon Lombards de Bruges. 1370, 20 Avril. *Orig. en parch., scellé de 10 sceaux.*

1370. Promesse de la Dame de Cassel d'indemniser Jean, Sire de Drincam, et les autres Chevaliers et Ecuyers et les Villes nommées ci-dessus, de l'obligation de ladite somme que cette Dame avait empruntée desdits Lombards de Bruges, pour la rançon de Robert, Duc de Bar et Marquis du Pont, son fils, prisonnier à Metz. 1370, le Lundi 22 Avril, au Château de Nieppe. *Orig. en parch., scellé.*

1388. Lettres de Sohier le Courtrisien, Chevalier, Sire de Melle et de Herseaux, par lesquelles il se soumet aux *dits et ordonnances* de la Comtesse de Bar, Dame de Cassel, et de Guillaume de Namur, Sire de Béthune, Gouverneur de Flandre, pour un méfait par lui commis envers le Receveur de ladite Dame de Cassel. 1388, 12 Octobre. *Orig. en parch., scellé du scel dudit Sohier, et des sceaux de cinq Hommes de fief du Duc de Bourgogne.*

1389. Voyez ci-devant Assche, en 1389.

1393. Mandement de Philippe de Bourgogne au Souverain Bailli de Flandre et aux Baillis d'Ipres et de Berghes, d'ajourner par-devant les gens de son Conseil en sa Chambre à Lille, Messire Jacques de le Val, Chevalier, Casin Wenins, Me. Simon de Fisseux, Gautier Brine et Pierre de le Hole, et *d'arrêter et prendre au corps* Gérard Louis, Hue Courteville, Julien Yongerich et Jacques de le Becque, *tous Officiers et Familiers de la Dame de Cassel*, accusés d'abus de justice, excès, exactions et autres crimes. 1393, 7 Mars, à Bruges. *Orig. en parch., scellé.*

1393. Arrêt du Parlement en faveur de la Comtesse de Bar, Dame de Cassel, contre les Hommes de fief et jugeans en sa terre et Châtellenie de Cassel, refusant de faire loi qui ordonne que nouvelle sommation soit faite auxdits Hommes de faire loi, sinon et faute par eux de satisfaire à icelle dans la huitaine, autorise la Dame de Cassel à faire faire loi. 1393, à Paris, en Parlement (en latin). *Orig. en parch.*

1393. Des reliefs des fiefs et arrières-fiefs situés en la Châtellenie de Cassel, Bourbourg et Bois-de-Nieppe, cédés au Duc de Bourgogne, à la Comtesse de Bar, Dame de Cassel. 1393, 28 Juillet, à Cassel. *Orig. en parch., scelle de neuf sceaux.*

1396. Voyez Bar, en 1396 et 1397.

CAU

1369. CASTILLE. Promesse de Henri, Roi de Castille, Léon, Tolède, etc., de ne point se venger contre Louis de Flandre de ce qu'il retenait en prison depuis long-temps Jean de St.-Paul, en cas qu'il mît ledit Jean en liberté. 1369, 18 Novembre, à Thore. *Orig. en parch., scellé du grand scel de ce Roi, en cire rouge, enchassée en cire blanchâtre.*

1396. CATEAU-CAMBRESIS, Lettres d'Ernoul, *par la grace de Dieu*, Abbé de St.-André en Castel-Cambresis, et du Couvent dudit lieu, par lesquelles ils déclarent au Comte de Flandre que le Sire de Honcourt les a satisfait des dommages qu'il a causés à leur Eglise, et qu'ils ont reçu les lettres de sûreté. 1314, le Lundi après la Purification de N. D. *Orig. en parch., scellé de deux sceaux oblongs.*

1315. Procuration donnée par Jean, *par la grace de Dieu*, Abbé de l'Eglise de St.-André du Castel en Cambresis, Ordre de St.-Benoît, et le Couvent dudit lieu, pour défendre cette Abbaye en toutes les causes, mues et à mouvoir par-devant *très-puissant et haut Prince* Monseigneur le Comte de Flandre, contre très-noble Homme Monseigneur Waleran, Seigneur de Ligni, à l'occasion de la Ville de Cauchie de-Marés; leur donnant pouvoir de déclarer audit Comte de Flandre qu'ils s'étaient accordés avec ledit Waleran, Seigneur de Ligny, et de reconnaître qu'il a tant fait envers eux de toutes les choses qu'il leur avait faites à l'occasion de ladite Ville de Marés, qu'il leur suffit et s'en tiennent contens; supplient en conséquence le Comte d'ôter sa main et remettre audit Seigneur de Ligni la terre qu'il avait saisie sur lui à cause de cette Abbaye, ainsi que les fruits si aucuns avaient été perçus par le Comte ou ses Gens. 1315, 3 Juin. *Orig. en parch., scellé de deux sceaux oblongs.*

1320. CAUCHIE. Lettres de Guillaume, Comte de Hainaut, portant confirmation de la vente faite par l'Abbé et Couvent de Marchiennes à *Adam de le Caucherie, Ecuyer*, et à Dlle. Jeanne de Brebières, sa femme, tout le cours de leur vie, de tous les revenus qui appartenaient à cette Abbaye et terroirs d'Anich et de Mastaing, en Ostrevant, à l'exception de ce qui appartient au Curé, à cause de sa Cure, et de 12 muids de bled vendus à Henri de Menin, Ecuyer, pendant le cours de sa vie. 1320, Mai. 3e. *Cart. de Hain.*, *pièce* 66. Voyez le premier volume.

1313. CAUFFECHIRE. (*Voyez le 1er. volume.*) Lettres par lesquelles Guillaume, Comte de Hainaut, Hollande, etc., déclare que le Lundi avant St.-Nicolas 1313, Jean Cauffechire, Chambellan héréditaire de Hainaut, et Gilles, sa femme, se sont déshérité pardevant les Mayeurs et Echevins de la Ville du Quesnoy, au profit du Comte, de la maison où ils demeuraient, située au Quesnoy, près la porte St.-Martin, et qu'il a réunie à son Comté de Hainaut; qu'en échange le Comte a donné audit Jean et à ses hoirs, Chambellans héréditaires de Hainaut, une autre maison joignant ladite porte St.-Martin, avec tout *laissement* de ladite porte. Présens Nobles Hommes ses Hommes de fief: Jean de Hainaut, Seigneur de Beaumont, son frère; Jean, Seigneur de Barbançon; Godefroy, Seigneur de Naste; Michel de Ligne; Jean, Seigneur de Montigny, et Jean de Casteler, Seigneur de Bellaing, *Chevaliers. Sous le vidimus des Prévôt et Jurés de la paix de la franche Ville du Quesnoy, du 1er. Mars 1442, en parch., scellé du sceau de cette Ville.* L'acte est de l'an 1313.

CAULAINCOURT. Voyez la Table du premier Volume, page 154.

1387. CHAEFTINGHES. Commission donnée par Philippe, Duc de Bourgogne, à ses Amés et Féaux Chevaliers,

valiers et Conseillers le Sire de la Chapelle, souverain Bailli de Flandre, Philippe de Masmines et Pierre de la Zype, pour instituer et commettre à la garde du Château de Chaeftinghes, au lieu de Messire Jean Deyle que ce Duc avait destitué. 1387, 28 Septembre, à Argilly. *Orig. en parch., scellé.*

1387. Lettres par lesquelles Volmar Willay reconnaît avoir été institué et établi Châtelain du Château de Chaeftinghes, par les susdits Commissaires. 1387, 30 Octobre.

1308. CHAINGNE. Lettres par lesquelles Hues Chaingne, Citoyen de Metz, reconnaît tenir en foi et hommage de Henri, Comte de Luxembourg, la Ville et terre de Maranges-sur-Maisières que ledit Comte lui avait donnée en engagement, jusqu'au remboursement de 500 liv. petits tournois qu'il lui avait prêtées. Baudoin, Abbé de St.-Vincent, et Maître Gobert, Doyen de Metz, ont apposé leurs sceaux à ces lettres, avec celui dudit Chaingne. 1308, le Samedi après la décollation de St.-Jean, (31 Août). *Orig. en parch., scellé de 2 sceaux en cire brune pendant à double queue. Celui de Hues Chaingne est tombé.*

1307. CHAMBELLAN DE FLANDRE. *Voyez Wavrin.*

1311. CHAMPAGNE. Mandement itératif fait par Henri de Noeis, Chevalier, et Jean de Vanoise, Garde des Foires de Champagne et de Brie, pour le Roi de Navarre, au Bailli de Vermandois, de contraindre, par corps et par la vente de ses biens, Noble Homme Monseigneur Robert, Comte de Flandre, au paiement de 7000 liv. bons tournois petits, forte monnaie, qu'il devait à un marchand pour argent prêté à la foire de Provins. 1311, *mois d'Avril après Pâques.*

1387. CHAPELLE. Le Sire de la Chapelle, Souverain Bailli de Flandre. 1387. *Voyez Chaeftinghe.*

CHARLEMAGNE. Le premier volume de cet ouvrage fait connaître, d'une manière chronologique, tout ce qui concerne la Flandre depuis 819. On y

706. voit, page 464, un titre de l'an 706. Il n'est pas inutile de répéter ce que les Fastes de la France nous ont transmis sur ce grand Prince.

Charlemagne, ou Charles-le-Grand, dit aussi

742. Charles I, né en 742, eut en partage, après la mort du Roi Pepin son père, la Bourgogne, l'Aquitaine et la Neustrie. Son frère Carloman étant mort l'an

771. 771, il fut reconnu Roi de toute la Monarchie. Ce Prince eut de grandes qualités comme Roi, et en lui *l'homme était encore plus grand que le Monarque.* Il rendit la Nation libre, et rétablit dans tous ses droits. Telle fut la base de sa grandeur et de celle des Français. Par ce moyen digne d'un vrai Héros, il fit revivre l'empire des Lois, assembla souvent la Nation, ménagea l'établissement d'un grand nombre de Lois nouvelles, et la réforme des anciennes, marcha sans cesse de victoires en victoires et conquit des Royaumes. Il étonna l'Europe. Ses exploits civils et militaires seront un sujet d'admiration pour tous les siècles jusqu'à la postérité la plus reculée. Il se mesura d'abord avec le fameux Witikind, vainquit plusieurs fois les Saxons, et finit par les subjuguer entièrement. L'Italie avait imploré son secours contre Didier, Roi des Lombards. Charles y vola, fit Didier prisonnier et fut couronné Roi de Lombardie à Monza. Le Pape et les Romains se soumirent à lui. Le Mo-

778. narque français passa en Espagne en 778, prit Barcelone, donna la loi aux chefs des Maures, assiégea Pampelune, s'en rendit maître et revint en France couvert de gloire. L'échec des Roncevaux ne mérita pas le nom d'une défaite. On ne pourrait retracer ici tous ses exploits, sans faire un journal très-dé-

taillé des années de sa vie. Aimé par ses sujets et respecté des étrangers, il se rendit à Rome en triomphe et s'y fit couronner Empereur d'Occident. L'an 800 on le déclara César et Auguste. Nicéphore, Empereur d'Orient, crut devoir rechercher l'amitié d'un aussi grand Prince, et lui envoya des ambassadeurs qui le trouvèrent en Alsace dans son palais de Seltz. Charlemagne avait à se plaindre des Orientaux. Ses ambassadeurs, au nombre desquels était l'Evêque Hetton, avaient essuyé des insultes à la Cour de Constantinople. Il voulut les surprendre et les étonner. On les fit passer successivement par quatre grandes salles, où se trouvaient distribués les Officiers de la Maison Impériale dans l'attitude du respect, devant celui des Officiers de la Couronne qui les commandait. Les envoyés furent chaque fois sur le point de se prosterner; on les empêcha. Introduits enfin dans la salle où était l'Empereur, ses envoyés, saisis de crainte, se jetèrent à ses pieds. Charlemagne avait sa main appuyée sur l'épaule de l'Évêque Hetton, et affectait pour ce prélat d'autant plus de considération, qu'Hetton avait essuyé plus de mépris à Constantinople. Le Monarque français releva les Ambassadeurs avec bonté et les rassura en leur disant: *Hetton vous pardonne; à sa prière, je veux bien oublier le passé.* Les suites de cette munificence furent un traité portant, que *Charlemagne et Nicéphore auraient également le nom d'Auguste: que le premier prendrait le titre d'Empereur d'Occident, le second celui d'Empereur d'Orient.* Charlemagne avait formé le projet de joindre le Rhin au Danube par un canal qui n'a jamais été exécuté. Il protégea les lettres. Son Palais fut l'asile des sciences. On le dit auteur d'une grammaire dont il existe encore des fragmens. Les lois faites sous son règne pour les matières civiles et ecclésiastiques annoncent des vues saines et sages. Sa vie fut très-active, et il ne fit rien que de grand. Parcourant sans cesse son vaste Empire, il en contint toutes les parties dans un ordre admirable. De son vivant, ce Prince avait fait reconnaître ses fils Rois de différentes parties de ses Etats. Ils régnèrent et ne furent cependant que ses premiers sujets. Sentant que sa fin approchait, il associa son fils Louis à l'Em-

814. pire. Il mourut en l'an 814. On l'enterra à Aix-la-Chapelle. L'Europe pleura la perte de ce conquérant législateur qui avait rempli la terre de son nom.

CHARLES. (*L'Archiduc*). Ce Prince occupe et étonne l'Europe par ses talens militaires et ses vertus.

1312. CHARTREUX. Lettres par lesquelles frère B. Prieur, et tous les autres Prieurs assemblés au Chapitre général tenu à la Chartreuse, mandent à Guillaume, Comte de Hainaut, qu'ils lui accordent, et à sa femme, nièce du Roi de France, la participation à toutes leurs messes, oraisons, et en considération de la protection qu'il accorde à la maison de N. D. de Marourt de leur ordre fondée par les prédécesseurs du Comte, et de 100 livres tournois qu'il a donné à cette maison pour bâtir l'Eglise. 1312, pendant la tenue du Chapitre général. 4e. *Cart. de Hainaut, pièce 88.*

1393. CHASTEAL. Quittance de Hugues de Chasteal, Chevalier, de 50 liv. parisis, reçues du Comte de Flandre, pour sa pension. 1393. *Orig. en parch., scellé.*

1301. CHASTEL (*du*). Don par le Roi Philippe IV, à Messire Gautier du Châtel, Chevalier, de 60 liv. de rente viagère, en fief sur la recette de Flandre. 1301, le Mercredi avant St.-Jean-Baptiste à Lucben, (21 Juin), en latin. 3e. *Cart. de Flandre, pièce 78*

1315. CHASTELER (*Seigneurie*). Lettres de Guillaume,

Comte de Hain, par lesquelles il transporte le droit que Jean de Henniere avait en son manoir du *Chasteler*, de moudre aux moulins de Bouchain, sans payer mouture ni autres droits, et de moudre avant tous autres sur un autre manoir dudit Jean, situé à l'écluse de Bouchain. 1315, le jour de St.-Clément à Valenciennes. 3e. *Cart*, *de Hainaut*, *pièce* 181.

1315. (*Famille*). Pouvoir donné par Guillaume, Comte de Hainaut, à Guillaume du Casteler, Chevalier, (*on sait qu'on disait alors Castelain au lieu de Chastelain*) Jean Bernier, Balli de Hainaut, et Jacques de Maubeuge, Clerc, de retirer des mains de Sire Baude Crespin d'Arras, toutes lettres, chartes, et quittances qu'il pouvait avoir des Comte et Comtesse de Hainaut, ses père et mère, d'en dresser inventaire et donner décharge suffisante. 3e. *Cart. de Hain.*, *pièce* 180. 1315, *le jour des Innocens.*

1331. Lettre de Jean dit Sarezins, Chevalier, *Sire du Chasteler* et de Brouninne par lesquelles il reconnaît être entièrement satisfait de tout ce qu'il pouvait prétendre contre le Comte de Flandre, pour perte de chevaux et autres dommages qu'il avait supportés au service du Comte. 1331, le Mercredi avant la division des Apôtres. *Orig. en parch.*, *scellé.*

1332. Lettres par lesquelles Renaut, Sire de Honcourt, quitte le Comte de Hainaut des sommes mentionnées au testament de Monseigneur Thiéri du Casteler, et de Marie de Honcourt sa femme, de laquelle il est héritier. 1332, le jour des Cendres. 2e. *Cart. de Hain.*, *pièce* 193.

Mon premier volume renferme un très-grand nombre de titres concernant la maison du Chasteler. J'ai lu un passage qui l'honore dans Pontus Heuterus, *auteur latin. Je le traduis avec d'autant plus d'intérêt que les Révolutions, qui alors ont désolé une grande partie de l'Europe, ne sont point étrangères aux événemens de nos jours.* Florent de Montmorenci, Baron de Montigni, Gouverneur de Tournai, et Jean de Grimberghes, Marquis de Berg-op-Zoom, Gouverneur de Hainaut, ayant été envoyés en Espagne, Jean du Chasteler, Gouverneur de la Citadelle de Tournai, fut nommé pour gouverner le Tournaisis, et Philippe de Ste-Aldégonde, Baron de Noircarmes, le fut pour commander en Hainaut. Tandis que ce dernier tenait en respect les Sectaires, qui menaçaient de troubler la tranquillité de Valenciennes, Jean du Chasteler était exposé aux mêmes désordres à Tournay, où le peuple avait chassé, pillé et menacé de mort Arnould de Saint-Genois, Seigneur de Grand-Breucq, grand Prévôt. La conduite de Monsieur de Moulbais, dans ces circonstances critiques, a été transmise à la postérité par l'auteur latin, dont je viens de parler. Voici la traduction.

1566. *Le* 17 (*chapitre* 3, *page* 414) *année* 1566. « Les » Nobles confédérés, de concert avec le Comte de » Hornes nommé Gouverneur de la Ville de Tour» nay, offrent leurs services, et travaillent à pacifier » les troubles. Le Seigneur de Moulbais, Gouverneur » de la Citadelle, parvient à chasser les Novateurs, » et fait rentrer Tournai dans l'obéissance de Dieu » et du Roi. *Tornacum deo patriæque restituit.*

« Entre-temps les Nobles confédérés se répandirent » dans différens endroits, pour y disposer les choses » selon leurs desseins. Les Seigneurs d'Esquerdes et » de Villers vinrent à Tournay, disant qu'ils ve» naient de la part de la Gouvernante pour rétablir » la paix entre les Catholiques et les Novateurs : » mais le Magistrat leur objecta *que l'usage exigeait* » *que pareils ordres fussent intimés par écrit*; ils ré» pondirent *que les affaires*, *que la Gouvernante avait* » *dans les circonstances actuelles*, *ne lui avaient pas* » *permis de s'occuper de l'expédition de ces ordres.* » Ils proposèrent au Magistrat d'envoyer des Députés » pour s'assurer de la vérité de ce qu'ils avançaient : » en conséquence le Magistrat envoya une députa» tion à Bruxelles. De son côté, le Seigneur d'Es» querdes écrivit aux confédérés de Bruxelles pour » qu'ils sollicitassent, près de la Gouvernante, un » décret qui l'autorisât, lui et le Seigneur de Villers, » à négocier un accord entre les Bourgeois et le Gou» verneur de la Citadelle. Il demanda aussi que l'on » fournît une paie aux Bourgeois que la garde que » l'on était obligé de faire dans la Ville, de nuit et » de jour, empêchait de vaquer à leurs affaires » particulières, alléguant que c'était le moyen de les » empêcher de piller les ornemens des Eglises.

» Le Seigneur de Moulbais se moquait de leurs » projets et de leurs efforts, et déclarait qu'il ne » ferait que ce qui lui serait ordonné directement » par la Gouvernante. Sur ces entrefaites, il reçut » dans la Citadelle un renfort de garnison, com» mandé par Philippe de Lannoi, Seigneur de Beau» voir, et il fit pointer le canon de la Citadelle sur » la Ville.

» Les Bourgeois se fortifièrent de leur côté, et, » craignant d'être surpris pendant la nuit, ils re» doublèrent d'activité. Les Sectaires cherchaient à les » amuser par les plus frivoles espérances : des crieurs » publics parcouraient les rues, et assuraient le peu» ple que bientôt des centaines de milliers de con» fédérés viendraient à leur secours : le Magistrat » (*privé des Conseils du Seigneur de Grand-Breucq*, » *Grand Prevôt*, *chassé de la Ville par le peuple*), » prit de fausses mesures. Le Seigneur de Moulbais, » fit profession ouverte de *fidélité à son Dieu et à son* » *Roi*, ce qui détermina le Magistrat à demander à » la Gouvernante un Chevalier de la Toison d'or » pour les gouverner pendant l'absence du Seigneur » de Montigni. Elle y envoya le Comte de Hornes, » frère aîné du Seigneur de Montigni, avec pouvoir » de commander dans la Ville et dans la Citadelle. » Le peuple entier sortit à sa rencontre, et le reçut » en criant VIVENT LES GUEUX, ce qu'il *toléra.* » Aussi ce peuple le regarda-t-il comme fauteur de » leurs projets et de leurs actions : les Catholiques » au contraire se plaignirent de cette tolérance.

» La veille des Calendes de Septembre, il intima la » patente qui le revêtissait de toute l'autorité, et il » demanda au Magistrat *quels seraient les moyens de* » *terminer les différens qui étaient élevés entre la* » *Ville et la Citadelle*, *de rétablir les Eglises*, *et de* » *faire poser les armes?* Le Magistrat répondit *qu'il* » *lui obéirait*, *pourvu que le Seigneur de Moulbais* » *contractât le même engagement.* Celui-ci, en étant » requis, le promit : mais ses actions ne répondirent » pas à ses paroles. Il fit sortir de la Ville les Sei» gneurs d'Esquerdes et de Villers, non-seulement sans » le consentement, mais même contre le gré du » Comte de Hornes. Il fit rentrer en Ville son pro» che parent Arnoul de St.-Génois, Seigneur de » Grand-Breucq, qui reprit son emploi de grand » Prévôt. Ce fut en vain que le Comte de Hornes » se plaignit amèrement aux Magistrats de l'injure » faite à sa dignité. Il demanda *qu'au moins ils per*» *missent les prêches hors de la Ville*, *conformé*» *ment aux ordres de la Gouvernante.* Les Magis» trats répondirent *qu'ayant remis les Eglises aux* » *Catholiques*, *on n'avait plus rien à exiger d'eux.*

» Alors le Comte de Hornes fit publier les ordon-

» nances portées par la Gouvernante : alors parut sur » la scène un nomme TAFFIN, le chef des Nova» teurs qui, alléguant que le nombre des Reformés » excédait celui des Catholiques, demandait *de droit*, » *quelques Eglises pour leur Culte*. Il appuyait sa de» mande *sur ce que les Eglises ayant été bâties aux* » *frais du Peuple, elles devaient être à son usage*. » Il demandait aussi, *qu'en cas de refus, il en fût* » *bâti aux dépens de la généralité hors de la ville*. » Le Magistrat s'y étant refusé, on eut recours des » deux côtés au Comte de Hornes qui ne voulut pas » s'en mêler avant d'avoir entendu la réponse du Ma» gistrat.

» Le Pensionnaire *Jacques Le Clercq* répondit, » au nom du Magistrat, *que les Eglises n'apparte*» *naient ni au Peuple, ni au Magistrat, mais à* » *Dieu : que ces Eglises avaient été* fondées par les » Rois de France, *et non par le Peuple qui n'était* » *pas en état de faire pareille dépense : que ces* » *Princes les avaient fait construire sur leurs pro*» *pres fonds, et y avaient destiné jusqu'à leurs Pa*» *lais; qu'enfin c'était pour* la Religion Catholique » *qu'elles avaient été élevées : qu'en conséquence les* » *novateurs devaient* laisser à Dieu ce qui était à Dieu, » *et aux Souverains ce qui leur appartenait par une* » *possession confirmée par tant de siècles*. Le Ma» gistrat nia aussi *que le plus grand nombre du Peu*» *ple fût de la nouvelle Religion, et il assura que la* » *plus saine partie et les plus considérables étaient* » *constamment attachés à la Religion Catholique :* » *que c'était à tort que les novateurs avançaient que* » *les Citoyens étaient exclus des Temples de leurs* » *ancêtres par le Magistrat, tandis que ces Citoyens* » *s'en étaient exclus eux-mêmes, en se rendant in*» *dignes d'y être admis par l'abandon de la Reli*» *gion de leurs pères : qu'il était injuste que des* » *hommes privés, qui s'étaient permis, par une en*» *treprise aussi criminelle qu'injurieuse, de chasser* » *les Catholiques des Eglises dont eux et leurs pères* » *étaient en possession depuis plus de mille ans,* » *voulussent exiger qu'on leur érigeât des Temples* » *aux frais du trésor public, à eux qui ne pou*» *vaient jamais prouver d'en avoir eu pour exercer* » *leur doctrine, ni en public, ni même en particu*» *lier : qu'ainsi s'ils voulaient avoir des Eglises, ils* » *devaient les ériger à leurs frais, et y faire contri*» *buer leurs novateurs, et que l'ancienneté de leur* » *Religion pourrait se conclure comme parmi les* » *Catholiques de celle de leurs Eglises*.

» Le Comte de Hornes approuva le discours du » Pensionnaire, et ajouta (en s'adressant à Taffin). » *Si la quantité de ces adhérens est telle que vous le* » *dites, adressez-vous à chacun d'eux pour en avoir* » *volontairement les sommes nécessaires à la cons*» *truction d'un Temple, et ne cherchez pas à les* » *extorquer à la Ville, où à ceux qui y répugnent*.

» Les mutins trompés dans leurs espérances se bor» nèrent à demander que les prêches et l'exercice de » leur Religion leur seraient permis. Le Comte de » Hornes le leur défendit au premier abord, alléguant » les ordres de la Gouvernante : mais enfin, cédant » à son caractère naturellement inconstant, il céda » à leurs importunités et à leurs flatteries, et il » permit que les novateurs exerçassent leur Religion, » comme dans quelques endroits de la Flandre et du » Brabant.

» Lorsque la Gouvernante apprit que le Comte de » Hornes agissait avec tant d'inconstance, d'impéritie, » et d'indifférence, elle le rappella sous des pré» textes apparens à Bruxelles, vers la fin d'Octobre, » et envoya à Tournay le Secrétaire du Conseil » Privé la Torre, qui proposa au Magistrat et aux » novateurs ces peu de conditions : à savoir, *que la* » *Religion Catholique serait seule exercée dans la* » *Ville, que les novateurs ne pourraient professer la* » *leur qu'à la campagne, et ne pourraient avoir* » *qu'un seul Ministre, natif des Pays-Bas : qu'au* » *surplus ils devaient obéir au Magistrat et à la* » *Gouvernante*.

» Dès que le Comte de Hornes fut parti, le Seigneur » du Moulbais rentra dans la Ville, et désapprouva les » propositions du Secrétaire la Torre. Les novateurs » n'étaient pas moins mécontens de ce que la Torre » les avait traités de novateurs et qu'on les appellât *ré*» *formés* : d'autres, jouant sur le mot, disaient qu'au » lieu de *réformés* ils devaient être appellés *déformés*. » Enfin c'était une suite de disputes interminables, » ce que voyant le Secrétaire la Torre, il laissa les » choses imparfaites, et retourna à Bruxelles. Alors » le Seigneur de Moulbais exigea que les Sectaires » déclarassent sans délai *s'ils étaient résolus ou non* » *de sortir de la Ville ?* Ils délibérèrent entre eux, » et négocièrent avec lui jusqu'à la fin de Décembre, » ce qui prouva au Seigneur de Moulbais qu'il était » temps d'agir. En effet, ayant reçu dans la Cita» delle, outre le renfort du Seigneur de Beauvoir, » onze compagnies d'infanterie que lui envoyait » Philippe de Sainte-Aldégonde, Baron de Noircar» mes, sous les ordres de Jean de Croy, Comte du » Rœux, il força la Ville : et, ayant chassé les Sec» taires, leurs chefs et leurs adhérens, il désarma le » Peuple, fit rentrer Tournay sous le pouvoir des » Catholiques, et ceux-ci sous celui de Dieu et du » Roi. *Tornacum deo patriæque restituit* ».

Plusieurs bonnes maisons quittèrent alors le Brabant, la Flandre, le Hainaut, le Tournesis et autres Provinces, et se fixèrent en Hollande, en Empire, en Suisse. Je me bornerai à en citer une très-ancienne de Tournay, celle de *Grenut*, domiciliée aujourd'hui à Morges, Canton de Berne en Suisse. *Voyez Grenut ci-après*.

1301. CHASTILLON (*souvent écrit Chatillon*). Don fait par Jacques de Chastillon, Sire de Leuze et de Conde, garde pour le Roi de sa terre de Flandre, à Messire Jacques de Lokeren (*écrit Kokeron*), Chevalier, de 40 liv. de rente viagère sur la Renenghe de Flandre, au lieu de 15 livres sur ladite Renenghe, à lui données par Gui, Comte de Flandre, et de 40 livres sur Warneton, données par Robert de Flandre 1301, le Jeudi après St.-Barnabé. 5e. *Cart. de Flandre*, *pièce* 82.

1301. Commission du Roi Philippe IV au même et aux gens de Renenghes de Flandre, pour s'informer en quel endroit plus commode on pourra assigner 120 livres de rente à Monseigneur Pierre Loukle, Chevalier. 1301, lendemain de St.-Jean-Baptiste à Poissi (en latin). 3e. *Cart. de Flandre*, *piece* 87.

1303. Lettres de Gaucher de Châtillon (*ainsi écrit*), Comte de Porcien, Connétable de France, contenant l'échange, par lui fait avec son frère Noble Homme Hue, Comte de Soissons, et Sire de Chimay, par lequel ce dernier cède au Connétable la Ville de Châtel en Portien, et appartenances, sauf ce que Jacquemart de la Roche, Ecuyer, et les hoirs Chapon de Mesmont, Ecuyer, tenaient de lui, en foi et hommage à Wagnon et Mesmont, fiefs dudit Châtel, pour et au lieu de quoi le Connétable cède plusieurs rentes à Willi-sur-Marne, à Cersseuil-lez-Mareuil, à Châtillon, la Mairie de Willi, avec toute justice, 96 arpens de bois, en la

Comte de Hain, par lesquelles il transporte le droit que Jean de Henniere avait en son manoir du *Chasteler*, de moudre aux moulins de Bouchain, sans payer monture ni autres droits, et de moudre avant tous autres sur un autre manoir dudit Jean, situé à l'écluse de Bouchain. 1315, le jour de St.-Clément à Valenciennes. 3e. *Cart*, *de Hainaut*, *pièce* 181.

1315. (*Famille*). Pouvoir donné par Guillaume, Comte de Hainaut, à Guillaume du Casteler, Chevalier, (*on sait qu'on disait alors Castelain au lieu de Chastelain*) Jean Bernier, Bailli de Hainaut, et Jacques de Maubeuge, Clerc, de retirer des mains de Sire Baude Crespin d'Arras, toutes lettres, chartes, et quittances qu'il pouvait avoir des Comte et Comtesse de Hainaut, ses père et mère, d'en dresser inventaire et donner décharge suffisante. 3e. *Cart. de Hain.*, *pièce* 180. 1315, *le jour des Innocens*.

1331. Lettre de Jean dit Sarazins, Chevalier, *Sire du Chasteler* et de Brouainne par lesquelles il reconnaît être entièrement satisfait de tout ce qu'il pouvait prétendre contre le Comte de Flandre, pour perte de chevaux et autres dommages qu'il avait supportés au service du Comte. 1331, le Mercredi avant la division des Apôtres. *Orig. en parch.*, *scellé*.

1332. Lettres par lesquelles Renaut, Sire de Honcourt, quitte le Comte de Hainaut des sommes mentionnées au testament de Monseigneur Thiéri du Casteler, et de Marie de Honcourt sa femme, de laquelle il est héritier. 1332, le jour des Cendres. 2e. *Cart. de Hain.*, *pièce* 193.

Mon premier volume renferme un très-grand nombre de titres concernant la maison du Chasteler. J'ai lu un passage qui l'honore dans Pontus Heuterus, *auteur latin. Je le traduis avec d'autant plus d'intérêt que les Révolutions, qui alors ont désolé une grande partie de l'Europe, ne sont point étrangères aux évenemens de nos jours.* Florent de Montmorenci, Baron de Montigni, Gouverneur de Tournai, et Jean de Grimberghes, Marquis de Berg-op-Zoom, Gouverneur de Hainaut, ayant été envoyés en Espagne, Jean du Chasteler, Gouverneur de la Citadelle de Tournai, fut nommé pour gouverner le Tournaisis, et Philippe de Ste-Aldégonde, Baron de Noirarmes, le fut pour commander en Hainaut. Tandis que ce dernier tenait en respect les Sectaires, qui menaçaient de troubler la tranquillité de Valenciennes, Jean du Chasteler était exposé aux mêmes désordres à Tournay, où le peuple avait chassé, pillé et menacé de mort Arnould de Saint-Genois, Seigneur de Grand-Breucq, grand Prévôt. La conduite de Monsieur de Moulbais, dans ces circonstances critiques, a été transmise à la postérité par l'auteur latin, dont je viens de parler. Voici la traduction.

Le 17 (*chapitre* 3, *page* 414) *année* 1566. « Les
1566. » Nobles confédérés, de concert avec le Comte de » Hornes nommé Gouverneur de la Ville de Tournay, offrent leurs services, et travaillent à pacifier » les troubles. Le Seigneur de Moulbais, Gouverneur » de la Citadelle, parvient à chasser les Novateurs, » et fait rentrer Tournai dans l'obéissance de Dieu » et du Roi. *Tornacum deo patriæque restituit.*

« Entre-temps les Nobles confédérés se répandirent » dans différens endroits, pour y disposer les choses » selon leurs desseins. Les Seigneurs d'Esquerdes et » de Villers vinrent à Tournay, disant qu'ils venaient de la part de la Gouvernante pour rétablir » la paix entre les Catholiques et les Novateurs : » mais le Magistrat leur objecta *que l'usage exigeait » que pareils ordres fussent intimés par écrit* : ils ré» pondirent *que les affaires, que la Gouvernante avait » dans les circonstances actuelles, ne lui avaient pas » permis de s'occuper de l'expédition de ces ordres.* » Ils proposèrent au Magistrat d'envoyer des Députés » pour s'assurer de la vérité de ce qu'ils avançaient : » en conséquence le Magistrat envoya une députa» tion à Bruxelles. De son côté, le Seigneur d'Es» querdes écrivit aux confédérés de Bruxelles pour » qu'ils sollicitassent, près de la Gouvernante, un » decret qui l'autorisât, lui et le Seigneur de Villers, » à négocier un accord entre les Bourgeois et le Gou» verneur de la Citadelle. Il demanda aussi que l'on » fournît une paie aux Bourgeois que la garde que » l'on était obligé de faire dans la Ville, de nuit et » de jour, empêchait de vaquer à leurs affaires » particulieres, alléguant que c'était le moyen de les » empêcher de piller les ornemens des Eglises.

» Le Seigneur de Moulbais se moquait de leurs » projets et de leurs efforts, et déclarait qu'il ne » ferait que ce qui lui serait ordonné directement » par la Gouvernante. Sur ces entrefaites, il reçut » dans la Citadelle un renfort de garnison, com» mandé par Philippe de Launoi, Seigneur de Beau» voir, et il fit pointer le canon de la Citadelle sur » la Ville.

» Les Bourgeois se fortifièrent de leur côté, et, » craignant d'être surpris pendant la nuit, ils re» doublèrent d'activité. Les Sectaires cherchaient à les » amuser par les plus frivoles espérances : des crieurs » publics parcouraient les rues, et assuraient le peu» ple que bientôt des centaines de milliers de con» fédérés viendraient à leur secours : le Magistrat » (*privé des Conseils du Seigneur de Grand-Breucq, » Grand Prévôt, chassé de la Ville par le peuple*), » prit de fausses mesures. Le Seigneur de Moulbais, » fit profession ouverte de *fidélité à son Dieu et à son » Roi*, ce qui détermina le Magistrat à demander à » la Gouvernante un Chevalier de la Toison d'or » pour les gouverner pendant l'absence du Seigneur » de Montigni. Elle y envoya le Comte de Hornes, » frère aîné du Seigneur de Montigni, avec pouvoir » de commander dans la Ville et dans la Citadelle. » Le peuple entier sortit à sa rencontre, et le reçut » en criant VIVENT LES GUEUX, ce qu'il *toléra*. » Aussi ce peuple le regarda-t-il comme fauteur de » leurs projets et de leurs actions : les Catholiques » au contraire se plaignirent de cette tolérance.

» La veille des Calendes de Septembre, il intima la » patente qui le revêtissait de toute l'autorité, et il » demanda au Magistrat *quels seraient les moyens de » terminer les différens qui étaient élevés entre la » Ville et la Citadelle, de rétablir les Eglises, et de » faire poser les armes?* Le Magistrat répondit *qu'il » lui obéirait, pourvu que le Seigneur de Moulbais » contractât le même engagement.* Celui-ci, en étant » requis, le promit : mais ses actions ne répondirent » pas à ses paroles. Il fit sortir de la Ville les Sei» gneurs d'Esquerdes et de Villers, non-seulement sans » le consentement, mais même contre le gré du » Comte de Hornes. Il fit rentrer en Ville son pro» che parent Arnoul de St.-Génois, Seigneur de » Grand-Breucq, qui reprit son emploi de grand » Prévôt. Ce fut en vain que le Comte de Hornes » se plaignit amèrement aux Magistrats de l'injure » faite à sa dignité. Il demanda *qu'au moins ils per» missent les prêches hors de la Ville, conformé» ment aux ordres de la Gouvernante.* Les Magis» trats répondirent *qu'ayant remis les Eglises aux » Catholiques, on n'avait plus rien à exiger d'eux.*

» Alors le Comte de Hornes fit publier les ordon-

CHA

forêt sur Neelle, avec la garenne, et la Justice et Seigneurie audit Bois, les Bois dessus Willi, en la gruerie du Roi, les hommages de Jacquiers de Willi, Ecuyer, et autres, à charge par le Comte de Soissons et ses successeurs de tenir tous ces objets en un seul fief et hommage du Connétable et de ses successeurs. 1303, Décembre. *Orig. en parch., scellé du scel du Connétable en cire verte.*

1310. Lettres de Gobert Sire de Fonsommes, Chevalier, Sénéchal de Vermandois, Garde des Bailliage et terre d'Avesnes, par lesquelles il déclare avoir reçu Madame Isabelle, Princesse de la Morée, en l'hommage de Guyon de Châtillon, Seigneur d'Avesnes, à cause de la terre d'Estroen, tenue de celle d'Avesnes, et ce en présence de Monseigneur Anoustin de Fréjères, Chevalier, Jean de Watteignies, Ecuyer, Philippe d'Avesnes, Pierre de Chimay et Willaume d'Avesnes, hommes de fief de cette terre. 1310, le Jeudi après l'Octave de St.-Pierre et St.-Paul. *Orig. en parch., scellé du scel du Bailliage d'Avesnes.*

1320. Renonciation de Gui de Châtillon, Comte de Blois, et Sire d'Avesnes, à toutes les prétentions qu'il pourrait avoir à cause de Hue de Châtillon et Béatrix de Flandre, ses père et mère, contre Robert, Comte de Flandre, excepté à une rente de 1800 livres, et à une autre de 1000 livres, promises à sesdits père et mère, et au douaire que la Comtesse de Gheldre, sa tante, avait en Ecosse. *Orig. en parch., scellé d'un scel en cire blanche. 2e. Cart. de Flandre, pièce 275, 1320, Mars.*

1320. Accord entre Robert, Comte de Flandre, et Gui de Châtillon, Comte de Blois, Sire d'Avesnes et de Guise, au sujet du différent mu entr'eux, à cause du douaire que Marguerite, Comtesse de Gheldre, et avant, veuve d'Alexandre fils aîné d'Alexandre, Roi d'Ecosse, avait en Ecosse, lequel douaire Gui Comte de Flandre, avait acheté de ladite Marguerite et de Rénaut, Comte de Gueldre, son 2e. mari, et ensuite l'avait donné en mariage à sa fille Béatrix, mère du Comte de Blois. 1320, Mars. *Orig. en parch., scellé des sceaux de ces deux Comtes.*

Promesse de Gaucher de Châtillon, Chevalier, de rendre au Comte de Flandre une obligation de 1800 livres qu'il avait de lui, aussitôt qu'il aurait touché cette somme du Comte de Hainaut, sur qui elle était assignée. 1324, 17 Novembre à Paris. *Orig. en parch., scellé d'un petit scel en cire rouge.*

1326. Lettre de Gui de Châtillon, Comte de Blois, Sire d'Avesnes et de Guise, Jean de Hainaut, Sire de Beaumont et de Marguerite, Comtesse de Soissons sa femme, par lesquelles ils conviennent du mariage de Louis, fils aîné de Gui de Châtillon avec Jeanne, fille aînée des Comte et Comtesse de Soissons. *Orig. en parch., scellé du scel du Comte de Blois en cire blanche, 1326, 19 Avril à Corbeil.*

1328. Promesse de Louis, Comte de Flandre, de créer et assigner dans un certain temps sur son domaine, au profit de Gui de Châtillon, Comte de Blois, une rente annuelle et perpétuelle de 1800 livres parisis, qui avait été autrefois promise par Gui, Comte de Flandre, aïeul dudit Louis, à Hugues de Châtillon, pour la dot de Béatrix sa femme, fille dudit Gui, père et mère de Gui de Châtillon. 1328, le jour de l'Apparition N. S. *Orig. en parch., scellé.*

1328. Lettres de Gui de Châtillon, Comte de Blois, et Sire d'Avesnes, par lesquelles il reconnait que Louis, Comte de Flandre, lui a remis 2 lettres de ce même jour, insérées en celle-ci, par la première desquelles il s'oblige de payer audit Gui, 1800 livres de rente, pour les causes ci-dessus, et, par la 2e. il s'oblige de

CHA

lui payer 1200 livres de rente jusqu'au remboursement de 13,100 qu'il s'est trouvé lui devoir pour les arrérages de ladite rente de 1800 livres. 1328, le jour de l'Apparition de N. Sgr. *Orig. en parch., scellé du scel dudit Gui.*

1331. Voyez Cassel en 1331.

1334. Lettres de Jean, Sire de Châtillon, Queu de France, par lesquelles il s'oblige d'acheter jusqu'à 300 livrées de terre par an, tenues du Comte de Hainaut, ou en franc aleu, pour remplacer les 300 livres de rente que le Comte de Hainaut lui avait données en fief, à prendre dans la rente que ce Comte a sur le trésor du Roi à Paris, et qu'il avait vendues de son consentement à Gieuffroi de Biaumont, Seigneur de Lude; Chambellan du Roi. 1334, le jour de St.-Barnabé, Apôtre. *2e. Cart. de Hainau, pièce 126.*

1336. Acte passé par-devant Gérard, dit Sausses d'Aisne, Ecuyer, Bailli de Hainaut, et les Pairs de Hainaut, savoir: Wistasse, Seigneur du Rues, Jean, Seigneur de Barbenchon, Gérard de Werchin, Senéchal de Hainaut, Gérard de Jauche, Seigneur de Baudour, et Gérard, Seigneur de Ville, contenant le déshéritement fait par Jean de Hainaut, Seigneur de Beaumont, de plusieurs parties de la terre de Chimay, venant du chef de Marguerite, Dame de Beaumont, Comtesse de Soissons sa femme, et adhéritement au profit de Jeanne, fille desdits Seigneur et Dame de Beaumont, en considération de son mariage avec Louis de Châtillon, fils aîné du Comte de Blois. 1336, le Mercredi après la Toussaint, au Quesnoy. *Orig en parch., scellé des sceaux desdits Bailli et Pairs de Hainaut.*

1336. Acte passé par-devant lesdits Bailli et Pairs de Hainaut, du déshéritement fait par Jeanne de Beaumont des mêmes parties de la terre de Chimay, et adhéritement au profit de Jean de Hainaut son père, pour en jouir seulement pendant la vie de Marguerite, Comtesse de Soissons, mère de ladite Jeanne, même date. *Orig. en parch, ut supra.*

1336. Acte passé devant Gérard, dit Sausses d'Aisne, Ecuyer, Bailli de Hainaut, et les hommes de fief de Hainaut, savoir: Waleran de Luxembourg, Seigneur de Liny, Eustache, Seigneur du Rues, Huon, Seigneur de Fagneulles, Jean, Seigneur de Barbenchon, Watier, Seigneur de Bousies, Willaume, Seigneur de Gomignies, Gérard de Werchin, Senéchal de Hainaut, Gérard, Seigneur de Pottes, Florent de Beaumont, Seigneur de Biaurieu, Willaume Barat de la Haye, Seigneur de Sars, Gérard de Jauche, Gérard de Ville, Aoustin le Taye, Pierron de Septenay, Bailli d'Avesnes, Jean de le Glisuele, Prévôt de Beaumont, du déshéritement fait par Jean de Hainaut, Sire de Beaumont, des Villes et terres de Beaufort, Robrechies, Ferrières-les-Grandes, Ferrières-les-Petites, Rosiers et autres biens au profit de Jeanne sa fille, en considération de ce que par le *contrat de mariage de ladite Jeanne de Beaumont avec Louis de Châtillon*, Seigneur d'Avesnes, fils aîné du Comte de Blois, le Seigneur de Beaumont s'était obligé de lui donner 3000 livres de rente, à prendre sur les biens et héritages venans de son chef. 1336, le Mercredi après la Toussaint au Quesnoy. *Orig. en parch., scellé des sceaux des Bailli et homme de fief de Hainaut.*

1342. Quittance de Gui de Châtillon, Comte de Blois, Sire d'Avesnes, de la somme de 600 livres reçue de la Comtesse de St.-Paul sa cousine, en déduction de ce qui lui était dû par feu le Comte de St.-Paul. 1342, *Orig. en parch., gâté par la pourriture.*

Quittance du même de plusieurs petites sommes qu'il avait reçues de Jean du Chièvre, par les mains de de Pierre de Beaud, Chevalier, en l'acquit de ce que Jean de Landas, Chevalier, Bail de la Comté de St.-Paul, et de la Comtesse de St.-Paul sa femme, lui devait de reste à cause du feu Comte de St.-Paul son cousin. 1343, le Vendredi après la Toussaint. *Orig. en parch., dont le scel est tombé.*

1344. Lettres de Louis, Comte de Blois, Seigneur d'Avesnes et de Jeanne de Beaumont sa femme, par lesquelles ils rendent à Jean de Hainaut, Seigneur de Beaumont, Comte de Soissons et à Marguerite sa femme, père et mère de Jeanne leur fille, (*ci-devant rappellée épouse de Louis de Châtillon*) et unique héritière, la Comté de Soissons qui leur avait été donné en mariage, pour en jouir par ladite Marguerite sa vie durant, à l'exception de 535 livrées de terre qui devaient être données auxdits Comte et Comtesse de Blois, pour supplément de la terre de Dargies. *Orig. en parch., dont les sceaux sont tombés.* 1344, 3 *Mai.*

1382. Guy de Châtillon en 1382. *Voyez Borselle.*

1382. Jean de Châtillon, Secrétaire de la Comtesse de Bar en 1382. *Voyez Mallomaison.*

1385. Guy de Châtillon en 1385. *Voyez nécessairement Fauquemont.*

1310. CHATEAU-VILAIN. Cession des terres d'Aspre, et de Zinghem en Flandre, faite par Simon, Guy et Robert de Château-Vilain, frères, enfans de Simon de Château-Vilain, Seigneur d'Arthu, à Jean de Château-Vilain, Ecuyer, leur frère, par-devant Jean Evêque de Châlons leur oncle : témoins, Jean de Losanne, maître desdits de Château-Vilain, neveu, Guillaume de Mancée, et Jean de Château-Vilain, Prêtres, Chanoines de St.-Remi de Pla..., Diocèse de Troye, Laurent de Turcelles, Clerc, Notaire Impérial. 1310, 11 Novembre à *Sarreii*, dans la maison Episcopale de l'Evêque de Châlons, (en latin). 2e. *Cart. de Flandre*, *pièce* 293.

CHATEL (du). *Voyez Chastel.*

1332. CHEVALIERS. (*Gages des Chevaliers pour servir à la guerre*). Promesse de Roghes Sire de Hangest, d'accomplir et observer les lettres du Comte de Flandre, données à Mâle le 6 Novembre 1332, par lesquelles le Comte donne audit Roghes 200 livrées de terre à Asseoir en Flandre, moyennant quoi ledit Roger et ses hoirs seront ses hommes. Le Comte sera tenu de les monter à la guerre et ès Tournois, et les défrayer de tous coûts : il leur donnera 40 s. parisis de gages, tous les jours allant et venant : 60 livres parisis, et 16 sols de gages par jour, allant et venant : 60 livres parisis pour les Bacheliers, aux gages de 12 sols par jour. 1332, 8 Novembre. 2e. *Cart. de Flandre*, *pièce* 454. *Orig. en parch., scellé du scel dudit Roghes.*

1388. CHEMERICOURT. Bernard de Chemericourt, Ecuyer d'écurie du Roi de France, époux de Jeanne de Bauteilla, veuve de Watier de Canny. *Voyez Canny en* 1388.

1317. CHEVRE (*écrit Chievres*). Lettres de Hue de Fagneules, Sire de Wiege, Chevalier, par lesquelles il renonce à tout ce qu'il pouvait prétendre contre le Comte de Hainaut, à cause de la vente que feu Noble Homme Nicolon, dit le Begbe de Rumigny, son oncle, avait faite à feu Jean, Comte de Hainaut, de tout ce qu'il avait ou pouvait avoir en la terre de Chièvres et appartenances. 1317, le Dioes (Jeudi), après St.-Nicaise. *Orig. en parch., scellé du scel dudit Hue.* 2e. *Cart. de Hainaut*, *pièce* 18, 3e. *Cart.*, *pièce* 84.

1330. CHEVRIER. Guy Chevrier, Chevalier en 1330. *Voyez Bourgogne.*

1385. CHIELES. Pierre de Chieles, Ecuyer en 1385. *Voyez Luxembourg.*

1301. CHIMAI. La terre de Chimay appartenait à Hue Damoiseau, Comte de Soissons, en 1301. *Voyez Soissons.*

1336. Voyez ci-devant Châtillon en 1336.

1339. Voyez Boussut en 1339.

1280. CHOISEUL. (*Une des maisons les plus illustrées de France*). Monseigneur Jean de Choiseul en 1280. *Voyez le 1er. volume*, *page* 676.

1293. Jean, Sire de Choiseul (*ainsi écrit*), Connétable de Bourgogne en 1293. *Ibidem*, *page* 820.

1293. Jean *Choiselli*, Chevalier du Roi de France, en la même année. *Ibidem*, *page* 823.

1299. Cher et féal Chevalier Jean, Seigneur de Chosello, en 1299. *Ibidem*, *page* 887.

1333. Rienars de Choisel (*ainsi écrit*), Chevalier, Gouverneur et Bailli de Lille en 1333. *Voyez Tournay ci-après.*

1328. Lettres de Renard de Choiseul, Chevalier, Gouverneur de Lille et des frontières de Flandre, par lesquelles il déclare avoir reçu pour le Roi *au pardon* les habitans de Raninghelles, Flamertinghe, Elverdinghe, Zontcote, Nortscote, Locres et les Wasnues, sauf les droits de leurs Seigneurs, leurs lois et coutumes. 1328, 26 Août à Warneton. 2e. *Cart. de Flandre*, *pièce* 502.

1806. *Mr. de Choiseul, de la Branche des Vicomtes* de Choiseul-Meuse, *est actuellement à Bruxelles. Quoique malheureux par les effets de la Révolution, il est d'une société extraordinairement aimable.*

1333. CITEAUX. Confirmation par G...., Abbé de Citeaux, de la Fondation faite par Jeanne, fille aînée d'Artus, Duc de Bretagne, Dame de Cassel, de 2 Messes par semaine, en l'Eglise de l'Abbaye de Port Royal, ordre de Citeaux, Diocèse de Paris. 1333, penultième Juillet (en latin). *Orig. en parch., scellé d'un sceau en cire verte.*

1304. CLAIRMARAIS. Lettres de Mahaut, Comtesse d'Artois, par lesquelles, comme Souveraine, elle amortit aux Abbé et Couvent de Clairmarais, 20 mesures de bois dans les bois de Bilmont, qu'ils avaient acquis il y a 14 ans de Monseigneur Jean de Wieringhehem, tenus du Seigneur de Seninghehem, moyennant 36 livres parisis de finance. 1304, premier Mai. *Copie en papier, signée Caulier, authentiquée en* 1516, *sur un registre en parch., reposant aux chartes d'Artois.*

1314. Arrêt qui nomme Me. Jean de Roye, Clerc du Roi et P. Soillard, Chevalier, Commissaires dans le procès que Mahaut, Comtesse d'Artois, et le Comte de Flandre avaient pour la garde et justice du cloître et de la Maison de Clairmarais. 1314, 17 Novembre à Paris en Parlement (en latin). *Orig. en parch. scellé.*

1338. Arrêts qui nomment Jean de Roye Clerc et Jean du Chasteler, Chevalier, pour informer en la cause pendante en la Cour, entre la Comtesse d'Artois et Robert de Flandre, Chevalier, touchant la saisine de Clairmarais. 1328, 18 Juillet, et 14 Décembre, à Paris en Parlement. *Orig. en parch.*

CLEMENT. *Voyez le Clément.*

1335. CLERGÉ DE HAINAUT. Mémoire que le Comte de Hainaut a ordonné qu'il soit fait une enquête dans toutes les Eglises, Abbayes, Chapitres du pays de Hainaut, pour connaître les plaintes et demandes qu'ils peuvent faire à sa charge et à celle de ses prédécesseurs. — Plaintes et demandes des Chapitres, Abbayes et Eglises de Hainaut, contre le Comte et les Officiers. — Réponse faite par le Conseil du Comte de Hainaut, aux plaintes et demandes des Eglises de Hainaut. — Chaque Maison Religieuse a fait ses plaintes en particulier, et les réponses sont faites dans le même ordre. *J'ai fait imprimer ces actes en 1794, dans un ouvrage dont le titre est prolégomènes ou notes au Peuple.*

1302. CLERMONT. Inventaire des meubles et effets de Raoul de Clermont, Sire de Néelle, Connétable de France, (tué à la bataille de Courtray le 11 Juill. 1302), fait par Jean Dorchies, Doyen de Noyon, G. le Chat, Archidiacre d'Anvers dans l'Eglise de Cambray, et G. de Laon, Trésorier de la Chapelle de Paris. 1302, le Jeudi après l'Octave de St.-Martin (22 Novembre), *sur plusieurs bandes de parchemin.*

1349. Lettre de Thomas, Evêque de Toul, à l'Official de l'Evêque de Verdun, par laquelle il le prie de surseoir à l'effet de l'interdit, et des sentences d'excommunication fulminées contre les Officiers et Gens de Loi de la Ville et Prévôté de Clermont, Diocèse de Verdun, parce qu'ils avaient exécuté à mort un Clerc du Diocèse de Toul. 1349, le Lundi après St.-Vincent, Martyr (en latin). *Orig. en parch., scellé.*

1380. CLITE (de le). Mandement du Comte de Flandre, à son Receveur, de payer à Colard de le Clite, Chevalier, la somme de 37 livres 9 sols parisis, pour les causes mentionnées en un brief annexé à ce mandement. 1380, 14 Décembre à Bruxelles. *Orig. en parch., scellé.*

1385. CLOET. Guillaume Cloet, en 1385. *Voyez Antoing.*

1374. CLOYES. Obligation de certaine somme d'argent, bled, avoine, cire et gelines, souscrite au profit de la Comtesse de Bar, par Gilles de Cloyes, Ecuier, et Jean son fils, pour restant de la recette, faite par ledit Gilles, des revenus de la Comtesse de Bar, au Puisoie et au Perche, avec promesse par ledit Gilles de faire obliger Dame Jeanne de Perreuse sa femme, et la soumission de Messire Philippe de Cloyes, Prieur de Moustier en Puysoie, Nobles Hommes Mestire Renoul de Châteauneuf, Chevalier, Seigneur Dohe, et Pierre de Beaulrain, Ecuyer, qui se sont rendus cautions desdits Gilles et Jean de Cloyes. 1374, le Mardi après St.-Vincent 23 Janvier, *sous le vidimus de Pierre Mirouer, Bailli de Madame Jeanne de Vergi, Dame de Hauton, en sa terre de Puisoye, et garde du scel de ladite terre du 27 Mars 1385 Orig. en parch., scellé.*

1335. COCHON. Jean le Cochon, et Jacquemart son frère en 1335. *Voyez Baudour.*

COLINS. On trouve dans mon 1er. volume
1473. plusieurs titres de l'an 1473 qui concernent cette ancienne famille. Dans les mémoires généalogiques que je fis imprimer en 1780, tome 2, page 606, j'ai donné une filiation bien suivie depuis Jean Colins, époux d'Isabeau Van Bavedamme, qualifié Noble Homme, et Chevalier, dans le testament que son
1478. fils Guillaume fit le 26 Octobre 1478 Ce Guillaume eut, de Catherine de Herzelles son épouse, pour fils Engel qui, de Claire de Wargnies son épouse, eut Pierre qui suit.

Pierre Colins épousa Marguerite Heyms. Il en eut entre autres enfans Jean qui donna des preuves de sa fidélité envers son Souverain, en soutenant la Ville d'Enghien contre les efforts de la Rebellion, servant alors en qualité de Capitaine. Jean eut, de Demoiselle Jeanne Huysmans son épouse, plusieurs enfans qui laissèrent une postérité nombreuse. Pierre
1630. son fils aîné fut créé Chevalier en 1630, *en considération de son ancienne Noblesse, des services de Jean son père et de ceux qu'il avait rendus lui-même dans les guerres de Flandre, sous le Duc de Parme, où il avait assisté aux siéges de Tournai, Audenarde Menin et Ninove.* On est redevable à ce Pierre Colins de l'histoire des anciens Seigneurs d'Enghien qu'il compose sur les archives des plus anciennes Abbayes de Haynaut et sur les témoignages des historiens les plus accrédités. Cet ouvrage fut imprimé en 1634. Ce même Pierre est le 4e. aïeul de Pierre-Albert-Antoine Colins, reçu Membre de la Noblesse des Etats de Hainaut, le 9 Novembre 1780, actuellement époux d'une Demoiselle de Parmentier.

Charles Colins, frère de Pierre, et fils de Jean et de Jeanne de Huysmans, épousa Marie Pletincx. Charles II leur fils épousa Dame Angeline de Herbais. Charles II, et Angeline sont auteurs de plusieurs branches qui contractèrent des alliances avec des Maisons illustres, comme on le voit par les gravures, ci à côté, qui représentent 1°. la sépulture de Messire, Maximilien Colins, Seigneur de Quievrechin, époux de Dame Catherine Françoise de le Val, fils d'un Colins, et d'une Demoiselle de le Same, et petit-fils desdits Charles II, et d'Angeline de Herbais. — 2°. Les preuves de Jacqueline-Margerite d'Utenhove, Chanoinesse à Leuwenhorst, épouse de Jacques de Leefdael dont la fille Jacqueline de Leefdael épousa Pierre Colins, Seigneur de Heetvelde. *Voyez Utenhove.*

CONDÉ. Le nom de Condé était déjà célèbre depuis plusieurs siècles dans les Pays-Bas, lorsque, par une alliance, il devint le titre distinctif d'une des principales branches de la Maison de Bourbon. Les Seigneurs qui portèrent les premiers ce nom devenu si fameux dans la suite, par le nombre prodigieux de héros qui l'ont illustré, étaient originaires du Pays et Comté de Hainaut. Alliés de tous côtés aux Princes souverains de nos Provinces, auxquels leur haute naissance semblait les égaler, lorsque leur maison, dénuée d'héritiers mâles, semblait pencher vers sa décadence, ils finirent par mêler leur sang à celui des plus puissans Rois de l'Europe J'ai trouvé, dans un manuscrit de Dom Jean d'Assignies, le Mausolée de Nicolas de Condé, inhumé avec Marie de Carency son épouse, à l'Abbaye de Cambron dont il avait été pendant sa vie un des plus zélés bienfaiteurs. Ce Mausolée, qui n'existe plus aujourd'hui, était une tombe élevée où la magnificence gothique de ces siècles n'avait rien épargné pour rendre ce Monument digne de ceux dont il devait contenir les cendres. Autour des statues des deux époux qui étaient représentés sur cette tombe, couchés et vêtus selon les costumes de ce temps là, on voyait les statues, et les armoiries de plusieurs Maisons souveraines. (*Voyez ce mausolée à l'article de Ligne*).

J'ai fait connaître dans mes mémoires généalogiques, tome 1er., page 53, que Catherine de Ligne, Chanoinesse de Maubeuge, ayant survécu à ses frères et sœurs, recueillit seule l'héritage de la Maison de Condé. Elle était fille de Jean Baron de Ligne et de Jeanne de Condé. Catherine, avant sa mort, donna les terres de Condé et de Moriamez à Thieri de la Hamaide, et la Seigneurie de Belœil à Jean et Michel de Ligne ses neveux. Belœil appartient encore aujourd'hui aux Princes de la Maison de Ligne. C'est la plus belle terre du Hainaut. Sa grandeur annonce celle des Seigneurs qui la possèdent. La régularité et la symétrie de ses superbes avenues, la vaste étendue de ses campagnes et de ses forêts, la richesse et la magnificence de ses édifices somptueux, tout concourt à en faire un séjour charmant que la nature et l'art embellissent à l'envi, pour le rendre digne de ceux qui l'habitent. *Voyez Bourbon et le premier volume de cet ouvrage qui contient un grand nombre de titres, concernant le nom de Condé.*

1284. Le premier volume indique, page 1284, plusieurs titres qui concernent l'hommage fait en 1284, par Hue de Chastillon, d'une partie de la terre de Condé qui passa dans la Maison de Bourbon, par le Mariage de Mahaut de Châtillon St.-Pol, Dame de Leuse, Condé, Bucquoi, Carency, avec Jacques de Bourbon, Seigneur de Duissnt. Cette terre cessa d'être divisée à l'époque de l'acquisition qu'en fit Marie de Montmorency qui en acheta une partie de Louis de Bourbon, fils d'Antoine et de Jeanne d'Albret, Reine de Navarre, et l'autre partie de Guillaume, Comte de Rocquendorf, un des héritiers de la Maison de la Hamayde. La petite-fille de Marie de Montmorency, *Jeanne de Lalain*, la porta en dot dans la Maison de Croy, en épousant Jean de Croy, Comte de Solre, Baron de Molembais, Chevalier de la Toison d'Or. Leur fille Anne-Marie fut reçue Chanoinesse à Mons, en 1635.

Une branche de la Maison de Bourbon a conservé depuis le nom de Condé qu'elle a rendu si célèbre, que le souvenir en sera toujours cher aux admirateurs des grands hommes. Voici ce que les historiens nous transmettent du grand Condé.

Louis de Bourbon II, Prince de Condé, auquel ses exploits méritent le nom de Grand, naquit à Paris le 7 Septembre 1621, et fut titré Duc d'Enghien. L'art de la guerre sembla en lui être un instinct naturel. A 22 ans, en 1643, il gagna la bataille de Rocroi, sur les Espagnols, dont il écrasa les vieilles bandes. Sa victoire fut suivie de la prise de Thionville, et de plusieurs autres places. L'année suivante, il passa en Allemagne, attaqua le général Merci, retranché sur des hauteurs et des gorges près de Fribourg, donna de suite trois combats furieux, et fut toujours vainqueur. *Ayant éprouvé dans l'un de ces combats une résistance très-vive, on le vit jetter, dans les retranchemens ennemis, son bâton de généralissime, marcher l'épée à la main pour le reprendre, et tout renverser.* Philipsbourg et une multitude de places tombèrent en son pouvoir : il se rendit maître, dans la même campagne, d'une étendue de pays de plus de 60 lieues. Turenne essuie-t-il un revers à Mariendal ? Condé vole pour le venger, et remporte, le 3 Août 1645, dans les plaines de Nordlingen, une victoire complette, illustrée par la mort du Comte de Merci. En 1646, il prit Dunkerque : en 1648, Ypres se rendit à lui. Il gagna, le 20 Août, la bataille de Lens, et tailla en pièces l'armée ennemie. Dans la guerre civile, dont Mazarin fut le principal sujet, Condé prit alternativement parti pour et contre ce Ministre. Ses armes éprouvèrent tour-à-tour des succès et des revers. Retiré dans les Pays-Bas, et joint aux Espagnols, les secours jettés dans Cambrai, et la fameuse retraite de devant Arras en 1654, firent honneur à ses talens militaires : deux ans après, il fit lever le siège de Valenciennes, mais il fut malheureux à la journée des Dunes. Rendu à la France en 1659, il la servit dans la Conquête de la Franche-Comté en 1668, et dans la guerre de Hollande en 1672, il prit Wesel, fut blessé près de Tolhuis, etc. En 1674, il mit en sûreté les conquêtes des Français, s'opposa aux desseins de l'armée des alliés, et défit leur arrière garde à la célèbre journée de Senef. Après la mort de Turenne, il continua la guerre d'Allemagne avec avantage. La goutte l'ayant contraint de se retirer, il cultiva les lettres, et mourut à Fontainebleau en 1686. On a dit de lui *qu'il avait la figure d'un aigle et le cœur d'un Lion.*

COLOMIERS. Lettres de Robert, Comte de Flandre, par lesquelles, moyennant la somme de 70 livres de gros tournois, du Roi, qu'il a reçue de Jean

de Colomiers, Bourgois d'Ipres, son féal Valet, il
1333. constitue audit Jean et à ses hoirs à toujours une rente annuelle de 20 livres sur les briefs de la Châtellenie de Bourbourg, à tenir en fief et hommage des Comtes de Flandre. 1306, 12 Août. Ces lettres sont dans d'autres du même Comte, données à Courtray en 1310. *Orig. en parch.*

1366. COMMENIÈRES. Quittance de Perrin de Commenières, Ecuyer, comme Procureur de Colard, dit Leswarel, son oncle, de 2 rasières de froment, et 50 sols tournois, reçus de Jean Raullon, Receveur de la Comtesse de Bar, pour une année de redevance que ledit oncle a droit de prendre sur les congés de Boureulle. 1366, 24 Février. *Orig. en papier cacheté du scel de Jean de Moncelz, Ecuyer, Capitaine de Clermont, en cire brune.*

1366. A cette quittance est jointe la procuration donnée audit Perrin de Commenières, par Colard li Eswarez de Commenières, Sire de Versaney, le 2 Janvier 1366, sous le scel dudit Moncelz. *Orig. en papier.*

1386. COQUILLON. Quittance de Lancelot le Personne, Chevalier, Châtelain et Garde du Châtel de la Montoire, de 25 francs d'or à lui payés par Hugue Coquillon, Receveur de St.-Omer, et de Tournehem, pour un mois de ses gages. 1386, 28 Août.

1386. Mandement de Nicolas de Fontenay, Chevalier, Gouverneur des finances du Duc de Bourgogne, à Hue Coquillon, Receveur de St.-Omer, de prendre et retenir sur sa recette la somme de 10 livres tournois qu'il lui a taxé pour un voyage fait par ce Receveur, au sujet de la vente des Bois de Ruout et de Beaulot. 1386, 13 Novembre à Lecluse. *Orig. en parch.*

1309. CORLARE. La terre de Corlare en 1309. *Voyez la Marck.*

1335. CORNU. Lettres de Jean de Cornu, Chevalier de Cologne, par lesquelles il assigne sur une vigne, dite Aybz-Wingart, près Cologne, les 150 florins d'or, que le Comte de Hainaut avoit donnés en 1335, le lendemain de l'Epiphanie (en latin). *2e. Cart. de Hainaut, pièce 256.*

CORSWAREM. *Voyez Loos.*

CORNET. *Voyez le 1er. volume, page xxxij.*

COSSÉE. *Voyez Maulde. Voyez aussi le 1er. volume, page 73.*

1319. COUCY. Accord entre Louis de Flandre, Comte de Nevers, et de Rethel et Robert son frère, pour une nouvelle estimation des terres données en appanage audit Robert : confirmé par Robert, Comte de Flandre leur père, en présence de Madame de Coucy, Monseigneur de Fieules, Monseigneur Huon de Burst, maître Bauduin de Zinnebeke, Jean de Reingheisvliet, Robert de Zamslacker, Roger de Halewin, et Jean Palster. 1319, le lendemain de St.-Luc, à Courtray. *Orig. en parch., scellé des sceaux du Comté de Flandre.*

1328. Lettres de non préjudice données par Guillaume, Sire de Coucy, d'Oisy et de Montmirail, d'avoir été reçu à Reims, à l'hommage qu'il devait au Comte de Flandre à cause des terres, situées en Flandre, qui lui étaient échues par Alix de Ghines, Dame de Malines, sa tante. 1328, le lendemain de la Trinité. *Orig. en parch., scellé du scel dudit Guillaume.*

1328. Mêmes lettres données par Jeanne, Comtesse d'Eu et de Guines, pour avoir été reçue hors du Comté de Flandre, à l'hommage des terres qui lui étaient venues par la Dame de Malines, sa tante. 1328, lendemain de la Trinité, à Reims. *Orig. en parch., scellé de son scel.*

1332. Mention de l'hommage fait au Comte de Flandre, par la Dame de Hobouque, pour 1000 livres de rente qu'elle a sur la terre de Teuremonde à cause de son

COU

douaire, et que Messire Enguerran de Coucy, comme avoué de ladite Dame, est aussi entré en la foi du Comte. Présens, Monsieur Bloc de Steenlande, Jean de Hemsrode, Jean Ghelinc, et Gilles le Vremde. 1332, le Dimanche avant les Caresmaux, à Alost. *2e. Cart. de Flandre, pièce* 380.

1335. Mention de l'hommage au Comte de Flandre, en l'Abbaye de St.-Martin-lez-Pontoise, par Engueran, Sire de Coucy, à cause des fiefs qui lui étaient échus par la mort du Sire de Coucy son père. Présens, Monseigneur Engheran de Coucy, oncle du Sire de Coucy, Monseigneur Mathieu de Roye, Messieurs Jean de le Loue, Flament de l'Englentier, le Seigneur de Hangest, Châtelain de Dixmude, le Sire de Thil, le Sire de St.-Venant, le Seigneur de Hufalize, Messire Philippe de Haveskerque, Chevaliers; Guillaume d'Auxonnes, Eude de Choi, Broque de Haluwin, Olivier Luissier. 1335, 25 Juin en l'Abbaye de St.-Pierre-lez-Pontoise. *2e. Cart. de Flandre, pièce* 416.

1335. Lettres de non préjudice, données par ledit Sire de Coucy, du même jour. *Même cartulaire, pièce* 415.

1363. Monseigneur Raoul de Coucy en 1363. *Voyez Bar.*

1365. COURT (DE LE). Messire Olivier de le Court, Chevalier, en 1365. *Voyez Bailleul, page* 8.

1397. COURTIAMBLE. Jacques de Courtiamble, Chevalier, Chambellan du Duc de Bourgogne, en 1397. *Voyez Autriche.*

1388. COURTILLIERS. Quittance de Pierart le Courtilliers, Bourgeois de Valenciennes, de 200 florins d'or que Jean de Pouques, Chevalier, Seigneur de Molimont, lui a fait payer par Jean Belin, son serviteur. 1388, 17 Juin. *Orig. en parch., scellé de son scel.*

1338. COURTEHEUSE. Guillaume Courteheuse, Chevalier, en 1331. *Voyez Cassel.*

1315. COURTRAY. Lettres par lesquelles le Roi Philippe nomme Pierre de Galand, Chevalier, Maître des Arbalêtriers et son Capitaine dans le Comté de Flandre, pour prendre possession en son nom des Château, Ville et Châtellenie de Courtray que le Comte de Flandre lui avait donnés pour ôtages et pour sûreté de l'exécution du traité conclu entre eux. 1315, Lundi après St.-Pierre entrant Août, à Arras. *Copie du temps en parch.*

1367 Certificat délivré par Bérenger Gregorii, licencié ès lois, Doyen et Official de l'Église de Nicossie, en Chipre, du pélérinage fait en ladite Ville par Guillaume de Courtray (*Cortrosia*), Chevalier, ainsi qu'il y avait été condamné par le Comte de Flandre pour avoir arrêté Dame Marguerite Methin, de Melle Diocèse de Cambray. 1367, 8 Août, à Nicossie (en latin). *Orig. en parch., scellé.*

1379. Lettres de Waleran de Luxembourg, Comte de Liney et de St. Pol, par lesquelles il cede au Comte de Flandre *la Mairie de Courtray,* appellée *Ammanstres,* pour s'acquitter d'une somme de 3,000 francs de France que ledit Comte lui avait prêtée pour payer sa rançon en Angleterre. 1379, 7 Septembre, à Bruges. *Orig. en parch., scellé.*

1378. CRAON. Soumission de Gombaut de Vellu, pour lui et les siens, audit et ordonnance du Comte de Flandre, sur le différent qu'il avait avec Messire Pierre de Craon et les siens. 1378, 21 Février. *Orig. en parch., scellé du scel dudit Gombaut.*

1378. Soumission de Louis de Namur, Sire de Peteghem et de Bailleul en Flandre, à l'ordonnance du Comte de Flandre sur l'accusation portée contre lui en la Cour du Comte par *Pierre de Craon,* 1°. que Louis avait fait prendre et blesser ledit Pierre de Craon par

CRA

les gens de son Hôtel, armés de harnas et montés sur les chevaux dudit Louis, sans lui avoir fait aucune défiance; 2°. que Louis de Namur avait fait alliance contre le Comte de Flandre, et avait dit en plusieurs lieux *que le Comte avait le cœur Anglais;* lesquelles choses Pierre de Craon avait offert de prouver de son corps contre ledit Louis. Sur quoi les hommes de la Cour dudit Comte de Flandre avaient ordonné *champ de bataille* sur le fait de l'alliance seulement, et avaient assigné ledit champ à Lille, le 20 Janvier. Robert de Namur, Sire de Renays et de Beaufort, Robert, Seigneur de Fiennes, Guillaume, fils aîné du Comte de Namur, et Jean de Namur, fils dudit Comte, se rendent caution de cette soumission. 1378, 20 Janvier, à Lille. *Orig. en parch.*

1378. Lettre de Robert et Guillaume de Namur au Comte de Flandre par laquelle ils lui mandent que Gombaut de Velu n'est point en leur compagnie. Sans date d'année. 1378, la nuit du St.-Sacrement, à Beaufort. *Orig. en papier.*

1378. Lettres de Charles de Poytiers, Sire de St.-Valier et de Vadans, Guillaume de Stanles, Chevalier, et de Jean de la Famille, par lesquelles ils déclarent que *Messire Pierre de Craon*, Sire de Brunelet et de Rousoy, devant lequel ils étaient envoyés de la part du Comte de Flandre, s'est soumis à l'ordonnance dudit Comte, touchant *le champ* ordonné entre lui et Messire Louis de Namur, Sire de Peteghem et de Bailleul, en Flandre, et les débats que ledit Pierre avait avec ledit Louis de Namur, Gombaut de Vellu, ses frères, parens, amis et complices. 1378, 22 Janvier à Lille. *Orig. en papier, cacheté de 3 sceaux en cire rouge.*

1378. Soumission dudit Pierre de Craon au Comte de Flandre, pour le différent qu'il avait avec Gombaut de Velu. 1378, 20 Janvier à Lille. *Orig. en parch., scellé de son scel.*

1378. Soumission du même audit et ordonnance du Comte de Flandre, pour les débats qu'il avait avec Louis de Namur. Le Comte de Dommartin, le Seigneur de Fère, Jacques Sénéchal de Hainaut, et *Jean de Craon*, se rendent cautions de la soumission dudit Pierre de Craon. 1378, 20 Janvier, à Lille. *Orig. en parch., auquel ne restent plus que 3 sceaux.*

1379. Ordonnance prononcée par le Comte de Flandre sur les débats entre Pierre de Craon, d'une part, Louis de Namur et Gombaut de Velu, d'autre. 1379, le Samedi 4 Juin, au Château d'Audenarde. *Copie authentique en papier.*

1381. Quittance de Pierre de Craon, Chevalier, Sire de Brunetel et de Rozoy, de la somme de 6000 fr. de France reçue de Robert de Venthadour. 1381, 12 Septembre. *Orig. en parch., scellé de son scel.*

1381. Promesse dudit Pierre de Craon d'indemniser le Sire de Gruthuse et de Gremberghe, Messire Josse de Halewin, Messire Gosuin le Wilde, Chevaliers, et Henri Lippin, de 190 liv. gros, en laquelle ils s'étaient obligés pour lui envers plusieurs personnes. 1381, 28 Décembre. *Orig. en parch., scellé de son scel.*

1382. Promesse de Pierre de Craon susdit, de payer à la N. D. mi-Août certaine somme qu'il devait payer à la St.-Jean. 1382, 20 Mai, à Lille. *Orig. en parch., scellé.*

1332. CRECHY. Quittance de Simon de Créchy, Chevalier, de 25 liv. parisis pour une demi-année de la pension que la Dame de Cassel lui a donnée. 1332, Mars. *Orig. en parch., scellé.*

1332. Lettres du même, par lesquelles il déclare que, moyennant 100 liv. parisis que la Dame de Cassel a promis

promis de lui payer tous les ans, il s'oblige de la servir à ses dépens, en qualité de son Maître d'Hôtel, et de résider continuellement auprès d'elle avec trois chevaux, savoir un pour lui, un pour son valet, et un sommier. 1332, 13 Mars. *Orig. en parch.*

1375. **CREQUY.** Promesse de Jean de Crequi, Chevalier, Bailli de Cassel, de bien desservir ce Bailliage. 1375, le Lundi 14 Janvier. *Orig. en parch.*

1391. Messire Pierre de Crequi, Chevalier, frère de la Dame de Doulieu, veuve de Messire Pierre de Bailleul, tous deux enfans de Messire Ernoul de Crequi. *Voyez Bailleul en* 1391.

1308. **CRESPIN.** Lettres de Guillaume, Comte de Hainaut, et de Philippe, Comtesse, sa mère, par lesquelles ils reconnaissent devoir à Baude Crespin le père d'Arras, Valet du Roi de France, la somme de 8000 liv. parisis, restant de celle de 13000 livres, prêtée par ledit Crespin, à feu Jean, Comte de Hainaut, père de Guillaume, et à laquelle s'étaient obligés Raoul de Clermont, Seigneur de Neelle, Connétable de France, Guillaume de Condé, Seigneur de Bailleul et de Roussoy, et Bauduin d'Aubrechicourt, Chevalier, Seigneur d'Estaimbourg. 1308, Juillet. *Orig. en parch., scellé desdits Comte et Comtesse.*

1315. Sire Baude Crespin d'Arras, en 1315. *V. Casteler.*

1316. Lettres de Guillaume, Comte de Hainaut, par lesquelles il reconnaît avoir reçu de Sauwalon et Jean, enfans de Baude Crespin, Bourgeois d'Arras, de défunts Comte et Comtesse de Hainaut, ses père et mère, par lesquelles ils avaient reconnu devoir audit Baude, 8000 livres, et celles de Raoul de Clermont, Seigneur de Neelle, Connétable de France; celles de Willaume de Condé; celles de Bauduin d'Aubrechicourt, et celles des Villes de Vallenciennes, Mons et Maubeuge, par lesquelles ils s'étaient obligés de payer ladite somme au Comte de Hainaut. 1316, Août. *3e. Cart. de Hainaut, pièce* 205.

1326. Lettres de Sauwals, et Jean Crespin frères, Chevaliers, fils et exécuteurs du testament de Seigneur Baude Crespin leur père, par lesquelles ils reconnaissent que ledit défunt leur père a été payé de 13,000 liv. que Jean, Comte de Hainaut, et Philippe sa femme, devaient audit Baude Crespin, et à Robert son frère, et pour lesquelles les Villes de Mons et de Maubeuge, Raoul de Clermont, Sire de Neelle, Guilleume de Bailleul, et Baudoin d'Aubrechicourt s'étaient obligés envers lesdits Baude et Robert Crespin. 1326, Avril. *1er. Cart. de Hain.; pièce* 65.

1326. Lettres des Maire et Echevins d'Arras, qui certifient véritables les lettres ci-dessus. 1326, le Mardi après la Pentecôte. *2e. Cart. de Hainaut, pièce* 66.

1342. **CREVECOEUR.** Lettres par lesquelles Robert Pasquier, Lieutenant d'Honorable Homme, et Sage Alexandre de Crévecœur, Bailli d'Orléans, et Simon Douet, Lieutenant d'Honorable Homme et Sage Vincent Michiel, Bailli de Chartres, Commissaires du Roi, déclarent que Guillaume de la Touche, Procureur de Madame de Cassel, M. de Bar et Madame sa femme d'une part, et Guillaume Bourdineau, Procureur de Demoiselle Jeanne de Beaugency, Dame de la Ferté, Couverte de Fer, et Jean Boulieu, Procureur du Roi, d'autre part, ont comparu par-devant eux, et qu'ils les ont assignés à comparaître devant leurs maîtres, le Mardi après la Chandeleur. 1342, le Dimanche après Noël. *Orig. en parch.*

1346. **CROIS.** La Seigneurie de Crois, située en la Châtellenie de Warneton. *V. Hout-Kerke, en* 1346.

1384. Reconnaissance passée devant les Hommes de fief de Hainaut, par Noble Homme Messire Perceval de le Crois, de n'avoir aucune Justice, ni Seigneurie, sur le grand chemin de Maude, et spécialement sur la partie de ce chemin, menant de Lablier des Waskiens des Kamoziers jusqu'au Vivier de le Cambe; et sur le même chemin, en allant vers Tournay, ainsi que sur un autre chemin, près des Bois de Pestrieu, menant lez la maison Butor de Basoncamp, en allant vers Bieclers; que la justice sur ces chemins appartient au Comte de Hainaut; renonce en conséquence aux exploits, et en fait rétablissement comme ci-dessus. 1384, 15 Juin, sur le grand chemin de Maude. *Orig. en parch.*

1334. **CUGNIERES.** Commission donnée par Philippe de Valois à André de Florence, Evêque de Tournai, et à Pierre de Cugnières, Chevalier, pour, avec Henri de Joudoigne, Chanoine de Cambrai et Robert de Manchicourt, Chevaliers, Commissaires du Comte de Hainaut, informer des entreprises faites par les Officiers Royaux à Faimy, et des entreprises faites par les Châtelain et habitans de Douay, sur la riviere de Scarpe, en la terre du Seigneur de Lalaing. 1334, 15 Octobre, au Bois de Vincennes. *Orig. en parch.*

1305. **CUYCK.** Quittance de Jean, Sire de Cuyck, de 2500 livres, monnaie de Flandre, à compte de ce que lui devait Robert, Comte de Flandre, 1305, à Ipres, le Samedi après l'Octave de la Chandeleur (12 Février). *2e. Cart. de Flandre, pièce* 281.

1333. **CULANT.** Lettres par lesquelles le Chapitre de St.-Donat de Bruges présente à Louis, Comte de Flandre, Noble Homme Henri de Culant, nommé Prévôt de cette Eglise, par le Pape. 1333, le jour de St.-Luc, à Bruges. *2e. Cart. de Flandre, pièce* 352. *Orig. en parch., scellé*

D.

1355. **DALEMDA.** Henri Dalemda, Chevalier en 1355. *Voyez Malines.*

1367. **DALLERE.** Ratification par Jean Dallere, Ecuyer, de l'obligation qu'il avait souscrite, et au moyen de laquelle la Comtesse de Bar l'avait élargi de prison. 1367, au mois de Juillet. *Orig. en parch., scellé.*

1307. **DAMPIERRE.** Partage fait entre Guillaume de Dampierre, Seigneur de Saint-Disier et Jeanne de Chalons sa femme, Gautier de Châtillon, Seigneur de Thour, à cause de Marguerite de Dampierre son épouse, et Miles, Seigneur de Roiers, à cause de Jeanne de Dampierre sa femme, de la succession de défunts Jean de Dampierre, Seigneur de Saint-Disier, et d'Isabeau sa femme, leurs père et mère. 1307, le Jeudi avant la Saint-Martin d'hiver, 9 Novembre. *Orig. en parch., scellé de ladite Prevôté.*

1322. Lettres de Jean de Dampierre, Sire de Saint-Disier et de Wagnory, par lesquelles il déclare avoir donné à Messire Godefroi de Soubraz 100 liv. tournois à prendre dans les 800 liv. paris. que Robert de Flandre devait audit Sieur de Saint-Disier. 1322, le Dimanche après Saint-Denis au mois d'Octobre. *Orig. en parch., scellé.*

1322. Lettres de Jacquemart de la Court, Bailli de Nieppe, Willaume de la Warde, Clais de le Westerne, Gilles Paniel, Messire Jean de Heuchin, Sire de Tienes, Messire Basin de Pereur, Messire Danaus de Belleughien, Chevaliers, Simon Vastin, Thomas Bamine, Daurri de Cornchus, Wautier Morterel, Jean Doulecis, Jean de Tournay, Gillet Gervais, Wit de Mereville, Pierre li Maires et Wautier Mansiet, hommes du Comte de Flandre, contenant la vente et déshéritement fait par Jean de Dampiere, Seigneur de Saint-Dizier de 400 livrées de terre qu'il avait sur les terres et bois de Nieppe, moyennant le prix et somme de 800 liv. parisis et adhéritement desdites 400 livrées de terre à Robert de Flandre, fils dudit Comte Robert. 1322, le Mardi avant la Magdelaine, à la Motte à Nieppe. *Orig. en parch.*, *scellé d'onze sceaux.*

1322. Quittance dudit Jean de Dampierre de 70 livres par. à-compte de 800 livres que Robert de Flandre son cousin lui devait. 1322, le Dimanche après Saint-André. *Orig. en parch.*, *scellé.*

1323. Lettres de l'official de (*Lingonensis*), contenant la vente faite par Jean de Dampierre, Seigneur de Saint-Dizier et Alix d'Aufaimont sa femme à Robert de Flandre, Chevalier, du droit qui leur appartenait en la forêt de Nieppe. 1323, le Lundi après la Circoncision. (en latin). *Orig. en parch.*, *scellé.*

1323. Quittance dudit Jean de Dampierre de 800 livres par. reçues de Robert de Flandre qui les lui devait à cause de 400 livrées de terre qu'il lui avait vendues. 1323, en Août. 1342, *Orig. en parch.*, *scellé.*

1323. Procuration donnée par ledit Jean à Simon de Dargies, Ecuyer, pour le défendre devant tous juges. 1323, le premier Dimanche après l'Ascension. *Orig. en parch.*, *scellé.*

1324. Quittance donnée par Simon de Dargies, valet et fondé de procuration de Jean de Dampierre, Seigneur de Saint-Disier, de 800 livres parisis, reçues de Robert de Flandre, Seigneur de Cassel, en déduction de 3000 livres, qu'il devait pour la vente à lui faite par ledit Seigneur de Saint-Disier, de 400 livres parisis de rente sur les Bois de Nieppe. 1324, le Mercredi avant Saint-Laurent à Ipres. *Orig en parch.*, *scellé.*

1386. DANEKIN. Lesclaire Danekin, Ecuyer. *Voyez Bethune en* 1386.

1345. DARGIES. Déclaration donnée par Pierre de Cramaisnil, Bailli du Comté de Blois, en la terre de Dargies, Jean de Morvillier, Chevalier, et Bauduin de Bavelaincourt, Ecuyer, Hommes de fief de la terre de Dargies, que Raoul de Bougainville, Ecuyer, a reconnu tenir de la terre de Dargies, aux coutumes de la Châtellenie de Brecheulg, trois fiefs au terroir de Berchicourt qui lui étaient échus par succession de Jean de Bougainville son père. 1345, le Samedi avant la fête de Saint-Pierre, entrant Août, à Dargies. *Orig. en parch.*

1293. DE FLINES *Page* 827 *du 1er. volume*, on voit que le Comte de Flandre devait une rente à Gérard de Flines, en 1293. Le Cartulaire de l'Eglise de St.-Quentin de Tournay, dont je rendrai compte plus tard, fait connaître que Michel de Flines, *dit Ca-*
1390. *pelle*, avait en 1390 deux Maisons et Jardins à Glatigny, relevant du Hainaut. Par acte passé à Tour-
1405. nay le 27 Février 1405, on voit que Thomas de Flines était Franç-Alloyer.

Cette famille existe à Tournay en deux branches qui se sont distinguées dans la Magistrature. Remi de Flines est du nombre : il mourut en combattant contre les Calvinistes en 1563 : il était arrière-petit fils de Jean de Flines, Echevin de Tournay en 1425 : il épousa Sainte-le-Quecque, dont 1°. Jean qui suit; 2°. Procop qui prit le parti des Protestans et s'établit en Hollande.

II. Jean de Flines, Cons. et Procur. Fiscal au Baill. de Tournay, épousa 1°. Barbe le Cappelier, famille dont l'ancienneté est très-connue; 2°. Adrienne Desmartin. Ce Jean est le père commun des de Flines-Destombes et des de Flines-du-Fresnoy. Il laissa du 1er. lit entr'autres Gaspar qui suit. Du 2e. lit Robert, dont il sera parlé après Gaspar.

1669. III. Gaspar de Flines testa en 1669. On voit les armoiries de ses père et mère sur l'épitaphe d'Anne de Flines sa sœur, morte en 1664. *Page* 1008 *du 1er. vol.*

Il laissa de Marie de Steenwerper, fille de Guillaume, Procureur-Général de la ville de Tournay, Guillaume.

IV. Guill. de Flines, Echevin de Tournay, Commissaire aux Finances, ensuite Conseiller du Roi, et Procureur Fiscal au Baill. de Tournay, épousa 1°. Catherine de la Fosse, fille de Jean; 2°. Cath. le
1676. Boucq S. H. Il mourut en 1676, ce que prouve son épitaphe avec armoiries. *Page* 1010 *du 1er. volume.* Il eut entr'autres enfans.

V. Pierre Jos. de Flines, frère de Nicolas, mort en 1740, selon son épitaphe qui le dit époux de Marie-Anne-Dorothée Maloteau, fille de Henri et de Mar. Franç. de Hautport. *Page* 10 *du 1er. volume.* Pierre Jos. épousa 1°. à Lille, Marie-Anne Willeton; 2°. S. H Marie Barbe Zivert : il eut pour fils Guillaume Procop qui suit.

VI. Guill.-Procop de Flines, Cons. Assess. et administrateur des pauvres, frère de Nicolas, Sous-Prieur de l'Abbaye de St.-Martin, et de Marie-Anne, épouse S. H. de Phil.-Alb. Cazier, grand Bailli de l'Evêque de Tournay. Il épousa Mar.-Madel. du Pret, fille de Jos. et de Jeanne-Louise de Surmont, dont 1°. Pierre Ant. ci-dessous; 2°. Gilles Procop après son frère.

VII. Pierre-Antoine Jos. de Flines, Greffier héréditaire du Baill. de Tournay. Il épousa, aux Ursulines de Tournay, Mar.-Thér. Louise de Baclan, dont entr'autres.

VIII. Mar.-Sophie-Jos de Flines. Elle épousa 1°. Ant.-Franç.-Xavier-Jos. Coulon, Cons. Contrôleur Gén. aux Finance de Tournay; 2°. âgée de 26 ans, en 1780, Jean-Bapt.-Franç.-Jos. de Clippele, âgé de 55, fils de Léop.-Honoré Jos., Seigneur d'Hem, et de feue Mar.-Jeanne-Jos. La Haize. Cette Dame a du 2e. lit, 1°. Mar.-Sophie-Jos. de Clippele, née en 1783; 2°. Idesbald-Augustine Jos., née en 1785; 3°. Mar.-Aimée Jos., née en 1786; 4°. Mar.-Const.-Léop. Jos., née et morte en 1788.

Léop.-Honoré de Clippele, époux de Jeanne-Franç. La Haize, était fils de Jacq. et de Mar.-Jos. Grau, fille de Paul : il était petit fils de Pierre de Clippele, Seigneur d'Attiches, baptisé à Saint-Brixe en 1645, mort en 1686, et de Franç du Mortier, fille de Jacq. et de Franç. Beghin, petite fille de Franç. et de Mar. de Calonne. Il était arière-petit fils d'Augustin, Seigneur de Ruppilly, né en 1611, mort en 1649, et de Catherine Scorion, morte en 1686, inhumés à St.-Quentin à Tournay. Il était arrière-arrière petit fils de Jacques de Clippele, né à Alost en 1558, le premier qui vint se faire Bourgeois à Lille en 1592. Ce Jacques acquit la terre de Rupilly, et épousa Cath. le Roy, fille de Gilles et veuve de Jean le Cocq.

On voit, dans le n°. 179 de l'*Oracle*, les héritiers de feue Dame Beatrix du Smet de Ronckenbourg, morte à Alost le 22 Prairial de l'an 11. On y voit entr'autres que la défunte était fille de Don Jean-Franç. du Smet, Ecuyer, Seigneur de Ronckenbourg, Capitaine des Grenadiers aux gardes Wallones, et Brigadier des Armées du Roi d'Espagne, mort à Oran en Afrique, le 29e. jour. 1733, et de Dame Mar.-Ant. Manzanosagarraga : que ledit Don Jean-Franç. était fils d'Englebert du Smet, Seigneur de Ronckenbourg, et de Dame Livine Van Kerckhove : que Jean François fut fils d'Henri, Bourguemaître d'Alost, et de Dame Cath. Maes, lequel Henri était fils de Raphael et *de Dame Anne de Clippele.* Ces renseignemens sont de la plus grande utilité à toutes les branches des familles de du Smet et de de Clippele.

VII. Gilles Procop de Flines, Echevin de la Ville de Tournay, fils de Guill. Procop, et de Mar.-Madel.

du Pret, épousa Mar.-Thér. Pelagie de la Vigne-Deurwaerders, fils d'Ignace, dont ent'autres.

VIII. Alexandre Henri de Flines, Echevin de Tournay en 1790. Il épousa le 25 Juin 1806, Charlotte de Bonart, fille de Franç. Ghislain, Grand Prévôt de Tournay en 1794, et de Charlotte-Ghislaine-Delfosse-d'Espierres.

(*Branche des de Flines, Seigneurs du Haut-Lieu*). III. Robert de Flines, dont j'ai annoncé la postérité à l'article de Gaspar son demi frère était fils de Jean et de sa 2e. épouse Adrienne Desmartin, fille de Pierre. Son frère Balthazar de Flines épousa Cath. du Chambge : sa sœur Magdelaine de Flines épousa Franç. du Chambge. Lui-même fut marié avec Elizab. du Chambge, sœur de Cath. et de Franç. avant nommés et fille de Noël du Chambge, et de Marguerite du Bus. Robert de Flines était Seigneur du Haut-Lieu, Procureur-Général et Cons. du Parlement de Flandres. Il mourut en 1673. C'est de lui que descend M. de Flines-du-Fresnoy, vivant en 1807.

1336. **DELATTRE.** Lettres d'Enguerran Delattre, Prévôt du ressort de Lille, adressées à Sausset d'Aisne, Bailli de Hainaut, pour le prier de faire ajourner devant ledit Prévôt les témoins étant en Hainaut, pour déposer dans le procès que Baudun d'Aubercicourt, Chevalier, avait en la Cour du Roi à Lille, contre Raisse de Briffuel, Chevalier. 1336, 18 Mai, à Lille. *Orig. en parch., scellé du scel dudit Prévôt, en cire verte, pendant à simple queue.*

1387. Pierre Delattre, licencié ès lois, Conseiller du Duc de Bourgogne et son Bailli d'Arras, Bapaume, Avesnes et Aubigny. 1387, 6 Mai. *Voyez Hauwel.*

En 1781, je fis imprimer les preuves de Jean-François-Bernard Delattre, reçues à l'ordre de Malthe, comme on le voit par le procès-verbal de l'an 1768. On y trouve les générations suivantes.

1595. I. Jacques Delattre, Ecuyer, Seigneur dudit lieu, Masnuy, Villerval, Rottencourt et Lievin, du Riffart, de la Motte, Denul et d'Annay, épousa Marie Morel, Dame de la Mairie de Saint-Venant, Hazbrouck et d'Ayette. Tous deux partagèrent leurs enfans par acte en forme d'avis de père et de mère, passé le 8 Octobre 1595. Ils donnèrent à Adrien Delattre, leur fils aîné, la terre et seigneurie d'Ayette, le fief et seigneurie Delattre, les fiefs de Masnuy, Villerval, Rottencourt et autres. -- 2 à *Jacques leur 2e. fils qui suit* la terre et seigneurie d'Annay, avec la maison près Bosqueau-le-Viel, Wendin, Wingle, etc. -- 3 à Jean, 3e. fils, le fief de Hazebrouck, la Mairie de Saint-Venant et autres biens. Adrien, Jacques et
1596. Jean promirent, par acte du 1er. Août 1596, d'accomplir et effectuer les intentions de leurs père et mère, tant pour la substitution des biens-meubles et immeubles à eux assignés, que pour tous autres dons et legs pieux. Par les deux actes des années 1338 et 1387, ci-dessus, on voit que les ancêtres de Jacques Delattre jouissaient d'un rang distingué en Artois et dans la Châtellenie de Lille. Une généalogie, dressée par Dom Caffiaux, Religieux de la Congrégation de Saint-Maur, m'a fait découvrir que Messieurs Morel de Lettin, actuellement établis en Bohême, sont de l'ancienne Maison de Morel, du pays d'Artois. Cette généalogie se trouve à Bruxelles, chez M. Morel, époux d'une Demoiselle de la très-ancienne famille de Cambry : il se fera un plaisir de la communiquer.

1598. II. Jacques Delattre, Ecuyer, Seigneur d'Annay, 2e. fils, épousa par contrat passé le 18 Août 1598, devant Jean Bureau, Notaire Apostolique et Impérial, Anne de Masnuy, fille d'Eustache, Ecuyer, Seigneur de Beaufort. Qualifiée Anne de Masnuy, veuve de Noble Homme Jacques Delattre, Ecuyer, Sieur d'Annay et Conseiller de S. M. en Hainaut, elle fit son testament le vingt-quatre Septembre 1666, par lequel elle donne un quart de la succession à *Ernest Delattre, Ecuyer, Seigneur d'Annay, son fils aîné*, un quart à François Delattre son dernier, un autre quart aux enfans de Marie Delattre, douairière de Rampesnon, et le 4e. quart à Pierre-Erneste Delattre, Sieur de Rombise son arrière-fils.

1632. III. Ernest Delattre est rappellé fils de feu Noble Homme Jacques Delattre, Ecuyer, Seigneur d'Annay et de Dame Anne de Masnuy dans son contrat de Mariage, passé le 27 Janvier, 1632, avec Dame Claire Resteau, veuve de Philippe Waite, Bourguignon, Ecuyer, Seigneur de Rogt de Chaudeville, Conseiller du Conseil ordinaire des Archiducs Sérénissimes en Hainaut, fille de feu Henri Resteau, Ecuyer, Seigneur du Bois Gallon, et de feue Dame Françoise Desforges : ladite Françoise, fille de Jean Desforges et de Marie Vinchant. Le 1er. Octobre
1636. 1656, Erneste Delattre releva la Seigneurie d'Autreppe et le fief appellé le Courtil des Fosses, tous tenus de la terre de Blicquy. Ernest fit son testament le 12 Juin 1677. Il y partagea 1°. Pierre Ernest, son fils aîné, ci dessous : 2°. Catherine : 3°. Philippe : 4°. Louis : 5°. Lamoral. Il nomme pour son héritier universel Dame Anne Dodmand sa 2e. femme.

IV. Pierre Ernest Delattre fut baptisé à la paroisse
1633. de Saint-Germain à Mons, le 11 Avril 1633. Il a été reçu au relief de la terre de Rombise, le 27 Sep-
1678. tembre 1678, et l'année suivante d'un autre fief relevant de Blicquy. Par contrat passé le 7 Mai 1672, il avait épousé Marie Catherine de Landas, veuve de Guillaume de Lalaing, Seigneur d'Ozain. Cette Dame était fille de Philippe de Landas, Chevalier, Seigneur de Clabecq et de Marie Virginie de Tseraerts, fille de feu Michel, Chevalier, et de Florence de Lalaing, Dame du Ramelot. Pierre-Ernest Delattre, Seigneur de Rombise, Foignies, Ressay, la Hutte et Marie-Catherine de Landas son épouse, partagèrent leurs
1708. enfans, le 29 Mai 1708; entre autres, ils donnent à Roger-Florent, leur second fils, aîné par mariage, le village de Ressay : *à Lamoral-François-Josephe leur 6e. fils*, qui suit, deux journels, à Ressay.

V. Lamoral-François-Joseph Delattre fut baptisé à
1700. Obain, le 4 Octobre 1700. Son contrat de mariage avec Marie-Caroline-Pauline de Namur, née Baronne de Joncret, est du 7 Novembre 1742; il fournit le dénombrement de la terre du Bosqueau, le 12
1721. Août 1721, en qualité de cessionnaire de François Delattre, Seigneur de Feignies son frère. Le 15 Mars 1753, il ordonna par testament que sa terre du Bosqueau soit vendue pour les deniers, en provenant, appartenir à son épouse Marie-Caroline de Namur, à la charge de les remployer d'abord en acquisition de fief, et de s'en faire adhériter de l'usufruit et *Jean-François Delattre qui suit*, son fils unique, de la propriété. Marie-Charl. Pauline de Namur était fille de Claude-Max.-Philippe et de Catherine de Freneau. Elle était petite-fille d'illustre Seigneur Claude-Gilles-Antoine de Namur, et de noble et illustre Dame Isabelle de la Viefville. Elle était arrière petite-fille de Charles de Namur, Seigneur de Berzée, Joncret, Roquinies et de Philippe de Landas. Ladite Marie-Charl.-Pauline de Namur, douairière de Lamoral-François-Joseph Delattre, épousa le Seigneur Jean-Baptiste-François de Bonne, Chevalier, fils de très-illustre Seigneur Jean-Gabriel, chef de la Ville d'Alexandrie, et de très-illustre Dame Violente-Marie Audifrédi, ce qu'on lit dans son extrait baptistaire.

DEL

M. le Chevalier de Bonne est remarié avec enfans, il demeure à Bruxelles, en 1807.

1768. VI. Jean-François Bernard Delattre, baptisé le 23 Novembre 1750, fut reçu Chevalier de Malthe, en

1772.- 1768. Il épousa, en Juillet 1772, Mar.-Thér.-Charl. Jos. de Biseau, née en 1749, fille de Charl.-Urbain-Jos. de Biseau de Famillereux et de Marie-Ther.-Vict. de Tacquenière. Leurs enfans sont, 1°. Charles-Victor-Théod.-Jos. qui suit : 2°. Adélaïde-Mar.-Franç. Félicité : 3°. Hipolyte-Charles-Joseph.

1773. VII. Charles-Victor-Théodore Jos., né en 1773.

Une Dame de cette famille est l'épouse du propriétaire de la terre de Blicquy, près d'Ath. --- Un Delattre, propriétaire de Ressay, *un de mes souscripteurs*, est marié ; il demeure à Mons. Mlle. Delattre de Feignies, cousine germaine de M. de Ressay, est épouse de M. de Blois, Vicomte d'Arondeau. Ils demeurent au Château de Walhain. M. Delattre de Feignies, Lieutenant-Colonel au service d'Espagne, neveu de M. de Ressay, est époux d'une Demoiselle Delattre d'Ayette, sa cousine, dont la mère est née Comtesse de la Tour-Saint-Quentin.

1357. DELF. (de le). (*Aujourd'hui Van der Dilf*). Lettres de Jean de le Delf, Chevalier, Receveur de Flandre, par lesquelles il consent que, nonobstant la quittance du Comte de Flandre, son compte de ladite recette soit examiné de nouveau, et promet de tenir compte des erreurs et omissions qui y seraient trouvées. 1357, 17 Mai, à Bruges. *Orig. en parch., scellé de son scel, en cire rouge.*

DEL

1304. DELFT. Les Echevins et Conseil de la Ville de Delft jurent fidélité à Will., Comte de Hainaut, en 1304. *Imprimé dans le Rec. de Mieris, tome 2, page 44, sous la date du 24 Octobre.*

1305. DES-BAUX. Procès-verbal de ce qui a été fait par Gautier de Chevancamp, Clerc du Roi, et Galeran de Vaux, Bailli d'Amiens, en vertu d'une commission du Roi obtenue par *Bertrand Des-Beaux*, Chevalier, Comte de Montescagens et Marg. Daunay sa femme, avant veuve de Louis de Flandre, Chevalier, contre la Dame de Cassel, pour mettre lesdits Seigneur et Dame de Montescagens en possession de la moitié d'une rente de 1500 livres sur l'Espier de Bergues, assignés à cette Dame pour son douaire. 1305, *à* Meain. *Orig. en parch., scellé de deux sceaux.*

1335. Commission donnée par lesdits Commissaires pour, à la requête dudit Bertrand des Baux et son épouse, ajourner devant eux le Comte de Flandre et autres, pour voir mettre lesdits Des-Baux en possession des terres et rentes en Flandre, données à sa femme pour son douaire. 1335, le Dimanche après la Nativité à Amiens. *Copie authentique en parch.*

1335. Commission donnée par Galeran de Vaux, Bailli d'Amiens, pour ajourner au Parlement la Dame de Cassel, à la requête desdits Des-Baux et sa femme. 1335, 7 Novembre, à Amiens. *Copie en parch.*

1335. Ajournement fait en conséquence par ledit Rob. de la Haye. 1335. *Orig. en parch, scellé.*

DES ENFFANS. On trouve à la fin de la table de mon 1er volume, page 132, un crayon généalogique de Des Enfans. L'épitaphe ci-dessous le vérifie.

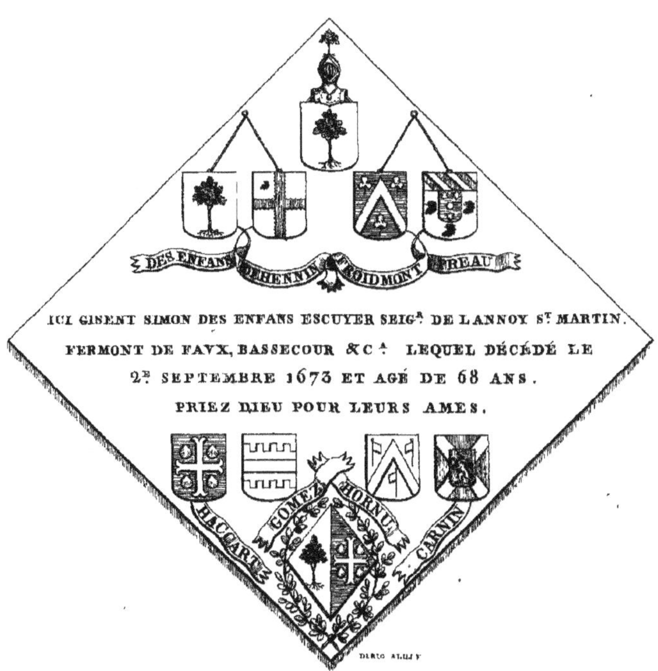

DES ENFANS
DEHENNIN
FROIDMONT
BREAU
ICI GISENT SIMON DES ENFANS ESCUYER SEIGR DE LANNOY ST MARTIN,
FERMONT DE FAVX, BASSECOUR &CA LEQUEL DÉCÉDÉ LE
2E SEPTEMBRE 1673 ET AGÉ DE 68 ANS.
PRIEZ DIEU POUR LEURS AMES.
HACCART
GOMEZ
HORNU
CARNIN

CARTE

DES HUIT QUARTIERS,

Mentionnés dans l'Epitaphe qui précède.

Simon des Enffans, Ecuyer.	Jeanne de Froidmont.	Claude de Haynin.	Julienne Preau.	N... Haccart.	N... Hornu.	Pierre de Gomer.	Barbe le Boucq, dite de Carnin.
Jacques des Enffans, qualifié Noble Homme, Ecuyer, Seigneur du Fermont sur son superbe mausolée qu'on voyait à l'Eglise St.-Jean, à Valenciennes.		Marie de Haynin, sœur d'Antoine de Haynin, Evêque d'Ypres, qui fonda un Collége à Douay. (*Voyez nécessairement Haynin ci-après.*		Jean Haccart, Ecuyer, Seigneur du Pontoy.		Marie Gomer.	
Simon des Enffans, Ecuyer, Seigneur de Lannoy, Saint-Martin, Fermont, de Faux Bassecour, dont l'épitaphe qui précède.				Catherine Haccart, Dame de Ghyseguies.			

Jean-François des Enffans, Seigneur de Lannoy, bisaïeul d'Adrien-Guillaume-François Comte des Enffans-d'Avernas et du Saint Empire, Chambellan de S. M. l'Empereur d'Autriche François II. (*Voyez la table de mon premier volume.*) Jean-François des Enffans est aussi bisaïeul d'une branche connue sous le nom du Pontoit, et d'une autre sous celui de Vincourt. Madame du Chastel de la Hovarderie, fille unique, est de cette dernière branche.

DES MARTIN. Le premier volume présente plusieurs anciens titres qui concernent cette famille. (*Voyez le recueil d'épitaphes de Tournay.*) Les meilleures familles sont alliées à celle de des Martin. J'ai rencontré à la Bibliothèque impériale à Paris une carte de seize quartiers d'Adrienne des Martin, la même qui épousa Jean de Flines, et dont j'ai parlé ci-devant page 64 de ce volume. Il fera sans doute plaisir de connaître cette carte qui intéresse un grand nombre de familles auxquelles les des Martin ont transmis de grandes propriétés, comme celle de Lossy. Voici cette carte.

SEIZE QUARTIERS D'ADRIENNE DES MARTIN.

Jacq. Martin dit des Martin, Ecuyer, épousa Ursule de Custos.	Nicolas de Preys, Ecuyer, épousa Marg. de la Chapelle. ...	Simon de St. Vaast, Ecuyer, épousa Nicole d'Artois.	Jean Blocquel, Ecuyer, Sgr. de Lamby, épousa Gabrielle Chevalier.	Gaspard van Laureten, Ecuyer, épousa Marguerite van Hufeel.	Herman van Henynsdael, épousa Marguerite van Tylle.	N... van Cortensen, épousa N... Pelegrin.	N... Bruchers, épousa N... van den Broeck.
Jacques des Martin, Seigneur du Brocquet.	Isabelle de Preys.	Pierre de St. Vaast, Seigneur de Beugnies.	Jacqueline Blocquel.	Servais van Laureten.	Anne van Henynsdael.	Jacques van Cortensen.	Odile Bruchers.
François des Martin, Homme d'armes de la Compagnie du Sgr. de Bugnicourt, au service de l'Empereur Charles V.		Adrienne de St. Vaast, mariés en 1536.		Gaspar van Laureten, Ecuyer; il testa en 1546.		Marg. van Cortensen.	
Pierre des Martin.				Barbe van Laureten.			
Adrienne des Martin.							

DES

Le premier volume de cet ouvrage indique des propriétés qui appartenaient à Nicolas des Martin, fils de Simon des Martin, Ecuyer, et de Catherine Petit. Ce Nicolas est qualifié Ecuyer, Seigneur des Cocque-
1578. lets dans un acte original du 9 Mars 1578. Un acte du 27 Septembre 1599 fait connaître que Pierre de Waudripont, Seigneur du Foresteau, Echevin de la Ville de Tournay, tant en son nom que comme Procureur de Jean Paret, Seigneur de la Vallée, de Gille Paret, son frère, et de *Jean des Martin*, *Gentilhomme de la compagnie du Seigneur de Rolleghem*, tous cohéritiers en la succession de feue Dame Catherine de Waudripont, leur aïeule, veuve de Jacquet le Veillant, Seigneur de la Vallée, a fait sommer Dlle. Isabeau d'Assonleville, veuve de Pierre le Veillant, Seigneur de Waudripont, fils de ladite Catherine de Waudripont, au sujet de cette succession.

On voit donc que Simon des Martin, époux de Catherine Petit, eut pour fils :

II. Nicolas des Martin, époux d'une Dlle. Le Vaillant, fille de Jacques et de Catherine Dame héritière de la terre et de la branche aînée de la maison de Waudripont dont on voit un grand nombre de très-beaux titres dans mon premier volume; ils eurent pour fils,

III. Jean des Martin, dont il est parlé dans le titre de 1599.

Je ne donnerai pas la suite des filiations qui concernent cette famille que je ne crois plus exister aujourd'hui. Je me bornerai à parler de Marie-Franç.-Jos. des Martin issue directement de ceux dont je viens de parler, fille de Guillaume-François, Seigneur de Casau, et de Mar.-Franç.-Ghisl. de la Grange de
1716. Nedonchel. Cette Dame épousa, en 1716, Jean-Baptiste de Lossy, Seigneur de Wacteren, Juré et Echevin de Tournay, *fils* de Jacques de Lossy, Seigneur de Wacteren, Schoebrouck, Gentilhomme de l'artillerie au service de S. M. en ses Pays-Bas, par commission
1681. donnée à Bruxelles le 20 Juin 1681, ensuite Secrétaire du Grand Conseil à Malines, par patentes du 11 Septembre 1687, et de Marie-Anne Hougarts, fille de Barthelemi et d'une Dlle. Nagelmaeckers; *petit-fils* de Henri de Lossy et de Jeanne de Quintanilia. On voit leur pierre sépulchrale, avec armoiries, aux Augustins à Bruges, devant l'autel de Ste.-Barbe. On y lit
1670. que Henri mourut le 7 Novembre 1670, et son épouse
1683. Jeanne le 10 Mai 1683. Ils firent de grandes fondations, dont je parlerai à l'article des Quintanilia.

Jean-Baptiste de Lossy eut plusieurs enfans de son épouse Mar.-Phil-Franç.-Jos. des Martin.

1718. 1°. Jean-Baptiste-Joseph-François de Lossy, Seigneur de Froyennes, baptisé à St.-Nicolas à Tournay, le 18 Décembre 1718. Il épousa Marie-Thérèse de Formanoir, fille de Léon, Seigneur d'Archimont et de Mar.-Robertine Scorion. Leurs enfans sont, 1°. Jean-Baptiste Joseph de Lossy, époux de Thérèse le Tellier fille d'Alexandre et d'une Dlle. de la Vigne, dont : Alexandre-Joseph de Lossy, époux de Henriette-Joséphine-Marie, née Baronne de Ville; un autre frère, Charles-Antoine, second fils, actuellement à Mons, et une Demoiselle; 2°. Charles-Louis-Joseph de Lossy, propriétaire de la terre de Froyenne, *à marier en* 1807. 3°. Isabelle-Thérèse de Lossy, mariée 1°. Baronne de Montigny, 2°. de la Haye.

2°. Laurent-Joseph de Lossy, Seigneur de Warmes, Capitaine au régiment de Ligne, dragons. Il épousa,
1750. en 1750, Marie-Catherine de Soldi, fille de Jacques, Capitaine au régiment de Ligne, et de Marie-Thérèse-Jérômine Arazola-dy-Oñate, dont : Jean-Baptiste-Charles de Lossy, élevé à l'académie militaire à Vienne (*un de mes souscripteurs dont je fais cas parce qu'il est instruit et modeste*). Il épousa 1°. Ant. de Camuzel, dont la mère était de la maison de Castro; 2°. Mar.-Ther. Presin.

3°. N. de Lossy, Jésuite, Grand-Prédicateur.

4°. Marie Elisabeth de Lossy, épouse de Max.-Alb.-Jos. de Ferrare, Capitaine dans Arberg.

5°. Mar.-Carol.-Ant. de Lossy, épouse de Franç.-Nicol.-Jos. de Ferrare, Seigneur de Reppeau, Lieutenant des Grenadiers-Wallons.

DESPLANCQUES. Voyez Béthune.

1461. DESPLANCQUES. J'ai donné, page 156 de la table de mon 1er. volume, un jugement rendu le 11 Juillet 1461, par le Conseil d'Artois, en faveur de Jean Desplancques, contre les habitans d'Auchy. Cette sentence fait connaître l'extraction de ce Jean Desplancques.

Des incrédules me demandent souvent pourquoi M. Desplancques a-t-il pris le nom de Béthune? Ses ancêtres, *disent-il*, se sont appellés tout simplement Desplancques.

Qu'on lise ce que j'ai rapporté ci-devant au nom de Béthune *page* 17. On y voit à quelle époque la terre de Desplancques a été donnée par Elbert de Carency à son troisième fils Hugues; que Hugues transmit ce nom à sa postérité. Le savant Duchesne fait connaître les ancêtres de cet Elbert de Carency, Seigneur Desplancques. Il le fait descendre directement de Robert, surnommé Faisceux, Seigneur de Béthune.

1720. Que Messieurs les incrédules lisent au surplus la Requête suivante, présentée en 1720, à l'Election d'Artois, par Messire Eugène-François de Béthune.

« Supplie Messire Eugène-François de Béthune, » Marquis d'Hesdigneul, Seigneur d'Espreaux, disant » qu'il a intérêt de faire preuve par-devant Vous de sa » filiation en remontant depuis cejourd'hui jusques à » *Robert*, premier du nom surnommé *Fasceux*, » Avoué d'Arras, chef en son temps de la Maison de » *Béthune*, auquel effet il joint tous ses titres à la » présente Requête, par lesquels *il paraît qu'il a pour* » *père* Charles-Jacques-François, allié avec Anne-» Marie-Marg. de Noyelle : *que le père dudit Charles-* » *François était* Jean, allié avec Mar. de Cotterel : » *que le père dudit Jean était* Jean, allié avec Franç. » Flechin : *que le père dudit Jean était* Pierre, allié » avec Jacqueline de Hibert : *que le père dudit Pierre* » *était* Michel, allié avec Antoinette de Bours : *que* » *le père dudit Michel était* Jean, allié avec Jeanne » du Bois : *que le père dudit Jean était* Bauduin, » allié avec Bonne de Berlette : *que le père dudit Bau-* » *duin était* Jean, époux de Jeanne, Dame de Hes-» digneul : *que le père dudit Jean était* Jean, allié avec » Alix de Bours : *que le père dudit Jean était* Hugues, » allié avec Elis. de Boubers : *que le père dudit Hugues* » *était* Hugues, allié avec Jeanne de Noyelle : *que le* » *père dudit Hugues était* Jean, allié avec Isabelle de » Manchicourt : *que le père dudit Jean était* Jean, » allié avec N. Dollehain : *que le père dudit Jean* » *était* Hugues, Seigneur d'Espreaux, allié avec Mar. » de Saveuse : *que le père dudit Hugues était* Elbert, » allié avec Aedelise : *qu'icelui Elbert* était fils de » Sicher : *qu'icelui Sicher* était fils d'Elbert : *qu'ice-* » *lui Elbert* était fils de Robert, premier du nom » surnommé Faisceux, Seigneur de Béthune, *chef en* » *son temps de la maison de Béthune*, Avoué d'Ar-» ras, le tout considéré et examiné, il vous plaise » MESSIEURS, dire et déclarer que le suppliant *des-* » *cend en ligne directe de Robert premier du nom sur-* » *nommé* Faisceux, Avoué d'Arras, *chef en son vi-* » *vant de la Maison de Bethune qui vivait à la fin*

» *du dixième siecle, et florissait sous le règne de Hugues* » *Capet*, et en conséquence ordonner que votre dé» claration et jugement à rendre sera couché dans les » registres de l'Election, quoi faisant, etc. est signé » *de Béthune d'Hesdigneul* : contresigné *Cardon*, » avec paraphe ».

A la marge est écrit ce qui suit : « Soit la présente » Requête et pièces jointes mises ès mains du Procu» reur du Roi pour y dire ce qu'il trouvera convenir, » du 16 Mai 1720, *est signé* le Pipre *avec paraphe* ».

SENTENCE. Les Esleus Provinciaux sur le fait de la Noblesse des Aides ordinaires et extraordinaires du Pays et Comté d'Artois, Saint-Pol, Guisnes, Boulonnois, ressorts et enclavemens, à tous ceux qui ces présentes lettres voiront *Salut*, Sçavoir Faisons que veu la Requeste présentée par *Messire Eugène-François de Béthune, Marquis d'Hesdigneul*, Seigneur Dépreaux, et répondue le seize du present mois de Mai, aux fins qu'il plust à la Cour le dire et déclarer descendu en ligne directe de *Robert, premier du nom surnommé Faisceux, Seigneur de Béthune, Avoué d'Arras, chef en son vivant de la Maison de Béthune*, l'ordonnance couchée en marge, portant que ladite Requeste avec les pièces jointes et y attachées faisant la preuve de la descente du demandeur serat mise ès main du Procureur du Roi pour y dire ce qu'il trouverait convenir, les conclusions dudit Procureur du Roi, les titres et productions dudit demandeur, *tout considéré*, la Cour a dit et déclaré, dit et déclare ledit demandeur *descendre en ligne directe* de Robert, premier du nom dit Faisceux, Seigneur de Béthune, Avoué d'Arras, chef en son vivant de la Maison de Béthune, *permet au suppliant d'en porter le nom* dans tous les actes qu'il passera : ordonne que le présent jugement sera couché sur le registre ordinaire de la Noblesse de ce siége. En témoin de quoi, nous avons fait mettre nos sceaux ordinaires à ces présentes, et icelles fait signer par le Commis du Greffier de cette Eslection. Ainsi fait et prononcé en jugement le dix-huit de Mai mil sept cent vingt, est signé *Cuvilier* par ordonnance.

On voit à Hesdigneul l'inscription suivante avec plusieurs quartiers.

1636. *Cy gist le Corps de Hault et Puissant Mre. Jan de Béthune, dict Desplancques, vivant Chlr., Sgr. de Hesdigniœul, Tencques, Tencquette, d'Espréaux, Ysel-les-Avesnes, Estrées Cauchie, etc. qui eu son temps fit plusieurs exploicts de guerre, tant au siege de Bergues-Soom, que Nimegues et secours de Paris, prises et assaut de Ligny et Corbeil, y commandant en qualité de Capitaine en chef la Compagnie Colonelle du Duc de Parme, secouru. . . . . . Ville de Rouen, siége, et prise et assault de Rue, Ville et Chât. de Dourlens, Calais et Ardres. . . . Il vint finir ses jours en ce lieu, le 18 de Janvier 1636, ayant fondé en ceste Eglise, avec Madame Françoise de Flechin son épouse, Dame de Reclinghem, de Basieux, Lepinoy. . . . . Lieu le 27 de Septembre 1632, chincq messes par chaique semaine à Wigilles et. . . . . Intentions particulièrement énoncées dans leurs testaments.*

Je donnerai au mot de Flechin un tableau qui représente les 64 quartiers de M. de Béthune-Desplanques, demeurant à St.-Germain-en-Laye, en 1807, créé Prince par feu l'Empereur Joseph II. M. de Béthune est un des plus curieux de l'Empire Français dans les collections généalogiques. Il travaille avec une aisance étonnante : il a infiniment d'ordre dans ses recherches et il les communique avec plaisir.

DESSUSLEMOUSTIER. Quoique le premier volume présente les actes les plus authentiques pour prouver l'ancienneté de cette famille, je vais donner différens autres renseignemens qui lui sont utiles et que ceux qui en descendent seront aises de connaître.

On voit page 178 du 1er. volume une carte considérable qui donne une filiation exacte de Michelle de Peissant, Dame de Noirchin, épouse de Henri Dessuslemoustier. Avant de parler de Henri, nous dirons un mot de Michelle de Peissant. Elle était fille d'Antoine, Seigneur de Noirchin, qui épousa Nicole de le
1493. Croix, par contrat passé en 1493; elle était petite-fille d'autre Antoine et de Marguerite Boullengier; elle était arrière-petite-fille de Jacquemart de Peissant et de Marie de Haynin, fille de Michel Seigneur de Noirchin. C'est ainsi que la terre de Noirchin passa de la maison de Haynin à celle de Peissant, et ensuite par mariage à celle de Dessuslemoustier.

1526. Henri Dessuslemoustier, époux de Michelle de Peissant, était fils de Bertrand, mort le 29 Juin 1526, et d'Agnès du Moulin; *petit-fils* de Henri, Echevin de Mons en 1466, et de Jacqueline de Courières, dont le testament est du 9 Juillet 1502. On trouve dans le premier volume plusieurs titres qui concernent cette génération *Arrière petit fils* de Henri Dessuslemoustier, le premier qui vint s'établir à Mons où il épousa
1424. en 1424 Catherine de le Loge, d'une famille riche en propriétés féodales comme on le verra plus tard par le cartulaire du Hainaut de l'année 1410.

Henri Dessuslemoustier et Michelle de Peissant son épouse gratifièrent l'Eglise de Ste.-Waudru de Mons
1567. d'une vitre, en 1567, à la nef. Henri y est représenté en costume de Chevalier à côté de son épouse, tous deux avec leurs patrons et leurs armoiries. Celles de Dessuslemoustier annoncent l'antiquité de cette famille. Aise de trouver pareil souvenir de générosité religieuse, je fis graver cette vitre; elle se trouve page 145 de mon premier volume.

1537. Henri et Michelle partagèrent leurs enfans le 5 Avril 1537, par acte qu'on appelle en Hainaut *avis de père et de mère.* Ils y parlent des enfans suivans : 1°. Adrien, 2°. Michel ci-dessous, 3°. Jean après son frere, 4°. Simon, 5°. Bertrand apres la postérité de Jean, 6°. Charles après Bertrand, 7°. Jeannette.

1544. II. Michel Dessuslemoustier, Seigneur de Noirchin, épousa, en 1544, Anne Fourneau, dont :

III. Henri Dessuslemoustier, Seigneur de Noirchin, époux, par contrat passé en 1583, de Marie Ghodemart, dont :

IV. Gilles Dessuslemoustier, Seigneur de Noirchin et autres lieux. Il épousa Anne l'Hermite,
1624. par contrat passé à Mons le 29 Janvier 1624. On y lit ce qui suit : « Gilles Dessuslemoustier, Ecuyer, » Seigneur de Noirchin, Bois de le Val, accompagné, » d'une part, de Gilles Vinchant Seigneur de la » Haye, son oncle paternel, de Jean Vinchant Licentié ez lois, second Conseiller Pensionnaire de la » Ville de Mons, son cousin germain, et de Jacques » Van de Steyn, Licentié ez lois, Seigneur de le Dale, » premier Conseiller Pensionnaire de cette ville, son » cousin issu de germain, *d'une part.* Noble Anne » l'Hermite, fille de Messire Martin l'Hermite, » Ecuyer, Seigneur de Betissart, son frère, Dlle. » Jeanne l'Hermite, sa sœur, veuve d'Etienne Mainsent, Ecuyer, Seigneur d'Onnezies, Montignies-» sur-Rocq, et de Gobert Monissart, Seigneur de » Rogeries, son ami ». *Voyez l'Hermite.*

1639. Je dois ici rendre compte d'une anecdote intéressante pour le Hainaut. En 1639, Philippe IV accorda en engagement aux Echevins de Mons les domaines et droits domaniaux : l'impôt sur la bierre en fit une

DES

partie. Dès lors les privilégiés voulurent en être exempts; mais les Echevins s'y refusèrent parce que, disaient-ils, cet impôt conservait sa première nature. C'est depuis lors que le Magistrat examina avec tant de sévérité les preuves de ceux qui, à titre d'ancienne Noblesse, demandaient d'être exempts du paiement des impositions, qu'il était rare qu'ils en acceptassent. De là une foule de procès pour la décision desquels le Gouvernement nomma une Commission, sous la qualification de Juges délégués par Sa Majesté, pour décider des différens entre les Ecclésiastiques et Nobles de la Province au sujet de la maltôte de bierre. Les Chambres du Clergé et de la Noblesse obtinrent de S. M. que leurs causes seraient jugées par le Conseil de la Cour qui a déclaré, par arrêt provisionnel du 14 Mai
1657. 1657, que ces deux Chambres payeraient, sans préjudice sur ce qui serait dit sur le principal, la moitié des maltôtes *fourfaites* depuis l'expiration des fermes
1659. d'impôts accordés à la Ville en 1659. Par arrêt du 21 Mai 1659, sur un procès entre les Echevins et les Chevaliers demeurans à Mons, cette même Cour a déclaré que les Chevaliers, n'étant autrement d'ancienne Noblesse, étaient soumis au paiement de la maltôte.
1669. Le 1er. Mars 1669, une transaction eut lieu entre les trois Ordres des Etats, portant que les *seuls Ecclésiastiques et Nobles*, ayant par leur naissance et conditions respectivement les qualités requises pour entrer aux Etats de la Province, jouiront de l'exemption de la maltôte des bierres.

1638. En 1638, le Comte de Bucquoy, Grand Bailli de Hainaut, s'était fait donner la liste des personnes qui jouissaient des privilèges; la voici:

Les Nobles. La Duchesse d'Arschot, la Marquise de Trelon, les Seigneurs de Sars, de Virelles, du Maisnil, de Hyon, de Lambrechies, de Lespesse, de Rouvroir, de Layens, de Saint-Génois, de St.-Simphorien, d'Astiches, de Rocquignies, de Samion, de Bassignies, de la Puissance, de l'Arcadie, de Cherney, de Bersée, de Monstreul, de Donnezies, *Dessuslemoustier de Noirchin*, de Papegnies et de Roelt.

La Cour Souveraine. Le Seigneur de l'Esclatières, le Seigneur de Ramez, les Sieurs Jonart, Chamart, Buterne, Vinchant, Moreau, Hanoye, le Greffier Bourgeois, les deux Huissiers.

Les veuves. Mesdames Van der Burch, François, Gautier, Laurent, Scockart.

Ceux d'audience. Les Sieurs le Duc, Buisseret, Van der Stein, le Waitte, le Clercq.

Le Chapitre Ste.-Waudru. Mesdemoiselles Carondelet-Pottele, d'Ortoy, de Croix, de Wignacourt, de Trazegnies, d'Ongnies.

Le refuge des Chanoinesses de Maubeuge, les refuges non logés, en considération des Religieux y retirés ou à retirer, ceux de Liessies, Marcilles, Omont, Bonne-Espérance, celui de Cambron, en considération des services rendus par le Prélat de Cambron.

Les Fonctionnaires. Le Dépositaire Ghodemart, le Receveur des aides, le Roy Trésorier des chartes, le Greffier d'audience, le Greffier du Bailliage, le Greffier d'enquêtes, le Mayeur de Mons, le Sur-Intendant du Mont-de-Piété, le Receveur de Mons, le Pensionnaire la Barre.

Les veuves. La Dlle. d'Anay, la veuve de l'Huissier d'Aubry.

Gilles Dessuslemoustier Seigneur de Noirchin eut un procès considérable contre les Echevins de Mons, depuis 1634 jusqu'en 1655, au sujet des exemptions des tailles roturières qu'il prétendait à titre de son ancienne noblesse. Il a produit un nombre prodigieux d'actes et de

DES

déclarations parmi lesquelles celle du Seigneur de Roelt Chevalier, âgé de 77 ans, est la plus remarquable comme membre de la Noblesse des Etats de Haynaut, et qu'il la donne avec le Conseiller Chamart Avocat Fiscal, âgé de 76 ans; voici ce qu'ils disent en 1638:

« Qu'à la requête desdits Sieurs de Noirchin et de
1638. » Fontenich frères, ils affirment avoir eu très-bonne » cognoissance de feu Henri Dessuslemoustier vivant » Seigneur de Noirchin, père auxdits Gilles et Henri » frères, morts environ XXVII ans, et icelui avoir » tousjours *vescu en Gentilhomme d'honneur et de » bonne réputation* et l'ung de plus adextes aux armes » de son temps; s'estant trouvé en diverses occasions, » en ceste qualité, appellé des Grands Baillys de Haynault et tousjours se monstré prompt pour le service » de Sadite Majesté; comme pareillement ils ont aussi » eu la mesme cognoissance de feu Michel Dessuslemoustier aussi Sr. de Noirchin leur père grand, » mort environ cincquante ans, ayant aussi vescu en » la mesme qualité sans avoir exercé aulcuns estats » ny actions dérogeantes à ceste condition ».

Cette déclaration est d'autant moins exagérée que deux ans auparavant le Comte de Bucquoi Grand Bailli de Hainaut avait convoqué la Noblesse de la Province pour se rendre à Louvain chez Son Altesse Royale. Voici celle que Gilles Dessuslemoustier Seigneur de Noirchin reçut:

1635. « Monsieur, comme il importe au service de Sa » Majesté que vous faites paroistre tout promptement » les effets de vostre bonne volonté, en vous rendant » en diligence auprès de la personne de Son Altesse » Sérénissime pour y recevoir ses ordres, j'ai bien » voulu vous pryer de vous trouver en ceste Ville de » Mons au plustôt, affin que d'icy vous puissiez vous » acheminer incontinent vers l'armée. Je m'asseure » que vous ferez paroistre en ceste occasion le bon » zèle que vous avez de servir à Sadite Majesté et à » Sadite Alteze. Cependant je pryrai Dieu, Monsieur, » vous avoir en sa sainte garde. De Mons le IX de » Juing 1635. Vre. affectionné serviteur. *Signé* Bucquoy ».

L'attestation suivante fait honneur à Gilles Dessuslemoustier:

« Messire Robert de la Glizeulle Chevalier Seigneur » de St.-Martin, Bettignies, et dénomez par Son Alteze » Royale *pour Chef et Capitaine de la Noblesse de » Haynaut*, certifie par la pnte. que Monsieur de » Noirchin est venu à la semonce de S. A. en suivant la lettre cy dessus à Louvain pour rendre obéissance aux ordres et commandements qui luy ont » esté faicts pour son service, ayant demeurez fixe » auprès de sa personne jusqu'à ce que Sadite Alteze » Royale ait remercié et donné permission à la Noblesse de se retirer à leurs maisons, *comme a faict » le Seigneur de Fontenich, son frère.* En tesmoignage de quoy ledit Seigneur de St.-Martin at signé » la pnte. en Bruxelles le XIIIe. Juillet 1635. *Signé* » Robert de la Glizeulle Sr. de St.-Martin».

Les enfans de Gilles Dessuslemoustier et d'Anne l'Hermitte sont: 1°. Jacques-Alexandre, mort sans hoirs; 2°. Henri, mort sans hoirs; 3°. Louis Seigneur de Noirchin, prêtre; 4°. Iclenthe; 5°. Jeanne-Ant. épouse de Phil.-Domin. d'Espiennes; 6°. Agnès ci-dessous; 7°. Mar.-Hélène épouse en 1672 de Charl.-Jean-Franç. du Trieu d'Ottignies.

V. Agnès Dessuslemoustier épouse de Jacq.-Albert d'Apchon Seigneur de Grisieux, dont postérité.

Les déclarations qui précèdent, données en faveur de Gilles Dessuslemoustier, font mention du Seigneur de Fontenich et le disent frère dudit Gilles. Ils sont en

effet

effet tous deux fils de Henri Seigneur de Noirchin, mais de deux mères. On a vu que Gilles a pour mère Mar. Godhemart. Henri Seigneur de Fontenich était fils de Jeanne du Terne Dame dudit Fontenich, seconde épouse de Henri Dessuslemoustier Seigneur de Noirchin. Ces deux frères Gilles et Henri furent les derniers mâles de la branche aînée de Dessuslemoustier, branche aînée qui se soutenait avec infiniment d'honneur par ses alliances, son courage et par sa fidélité envers ses Souverains. Depuis son établissement dans le Hainaut, depuis Henri époux de Catherine de le Loge, cinquième aïeul de ces derniers, ils s'étaient toujours comportés de manière à se rendre dignes d'une extraction anciennement noble. Suivant les plus vieux manuscrits, cette famille tire son origine directe et masculine de la famille de *Bove-Kerke*, ce qui en français signifie *Dessus le Moustier.*
J'ai vu une copie, collationnée par deux hommes de
1449. fiefs de Hainaut en 1640, du testament fait en 1449
par Henri I Dessuslemoustier. Il y est qualifié *Ecuyer demeurant à Mons.* Il y est parlé de Catherine de le Loge sa mère, de Colin et Henrion ses deux fils et de Cathon sa fille. Il fut passé en présence de Jean dit Broyant, Poullet, Sausse de Cuesmes, Hommes de Fiefs de Hainaut. C'est du même Henri dont il est fait mention page 902 du 1er. volume. C'est un extrait du compte des registres des rentes viagères créés à Mons,
1470. pour l'année 1470; on y lit ce qui suit : *Jacquemart du Bois Clerc et Godefroy Vinchant coe Mambourgs de l'assène de Henry Dessuslemoustier aux vies du-dit Henry et Dlle. Jacq. de Courieres sa femme.*

SEIZE QUARTIERS D'AGNÈS DESSUSLEMOUSTIER,

Epouse de Jacques-Albert d'Apchon, père et mère de Gilles-Alb. d'Apchon qui fit relief de la Seigneurie de Noirchin en 1703.

MICH. DESSUSLEMOUSTIER Sgr. de Noirchin, né en 1518, mort en 1587, fils de Henri Dessuslemoustier et de Mich. de Peissant Dame de Noirchin, morte en 1538, petit-fils de Bertrand et d'Agnès du Moulin.	ANNE FOURNEAU fille de George Sgr. de Caumont et de Jeanne le Sege. Georg Fourneau était frère de Guill. Sgr. de Bagenrieu qui épousa Marg. de Cordes, dont Messire Jean Fourneau Chev., Sgr. de Bagenrieu, Prévôt de Mons, ép. de Claire de Masnuy.	NICOLAS fils d'Ant. Ghodemart et de Jeanne Malapert. Pier. Ghodemart, frère dud. Antoine et époux de Jeanne de le Croix, posa une vitre à l'église de Ste.-Waudru, à Mons.	ISABEAU LE BRUN sœur d'Antoine le Brun Conseiller du Roi à Mons.	SIM. L'HERMITE fils de Martin Sgr. de Bethissart et de sa 3me. ép. Isabeau de Meere. Mart. l'Hermite Chev., obtint décoration d'armoiries avec son cousin Mess. Jean l'Hermite, Chev.	JEANNE DE SPLETERE fille de Fery dit de Rosselaer Sgr. de Warbenem et d'Anne de Monters.	CHARLES DE LA MOTTE fils d'Ant. Sgr de Pappeignies et d'Ant. de Maude. Son aïeul acquit la terre de Papegnies le 25 Mars 1506, de Jean Aussiau fils de Thieri.	JEANNE DE LA COURT fille de Nicolas et de N.... du Buisson.

HENRI DESSUSLEMOUSTIER Sgr. de Noirchin; il épousa 2°. Jeanne du Terne Dame de Fontenicq.	MARGUERITE GHODEMART Dame de le Val, première femme.	MARTIN L'HERMITE Sgr. de Bethissart, marié en 1586.	MARIE DE LA MOTTE SUR SAMBRE sœur de Jean, dont la fille épousa Jean Gaillart Avocat et Greffier de Ste.-Waudru à Mons.

GUILLAUME DESSUSLEMOUSTIER, Seigneur de Noirchin.	ANNE L'HERMITE.

AGNÈS DESSUSLEMOUSTIER épouse de Jacques-Albert d'Apchon.

II. Jean Dessuslemoustier, fils de Henri et de Michelle de Peissant, épousa Barbe Malapert fille de George et de Gillette du Quesnoy, dont 1°. Viglius ci-dessous; 2°. Henri époux d'Anne de Vergnies, dont Jeanne épouse de Jean de la Barre aïeul de Mar.-Odille de la Barre épouse de Ferdinand Comte d'Assignies, un des auteurs directes des Marquis de la Puente et des Ducs de Looz; 3°. Mar. Dessuslemoustier épouse de Jean d'Espiennes.
1601. Il existe un compte rendu le 24 Décembre 1601, par ce Jean d'Espiennes (fils de feu Guillaume) à ses co-exécuteurs et héritiers du testament de Georges Malapert leur grand-père, mort à Mons en 1580. Ce même Jean d'Espiennes est le trisaïeul de François-Elie d'Espiennes Prévôt des Eglises de Mons et
1699 d'Anne-Marie d'Espiennes qui épousa, en 1699,
P. de Cabrera Lieutenant des Grenadiers dans le Régiment de la Faille, père d'Engleb.-Cath.-Thér. de Cabrera épouse de Jérôme-François de Sterling, dont entr'autres Mar.-Hélèn.-Jacq. Dame de la Gri-
1759. sœul qui épousa en 1759 A. L. Debehaut, long-
temps Chef du Magistrat de Mons et en cette qualité Membre de la Députation, lorsque j'avais l'honneur d'être député de la Noblesse des Etats. Ce Magistrat m'a dans tous les temps inspiré beaucoup de vénération par sa dignité, son intégrité, et un caractère

toujours actif mais toujours conciliant. Un de ses fils est marié à Mons : une fille est épouse de M. Marin de Thieusies, dont une fille.

III. Viglius Dessuslemoustier est rappellé fils de Jean et de Barbe Malapert dans le compte rendu en
1601. 1601, dont j'ai parlé plus haut. Il épousa Catherine de la Porte, dont : 1°. Marie épouse de Jean d'Espiennes son cousin germain ; 2°. Henri époux d'Anne Cadavesne, père et mère de Jean-Baptiste qui n'eut point d'enfans de son épouse Charl. Chrystin ; 3°.
1613. Barbe qui épousa, par contrat passé en 1613, Simon Gobart fils de Simon Sgr. de Biermeray et de Marguerite de Strinchamps; Jean d'Espiennes cousin de Barbe Dessuslemoustier est nommé Mambour de ce traité pour faire exécuter le douaire et promesses faites en faveur de la future épouse. Simon Gobart est qualifié Lieutenant-Colonel de Cavalerie et d'Infanterie au service de Son Altesse le Duc de Savoye dans
1629. le testament qu'il fit le 7 Octobre 1629 : il y donne à son épouse Barbe Dessuslemoustier l'usufruit de 4 bonniers qu'il avait acquis de Jean de Carpen. Il parle de ses neveux enfans de Jean son frère et des biens qu'il avait à Stave, venant de Simon Gobart son grand-père, duquel Simon descend aussi M. Gobart ancien Conseiller demeurant à Mons en 1807. Ce testament fut passé à Namur en présence de Lambert de Fresnes chanoine de Fosses. On voit aussi que le 30 Novembre de la même année le Seigneur de Biesmerée et Marguerite de Strinchamps son épouse approuvèrent toutes les dispositions testamentaires de leur fils, eu égard qu'il partait pour l'armée.

II. Bertrand Dessuslemoustier est repris comme cinquième enfant dans le testament de ses père et mère Henri et Michelle de Peissant. On voit qu'il
1559. quitta Mons pour aller s'établir à Ath en 1559; il y épousa Marguerite Sejourner, fille aînée de Nicolas et de Péronne de Ghislenghien. Par un compte rendu aux finances, il appert qu'il était Conseiller et Receveur des domaines, et qu'il mourut de la peste au
1579. Château d'Ath, vers la fin de Juin 1579. Il eut entr'autres enfans Pierre qui suit.

III. Pierre Dessuslemoustier épousa Jeanne de Hauport sœur de Robert, ce qu'on voit dans un partage
1643. du 23 Octobre 1643. Ils eurent entr'autres Bertrand qui suit.

IV. Bertrand Dessuslemoustier s'allia avec Louise Cornehuysen fille de François Ecuyer et de Marie de
1639. Woestine, par contrat passé le 29 Septembre 1639, dont Antoine ci-dessous.

1668. V. Ant. baptisé à Condé en 1639. Il est repris dans un acte de partage passé le 16 Juin 1668 avec son frère Arn. et sa sœur Anne qui épousa Jacq. Sergeant. Il épousa en 1666 Cath. le Loire, dont entre autres :

VI. Thomas Dessuslemoustier baptisé en 1682. Il épousa Isab. Mesnage et en eut entre-autres Jacq.-Ant.-Jos. qui suit.

VII. Jacq.-Ant.-Jos. Dessuslemoustier Major et Commandant de Damme épousa Mar-Anne Caupain, dont entr'autres.

VIII. 1°. Louis-Phil.-Jos. ; 2°. Cath.-Phil. épouse de Charles Ursmé Gobart ancien Conseiller de la Cour Souveraine à Mons et Procureur Impérial, dont plusieurs enfans. Voyez ce que j'ai dit plus haut de Si-
1613. mon Gobart époux de Barbe Dessuslemoustier en 1613. On voit que la famille de Gobart est ancienne et distinguée, qu'elle a des Seigneuries depuis plusieurs siècles. M. Gobart moderne dont je viens de parler demeure à Mons en 1807. Il a épousé en secondes nôces une Dlle. Paternostre. Il ne s'écarte point des principes religieux et de fidélité envers ses légitimes Souve-

rains. Ses descendans liront toujours avec respect et reconnaissance la déclaration suivante.

« Je soussigné *François-Joseph de Leenheer*, Archiviste à la Chancellerie intime de Cour et d'Etat, » déclare et certifie à la réquisition de *Messire Nicolas Gobart* d'Herchies ancien Premier Echevin de » la Ville de Binche, et *Charles Gobart* ci-devant » Conseiller-Substitut et Avocat Fiscal au Conseil de » Hainaut, qu'il conste des Actes que feue SA MAJESTÉ L'EMPEREUR LÉOPOLD II, par sa résolution sur un rapport de feu le Chancel. de Cour » et d'Etat *Prince de Kaunitz-Rietberg*, du 10 9bre. » 1791, avoit daigné accorder à chacun d'eux, en » considération des bons et fidèles services qu'ils » avaient rendus, le titre de CHEVALIER HÉRÉDITAIRE, en les exemptant du payement, etc. » En foi de quoi j'ai apposé le cachet secret de Sa » Majesté. Fait à Vienne le 25 Août 1804. *Est signé* » *F. J. de Leenheer.*

II. Charles Dessuslemoustier sixième enfant de Henri et de Michelle de Peissant, comme on le voit par l'avis de ses père et mère. Il épousa 1°. Anne de Hauchin fille de Philippe, ce qui se prouve par le par-
1570. tage qu'il fit en 1570, après la mort de sadite épouse. Il en eut pour fils unique Jean qui suit. Charles épousa 2°. Philippote Vinchant dont David et Anne qui épousa Pierre de Bury.

III. Jean Dessuslemoustier fut Pensionnaire des
1590. Etats du Hainaut. Il épousa en 1590 Hélène du Buisson fille de Jean Seigneur d'Oizies, Pensionnaire des Etats de Hainaut, dont six enfans, parmi lesquels
1599. Elis. Dessuslemoustier née en 1599, ép. de Jacq. van der Steen premier Conseiller Pensionnaire de la Ville de Mons en 1624. *Voyez van der Steen.*

DE VIGNERON. Je consigne ce nom dans mon ouvrage avec des sentimens pénétrés de reconnaissance pour l'attachement que Monsieur de Vigneron m'a montré dans un moment où il s'agissait de toute ma fortune. C'est lui qui a plaidé le fameux procès que j'ai dû soutenir malgré moi contre mes crédirentiers Anversois, procès qu'il a gagné par jugement qui a été confirmé à Bruges. Hélas oui ! j'ai gagné par-tout. Boucqueau Avocat de ma partie adverse a toujours succombé, et si en dernier lieu il a triomphé, c'est en osant en imposer, c'est en calomniant, c'est enfin même en recourant au crime de faux qu'il est parvenu à tromper les Juges d'Appel de Bruxelles, à les égarer et à les obliger même de prononcer pour toujours la ruine et le malheur de la Maison de Saint Génois. Certes les Juges de cette Cour ont à gémir sur un sort aussi funeste et non mérité. Que la Cour se fasse représenter la pièce que l'audacieux Boucqueau a mis sur le bureau pendant le plaidoyer, la disant donnée par le Conservateur des Hypothèque de Tournay... ! Oui, qu'on demande cette pièce qui n'a jamais existée... ! ces mêmes Juges n'hésiteront pas de dénoncer au Tribunal criminel ce Boucqueau. Qu'on ne croye pas que ce soit passion de ma part, l'existence de ce crime affreux a été prouvée par-devant les Juges du Tribunal civil de Tournay. Voyez le Mémoire de M. du Bus, ci-devant page XL.

L'arrêt rendu par la Cour d'appel de Bruxelles a été porté à la connaissance de la Cour de cassation qui ne s'est point trouvée fondée à examiner le fond. L'Arrêt était rédigé d'une manière qui le mettait à l'abri de cassation. D'ailleurs on a assez la manie de dire à un débiteur, *Vous devez...... Payez.* Cependant le Président M. Murraire et quatre autres Juges ont vôté pour admettre le Mémoire. Je fus défendu par M. Caille qu'on sait être bon orateur ; mais il s'apperçut bientôt, avant de porter la parole, que j'avais été dénoncé à la plupart des Juges comme un trompeur, un homme ridicule, enfin un homme à être rebuté et non à être entendu. De très-scandaleux mémoires contre moi leur avaient été envoyés. Un homme, tel qu'il puisse être, *prévenu par le mensonge* est sourd à la verité. M. Murraire Président ne put s'empêcher de s'écrier : *La défense de M. de Saint Génois est superbe..... ' Où sont les pièces en appui?* Le Rapporteur M. Liger répondit: *Il ne se trouve que l'arrêt*; Quatorze pièces avaient été remises par M. Mailhe au Substitut M. Jourd qui ne les communiqua pas et se borna à tourner en ridicule le pourvoi en cassation. Enfin malgré cette conduite cinq voix m'ont été favorables mais sept ont été contre le pourvoi.

Depuis lors j'ai tenté des moyens pour rembourser les Anversois. Un Banquier de Paris, M. le Secq, m'a donné les preuves les plus désintéressées. Il partit de suite pour Anvers et s'y entretint avec M. Dierxsens un de mes créanciers, et Dillis leur chargé d'affaires. M. le Secq proposait un arrangement pour tout rembourser, et il voulait pour sûreté de ses propositions compter sur-le-champ cinquante mille francs. NON, NON, NON, c'est la seule réponse qu'on lui fit en prodiguant contre moi les calomnies les plus avilissantes et représentant mes propriétés comme de nulle valeur. On ne s'en tint pas là, on envoya à différens banquiers de Paris des notes pour me discréditer.

Je proposai à mon épouse de prendre l'administration de mes biens, de me dépouiller de toute gestion. Je fis la proposition et je la fais encore de bien bon cœur à mon cousin germain et ami M. *Ysebrant de Lindonq*, de vouloir aider mon épouse dans cette entreprise; il l'accepta. Cette infortunée mère de famille écrivit la lettre suivante à M. van de Werve.

1807. « Monsieur, des procès frayeux qui n'ont duré que » trop long-temps vont donc aboutir à consommer la » ruine entière de mon mari. Dans tous ces malheu» reux démêlés dont je ne suis point la cause, mais » bien une triste victime, vous avez paru mainte fois, » Monsieur, plaindre ma condition et celle de mes en» fans. J'avais un douaire, *je l'ai sacrifié* à votre sû» reté et à celle de vos cointéressés. On m'a dit que » des ordres étaient donnés pour faire vendre les » biens : sans doute il faut vendre pour vous payer, » si on ne trouve pas d'autres moyens pour y satis» faire.

» Vous savez qu'on m'a proposé qu'un prêteur de » fonds était prêt à prendre des arrangemens pour » tout liquider. Ce n'est pas que je craigne la vente » en elle-même : c'est, je ne le sens que trop, la » voie la plus simple pour en finir; mais on peut » vendre, Monsieur, sans céder les biens à des prix » en dessous de leur valeur. C'est une vente précipi» tée et à bas prix que je redoute. Vous serez rem» boursé de tout ce qui vous est dû; mais il ne me » restera rien : tandis que si on prenait des moyens » sages, vous n'en seriez pas moins payé et il me » resterait quelque chose. Hélas ! Monsieur, si je n'a» vais point d'enfans je me préparerais *avec plus de* » *facilité* et de résignation au coup qui me menace, » MAIS JE SUIS MÈRE... ! Ce titre doit vous in» téresser.

» Mon mari est prêt à me passer une procuration » avec les pouvoirs les plus étendus, dès que vous me » donnerez l'espoir que vous voudrez bien traiter avec » moi. Ayez la bonté, Monsieur, de voir les prin» cipaux de Messieurs vos consors; dites-leur que ma » demande se borne à ce qu'ils veuillent adopter un » projet quelconque qui me laisse, et à mes infortu» nés enfans, une ressource, sans nuire aux créan» ciers. De grace, obtenez que je sois admise à traiter » et qu'entre temps on donne des ordres pour arrêter » les ventes. Un léger retard ne vous fera point de » tort : vos droits seront toujours les mêmes; il sera » si facile de compter les sommes que vous avez re» çues, de régler celles qui vous sont encore dues, » de déterminer le mode pour vous en procurer le » paiement sans porter atteinte ni à vos droits ni à » vos sûretés. Ni les autres ni vous, Monsieur, ne » seront point inexorables à la prière qu'une mère » éplorée vous adresse. Si vous vous montrez com» patissant et généreux, c'est à vous que je devrai » la faible portion de bonheur que je puisse avoir sur » la terre. Un mot de réponse s'il vous plait.

» J'ai l'honneur d'être avec confiance et considé» ration.

De Saint Génois de Grandbreucq
née Comtesse d'Empire de Mouzin.

Voici la réponse de M. van de Werve.

« Madame, la lettre que vous venez de m'écrire » est sûrement très-affligeante dans la position que » je vois vous réduire l'affaire malheureuse de M. vo» tre mari. Mais, Madame, comme je ne suis qu'ac» tionnaire dans sa créance, il m'est impossible » d'entrer dans votre situation à cause que tous les » créanciers de cette Ville ont résolu de n'avoir plus » jamais une confiance dans toutes les propositions » que M. le Comte pourrait leur proposer. NOUS » DISONS TOUS *qu'il nous a trompés dès le com-* » *mencement et qu'il n'y a que les lois existantes* » *qui puissent mettre fin à notre querelle.*

» Le plan est pris si décidément qu'on mettra tout » à exécution jusqu'au définitif : par conséquent je » suis fâché de devoir vous dire que je ne suis nul» lement à même de vous être utile, et vous prierais » de ne plus m'écrire à cet égard.

» J'ai l'honneur d'être, Madame,

Votre très-humble et très-obéissant
Anvers, 16 Mars 1807. serviteur.
Est signé Van de Werve de Schild.

Il me reste pour toute ressource de completter la preuve de l'affreux mensonge, ou crime de faux, imaginé pour arracher des Juges de Bruxelles un arrêt qu'ils n'eussent pas prononcé sans la production d'une pièce dont le contenu est démenti en justice par le Conservat. des Hypothèques de Tournay, à qui Boucqueau fait dire ce qu'il n'a pas dit. Certes van de Werve et consors partagent ce crime.

Reprenons notre Ouvrage.

Monsieur de Vigneron était Pensionnaire du Magistrat de Mons pendant les troubles de ce Pays. Il a su concilier ce qu'il devait à son pays avec les sentimens de fidélité envers le Souverain. Il fut chargé plusieurs fois de commissions très délicates près de Son Altesse Royale Madame l'Archiduchesse Marie-Christine Gouvernante des Pays-Bas : il s'en acquitta avec tant de prudence, de zèle et de discretion que, sur le rapport de cette Princesse, Sa Majesté l'Empereur lui accorda un diplôme, ce qui est attesté par la déclaration suivante.

« Nous Louis Comte du St.-Empire Romain de » Cobenzl, Chevalier de la Toison d'Or, Grand» Croix de l'Ordre Royal de St.-Etienne et de celui » de St.-Jean de Jérusalem, Chambellan, Conseiller » Intime actuel, Ministre d'Etat et des Conférences » de Sa Majesté Impériale et Royale Apostolique et » son Vice-Chancelier de Cour et d'Etat.

» Déclarons et certifions, à la demande du Sieur

» Philippe-François-Joseph de Vigneron, qu'il conste » que, sur un rapport du feu Chancelier de Cour et » d'Etat *Prince de Kaunitz-Rittberg* du 4 Décembre
1791. » 1791, feue Sa Majesté L'EMPEREUR LÉOPOLD II » avait daigné accorder GRATUITEMENT ET » MOTU PROPRIO audit Phil.-Franc.-Jos. de Vigneron Licencié ès-loix et Conseil. Pension. de la Ville » de Mons, des Lettres Patentes de Noblesse, en considération du zèle, de l'attachement et de la fidélité » qu'il avait constamment manifestés pour le service » Royal et de ce qu'il était d'ailleurs *issu d'une ancienne Famille* en la Ville d'Ath, qui y avait exercé » de père en fils les premiers emplois de la Magistrature et avait aussi donné dans tous les temps des » preuves de son dévouement pour l'Auguste Maison » d'Autriche.

» Déclarons au surplus que l'expédition desdites » Lettres Patentes ordonnées par Sa Majesté glorieusement régnante et retardée par une suite de circonstances, et nommément de l'invasion des Pays-Bas, » n'a plus pu avoir lieu, depuis le Département Aulique des Pays-Bas, par le canal duquel l'expédition » des Lettres Patentes aurait du avoir lieu, ayant » été dans l'entre-temps supprimé. En foi de quoi » Nous avons signé la présente déclaration et y avons » fait apposer le cachet de nos armes. A Vienne le 25
1803. » Janvier 1803. *Signé Louis Comte Cobenzl* ».

On y voit l'empreinte des armoiries qui sont : d'argent au chevron d'azur, accompagné de trois grappes de raisins pourpre feuilletées de sinople au chef de gueules : ledit écu surmonté d'un heaume ou casque d'argent grillé et liseré d'or, fouré d'azur, couvert d'un bourlet d'argent et d'azur de cinq pièces aux hachemens de même, et pour cimier une grappe de l'écu feuilletée de même.

Phil-Franç-Jos. de Vigneron est fils de Phil.-Ignace Licencié en médecine, Membre du Magistrat d'Ath pendant onze ans, ensuite Trésorier de la même Ville jusqu'à sa mort, en 1791 et de Mar.-Jos. West. petit-fils de Jean-Franç. aussi Licencié en Médecine, Membre du Magistrat d'Ath et de Mar.-Phil.-Jos. Noisette, d'une famille originaire d'Ath; ce qu'on verra à son article.

Phil.-Franc.-Jos de Vigneron est époux de Mar.-Claude-Urs.-Jos.-Noël fille d'Adr.-Jos. et d'Agnès van Stienvord, dont 1°. Phil.-Josephe; 2°. Charl.-Dés.-Jos.-Jean-Népom.-Franç.-Regis. Son parain fut le Comte de Rodoan époux d'une Comt. de Mérode dont la fille unique épouse actuellement M. de Brancas de la branche des Ducs de Cereste; 3°. Agnès-Philippine-Jos. M. et Mme. de Vigneron ne s'écartent pas des anciens principes dans l'éducation qu'ils donnent a leurs enfans, le respect, la modestie, et ce qui est nécessaire pour être accueillis et considérés dans la société.

1385. DEYLE. Lettres de Phil. de Bourgogne par lesquelles il donne à Jean Deyle Chevalier, en récompense de ses services, une pension de 300 fl. d'or, à prendre sa vie durant sur la recette de Flandres. 1358 17 Juin. A Bruges. *Orig. en parch.*

1669. DEZOMBERGHES. N. de Zomberghen (*ainsi écrit*) Ecuyer, Conseiller de S. M. à Mons, est rappellé comme parent dans le testament passé le 12 Août 1669, ratifié et confirmé le 15 Mai 1670, sous scel et signature de Lancelot Dessuslemoustier, fils de Jean et d'Hélène du Buisson. On y voit que le testateur avait épousé Candide de Fiennes; qu'étant veuf il se fit Prêtre et fut Chanoine de Cambray. Le Propriétaire moderne de la belle terre de Ciply près de Mons, époux d'une Dlle. du Sart, est de cette famille.

DILFT (Van der). Voyez Delft et van der Dilft.

1383. DIQUEMUE. Mandement de Louis Comte de Flandres aux Gens de ses comptes d'allouer ès-comptes de Gérard Du Bos, Commis à la recette des tailles dans la Châtelenie de Lille, la somme de 400 liv. qu'il avait payée à Messire Thieri de Dicquemue, Chevalier, sur ce qui lui était dû pour son service ès-guerres de Flandres. 1383 12 Août à Lille. *Orig. en parch. scellé du sceau du Comte.*

1312. DIXMES. Lettres par lesquelles Robert Comte de Flandres approuve et amortit comme Seigneur supérieur la donation faite par Bauduin de St.-Omer, Prévôt de Furnes, aux Doyen et Chapitre de Terouane d'une dixme dans le territoire de Volcrinkove sous Cassel, dans le Patronat des Prévôt et Chanoines de Watenes dans le tenement de Jean de Morbeque fils de feu Wautier de Renenghe Seigneur de Morbeque, Chevalier, et lui permet d'en jouir exempt de tout service et exaction. *Orig. en parch. dont le sceau est perdu.*

1335. DIXMUDE. *Voyez Bevre en* 1331. Mandement du Comte de Flandres aux Bourguemaitres, Echevins et Conseil de la Ville de Dixmude de passer Lettres d'obligation au profit de Rogues Seigneur de Hangest Chevalier et de ses Successeurs de 200 liv. de rente que ce Comte lui a assignés, sur les 600 liv. de rente qu'il lève sur ladite Ville pour rébellion. 1333, 3 Octobre, à Bruges. *Orig. en parch. scellé.*

1370. Lettre de Henri de Bevre Châtelain de Dixmude et Seigneur d'Avre, par lesquelles il promet pour lui et pour ses Successeurs Châtelains de Dixmude, exécuter les lettres insérées données par Louis Comte de Flandres en l'Abbaye de St.-Bavon à Gand, le dernier Juin 1370 qui fixent dans quels cas le Châtelain aura le tiers des confiscations. 1370, 1er. Juillet, en flamand. *Orig. en parch. scellé.* Traduction française de ces Lettres. *Copie en parch.*

1302. DOLLENDORP. Renonciation de Gerlac Seigneur de Dollendorp Chevalier de tenir en fief de Jean Comte de Hainaut, Hollande et Zélande toute la terre qu'il avait acquise à Ereppe de Jean de Rezedorp Chevalier. 1302, 14 Janvier. 4e. *Cart. de Hain:*

DONS. *Voyez nécessairement le premier volume. Il indique beaucoup de titres à cette famille qui existe encore à Gand dans M. Dons-Lovendeghem.*

1352 DONZE. Lettres de l'Evêque de Tournay, de Mre. Jean Chauwart, Joseph de Hemsrode et Jean de Zantvorde Députés du Comte de Flandre, du Seigneur de Louppy, Henri de Voisières Chevalier et Thibaut de Bourmont Clerc Députés de la Comtesse de Bar, au sujet de l'information qui se devait faire de la valeur des rentes que le Comte de Flandre offrait en échange de Berghes, Nieuport et Donze. 1352, 16 Juillet. *Orig. en parch. cacheté de 6 cachets.*

1303. DORDRECHT. Lettres par lesquelles les Echevins, Conseil et Communauté de la Ville de Dordrecht promettent d'exécuter les priviléges que Jean Comte de Hollande leur avait accordés par lettres y insérées, portant ce qui suit. 1°. Les enfans mineurs ne pourront être majeurs qu'à quinze ans. 2°. Les tuteurs ne pourront prendre l'administration des biens de leurs pupiles sans avoir donné caution, et ils seront obligés d'en rendre compte. 3°. Il est défendu à toutes personnes d'emmener de force des enfans mineurs, ou autres, sans la permission de leurs parens, à peine de perdre la tête et de confiscation de leurs biens. 1303, 11 Novembre, en flamand. 4e. *Cart. de Hain.*, *pièce* 232. *Ces lettres sont imprimées dans le Recueil de Mieris*, *tom.* 2, *pag.* 36.

1310. DOUAY. Lettres par lesquelles le Roi Philippe-le-Bel déclare declare que son cher et féal Guillaume de Flandre, Seigneur de Neélle, Chevalier, l'ayant prié plusieurs fois de le faire jouir de l'hérédité qui devait lui revenir sur les *Villes de Lille et de Douay* et leurs appartenances que le Roi tenait, il a fait ajourner le Comte de Flandres à la dernière Octave de l'Ascension, lequel ayant comparu par Procureur suffisant, a déclaré que, comme Pair de France, il ne pouvait être assigné ailleurs qu'au Parlement; le Roi le lui accorde et assigne ledit Guillaume frère du Comte pour le jour du Bailliage d'Amiens qui se tiendra au prochain Parlement 1310, 7 Juin, à Compiegne. *Deuxième Cart. de Flandre.*

1311. Reconnaissance de Guillaume de Nogaret Chevalier du Roi et son Commissaire en cette partie, d'avoir reçu de Gérard de Fertin, Commissaire du Comte de Flandre, plusieurs Titres et lui en avoir remis d'autres touchant le transport fait par ledit Comte des Villes et Châtellenies de Lille, Douay et Béthune. 1311, 1er. Août, à Etrepigny (*en latin*). *Orig. en parch. scellé du scel dudit Nogaret en cire rouge, pendant à double queue.*

1314. Acte reçu par Thibaut *de Dullendio*, Clerc d'Arras Notaire, contenant que Jean de *Castello*, Sergent du Roi de France, au Bailliage de Lille, ayant fait lire par ledit Notaire en présence de Robert Comte de Flandre, des Lettres de Hugues de la Celle Chevalier données à Paris le 12 Février 1313 par lesquelles, en vertu de la Commission de Philippe Roi de France y insérée, donnée à Paris le 10 Février 1313, il ajournait ledit Comte de Flandre à comparaître devant lui et devant Guill. de Nivelle Chevalier, Commissaire dudit Comte, pour régler les limites des Villes et Châtellenies de *Lille, Douay et Béthune* cédées au Roi par le Comte: qu'aussitôt Louis fils aîné dudit Comte de Flandre, présent à la lecture, aurait déclaré qu'il n'avait pas consenti à la cession et transport desdites Châtellenies, qu'il n'y consentirait jamais et qu'il s'opposait pour lui et ses successeurs à l'effet dudit transport. Présens Guill. de Nivelle, Yvon de Wervic, Gérard Dutkerke, Chevaliers. Témoins Henri Bram, Bauduin de Senebeke, Gillon Parisis et Jean Crespin, Sergens du Roi à Lille. 1314, 19 Février, au Monastère de St.-Adrien à Grammont. *Orig. en parch.*

1331. Voyez Villers en 1331.

1370. Lettres de Hue de St.-Aubin Chevalier Sire de Wagnonville, ayant la Souveraine basse-justice en Claims et en Respeux en la Ville et Echevinage de Douay, au lieu dit *de-là l'Eau*, outre le pont *à le Laigne* de Gilles de Villers, Prêtre, Curé de Flecicour au nom et comme Procureur de Noble Demoiselle Marie de Melun, *Prévôte de Douay*, ayant les Souveraines basses-justices en la Ville et Echevinage au lieu dit *deçà l'Eau* et des Echevins et Communauté de Douay, par lesquelles ils règlent la forme de procéder ès Claims et Respeux de ladite Ville et Echevinage. 1370, dernier Octobre, sous le vidimus des Echevins de Douay du 1er. Novembre 1370. *Orig. en parch. scellé du scel de ladite Ville.*

1381. Sentence interlocutoire rendue par Jean de la Haie Ecuyer, Lieutenant à Douay, du Souverain Bailli de Lille, Douay et Orchies, entre les Religieux, Abbé et Couvent de l'Eglise d'Anchin, d'une part, *le Procureur de la Ville de Douay* et les Procureurs de l'Hôpital des Chartriers et des Administrateurs de ladite Ville, d'autre part, portant enterinement d'une Commission obtenue par ladite Abbaye, pour être dechargée des rentes viagères par elle dues auxdits Hôpital et Aumône. 1381, le 26 Novembre. *Orig. en parch. scellé du scel dudit Lieutenant.*

1381. Sentence rendue par ledit Lieutenant qui permet au Procureur de la Ville de Douay et aux Procureurs de l'Hôpital des Chartriers et des Administrateurs de l'Aumône de ladite Ville de contraindre l'Abbaye d'Anchin de payer en monnaie Royale les rentes par elle vendues et constituées et dont elle avait reçu le principal en ladite monnaie. 1381, 4 Février. *Orig. en parch. scellé.*

1383. Lettres de Ricouwart Sire d'Auterive, Chevalier, Bailli de Douay, et des Echevins de cette Ville, par lesquelles ils déclarent avoir obéi aux Lettres y insérées du Duc de Bourgogne, données à Arras le 3 Décembre 1383, par lesquelles ce Duc avait relevé Robert . . . . du pélérinage et de l'amende esquels il avait été condamné pour avoir blessé Jean Mustaing. 1383, 6 Décembre. *Orig. en pap. scellé.*

1383. Instructions et Ordonnances pour la Confrérie des Arbalestriers à Douay, faites par Noble Homme Ricouart d'Auterive Chevalier, Bailli de Douai, par les Echevins et Conseil de ladite Ville, en présence de la plus grande partie des Arbalestriers. 1383, Septembre. *Copie en parchem. extraite du grand-livre rouge en* 1595.

1385. Sentence rendue par Gérard de Rassenghien Chevalier, Seigneur de Basserode, Gouverneur du Souverain Bailliage de Lille, Douay et Orchies, au profit de Watier Piquette qui réclamait contre Messire *Jean Châtelain de Douay* le paiement d'une somme de 910 ll. d'or à l'écu, du coin du feu Roi Jean que ledit Châtelain devait à feu Jean Catel, dont Watier était héritier par Dlle. Roensele Catel sa mère. 1385, 6 Avril. *Orig. en parch. scellé du scel du Souverain Bailliage de Lille.*

1391. Voyez Poucques en 1391. Voyez aussi le premier volume qui contient un très-grand nombre de Titres concernant la Ville et la Famille de Douay: entre lesquels un Titre de l'an 1209 par lequel Pierre de Douay
1209. déclare avoir été présent lorsque Wautier Châtelain de Douay, son neveu, a accordé en douaire à Agnès fille du Châtelain de Bapaume toute la Châtellenie de Douay, la vieille Tour de Douay, etc. *Page* 499.
1092. Plus anciennement encore, en 1092, il est parlé d'un Wautier de Douay.

1370. DRINCAM. Voyez Cassel en 1370.

1390. DROUVE. Voyez Hainaut en 1390.

1390. DU BUISSON. Ordonnance de Yolenthe de Flandre comtesse de Bar à son Receveur de Flandre, de payer à Guillaume de Rabeque Ecuyer 17 francs d'or pour le prix d'un cheval donné à *Jean du Buisson* Châtelain de Vianne. 1390, 10 Mai, à Nieppe. *Orig. en parch., scellé.*

1604. Jean du Buisson Ecuyer, Seigneur d'Oisy, Conseiller de Leurs A. S. à Mons, est rappellé comme cousin paternel de Jeanne de la Croix dans le contrat de mariage de cette Demoiselle passé à Mons en 1604, avec Robert du Chastel Chevalier. Voyez ci-après du Chastel de la Howardrie.

1331. DUC (LE). *On trouve dans les lettres souvent écrit le Duch, le Ducq.*

Lettres par lesquelles Guillaume Comte de Hainaut donne en fief à Jeanne Dou Mares veuve de Jean le Duc, et à ses hoirs, le manoir appellé la Tour-au-Bois, tel que le tenait Wallon Seigneur de la Deuze, de qui il l'avait acheté. Présens Jean de Barbençon, Jean Sausset Seigneur de Boussoit, Michel de Ligne Seigneur du Pontoit, Jean Seigneur de Montigny-St.-Christophe, Gillon de Roisin Seigneur de la Fosse, Nicolas de Reng Chevalier, Jean Bernier Prévôt de

DUC.

Valenciennes et *Robaut le Duck* Hommes de Fief du Comte. 1313, à Valenciennes, en la maison de Gillon Gringnart. 3e. *Cart. de Hain.*, *pièce* 191.

Le premier volume de cet Ouvrage indique plusieurs titres à cette famille qui trouvera un grand nombre de dénombremens de fiefs qu'elle possédait en Hainaut dans les Cartulaires qui seront insérés dans ce volume.

On a prouvé quelques générations de cette famille lorsque Dlle. Mar.-Franç.-Jos. de Vinchant se fit recevoir à la Noble Abbaye de Forest.

HUIT QUARTIERS DE MARIE-FRANÇOISE-JOSÉPHINE DE VINCHANT

Chanoinesse régulière à Forest près de Bruxelles.

Messire GILLE DE VINCHANT Sgr. de la Haye, Vinchant, Morval, la Motte et d'Offrebaix, né en 1612, créé Chevalier en 1650, épousa MARIE-ANNE DE BUIGNIES héritière d'Angy	Messire CHARLES ROBERT Sgr. de Quevelon, Fanuels, premier Conseiller de la Souveraine Cour à Mons, épousa MARIE-MAXIMILIENNE DE DECKER héritière de Choisys.	Messire JEAN LE DUC Chevalier Sgr. de Masnuy-St.-Pierre, Tupignies, etc., épousa JEANNE SCOCKART.	Messire ANTOINE LE HARDI Chev. Sgr. de Famars, épousa MAR. LE HARDY héritière d'Aulnoy.
Messire JEAN-BAPT. DE VINCHANT Chev. Sgr. de la Haye, Morval, etc.	MAR.-JEANNE ROBERT mariée en 1684.	Messire IGNACE-FRANÇOIS LE DUC Chev. Sgr. de Masnuy-St.-Pierre.	MAR.-THÉR.-FRANÇ. LE HARDY-DE-FAMARS.
Messire FRANÇOIS-JEAN DE VINCHANT, Sgr. de la Haie,		MARGUERITE-FRANÇOISE LE DUC.	

1612.

MARIE-FRANÇOISE-JOSÉPHINE DE VINCHANT, Chanoinesse régulière à Forest. Elle était sœur entr'autres 1°. de François-Charles-Antoine-Emmanuel de Vinchant Comte de Milfort; dont postérité. 2°. Jean-Mar.-Jos. de Vinchant, Premier Lieutenant aux Gardes Wallonnes, qui épousa, par contrat passé à Barcelone en 1773, Félicité Seidel veuve d'Augustin de Behault, fille de Ferdinand Colonel et d'Albertine Preumenteau. De ce mariage sont nés 1°. Joseph de Vinchant Lieutenant-Colonel au service d'Espagne. 2°. Marie-Françoise de Vinchant épouse d'Ildephonse de Marso Gentilhomme d'Andalousie, dont deux enfans.

DU CHASTEL DE LA HOVARDERIE. Le chef de cette Maison fait sa résidence au Château de la Hovarderie comme ses ancêtres depuis plusieurs siècles. Il est époux d'une Dame de Waziers-Wavrin d'une Maison dont j'ai fait connaître le lustre et l'ancienneté dans un ouvrage qui a pour titre : *Mémoires Généalogiques pour servir à l'Histoire des Familles des Pays-Bas.* Le nom de Waziers a été reçu dans les Chapitres depuis leur institution. Je vais en donner un exemple par la Carte de Mar.-Ant.-Eugène de Berghes Chanoinesse à Nivelles, le 10 Décembre 1715.

Mess. JEAN DE BERGHES Sgr. de Fromentel et de Mourier.	Dame ANNE DE RICAMEZ Vicomtesse d'Arleux.	Mes. PIER. DE HAYNIN Seigneur du Doncq.	Dame ELÉONORE DE WAZIERS.	Mes. MAXIMILIEN DE WIGNACOURT Sg. dudit lieu, Ourton.	Dame MARGUERITE DE CUNCHY.	Mes. CHARLES DE BERGUES Sgr. d'Olhain.	Dame CLAUDE DE CASSIN.
Messire PIERRE DE BERGUES Vicomte d'Arleux.		Dame CATHERINE DE HAYNIN.		Messire ALBERT Chev. Sgr. de Wignacourt, Ourton, Baron de Perne.		Dame ISABELLE DE BERGUES.	
Messire PHILIPPE DE BERGUES, Vicomte d'Arleux.				Dame MARIE-MAGDELAINE DE WIGNACOURT.			

MARIE-ANT.-EUGÉNIE DE BERGHES, Chanoinesse à Denain le 10 Décembre 1715, sœur de Marie-Phil.-Françoise et d'Eléonore-Robertine de Berghes, Chanoinesses à Maubeuge, ce qui est prouvé par la déclaration suivante.

« Nous Dames Abbesse et Demoiselles Chanoinesses » du très-illustre Chapitre de Ste.-Aldegonde à Maubeuge, certifions à tous qu'il appartiendra que » Mesdemoiselles Marie-Philippine-Françoise et Eléonore-Robertine de Berghes sœurs de Dame Marie-» Ant.-Eugénie de Berghes Chanoinesse de Denain, » ont été reçues Chanoinesses de notre Chapitre, » ayant porté tous les quartiers ci-dessus, et iceux » très-bien prouvés d'ancienne noblesse militaire, ce » que nous savons pour avoir confronté la carte ci-» dessus avec celle reposant dans nos Archives entièrement conforme : en foi de quoi nous avons » délivré ce présent acte que nous avons fait signer » par notre Secrétaire et apposer le scel ordinaire » de notre Chapitre. Fait à Maubeuge, où le papier » timbré n'est pas en usage; le qui-[illegible] Janvier mil » sept cent soixante-trois. Sur ordonnance, HENNET » DE BARET ».

DUC

Le frère du propriétaire de la Terre de la Hovardrie demeure au Château de Bruyelle près de Tournay. C'est une Terre considérable qu'il a par son épouse *fille unique* de Phil.-Franç.-André-Jos. Desenfans Seigneur de Vincourt, etc. et d'Anne-Thér.-Phil. de la Croix-Maubray : *petite-fille* de Phil.-Franç. Desenfans Seigneur du Fermont et de Mar.-Franç-Jos. Liot Dame de Vincourt, Gallardrie, etc. : *arrière-petite-fille* de Jean-Franç. Desenfans Seigneur de Lannoy et de Mar.-Barbe de Bargibant : *arrière-petite-fille* de Simon Desenfans, dont on voit l'épitaphe ci-devant page 66.

1780. En 1780, j'ai fait imprimer un ouvrage in-plano dont le titre est : *Chronologie des Gentils-Hommes reçus à la Chambre de la Noblesse des Etats du Pays et Comté de Hainaut depuis* 1550 *jusqu'en* 1779. On y voit un grand nombre de Titres. Ils font connaître les ascendans de Mar.-Cath.-Louise du Chastel de la Hovardrie qui épousa en 1726 Ant.-Adrien-Jos. de Rodoan. Je vais en faire une très-courte analise. Elle sera utile à toutes les branches de cette Famille, établies à Tournay, Lille, Louvain, etc.

I. Jean du Chastel eut la terre de la Hovardrie par son épouse Péronne de Lalain, dont Jacques qui suit.

1378. II. Jacques du Chastel est rappellé dans un Titre du pénultième d'Octobre 1378 avec son épouse Isabeau de Cuinghien fille de Hoston Ecuyer et de Marie. On y lit : *Jaquemes du Castel dit Hovars Chevalier, Sire de la Hovardrie et Isabiaulx de Quinghien sa chiere compaigne et espeuse Dame dudit lieu.*

On y voit que cette Dame eut en mariage, 1°. un fief à Templeuve-lez-Dossemer en 2 bonniers; 2°. 8 bonniers et demi aussi à Templeuve, 3°. un fief relevant de Warcoing en 6 bonniers; 4°. sept livres de rente sur la Ville de Tournay. Les Témoins à cet Acte sont : Simon de Lalaing Seigneur de Quievraing, Mons. Nicolas Seigneur de Lalaing, Mons. Bauduin de Lalaing Chevalier; Hustin de Dours; Jean du Chastel dit de la Hovardrie Ecuyer. Ce Titre original existait en 1559 dans les archives de Noble Homme Fernande de la Barre Seigneur de Mouscron, Souverain Bailli de Flandre. Il le confia à Noble Homme Jacques du Chastel qui en fit faire un vidimus.

1396. III. Gérard du Chastel est fils de Jacques et d'Isabeau de Cuinghien. J'ai fait le relevé d'un Cartulaire des fiefs qui relevaient en 1396 de Noble Dame Madame Isabelle de Bruyelle épouse de Noble Homme Gérard du Chastel Seigneur de la Hovardrie. Ceux qui ont fourni leurs dénombremens sont : Henri Biaus, Jeanne fille de feu Jacqm. Warison, Mesdames de Flines, Ghadifier d'Anich, Jean le Prate, Jean le Cat, fils de Pierre, Mar. Froissart d'Oberchicourt, Jean Landas fils de Jean Landas, Cloard Hanette, Jean Ghissemant dit le Forest, Colard Rennekin, Regnaut Sire du Mares, Chevalier. Gérard du Chastel et Isabeau de Bruyelle eurent entr'autres enfans Arnould qui suit.

IV. Arnould du Chastel qualifié Chevalier, Sgr. de la Hovardrie et y demeurant, époux d'Anne de Mortagne dite d'Espierres. Il partagea ses enfans le
1469. 29 Mai 1469 en présence de Jean de Cuinghien Ecuyer son parent, et Jean de le Houssière d'une part, de Sire Robert le Louchier et Roger le Louchier frères, parens de son épouse d'autre part. Ils donnent, 1°. à Lyon du Chastel fils aîné la Seigneurie de la Hovardrie tenue de Josse Blondel, la Terre d'Ays tenue de Mgr. de Bouvignies, le Fief de Vicomté situé à Guignies relevant de Mgr. le Beghe de Lannoy, les deniers provenant de la vente de la Seigneurie de Maufayt située à Anechin; 2°. à Gérard du Chastel Ecuyer, leur 2me. fils ci-dessous, la Terre de Cavrines située à Herines, relevant de la Salle de Lille, le Fief de Langlée relevant de même, 3 bonniers 3 quart. de Bois à Herines, un Moulin à Herines, le Fief de Leuze à Cavrines relevant de Leuze, le Fief de Flines situé à Ecanafle, un Fief situé à Pottes, relevant de Monss. Destaules, un Fief de 17 bonniers à Rume tenu de Mgr. de Bouvegnies, un Fief à Espierre tenu du Royaume de France, la Seigneurie de la Caignarde située à Linselle tenue de Mgr. de Listrevelle, les Fiefs de Linselle et de Blaton venant de Mgr. Gérard de Mortagne dit d'Espierres Chevalier, Seigneur de Buvrines frère de ladite Anne de Mortagne; 3°. à Antoine leur 3e. fils, aussi Ecuyer, la Seigneurie de Mongobert tenue du Château de Pierfons, 21 bonniers à Rumegies; 4°. et 5°. à Jeanne épouse de Mgr. d'Ansrain Chevalier et à Jeanne épouse de Guy le Grain leurs filles qu'ils disent avoir partagées lors de leur mariage.

V. Gérard du Chastel Seigneur de la Hovardrie rappellé comme 2me. fils dans le testament de ses père et mère. Il épousa Agnès de Saint-Génois par contrat passé en 1469, dans lequel il est dit que cette Dame était fille de Sire Simon de Saint Génois Conseiller, Chambellan et Maître-d'Hôtel du Roi de France et de Marie de Goy.

Je n'ai pas remonté les ascendans de Gérard du Chastel au-dessus de Jean son bisaïeul époux de Péronne de Lalain, parceque j'ai voulu partir du moment que la terre de la Hovardrie est entrée dans cette Maison. On a des documens qui font connaître que les ancêtres de ce Jean du Chastel ont tenu un rang distingué auprès de leurs Souverains. Philippe Roi de France, ayant accordé un Diplôme à
1066. l'Eglise de Messines en 1066, à la prière de Bauduin Comte de Flandre et d'Adele son épouse, voulut que Robert du Chastel apposât son sceau à cette Charte. On voit Gérard du Chastel assister au con-
1193. trat de mariage, passé en 1193, entre Mathieu de Montmorenci et Gertrude. Ce Mathieu était fils de Bouchard Sgr. de Montmorency et de Laurence fille de Bauduin IV Comte de Hainaut. *P.* 210 *du premier volume de cet Ouvrage.* Eustache du Chastel fit plusieurs donations à l'Abbaye de Saint-
1264. Amand en 1264. Bauduin son fils était Chevalier de l'Hôtel de Marg. Comtesse de Flandre et de Hainaut selon un extrait d'un Registre en parchemin appellé le 1er. Registre contenant 84 feuillets reposant à la Trésorerie des Chartres à Rupelmonde. Ce même Bauduin est le bisaïeul de Jean dit *Jreux* du Chastel qui épousa Péronne de Lalain Dame de la Hovardrie.

Revenons au contrat de mariage de Gérard du Chastel avec Agnès de Saint Génois passé le pénul-
1469. tième jour de Janvier 1469, en présence de Guill. de Layens Licencié en droit et Bachelier en lois, Chanoine de Tournay, Conseiller du Roi et Garde du Scel Royal et de Bernard Oudry Tabellion Royal. On y voit comparaître Mgr. Arnould du Chastel Seigneur de la Hovardrie, Madame Anne de Mortagne dite d'Espierre père et mère du contractant, Messire Lyon du Chastel Chev. et Ant. du Chastel tous deux frères du contractant d'une part; Sire Simon de Saint Génois Seigneur de Haudion Conseiller, Chambellan et Maître-d'Hôtel du Roi de France et Marie de Goy père et mère de la contractante. Agnès de Saint Génois était sœur de 1°. Jean V de Saint Génois Echanson du Roi de France; 2°. Jacques Seigneur de Haudion époux de

DUC

Florence de la Saulx fille d'Arnould et de Catherine de Quaroube veuve de Jacques de Saint Génois; Florence épousa Messire Ant. d'Ailly, dit de Sains Chevalier, Seigneur de Baudignies; 3°. Nicolas de Saint Génois Seigneur de Clerieux, Grand Prévôt de Tournay époux d'Ursule de Chatillon, mort Gouverneur de St.-Amand; 4°. Arnould de Saint Génois Sgr. de Grand Breucq, Ecanasles, la Berlière, Petit Hollay qui épousa 1°. Jacqueline héritière de la Deuze fille de Messire Jean de la Deuze et de Marguerite de la Marck de Lummene; 2°. Marg. fille de Jean Sgr. de Waudripont et de Waudru Lefebvre. *Cet Arnould de Saint Génois est mon huitième aïeul direct.* 5°. N. de Saint Génois Evêque de Chartres; 6°. Simon Cordelier à Ath.

Je suis le chef de cette Maison si malheureuse aujourd'hui. Elle a tenu un rang distingué dans tous les temps. Plus on recule dans l'antiquité, plus elle est illustre. Il suffit de jetter un coup-d'œil sur les quartiers de la Princesse Quintine d'Oisy reçue Chanoi-
1399. nesse à Denain en 1399, suivant la carte originale que M. Moreau Grand-Bailli de ce Chapitre m'a fait parvenir. M. Moreau était on ne peut pas plus instruit dans l'histoire et les familles. Je lui suis redevable de grand nombre de recueils qu'il m'a communiqués avec infiniment de politesse. M. son fils propriétaire de la terre de Bellaing, Agent général de la Maison de Croy-Solre, me témoigne le même attachement. Au milieu des malheurs sans exemple où je me trouve plongé, c'est une consolation pour moi qu'un homme d'esprit, intelligent et au fait d'administration, m'honore de ses lumières.

QUARTIERS DE LA PRINCESSE D'OISY

Reçue Chanoinesse à Denain en 1399, fille de Roland d'Oisy et de Noble Dame Marie de Saint Génois Chanoinesse à Mons.

Mademoiselle QUINTINE fille de Roland d'Oisy a été reçue Chanoinesse au très-noble et illustre Chapitre Royal de Saint-Renfroy de Denain et a eu Prébende en 1399.

DUC

Attestation donnée en 1780 :

1780. « Nous Dames Chanoinesses ainées du très-noble » et très-illustre Chapitre de Denain, la Crosse va» cante, certifions que la Carte et la Souscription » ci à côté sont conformes à ce qui se trouve dans le » Registre de notre Chapitre : que quoiqu'il n'y ait » dans cette Carte généalogique que les armoiries de » quatre quartiers, les armoiries des huit quartiers se » trouvent dans les généalogies antérieures et posté» rieures à ladite Dlle. Quintine d'Oisy. En foi de » quoi Nous avons fait signer par Notre Secrétaire» Greffier et apposer le petit scel de Notre Chapitre. » Le 2 Novembre 1780. *Est signé* Desvignes ».

1473. Gérard du Chastel présenta en 1473 un dénombrement de ses terres qui relevaient de Leuse et qui lui avaient été données par l'acte de partage fait le 29 Mai
1460. 1460 par ses père et mère dont il était l'enfant mâle. Il fut tué à Gand en combattant courageusement pour

DUC

son Prince et pour son Pays. Les Gantois s'étaient révoltés contre l'Empereur Maximilien. De tous ceux qui prirent les armes pour la défense de leur Souverain, aucun ne fit paraître plus de valeur et n'acquit plus de gloire que Gérard du Chastel. Il mourut en Héros : qu'on juge par là comment il avait vécu ; sa vie et sa mort furent dignes du sang qui coulait dans ses veines. L'Empereur perdit un Sujet fidèle, la Patrie un vertueux Citoyen, et la Maison de du Chastel pleura un brave Chevalier.

VI. Simon du Chastel était fils de Gérard et d'A-
1529. gnès de Saint Génois. Le 26 Février 1529 il présenta un dénombrement de la Terre de Flines au Seigneur Suzerain de cette Seigneurie Haut et Puissant Seigneur Arnoul de Saint Génois Seigneur de Hembise, de la Berlière, *à cause de sa Terre de Grandbreucq.* Avant de parler du mariage de Simon du Chastel je vais présenter la carte de ses huit quartiers.

HUIT QUARTIERS DE SIMON DU CHASTEL.

Gérard du Chastel Sgr. de la Hovardrie, fils de Jac. et d'Isab. de Cuinghien.	Isabeau de Hainaut dite de Bruyelles Dame d'Aix.	Robert de Mortagne Sgr. de Cavrines, Linselles et Blaton, fils de Gérard et et de Mar. de Warison.	Jeanne le Louchier sœur de Gérard.	Jean de Saint Génois Grand Prévôt de Tournay, fils de Jean Grand Prévôt de Tournay et de Marguerite Cottrel.	Jeanne de Buridan.	Arnoul de Gouy Sgr. d'Oby, Corbehem, Conseil. et Chambellan du Duc de Bourgogne, Grand Bailli de Gand.	Jeanne de Bonmarché fille de Jean Chev. Sgr. de la Brayelle et de Mar. de Tortequesme.

Arnoul du Chastel Sgr. de la Hovardrie où il faisait sa résidence ainsi que ses ancêtres, ce qu'on voit dans l'Eglise par un tableau qui représente les anciens Seigneurs de cette Terre jusqu'en 1527.	Anne de Mortagne Dame de Cavrines, Linselles et Blaton après la mort de ses frères Gérard et Jean. Ce Jean fut tué par Oste de Fosseux.	Simon de Saint Génois Conseiller, Chambellan et Maître-d'Hôtel du Roi de France, Ambassadeur vers le Roi d'Angleterre, mort en 1474. Sa sœur Catherine de Saint Génois mourut Abbesse de Flines en 1488.	Mar. de Gouy sœur de Jacques de Gouy Conseiller et Chambellan de l'Empereur Maximilien, dont la petite fille héritière de tous les biens *épousa* François de la Tramerie.

Gérard du Chastel dit de la Hovardrie Sgr. de Cavrines, Linselles, Blaton, mort à Gand le 20 Février 1488. Sa mère Anne de Mortagne était cousine issue de germain de Messire Jean de Bruges Seigneur de la Gruthuse, époux de Jeanne héritière de Steenhuyse, Dame d'Avelghem, et de N. de Bruges dite de la Gruthuse, épouse de Messire Jean Sgr. de Wassenaer Vicomte de Leyde.	Agnès de Saint Génois Dame de Baussoit sœur de l'Evêque de Chartres, d'Arnould de Saint Génois Seigneur de Grand Brencq, Ecnafle, Clerieu, Petit-Hollay, la Berlière, la Deuze, Heussîgoies. *(Cet Arnould est le huitième aïeul de l'Auteur de cet Ouvrage.*

Simon du Chastel dit de la Hovardrie fils unique.

1505. Simon du Chastel dont je viens de donner les huit quartiers épousa Marie de Clugny. Voici ce qu'on lit dans le contrat de mariage passé le 8 Janvier 1505 en présence de Raimond de le Salle Notaire Impérial demeurant à Lille.

« Comparurent en leurs personnes SIMON DU » CHASTEL dit de la Hovardrie Escuyer Seigneur de » Cavrines du Blaton etc. accompaigné de Messire Hec» tor de Bruyelle Chev. Seigneur de la Hovardrie, de » Plantville, et Loys de Landas Escuyer Seigneur de » Beaumanoir ses parens et amis *d'une part*, et » Xpien de Clugny Escuyer Seigneur de la Cessoye » et Demoiselle Ysabeau du Bos sespeuse, eulx faisant » fors de Demoiselle MARIE DE CLUGNY leur » fille, accompagniés de Loys du Bos frère de ladicte » Demoiselle Ysabeau et de Walleran Landas Escuyer » leur beau cousin *d'autre part* ». La contractante y

est aussi dite petite-fille de feu Robert du Bos et de Marie Scuillebert.

VII. Jacques du Chastel fils de Simon et de Marie de Clugny fut Seigneur de la Hovardrie. Il épousa en
1529. 1529, par contrat passé par-devant Jean du Quesne et Guillaume Petitpas Auditeurs de la Chambre des Comptes à Lille, Saintine de Marchenelles Dame de le Vigne, fille de Jean et d'Agnès de Cuinghien. Jean de Marchenelle était un des principaux Seigneurs de la Cour de l'Empereur Charles-Quint : ce Prince l'avait élevé à la charge de *Pannetier* et l'honorait d'une estime toute particulière. Le même Jean était Lieutenant dans la Compagnie de 50 Hommes d'armes et de 100 Archers des Ordonnances de l'Empereur, lorsque
1550. cette Compagnie fut passée en revue le 2 Août 1550. Charles V ayant ordonné, par lettres-patentes du 12
1553. Décembre 1553, de démolir les fortifications de la

DUC

Ville de Mortagne, Jean de Marchenelles fut chargé de faire exécuter cet ordre du Souverain. Le 30 Jan-
1542. vier 1542 il reçut commission du même Prince de faire la revue des Gentilshommes à cheval, qui devaient s'assembler à Mons le dernier jour du même mois. Le 2 Janvier de la même année, il passa aussi en revue une Compagnie de 150 hommes de cavalerie, commandée par le Comte Christophe de Rogendorf. Jacques du Chastel suivit l'exemple de son beau-père et mérita comme lui la confiance de ses augustes Maîtres, qui lui en donnèrent plusieurs fois les preuves les plus éclatantes. Marie Reine douairière de Hongrie et de Bohême qui gouvernait les Pays-Bas, avec le titre et la qualité de Régente, le chargea, par une lettre signée de sa main et datée du 7 Avril 1545, de passer en revue les troupes qui formaient la garnison de Tournay. Cette Princesse lui faisait connaître en même-temps par sa lettre combien sa conduite irréprochable et pleine de zèle pour les intérêts de l'Etat et de son Prince, lui avaient concilié les bonnes grâces de Sa Majesté.

VIII. Nicolas du Chastel fils des précédens épousa 1°. Barbe d'Ongnies, dont la grande-Tante Isabeau d'Ongnies mourut Abbesse du Chapitre de Denain
1477. en 1477 et fut inhumée dans l'Eglise des Chanoinesses. On grava sur son mausolée les vers suivans :

En la terre sous une lame
Chy devant gist, sans avoir l'ame
De Noble sang d'Anne Isabelle
D'Ongnies équitable et belle
En son vivant fit drecy faire
Lo . . . de ce lieu honorable
Humble Abbesse était vénérable
Laquelle son temps despensa prudemment
Trespassa payant de Nature le cens
L'an de grasce mille quatre cent
LXXVII.

Nicolas du Chastel n'ayant pas eu d'enfans de sa première épouse Barbe d'Ongnies, épousa 2°. Ant. d'Avroult qui lui donna une postérité illustre. Les archives du Chapitre de Ste.-Waudru nous ont conservé les preuves généalogiques qui furent présentées à la réception de Marie-Françoise Magdelaine de Rubempré. Cette Dame, qui mourut en 1720 Chanoinesse et première ainée de ce Chapitre célèbre, était petite-fille d'Antoine d'Avroult qui avait épousé sa cousine germaine Jeanne du Chastel fille de Nicolas Vi-
1610. comte de Hautbourdin qui mourut le 14 Mars 1610, et fut inhumé à la Hovardrie avec ses deux épouses, dont la première Barbe d'Ongnies était morte le 29
1565. Octobre 1565, et la seconde Antoinette d'Avroult le
1590. 8 Mars 1590. J'ai donné dans le premier volume de cet Ouvrage, page 148, les trente-deux quartiers de Jeanne du Chastel épouse d'Antoine d'Avroult, père et mère de Marie épouse de Charles-Philippe de Rubempré Comte de Vertain, Baron d'Eversberg, Grand Veneur de Brabant.

Nicolas du Chastel et son épouse Ant. d'Avroult
1604. partagèrent leurs enfans le 4 Février 1604. Je ne parlerai que de Robert second fils pour continuer la preuve présentées aux Etats du Hainaut. Les branches de cette Maison qui existent aujourd'hui prendront sans doute part aux renseignemens que je viens de donner sur leurs ancêtres.

1604. IX. Robert second fils épousa en 1604 Jeanne de la Croix fille de Messire Jean Chevalier Seigneur de Mairieu, la Glisoel, Lisseroel, Apremont, etc., et de Dame Louise de Ruffault qui avait épousé 1°. Messire

DUC

Charles de Lannoy. Robert fut choisi pour assister en qualité de Député de la Noblesse des Etats de Hainaut aux funérailles du Sérénissime Archiduc Albert d'Autriche Gouverneur Général des Pays-Bas. Sa fille Madame Anne-Jeanne du Chastel était Prieure de l'Abbaye Noble de Messines. Elle fit dans ce Monastère des fondations que son Abbesse Marie-Louise-Victoire de Crequy confirma par un acte daté de 1687.

X. Robert-François du Chastel de la Hovardrie Sgr.
1679. d'Inglinghem releva (le 23 Décembre 1679) la Terre de Boussoit qui lui était échue par le trépas de Mes-
1678. sire Robert son père qui mourut le 24 Décembre 1678. Il fit un acte de partage entre ses enfans et Dame Anne-Mar. Buirette son épouse le 9 Janvier 1667. On y voit entr'autres enfans Robert-François fils ainé qui suit.

XI. Robert-François du Chastel baptisé à Boussoit
1658. le 14 Décembre 1658, épousa, par contrat passé au
1703. Château de Henripont le 7 Septembre 1703, Anne-Marie de la Hamaide nièce de Messire Charles de la Hamaide, qui assista au contrat avec Messire Louis-Alexis du Chastel Seigneur d'Apremont son frère, et M. de Malapert Ecuyer son ami. L'exécution de cet acte fut confiée à Messire Engelbert de Vogt, dit de Grise, Seigneur de Marche et à Messire Adrien-Conradin d'Andelot Seigneur de Hoves. Ils sont père et mère de Marie-Catherine-Louise qui suit.

XII. Marie-Catherine-Louise du Chastel de la Ho-
1726. vardrie épousa, en 1726, Antoine-Adrien-Joseph de Rodoan. *Voyez Rodoan.*

1353. DU CHESNE. Don fait par la Comtesse de Bar, du consentement de Philippe de Navarre son mari, à Jean du Chesne (*écrit du Chesne*) de 30 liv. de rente viagère sur les héritages qui furent Pierre St.-Nicolay, situés en la Châtellenie de Bourbourg. 1353, 27 Octobre, au Bois de Nieppe. *Orig. en parch., scellé.*

1355. Confirmation par ladite Comtesse de Bar et son mari de la vente ci-dessus par ledit Jean *du Chenne* à Jean le Maître Ecuyer, avec consentement que ledit le Maître et Perrette dou Plesseys sa femme jouissent de cette rente leur vie durante. 1355, 15 Août. *Orig. en parch. scellé.*

1309. DUNKERQUE. Les Echevins et Communauté de la Ville de Dunkerque promettent de dédommager leur cher Sire Messire de Flandre de la caution à laquelle il s'était obligé pour eux envers Baud. Crespin d'Arras, pour la somme de 392 liv. 10 s. qu'il leur avait prêtée. *Orig. en parch., scellé du sceau de cette Ville.* 1309, en Avril.

1310. Robert Comte de Flandre déclare qu'étant en débat entre les *Habitans de Dunkerque* et ceux de Berghes sur plusieurs objets dont ils l'ont rendu juge, il a fait une enquête et prononcé *son dit* à Dunkerque en présence des Parties le lendemain de St.-Pierre, en Février 1309, de la manière qui suit :

Les Bourgeois de Dunkerque seront menés par la Loi de Dunkerque pour ce qu'ils *mefferont appartenant à Loi* dans la Ville de Berghes, si ce n'est en trois cas, savoir, de *Straetscovinghe, Waterscovinghe* et quand ils seront pris *en présent fait*, alors la connaissance en appartiendra à la Justice de la ville de Berghes. 1310, le jour de la Chandeleur, à Male. Louis Comte de Flandre a confirmé ces lettres le 27 Décembre 1350. Elles sont dans un Vidimus donné le 14 Mars 1350 par A. Prevot du Monastère de St.-Martin à Ipres, en parch., dont le sceau est perdu. *Extrait des mêmes lettres en parch., signé et paraphé d'un Notaire.*

Voyez Cassel en 1318.

1320. Lettres de Robert Comte de Flandre par lesquelles il assigné à Robert son fils puiné pour son apanage les Ville et Terre de Dunkerque, Bornehem, etc. *Souscriptions :* Jean Seigneur de Fieules Châtelain de Drouchburch, Robert Seigneur de Nivelle, Gillebert de Lewerghem cousin du Comte Robert, Jean de Bailleul, Jean de Renenghes, Roger de Halewin, Willaume Bloc de Steenland, Daniël de Bellenghem, Ernoul de le Berst, Bernard Delaubiel, Jean Vaise, Eustache Lauward et Jean de Score *Chevaliers ;* Maître Nicole de le Pierre, Thieri de Belsele, Jean de Coyenghem (*Cuinghien*), Alard de Denterghem, Ernoul de Wandonne, Willaume de le Bourch Huissier du Comte, Olivier et Jean Huissiers du Comte, Jean du Miroir, Gillon de Rechem, Robert du Val, Michel de Castres, Jean le Vreede, Roger de le Bouverie, Daniël Boetelin, Soyer de le Steenbrueghe, Roger de Tolnare, Jean del Echout, Pierron Mafin, Jéan de le Beke, Bauduin de Musschere, Willaume Châtelain, Wautier Bakelant, Jacquemon le Grave, Roger le Coustre et Wautier de Lake, frère Jean de le Hoye. Ratifié par Jeanne de Flandre fille du Comte Robert, veuve du Seigneur de Coucy. 1320, 12 Juin, à Courtrai. *Trois orig. en parch.*

1333. Promesse des Maître, Frères et Sœurs de l'Hôpital de St.-Julien à Dunkerque de faire tous les ans un *Obit* pour Robert de Flandre. 1333. *Orig. en parch.*

1333. Pareille promesse par eux et celles de l'Hôpital St.-Jean à Dunkerque. *Orig. en parch.*

1370. Voyez Cassel, en 1370.

1333. DURBUY. Lettres par lesquelles Jean Roi de Bohême et de Pologne reconnait tenir en foi et hommage du Comte de Hainaut les Château et Terre de Durbuy, le Comté de la Roche et leurs appartenances excepté la Ville et Prévôté de Marche en Famine qu'il ne tient pas du Comte de Hainaut. 1334, 1er. Mai, à Noyon. 2me. *Cart. de Hain. Pièce* 220.

Voyez Bohême, en 1354.

DU MEZ. Guillaume du Mez époux d'Isabeau qui fut héritière de Croix et de Flers après la mort sans enfans de son frère Hector de Croix, fils de Hector Seigneur de Croix et de Flers et d'Anne de Wavrin. Guillaume eut pour fils Jean du Mez qui prit le nom de de Croix qu'il transmit à sa postérité connue aujourd'hui sous celui de *de Croix-Dadizele.* Jean mou-
1410. rut en 1410 ayant épousé Isabeau le Prevost dite Campinghem. Il existe à Tournay en 1807 un fils unique de cette ancienne maison. Madame sa mère est une Plotho. Sa sœur est épouse de M. Baudequin de Peuti demeurant à Bruxelles.

DU PUIS. Le premier volume indique plusieurs titres et alliances qui concernent cette famille qui s'est toujours honorée par sa fidélité à ses Souverains. J'y ajouterai ce qui suit.

I. Toussaint du Puis épousa Ant. Aubleux, dont :

II. Henri du Puis baptisé à St.-Germain à Mons le
1639. 29 Décembre 1639. Son contrat de mariage est du 18
1673. Décembre 1673 avec Demoiselle Marie-Jos. Lixon, assistée du Sieur Jean-Daniel Lixon son frère, tous deux enfans du Sieur Jean Lixon Bailli d'Ustergnies, Greffier de la Ville et Comté de Beaumont, et de Dlle. Jeanne le Clerc. Il obtint des lettres données à Ma-
1678. drid le 18 Septembre 1678 ; on y lit ce qui suit :

« Informé des bons devoirs et assistances que Notre » cher et bien amé *Henri du Puis* Licentié ès droits, » Echevin de la Ville de Mons, aurait contribué pour » la défense d'icelle Ville durant le dernier blocus des » Français, signalant son zèle avec les autres du Ma- » gistrat en toutes les occurrences de jour et de nuit, » même exhortant les Bourgeois de persévérer cons- » tamment en Notre service par la résistance aux en- » nemis comme ils ont fait jusqu'à ce qu'ils ont été » secourus par nos armées, en considération de quoi » et d'autres services que ledit Henri du Puis Nous » aurait ci-devant rendus, il Nous a très-humblement » supplié de lui accorder et à sa postérité des lettres » d'Annoblissement avec le port des armoiries qui » s'ensuivent, savoir : *un écu de gueules à la bande » engrellée d'argent chargée de trois flammes de gueu- » les.* Cimier : *un vol de gueules et d'argent chargé » sur son milieu d'une flamme de même,* et sur ce » lui faire despecher Nos Lettres Patentes en tel cas » pertinentes : *Scavoir faisons* que Nous ce que des- » sus considéré et le rapport, etc., etc., avons de » Notre certaine science authorité souveraine et pleine » puissance pour Nous, Nos Hoirs et Successeurs, » audit *Henri du Puis, ses enfans et postérité mâles » et femelles* nés et à naître en léal mariage, accordé » et octroyé, accordons et octroyons à toujours par » ces présentes le titre et degré de Noblesse etc. etc. »

Henri eut pour fils :

III. Henri-Honoré-Joseph du Puis baptisé à St.-Germain le 13 Août 1677. Il épousa, par contrat du
1718. 6 Mai 1718, Demoiselle Marie-Jacq.-Thér. Poschet veuve du Sieur Guillaume Goulart et fille du Sieur Martin Maître des forges et de Jeanne-Thérèse Malapert. On y voit comparaître François du Puis Conseiller Ecclésiastique du Conseil Souverain du Hainaut. Henri-Honoré-Joseph du Puis obtint du Duc de Bavière les Lettres suivantes :

1715. « Son Altesse Sérénissime Electorale ayant eu fa- » vorable égard aux longs et fidèles services que » *Henri-Honoré du Puis* lui a très-humblement ren- » dus pendant le terme de treize années, a accordé » comme elle accorde à icelui le titre de *son Se- » crétaire.* Sadite Altesse Electorale ordonne en vertu » de la présente à tous ceux à qui il appartiendra de » le reconnaître pour tel. Fait à Schleissheim ce 25 » Juin 1715 ».

Henri-Honoré-Joseph du Puis eut pour fils :

IV. Philippe-Emmanuel du Puis baptisé à St.-Germain à Mons, époux de Marie-Catherine-Victoire-Amélie-Joséphine Desmanez fille d'Alexandre et de Thérèse Gobert, dont :

V. Louis-Emmanuel-Joseph du Puis de Watremont né en 1766 au Château du Pont-de-Saint, époux de Dame Mar.-Charl.-Amél.-Jos. d'Espiennes dont la mère est de la Maison de Hanmer-Clerybrooke. Leurs enfans sont :

1802. VI. 1°. Claire-Amélie-Jos. née en 1802; 2°. Char.-Eug.-Félix né en 1803; 3°. Agathe-Gabr.-Louise née en 1806.

DU SART. Le 1er. volume de cet Ouvrage donne un grand nombre de titres qui concernent cette famille. Je me bornerai à en citer quelques-uns. P. 844, Gillon du Sart dans une lettre des Echevins de Mons
1295. en 1295. Page 353, Gilles du Sart Chevalier. Page
1331. 372, le Seigneur Julien du Sart en 1331. Pages 27, 34 et 35, plusieurs dénombremens de fiefs donnés en
1473. 1473 par Dlle. Isabeau Ascloquette, veuve de Jacquemart du Sart. Page 916, Michel du Sart fils de
1525. feu Jean en 1525.

J'ai vu un partage authentique passé le 25 Juin
1593. 1593 entre 1°. Louis, 2°. Philippe, 3°. Nicolas du Sart, après la mort de leur père Philippe du Sart Ecuyer. On voit à Merville l'épitaphe de Joseph-Mar. du Sart époux de Marie-Margorite du Beron. Je la donne parce qu'elle peut être utile aux différentes branches de cette famille.

ÉPITAPHE A MERVILLE.

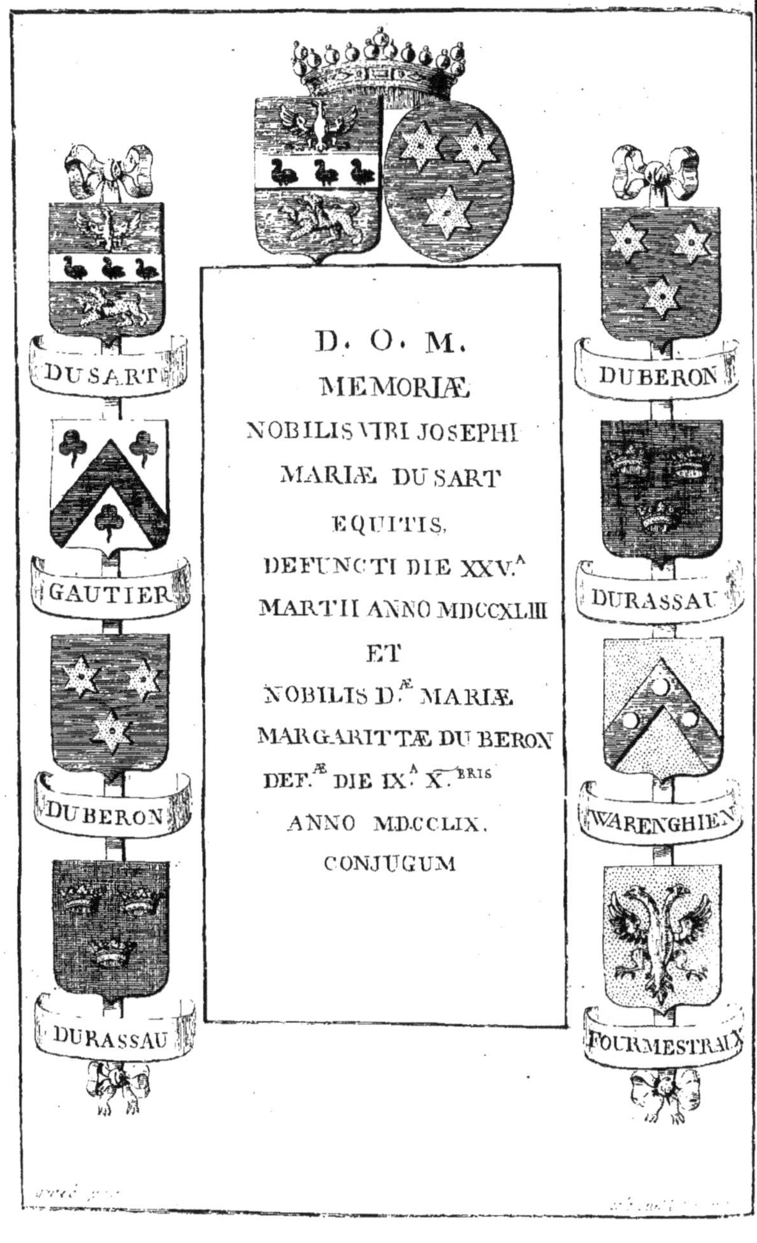

D. O. M.
MEMORIÆ
NOBILIS VIRI JOSEPHI
MARIÆ DU SART
EQUITIS,
DEFUNCTI DIE XXV.A
MARTII ANNO MDCCXLIII
ET
NOBILIS D.Æ MARIÆ
MARGARITTÆ DU BERON
DEF.Æ DIE IX.A X.BRIS
ANNO MDCCLIX.
CONJUGUM
DU SART
GAUTIER
DU BERON
DURASSAU
DU BERON
DURASSAU
WARENGHIEN
FOURMESTRAUX

Joseph-Mar. du Sart dont il est parlé dans l'épitaphe ci-dessus était frère cadet de Jean-Baptiste du Sart qui épousa Marie-Catherine d'Hauklain. Il était *fils* de Nicolas et d'Antoinette du Beron; *petit-fils* de Nicolas du Sart et de Jeanne Gauthier; *arrière-petit-fils* de Philippe du Sart et de Jacqueline Sobier; *arrière-arrière-petit-fils* d'autre Philippe qualifié Ecuyer
1693. dans le partage de ses trois enfans en 1598 Ce dernier Philippe Ecuyer avait épousé Isabeau Taymont.

La postérité et l'extraction noble de Jean-Baptiste du Sart époux de Marie-Catherine d'Haulchin a été prouvée lors de la réception de Noble Alexis-Joseph-Constant de Robersart, reçu de minorité au rang de
1783. Chevalier de Justice de l'Ordre de Malthe en 1783, ce qui est prouvé par la déclaration suivante:

1784. « Nous soussigné COMMANDEUR DE BAUGIS » Chancelier du Grand Prieuré de France certifions » que la *Famille de du Sart*, dont les Armes sont » ci-dessus blasonnées, a été prouvée par la réception de Noble Alexis Joseph-Constant de Robersart, reçu de minorité au rang de CHEVALIER » DE JUSTICE de l'Ordre de Saint-Jean-de-Jérusalem en la vénérable Langue et Grand Prieuré de » France, selon ses preuves faites et closes le trente » Juillet mil sept cent quatre-vingt-trois, et reçues » bonnes et valables suivant le décret de la vénérable » Langue de France du vingt Novembre audit an, » ledit Noble de Robersart ayant prouvé la Noblesse » et *la filiation de Marie-Josephe-Philippine du Sart* » *sa mère*, celles de Jean-Baptiste-Philibert-Joseph » du Sart et de Dlle. Marie-Benoite-Josephe Van der » Haeghen *ses aïeul et aïeule maternelles*: celles de » Jean-Baptiste-Antoine du Sart et Dlle. Philippine-» Françoise Milot *ses premiers bisaïeul et bisaïeule* » *maternels*: celles de Jean-Baptiste du Sart et de » Dlle. Marie-Catherine de Hauchin *ses premiers tri-* » *saïeul et trisaïeule maternels*: et enfin celles de Nicolas du Sart et de Dlle. du Beron qui sont *ses* » *premiers quatraïeul et quatraïeule maternels*, ainsi » qu'il appert du procès-verbal desdites preuves déposées en la Chancellerie du Grand Prieuré de » France, dont le présent extrait a été tiré par Nous » le dix Décembre mil sept cent quatre-vingt-quatre; » en foi de quoi j'ai signé et apposé au présent le scel » à l'Aigle sur cire verte dudit Grand Prieuré. *Signé* » LE COM. CRESPEL *et scellé*.

V. Joseph-Marie du Sart dont l'épitaphe se trouve ci à côté est qualifié Ecuyer fils de Noble Homme Nicolas du Sart et de Dame Jeanne Gaultier, dans son contrat de mariage: il y est accompagné du Sieur Nicolas Gaultier Ecuyer, son oncle maternel. Antoinette du Beron sa future y est dite fille de feu Noble Homme Jérôme Ecuyer, Sgr. de Croyssi, Capitaine de Cuirassiers et de Dame Magdelaine du Rassau. Elle est assistée de Nobles Hommes Phil. et Jean du Beron ses frères. Leurs enfans sont: 1°. Franç.-Jos.-Marie ci-dessous; 2°. Catherine du Sart épouse sans enfans de Martin Comte du Bus; 3°. Claire du Sart épouse de Chrétien Marquis du Chasteler aïeul du chef de cette Maison le Marquis du Chasteler Feld-Maréchal au service de l'Empereur d'Autriche.

VI. Franç.-Jos.-Mar. du Sart époux de Mar.-Clém.-Henr.-Jos. Hespel, dont entr'autres.

VII. Franç.-Jos.-Mar. du Sart demeurant à Tournay en 1807, propriétaire de la belle Terre de Moustier et de plusieurs autres. Il épousa Cath.-Franç.-Thecl. de Stappens fille d'Alb.-Franç. de Stappens et de Mar.-Hen. le Camus, petite-fille d'Ignace-Adrien et de Mar.-Cath.-Franç. d'Legiliard, et arrière-petite-fille de Franç.-Adrien et de Dame Anne-Barbe Van der Woestine.

DUVAL. J'ai infiniment de plaisir à donner connaissance des Lettres patentes de Chevalerie héréditaire accordées à Guill.-Joseph Du Val Greffier de la Terre de Leuze, Emploi qui était très-considérable par ses attributions, ses privilèges et la juridiction la plus étendue, de sorte qu'il se conférait toujours aux anciennes Familles. M. Duval succédait à M. Hanecart.

Je dis que je donne ces Lettres avec plaisir parce que je n'y vois que des vertus de la part de celui qui les sollicite. Son but est d'élever l'ame de ses enfans, de les voir utiles à leur patrie et fidèles à leur Souverain. Voici l'extrait que j'en ai pris moi-même.

« De la part de Notre Cher et Bien-Aimé *Guillaume-Joseph Du Val* Avocat à Notre Conseil » Souverain de Hainaut et Greffier des Ville, Terre » et Baronnie de Leuze, *fils légitime de feu Augustin-Joseph du Val aussi Avocat et Greffier dudit* » *Leuze et de Marie de la Croix*, Nous a été très-» humblement représenté, que son *aïeul Guillaume* » *du Val* serait issu d'une Famille ancienne et Noble » de son nom, originaire de la Champagne et serait » venu s'établir en Notre Ville de Mons où il aurait » vécu Noblement: que *son père Augustin-Joseph* » aurait vécu sur le même pied, sans avoir jamais » dérogé à la Noblesse de ses aïeux, et que lui suppliant, pour d'autant mieux l'affermir, aurait produit ses preuves à Notre Chambre Héraldique établie aux Pays-Bas laquelle les aurait enregistrées et » et donné Acte formel de reconnaissance, en conformité des Edits émanés à cet égard, et cela d'autant plus légitimement que cette Noblesse ne serait » pas seulement démontrée par les pièces susmentionnées, mais qu'il serait encore connu par l'histoire, » notamment par celle de l'Intendant de la Champagne de Caumartin, portant pour titre: *Recherches sur la Noblesse de Champagne imprimées à* » *Châlons*, que la Famille de du Val serait d'une » Noblesse ancienne et dont la qualité Noble aurait » été vérifiée par ledit Intendant de Caumartin: que » lui suppliant, à l'exemple de ses aïeux et notamment de son père, se serait toujours comporté en » bon et fidèle sujet, cherchant toutes les occasions » de manifester son zèle et son attachement pour » Notre auguste Maison, ce qu'il aurait fait pendant
1744. » la guerre de 1744 où il aurait sacrifié son repos, » ses veilles et sa santé pour prévenir les fouragemens, » pillages et autres fatalités *dont la Ville de Leuze* » *et les dix sept Villages de son ressort* auraient été » menacés après la bataille de Fontenoy, et qui lui auraient coûté un travail de cinq ans pour les réparations des contributions et autres opérations, démarches et vacations qui seraient résultées de ces » cruels événemens, et pour lesquelles il n'aurait cependant reçu la moindre récompense, à cause que » les calamités du temps auraient tellement arriéré » les intérêts de ce Canton qu'on y aurait été hors » d'état de reconnaître les bons offices qu'il y aurait » rendus; qu'il aurait eu avec *Iolente-Thérèse-Claire* » *Hubert* plusieurs enfans, auxquels il n'aurait cessé » d'inspirer les sentimens d'honneur et de dévouement respectueux qu'ils doivent à Notre auguste » Maison; *que l'un de ses fils* serait placé dans le » Corps du Génie actuellement Lieutenant à Leitmeritz, où il aurait donné des preuves d'application et de capacité par un nouveau genre d'écluse » qu'il aurait inventé, et en fournissant aussi des » Mémoires à Notre Gouvernement Général des Pays-

DUV

» Bas pour prévenir les inondations d'Ostende et du » Pays de Furnes; *qu'un autre fils*, Licentié en » droit, possédait un emploi distingué dans la Magis- » trature de Mons, et que lui suppliant espérerait que » ses autres enfans ne seront pas moins zélés pour » leur Souverain. Mais comme il aurait atteint sa » quatre-vingtième année et qu'il craindrait de ne » pas avoir la douce satisfaction de voir avant sa mort » son attente remplie, et désirant laisser à sa posté- » rité quelque grace émanée de Notre Trône qui » puisse l'encourager, il Nous supplie en toute sou- » mission de daigner lui accorder la dignité et titre » de CHEVALIER HÉRÉDITAIRE avec faculté de » pouvoir décorer d'une couronne d'or au lieu de » bourlet les armoiries que son père a toujours por- » tées qui sont *d'argent à la croix de gueule au lion* » *d'or rempant en abîme*, l'écu surmonté *d'un heau-* » *me d'argent grillé et liseré d'or, fourré d'azur aux* » *hachemens d'argent et de gueule*, et d'y placer » pour cimier *un lion naissant pareil à celui de* » *l'écu*. Nous ce que dessus considéré et voulant » bien faire une attention favorable aux motifs du » suppliant, avons, de l'avis de Notre Chancelier de » Cour et d'État, accordé et octroyé de Notre cer- » taine science, grace, libéralité, pleine puissance et » autorité souveraine, comme Nous accordons et oc- » troyons par les présentes au même Guillaume-Jo- » seph du Val, ainsi qu'à ses enfans et descendans de » l'un et de l'autre sexe, nés et à naître de mariage » légitime, le titre de CHEVALIER HERÉDI- » TAIRE etc. etc. etc. Donné à Vienne le 12 du

1783. » mois de Juillet l'an de grace mil sept cent quatre- » vingt-trois, et de Nos Règnes de l'Empire Romain » le vingtième, de Hongrie et de Bohême le troi- » sième. *Est signé* JOSEPH ».

Constant-Fidel-Joseph du Val répondit aux vœux de son père pendant tout le temps qu'il fut Magistrat de Mons et Membre de la Députation. A l'exemple de toute sa famille il fut fidèle à son Prince pendant les derniers troubles qui ont désolé les Provinces Belgiques. Aussi obtint-il une faveur bien distinguée de la part de l'Empereur Léopold qui l'honora du titre de Baron avec les expressions les plus flatteuses. Voici un extrait des Lettres Patentes.

1792. « En considération du rapport avantageux qui Nous » a été fait de Notre Cher et Bien-Aimé *Constant-* » *Fidel Joseph du Val Chevalier héréditaire et de* » *Beaulieu, Membre du Conseil de Notre Ville de* » *Mons et Député de ce Corps aux Etats de Hainaut* » lequel Nous a donné dans toutes les occasions *des* » *preuves de son attachement inviolable et de sa fidé-* » *lité constante* et Nous ayant été exposé de plus qu'il » serait *fils de Guillaume-Joseph du Val Chevalier* » *héréditaire et d'Iolente-Thérèse-Claire Hubert*, et » qu'il aurait épousé *Julie de Wolff fille de Domi-* » *nique de Wolff Ecuyer, Seigneur de Mufflers,* » *Conseiller en Hainaut et de Rose d'Aelman de* » *Wildre*. *Nous* l'avons de *Notre propre mouvement*, » Grace, pleine Puissance et Autorité Souveraine, » fait et créé comme Nous le faisons et créons par » les présentes, ainsi que ses enfans et descendans » de l'un et de l'autre sexe nés et à naître de mariage » légitime en ligne directe et suivant l'ordre de pri- » mogéniture BARONS ET BARONNES. Consen- » tons et permettons que lui et ses enfans et descen- » dans de l'un et de l'autre sexe, comme dit est, » puissent et pourront porter ce titre de Baron et » l'appliquer sur la Terre et Seigneurie de Beaulieu, etc. » Lui avons de plus accordé et permis, lui accordons » et permettons, ainsi qu'à ses enfans et descendans

DUV

» de l'un et de l'autre sexe, nés et à naître de ma- » riage légitime en ligne directe et suivant l'ordre de » primogéniture de surmonter d'une couronne de Ba- » ron à neuf perles l'écu de ses anciennes Armoiries, » qui sont *d'argent à la croix de gueule, chargée* » *d'un lion d'or rempant en abîme* avec faculté de les » faire supporter *par deux levrettes d'argent, colettées* » *de gueule, les têtes contournées*, tenant chacune » une banderolle celle à dextre *aux armes de l'écu* et » celle à senestre *aux armes de la Noble Famille de* » *de Wolff* qui sont *d'or à trois loups ravissans de* » *sable, lampassés de gueule, posés deux et un* et » de plus de prendre pour devise FIDELITATE. Le » tout en la même forme et manière que cela est » peint et figuré au milieu des présentes. Et enfin » pour recompenser ultérieurement *ledit Constant-* » *Fidel-Joseph du Val de Beaulieu* et animer en » même-temps sa postérité à suivre son exemple et à » marcher sur ses traces, Nous l'avons déchargé et » exempté, le déchargeons et exemptons par grace » spéciale du payement de tous les droits Royaux » qu'il aurait à acquitter à l'occasion des présentes, etc. » Donné à Vienne le 23 de Janvier l'an de grace mil » sept cent quatre-vingt-douze, etc. etc.

Constant-Fidel-Jos. du Val est Maire de Mons en 1807. Il est généreux, très-poli, bon et compatissant envers tous ceux qui s'adressent à lui à titre de son Emploi. Il prouve qu'avec beaucoup d'éducation nous rendons heureux ceux qui nous entourent.

Dieudonné du Val son fils est Auditeur du Conseil d'Etat : un autre est Page de Sa Majesté l'Empereur des Français

Constant-Fidel-Jos. Baron du Val a un frère époux d'une Dlle. de Lys : Il fait sa résidence dans la maison paternelle à Leuze. Un autre frère demeurant à Mons a épousé une Dlle. Fontaine dont la mère est Haynin. *Voyez Haynin*. Un autre frère époux d'une Dlle. Ruzette est mort.

E.

1329. ECOSSE. Promesse de Gui de Chatillon Comte de Blois, Sire d'Avesnes et de Guise, de déposer en l'Abbaye de Ste.-Géneviève à Paris les Lettres de douaire de Marguerite de Flandre veuve du fils du Roi d'Ecosse, aussitôt qu'il les aura retirées des mains du Comte de Namur qui les avait en garde. 1329, 6 Janv. à Paris. *Orig. en parch. scellé du scel dudit Gui.*

EKE. Requête des Habitans de la Ville d'Eke près de Steenworde, Bailliage de Cassel, au Comte de Flandre leur Sire, par laquelle ils se plaignent de ce que les Français ont brûlé presque toute leur Parroisse et le prient de confirmer l'accord qu'ils avaient fait avec lesdits Français, par lequel, pour se racheter de leurs pillages et dégats, ils se sont obligés de leur payer 90 liv. tournois du Roi jusqu'à 8 jours après Pâques. *Sans date. En parchemin.*

1335. ELSELOE. Lettres d'Arnoul d'Elseloe Chevalier, par lesquelles il reconnait être devenu Homme lige du Comte de Hainaut et de ses hoirs, moyennant une rente de 20 marcs de Hollande que ce Comte devait lui donner, et pour assurance de laquelle il assigne un joug, ou charrue de terre nommé *Cochem* situé près Erkelens dans le Comté de Juliers. 1335, 21 Mai (en latin). 4me. *Cart. de Hain. Pièce* 147.

1368. ELSLOO. Hommage rendu au Comte de Flandre par Otte Seigneur d'Elsloo, Chevalier, pour un Fief de 100 flor. de Flandre par an. 1368, 25 Mai (en flamand). *Orig. en parch. scellé d'un petit scel en cire rouge.*

ELVER. Transport fait par Arn. d'Elver Chevalier à Guill. Comte de Hainaut et à ses Hoirs de tous ses Héritages et Alleux de Teulenbrack, situés entre la Forteresse de Zebelge et de Benbourach, excepté seulement la Maison et le Vivier dudit lieu, et ce en considération de 20 marcs de rente annuelle que ce Comte lui avait donnés en Fief. 1335, la 5e. Férie après St.-Denis (en latin). *4me. Cart. de Hain. Pièce* 136.

1314. EMPIRE. Lettres de l'Empereur Louis par lesquelles il commet Jean dit Sausset de Boussoit et Thieri de Casteler Seigneur de Bielaing, Chevalier et Wautier de le Borgne Chanoine, pour régler les limites de l'Empire vers le Royaume de France du côté de Hainaut aux lieux de l'Ostrevant, Solesmes et Femy. 1314 à Cologne, 5 Décembre, la 1re. année du règne de Louis Roi des Romains (en latin). *4me. Cart. de Hain. Pièce* 97.

1393. EMPOISONNEMENS. Interrogatoire fait en présence de Ponce de Langeac Châtelain du Château d'Usson et de Guill. Truchet Bourgeois de Riom, Lieutenant d'Audouin Chauveron Seigneur de Donjon, Sénéchal d'Auvergne, à Jean de Grandville Médecin de la Duchesse de Savoye, prisonnier audit Château d'Usson, au sujet des remèdes que cette Duchesse avait fait donner par ce Médecin au Comte de Savoye son fils, pour le rendre paralitique et le faire mourir. Ledit de Granville avoue dans cet Interrogatoire d'avoir composé et administré au Comte certaines drogues, dont la composition est décrite, qui l'ont fait mourir en langueur. 1392, en Mars, au Château d'Usson (en latin). *Orig. en parch. signé de 2 Notaires et scellé du scel du Lieut. du Sénéchal d'Auvergne.*

1302. ENGHIEN. (*Voyez nécessairement le premier volume*). Quittance de Wautier Sire d'Enghien, de 250 liv. par an qu'Inglebert Soikin d'Enghien, son Receveur, avait reçu pour lui à Tenremonde. 1302, le Dimanche avant la Nativité de N.-D. (2 Septembre). *Orig. en parch.*

Lettres de Philippe Comtesse de Hainaut par lesquelles elle décharge Sohier d'Enghien Chevalier, Châtelain de Mons, Sire de Havrech, de tous les torts, forfaitures et dommages par lui faits et commis du temps de Jean Comte de Hainaut, moyennant la somme de 6000 liv. tourn. arbitrée par Arn. d'Enghien Seigneur de Prayaus et Godefroi de Naste, Seigneur de Rodes, Chevalier. 1310, le premier Samedi après l'Octave de la Chandeleur. *2me. Cart. de Hain. Pièce* 2.

1310. Lettres de Sohier d'Enghien Chevalier, Châtelain de Mons par lesquelles il déclare qu'il s'était mis à la volonté de Guill. Comte de Hainaut pour raison des forfaits par lui commis du temps de Jean Comte de Hainaut père dudit Guill. et que Jean de Hainaut, Sire de Beaumont, fondé de pouvoir du Comte Guill. son frère, et ledit Sohier, avaient remis le Jugement de ces forfaits à Mgr. Arnoul d'Enghien Seigneur de Prayaux et Godefroi de Naste Seigneur de Rodes, Chevalier, qui auraient condamné ledit Sohier d'Enghien à payer au Comte de Hainaut 6000 liv. tourn. ce qu'il avait exécuté. 1310, en Février. *2me. Cart. de Hain. Pièce* 112.

1310. Renonciation d'Yolenthe Dame d'Enghien d'avoir retiré les lettres de son douaire des mains de son père Sire de Flandre qui les avait en garde 1310, le Lundi avant l'Annonciation Notre Dame. *Orig. en parch., scellé d'un petit sceau en cire verte.*

1311. Reconnaissance d'Yolend Dame d'Enghien d'avoir retiré son contrat de mariage des mains du Sire de Flandre son père, qui l'avait eu en sa garde. 1311, en Février. *Orig. en parch., scellé d'un petit scel en cire jaune.*

1314. Promesse d'Ernoul d'Enghien Chevalier Sire de Bliston, qu'au cas qu'il meure sans enfans légitimes toute la Seigneurie et Justice haute et basse que le Comte de Hainaut lui avait cédée sur la chaussée et le chemin allant depuis Nave jusqu'aux portes de Cambrai retournerait audit Comte. 1314, le Lundi après St.-Mathieu. *Orig. en parch., scellé du scel d'Arnoul.*

1317. Lettres de Guillaume de Hainaut par lesquelles il permet à Ernoul d'Enghien Seigneur de Prayaus, de mener et tenir en prison Mgr. Amaury de Meulens Seigneur de Neufbourg pour sûreté des sommes qu'il lui devait. 1317, 6 Mars. *3e. Cart. de Hain., pièce* 73.

1317. Promesse de Bouchard Comte de Vendôme, Jean Comte de Roussy, Jean de Pontieu Comte d'Aubemalle, Robert Bertran Sire de Brikebot, Robert Sire d'Estouteville, Jean Sire de Montmorency, Thomas Sire de Bruyelles, Gui de Chevreuse Châtelain de Neauphe, Erart de Montmorency Sire de Biaussart, Bouchard de Montmorency Sire de Tour, Mathieu de Trie Sire de Vaumain, Gui Malvoisin Sire de Bony, Jean de Biaumont Maréchal de France, Chevaliers, et Guillaume de Meulent Chevalier frère d'Amaury de Meulent, de payer à *Arnoul d'Enghien* qui retenait en prison ledit Amaury de Meulent pour dettes, ce que ledit Amaury lui devait avec une amende de 20,000 liv. au cas qu'Amaury ne s'acquitte pas envers Arnoul. 1317. *3e. Cart. de Hain., pièce* 163.

1361. Procuration de Jean d'Enghien Comte de Liche à Gillequin de Bleenberghe Clerc, pour rendre hommage à la Reine Jeanne Douairière de France de la Terre de Novelle, à Louis Comte de Flandre de la Terre de Machaud, et à *Siger Seigneur d'Enghien* Comte de Brene, son frère, de la Terre de Praelle, lesquelles Terres étaient échues audit Comte de Liche par la mort d'Isabelle de Brene Dame d'Enghien, Duchesse d'Athènes, passée devant Lombard d'Ysaye Notaire. Témoins : Jean de Gressi et Perceval de Laspessa Chev. et autres. 1361, 1er. Mai, sous le règne de Louis et Jeanne Roi et Reine de Sicile. En latin. *Copie en parch.*

1379. ERKLE. Hommage rendu au Comte de Flandre par Jean d'Erkle Seigneur de Hagensteyn, à cause d'une rente de 400 liv. par an. 1379, 20 Novembre. En flamand. *Orig. en parch., scellé du scel dudit Jean.*

1323. ESCAUDEUVRE. Voyez Cantain en 1323.

1327. Lettres de Jean dit Sausset Chevalier Sire de Boussoit, par lesquelles il reconnaît que Guillaume Comte de Hainaut et ses successeurs pourront retirer dudit Sausset et de ses successeurs, toutes les fois qu'ils le jugeront à propos, les Villes et Terres d'Escaudeuvre, Releghes, Prayaus, Trit, Maing, Feignies, Ugies, Merbes-Ste.-Marie, Mouvaut, Flobecque, Lessines et leurs appartenances que le Comte de Hainaut lui avait données en fief et hommage *Souscriptions :* Henri de Joudongne Chanoine de Cambrai, Jacquemon de Maubeuge Chanoine d'Arras, Mgr. Robert de Manchicourt Bailli de Hainaut, Simon Seigneur de Lalaing, Gérard Seigneur de Pottes Chev., Jean Bernier Prévôt de Valenciennes, et Gérard dit le Borgne de Robersart, Hommes de fief du Comte de Hainaut et Pairs dudit Sire de Boussoit. 1327, au Châtel du Quesnoy. *Orig. en parch.*

1316. ESCAUFOUR. Lettres de Guillaume Comte de Hainaut portant confirmation de la vente faite en 1289 par Hue de Châtillon Comte de St.-Pol, Sgr.

d'Avesnes, et Béatrix sa femme, Gui et Jacques de Chastillon Chevaliers frères du Comte de St.-Pol, à Guillaume Castagne et Jean le Plat Bourgeois de Tournai, de la Ville et Seigneurie d'Escaufour et autres objets y mentionnés, bornés et limités par Jean dou Nouvion Chevalier, à ce commis par les vendeurs. 1316. 2e. *Cart. de Hain.*, *pièce* 12. 3e. *Cart. de Hain.*, *pièce* 62.

1310. ESCAUT. Adhéritement donné par Jean dit Havard de Rupelmonde, Bailli du Pays de Waes, à Gilles Stovere du fief de la *pêcherie en l'Escaut*, depuis Burdebure jusqu'à Terstanen, à lui vendu par Marguerite de Burdebure fille d'Alexandre Chevalier et femme d'Adam dit Raduart. *Présens :* Wautier de Mulhem Chevalier, Pierre de Burdebure, Gérard Moer, Gilles de Sconsele, Gilles de Berghes, Gilles Enghel et Thomas de Bosarbe, Hommes de fief du Comte de Flandre. 1310. 2e. *Cart. de Flandre*, *pièce* 420.

1325. ESPAGNE. Lettres d'Alphonse d'Espagne Sire de Lunel, Mathieu de Trie Sire de Vaumain, Robert Bertran Sire de Briquebecque *Maréchaux de France*, et Miles Sire de Noyers Chevalier, Lieutenant du Roi au Comté de Flandre, contenant qu'ils ont tenu et reçu de Robert de Flandre Sire de Cassel, sur les choses contenues au procès pour lesquelles sentences avaient été publiées contre lui et le Pays de Flandre, promettent en conséquence faire cesser tous les procès qui se trouvaient commencés contre ledit Robert ou les Familiers de son Hôtel en la Cour du Roi ou en la Cour Spirituelle à la Requête de Sa Majesté, promettant qu'on ne levera aucune amende tant sur le Sgr. de Cassel que sur les Familiers de son Hôtel, et que leurs biens ne seront point arrêtés : leur faire rendre leurs biens si aucuns avaient été pris et faire rétablir les choses dans le même état avant la prise du Comte de Flandre son neveu. 1325, en Mars, à St.-Omer. *Deux orig. en parch.*

1325. Les mêmes déclarent que Louis Comte de Flandre par leur conseil et volonté a envoyé aux Villes et Châtellenies de Cassel, Furnes, Berghes, Poperinghes et Bourbourg un mandement inséré en entier dans ces lettres, par lequel ce Comte les exhorte à faire leur devoir comme bons et loyaux sujets, leur permet de faire leur paix avec le Roi qu'il alla trouver pour leur bien en sortant de sa prison de Bruges : leur ordonne d'envoyer des Députés à Arkes pour traiter de la paix et leur envoie des lettres de sauf-conduit du Roi. 1325, 18 Février, à St.-Omer. *Orig. en parch.*, *scellé de quatre petits sceaux.*

1325. Lettres des mêmes contenant que c'est par leur ordonnance, volonté et conseil que Louis Comte de Flandre a tenu Parlement à Arkes près St.-Omer, à Robert de Flandre son oncle et à ses gens de Bruges, du Franc, d'Ipres et leurs Aidans, depuis le Lundi 10 Mars jusqu'au Mercredi suivant, après heure de None, pour remettre la Flandre en paix selon l'ordonnance et la volonté du Roi : que ledit Alphonse d'Espagne s'y est trouvé avec le Comte, Me. Andrie de Florence Clerc et Me. Pierre de Cuignières Echev. Conseiller du Roi, et que, par leur conseil, on avait pris pour une autre assemblée à Arkes le Mercredi 19 Mars suivant. Au bas est signé S. DU TEMPLE. 1325, Mercredi 12 Mars, à St-Omer. *Deux orig. en parch. scellés de quatre petits sceaux.*

1325. Lettres des mêmes par lesquelles ils certifient avoir été présens avec lesdits de Florence et de Cuingnières à la conférence tenue à Arques les 20, 21 et 22 Mars 1325 entre Louis Comte de Flandre, Robert son oncle et les Députés des bonnes Villes de Flandre pour

tâcher de rétablir la paix en ce pays. 1325, 22 Mars, à St.-Omer. *Orig. en parch.*, *scellé des sceaux de ces quatre Seigneurs.*

1383. ESPIERRES. Inventaire des meubles, vivres, artillerie et autres choses étant dans le Château de Montoire appartenant au Duc de Bourgogne, laissés par Lancelot le Persoon Chevalier, Châtelain dudit Châtel, à Messire Henri d'Espierre Chevalier et Capitaine Bailli d'Aire, à ce commis. 1383, 11 Février. *Orig. en parch.*

1398. Commission du Duc de Bourgogne à Messire Henri d'Espierre Chevalier, son Conseiller, pour faire une information sur un procès que le Procureur-général de Flandre avait contre Orert Walline. 1398, 18 Janvier, à Lille. *Orig. en parch.*

ESPIENNES (D'). J'ai fait un relevé très-scrupuleux des preuves acceptées par l'Ordre de Malthe pour la réception de Joseph-Gabriel-Ghislain d'Espiennes. Voici les générations qui s'y trouvent :

I. Michel d'Espiennes est qualifié Ecuyer et époux
de Catherine de Faux dans le testament qu'il fit le
1558. 14 Janvier 1558, en faveur de ses enfans, 1°. Guillaume, 2°. Thomas, 3°. Philippe qui suit, 4°. Jean,
5°. Jeanne.

II. Philippe d'Espiennes Ecuyer, de commun accord avec Dame Anne de Grebert son épouse, fit
acquisition d'une maison et hérit. à Valenciennes en
1580. la rue d'Enghien par acte du 3 Mai 1580. Arrêt fut
rendu par le Conseil d'Artois pour différens mus sur le legs de plusieurs fiefs en Artois faits par feue Demoiselle Anne de Cambry à ladite Dame Anne de Grebert.

III. Georges d'Espiennes est dit fils de Philippe
d'Espiennes Ecuyer, Seigneur de la Porquerie et de
Dame Anne de Grebert dans son contrat de mariage
1605. passé à Mons le 18 Avril 1605 avec Dlle. Jacq. de la
Barre fille de Philippe Seigneur du Maisnil et de
Dame Jacqueline Franchois. Ladite Dame Phil. de
1621. la Barre testa le 17 Septembre 1621 ; elle parle de
son fils François qui suit. Elle y est dite veuve de Georges inhumé à Valenciennes, dans l'Eglise St.-Nicolas avec l'inscription suivante :

« Ci gissent Georges d'Espiennes Ecuyer Seigneur
1614. » de la Porquerie, lequel trépassa le 24 Mai 1614.
» Jean et Philippe ses deux fils aînés; ledit Jean
1617. » mort le 18 Décembre 1617, et Philippe le premier
» Octobre 1619. Priez Dieu pour leurs ames ».

1615. IV. François d'Espiennes donna en 1625 le dénombrement du fief de la Porquerie après la mort de
son père Georges Ecuyer. Assisté de sa mère Jacqueline de la Barre, il épousa Dlle. Françoise de Busi-
1628. gnies par contrat passé à Mons le 6 Juin 1628. Dlle.
1638. Françoise de Busignies étant veuve de lui en 1638
fit relief d'un Fief relevant de l'Abbaye de St.-Pierre à Gand.

V. Il est prouvé que le Seigneur Aymery-François
d'Espiennes Ecuyer, Seigneur de St.-Remi, ancien
Echevin de Valenciennes était fils de feu François
et de Dame Mar.-Franç de Busignies par son contrat
1663. de mariage du 18 Janvier 1663 avec Dame Rose de
Hennuyer. Le 31 Avril de la même année Phil. Roi d'Espagne lui accorda des Lettres de Chevalerie en
considération *de ce qu'il était issu d'une Maison dont*
1499. *les ascendans sont qualifiés Ecuyers dès l'an* 1499 :
que plusieurs d'entr'eux auraient été honorés du titre de Chevalier et qu'enfin ledit Sieur d'Espiennes aurait signalé différentes fois son zèle et son dévouement au service de Sadite Majesté et de l'Etat.

VI. Jean Franç.-Jos. fils de Messire Aymery-Franç. d'Espiennes Chevalier, Seigneur de la Porquerie, St.-

Remy

ESP

Remy et de Dame Rose Hennuyer fut baptisé à Valenciennes à la Paroisse de St.-Nicolas le 15 Décem-
1664. bre 1664. Par contrat passé le 16 Février 1697, il
1697. épousa Dlle. Mar.-Franç. Hardi de Recourt fille du
Sr. Gilles Martin et de Dame Anne-Isab. de Pouille.
Il avait prêté le serment de fidélité au Roi de France
comme Gentil-Homme suivant l'attestation donnée
1677. en 1677 par le Sieur Bordy de Margalotti Gouverneur
1704. de cette Ville. En 1704, après la mort de son père,
il releva 3 Fiefs.

VII. Franç.-Mar.-Jos. d'Espiennes. Son extrait
1708. baptistaire du 15 Mars 1708 à la même Paroisse de
St.-Nicolas à Valenciennes le qualifie fils de Messire
Franç.-Jean-Jos. Ecuyer, Seigneur de St.-Remi,
Cauchie, Hergnies, la Porquerie, Jenlain et de
Dame Mar.-Franç. Hardi de Recourt. Son contrat
de Mariage avec Dlle. Louise-Jos.-Eugénie de Sars
1746. de Romeries est du 10 Octobre 1746. Cette Dame y
est dite fille de Pierre-Alexandre-Louis de Sars Ecuyer
Seigneur de Romeries, Lieutenant des Maréchaux de
France et de Dame Mar.-Cath.-Robertine Pariset.
1748. Deux ans après, en 1748, il releva le Fief de la Porquerie et en donna le dénombrement.

VIII. Eugène-Franç.-Jos. est dit fils de Messire
Franç.-Mar.-Jos. d'Espiennes Chevalier, Seigneur
d'Hasvent, la Porquerie et de Dame Louise-Jos.-
Eugénie de Sars dans son extrait baptistaire du 9
1750. Août 1750. Son mariage fut célébré au Château de
1771. Lieramont Diocèse de Noyon en 1771 avec Dame
Agnès Hanmer-Cleribrooke fille de Messire Maxim.
Alb.-Jos. Baron de Hanmer-Clerybrooke Chevalier,
Seigneur de Berthencourt, Lieramont et autres lieux
1775. et de Dame Hélène-Antoinette du Feu. En 1775 il
fit relief de 3 Fiefs situés dans la Prévôté du Quesnoy.
Leurs enfans sont :

IX. 1°. Gabriel-Louis-Jos. marié avec Dame Franç. Ruyant de Cambronne ; 2°. Eugénie-Albertine épouse de Charles-Eugène du Sart; 3°. Mar.-Charl.-Amél.-Jos. épouse de Louis-Eman.-Jos. du Puis de Watremont ; 4°. Isabelle-Jos.-Sophie mariée à Charles Bouzier d'Estouilly ; 5°. Jos.-Gabriel-Ghislain, dont les preuves ci-dessus furent acceptées par l'Ordre de Malthe.

Le 1er. vol. de cet ouvrage vérifie l'énoncé repris
dans les lettres de Chevalerie qui furent accordées en
1663. Il y est dit que les ancêtres d'Aymery-François
d'Espiennes, rappellé au cinquième degré, ont eu la
1499. qualification d'Ecuyer dès l'année 1499. A l'article
d'Estainquerque ci-après on voit que Jean d'Espiennes était Homme de Fief du Comté de Hainaut en
1334. 1334. Alors les Hommes de Fief étaient de vrais feudataires, des propriétaires, des personnes qui tenaient
un rang distingué.

Je donnerai de plus amples renseignemens sur cette ancienne famille à l'article de *le Cappelier* ci-après.

ESSARS (DES). Martin des Essars en 1331. *Voyez Cassel.*

1325. ESTAINKERQUE. Acte passé devant Jacqueme
du Sart Bailli de Hainaut, Godefroi Seigneur de
Naste, Thieri du Casteler Seigneur de Helemmes et
de Bielaing, Robert de Mauchicourt Seigneur de Vil-
lers, Chevaliers, Me. Jean de Florence Prévôt de
Soignies et Jean d'Espiennes Homme de Fief du
Comté de Hainaut, du deshéritement fait par Messire
Jean Vilain d'Estainkerque Chevalier, du Fief et
Seigneurie d'Estainkerque qui fut Gosset d'Estain-
kerque et de l'adhéritement de cette Terre au profit
de Guill. Comte de Hainaut. 1325. le Mardi avant
St.-Martin d'hyver, à Mons. *2me. Cart. de Hain.
Pièce* 73.

EST

1334. ESTEINBERGHE. *Voyez Hembrode en* 1334.

1337. ESTOURMEL. Jean d'Estourmel (écrit Estrou-
miel) en 1337. *Voyez Cambray.* J'indiquerai à cette
ancienne et illustre Maison plusieurs Titres dans l'inventaire de ceux qui se trouvent à Arras.

1392. ESTRÉE. Sentence arbitrale rendue entre les Abbé
et Couvent de St.-Vaast d'Arras, Martin de Bailleul
et Jean du Ponchel, comme Seigneurs de Bailleul,
Messire Bertoul *d'une part*, et les Maîtres, Prieurs,
Frères et Sœurs de l'Hôpital St.-Jean en l'Estrée,
d'autre part, par laquelle est déclaré que ledit Hôpital
n'a aucune Seigneurie, ni Justice sur les Terres et
Maisons situées à Bailleul appartenant à cet Hôpital
ou tenant de lui à rente et que la Seigneurie et justice de ces terres et Maisons appartenaient aux Seigneurs de Bailleul. 1392, dernier Mai, à Arras. *2me.
Cart. d'Artois, Pièce* 15.

1305. ESTROEU (souvent écrit Estruen). *Voyez Athé-
net en* 1305 *et Chatillon en* 1310.

1366. ESWAREY. *Voyez Commerières en* 1366.

F.

1700. FAILLE (della). On trouve deux beaux mausolées
à Tournay qui indiquent l'ancienneté de cette Maison. *Le premier*, celui de Noble Dame Mar.-Anne
della Faille-de-Nevele épouse de Noble Homme Messire Ignace de Hautport, morte le 8 Octobre 1700 et
inhumée à Tournay au Château. Les 16 quartiers qui
entourent sa tombe et l'inscription montrent que cette
Dame était fille de feu Messire Martin Chev. Baron
des Villes et Pays de Nevelle, Sgr. de Poestelle etc.,
Commissaire au renouvellement des Lois de Flandre,
et de Noble Dame Marguerite-Magdelaine de Berry
(page 1011 du premier volume). *Le second* celui de
très-Noble Seigneur Englebert-Martin della Faille,
mort Chanoine de Tournay, en 1722. On y voit que
sa mère était de la Maison de Lalaing, et que son
aieule était une Triest.
1722. Monsieur della Faille est Maire de Gand en 1807.
Il a accueilli avec infiniment de politesse la demande
que je lui ai faite de prendre par moi-même un dépouillement général des actes de mariage de toutes
les Paroisses de Gand et pour toutes les classes depuis
l'année 1650. Au premier abord on est tenté de tourner en ridicule cette demande. Mais dès qu'on réflé-
chit sur l'utilité que pareil recueil procure à toutes les
classes de la société, parce qu'il conduit à d'autres
connaissances, alors on m'encourage et on donne des
ordres pour me procurer toutes les facilités possibles,
ce que fit M. le Maire de Gand On serait aussi tenté de
croire qu'une semblable collection exige des *volumes
in magno folio* : non, par l'ordre que j'y établis, on
verra qu'une petite partie de ce second volume indi-
quera à cette Ville, une des remarquables de l'Europe, ce qu'elle peut désirer dans ce genre de travail.

1317. FAIMY. (*Souvent écrit Femi.*) Voyez Solesmes en
1317 et 1327.

1398. FAUCON. Mandement de Philippe Duc de Bourgogne aux Gens de ses Comptes à Lille d'allouer au
Receveur de Rethelois la somme de 19 liv. 8 s. par
lui payée à Jean de Faucon Ecuyer, Veneur du Duc
au Comté de Rethel. 1398, 29 Mai. *Orig. en parch.,
scellé.*

1383. FAUKEMONT. Hommage fait au Duc de Bourgogne Comte de Flandre par Renaut de Faukemont
Seigneur de Borne et de Zittart. 1383, 28 Mars à
Bruxelles. *Orig. en parch, scellé du seel dudit Renaut.*

FAU

1385. Procuration donnée par Gui de Châtillon Comte de Blois, Seigneur d'Avesnes, de Beaumont, etc., à ses Amés Chevaliers Messire Thierri Seigneur de Senzelles, Messire Jacques de Mort Bailli d'Avesnes et Messire Gilles de la Porte Prévôt de Beaumont, pour recevoir les excuses que *le Sire de Bornes* devoit faire de certaines choses dont ce Comte était mécontent. 1385, 22 Mai. *Orig. en parch.*, *scellé du sceau dudit Comte.*

1385. Lettres de Renaut de Faukemont, Sire de Borne et de Zittart, par lesquelles il déclare que c'est à tort qu'il soupçonne le Comte de Blois de vouloir le faire tuer parce qu'il voulait exiger dudit Comte, comme héritier du Comte Jean de Blois son père, certaine dette, et qu'il tient ledit Comte incapable de pareille action. 1385, 28 Juillet. *Orig. en parch.*, *presqu'illisible*, *scellé du sceau dudit Renaut.*

1385. Lettres du même par lesquelles il déclare avoir soumis au jugement et arbitrage du Duc de Bourgogne et de Robert de Namur tous les différens qu'il avait, comme héritier de Walerant de Borne son frère, avec le Comte Gui de Blois, à cause du Comte Jean de Blois son père. 1385, dernier Juillet. *Orig. en parch.*

1385. Lettres du même par lesquelles il consent qu'il soit sursis à toutes poursuites jusqu'à la St.-Jean-Baptiste 1366, au sujet du différend qu'il avait avec Gui Comte de Blois et qu'ils avaient soumis à l'arbitrage du Duc de Bourgogne et de Robert de Namur. 1385, 19 Août. *Orig. en parch.*, *scellé.*

1385. Conventions faites sur le différend que le Sire de Bornes, comme héritier de Walerand son frère Sire de Bornes, avait contre Gui Comte de Blois à cause de Jean de Blois son frère. 1°. Le Sire de Bornes fera des excuses au Comte de Blois pour avoir mis, dans les défiances qu'il lui avait envoyées, qu'il avait appris que ce Comte voulait le faire tuer. Qu'ensuite ledit Sire de Bornes soumettra ce différend à l'arbitrage du Duc de Bourgogne et Robert de Namur. 1385, 3 Juillet. *Orig. en papier fort endommagé.*

1395. Récépissé de Gilles le Foulon Secrétaire du Duc de Bourgogne et de Guillaume de Gheetsom son Receveur à l'Ecluse, de trois lettres de 1389 touchant l'engagement fait au Duc de Bourgogne par la Duchesse de Brabant des Châteaux et Villes de Faukemont, Milhem, Gangelt et de Waght pour la somme de 15,000 vieux gros écus. 1395, 9 Septembre. *Orig. en parc.*, *signé.*

FAUQUEMBERGHE. Sentence arbitrale rendue par Simon de Lalaing Sire de Hordaing, Sénéchal d'Ostrevant, Chevalier, Bailli de Hainaut, entre Perceval Sire de Biauriu, Lancelot de Beaumont son frère Chevalier, Gérard d'Obies et Jean de Malbuege Ecuyer, *d'une part*, et Jean dit Sausse de Biaumont Comte de Fauquemberghe, Châtelain de St.-Omer, touchant des constitutions de rentes viagères faites par les premiers, pour et au nom dudit Comte de Fauquemberghe. 1374, 9 Janvier à Mons en Hainaut. *Orig. en parch.*, *scellé de trois sceaux.*

1301. FEIGNIES. Acte de l'adhéritement fait au profit de Noble Homme Jean d'Audenarde, Seigneur de Rosoit, de toute la Terre de Feignies que le Comte de Hainaut lui avait cédée, passé en présence de Philippe Comte de Hainaut, par-devant Jean de Montigni Bailli de Hainaut, Jean Seigneur de Joinville, Henri Comte de Saumes, le Seigneur de Bailloeul, Gilles Seigneur de Berlaimont, Wautier de Bousies, Bauduin son frère, Jacques Sénéchal de Hainaut, Mathieu de le Val, Nicolon de Houdaing, Willaume de Biaussart, Anseil d'Aigremont et Henri de Hueulebach, Chevaliers, Maître Macuire Chanoine de Liége, Jean de Biaufort Trésorier de Ste.-Croix de Cambrai, Philippe de Provy. Maître Jacques de Lorraine, Franque et Godefroi Briseteste Hommes de Fief du Comte de Hainaut. 1301, en la Chambre de la Salle le Comte à Valenciennes. *Orig. en parch.*

FIE

1384. FENESTRENGES. Voyez Bohême en 1384.

1556. FERRARE. Voyez le premier volume, pag. 883. La Terre de Louvegnies et la Panneterie héréditaire de Hainaut ont appartenu à cette famille qui les transmit à celle de Landas par le mariage de Chretienne de Ferrare avec Nicolas de Landas Chevalier Seigneur de Heule, Corbion, Député de la Noblesse des Etats de Hainaut. Cette Dame était fille de Noble Homme Jean-Baptiste de Ferrare, né à Crémone en Lombardie, Maître-d'Hôtel du Duc de Lorraine, et de Jeanne de Haynain Dame de Louvegnies, ce qui est prouvé par l'épitaphe de cette Dame qui se trouve à Lessines. On y voit qu'elle mourut le 11 Janvier 1556 et les huit quartiers suivans : Ferrare, Malamberty, Chambiato, Posttyo, Haynin, Roisin, Hun, Mortagne. *Voyez Landas.*

1807. On a vu à l'article de Desmartin, page 71, qu'un Ferrare établi à Tournay, dont la mère est de Lossy, est époux avec enfans d'une Demoiselle de Cambry en 1807. Sa sœur est épouse de M. van Rode.

1303. FIEF. (*Rachat du service de Fief*) Lettres d'Isabeau Dame de Mannicamp et de Marteville, par lesquelles elle reconnaît avoir reçu de Jean Josiaus des Armoises, *son Homme*, 50 liv. parisis pour lesquelles elle s'oblige pour elle et ses hoirs *à ne point exiger de service* dudit Jean et de ses hoirs pour deux Fiefs qu'il tient d'elle, jusqu'au remboursement de cette somme. 1303, 25 Juin. *Orig. en parch.* Ces lettres sont coupées et sur le dos il est marqué que les 50 liv. ont été remboursées à . . . . des Armoises Ecuyer.

1362. FIENNES. (Voyez Gravelines en 1350). Procuration donnée par Robert Sire de Fieules (*Fiennes*) et de Gavre à la Dame son épouse pour vendre une rente annuelle de 50 liv. qu'il avait sur le tonlieu de Rupelmonde et d'Alost. 1362, 12 Juillet, à St.-Omer. *Orig. en parch.*, *scellé.*

1366. Echange par lequel Robert de Fieules Connétable de France cède à Louis Comte de Flandre les Ville et Château de Ninove, la Ville de Herlinchove et toute la Terre d'Aeltert, en contréchange de quoi le Comte lui cède la Haute Justice sur la Terre de Bombeque et autant de terres à héritage que les terres cédées seront prisées. 1366, 24 Mars, à Gand. *Registre des Chartes, cotte 2, fol. 17.*

1369. Obligation du même de 200 francs d'or au profit de la Dame de Cassel. 1369, 28 Avril, à Paris. *Orig. en parch.*, *dont le scel est rompu.*

1304. FLANDRE. Lettres de Phil. fils du Comte de Flandre, Comte de Thiette et de Laurette, ayant le Gouvernement de la Flandre, par lesquelles il certifie que si le Comte de Flandre a des difficultés avec quelqu'une des cinq bonnes Villes de Flandre, savoir : Gand, Bruges, Ipres, Lille et Douay, les quatre autres les jugeront, et que si deux de ces Villes ont des différens entre elles les autres Villes en prendront connaissance et les termineront. 1304, 12 Avril, à Ipres. *Orig. en parch.*, *scellé.*

1303. Procuration donnée par le même à Evrard Chanoine de Lille pour recevoir en son nom toutes les sommes d'argent que les Abbés, Prévôts, Doyens, Chapitres, Prieurs, Chapelains et autres Recteurs des Eglises du Comté de Flandre avaient promis de lui payer de leur bon gré pour les bienfaits qu'ils ont reçus de lui. 1303, 17 Juin. (En latin.) Ces lettres sont dans celles d'Evrard de Dorgnes Chanoine de Lille, du 10.

Juillet 1303, par lesquelles il donne pouvoir à Jacques de Rollers Curé de Lauwe, de recevoir en sa place lesdites sommes. *En parch., scellé du scel dudit Comte.*

1304. (*Evêchés à ériger.*) Requête qu'on devait présenter au Pape, du temps que Philippe de Flandre Comte de Thiette avait l'administration du Comté de Flandre, pour demander l'érection d'un ou de deux Evêchés en Flandre et la permission de lever quelques subsides sur les Ecclésiastiques de ce Comté pour continuer la guerre contre la France. Environ 1304. En latin *Copie en parch.*

1305. Promesse de Robert fils aîné de Gui Comte de Flandre d'adhériter du Comté de Flandre Louis son fils aîné Comte de Nevers, aussitôt que le Roi aura reçu la foi et hommage dudit Robert.

Robert prie Nobles Hommes Jean Duc de Lothier, Brabant et Limbourg son neveu, Guillaume et Guion de Flandre ses frères, de sceller ces lettres avec lui. 1305, 3 Juillet, à Paris. *Orig. en parch.*

1305. Lettres du même par lesquelles il cède au Roi les Châteaux et Châtellenies de Courtray, Cassel, Lille, Douay et Béthune, pour demeurer entre les mains du Roi jusqu'à ce que Robert ait exécuté le traité de paix. 1305, Juillet. *Rouleau de 22 bandes de parch, pièces 17 et 22.*

1306. Voyez Brabant en 1305 et Artois 1306.

1306. Lettres de Robert Comte de Flandre, par lesquelles il donne à Philippe de Flandre Comte de Thiette et de Lorette son frère, *pour sa soustenanche et son frère*, 3000 liv. monnaie de Flandre, sur les Espiers de Bruges et Menin. 1306, dans la maison de la Motte au Bois de Nieppe, 2 Juin. *Orig. en parch.*

1306. Lettres de Robert Comte de Flandre, Jean Duc de Lothier, Brabant et Limbourg, Guillaume Comte de Hainaut, Hollande et Zélande, par lesquelles Robert et le Duc de Brabant nomment Jean de Flandre Comte de Namur, et Gui de Flandre frères de Robert et oncles du Duc et le Comte de Hainaut, Gui Evêque d'Utrecht et Noble Homme Gaucher de Châtillon Comte de Portien, Connétable de France, pour terminer les différens qu'ils avaient ensemble : si ces Arbitres n'étaient pas d'accord, ils prendront pour sur-Arbitre Noble Homme Wautier Seigneur d'Enghien. Wautier d'Enghien promet d'exécuter ces lettres. 1306, à Rœux, 13 Juin. *Orig. en parch., scellé des sceaux des trois Princes.*

1306. Obligation du même Willaume de Flandre Sire de Nielle et de Tenremonde, Jean de Flandre Comte de Namur et Robert de Flandre fils du Comte Robert, au profit des marchands de Siennes. 1306, 17 Juin, à Alost. *Orig. en parch., scellé de trois sceaux.*

1306. Quittance de Philippe de Flandre Comte de Thiette et de Lorette de 1300 liv. tourn. monnaie de Flandre, à compte de ce que Robert Comte de Flandre lui devait. 1306, 4 Juillet, à Courtray. *Orig. en parch.*

1306. Philippe Sire d'Axelle et Guillaume de Bruec Chev. Receveurs nommés par le Comte de Flandre et les Habitans du Pays, pour les Terroirs; Willaume de Bourbourg Echevin de Gand, pour les grandes Villes et Simon d'Utlate Clerc de la Ville de Nieuport, pour les petites Villes, reconnaissent avoir reçu de Willaume de Cleyhem leur Clerc 2341 liv. 11 s. monnaie de Flandre, pour la perte des nefs et soudoiers du Franc de Bruges. 1306, le 8 Décembre. *Orig en parch., scellé du scel dudit Philippe.*

1306. Lettres de Guillaume Comte de Hainaut à Gui Evêque d'Utrecht et aux autres Arbitres des difficultés que ce Comte avait avec le Comte de Flandre et le Brabant, par lesquelles il leur mande qu'il a donné sa procuration à Jean de Bealfort Trésorier de Ste.-Croix de Cambray, pour soutenir ses droits devant eux et alonger le terme du compromis s'il est nécessaire. 1306, 6 Janvier. *Orig. en parch., scellé du scel dudit Comte.*

Mémoire contenant les conseils donnés au Comte de Flandre et à son fils par les trois Chevaliers de France pour maintenir la paix avec la France. Sans date. *En parchemin.*

Seize bandes de parchemin contenant les demandes faites par Robert Comte de Flandre et les alliés contre Guillaume Comte de Hainaut, avec les réponses du Comte de Hainaut, le tout par-devant les Arbitres qui ont été nommés ci-dessus. *Sans date.*

Demandes faites par Guillaume Comte de Hainaut à la charge de Robert Comte de Flandre. *Sans date.*

Lettres de Robert Comte de Flandre à Gui de Flandre Comte de Zélande son frère, par lesquelles il le prie, à cause de la *Feaulté* qu'il lui doit, de se rendre à Grandmont avec ses chevaux et armes, trois semaines après la Nativité de St.-Jean-Baptiste, pour l'aider à recouvrer son héritage et *son honneur* contre le Comte de Hainaut qui le lui retenait injustement. Sans date d'année, le Lundi avant St.-Jean-Baptiste, à Courtray. *Orig. en parch. où pend une petite bande* sur laquelle est écrit : *A Notre très-cher et amé frère Gui de Flandre Comte de Zélande.*

1308. Quittance de Jean de Flandre Comte de Namur et de Gui de Flandre Comte de Zélande son frère de 8098 liv. 7 s. 8 d. et 4433 liv. 9 s. 11 d. par. reçus a compte de 40,000 liv. qui devaient leur être payées le jour de St.-Jean-Baptiste par le Pays de Flandre, ou Robert Comte de Flandre leur frère. 1307, à Male, le 31 Mars. *Orig. en parch., scellé des sceaux desdits Jean et Gui.*

1306. Lettres par lesquelles Robert Comte de Flandre assigne à Philippe de Flandre son frère Comte de Thiette et de Laureth 3000 liv. de rente pour son entretien et nourriture. Ces lettres sont ratifiées par Philippe. 1306, 2 Juin, à la Motte au Bois de Nieppe 2. *Orig. en parch., scellé des sceaux desdits Robert et Philippe.*

1309. Lettres de Philippe-le Bel par lesquelles, à la prière de Robert Comte de Flandre, Jean Duc de Brabant, Guill. de Flandre Seigneur de Neelle, Chevalier, Jean Comte de Namur frères du Comte de Flandre, Louis Comte de Nevers, Robert de Flandre Chevalier enfans du Comte de Flandre, des Députés de la Ville de Gand, de ceux de la Ville d'Ipres, de Bauduin Dessebrouc, Guill. de Lisseweghe Chev. et Jacquin Yserquin Procureurs du Franc Métier de Bruges, des Procureurs de la Ville de Courtrai, des Villes et Communauté de Berghes, Bourbourg, Gravelines et du Terroir de Bourbourg, de ceux des Villes de Dam, de Nieuport et de Furnes, d'Eustache Lauwart Chev. et Jean Bastart Procureur du Terroir de Furnes, de Robert de la Wastinne Chev. Procureur du Terroir de Berghes, du Procureur d'Audenarde, de ceux de la Ville et Bailliage de Cassel, de ceux des Villes de Léclose et de Tourout, de la Ville d'Ardembourc, de la Ville de Dixmude, de celle de Poperinghe, de Willaume de Linsemeghe Chev. Procureur de la Ville de Blanquenberghe, du Procureur de la Ville de Dunkerque et de Bauduin d'Assebourc Chev. Procureur des Villes de le Mue et de le Houke, il accorde modération des articles de la paix qu'il avait faite avec le Comte de Flandre à Athies en Juin 1305 à Paris, en Mai 1309. *Orig. en parch. scellé du grand scel du Roi en cire blanche.*

FLA

1307. Acceptation de ces Lettres par Robert Comte de Flandre. 1309, 10 Mai, à Paris. *Orig. en parch. scellé du scel dudit Comte.*

1310. (*Justice du Comte de Flandre*). Commission du Roi au Bailli d'Amiens pour examiner si le Comte de Flandre a droit de juger en matière d'obligations, promesses et contrats, et, si le droit du Comte n'est pas clair, de l'assigner au prochain Parlement. 1310, 21 Novembre, à Paris (en latin). *Orig. en parch. scellé.*

1311. Reconnaissance d'Yolende Dame d'Enghien d'avoir retiré son contrat de mariage des mains du Sire de Flandre son père qui l'avait en sa garde. 1311. Février. *Orig. en parch. scellé d'un petit scel en cire jaune.*

1312. Voyez Namur, en 1312.

1309. (*Partage*). Lettres par lesquelles Louis fils aîné du Comte de Flandre, Comte de Nevers et de Rethel et Robert son frère déclarent que pour terminer toutes les difficultés qu'il y avait entr'eux au sujet de la succession de leurs père et mère, ils conviennent des articles suivans :

Robert consent que son frère soit adhérité du Comté de Flandre et de ses appartenances, et pour le dédomager des droits qu'il devait avoir dans ce Comté, ainsi que dans les Terres d'Alost, Grammont, Waize, Quatre Métiers, Bethune, Comté de Nevers, Baronnie de Donzy, Montmirail, Aluye, la Bazeche, Anthon dans le Perche, Brougny et dans leurs appartenances, Louis lui donne et à ses hoirs à toujours *dix mille liv. de terre au parisis au vieux et ancien prix* et lui assigne pour sureté de cette rente le Comté d'Alost, Grammont, les Terres de Waes, des Quatre métiers et de Bethune dans lesquelles les Châteaux de Rupelmonde, Bornhem, Bethune, la Buissiére et autres Maisons appartiendront audit Robert sous estimation. Si les revenus de ces Terres ne suffisent pas pour completter les 10,000 liv. de terre, il promet de lui assigner d'autres endroits voisins dans le Comté de Flandre excepté les cinq bonnes Villes de Douay, Lille, Ipres, Gand et Bruges. Cette assignation sera faite en dedans l'an que Louis ou son hoir sera adhérité du Comté de Flandre.

Si le Comte Robert ne veut pas adhériter du Comté de Flandre son fils Louis pendant sa vie, et s'il meurt avant lui, Robert sera adhérité de la rente ci-dessus pour tout partage et succession. Si au contraire le Comte Robert consent à en faire adhériter sondit fils de son vivant, Robert jouira alors de la moitié de cette rente et de la totalité après la mort de son père. En attendant Robert tiendra les Terres d'Aluye, de Montmirail, de la Bazoche, d'Anthon au Perche et de Brougny, jusqu'à ce que Louis soit adhérité dudit Comté de Flandre. — Si Louis vient à mourir avant son père, après avoir été adhérité du Comté de Flandre, Robert aura 2000 liv. de terre de plus. — Si la Terre de Béthune est dans la main du Roi, Louis assignera à son frère d'autres Terres pour sureté de cette rente. — Si Louis meurt avant son frère et sans avoir été adhérité du Comté de Flandre, ce Comté retournera à ses hoirs de son propre corps et Robert aura les 2000 livrées ci-dessus : outre la rente de 1000 livrées, il fera tout ce qu'il pourra pour que son neveu soit reçu à l'hommage du Comté de Flandre. — Robert consent que son frère soit adhérité du Comté de Flandre moyennant la rente ci-dessus, renonce à toutes successions et partages de père et de mère qui pourraient lui échoir tant dans le Comté de Flandre que dans celui de Nevers, dans la Baronnie de Donzy et dans le Perche. 1309, en Avril, à Paris. *Orig. en parch. scellé des sceaux de Louis en cire brune.*

1309. Lettres par lesquelles le Roi Phil.-le-Bel mande à Robert Comte de Flandre qu'ayant été informé de la raison pour laquelle il avait banni du Comté de Flandre, Pierre Braebars et sa femme de Gand, il les a rétabli par la plenitude de sa puissance, à la considération de son Cher et Féal Jean Duc de Brabant, qu'en conséquence il lui avait écrit de revoquer son Ban. Mais qu'ayant appris qu'il apportait du retard à l'exécution de sa volonté, de crainte que cela ne troublât sa juridiction, il lui demande itérativement de permettre à ces bannis de demeurer librement en Flandre et dans la Ville de Gand. 1309, 7 Mars, à Paris. *Orig. en parch.*

1310. Lettres par lesquelles Guill. Comte de Flandre et Comte de Hainaut, Hollande et Zélande déclarent que, pour terminer toutes les difficultés qu'il y avait entr'eux et leurs alliés, ils se sont mis *de haut et de bas* en l'arbitrage de Robert de Flandre fils du Comte Robert et de Jean de Hainaut frére du Comte Guill. lesquels deux Arbitres, après avoir nommé chacun deux Preud'hommes pour les aider et conseiller, se rendront à Tournay le Vendredi avant Saint-Pierre entrant Août, seront tenus d'y rester jusqu'à ce que l'affaire soit terminée, et ne pourront boire ni manger qu'ils n'aient élu un sur-arbitre. Quand le jugement sera prononcé, les arbitres enverront un messager chez le Comte de Flandre à Courtray, et chez le Comte de Hainaut à Mons pour leur faire savoir la décision.

Pour l'exécution de ce compromis les deux Comtes engagent leurs biens et de plus le Comte de Flandre promet d'y faire obliger Louis Comte de Nevers et de Rethel son fils aîné, Jean de Flandre Comte de Namur frère dudit Comte Robert, Robert de Flandre son autre fils, Jean Seigneur de Fiennes son cousin, Jean de Saint Génois Chevalier, Gérard Seigneur de Sottenghien et Godefroi Seigneur de Naste. Le Comte de Hainaut promet pareillement d'y faire obliger Jean de Hainaut son frère, Jean de Flandre Comte de Namur son cousin, Gérard Sire de Sottenghien, Hues de Sottenghien Châtelain de Gand, Walerand de Luxembourg Sgr. de Liny son cousin, Rasson Sgr. de Liedekerque et Godefroi Sgr. de Naste Chev. — Les deux Comtes consentent que les arbitres tiennent dans leurs mains jusqu'au jugement tous les biens du Sgr. d'Audenarde pour lesquels ils étaient en difficulté. 1310. *Orig. en parch. scellé des sceaux de Robert et de Guill.*

1310. Le Jeudi avant St.-Pierre entrant Août 1310, Louis fils aîné du Comte de Flandre Comte de Nevers et de Rethel, à la demande de son père, promet pour lui et ses hoirs, et oblige tous ses biens pour l'exécution du jugement qui sera rendu par Jean de Hainaut Sgr. de Beaumont frère du Comte de Hainaut son cousin, Robert de Flandre Seigneur d'Arleux et de Montmirail-au-Perche son frère, et par Jean de Flandre Comte de Namur, Arbitres et sur-Arbitres des difficultés qu'il y avait entre Robert Comte de Flandre son père et Guillaume Comte de Hainaut son cousin.

Même année, le Dimanche après le jour N. D. mi-Août, le même Comte de Nevers consent que le terme pris par les Arbitres pour terminer les difficultés ci-dessus soit prolongé jusqu'à Lundi après le jour N. D. mi-Août. *Ces deux lettres en parchemin sont annexées ensemble sous le sceau du Com^te de Nevers.*

1310. (*Monnoies.*) Mandement du Roi Philippe à Robert Comte de Flandre de faire publier dans son Comté

le

les articles suivans. 1°. *Personne ne rechassera ni fera rechasser et tribuchier* aucune monnaie du Roi et on ne pourra vendre et acheter or, argent, billon et monnaie, si ce n'est celle que l'on fabrique à présent, ni aucune vaisselle d'or et d'argent, et ce sous les mêmes peines. 2°. Personne ne pourra faire faire, sans la permission du Roi, de la vaisselle d'or ou d'argent depuis le cri qui en sera fait jusqu'à un an. 3°. Quiconque aura des deniers d'or à la masse sera tenu de s'en défaire à compter du jour du cri qui sera fait jusqu'à Pâques prochain, et si quelqu'un les donne ou les reçoit sans qu'ils soyent percés, ils seront confisqués. 4°. Les tournois d'argent de 21 deniers et les deniers d'or à la Reine ne seront plus pris qu'au billon, et ceux qui ne seront pas percés dans la quinzaine après le cri, seront forfaits. *Orig. en parch., scellé d'un morceau du Roi. Ces lettres sont semblables à celles imprimées dans le Recueil des Ordonnances du Louvre, tom. 1, pag. 475.*

1311. Voyez nécessairement ci-après France. 1311.
Voyez Angleterre en 1311.

1312. Mandement de Robert Comte de Flandre à son Bailli de Furnes et à tous les autres Baillis de son Comté de Flandre de mettre Mabaut de Flandre sa fille en possession des Maisons, Fiefs, arrière-Fiefs, Héritages et autres Biens qui ont appartenus à Mgr. Rogier d'Espierre, situés dans les Paroisses d'Everdinghes, Flamertinghes, Neuve-Eglise et environs qu'il lui a donnés et dont elle lui a fait foi et hommage. *Orig. en parch., scellé du sceau du Comte.*

1312. Lettres par lesquelles Robert Comte de Flandre déclare qu'ayant, par un traité passé entre le Roi Philippe son Seigneur et lui et son Pays de Flandre, confirmé l'assignation à faire au Roi dans le Comté de Rethel ou ailleurs en France de 20,000 livrées de terre et le Roi ayant consenti le rachat de la moitié de cette rente moyennant 600 mille liv. tournois, il cède au Roi et à ses successeurs, pour en tenir lieu, les Châteaux, Villes, Châtellenies et Bailliages de Lille, Douay et Béthune. *Ces lettres sont insérées dans un acte notarial passé le 2 Mai 1359, la 7me. année du Pontificat d'Innocent VI, devant Jean Vallée Notaire public Impérial à Paris et quatre autres Notaires, en parch., signé de ces cinq Notaires. Elles sont aussi dans un rouleau de sept bandes de parch. n°. 9.* 1312, 11 Juil. à Pontoise.

1312. Lettres du Roi Philippe dans lesquelles il est fait mention de celles du Comte de Flandre qui précèdent. Par celles-ci le Roi accepte le transport des Châteaux, Villes, Châtellenies et Bailliages de Lille, Douay et Béthune, quoiqu'elles ne soient pas de la valeur de 10,000 livrées de terre, ou de rente, pour lesquelles on les lui transporte, et moyennant ce le Roi cède au Comte de Flandre tous les droits et actions qu'il pouvait avoir contre les Flamands pour le paiement de ladite somme qu'ils seront tenus de payer au Comte de Flandre et à ses Successeurs, ainsi qu'ils la payaient au Roi, à charge que ledit Comte reprendra cette rente du Roi en accroissement du fief et hommage du Comté de Flandre, excepté ce qui en sera assigné sur le Comté d'Alost et autres Terres qui ne sont pas tenues du Royaume. Et en cas que le Comte de Flandre puisse dans le terme d'un an, à compter de Noël prochain, assigner dans le Comté de Rethel, ou ailleurs, lesdites 10,000 livrées de terre, savoir 6000 liv. en hommes, justices, fiefs Nobles, cens, rentes et autres issues et émolumens de terre dans un même lieu, et le reste en un ou deux endroits différens, le Roi ne tiendra lesdites trois Villes que pour sûreté de l'exécution du traité fait avec le Comte, et ensuite elles retourneront de droit audit Robert qui en jouira comme de son propre bien. 1312, 11 Juillet, à Pontoise. *Rouleau de sept bandes de parch., n°. 10.*

1312. Lettres par lesquelles le Roi Philippe déclare qu'étant informé que Robert Comte de Flandre n'avait pas exécuté plusieurs articles d'un traité que le Roi avait conclu avec lui et le Pays de Flandre, et que par conséquent ses terres lui étaient acquises par *forfaitures*, il l'avait fait assigner par-devant lui et que le Comte ayant comparu et lui ayant dit que s'il avait manqué à l'exécution de ce traité, *ce n'était pas par malice* mais seulement par négligence ou parce qu'il n'avait pu faire autrement, le Roi lui remet toutes les peines et l'amende qu'il avait encourues. Même vol., *pièce 1re., même date.*

1312. Lettres par lesquelles le Roi Philippe-le-Bel consent que, pendant la vie du Comte de Flandre seulement, les articles du traité fait entre eux qui porte qu'en cas que ce Comte, ses frères, les Nobles et autres de son Comté fassent quelques fautes contre lui et n'exécutassent pas ce traité, ils perdraient leurs biens qui seraient acquis au profit du Roi suivant le jugement qui en serait rendu par ses Pairs et par douze autres personnes du Conseil du Roi, soient restreints aux fautes que ce Comte pourrait faire en qualité de Vassal contre son Seigneur, et que dans ce cas le jugement en serait rendu par les Pairs qui se trouveraient près du Roi, par le Chambrier, le Connétable et le Bouteiller de France, selon la coutume ancienne. 1312, 9 Juillet, dans l'Abbaye Royale près Pontoise. *Rouleau de sept bandes de parch., pièce 2e.*

1312. *Même date.* Lettres par lesquelles le Roi Philippe renonce en faveur du Comte Robert et pendant sa vie seulement à l'article du traité fait entre lui et les Flamands, portant que si les Nobles, les bonnes Villes et les Gens de Flandre avaient fait entr'eux des alliances pour s'aider contre le Roi ou ses Successeurs, elles seraient déclarées nulles ainsi que celles faites avec d'autres Seigneurs, et lui permet de contracter des alliances avec toutes sortes de personnes, excepté avec les ennemis du Roi, à condition que, dans les alliances, il exceptera toujours le Roi et son Royaume. *Même rouleau, pièce 3.*

1312. *Même date.* Lettres par lesquelles le même Roi, à la prière de Robert Comte de Flandre, de Jean duc de Brabant, de Guillaume de Flandre, Chev. jadis Sgr. de Neelle, de Jean Comte de Namur et d'autres Procureurs des Villes et Châtellenies de Flandre, consent que tous les Châtelains, Baronnets et autres Gentilshommes de ce Comté ayant 50 livres de terre de revenu en fief et plus, puissent faire dans la Ville de Tournay, au lieu de celle d'Amiens, le serment qu'ils étaient tenus de faire d'entretenir le traité de paix fait avec le Comte de Flandre. Et en cas que ledit Robert ne fit pas renouveller ce serment tous les cinq ans comme il y était obligé, le Roi le dispense, pour la vie de ce Comte seulement, des peines qu'il devait encourir pour ce défaut. *Même roul., pièce 4.*

1312. Le même Roi consent, à la prière du Comte de Flandre, que les pourvus de Bénéfices en Flandre et à Béthune auxquels le Roi avait nommés pendant la guerre, n'en puissent jouir qu'après que leur droit aura été examiné par le Juge Ecclésiastique. *Même roul., pièce 5. Même date.*

1312. *Même date.* Le même Roi déclare qu'attendu la confiance qu'il a dans la loyauté du Comte de Flandre, il lui donne la garde du Château de Cassel pour le tenir à ses frais au nom du Roi et tant qu'il lui plaira, lequel Château devait, selon le traité conclu entre le Roi et les Flamands, être mis dans la garde du Roi jusqu'à ce que le Comte lui eût assigné 20,000 livres de rente, eût fait abattre les Forteresses qui devaient être démolies et que les 3000 Habitans de Bruges et de son Terroir qui devaient aller en pélérinage fussent en chemin. *Orig. en parch.*, *scellé du grand sceau du Roi. Même roul.*, *pièce* 6.

1312. Lettres par lesquelles le Roi Philippe-le-Bel mande au Comte de Flandre de notifier à Louis fils aîné de ce Comte l'ajournement y inséré de même date pour comparaître en sa Cour à la mi-Carême et y répondre sur les cas dont il était accusé, savoir de TRAHISON CONTRE LE ROI, de n'avoir pas exécuté le traité fait entre le Roi et le Comte de Flandre, de s'être plaint injustement de la détention des Comtes de Namur et de Rethel, d'être sorti du Château de Montleri que le Roi avait donné pour prison etc. *Copie simple en parch.*

1313. Lettres par lesquelles Rob. Comte de Flandre déclare que le Roi Philippe soupçonnant que la paix qu'il avait faite avec le Comte et le Pays de Flandre n'était pas entièrement exécutée, et ayant ajourné ledit Robert à Arras le jour de la Fête de la Magdelaine pour y entendre par ses Envoyés ce qu'il fallait faire pour accomplir ce traité, ledit Robert s'y trouva, et qu'ayant demandé à Messire Louis Comte d'Evreux frère du Roi, Messire Louis de Clermont Sire de Bourbonnais, Chamberier de France, Messire Gui de St.-Pol Bouteiller de France et Messire Gaucher Comte de Portien Connétable de France, envoyés du Roi, ce qu'il fallait faire, ils lui conseillent 1°. Faire abattre sans délai les fortifications de Gand et d'Ipres. 2°. Ne souffrir dans son Pays aucuns rebelles au Roi ni bannis de France et ne les assister en rien. 3°. Commettre des gens suffisans pour recevoir les tailles et assises dues au Roi, et ne point employer ces tailles et assises à d'autres usages, si ce n'est à payer le Roi. Si le Roi accorde un délai à ces trois articles, il ne pourra pas garder les ôtages. 4°. Articles par lesquels il n'y avait pas de cautions. 5°. Composer les Echevinages des Villes de bonnes Gens qui aiment la justice et la paix et qui soient élus selon la loi et les usages du Pays. 6°. De nommer pour Baillis, Prévôts et autres Officiers, Gens suffisans etc. *Rouleau de 22 bandes de parch.*, *pièce* 30 *et dernière.* En tête de ces lettres est écrit : *Lettres faites et accordées à Arras sur l'ajournement fait à la Magdelaine.* 1313.

1313. Lettres par lesquelles Robert de Flandre déclare que le Comte son père s'étant obligé à Arras, comme est repris dans l'acte qui précède, et ayant promis par serment fait sur les Saints Evangiles en présence de Mgr. Nicole Cardinal d'exécuter les trois articles convenus pour sûreté de ces trois articles et de ce qui avait été décidé concernant les Ville et Châtellenie de Courtray, ledit Robert s'est constitué caution et ôtage. Si le Comte Robert son père meurt avant d'être délivré de cet ôtage et que le Comte de Flandre son successeur ne voulut pas exécuter les articles ci-dessus, il ne pourra plus être retenu en ôtage. Robert a prié son père de sceller ces lettres avec lui, ce qui a été fait. Ces lettres sont dans celles du Roi Philippe, de même date, par lesquelles il accepte ledit Robert pour ôtage. 1313, 2 Août, à Arras. *Orig. en parch. dont le sceau est perdu.*

1313. (Acquisition de la Terre de Bevere.) Lettres par lesquelles Louis fils aîné du Comte de Flandre, Comte de Nevers et de Rethel reconnaît devoir à Messire Jean de Beveren, jadis Evêque de Potenze, la somme de 14,192 liv. 6 s. 8 d. pour la vente qu'il lui avait faite de la terre de Beveren et appartenances qu'il promet payer en trois années. Le Comte de Nevers s'oblige en outre de payer audit Jean de Beveren aussitôt qu'il aura été mis en possession de cette Terre 500 bons tournois petits de rente, sa vie durant, de lui *entretenir un Chapelain*, *un Valet et un Garçon*, et de payer à sa décharge des rentes à vie qu'il devait à Mgr. Gérard de Potes, et autres, lesquelles rentes étaient tenues du Comte en fief et hommage. *Orig. en parch.*, *scellé du grand sceau du Comte Louis en cire jeaunâtre*, *pendant à double queue.* 1313, le Dimanche après St.-Pierre entrant Août.

1313. Lettres par lesquelles le Roi Philippe mande à ses Receveurs en Flandre de continuer à lever sur les Flamands les 10,000 livres de rente avec ce qu'ils lui devaient déjà, quoique leur Comte lui ait assigné les Villes et Bailliages de Lille, Douay et Béthune, et de remettre cette somme audit Comte pour lui tenir lieu des revenus desdites Villes. 1313, à Péronne. *Orig. en parch.*, *scellé d'un morceau de ce Roi en cire blanche.*

1313. Voyez Furnes en 1313.

1313. (*Appel d'un jugement rendu par le Roi de France contre le Comte de Flandre.*) Acte dressé par plusieurs Notaires de la protestation et appel à l'Empereur fait par Louis Comte de Nevers et de Rethel du jugement rendu contre lui par Philippe-le-Bel et son Conseil, à cause qu'il n'avait pas voulu exécuter les traités faits entre le Roi Philippe et Robert Comte de Flandre père de Louis. Dans cet acte Louis rapporte les raisons qu'il avait à se plaindre, entr'autres qu'il n'avait consenti aux traités qu'on avait voulu lui faire exécuter que pour tirer son père de prison ; que lui-même avait été retenu prisonnier à Moret, puis transféré à Montleri, *lieu infect*, où on avait mis et *fait mourir plusieurs Templiers*, et d'où il s'était sauvé; qu'on avait *refusé le duel* qu'il offrait contre son accusateur; qu'il avait été jugé par des Juges incompétens dont était Enguerran de Marigny qu'il accuse d'être *Magicien*, et Guillaume de Mogaret qu'il dit avoir attenté à la vie du Pape Boniface VIII et d'avoir eu quelques-uns de ses ancêtres brûlés; et qu'on avait négligé plusieurs formalités dans le jugement. 1313, 11 Avril, à Gand. En latin. *Orig. en parch.*, *signé du monograme des Notaires.*

1313. Lettres de Philippe-le-Bel Roi de France qui ordonne que Robert fils de Robert Comte de Flandre, ôtage et prisonnier dans le Château de Pontoise pour son père, sera transféré dans le Château de Verneuil. 1314, 1er. Mai, à Paris. En latin. *Orig. en parch.*, *dont le scel est tombé.*

1316. Traité de paix fait entre Raoul Evêque de St.-Malo et Amé Comte de Savoye, Députés de Philippe fils du Roi de France, Comte de Poitiers et Régent du Royaume, *d'une part;* Sohier de Courtray, Yvain de Warnevic, Hue de Borst Chev. et Baudnin de Zennebeke Procureurs de Robert Comte de Flandre, les Procureurs de la Ville de Gand, ceux de la Ville de Bruges, ceux de la Ville d'Ipres, Robert de Samslacht Chev. Procureur du Franc de Bruges, le Procureur de la Ville et Terroir de Furnes, Baudnin de Broukerke Chev. et Kaschen de Buet Procureurs de la Châtellenie de Bergues, ceux de la Ville de Bourbourg, ceux des Villes de Courtray et d'Audenarde, ceux des Villes de Nieuport, Dixmude, Lamminsoliette dite Lecluse et d'Ardembourg. 1316, 1er. Septembre. *Orig. en parch.*, *auquel restent encore* 25 *sceaux.*

1317. Reconnaissance de Bertrand de Roquenegade, Chev. du Roi de France, d'avoir reçu de Henri de Flandre Comte de Lode, les lettres de Robert Comte de Flandre par lesquelles il donne pouvoir à ses Commissaires de conclure la paix avec le Roi. 1317, le Mercredi après St.-Martin d'hiver, à Cassel. *Orig. en parch. scellé.*

1317. Reconnaissance du même d'avoir reçu de Henri de Flandre susdit les lettres dudit Robert données à Bergues le Dimanche après St.-Martin d'hiver 1317, portant prolongation jusqu'à Pâques prochain de la trêve entre le Roi de France et le Comte de Flandre et pouvoir d'y comprendre le Comte de Hainaut. 1317, le Vend. après St.-Martin d'hiver. *Orig. en parch. scellé.*

1317. Lettres de Phil. de Precy et Thomas de Morfontaine Chev. du Roi, par lesquelles ils prolongent jusqu'à la Pentecôte la trêve qui était entre le Roi de France et le Comte de Flandre. 1317, le Vendredi avant Pâques, à Bruges. *Orig. en parch. scellé de 2 petits sceaux en cire verte.*

1318. Consentement de Louis fils aîné du Comte de Flandre et de Robert son frère qu'Eustache de Bernage et Robert de Lille Sgr. de Pontrochart qu'ils avaient nommés pour faire l'estimation des Biens donnés audit Robert pour sa portion et succession du Comte de Flandre leur père, de défunte leur mère et de la Reine de Sicile leur tante, puissent substituer d'autres personnes en leur absence pour faire ladite estimation. Ratifié par Robert Comte de Flandre leur père. 1318, le lendemain de N. D. de Septembre, à Furnes. *Orig. en parch. scellé des sceaux du Comte de Flandre et de ses 2 fils.*

1318. Lettres des mêmes confirmées par Robert Comte de Flandre leur père par lesquelles Louis nomme Eustache Bernage, et Robert nomme Robert de Lille Sgr. de Pontrochart pour faire la prisée des Terres qui devaient être données en appanage audit Robert. 1318, à Furnes. *Orig. en parch. scellé de 3 sceaux.*

1318. Lettres par lesquelles Robert fils du Comte de Flandre commet Jean Palstre son Chambellan pour faire ladite prisée au lieu du Sire de Pontrochart qui n'y pouvait vaquer. Même date. *Orig. en parch. scellé.*

1322. (*Obsèques du Comte de Flandre*). Acte par lequel Robert de Flandre, Maître Bauduin de Sinnebeke, Prévôt de Furnes, Exécuteurs du testament de Robert Comte de Flandre avec Noble Homme Bloc de Steelande Chev. et Frère Gilles Clemskerke de l'ordre des Frères Mineurs, reconnaissent que Simon dit Vastin, receveur de Flandre, leur a remis le compte de dépense des obsèques dudit défunt Comte de Flandre, montant à 2470 liv. 6 s. 11 d. parisis. Témoins Godefroi de Sombreffe Chev. et Nicolas Bissinselles Chanoine de Courtrai. Jean dit Crabe du Diocèse de Terouanne Notaire. 1322, 3 Octobre, à Courtrai. *Orig. en parch.*

1332. Testament de Robert dit Comte de Flandre reçu par Jean dit Crabe du Diocèse de Terouanne Notaire. Témoins Nicolas de Petra Chanoine de N. D. de Bruges, Henri Bram Chanoine de Tournai, Wautier del Bake Clerc, Simon Vastin Receveur de Flandre et Bernard Volekin. 1332, 3 Septembre, à Courtrai. *Orig. en parch. scellé des sceaux de Robert fils dudit Comte, Guill. de Steelande Chevalier, Frère Gilles de Clemskerke de l'Ordre des Frères Mineurs. Me. Bauduin de Sinnebeke Prévôt de Furnes, et Colard de Marchiennes Clerc dudit défunt Comte ses Exécuteurs testamentaires.*

1322. Traité de paix entre Louis Comte de Flandre, de Nevers et de Rethel et Guill. Comte de Hainaut. Hollande, Zélande et Sgr. de Frise par lequel le Comte Louis renonce à l'hommage de Zélande. *Souscriptions pour le Comte de Hainaut.* Les Villes de Valenciennes, Mons, Maubeuge, Binche, Dordrecht, Ziriczée, Midelbourg, Delft, Leyden et Harlem, *et pour le Comte de Flandre* les Villes de Gand, Bruges et Ipres. 1322, à Paris. *Orig. en parch.* Au bas est écrit. Reçues et accordées de Mgr. de Flandre séant en son Conseil, *présens* : Mgr. de St.-Maure, Messire Gui de Flandre, Messire Eustache de Conflans Avoué de Terouane, Mgr. de Masmines, Mgr. de Gavre, Messire Jean d'Oesthourch, Messire Phil. de la Polle, Messire Jean de Basoches et G. Grumant. *Signé Donchery.*

1323. Voyez Cassel, en 1323.

1323. Pareilles Lettres de Jeanne de Flandre Dame de St.-Goubain, passées devant Hubert Guerout et Jean Guerout Clercs, Notaires jurés au Châtelet de Paris. 1323, 6 Janvier. *Orig. en parch., scellé du scel de la Prévôté de Paris et de celui de la Dame de St.-Goubain.*

1323. Lettres de Mathieu de Lorraine Sire de Bevre et de Florines et de Mahaut de Flandre sa femme, portant confirmation de l'assignation faite par Robert de Flandre Sire de Cassel pour le douaire de Dame Jeanne de Bretagne sa femme fille de feu Artur Duc de Bretagne et de Madame Yolenthe Duchesse de Bretagne et de Montfort, de toutes les Terres qui lui appartiennent au Perche; savoir : Aluye, Montmirail, Anton, Bron et la Bazeche. 1323, en Février. *Orig. en parch.*

1323. Traité de mariage entre Mgr. Robert de Flandre Sire de Cassel et Mme. Jeanne de Bretagne, arrêté par Dame Yolenthe Duchesse de Bretagne, Comtesse de Montfort mère de ladite Dlle. *d'une part* : Mme. Jeanne de Flandre Dame de St.-Goubain, Mgr. de Haveskerke Sire de Watenes et Mgr. Godefroi de Sombreffe pour ledit Robert, *d'autre part.* Présens : l'Evêque de Laon, l'Abbé de St.-Germain, Messire Guill. Courteheuse, Tiébaut de Nisi Chevaliers, Maître de St.-Germainmont, Wautier de Keraucamp Clerc de Robert de Flandre. 1323, le jour de St.-Mathieu, à St.-Germain-des-Prés près Paris, en l'Hôtel de Mgr. Aimé de Valence. *Orig. en parch.*

1324. Donation par Louis Comte de Flandre à Dlle. de Lierde sa sœur bâtarde, en espérance de son mariage avec Simon de Halle, de trois cents livrées de terre sur la Terre de Zeninghem, et le surplus si cette Terre ne suffit pas sur les briefs des 4 métiers que Colard de Marchiennes son Clerc tient à present, à tenir de lui en Fief. 1324, 13 Mai, en l'Abbaye de le Dous. *2me. Cart. de Fland. Pièce 422.*

1324. (*Trahison*). Commission de Louis Comte de Flandre au Sgr. d'Axelle son Lieutenant dans le Comté de Flandre pour informer si le Comte à la connaissance et justice de ceux qui se sont rendus coupables de trahison envers lui, en quelque lieu et jurisdiction que lesdits traîtres soient pris et exécutés : et s'il ne se trouvait que ladite connaissance n'appartînt pas au Comte, de ressaisir Robert de Flandre, Sgr. de Cassel, d'un homme pris et exécuté à Bailleul en la Terre et Justice dudit Robert pour trahison envers le Comte. 1324, 14 Juillet, à Paris. *Copie en parch. sous le scel de Phil. Sire d'Axelles, Chevalier.*

1326. *Voyez Espagne en* 1325, *et Cassel en* 1326.

1326. Lettres de Charles Roi de France par lesquelles il approuve le consentement donné par Mme. Jeanne de Flandre Dame de St.-Goubain pour l'assignation du douaire de Dame Jeanne de Bretagne femme de Robert de Flandre Sire de Cassel. 1326, 4 Mai, à Paris. En latin. *Orig. en parch. scellé du grand sceau du Roi.*

1326. Lettres de Robert de Flandre Sire de Cassel, par

lesquelles il donne à Jeanne de Bretagne son épouse le Bois de Nieppe pour completter les 5000 livrées de terre qu'il lui a données pour son douaire. 1326, le Samedi après la Chandeleur. *Orig. en parch. scellé du scel dudit Robert.*

1326. Lettres de Charles Roi de France et de Navarre par lesquelles il reçoit les excuses faites par Robert de Flandre Sgr. de Cassel devant Alfonse d'Espagne Sire de Lunel, Mathieu de Trie Sire de Vaumain et Robert Bertran Sire de Briquebec, Marechaux de France et Miles de Noiers Chev. Lieutenant de Sa Majesté en Flandre. 1326, 19 Avril, à Corbeil. *Orig. en parch. scellé du grand scel du Roi.*

1327. Acte de la protestation faite par Wautier de Kenalcamp Clerc, Procureur de Robert de Flandre Sgr. de Cassel et de Dame Jeanne de Bretagne son épouse, en présence de Simon de Maisnil Chev. et de Jean Vincent Chapelain, de la part de Jean de Bretagne Comte de Montfort et de Simon Vastin Receveur dudit Seigneur de Cassel, contre le paiement de la dot de la Dame de Cassel fait en faible monnoie au lieu de la forte qui avait cours lors du traité de mariage reçu par Jean dit Crabe, du Diocése de Terouanne, Notaire. *Témoins*, Bernard de *Albello*, Jean de Wastine Chev. Robert de Vi Ecuyer, Pierre Courgies Receveur de Montfort et Masset dit Aubau. 1327. Style de Rome. 7 Mars, à Paris au Palais du Roi (en latin). *Orig en parch.*

1327. Lettres de Louis Comte de Flandre par lesquelles il assigne à Marg. de France sa femme 4000 livres de France sur les Terres de Donzy et d'Antrain pour le principal de 40,000 liv. de la dot de cette Princesse. *Présens*, Me. Pierre de Baume Maitre en Théologie, le Sgr. de Thil, Wautier de Harbeke, Robert de Sarmiselles, Jean de Chappeaus Chev. G. d'Ausonne et Jean d'Ostburg Sgrs. de Lois, Pierre de *Venao* Clerc du Diocése de Bourges, Notaire. 1327, 17 Octobre, à Poligni, en la Maison des Frères Prêcheurs. *Orig. en parch. scellé du grand scel du Comte.*

1328. Lettres de Henri de Flandre Comte de Lodes, par lesquelles il reconnait que c'est à sa prière que le Comte de Flandre son neveu a renoncé à l'amende qu'il prétendait contre ses gens pour ne s'être pas trouvés à l'armée du Comte de Flandre. 1328, 15 Novembre, à Mâle. *Orig. en parch. scellé dudit Henri.*

1328. Arrêt interlocutoire rendu entre Béatrix de Saint-Paul Dame de Nielle veuve de Jean de Flandre, au nom et comme ayant la garde de ses enfans, et Louis Comte de Flandre, sur la demande formée par ladite Dame en paiement des rentes assignées par Gui Comte de Flandre à Guill. son fils lors de son mariage avec Alix Dame de Nielle père et mère dudit Jean de Flandre. 1328, 11 Janvier. Cet arrêt a été délivré le 17 Janvier 1332. *Orig. en parch.*

1329. Pouvoir donné par Louis Comte de Flandre à son Amé *Valet* Josse de Heemsrode de prendre adhéritement pour lui de Robert de Flandre Seigneur de Cassel, à cause de 100 liv. parisis de rente sur le Bois de Nieppe que Jean de Chatillon Chev. avait vendues à ce Comte. 1329, le Lundi veille de l'Assomption N. D. à Warneton. *Orig. en parch. scellé.*

1329. Lettres de Jean de Chatillon Chev. Sgr. de Dampierre et de Rollaincourt par lesquelles il déclare avoir vendu à Louis Comte de Flandre une rente de cent liv. par. qu'il avait sur le Bois de Nieppe. 1329, Juillet. *Orig. en parch. scellé.*

1329. Cession faite par Jeanne de Flandre Dame de St.-Goubain à son frère Robert de Flandre Sgr. de Cassel et à ses hoirs, de tout le droit et action qu'elle avait et pouvait avoir en la succession de leur sœur Mahaut Dame de Florines femme de Mathieu de Lorraine. 1329, 17 Février, au Sauvoir sous Laon. *Orig en parch. scellé.*

1330. (*Réparation publique pour avoir parlé contre le Gouvernement*). Sentence prononcée à Male par Me. Nicolas de la Pierre qui condamne Thonis du Dam pour avoir dit aux gens du Roi à Bruges mauvaises paroles du Gouvernement du Comte de Flandre, à faire, le jour du St.-Sacrement et de la Procession de Bruges, le tour de cette Procession en chemise et pieds nuds, accompagné des Bailli et Sergens qui le feront ressouvenir de sa faute, et de faire la même Procession à Dam aux quatre bonnes Fêtes de l'année et ce pendant quatre ans. 1330, Mai, à Male. *2me Cart. de Flandre. Pièce 592.*

1330. Voyez Ninove en 1330.

1332. Promesse de Gui de Flandre Sgr. de Richebourg de servir fidélement Louis Comte de Flandre en reconnaissance de 500 liv. de rente viagère dont il l'avait gratifié. 1332, 29 Octobre, à Nevers. *Orig. en parch. scellé du scel dudit Gui.*

1361. Voyez Bar en 1361.

1361. Accord entre Marg. de France Comtesse de Flandre, Louis Comte de Flandre, de Nevers et de Rethel son fils, Jean Comte de Tancarville Vicomte de Melun et Chambellan du Roi et Arnaut de Cervole Sgr. de Château-Neuf, Chev. par lequel les Terres et Châteaux de Cone, Bleneau et d'Anne-Marie en Donziois doivent demeurer audit Comte de Flandre. 1361, 28 Juin, à Paris. *Orig. en parch. scellé de 4 sceaux.*

1365. (*Reliefs des Fiefs de Flandre.*) Cession faite par Robert de Juilly Prieur en France de l'Hôpital de St.-Jean de Jérusalem du droit qu'avait ledit Hôpital de lever des reliefs des Fiefs dans le Comté de Flandre, et d'avoir pour la perception desdits reliefs un Frère dudit Ordre dans l'Hôtel du Comte et à ses dépens, sans y comprendre les reliefs des Fiefs mouvants de l'Ordre qui continueront de lui appartenir. En échange de quoi le Comte de Flandre a donné audit Ordre 500 livrées de terre, ou de rente, au tournois, qu'il promet d'assigner sous la Souveraineté et Puissance du Roi et d'en payer l'amortissement. 1365, le Jeudi 19 Juin. *Copie du temps, en papier.*

1372. (*Bâtard de Flandre.*) Don fait par Louis Comte de Flandre à Louis dit le Haze de Flandre son fils *Bâtard* de tous les biens que tenait feu Messire Gérard le Moor en maisons, héritages, fiefs et autres situés à Wesseghem, Visselle, Oostborch et ailleurs au Pays de Flandre. 1372, 9 Avril, à Gand. En Flamand. *Orig. en parch., scellé.*

1372. Reconnaissance de Thibaut de Bourmont, Clerc, Conseiller de la Comtesse de Bar, que le Comte de Flandre lui a remis entre les mains comme fondé de procuration de ladite Comtesse, Henri de Bar Chev., que le Comte de Flandre retenait prisonnier à la prière de cette Dame. 1372, 3 Novembre, à Gand. *Orig. en parch. signé d'un Notaire et scellé du scel dudit de Bourmont.*

1382. (*Bâtards de Flandre.*) Lettres du Comte de Flandre par lesquelles il déclare que Henri Lippin son Receveur a payé par son commandement 525 liv. 10 s. monnoie de Flandre à plusieurs personnes, entr'autres à Jean son fils Bâtard et à sa sœur Bâtarde la veuve de Pierre Boudens. 1382, 10 Juillet, à Hesdin. *Orig. en parch., scellé.*

1384. (*Bâtard de Flandre.*) Lettres de Rifflart Bâtard de Flandre, Chev. Sire de Mondricourt, de Lony et de Harsy, de Jeanne de Lony sa femme, de Raoul leur fils,

fils, de Henri de Leure Sire de Diquemue, de Jean de Jeumont Sire de Pont-à-Rosne, de Gérard de Ghistelle Sire de Clabeque, de Jean de Pouques Sire de Molimont et de Jacques de Macones, Chev. contenant la renonciation dudit Rifflard Bâtard de Flandre, de sa femme et de leur fils, à toutes les prétentions et dédommagemens qu'ils pouvaient demander à cause de l'emprisonnement où ledit Rifflard fut détenu du vivant de Louis de Male Comte de Flandre, à peine de 10,000 liv. en cas de contravention à ces lettres passées en présence de Messire Gérard de Rassenghien Gouverneur du Souv. Baill. de Lille, Douay et Orchies, d'Ansel de Salins Sgr. de Montferran, d'Olivier de Jussy Sire de Rochefort, Jacques du Val, Gilles du Castiel Lieut. du Gouv. de Lille, Jean Belaon, Mathieu Bibart et Jacques de Lenstais, et pardevant Jean Baudescot et Pierre Martin Prêtres Tabellions Apostoliques et Impériaux qui ont signé. 1348, le Samedi nuit de Quasimodo, 16 Avril. *Orig. en parch. scellé de huit sceaux en cire rouge.*

1384. (*Villes de Flandre.*) Lettres de Philippe fils du Roi de France, Duc de Bourgogne etc., adressées à ses bien Amés et Féaux Chev. et Conseillers Messire Gui de Pontarlier Maréchal de Bourgogne, le Châtel. de Dixmude, le Sire de Gruthuse, le Doyen de St.-Donat de Bruges, Messire Colart de la Clite, Messire Jean de Grispère et Henri Lippin Receveur général de Flandre et d'Artois, par lesquelles il règle la taxe de chaque Ville et Châtellenie de Flandre en l'aide qui sera levé jusqu'à la soumission des Villes de Gand et d'Audenarde. 1384, 10 Mai, à Lille. *Orig. en parch., scellé du scel dudit Duc.*

1394. (*Bâtard de Flandre.*) Quittance de Gui fils de feu Gui Bâtard de Flandre Chev. de 200 liv. parisis pour une année de la rente héritière qu'il a droit de prendre sur les briefs d'Assenede. 1394, le jour de St.-Jean d'été. *Orig. en parch., scellé.*

1397. (*Bâtard de Flandre.*) Lettres de Philippe Duc de Bourgogne par lesquelles il donne le Fief et Terre de le Vake à Regoaut fils Bâtard de feu Louis de le Haze Bâtard de Flandre et de Berghes Straenen. 1397, 23 Février, à Courtray. *Orig. en parch., scellé.*

1398. Lettres du même par lesquelles il mande aux Gens des Comptes à Lille de faire prendre par le Receveur général de Flandre les revenus de tous les biens qui appartenaient à son Féal Chev. et Chambellan Messire Louis de le Haze Bâtard de Flandre, mort selon la commune renommée, et de payer toutes les dettes et rentes qu'il pouvait avoir contractées pour son voyage d'outre-mer, et ce pour le bien de son ame. 1398, 1er, Mai, à Arras. *Orig. en parch.*

1378. FLECHIN. Etat des Biens échus à Will. de Fléchin Sgr. de la Cour de Bailleul par la mort de Jean de Bailleul son aïeul. 1378. *Orig. en parch. cacheté aux armes dudit Willaume de Fléchin.*

1378. Autre état des Biens de Willaume de Fléchin. 1378. *Orig. en pap. cacheté du cachet dudit Willaume et de celui du Sgr. de Hondrecourt.*

1378. Articles du mariage entre Willaume de Fléchin Sgr. de la Cour de Bailleul et Mar. de Morbeque. 1378, 27 Août. *Copie en papier.*

1397. FLIMAING. Mandement de Guillaume de Bavière Comte d'Ostrevant, Gouv. et Hérit. du Comte de Hainaut aux Officiers Sujets, et Habitans des Villes et Terres de Flimaing et de Revin échues audit Comte par la mort de son cousin le Comte de Blois, d'obéir à Messire Rasse de Montigny Sgr. de Bevellon, à Messire Fier-à-Bras de Vertaing, Sgr. de Belerelle, Chev. et à Colart Haingnes Recev. de Hainaut, en tout ce qu'ils leur diront de sa part. 1397, 18 Janv.

à Mons. *Orig. en parch. scellé du petit scel de ce Comte.*

1333. FLOBECQ. Accord entre Guill. Comte de Hainaut et Thomas de Lille Chev. au nom de Guill. de Mortagne Sgr. de Dossemer son cousin, au sujet des Terres de Flobecq et Lessines, de ce qui pouvait être tenu du Chapitre de Cambray, de Wodeke et d'Elezelle qui étaient tenus du Comte de Namur. 1333, le Vendredi 9 Juin, au Quesnoi. *2me. Cart. de Hain. Pièce 205.*

1333. Lettres de Louis Comte de Flandre et de Guill. Comte de Hainaut par lesquelles le Comte de Flandre nomme Bloc de Steelant Chev. et Josse de Hemsrode Ecuyer : le Comte de Hainaut nomme Robert de Marke Sgr. de Manchicourt, Chev. et Jean Bernier Prévôt de Valenciennes pour terminer les différens que ces deux Comtes avaient ensemble au sujet de Flobecq et de Lessines. 1333, 19 Novembre. *2me. Cart. de Hain. Pièce 207.*

1333. Traité entre les Comtes de Flandre et de Hainaut par lequel les Villes de Flobecq et de Lessines sont demeurées au Comte de Hainaut qui ne pourra les fortifier, sera tenu de faire hommage au Comte de Flandre des parties de ces Terres qui relevaient de lui et de lui assigner mille florins de terre en Hainaut, sauf ce qui pourrait appartenir en ces deux Terres à Willaume de Mortagne. 1333, le 13 Mai, à Cambrai en l'Hôtel de l'Evêque. *2me. Cart. de Hain. Pièce 206.* Copie en parch. collationnée le 26 Juin 1366 par Pierre Godefroid Clerc du Diocèse de Cambrai, Notaire Impérial et Apostolique. *Orig. de ce Traité auquel ne reste plus que le scel du Comte de Hainaut.*

1336. Voyez Mortagne, en 1336.

1346. FONTAINE. (*Hennin - Liétart.*) Donation faite par Marguerite Impératrice des Romains, Comtesse de Hainaut etc. à son cousin Gérard de Fontaine, Sgr. de Sebourc, sa vie durant, la terre qu'elle avait à St.-Sauve. 1346, le Lundi après St.-Mathieu. Sous le vidimus de Frère Guillaume de Chanceris, Prieur de St-Sauve de Valenciennes, Ordre de Cluny. 1346, le jour de St.-Denis et St.-Ghislain. *Orig. en parch., scellé du scel dudit Prieur.*

FONTAINE, qu'on appelle Fontaine-l'Evêque, Terre très-riche et considérable. Elle a été le domaine principal de la Maison Henin-Liétart, ce qu'on voit par les titres qui se trouvent cités dans le 1er. volume de cet Ouvrage. Ils sont intéressans et multipliés. Cette Maison de Henin-Liétart avait les plus belles terres d'une grande partie du Hainaut. J'en dirai davantage à l'article de Henin, ce qui me sera aisé par les offres les plus obligeantes de M. du Rieux, Agent et Intendant général de M. de Caraman, Propriétaire actuel de la Terre de Boussut etc. J'en profiterai avec d'autant plus d'empressement que j'y trouverai les plus anciens documens qui peuvent être utiles à l'histoire de différentes Provinces.

La Terre de Fontaine-l'Evêque a été ensuite le domaine principal de plusieurs Maisons, ce qu'on voit
1596. par différens Reliefs successifs. En 1596 Marie de Roisin veuve de Messire Féry de Wissocq Chev. Sgr. de Monchy a relevé cette terre après la mort de Dame Marguerite de Hamal Douairière d'Argenteau. Le 24
1597. Novembre 1597 Dame Françoise de Jausse-de-Mastain veuve de Philippe de Herzelles, comme Baillistre d'Antoine de Herzelles son fils mineur, a fait relief de cette Terre par autorisation de la Cour du 24 Octobre 1697. On y voit que cette Terre consistait en la Ville de *Fontaine*, *Andreliues et l'Alluet*, *deux moulins*, 800 *bonniers de bois*, 13 *ou* 14 *bonniers de terres*

FON

labourables, 20 ou 25 bonniers de jardins, prés et pâturages, 8 viviers et plusieurs autres droits féodaux.

1604. Relief fut fait le 15 Décembre 1604 par Messire Phil. de Herzelles après la mort de Messire Antoine de Herzelles son frère. Autre relief fut fait en 1630 par le
1630. Procureur de Dame Alardine de Herzelles et de Messire Charles-Chrétien de Rodoan son époux. Le 26 Oc-
1638. tobre 1638 Gabriel de Rodoan a relevé cette belle Terre après la mort de Madame Alardine de Herzelles sa mère. Depuis lors, les aînés de la Maison de Rodoan ont toujours été propriétaires de Fontaine jusqu'à nos jours. Je vais dire un mot de cette maison.

I. Louis de Rodoan, Sgr. de Doncourt, Grand-Maître-d'Hôtel de Madame Anne Duchesse de Lorraine, fut le Ier. de sa Maison qui vint s'établir dans les Pays-Bas à cause de son mariage avec Eliz. Bette Dame d'Honneur de cette même Duchesse. Il demeura inviolablement attaché à son Souverain dans un temps où la Noblesse semblait l'abandonner : aussi les récompenses furent-elles proportionnées à ses services ;
1576. il fut créé Chev. en 1576 par Philippe Roi de Castille. Son fils aîné Charles-Philippe de Rodoan fut Prévôt de Ste.-Waudru à Mons, de St.-Bavon à Gand, Evêque de Middelbourg, ensuite de Bruges, où on lui dressa un Mausolée décoré de ses huit quartiers qui sont Rodoan, Doncourt, Guyot, Villers ; Bette, Nevele, Waudripont et Kegel. Le 3e. Jean-Baptiste de Rodoan suivit d'abord le parti des armes et remplit ensuite différentes charges. Il fut Député aux Etats de la Province de Flandre en plusieurs circonstances et particulièrement lorsque les Pays-Bas furent cédés à Leurs Altesses Sérénissimes à l'occasion de leur Mariage.

1590. Louis partagea ses biens à ses enfans en 1590. Dans l'acte de partage il fait le détail de tout ce qu'il possédait au Pays de Bar, d'où il était originaire. Son père Jean de Rodoan y avait épousé Alix de Guyot fille de Pierre Prévôt de Bar. Son aïeul Jean de Rodoan eut de son épouse Jeanne de Doncourt les Seigneuries de Renesson et de Sallemaigne.

II. Philippe de Rodoan Sgr de Berleghem, d'Ammerval, Berchem-St.-Laurent, Coappenaerde, Chef Bailli du Pays de Rhodes etc. parvint à la Charge de Bourguemaître de Bruxelles. Les services signalés qu'il rendit à sa patrie lui méritèrent l'estime et la confiance de son Souverain. Philippe II Roi d'Espagne, voulant recompenser le zèle, la fidélité et le courage qu'il avait fait paraître non seulement dans la réduction des Villes et Pays d'Alost, mais encore dans un grand nombre d'affaires importantes pendant les troubles des Pays-Bas, lui accorda des Lettres de Chevalerie le
1590. 14 Septembre 1590. Par l'acte de partage qu'il fit entre ses enfans, on voit qu'il avait épousé Maximil. de Bourgogne. Cette Dame était fille de Messire Phil. Sgr. d'Amerval, Berchem-St.-Laurent et de Dame Marg. d'Enghien fille du Sgr. de Kestergat. Je vois que Philippe de Rodoan avait pour frère Messire Jean-Bapt. de Rodoan Chev. Sgr. de Biese, Buitele, Wolfhagen, Député aux Etats de la Province de Flandre tant en la cession des Pays-Bas, en faveur du mariage de L. A. Sérén. qu'en d'autres occasions et qu'il fut marié avec Franç. de Nebra. Philippe de Rodoan et Maximilienne de Bourgogne eurent entr'autres enfans :

III. Charles-Chrétien de Rodoan Chev. Sgr. de Berleghem, Ammerval, Coappenaerde, etc. Il épousa
1630. Alardine de Herzelles qui releva le 26 Février 1630 la terre et Baronie de Fontaine-l'Evêque. Cette Dame était fille de Philippe d'Herzelles Chev. Sgr. et Baron de Fontaine-l'Evêque, Anderlues, l'Aleu, Haut-Avoué

FON

de Soubrets, Lilaer, Turgoies, Hoorentsche etc. et de Franç. de Mastain. Il partagea ses enfans par acte
1632. passé en 1632. Il y est qualifié Noble Homme Messire Charles-Chrestien de Rodoan Chev. Sgr. de Fontaine-l'Evêque, Anderlues, l'Alleud, Haut-Avoué de Sobrets, Sgr. de Lillar etc. fils de feu aussi Noble Homme Messire Philippe de Rodoan vivant aussi Chev. et de Noble Dame Maximilienne de Bourgogne. Il y est assisté de Messire Silvestre de Mathanca Chev. Sgr. de Tilleghem, Edervaele époux de Dame Isabelle de Rodoan sa sœur. 2°. de Noble Homme Messire Jean-Baptiste de Rodoan Chev. Sgr. de Biese, Wolfsaghele etc. son oncle paternel. 3°. de Noble Dame Alardine d'Herzelle fille de feu Messire Phil. d'Herzelles Chev. Baron et Sgr. dudit Fontaine-l'Evêque et de son épouse Franç. Jausse dite de Mastaing fille de Messire Ant. de Jausse dit de Mastaing Chev. Sgr. de Sassigny, Florentville, Court-au-Bois. 4°. Noble Homme Phil. de Herzelles fils de Messire Guil. de Herzelles Chev. Sgr. de Monsbrouck son cousin germain. 6°. de Messire Antoine Van der Eycken Chev. Sgr. de St.-George fils de feu Messire Philippe Van der Eycken Chev. Sgr. de St.-George et de Dame Anne de Jausse dite de Mastaing son cousin germain du côté maternel.

Les enfans rappellés dans ce partage sont 1°. François-Gabriel fils aîné. Ils lui donnent le Village de Berleghem au Pays d'Alost, la Seigneurie de Coappenaerde, la Franche et Souveraine Ville de Fontaine-l'Evêque et autres Terres, une Maison acquise par eux du Docteur Polchet située près du Château. 2°. Philippe-Albert deuxième fils ci-dessous fut partagé de la Seigneurie d'Amerval, de celle de Lillaer et de la Cense de Bouchaute. 3°. Isab.-Alardine. 4°. Charlotte-Maximilienne. 5°. Phil.-Chretienne. 6°. Marie-Anne. 7°. Jacq.-Louise. 8°. Jeanne-Hélène.

IV. Philippe-Albert de Rodoan Baron de Fontaines
1646. épousa le 24 Août 1646 Anne Franeau de Hion. Il hérita de la Terre et Baronnie de Fontaine-l'Evêque par la mort de son frère aîné Franç.-Gab de Rodoan et le Relief en fut fait en son nom le 16 Mai 1640 par son père Charles-Chrétien de Rodoan. Ils eurent entr'autres enfans :

V. Michel-Luc-Camille de Rodoan Baron de Fontaine-l'Evêque. Il est reconnu 3e. fils de Phil.-Albert de Rodoan et d'Anne Franeau de Hion dans l'acte de partage fait par ses père et mère les 28 et 29 Août
1655. 1655 en présence de Noble Homme Phil. de la Barre Sgr. de Quevaucamp, Noble Homme Fr.-André de la Barre Sgr. de Vaitgnies *d'une part ;* de Noble Dame Cather.-Barbe d'Yve Douairière de Franeau-de-Hyon mère de ladite Anne Franeau, de Noble Homme Phil. Franeau de Hion Baron de Gomignies son frère et Phil.-Chrétien-René d'Yve Seigneur de St.-Vaast son cousin *d'autre part.* Il y est parlé du Douaire dû à Dame Jeanne de Richardot Douairière de Fontaines. Les enfans y nommés sont 1°. Philippe, 2°. François ; 3°. *Michel-Luc-Camille ;* 4°. Jeanne-Françoise. Ils dénomment pour Manbours François d'Yve Sgr. de Tanière et Antoine de Marbais Sgr. de Marbais. Ceux qui ont signé comme témoins sont *J. Robert, Charles Bricquet* et *d'Isembart.*

J'ai recueilli avec soin les noms des bienfaiteurs du Prieuré du Bois Seigneur-Isaac ; j'y ai dessiné plusieurs vitres du cloître et j'ai cru qu'elles étaient assez intéressantes pour les faire graver. Dans l'acte de partage dont je viens de parler on a vu *les noms de la Barre et de Franeau* s'y trouver comme alliés. Le dessin de ces vitres que je présente ci à côté indique le mariage d'une Dlle. Marie Franeau avec un

FON

de la Barre. Ce genre de monumens étoit très-commun dans la Belgique. Il en reste encore dans plusieurs Villes. Les vitres de Ste.-Gudule à Bruxelles, de Ste-Waudru à Mons, de la Cathédrale à Tournay et un grand nombre d'autres ont très-heureusement échappé aux fureurs des Vandalistes du dix-huitième siècle. Elles présentent des tableaux très-majestueux et qui prouvent que les Belges ont surpassé tous les peuples de l'Europe dans cette manière de peindre.

INSCRIPTIONS ET ARMOIRIES

Qui se trouvent sur les Vitres du Cloistre du Prieuré du Bois-Seigneur Isaac.

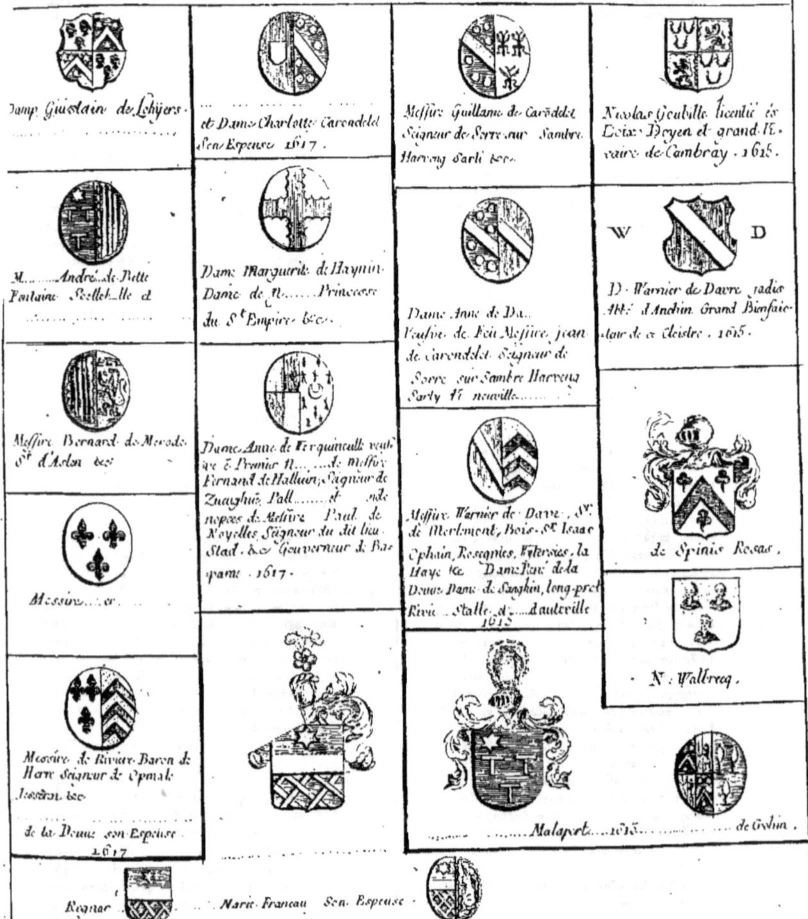

FON

Revenons à Michel-Luc-Camille de Rodoan. Il fut
Capitaine dans le Régiment du Marquis de Lede, son
cousin, au service d'Espagne : il se trouva au siége
de Valenciennes et à la prise de plusieurs autres Villes
1764. sur les ennemis en 1674 et 1675. Il mourut le 20
1675. Juillet 1702. Mar.-Mad. de la Rivière, qu'il avait
1692. épousée le 17 Mai 1692, en qualité de tutrice de ses
enfans releva la Terre et Baronnie de Fontaine l'Evêque. Cette Dame était fille de Jacq. de la Rivière Sgr.
de Romblay, Warmes, la Carnoy etc. et de Mar.-
Charl. de Briois, *petite-fille* de Jean de la Rivière
Chev. Sgr. de Romblay, Wormes et de Mar.-Magd.
de Melun Dame de la Carnoye, *arrière-petite-fille*,
de Jean de la Rivière Chev. Sgr. de Romblay, Warmes etc. et de Jeanne de Beauffremez fille de Franç.
de Beauffremez, *arrière-arrière-petite-fille* de Messire
Phil. de la Rivière Ecuyer, Sgr. de Warmes, Lia-
we etc. et d'Isabelle d'Ablain Dame de Romblay. Ils
eurent entr'autres enfans Antoine-Adrien qui suit.

VI. Ant.-Adr.-Jos. Baron de Rodoan, Vicomte de
la Carnoy releva la Terre et Sgrie. d'Anderlues, il
épousa Mar.-Cath.-Louise du Chastel de la Hovarderie. *Voyez du Chastel.* Il fut choisi Député de la No-
1722. blesse des Etats de Hainaut en 1722.

VII. Adrien-Franç.-Isid.-Jos. de Rodoan Sgr. de
la Carnoy, Forchies, la Marche, Apremont, Inglinghem; Warnes, Ringheval, Nedermoscher, Aysove,
1731. Morbais etc naquit le 7 Septembre 1731 et fut baptisé
le même jour à l'Eglise Paroissiale de Fontaine-l'E-
vêque. Il était Membre de la Noblesse des Etats de
Hainaut lorsque, le 24 Septembre 1755, l'Impératrice
1755. Marie-Thérèse d'Autriche lui accorda des lettres patentes de Comte : la même faveur fut aussi accordée
en même temps à son frère Philippe-Ferdinand-Joseph
de Rodoan Sgr. de Boussoit-sur-Haisne, Estrepy,
Bracquegnies et Mairieux qui eut pour filles les Comtesses d'Andelot et de Van der Burch de son épouse
Marie-Franç.-Jos.-Gabr. de Rochou fille de Messire
Ferdinand-Edmond de Rochou et de Barbe-Jos.-Gert.
Van Grave Chanoinesse à Nivelle, *petite-fille* de Messire François de la Margelle, *arrière-petite-fille* de
Messire Jean Zacharie de Rochou et d'Elisabeth Lo-
pez-de-Villa-Nova.

Adrien-Franç.-Isid.-Jos. de Rodoan épousa Marie-
Charl.-Gab. de Rouveroit Chanoinesse à Andenne.
Leur contrat fut passé le 27 Juillet 1755 en présence
de Messire Adr.-Jos. Baron de Rodoan, Vicomte de
la Carnoye, Député de la Chambre de la Noblesse des
Etats de Hainaut, de Madame Catherine-Louise Comtesse du Chastel son épouse, *père et mère du contractant*, et de Charles-Emmanuel Prince de Gavre,
Marquis d'Ayseau, Comte du St-Empire Romain etc.,
Pair, Gouverneur-Capitaine-Général et Souverain Bailli
de la Province de Namur. *Voyez Rouveroit.* Deux
sœurs dudit Adrien-Franç.-Isid.-Jos. de Rodoan épou-
sèrent deux frères Comtes de Dam. *Voyez le premier
vol. pag.* 164. Une autre sœur épousa le Comte du
Chastel de la Hovardrie, et une fut épouse de M. de
Waziers Wavrin, dont je parlerai ci-après.

Ils eurent pour enfans un fils unique ci-après, et
plusieurs Demoiselles Chanoinesses à Maubeuge et à
Mons. Une est épouse du Chef de la Maison de Roisin :
une autre a épousé le Baron de Vincent Feld-Maréchal
au service de l'Empereur d'Allemagne qui l'honore des
négociations les plus importantes pour le bonheur et
la tranquillité de l'Europe près S. M. l'Empereur des
Français.

VIII. Charles-Amour-Jos.-Franç.-Régis-Jean-Nép.
Comte de Rodoan, Membre de la Noblesse des Etats
de Hainaut, Chambellan de S. M. l'Empereur d'Al-

FON

lemagne etc. naquit à Namur et fut baptisé le 30 Juil-
1757. let 1757 à l'Eglise Paroissiale de St.-Jean l'Evangéliste. La mort ayant enlevé son père le 4 Mars 1761,
Marie-Charl.-Gab. Baronne de Rouveroit, sa mère et
tutrice, releva les 10 et 26 Juin de la même année
les grands Bois de Fontaine, les Terres de Forchies
et de la Marche et la Seigneurie de Micault. Il les
1773. releva lui-même le 11 Mai 1773. Il mourut le dernier
mâle de sa Maison ne laissant de son épouse, née de
Mérode-Westerloo, qu'un fils mort et une fille mariée en Mai 1807 avec M. de Brancas.

La Terre de Fontaine-l'Evêque sera un des plus
beaux domaines de la Maison de Brancas par le mariage qu'un Seigneur de cette Maison vient de con-
1807. tracter en 1807 avec l'héritière de la Maison de Rodoan. L'érection de la Terre de Vilars en Duché-
1652. Pairie qui a eu lieu en 1652 en faveur de Georges de
Brancas fait connaître l'ancienneté et l'illustration de
cette Maison. En voici un extrait :

« Voulant reconnaître les grands et signalés services
» que Notre Amé et Féal Cousin GEORGES DE
» BRANCAS, Duc de Villars, Chevalier de Nos
» Ordres, Conseiller en Notre Conseil d'Etat, Capi-
» taine de cent Hommes d'Armes de Nos Ordonnan-
» ces, Nous a rendus et continue chaque jour de Nous
» rendre même en la personne de Notre Amé et Féal
» *Louis-Franç. de Brancas Marquis de Villars* son fils
» aîné, servant actuellement dans Nos armées et voulant
» honorer les grandes et singulières vertus qui relui-
» sent en lui, dont il a donné des preuves en toutes
» les occasions qui se sont présentées pour Notre ser-
» vice et de Feu *Louis XIII* Notre très-honoré Sei-
» gneur et père de glorieuse mémoire : mettant d'ail-
» leurs en considération *l'antiquité, la grandeur et*
» *Noblesse de sa Maison*, les grands et généreux
» Personnages qui en sont issus : même ayant été
» dûment informé que *cette Maison a tenu rang* de
» toute ancienneté *entre les plus illustres Familles du*
» *Royaume de Naples* et que d'icelle est sorti Bufile
» de Brancas lequel mérita par sa valeur d'être fait
» *Maréchal de l'Eglise* pendant les longues guerres qui
» affligèrent ledit Royaume : rendit de si grands et si-
» gnalés services à René d'Anjou Roi de Sicile et Comte
» de Provence, même en la journée de la Savonne,
» qu'il semblait que la victoire ne l'osât abandonner
» jusques à ce que Jean fils dudit René, ayant su vain-
» cre et non pas se servir de sa victoire, donna de si
» grands avantages à ses ennemis qu'il fut contraint
» de se retirer dans ce Royaume avec son père et fut
» suivi dudit Bufile de Brancas qui voulut pren-
» dre part à son infortune et faire voir sa fidélité
» comme sa valeur, dont il fut tellement estimé et
» chéri qu'après avoir reçu en don de grandes et no-
» bles Terres, il laissa tant de gloire à ses deux en-
» fans que, l'un ayant été fait CARDINAL, l'autre
» fut recherché pour gendre du Marquis de Saluces
» duquel mariage fut procréé Barthélemi de Brancas
» qui épousa depuis la fille du Comte de Forcalquier
» et de Toulouse auquel honneur il ajouta plusieurs
» marques de gloire comme ont fait ses successeurs,
» même Annibal Baron d'Oise son petit-fils lequel
» après avoir si dignement servi le Roi Henri II en
» Allemagne, FRANÇOIS PREMIER et CHAR-
» LES IX aux journées de Jarnac et de Montcontour,
» où il amena quatre mille hommes, sa loyauté et sa
» valeur parurent avec tant de gloire que le feu Roi
» Henri III voulut qu'il épousât la sœur du *Maréchal*
» *de Joyeuse*, son Lieutenant-Général en Languedoc :
» lequel après son décès laissa Gaspard, André et
» Georges de Brancas ses enfans, successeurs de sa

» valeur

FON

» valeur et de son zèle et de sa valeur au service de
» cet état, comme ils ont bien témoigné.
» Ledit André ayant été fait AMIRAL et Gouver-
» neur du Havre-de-Grace, lequel, ayant signalé sa
» valeur et son courage en tant d'occasions importan-
» tes, aurait achevé une belle vie par une glorieuse
» mort qu'il reçut servant le défunt Roi HENRI-LE-
» GRAND Notre très-honoré Seigneur et Aïeul au
» siége de Doulens contre l'armée du Roi d'Espagne
» commandée par le Comte de Fuentes. Et durant
» ce temps Notre dit Cousin lors le Marquis de
» Villars était dans les armées de Notre dit Seigneur
» et Ayeul en la Franche-Comté d'où il fut appellé
» pour être Gouverneur dudit Havre-de-Grace où il a
» dignement, fidèlement et généreusement servi cet Etat
1625. » et particulièrement en l'année 1625 où Notre Sei-
» gneur et Père, ayant été obligé de réprimer la *rébel-*
» *lion de ceux de la Religion prétendue Réformée*,
» Notredit Cousin aurait reçu grands secours en ses
» affaires. Toutes lesquelles grandes, bonnes et justes
» considérations mises ensemble auraient mu Notre
» dit défunt Seigneur et Père de lui octroyer son brévêt
1626. » de DUC ET PAIR le 18 Octobre 1626, et en exé-
» cution d'icelui créé et érigé par les Lettres Patentes
1627. » du mois de Septembre 1627, vérifiées en Notre Cour
» de Parlement et Chambre des Comptes de Proven-
» ce, *ladite Terre et Seigneurie de Villars* et autres
» Terres mentionnées ès dites Lettres en Duché, tant
» pour Notre dit Cousin que ses hoirs et successeurs
» mâles, nés et à naître en loyal mariage, avec déro-
» gation à tous Edits et Ordonnances de Nosdits pré-
» décesseurs Rois, à la charge toutefois que les jus-
» tices unies qui composent ledit *Duché et Pairie*
» ressortiront dorénavant nuement en Notre Cour de
» Parlement de Paris tout ainsi que les Pairs de France.
» Mais d'autant que par lesdites Lettres il a été
» *omis d'y insérer le Titre et dignité de Pairie* com-
» bien que par le susdit brévêt Notre feu Seigneur et
» Père l'eût octroyé à Notre dit Cousin, et voulant
» qu'il jouisse entièrement de ladite grace icelle con-
» firmer et augmenter autant qu'il Nous sera possible,
» NOUS A CES CAUSES et autres bonnes considé-
» rations à ce Nous mouvans, de l'avis *de la Reine*
» *Notre très honorée Dame et Mère* et d'autres très-
» grands et Notables personnages de Notre Conseil
» et de Nos graces spéciales, pleine puissance et au-
» torité Royale, *en confirmant la volonté et brévêt*
» *de Notre dit feu Seigneur et Père* avons créé, érigé
» et décoré, créons, érigeons et décorons *par les*
» *présentes signées de Notre main* ledit Duché de Vil-
» lars *ses appartenances et dépendances portées* par
» lesdites Lettres de création du mois de Septembre
» 1627 en Titre, Nom, Qualité et dignité de PAIRIE
» DE FRANCE pour Notre dit Cousin, ses hoirs et
» successeurs mâles nés et à naître en loyal maria-
» etc. etc. etc. Donné à Pontoise au mois de Juillet
» l'an de grace mil six cent cinquante deux.
Je parlerai, à l'art. de la Maison de Gand, d'Elis.-
Pauline de Gand Princesse d'Isenghien et de Masmines
1755. qui épousa, le 11 Janv 1755, Louis-Léon-Félicité de
Brancas Comte de Lauraguais (*père de Madame la*
Duchesse d'Aremberg Régnante) fils de Louis Duc de
Brancas, Pair de France, Chev. de la Toison d'Or,
Lieutenant-Général des Armées du Roi, et d'Adélaïde-
Généev.-Félicité d'O. On verra à quel degré la Bran-
che de M. de Brancas époux de Mlle. de Rodoan ap-
partient à celle des Brancas-Lauraguais.
J'ai promis plus haut de dire un mot sur l'alliance
de Claire Louise-Joséphine de Rodoan avec Charles-
Louis Ghislain de Waziers-Wavrin. Jean Bapt.-Louis

FON

1684. son père fut baptisé à la Paroisse de St.-Germain à
Mons le 18 Août 1684. Qualifié Noble et Illustre Sgr.
Messire Jean-Joseph-Louis de Wavrin Sgr. de Rebreviettes, Montigny etc. il épousa, par contrat passé
1731. à Douay le 28 Août 1731, Noble et Illustre Demoiselle
Marie-Ant.-Eug. de Berghes Chanoinesse de Denain,
de la Maison des Princes de Rache.
Son aïeul Louis-Charles-Féry fut baptisé à l'Eglise
1649. de St.-Germain à Mons le 1er. Novembre 1649 : son
extrait baptistaire le dit fils de Mgr. Féri de Waziers
Sgr. de Rebreviettes. Il épousa Marie-Jeanne Boele
1671. par contrat passé à Mons le 9 Février 1671, auquel assistèrent Messire François-Arnould Hanot Ecuyer Sgr.
de Bougnies, St.-Hilaire, Court-à-Genlis époux de
Dame Françoise Boele Dame desdits lieux sœur de la
contractante (*quartaïeux directs de Maximil.-Joseph*
Hanot né en 1774 époux de Victoire de Wolff qu'il
épousa en 1797), le Sr. Charles Robert Conseiller de
la Souveraine Cour à Mons et Simon le Roi Pensionnaire de la Ville de Mons.
Son bisaïeul Féri de Waziers dit de Wavrin du consentement de Messire Féry d'Orgemont dit de Crohin
Chanoine de Cambray son oncle maternel, en présence de Floris de la Fahze Ecuyer Sgr. de Froidmont
1646. son cousin, épousa, par contrat du 17 Octobre 1646,
Marie-Marguerite de Bousies fille de Phil. Ecuyer Sgr.
de St.-Simphorien accompagnée de son père
Son trisaïeul Gilles de Waziers Sgr. de Rebreviettes assisté d'Augustin de Baynast Ecuyer, Sgr. d'Au-
benchoel son beau-frère, de Messire Valentin de Ricamez Chev. Vicomte d'Arleux, Sgr. de Morval son
cousin germain et de Mons. Jean-Mathieu de Lignies
Licencié ès-droits, Conseil.-Pensionnaire de Cambray
1615. épousa par contrat du dernier Septembre 1615 Françoise de Crohin. Les assistans du côté de la contractante furent vénérable Sgr. Mons. Fery de Crohin
Chanoine de Cambray son frère, Dlle. Henriette de
Crane sa tante, Mess Pierre de Heraugnière Chev.
Jean de Heraugnière Ecuyer, Gentilhomme de la
Bouche de l'Archid. Ferdinand.
Son quatrième aïeul Gilles de Waziers Sgr. de
Rebreviettes épousa Avoie de Ricamez dont la sœur
fut epouse de Franç. du Bosquet Sgr. de Stradin
1594. selon un acte passé en 1594. Par son testament du
1586. 29 Avril 1586, il donna à Robert son fils aîné la
Sgrie de Goysaucourt et à Gilles son autre fils la
Sgrie. de Waziers.
Son cinquième aïeul Louis de Waziers Sgr. de
1523. Goysaucourt et de Robreviettes epousa en 1523 Michelle de Gonnelieu. Une de ses filles Marg. mariée
avec Jean de Habarcq eut une fille Abbesse du Chapitre de Denain selon son épitaphe avec cette inscription : *Cy gist Noble et vertueuse Dame Madame*
Michelle de Habarcq Abbesse de l'illustre Collège de
Madame Ste.-Renfroye à Denain qui trépassa le 7
1633. *Janvier l'an 1633 âgée de 89 ans. Priez Dieu pour*
son ame. Son tombeau est décoré de 4 quartiers paternels et de 4 quartiers maternels. *Les paternels sont :* Habarcq, Mailly, Haincourt et la Hamaide. *Les mater-*
nels sont : Waziers, Rebreviettes, Gonnelieu et Cresques.
Son sixième aïeul, Gilles de Waziers avait épousé
en premières noces Marie de Noyelles-Wyon veuve
1477. d'Ant. de Lalain mort à Nanci en 1477 : sa sœur cadette était épouse de Gilles de Creton Sgr. d'Estourmel, Templeuve et Hardicourt. Elles étaient toutes
deux filles de Charles de Noyelles Sgr. de Hangest et
d'Ant. de Willerval ; petite-fille de Baudot de Noyelle
Chevalier de la Toison d'Or, sous Phil.-le-Bon. De
ce mariage naquit Antoine de Waziers.
Gilles de Waziers épousa 2°. Noble Dame Madame

Marg. de Rebreviettes Dame d'Estainbourg. Ce sont
ces Titres qu'elle prit dans son contrat de mariage du
1490. 14 Août 1490. Son ép. y est qualifié Noble et Puissant Sgr. Monsieur Gilles de Waziers Chev. Sgr. de
Hendicourt et de Menecourt. Il comparaît dans une
1497. lettre d'issue de Mambournie du 10 Juillet 1497 par-
devant Pierre de Vignacourt Ecuyer, Lieutenant à
Montdidier de Mgr. le Gouvern. et Bailli de Péronne,
Montdidier et Roye. Il est qualifié Nob. et Puissant Sgr.
Mgr. Gilles de Waziers Chev. Sgr. de Hendicourt et
Monencourt, Conseiller et Chambellan du Roi.

Je suis aise de donner ces renseignemens à Madame de Tenremonde née de Waziers parce que, comme MM. ses frères et Mme. sa belle-sœur née de Ghellincq de Peteghem, *Douairière de Waziers*, demeurant à Gand, elle m'a toujours honoré de son estime.

On trouvera de plus grands renseignemens sur cette très-ancienne Maison à l'article de Wavrin et à celui de Waziers. Je me fais un vrai plaisir de donner la carte ci-dessous : elle est utile à tous ceux qui descendent de Gilles de Waziers.

SEIZE QUARTIERS DE FÉLIX DE WAZIERS ÉPOUX DE MAR.-MARG. DE BOUSIES.

Gilles de Waziers Sgr. de Hondicourt épousa Marg. hérit. de Rebreviettes.	N. Gonnelieu Sgr. de Villers-Ghislain épousa Jeanne Cresques.	Artus de Ricamez Sgr. de Rocquier épousa Jeanne de Hautecloque.	Jacques de Habart épousa Ant de Havnecourt.	George de Crohin Sgr. de Mainvault épousa Waudru de Barbançon.	Lion de Gorgnies Sgr. du Fay et de Ville épousa Cath. Dame de Hainin, Dame de Vaux et Peissant.	Franç. de Crane épousa Jeanne de Heraugmier.	Nicol Resteau Sgr. de Flegnies et de Rœlt épousa Waudru de Ruelin.
Louis Sgr. de Gouzancourt et de Rebreviettes.	Michelle de Gonnelieu.	Franç. de Ricamez Sgr. de Rocquier.	Isabeau de Habart.	God de Crohin Sgr. d'Erbault Larcan, Mainvault.	Anne de Gorgnies.	Jean de Crane.	Catherine Resteau.
Gilles Sgr. de Gouzancourt et de Rebreviettes.		Avoye de Ricamez.		Féry de Crohin Sgr. de Larcan, Mainvault.		Louise de Crohin Dame de Scarbilet en Flandre, + 1619.	
Gilles de Waziers Sgr. de Rebreviettes.				Françoise de Crohin, + en 1642.			
Féry de Waziers Seigneur de Rebreviettes.							

FONTAINE. Il existe à Mons plusieurs Familles de ce nom. Les unes s'appartiennent et les autres leur sont étrangères. On trouve dans mon premier volume plusieurs documens qui concernent les Fontaine Sgrs. de Rombise, les Fontaine Sgrs. du Joncquoit et autres. Je donnerai à l'article de Haynin-Calbrecq ce qui peut les concerner.

FONTAINE (*de la*). Une Maison de ce nom, alliée à celle de Dobbelstein, a été prouvée au Chapitre de Nivelles, ce qu'on voit par la carte ci-dessous.

SEIZE QUARTIERS DE MARIE-FRANÇOISE BARONNE DE DOBBELSTEIN,

Reçue Chanoinesse à Nivelles en 1730.

Mes Théodore de Dobbelstein Sgr. d'Eynenbourg épousa Marg. de Horion de Colonster.	Mes. Guillaume de Horion Sgr. de Heel épousa Odille de Breyll.	Mess. Jean d'Ouren Sgr. de Tavigny épousa Adrienne de Palland.	*Mes.* Pierre de la Fontaine *Sgr. de Sorbay* épousa Reine de Hennemont.	Mess Burchart de Westerholt Sgr. de Hacfort, Membre des Etats-Génér. de Zutphen épousa Elizabeth de Clooster.	Mess. Enolf.-George de Westerholt, Seigr. d'Halst, Hazelune et Laeck épousa Anne de Morien-d'Ottenstein.	Mes. Théod. de Reck Sgr. d'Ontroppe épousa Claire de Boenen de Bergue.	Mes. Eberhart de Wylack Seigneur de Wenge et Neyenhoven épousa Ann d'Uest de Larcahusen.
Jean-Charles Baron de Dobbelstein, Sgr. d'Eynenbourg et Morsenet.	Helvide de Horion de Breyll.	Jean Charles Bar. d'Ouren, Sgr. dudit lieu, Limpach.	Anne de la Fontaine.	Bern. Hacfort Baron de Westerholt, Génér. pour S. M. I., Comm. 2 Régimens.	Sophie de Westerholt.	Conr. de Reck Sgr. d'Untroppe, de Haeren et Mondoe.	Gerbergue de Wylack, hérit de Wenge et Neyenhoven.
Jean-Lamb. Baron de Dobbelstein, Sgr. d'Eynembourg et Limpach.		Sidonie d'Ouren de Tavigny.		Burchard Baron de Westerholt.		Claire de Recq de Haren.	
Jean-Charles Baron de Dobbelstein, Sgr. d'Eynenbourg et Limbourg, Lieutenant-Général pour S. A. S. Elect. de Cologne, Grand-Croix de l'Ordre de St.-Michel.				Bernardine de Westerholt et de Lembeck.			
Marie-Sophie-Thérèse-Françoise Baronne de Dobbelstein-d'Eynenbourg, reçue Chanoinesse à Nivelles le 22 Octobre 1730.							

1585. FONTENAY. Voyez Gosset en 1585 ; Coquillon en 1586 et Flament en 1587.

1342. FONTEVRAUX (*Abbaye*). Quittance de Sœur Théophanie Fourrière Prieure de l'Abbaye de Fontevraux, et ayant le Gouvernement de cette Abbaye pour Isabelle de Valois Abbesse de cette Maison, de 15 liv. qui lui étaient dues sur la Prévôté de Brou. 1342, Dimanche avant la Magdel. *Orig. en parch. dont le scel est perdu.*

FORMANOIR (*Très-souvent écrit Fourmanoir*). Pag. 4 du premier volume, on voit que Pierre Fourmanoir avait en 1473 un fief relevant de la Hamayde.
1473. Pag. 1036, il est prouvé qu'une branche de cette Famille possède la belle Terre de la Cazerie depuis plus de trois siècles par le dénombrement qui en fut donné en 1502 à la Cour Féodale d'Ansereul par Jean For-
1502. manoir (*ainsi écrit*) fils de Jean demeurant à Pottes. On voit (*même page et même année*) que Catherine Formanoir était veuve de Michel de St.-Mortier dont pour fils Hacquinet de St.-Mortier demeurant à Celles. M. de Formanoir moderne, Propriétaire de la Cazerie, a perdu son épouse en 1806. Cette Dame, *née de Gouy*, mérite une reconnaissance éternelle de la part des malheureux et des pauvres malades. Elle employait une partie de ses revenus pour les secourir : elle était enfin un exemple rare de vertus. Le recueil des épitaphes de Tournay qui se trouve dans le 1er. volume de cet ouvrage prouve que depuis plusieurs siècles les Formanoir se sont alliés avec les plus anciennes Familles de ce canton et que plusieurs de leurs ancêtres ont été Grands Prévôts de Tournay.

FORMEZELLES. Voyez Cassel en 1331.

1331. FOU. Quittance de Geoffroi de Fou Chev. de deux
1367. muids et demi de bled qu'il avait reçu du Prévôt de Revigny pour une année de rente à lui due sur la dîme de Revigny. 1367, le jour de St.-Remi. *Orig. en pap. cacheté de son scel en cire verte.*

FOURNEAU DE CRUYCKEMBOURG. Les Fourneau de Cruyckembourg ont contracté des alliances avec les maisons les plus anciennes et les plus illustres. Le Comte de Cruyckembourg d'aujourd'hui, *dont la sœur reçue Chanoinesse à Mons est épouse de M. du Chasteler de Moulbais*, a fait une alliance qui honore sa maison. Il a épousé une Comtesse Waldstein dont la mère est née Princesse de Liechtenstein, sœur de la Princesse Régnante de Ligne et de la Princesse Khevenhüller. La mère du Comte Fourneau de Cruyckembourg était de la Maison de Chanclos, dont la sœur épousa le Baron de Roisin. *Voyez la carte ci-dessous.*

SEIZE QUARTIERS DE MADEMOISELLE DE ROISIN, *Chanoinesse à Mons.*

Mess Baudry de Roisin Chev. Baron de Selles, Sgr. de Rongy épousa Maxim.-Alb. de Gand dite Vilain.	Mess. Laurent Delfosse Ecuyer Sgr. de Marquais, ancien Trés.-Gén. des Etats de Tournai et Tournesis épousa Jeanne Errembault fille de Gil Sgr. du Breucq, la Haye etc. et de Jeann. Desmont.	Mess. Louis Thomas De Thiennes Comte de Rumbeke, Bar. de Heukelom etc épousa Magdelaine-Charl. Van der Gracht Baron. d'Erre.	Mess. François-Louis-Balth Comte de Gomiecourt, Marq. de Mazières, Vicomte de Quesnes, Baron de Laguicourt épousa Anne-Josep. de Léon.	Mess. Urbain de Rets de Bressoles dit Bruisuila, Sgr. de Chanclos épousa Claire Isab. de Cuelar.	Mess. Gérard le Rat Colon. de Cavalerie épousa Jeanne de Tassis.	Mess. Philippe-Alexis du Bost Baron d'Esch épousa Jeanne-Elizab. de Steincalenfels.	Mess. Séb. de Stassin épousa Ludevine Pétronill du Bosch.
Mess. Baudry-François de Roisin Baron de Rongy et de Selles.	Jeanne-Agnès Delfosse. *Le Chef de cette Famil. est époux en 1807 d'une Comtes. d'Errembault dont la mère est une Com. d'Ayassasa.*	Mes. René-Charles de Thiennes Com. de Rumbeke, Baron de Heukelom et d'Erre.	Mangolde-Franç.-Florence-Eugénie de Gomiecourt.	Mes. Denis-François-Urbain-Jos. de Rets, Bruisuila de Chanclos, Général-Major, Gouv. et Grand Bailli d'Audenarde.	Anne-Ant. le Rat.	Mes. Charles-Bernard du Bost Baron d'Esch.	Mar.-Marguer.-Chapl. de Stassin.

Messire Charles-Louis Baron de Roisin, Sgr. de Forest et du Parcq, Chev. d'Honneur au Parlement de Douay.	Josèphe-Françoise-Victoire de Thiennes.	Messire Charles-Urbain de Rets, Bruisuila, Comte de Chanclos, Feld Maréchal des Armées de S. M., Gouverneur d'Ostende.	Ludevine-Philippine Baronne du Bost.

Messire Mar.-Philippe-Albert Baudry Baron de Roisin, Chev. d'Honneur au Parlement de Douay.	Franç.-Charl.-Jos. de Rets, Bruisuila, Comtesse de Chanclos, *sœur de la Comtesse Fourneau-de Cruyckembourg.*

Marie-Ludvine-Philippine-Henriette-Charlotte-Augustine de Roisin Chanoinesse à Mons, née en 1768.

Les preuves de cette Dame ont été faites par M. Louis Chasselet Jurisconsulte demeurant à Mons, obligeant par caractère. Il a des recueils très-considérables qu'il communique avec plaisir.

La Maison de Fourneau-Cruyckembourg a été long-temps établie dans le Hainaut. Un fameux inventaire d'anciens Titres trouvés après la mort de Mademoiselle Ruffault en indique un très-grand nombre qui prouvent les anciennes propriétés et les alliances des *Fourneau*. J'ai donné cet inventaire dans le 1er. volume page 1038. On y voit plusieurs ac-
1486. quisitions faites en 1486 par Jean Fourneau; le contrat de mariage entre Jean Fourneau et Jeanne
1498. Testart en 1498; l'acquisition d'une prairie en 1500
1500. par Jean Fourneau Sgr. de la Glizoelle; l'acquisition de plusieurs héritages par le même demeurant à Mons
1509. en 1509; le contrat de mariage entre Adrien de la
1516. Croix et Marie Fourneau en 1516; le dénombrement
1519. d'un fief relevant de Chimay, donné en 1519 par Jossine Testart veuve de Louis Fourneau, pour Louis
1520. son fils; un partage en 1520 de Jean Fourneau Sgr. de Bagenrieu, Marieu etc. et Dame Iolenthe Testart son épouse; adjonction d'avis des mêmes Jean et Io-
1526. lenthe en 1526; lettres de provision entre les enfans
1525. de Jean Fourneau et d'Iolenthe Testart en 1525; fiefs succédés à Jeanne Fourneau en 1542 par la mort
1531. de Louis Fourneau son frère; appointement en 1531 entre Augustin Caron demeurant à Trazegnies en action de Martine Fourneau son épouse et *Dlle. Iolenthe Testart veuve de Jean Fourneau Ecuyer*, Sgr. de Bagenrieu pour Pasques Testart sa tante veuve de Jacques le Kien; testament d'Iolenthe Tes-
1551. tart, veuve de Jean Fourneau en 1551. Ce même inventaire parle des descendans d'Adrien de la Croix (époux de Marie Fourneau) alliés avec la maison du Chasteler; voici le titre: *Bail de plusieurs Heritages*
1580. *situés à Merbes en* 1580 *par Dame Henriette* du Chasteler *épouse de Georges de Thiant Ecuyer, Sgr. de Baillon et Jean de* la Croix *Ecuyer, Sgr. de Mairieu son neveu à Laurent du Vivier.*

Il existe encore des renseignemens plus anciens dans le 1er. volume. *P.* 910 on voit que Cath. le Fort
1458. était épouse de Jean Fourneau en 1458. *P.* 903 Jean Fourneau est rappellé comme beau-frère de Jean Bricquenaix en 1471. *P.* 904 Jean Fourneau et Jean Bricquenaix susdits ont pour mère Maigne du Veau. *Ibid.* Jean Fourneau époux de Jeanne le Fort y est dit Clerc
1475. (*Conseiller*) des Enquêtes du Baill. de Haynaut en 1475.

Nous avons vu ci-devant pag. 71 que Michel Des-
1518. tuslemoustier né en 1518 a épousé Anne Fourneau nièce de Guillaume Fourneau Sgr. de Bagenrieu qui épousa Marie de Cordes dont Messire Jean Fourneau Sgr. de Bagenrieu, Prévôt de Mons époux de Claire de Masnuy.

1304. FRANCE. Commission donnée par le Roi Philippe IV. à R. Comte d'Evreux son frère, R. Duc de Bourgogne, Chambrier de France, Amé Comte de Savoye et Jean Comte de Dreux *de donner et prendre trèves* avec les Flamands comme ils le trouvaient convenable. 1304, dans les tentes de Lille, 24 Septembre. Cette pièce est intitulée: *Procuration du Roi aux quatres diseurs de France pour prendre trieuwes as Flamens devant Lille.*

1304. Lettres de Gilles Aycelin Archév. de Narbonne, Pierre de Moruay Evèque d'Auxerre, Louis Comte d'Evreux, Robert Duc de Bourgogne, Amé Comte de Savoye et Jean Comte de Dreux nommés par le Roi pour traiter, recevoir et accepter les offres faites par Messire Gérard de Sotenghien, Messire Jean Sgr. de Cuick, Messire Jean de Gavre Sgr. d'Escornay et

Messire Gérard le Moer Chev. envoyés par les Sgrs. les bonnes Villes et les Gens de Flandre, acceptant au nom du Roi les offres de ces Députés, savoir: le Roi aura 20,000 livres de rente assignées dans le Comté de Retbel et ailleurs, ou 400,000 liv. payables en 4 ans, ou 1,200,000 liv. payables en 12 ans à son choix, et il aura 600 hommes d'armes pour le servir pendant un an à leurs dépens, par-tout ou il le jugera à propos. Il pourra punir 3000 personnes de la Ville et du Terroir de Bruges par voyages ou pélérinages, savoir: mille au-delà des mers et deux mille en-deçà, et, moyennant ce, les Villes et Habitans de la Flandre auront leurs Seigneurs, savoir: le Comte de Flandre Mgr. Robert, Mgr. Willaume et Mgr. Gui. Ils seront dans l'hommage du Roi comme avant la guerre, et les Villes et Habitans conserveront leurs franchises. Les Villes et les Gentilshommes du pays promettront de ne jamais rien faire contre le Roi et de ne pas manquer à l'obéissance qu'ils lui doivent. 1304, 16 Janvier. *Rouleau de 22 bandes de parch. Pièce 2.*

1304. Promesse faite par les Commissaires du Roi pour traiter avec les Flamands aux envoyés de Flandre que lorsque le traité sera conclu entr'eux et les otages donnés par les Flamands, les Marchands et Habitans de France et de Flandre pourront négocier librement dans les deux pays. 1304, 18 Janvier. *Rouleau de 22 bandes en parch. Pièce 4.*

1304. Lettres de Louis, fils du Roi de France, Comte d'Evreux, Robert Duc de Bourgogne, Amé Comte de Savoye et Jean Comte de Dreux, par lesquelles ils prolongent jusqu'à la Nativité de St.-Jean-Baptiste la trève qu'ils avaient conclue au nom du Roi avec les envoyés de la Flandre. 1304, à Paris, 11 Février. *Rouleau de 22 bandes de parch. Pièce 10.*

1304. Promesse du Roi Philippe IV d'agréer tout ce que ses Députés feront avec ceux de Flandre. 1304, à Paris, 14 Février. *Rouleau de 22 bandes.*

1304. (*Serment des Flamands au Roi de France*). Acte contenant que le Roi Philippe-le-Bel ayant nommé Jacques de St.-Albert Clerc et le Seigneur Hugues de Celle (de la Celle) Chev. par lettres y insérées, données à Paris le Jeudi après St.-Mathieu Apôtre, 1304, pour *recevoir le serment des Nobles et des bonnes Villes du Comté de Flandre* et leur demander des lettres d'obligation et d'otage. Les Commissaires sont arrivés à Gand dans le Diocèse de Tournai et se sont présentés devant la Halle de cette Ville, en présence de Phil. de Thiette et de Jean de Namur fils de feu Gui Comte de Flandre, de Gérard Sgr. de Sotenghien, Will. de Mortagne, Gérard dit le Mor Chev. et d'un grand nombre de personnes, ainsi que du Sgr. Godefroi de Barbantre Bailli de Gand, de Godefroi Paris, Yder Pot, Jean de Cuinghien, Jean Darsselle, Guil. Molenyser, Jacq. Asscergay, Gilles Hornekin, Wautier le Werke, Willaume de Berge, Jean de Fline, Will. de Dakeman *Echevins*; et de Nicolas de Hoye, Lievin fils d'Eustache, Jacq. dit Chevalier, Wautier Alverioce, Michel de West, Jean le Rons, Bauduin de Loghem, Pierre Goetals et Jean de Lembergbe, Jean dit Morein, *Pacificateurs et Recteurs de cette Ville* et de Mo. Henri Braem, Clerc du Conseil, et que ces Commissaires y ont exposé que le Roi de France voulait voir terminer toutes les difficultés qu'il y avait entre lui et les Flamands: qu'ils étaient envoyés pour recevoir les sermens et les otages des personnes de considération et des Echevins, Recteurs et Communes de toutes les Villes de ce Comté aux conditions suivantes, 1°. qu'ils exécuteront ce qui se fera dans le prochain traité de paix, 2°. qu'ils enverront différentes personnes

sonnes pour s'obliger à l'exécution de ce Traité; 3°. qu'ils donneront à leurs personnes un pouvoir spécial en leurs noms comme s'ils étaient présens; 4°. qu'ils donneront pouvoir à leurs Procureurs de forcer à l'exécution du Traité ceux qui voudraient y consentir; 5°. qu'ils donneront pouvoir à leurs Procureurs de s'unir avec le Roi contre tous ceux qui voudraient venir contre ledit Traité.

Ensuite ledit Hugues *de Cella* les ayant requis de faire humblement serment d'exécuter tous ces articles, les Echevins, Recteurs des Villes, Communes et Universités ont juré, après avoir touché les Saints-Evangiles, et le Peuple après avoir levé les mains à l'Eglise et aux Saints, « qu'ils tiendront ce qui a été » fait et sera au Traité de la pés, et en le paîl et sur » la trêve et sur les hostagemens en la manière et en » la fourme qui a esté parlée, traitée et accordée sera» *Item*, que il et chacun de eus à la journée qui est » ou sera prise des ostages recevoir, il et chascun de » eus envoieront souffisans Procureurs qui auront » auctorité et plein pouvoir de eus et chascun de eus » lier et obligier si comme l'en pourra mieux à tenir » et à garder ladite pés, trieve et ostagemens sans » venir à l'encontre, et que cil Procureur especial de » faire pour eus et chascun de eus à ladite journée » en tout et par tout comme si il estait présent et de » lier et contraindre les rebelles par toutes les manières que l'en verra que il fera à faire et de estre » aveucque le Roy contre ceux qui en quelque manière que ce fust voudraient venir à l'encontre des » choses parlées sus lad. pés et trieves et sur les ostagemens, ou contre aucune de ces choses. »

Ce serment ayant été ensuite repété en flamand par plusieurs Echevins de la Ville de Gand et entr'autres par Godefroid Paris et Yser Pot, ils se sont tous retirés dans la Chambre des Echevins où les Bailli et Conseillers de cette Ville ont renouvellé leurs sermens. *Présens*, Robert Roussel, de Boesses Clerc de Sens, Guiot de Montaigne Clerc de Beziers et Nicolas de Laessies Clerc du Diocèse de Cambrai, Témoins. Ensuite le même jour à Gand Gilles Craymán un des Pacificateurs a juré en présence de Gérard Cuinto de Los Prés Poutre et Nicolas de Lyessies. Cet acte en latin a été passé le 13 Mars 1304 pendant la vacance du Siége Apostolique, en présence d'Evenus Phaly de St.-Nicaise Clerc du Diocèse de Quimpercoria. *Orig. en parch. signé de son monogrames.*

1305. Voyez nécessairement Gand, en 1305.

1305. Commission donnée par le Roi Philippe-le-Bel à ses Chers et Féaux Louis Comte d'Evreux son frère, Robert Duc de Bourgogne, Amé Comte de Savoye et Jean Comte de Dreux de proroger la trêve faite avec les Flamands. 1305, à Corbeil, 8 Juin. En latin. *Rouleau de 22 bandes de parch. Pièce 11.*

1305. Lettres des Commissaires du Roi et de ceux des Flamands par lesquelles ils ordonnent que tous ceux qui ont suivi le parti du Roi et celui des Sgrs. de Flandre et des Flamands, depuis le commencement de la guerre, pourront rentrer tranquillement dans leurs Héritages, et en jouir à compter de la dernière Fête de la Chandeleur. 1305, à Ath, 26 Juin. *Orig. en parch. et même rouleau que dessus*, *Pièce 9.*

1305. Commission donnée par Philippe-le-Bel à ses Amés et Féaux Louis Comte d'Evreux son frère, Robert Duc de Bourgogne, Amé Comte de Savoye et Jean Comte de Dreux pour traiter de la paix avec les Flamands. 1305, Juin, à Athies. *Rouleau de 22 bandes de parch. Pièce 5.*

1305. Traité de Paix par les Commissaires susdits avec les Députés de Flandre, par lequel le Comte de Flandre est obligé de constituer au Roi 20,000 liv. de rente sur le Comté de Rethel. Les fortifications des 5 bonnes villes de Flandre savoir : Douay, Lille, Ipres, Bruges et Gand seront detruites etc. 1305, Juin, à Athies-sur-Ourge. Le Comte de Hainaut pour son Comté de Hollande n'est pas compris dans ce Traité: *Rouleau de 22 bandes de parch. Pièce 6.* Imprimé par extrait dans les Chroniques d'Oudegherst, chap. 141, fol. 234: dans le Recueil des Traités de Paix de Montjens de 1700, tom. I, pag. 130 et dans le Corps Diplomatique de Dumont, tom. I, pag. 341. *Extrait de ce Traité sur deux feuilles de parch. cousues ensemble.* Ce Traité se trouve inséré en entier dans des Lettres de Robert Comte de Flandre données à Paris au mois d'Avril 1309, et dans celles des Villes de Gand et de Bruges des 8 Juin et 8 Juillet 1309 portant promesse de l'exécuter. *Voyez à ces dates.*

1305. Lettres des Commissaires du Roi et du Comte de Flandre, contenant interprétation de quelques articles dudit Traité de Paix. 1305, Juin. *Orig. en parch. scellé des sceaux des 8 Commissaires. Rouleau de 22 bandes de parch. Pièce 7.*

1309. Lettres par lesquelles le Roi Philippe-le-Bel déclare que les 6000 liv. de rente qu'il avait autrefois données à feu Jean Comte de Hainaut et à ses hoirs, dont 2000 liv. à recevoir sur son trésor jusqu'à ce qu'elles aient été assignées ailleurs, et les 4000 liv. sur les conquêtes de Flandre, ce Comte donna sur ces 4000 liv. 1500 liv. à défunte Isabelle sa fille femme de Raoul de Clermont, Connétable de Flandre, qui revinrent après sa mort à Marie de Hainaut sa sœur avec 500 liv. que Guill. Comte de Hainaut lui donna lors de son mariage avec Louis fils aîné de Robert Comte de Clermont oncle du Roi, pour lesquelles il l'avait reçu à Hommage, et assigne les 2 autres mille liv. audit Comte de Hainaut sur son trésor à charge de les tenir à toujours en un seul fief et hommage lige du Roi et de ses successeurs, et à condition que cette rente ne sortira jamais des mains des Comtes de Hainaut sans la permission du Roi. *Orig. en parch. dont le sceau est perdu. 2me. Cart. de Hain. Pièces 65 et 99. 3me. Cart. de Hain. Pièces 42 et 201.* 1309, *Avril, à St.-Ouen près Paris.*

1309. Le Roi Philippe le Bel accorde aux habitans communautés et territoires des Villes de Gand, Ipres, Courtray, Bruges, Bourbourg, Gravelines, Dam, Nieuport, Furnes, Berghes, Audenarde, Cassel, Lamins, Lecluse, Thourout, Ardembourg, Dikemue, Poperinghes, Blankenberghe, Domkerke, Lemue, le Hoghe et Franc-Métier de Bruges (*respectum*) repi jusqu'à la fête de la Madelaine pour payer leurs dettes. *Orig. en parch. signé sur le pli par vos chalop dont le sceau est perdu* 1309, 10 *Mai à Paris.*

1309. Voyez Tournay, en 1309.

1309. Mandement du Roi Phil. le Bel au Comte de Flandre de faire exécuter dans son pays l'ordonnance portant que dans toutes les Villes où il y a Foire ou Marché il y établira des personnes à qui toutes les monnaies d'or et d'argent seront montrées et qui les péseront et trancheront, en cas qu'elles soient fausses ou contrefaites. *Orig. en parch. scellé d'un morceau du sceau du Roi* 1309, *à Paris. Ce mandement est semblable à celui imprimé dans le Recueil des ordonnances du Louvre, tome 1er., pag.* 469.

1311. Lettres par lesquelles le Roi Philippe le Bel prolonge jusqu'au dernier Octobre prochain la trêve qu'il y avait entre R. Comte de Flandre et G. Comte de Hainaut, et en vertu de pouvoir que ces deux Comtes avaient donné au Roi. *Orig. en parch. scellé du sceau du Roi 1311 à St.-Ouen près Paris.*

1311. Plaintes adressées à Tournay à Mgr. Jean de Saint-Génois, Chevalier, par les députés du Roi Philippe le Bel, pour être communiquées aux Procureurs des bonnes Villes de Flandre. — 1°. Le Roi se plaint de ce que Mgr. de Marigny, l'un des envoyés en Flandre, ayant tâché d'appaiser la grande division qui paraissait être entre le Comte de Flandre et le Comte de Nevers son fils, avait reconnu que cette discorde n'était qu'une feinte pour émouvoir le Peuple au préjudice du Roi et des habitans de la Flandre. — 2°. De ce que le Comte de Flandre avait refusé la médiation du Roi dont il était Homme Lige et Pair de France, à cause du Comté de Flandre, pour terminer les différens qu'il avait avec le Comte de Hainaut, sous prétexte que les terres qui étaient en débat entre ces deux Comtes étaient mouvantes de l'Empire, quoique le Roi eut déclaré qu'il ne voulait pas se mêler de ces différens comme juge, mais comme ami des deux parties. — 3°. De ce que le Comte de Flandre étant convenu avec le Comte de Nevers son fils de se soumettre à l'arbitrage du Roi, on en avait dressé des lettres que tous deux avaient refusé de sceller, sous prétexte que le Comte de Nevers disait que le Sgr. de St.-Venant l'avait informé que le Sgr. de Marigny, envoyé du Roi, avait promis à Tournay, en présence des Connétable et chancelier de France, du Comte de Namur et des députés des bonnes Ville de Flandre, de faire exécuter le jugement rendu par Robert de Flandre et Jean Comte de Namur au sujet de ces différens, ce que ledit Sr. de Marigny niait. — 4°. Sur le reproche que le Comte de Flandre avait fait au Roi de ce qu'il avait contracté une alliance contre lui avec le Comte de Hainaut, le Sgr. de Marigny répondit que le Roi n'avait fait cette alliance que pour se fortifier contre celle que Gui de Dampierre, père du Comte Robert, avait faite avec le Roi d'Angleterre qui était alors l'ennemi de la France. — 5°. Le Sgr. de Marigny ayant, dans un autre voyage fait à Tournay, voulu persuader au Comte de Flandre combien il serait avantageux pour lui de faire la paix avec le Comte de Hainaut, *et ce Comte, ayant malgré cela dit à son Peuple beaucoup de choses dures contre le Roi*, ledit Sgr. de Marigny lui rappella les obligations qu'il devait avoir au Roi qui, l'ayant tenu lui, son père et ses sœurs en prison, avait été maître de leurs vies et aurait pu retenir leur pays par la voie de Justice, ce qu'il n'avait pas voulu faire. — 6°. Les Comtes de Flandre et de Nevers, recevant avec dureté ce qui leur était dit pour leur bien, et méconnaissant les graces et courtoisies que le Roi leur avait faites, répondirent que leur père et eux n'avaient pas été en prison à la volonté du Roi, ni *comme forfaits de corps et d'avoir;* surquoi le Sgr. de Marigny montra les lettres scellées du Comte de Nevers qui le prouverent. Le Comte de Nevers taxa de plus le Sgr. de Marigny qu'il n'avait pas pouvoir du Roi pour parler comme il faisait et assura qu'il parlerait différemment si ce n'était pour l'amour du Roi à quoi Marigny répondit *qu'il avait parlé au nom du Roi, et non pas comme Enguerran de Marigny.* Toutes ces choses ayant été rapportées au Roi, Sa Majesté, après avoir délibéré dans son Conseil, et considérant la bonne volonté que les bonnes gens de Flandre lui portent, a déclaré qu'il était dans l'intention de poursuivre les Comtes de Flandre et de Nevers par voie de droit pour ne s'être pas rendus à l'ajournement que le Roi leur avait donné à Tournay le Jeudi après la Fête St.-Denis où le Roi s'était trouvé en personne avec ledit Jean de Marigny; Mgr. Jean de Gries Maréchal de France, Mgr. Harpin Dergri, Mgr. Pierre de Galart Maître des Arbalestriers, Maître Gérard de Cortonne et autres de son Conseil qui envoyèrent Mgr. Gaucher de Chatillon Comte de Portien Connétable de France, Mgr. Guill. de Nogaret son Chancelier et Me. Raoul de Praielles pour se rendre à ladite journée, où ils attendirent pendant 4 jours les Comtes qui refusèrent de s'y rendre faute d'un sauf-conduit dont ils n'avaient pas besoin, attendu que les Pairs et Barons du Royaume n'en doivent jamais demander pour se rendre auprès du Roi leur Souverain.

Le Roi déclare qu'il fera donner sous son sceau copie de son Ordonnance qui régle comment on doit entendre le port des armes et qui fait défense de sortir du Royaume pour guerroyer sans la permission du Roi.

Pour empêcher l'excuse que pourraient donner les Habitans des Villes et du Pays de Flandre qu'ils ignorent les droits du Roi, il leur fait savoir qu'il est leur Souverain et droiturier Seigneur, qu'il est obligé de leur faire rendre justice par le Comte, même sur la plainte que le plus pauvre homme pourrait lui porter: qu'il ne veut point se venger du Comte, ni de l'infraction de la paix, mais faire connaître au Peuple que le Comte n'a rien tenu de ce qu'il avait promis; qu'il avait employé à son usage particulier les deniers qui devaient servir à payer les sommes que le pays devait au Roi; que *le Duc de Normandie et le Comte de Toulouse* avaient perdu leur Pays en pareil cas; que le Comte de Flandre et ses prédécesseurs avaient bien mérité d'être châtiés de même, mais que pour rentrer dans leurs Terres ils avaient toujours fait racheter leurs folies par leur Peuple qui a payé beaucoup d'argent et que quelques-uns de leurs sujets ont été justiciés, pendus, traînés et exilés hors du Pays; témoins les trois milles personnes de la Ville et de la Châtellenie de Bruges qui devaient sortir du Pays, si le Roi ne leur faisait grace; que le Roi ne leur dit ces choses que pour garder sa loyauté envers eux et pour l'acquit de sa conscience, ne doutant pas de son droit. Et quant à ce que le Comte de Nevers publie dans toute la Flandre que le Roi a saisi son Comté et qu'il veut le lui enlever, le Roi déclare que cela n'est pas vrai, mais que le Comte lui avait cédé les revenus des Comtés de Nevers et de Rethel, en exécution du Traité de Paix fait entre lui et le Comte de Flandre. *Quatre bandes de parch. écriture du tems.* 1311, *le Vendredi après St.-Denis, à Tournay.*

1311. Lettres par lesquelles le Roi Philippe-le-Bel prolonge jusqu'au dernier Octobre prochain la Trêve entre R. Comte de Flandre et G. Comte de Hainaut. 1311, en Août, à St.-Ouen près Paris. *Orig. en parch. scellé du sceau du Roi.*

1311. Lettres par lesquelles le même Roi ajourne Robert Comte de Flandre à comparaître au Parlement de Paris, le lendemain de la Purification de la Vierge pour répondre aux plaintes du Comte de Hainaut de ce qu'il était entré dans son pays à main armée, quoique ce Comte ait été compris comme allié du Roi, et non en qualité de Comte de Hollande, dans la paix faite entre le Roi et le Comte de Flandre: et lui fait défense de rien entreprendre à force ouverte contre le Comte de Hainaut, sans prétendre par cette défense et ajournement vouloir entreprendre sur la jurisdiction du Roi des Romains et sur les terres faisant partie du Royaume de l'Allemagne et de l'Empire. 1311, 6 Octobre à Treif. En latin. *Orig. en parch gaté.*

1650. FRANEAU. Un procès dont je vais faire l'analise est d'autant plus intéressant qu'il fait connaître avec évidence différentes anecdotes historiques et l'ancienneté de cette famille.

Les élus sur le fait des Aydes ordinaires et extraordinaires au pays et Comté d'Artois s'occuperent des poursuites faites, en 1650, par le Procureur du Roi contre la Dame Isabeau de Ladienne veuve de Jean Franeau Sgr. de Lestocquoy. Cette Dame ajourna aux
1651. plaids du 29 Juillet 1651, le Procureur du Roi. Elle fit conclure par Maître Nicolas Gery, avocat pour François Labbé son Procureur, *afin que ledit Maître Jean Franeau fut déclaré Noble et issu de Noble génération, et que comme tel lui avait été loisible de porter et s'attribuer la qualité d'Ecuyer et que partant les enfans devaient jouir de mêmes qualités et titres d'honneur*. La cause se rappella le 22 Octobre suivant. Le Procureur, par Maître Antoine Guffroy, a conclu *que la demanderesse fut dite et déclarée non recevable en ses prétentions déclarant ledit feu Maître Jean Franeau roturier aussi bien que ses enfans, condamnant ladite demanderesse aux amendes portées par édits publics contre ceux s'attribuans induement telles qualités et titres d'honneur et aux dépens de cette cause au taux de la Cour, sous allégation verballe de plusieurs moyens*.

La Dame présenta sa défense à l'audience du 16 Décembre même année. La voici :

Elle soutint que le Procureur n'avait pas eu le droit d'enlever les armoiries à timbre et heaume ouvert d'une licorne d'argent en champ rouge qu'elle avait placées aux deux portes pour honorer la mémoire de feu son époux qui était de Noble et ancienne extraction. Que la Maison de Franeau était connue et renommée pour Noble de race et d'ancienneté dans toute l'étendue du Haynaut.

Elle alléguaque la famille de son époux venait d'An-
1230. gleterre dès l'an 1230 qu'un nommé Henri était venu s'établir en la Gaule Belgique et s'était mis du parti de Jean d'Avesnes dont il mérita la bienveillance par
1260. son courage : que ce Henri mourut en 1260, ayant épousé une Dame de la Maison de la Haye, qu'il fut enterré à Mons en l'Eglise de Ste. Waudru derrière le Chœur où fut pendant long-temps le tombeau habituel de cette famille : que Henri laissa 3 enfans. 1°. Le Chevalier Monet qui fit le voyage d'Outremer avec le Sgr. de Dampierre et s'arrêta en l'île de Chypre, où il fut Chambellan d'Amaury fils du Roi. 2°. Jean au service du Comte de Haynaut et Marié avec Dlle. Alis de Sainctes, dont une grande postérité. 3°. Willaume qui prit l'état Ecclésiastique et fut Chanoine de Cambray.

Qu'on a plusieurs indices que toutes les Branches des Franeau seraient issues de ce Jean époux de Dlle. Alis de Sainctes : 1°. Par la transmission des mêmes armes : 2°. Par les sépultures habituelles dans le même caveau. 3°. Par différens documens très-anciens trouvés dans les archives de Messire Antoine de Tournay Chevalier Sgr. de Noyelles, Oisy etc., époux de Noble et honorable Dame Madame Charlotte Franeau, proche parente de l'époux de la plaignante. Que tout fait présumer que Jean fils de Henri venu d'Angleterre serait un des ancêtres d'un autre Jean Franeau qui avait la qualification de Noble Homme lorsqu'il fut pourvu de l'état de Conseiller et sur-intendant de l'Eglise et Abbaye de Saint-Ghislain par lettres de provision que Pierre Abbé de ce Monastère lui a données
1450. en 1450 : que ce Jean avait à titre de son emploi, un scel sur lequel était gravé S. JEAN FRANEAU ESCUIER.

Cette Dame y donne une preuve bien plus remarquable, c'est la transmission jusqu'à feu son époux d'une partie de terres acquise par ce même Jean dans les environs de Saint Ghislain : que dans les lettres d'achat, passées par-devant hommes de Fiefs du Comté
1454. de Haynaut en 1454, ce Jean Franeau a la qualification de *Noble Homme*. Elle fait enfin connaître que le même Jean s'est allié noblement avec Dame Marie de Warnieres, dont pour fils autre Jean Franeau Conseiller et Pensionnaire de la Ville de Mons, neveu de Dlle. Jeanne Franeau épouse du Sieur de Genly, dont étaient issus les Srs. de Genly modernes ; que ce dernier Jean avait épousé Jeanne du Crocq, dont entr'autres enfans 1° Jacques, 2°. Claude, 3°. Nicolas *père grand de feu Jean Franeau Sgr. de Lestocquoy époux de cette Dame.*

Elle ajoute que Jacques fils aîné fut Homme d'Armes sous l'Empereur Charles V en la Compagnie du Comte de Lalaing et laissa une nombreuse postérité en Allemagne où il mourut.

Que Claude ame. fils avait été Sgr. de Gaillard, Bourgapon, Brillon etc. et avait épousé Dlle. Jeanne de Fourneau fille du Sgr. de Caumont : que tous deux étaient inhumés au lieu de la sépulture de leurs ancêtres à l'Eglise de Ste.-Waudru en la carolle derrière le Chœur. Qu'on y voyait encore l'inscription suivante : *Cy gist Honnorable Homme Claude Franeau Sieur de Gaillart et Bourgapon et Damoiselle Jeanne Forneau fille du Sieur de Caumont qui trépassa l'an*
1589. *mil cincq cent quattre-vingt-nœuf* : qu'on y voyait les armoiries dudit Sieur de Gaillard : que de ce mariage sont nés 4 fils et 2 filles Marg. et Yolenthe : que Marg. épousa Franç. Pottier Ecuyer, Sgr. de Dour : qu'un des fils pénultième en ordre d'âge nommé François Echevin de Mons avait épousé la Dame de Boucault, dont était issu Séverin Franeau Sgr. moderne dudit Boucault, que le fils cadet qualifié Sieur d'Audomets portait épée comme Noble et Capitaine d'une compagnie Bourgeoise et que ses armoiries étaient peintes sur une vitre d'une des Salles de la Maison-de-Ville de Mons : qu'il s'appellait Hermes et avait laissé pour enfans 1°. Maxim. Sgr. d'Audomels, Echevin de Mons ; 2°. Yolenthe alliée au Sieur de Brevillers ; 3°. Catherine alliée au Sieur de Dergies, Ravegnies ; 4°. Phil. Chev. Sgr. de Hyon, Brillon et d'autres grandes Terres : que ce Philippe avait été pourvu de l'état de Prévôt de Mons, Charge toujours desservie par des personnes du premier rang : que Philippe eut de Dame Jeanne François Dame de Berfemont son épouse un fils nommé Séverin.

Elle fait connaître que ce Séverin Franeau fit une grande alliance en épousant Dame Adrienne Van der Burgh sœur de l'Archevêque de Cambray, dont pour fils unique Philippe Franeau Gentilhomme des Archiducs Albert et Isabelle Souverains des Pays-Bas. Elle ajoute que Phil. est enterré à Hyon avec 4 quartiers et cette inscription : *Cy gist Messire Philippe Franeau en son vivant Chev. Sieur de Hion, Arbres,*
1584. *Attre et Prevost de Mons décédé en l'an mil cinq cent quatre-vingt-quatre.*

Elle parle ensuite d'un *quatrième premier et aîné fils dudit Claude Franeau* Sgr. de Gaillard, Frometeau, Caumont etc. (*C'est ainsi qu'elle s'explique*) nommé Jean Sgr. de Beaumeteau et desdites Sgries. paternelles lequel avait épousé Dame Jeanne Vinchant Dame de Frameteau, dont pour fils Claude époux de la Dame de Roisart, père et mère d'Yolenthe de Franeau épouse de Messire Jean de Roisin Chev. Sgr. de Forest.

Cette Dame ajoute pour augmenter ses moyens de défense que le susdit Jean Franeau Sgr. de Gaillard avait pris la qualité d'Ecuyer dans divers Actes pu-

blics : 1°. dans une sentence (en forme d'arrêt) rendue sur procès mu a l'audience de Mons entre lui,
1602. Ghislain et Gilles de Croies le 27 Juin 1602; 2°. dans un autre arrêt sur procès mu au même lieu contre le Sr. d'Enghien le Mayeur et la Communauté
1612. de Hérines le 7 Janvier 1612; 3°. Dans un Acte passé depuis son trépas par Dlle. Jeanne Vinchant Dame de Framenteau par-devant Notaires Apostoli-
1617. ques, à Mons le 11 Août 1617; 4°. sur son épitaphe qui se trouve dans l'Eglise de Beaumeteau avec 4 quartiers et l'inscription suivante : *Icy gist Jean Franeau en son vivant Escuyer Sieur de Gaillard, Caumont, Beaumeteau, Frameteau, Maulde etc. décédé l'an mil six cent et treize.* Elle concluait que des 4 quartiers qui se trouvaient à l'épitaphe qui précède et à celle de Messire Philippe son frère puiné, il résultait que ce n'était pas une Noblesse personnelle; mais bien une noblesse d'origine qu'il était d'autant plus ridicule de la part de l'Avocat du Roi d'avoir intenté ses poursuites, qu'il n'avait rien à objecter à tant de belles preuves sur la Noblesse de Nicolas Franeau *père grand* dudit défunt son époux, fils de Jean Franeau Conseiller Pensionnaire de la Ville de Mons *et frère* dudit Claude Sgr. de Gaillard.

Cette Dame ne se borna pas là. Elle voulut parler de l'épouse de Nicolas aïeul de son époux. Elle prouva qu'il avait épousé Dlle. Appoline Desplancques de Lille qu'on savait être d'une ancienne Maison : qu'il en avait eu pour fils un autre Nicolas Sgr. de Lestocquoy, Bailli de Beausart, allié à Arras à Dlle. Marg. le Fort, père et mère dudit feu Jean Franeau époux de ladite Dlle. Isabelle de la Bienne plaignante.

Cette défense de la part de la Dame veuve Franeau était telle que M. l'Avocat du Roi devait renoncer à ultérieure procédure : mais il voulut tout réfuter et rejetter jusqu'aux preuves les plus authentiques.

Il prétendit « que la demanderesse n'avait point » vérifié suffisamment que feu Maître Jean Franeau » son mari eût été extrait de Noble génération, qu'elle » devait conséquemment être condamnée à autant » d'amendes qu'elle lui avait de fois attribué la qualité » d'Ecuyer; il rejetta la généalogie par elle produite » par laquelle elle prenait pour estocq commun de » son mari Jean-François Conseiller de l'Abbaye de » St.-Ghislain qualifié Noble Homme par le pouvoir » à lui donné par Pierre Abbé dudit lieu, duquel elle » disait descendre autre Jean Franeaux son fils qui » fut père de Nicolas et icelui père d'un autre Nicolas » qu'elle disait père dudit Maître Jean son mari. Il » soutint que par les Titres produits n'était prouvée » aucune filiation et principalement audit deuxième » Jean Franeau Conseiller Pensionnaire de la Ville de » Mons : que d'ailleurs ce Pensionnaire ne s'était jamais qualifié d'Ecuyer non plus que son fils Jean : » que Nicolas père du défunt avait le premier pris » cette qualité par son contrat de mariage : que même » le Titre d'Ecuyer ne se trouvait point sur les épitaphes de Ste.-Waudru. Il soutint au surplus qu'on » ne devait pas ajouter foi au cachet qu'elle supposait » être celui de Jean Conseiller de l'Abbaye de Saint-Ghislain, enfin le Procureur persista en ses fins et » conclusions ».

Je vais transcrire de mot à mot le résultat de cette chicane. On verra que les élus apportèrent la prudence nécessaire pour ne point priver une famille respectable du rang auquel elle avait droit de prétendre.

« *De sorte que ledict procès aiant esté par Nous » veu aurions par Nostre sentence interlocutoire du » quinziesme jour de Mars dernier dict et ordonné que » parvenant faire droict deffinitivement audict procès » se feroient aucuns debvoirs advisez d'office pour » iceux achevez et veus en estre décidé selon raison, » lesquels debvoirs aiant du depuis esté achevez tant » en la Ville de Mons que Valentiennes selon l'instruction et faite de Nostre part rejoinct audict procès » avons ordonné que le tout seroit par Nous veu pour » en wider deffinitivement comme et actes et procedures de la Cour escriptures et pieches desdictes » parties estoit et est plus a plain contenu.*

» SAVOIR FAISONS que le tout veu et tout considéré *à grande et meure délibération ou sur ce* » *Conseil et advis, avons dict et declaré disons et* » *declarons ledict feu* Maistre Jean Franeau Noble et » issu de Noble generation *et que ses enffans comme* » *tels jouiront des privileges franchises et libertés afferans à Gens Nobles, la condamnant neanmoins* » *ez despens à Nostre taxation. Prononcé en jugement le septiesme de Septembre mil cent cinquante* » *deux* ».

Par la décision qui précède il parait que les Juges de cette Cour ont eu des renseignemens très-honorables pour la Famille de Franeau. On pouvait en effet leur produire un titre bien essentiel dont cette Dame ignorait l'existence, ce sont les Lettres de Chevalerie
1475. accordées en 1475 par Charles duc de Bourgogne à Jean Franeau. L'original de ce diplôme existe encore. J'y ai lu mot à mot ce qui suit :

« Scavoir faisons que Nous considerans les vertus » et bonnes mœurs que par aulcuns nos Serviteurs » especiaux Nous ont esté relatez estre en la personne » de Noble Home Jean Franeau Sgr. du Haubois Conseiller et Voué de l'Abbaye de St.-Ghislain en Nre. » pays de Haynau lequel est de Honorable estat et » condition extrait de Noble generation originaire » d'Angleterre et vivant Catholiquement come Claude » Franeau son pere Henri et Jehan Franeau son ave » et bis ave dont che dernier suroit moult loyalement » servi Mgr. et tres honoré pere le Duc Phle de Bourgoingne (que Dieu absolve) de capne de ses Arbalestriers en la guerre qu'il eut a l'encontre les Liegeois en laquelle il aurait signalé son courage et » bonne conduitte pour lesquelles estant ledit Jehan » bien digne destre extolé et avancé en honneur l'avons pour Nous Nos hoirs et Successeurs créé et » creons Chevalier de Nre. certaine science et grace » special par ces pntes coe s'il le fut este de Nre. » propre main, etc. etc. ». *Ces Lettres de Chevalerie se trouvent chez M. de Franeau demeurant à Mons.*

Le Roi de France a honoré cette Famille du titre de Comte, en érigeant la terre de Gomignies en
1709. Comté par Lettres du 24 Décembre 1709. Je n'hésite point de faire usage de ce Diplôme parce qu'il est enregistré là où il appartient. Il est dangereux d'ajouter foi à ceux qui manquent de ces formalités. Plusieurs diplômes, titres, ont été fabriqués par M. de Launay Héraut d'Armes qui a été pendu à Tournay. On avait trouvé chez lui tous les sceaux des souverains qu'il avait contrefaits. Revenons au diplôme, il contient ce qui suit :

« Voulant avoir égard à ce que Nous a fait représenter Albert-Michel-Joseph Franeau Chev., Sgr. » d'Hyon, Baron de Commignies, Vicomte de Canteleu, qu'il est issu d'une des plus illustres et des » plus anciennes Familles de Nostre Province de Haynault, ses ancêtres ayant toujours rendu leurs services aux Princes Souverains dudit Pays et ayant » esté honorez des Charges et Emplois Militaires et » des Titres d'honneur qui les ont distinguez dans » toutte la Province dans laquelle ils se sont alliés à » d'illustres Maisons et ont été considerez parmi la

Noblesse

FRA

» Noblesse dans les Assemblées des Etats et même » il est encore aujourd'hui dans les Etats de la Noblesse de Mons où il sert actuellement : Michel-» François Franeau d'Hyon Chev. de Gommignies » son frère a suivi son exemple et ayant été fait Ca-» pitaine des Gardes Wallonnes de Notre très-cher » Frère et petit fils le Roi d'Espagne, il aurait été
1706. » tué à son service au mois de Janvier 1706 à l'at-» taque de la ville de Villeréal dans laquelle il en-» tra le premier l'épée à la main, et d'autant » que ladite Terre et Baronnie de Gommignies mou-» vante et relevante de Nous située dans Notre » Baillage du Quesnoi est une de plus belle et an-» cienne terre de ladite Province, ayant tout droit » de Justice Haute Moyenne et Basse, décorée d'un » beau Château, composée de trois gros villages où » il est seul Seigneur, de plusieurs domaines, terres, » prés, bois et héritages, cens, rentes, droit de » garenne, challi, pêche, plantis, d'aubeine, bâ-» tardise, déshéritences, épaves, corvées, amen-» des, d'afforage de vin, gambage de bierres, beu-» rage et autres droits et devoirs Seigneuriaux des » plus nobles de ladite Province, de laquelle Terre » relèvent quatre-vingt-quatre autres Terres et Fiefs » rendant leurs foi et hommages et payant les re-» liefs aux mutations et autres droits, le tout com-» posant un revenu de plus de dix mille livres par » an, capable de porter le Titre et Dignité de Comté » que ledit Sieur de Franeau Nous a très-hum-» blement fait supplier de lui accorder et lui faire » expédier Nos Lettres sur ce nécessaires. A CES » CAUSES voulant favorablement traiter ledit Sieur de » Franeau, et lui donner une marque singulière de » Notre bienveillance par un Titre d'honneur qui » puisse faire connaître à la postérité l'estime que » Nous faisons de sa personne Nous avons créé et » érigé élevé et décoré et de Nostre grace spéciale, » pleine puissance et Autorité Royale, créons et » érigeons, élevons et décorons par ces présentes » signées de Nous sad. Terre Seigneurie et Baronnie » de Gommignies, consistances et dépendances en » Nom Titre Dignité et prééminence DE COMTE » pour en jouir par lui enfans et postérité mâles nés » et à naître en légitime mariage sud. nom Titre » et Dignité de Comte de Gommignies etc. etc. etc. »

Il existe un grand nombre d'autres Diplômes accordés à cette maison. Des lettres de Chevalerie
1595. furent données le 22 Mars 1595 à Severin Franeau Sgr. de Hion Arbre et Attre fils de Messire Philippe Chevalier Sgr. desdits lieux, Prévôt de Mons, et de Jeanne François Dame de Bertaimont. Ce Philippe Franeau avait lui-même obtenu des lettres de Chevalerie données à Madrid le der-
1583. nier Octobre 1583. On y lit ce qui suit :

« Pour le bon rapport des bons, fidèles et agréables services dudit Franeau Sgr. de Hyon, d'Ar-» bre et d'Attre Prévost de la ville et Prévosté de » Mons, fait l'espace de 18 ans en diverses qua-» lités et entremises honorables mêmes en estat de » Receveur Général des Aydes du Haynaut, en qua-» lité de premier Eschevin de ladite ville de Mons, » aussi n'aguerres Trésorier Général des Guerres de » par deça que, durant icelles Charges, il s'était di-» verses fois obligé pour le service de Sa Majesté » et levé en son propre et privé nom notables » sommes, ayant de plus comme Député avec autres, » au traicté de reconcilliation des Provinces Wal-» lonnes, rendu très-grands offices pour y parvenir » et depuis avec grande dextérité et soin pour son » entrée en la ville de Landrecies lors encore oc-

FRA

» cupée par les Rebelles, diverty les desseins d'au-» cuns mal intentionnés, ramenant les soldats » ébranlez à l'obéissance de Sa Majesté parmy le » payement de trois mois de solde qu'il leur fit et leva » sur son crédit à la Requeste des Provinces, » dont il était apparu à Sa Majesté par enseigne-» mens authentiques, et étant icelle informée que » ses devanciers des plus anciens dudit Mons avaient » passé longues années servy en divers honorables » qualitez sans reproche quelconque et pour l'in-» tercession du Duc de Parme Lieutenant Gouver-» neur et Capitaine Général par deça. Lesdites » Lettres sont registrées en la Chambre le penul-» tième d'Août 1586 à la Requeste des Vefves et » Hoirs dudit Seigr. de Hyon ».

Autres lettres de Chevalerie ont été accordées à
1647. Madrid le 4 Novembre 1647 à Maximilien Franeau Sgr. de Templeuf. « En considération de ce » que plusieurs de la famille de Franeau avaient » par leurs bons et fidèles services été honorez du » titre de Chevalier duquel jouissait lors M. Philippe » Franeau Chev. Sgr. de Hyon *avec entrée aux* » *Etats de Hainau*; même que ladite famille était » alliée à plusieurs Maisons Nobles et d'ancienne » extraction. Que tous les prédécesseurs dudit Maxi-» milien Franeau s'étaient dès-lors plus de 400 ans » maintenus honorablement sans qu'aucun d'eux ait » dérogé à la Noblesse et de plus montré fort fidèles » à cette couronne signamment aux troubles des
1570. » Pays-Bas, lorsqu'en l'an 1570 la ville de Mons » capitale dudit Pays de Haynaut fut surprise par » le Comte Ludovic de Nassau, *Hierome Franeau* » *bisayeul dudit Maximilien Franeau* aurait été » constitué prisonnier par commendement dudit » Comte et menacé de confiscation de tous ses » biens pour n'avoir voulu suivre le parti des re-» belles. Lesdites lettres duement registrées ou be-» soin a été ».

On remarque la postérité de ce même Maximilien Franeau Sgr. de Templeuf dans la carte des seize quartiers de Marie-Caroline-Pauline de Namur de la très-illustre maison des Barons de Joncret.

Avant de donner cette carte, je ferai connaître quelques titres originaux que j'ai trouvés dans les archives de la Maison-de-Ville de St.-Ghislain.

1473. Le 29 Septembre 1473 Jean Lamyt demeurant à St-Ghislain époux de Jeanne Montigny parle d'une rente qu'il avait donnée à Jean Franeau demeurant à St.-Ghislain sur héritages près les prairies de Baudour.

1476. Le 22 Août 1476 l'Abbaye de St.-Ghislain a donné des héritages situés près du Haut-Pont à Jean Franeau demeurant à St.-Ghislain.

1481. Le penultième Juillet 1481 vente par Jean-Robeillart demeurant à St.-Ghislain, de plusieurs parties d'héritages à Jean Franeau demeurant à St.-Ghislain.

1483. Martin Bourgeois et Colin son frère, enfans de feu Martin, ont vendu à Jean Franeau demeurant à St.-Ghislain, époux de Maigne Warnier, une rente sur l'Hôtel aux Pouillons.

1481. Le 24 Octobre 1481 Nicaise le Roi demeurant à St.-Ghislain a vendu à Jean Franeau demeurant à St.-Ghislain rentes aux vies de Colin et Philippote enfans dudit Jean qu'il eut de Maigne Warnier son épouse.

1483. Le 5 Mai 1483 Tassart de Masnuy, Jacques le Roy et Martin Bourgois tous trois demeurant à Mons ont vendu à Martin Warnier dit Pierart qui l'acquit pour Jean Franeau dont à St.-Ghislain une maison dite l'Hôtel des Pouillons à cause du défaut de paiement d'une rente sur icelle.

1484. Le 23 Février 1484 Jean Frasneau (*ainsi écrit*) dmt. à St.-Ghislain a vendu plusieurs parties de pret, situées en la prairie de Baudour, à Pierart Buisseret.

1486. Le pénultième Mars 1486 Jean Franeau dmt. à St.-Ghislain a donné à rente une maison située à St.-Ghislain en la rue des Prez à Vinchien Mouton demeurant à St.-Ghislain époux de Mlle. Jeanne Honouret.

1493. Le 24 Avril 1493 Hanin Franeau demeurant à Mons, Procureur établi par Jacquemart du Cauroy demeurant à Mons, a vendu par recours à Jaspart Mahet dit Gillebaut dmt. au faubourg de St.-Ghislain une maison appartenant à Nicaise Biernier veuf de Colart Bedet à cause de défaut de paiement de rente.

1497. Le 27 Décembre 1497 Jean Franeau le père et Jean Franeau son fils se faisant fort de Claude du Kariel, Pieret Buisseret et Obert Hennekinne comme époux de Marie Aisnart fille de feu Adam au sujet des rentes qu'ils avaient sur une maison située en la rue de l'Hermite a St.-Ghislain appartenant à Christophe du Sart.

1497. Le 2 Mars 1497 Jean Griffon demeurant à Mons au sujet d'une vente faite a Quentin de Behault et Godefroy du Pont demeurant à Mons comme Mambours de l'Assene promis par Jean Franeau le fils demeurant aussi à Mons, à son traité de mariage avec Jeanne du Crocq fille de feu Adam et de Barbe le Moustardier.

1503. Le 20 Juin 1503 Jacquemin Griffon demeurant à Hornut fils de feu Jean d'une part et Jean Franeau demeurant à Mons d'autre part, au sujet d'une vente faite à Quentin de Behault et Godefroy du Pont demeurant à Mons Mambours du douaire de Jeanne du Crocq épouse dudit Jean Franeau.

1504. Le 26 Février 1504 Michel Delattre demeurant à St.-Ghislain, époux de Marie Abrassart au sujet d'une rente héritière qui lui était due par Jean Franeau fils de Jean demeurant à Mons.

1508. Le 4 Mars 1508 Jean Franeau demeurant à Mons fit vendre à cause de non paiement de rente une maison située à St.-Ghislain appartenant à Jecquemart Moyennet demeurant à Thulin, laquelle est demeurée à Jean Raulfin demeurant à St.-Ghislain, époux de Jeanne le Comte. On y voit comme Mambourg Jean du Pret fils de Henri.

1538. Le 10 Octobre 1538 Nicolas Franeau demeurant à Lille fit un acte de conditions pour ses parties d'héritages et de rentes qu'il avait contre Bauduin Franeau demeurant à Mons.

1542. Le 27 Juillet 1542 Partage par Loy à la plainte d'Estievenart Waudart demeurant à Mons, comme époux de Dlle. Michelle Franeau, contre Jean-Gautier l'aîné demeurant à Mons, Charles de Prices, Salmon de Bruxelles, Claude et Adrien Franeau frères tous demeurans à Mons, lequel Estievenet Waudart tant pour lui que pour Claude Franeau et Adrien Gaultier Procureur de ladite Dlle. Waudru de Priches veuve dudit Jean Gaultier sa mère et aussi Procureur de ladite Janette de Priches sa tante, Charles de Prisches, Salomon de Bruxelles et Adrien Franeau frères et comparchoniers.

1543. Le 8 Avril 1543 François Rasseneur demeurant à Mons frère de Jacques, a vendu à Bauduin Franeau demeurant à Mons époux de Françoise Percheval, un journal de terre, dit le Courtiseau en la Couture de Blichon-Fontaine.

1547. (*Titre qui prouve trois générations.*) Fondation des Vigilles par Jacques Franeau Homme d'Armes à Mgr. le Comte de Lalaing demeurant à Mons, pour accomplir les dernières volontés de feu Jean Franeau son père, en son vivant Greffier du chef-lieu de Mons, pour les ames dudit feu Jean Franeau et de Dlle. Jeanne du Crocq sa femme; aussi de feu Jean CONSEILLER DE L'ABBAYE DE St.-GHISLAIN et de Dlle. Anne Warnier père et mère dudit feu Jean Franeau.

1547. Le 8 Juin 1547 Jean Franeau, le même que dessus, au sujet de l'achat de plusieurs rentes au profit de l'Eglise paroissiale de St.-Ghislain pour accomplir les dernières volontés de feu Jean Franeau et de Mlle. Maigne Warnier a vendu à Jérôme Franeau son frère demeurant à Mons qui l'acquit au profit de ladite Eglise, comme des deniers provenant de la bourse de son frère Claude Franeau plusieurs parties de rentes héritières et Seigneuries foncières.

On peut se procurer des copies authentiques de ces titres qui prouvent avec évidence que les Franeau Comtes de Gomignies et les Vicomtes Franeau repris dans la Carte suivante sont deux branches différentes mais de la même famille.

Très-illustre et très-Noble Sgr. CHARLES DE NAMUR Sgr. de Berzée, Joncret, Roquignies, frère de Claude de Namur Chev. de Malte et d'Antoinette-Aldegonde de Namur Chanoinesse à Maubeuge.

PHILIPPINE DE LANDAS fille de Robert Baron de Landas Sgr. de Longpré, Raucourt etc. mariée en 1627.

Très-Noble et très-illustre Sgr. CHARLES DE LA VIEFVILLE Pair du Comté de Valenciennes Seigneur de Caudry, Goy, la Haye etc. marié en 1630.

ISABELLE DE MAILLÉ fille de Noble homme Jacq. de Maillé Sgr. de Belle-Fontaine, Wilfart et Humberchi en Flandre et de Florence de Loyaucourt.

Messire MAXIMILIEN FRANEAU Sgr. de Templeuf créé Chevalier en 1647, fils de Jérôme Franeau Ecuyer, et de Jeanne du Maret.

CATHERINE-MARIE DERVILLERS. Son père Ecuyer, Sgr. de Monceau, Beausart, St. Vaast etc. a épousé Marie de la Croix.

Mess. GUILLAUME-CHARLES Baron de Kerkem Seigneur de Nior-Oling, Costemberg, Mosen, Mepertuighen Gentilhomme de la Chambre de l'Electeur de Cologne, fils de Franç. et de Marie de Fenal.

MADELAINE-PHIL. AMAND fille unique de Michel Ecuyer Sgr. de Petignies et de Catherine Soubreille Dame de Merbes-Ste.-Marie.

CLAUDE-GILLES-ANTOINE DE NAMUR, Sgr. de Joncret, Villers-Potterie.

MARIE-ELISABETH DE LA VIEFVILLE.

Noble Sgr. Messire GEORGES-FRANÇ.-PAUL Vicomte de Franeau, Beausart, St. Vaast, grand et petit Templeuf, Crocqueaumont, Surquenoy, Petignye etc.

MARIE-ANNE Baronne de Kerkem.

Noble et illustre Sgr. M. CLAUDE MAX.-PHIL. DE NAMUR Baron de Joncret, Sgr. de Bersée, Rochée, etc.

MARIE-CATHERINE-JOSEPHINE DE FRANEAU.

MARIE-CAROLINE-PAULINE DE NAMUR épouse 1°. de Lamoral-François de Latre. (*Voyez ci-devant page 65.*) Cette Dame a épousé 2°. le Chevalier Jean-Baptiste-François de Bonne ancien Capitaine au service d'Autriche, dmt. à Bruxelles en 1809, d'une maison illustre, à Alexandrie. (*Voyez aussi page 65.* Sa mère est Audiffredy nom très-connu.

Il me reste à donner les Lettres de Vicomte accordées à Madrid le 20 de Septembre 1687. On y lit : « Que pour le bon rapport que Nous a été fait » de la personne de notre cher et *féal George-François-Paul de Franeau* Sgr. du Monceau, Beausart, St.-Vaast, Templeux, Sart et Quesnoy, et » des bons et fidèles services que ses ancêtres auraient rendus à Nos très-Augustes Prédécesseurs, » spécialement au temps des anciens troubles et révolutions arrivées dans Notre ville de Mons, où » ils auraient eu leur maison pillée et saccagée, » pour avoir été *constans et inébranlables dans la* » *fidélité* qu'ils ont toujours conservée pour Nous, » en vue de quoi le feu Roi Philippe IV Notre » très-honoré Seigneur et Père aurait honoré Messire *Maximilien Franeau son père* du titre de » Chevalier en l'an 1647, lui ayant en outre accordé et à ses descendans des tenants d'armes » et une Couronne au lieu de Bourlet par Lettres » du 16 d'Avril 1667. Comme aussi que ledit » George-François-Paul de Franeau se serait dédié » à Notre service en qualité de Volontaire avec » équipage à ses frais s'étant allié à Dame *Marie-Anne de Kerchem* fille de Messire Gilles-Charles » Baron dudit Kerchem, Vicomte de Bavay, chef » d'une des plus anciennes et illustres familles du » pays de Liege, qualifié pour entrer dans tous les » Etats et Chapitres Nobles, et que Messire *Antoine-Christian du Chasteler*, Seigneur de Moulbais, Député de la Noblesse dans notre Province » d'Haynau, aurait épousé Dame *Marie-Catherine* » *Franeau* sa sœur unique. Pour ce est-il que Nous » les choses susdites considérées et ayant égard » à l'ancienne et noble extraction, léauté, services » et autres bonnes qualités dudit *George-François-* » *de Franeau*, voulans pour cette cause l'élever, » accroître et décorer de plus grands honneurs, » droits, prérogatives et prééminences, avons icelui » de Notre certaine science, grace, libéralité, et » pleine puissance et autorité souveraine, fait et » créé, faisons et créons VICOMTE de son nom » de Franeau etc. etc. »

Monsieur le Marquis du Chasteler, Feld Maréchal Lieutenant au service d'Autriche, dont il est si souvent parlé dans les Feuilles publiques à cause de ses grands talens dans le Génie, est petit-fils de cet Antoine-Chrétien du Chasteler Sgr. de Moulbais et de Marie-Cath.-Jos. de Franeau. Il a deux sœurs mariées à Tournai, l'une d'Ennetières-d'Hust avec enfans et l'autre d'Ennetières-D'Heulle, sans enfans. Il a un demi-frère né d'une Dame Hasselaer.

Le seul rejetton mâle que je connaisse exister aujourd'hui à Mons, est Théodore-Joseph de Franeau-d'Hyon, Chevalier de St.-Louis époux de Marie Charlotte Joséphine-Waudru Obert-Quevy, Chanoinesse d'honneur au Chapitre de Poulange près de Châlons.

SON PÈRE est Nicolas-Joseph de Franeau dit le Chevalier d'Hyon, Capitaine au régiment de Nelc allié par contrat du 10 Août 1741 à Marie-Cath.-Ignace Boulé de Marsy. Ses frères sont 1 Philippe-François-Joseph de Franeau d'Hyon Comte de Gomignies, Membre de la Noblesse des Etats de Hainaut, né en 1701, mort le 25 mars 1755 allié
1736. par contrat du 11 Février 1736 à Marie-Eugène-Louise Comtesse de Croix Dadizeele née en 1718, dont 3 fils morts sans alliance. 2 Réné-Adrien-Jos. de Franeau d'Hyon, dit le Chev. de Gomignies Capitaine au service d'Autriche tué au siége de Philisbourg le 25 Juin 1734. 3e. Jacques-Adrien-Jos. de Franeau d'Hyon dit le Vicomte de Canteleu, Capitaine au Régiment de St.-Simon Chev. de St.-Louis, allié par contrat du 14 Fév. 1746 à Marie-Jos.-Placide-Camille Van der Barch dont deux filles : *la première* Marie-Alardine-Françoise Franeau d'Hyon, née Vicomtesse de Canteleu, alliée sans enfans à François-Augustin-Anne-Hubert-Colette Marquis d'Hangouart. *La seconde* Ferdinande-Dorothée-Joséphine de Franeau d'Hyon alliée par con-
1768. trat du 24 Avril 1768 à Augustin-François-Jos. Comte de Lannoy et du St.-Empire, dont 1 Jacques-Adrien-François Comte de Lannoy époux d'une Duchesse d'Ursel avec enfans. 2 Ferdinand-Jos. de Lannoy Chev. de Malthe par Bref du 10 Janvier 1773.

SON AYEUL. Albert-Michel-Jos. Franeau d'Hyon, Membre de la Chambre de la Noblesse des Etats de Hainaut, marié par contrat du 20 Juillet 1698 à Maximilienne-Isabelle d'Yve d'Ostiche. Ils sont inhumés à Gomegnies sous une tombe décorée de 16 quartiers. On y lit l'inscription suivante : « Sous ce marbre gist Messire Nicolas-Jos. » Franeau d'Hyon Comte de Gomegnies, Seigneur » d'Arbre et Attre, Vanise, Belle, Blargnies, Neuville-lez-Sartis, âgé de 57 ans, lequel trépassa
1725. » le 13 Novembre 1725 Auprès de lui Madame » Maximilienne-Isabelle d'Yve son épouse fille de » Messire Philippe-René d'Yve Baron d'Ostiche, » Vicomte de Bavay, Major-général de bataille des » armées de Sa Majesté-Catholique en son vivant » Gouverneur des villes de Conde, Douay, Ath,
1711. » Bruges, laquelle trépassa le 28 Aoust 1711 âgée » de trente-deux ans. *Requiescant in pace* ».

SON BISAYEUL Philippe de Franeau d'Hyon Baron de Gomegnies Sgr. d'Attre, Arbre, Hyon, Blaregnies, Neuville-lez-Sartis, marié par contrat du
1666. 28 Décembre 1666 passé au Château de Fontaine-l'Evêque à Dame Isabelle d'Arlin née Baronne de Bornival fille de Simon-Paul d'Arlin Baron de Bornival et de Dame Isabelle-Alardine de Rodoan.
1681. Philippe de Franeau est mort en Novembre 1681.

SON TRISAYEUL. Philippe de Franeau Chevalier Baron de Gomignies, Gentilhomme de l'Hôtel de l'Archiduc Albert, marié par contrat passé au
1627. Château de Soye le 7 Mai 1627 à Catherine-Barbe d'Yve, sœur de François-Philippe d'Yve Baron de Soye, Taviers, Sgr. de Franqnée, Ramilliers etc. et Député des Etats Noble de la Province de Namur, époux de Madame Catherine de Reede Dame héritière de Heorne et Tikelrey Chanoinesse de Munsterbilsen fille de Messire Guillaume Baron de Reede Sgr. de Heorne, Tikelrey et de Madame Marie de Cortembach Dame de Mimbach. Catherine-Barbe d'Yve était fille d'illustre Sgr. Messire François d'Ive Baron de Soye, Taviers, Sgr. de Franquée, Ramilliers etc. et d'illustre Dame Madame Anne d'Awans de Loncbin Dame héritière de Soye. Ces qualifications se trouvent dans la carte de Joséphine-Jeanne-Aldegonde d'Yve reçue Chanoinesse à Nivelles le 15 Décembre 1744. O y voit qu'elle était fille de noble et illustre Sgr. Messire Paul-Ignace d'Yve, Baron de Soye, Taviers, Brandembourg, Vicomte de Dinant, Sgr. de Franquée Ramilliers, Heorne, Tikelroy, Walsin, Diebance etc. Chambellan de l'Electeur de Bavière Maximilien-Emmanuel et de Noble et illustre Dame Madame Marie-Jacqueline-Thérèse Marquise d'Yve et du St.-Empire, Dame de Wogenée, Wodecee, Chanoinesse de Denain *petite fille* de Noble et illus-

tre Sgr. Messire Ernest-René-Victor d'Yve, Baron de Soye, Taviers, Sgr. de Franquée, Ramiliers, Heorne, Tikelroy et Colonel d'un Terce Walon au service de Charles II Roi d'Espagne, ensuite Député des Etats Nobles de la Province de Namur et de Noble et illustre Dame Madame Magdelaine de Brandembourg, héritière de nom et armes, Vicomtesse de Dinant, Dame de Walsin, Drehance et d'Aire en Artois, Chanoinesse de Maubeuge. *Arrière petite-fille* de Messire François-Phil. d'Yve dont nous avons parlé ci-dessus comme frère de Catherine-Barbe d'Yve épouse de Philippe de Franeau. Marie-Philippe-Magdelaine de Brandembourg était fille de Noble et illustre Sgr. Messire Florent Baron de Brandembourg, Vicomte d'Esclaye, Dinant et d'Audembourg Sgr. du Château-Thiéry-sur-Meuse, Bioul, Walsin, Drehance, Hubines, Gedinne, Frerage etc. et de très-noble et très-illustre Dame Madame de Montmorency Dame d'Aire en Artois et fille de Haut et Puissant Sgr. Messire Jean de Montmorency, Prince de Robeck, Marquis de Merbeck, Comte d'Esterres, Vicomte d'Aire, Chevalier de la Toison d'Or, Gouverneur des ville et Château d'Aire, grand Maître d'Hôtel de l'Infante Isabelle Princesse des Pays-Bas, Gentilhomme de la Chambre du Roi et de très-noble et illustre Dame Magdelaine de Lens en Artois, Dame d'Aire etc. Marie Magdel. de Brandembourg était petite-fille de Noble et illustre Sgr. Messire Gilles Baron de Brandembourg de Stalzembourg, Sgr. du Château-Thiéry-sur-Meuse, Bioul, Walsin, Drehance etc. et de Noble et illustre Dame Madame Charlotte de Carondelet.

Marie-Jacqueline Marquise d'Yve, Chanoinesse de Denain, dont il est parlé ci-dessus comme épouse de Paul-Ignace d'Yve, était fille de Noble et illustre Sgr. Messire Jean-Paul Marquis d'Yve et du St.-Empire Sgr. de Neuville, Wogenie, Wodecée etc. Chambellan de l'Electeur de Cologne Joseph-Clément de Bavière et de Noble et illustre Dame Madame Marie Taye de Wemele, *petite-fille* de Noble et illustre Sgr. Messire Guillaume d'Yve Chev. Sgr. d'Yve, Neuville, Wogenie, Wodecée, Thérissart etc. Gentilhomme de la Chambre de l'Electeur de Cologne Maximilien Henri de Bavière Prince de Munster, et de Noble et illustre Dame Madame Isabeau d'Awans de Lonchin, Chanoinesse de Maubeuge, fille de Noble et illustre Sgr. Messire Jean d'Awans de

Lonchin, Chev. Sgr. des deux Flémal, Firé etc. et de Noble et illustre Dame Madame Gerardine de Groesbeck. *Arrière petite-fille* de Noble et illustre Sgr. Messire Jean d'Yve Chev. Sgr. d'Yve, Neuville, Wogenie, Wodecée etc. Gentilhomme de Philippe II Roi d'Espagne, Capitaine de 500 Mousquetaires à son service, Gouverneur de Samson etc. et de très-Noble Dame Madame Catherine de Masnuy, Dame de Thérissart.

Marie Taye ci-dessus rappellée épouse de Jean-Paul Marquis d'Yve était fille de Noble et illustre Sgr. Messire Philippe Taye, Baron de Wemele, Sgr. de Goyck etc. Député des Etats Nobles de Brabant et de Noble et illustre Dame Madame Marguerite de Dentzen, Hagers de Kentzendorf, Dame de Marquette, fille de Noble et illustre Sgr. Messire Joachim Dentzen-Hagers de Kentzendorf Chev. Sgr. de Marquette etc. Grand Chambellan de l'Archiduc Albert Prince des Pays-Bas et de très-Noble Dame Madame Marie Van der Meeren. Petite fille de Noble et illustre Sgr. Messire Engelbert Taye Baron de Wemele Sgr. de Goyck, Député de l'Etat Noble de Brabant et de Noble et illustre Dame Madame Jacqueline de Rodoan fille du Baron de Fontaine-l'Evêque.

SON QUATRIÈME AYEUL. Severin de Franeau Chev. Sgr. d'Hyon, Brillon, Arbre, Attre etc. épousa Adrienne Van der Burch sœur de l'Archevêque de Cambray et fille de Phil. Van der Burch Sgr. de Cerfontaine et de Dame Marg. Draceto Noble Florentine. Il rapporta sa terre d'Hyon pour servir de Douaire à ladite épouse par acte du 5
1595. Octobre 1595.

SON CINQUIÈME AYEUL. Philippe de Franeau Sgr. d'Hyon, Attre, Arbre, Brillon, Belle etc. Prévôt de Mons épousa Jeanne François Dame de Bertaimont. Il partagea ses enfans le 10 Février 1585.

On voit que les ancêtres de M. de Franeau d'Hyon, que je crois seul rejetton mâle de sa famille, se sont alliés deux fois avec des Dames de la Maison d'Yve. Il a encore aujourd'hui l'avantage d'avoir pour belle-sœur Madame d'Yve née Obert, qui, par son enjouement, l'égalité de caractère, sa figure etc. fait l'ornement des sociétés de Mons. Cette branche est connue sous le nom d'Yve Vicomte de Bavay, dont le chef, avec qui j'eus l'honneur d'être Député de la Noblesse des Etats de Haynaut, est époux d'une Comtesse de Wildenstein reçue Chanoinesse à Mons avec les Quartiers suivans :

GEORGES-SIGISMOND Baron de Wildenstein épousa Marguerite de Steinpeys.	ANDRÉ Sgr. Banneret et Baron de Gloyach épousa Jeanne Baronne de Rindsmaul.	GODART Baron de Zollner à Massenberg épousa Eléonore-Catherine Baronne de Paar.	FRÉDERIC Comte d'Atthems épousa Franç. Marquise de Strozzi.	JEAN-FRÉDERIC Baron de Nimptsch, Sgr. d'Ols épousa Mar. Comtesse de Hochberg de la Maison de Fürstenstein.	FRÉDERIC Comte et Sgr. à Zinzendorff et Pottendorff épousa Rebeque-Reine Baronne de Glenger.	WOLFGANG-GEORGES Baron et Seigr. Banneret de Gilleis épousa Isabel. Baronne de Rueber.	BARTHOLOMÉ Sgr. et Comte de Stahremberg épousa Esther Comtesse de Windischgratz.
JEAN-FRANÇOIS Comte de et à Wildenstein et du St. Empire Rom.	MARIE-CLAIRE Baronne de Gloyach.	JEAN-LOUIS Baron de Zollner à Massenberg.	MARIE-ANNE Comtesse d'Atthemis.	JEAN-HENRI Comte de Nimptsch Baron d'Ols.	DOROTHÉE Comtesse de Zinzendorff et Pottendorff.	GEORGES-JULES Baron et Sgr. Banneret de Gilleis.	SABINE-CHRISTINE Comtesse de Stahremberg.

JEAN-JOSEPH Comte de et à Wildenstein Conseiller intime et actuel, Gouverneur de la Carniole.	MARIE-CHRISTINE-JULIENNE Baronne de Zollner à Massenberg.	CHRISTOPHE-FERDINAND Comte de Nimptsch Baron de Furst et d'Ols.	MARIE-MADELAINE Baronne de Gilleis.

JEAN-MAXIMILIEN PROBUS Comte de et à Wildenstein Chev. de la Toison-d'Or, Conseiller intime et actuel, Gouverneur de l'Autriche intérieure.	MARIE-AGNÈS Comtesse de Nimptsch Baronne d'Ols, Dame de la Croix-Etoilée.

MARIE-ANNE-JOSÉPHINE-FRANÇOISE-PAULE-MICHELLE née Comtesse de et à Wildenstein, Dame de l'Ordre de la Croix-Etoilée, Chanoinesse à Mons, mariée Vicomtesse d'Yve.

1629. Il existé dans les archives de M. le Baron d'Udekem d'Acoz à Bruxelles un acte de partage fait le 2 Octobre 1629 à Mons par Thiéri d'Offignies Sgr. de Calenelle Conseiller de S. M. à Mons et Dame Anne de Campen son épouse. Ils nomment comme exécuteurs Maximilien Franeau Ecuyer Sgr. d'Audemetz et Phil. Van der Burg Ecuyer Sgr. d'Escaussines. On y voit comparaitre comme témoins Messire Phil. Van der Burg, Chev. de la Cour, Sgr. de Ryquevelde, Haro - Fontaine, Escaussine etc. et Nicolas de Landas Ecuyer Sgr. de Lassus. Ils donnent la Terre de Callenelle à leur fils Gilles d'Offignies avec les Fiefs de Bellignies et de Lens. Un autre fief à Jolimez près du Quesnoy; une rente sur la Sgrie. de Sewenbergh payable à Anvers. La maison qu'ils occupent. Dans le cas que Gilles meure sans enfans, ils donnent sa part a sa sœur Catherine épouse de Messire Jean de Marotte Chev. Sgr. d'Acoz, Villers Potterie. Ils assignent ensuite la part de ladite Catherine leur fille. Le testateur assigne aussi à sa fille les héritages et rentes qu'il avait de la succession de Dme. Marguerite Fourneau sa mère : ils donnent aussi à leur dite fille une maison située à Mons venant du Sgr. de Roily. Les témoins sont Daniel Bourgeois Greffier de la Cour, Georges Bourgeois, Antoine Paret, Jean Anseau et Jean Jardin. Une postérité illustre descend de ce Thiéri d'Offignies Sgr. de Callenelle on la voit par la carte qui suit.

JEAN Baron d'UdekemSgr. de Guertechin et de Rosière-Notre-Dame Gentilhomme de la Chambre de S A. E. le Prince d'Ost-Frise, Capitaine d'une des cinq Compagnies de 100 Arquebusiers à cheval du Baron de Schwarzenberg, sous les ordres du Duc de Guise, mort le 14 Mai 1567, Général d'Infanter. de S. M. Cath. fils de Gérard Baron d'Udekem Sgr. de Guertechin, et de Gertrude Pinnock
épousa
Jeanne de la Tour - Chindrieux Dame de Rosières-Notre - Dame, fille de Claude de la Tour - Chindrieux Sgr. de Rosières - Notre-Dame Capitaine au service de S. M. C. (Il était de la Chatagne, Duché de Savoye) et de Françoise de Sensié née en Piémont, veuve en 1542.

HENRI DE VEVE Sgr. de Hollegnoul et à Cyplet Conseiller du Conseil Privé de S. A. S. le Prince Evêque de Liége, mort le 15 Mai 1574, fils de Jean de Veve Conseiller-Bourguemaître de la Ville de Dinant - sur-Meuse, mort le 14 Mai 1562, et d'Anne de Marille morte le 20 Août 1556 inhumée à Dinant près de son mari, avec épitaphe et armoiries, en l'Eglise Collégiale dessous l'Autel de Ste. Anne
épousa
Marguer. de la Riviere d'Arschot fille de Rase de la Rivière d'Arschot et de Marguerite de Vytenbroeck.

CORINT DE NOBILY-NARI fils de Vincent de Nobily-Nary et de Louise de Monty di San Sovino, sœur du Pape Jules III
épousa
Marguer. Allegaty dont la mere était Caraffa.

GUY D'URSEL Sgr. de Limmelette, demeurant à Namur en 1583, fils de Paul d'Ursel Seign. de Limmelette, Louvraege, Pont et du Bray, Bourguemaître de Bruxelles en 1542, et de Françoise de Wayaulx
épousa
Jeanne Regnault, morte le 30 Avril 1586, inhumée sous une tombe en l'Eglise d'Ottignies près de Limmelette, placée dans le chœur à côté de l'Evangile. Sa mere était de Baduelle.

ANTOINE DE MAROTTE Sgr. d'Acoz, Lasprelle. Souverain Bailly de la Ville et District de Chastelet-sur-Sambre, mort le 4 Déc. 1590, git avec son ép. dans le chœur de l'Eglise de Chastelet sous une tombe avec 4 quartiers, fils de Jean Marotte Sgr. de Bossut en Fagne, Sainte Monagon, Frasne, Bois-Parchonnier, Acoz, Lasprelle, Tiers, Sgr. et Prévôt heréditaire de la Ville de Couvin, Souverain Bailly de la Ville et District du Chastelet-sur-Sambre, mort le 3 Déc. 1582, et de Marie de Henry, morte le 15 Mai 1593 inhumée près de son mari à Chastelet
épousa
Franç. du Jardin Chanoin. de Denain fille de Guill. du Jardin Sgr. de Wocqs près de Lessines, et de Jean. Buydens de Marquelreve dite Zeghers.

THIÉRI D'OFFIGNIES Sgr. de Calenelle, Conseiller de courte robe du Conseil Souverain de Hainaut en 1574. Il est qualifié Chev. dans les Lettres Pat. de Chevalerie de Jean-Franç. de Marotte du 4 Juillet 1647, frere de Gil.-Ant.-Ign de Marotte ci-dessous, fils de Guid'Offignies Sgr. de Calenelle et de Lassus en 1552 et de Marg. de Fourneau de Bajenrieux
épousa
Anne de Campen fille de Josse de Campen Sgr. d'Azincourt, Sart-à - Pasteau, la Neffe, Ostergnies, décédé a Cologne en 1585, et de Mar. Comtesse de la Marck, Dame du Sart, Pasteau, la Neffe, Ostergnies, morte en 1596.

JEAN D'ENGHIEN dit de Havrech Sgr. de Rosily, créé Chevalier en 1598, fils d'Adrien et de Jacqueline de la Pierre - Bousies *Petit-fils* de Jean d'Enghien dit de Havrech Sgr. de Presie, Rosily, Beinges, Eversquoi, et de Marie Baronne de Berlaymont *Arrière petit-fils* de Jean d'Enghien dit de Havrech et de Gillette de Marbais-Louverval
épousa
Claire de Savary de Warcoing fille de Nicolas et de Madelaine de Léaulcourt Dame du Quesnoy. *Pet.-fille* de Jacques de Savary et d'Anastase de Cottrel-Bettignies *Arrière petite-fille* d'Eustache, né à Tournay, et de Jeanne de Paillard Dame de Warcoing fille de Bernard et de Marie de Montmorency.

PHIL. DE HUY Seign. d'Assche en Refail et d'Ausseulx, fils de Jean de Huy et d'Hélène de Hosden Dame d'Ausseulx *Pet. fils* de Hugues de Huy et d'Anne de Beaufort - Spontin, fille de Jean-Phil. de Spontin Mayeur de Namur et de Philippine de Bouzanton. *Arrière petit-fils* de Nicolas de Huy Sgr. d'Assche en Refail, et de Cath. de Veleine Dame d'Assche. *Arrière-arrière pet.-fils* de Jean de Huy et de Jeanne de Longchamps
épousa
Anne d'Enghien fille d'Adrien ci à côté, et de Jacquel. de la Pierre-Bousies Jacquel. était *fille* d'Adrien de la Pierre Sgr. de Bousies et de Franç. de Proisy *Pet.-fille* de Nicolas de la Pierre Sgr. de Bousies et d'Adrien. de Donville. *Arr. pet.-fille* de Jean de la Pierre.

JEAN Baron d'Udekem Sgr. de Guertechin Gouv. de Landrecy, Comm. du Château de Louvain.

CATHERINE DE VEVE-DE-HOLLEGNOUL.

JÉRÔME DE NOBILY Membre du Corps de Genie, Gouv. de Grave.

JEANNE D'URSEL DE LIMMELETTES.

JEAN DE MAROTTE Sgr. d'Acor, Memb. de la Noblesse des Etats de Namur, créé Chevalier en 1628.

CATHERINE D'OFFIGNIES, Dame de Calenelle et de Lassul, morte en 1659.

ADRIEN DE HOVRECH Sgr. de Rosily, Député de l'Etat Noble de Namur.

HÉLÈNE DE HUY Dame de Refail et d'Aussoulx.

GÉRARD Baron d'Udekem, Sgr. de Guertachin et de Rosières, Capitaine dans Brias, mort en 1649.

MARG. DE NOBILY-NARY enterrée à Bossut, Village entre Louvain et Wavre, avec ses 8 quartiers et 8 de son mari.

GILLES - ANTOINE - IGNACE DE MAROTTE Sgr. de Calenelle et de Lassus, mort en 1666.

HÉLÈNE D'ENGHIEN mariée en 1657 à Noville - le - Bois, Chanoinesse de Moustiers, morte en 1670.

MAXIM.-FRANÇ. Baron d'Udekem Génér. au service du Prince de Bade, son Gentilhomme et Envoyé ordinaire et Plénipotentiaire vers différens Princes, mort en 1703.

ANNE - CATHERINE DE MAROTTE DE CALENELLE.

MICHEL - JOSEPH Baron d'Udekem, ayeul du Baron d'Udekem, d'Acoz demeurant à Bruxelles en 1809, époux d'une Dame d'Oayn.

Je me réserve de donner par un article séparé ce qui concerne la maison d'UdeL.em. On voit par cette carte différentes Familles du Comté de Namur et du Haynaut. Il existe à Namur une Maison alliée à plusieurs familles reprises dans cette même carte. C'est celle de Ponty. Une Dame de Marotte a épousé Messire Philippe-Franç. Jos. Baron de Ponty, Gentilhomme de l'Etat Noble de Namur, Grand Mayeur de Namur. Son père *Henri-Jos.* de Ponty fut créé Baron par Diplôme du 21 Octobre 1750. Il avait prouvé les huit quartiers représentés dans la carte suivante.

Nob Homme HUGHES II de Ponty Sgr. Tréfoncier de Wesches, fils de Nob. Homme Hughe I de Ponty Ecuyer.	Noble Dame MARIE DE LA DEUZE fille de Gil. et de Jeanne de Bervotz.	Nob. Homme NICOL. DE PETIT Ecuyer Sgr. de Lisoignes, fils de Lambert et de Marguer. Arnould.	Noble Dame LOUISE LESIGNE (ou Lesinne) dont la mère est Marie le Bidart.	Nob. Homme PIERRE-COME DE NUREMBERG fils de Come, et de Marie Bidart.	Noble Dame ANNE DE HARSCAMP fille de Nob. Homme Cornelis et et d'Adrienne de la Tour.	Nob. Homme JEAN MARCQZ fils de Jean et d'Isabeau le Bidart.	Noble Dame ANNE BARÉ DE COMOGNE fille Nob. Homme Jacq. et d'Anne le Bidart.
NICOLAS DE PONTY Sgr. Tréfoncier de Wesche.		NOBLE DAME ELISABETH-CORNEILLE DE PETIT.		Noble Homme MATHIAS DE NUREMBERG Conseiller de S. M.		JEANNE DE MARCQZ.	
Noble Homme WARNIER DE PONTY Sgr. de Suarlée Membre de la Noblesse des Etats de Namur.				Noble Dame ISABELLE DE NUREMBERG.			

Noble Homme HENRI-JOS. DE PONTY Sgr. de Suarlée, Wesche, Tiège, Gentilhomme de l'Etat Noble de Namur, créé Baron en 1750. Il épousa Noble Dame Marie-Franç. de Ponty de Pontillasse fille de Messire Jean-Phil. de Ponty Baron d'Hingeon, Pontillasse, et de Dame Marie-Franç. de Salmier de Hosden, dont la mère était Havrech.

EPITAPHE de HENNEMAN BARÉ DE COMOGNE *un des Aïeux de Noble Dame* ANNE BARÉ DE COMOGNE *dont il est parlé dans la Carte qui précède.*

J'ai des recueils très-considérables sur la famille de Baré de Comogne établie à Namur en 1809. J'en donnerai un précis et analyse pour prouver *avec beaucoup de sévérité* la filiation directe et non interrompue depuis le Chevalier Georges Baré I. du Nom *vivant à Trèves en* 1069 jusques Messire Lambert-Ghislain-Jos.-Adrien Baré de Comogne né à Namur en 1759, ainé et chef de sa famille. Il m'a communiqué ses archives avec infiniment de complaisance. J'ai remarqué en lui un Archiviste précieux pour sa famille et pour un grand nombre d'autres. J'ai trouvé chez lui une activité étonnante. On peut citer sa Maison à Namur comme celle de Messieurs Piat Lefebvre à Tournay par le grand nombre d'ouvriers qu'il emploie. On y voit pratiquer par lui, son épouse et ses enfans tous les devoirs religieux qu'ils savent concilier avec les amusemens de la société.

Les Lettres de Chevalerie accordées en 1650 à Jean-Philippe de Ponty sont honorables pour les services rendus par cette Maison. On y lit ce qui suit :

« Notre cher et bien aimé Jean-Philippe de Ponty » Seigneur de Pontilas, natif de Notre Pays et » Comté de Namur et que feu son père Philippe » de Ponty Sgr. de Hingeon, Bailli de Notre Ville » et Territoire de Fleurus, en considération des » services de ses devanciers et de ceux qu'icelui » aurait rendus ès guerres des Pays Bas durant le » règne du Roi Philippe III Notre très-honoré Seigneur et Père, et continuait de rendre audit » Etat de Bailly, aurait par Nous été créé Chev. » le 14 Mars 1627 et depuis par feue Notre bonne » Tante Madame Isabelle Infante d'Espagne Député vers les Etats de Liége, après la perte de » la ville de Mastricht pour traiter avec lesdits » Etats de la conservation de la neutralité; de laquelle députation il se serait bien acquitté, ayant » fait ledit voyage à ses dépens et au péril de sa
1639. » vie et qu'en l'an 1639, durant les troubles audit Pays de Liége, il aurait été envoyé par le » Comte de la Motte Gouverneur de Namur, avec » ordre de Notre bon Frère feu l'Infant Don Ferdinand vers les Chefs et Officiers Liégeois assemblés près de la ville de Huy pour s'aboucher avec » eux et empêcher qu'ils n'entreprissent rien contre Nos Etats, et outre ce déservi plusieurs fois » la place de PREMIER ESCHEVIN NOBLE au » Magistrat de la Ville de Namur et y procuré Notre plus grand service : et que ledit Jean-Philippe » de Ponty suivant les vestiges de ses devanciers » aurait porté les armes pour Notre Service premièrement en la Citadelle d'Anvers avec quatre écus » davantage par mois et après dans Nos Armées » par l'espace de 8 ans durant lesquels il aurait » été avancé à la charge d'Alfere et les quatre derniers occupé celle de Capitaine d'Infanterie, s'étant trouvé ès siéges de Breda, Venloo, Ruremonde, au secours de Gueldres et en celui que » l'on prétendait donner à la ville d'Arras assiégée » par les Français, en laquelle occasion ayant eu » ordre d'attaquer avec sa compagnie et autres les » tranchées de l'ennemi il y aurait été grièvement » blessé d'un coup de mousquet au genou duquel » il serait demeuré fort incommodé et qu'il continuerait Notre service en qualité de Bailli et Majeur » de Notre Ville et Territoire de Fleurus. Pour ces » causes etc. etc. »

J'ai donné dans le premier volume de cet ouvrage page 1016, l'épitaphe de Messire Jacques-Adrien-

Joseph Franeau d'Hyon Chev. de St.-Louis Vicomte de Canteleu, et de très-Noble Dame Marie-Jos.-Placide Com. Van der Burch, avec seize quartiers J'en donnerai la carte à l'article de Lannoy. On y remarque que la mère de la Dame Van der Burch était de la Maison de Croix Dadizeele, très-connue par les grands biens qu'elle a possédés en Flandre, Brabant, Hainaut et ailleurs depuis plusieurs siècles. Elle a été prouvée dans différens Chapitres et dernièrement à l'admission de Dame Madelaine-Théodore de Baudequin reçue à Moustier-sur-Sambre en
1764. 1764. Ceci me procure l'occasion de dire un mot sur la Maison de Baudequin. Il suffit de lire le diplôme suivant donné à Aranjuez Royaume de Cas-
1589. tille le 10 Décembre 1589, pour être convaincu de son ancienneté, et que plusieurs siècles avant cette date elle jouissait de toutes les prérogatives de la Noblesse. Plusieurs Maisons très-anciennes, très-bien alliées et même très-connues, avaient alors perdu leurs archives par suite des guerres, troubles et révoltes qui ont désolé les Provinces Belgiques sous Philippe II, et auparavant. Elles se sont trouvées forcées de prendre des nouveaux Diplômes de Noblesse. Mais dès qu'on montre des Titres authentiques antérieurs, à quoi sert le Diplôme? Peut-il préjudicier? Non sans doute, sur-tout lorsque, comme dans celui que je vais citer, il est donné sans finance et que le Souverain même reconnaît l'ancienneté de la famille.

1589. « DE LA PART DE NOS BIEN AMEZ *Claude-Charles, Catherine* et *Françoise Baudequin* tous » frères et sœurs germains, enfans légitimes de feu » Philippe Baudequin en son vivant Greffier du Bureau de Nostre Maison, Nous a esté tres-humblement remonstré comme *Paul Baudequin leur ayeul* avait fini ses jours au service de feu de » bonne mémoire l'Empereur Maximilien premier de » ce nom Nostre Aieul que Dieu pardoint en office » de *Sommeiller* de sa cave, et que feu *Daniel de Baudequin* son fils père-grand desdits Remontrans » avait semblablement servi en même office de *Sommelier* de la cave à feu aussi de bonne mémoire » Notre Père-Grand le Roi d'Espagne Don Philippe » premier de ce nom, et continué ledit service jusqu'à son trépas en ladite qualité à feu aussi de » très-haute mémoire l'Empereur Monseigneur et » Père qui sont en gloire, après qu'il eut obtenu » de Sa Majesté Impériale l'avancement de ses enfans, scavoir est de *Charles Baudequin* oncle » desdits Remontrans à l'estat d'Escuyer de cuisine » en la Maison de feue de bonne mémoire Madame » Léonore Reine Douairière de France Nostre tante » que Dieu absolve, et que après le décès d'elle ledit » *Charles Baudequin* avait été retenu pour *Sommelier* de Nostre Panneterie, auquel office il avait » continué par l'espace de vingt-six annees et jusqu'à » la fin de sa vie qu'il acheva en cette Notre Cour, » conséquemment ledit Philippe Baudequin père desdits Remontrans avait pareillement servi de *premier Officier de la Saulière* de Sa Majesté Impériale et du depuis de *Sommelier de la Panneterie* » par tous les voyages qui s'étaient présentés durant » le terme de dix-huit années, au bout duquel et » après que Sadite Majesté Impériale fut servie de » se retirer à St.-Just en ce Royaume d'Espagne, » ledit *Philippe Baudequin* estant pourvu d'une pension comme furent tous autres Officiers domestiques d'icelle Sa Majesté, s'en alla apres résider » en Nostre ville de Bruxelles où il se maria à » celle qui depuis fut mère desdits Remontrans,

1560. » mesme que lorsque en l'an 1500 soixante estait » vacqué l'Office de Greffier du Bureau de Nostre » Maison par promotion de *Jean Sigoney* à l'Estat » de Contrôleur, ledit *Philippe Baudequin* fut ap» pellé par Lettres de feu Ducq d'Alve au même » temps Nostre Grand-Maître d'Hôtel pour déser» vir ledit Office de Greffier, et retenu en icelui » l'exerça l'espace de onze années y continuant jus» qu'à son trespas : et davantage Nous at esté re» présenté par les susdits Remontrans que ledit feu » *Paul Baudequin leur aïeul estait issu de Dijon* » *au Duché de Bourgogne* DE BONS ET NOBLES » PARENS, et que de ce faisaient foi les anc'ens » papiers et vieilles écritures que lui et sa postérité » en avaient laissé, même qu'ils avaient esté inti» tulés d'Escuyers *et toujours porté de père en fils* » *les Armoiries timbrées* dont lesdits Remontrans » faisaient exhibition, disant que l'on les voit en» core à présent telles en l'Eglise de Caudenberg » audit Bruxelles sur la sépulture desdits Paul et » Denis Baudequin : aussi qu'ils s'étaient toujours » comportés et alliés noblement par mariage, si » comme ledit *Philippe Baudequin* pere desdits Re» montrans *qui print pour femme une fille de feu* » *Arnoul de Zombergke, en son temps Châtelain* » *de Rupelmonde et Prévôt de la Cour de Sa Ma-* » *jesté Impériale*, par laquelle il avait esté annobli » et sondit annoblissement esté confirmé par Nous

1584. » par Lettres patentes données le 20 de Mars 1584 » passé : semblablement que lesdits frères Remon» trans s'étaient employés par quelques années et » guerres en nos Pays d'embas pour Nostre service » et leurs susdites Sœurs s'estaient pareillement en » tous temps noblement maintenues avec intention » d'y continuer et vivre honorablement des biens et » moyens qui leur avaient esté laissés, *et à ladite* » *cause fuyant les Villes et lieux à Nous rebelles*, » s'estaient entretenues en la compagnie de leurs » Parens maternels qui sont Gentilshommes réputés » et honorés pour tels, et combien lesdits Remon» trans croyaient que leurs devanciers susnommés » avaient esté annoblys ci-devant et obtenus de leurs » Princes et Seigneurs Souverains les Dépêches et » Lettres sur ce requises, comme le port desdites » Armoiries faisait de ce manifeste preuve ; toutefois » comme ils n'en trouvaient aucun enseignement » plus avant de ce que dit est, et que par telle » faute serait venue par négligence de ceux qui n'en » auraient fait bonne garde, même que pour avoir » suivi de père en fils le service actuel de leur » Prince en voyages par diverses et loingtaines Pro» vinces, *les Titres et enseignemens de leur an-* » *cienne Noblesse avaient été égarés*. Pour toutes les » raisons Nous faisaient les susdits Remontrans frères » et sœurs enfans légitimes de feu Philippe Baude» quin très-humble supplication qu'en considération » des longs, anciens et bons services de leur aïeul, » père-grand, père et oncles susnommés, et de » leur bon et noble comportement, essorts et of» fices honorables qu'ils ont respectivement exercé » exactement de père en fils, aussi en respect des » bonnes, honorables et Nobles Alliances de Ma» riages qu'ils ont fait, *y joint l'ancienne Noblesse* » *en laquelle ils ont été et sont tenus* lesdits feux » *Paul*, *Denis*, *Charles* et *Philippe Baudequin* et » leurs successeurs Notre bon plaisir soit de CON» FIRMER LEURDITE NOBLESSE, et prenant » en considération aux bons et longs services faits » actuellement par lesdits feux père, oncles et au» tres prédécesseurs desdits suppliants, avons davan» tage pour Nous et Nos Successeurs de Notre plus » ample grace quitté et remis, quittons et REMET» TONS par ces présentes à eux et a leurs enfans » et postérité nés et à naitre LA FINANCE et » somme d'argent que chacun d'eux serait tenu de » payer à Notre profit etc. etc. Car ainsi Nous » plaît-il etc. etc. Donné à Aranjuez Royaume de » Castille le deuxième jour du mois de Décembre » l'an de grace 1589 ».

1613. Des Lettres de Chevalerie accordées en 1613 affirment, non pas par l'énoncé du Suppliant, mais bien par suite de l'examen des Titres, que Charles de Baudequin Ecuyer qui les a obtenues est issu d'aïeux qui depuis cent et cinquante ans ont rempli les premières charges près la personne de leur Souverain. Ces Lettres s'énoncent de la manière suivante.

« Comme Nous sommes pleinement informés de » la personne, qualité, mérite et services *de Notre* » *Amé et Féal Charles de Baudequin Ecuyer*, que » par papiers, enseignemens, extraits des registres » et rolles du Bureau de Notre Hôtel, qu'il a pro» duits et ont été vus et examinés par Notre Con» seil d'Estat, Nous a fait paraître comme les » ancêtres depuis CENT ET CINQUANTE ANS » EN ÇA ont fidellement servi aux Nôtres de très» haute mémoire en Charges et Estats Nobles et » Hôtels de l'Empereur Maximilien premier, du Roi » Philippe premier et de l'Empereur Charles Quint, » ayant *Philippe de Baudequin* son père achevé ses » jours en estat et qualité de Greffier de l'Hôtel du » Roi Monseigneur et Père, et ledit *Charles de* » *Baudequin* dès sa jeunesse a commencé de suivre » leurs vestiges, s'ajant employé l'espace de vingt » ans en toutes les occasions de guerre des Pays» Bas, avec entretenement de 25 escus par mois et » successivement en Notre Cour *en diverses affai-* » *res de confidence*, ayant trouvé convenir passez » quelques ans d'en retenir et lui assigner en icelle » chez Notre personne ledit entretenement pour » Nous continuer les mêmes services, comme il a » fait en occasions fréquentes des affaires de la qua» lité susdite avec entière satisfaction Nostre, et » Nous ayant très-humblement supplié Notre bon » plaisir soit de l'honorer du Titre et Degré de » CHEVALIER, savoir faisons etc. etc. Le 12 Dé» cembre l'an de grace 1613. Signé PHILIPPE ».

Jettons à présent un coup-d'œil sur la carte de Dame Madelaine-Théodore Baudequin reçue Chanoinesse à Moustier-sur-Sambre en 1764. Nous y remarquerons les ascendans de Madelaine de Croix de Dadizeele. Je donne cette carte avec d'autant plus de plaisir qu'elle est essentiellement utile aux descendans des Franeau Vicomtes de Canteleu, aux Comtes de Van der Burch et de Lannoy, ainsi qu'à plusieurs anciennes Maisons.

Il m'est agréable de saisir toutes les occasions qui sont en mon pouvoir et conformes au plan que je me suis proposé de ne rien présenter dans mon Ouvrage qu'à l'appui de titres authentiques sans lesquels on ne peut point donner des filiations certaines. La carte de Mademoiselle de Peuthy fait connaître l'ascendance reculée de huit familles connues dans la Belgique. Elle me présente l'occasion de donner des notes intéressantes sur les ancêtres du Marquis d'Ennetières établis avec distinction à Tournay depuis plus de quatre siècles. Je pourrais aussi donner des documens sur chacun des quartiers ; mais ceci me conduirait trop loin. Après avoir présenté ces renseignemens sur les d'Ennetières,

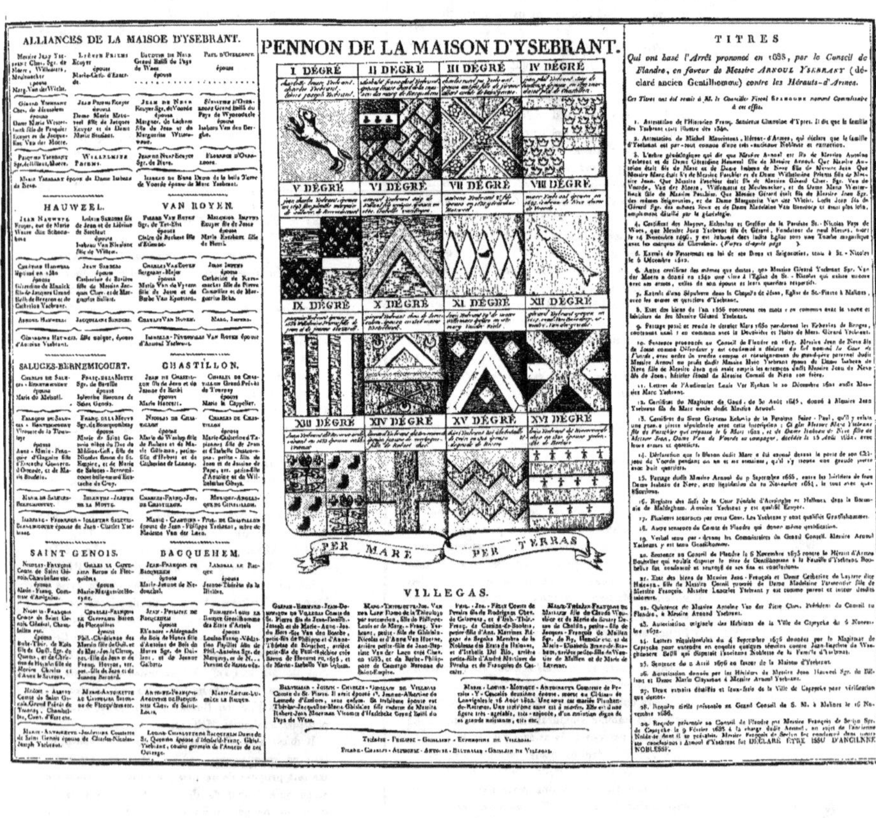

ALLIANCES DE LA MAISOE D'YSEBRANT.

Messire Jean Ysebrant Chev. Sgr. de Moere, Willemetts, Meulenaecker épouse Marg. Van der Wicht.

Lieven Priems Ecuyer épouse Marie-Cath. d'Exaerde.

Baudouin de Nève Grand Bailli du Pays de Waes épouse . . . .

Paul d'Overacker épouse . . . .

Gérard Ysebrant Chev. de Jérusalem épouse Dame Marie Westerbeck fille de Pasquier Ecuyer et de Jacqueline Van der Moere.

Jean Priems Ecuyer épouse Dame Marie Meuleneel fille de Jacques Ecuyer et de Dame Marie Steelant.

Jean de Nève Ecuyer Sgr. de Voorde épouse Marguer. de Lachem fille de Jean et de Marguerite Wissenpaerte.

Sébastien d'Overacker Grand Bailli du Pays de Wynendaele épouse Isabeau Van den Berghe.

Pasquier Ysebrant Sgr. de Hillaut, Moere.

Willelmine Priems.

Jean de Nève Ecuyer Sgr. de Nève.

Florence d'Overacker.

Marc Ysebrant époux de Dame Isabeau de Nève.

Isabeau de Nève Dame de la belle Terre de Voorde épouse de Marc Ysebrant.

HAUWEEL.

Jean Hauweel Ecuyer, eut de Marie Waere dite Schoonhove

Liévin Sanders fils de Jean et de Liévine de Steelant épouse Isabeau Van Nieuland fille de Willem.

Chrétien Hauweel baptisé en 1580 épouse Gérardine de Maaick fille de Jacques Grand Bailli de Beveren et de Catherine Ysebrant.

Jean Sanders épouse Catherine de Bavière fille de Messire Jacques Chev. et de Marguerite Sallart.

Arnoul Hauweel.

Jacqueline Sanders.

Gérardine Hauweel fille unique, épouse d'Antoine Ysebrant.

VAN ROYEN.

Pierre Van Royen Sgr. de Ter-Elst épouse Claire de Bachere fille d'Etienne.

Melchior Impens Ecuyer fils de Josse épouse Marie Ereebaut fille de Henri.

Charles Van Royen Sergeant-Major épouse Marie Van de Vyvere fille de Josse et de Barbe Van Eyghem.

Josse Impens épouse Catherine de Kersmaeker fille de Pierre Conseiller et de Marguerite Beke.

Charles Van Royen.

Marg. Impens.

Isabelle-Pétronille Van Royen épouse d'Arnoul Ysebrant.

SALUCES-BERNEMICOURT.

Charles de Saluces-Bernemicourt épouse Marie du Mesnil.

Franç. de la Motte Sgr. de Baraille épouse Iolenthe Baronne de Saint Genois.

François de Saluces-Bernemicourt Vicomte de la Thieuloye épouse Anne-Marie-Françoise d'Gargnies fille d'Eustache Gouverneur d'Oncade, et de Marie Baudain.

Franç. de la Motte Sgr. de Bourquembray épouse Marie de Saint Genois nièce du Duc de Médina-Celi, fille de Nicolas Baron du St. Empire, et de Marie de Saluces-Bernemicourt belle-sœur d'Eustache de Croy.

Marie de Saluces-Bernemicourt.

Iolenthe-Jeanne de la Motte.

Isabelle-Françoise-Iolenthe Saluces-Bernemicourt épouse de Jean-Charles Ysebrant.

CHASTILLON.

Jean de Chastillon fils de Jean et de Jeanne de Rebbi épouse Marie Hennart.

Charles de Chastillon Grand Prévôt de Tournay épouse Marie le Cappelier.

Nicolas de Chastillon épouse Marie du Wachop fille de Robert et de Marie Gilleman, petite-fille d'Hubert et de Catherine de Lannoy.

Charles de Chastillon épouse Marie-Catherine d'Tapionne fille de Jean et d'Isabelle Dastorghes, petite-fille de Jean et de Jossine de Pape, arr. petite-fille d'Antoine et de Wilhelmine Gheys.

Charles-Franç.-Jos. de Chastillon.

Monique-Angélique de Chastillon.

Marie-Chrétienne-Franç. de Chastillon épouse de Jean-Philippe Ysebrant, mère de Madame Van der Laen.

SAINT GENOIS.

Nicolas-François Comte de Saint Genois, Chambellan etc. épouse Marie-Franç. Comtesse d'Arignies.

Gilles le Cambier Baron de Flecquières épouse Marie-Marguerite Hoyne.

Nicolas-François Comte de Saint Genois, Général, Chambellan etc. épouse Isab.-Thér. de Bois fille de Guill. Sgr. de Quenes, et de Chrétienne de Hennin fille de Messire Charles et d'Anne le Sauvage.

Charles-François le Cambier Baron de Flecquières épouse Phil.-Chrétienne des Marets fille de Guil. et de Mar.-Jos. le Clercq, pet.-fille de Jean et de Franç. Hoyne, arr. pet.-fille de Jean et de Jeanne Berard.

Hugues-Albert Comte de Saint Genois, Grand Prévôt de Tournay, Chambellan, Cons. d'Etat etc.

Marie-Antoinette le Cambier Baronne de Flecquières etc.

Marie-Antoinette-Joséphine Comtesse de Saint Genois épouse de Charles-Nicolas-Joseph Ysebrant.

BACQUEHEM.

Jean-François de Bacquehem épouse Marie-Jeanne de Nedonchel.

Lamoral le Ricque épouse Jeanne-Thérèse de la Rivière.

Jean-Philippe de Bacquehem épouse Eléonore-Aldegonde de Bois de Hoves fille d'Antoine de Bois de Hoves Sgr. de Dainlens, et de Jeanne Galbart.

Philippe-Louis le Ricque Gentilhomme des Etats d'Artois épouse Louise-Franç.-Védastine Papillet fille de Phil.-Antoine Sgr. de Marquay, et de N. . . Pervost de Basserode.

Antoine-François-Augustin de Bacquehem Chev. de Saint-Louis.

Marie-Louise-Lucrèce le Ricque.

Louise-Charlotte de Bacquehem Dame de St. Quentin épouse d'Idesbald-Franç.-Ghisl. Ysebrant, cousin germain de l'Auteur de cet Ouvrage.

PENNON DE LA MAISON D'YSEBRANT.

I DÉGRÉ — II DÉGRÉ — III DÉGRÉ — IV DÉGRÉ

V DÉGRÉ — VI DÉGRÉ — VII DÉGRÉ — VIII DÉGRÉ

IX DÉGRÉ — X DÉGRÉ — XI DÉGRÉ — XII DÉGRÉ

XIII DÉGRÉ — XIV DÉGRÉ — XV DÉGRÉ — XVI DÉGRÉ

PER MARE PER TERRAS

VILLEGAS.

Gaspar-Bernard-Jean-Dominique de Villegas Comte de St. Pierre fils de Jean-Domin.-Joseph et de Marie-Anne-Jos. du Bois dite Van den Bosche, petit-fils de Philippe et d'Anne-Thérèse de Kinschot, arrière petit-fils de Paul-Melchior créé Baron de Hovorst en 1675, et de Marie-Isabelle Van Uylem.

Marie-Thérèse-Jos. Van den Lare Dame de la Thieuloye par succession, fille de Philippe-Louis et de Marg.-Franç. Ysebrant, petite-fille de Ghislain-Nicolas et d'Anne Van Hoorne, arrière petite-fille de Jean-Baptiste Van der Laen créé Chev. en 1653, et de Barbe-Philippote de Camargo Baronne du Saint-Empire.

Phil.-Jos.-Félix Comte de Peralta fils de Rodriguez Chev. de Calatrava, et d'Isab.-Thér.-Franç. de Carnina-de-Bodeles, petite-fille d'Ant. Martinez Régent de Segoba Membre de la Noblesse des Etats du Hainaut, et d'Isabelle Del Rio, arrière petite-fille d'André Martinez de Peralta et de Françoise de Cascales.

Marie-Thérèse-Françoise de Maillen fille de Claude Wautier et de Marie de Savary Dame de Chelin, petite-fille de Jacques-François de Maillen Sgr. de Ry, Hemoir etc. et de Marie-Elisabeth Brant-de-Brabant, arrière petite-fille de Wautier de Maillen et de Marie de Laverne.

Balthasar-Joseph-Charles-Ghislain de Villegas Comte de St. Pierre. Il avait épousé 1°. Jeanne-Albertine de Lamede d'Emlore, sans enfans. Sa troisième épouse est Thérèse-Jacqueline-Marie-Ghislaine fille cadette de Messire Robert-Jean Moerman Vicomte d'Harlebeke Grand Bailli du Pays de Waes.

Marie-Louise-Monique-Antoinette Comtesse de Peralta-Y-Cascalès deuxième épouse, morte au Château de Lontignies le 16 Août 1802. Une sœur est mariée Plunkett-de-Rattmore. Une troisième sœur est à marier. Elle est d'une figure très-agréable, très-enjouée, d'un maintien digne de sa grande naissance, etc. etc.

Thérèse-Philippe-Ghislaine-Euphrosine de Villegas.

Pierre-Charles-Alphonse-Antoine-Balthasar-Ghislain de Villegas.

TITRES

Qui ont basé l'Arrêt prononcé en 1688, par le Conseil de Flandre, en faveur de Messire Arnoul Ysebrant (déclaré ancien Gentilhomme) *contre les Hérauts-d'Armes.*

Ces Titres ont été remis à M. le Conseiller Fiscal Steenhuyse *nommé Commissaire à cet effet.*

1. Attestation de l'Historien Franç. Sanderus Chanoine d'Ypres. Il dit que la famille des Ysebrant était illustre dès 1340.

2. Attestation de Michel Mauritsens, Héraut-d'Armes, qui déclare que la famille d'Ysebrant est par-tout connue d'une très-ancienne Noblesse et extraction.

3. L'arbre généalogique qui dit que Messire Arnoul est fils de Messire Antoine Ysebrant et de Dame Gérardine Hauweel fille de Messire Arnoul. Que Messire Antoine était fils de Marc et de Dame Isabeau de Nève fille de Messire Jean. Que Messire Marc était fils de Messire Paschier et de Dame Wilhelmine Priems fille de Messire Jean. Que Messire Paschier était fils de Messire Gérard Chev. Sgr. Van de Voorde, Van der Moere, Willemetts et Meulenaecker, et de Dame Marie Westerbeck fille de Messire Paschier. Que Messire Gérard était fils de Messire Jean Sgr. des mêmes Seigneuries, et de Dame Marguerite Van der Wicht. Ledit Jean fils de Gérard Sgr. des mêmes lieux et de Dame Madelaine Van Ileendorp et ainsi plus loin, amplement détaillé par la généalogie.

4. Certificat des Mayeur, Echevins et Greffier de la Paroisse St.-Nicolas Pays de Waes, que Messire Jean Ysebrant fils de Gérard, Fondateur de neuf Messes, mort le 14 Novembre 1496, y est inhumé dans ladite Eglise sous une Tombe magnifique avec les marques de Chevalerie. (*Voyez ci-après page*)

5. Extrait du Possessoire en loi de ses Biens et Seigneuries, tenu à St.-Nicolas le 6 Décembre 1512.

6. Autre certificat des mêmes que dessus, que Messire Gérard Ysebrant Sgr. Van der Moere a donné en 1540 une vitre à l'Eglise de St.-Nicolas qui existe encore avec ses armes, celles de son épouse et leurs quartiers respectifs.

7. Extrait d'une Sépulture dans la Chapelle de Jésus, Eglise de St.-Pierre à Malines, avec les armes et quartiers d'Ysebrant.

8. Etat des biens de l'an 1556 contenant ces mots : *en commun avec la veuve et héritiers de feu Messire Gérard Ysebrant.*

9. Partage passé et rendu le dernier Mars 1650 par-devant les Echevins de Bruges, contenant aussi : en commun avec la Douairière et Hoirs de Mess. Gérard Ysebrant.

10. Sentence prononcée au Conseil de Flandre en 1617. Messire Jean de Nève fils de Josse comme Défendeur y est condamné à désister du fief nommé *la Cour de Voorde*, avec ordre de rendre compte et renseignemens du grand-père paternel dudit Messire Arnoul au profit dudit Messire Marc Ysebrant époux de Dame Isabeau de Nève fille de Messire Jean qui avait compris les arremens dudit Messire Jean de Nève fils de Jean, héritier féodal de Messire Corneil de Nève son frère.

11. Lettres de l'Audiencier Louis Ver Eycken le 20 Décembre 1601 audit Messire Marc Ysebrant.

12. Certificat du Magistrat de Gand, du 30 Août 1645, donné à Messire Jean Ysebrant fils de Marc oncle dudit Messire Arnoul.

13. Certificat du Sieur Gravens Echevin de la Paroisse Saint-Paul, qu'il y existe une grande pierre sépulcrale avec cette inscription : *Ci git Messire Marc Ysebrant fils de Paschier qui trépassa le 6 Mars 1622, et de Dame Isabeau de Nève fille de Messire Jean, Dame Van de Voorde sa compagne, décédée le 15 Août 1632*, avec leurs armes et quartiers.

14. Déclaration que le Blason dudit Marc a été exposé devant la porte de son Château de Voorde pendant un an et six semaines, qu'il s'y trouve une grande pierre avec huit quartiers.

15. Partage dudit Messire Arnoul du 9 Septembre 1655, entre les héritiers de feue Dame Isabeau de Nève, avec liquidation du 10 Novembre 1654, le tout avec qualifications.

16. Registre des fiefs de la Cour Féodale d'Aveisinghe et Hallines dans la Baronnie de Maldeghem. Antoine Ysebrant y est qualifié Ecuyer.

17. Plusieurs sentences par cette Cour. Les Ysebrant y sont qualifiés Gentilshommes.

18. Autre sentence du Comte de Flandre qui donne même qualification.

19. Verbal tenu par-devant les Commissaires du Grand Conseil. Messire Arnoul Ysebrant y est tenu Gentilhomme.

20. Sentence au Conseil de Flandre le 6 Novembre 1675 contre le Héraut d'Armes Bouteiller qui voulait disputer le titre de Gentilhomme à la Famille d'Ysebrant. Bouteiller fut condamné et renvoyé de ses fins et conclusions.

21. Etat des biens de Messire Jean-François et Dame Catherine de Laytere dite Hessens, fille de Messire Corneil procréé de Dame Madelaine Parmentier fille de Messire François. Messire Lancelot Ysebrant y est comme parent et tuteur desdits mineurs.

22. Quittance de Messire Antoine Van der Piete Chev. Président du Conseil en Flandre, à Messire Arnoul Ysebrant.

23. Autorisation originale des Habitans de la Ville de Capryche du 6 Novembre 1672.

24. Lettres réquisitoriales du 4 Septembre 1676 données par le Magistrat de Capryche pour entendre en enquête quelques témoins contre Jean-Baptiste de Waeghemaere Bailli qui disputait l'ancienne Noblesse de la Famille d'Ysebrant.

25. Sentence du 2 Avril 1676 en faveur de la Maison d'Ysebrant.

26. Autorisation donnée par les Héritiers de Messire Jean Hauweel Sgr. de Billens et Dame Marie Cluyssens à Messire Arnoul Ysebrant.

27. Deux extraits détaillés et lieux-fixés de la Ville de Capryche pour vérification que dessus.

28. Requête civile présentée au Grand Conseil de S. M. à Malines le 16 Novembre 1686.

29. Requête présentée au Conseil de Flandre par Messire François de Seclyn Sgr. de Capryche le 9 Février 1685 à la charge dudit Arnoul, au sujet de l'ancienne Noblesse dont il se prévalait. Messire François de Seclyn fut condamné dans toutes ses conclusions : Arnoul d'Ysebrant fut DÉCLARÉ ÊTRE ISSU D'ANCIENNE NOBLESSE.

res, je parlerai d'une Maison illustre qui lui est alliée, celle de Bacquehem dont une Dame est mariée à Tournày avec M. Ysebrant de Lindoncq. Ceci me permet de faire connaître plusieurs Familles du Brabant, du Hainaut, d'Artois, de Picardie, par l'alliance d'une Dame née Ysebrant mariée Van der Laen, d'où descendent les Villegas Comtes de St. Pierre, d'une Maison ancienne et illustre établie dans les Provinces Belgiques depuis plusieurs siècles. C'est à Bruges qu'elle trouve ses premiers ascendans qui ont accompagné l'Empereur Charles V en qualité de Gentilhomme. C'est dans cette même Ville que j'ai vu leurs anciens mausolées. J'ai été à même de me procurer les preuves présentées et acceptées à Vienne par le Gouvernement pour déclarer que les Demoiselles Baronnes de Goubau peu-

vent être reçues aux Chapitres de Vienne, Prague, Insprock et autres. C'est ainsi que j'ai le bonheur de contraster mes chagrins, en procurant aux Maisons les plus respectables de mon Pays ce qui peut uniquement leur être agréable. Les deux branches de la Maison de Villegas, celle de St. Pierre et celle de Pellemberg, trouveront dans la carte des Demoiselles Goubau leurs ancêtres que je présente avec la dignité qui leur convient. Revenons à la carte de la Chanoinesse de Baudequin de Peuthy. Elle sera suivie d'un Tableau généalogique présenté à Sa Majesté l'Empereur Napoléon pour rétablir une ancienne Fondation faite par un Seigneur de la Maison de Borchgrave, à laquelle M. de Peuthy avait des droits incontestables.

SEIZE QUARTIERS

DE MADAME DE BAUDEQUIN DE PEUTHY,

Reçue Chanoinesse à Moustier-sur-Sambre en 1764.

Paul Baudequin Ecuyer épousa Jeanne de Cuiry.	Jacq. d'Ennetieres épousa Quinte de Pipart.	Charles de Croix épousa Adrienne Van der Clite dite Comines Dame hérit. de Dadizeele.	Josse Van Schoore Sgr. de Marckhove, Dierendonck, etc. épousa Quintine Van Boonem.	Herman d'Eynatten épousa Elisabeth de Schoonhove.	Ingelbert Van Ophem épousa Marguer. Van der Meere.	Jean de Joncis épousa Marie de Horion.	Godensel de Houthem épousa Jeanne Van Blehen
Denis Baudequin Ecuyer épousa Jeanne Macheco.	Jér. d'Ennetieres Ecuyer épousa Marie Vilain.	Georges de Croix Sgr. de Dadizeele épousa Marie Bouckaert.	Josse Van Schoore épousa Cath. de Bourgogne Dame de Rostayne.	Arnoul d'Eynatten Sgr. de Schoonhove épousa a Marguer. Verhaecht.	Michel Van Ophem épousa Elisabeth Rydaens.	Jean de Joncis épousa Anne de Clockier.	Antoine de Houthem épousa Claire Van der Noot.
Phil. Baudequin épousa Marie de Zombergue.	Arnoul d'Ennetieres épousa Catherine de Cordes.	Jean de Croix Sgr. de Dadizeele épousa Jacqueline de Prez.	Jean Van Schoore Sgr. de Marchove épousa Isabeau Pardo.	Thibaut d'Eynatten épousa Barbe Van Berckel.	Michel Van Ophem épousa Anne Goeyvaerts.	Jean de Joncis épousa Marie de Duffle.	Jean de Houthem Sgr. de Kersbeeck épousa Barbe Van den Steenwegue.
Claude Baudequin Sgr. de la Haye épousa Marie de la Rivière.	Jean d'Ennetieres Chevalier Sgr. de Harlebois épousa François Van den Berghe.	George de Croix Sgr. de Blentour épousa Madelaine de la Vichte.	Louis Van Schoore Sgr. de Marckhove, Rostayne etc. épousa Marie de Bernaige.	Arnoul d'Eynatten, Ecuyer Sgr. de Terhaegen épousa Françoise de Borchgrave.	Michel Van Ophem épousa Marg. Weyms.	Philippe de Joncis Ecuyer épousa Anne Van der Heyden de Elisia.	Jean de Houthem Sgr. de Kersbeeck épousa Jeanne de Fleron.
Phil. Baudequin Chev. Sgr. d'Alincour, du Biez, Elfaut.	Claude d'Ennetieres	Martin de Croix Sgr. de Dadizeele, Blauwenterre, Wellemotte, Ternyck, Nederbecke.	Isabelle Van Schoore.	Thierri d'Eynatten Sgr. de Terhaegen.	Anne-Madelaine Van Ophem.	Guillaume de Joncis de Duffle Sgr. de Kersbecke.	Véronique de Houthem,

Claude-Eugène Baudequin Sgr. de Peuthy, Bastembourg, Holdenberg, Kalverkeere etc.	Madeleine de Croix de Dadizeele.	Nicolas Baron d'Eynatten.	Anne Baronne de Joncis de Duffle.

Charles-Philippe-Martin Baudequin Sgr. de Peuthy, Battenbourg, Huldenberg, Kalverkeere	Marie-Anne d'Eynatten de Schoonhove.

Madeleine-Théodore Baudequin Chanoinesse à Moustier-sur-Sambre, reçue en 1764.

CRAYON GÉNÉALOGIQUE

Présenté à Sa Majesté l'Empereur NAPOLÉON par M. le Baron de BAUDEQUIN DE PEUTHY pour faire revivre la Fondation faite en 1658 par LOUIS DE BORCHGRAVE.

Messire THIÉRI DE BORCHGRAVE Chevalier Sgr. de Tilleghem etc. Sergent-Major de Louvain, Capitain d'Infanterie au service du Roi d'Espagne, fils de Jean Ecuyer Sgr de Tilleghem, Griveleers en Steen etc et de Dame Elisabeth Oudart, épousa en 1589 Dame Elisabeth Van Duffel de Berthout enterrée à St.-Michel a Louvain le 1er. Avril 1614, fille d'Adrien Ecuyer né le 31 Janvier 1536, mort avant son épouse, et de Dame Elisabeth de Ferry morte a Louvain le 22 Mars 1627 et enterrée dans la même Eglise.

JEAN DE BORCHGRAVE Ecuyer Capitaine de Cavalerie au service d'Espagne, mort le 27 Septembre 1653, épousa Dame Justine Cayro Dame de Dinter, veuve de Jean Proost Ecuyer Sgr. de Dinter, Lille, Wechel, Sande-Vlimmeren, Beerse, Vorselaer près de Turnhout et de Gierle, sœur de Messire Louis Cayro Baron de Moorseele et enfant de Messire Luc de Cayro né à Milan, Sgr. de Moorsele, Lieutenant Général de la Cav. légère des armées de Flandre, mort le 24 Av. 1642 âgé de 85 ans, inhumé à Moorsele, et de Dame Claire Van Lemens Dame dudit lieu, née en 1574. Elle testa en 1648 la même année de sa mort.

LOUIS DE BORCHGRAVE Ecuyer, fonda trois messes dans l'Eglise de St.-Michel à Louvain, pour lui, ses ancêtres, ses frères et sœurs. Il fonda plusieurs bourses, ce qui est prouvé par son testament du 2 Juin 1658, endossé le même jour et ouvert le 3 du même mois et an par le Notaire le Noir, à sa mort sans alliance. Il est inhumé à St.-Michel à Louvain.

Dame FRANÇOISE DE BORCHGRAVE épousa Arnould d'Eynatten Ecuyer, Echevin de Louvain en 1662, 63 et 82. Il est nommé dans le testament de son beau-frère Louis ci à côté, fils de Thibaut d'Eynatten Ecuyer, et de Dame Barbe Van Beeckel fille de Nicolas Ecuyer, Sgr. d'Erembodeghem.

JEAN-LUC DE BORCHGRAVE Ecuyer testa pardev. le Not. I doVrecq le 9 Nov. 1682, mourut S. H. le 19 du même mois et an. Il avait institué pour héritière Justine-Marg. Proost sa nièce, fille de son frère uterin Jean-Luc Proost Ecuyer Sgr. de Dinter, qu'il nomma curateur et exécuteur testamentaire. *Petite fille* de Jean ci-dessus et de Dame Justine Cayro.

THIÉRI D'EYNATTEN Ecuyer Sgr. de Terheyden et de Terhaeghen, Echev. de Louvain dès 1667 à 1669, ensuite depuis 1671 à 1675, depuis 1684 à 1685 qu'il mourut. Il est aussi nommé dans le même testam. de Louis son oncle. Il épousa 1°. Dame Marie T'Serstevens fille de Maximilien Ecuyer, et de Dame Marguerite Van der Ryt dont une fille Marguerite épouse de son cousin germain Henri de Halmale Sgr. de l'Epine. 2°. Dame Anne-Mathilde Van Ophem fille de Michel Ecuyer Docteur primaire en Medecine à Louvain, et de Dame Mathilde Wyms.

Messire NICOLAS-HENRI Baron d'Eynatten et de Schoonhove, né du second lit, Sgr. de Terheyden, Gérardmont etc. Echevin de Louvain dès 1700 à 1705, ensuite 1er. Conseiller Pensionnaire de lad. Ville depuis 1706, en cette qualité Député ordinaire aux Etats du Brabant, mourut en 1720, fut inhumé a Rotselaer. Il avait épousé Dame Anne-Marie de Joncis de Dufel fille de Guill. Baron de Joncis de Duffel et de Dame Ursule-Véronique de Houtem fille de Jean Baron de Houtem.

FRANÇOISE D'EYNATTEN épousa Jacques-Lievin Roose Capitaine dans le Régiment de Caraccioly, au service de Sa Majesté impériale.

Messire THÉODORE-GUILL.-MAR. Baron d'Eynatten et de Schoonhove, Sgr. de Terhaegen, Terheyden etc. Bourguemaître de Louvain depuis 1750 jusqu'en 1756, mort en 1789, enterré à Kersbeeck, épousa 1°. Dame Ursule-Véronique de Joncis de Duffel sa cousine germaine Dame de Keersbeeck *Fille* de Louis-François Baron de Joncis de Duffel, Bourguemaître de Liege en 1707 et de Dame Anne-Isabelle Van der Heyden de Blisia fille de Jean-Guil. Baron Van der Heyden de Blisia. *Petite-fille* de Guill. Baron de Joncis et d'Ursule-Véronique de Houtem. 2°. (sans enfans) Dame Marie-Jos. de Vos de Steenwyk veuve de Messire Louis d'Amenzaga Chev. Sgr. de Niel-Pierreuse, fille d'Eugène de Vos de Steenwyck Ecuyer, Chev. de St.-Louis, Lieut. Col. au service de France. 3°. (sans enfans) Dame Louise-Caroline de Lardenois de Ville mariée en 1771, fille de Louis-Ant. Vicomte de Lardenois de Ville Commandeur de l'Ordre de Malthe, né à Tirlemont où il mourut en 1779, et de Dame Guillelm-Marie-Ernest. de Waha mariée a Neerlinter près de Tirlemont en 1744, fille de Messire Théodore-Jean Baron de Waha Sgr. de Neerlinter.

Dame MARIE-ANNE D'EYNATTEN DE SCHOONHOVEN, morte à Louvain en 1777, épousa en 1755 Messire Charles-Phil.-Martin Baron de Baudequin, de Peuthy et de Huldenberg, Sgr. de Battenbourg, Meysberghe, Houthem, de la Plaigne, Calverkeerte etc. Grand Bailly de Vilvorde, mort en 1771, inhumé à Peuthy, fils de Messire Claude-Eugène de Baudequin Capitaine d'une Compagnie de Cuirassiers en Espagne, puis Grand Bailly de Vilvorde, et de Dame Marie-Madelaine de Croix Dadizeele, morte à Bruxelles le 27 Novembre 1748, fille de Messire Jean-Mathieu du Mez dit de Croix Chevalier Seigneur de Dadizeele, Blouwantorre etc. et de Dame Isabelle de Schoore Dame de Bostuyne.

NICOLAS-JOSEPH ROOSE Echevin de Louvain épousa Catherine de Smedt, dont un enfant unique mort sans postérité.

Dame HONORINE-JOS.-CAROL. Baron. d'Eynatten et de Schoonhove Dame de Grau, Momberleur, Kersbeeck, Avouée de Steel, née à Louvain en 1738, ép. en 1769 1°. Messire Jos.-Bruno Comte d'Albon, Baron de Zetrud, Lumay, Gouvern de St. Andeol en France, mort en 1777 2°. Mess. Louis-Ange-Jos. Baron de Waha né à Melreux, marié en 1778: pas d'enfans des deux mariages.

Messire IDESBALDE-AYBERT-Jos. Baron de Baudequin de Peuthy et de Huldenbergh, Sgr. de la Plaigne et de Calverkeerte, Membre de l'Etat Noble de Brabant depuis le 8 Nov 1766, né le 15 Mai 1744, épousa en 1772 Dame Gabrielle-Josèphe Guislaine de Croix sa cousine sous-germaine, fille de Jos.-Adrien-Ferd. Comte de Croix et de Mauve, et de Dame Marie-Albertine Baronne de Ploibo, mariée en 1752. *Petite-fille* de Messire Ign.-Ferd. de Croix Comte de Mauve, Sgr. de Dadizeele Membre de l'Etat Noble de Hainaut, mort le 3 Sept. 1745, et de Dame Marie-Louise-Ferd. de Zomberghe sa 2me. femme qu'il épousa le 17 Fév. 1729, étant veuf de Dame Madel. de la Vichte Vicomtesse d'Erembodeghem. *Arrière petite-fille* de Messire Jean-Mat. du Mez dit de Croix, et de Dame Isab. de Schoore ci devant.

JEAN FRANÇOIS ROOSE, Echevin en 1756, et Secrétaire de la Chambre Pupilaire, veuf de Dlle. Baellemans, mort sans postérité en 1800.

Il serait à désirer que la libéralité de M. de Peuthi trouvât des imitateurs et que ce généreux et vertueux Seigneur n'eût que la gloire d'avoir su apprécier les intentions du Gouvernement qui n'hésite pas de regarder comme une vertu l'honneur de protéger ceux qui veuillent embrasser l'Etat Ecclésiastique, en leur facilitant le moyen de respirer dans les Séminaires cette odeur de Sainteté Evangélique qui doit se repandre dans leur cœur. Il s'agissait d'une fondation faite par Louis de Borchgrave mort sans être marié. Par testament du 2
1758. Juin 1658, il substitua son bien, dans le cas de non exécution du Fidéi-commis, pour servir de fondation de Bourses pour pauvres orphelins et autres pauvres enfans mâles. Louis de Borchgrave
1682. son neveu, mort S. H. en 1682, avait été institué héritier sous la prédite condition qui a été fidellement suivie jusqu'à l'époque de l'anéantissement des Universités. Il est parlé de cette Fondation dans l'ouvrage qui a pour titre *Antiquitates Belgicæ page* 34. On lit ce qui suit :

« *Joannes filius Theodorici et Elisabethæ van* » *Duffle. Ludovicus ejus frater.*

1658. » *Hic Ludovicus 1658 ultimis suis tabulis fon-* » *dationem instituit pro pauperibus orphanis mas-* » *culis ut studiis operam dent in scientiis, quam* » *post humaniora eligere poterunt in Universitate* » *Lovaniensi, constituto ad hoc exsecutore sed orta* » *postea difficultate inter proximum consanguineum* » *et exsecutorem tunc existentem, nova statuta pro-* » *dierunt a celcissima ARCHIDUCE MARIA ELI-* » *ZABETHA Belgii Austriaci Gubernatrice 17 Au-* » *gusti 1731 et constitutus primus provisor perpe-* » *tuus Theodorus-Guillelmus-Maria Baro ab Ey-* » *natten filius Nicolai Baronis ab Eynatten dum* » *viveret, Primarii Pensionarii urbis Lovaniensis* » *titulo consanguinitatis cum prædicto fundatore,* » *et post ejus obitum ex eo descendentes. Secundus* » *Provisor perpetuus Pastor S. Michaelis Lovanii* » *tertius, Senior Doctor Facultatis Theologicæ, qui* » *simul sit regens tantum ad triennium : cui suc-* » *cedit Senior Professor Primarius in jure, pariter* » *ad triennium, et sic alternis vicibus : et pro-* » *terunt Bursarii Gaudere Bursa a Syntaxi nec* » *ante* ».

Monsieur de Baudequin n'hésita pas de présenter les preuves par lesquelles on devait le trouver fondé à réclamer cette belle fondation. Tout fut accueilli de la manière la plus honorable, ce qu'on voit par ce qui suit :

1795. « SA MAJESTÉ L'EMPEREUR DES FRANÇAIS et Roi d'Italie a accordé sur représentation de *M. Idesbalde-Aybert-Joseph de Baudequin de Peuthy, chef d'une famille distinguée* » *du Département de la Dyle*, que tous les fonds » et revenus de la fondation de Louis de Borchgrave Chevalier, délaissés anciennement pour étudier des pauvres et orphelins, seraient désormais » repartis et distribués en une nouvelle fondation » à ériger en faveur des quatre Seminaires Episcopaux de la ci-devant Belgique savoir Malines, » Gand, Tournay et Namur, et par manière de » Réglement accepté et agréé par les quatre Evêques respectifs, étant sanctionné par S. M. en » vertu de son Décret impérial donné à Braunau » en Autriche en date du 10 Brumaire an 14 ».

Les Baudequins ont coopéré à plusieurs autres fondations, entr'autres a celle des Carmélites de Lille où se trouvaient trois épitaphes.

La première : Sépulture de Messire Claude de la

Haye Chevalier Seigneur de la Cessoye Capitaine et Grand Bailli du Château de la Motte-au-Bois et de ses dépendances, Commissaire au renouvellement de la Loi de la ville de Lille etc., décédé le 19 Juillet M. D. CCXX dans la 72e. année. Priez Dieu pour le repos de son âme. *Avec ces huit quartiers* : La Haye, de le Cambe dit Gantois, Bernard, Bernard, Kessel, La Biche, Appeltère, Castelain.

1686. La seconde, *Æternum meditare condi hoc tumulo optavit et meruit vir illustris Philippus de Baudequin Eques auratus Toparcha Delfaut d'Alincourt, du Biez, de la Haye, Juveniles annos in Aulis Bellisque exercitos, in viriles amplis longisque honoribus anctos extraxit creando Insulensi Magistratui per annos L. Commissus atque a Nobili hujus Provinciæ cætu per XVIII ad principes comitia et negotia delegatus exinde pia hilari vegeta usus senectute Deo, Patriæ, Bonis hisce Carmeli Monialibus curas impendit domus conventualis non mediocri parte et hoc templo procuratis et propriis largitionibus extracto munificentia primaria Principis apud Gallos Belgasque Melodunicæ Familiæ a qua Frontispicium altare Nitor ornamenta illum LXXXIX annis gravatum onustum meritis necessaria magis quam immatura Mors demeruit. Kal. Januar. MDCLXXXVI. ut æternum quiescat Lector apprecare.* Avec ces quatiers : *Baudequin, Machecot, Zomberghe, Bousies, La Rivière, De Was, d'Ablain, Waziers.*

1733. *La troisième* Sépulture de Dame Marie de Baudequin Dame du Biez, de la dessous, d'Elfaut de la Motte etc. Douairière de Messire Lamorald Claude de la Haye Chevalier Sgr. de la Cessoye Capitaine et Grand Bailli du Château de la Motte-au-Bois et Commissaire du Roi au renouvellement de la Loi de cette Ville décédée le 18 Mars 1733 âgée de 7[illegible] ans. *Requiescat in pace. Avec ces quartiers* : Baudequin, La Rivière, d'Ennetières, Van den Berghe, d'Ennetières, d'Enghien, la Haye, Bernard.

Les de Baudequin et d'Ennetière ont très-souvent contracté des alliances ensemble, ce qui est prouvé par la Carte et les Epitaphes qui précèdent. On a vu que Claudine d'Ennetières épouse de Phil. de Baudequin était sœur de Jacques créé Baron de
1664. la Berlière en 1664. On lit ce qui suit dans les Lettres Patentes données à Madrid.

« La connaissance que Nous avons de bons et » agréables services que Nous a rendu depuis quarante-sept ans Notre très-cher et féal Messire Jacques d'Ennetières Chev. Banneret Seigneur » d'Harlebois et de la Berlière de Notre Conseil » d'Etat et Trésorier Général de Nos Domaines et » Finances de Nos Pays-Bas et de Bourgogne et » ceux qu'il nous rendra encore à l'avenir et *qu'il* » *serait issu de la Noble et ancienne famille d'Ennetières extraite de celle d'Abbeville, passée en* » *Notre Châtellenie de Lille et depuis au Tournesis*, selon qu'il Nous aurait fait paraître par les » Lettres et enseignemens exhibez ».

On voit encore à Bruxelles dans l'Eglise Collégiale de Ste.-Gudule le superbe Mausolée de ce Jacques d'Ennetieres et de son épouse Marie de Baudequin avec huit quartiers qui sont : d'Ennetières, Villain, Cordes de Watripont, Morel ; Van den Berghe, Calonne, de la Woestine et Pestchaut. Voici l'inscription :

« *Jacobus d'Ennetieres Baro de la Berliere, Præ-* » *ses Cameræ rationum Thesaurarius generalis,* » *Consiliarius Status*

FRA

H. S. E.

» *In rationibus suam justitiam*
» *In Thesauri cura fidem*
» *In Statu rectitudinem*
» *Vigilantiam et prudentiam*
» *Per annos LX Regi probavit.*
» *Ut Deo probet precare.*

» *Mariam de Baudequin conjugem unicam Tor-*
» *naci dum Regi pareret in Majorum Sepulchro*
1677. » *deposuit, ipse A. M. DC. LXXVII, Octob. 9.*
» *ætatis LXXXI. Defunctus hic condi voluit, ma-*
» *lens ab uxore et suis quam a Rege vel corpore*
» *sejungi Philippus Franciscus d'Ennetieres Marchio*
» *de Mottes Parenti optimo filius jam unicus* ».

On voit dans la même Eglise de Ste.-Gudule le
très-beau Mausolée de Philippe - François d'Ennetières créé Marquis des Mottes le 16 Septembre
1680. 1680. On y voit ses huit quartiers et huit de
Marie Obert son épouse, savoir :

D'Ennetières, de Cordes Watripont, Van den
Berghe, de la Woestine : de Baudequin, de Zomberghe, la Rivière, Ablain.

Obert, Le Prevost, Le Franchois, de la Flie,
Landas : des Espringalle, Cambray, des Fervac-
ques. On y lit l'inscription suivante :

1688. « *Philippus Franciscus d'Ennetieres Marchio de*
» *Mottes, Baro de la Berliere, Patris in Suprema*
» *Belgici ærarii questura et in Consilii status dig-*
» *nitate successor, hic jacet cum Maria Obert di-*
» *lectissima conjuge sua Domina de Massinghien*
» *Fontenes etc. quam cum mors marito rapuisset*
» *die IX Feb. A M. DCLXXXVIII hoc solutus*
» *vinculo sacerdotali se adstrinxit in claustris Brux.*
» *P. P. Carmelitarum discalcearum ut solitudinis*
» *latibulo tenacius Christo sponso suo intimi agglu-*
» *tinaretur quo Deo salutis Hostia repentina vita*
» *defunctus est die X Aprilis Anno M. DC.*
» *LXXXXVII ut commortuus Christo eidem et*
» *convivat cum charissimo Patre dilectissima uxore*
» *et fratre suo Trib. Equit. Mortuo in hoc tumulo*
» *conjacentibus, tu Lector apprecare* ».

Selon le recueil des Epitaphes de Tournai qui
se trouvent dans mon premier volume on voit page
1003 qu'Arnould d'Ennetières qui a épousé Catherine de Cordes, rappellé dans la Carte de la Chanoinesse de Baudequin, était frère de François d'Ennetieres Ecuyer généreux Seigneur de Beaumets qui
suivit en la guerre les traces de ses ayeux Pipart
1570. et mourut en 1570 ayant épousé Barbe Boullenger
morte le 15 Juillet 1597, tous deux enterrés à
St.-Brice avec ces huit quartiers.

*Ennetières, Pipart, Vilain, Aoust, Boulan-
ger, Marche, Lignieres et Berghes.*

C'est dans cette même Eglise de St.-Brice que
se trouve l'Epitaphe de Demoiselle Quinte, fille de
1465. Sire Gérard Pipart, morte le 26 Juillet 1465,
épouse de Jacques d'Ennetières. On y voit les armes d'Ennetières et de Pipart.

Ces renseignemens autentiques paraissent complettement détruire les lettres dont il est parlé dans
1588. le Roux accordées en 1588 à Arnoul d'Ennetieres
Sgr. de la Plaigne Secrétaire d'Etat aux Pays-Bas
près la personne du Roi, avec confirmation de
celles qui avaient été accordées par l'Empereur
Charles V à Sire Jérôme d'Ennetières Chevalier du
St.-Sépulchre, Sgr. de Watines, Grand Prévôt
de Tournay son Grand-Père.

L'aîné de cette Maison fait sa résidence au Château de la Berlière, très-belle Terre autrefois appartenant à mes Ancêtres. Il est connu sous le
nom de Marquis d'Ennetières. En 1806 S. M. l'Empereur Napoléon l'a nommé Président de l'Assemblée
Electorale du Département de Jemmappes. A ce
Titre il est décoré de la Croix de la Légion d'honneur. Il est époux d'une Dame de la très-Illustre
Maison de Ste.-Aldegonde à laquelle j'ai l'honneur
d'appartenir. Une de ses filles est mariée Joigny de
Pamele.

SON PÈRE Ingelbert-Frédéric Marquis d'Ennetières, Comte d'Hust, Mouscron et du Saint-
Empire, Baron de la Berlière et d'Harlebois, épousa
1739. le 8 Avril 1739 à Tournay Jeanne-Ernestine-Al-
bertine fille de Philippe-Albert Comte de Ste.-Al-
degonde et d'Agnès-Robertine de Landas.

SON AYEUL. Jacques-François-Jos.-Maximilien
Marquis des Mottes, Comte de Mouscron, Baron
1712. de la Berlière Sgr. de Harlebois épousa en 1712
Isabelle-Marguerite Della Faille, morte le 10 Août
1718, fille d'Englebert Martin. Il était frère 1°. de
Marie-Alexand.-Franç. Dame de Mazinghem qui
épousa, en 1711, François-Edouard de Flechin,
2°. de Françoise-Camille Michelle qui épousa en
1706 Robert-Franç. de Beer Baron de Meulebeke
Colonel de Cav. 3°. de Charlotte-Eléonore épouse
de Charles-Jos. Baron d'Overschie, 4°. de Marie-
Jacqueline épouse 1. de N. de Kessel Sgr. de Flers
2. de Balthasar-Alexandre de Ste.-Aldegonde Comte
de Genest.

SON BISAYEUL. Jacques-Franç.-Hypolite d'Ennetières, Marquis des Mottes, Baron de la Berlière,
Sgr. d'Harlebois, Colonel d'Infanterie, Grand Bailli
1714. de Courtray, mort en 1714. Il épousa en 1681
1681. Alexandrine-Françoise de Basta Comtesse de Moucron, Dame de Heule etc. Sa sœur Alexandrine
d'Ennetières épousa en 1681 Michelle-Luc.-Camille
de Rodoan Sgr. de Fontaine-l'Evêque fils de Philippe-Albert et d'Anne de Franeau.

SON TRISAYEUL. Philippe-François d'Ennetières Baron de la Berlière Sgr. des Mottes, Conseiller d'Etat, créé Marquis des Mottes, mort le
1697. 10 Avril 1697 épousa Marie Obert. Il était frère de
Marie-Franç. d'Ennetières épouse 1°. de Henri de
Croonendael Sgr. de Vherenghiete Conseiller Receveur Général, Commis des Domaines et Finances
de S. M. 2°. de Jean Baron de Brouchove Comte
de Bergeyck.

SON QUARTAYEUL. Jacques d'Ennetières Président de la Chambre des Comptes à Lille créé Ba-
1664. ron de la Berlière en 1664, Sgr. d'Harlebois, mort à
Bruxelles en 1677, il épousa Marie de Baudequin fille
de Claude Sgr. de la Haye et de Marie de la Rivière.
Une de ses sœurs Claudine d'Ennetières épousa par
contrat du 14 Janvier 1624 Philippe de Baudequin
Sgr. d'Allincourt, Commissaire ordinaire au renouvellement des Lois à Lille.

SON QUINTAYEUL. Jean d'Ennetières Sgr. de
Harlebois, Reynaert, Vliet, la Motte, Conseiller
1620. de l'Archiduc Albert, mort le 12 Novembre 1620
épousa Françoise Van den Berghe Dame de Croix-
au-Mont. Il était frère 1. d'Arn. d'Ennetières Sgr.
de la Plaigne, Secrétaire d'Etat aux affaires des Pays-
Bas mort à marier en Espagne en 1592, 2. de
Franç. Chanoine à Tournai. 3, 4 et 5, Jérôme
Marg. et Adrien morts à marier, 6. Jolenthe épouse
de Louis Batard de Praet sans hoirs, 7. de Louis
d'Ennetières Gouverneur de Chimay, Sgr. de Plaigne
et de Watines, mort le 5 Février 1595, ayant épousé
avec postérité Prudence de Ferroye fille de Guillaume Gouverneur de Chimay et d'Antoinette de
Haynin, 8. de Catherine d'Ennetières épouse de
Jean

FRA

Jean de la Hamaide Sgr. de Sassignies fils de Jean et de Barbe Opoche.

SON SIXIÈME AYEUL. Arnoul d'Ennetières qui fit bâtir le Chateau de la Plaigne, Chevalier, Sgr.
1613. de Watines, partagea ses enfans le 26 Août 1613. Il avait épousé Catherine de Cordes fille d'Arnout et d'Anne Morel.

SEPTIEME AYEUL. Jérôme d'Ennetières Chev. de Jérusalem, Sgr. de Watines, Grand Beaumés
1535. et du Doncq Prévôt de Tournay, mort en 1535, enterré à Tournay à la Chapelle de St.-Marcou à St.-Brixe épousa Marie Vilain fille de Jean Sgr. de la Bourbardrie et d'Agnès de Bracque.

HUITIÈME AYEUL. Damoiseau Jacques d'Ennetières, Sgr. de le Val à Moucron, de Watinnes et du Doncq vendit la Sgrie. de le Val. Il mourut
1493. en 1493 et est enterré à Tournay en l'Eglise de Notre-Dame. Il avait épousé Quinte Pipart Dame de Beaumez fille de Gérard et de Jacqueline d'Au-
1495. bermont, mort en 1495.

NEUVIÈME AYEUL. Jacques d'Ennetières Sgr.
1493. de le Val en Mouscron, mort en 1493, épousa Jeanne de Thouars fille de Nicolas et de Catherine d'Aubermont fille de Thiéri d'Aubermont et de Jeanne de Saint-Genois : petite fille de Jacques d'Auber-
1369. mont Chev. en 1369 et de Jeanne Creste. Jeanne de Saint-Genois épouse de Thiéri d'Aubermont était fille de Jean III de Saint-Genois Prévôt de Tournay
1416. en 1416 et de Marg. Cottrel. Elle était nièce de Jeanne de Saint-Genois reçue Chanoinesse à Mons
1360. en 1360, ensuite épouse d'Urbain de Lannais. Jean de Saint Genois aieul de Jean III était mort en 1301 selon un titre original qui existe dans les archives de la Maison de Ville à Mons. On y lit ce qui suit :

1301. « Nous Jehans par la grace de Dieu Cuens do » Haynaut, de Hollande, de Zélande et Sire de » Frize, faisons savoir à tous que Nous par boine » conseil et pour No pourfit apparent et outant » que Nous le peuismes faire bien et à loy, avons » vendu bien et loyalement as exécuteurs dou testament jadis Monseigneur Jehan de Saingenois » Chlr. cent livres par an ».

La Maison d'Ennetieres avait alors d'autres alliances avec mes ancêtres. Jean d'Ennetières Homme d'Armes enterré à Tours en Touraine, fils de Jacques d'Ennetières et de Jeanne de Thouars, épousa Catherine de Foy nièce de Jérôme de Saint Genois. Les Marquis d'Ennetières nous ont toujours donné des marques d'attachement et de plus grands égards. Je suis aise de prouver par cette suite de filiations qu'ils se sont toujours rendus utiles au Prince et à leur Patrie depuis quatre siècles et plus.

DIXIÈME AYEUL. Sire Willaume d'Ennetières
1400. Prévôt de Tournay mort en 1400 avait épousé Marie de Thibegot fille de Jean et d'Agnès de Bary. On voit dans le premier volume de cet ouvrage des titres qui font connoître l'ancienneté de la famille de Thibegot.

J'ai rencontré chez Monsieur de Gobert Président du Tribunal Civil à Mons, grand amateur d'antiquités, deux contrats de mariage. Le premier passé
1627. à Tournai le 12 Juillet 1627, de Jacques l'Hermite Ecuyer Sgr. de Betissart, assisté de Messire Sigismond l'Hermitte Ecuyer Sous-Diacre et Chanoine de Tournai d'une part : Dlle. Agnès d'Ennetières fille de feu Noble Charles d'Ennetières Ecuyer Sgr. du Doncq, accompagnée de Messire Antoine d'Ennetières Chev. Sgr. du Doncq, Pierre d'Ennetières Ecuyer Sgr. de Gruennerie frères de ladite Dlle. et

FRA

Hubert Gommer Ecuyer Sgr. de Tibauville époux de Dlle. Marg. d'Ennetières sa sœur.

1652. Le second passé à Tournai le 29 Avril 1652 entre Antoine l'Hermitte Sgr. de Betissart et Dame Marie-Jeanne-Françoise d'Ennetières. On y lit ce qui suit : Messire Antoine l'Hermitte Sgr. de Bétissart assisté de Louis Mainsent Ecuyer Sgr. de Montigny-Notre-Dame et Onchy son cousin germain d'une part : Dlle. Marie-Jeanne-Françoise d'Ennetières, assistée de Messire Antoine d'Ennetières Chev. Sgr. du Doncq, Beaufremez etc. son père : de Dame Françoise de Bacquehem sa mère : de Messire Philippe de Bacquehem Chev. Sgr. Delsaux son oncle maternel, et de Messire Jean d'Ennetieres Sgr. de Beaulmez son cousin issu de germain d'autre part, en présence de Gilles Errembault, Jean-Baptiste Malpaix Hommes de Fief, et Nicolas Delfosse Notaire. Dame Jeanne-Françoise d'Ennetières étant veuve a épousé Ferdinand Comte d'Assignies, d'où descendent les Ducs de Loos.

Je trouve ici l'occasion de parler de la Maison de Bacquehem. J'en donnerai une note très-courte : mais elle prouve son ancienneté, son illustration et ses grandes alliances.

I. Arnoul de Neufville Ecuyer Sgr. de Bacquehem en Artois, puiné de la Maison de Neufville-Witasse épousa Dame Marie de Roubaix, dont

II. Arnoul II de Bacquehem Ecuyer. On voit
1150. qu'en 1150 il était déjà marié avec Dame Gillette d'Inchy, puisqu'en cette année ils donnent à l'abbaye de St.-Aubert deux maisons situées au fauxbourg de Cambray. Arnoul choisit sa sépulture dans l'Eglise de cette Abbaye. Leurs enfans sont : 1 Jacques de Bacquehem surnommé le Rustique de Neufville, mort dans une bataille à Marier. 2. Arnoul qui suit. 3. Gérard époux de Pierre de Godine, tous deux inhumés dans l'Eglise de St.-Martin à Cambray.

1215. III. Arnoul III Sgr. de Bacquehem épousa en 1215 Jeanne de Withem, dont Toussaint.

IV. Toussaint de Bacquehem Ecuyer Sgr. de Mairieux et de Bacquehem épousa Dame Anne de Courteville fille du Sgr. de Courteville près de Cassel, dont 1. Arnoul de Neufville Sg. de Bacquehem et de Ste. Aulle, dit le Chevalier Preux, marié avec Frédégonde d'Amervalle dite de Boulogne. 2. Nicolas qui suit. 3. Etienne de Bacquehem dit de Neufville Chanoine et Archidiacre de Notre-Dame de Cambray, ensuite Evêque de Damas en Syrie.

V. Nicolas de Bacquehem Ecuyer Sgr. de Mérieux, surnommé Grignart, parce qu'il n'était pas content du partage que son père avait fait. Il épousa Péronne de Wingles Dame du Lietz fille d'Enguérand de Wingles et d'une Dame de Vertaing héritière du Lietz. Leurs enfans sont 1. Jacques après la postérité de son 3me. frère. 2. Toussaint de Bacquehem Sgr. de Mérieux Capitaine du Château de Camfaing pour le Roi de France. Il mourut S. H. de Jeanne Bailton son épouse, ayant été fait prisonnier à la bataille d'Azincourt. Il vendit sa terre de Mérieux pour sa rançon. On voit dans le *Recueil de Cambray* par Jean Rosel qu'ils furent inhumés dans l'Eglise de St. Géry à Cambray. 3. Arnoul qui suit.

1310. VI. Arnoul IV de Bacquehem Chev. mort en 1310, ayant épousé Florence de Candry, dont

VII. Arnoul V de Bacquehem Maréchal de Camp d'Edouard III Roi d'Angleterre. Il épousa Catherine d'Anneux dite Blancard. Froissard parle de cet Arnoul dans son Histoire. Il dit qu'il était un des par-
1339. tisans d'Edouard lorsqu'il ravagea la Picardie en 1339. Duchesne, en son *Histoire d'Angleterre*, dit qu'E-

FRA

douard, se trouvant obligé de combattre les troupes du
Roi qui venaient vers Cambray pour s'opposer à ses
desseins, rangea son armée en trois bataillons; le
premier conduit par le Duc de Gueldre, le Marquis
Blanquembourq, Jean de Haynaut frère du feu Comte
Guillaume, le Comte de Salm, le Sire de Fauquemont, Guillaume de Montfort et Arnoul de Bacquehem. Le second bataillon était commandé par le Duc
de Brabant, avec les Barons et Chevaliers de son
Pays. Ils eurent pour fils

VIII. Jacques de Bacquehem Sgr. de Ferriole, Lo-
cre, épousa Dame Anne de Briastre selon les Chroniques de Flandre. Le même Auteur dit qu'on voyait
au Village de Moncy-Preux près d'Arras un grand
marbre pris du grand Autel de cette Paroisse : que
l'inscription portait que Noble Homme Jacques de
1371. Bacquehem y fut inhumé en 1371 avec Dame Anne
sa femme. Leurs enfans sont 1. Ourle de Bacquehem épouse de George de Piermont Chevalier. 2. Robert de Bacquehem dit l'Hermite Sgr. de Beaupréaux,
mort à Marier. 3. Arnoul qui suit.

IX. Arnoul VI de Bacquehem Sgr. de Resnel et
de Beaupréaux après la mort de son frère Robert,
épousa Véronique de Beauffort, dont

X. Arnoul VII de Bacquehem Sgr. de Resnel,
Beaupréaux, Gouverneur de Guisnes en Boulonois
où il épousa Agnès de Bournonville.

XI. Jacques de Bacquehem Sgr. de Vlietz, fils de
Nicolas et de Péronne de Wingles. Il devint Sgr. de
Lietz Paroisse de Beaucourt près de Douay, tenue de
la Terre et Vicomtière de Forest après la mort de
Marguerite d'Orgny épouse de Jean Despretz, morte
jeune S. H. sa cousine germaine, fille de Pierre
d'Orgny Sgr. de Saucourt et de Philippine de Wingles sœur aînée de ladite Péronne de Wingles. Jacques donna le dénombrement de sa terre de Lietz en
1420. 1420. Il épousa Dame Jeanne de Haynecourt dont
1473. le testament est du 22 Septembre 1473. Leurs enfans
sont 1. Robert marié, mort S. H. 2. Toussaint marié
deux fois, mort S. H. 3. Jacques qui suit. 4 Marguerite.

VII Jacques de Bacquehem Chev. Sgr. du Lietz
par la mort de ses frères comme on le voit par un
récépissé de dénombrement de cette Seigneurie en
1501. date du 16 Octobre 1501. Il fut créé Chevalier
par le Roi de France. Selon une carte de M. de
Maloteau il paraît qu'il avait épousé Elizabeth de
Tortequesne avec postérité. Sa seconde épouse fut
1520. Jacqueline de Baillon veuve en 1520. Il en eut
1. Philippe après la postérité de son frère. 2. Jacq.
qui suit. 3. Marg. de Bacquehem, épouse 1. d'Antoine le Hibert Sgr. de Cloppem 2. de Jean Tassart Sgr. de Belloy. 3. Jacqueline de Bacquehem
épouse 1. de Nicolas Sanglier 2. d'Antoine le Quin
1536. Sgr. de Villers-l'Hospital en 1536.

VIII Jacques de Bacquehem Sgr. du Lietz, d'A-
nesse, épousa Anne-Marg. de Cordes fille de Georges de Cordes Sgr. de Popuelle près de Cordes
1583. et d'Agnès de Hallewin. Marg. était veuve en 1583.
Leurs enfans sont : 1. Philippote épouse de Louis
Galames Sgr. de Cuvelon 2. Jean qui suit.

IX. Jean de Bacquehem Sgr. d'Anesse et d'Avas
1606. en 1606 mort le 15 Janv. 1609. Il avait épousé
1609. 1612. Gerardine de Cambin, morte en 1612, dont Philippotte qui suit.

X Philippotte de Bacquehem héritière d'Annas.
1610. Elle épousa le 2 Mai 1610 Adrien de Bacquehem-
Baraff. Sgr. de Pastenier son cousin, Officier dans
la Compagnie d'armes du Comte Albert de Berghes.
Adrien était fils de Charles Sgr. de Baraffles près

FRA

de Bapaumes et de Jeanne de Bethencourt fille de
Pierre Sgr. d'Applincourt et de Marie de Levin.
Charles de Bacquehem Sgr. de Baraffles était tu-
1610. teur d'Adrien en 1610 et ladite Philippotte de Bacquehem avait revendiqué les Terres de Bailleul et
d'Escarmaing confisquées sur les Lannoy de Har-
diplancque au profit du Noviciat des Jésuites de Tournay : mais elle fut évincée de ces deux Terres ensuite de procès mu par le Sgr. de Triponceau. Leurs
enfans sont : 1. N. de Bacquehem. 2. N. de Bacquehem épouse du Sgr. de Canchy.

VIII Philippe de Bacquehem Ecuyer, Sgr. du
Haut et Bas Lietz, le Saulets, fils de Jacques de
Bacquehem et de Jacqueline de Baillon, épousa
Jeanne Grignart devenue Dame de Froymont par
testament de Marc le Robert son grand Père. Le
contrat de mariage fut passé le 24 Mai 1520, Phi-
1520. lippe est accompagné de Dame Jacqueline de Baillon veuve de Jacques de Bacquehem sa mère, de
Gui de Bacquehem son cousin. Jeanne Grignart
est assistée de Régnault Grignart son père, et de
Marguerite Robert sa mère. Ladite Jeanne fit son
testament viduel à Douay, lieu de sa résidence,
1546. le vingt-huit Décembre 1546. Elle y ordonna
sa sépulture en l'Eglise de St.-Pierre près de Philippe son mari, devant l'Epitaphe de ses prédécesseurs. Leurs enfans sont 1. Antoine ci-dessous. 2.
Jeanne de Bacquehem mariée du vivant de sa mère
avec Antoine du Grospré Ecuyer Sgr. de Lingny.
3. Sainte de Bacquehem qui après la mort de sa
mère épousa Ferry de Cambin Ecuyer Homme d'Armes de la Compagnie de M. le Comte du Rœulx
dont la mère était Saint Genois. 4. Jean de Bacquehem Sgr. de Troymont en la Paroisse de Mon-
cheaux par le Testament de sa mère, épousa Marie du Bois fille de Pontus du Bois dit de Fiennes
et de Cath. d'Abblin dite de Lannoy. 5. Marc de
1578. Bacquehem mort à marier en 1578.

IX Antoine de Bacquehem Sgr. du Haut et Bas
Lietz, Pont à Beuvry épousa par contrat passé le
1556. 11 Août 1556 Dame Gertrude Carette accompagnée de Jean Carette Chev. Président de la Chambre des Comptes à Lille ; de François de Landas
Sgr. du Thy leur oncle. Ledit Antoine de Bacquehem assisté de Jean de Bacquehem Sgr. de Fro-
mont, de Marie de Bacquehem, d'Antoine de Gros-
pret Sgr. de Ligny, de Ferry de Cambin Homme d'Armes de la Compagnie de M. le Comte du
Rœulx frère et beau-frère dudit Sgr. du Lietz. Antoine fit son Testament étant malade à Douay le
1561. 3 Mai 1561. Il donne ce qui est dû de ses gages
à Gerardine son épouse. Il choisit sa sépulture en
l'Eglise de St.-Pierre à Douay près de son père.
Il donne la Terre et Seigneurie de Sauch près de
Bapaume tenue de la Terre de Beaumetz à l'enfant dont son épouse devait s'accoucher soit garçon soit fille, lequel étant né fut appellé Jacques,
ce qui se voit par le dénombrement d'un Fief situé
1562. à Lietz donné le 28 Juin 1562 à ladite Gerardine Carette auparavant veuve d'Antoine de Bacquehem, ayant en cette qualité la Garde-Noble et
Administration d'Olivier et Jacques de Bacquehem
ses enfans, lors remariée à Charles de Wittem
Ecuyer, veuf de Philippote de Plaines et fils d'Adrien
de Wittem Sgr. de Langlée, Pleimaing et d'Anne
de Bonmarché fille de Jacques et de Françoise de
Boubaix dite d'Abbeville. Les enfans sont 1. Olivier
qui suit. 2 Jacques.

X. Olivier de Bacquehem Sgr. du Haut et Bas
Lietz, Pont à Beuvry, Guidon d'une Compagnie

d'Ordonnance de S. M. par Commission d'Eusta-
1587. che Comte du Rœulx le 6 Mai 1587, épousa Catherine de Beauffremez. Le contrat fut passé à
Rozeau par-devant Gille Van Husse Notaire à Lille
1589. le 21 Octobre 1589, accompagnée de Noble Homme Henri de Beauffremez Ecuyer Sgr. de Herlies
et du Rozeau et de Dlle. Antoinette de la Chapelle ses père et mère, de Cath. de Beauffremez
épouse du Sgr. de Hoves sa tante et de Noble
Homme François d'Assignies Sgr. dudit lieu cousin
germain par alliance de ladite Cath. Olivier était
assisté de Guill. Mahieu Ecuyer son cousin germain. Ledit Olivier fit son testament à Lietz le 8
1622. Mars 1622. Leurs enfans sont 1. Dom Henri Religieux à l'Abbaye de Cambron. 2. Jean qui suit.
3. Jean Sgr. de le Saulch mort à marier en Allemagne avant son père. 4. Philippe nommé fils
puiné dans le Testament de son père, Sgr. de le
Saulch près de Bapaume, la Garderie etc. Il fut
créé Chev. par le Roi d'Espagne. 5. Françoise de
Bacquehem épouse par contrat du 19 Juin 1627
d'Antoine d'Ennetières Chev. Sgr. de Doucy, fils
de Charles Sgr. dudit lieu et de Guillelmine du
Bois. 6. Hélène Religieuse à l'Abbiette à Lille.

XI Jean de Bacquehem Sgr. du Haut et Bas
Lietz Pont à Beuvry, épousa par contrat passé à
1626. Bethune le 12 Octobre 1626 Marie le Vasseur d'Es-
kelbeque. Elle était accompagnée de Noble Sgr.
Bartholomée le Vasseur Sgr. de Werquigneul son
père veuf de sa mère Marie de Bethencourt Dame
desdits Vallée et la Haye : de François le Vasseur
Sgr. de la Bourse son oncle paternel, de Jeanne
le Vasseur sa tante paternelle épouse de Noble Sgr.
Antoine Desprets Sgr. de Cagnicourt, du Pretz et
de Charles de Markais Sgr. de Villers, Beaulain,
son cousin. Cette Dame testa à Douay le 4 Fev.
1640. 1640 en faveur de ses enfans entr'autres de Bar-
tholomée-François son fils aîné. Jean de Bacquehem
était assisté de Philippe de Bacquehem Sgr. de le
Saulx son frère aîné, de Messire Antoine d'Ennetières Chev. Sgr. de Doucy son beau-frère, de
Françoise de Bacquehem son épouse, de Louis de
Beaufremez Sgr. de Rozeau. Il fit son testament vi-
1666. duel en son château du Lietz le 6 Octobre 1666.
Il choisit sa sépulture en la Chapelle de N. D. en
l'Eglise de Ribaucourt près d'Olivier de Bacquehem
et de Catherine de Beauffremez ses père et mère.
Leurs enfans sont : 1. Bartholomée-Franç. 2. Jean-
Franç. qui suit. 3. Marie morte en 1676. 4. Ni-
1676. cole-Philippe mort en 1676. 5. Françoise-Phil. de
1672. Bacquehem épousa en Septembre 1672 Jean-Franç.
d'Hoston Ecuyer Sgr. de Fontaine, ce qui se prouve
par une Sentence rendue au Conseil d'Artois le
1680. 8 Septembre 1680 entre ledit de Hoston Ecuyer
Sgr. de Fontaine pour la Terre de la Volle qu'il
disputait au Sgr. de Lietre son beau-frère, prétendant que sa femme devait en jouir en vertu du Testament de Jean de Bacquehem son père, comme
dernière vivante des 4 enfans. 6. Marie-Anne de
1678. Bacquehem morte à marier le 2 Novembre 1678.

XII Jean-François de Bacquehem Chev. Sgr. du
Haut et Bas Lietz, Pont à Beuvry, la Vallée,
1666. Gentilhomme des Etats d'Artois. Il épousa en 1666
Dame Marie-Jeanne de Nedonchel ce qu'on voit
par une Sentence rendue au Conseil d'Artois le 22
1671. Octobre 1671 et par le rapport et dénombrement
1686. qu'elle fit au Baillage de Lens le 14 Mai 1686,
comme mère et tutrice des enfans qu'elle retenait
de son mari, d'un fief nommé Alliaume tenu du
Roi, à eux échu par le trépas dudit Jean-Fran-
1685. çois leur père arrivé le 16 Avril 1685. Marie-Jeanne
1701. mourut à Denain le 30 Janvier 1701 : elle fut inhumée le lendemain dans l'Eglise paroissiale de Li-
baucourt près de son époux. Elle était fille de George
de Nédonchel Chev. Baron de Bouvigny et de Bonne-
Victoire de Lannoy, ce qu'on voit par le partage fait
1663. par cette Dame étant veuve le 23 Juin 1663. Elle
donne à ladite Marie-Jeanne de Nédonchel sa fille la
Terre et Sgrie. de la Vicogne-lez-Villers. Elle était
petite-fille de Jean de Nédonchel Baron de Bouvignies, Sgr. de la Vicoigne, et d'Isabelle de Massiet
fille de Denis Sgr. de Staple etc. Bonne-Victoire de
Lannoy épouse de George de Nédonchel était fille
d'Adrien de Lannoy Sgr. d'Esplechin, et de Marie du
Chastel de la Hovardrie. Petite-fille de Nicolas de
Lannoy Sgr. de Lesdaing, et de Michelle Cottrel
Dame d'Esplechin. Leurs enfans sont :

1. Jean-Phil. ci dessous. 2. Charles-Alexandre-Jos.
dit le Chevalier du Lietz, Chev. de St.-Louis. 3. Marie-Bonne de Bacquehem mariée au Château de
1690. Noyelle le 24 Novembre 1690 avec Alexandre de Carondelet Chev. Baron de Noyelle, fils d'Antoine de
Carondelet et de Louise Comtesse de Lannoy.

XIII. Jean-Philippe de Bacquehem Sgr. du haut
et bas Liestre, Pont-à-Beuvry, la Vallée et la Haye
et de Drouvin dont il fit relief au bureau des Finan-
1697. ces à Lille le 14 Novembre 1697, épousa par contrat
1693. passé à Arras le 24 Janvier 1693 Eléonore-Aldégonde
du Bois de Hoves. Il était assisté de Marie-Jeanne
de Nédonchel veuve de Jean-Franç. de Bacquehem
sa mère, de Charles-Alex. de Bacquehem son frère
Capitaine dans le Régiment de Samechon, de Louis
de la Tramerie, de Marc de Forest son cousin et de
M. Beauffremez du Rozeau son oncle. La Dame
Eléonore-Aldegonde du Bois de Hoves était accompagnée d'Antoine du Bois Ecuyer Sgr. de Duisans, la
Movardrie, le Londicq son père, de Jeanne Galbart
sa mère, d'Antoine du Bois de Hoves Chev. depuis
Président du Parlement de Tournai son frère. La
Terre de Drouvin était tenue du Roi de France à
cause de son Château de Béthune. Elle fut retraite le
1675. 26 Octobre 1675 par les père et mère dudit Jean de
Bacquehem du chef du Baron de Bouvignies et de
Dame Victoire de Lannoy son épouse, comme on le
voit par la Sentence rendue au Conseil d'Artois le
1677. 26 Août 1677. La sépulture de Jean-Phil. de Bacquehem se trouve à Douay dans l'Eglise Collégiale de
St.-Pierre avec, l'inscription suivante ;

« Sépulture de très-Noble et très-Illustre Seigneur
» Messire Jean-Baptiste de Bacquehem Chev. Sgr.
» du haut Lietz, Pont-à-Beuvry, Drouvin, la Vallée
1745. » et autres lieux, décédé le 15 Janvier 1745, et de
» Dame Eléonore du Bois de Hoves son épouse, dé-
1752. » cédée le 27 Septembre 1752 inhumée dans l'Eglise
» des Sœurs Clairisses de cette Ville, et de Messire
» Antoine-Philippe de Bacquehem leur fils aîné Sgr.
1748. » dudit lieu, décédé le 17 Octobre 1748, inhumé
» dans la Chapelle de St.-Maurant dans l'Eglise de
» St.-Amé ». On y voit ces 16 quartiers :

*Bacquehem, Carette, Beauffremez, la Chapelle,
Vasseur, Boffle, Bethencourt, Brugandin.*

*Nédonchel, Berghes, Massiet, Assignies, Lannoy,
d'Esplechin, Cottrel; du Chastel de la Hovardrie,
Averoult.*

Leurs enfans sont 1. Antoine-Philippe qui suit.
2. Antoine-Franç.-Augustin après son frère. 3.
Jean-Franç. mort à marier. 4. Jean-Phil. mort à
marier. 5. Adrienne-Françoise-Aldegonde qui épousa
Don Pedro de la Peyna Ecuyer, né à Saragosse.

XIV Antoine-Philippe de Bacquehem Sgr. du

FRA

Haut et Bas Lietz, Pont à Beuvry, la Vallée, la Haye, la Hovardrie, Membre de la Noblesse
des Etats d'Artois épousa par contrat passé à
1733. Lille en Octobre 1733 Marie-Charlotte-Lucrèce le
Ricque fille de Lamoral Chevalier Sgr. d'Allennes, des Prets, la Bourse etc. et de Dame Marie-Françoise de la Rivière Dame du Violaine, Dours, Montpinsont etc. Leurs enfans sont : 1. Charles-Alexandre-Jos. qui suit. 2. Ant.-Lamoral-Augustin marié S. H. 3. François-Louis Chanoine de St.-Amé à Douay. 4. Philipp.-Victoire épouse de N. Payen Comte de la Bucquière.

XV Charles-Alexandre-Jos. créé Marquis de Bac-
1756. quehem en 1766 épousa Philippine-Marg. Colette
fille de Phil.-René-Hyacinthe de Thiennes Comte de Rumbeke, etc.

Leurs enfans sont : 1. Chrétien-Charles-Marie Sgr. de Castre du chef de sa mère. 2. Phil.-Léon.-Franç.-Xavier de Bacquehem. Ils demeurent en Allemagne.

XIV Antoine-François-Augustin de Bacquehem (deuxième fils de Jean-Phil. et d'Eléonore Aldegonde du Bois de Hoves) Sgr. de St.-Quentin en Wemy, du Fetel etc. Chev. de St.-Louis, Capit.
dans Nice, Commandant du Fort de Nieulay près
1724. de Calais épousa 1. en 1724 Cather. de Bonaffau
dont une fille mariée Conflans. 2. Marie-Louise-Lucrèce le Ricque. Il eut du deuxième lit.

XV Louise-Charlotte de Bacquehem, fille unique, Dame de St.-Quentin en Wemy. Cette Dame est épouse de mon cousin germain Idesbald-Franç.-Ghislain Ysebrant de la Motte, Disque, Roosbrouck, St.-Quentin frère cadet du propriétaire de la superbe Terre de Douvrin près de Béthune, fils de Charles-Nicolas-Jos. Ysebrant et de Marie-Ant.-Jos. Comtesse de Saint Genois. L'épitaphe qui suit fait connaître les seize quartiers de Charles-Nicolas-Joseph Ysebrant. Je donne ci à côté le Pennon des enfans de Louise-Charlotte de Bacquehem. Afin de rendre cette carte d'un genre tout-à-fait utile et curieux, j'ai imaginé d'entourer ce Pennon de huit quartiers de plusieurs mères directes des Ysebrant. Ce Travail est assez difficile. Il faut le hasard qui se trouve dans la famille d'Ysebrant ; il faut toutes bonnes mères sans interruption.

TRENTE-DEUX QUARTIERS, admissibles à tous Chapitres, de Madame la Baronne DU SART-MORLEMBAIX, *née* VAN HOOBROUCK.

LOUIS VAN HOOBROUCK, Ecuyer, Trésorier de la Ville de Gand en 1652, mort le 18 Septembre 1658. fils de Louis Echevin de Gand en 1628, et de Françoise Van Poust Le blason de Van Poust se trouve au-delà d'un siècle dans l'Eglise d'Asperen épousa Dame Livine Dormael Dame d'Axelwalle, inhumée à Gand aux Recolets près du grand Autel. Elle mourut le 21 Oct. 1656, elle étoit fille d'Ab Dormael et de Jacqueline Grenut. *Petite-fille* de Lupart Grenut Ecuyer, Sgr. d'Axelwalle en 1539 Abraham Dormael devint Seigneur d'Axelwalle à la mort de son oncle Jean de Schepere dont la mère était Jossine Grenut.

PIERRE VAN CUYCK VAN MYROP Sgr. de Calck, Haeghen, Joncvelt, fils de Hugues Van Cuyck Van Myrop, Seigneur de Calck, Haeghen, Swieten, fils de Corneil issu des anciens Comtes de Cuyck et de Dame S'Hester Van Custhoorn fille de Pierre Dame de Sonnevelt épousa Marie-Anne Taye fille d'Ingelbert morte le 5 Av. 1679, enterrée à Asperen, *fille* d'Engel. Taye Chev. premier Bar. de Wemmele, et de Cath. Van der Beke fille de Thiéri Recev. Gén des Etats de Brabant, et de Marie Gilbert. *Pet.-fille* d'Adrien Taye Sgr. de Wemmele, Bourguemaître de Bruxelles en 1620, et d'Anne Van Oyenbrugghe.

ADRIEN-FRANÇ. BALLET Seigr. de Leeuwenburgh et de Cruenevelde, Capit. au service de S. M. mort le 10 Sept. 1669, enterré a Mooreghem avec son épouse et 16 quartiers. *Fils* de Mess. Emman. Ballet Seigr. de Leeuwenberghe, Schilde, et de Madel. de Baer fille de Jean Sgr. de Meulebeke, et de Robertine d'Aubermont. *Petit-fils* de Mess. Nicolas créé Chev. en 1629, et de Franç Bave épousa Jeanne-Marie Van Spiere, sœur d'Adrien Baron de Mooreghem *fille* de Charles Van Spiere Sgr. de Mooreghem et d'Anne Delvael fille d'Adrien Sgr. de Steenbeke, et d'Anne-Elisabeth Van den Broucke. *Petite-fille* de Charles et de Dame Livine Van der Varent.

Mess. PHIL. VOLKAERT, Chev. Sgr. de Welden, Trésorier Recev. Génér de Flandre, mort en Octobre 1668, *fils* de Laurent Volkaert Sgr. de Welden par achat, Echev. de Gand, et de Barb. de Groote fille de François Seignr. de Drumez et de Barbe de Meseere, *petit-fils* de Giselbert et de Catherine Van Ceulen épousa Dame Cather. de Nieulant, morte en Octobre 1691, inhumée a Zeveghem, fille de Mess. Fréderic Nieulant Chev. Sgr. de Walle, Venneker, et de Dame Marie de Castilho fille d'Ant.-Ferdinand créé Chevalier en 1630, et de Dame Barbe Potiers. *Petite-fille* de Messire Anselme de Nieulant créé Chevalier en 1647, et de Dame Marie Wyts.

ERASME Bade Schifer, *fils* de Benoît Baron de Schifer et d'Anne-Marie Jorger. *Petit-fils* de Grégoire-Sigism. Baron de Schifer et de Freyzing, et de Marth. d'Oedt fille de Grégoire et de Susanne de Neuhaus, pet.-fils de Bern. Schifer et de Marguer. de Gaisruck fille de Sigismond et de Hemma de Welspriach. *Arr petit-fils* de Sigis. Schifer de Preysing et d'Esther de Trantmansdorff épousa Marie-Sophie de Sonderndorf, fille de Paris Sgr. de Sonderndorf, et de Marie de Praun.

SIGISMOND-LADISLAS Comte de Herberstein, fils de Jean Baron de Herberstein et de Dame Eléonore de Stubenberg épousa Anne-Catherine Perchtold fille de Jacques Bar de Perchtold et de Reine-Cath. Putz de Grueb.

CORNEIL DE SANDELIN *fils* de Corneil de Sandelin, Ecuyer, mort en 1654 inhumé au Couvent de Galilée à Gand avec 8 quartiers, et de Dame Barbe de Proost fille de Jacq. Ecuyer, et de Dame Jossine de Jonghe *Pet. fils* de Corn. de Sandelin Ecuyer, Trésorier général des guerres des Etats de Hollande, et de Dame Marguerite de Beaumont épousa Dame Marguerite-Françoise Van Scheynghem, inhumée pres de son époux, fille de Jean Van Scheynghem, Ecuyer Sgr. de Wyneghem et de Dame Françoise Stevins fille de Daniel Ecuyer et de Dame la Prée.

PIERRE-FRANÇ. NIEULANT (frère de Cath. épouse de Mess. Phil. Volckaert) *fils* de Mess. Fréderic de Nieulant Chev. Sgr. de Walle, et de Dame Marie de Castille fille d'Antoine Ferdin. Chev. et de Dame Barbe Potiers. *Petit-fils* de Mess Anselme de Nieulant et de Dame Marie Wytz fille de Mess. Jean Wytz *selon un compte rendu en 1605 que j'ai analysé dans mon 1er. Cahier des Mariages de Bruges pag.* VII, épousa Dame Eléonore Wouters Dame de Luddershove. *fille* de Charl. Wouters, Ecuyer Sgr. de Wynderhaute, Gaverelle, et de Dame Eléonore de la Coste, morte le vingt-huit Déc. 1667 fille d'André Ecuyer, et de Dame Livine de Valencia. *Petite-fille* de Franç. Wouters Ecuyer Seigneur de Winderhaute et de Dame Jossine Dierick.

ABRAHAM VAN HOOBROUCK, Sgr. d'Asper, Singem, Axelwalle, Trésor. de la Ville de Gand, mort le 28 Août 1678, enterré à Asper devant le grand Autel.

MARIE-ANNE VAN CUYCK DE MYROP, morte le 23 Août 1659.

EMMANUEL BALLET Sgr. de Leeuwenburgh, marié en 1681, mort le 19 Octobre 1684, inhumé aux Dominicains à Gand.

Dame ROBINE-HIPOLITE VOLCAERT, morte le 6 Octobre 1654, enterrée près de son Epoux, dans le tombeau des Barons de Meulebeke.

SIGISMOND Baron de Schifer et Panneter, Sgr. de et a Sondendorf. Il se déclara héritier de son père à Vienne en 1691.

MAR.-SUSAN. Comtesse de Herberstein et du S.-Empire. M. le Chan. Hellin, p. 515 de son ouvrage a tort de dire que Sigismond de Schiffer a ép. une Comtesse de Sprinzenstein.

CORNEIL-ARNOUL DE SANDELIN Sgr. de Terheule etc. marié en 1683.

Dame ELÉONORE-FRANÇ. DE NIEULANT Dame de Walle etc. morte en 1742, inhumee près de son mari.

CHARL.-FRANÇ. D'HOOBROUCK Sgr. d'Asper, Sichem, Axelwalle etc. Echevin de la Keure de Gand, Trésorier général.

CATHERINE-CAROLINE BALLET née en 1683, morte en 1755.

FRANÇOIS-JOSEPH Baron de Schifer, Capitaine dans Teutonique, mort le vingt-neuf Mars 1729.

THÉRÈSE-ANNE DE SANDELIN, morte en 1746.

EMM.-CHAR. D'HOOBROUCK Sgr. d'Asper, Sinchem, Mooreghem, Morleghem, Axelwalle, Trésorier général de la Ville de Gand.

ELÉONORE-FRANÇOISE Baronne de Schifer-Freyling.

THÉR.-FERD.-PHIL. DE HOOBROUCK épousa en 1771 Mess Charles-Emm. Baron du Sart Sgr. de la Tour-en-Bois, Bousart, fils de Jean-Bapt. Philibert Baron du Sart, Sgr. de Mollembaix et de Marie-Bénoîte-Jos. Van der Haeghen-Musain, frère de la Comtesse de Robertsart dont il est parlé ci-devant page 82.

FRA

J'ai donné la carte qui précède pour indiquer à Messieurs les Marquis de Bacquehem, établis en Allemagne, une note sur Marie-Colette Comtesse de Thiennes leur mère. Cette Dame étoit fille de Philippe-Réné-Hyacinthe Comte de Rumbeke Baron de Heukelom et d'Ere Sgr. de Castre, du Pays de Hazelt, de la Cour d'Iseghem, Rosière, St. Maur, Passchendael etc. Chambellan de l'Empereur Charles VI, et de Marie-Barbe Ballet Dame de Leeuwenbourg, petite-fille de René-Charles Comte de Rumbeke et de Madelaine Françoise-Florence-Eugénie de Gomiecourt.

Mon premier volume fait connaître l'illustration
de la Maison de Thiennes, dont je donnerai plus
tard de très-amples détails que M. le Comte de
Thiennes de Lombize m'a promis. Marie-Barbe
Ballet, mariée Comtesse de Rumbeke, était *fille*
d'Emmanuel-Charles Ballet Sgr. de Leeuwenbourg,
et de Barbe Beylof fille de Jacques et de Marie
Geelham. *Petite-fille* d'Emmanuel Ballet Sgr. de
Leeuwenbourg, né au Château de Morleghem en
1653. 1653, et de Marie-Marguerite Van Kerckhove dite
Van der Varent, fille de Jean et de Jeanne de
Doys. Messieurs d'Hoobrouck-d'Aspre de Gand descendent également de cet Emmanuel Ballet, mais
de sa seconde épouse Charlotte-Hyppolite Volckaert.
La carte dont je viens de parler fait connaître les
aïeux dudit Emmanuel fils d'Adrien-François et de
Jeanne Van Spiere. Elle intéresse plusieurs familles
connues dans la Flandre.

On remarque aussi dans cette même carte le quartier de Grenu d'une maison très-ancienne qu'on
croit éteinte. Je crois obliger plusieurs Familles illustres de la Belgique en donnant la preuve la
plus évidente qu'elle existe encore en Suisse. Il est
inutile d'analyser les titres que je vais présenter, ils
s'analysent d'eux-mêmes. J'en donnerai trois. *Le premier*
1710. *est la preuve produite en 1710 au Roi de*
France Louis XIV par Jacob Grenu pour être maintenu en France dans la Noblesse de ses ayeux.

Par-devant Nous Notaires publics de la ville de Genève soussignés a comparu ce jour Jacob Grenu Ecuyer, veuf sans enfans, ancien Capitaine de 200 hommes de guerre Suisses au service du Roi de France, chef de sa famille, étant fils aîné de défunt Noble et Honoré Sgr. Jacques Grenu ou Grenut Sgr. premier Syndic et Magistrat de cette République, lequel Jacob Grenu a en ses mains les lettres et papiers de sa famille : et étant informés *que le Noble Pierre Grenu son frère, Brigadier des armées du Roi de France, et Gabriel Grenu son cousin Seigneur Conseiller d'Etat de cette République, fils de feu Noble et Honoré Sgr. défunt Théodore Grenu ou Grenut Sgr. Syndic, sont issus de défunt François Grenut Grenus ou Grenu, dénommé ci-après*, sont dans le cas d'exhiber leur filiation et titres par-devant les Sgrs. Commissaires du Conseil d'Etat de S. M. le Roi de France, à l'effet d'obtenir la maintenance et reconnaissance de leur Noblesse dans le Royaume de France au sujet des biens qu'ils y possèdent, et moyennant le privilège accordé aux Genevois par le Roi Henri Quatre d'être reputé Regnicoles, c'est pourquoi le susdit Jacob Grenu a remis en mains de Nous Notaires divers titres pour rédiger après eux en bonne et due forme un acte de notoriété et de filiation qui pût servir auxdits ses parens à prouver leur origine et l'état des personnes : c'est pourquoi Nousdits Notaires certifions et attestons à tous qu'il appartiendra que, par les divers actes de Bap-

FRA

têmes et de célébration de mariage et par les extraits mortuaires duement légalisés, item par deux
actes originaux délivrés par les Prévôt et Jurés de
la ville de Tournai scellés de leur sceau en cire
verte et signé par leur Secrétaire. lesdits actes
1626. sous la date du 8 Juillet 1626, expédiés à Noble
Homme Philippe Grenu Sgr. de Roncy, et onzième
1648. Avril 1648 expédiés à Guillaume Grenut fils de
François et Capitaine dans l'armée du Roi de
France; comme aussi par un certificat et tableau
1669. généalogique délivré le 19 Mai 1669 par le Sieur
Creteau lieutenant Roi d'armes de Tournay, signé
de lui et scellé des deux sceaux; et par un acte
en langue Hollandaise, délivré en la ville d'Utrecht
et duement légalisé par les Seigneurs Députés des
1688. Etats d'Utrecht sous la date du 20 Mars 1688 :
ces deux actes expédiés à Jacob Grenu fils de Jacques Seigneur Syndic à Genève, tous lesdits actes
en bon état et non viciés ni altérés ainsi que les
suivans. Item par un brevet original en date du 8
1589. Septembre 1589 expédié en faveur de Michel Grenut
pour commander cent hommes de Cavalerie au
service du Roi Henri IV par un certifié de Nicolas de Harlay Sgr. de Saucy, Conseiller d'Etat du
Roi Henri IV, son Lieutenant Général des Suis-
1600. ses, en date du 17 Septembre 1600, délivré au Capitaine Claude Grenu fils de Michel. Item par un
vidimus et attestation des Syndics et Conseil de Ge-
1645. nève en date du 7 Janvier 1645, scellé de leur
sceau, signé *Colladon Secrétaire d'Etat*, expédié à
Jacques Grenu Conseiller au Conseil des deux cents,
et à Guillaume Grenu son frère Capitaine, tous
deux fils de François Grenu : et par une autre
attestation des Bannerets et Conseil de la ville de
Morges au Pays de Vaud, scellé de leur sceau,
signé par leur Secrétaire en date du 27 Novembre
1676. 1676, délivré à Théodore Grenu fils de François,
il appert et conste ce qui suit :

1. Que Gilles Grenu était fils de Jean Grenu
et de Magdelaine de Nieulles. Que ledit Gilles était
en son vivant Conseiller Pensionnaire de la ville
de Tournay en Flandres : qu'il avait été marié en
l'Eglise de Notre Dame audit Tournay le 15 Juin
1528. 1528 à Dlle. Jeanne de Preys fille de Jean de Preys
et de Dlle. Hulland : que ledit Gilles Grenu avait
obtenu de l'Empereur Charles V des Lettres paten-
1553. tes données à Bruxelles le 4 Novembre 1553 avec
spéciale confirmation des anciennes Armoiries de sa
famille, duquel diplôme nous avons donné un vidimus authentique; finalement que ledit Gilles
1556. était décédé à Tournay le 15 Octobre 1556 où il
gist en l'Eglise Notre-Dame.

2. Que Michel Grenu, fils des susdits, avait
été baptisé en l'Eglise de St.-Quentin à Tournay
1534. le 11 Mai 1534, ayant pour parrain Noble Homme
Michel Cambri son oncle, et qu'il avait été marié en l'Eglise paroissiale d'Armentières-lès-Lille le
1565. 3 Février 1565 avec Dme. Anne de Grenu de la
lignée des Grenu établie en ladite ville, de laquelle
il avait eu un fils nommé Claude né le 13 Mars
1566. 1566 : et que ledit Michel ayant été, ainsi que les
parens de sa femme, mêlé dans les troubles des
Pays-Bas, s'était retiré dans la Flandre vers l'an
1568. 1568 et établi en Suisse vers l'an 1576.

3. Que ledit Michel avait été Capitaine de Cavalerie au service du Roi de France Henri IV et
était mort des blessures reçues à la bataille d'Yvri
1590. en 1590.

4. Que Claude Grenu, ou Grenut, fils des susdits et aussi Capitaine au service du Roi Henri

FRA

IV s'était retiré à Morges au Pays de Vaud et
1592. avait épousé en 1592 Dme. Susanne Forel : qu'il
1618. était mort en 1618, ayant préalablement établi à
Genève son fils François.

5. Que François Grenu ou Grenut fils des susdits,
1593. né le 23 Novembre 1593, a été marié à Genève
1617. le 28 Septembre 1617 à Dme. Rose Dusset : qu'il
1620. fut reçu à la Bourgeoisie en 1620, Conseiller au
Conseil des 200 et des 60 et qu'il est décédé en
1651. 1651 : desquels François Grenu et Rose Dusset
descendent tous les individus de la famille Grenu
existans en cette ville par Jacques, Jonas et Théodore leurs fils, tous reconnus par les Banneret et
Conseil de Morges, ainsi que ledit François leur
père et Claude leur ayeul.

6. Il appert aussi par divers d'entre les susdits
actes que Gilles Grenu avait eu de Jeanne de Preys
1529. deux autres fils savoir : Jean né en 1529, Sgr. de
1560. Marcques marié en 1560 à Dme Magdelaine de
Vittem, et Grand Prévôt de Tournay, lequel fut
créé Chevalier de la Main du Roi d'Espagne Phi-
1559. lippe II à Gand au mois de Juillet 1559. Il mou-
1581. rut le 20 Novembre 1581, gist au chœur de l'E-
glise Notre-Dame à Tournay. Louis Grenu son petit-
fils, fils de Georges et d'Agnès de Waudripont,
se fit Capucin à Bruxelles en 1609, nommé frere
1621. Cyprien et mourut en 1621. Jacques Grenu, Sgr.
de Baiche, fils cadet de Jean et Capitaine Alfer
1638. mourut à Tournay le 1 Décembre 1638, gist aux
Recolets et en lui s'éteignit cette branche.

7. Que Simon Grenu Sgr. du Fay aussi fils de
1538. Gilles, né en 1538, épousa en 1562 Dme. Jeanne
d'Espringalles, fut Mayeur des Echevins à Tournay et fut créé Chevalier de la main de l'Archiduc Albert d'Autriche à Tournay au mois de Fé-
1600. vrier 1600. Il mourut le 20 Décembre 1609 et gist
1609. au chœur en l'Eglise de St.-Quentin à Tournay.
Il eut divers enfans dont deux fils mariés : Charles
1575. né en 1575 mort en 1613, marié deux fois, n'eut
1613. que des filles : Philippe né en 1578, n'eut point
1578. 1655. d'enfans, mourut en 1655. En lui s'éteignit la
seconde branche à Tournay.

Il appert de même par divers actes expédiés à
1688. Utrecht en 1688, que la Branche de la famille
Grenu refugiée à Armentières en Hollande y a toujours vécu noblement, et a toujours été considérée, reconnue pour Noble et que divers individus
ont rempli des emplois militaires distingués. Que
Paul de Grenu Général au service de L. H. P.
avait obtenu des Lettres de Chevalerie du Roi de
la Grande-Bretagne Jacques I. données à West-
1631. munster le 5 Avril 1631 (desquelles nous avons
donné un vidimus authentique). Que Maurice de
Grenu Gouverneur du Sas de Gand mourut en
1667. 1667, duquel la très-honorable Epitaphe se voit en
l'Eglise de Ste.-Marie à Utrecht, et qu'il avait épousé
Wilhelmine Van Veede. Finalement que ladite famille Grenu s'est éteinte dans la maison de Lockhorst, par le Mariage de Marie de Grenu avec
Adam de Lockhorst Sgr. de Schonauven, laquelle
1696. (et après le susdit acte) est décédée en 1696 et a
son épitaphe en l'Eglise de St.-Gertrude à Utrecht
à Nous certifiée. Finalement quant à l'état et condition de la famille Grenus, ou Grenut actuellement existante à Genève, ils sont duement consta-
tés par ses emplois civils et militaires, ayant occupé dès son établissement et de notoriété publique les premières charges de l'Etat, dont il conste
par l'attestation de nos Sgrs. les Syndics et Conseil

FRA

en date du 26 du mois de Mars dernier, laquelle
Nous a été exhibée céans en Original.

En foi de tout quoi Nous avons expédié les
présentes, tant par acte de filiation et notoriété que
d'extrait authentique, aux susdits Pierre et Gabriel
Grenu ou Grenut de ce requérans pour leur servir
et valoir, ou aux leurs, par-tout ou besoin sera.
1710. Fait audit Genève le 9 Avril 1710 et avons resti-
tué les pièces au susdit Jacob Grenu, les an et jour
susdit. Signé E. Beddevole Not. J. Gerard Not.
Suit la légalisation.

Le second titre est l'Arrêt du Conseil d'Etat du
1712. *Roi de France Louis XIV en 1712, ordonnant*
maintenue de la Noblesse de Pierre et Gabriel
Grenu.

« Vu l'exploit d'assignation fait à la Requête de
» Maître François Ferrand commis par le Roi pour
» la poursuite et recouvrement des sommes qui doi-
» vent provenir de la recherche des usurpations
» de Noblesse aux Sieurs Pierre Grenu Brigadier
» des armées du Roi et Gabriel Grenu Conseiller
» d'Etat de la République de Genève au domicile
» par eux élu à Paris chez Louis de Bray rue
» Mont-Martre à comparaître par-devant lesdits
» Commissaires Généraux du Conseil et rapporter
» ou envoyer dans le mois chez le Sieur Haudion
» Greffier de la Commission les titres et pièces en
» vertu desquels ils ont pris la qualité de Nobles
» et d'Ecuyers, ainsi qu'il conste de divers actes par
» eux passés. Vu la Requête desdits Sieurs Pierre et
» Gabriel Grenu y qualifiés d'Ecuyers auxdits Sieurs
» Commissaires Généraux du Conseil, afin d'être
» maintenus dans leur Noblesse et ordonné qu'ils
» seront inscrits dans le Catalogue des Gentilshom-
» mes. Vu les deux déclarations du feu Roi Henri
1596. » IV des mois de Janvier 1596 et Juin 1608 et
1608. » d'un arrêt du Conseil du XXII dudit mois de
1596. » Janvier 1596 par lesquels les Genevois sont re-
» putés Regnicoles. Vu les divers extraits de ma-
» riage et de baptême en forme probante qui éta-
» blissent la filiation desdits Sieurs Pierre et Ga-
» briel Grenu. Vu les titres de Noblesse par eux
» présentés. Vu l'attestation originale des Syndics
» et Conseil de la République et signé *Santoris*
» que lesdits Sieurs Grenu et leurs auteurs ont
» été tous considérés reputes et reconnus parmi
» eux en qualité de Nobles, laquelle leur a tou-
» jours été attribuée dans les Actes publics et par-
» ticuliers, qui est le seul titre que l'on donne
» à ceux de cette naissance ; qu'ils n'ont fait acte
» de dérogeance et ont rempli à Genève les pre-
» miers emplois de l'Etat. Vu le dire dudit *Ferrand*
» signé *Le Noir* Avocat, contenant qu'après avoir
» examiné lesdites Requêtes et pièces produites par
» lesdits Sieurs Pierre et Gabriel Grenu, il se rap-
» porte à ce qu'il soit ordonné sur la maintenue
» ce qui sera estimé juste et raisonnable.

» Ouï les conclusions du Procureur Général du
» Roi.

» Ouï le rapport du Sieur Lefevre de Caumartin
» Conseiller d'Etat, Intendant des Finances, l'un
» des Sieurs Commissaires Généraux.

» Le tout considéré est intervenu Arrêt qui a
» maintenu lesdits Pierre et Gabriel Grenu dans
» leur qualité de Nobles et d'Ecuyers, ensemble
» leurs enfans et postérité nés et à naître en loyal
» mariage, ordonnant qu'ils jouissent des honneurs
» privilèges et exemptions dont jouissent les autres
» Gentilshommes du Royaume tant et si longue-
» ment qu'ils ne feront acte de dérogeance, et qu'ils

» seront employés dans le Catalogue des Gentilshom-
» mes qui se fera au Conseil et sera envoyé dans tous
» les Bailliages et Elections du Royaume. Donné à
1712. » Paris le 21 Janvier 1712.

» Collationné signé *Haudion* le huitième jour de
1712. » Février 1712.

» Signifié et laissé copie aux parties par Nous » Huissier ordinaire du Roi en ses Grandes Chancelleries de France et premier Huissier du Conseil soussigné *Le Grand* ».

La troisième titre est historique. C'est le Mémoire des services de la famille de Grenu, approuvé par M. Salis de Samade, envoyé par M. le Comte de Diesbach à M. le Comte de Broglio et à M. le Comte d'Affry.

Michel Grenu fils de Gilles Conseiller Pensionnaire de Tournay, frère de Jean Grenu Grand-Pré-
vôt de Tournay et Lieutenant pour le Roi d'Espagne des Ville et Château d'Ath et creé Chev. par
1559. le Roi Philippe II à Gand le 26 Juillet 1559 et
aussi frère de Simon Grenu Mayeur de Tournay créé
1600. Chev. par l'Archiduc Albert le 26 Février 1600, était
attaché au Comte d'Egmont et Lieutenant dans une
de ses Compagnies de Gens de guerre. Il eut part
aux évènemens qui engagèrent le Roi d'Espagne
Philippe II à envoyer le Duc d'Albe dans les Pays-
1568. Bas, et il fut forcé de s'enfuir en 1568 et d'abandonner sa Patrie. Il se réfugia dans le Pays de
1576. Vaud avec Claude son fils en l'an 1576. Il servit
ensuite avec lui sous le Colonel Buck et le Comte
de Schomberg dans l'Armée du Roi Henri IV, à la
tête d'une Compagnie de Reitres : il fut blessé au
1587. combat d'Hanau en 1587, et tué à la bataille
1590. d'Yvri en 1590.

Une autre branche de la famille Grenu se réfugia en Hollande à Utrecht, où elle a rempli des
emplois très-distingués et fourni plusieurs Officiers
1574. braves et expérimentés dès l'année 1574. Leurs noms
et services sont mentionnés dans les mémoires du
temps et par les Historiens des Provinces-Unies.

De cette branche étaient sortis Paul de Grenu
1621. Chevalier (1621) Gouverneur d'Isendick et de Gou-
de, Général au service de L. H. P. Maurice de
Grenu son fils, Gouverneur du Sas de Gand et
Châteaux voisins, Président de la Chambre des Finances militaires de la Province d'Utrecht, mort
1667. en 1667, et en la personne duquel cette branche
s'est éteinte.

Claude Grenu fils de Michel, quitta le service
après que le Roi Henri IV eut pacifié la France. Il
revint dans le Pays de Vaud et se fixa à Morges,
1592. où il s'était marié en 1592. Il fut aggrégé à la Bourgeoisie de cette Ville : ensuite vint à Genève où il
1593. établit François Grenu son fils né en 1593, lequel
1617. se maria à Genève en 1617, et acquit la Bour-
1618. geoisie : Claude Grenu mourut en 1618. Son fils
François fut reçu Membre des Conseils de 200 et de
1651. 60 à Genève : Claude y mourut en 1651. L'année
1642. 1642 François Grenu leva à ses frais une Compagnie franche pour son fils Jonas-Guillaume né en
1623. 1623, entré au service du Roi l'année 1639. Jonas-
1639. Guillaume mourut en garnison à Metz en 1649,
1649. et sa Compagnie fut ainsi perdue pour sa famille.

1646. En 1646 Jacob Grenu, cousin du précédent, entra au service de Hollande, où il avait des protec-
tions par la branche de sa famille établie à Utrecht:
1676. il mourut à ce service Lieutenant-Colonel en 1676.

1628. Michel-Louis Grenu, né en 1628, entra au
1645. service des Vénitiens en 1645, et mourut Capitaine
dans les troupes que la République avait envoyées
1649. à Candie en 1649.

Jacques Grenut fils de François, fut Conseiller
1655. d'Etat à Genève en 1655, Trésorier général en
1660. 1660 et Syndic en l'année 1663, charge qu'il rem-
1663. plit neuf fois jusqu'à sa mort. En 1666 il leva une
1666. Compagnie Suisse de 200 hommes pour le service
1669. du Roi, destinée à son fils Odet; et en 1669 une
Compagnie semblable fut confiée à Jacob Grenu son
1646. fils né en 1646. Il servit à la tête de cette Compagnie dans le Régiment alors nommé Vieux-Stoppa :
1671. il épousa en 1671 Marie-Anne fille du Colonel et
Brigadier Stoppa, et il servit pendant vingt-huit
ans jusqu'après la paix de Ryswick. La Compagnie
lui fut conservée à sa retraite, en considération de
ses services et de trois blessures : il en jouit jus-
1713. qu'à sa mort en 1713. Elle fut alors donnée au
Sieur Lect de Genève, puis au Sr. Senebier et fut
ensuite accordée au Sr. Ulman le jeune du Canton
d'Appenzel Catholique et avoué par le Canton : c'est
actuellement la Compagnie de Streuly au Régiment
Suisse de Diesbach.

1650. Odet Grenut, frère de Jacob, était né en 1650.
1666. Trop jeune pour être en 1666 Capitaine de la première Compagnie levée par son père, il y servit
comme Lieutenant pour en être mis en possession
après cinq années de service : en attendant le commandement de la Compagnie fut donné au Sieur
Jean Audrion avec charge de la remettre au propriétaire dès que ce dernier aurait atteint l'âge de
1670. vingt-un ans : mais Odet Grenut mourut en 1670
étant alors Lieutenant de sa propre Compagnie en
garnison à St. Venant. A son décès elle fut donnée au Sr. Audrion Capitaine Commandant; après
lui à Mr. Micheli : c'est celle qui appartient actuellement à M. de Gallatin au Régiment Suisse
d'Aubonne. Cette Compagnie fut ainsi dès son origine perdue pour la famille de Grenut.

1669. En 1669 François-Théodore Grenut, né en 1650
1650. et neveu du Syndic Jacques Grenut, entra comme
Officier au service de Hollande dans la Compagnie
de son oncle Jacob Grenut et parvint successivement
au grade de Capitaine. Il fut tué à la bataille de
1693. Nervinde en 1693.

1672. L'an 1672, les Sieurs Jean-René Grenut né en
1657. 1657, fils de Jacques, et Jean Grenut né en 1655 son
1655. parent, entrèrent comme Officiers au service du Roi
dans la Compagnie de Jacob Grenut. L'un mou-
1679. rut en 1679, après le siége d'Ypres : Le second
passa l'année suivante dans le Régiment de Pfyffer
1673. et mourut au siége de Maestricht en 1673.

1672. En 1672 Jacob Grenu aussi neveu de Jacques,
entra au service de Hollande et il obtint le brevet
1684. de Capitaine en 1684 (Lieut.-Colonel en 1687).
1687. Il se retira après la paix en 1699 et mourut à Ge-
1669. nève en 1728.
1728.

1678. En 1678 Pierre Grenut né en 1658, fils de Jac-
1658. ques, entra au service en qualité d'Enseigne dans
le Régiment des Gardes Suisses : il fut successivement Sous-Lieutenant et Lieutenant dans le *même*
Corps, et y servit avec distinction. Il fut nommé
Capitaine Commandant de la Compagnie Colonelle
1690. du Régiment des Gardes Suisses en 1690 et obtint
1692. de plus, en 1692, la Compagnie entière de 200
hommes du Brigadier Stoppa blessé à mort à Stein-
kerque.

1696. Le 13 Février 1696, Pierre Grenut obtint encore
pour récompense signalée de ses services, une seconde Compagnie entière de 200 hommes dans le
Régiment de Surbeck dont il fut nommé Lieutenant-Colonel

FRA

Colonel en pied, avec la Commission de Colonel
Commandant ledit Régiment du même jour. Il fut
1704. fait Brigadier des armées du Roi en 1704 et il fut
employé sept années de suite par lettres de service
en cette qualité. Il eut la plus grande part au gain
de la bataille de Spirebach sous le Maréchal de Tal-
1703. lard en 1703. Cependant le Brigadier Grenu ne
fut point compris dans la promotion de Maréchaux-
1710. de-Camp qui eut lieu en 1710. Il crut éprouver
une injustice et donna sa démission. Le Roi lui
ôta une de ses Compagnies qui fut accordée au Sieur
Tarasc Grison et lui conserva la seconde Compa-
1734. gnie entière jusques en 1734. M. Grenu en céda
alors la moitié à Jean-Gabriel Grenu mentionné
ci-après et garda l'autre moitié jusqu'à sa mort en
1749. 1749 : il mourut âgé de 92 ans. Pierre Grenut
1691. était entré dans le Conseil des 200 à Genève en 1691.

1685. Jean-Louis Grenut né en 1685 (fils de Jacob ancien Lieutenant-Colonel en Hollande) entra au
1705. service de L. H. P. en 1705 ; il fit comme Lieu-
1712. tenant les campagnes de 1705 à 1712 et fut grièvement blessé à Denain. Il mourut peu après des
suites de sa blessure.

1689 Gedeon Grenut, né en 1689, frère du précé-
1708. dent, fut aussi Officier en Hollande en 1708, et
1709. mourut au service en 1709 étant en garnison à Grave.

1710. Jean Gabriel Grenut, né en 1710, fils de Gabriel Grenut Syndic de la République de Genève,
entra au service de France dans la Compagnie de
1727. son oncle le Brigadier Grenut en 1727 Il fut successivement Sous-Lieutenant et Lieutenant, puis
Capitaine-Lieutenant de cette Compagnie, puis de
1740. la moitié de la même Compagnie : et, en 1749,
après le décès du Brigadier Grenut, il fut pourvu
de l'autre moitié. Il a fait un grand nombre de
campagnes en qualité de Capitaine de Grenadiers
et de Commandant de Bataillon soit en Flandres,
soit en Allemagne. Il reçut la Croix de Mérite
1762. Militaire lors de son institution et obtint, en 1762,
le grade de Lieutenant-Colonel. Il quitta le service
après la paix, avec une pension de retraite : et
comme il n'existait alors en France aucun Officier
de sa famille, la Compagnie fut donnée à Mr. de
Graffenried, Bernois, et passa dans le Régim. d'Erlach.

1734. En 1734, Jean-Louis Grenut, frère cadet du précédent, entra au service comme Enseigne dans
la Compagnie de son oncle et il en fut reçu Ca-
1740. pitaine Commandant en 1740. Il fit toute la guerre
de Flandres en cette qualité, ou comme Capitaine

FRA

de Grenadiers, et il quitta le service après la paix
1749. d'Aix-la-Chapelle en 1749, pour suivre à Genève
la carrière des emplois de la Magistrature dont son
père, son aïeul et son bisaïeul avaient été ho-
1746. norés. Il était entré en C. C. en 1746. Il fut Se-
1750. crétaire du Droit en 1750, Auditeur en 1752, Con-
1752. seiller d'Etat en 1756 et en 1758.
1756.
1758. Jean-Ferdinand Grenut, fils du précédent, né en
1752. 1752, est entré au service du Roi comme Sous-
Lieutenant dans la Compagnie de Beyer Imhoff au
1768. Régiment Suisse de Diesbach en 1768, Sous-Lieu-
1772. tenant de Grenadiers en 1772, Lieutenant dans
1777. la Compagnie de Techterman en 1777 : il est passé
1778. en 1778 dans la Compagnie Lieutenant-Colonelle
de Salis-Samade au même Régiment pour la commander. Il s'en rapporte à ses Supérieurs sur la manière dont il a employé son temps au service et
rempli ses devoirs. C'est avec leur encouragement
et leur approbation qu'il sollicite auprès de M. le
Comte d'Affry la faveur d'obtenir une Commission
de Capitaine dans le Régiment Suisse de Diesbach.

Le Sieur Grenut a mis sous les yeux de M. le
Comte de Diesbach et du Lieutenant Colonel M. de
Salis de Samade les pièces, titres et lettres origi-
nales qui constatent les faits énoncés dans ces pièces : ils ont bien voulu les certifier et exprimer
leur bienveillance pour cet Officier, en apostillant
ce mémoire qui doit être envoyé à M. le Comte
d'Affry. Les principaux faits qu'il contient peuvent
être aisément vérifiés dans ses Bureaux en tout ce
qui concerne le service de France. A Brest le 25
1778. Juillet 1778.

Attestations. « L'exposé fait ci-dessus par M. Grenut est de la plus exacte vérité. Il est personnellement » très-appliqué, instruit, rempli de la meilleure volon» té, d'une conduite exemplaire. Il est estimé de ses » Supérieurs et chéri de ses Camarades. Il mérite d'être » distingué comme un excellent sujet. Fait à Dinant » le 4 Août. 1778. Signé *R. B. de Diesbach* Maréchal » de Camp.

« L'on ne peut trop dire de bien de l'auteur de ce
» Mémoire. Il a montré tout le temps qu'il a servi au
» Régiment, depuis 10 ans, tout le zele, toute l'appli-
» cation et toute l'intelligence désirables. Nous aurons
» le plus grand regret si nous le perdons. C'est un
» Sujet distingué et qui se fera par-tout le plus grand
1778. » honneur. Fait à Brest le 12 Août 1778. Signé
» *De Salis-Samade* Brigadier, Lieutenant-Colonel du
» Régiment de Diesbach ».

SEIZE QUARTIERS de PHILIPPE-HUBERT LE CLÉMENT *Chanoine de la Cath. de Tournay, pour y remarquer l'alliance de* CATHERINE GRENUT *avec* WALLERAND DE HANGOUART.

PIERRE LE CLÉMENT, Ecuyer épousa Anne de La Grange.	WALER. HANGOUART Chev. Sgr. de Laury épousa Catherine de Grenut.	ROB. DU BUS Sgr. de Fresnelle épousa Péronne Petitpas.	ROBERT PARMENTIER épousa Catherine de Muissart.	JEAN DE LANNOY Sgr. de Rabodinghe épousa Marie de Barbieux.	ANT. DE LOGENHAGEN Sgr. d'Inglart épousa Cather. Hangouart.	ANTOINE Sgr. de Tramecourt épousa Louise de Saint Venant.	HENRI DE HAYNIN DU Breucq épousa Anne de Gruntere.
CHARLES LE CLÉMENT Chevalier Sgr. de de St. Marc.	MAR. HANGOUART Ve. de Franç. du Chastel le Prince.	ROB. DU BUS Sgr. du Grand Bus et du Fresnelle.	MARIE PARMENTIER.	JEAN-BAPT. DE LANNOY Sgr. de Rabodinghe.	CATHERINE DE LOGENHAGHEN.	GEORGES DE TRAMECOURT, Seigneur dudit lieu.	FRANÇOISE-HENRIETTE DE HAYNIN DU BREUCQ.

PHILIPPE LE CLÉMENT Chev. Sgr. de St. Marc.	MARIE-CATHERINE DU BUS.	JEAN-BAPTISTE FRANÇOIS DE LANNOY Chev. Sgr. des Prés.	HENRIETTE-FRANÇOISE DE TRAMECOURT.

PHILIPPE-FRANCOIS LE CLÉMENT Chev. Sgr. de St. Marc, Colonel d'Infanterie, Chev. de St. Louis.	MARIE-THÉRÈSE DE LANNOY DES PRÉS.

PHILIPPE-HUBERT-JOS. LE CLEMENT Chanoine de Tournay. *Son frère* Phil.-Alex.-Jos. Chev. Sgr. de St Marc épousa Marie-Thér.-Jos. d'Ostrel. *Sa sœur* Marie-Phil.-Alexand. le Clément a épousé Ferdinand-Jos. Lefebvre-Delattre Sgr. de Ligny, dont entre autres un fils Chevalier de Malthe.

FRA

Il était aisé à Phil.-Hub.-Jos. le Clément de se faire recevoir au Chapitre de Tournay. Ses quartiers étaient admissibles à tous les Chapitres. Je vais citer une partie des preuves qu'il a produites. On y voit la filiation qui suit :

IV. Pierre Clément Sgr. de Louvacq obtint une Sentence rendue par le Conseil de l'Election d'Ar-
1588. tois le 25 Octobre 1588 déclarant « qu'il est issu » d'ancienne extraction paternelle et maternelle. » Qu'il est issu de Willaume Clément en son vi- » vant Ecuyer demeurant à Amborines, lequel se re- » tira pour causes des guerres à Thérouane y ayant » des biens près de la ville : s'est ensuite retiré » des Cottes près de Thérouane dont il était Sgr. » en partie : qu'il avait épousé. 1. Marguerite Po- » trenon. 2. Gillette de Renty. 3. Marguerite de » Linzel : qu'il eut entr'autres enfans Jacques et » Jean : que Jacques fils aîné épousa Marguerite de » Courteville, qu'il eut pour fils Adrien Ecuyer époux » d'Antoinette de Renty. Que *Jean 2e. fils de Wil- » laume* dmt. à Amborines fut père de Jean qui épousa » Dlle. Gilles Gosson, dont *Jean III* allié à » Dame Jeanne de Moustier père et mère du prédit » Pierre.

» Que le prédit Willaume avait pour frère Ro- » bert époux de Marie Marotes dont Jean époux de » Noble Dme. Marguerite de Canteleu dont trois » enfans : 1. Noble et Honorable personne Robert » Clément Chanoine de Hesdin. 2. Jacques Ecuyer » de Warlincourt mort à marier. 3. Antoinette Clé- » ment épouse de Jean de Watines Ecuyer Sgr. » et Mayeur de Mouchy-aux-Bois dont Hughes et » Barbe.

» Ledit Hughes de Watines Sgr. de Warlencourt » échu par le trépas dudit Jacques Clément son on- » cle maternel : que Hughes disait avoir aussi obtenu » Sentence d'Arrêt au Conseil d'Artois qui le décla- » rait Noble et issu de Noble génération : qu'il » épousa Françoise Penel aussi de Noble extraction » duquel mariage était issu Nicolas de Watines » aussi Ecuyer Sgr. Moderne de Warlincourt épouse » de Barbe de Mont-St.-Eloy fille de Pierre en son » vivant Ecuyer Sgr. de Wendin, Conseiller du Roi » en son Conseil Privé d'Artois.

» Ladite Barbe de Watines (*Sœur de Hughes*) » épouse de Wallerand de Galamé Sgr. du Cauron » dont Louis de Galamez Sgr. dudit Cauron dmt. » à Hermonville époux de Charlotte de Bacquehem » fille de Jacques.

1556. Bail fut passé à Arras le 18 Avril 1556, par Jeanne Muret veuve de Charles du Moustier, Mr. Adrien du Moustier, Jean Clément Dme. Jeanne du Moustier son épouse, Magdelaine et Catherine du Moustier, tous enfans et héritiers dudit feu Charles du Moustier et de ladite Jeanne. Ce bail fut accordé à Jean de Lye dmt. à Montevescourt savoir 38 mencaudées y situées.

J'ai vu le rapport et dénombrement donné en
1588. 1588 par Pierre Clément à Messire Adrien de Gomicourt Chev. de l'Ordre de St.-Jacques. Un bail
1594. original en parchemin fut fait le 7 Janv. 1594 par Jeanne du Moustier veuve de Jean Clément Ecuyer dmt. à Arras (*père et mère de Pierre ici rappellé*) d'une partie de biens situés à Montrescourt à Jean Baudrain dmt. à Baudricourt.

Le Contrat de mariage entre Pierre Clément et Anne de la Grange a été passé à Lille le 22 Oc-
1591. tobre 1591 j'y ai lu avec plaisir ce qui suit par l'utilité que cet acte offre à plusieurs familles.

FRA

« Entre Pierre Clément Ecuyer Sgr. de Leuvacque fils de feu Jean et de Dlle. Jeanne du Moustier, assisté de Dme. Cather. du Moustier sa » tante, de Jacques Gosson Ecuyer Sgr. de Ru- » meville : Raoul Gosson aussi Ecuyer Sgr. de Wil- » lamon ses cousins issus de Germain : de Jacques » Angot Avocat époux de Jeanne Gosson cousin » issu de Germain etc. et entre Dlle. Anne de la » Grange assistée de Messire Paul de la Grange Chev. » Sgr. de Nedonchel Conseiller du Roi, Président » et premier Maître en la Chambre des Comptes » à Lille et Dame Catherine Havet ses père et » mère : d'Antoine Havet Chanoine de St.-Pierre » à Lille son oncle : de Jean de la Grange Licen- » tié ès loix, Conseiller Assesseur du Roi en la » Gouvernance de Lille son frère : de Franç. de la » Rue Sgr. de Lobel et de Sebastien Prevost Ecuyer » Sgr. de Marisson ses beaux-frères etc. ».

On voit que le futur avait des frères et sœurs venant du second mariage.

1610. Un partage fut passé à Lille le 15 Juin 1610 entre Dme. Isabeau de la Grange veuve de Mr. François de la Rue Sgr. de Lobel ; Sebastien le Prevost Ecuyer Sgr. de Marisons, Marcy, époux de Cath. de la Grange, faisant fort de Dame Philippine de la Grange veuve de Messire Michel Gomer Chev. Sgr. de Scouvelde, Pierre le Clément Ecuyer Sgr. de Levacque époux d'Anne de la Grange, Dme. Jeanne Blondel veuve de Jean de la Grange Ecuyer Conseiller Assesseur de la Gouvernance de Lille, mère et tutrice de Philippe, Alexandre et Marie de la Grange ses enfans mineurs qu'elle avait dudit feu Jean et Pol, Cath. et Michelle ses enfans majeurs qu'elle avait de sondit mari ; aussi Philippe, Isabeau, Catherine et Anne enfans de feu Messire Paul de la Grange Chev. Sgr. de Nedonchel Cons. du Roi Président et premier Maître Ordinaire en sa Chambre des Comptes à Lille et de feue Dame Cath. Havet, lesdits enfans de feu Jean de la Grange neveux et nièces en ligne directe des défunts.

V. *Charles le Clément époux de Marie Hangouart.*
1633. Charles obtint en 1633 des Lettres de Bourgeoisie à Arras. Il y est qualifié Charles dit le Clément, fils de Pierre né à Ambrine, Ecuyer Sgr. de St.-Marcq. Dénombrement du fief de Warlu fut donné
1630. le 27 Janv. 1630 par Charles le Clément Ecuyer Sgr. de St.-Marc après la mort de son père Pierre aussi Ecuyer. Il y est dit 3e. fils et héritier testamentaire du côté de Dame Magdelaine du Moustier veuve d'Antoine du Belloy et Dlle. Cath. du Moustier veuve d'Allard Crignot ses tantes maternelles lesquelles ont été pareillement héritières et filles de Charles.

J'ai vu le Contrat de mariage original passé à
1634. Orchies le 27 Mai 1634 entre Charles le Clément Ecuyer Sgr. de St.-Marcq, Molinel, fils de feu Pierre aussi Ecuyer Sgr. de Leauque et de Dme. Anne de la Grange, accompagné d'Antoine de la Rue Sgr. de Lobel beau-frère allié de François Everard Ecuyer Sgr. de Preudesain aussi beau-frère et germain audit Sgr. de St.-Marcq *d'une part* Dme. Marie de Hangouart veuve de François du Chastel Ecuyer Sgr. de Laogle, assistée de Philippe de Greno Ecuyer Sgr. de Ronty oncle maternel, Walerand de Gombault Ecuyer Sgr. de Mausing cousin germain paternel et d'Ant. de Langhenhague Ecuyer Sgr. d'Inglant beau-frère allié à ladite Dlle. une déclaration des biens appar-

tenant à Charles le Clément Ecuyer Sgr. de Mohnel pour port de mariage à Dlle. Marie de Hangouart veuve du Sgr. de Langle fut donnée le même
1634. jour 27 Mai 1634. Ces biens consistaient en 1. la Seigneurie de St.-Marc en 80 mencaudées occupées par Jacques Bouart. 2. Le Fief de Mohnel consistant en plusieurs rentes Seigneuriales etc. etc. On voit dans le même acte la déclaration des biens de ladite Dame Marie de Hangouart entre lesquels la Sgrie. de la Pétinerie en 14 bonniers. Le Registre aux Bourgeois de la ville de Lille reposant en la trésorerie contient ce qui suit « Charles Clé» ment Ecuyer Sgr. de St.-Marcq fils de feu Pierre » et de Dlle. Anne de la Grange ayant épousé » Marie Hangouart fille de feu Wallerand par re-
1634. » lief du 21 Août 1634 ». Il existe un accord
1637. passé à Lille le 10 Mars 1637 entre Marie de Hangouart veuve de Charles le Clément Ecuyer Sgr. de St - Marcq, Paul le Clément Ecuyer Sgr. de la Freté et Antoine de la Rue Ecuyer Sgr. de la Rue époux de Dlle. Anne le Clément beaux-frères et belle-sœur de ladite Marie. La Dame de Han-
1641. gouart dispose de ses biens le 12 Décembre 1641. Elle parle de sa fille du 1er. lit Anne-Marie-Françoise du Chastel. Elle donne les biens situés à Guignies et à Mortagne au fils qu'elle eut de son second mari et le reste aux deux autres enfans aussi du deuxième lit.

On trouve dans les archives de la Maison - de-Ville à Lille ce qui suit :

« 1. *Pierre le Clément fut fait Magistrat le*
1565. » *Lille en* 1565, *voir Juré en* 1596.

» 2. *Charles le Clément Sgr. de St.-Marc, voir*
1635 » *Juré en* 1635.

» 3. *Le même Charles Clément Ecuyer Sgr. de*
1636. » *St -Marcq voir Juré et Conseiller en* 1636 ».

VI. *Philippe le Clément Chev. Sgr. de St.-Marcq époux de Cath. du Bus.* Son contrat de Mariage
1658. en parchemin fut passé à Lille en 1658. On y lit ce qui suit : « Entre Philippe le Clément Ecuyer » Sgr. de St.-Marc assisté de Messire Walerand de » Gombault Chev. Sgr. de Mannaing son oncle » allié du côté maternel ; de Dame Anne le Clé» ment veuve de Messire Antoine de la Rue Sgr. » de Lobel sa tante paternelle; de Messire Waler » d'Hangouart Chev. son cousin et de François de » Hapiot Ecuyer Sgr. de Haucourt son cousin ger» main *d'une part*, et entre Marie - Catherine du » Bus fille de Messire Robert Chev. Sgr. dudit lieu., » Fiefvet etc. et de Dame Cath. de Parmentier, » assistée de ses père et mère; de Josse de Parmen» tier Ecuyer Sgr. du Grand Bus son père grand » maternel; de Guillaume Petipas Ecuyer Sgr. de » la Moussarie et de Mr. Nicaise Lippens licentié » ès Droits Conseiller Pensionnaire de la ville de » Lille ses cousins d'autre part ».

On lit ce qui suit dans le Registres aux Bourgeois de la ville de Lille.

« 1. Charles Clément Ecuyer Sgr. de St.-Marcq » fils de feu Pierre et de Dlle. Anne de la Grange » ayant épousé Marie Hangouart fille de feu Wal-
1634. » lerand par relief du 21 Août 1634.

» 2. Philippe le Clément Ecuyer Sgr. de St.- » Marcq fils de feu Charles aussi Ecuyer Sgr. du» dit lieu et de Dlle. Marie Cath. de Hangouart, » ayant épousé Marie-Cath. du Bus fille de Mes» sire Robert Chev. Sgr. du Fresnel et de Dame » Catherine Parmentier, par Relief du 11 Octobre
1658. » 1658 ».

1660. Partage fut passé à Lille le 19 Septembre 1660 entre Jean-Baptiste-Obert Ecuyer Sgr. de Noyelles époux de Dame Anne-Marie-Françoise du Chastel fille héritière de Dlle. Marie de Hangouart veuve de Charles le Clément Ecuyer Sgr. de St.-Marcq aussi fils et héritier de ladite Dlle. de Hangouart. Il existe une transaction passée à Arras le 23 juin
1666. 1666 entre Dame Anne le Clément veuve de Messire Antoine de la Rue Chevalier Sgr. de Lobel fille de feu Pierre Ecuyer et d'Anne de la Grange *d'une part*, et Dlle. Marguerite le Clément, Louis-George le Josne Ecuyer Sgr. du Grand Maret et Dlle. Marie - Anne le Clément au sujet de la ferme de Marquettes. Le Roi de France ac-
1692. corda des Lettres de Chevalerie en 1692 à Philippe Clément Sgr. de St.-Marcq.

VII. *Philippe-François le Clément époux de Marie-Thérèse de Lannoy - Desprez.* Leur contrat de
1714. mariage passé à Lille le 1 Octobre 1714 existe au Dépôt de cette ville. Il y est dit entre Messire Philippe - François le Clément Chev. Sgr. de St.- Marcq, etc. Colonel d'infanterie au service de France fille de Messire Philippe Chev. Sgr. de St.-Marcq et de Dame Marguerite - Catherine du Bus et entre Dlle. Marie-Thérèse de Lannoy fille de feu Messire Jean - Baptiste - François Olivier Chev. Sgr. Despretz et de Françoise Henriette de Tramecourt. Le même est qualifié Messire Philippe - François le Clément Chev. Sgr. de St.- Marcq, Colonel d'infanterie au service du Roi fils et héritier de Messire Philippe Chev. Sgr. de St.-Marcq et de Dame Marie Catherine du Bus, dans le dénombrement qu'il donna le 25 Octobre
1714. 1714. Marie-Thérèse de Lannoy Dame d'Emmerin, Pecquerie etc. Douairière de Messire Philippe-Fran-
1756. çois le Clément mourut le 18 Décembre 1756 âgée de 68 ans. Son acte mortuaire se trouve à Lille à la Paroisse de la Magdelaine.

VIII. *Philippe - Alexandre - Joseph le Clément époux de Marguerite - Thérèse - Joséphine d'Ostrel.* Il est frère de Philippe-Hubert-Jos. reçu Chanoine Noble à Tournay, de Marie - Philippine - Alexandrine épouse de Ferdinand - Joseph Lefebvre de Lattre Sgr. de Ligny dont le fils est Chevalier de Malthe. Le Contrat de Mariage passé à Lille le
1750. 10 Janvier 1750, enregistré au dépôt dit « entre » Messire Philippe - Alexandre le Clément Cheval. » Sgr. de St. - Marcq, Tintignies, Guignies, Blasart dit Jalain etc. assisté de Dame Marie-Thé» rèse de Lannoy veuve de Messire Philippe Fran» çois le Clément Chev. Sgr. de St.-Marcq, Co» lonel d'infanterie au service de France, sa mè» re; de Dame Marie - Françoise - Philippine de » Lannoy Comtesse de Geneck, de Messire-Alexan» dre Eugène Descoste Chev. Sgr. de Pembecq » Maréchal des Camps et Armées du Roi et Dame » Marie-Elis. de Lannoy son épouse *d'une part* et » entre Marie - Thérèse d'Ostrel fille de Messire » Antoine - Jos. d'Ostrel Chev. Baron de Flers, » Marquis de Cambligneul Sgr. de Couchy etc. » demeurant en son Château de Flers et de Dame « Marguerite-Jos.-Anne Mayoul ».

IX. Philippe - Marie - Joseph le Clément propriétaire de la superbe terre de Taintignies et autres, épousa Thérèse-Louise Blondel fille de Louis-Hyacinthe et de Marie - Catherine Corps - de - Goutes. Cette branche de Blondel est connue sous le nom de Baron de Druhot. Voici les huit quartiers de

FRA

Louis-Hyacinthe beau-père de Monsieur de Taintignies actuel.

Mess. JEAN DE BLONDEL Chev. Sgr. de Barlet épousa Dame Marie le Vasseur.	Mess. ANT. DRUHOT Chev. Sgr. de Villers, Gouverneur de Bouchain épousa Dame Eméance de St. Marets.	Mess. LOUIS DE CAULINCOURT épousa Dame Elis. de Myée.	Mess. MAXIMIL. DE BÉTHUNE-SULLY épousa Dame Catherine de la Porte.
Mess. JEAN LOUIS DE BLONDEL Chev. Sgr. du Barles.	Dame MARIE-CATHERINE DRUHOT.	Mess. ARMAND Marquis de Caulincourt.	Dame FRANÇ DE BÉTHUNE-SULLY.

Messire ANT.-HYACINTHE DE BLONDEL Baron de Druhot.	Dame GÉNEVIÈVE-ANGELIQUE DE CAULINCOURT.

LOUIS-HYACINTHE DE BLONDEL Baron de Druhot époux de Marie-Catherine Corps-de-Goutte, père et mère de M. de Taintignies.

M. de Taintignies est veuf. Un de ses fils a épousé une Béthune-Desplanques fille du Prince. Sa Dlle. est l'épouse de M. Helman, connu sous le nom de Vicomte de Grimberghe. Je suis intimément lié avec M. le Clément de Taintignies. J'admire en lui trois passions très-fortes et louables : la Peinture, l'Architecture et l'Administration. Il fait de sa Terre un séjour charmant qu'il rend agréable à tout le monde par la douceur de son caractère.

Je me fais un plaisir de donner à Messieurs de Grenut de Genève une autre carte. Elle leur fera connaître deux familles distinguées qui portent Grenut dans leurs quartiers ; la première est celle d'Avesnes d'une ancienneté très-reculée, ce que j'ai prouvé par un ancien cartulaire de l'an 1399 qui se trouve analysé dans le premier volume de cet Ouvrage. La seconde est celle de Luytens connue sous le nom de Vicomte de Bossut, originaire du Brabant. Gommar Luytens époux d'Aleyde Luytens, avait des biens dans les Villages de Daelen
1512. et de Mol dans la Campine. Il mourut en 1512.
Henri Luytens fils aîné laissa une grande postérité de son épouse Adélaïde de Bongard du Pays de Gueldre. Gérard de Henin Bailli de Lille épousa Adrienne Luytens fille de Pierre et de Pétronille Van Zaille ; petite-fille dudit Henri et d'Adélaïde de Bongard. Un autre fils du prédit Gommar Luy-
1493. tens nommé Thomas, né en 1493, vint demeurer
1538. à St. Amand, y épousa en 1548 Barbe de la Cha-
1520. pelle née en 1520, morte en 1537. C'est la bran-
1537. che rappellée dans la carte dont je parle.

J'ai rencontré peu d'amateurs plus passionnés plus instruits, plus communicatifs dans le genre Héraldique que Mr. d'Avesnes de Roncy. C'est lui qui m'a fait naître le goût pour le genre de travail auquel je me livre depuis quarante ans. J'ai copié dans ses Archives un Tableau d'Armoiries concernant les familles de Grenut, de la Fosse, de le Candele, Monget. Il me paraît trop curieux pour ne pas m'empresser à l'insérer dans cet ouvrage.

« *Grenut.* Messire Simon de Grenut Chev. Sgr. » de Roncy, du Fay, étant chef des armes de sa » maison eut plusieurs enfans tant mâles que fe» melles savoir deux fils : Charles de Grenu Chev. » Sgr. du Fayt qui épousa Marie de Gommer. 2. » Philippe de Grenut Chev. Sgr. de Roncy allié à » Dlle. le Bouc de Carnin. Charles eut 2 filles : l'une » Religieuse : l'autre Dame Anne de Grenut épouse » de Messire François de Monget chef et dernier » fils légitime de sa maison ».

NICOLAS DE MONGET fils unique avait pour 4 quartiers : Monget, Chiljou, Bois-Grenault et Verrière.	MARCELINE DE LA BRÉTONNIÈRE. Ses 4 quartiers étaient : la Brétonnière, Des Essarts, St. Hilaire, et Gerboville.	Mess. MAXIMILIEN DE LE CANDELE Sgr. de Herbamez. Ses 4 quartiers étaient : de le Candele, de Croix, de Mol et Blondel.	ADRIENNE DU MORTIER. Ses 4 quart. sont : du Mortier, la Lacherie, la Broye et d'Ollehain.

Messire CLAUDE-RENÉ DE MONGET Chev. Sgr. de Leslieu, Cambronne, du Buisson et Monenville.	Dame ANNE DE LE CANDELE D'HERBAMEZ.

Messire ROLAND-FRANÇOIS DE MONGET Chev. Sgr. de Leslieu

épousa

Anne de Grenut Dame de Roncy fille de Messire Simon de Grenut Chev. Sgr. de Roncy et sœur 1. de Charles Sgr. du Fay. 2. Marie. 3. Philippe Sgr. de Roncy époux de Barbe le Bouc-de-Carnin.

1°. MARIE-CLAUDE DE MONGET fille aînée épousa Guillaume Luytens Ecuyer Sgr. d'Espréaux.

2°. ISBERGUE DE MONGET Dame de Roncy épousa Messire Guillaume d'Avesnes Ecuyer Sgr. dudit lieu d'Ennevelin, Capitaine au service de l'Empereur.

J'ai vu le contrat de mariage original passé à
1678. Tournay le 22 Avril 1678 entre Guill. d'Avesnes
Ecuyer Sgr. dudit lieu et d'Ennevelin, assisté de Messire Gaspart de le Saulch Conseiller de S. M. au Conseil Souverain de Tournay et de Jacq.-Ant. de Sailly aussi Ecuyer Sgr. d'Ardonpret *d'une part* et entre Dlle. Marie Hisbergue Monget fille de Roland-François-Monget en son vivant Ecuyer Sgr. de Leslieu, assistée de Jacq.-Franç. d'Ennetières Ecuyer Sgr. de Monpinchon etc. son cousin : du Sr. Remi Van der Steen (écrit *Van Desteen*) son beau-frère. On voit que Guill. d'Avesne avait des enfans de sa 1re. épouse Dame Marie Ant. de Sailly.

PÈRE de Guillaume d'Avesnes époux d'Isbergue de Monget. Florent d'Avesnes Ecuyer Sgr. dudit lieu, Grooenbrouck etc. Lieutenant Colonel au
1656. service de S. M. C. mort le 30 Mars 1656 in-
humé à Lembecq épousa Jeanne Mansemans fille de Nicolas Mansemans et d'Anne Mussot-Y Pareda petite-fille de Pierre et de Marie Valdes.

AYEUL. Michel d'Avesnes Sgr. dudit lieu épousa Eléonore de Bonnières fille de Messire Jacques de Guines dit de Bonnières Chev. Sgr. de Souastre etc. et de Barbe de Landas.

BISAYEUL. Jacques II d'Avesnes épousa Catherine de la Fosse fille de Fréderic Chev. et de Marie de Louverval petite fille de Messire Anselme de la Fosse Chev. Sgr. de Ponvillon et de Jeanne de Torques.

TRISAYEUL. Bouchard d'Avesnes Chev. épousa Ursule de St.-Hilaire fille de Pierre et de Jolenthe Rosel. Ce Bouchard obtint une déclaration du
1410. Roi de France en date du 10 Juillet 1410 qu'il
descendait de Haut et Puissant Sgr. Bouchart d'Avesnes.

IVe. AYEUL. Jacques d'Avesnes Echevin de
1396. Tournay le 24 Mars 1396 fonda une Chapelle en
l'Eglise

FRA

l'Église de St.-Jacques à Tournay. Il épousa Catherine d'Escrepelaine fille de Hugues et d'Agnès Wettin.

Ve. AYEUL. Jean d'Avesnes fils naturel de Bouchart et d'une Comt. de Flandre mort à Tour-
1341. nay en 1341 épousa Coulombe du Maret laquelle étant veuve épousa Jean II de Saint Genois.

VIe. AYEUL. Bouchart d'Avesnes Chanoine et Prévôt du Chapitre de Lille, tuteur des filles du Comte de Flandre, fit deux enfans naturels à la
1270. cadette. Il mourut en 1279.

Bouchart d'Avesnes Chanoine à Lille était frère de Gautier Sire d'Avesnes, Comte de Blois et de Chartres, Sgr. de Leuze, Condet, Renaix, époux d'Alix Comtesse de Blois et de Chartres dont le fils Jean d'Avesnes Comte de Haynau et d'Ostrevant épousa la sœur du Comte de Hollande Empereur.

Monget. « Messire Jacques Monget Chev. Sgr. des » Essarts Capitaine d'une Compagnie de six vingt » hommes de cheval pour le service du Roi d'Angleterre auquel en sa jeunesse il avait été Page. » Etant chef des Armes de sa Maison, il épousa » Dame Marceline de Boisgrenaut de laquelle il eut » un seul fils appellé Nicolas qui étant allié à Dlle. » Marceline de la Bretonnière eut 4 enfans savoir : » Jean, Claude, René et Marg. lesquels Pierre, » Jean et Marg. étant trépassés sans être mariés » n'est demeuré que le second fils savoir Messire » Claude-René de Monget Chev. Sgr. de Leslieu » etc. qui à présent est Chef des Armes de sa » Maison. A lui succéda, après la mort de ses autres fils, son dernier fils savoir Messire Roland » François de Monget Chev. Sgr. de Leslieu allié » à Dame Anne Grenut.

De le Candele. « Messire Maximilien de le Candele d'Herbamez Chevalier étant Chef des Armes » et dernier de sa Maison a été marié 4 fois. 1. » Avec une Dlle. de Stable etc. 2. ..... le la » Hamaide desquelles il n'eut pas d'enfans. 3. Il » épousa la Douairière du Sgr. de Gommer dont » une fille. 4. Dame Adrienne du Mortier dont » Maximilien mort à marier enterré à St.-Quentin » à Tournay et 5 filles dont l'aînée donna la Terre » de Herbamez à son époux Philippe de Borgogne : une autre fille épousa 2. Messire Claude » René de Monget dont postérité ».

De la Fosse. « Messire Fréderic de la Fosse » Chev. Sgr. de Pouvillon est à présent chef des » Armes de sa Maison, laquelle après plusieurs Nobles alliances se termine en lui et ses descendans : » et laisse ledit Sgr. Fréderic plusieurs filles et deux » fils dont l'aîné est d'Eglise et le deuxième savoir » Messire Philippe de la Fosse Chev. a épousé » Dame Claire-Albertine de Monget Dame de Cambronne fille unique de Messire Claude-René de » Monget Chev. Sgr. de Leslieu et de Dame Marie de le Candele d'Herbamez ».

SEIZE QUARTIERS

D'ANTOINE-EMMANUEL D'AVESNES, SEIGNEUR DE RONCY,

REÇU CHEVALIER DE SAINT-JACQUES EN 1761.

On y voit le Quartier de GRENUT dans les Quartiers paternels et maternels.

N. D'AVESNES épousa N. de Guines dite de Bonnieres.	M. MANSEMANS épousa N. Mussot Pareda.	N. MONGET épousa N. de la Candele.	N. GRENUT épousa N. Gommer.	N. LUYTENS épousa N. de Cordes.	N. MONGET épousa N. Grenut.	N. BAYART épousa N. Cuvillon.	N. D'AUDENARDE épousa N. Prendhomme.
FLORENT D'AVESNES Sgr. d'Avesnes depuis plus de 3 siècles, Lieuten.-Colonel de S. M. l'Empereur.	Dame JEANNE DE MANSEMANS, Dame d'Honneur de Madame Claire-Eugénie.	Mess. ROLAND-FRANÇ. DE MONGET Chev. Sgr. de Leslieu.	Dame ANNE DE GRENUT Dame de Roncy.	GUILLAUME LUYTENS, Ecuy. Sgr. des Parqueaux.	Dame MARIE-CLAUDINE DE MONGET, fille aînée.	BRUNO BAYART Ecuyer Sgr. de Pont à Wendin.	Dame MARGUERITE D'AUDENARDE.

GUILL. D'AVESNES Ecuyer Sgr. dudit lieu et d'Ennevelin, Capitaine au service de l'Empereur.	Dame ISBERGE DE MONGET Dame de Roncy fille cadette, morte le 3 Janvier 1694, inhumée aux Carmes à Tournay.	PHILIPPE-JOSEPH LUYTENS Ecuyer Sgr. des Parqueaux, Bossut-sur-l'Escaut, Estournain, Fouberg etc. mort le 5 Février 1733, inhumé à Bossut.	Dame MARIE-ANTOINETTE BAYART Dame de Pont à Wendin, morte le 24 Novembre 1721, inhumée à Bossut.

ADRIEN-EMMANUEL D'AVESNES Chev. Sgr. de Roncy, des Fosseux, Groenenbrouck etc. Capitaine d'Infanterie au service de S. M. C., mort en 1733, inhumé au Chœur de St.-Jacques à Tournay.	THÉRÈSE-JOSÉPHINE LUYTENS mariée le 21 Février 1732, Dame de Meaulne, Baudempret, Blemant, Cauchie, l'Abbaye etc., morte le 4 Mars 1762, inhumée à la Paroisse de St.-Nicolas à Tournay. Elle épousa 2. Léon-Antoine de Formanoir Sgr. d'Archimont, veuf de Marie-Robertine Scorion.

ANTOINE-JOSEPH-EMMANUEL D'AVESNES, Chev. Sgr. de Roncy, des Forseaux, Groenenbrouck, l'Abbaye etc. Chev. de l'Ordre de St.-Jacques, Lieutenant-Colonel au service de S. M. C., ancien Officier au Régiment des Gardes Wallonnes.

FRA

Revenons au Pennon d'Ysebrant qu'on voit dans la carte à côté de la page 122. Le XII degré fait
1447. connaître que Gérard Ysebrant épousa en 1447
Magdelaine Van Beesdorp dont la mère était Van der Gracht. J'ai fait graver avec soin le cabinet funèbre de Jean fils de ce Gérard. On y voit ses Armures de Chevalier, ses quartiers, et ceux de son épouse.

Le quartier de Van der Gracht peut honorer les Maisons les plus anciennes et les plus Illustres. Elle a été prouvée aux Chapitres de Mons, Maubeuge, Nivelles et autres depuis plus de quatre siècles.

Il existe à Andenne un Registre bien précieux des Chanoinesses de ce Chapitre. On y trouve page 50 la carte suivante.

SEIZE QUARTIERS

DE GERTRUDE VAN DER GRACHT

Reçue Chanoinesse à Andenne le 7 Novembre 1627.

JEAN VAN DER GRACHT épousa Isabelle de Baenst.	JEAN DE THIANT épousa Anne de Ghistelles.	GUILL. DE BERLO épousa Carb. de Cortembach.	JACQUES DE ROMERSWALLE épousa Françoise de Liere.	JACQUES DE LIMINGHE épousa Catherine de Hertoghe.	GÉRARD DE PLAINE épousa Anne de Rey.	JACQUES DE GLIMES. épousa Sibille de Dalem.	N. DE VAUDEMONT épousa N. Comtesse de la Marche.
FRANÇ. VAN DER GRACHT.	JEANNE DE THIANT 5me. femme.	ARNOUL DE BERLO.	BARBE DE ROMERSWALLE.	JEAN DE LIMINGHE.	JEANNE DE PLAINE.	JEAN DE GLIMES.	REINE DE VAUDEMONT.

ANTOINE VAN DER GRACHT. — GERTRUDE DE BERLO. — ANTOINE DE LIMINGHE. — FLOR. DE GLIMES DE JODOIGNE.

FRANÇOIS VAN DER GRACHT. — PHILIPPOTE DE LIMINGHE.

GERTRUDE VAN DER GRACHT Chanoinesse à Andenne le 7 Novembre 1627.

FRA

Voici l'extrait du Registre.
1617. « Le septième de Novembre seize cent vingt-sept
» par Mesdames Prevoste et Vénérable Chapt. de
» l'Eglise Collégiale Madame Ste. - Begge à An-
» denne au Comté de Namur, Damoiselle Ger-
» trude fille légitime de Franchois Van der Gracht
» Sgr. de Scardau et de Dame Philippe de Li-
» minghe a esté mise et receupte en la possession
» de la Chanonie et Prébende de ladite Eglise Col-
» légialle à elle donnée et conferée par les Archi-
1616. » ducqz le 26 de Juillet 1616 et les lres de dona-
» tion ont esté putées aud. Chapitre le 30e. de
1617. » May 1617 vacquante par la mort de feue Madame
» Agnès de Berlo Prevoste de lade Eglise et les so-
» lemnités à ce requises et accoutumées ont esté
» gardées et observées : laquelle Damoiselle Ger-
» trude Van der Gracht at esté jurée et affirmée
» d'estre Gentil Feme de *pere mere ave tres ave*
» et de tous loiaux mariages, et au surplus tout en
» telle forme et manière que contenu est au mi-
» sel de ladite Eglise et les Sermens et affirmations
» ont estez fait par les sept Gentilhommes soub
» escript à savoir premier Monsieur Gérard *d'Oyem-brugh* de Duras Baron de Rost, lequel at af-
» firmé sur son ame les six Gentilhommes : Mon-
» sieur Jacques *d'Oyembrugh* dit Duras Baron de
» Melder : Monsieur Jean de *Corwarem* Comte de
» Nille : Monsieur Guillaume de Mérode Sgr. de
» Royemberk : Monsieur Jean de *Berlo* Comte de
» Hozemont : Monsieur Emiel de *Lamine* Sr. d'Ou-
» tremont : et Monsieur Eustache de *Hosden* Baron
» dudit Hosden. Fait et passé audit Andenne ledit
» jour mois et an que dessus ».

FRA

Au même Registre folio plano 31 se trouvent les huit quartiers de ladite Dlle. Van der Gracht, Blasonnés avec les inscriptions suivantes :

« Les quartiers paternels sont :

» Van der Gracht. Thiant. Berlo. Romerswale.

» Les quartiers maternels sont :

» Liminghe. Plaine. Glimes. Vaudemont ».

Je donnerai un article séparé sur la Maison de Van der Gracht. Je ferai connaître le père commun des Van der Gracht - Romerswalle et Van der Gracht de Tournay dont la mère est une Comtesse de la Tour du Pin. Je présenterai un travail curieux et utile aux Maison de Snoy, del Rio, de Croeser, Marnix et autres.

Ces deux Branches également illustres, quoique d'un père commun reculé de trois siècles, ont de temps en temps contracté des alliances ensemble, ce qu'on voit par la carte suivante.

HUIT QUARTIERS

DE MADELAINE-LOUISE VAN DER GRACHT,

CHANOINESSE A DENAIN,

Epouse de Noel-Etienne-Dominique Marquis de Saluces-Bernemicourt.

Messire Antoine Van der Gracht Sgr. de Schardeau, Bavinchove, Gentilhomme de la Bouche de l'Empereur Maximilien.	Gertrude de Berlo seule Héritière et Dame d'Eechoove, Battenbrouck, Vryssel Vremde, Romerswael.	Messire Philip. d'Ostrel Sgr. de Baliscourt fils de Philippe Sgr. desdits lieux, et d'Antoinette de Mailly.	Marguerite de Crouser, fille de Messire Mathias Chevalier.	Messire Gautier Van der Gracht Sgr. de Schiervelde, Passchendael, Curenbrugge, Buckstraten.	Jeanne de la Vichte Maréchalle de Flandres.	Mess. Louis de Saint Venant Sgr. de la Cessoye et de Laugre, la Broye, Triest, Noyelles.	Jacqueline du Bois de Fiennes Dame de Croix etc.

Messire Jean Van der Gracht dit Rommerswal, Seigneur dudit lieu, Battenbrouck etc.	Dame Catherine d'Ostrel.	Messire Guillaume Van der Gracht Seigneur de Paschendael, Schreuvelde, Hulst etc.	Dame Madelaine de St. Venant.

Messire Philippe-Robert Van der Gracht Seigneur de Sweveghem, Liers et Balincourt.	Dame Barbe - Madelaine Van der Gracht.

Dame Madelaine Louise Van der Gracht Chanoinesse de Denain épousa Messire Noël Etienne-Dominique Marquis de Saluces Bernemicourt fils de François et d'Iolenthe-Jeanne de la Motte-Barafile qui était fille de François de la Motte Sgr. de Bourquembray Membre de l'Etat Noble du Hainaut et de Marie Baronne de Saint Genois et du St-Empire.

FRA

Le Tableau et Pennon de la Maison d'Ysebrant
que je viens de présenter à côté de la page 122 est
d'une grande utilité aux familles qui descendent
du mariage de Marg.-Franç.-Jos. Ysebrant fille de
Jean-Charles et d'Isabelle-Florence de Bernemicourt
avec Philippe-Louis Thiéri Van der Laen fils de
Guilain-Nicolas Sgr. de Ter-Meersche et d'Anne
Van Huerne. Leur fille unique Isabelle-Marguerite
Thiériette-Jos. Van der Laen née le 10 Avril 1723,
Dame du Vicomté de la Thieuloye, épousa le 30
1752. Avril 1752, Gaspard-Bernard-Jean-Domin. de Vil-
1724. legas, né le 12 Octobre 1724, Comte de Iettes-St.-
Pierre, Baron de Rivière, Sgr. de Ham, Bever,
Relegem, Ganshorn, Kinschot etc. fils de Jean-
Dominique-Jos. et de Marie-Jeanne-Thér. du Bois
dite Van den Bossche.

La Terre d'Hovorst a été érigée en Baronnie en 1675 en faveur de Paul Melchior de Villegas. Voici un extrait des Lettres Patentes.

« *CHARLES par la Grace de Dieu* Roi de Cas-
» tille etc. pour le bon rapport que fait Nous a
» été de Notre cher féal Paul Melchior de Villegas,
» Sgr. d'Hovorst, Bouchaut, Werfstère, Voor-
» schooten Alias Viersel, et de la franchise de
» Lutre, Conseiller et Commis de nos Domaines
» et Finances en nos Pays-Bas et Bourgogne *qu'il*
» *descendrait de la très-ancienne Chevaleresse et*
» *Militaire Famille et Illustre Maison de Villégas située*
» *ès Montagnes des Asturies près des villes de*
» *Aredia et Villa-Sibil en la vallée de Teranso*
» et que ses devanciers du côté paternel auraient
» depuis six à sept siècles en ça et davantage rendu
» des singuliers et notables services à Nos prédé-
» cesseurs de Glorieuse Mémoire, possédé des char-
» ges très-éminentes tant Ecclésiastiques, Militaires,
» que politiques comme de Grand Chambellan, Com-
» mandeurs, Evêques, Ambassadeurs, Gouverneurs
» des Pays et Villes, Mestres-de-Camps, Capitaine
» des Gardes du Corps *des Archiducs Albert et*
» *Madame Isabelle de Glorieuse Mémoire*, d'Ade-
» lantade-Major de la Castille, et été Chevaliers
» de la Banda et de l'Ordre militaire de St.-Jac-
» ques, lesquels se seraient trouvés dans les guerres
» de Nos Royaumes d'Espagne pendant lesdits siè-
» cles et ce entre autres le vaillant Chevalier *Don*
» *Pedro Fernande de Villégas* lequel ayant *en l'an*
1170. » *mil cent septante* aidé à gagner la fameuse Ba-
» taille de Las Navas de Tholosa, traversant et
» franchissant avec ses parens et amis toute l'ar-
» mée des Maures, le Roi Don Alonso neuvième
» l'aurait honoré de beaucoup de graces : que Don
» Pedro Ruys de Villégas son fils aurait servy le
» Roy Don Fernando le Saint ès guerres de Murcie
» et Cordua et en la prise de Séville et venant à
1282. » mourir en l'an mille deux cent huitante-deux le
» Roi Don Alonso le Sage l'aurait fait exécuteur
» principal de son Testament et Don Jean Rodri-
» guez de Villégas son fils serait marié avec Dona
» Mayor de Hucio de laquelle il aurait eu trois
» fils. *Don Jean Rodriguez de Villégas* Chevalier
» de la Banda et un des trois Capitaines que le
» Roy Don Pedro aurait [illegible] pour se battre avec
» le Roi d'Arragon; *Don Sancho Ruis de Villégas*
» qui aurait été Grand Chambellan de l'Infant et
» Grand Maître de l'Ordre Militaire de St.-Jac-
» ques *et Don Diego de Villégas BISAYEUL du*
» *père dudit Jean Melchior de Villégas*, ayant été
» Corrégidor-Major de la ville de Burgos, aurait
» épousé en icelle ville *Dona Isabelle de Ayala*
» de fort Grande Maison et son fils aussi nommé

FRA

» *Don Diego de Villégas* Bisayeul dudit Paul se- » rait venu en Nos Pays-Bas avec l'Empereur Char- » les 5me. de Glorieuse mémoire en qualité de Gen- » tilhomme de sa Maison ayant sesdits devanciers » fait diverses grandes alliances Conjugales sçavoir » aux Maisons de *Urrea*, *de la Vega*, *de Calde-* » *ron*, *Vaca*, *Osorio*, *d'Andina et d'Ayala tou-* » *tes très principales et connues en Nos Royaumes* » *d'Espagne.*

» Que ledit *Paul Melchior de Villégas* à l'exem- » ple de sesdits devanciers Nous aurait en qualité » de sadite charge rendu divers bons services et » ès nécessités plus urgentes de Nos Pays-Bas » avancé des grandes sommes d'argent pour sub- » venir au payement de la Milice d'icelles et qu'il » serait aussi allié avec *Dame Isabelle Van Ophem*, » fille unique et héritière de feu Messire Jacques » Van Ophem en son vivant Chev. Sgr. d'Over » et Neder Heimbeke et de la Franchise de Lut- » tere, pareillement issu d'une très-ancienne et » Noble Maison en Notre pays et Duché de Bra- » bant, ayant icelui Van Ophem aussi servi aux » Archiducqz Albert et Madame Isabelle et à Mes » Très-Honorez Seigneurs père et mère respective- » ment par l'espace de vingt-un ans et divers em- » ploys, les prédécesseurs duquel auraient été ho- » norez des Etats de Mre. d'Hôtel, Ambassadeurs, » Eschansons et Conseillers de feux les Ducqs de » Bourgogne, d'Ammans et Bourgue-Maîtres de » Notre ville de Bruxelles. Pour ce est-il que Nous » ce que dessus considéré et ayant favorable es- » gard à ladite *Noble et ancienne extraction etc.* » *etc. dudit Paul Melchior de Villégas*, voulant » à cette cause l'élever etc. etc. Nous créons par » ces présentes ledit *Paul Melchior de Villégas* » *BARON* et sadite Terre et Seigneurie d'Ho- » vorst située en Notre Pays et Duché de Brabant » relevant immédiatement de Nous comme Ducqz » et Duchesse de Brabant, et ayant un fort grand » Château environné d'une rivière, quatre ponts » levis, Chapelle Castrale, moulin à l'eau, grand » nombre de terre labourables, prairies, drèves, » viviers et bien cinq cents tant pleins qu'arrières » fiefs en dépendant, créé et érigé comme Nous » le créons et érigeons en Dignité, Titre, cry et » prééminence de Baronnie etc. etc. pour en jouir » et user par ledit Paul Melchior de Villegas *ses* » *Hoirs et Successeurs en ligne directe* Barons et » Baronnesses de Hovorst etc. etc. sera tenu de » faire apparoir que le revenu de ladite Baronnie » d'Hovorst avec ses appendances et dépendances » monte au moins à six mille florins par an, sans » que lesdits biens se pourront oncques séparer, » esclisser, n'y démembrer, etc. etc. ».

Il m'est aisé de procurer à la Maison de Villégas des renseignemens qu'elle n'a pas dans ses archives. C'est à Bruges que je les trouve. Mausolées, Pactes de famille, Contrats de Mariage et autres actes. Voilà ce qu'on rencontre aux différens dépôts précieux de Bruges. Plusieurs personnes de qualité de cette ville se font un vrai plaisir de m'aider dans mes travaux. Je dois infiniment de reconnaissance à Monsieur le Maire actuel de Bruges (*le Baron de Croeser*) pour les aisances en tout genre qu'il me donne. Il travaille beaucoup. Il a chez lui les manuscrits les plus rares qu'il me communique.

Je ne négligerai rien pour donner à la maison de Villégas ce qu'elle peut désirer de mon genre d'occupations. La Carte ci à côté en est un préliminaire.

SEIZE QUARTIERS de Lucie-Thérèse-Marie-Antoinette-Ghislaine de Brouchoven de Bergeyck Chanoinesse à Andenne, mariée Comtesse de Gavre de Liedekerque, *pour y remarquer l'ascendance de Béatrix-Jos. de Villegas épouse de Pierre Van de Velde.*

Noble Damoiseau Pierre de Brouchoven épousa Dame Judith Van Doerne.	Nob. Homme Messire Charles de Beer Chev. Sgr. de Meullebecke épousa Dame Jacqueline de Gros Dame de Baudignies et de la Chapelle.	Nob. Homme Messire Théodore de Visscher Chev., Colonel au service de l'Emp. Charles V épousa Dame Anne de Horne dite Heymsen.	Noble Damoiseau Jacques Stalins épousa Dame Jeanne Delval.	Noble Damoiseau Pierre de Brouchoven épousa Dame Judith Van Doerne.	Nob Homme Messire Mathieu d'Espomereaux Chevalier épousa Dame Cornélie-Catherine Vander Voort.	Noble Damoiseau Jean Van de Velde épousa Dame Hedwige Loockmans.	Don Diégo de Villegas épousa Dame Adrienne de la Corona.
Noble Damoiseau Henri de Brouchoven épousa Dame Jeanne Van Weert, dite Van der Steghen.	Noble Damoiseau Jean de Beer Sgr. de Meullebecke, Baudignies, la Chapelle et Halewinsche épousa D. Robertine d'Aubermont, Dame de Cauborne.	Noble Damoiseau Jean de Visscher épousa Dame Catherine de Longin.	Nob. Homme Mss. Gilles Stalins, Chev. Sgr. de Tendaelen épousa Dame Isabelle Cania.	Noble Damoiseau Henri de Brouchoven épousa Dame Jeanne Van Weert, dite Van der Steghen.	Noble Damoiseau Luc d'Espomereaux épousa Dame Anne Van Brecht.	Noble Damoiseau Gilbert Van de Velde épousa Dame Mechtilde de Keteleer.	Noble Damoiseau Melchior de Villegas épousa Dame Jossine Torrel.
Noble Damoiseau Gérard de Brouchoven Sgr de Bergeyck, Westerhoven, et Rythoven épousa Dame Catherine Maes.	Noble Damoiseau Adrien de Beer Sgr. de Meullebecke, Cauborne, Grand-Bailli de Courtrai épousa Dame Agnès d'Aubermont.	Nob Homme Messire Jean-Balt. de Visscher Chev. Sgr. de Schiplaecken épousa Dame Cornélie de Norman d'Oxelaer.	Noble Damoiseau Jean-Baptiste Stalins Sgr de Ten-Daelen épousa Dame Jeanne-Mar. Helman.	Nob. Damoiseau Gér. de Brouchoven, Sgr. de Bergeyck, Westerhoven et Rythoven épousa Dame Catherine Maes.	Noble Damoiseau Guillaume d'Espomereaux épousa Dame Catherine Van Hove.	Nob. Homme Mess. Jean Van de Velde épousa Dame Sibille Raessen.	Nob Homme Messire Melchior de Villegas epousa Dame Marguerite Mechelman.
Nob. et Illustre Sgr. Mess. Jean-Baptiste de Brouchoven Comte de Bergeyck, Chev. de l'Ordre Milit. de St. Jacq., Envoyé extraordin. de S. M. C. près le Roi d'Angleterre épousa D. Hélène de Fourment.	Nob et Illustre Sgr. Messire Nicolas-Ign. de Beer Baron de Meulebeke, Sgr. de Caubroune, Colonel au service d'Espagne Grand-Bailli de Gand épousa Dame Anne-Marie de Calvart Dame de Zeveren.	Nob et Illustre Sgr. Messire Jean-Balthasar de Visscher Baron de Celles, Sgr. de Schiplacken, Traulez, Pottes et Nieuwenrode épousa Dame Catherine-Marguerite de Cottignies.	Nob. Homme Messire Jacques-Dominique Stalins Sgr. de Rolleghem, Capelle, Ten-Daelen et Voorde épousa Marie-Albertine de Stalins Dame de Neufville.	Nob. et Illustre Sgr. Mess. Jean-Bapt. de Brouchoven Comte de Bergeyck Chevalier de St.-Jacques, Envoyé extraordinaire de S. M. C. pres le Roi d'Angleterre épousa D. Hélène de Fourment.	Nob. et Illustre Sgr. Messire Guillaume d'Espomereaux Bar. de Hove Sgr. d'Altena, Vrytbout épousa D. Marie Van Caverson.	Nob. Homme Messire David Van de Velde Sgr. de Saint Antoine, Polaer épousa Dlle. Magdelaine Van Cortempde.	Nob. Homme Messire Jacques-Ferdinand de Villegas Seigneur de Serville et Weltwyck épousa Dlle. Marie-Lucie Van Opmeer.
Nob. et Illustre Sgr. Messire Jean de Brouchoven, Comte de Bergeyck, Baron de Leefdael, Surintendant-général des Finances, Ministre de la Guerre, Ambassadeur Plénipotentiaire de S. M. C. au Congrès d'Utrecht.	Dame Livine-Marie de Beer.	Nob. et Illustre Sgr. Messire Guillaume-Louis de Visscher Baron de Celles, Sgr. de Schiplaeken, Traulen, Pottes etc.	Dame Jeanne Albertine Stalins.	Nob. et Illustre Sgr. Messire Nicolas de Brouchoven.	Dame Marie-Isabelle d'Espomereaux Baronne de Hove.	Noble Damoiseau Pierre Van de Velde.	Dame Béatrix-Joséphine de Villegas.

Noble et Illustre Sgr. Messire Nicolas Joseph de Brouchoven Comte de Bergeyck.	Dame Marie-Charlotte-Albertine-Louise de Visscher.	Noble et Illustre Sgr. Messire Henri de Brouchoven Baron de Hove.	Dame Marie-Isabelle-Béatrix Van de Velde.

Noble et Illustre Sgr. Messire Jean-Baptiste-Albert-Marc-Gilles de Brouchoven Comte de Bergeyck, Baron de Leefdael.	Dame Thérèse-Françoise de Paule de Brouchoven Baronne de Hove.

Dame Lucie-Thérèse-Marie-Antoinette-Ghislaine de Brouchoven de Bergeyck Chanoinesse à Andenne.

Avant de parler des ancêtres de Dame Béatrix-
Josephine de Villégas, bisayeule paternelle de la
Chanoinesse de Brouchoven mariée Comtesse de Ga-
vre-Liedekerke, je dois faire remarquer que cette
Dame a l'honneur d'avoir deux Ambassadeurs dans
la ligne directe de son nom, ce qui est rare.

LE TRISAYEUL de cette Dame est Jean-Baptiste de Brouchoven Chevalier de l'Ordre militaire
de St.-Jacques, Sgr. de Westerhoven, Conseiller de
Courte-Robe du Conseil Suprême des Pays-Bas et
de Bourgogne près de S. M. Catholique et de ses
Conseils d'Etat et des Finances aux Pays-Bas, son
Envoyé Extraordinaire deux fois en Angleterre et
son Ambassadeur Plénipotentiaire à Aix-la-Chapelle
1668. en 1668. Il fut créé Baron de Bergeyck par Lettres
1665. du Roi Philippe IV du 1er. Juin 1665. Il fut depuis employé en diverses négociations et Ambassades
importantes, entr'autres auprès des Etats-Généraux
des Provinces-Unies, puis auprès des Electeurs et
Princes de l'Empire où il réussit à la satisfaction
du Roi son Maître et des Princes avec lesquels il
traita. Le Roi Charles II érigea pour lui la Baronnie de Bergeyck en Comté par Lettres datées du
1676. 9 Décembre 1676. On lit dans les lettres de cette
érection que *c'était en considération de son* ancienne
Noblesse *du côté des père et mère, et en récompense
des services qu'il avait rendus à l'Etat en diverses commissions et négociations importantes, entre
autres d'avoir signé à Aix-la-Chapelle la conclusion
de la Paix entre l'Espagne et la France en qualité
de seul Plénipotentiaire d'Espagne.* Ses seize quartiers étaient :

Brouchoven. Van Aerle. Van Doerne. Van Delft.
Van Weerdt. Polanen. Van den Oever. Heusden.
Maes. De Merle. Tassis. Wachtendonck.
Boisschot. De Doerne. Van den Troncke. Van
Oudenhaghe.

Ce Seigneur fit son Testament à Madrid le 3
Octobre 1681 et mourut à Toulouse en Langue-
1681. doc le 13 Novembre de la même année 1681 à 60
ans. Il avait épousé : 1. Hélène Forment, Dame
Dattevoorde et de Steen en partie, veuve de Pierre
Rubens Chev. Sgr. de Steen (*Terre qu'il acquit
1635. le 12 Mai* 1635), Gentilhomme de la Maison de
l'Infante Isabelle et Envoyé du Roi Philippe IV en
1658. Angleterre. Cette Dame testa le 8 Juin 1658 et
1673. mourut en 1673. Le Comte de Bergeyck ép. 2. par
1674. Contrat du 10 Avril 1674 Marie-Françoise d'Ennetières fille de Jacques Chev. Baron de la Berlière
et de Marie de Baudequin. J'ai parlé de cette alliance ci-devant page 118.

QUATRIÈME AYEUL. Gérard de Brouchoven,
Sgr. de Bergeyck, Westerhoven et Rythoven Eche-
1618. vin de Bois-le-Duc en 1618, Conseiller Receveur-
Général des Aydes au Quartier de Bois-le-Duc,
1638. mort le 7 Février 1638. Il avait épousé par contrat
1617. du 13 Mai 1617 Catherine Maes fille aînée de Jean-
Baptiste Sgr. de Bousval et la Loux, Conseiller
et Avocat-Fiscal au Conseil de Brabant et de Marie de Boisschot, sœur de Ferdinand de Boisschot
Chev. de St.-Jacques Comte d'Erps, par érection
1644. du 31 Décembre 1644, Baron de Saventhem par
1621. Lettres du 27 Mars 1621, Sgr. de Noseghem,
Sterrebeke, Quarebbe, Fontaine-Château, Ban-
d'Antbée, St-Stevens-Woluwe et Grand-Bygaerde,
Auditeur Général des Armées du Roi aux Pays-
1598. Bas en 1598, puis Conseiller du Conseil Privé des
1608. Archiducs Albert et Isabelle en 1608, leur Ambassadeur en Angleterre et en France, ensuite Con-
1623. seiller d'Etat le 13 Novembre 1623, Chancelier de

Brabant en 1626, Lieutenant de la Souveraine Cour
1629. Féodale de la même Province en 1629 et enfin
Ambassadeur Plénipotentiaire de S. M. C. au fa-
1648. meux traité de Westphalie en 1648, mort à Bruxelles
1649. le 24 Octobre 1649, après avoir fait son Testa-
1645. ment le 16 Septembre 1645. François de Boisschot
son fils qu'il eut de son épouse Anne-Marie de
Camudio, dont la mère était Los-Rios, épousa Anne-
Marg. de Lannoy sœur de Jacqueline reçue au Chapitre de Nivelles avec les quartiers suivans :

Lannoy, d'Ongnies, Noyelle, de Lille.
La Loo, Baersdorp, Pyssen, Sandelyne.

Catherine Maes épouse de Gérard de Broucho-
1658. ven fit son Testament le 25 Septembre 1658 et
1660. mourut le 2 Novembre 1660. On voit leur Tombeau dans le chœur de l'Eglise Collégiale de St.-
Gomar de Lierre avec huit quartiers qui sont :

Brouchoven, Van Doerne, Van Weerdt, Van
Oever.
Maes, Tassis, Boisschot, Van Troncke.

CINQUIÈME AYEUL. Henri de Brouchoven
premier Echevin de la ville de Bois-le-Duc, puis
Conseiller Receveur-Général des Aides au quartier
1595. de Bois-le-Duc en 1595, mort le 19 Juillet 1604
1604. après avoir fait son Testament le 6 Octobre 1598.
1598. Il avait épousé Jeanne Van Weerdt *alias* Van der
1695. Steghen morte le 10 Octobre 1695 fille de Noble
Chrétien Van Weerdt et de Dame Sophie Van
den Oever: petite-fille de Noble Jean Van Weerdt
et d'Elisabeth de Polanen issue de la Maison de
Wassenaer. Il est enterré avec sa femme dans l'E-
glise Paroissiale de Rumpst. On y voit à main droite
contre la muraille l'Epitaphe suivante :

« *In novissima Tuba immutationis diem hic ex-*
» *pectat Antiqui Stemmatis NOBILE PAR Con-*
» *jugum.* D. Henricus de Brouchoven *Petri ex Ju-*
» *dith de Doerne filius J. U. L. Urbis Buscodu-*
» *censis sæpius Senator ac Consul illustris. Bra-*
» *banticæ Ordinum Assessor, Deinde Regiorum vec-*
» *tigalium in dicta Urbe ejusq. Distr. Quæstor Gene-*
» *ralis, qui Bursis in Academia Lovaniensi funda-*
» *tis, aliisque Avitæ Religionis Monumentis, Obiit*
1604. » *19 Julii anno* 1604 *ætatis* 59 *Mens.* 9. *et D. Joanna*
» *de Weerdt dicta Van der Steghen Maritum secuta*
1605. » 10 *Oct.* 1605. *R. I. P.* » On y voit les Quartiers
suivans : *Brouchoven, Van Doerne, Van Weerdt
et Van Oeven.*

SIXIÈME AYEUL. Pierre de Brouchoven qualifié EDELE EN VROOME JONCKER *Noble
ble et vaillant Damoiseau* dans son Testament fait
1567. à Bois-le-Duc le 26 Mars 1567, mort le 6 Mai
1570. 1570 enterré dans l'Eglise des Recollets de Bois-le-
Duc. Il avait épousé Judith Van Doerne morte le
13 Septembre, enterrée près de son mari. Elle était
fille de Roger et de Mechtilde Van Henxtum
alias Van Delft.

SEPTIÈME AYEUL. Gilles de Brouchoven né
1496. du deuxième lit, épousa, avant le 12 Juin 1496,
Henriette Van Aerle fille de Henri et d'Aleyde Van
der Heyden. Ils vivaient encore le 24 Décembre
1545. 1545.

HUITIÈME AYEUL. Gilles de Brouchoven est
qualifié (*Joncker*) Damoiseau dans une Chartre de
l'Abbaye de Binderen du Jeudi avant la Purifica-
1471. tion de Notre-Dame en 1471. Il épousa 1. Marie
Van Drongelen qui vivait en 1471. 2. Elisabeth
1498. Melissen qui ne vivait plus le 12 Juin 1498.

NEUVIÈME AYEUL. Henri de Brouchoven brisa
ses Armes *d'une trompe d'argent virolée d'or sur le
milieu de l'écu.* Il épousa Elisabeth Van Dintere

FRA

1428. avec laquelle il vivait le premier Juin 1428.

DIXIÈME AYEUL. Godefroi de Stakenborch changea ses Armes, prit *d'Azur à trois fers de Moulin d'or* pour marque de puiné. Il épousa Amelberge de Bruhese, Dame de Brouchoven dans la Mairie de Bois-le-Duc et transmit le nom de cette Terre à sa postérité. Amelberge de Bruhese portait pour Armes *de Sable à trois Trompes d'or* qui est de Bruhese : au franc canton *d'Azur chargé de deux fasces d'or* qui est de Brouchoven.

ONZIÈME AYEUL. Henri de Stakenborch à Boisschot brisa ses Armes *d'un franc* canton d'argent à trois coqs de gueules, armés, crétés et barbés d'or, qui étaient celles de Magdelaine Van Hennegrave sa mère. Il épousa Marguerite Van den Veenhuyse. Etienne frère dudit Henri de Stakenborch prit le nom de Boisschot qu'il transmit à sa postérité. Le même Etienne est le septième ayeul de François de Boisschot, époux d'Anne-Marguerite de Lannoy, dont j'ai parlé ci-devant. Ce François Boisschot et Anne-Marg. de Lannoy eurent plusieurs enfans entre lesquels Charles-Erneste-François Conseiller d'Etat de l'Empereur Charles VI, époux d'Adrienne-Françoise de Lannoy sa cousine germaine dont : 1. Eugène - Gulain - Valentin - Jos. mort à marier. 2. Hélène - Hyacinthe - Valentine-

1720. Thérèse de Boisschot. Elle épousa le 3 Avril 1720 Charles-Ferdinand Comte de Kœnigsegg-Rottenfels qui prit les Nom et Armes de Boisschot quoiqu'il fut l'aîné de sa Maison. Il en usa ainsi à cause du Fidéi-commis perpétuel établi en la famille de Bois-

1645. schot du 15 Septembre 1645. L'Empereur Charles

1620. VI lui accorda par acte du 2 Octobre 1620 la permission de se nommer à l'avenir Charles-Ferdinand de Boisschot Comte de Kœnigsegg-Rotenfels et Erps et de porter ses Armes écartelées avec celles de Boisschot, *l'écu timbré de la Couronne dont la Maison de Kœnigsegg se sert en qualité de Comte du Saint-Empire et supporté par deux Lions d'or tenant chacun une bannière à droite aux Armes de Boisschot et à gauche celles de Kœnigsegg.* Il fut ensuite créé Marquis de Boisschot par Lettres

1741. du 11 Novembre 1741 avec faculté d'appliquer ce Titre sur sa Terre et Seigneurie de la Grande Byggerde en Brabant. Le Comte de Kœnigsegg était fils aîné d'Albert Eusèbe Comte du St.-Empire Romain de Kœnigsegg et de Rotenfels etc. et de Claire-Philippine-Marie-Félicité fille de Salentin - Ernest Comte de Manderscheid-Blanckenheim. Il fut honoré du Collier de l'Ordre de la Toison d'Or le 6

1744. Janvier 1744 et mourut à Vienne le 19 Décembre

1759. 1759, âgé de 64 ans, étant Conseiller Intime d'Etat actuel de L. M. I. Président de la Chambre Aulique des Finances et Conseiller d'Etat d'Épée aux Pays-Bas. Il avait été vice-Président du Conseil Suprême des Pays-Bas à Vienne, Ministre Plénipotentiaire pour le Gouvernement des Pays-Bas et Grand Maître de la Maison de l'Impératrice Eliz. Christine de Brunswick-Wolfenbuttel. 3. Mar.-Henriette-Franç.-Thérèse de Boisschot. Elle épousa en 1721 Jean - Antoine - Marie de Castelli Comte de Cornilian, Chambellan, Lieutenant-Général et Capitaine des Gardes du Roi de Pologne, Electeur de Saxe.

DOUZIÈME AYEUL. Mathieu de Stakenborch, Sgr. de Boisschot, prit le nom de Boisschot et conserva les Armes de Stakenborch. Il mourut

1357. avant le 20 Janvier 1357, ayant épousé Magdelaine Van Hennegrave.

TREIZIÈME AYEUL. Guillaume de Roover

FRA

Chev. Sgr. d'Asten, d'Esscheren et de Liedorp quitta le nom de Roover pour prendre celui de Staken-

1306. borch. Il donna en 1306 le droit de Patronage des Eglises d'Asten et de Liedorp au Monastère de Postel. Le titre original de cette donation se voit encore scellé du Sceau des Armes de sa famille.

1307. Il mourut en 1307 et fut enterré dans le chœur de l'Eglise de Postel sous une belle sépulture ornée de son effigie et de ses quatre quartiers. Il avait épousé Marg. de Boisschot fille de Mathieu Sgr. de Boisschot en Hilverenbeeck dans la Mairie de Bois-le-Duc. Elle confirma avec ses trois enfans la donation du droit de Patronage d'Asten et de Liedorp au Monastère de Postel, par Lettres du 17 des

1308. kalendes d'Octobre 1308.

QUATORZIÈME AYEUL. Guillaume de Roover Chev. Sgr. de Stakenborch et de Liedorp aumôna

1266. en 1266 le Monastère de Postel de son moulin de Someren dépendant de sa Seigneurie de Stakenborch. On ne sait pas le temps de sa mort. Il

1292. vivait encore le 12 Février 1292. Il portait, ainsi que son père, *les trois fers de moulin d'azur en champ d'or.* Son épouse fut Béatrix de Cuyck Dame d'Asten et d'Esscheren.

1292. Guillaume de Roover fut parain en 1292 de Guillaume de Roover son petit-fils. Il lui donna une trompe de chasse de vermeil doré sur laquelle on lisait : Anno M. CC. *nonagesimo secundo, duodecimo Februarii, Guillelmus de Roover dominus de Stakenborch Miles dono dedit in fonte Baptismali Guillelmo de Stakenborch Nepoti suo.* Ce neveu fit le voyage d'Outre-Mer avec Mathieu de Boisschot son frère. Il fixa son séjour à Bruxelles où il épousa Mathilde de Hertoghe. Il autorisa de son temg la Chartre de la donation de la Seigneurie d'Aiseaux faite à Jean dit Brant par Jean III Duc de Brabant la veille de St. - Simon et St. - Jude de l'an

1353. 1353. Il plaidait contre Jean de Perweis Proviseur

1357. de Postel au mois de Janvier 1357 et vivait encore

1359. le 3 Juillet 1359 suivant un titre qui est aux Archives de Postel. Son sceau est *aux armes de Stakenborch.* Cimier *une tête de Coq.* Legende S. Wilhelmi de Stakenborch. Il laissa une nombreuse postérité de Mathilde de Hertoghe.

QUINZIEME AYEUL. Gerlach de Roover Sgr.

1245. de Stakenborch en Someren vivait en 1245. C'est en cette année qu'il donna une partie de la dîme de Someren au Monastère de Postel. Il portait le titre de *Chevalier* qualité qui ne se donnait alors qu'à ceux qui l'avaient reçue solemnellement comme le témoignage et la récompense de leur bravoure et de leurs services. Ce Seigneur, comme puiné de sa Maison, brisa ses Armes en changeant les émaux et porta *d'or à trois fers de moulin d'azur.* Il épousa Ade fille de Guillaume de Meghem.

SEIZIÈME AYEUL. Edmond de Roover Sgr. de Rode dans la Mairie de Bois-le-Duc vivait en 1179

1217. et 1217. Ses Armes étaient : *de Gueules à trois fers de moulin d'argent en sautoir, alésés, parés, anchés et ouverts en losange.* Il épousa Hadwige fille de Godefroy Sgr. de Rhenen dans la Province d'Utrecht.

L'aîné et chef de cette Maison est connu sous le nom de Comte de Bergeyck. Il est fils de Pierre-Phil.-Xavier-Gillion de Brouchoven Comte de Bergeyck et de Marie-Eliz.-Jeanne-Thér.-Victoire Dormer Dame de Wytvliet fille de Jacques et de Jeanne Thérèse Goubau. Il est petit fils de Nicolas-Jos. de Brouchoven Comte de Bergeyck et de Marie-Charl.-Albert.-Louise de Vischer (*Voyez la Carte*

qui précède). Ce Seigneur est époux avec plusieurs enfans d'une Comtesse Roose sœur de 1. Madame la Douairière de Hovorst : 2. Madame de Pret. 3. Madame Schott Vicomtesse de Berghe-St.-Winocq : 4. Madame la Comtesse Van der Noot : 5. Le Comte de Roose époux d'une Baronne de Vischer : tous enfans de Jean-Alexandre Roose, Comte
1763. de Baisy, Baron de Bouchout marié en Avril 1763 à Marie-Anne-Jos. Van de Werve (*d'une très-an-*
1742. *cienne et illustre Maison*) née le 7 Mai 1742, fille aînée de Charles-Phil.-Henri-Jean-Bapt. Comte de

Vorsselaer, Sgr. de Gyssenoudekercke, Membre de l'Etat Noble de Brabant et de Marie-Anne de Pret Dame de Vorsselaer, Lichtaert et Kirlen. *Petits enfans* de Pierre-Charles-Jos. Roose Baron de Bouchout, Sgr. de Baisy Loupogne etc. Major de la ville d'Anvers, et de Hélène Emptinck. La Terre de Baisy fut érigée en Comté le 7 Juillet
1770. 1770 en faveur de ce Pierre-Charles-Jos. qui était frère de Melchior-Franç. Roose Baron de Bouchout ayeul maternel de Philippine-Joséphine-Ghilaine de Haultepenne dont voici les seize quartiers.

FRANÇ.-NIC. DE HAULTEPENNE fils de Phil. et de Georgine de Geloes épousa Angel. de Horion F. de Gér. et d'Angelotte de Wael de Wronestein.	GODEFROID DE MAILLEN fils de Jean et d'Anne de Namur épousa Marie-Madel. de Geloes fille de Jean et de Mar.-Anne de Berlaimont.	CHAR.-ALEX. DE WOELMONT fils de Jacq et de Marg. de Woestenrarde épousa Marie-Anne d'Anvin fil. de Phil. et d'Anne-Phil. de Burningham.	PHILIPPE DE MARBAIS fils d'Ant. et de Marg. d'Yve de Tavier épousa Ermeline de Salmier fille de Charl. et d'Ermeline de Hosden.	ALBERT ROOSE Chev fils de Jean et d'Anne Frederickx épousa Christine-Berbe de Liere fille de Paul et de Christine de la Torre.	BALTHASAR DE CORDES fils de Jean-Charles et d'Isabelle de Robiano épousa Marie-Béatrix della Faille fille de Jean et de Judith Van Diepenbeck.	FRANÇ.-PHIL. VAN DER LINDEN fils de Phil. et de Mar.-Fr. Vander Eycken épousa Anne-Hélène d'Ognies fille de Franç. et d'Anne-Ang. de Brias.	ADR.-FLOR. DE GUERNONVAL fils de Phil. Alb. et d'Anne de Ghistelles épousa Mar.-Franç. de Ghistelles fille d'Adrien et de Marie-Franç. de Wissocq.
MAXIMILIEN-HEN. DE HAULTEPENNE.	MAR.-AGNÈS DE MAILLEN-D'ARVILLE.	CHARLES-ALEXAND DE WOELMONT.	ANNE-ERMELINE DE MARBAIS.	JEAN-ALEX. ROOSE.	ISABELLE-VICTOIRE DE CORDES.	FRANÇ.-JOSEPH VAN DER LINDEN.	CONS THÉ FR. LE QUIEU DE GUERNONVAL.
FRANÇOIS-LOUIS DE HAULTEPENNE.		MARIE-ANNE DE WOEMONT.		MELCHIOR-FRANÇOIS ROOSE.		MARIE-FRANÇOISE JOSÉPHINE-CONSTANCE VAN DER LINDEN.	
PHIL.-CLAUDE-HENRI Bar. de Haultepenne, Sgr de Mont, Arville.				CHARLOTTE-CONST.-FRANÇ.-JOS-MARIE-GABRIELLE ROOSE.			
PHILIPPINE-JOS.-GHISL. DE HAULTEPENNE épouse de Théodore-Marie-Alb.-Ant.-Ghislain Baron de Baudequin-Peutby.							

Je vais reprendre ce qui concerne la Maison de Villégas. Marie Julie de Villégas, de la branche des Barons de Pellemberg, Dame de l'Ordre de la Croix Etoilée, est épouse de Melchior-Franç.-Jos. Goubau Baron d'Hovorst, Sgr. de Viersel, Middelswaele et Distteren, fait Chambellan de S. M. l'Empereur d'Autriche en 1761. Ce Seigneur a corroboré aux Maisons des Pays-Bas la certitude et le grand avantage d'être admises aux Chapitres d'Empire, comme faisant partie du Cercle de Bourgogne. Je donne avec infiniment d'intérêt la Carte des Quartiers qu'il a prouvés et la déclaration des Chapitres Impériaux et Souverains d'Ober et de Nieder-Munster à Ratisbonne. Cette Carte est utile à plusieurs branches de la Maison de Villégas et a grand nombre d'autres familles Belges. Voici la déclaration :

1796. « PAR LA GRACE DE DIEU Nous Marie-Jo» seph-Félicité Princesse du Saint-Empire Romain » Abbesse du Chapitre Impérial Souverain et No» ble des Dames *d'Ober-Munster* née Baronne de » Neunstein etc. attestons et reconnaissons par les » présentes que l'arbre généalogique de la Demoi» selle fille du Baron Melchior-Jos.-Franç. Ghillain » GOUBAU - D'HOVORST et Middelswaele etc. » Chambellan actuel et Conseiller impérial et Royal, » et de la Dame son épouse Marie-Jeanne-Julie » née Baronne de VILLÉGAS - PELLEMBERG, » dressé sur seize Quartiers avec tous les documens » originaux et authentiques y appartenant qui prou» vent légalement non-seulement la *filiation* mais » aussi *la Noblesse ancienne Chevaleresse Chapi-* » *trale et Allemande*, ainsi que *les Armoiries*, » *émaux*, *lambriquins et décoration* Nous a été » présenté dans la vue et avec la prière convena» ble, afin qu'après exact examen dudit arbre » généalogique et des pièces y annexées et après » les avoir trouvées justes Nous voulussions accorder » à une Demoiselle *Goubau d'Hovorst* UN DÉCRET » D'EXPECTATIVE sur une de Nos Prébendes » Chapitrales.

» En conséquence de quoi Nous avons fait due» ment examiner la Carte généalogique qui Nous » a été présentée ainsi que les preuves y annexées » consistant partie en originaux et partie en copies » vidimées, et ce par MM. Nos deux examinateurs » jurés ordinaires le Comte *Kunigl* Capitulaire de » cette Cathédrale et Chapelain d'Honneur, et le » Baron *Bernclau-de-Schœnreut* Chambellan actuel » et Conseiller Intime de l'Electeur de Trèves, » Commandeur de l'Ordre Bavarois de St.-George, » et avons trouvé, d'après leur avis, que ladite » carte généalogique SUIVANT SES PREUVES » INDUBITABLES tant pour ce qui regarde *la fi-* » *liation* qu'à l'égard de *la Noblesse ancienne Che-* » *valereuse Chapitrale et Allemande* et des *Quar-* » *tiers et Armoiries* qui sont ici représentés et exac» tement dépeints avec leurs *Heaumes Lambriquins* » *et décorations* et contenant les Familles suivantes » savoir :

» *Goubau de Beveren*, *Gerardi*, *Bernard dit* » *Braze*, *Heusden d'Elshout*.

» *Villégas d'Hovorst*, *Villégas de Serville*, *Wis-* » *sekerke de Pellemberg*, *Van der Duyn de Ryswick*.

» *Marin de la Motte*, *de Felleries*, *Bureau de* » *l'Eclatière*, *Descamps*, *de Marpineau*.

» a obtenu aussi Notre pleine et entière approba» tion, en sorte que d'après cette preuve de No» blesse non-seulement Nous avons déclaré une De» moiselle *GOUBAU D'HOVORST habile à être* » *reçue dans Notre Chapitre Impérial et Souverain* » *d'Empire*, *mais qu'aussi pour plus de preuve de* » *ce*, *Nous lui avons fait expédier Capitulairement* » *UN DÉCRET D'EXPECTATION*. En témoi» gnage de quoi Nous avons aussi délivré les pré» sentes etc. attesté et signé ledit Arbre Généalogi» que. Donné en Notre susdit Chapitre Noble et » libre d'Empire des Dames d'Ober-Munster 25e. » jour de Juillet 1796. Etait Signé MARIE-JOSEPH » PRINCESSE D'EMPIRE ET ABBESSE etc. »

Pareille déclaration a été donnée par l'Abbesse et Chapitre Impérial de Nider-Munster à Ratisbonne le 27 Juillet 1796.

SEIZE QUARTIERS DES DEMOISELLES GOUBAU CHANOINESSES EXPECTANTES

Aux Chapitres Impériaux et Souverains d'Ober et de Nider-Munster à Ratisbonne, par Décret desdits Chapitres des 22 Juillet et 15 Août 1795.

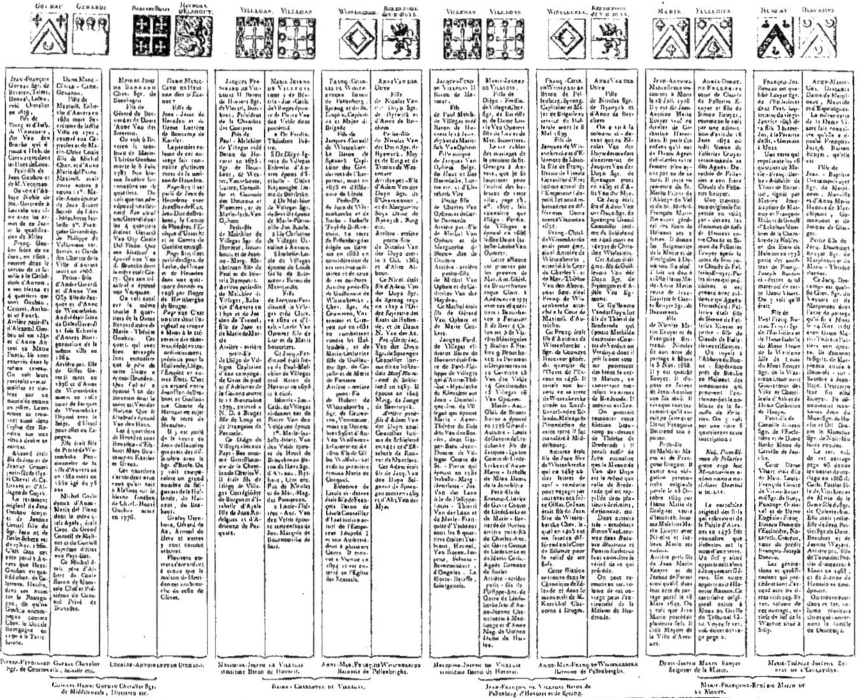

Maximilien-Franç.-Jos. Goubau Baron d'Hoorst Chamb. de S. M. l'Emp. d'Autriche, depuis 1791.

Marie-Julie de Villegas de Pellenberg Dame de l'Ordre de la Croix étoilée.

Tome II, P. 158.

Rose-Charl.-Jos. Goubau née en 1788. Léopoldine-Victoire-Emmanuelle-Marie Goubau née en 1791. Marie Victoire-Joséphine Amélie Goubau née en 1795.

*Je ne me suis pas contenté de donner la carte des Demoiselles Baronnes de Goubau comme les précédentes, j'ai cru devoir indiquer à chaque quartier une partie des preuves produites. Il n'était sans doute pas difficile de prouver l'ancienneté du nom principal GOUBAU. On va le voir par trois preuves auxquelles je me bornerai actuellement, me réservant de donner de plus amples renseignemens à la lettre G.

PREMIÈRE PREUVE. *Notes critiques et historiques sur les antiquités de la Bourgogne composées par feu Monsieur de Hesdin, mort à Bruxelles en 1792 Membre de l'Académie Impériale et Royale de Bruxelles, Roi et Héraut d'Armes à titre de la Province de Namur.*

Mr. de Hesdin était un des meilleurs Généalogistes et des plus versés de son temps dans la science Héraldique. Je donne avec plaisir ce qui vient de lui parce qu'il n'était point *complaisant* dans les attestations qu'il donnait. Il n'en est pas de même de tous. On sait qu'il est dangereux d'ajouter foi aux déclarations de plusieurs d'entr'eux qui regardaient une attestation comme une branche de commerce. Voici l'extrait de son ouvrage.

1190. « Parmi les Nobles qui accompagnèrent en 1190
» Hughes III de Bourgogne à la Terre Sainte se trouve un du nom de Goubau qui paraît avoir joui de beaucoup de faveur dans cette Cour. C'est probablement cette circonstance et ressemblance de ce nom avec celui d'un des premiers Rois des Bourguignons qui suggéra au commencement du siècle passé à un individu de cette famille l'idée de se faire descendre de cette Maison Souveraine. Dans le même temps à-peu-près où celui-ci tâchait en vain de faire valoir cette ridicule prétention, un autre du même nom *peu versé dans la science Héraldique et peut-être effrayé par*
1616. » *la sévérité de l'Edit de 1616 qui venait de paraître* a cru tout bonnement que son Aïeul, *pour avoir été associé à une des premières Maisons de commerce de son siècle* avait dérogé à sa Noblesse, quoique son père à lui, ainsi que ce même aïeul, eussent été enterrés sous des tombes de marbre décorées de leurs Armoiries timbrées et
1602. » que, pour son frère mort en 1602, il eut été suspendu dans la Cathédrale d'Anvers un Blason entouré de ses quatre quartiers ».

DEUXIÈME PREUVE. *Extrait traduit du Flamand d'un ancien Registre in-folio relié en parchemin jaune sur le dos duquel est écrit en grands caractères* Livre de Famille *et où se trouve entr'autres ce qui suit :*

« L'autre fille de la prénommée Lucrèce de Boucamp de Kaetler et de Jean Ive Van Elsbout d'Heusden, nommée Marie-Catherine, épousa le
1673. » 30 Mars 1673 Messire Josse de Bernard-Braze Conseiller ordinaire de Sa Majesté au Duché de Gueldre, décédé à Malines Conseiller au Grand
1705. » Conseil le 31 Décembre 1705 : de ce mariage sont issus trois fils et deux filles dont l'une nom-
1702. » mée Lucrèce-Antoinette épousa le 23 Juin 1702 Messire Pierre-Ferdinand Goubau Ecuyer Seigneur de Courtewalle, Lezele etc. etc. issu de la Noble et ancienne Maison de ce nom connue en la Province de Zélande, depuis le quatorzième siècle, en la personne de Jean Goubau premier
1372. » de ce nom, Chevalier décédé le 14 Mai 1372 lequel avec Marie De Renesse procréa entr'autres enfans Pierre-Philippe Goubau père par Marguerite de Straeten d'Alexandre Goubau lequel de son mariage avec Josephine-Albertine Van Borssele a délaissé un fils unique nommé *Henri* créé Chev.
1491. » de l'Ordre de la Calatrava par le Roi Ferdinand le Catholique après la prise de Granade (en 1491). Le même Souverain lui accorda le privilège de porter sur l'Ecusson des Armoiries que ses aieux avaient portées de tous temps, savoir : *un Chevron de gueule sur un fond d'or, deux croix et un croissant le tout de gueule*, et cela en commémoration de la valeur avec laquelle il avait combattu les ennemis de la Foi et de l'Etat ; de ce Héros allié avec Dame Aldegonde Van Cuyck est issu *Jean* deuxième du nom lequel de Jeanne Cosseri eut entr'autres enfans Alexandre père par Anne Anthoni de Jean troisième du nom, Seigneur de Triest, lequel avec Magdelaine Vecqman procréa deux fils et une fille qui épousa Don Diégo De Mendoza : l'un desdits deux fils nommé François Chev. Seigneur de Triest épousa le 7
1640. » Août 1640 Isabelle Van den Broeke, *de la Maison de Wassenaer*, qui ont délaissé Jean-François, Chevalier, Seigneur de Triest, Beveren, Longchamp, Bousval, Laloux etc. etc. allié par mariage le 1 Mars 1670 avec Cécile-Catherine Gerardi père et mère de Pierre-Ferdinand ci-dessus mentionné etc. »

Plus bas était : *cet extrait collationné contre le livre original de famille remis a moi soussigné Notaire admis au Grand Conseil de Sa Majesté etc. par M. Goubau Conseiller Fiscal audit Grand Conseil est trouvé conforme à son original. Plus bas était :* Quod attestor *signé A. H. Leirebels Not. Reg.* 1791.

Suit la légalisation du Notaire prénommé faite par le Secrétaire-Greffier du Grand Conseil de Malines. Signé *E. Richterich.*

TROISIÈME PREUVE. C'est à celle-ci qu'il faut prêter la plus sévère attention parce qu'elle corobore les deux autres. L'acte que je donne est solemnel. Il concerne un des aieux directes des Demoiselles Baronnes de Goubau et parmi cet acte il n'était pas permis de douter qu'elles fussent de
1560. Noblesse Chevaleureuse et de race. C'est le testament passé à Anvers en 1560 de Jean Goubau fils de Henri Chevalier de l'Ordre de Calatrava, et de Dame Aldegonde Cuyck et Demoiselle Jeanne Cosseri fille légitime du Seigneur Jean Cosseri et de Demoiselle Barbe Schetz. Voici cet acte en entier.

AU NOM DE DIEU *AMEN*. Comme dans ce monde il n'y a rien de plus certain que la mort et rien de plus incertain que l'heure d'icelle, en conséquence à l'honneur et gloire de la très-sainte Trinité en qui nous croyons et que nous adorons, et de la Sainte Vierge Patronne des pécheurs à qui nous nous recommandons, connu soit à tous ceux qui verront ces présentes que Nous *Jean Goubau Ecuyer fils légitime du Seigneur Henri Goubau CHEVALIER DE L'ORDRE DE CALATRAVA, ainsi que de Dame Aldegonde de Cuyck et Dlle. Jeanne Cosseri fille légitime du Sgr. Jean Cosseri et de Dlle. Barbe Schetz* conjoints, parfaitement sains de corps et d'esprit, faisons et ordonnons ce notre Testament et dernière volonté, suppliant la glorieuse Vierge Marie et tous les Saints d'intercéder pour nous afin que Dieu pardonne nos péchés et éclaire notre entendement et que tout ce nous eussions pu ordonner en ce notre Testament soit conforme à sa très-sainte volonté.

En premier lieu, nous recommandons nos ames à Dieu tout-puissant, qui les a créées et rachetées par son sang précieux, et nous le prions de nous être miséricordieux, et de daigner en pardonnant nos péchés recevoir nos ames dans sa sainte gloire, à quelle fin elles sont créées.

Item Nous laissons nos corps à la Terre Bénie, voulant que l'enterrement et les exèques du prémourant de nous deux se fassent là et ainsi que le survivant le trouvera convenir et que l'enterrement et les exèques du survivant se fassent à la discrétion de nos enfans, requérant néanmoins à ce qu'en cela il soit suivi, autant que possible, tout ce que notre Etat, notre Condition et notre Naissance exigent.

Item Donnons, après notre décès, et légatons à Notre-Dame de Cambray six gros une fois, pour notre bien injuste; si tant est que nous en possédons à notre insu, dont Dieu nous préserve.

Item Ordonnons qu'il soit célébré d'abord après notre décès deux cents messes pour le repos de nos ames.

Item Ordonnons qu'en la Chapelle du Saint Sacrement dans l'Eglise de Sainte-Walburge en cette Ville, il soit annuellement célébré une Messe pour le repos de nos ames, et qu'il soit distribué pour une aumône à trente pauvres à dénommer par les Aumôniers de cette Ville, qui assisteront à cette Messe, un sol en argent, avec un pain de deux sols, en mémoire de quoi *nous voulons que nos héritiers fassent ériger un Monument de marbre avec LES ARMES DE LA FAMILLE DE GOUBAU, ainsi qu'elles me sont acquises à moi Testateur par ma Naissance.*

Item Légatons à la Demoiselle Elisabeth Cuyck nièce de moi testateur, ma bague pour un souvenir, comme aussi une chaîne d'or, lorsqu'elle parviendra à l'état de mariage; et s'il arrivait qu'elle serait mariée lorsque le survivant de nous viendra à décéder, et que nous lui eussions déjà donné la prédite chaîne, nous ordonnons qu'en ce cas il lui sera seulement remis la susdite bague de moi testateur.

Item Légatons à notre servante Catherine annuellement trente florins de Brabant, sa vie durant, en cas qu'elle nous survive et qu'elle demeure encore chez nous au temps du décès du survivant de nous, et cela en récompense des bons services qu'elle nous a rendus.

Parmi quoi venant à la disposition de nos biens temporels, meubles et immeubles quelconques, en quelque lieu qu'ils soient situés, nous accordés par Dieu tout puissant, à nous dévolus par le décès de parens, ou conquis et gagnés par notre conduite, industrie et bons soins dans nos affaires, voulons et ordonnons que le survivant de nous deux retiendra, sa vie durant, l'usufruit généralement de tous les susdits biens à délaisser; sera néanmoins le survivant tenu d'entretenir nos enfans à délaisser décemment et honnêtement selon leur qualité et condition et de les doter et donater comme il convient lorsqu'ils parviendront à l'état de mariage.

Et seront nos biens, après le décès de nous deux, divisés et partagés également entre nos enfans sans que l'un ait plus que l'autre, excepté que nous prélégatons à notre fils *Alexandre Goubau* Ecuyer, la maison où nous demeurons actuellement, lequel prélegs nous lui faisons *dans l'espoir qu'il maintiendra le Nom et les Armes DE NOTRE ANCIENNE ET NOBLE FAMILLE DE GOUBAU et qu'il la relevera en toute manière ainsi que ses aïeux, et nommément son grand-père, ont fait.*

De plus nous voulons qu'en considération du prédit prélegs Alexandre Goubau supportera seul la charge de la fondation que nous avons faite ci-dessus dans l'Eglise de Sainte-Walburge, dont nous chargeons sa conscience et celle de ses successeurs.

Et si quelqu'un de nos enfans contractait mariage contre notre gré et notre volonté, nous avons en ce cas déshérité dès maintenant pour lors tel enfant ingrat, lui et ses descendans, et privé de tous nos biens et de notre succession, le tout suivant le Placard de Sa Majesté, émané à ce sujet en l'an quinze cent quarante.

Item Nous voulons et exigeons que s'il arrivait (ce qu'à Dieu ne plaise) que quelqu'un de nos enfans venait à commettre quelque crime de lèze Majesté, ou commettait quelqu'autre crime par lequel il devrait, suivant droit, être privé de ses biens, en tel cas nous l'en privons dès maintenant pour lors et déclarons que tel délinquant n'a point été le véritable possesseur de la part des biens lui dévolus par notre décès, et que notre intention n'a point été de lui laisser la même part, mais nous exigeons et ordonnons que cette part succède à nos autres enfans ou à leur postérité légitime.

Nous déclarons tout ceci être notre Testament et ordonnance de notre dernière volonté, et en conséquence révoquons, cassons et annullons tous et tels autres testamens et codicilles par nous faits antérieurement à la date de ce jour; voulant que le présent, que nous faisons et ordonnons de notre libre volonté, tiendra seul lieu et sortira son effet; et pour qu'il en conste nous l'avons signé de notre nom et l'avons clos et cacheté de nos cachets le dix-septième Novembre de l'an mil cinq cent et soixante, étant écrit sur deux feuilles de papier. Signé *Jean Goubau*, *Jeanne Cosseri*. Pour témoins : *Pierre Cosseries*, *Jean Voorders*.

La superscription contenait comme suit :

Au nom de Dieu *amen*. Qu'il soit connu à tous ceux qui verront le présent instrument de Testament et dernière volonté, que cejourd'hui le dix-septième jour de Novembre l'an après la Nativité de notre Seigneur Jesus-Christ mil cinq cent et soixante, troisième indiction, sont comparus devant moi Pierre Van Ghele Notaire Impérial admis par autorité de Sa Majesté Impériale au Conseil de notre Seigneur Roi ordonné en Brabant, et en présence des témoins ci-après nommés *Jean Goubau Ecuyer et Damoiselle Jeanne Cosseri* conjoints demeurans en cette Ville d'Anvers, à moi Notaire bien connus, sains de corps, allant et venant et jouissant pleinement de leur mémoire, sens et entendement, ainsi qu'il en constait clairement à moi Notaire; lesquels comparans considérant qu'il n'y a rien de si certain que la mort et rien de si incertain que l'heure d'icelle, et afin qu'il n'y aurait pas après leur trépas des différends au sujet de leurs biens à délaisser, ont déclaré, comme ils déclarent par cette, que le contenu entier de ces deux feuilles est leur Testament et dernière volonté; lequel Testament, moi Notaire, j'ai vu signer par lesdits comparans Jean Goubau Ecuyer et Damoiselle Jeanne Cosseri de leurs propres mains et cacheter de leurs cachets, et je déclare d'avoir vu signer aussi le même Testament par les deux témoins que je déclare également de bien connaître : si veulent et exigent les mêmes Jean Goubau Ecuyer et Damoiselle Jeanne Cosseri que le susdit Testament ou dernière volonté soit suivi et exécuté complettement suivant sa teneur, dans tous les points, clauses et articles, soit par forme de testament, codicille, donation *causâ mortis* ou autrement et de la manière qu'il pourra d'autant mieux sortir son effet, nonobstant que toutes les solemnités de droit n'y seraient point observées, et nonobstant les Ordonnances, Privilèges, Bénéfices, Coutumes, ou Exceptions quelconques à ce contraires; requérant lesdits Testateurs de moi Notaire qu'il en soit fait un instrument public.

Ainsi fait à Anvers dans la maison des susdits Testateurs, en présence de *Pierre Bosschaerts*, *Henri Cornelissen*, *Jean Van Deurne*, *Lucas Van der Beken*, *Jean de Man*, *Jérôme*, *Gille et Antoine Cogels* comme témoins à ce requis et spécialement priés. Signés Jean Goubau, Jeannette Cosseri, Pierre Bosschaert, Henri Cornelissen, Jean Van Deurne, Lucas Van der Beken, Jean de Man, Jérôme, Gille et Antoine Cogels et P. de Ghele Notaire.

Plus bas était : *Concordat cum suo originali. Quod*
1680. *attestor.* Signé J.V. Lodewycx avec paraphe Nots. 1680.

Au dos était écrit : Testament de feu Jean Goubau Ecuyer et de Damoiselle Jeanne Cosseri en date du 17 Novembre 1560. N°. 9.

1798. « La présente copie traduite de la langue flamande » en langue française, collationnée avec la copie authentique flamande, y est trouvée conforme par moi soussigné Secrétaire de Sa Majesté l'Empereur et Roi et » Greffier en son ci-devant Grand Conseil des Pays-Bas. En foi de quoi j'ai signé la présente et j'y ai » apposé mon cachet ordinaire. A Vienne le 23 Juillet » 1798. J. VAN GROOTVEN ».

On a lu dans l'extrait de l'ouvrage de M. de Hesdin qui précède ce passage « effrayé par la sévérité de l'édit de 1616 qui venait de paraître a » cru tout bonnement que son aïeul *pour avoir été* » *associé à une des premières Maisons de commerce* » *de son siècle avait dérogé à sa Noblesse.* »

J'ai été à même de reconnaître par le travail que j'ai fait dans les Archives de la Maison-de-Ville à Anvers que les meilleures Maisons de l'Europe, les plus riches, les plus anciennement Nobles, quittaient leur patrie pour venir moissonner dans cette ville étonnante les ressources qu'elle offrait au monde entier pour le commerce. Il serait absurde de croire que par une occupation aussi Noble, aussi utile, aussi périlleuse, ils eussent dérogé à leur ancienne extraction. Je peux citer plusieurs familles qui étaient illustres d'origine. Elles ont ajouté au hasard de la naissance l'honneur de protéger, d'augmenter même le bonheur de l'Europe par leurs ressources commerciales. Les Souverains protégeaient leurs principes. On en voit un exemple honorable et remarquable dans la personne de Jean-François d'Affaytadi, Baron de Ghistelles, Grand Chambellan héréditaire de Flandres. Ce Seigneur, *fils de Messire Jean-Charles d'Affaytadi*, *Gentilhomme natif de la ville de Crémone le premier qui vint se fixer*
1498. *à Anvers vers* 1498, *et de Dame Lucrèce d'Affaytadi*, fut créé Prince de Hilst, par diplôme donné
1563. à Inspruck le 23 Mai 1563 en considération de sa naissance, de ses services et de ceux de son père. Voici la traduction de ces Lettres Patentes :

« FERDIDAND par la grace de Dieu, Empereur » des Romains etc. à Notre Cher, Fidèle et Noble » *Jean-François d'Affaitadi Baron de Ghistelles*, » Salut. *Jean-François d'Affaitadi natif de Crémone* » ayant montré de tout temps et en plusieurs occasions son sincère, fidèle et constant attachement » envers Nous, le Saint Empire Romain et toute » l'Auguste Maison d'Autriche, ayant sur-tout donné » des marques évidentes de son dévouement à Nos » intérêts du temps du gouvernement de Notre Sœur » d'heureuse mémoire, Reine d'Hongrie, lorsque » l'armée ennemie marchait avec grande force et à » grands pas vers la Ville d'Anvers, et que dans cette » conjoncture *les Marchands et Négocians effrayés* » *de cette marche* avaient résolu d'abandonner la » Ville et de se transporter ailleurs, parce que cette » Ville n'était point munie d'une garnison assez forte » ni suffisante pour résister aux ennemis, alors *ledit* » *Comte* connaissant le danger assembla avec la plus » grande promptitude et accélération un grand nombre de gens capables de porter les armes, les arma » et fit en sorte avec leur secours et celui du peuple » que lesdits marchands qui avaient déjà résolu de se » retirer changèrent de sentiment et demeurèrent » dans la Ville par le conseil et l'exhortation dudit » Jean d'Affaitadi, ce qui fut pour l'Empereur d'un » grand secours et soulagement à cause *du nombre* » *considérable de marchands dont cette Ville est peu-* » *plée*, entre temps arriva l'armée de Notre Frère » l'Empereur Charles V d'heureuse mémoire qui sauva » la Ville du danger et du siége dont elle était menacée. Et certes CETTE CÉLÈBRE ET GRANDE » VILLE eût été abandonnée de tout le monde avec » grande perte et danger pour les autres Villes *sans* » *la vertu héroïque de Jean-Charles* qui s'est montré dans cette occasion par une prudence toute » singulière, de manière qu'on peut dire avec raison » que par son adresse, ses moyens et son pouvoir, » IL A SAUVÉ LA VILLE qui était pour ainsi » dire aux abois, et qu'ayant alors été très-nécessaire » pour la conservation de Nos Etats et de Notre » Empire, ainsi a de même, dans d'autres temps » très fâcheux, toujours témoigné son grand zèle et » sa générosité accoutumée chaque fois que Notre » Frère l'Empereur Charles V avait besoin d'argent » soit pour la solde de ses troupes, soit pour les remettre en état, ce qui arrivait assez souvent par » les guerres continuelles qu'il a eu à soutenir contre » ses ennemis, ledit Jean-Charles d'Affaitadi a toujours donné des marques de son bon cœur, de son » zèle et de sa promptitude à secourir son Souverain » *en engageant même*, lorsqu'il ne pouvait pas seul » supporter un si grand fardeau, *ses amis et plusieurs* » *riches marchands à suivre son exemple*, de sorte » que l'on peut dire avec raison que ledit Affaitadi a » eu part aux éloges qu'ont mérité à l'Empereur » Charles V ses exploits et ses glorieuses victoires; » et comme *Jean-François d'Affaitadi son fils, suivant les traces de son père, héritier de ses vertus* » *et fort zélé pour la gloire de ses ancêtres*, Nous a » paru très-digne d'être illustré et décoré d'honneur, » de récompenses et de dignité, à ces causes voulant » selon Notre fidèle institut récompenser ceux qui » ont mérité notre faveur, leur accorder des graces » et des prérogatives afin qu'ils soient plus fidèlement attachés à Nous et au Saint Empire Romain, » Nous, de Notre propre mouvement, de Notre » pleine science, d'un cœur délibéré et d'un entier » et absolu pouvoir, avec plein avis et conseil des » Princes, Ducs, Barons et fidèles zélés du Saint Empire Romain, avons de nouveau érigé, illustré, » *érigeons et illustrons ledit JEAN-FRANÇOIS* » *D'AFFAITADI PRINCE* et ses héritiers et successeurs légitimes par ordre de succession, les » créant, constituant et nommant PRINCE » D'HILST, voulant que chacun le nomme ainsi » dans tout acte public, voulant et statuant à perpétuité qu'à dater du jour de ces présentes le susdit » Jean-François d'Affaitadi, ses héritiers et ses successeurs puissent jouir de toutes graces, privilèges, » prérogatives, liberté et exemption dont jouissent » tous les autres Princes du Saint Empire Romain

» et dont ils ont toujours joui et jouissent encore,
» voulant qu'ils en jouissent suivant droit et cou-
» tume, de sorte que dans les Parlemens et Assem-
» blées des Princes, Ducs, Comtes et Barons dudit
» Empire et autres Royaumes que Nous tiendrons
» par Nous et Nos Successeurs dans ledit Empire,
» il sera nommé, traité et honoré comme Prince de
» la petite Ville d'*Hilst*, et que Nous maintien-
» drons comme de coutume sa Dignité, son Grade
» et sa Place dans le meilleur droit et la meilleure
» forme possible. Statuant et déclarant en outre que
» ce n'est pas Notre intention de déroger par cette
» concession à quelques droits dudit Prince Jean-
» François d'Affaitadi qui leur compettait avant ladite
» concession, nonobstant toutes Lois, Statuts, Man-
» demens, Décrets et Privilèges qui pourraient déro-
» ger aux présentes, quand même ils seraient tels
» qu'on dût en faire une mention particulière, sauf
» toujours Nos droits et ceux de Notre Empire. En
» conséquence il ne sera permis à personne d'enfrein-
» dre cet Acte de Notre concession, ou en quelque
» façon témérairement y contrevenir, et si quelqu'un
» avait la présomption d'y porter atteinte, qu'il sache
» que sans rémission il encourera Notre indignation
» ainsi que celle du Saint Empire Romain, et une
» amende de cent marcs d'or pour chaque fois qu'il
» y contreviendra, de laquelle Nous appliquons la
» moitié à Notre Fisc ou Caisse Impériale et l'autre
» à celui ou ceux qui auront été lésés. En foi de
» quoi Nous avons signé ces Lettres de Notre main
» propre et les avons munies de Notre Sceau Impé-
» rial. Donné en Notre Ville Impériale d'Inspruck
1563. » le 23 du mois de Mai l'an du Seigneur 1563, le
» septième de Notre Empire et le trente-sixième de
» Nos Royaumes de Bohême et de Hongrie. Signé
» FERDINAND, et paraphé au nom du Révéren-
» dissime Archi-Chancelier de Mayence. A côté était:
» *Par Ordre et Mandement propre de Sa Majesté*
» *Impériale* signé ALLINGMOSER ».

Il est nécessaire de lire la déclaration suivante donnée par les Jurés et Archivistes sermentés de la
1562. ville de Crémone, du 28 Octobre 1562, sur l'ancienneté de la Noblesse de la Maison d'*Affaytadi*.

« Les Décurions jurés ou Archivistes sermentés
» de la ville de Crémone.

» On conserve encore non-seulement chez Nous,
» mais aussi chez nos voisins, la mémoire récente
» de l'ancienne et Noble Famille des Affaitadi, qui
» de tout temps ont eu des hommes dévoués aux
» Rois et à plusieurs autres Princes, décorés et
» illustrés par de grands Titres d'Honneur et de
» Dignité, et quoique ceci conste évidemment, on
» Nous a cependant prié de l'attester pour démon-
» trer et produire l'ancienne Noblesse de ladite Fa-
» mille. Nous certifions donc et attestons à tous,
» aux Peuples éloignés et à tous autres à qui cela
» n'est pas connu, que la Famille des Affaitadi
» est réputée dans Notre ville pour Noble et très-
» ancienne, qu'elle a toujours été réputée comme
» telle, et qu'elle doit être réputée et tenue com-
» me telle; que cette Illustre Famille a produit un
» certain François, qui, comme la renommée Nous
» le dit, a été si cher au Roi de Portugal et si
» intimement lié avec ce Prince qu'il le consul-
» tait sur toutes ses affaires et ses négociations et
» qu'il n'entreprennait jamais rien sans l'avis et le
» conseil de ce Seigneur. La mort l'ayant préve-
» nu, il laissa deux fils vivant et demeurant en
» Portugal. Ce François avait des frères, un cer-
» tain P. Martin et un certain C. Louis, tous deux
» attachés aux Illustrissimes Ducs et Princes des
» Etats de Milan : le fils de C. Louis a été un
» certain Baptiste qui a eu trois fils et qui a
» encore eu un certain Lazare Notre Collègue,
» homme d'une grande prudence et d'une grande
» intégrité de mœurs, allié avec celui qui doit être
» ici bas nommé, et encore 1. Charles et 1. Bap-
» tiste frères de Lazare. Il sera peut-être superflu
» de dire quelque chose de leur nom et de leur
» renommée, puisqu'ils sont connus chez tous les
» peuples policés et qu'ils ont demeuré en Brabant
» plusieurs années où Charles est mort, lequel de
» son vivant a donné si grande quantité d'argent
» à Charles V. Empereur invincible et au Sérénis-
» sime et Catholique Roi d'Espagne, lorsqu'ils ont
» eu la guerre contre le Roi Très-Chrétien et les
» Princes d'Allemagne, qu'on peut presque dire
» avec raison qu'ils ont soutenu cette guerre par
» l'argent de Charles qui a laissé des enfans me-
» nant dans les parties du Brabant une vie très-
» honnête et très-honorable. On pourrait dire beau-
» coup plus de choses de cet homme, mais parce
» que la mémoire de ses actions est encore récen-
» te, il Nous paraît que Nous pouvons passer
» sous silence plusieurs de ses faits Mémorables.
» Ceci sert donc pour Notre Attestation la faisant
» munir de Notre Sceau. Donné à Crémone le 28
1562. » d'Octobre 1562. Etait *Signé* César. »

Jean-François d'Affaytadi créé Prince de Hilst
retourna en Italie où il mourut sans postérité en
1609. 1609. Son frère Messire Côme d'Affaytadi Baron
de Ghistelles eut plusieurs enfans de son épouse
Dame Marguerite de Hanzeller fille du Baron de
Herstal et de D. Agnès Van Bongard. Un autre frère
César d'Affaytadi Sgr. de Braderick mourut sans
postérité. Une sœur Claire-Laure d'Affaytadi morte
1627. le 1er. Novembre 1627 épousa par contrat passé par-
devant les Echevins de Lierre en Brabant, le 30 8bre.
1566. 1566 Messire Hugues de Prant Sgr. de Blaesvelt
fils d'Adolphe, Sgr. dudit lieu, Chev. de St.-Jac-
ques, Echanson de l'Empereur Charles V, Gouverneur des Ville et Château d'Aire en Artois et
de Marguerite de Ste.-Aldegonde fille de Messire
Nicolas Sgr. de Genest, etc. et d'Honorine de
Montmorency. Je m'étendrai davantage sur la Maison d'Affaytadi à l'article de la Terre de Ghistelles.
Ce que j'en ai dit suffit pour l'illustration de la
Chambre de Commerce d'Anvers, pour un grand
nombre de Familles Illustres de tout pays qui y
ont afflué, et ont profité des ressources rares que
cette ville offre aux grands spéculateurs.

Un grand amateur dans la science héraldique (*L.
B. d'Udekem*), me remet en ce moment un titre
qui doit ici trouver sa place. Il est précédé de la
1634. lettre suivante du 19 Avril 1634.

« Monsieur Haecx. — *J'ay esté fort marry de*
» *n'avoir pas eu le bonheur de vous dire Adieu*
» *à mon départ de Bruxelles et vous faire offre*
» *de mon service à quoy supplérat la présente vous*
» *assurant que j'ai infiniment regretté de devoir*
» *partir sans vous avoir rencontré chez vous.*

» *A Nostre dernière entrevue vous me parlastes*
» de la Noblesse du Pays de Lille, *et me distes*
» *lors entre autres d'avoir de la curiosité pour voir*
» comment que la Noblesse de ce Pays par exer-
» cice de marchandise ne se perdait point mais dor-
» mait seulement pendant ledit exercice, *de quoi*
» *je n'ai jusques ores trouvé loy dispositive : mais*
» *icy joinct vat une sentence avecq le proces au*
» *préalable extendu en la Gouvernance dudit Lille*
» s'y

» *sy cependant désirez quelque plus ample cognais-*
» *sance vous prie me le faire scavoir et à mon*
» *voyage que ferat, Dieu aydant pour la fin de*
» *May je tascherai bien d'avoir un extrait des*
» *Privilèges et de la Police de la susdie Noblesse.*
» *Cependant s'il y at autre chose parmy les mé-*
» *moires de feu mon père dont désirez estre servy*
» *je vous prie de commander celuy qui ne desire*
» *rien avecq plus de passion que d'avoir les occa-*
» *sions de vous tesmoigner par effect qu'il vent de-*
» *meurer a jamais Monsieur Votre bien humble ser-*
» *viteur* est Signé *Prevost dit de Basserode* ».

Monsieur Haecx à qui cette lettre est écrite se
nommait Melchior Haecx Seigneur de Bulscem,
Reninghen, Bourguemaître, puis mort Conseiller
Premier Pensionnaire de la ville d'Anvers. Voici
ce jugement en entier : il me parait trop curieux
pour me permettre le moindre changement.

« A tous ceulx quy ces pñtes lres verront ou or-
» ront Arnould de Thieulaine Escuier Sgr. du Fer-
» mont Conseillier de Leurs Altezes Sérénissimes,
» Lieutenant de Hault et Noble Sgr. Monsieur le
» Gouverneur du Souverain Bailliage de Lille, Douay,
» Orchies et des appartenances Salut.

» Come proces et different fut meu p. devant
» Nous en la Salle dudit Lille d'entre *Sebastien*
» *à la Truye* dit del Vigne Sgr. de La Haye,
» Langle etc. *demandeur* d'une part : Les Officiers
» Fiscaulx de leurs dittes Altezes Sereniss. *oppo-*
» *sant* d'autre : sur ce que le demandeur Nous au-
» rait faict remonstrer que certaine procuration
» passée à ce Siege, ayant pretendu d'user du mot
» d'Escuier, luy en serait faicte difficulté, pour-
» quoy *il Nous supplie prendre appaisement de son*
» *extraction, et declarer que la dicte qualité d'Es-*
» *cuier luy pouvait par ladte déclaration estre at-*
» *tribuée, et serait à l'advenir permis en user pro-*
» *miscuement ensemble des prerogatives et exemp-*
» *tions dont les Nobles sont en droict et possession*
» *de jouyr en ces Provinces,* en laquelle Reqte. estait
» joinct certain positif par lequel icelui demandeur
» alleguoit que pour ne sembler vouloir afforter l'an-
» tiquité plus vaine souventefois que certaine, et
» Nous envelopper, et obscurcir la vérité par l'om-
» brage du temps, commençoit la déduction de la
» descente à *Ogier à la Truye* qu'il trouvait avoir
1377. » achapté la Bourgeoisie de Lille en l'an 1377, y
» ayant esté pourveu et advanché aux charges pre-
» mieres et principales du Magistrat tant d'Esche-
» vins que autres, lequel ses successeurs auroient
» voulu honorer après son decés par l'Epitaphe quy
» luy ont dressé en l'Eglise de la Magdelaine lez
» ceste ville de Lille où il serait inhumé avecq
» *Dame Marie Escarpielle* sa compaigne et ne dans
» la Chapelle voir lors peculiere à ladicte Maison
» à la Truye et où les descendans d'icelluy Ogier
» auraient depuis desiré reposer, tellement qu'il n'y
» aurait pntement place non occupée par les Epi-
» taphes, monumens et munificences de ceulx de
» ladicte famille dont se pouvait aisemt veoir et col-
» liger le rang que tenait ledict Ogier, puisque telle
» chapelle avait esté accordée à ses ayeulx pour
» sepulture de leur famille car ne se trouveroit tel
» accord faict en ces quartiers que aux Maisons bien
» principales qui ont moyen pour furnir largement
» aux fraix des reparations, et restitution en cas de
» ruine ou démolissement de telles Chapelles.

» *D'icelluy Ogier et de ladicte Dale. sa Com-*
» *paigne* serait issu Mre. *Barthelemy à la Truye*
» Sgr. de la Tour, Secrétaire de Charles Ducq
» de Bourgoingne Comte de Flandres de Charolois,
» depuis premier Maistre des Comptes à Lille à la
» Haye et en Bruxelles, lesquelles charges combien
» que unies et conjoinctes se serait sy dextrement
» acquicté que le Prince en auroit eu toutte satis-
» faction, selon pouvoint faire foy les commissions
» honorables esquelles il aurait esté employé et les
» recompenses à lui faictes, par augmentation des
» gaiges et aultrement, ayant remarqué que de-
1415. » puis l'an 1415 jusques à inclus 1445, il aurait
1445. » sept fois esté comis au renouvellement de la Loy
» de ceste ville, et que lorsqu'il print alliance avec
» Dlle. *Marie Pacy fille de Mre. Jehan et de Dlle.*
» *Jehenne de Campigny* il en eut congie et permis-
» sion du Prince toutte expresse. Or que ladicte al-
» liance serait estée correspondante audt. Bartho-
» lemy apparaissait que ledt. de Pacy estait Mre.
» des Comptes à Lille et dallieurs sy qualifie qu'il
» serait aussy esté plusieurs fois Comis et Delegué
» pour renouveller la Loy dudt. Lille et quant ores
» il ny aurait que ladicte permission du Prince et
» les pourtraict de la dicte *Dlle.* Marie de Pacy que
» lon voit *encorres presentement* en ladicte Cha-
» pelle à la Magdelaine en équipage fort honorable,
» pouvait-on assez juger et arrester quelle n'estait
» d'un ordre commun, aussi qu'il se veoit ouver-
» tement par le testament quelle avait faict estant
» vefve d'icellui Barthelemy qu'elle sestait mainte-
» nue come Noble jusques à son trespas. Car en-
» tre les beaux legats quelle avait faict se trouvait
» celuy de son Missel de table d'Hostel quelle avait
» en la Chapelle de sa Maison ce que touttefois
» ne se permettait que aux Nobles quy tenaient quel-
» que rang entre les premiers et si la continuation
» des guerres et l'injure du temps ne fut esté ex-
» tendues jusques a profaner les Eglises et lieux
» dediez au Service Divin, l'on verroit encorres le
» jourd'huy la magnificence de l'Epitaphe qu'on luy
» dressa après sa mort aux Carmes à Bruxelles ou
» encorres estait la Verrière qu'elle y aurait donné,
» contenant ces Armoiries en lozange avecq celle
» dudt. Mre. Barthelemy, le monument duquel es-
» tait en ladte. Chapelle de la Magdelaine rensignée
» dune grande pierre de marbre couverte de bronze
» Armoré les Armoiries de sa Famille avecq Heaulme
» tymbré dun casquel de guerre et luy mesme se
» veoit reposté en la table daultel de ladicte Chapelle
» avecq tels habits que portoint lors Gens d'Honneur
» tel qu'il estoit, selon que le tesmoignent assez les
» magnificences de ces liberalitez qu'il avoit généreu-
» sement cumulé en ladicte Chapelle tant par Caso-
» bles et Ornemens qu'il y auroit donne come aultre-
» ment.

» *Desdicts Barthelomé et Dlle. de Pacy sa Com-*
» *paigne* seroint esté procreés plusieurs enfans, des-
» quels *Phles, Bartholomé et Laurent* auroint prins
» estat de Religion es Abbayes plus opulentes et fa-
» meuses de pdeça sy come ledict Phle à St.-Vaast
» à Arras, ledict Bartholomé à St.-Michel en Anvers
» et ledict Laurent à St.-Bavon en la ville de Gand,
» les aultres ass. *hues Sgr. de la Tour et de Dic-*
» *perselles, Mre. Jacques et Jehan Sgr. de Bonne-*
» *braque* auroint fait profession de Noblesse et com-
» me tels soy maintenus toutte leur vie, estant ledt
» Mre. Jacques en fleur d'aage terminé à Pavie ou
» quil estait allé come Gentilhome curieux de veoir
» Pays et connoistre le Monde, ayant ledict Jehan
» par quelques années exercé le Bailliage Messrs St.-
» Pierre à Lille et come tel faict expédier diverses
» lres esquels par tout luy est attribué la qualité d'Es-

FRA

» cuier, ainsi que se trouvoit aussy faict audt Hues par certain traicté veu et recogneu par devant Eschevins de Lille, lequel *Hues auroit prins alliance à Dlle. Jeanne de Cordes fille de Gilles Escuier et de Dlle. Marguerite de Wasmes vefve auparavant du Sr. de le Vincourt Chlr*, ayant par son traicté antenuptial esté conditionné que advenant la mort dicelle Jehenne paravant le deces dudt Hues quicelluy remportoit ses Chevaulx et Armures questoit une condition vrayment à accorder à Gentilhome suivant la guerre et la vertu nullement volgaire ny usitée entre les populaires.

» Et sy! convenoit prendre lustre des alliances familieres apparaissait *ledict Jehan sestre allie à Dlle. Jehanne Gherbode fille de George Escuier* et leurs sœurs a Gentilhomes des Familles lors Illustres et cognues notoirement pour Nobles sicomme *Philippote* (*FILLIEULLE DU BON DUCQ PHLES*) à *Mre. Van Oe Escuier* Maistre des Comptes à Bruxelles, *Catherine à Adrien Pot Escuier fils de Pierre, Marie à Jacques de Bloote Escuier Sgr de Kevenbourg et Isabeau à Jacques de Nemery fils de Jehan aussi Escuier.*

» Et combien qu'il pouvoit dilater la descente et Nobles alliances des susnommés resumoit seulement la branche dudt. *Hues Sgr. de la Tour et de Diepeselle* come *ESTANT SON ESTOCQUE* originaire, lequel de ladte Dlle Jehenne aurait delaissé *Baudum Sgr. de la Tour*, *Isabeau*, *Maglaine* et *Jenne*, desquels *Isabeau Dame de Diepselle serait esté allié a Ires. Nopces a Mr Victor d'Isemberge* Mre des Comptes à Lille *et depuis à Charles de St. Pierre-Maisnil dit de Hingettes alias de Frotin Escuier Sr. du Wandalicourt, frere uterin de Messire Jehan Sieur d'Ognies, ladicte Jehanne à Jehan de Castre Escuier et ladicte Magdelaine ayant fait choix de la vie Monastique.*

» Et print ledict Bauduewyn alliance de Dlle Denyse du Fresnoy fille de Guillebert Escuier Sr. du Bus de laquelle il auroit delaissé Louys à la Truye pere dudt Suppliant auquel debvoit patrociner et aider la Noblesse de ces predecesseurs pour sy pouvoir porter, tel qu'il estoit dextraction et que apparoissoit par la deduction cy dessus. Car il estoit notoire que la Noblesse originaire se communicque a tous les descendans et que l'antiquité d'une famille faict preuve de la Noblesse d'icelle.

1377. » Or se voyoit depuis lan 1377 et aussi plus de trente ans et deux siecles, la Maison du suppliant avoir esté non seulement cogneue, mais en Honneur et employée en Charges bien honorables come de Secretaire du Prince que les DDtiennent pour une Dignité principale et par conseqnt Nobiliter les descendans, ce que Leurs Altezes Serenissimes Nos Souverains Sgr. et Princes auraient esté servies es-
1606. clairir par Lres du 3 dAoust 1606 contenant ces mots : *Que l'Etat est trouvé en considération :*

» Esquels on pouvoit aysement estimer combien aussi importoit la commission donnée en trente ans sept fois audt Mre Bartholomé pour renouveller la Loy de ladicte ville, laquelle jusques ores ne auroit esté communiqué qu'au Sgrs. et Gentilshommes bien signalez ou Gens d'Eglise de grande remarque et seule pouvoit suffir pour Nobiliter le Suppliant daultant que la dignité de telles charges attribuent Noblesse aultant bien aux descendans comme à celuy quy en estoit honoré joinct apparoissoit que passé lesdicts deux siecles ceux de ladicte famille tant en privé qu'en publicq ont successivement usé des Armes repotées au Roulleau à Nous exhibé, pennotees et gravées avecq tymbre, lequel Lalouette en son traicté des Nobles Chap. 10 dict estre singuliers aux Nobles et par csequent ne leur esté sy longtems permis d'en user sans reprehension sils ne fussent ester notoirement cogneus pour tels, como ne leur fut aussi este permis sapproprier le tiltre dEscuier ainsi que lesdits Hues, Jean et Bauduin auraient publiquement et successivement faict parce que la recerche en estoit lors auctant plus exacte qu'il y avoit alors moins de curiosité à l'usurper.

» Sy nestoit vraysemblable que tant des Nobles Familles dessus spécifiées seussent voolu allier ausdicts à la Truye sils ne les eissent cogneux pour Nobles aussi apparaissoit que come tels ils avoint esté pourveux des grands biens possedé plusrs. Fiefs si comme la Tour, la Bonne Brocqué, Diepeselle et aultres, et faict des belles largitions en diverses Eglises ou lon voit encorres leurs Armoiries pennotées et Timbrées aux vitrieres et LA FAME commune ayant eu source de la verité les auroit tousjours porté et portoit encorre ce jourdhuy pour Nobles et issus de Noble extraction laquelle Fame pouvoit suffir pour declarer le Suppliant pour tel semblable. Voir es selon droict si de la certitude ne pouvoit aultrement coaster, sans que la continuation volontaire en quelque charge (come seroit de nouvel acquèt) puisse faire prejudice pour ladvenir à celuy quy lauroit payé ny estant submis. *Car lors mesmes que gens Nobles d'origine sentremeslent de quelques Arts méchanicques ou Offices mercenaires et qu'ils viennent à les quitter, ils retournent quant et quant a leur premiere Noblesse daultant que telle Noblesse porvient de sang et sy conserve comme partie* de la nature; laquelle par tels exercices ne reçoit aulcun changement.

» Lesquels Requeste et positif ayant suivant Nre
1608. apostille du XI de Janvier 1608 esté communiquée ausdts OFFICIERS FISCAULX auroint depuis proposé que par les Tiltres, Munimens, Charges, Genealogies et Copie exhibees par ledt Suppt n'apparoissoit que ledit Ogier denomé par ladicte Charte pour Chef et Estocq de la Famille des à la Truye se soit oncques porté pour Noble ou extraict de Noble generation, ou estre honoré de la pretendue qualité d'Escuier ou aultre semblable peculiere a gens issus de Noble extraction. Come aussy n'apparassoit que Mre Barthelemy son fils seroit porté ou luy seroit estes attribués qualité specialement reservée à personnes Nobles et les Grardes d'Honneur et les services qu'il auroit faict à Messeigneurs les Ducqs de Bourgogne es Estats et qualités de Maistre des Comptes de Lille, Bruxelles et Hollande n'estoint affectés à personnes Nobles ains promiscuement octroyés par les Princes à personnes de vertu de sçavoir et d'expérience aussy que la teneur des Commissions pouvoit apparoir, lesquels services mesmement, lorsqu'ils sont signalés, pouvoint estre prins pour cause impulsive d'obtenir la Noblesse du Prince sans que aultrement ils ayent la Noblesse adjoincte a leurs personnes et encor moins pour passer aux descendans.

» Et au regard de Hues à la Truye fils dudt Barthe-
1479. lemy ne se trouve que le tiltre du 4 de 7bre 1479 où ladicte qualité d'Escuier luy estoit attribuée et encorres en termes enonciatifs qui ne peuvent servir en preuve entiere. Come pareillement ne se trouvent que Lres données d'Eschevins de Lille esquelles Bauduin a la Truye fils dudt Hues sçauroit

FRA

» faict denommer et attribuer la qualité d'Escuier,
» ne s'en exhibans aulcuns faisant mention de son
» fils Louys ny dudt Sebastien impetrant son arriere
» fils et en tant que touchoit Lres en forme de ce
1478. » chirographe du 3 d'Avril 1478, le bail de censo du
1482. » 19 de Mars 1482, l'instrument du 5 de May 1493
1493. » avecq la quitance y annexée, aultre instrument du
1490. » 18 de Mars 1490 et les Lres données de Messrs li
» Doyen et Chptre de St. Pierre à Lille que ledict
» Supplt avoit produict ou Jehan a la Truye estoit
» honoré du tiltre d'Escuier, iceux tiltres ne pouroint
» servir à l'intention dudict impetrant, veu qu'il
» n'estoit descendu d'iceluy Jehan ny d'Estocq.

» Et come la Noblesse civile et politique dont est
» question est qualité accidentelle icelle ne pouvoit
» aulcunement estre presumée, ains convenoit à celuy
» qui la pretendoit suffisament renseigner, la demons-
» trer par tiltre expres du Prince, ayant pooir ou
» aultre par tiltre presumptif quest la possession con-
» tinuelle, dont n'est memoire du contraire, ny du
» commencement.

» Duquel tiltre exprès ne faisant ledict Suppliant
» apparoir au regard de luy et de ces predecesseurs
» en ligne directe, ne luy resteroit que celluy fondé
» sur telle possession immemoriale, nullement ve-
» riffié par lesdicts tiltres produicts et exhibés des-
» quels ne se trouvent que ceulx dessus reprins qui
» ne pouvoint suffir pour justifier telle possession,
» ny mesmes estre bastans pour la prescription ordi-
» naire.

» Et quant aux alliances prinses a Familles Nobles,
» et celles de femelles de la dicte Famille à la Truye
» à personnes Nobles, icelles seroient suffisantes
» pour transferer la Noblesse de l'une des familles en
» l'aultre, par lesquels moyens estoient toutes les
» remarques circonstances et indices desquels ledict
» Supplt pretendoit tirer preuve de sa Noblesse, et ce
» de tant plus que ledict Supplt et aultres descendans
» dudt Mre. Barthelemy *avoint par faictz contraires*
» *mis le Prince en possession de les tenir pour NON*
» *NOBLES et les submettre aux charges des personnes*
» *roturieres*, *comme seroit le droit de nouvel acquest*
» *qicelluy Supplt et ses predecesseurs auroint volon-*
» *tairement payé* le payement duquel droict impor-
» toit incompatibilité permanente de Noblesse en la
» personne de celuy qui estoit verifié de l'avoir faict
» selon les besoignés et instruction de Messrs les De-
» putés à la levée du droict de nouvel acquest, joinct
» que la fame et renommée commune de ceste Ville
» n'estoit militante a l'intention dudict Supplt, es-
» tant par icelle seulement représentée pour extraict
» de bonne et ancienne Bourgeoisie. Concluant ptant
» au rejectement de ladicte Requeste.

» SUR QUOY RESPONDANT LEDICT SUP-
» PLT. avoit dict ne debvoir venir en considération
» quil ne renseignoit la qualité d'Escuier avoir esté
» attribuée à Ogier et Barthelemy à la Truye ses
» ayeulx d'autant que telle qualité ne se trouveroit cy
» devant avoir esté que bien rarement prinse par
» Gentilshommes et jamais par ceulx de la Robbe
» longue, lesquels se seroient long-temps contentés
» du Tiltre de leur profession, aussy que lesdictz sus-
» nommez auraient faict; et jusques y a bien peu de
» temps que les guerres auroient amené en ces quar-
» tiers plusieurs nouvelles, n'ayant auparavant esté
» attribuée ceste qualité d'Escuier que aux plus grands
» et signalés, entre lesquels pouvoient lesdicts Hues
» et Bauduin à la Truye estre nombre estre remar-
» qués, ne faisant à respecter que la preuve estoit
1524. » appuyée sur deux Lres l'une du 2 d'Avril 1524 et

FRA

1479 » l'autre du 4 de 7bre. 1479, ny aussy quelles es-
» toient particulieres, l'une faisant mention de Hues
» et l'aultre de Bauduin.

» Car ores que ainsy seroit et que lesdicts Lres de-
» meureroient particulieres pour Hues et Bauduin sy
» se rapportoient touttes deux en preuve de Noblesse
» à ladicte famille, tellement que unies et conjoinc-
» tes elles suffisoient pour plaine preuve et entiere,
» principalement en tel laps de temps encouru depuis
» lesdictz Hues et Bauduin jusques au Supplt avecq
» tant des guerres sanglantes suivies de plusieurs
» changemens et ruines des familles principales de
» par deça dont la conservation des tiltres seroit esté
» fort difficile et pluseurs ou en transports estés de-
» manuez ou peu curieusement gardez par ceulx quy
» se sont trouvés en ces désastres, et faisoit que es-
» dictes Lres ladicte qualité d'Escuyer seroit mise et
» couchée ennontiativement, sy n'en demeuroit pour
» ce la preuve ou mancque ou plus foible pour aultant
» que deux ennonciations, telles que celles renseignées
» cy dessus, faisoient, à cause dudt laps de temps,
» *probationem probatam et non probandam.* Etant
» ladicte preuve confortée de ce que Jean a la Truye
» frère dudit Hues seroit esté communement cognu
» pour Noble ayant usé promiscuement de la qualité
» d'Escuyer sans reprehension.

» Car ores que ledict Supplt ne descendoit dudt
» Jean si est ce que descendant du mesme estocq,
» il debvoit estre censé de mesme qualité parce que
» selon mesmes le conteau et contredicts desdicts
» Fiscaulx la Noblesse estoit une qualité acciden-
» telle non a presumer, ains a renseigner ou par
» tiltre expres ou presumptif. Et puisque ny avoit
» tiltre expres de la Noblesse dudict Jean et que
» notoirement et irrefragablement il estoit cogneu et
» receu pour Noble, restoit ladicte presomption fon-
» dée en possession dont nestoit memoire du con-
» traire laquelle ne pouvoit avoir prins son commen-
» cement audict Jehan mais en ses predecesseurs.

» Et par ainsy la commune estoque dudt Supplt
» joinct que les alliances de ladicte Famille à ceulx
» de *Basserode*, *du Fresnoy*, *Van Oe*, *des Cordes*,
» *de St. Pierre*, *Gerbode* et aultres cogneuz tout
» commencement pour Nobles tesmoignent assez leur
» Noble extraction, n'estant vraysemblable et ne fai-
» sant a presumer quils auroient voulu sallier avecq
» aultres que leurs egaulx ce que confirment aussi
» les Gentilshommes modernes *plus curieux souvent*
» *de rencontrer ceste egalité et qualité que beaucoup*
» *de moyens et deniers.* Davantage la fame com-
» mune ne se trouveroit seulement de l'antiquité des-
» dicts à la Troye mais aussy quils sont Nobles et
» reputés pour tels.

» ORES ESPEROIT LEDICT SUPPLIANT
» avoir suffisament qu'importoit telle fame voires an-
» tiquite sans travailler icy en repetition et jacoit que
» rien ne militeroit de sa part que le Grade et la Di-
» gnité de Secretaire dont ledict Barthelemy auroit
» esté honoré des tres illustres pdecesseurs de noz
» Princes Souverains, ce touttefois pouvoit et debvoit
» suffir pour verité de ces intentions n'estoit telle
» Dignité a censer service ny subject de cause im-
» pulsive pour obtenir Noblesse mais une Dignité
» principale nobilitant et celluy quy en estoit honoré
» et tous quy en descendoient, de quoy faisoit que
» tels Secrétaires estoient par le Droict Romain cog-
» neuz pour *Clarissimi* eux et leurs Hoirs exempts
» de toutes charges et subsides. Tels aussi les avoient
» voulu connoistre nos Souverains Srs et Princes par
» Lres dessus mentionnez au prejudice desquelles ne

» pouvoit le payement volontaire de nouvel acquest
» faict par les predecesseurs dudt Suppliant avoir in-
» troduict possession contraire ni mesmes l'instruc-
» tion telle quelle pourroit avoir esté baillée aux Com-
» missaires Deputés pour la levée d'iceulx, parceque
» lesdicts Lres come posterieures faisoient à ensuivre
» estant peu vraysemblable que payement de nouvel
» acquest, ensuitte de ladicte instruction emporteroit
» incompatibilité de Noblesse permanente veu que
» par icelles estoit porté *que tel payement se pouvoit*
» *faire pendant qu'elle dormoit* pour exercice y dero-
» gant sans préjudice d'icelles, consideré aussy que
» telles instructions se dressoient seulement pour ad-
» viser lesdictz Commissaires au faict de leur com-
» mission non pour reformer or alterer ce que le
» droict dispose pour la Noblesse. Et ny avoit raison
» ny authorité à ce conforme au contraire se trou-
» voient les decisions lesquelles affirmoient indiffe-
» remment que tel payement faisoit seulement pjudice
» pour le passé sans induire obligation de leterer
» pour ladvenir, faisant à ce propos *que le crime du*
» *pere n'empechoit les descendans de joyr et user de*
» *ladicte qualité de Noblesse*, aussi qu'une personne
» roturiere par abus exemptée du nouvel acquest ne
» pouvoit impieter ceste qualité, ny par identité de
» raison un Gentilhomme en estre debouté pour y
» avoir abusivement esté compris.

» PAR LESQUELS MOIENS *et ceulx dessus re-*
» *prins* CONCLUOIT *ledict Suppt à l'entherine-*
» *ment de sadicte Reqte* offrant le tout verifier tant
» que pour suffir, et par lesdicts Fiscaulx sit persiste
» en leur contredict precedent, remectant les moyens
» cy dessus par suffisance, et sur ce la cause retenue
» en advis wuydant duquel aurait ledict Suppt par
» Nous estre ordonnée à preuve depuis icelle faicte
» et rapportée avec tout ce quavait ceste besoigne
» audt procès devers la Court se seroient les partyes
» arrestées prendre et attendre droict à Ntre Or-
» dinaire.

» SCAVOIR FAISONS que veu ledict procès à
» grande et meure deliberation de Conseil et consi-
» deré tout ce qui faict a considerer et mouvoir peut,
» Nous p. Nre Sentence, Jugement et pour Droict
» avons intheriné et intherinons ladicte Requeste se-
» lon sa forme et teneur, et ce faisant declare estre
» permis qu'en la procuration y mentionnée SOIT
» COUCHÈE LA QUALITÉ D'ESCUIER et que
» pour l'adveoir ledict demandeur joyra des privile-
» ges, exemptions, droitz et preminences des Nobles
» de la Chastellenie de Lille. Ce fut ainsy par Nous
» jugé et prononcé aux parties en la Salle audict
1610. » Lille le dernier dAvril 1610. *Ainsi signé* PARMEN-
» TIER et selé d'un scel de cire vermeille en las de
» soye blanche et bleue. Un peu plus bas y avoit :
» Accordé avecq l'originel *et signé* J. PARMENTIER.

Le Nobiliaire des Pays-Bas contient un très-grand
nombre de familles qui ont pris de nouvelles Lettres
patentes de Noblesse quoiqu'elles fussent d'une très-
ancienne origine. Elles n'ont pas eu l'énergie de Sébastien à la Truye. Il existe un grand nombre de ces Diplômes dont le contenu seul prouve la possession immémo-
riale d'armoiries, des alliances successives avec les meilleures Maisons, des services continuels rendus au Prince
et à la Patrie. Voici une de ces Patentes : qu'on
fasse attention au contenu.

1660. « De la part de Notre cher et bien aimé *Martin*
» *Desmanez* natif de Notre Pays d'Haynau et Maî-
» tre des Forges en Notre Pays de Namur, Nous a
» été remontré que feu *Jean Desmanez* son père aussi
» Maître des Forges et un autre *Jean Desmanez* son
» aïeul Maire de Chastre auraient toujours vécu en
» gens d'honneur de leurs facultés et revenus et en
» bons Catholiques, ayant comme tels fait diverses
» belles et pieuses Fondations tant en l'Eglise dudit
» Chastre qu'en celle de Virelles, au moyen de di-
» verses Chapelles qu'ils y auraient fait bâtir, et de
» diverses Messes qu'ils y auraient fondées et dotées,
» comme le manifesteraient encore aujourd'hui les
» monumens, épitaphes et ornemens qui se trouve-
» raient ou paraisseroient leurs armoiries le temps im-
» mémorial avec timbres, savoir *un écu de gueules*
» *au lion d'or, couronné, armé et lampassé d'azur*
» *et la bordure d'argent chargé de huit flammes au*
» *naturel, timbré, ouvert et lisèré d'or, cimier un*
» *globe ou une bombe d'argent, crèventée et hors de*
» *gueule sortent des flammes*, et que d'ailleurs ceux
» de la famille de Desmanez seraient alliés par ma-
» riage à divers Nobles, anciennes et principales
» Maisons, non-seulement de Nosdits Pays-Bas mais
» de l'Italie, si comme entre autres à icelles de *To-*
» *mison* et de *Colnet*, même qu'une cousine germaine
» du Remontrant aurait été mariée au *Comte de Mon-*
» *tecuculi* à présent Gouverneur de Notre Ville d'Ar-
» mentières en Nosdits Pays-Bas, et que le grand
» oncle de sa femme *Messire François de Bruges*
» Doyen et Chanoine de l'Eglise de St.-Aubin Ca-
» thédrale dudit Namur en aurait été nommé et dé-
» signé Evêque, en sorte qu'il l'aurait été si la mort
» ne lui en eût prévenu, comme se remarqueroit hors
» de son Epitaphe contenant son éloge, et une fon-
» dation fort considérable qu'on aurait fait en ladite
» Eglise, joint que le Remontrant au moyen de sa-
» dite profession Nous aurait rendu divers bons
» services en la fonte et au fournissement de plusieurs
» pièces de canon, balles, mousquets, bombes et
» grenades pour l'usage de nos armées et la meil-
» leure défense et conservation de nos places fron-
» tières, en faisant aussi notablement valoir nos fo-
» rêts et bois au moyen de celui qu'il aurait acheté
» de temps en temps hors de Nos Domaines pour la
» consomption de cesdites forges, et d'autant qu'il
» désirait bien de se retirer en sa Maison forte à Ger-
» pines audit Namur, et conséquemment abandon-
» ner ladite profession pour y pouvoir vivre le reste
» de ses jours avec ses enfans avec plus de lustre et
» d'honneur, et y jouir des privilèges de Noblesse,
» il Nous a très-humblement supplié qu'en considé-
» ration de ce dit été, et particulièrement de sesdi s
» services, Notre plaisir fut de l'Annoblir avec ses
» enfans et posterité EN LUI CONFIRMANT SES-
» DITES ARMOIRIES et sur ce lui faire dépêcher
» nos Lettres Patentes etc. Donné en la Ville de Ma-
1660. » drid le 27 de Juin 1660 ».

Martin Desmanez ne devait point impétrer ces Lettres. Il avait en sa faveur l'Ordonnance des Archiducs Albert et Isabelle publiée en 1616. Lui, son
père, son aïeul, et leurs ancêtres avaient vécu Noblement. Ils avaient contracté des alliances avec les
premières Maisons : ils avaient porté publiquement
les mêmes armoiries. Enfin malgré cet ennoblissement
le nom de Desmanez doit être admis dans tous les
Chapitres pour les causes que je viens de rappeller
et que j'appuyerai par Titres dans un autre passage
de cet ouvrage.

François-Melchior, Baron de Goubau d'Hovorst,
Chambellan de S. M. l'Empereur d'Autriche depuis
1791. 1791, époux de Dame Julie de Villegas de Pellem-
berg a deux frères mariés, savoir 1°. Emmanuel
Goubau, ancien Conseiller Pensionnaire de la Ville de
Malines, époux de Marie de Brouckhoven de Bergeyck

sa

sa parenté dont une fille unique. 2. Eugène-Joseph Goubau, ancien Bourguemaître du Franc de Bruges, actuellement Membre du Corps Législatif, époux de Dame Thérèse Simon-de-Ville, dont trois enfans. Je dirai un mot sur l'extraction de ces deux Dames.

Marie de Brouchoven de Bergeyck épouse d'Emmanuel Goubau était fille de Pierre-Philippe-Xavier de Brouchoven, Comte de Bergeyck, Chef des Nom et Armes de Brouchoven, Lieutenant-Colonel Titulaire au service de l'Impératrice-Reine et de Marie-Elisabeth-Jeanne-Thérèse-Victoire Dormer, petite-fille de Nicolas-Joseph de Brouchoven, Comte de Bergeyck, Baron de Leefdael, et de Marie-Charl.-Albertine-Louise de Vischer-de-Celles. *Voyés, page* 135, *la Carte de Dame Louise-Marie-Ant.-Ghilaine de Brouchoven Chanoinesse à Andenne.*

Voici les ancêtres de la Dame Dormer Mariée de Brouchoven.

PÈRE Jacques Dormer, né le 6 Décembre 1708.
Il s'établit à Anvers en Brabant où il épousa 1. Marie-
Magdelaine Emptinck fille d'Edouard et de Marie-
Madel. de Coninck. De ce mariage est né Jacq.-
1736. Alb.-Paul.-Jos. Dormer né le 25 Janvier 1736 qui
1763. épousa le 18 Octobre 1763 Marie-Thér.-Colette-Gui-
1724. laine de Brouchoven née à Malines le 22 Juin 1724,
1767. morte à Anvers le 27 Décembre 1767, fille de Nicolas-Jos. de Brouchoven Comte de Bergeyck et de
Marie-Charlotte-Albertine-Louise de Vischer-de-Celles
et veuve de Maxim.-Emmam. de la Kerbulle Sgr. du
Comté de Rupelmonde et de la Baronnie de Wissenkercke en Flandre, appellé Comte de Rupelmonde,
1756. mort sans enfans le 29 Novembre 1756.

Jacques Dormer épousa 2. Jeanne Thérèse Goubau
fille de Maxim.-Corneille Sgr. de Beveren Triest,
1715. Beaulieu et Courtewalle, mort le 10 Juillet 1715, et
de Charlotte-Marie-Agnès Bouwens, sœur d'Isabelle
Sara Jos. morte Comtesse Douairière de Ribaucourt.
C'est de ce second mariage qu'est née la Dame Dormer mariée de Brouchoven. Jacques Dormer mourut
1758. à Londres le 24 Octobre 1758 et fut enterré dans le
caveau de sa Famille à Great-Missenden dans le
Comté de Buckingham.

AYEUL Sir Charles Dormer et Elis. Biddulph morte à Plowden, enterrée à Lidbury en Shropshire fille de Richard Biddulph dans le Comté de Stassard Ecuyer et d'Anne Goring fille de Sir Henri Goring, Baronet, et de Marie Chamberlain : *petite-fille* de François Biddulph Ecuyer et de Marguerite Preston. Elle portait pour Armes *de Sinople à l'Aigle d'Argent :* ses quartiers étaient :

1. Biddulph. 2. Eyres. 3. Preston. 4. Strickland.
5 Goring 6. Edwards. 7. Chamberlain. 8 Plowden.

Sir Charles Dormer devint, après son cousin Roland Dormer, Lord Baron Dormer de Wenge et Ba-
1668. ronet. il naquit le 22 Avril 1668 et mourut le 2 Juillet 1728. Son corps fut enterré à Great-Missenden
dans le tombeau de ses ancêtres. Il avait épousé en
premières noces Catherine Fettiplace seconde fille et
une des trois co-héritières d'Edmond Fettiplace de
Swincombe dans le Comté d'Oxford, Ecuyer, qui portait de Gueules à deux Chevrons d'argent. Il eut de
1691. cette 1re. épouse Sir Jean Dormer né le 2 Juin 1691,
devenu chef des Nom et Armes de Dormer Lord Baron de Dormer de Wenge, Baronet et Pair d'Angleterre le 7 Mars 1761, ayant épousé le 22 Août
1723. 1723 Marie Bishop, née le 23 Décembre 1703, morte
1703. le 29 Octobre 1739, enterrée à Great-Missenden
1739. dans le tombeau des prédécesseurs de son mari. Elle
était fille de Sir Cecil Bishop de Parham dans le Comté
de Sussex, Baronet, qui portait d'Argent à la bande
de Gueules chargée de trois besans d'Or et accompagnée de deux cotices de Gueules.

Sir Jean Dormer et Marie Bishop eurent pour enfans : 1. Charles Dormer Ecuyer fils aîné, né à Par-
1725. ham le 30 Avril 1725. Il épousa le 9 Août 1749 Lady
1749. Marie Talbot morte depuis quelques années, enterrée à Great-Missenden dans le Tombeau des prédécesseurs de son mari, fille de George Talbot Comte
de Shrewsburry Weysford et Waterford, Baron Talbot, Strange-de-Blackmere, Furnival, Verdon, Lovetot, Giffard-de-Brimsfield, Comyn-de-Badenagh,
1733. Valence et Monchensy, mort le 12 Décembre 1733 et
de Marie fille de Thomas Vicomte Fitz-William de
1752. Merion en Irlande morte le 20 Septembre 1752. 2.
1726. Robert né à Londres le 17 Mai 1726. 3. Jean dit le
1730. Chev. Dormer, né à Peterley le 18 Février 1730,
Chambellan actuel de L. M. I. 1. Capitaine Commandant les Carabiniers du Régiment de Buccow Cuirassiers au service de l'Impérat. Reine. 4. Jacques Dor-
1725. mer, né à Peterley le 27 Mars 1725, demeurant
1762. à Londres en 1762, épousa Marie fille de Patrice
Purcell du Royaume d'Irlande. Ses Armes sont *d'Ar-*
gent à trois Fasces ondées d'azur à la bande de sable
chargée de trois Hures de Sangliers d'or brochante
sur le tout. 5. Elizabeth Dormer née à Parham le 15
1724. 1753. Mai 1724, épousa le 21 Novembre 1753 George Talbot XV Comte de Shrewsbury en Angleterre, Comte
de Weysford et de Waterford en Irlande Baron Talbot, Strange-de-Blackmere, Furnival, Verdon, Lovetot, Giffard-de-Brimsfield, Comyn-de-Badenagh,
1719. Valence et Monchensy, né le 11 Décembre 1719. Il
est frère aîné de Lady Marie Talbot ci-dessus nommée.
Il porte pour Armes : de Gueules au Lion d'or à la
bordure engrelée de même. 6. Cath. Dormer née à
1727. Peterley le 16 Juillet 1727, Religieuse Urbaniste à
Bruges. 7. Anne-Barbe Dormer morte sans alliance.

BISAYEUL. Charles Dormer de Peterley époux
de Marie Cellier dont les Armes sont *d'or, à la*
bande d'azur, chargée de trois boîtes de Made-
laine d'or dans le sens de la bande. Charles mourut
1677. le 22 Mars 1677. Ses frères et sœurs sont : 1. 2. 3.
Robert, Edouard et Jacques morts sans lignée. 4.
5. 6. et 7. Jean, Guillaume-Antoine et Thomas Dormer dont on ne connaît pas la postérité. 8. Elisabeth
Dormer épouse de Jean Webb de Clerkenwell dans
le Comté de Middlesex Ecuyer il portait *de Gueules*
à la Croix cantonnée de quatre Faucons le tout
d'or. 9. Marie Dormer épouse de Jean Roper Ecuyer
10. 11 et 12. Françoise, Brigitte et Winifride Dormer mortes sans alliance. 13. Anne Dormer épouse
de George Eyston d'East-Henreth dans le Comté
de Berks, Ecuyer. Il portait *de Sable à trois*
Lions d'or.

TRISAYEUL. Robert Dormer de Peterley dans
la Paroisse de Missenden au Comté de Buckingham,
1661. Ecuyer, mort le 23 Octobre 1661, époux de Marie
1679. Banaster morte le 11 Novembre 1679, fille d'E-
douard Banaster d'Ilsworth dans le Comté de Sou-
thampton Ecuyer, sœur et héritière de Sir Edouard
1670. Banaster Chev. mort le 11 Janvier 1670 sans postérité. Il portait *d'Argent à la Croix enbendée de*
sable. Les frères et sœurs de Robert Dormer sont :

1. Catherine Dormer épouse de Sir Jean Carrell de Harting dans le Comté de Sussex Chevalier qui portait d'Argent à trois fasces de sable accompagnées en chef de trois merlettes de même.

2. Sir Guillaume Dormer d'Ascott Chev. mort avant son père. Il avait épousé Alix fille de Sir Richard Molineux de Sephton dans le Comté de Lancaster Chevalier et Baronet qui portait *d'azur à la*

FRA

Croix ancrée d'or. Ses enfans sont: 1 Elisabeth Dormer
1635. morte le 21 Mai 1635, *enterrée* à Raglan. Elle avait épousé Edouard Somerset Marquis et Comte de Worcester, Comte de Glamorgan, Lord Herbert de Raglan, Chepstow et Gower, Baron Beaufort de Caldecot-Castle, Lord Lieutenant de South Wales. Il se remaria à Lady Marguerite O Bryen fille de Henri Comte de Thomond de laquelle il n'eut point d'enfant. Ce Seigneur était fils ainé de Henri Somerset, Marquis et Comte de Worcester, Lord Herbert
1646. de Raglan, Chepstow et Gower mort en Août 1646, et d'Anne fille de Jean Lord Russell et petite fille et héritière de Franç. Russell, Comte de Bedford, Chev. de la Jarretière. Elisabeth Dormer et Edouard Somerset eurent trois enfans: *le premier* Henri Somerset duc de Beaufort, Marquis et Comte de Worcester, Comte de Glamorgan, Lord Herbert de Raglan, Chepstow et Gower, Baron Beaufort de Caldecot-Castle, Chevalier de l'Ordre de la Jarretière, Lord Lieutenant et Lord Président de la Principauté de Galles et un des Seigneurs du Conseil d'Etat et Privé du Roi Charles II, créé duc de Beaufort le 2
1682. Décembre 1682, mort le 21 Janvier 1699, ayant
1699. épousé Marie Capel veuve de Henri Seymour Lord Beauchamp, fille aînée d'Arthur Capel, Lord Baron Capel de Hadham dans le Comté de Hertford et d'Elisab. fille de Sir Charles Morrison de Cashiobury dans le Comté de Hertford, Chevalier. Elle portait pour Armes *de Gueules* au Lion d'or accompagné de trois Croix recroisettées au pied fichées de même 2 et 1. *Le second enfant* est Anne Somerset épouse de Henri Howard, duc de Norfolk, Comte Maréchal d'Angleterre, Comte d'Arundel, de Surrey, Norfolk et de Norwich, Baron de Mowbray, Howard, Segrave, Brewse-de-Gower en Caermarthenshire, Fitz-Allan, Warren, Clun, Oswaldestre, Maltravers, Greystock, Furnival, Verdon, Lovetot, Strange-de-Blackmere, et Howard-de-Castle-Rising, Premier Duc, Comte et Baron d'Angle-
1628. terre, né le 12 Juillet 1628, mort le 11 Janvier 1683.
1683. *Le troisième enfant est* Lady Elisabeth Somerset épouse de Guillaume Herbert Duc de Powis, Chev. de l'Ordre de la Jarretière, Lord Grand Chambellan d'Angleterre. Elle fut élevée par son grand-père le Marquis de Worcester qui, ayant soutenu le dernier en Angleterre les intérêts du Roi Charles I dans son Château de Raglan, mourut prisonnier d'Etat du Parlement d'Angleterre. Après sa mort, elle fut menée à Nivelles en Brabant pour y être élevée dans la Religion Catholique et enfin elle épousa le Duc de Powis. Dans le temps de son mariage elle vendit jusqu'à son collier de perles pour secourir son père alors prisonnier et dépouillé de tous ses biens par les Parlementaires. Elle avait une très-grande charité, une égalité et une fermeté d'esprit extraordinaire, une très-grande pénétration et une facilité surprenante dans les affaires les plus épineuses. Un nommé *Angerfield* produisit contre elle plusieurs chefs d'accusation. On la cita devant le Conseil Privé le jour de la Toussaint
1678. 1678 sans lui avoir donné la moindre connaissance du sujet qui l'y faisait appeller et elle déconcerta tellement ses accusateurs qu'elle fut mise en liberté. Elle supporta avec constance sa prison d'un an dans la Tour de Londres où son mari fut cinq ans. Ensuite elle passa en France pour laisser écouler ces temps orageux et se retira à Bourges *incognito* avec une partie de sa famille. Le Roi Jacques II s'y étant re-
1689. tiré en 1689 la fit Gouvernante du Prince de Galles son fils. Elle mourut à St.-Germain-en-Laye le 21
1691. Mars 1691. De son mariage sont sortis les Marquis

FRA

de Montgomery et cinq filles: Marie, Françoise, Anne, Lucie, et Winifride Herbert.

2. Sir Robert Dormer (*fils aîné de Guillaume et d'Alix Molineux*) Lord Baron Dormer de Wenge et Baronet fut créé Vicomte d'Ascott et Comte de
1628. Caernarvon dans le North-Wales en 1628. Il commanda un Régiment de Cavalerie pour le Roi Charles I, se signala à la bataille de Roundway-Down don-
1643. née le 13 Juin 1643 et servit aux prises de Dorchester et de Weymouth. Il combattit à la tête de la Cavalerie Royale à la bataille de Newbery où il fut tué le 20 Septembre de la même année. C'était un Capitaine illustre par son courage et par sa prudence. Il aima l'honneur et la vertu et fut regretté comme l'un des plus Grands Hommes de bien de son temps. Il avait épousé *Lady* Anne-Sophie Herbert fille aînée de Philippe Comte de Pembroke et de Montgomery, Chevalier de l'Ordre de la Jarretière, de l'Illustre Famille des Herberts, issue d'un fils naturel de Henri Roi d'Angleterre. De ce mariage vint Charles Dormer, Comte de Caernarvon, Vicomte d'Ascott, Lord Baron Dormer de Wenge et Baronet, mort le 29 No-
1709. vembre 1709, sans enfans mâles. Il avait épousé 1.
1678. Elisab. Capel morte le 30 Juillet 1678, *enterrée* à Wenge le 7 Août suivant fille d'Arthur Capel, Lord Baron Capel de Hadham et d'Elisabeth Morrison, mentionnée ci-dessus, sœur d'Arthur Capel, Comte d'Essex, Lord Lieutenant d'Irlande. La seconde épouse de Charles Dormer fut Lady Marie Bertie
1709. morte le 30 Juin 1709 à 69 ans sans enfans. Elle était fille de Montegu Bertie Comte de Lindsey, Lord Grand Chambellan héréditaire d'Angleterre, Chevalier de l'Ordre de la Jarretière, Gentilhomme de la Chambre du Roi Charles I, un des Seigneurs de son Conseil Privé, Colonel du Régiment de ses Gardes, Lord Lieutenant, *Custos Rotulorum* du Comté de Lincoln, *Custos Rotulorum* du Comté d'Oxford, un des Seigneurs du Conseil d'Etat et Privé du Roi
1666. Charles II, mort le 25 Juillet 1666 à 58 ans, et de Brigitte Wray sa 2e. femme. 3. Guillaume Dormer second fils mort sans alliance. 4. Richard Dormer mort sans alliance. 5. François Dormer mort sans alliance.

3. Elisabeth Dormer épouse de Sir Henri Huddleston de Sauston dans le Comté de Cambridge Chev. qui portait *de Gueules fretté d'argent.*

4. Marie Dormer épousa Sir Jean Curzon de Waterpury dans le Comté d'Oxford Chevalier qui portait d'argent à la bande de sable, chargée de trois perroquets d'or, colletés de Gueules.

5. Antoine Dormer de Grove-Park dans le Comté de Warwick, Ecuyer, laissa plusieurs enfans de son épouse Marg. Terringham de Terringham dans le Comté de Buckingham Chev. qui portait *d'azur au Sautoir engrelé d'argent.*

6. Richard Dormer dont l'alliance est inconnue.

QUATRIÈME AYEUL. Sir Robert Dormer Chev.
1615. créé Baronet le 10 Juin 1615, Pair d'Angleterre sous le titre de Lord Baron Dormer de Wenge dans le Comté de Buckingham le 30 du même mois mort
1616. le 8 Novembre 1616 la 14e. année du Regne de Jacques I, époux d'Elisab. Browne fille d'Antoine Browne, Lord Vicomte de Montague, Chev. de la Jarretière, Lieutenant Général des Troupes Angloises au
1557. siége de St.-Quentin en Picardie l'an 1557, Membre du Conseil Privé de la Reine Marie, mort le 19 Oc-
1592. tobre 1592, et de sa seconde femme Magdelaine fille de Guillaume Lord Dacre de Gillesland. Cet Antoine fut le seul Seigneur avec le Comte de Shrewsbury qui s'opposa au Bill pour abolir la suprématie du Pape

et établir la Réformation la 2e. année de la Reine Elisabeth.

Robert Dormer avait trois sœurs nées comme lui du second lit : *la première* Marguerite Dormer épouse de Sir Henri Constabel de Burton-Constabel en Holderness Chevalier père de Henri Constabel créé premier Vicomte de Dunbar. *La seconde* Catherine Dormer épousa Jean St.-John, Lord St.John de
1596. Bletshoe, mort le 23 Octobre 1596, enterré à Bletshoe dans le Comté de Bedford : elle mourut le 23
1714. Mars 1614, fut enterrée dans la Chapelle de St.-Michel de l'Abbaye de Westminster où l'on voit son tombeau avec cette épitaphe :

« *Memoriæ S. Catherinæ, Dominæ St. John, filiæ* » *Guillelmi Dormer de Eythrop,* Equitis Aurati, *vi-* » *dua Joannis Baronis St. John de Bletshoe cui* » *peperit oliverum filiolum tenella ætate defunctum,* » *et annam uxorem Guglielmi Domini Howard de Ef-* » *fingham, primogeniti filii Caroli Comitis Not-* » *tinghamiæ, Angliæ Thalassiarchæ etc.*

» *Cum mors sit certa et posterorum cura incerta,* » *mortalitatis memor, certissima Spe in Christo* » *resurgendi, hoc sibi Monumentum vivens posuit.*
1614. » *Obiit die* 23 *Mensis Martii anno salutis* 1614.

La troisième Marie Dormer épouse d'Antoine Browne, Lord Vicomte de Montague fils aîné et héritier d'Antoine Browne, Lord Vicomte de Montague ci-dessus nommé et de Lady Jeanne Ratcliff, fille de Robert Comte d'Essex, sa première femme. Il portait pour armes *de sable à trois Lions d'argent entre deux jumelles de même en bande.*

CINQUIÈME AYEUL. Sir Guillaume Dormer d'Eythrop fait Chevalier du Bain au couronnement
1553. de la Reine Marie le 1er. Octobre 1553, mort à
1575. Ascott le 17 Mai 1575, enterré à Wenge, époux en secondes noces de Dorothée Catesby fille d'Antoine Catesby de Whiston dans le Comté de Northampton Ecuyer qui portait *d'Argent à deux Léopards l'un sur l'autre de sable armés et couronnés d'or.* Elle se remaria à Sir Guillaume Pelham de Brokelsby dans le Comté de Linkoln Chev. Lord Justicier d'Irlande, Maître de l'Ordonnance, Membre du Conseil Privé de la Reine Elizabeth, Général de
1586. la Cavalerie Anglaise aux Pays-Bas en 1586, fils de Sir Guillaume Pelham de Laughton dans le Comté de Sussex, aussi Chevalier.

Guillaume Dormer avait épousé en premières noces Marie Sidney qui portait d'or au pheon d'azur. Elle était fille de Sir Guillaume Sidney de Pensburst dans le Comté de Kent, Chevalier Banneret, Gouverneur du Roi Edouard VI. Cette Dame était sœur de Sir Henri Sidney, Chev. de la Jarretière, Lord Député d'Irlande où il éteignit la rebellion de Shan O Neil et mit sa tête sur le Château de Dublin. Cet Henri se maria avec Marie Dudley fille aînée de Jean Duc de Northumberland et fut père de Sir Philippe Sidney l'un des plus Grands Hommes que l'Angleterre ait produits. Sa renommée était si grande que les Polonais voulurent l'élire pour leur Roi : mais la Reine Elisabeth ne voulut point y consentir. Le Chevalier Richard Baker dit qu'il avait des dons si excellens et acquis tant de savoir, de valeur, d'esprit et de magnanimité, qu'il a surpassé tous les Héros de l'antiquité et que ceux des siecles suivans pourront à peine l'égaler. Les Poëtes ont employé leurs talens à le louer et Jacques I. lui-même a fait des vers à sa louange. La Reine Elisabeth l'appellait son *Philippe* et le Prince d'Orange son *Maître.* Le Lord Brooke faisait si grand cas de son amitié qu'il ne voulut d'autre Epitaphe que celle-ci : *Toulques Grevile Serviteur de la Reine Elisabeth, Conseiller du Roi Jacques et ami de Sir Philippe Sidney. Trophæum peccati.*

Sir Guillaume Dormer eut de sa 1re. épouse Marie Sidney les enfans suivans : 1. Thomas mort jeune. 2. Roger mort jeune. 3. Anne Dormer épouse de Sir Guillaume Hungerford de Farley-Castle dans le Comté de Wilts, Chevalier, fils aîné de Gautier Lord Hungerford qui perdit malheureusement la vie le 28 Juillet l'an 32 du règne de Henri VIII. Elle quitta
1577. l'Angleterre pour venir aux Pays-Bas l'an 1577 et
1603. mourut le 19 Décembre 1603 a Louvain où elle fut enterrée aux Chartreux près de son Ayeule. 4. Jeanne Dormer fille d'Honneur de la Reine Marie épousa Don Gomez Suarez de Figueroa y Cordova, Comte, puis Duc de Feria en Espagne, lequel vint en Angleterre avec le Roi Philippe fils de Charles-Quint. Elle était veuve de lui en 1603. C'est elle qui a fait bâtir le Tombeau de Jeanne Newdigate son aïeule à la Chartreuse. Ce Mausolée n'existe plus à présent. *Voyez le Grand Théâtre sacré de Brabant tom I. page* 124.

SIXIÈME AYEUL. Sir Robert Dormer d'Ascott dans la Paroisse de Wenge Comté de Buckingham, Chevalier, Sheriff des Comtés de Bedford et de
1552. Buckingham, fit son testament le 20 Juin 1552. Son épouse fut Jeanne Newdigate de Harefield morte le
1571. 7 Juillet 1571 à Louvain en Brabant où elle s'était
1559. retirée en 1559. Elle fut enterrée aux Chartreux où la Duchesse de Feria sa petite-fille lui a fait élever un superbe Mausolée. Elle portait pour armes *de gueules à trois pates de lion d'argent.* Elle était fille de Jean Newdigate de Harefield dans le Comté de Middlesex Ecuyer, Sergeant at Law (*c'est-à-dire Docteur en Droit Civil*) et d'Ampbillis Nevile.

SEPTIÈME AYEUL. Guillaume Dormer de West-
1506. Wycombe Ecuyer, mort en 1506, enterré dans le Chancel de l'Eglise de West-Wycombe. Son épouse fut Agnès fille de Jean Launcelyn Chev. Français qui portait *d'argent à la fasce de sable, chargée de trois Etoiles du Champ.*

HUITIÈME AYEUL. Geofroy III Dormer de West-Wycombe époux d'Ursule fille et héritière de Brian Collingridge *alias* Concluche *alias* Calridge de Touzege dans le Comté de Buckingham, issu de la Maison des Fitz-Allans Comte d'Arundel. Elle portait pour armes : *ecartelé au* 1 *et* 4 *d'argent à trois Fleurs de Lis d'azur* qui est Collingridge. *Au* 2 *et* 3 *contre-écartelé de gueules au lion d'or et échiqueté d'or et d'azur au pal patté de pourpre brochant sur le tout* qui est Arundel.

NEUVIÈME AYEUL. Geofroy Dormer de West-Wycombe Ecuyer Sgr. de Thame époux de Judith fille de Robert Baldington Seigneur du Manoir de Tham dans le Comté d'Oxford et ensuite héritière de ce lignage. Ses Armes sont *d'argent au chevron de sable chargé de trois Roses d'argent boutonnées d'or, et accompagné de trois tourteaux de sable deux en chef et un en pointe.*

DIXIÈME AYEUL. Geofroi Dormer de West-Wycombe dans le Comté de Buckingham en Angleterre dont les Armes étaient *d'azur à dix billettes d'or,* 4, 3, 2 *et* 1, *au chef de même chargé d'un Lion naissant de sable armé et lampassé de gueules.* Il épousa Eléonore fille et héritière de Thomas Dorre *alias* Chobbs qui portait : *de gueules au chevron d'argent chargé de trois merlettes de sable et accompagné de trois poissons d'argent posés en fasce au chef denché de même, chargé de trois coquilles de gueules.*

Eugène-Jos.-Mar.-Ghilain Goubau, né à Malines

FRA

1761. en 1761, frére des précédens est époux de Noble
Dlle. Thérèse-Jeanne Simon de Ville, née a Bruges et baptisée à St.-Jacques. Cette famille de Simon s'écrit Simon-de-Ville depuis Messire Ignace
Simon Chevalier Conseiller du Conseil d'Etat et Privé
du Roi, auparavant Président du Conseil d'Artois et
Conseiller de l'Amirauté Suprême mort à Bruxelles.
sur-Intendant de la Justice Militaire, Ce Seigneur re-
» montra. « *que Sa Majesté l'ayant élevé aux char-*
» *ges susd. et distingué en honn. de ceux de sa parenté*
» *qui portent son même nom et d'autres qui n'en sont*
« *pas et ne lui touchent en aucune façon*, le Roi Charles
» II lui permit de joindre et unir au susd. nom de Simon
» celui de de Ville *en distinct. des autres du même nom* ».
Cette demande fut accordée par acte expédié sous le
1693. nom et cachet secret de S. M. à Madrid le 5 Août 1693.
Madame Goubau est sœur de :

1. Franç.-Xavier-André Simon-de-Ville Sgr. de Ghistelhove, du 6e. des Seigneuries de Zuytcote et Mouswalle, ci-dev. Conseiller du Magistrat de Bruges.

2. Isab. Jean. Simon-de-Ville. Elle épousa le 11 Sept.
1787. 1787 à St.-Sauveur à Bruges Messire Philippe-Nicolas-
Jos Van Borsselle-Van der Hooghen, Sgr. de Rietwyck.

3. Rose-Jeanne Simon-de-Ville épouse de son cousin-sous-germain Jean Eugène-François de Penaranda.

FRA

4. Françoise-Albertine Simon-de-Ville. Elle épousa
1791. le 23 Août 1791, en l'Eglise de N. D. à Bruges Franç.-
Jean-Ant. Marouck Ecuyer, ci-devant Capitaine d'Infanterie et Enseigne au Régiment des Gardes Wallones
de S. M. C. fils cadet de Franç.-Jacq.-Théophile né à
1716. Opbracle Diocèse de Malines en 1716, Sgr. de Reg-
gersvliet, Bissem, Werrebeke etc. Echevin ensuite
premier Conseiller de la ville de Bruges.

Le quatrième aïeul de Madame Goubau est Jean
1560. Simon Ecuyer Sgr. de Clairpuys né vers 1560, créé
1599. Chev. par Philippe II en 1599, envoyé par les Archiducs Albert et Isabelle vers le Roi Henri IV en
1600. 1600 jusqu'en 1613 qu'il devint Greffier ordinaire
de la Chambre des Comptes de Lille par Patentes du
1613. 9 Mai 1613, Envoyé extraordinaire vers la Reine
Régente par l'Infante Isabelle pour des affaires secrettes concernant le Bien de l'Etat. Il décéda à
1634. Lille en 1634 où il avait épousé en 1612 Anne Ro-
1612. berti sœur de Messire Pierre Conseiller et Maître de
la Chambre des Comptes à Lille, puis Conseiller
et Commis des Domaines et Finances de S. M. Catholique à Bruxelles, tous deux enfans de Messire
Remacle Roberti Conseiller et Maître à la Chambre des Comptes à Lille, Proviador Général des Armées de S. M. C. et de Dame Barbe Baseliers.

HUIT QUARTIERS NOBLES DE DAME THÉRÈSE-JEANNE SIMON-DE-VILLE *Epouse d'Eugène-Joseph-Marie-Ghislain Goubau Membre du Corps Législatif en* 1809.

JACQ.-HYACINTHE SIMON DE VILLE, Ecuyer, Bourguemaître du Franc de Bruges en 1694, 1695 et 1696, + 22 Février 1728.
Fils cadet de Mes. Remacle Simon Sgr. de Clairpuys, cree Chev. par le Roi d'Espagne en 1660 Il était Cons. de S M. et 1er. Greffier de son Conseil des Finances à Bruxelles où il mourut le 20 xbre. 1666, inhumé à Ste. Cather. avec épitaphe.
Il avait épousé Dame Jacqueline Elias Dame de Zuyderschap, + 8 Août 1676 fille de Pierre Bourguemaît de Dixmude et de Marie-Anne de Jonghe.

ISAB.-MARG. DE MUELENAERE dite Van Belle, + 11 Août 1703, gît à la Cathédrale de Bruges.
Fille de Nicol. Ecuyer Sgr. de Kemps, Maire héréd. d'Alost, premier Bourguemaître de Bruges, et de Noble Dlle. Isab. de Maerschalck
Petite fille de Pierre de Muelenaere dit Van Belle IIe. du nom, Ecuyer Sgr. de Kemps et de Nob. Dame Marg. Van Volden.

JACQUES DE LA VILLETTE Ecuyer Sgr. de la Ville de Zuytcote, Mooswalle, Tentorre, 1er. Conseil. Pensionnaire du Franc de Bruges et aux Etats de Flandre, mort le 1 xbre. 1716, inhumé à St.-Jacques où son blason est décoré de ses 8 quartiers.
Fils de Messire Robert de la Villette Bourguem. du Franc de Bruges en 1669, 1670, 1671, 72, 73, 75 jusqu'en 1685, crée Chev. par S. M. C le 18 Juin 1679.

GERTRUDE-FRANÇ.-ISAB. DE BOCK, + à Bruges le 11 Juin 1737, gît à St.-Jacques avec huit quartiers.
Fille cadette de François de Bock Ecuyer, Cons. et Procureur gén. du Cons. de Flandre par Patentes du 7 Févr. 1659, + à Gand le 26 Mars 1674 gît aux Dominicains, et de Noble Marie de Nachtegalle
Petite-fille d'André de Bock Ecuyer, nauf de Zélande, mort à Dunkerque, et de Mar. Uphooghe.

MATHIEU DU BOIS Ecuyer, né à Gand en 1650, mort le 3 Juillet 1700,
Fils de Mathieu et de Marie Marre morte en 1668.
Il gît à St.-Bavon à Gand, dans la Chapelle St. Joseph sous une pierre de marb. blanc avec ses armoiries timbrées, et à côté celles de son épouse.
On y lit cette inscription avec Blasons. Voyez Hellin page 463.

JACQUELINE-SABINE CODDE morte à Gand le quinze Août 1737 âgée de 79 ans.
Fille de Josse, issu d'ancienne famille ayant de tout tems port d'armoiries, et de Marie Wymeersch F. de Pierre Ecuyer et de Jeanne d'Hauwe de Redichove.

Monumentum antiquum ac renovatum Nobilis Familiæ Mathæi du Bois ac Jacquelinæ Sabinæ Codde conjugum, eorumque ascendentium et descendentium in perpetuum. Obiit ille 3 *Julii* 1700 *ætatis* 50 *illa vero* 15 *Augusti* 1737, *ætatis suæ* 79.

ROBERT DE LA VILLETTE Ecuyer, Conseiller, puis Echevin de la Ville de Bruges, mort le 27 Août 1720,
Fils cadet de Messire Josse de la Villette Sgr. d'Altena etc. créé Chevalier par S. M. Cath. Charles II le 2 Janvier 1699, mort en 1703, et de Noble Dame Jeanne-Thér. de Bock sœur aînée de 20 ans de Gertrude de Bock morte Douairière de Jacques de la Villette, neveu dudit Messire Josse.

ISABELLE-CLAIRE DE GHELLINCK + à Bruges le 9 Novemb 1767
Fille de Messire Jean-Bapt. de Ghellinck né le 3 Octob. 1638, Sgr. de Gorghem etc. créé Chevalier par S. M. Imp. et R. le 3 Octobre 1716, Bourguemaît. de la Ville de Courtray, mort le 4 Juin 1728, et de Dlle. Isabelle Marre, morte en 1723.

FRANÇ.-BERN.-SIM. DE VILLE Ecuyer né à Bruges le 20 8bre. 1696, baptisé à Ste.-Anne, mort le 7 Mars 1741, inhumé au caveau de son père en ladite Eglise. Il fut Conseiller, puis Echevin de la Ville de Bruges, puis Recev. général des revenus des Fortifications.

GERTRUDE FRANÇOISE DE LA VILLETTE née à Bruges en 1699, baptisée à Notre-Dame, morte le 14 Octobre 1741, inhumée pres de son mari a Ste.-Anne.

ANDRÉ-FRANÇ DU BOIS Ecuyer Sgr. de Leyzeele, Blydenburg etc. né à Gand le 14 Fév. 1696, bapt. à St-Bavon, + à Bruges le 21 8bre. 1771, frère de Math.-Franç. du Bois Ecuyer, Cons. au Conseil de Fland. depuis 1732, + 11 Fév 1750. 8 quart. furent exposés à ses funérailles.

ISABELLE DE LA VILLETTE fille unique mariee le 24 Avril 1728, morte le 18 Novembre 1767, inhumée à Sainte-Walburge à Bruges.

Messire FRANÇ.-XAV.-PIERRE SIMON-DE-VILLE Sgr. de Ghistelhove et en partie de Zuytcote et de Mooswalle, obtint en 1760 de S. M. I. R. A. un Echevinage perpétuel du Pays du Franc de Bruges, puis devint Ecoutette de ladite Ville par Patentes de S. M. données à Vienne en Juillet 1777, né à Bruges le 25 Août 1737, baptisé à N. D. 1re. + 17 Janvier 1787, enterré dans un caveau au Cimetière de St.-Michel-lès-Bruges. On voit dans l'Eglise son épitaphe avec 16 quartiers.

Noble Dame JEANNE-ISABELLE DU BOIS 3me. fille née à Bruges le 8 Août 1741, baptisée à Ste.-Walburge, mariée par dispenses avec son cousin le 15 Janvier 1760, morte le 18 Octobre 1790, inhumée près de son époux. Elle avait 3 sœurs 1°. Isab. Claire épouse de Jean-Bapt. Van Zuylen d'une très-ancienne Maison de la Hollande; 2°. Mathée Franç épouse de Jos. Aybert fils de Jos.-Nicol. Rapaert Seigneur du vieux château de St.-Venant.

Noble Dlle THÉRÈSE-JEANNE SIMON-DE-VILLE née à Bruges, baptisée à St.-Jacques où elle épousa le 27 Septembre 1791 Messire Eugène-Jos.-Mar.-Ghislain Goubau né a Malines en 1761. Les enfans de cette Dame n'ont pas moins les qualités requises pour être adm. aux Chap. que ceux de M. son frère le Baron Goubau Chamb. de S. M. l'Emp. d'Autriche, depuis 1792.

La carte de la Famille de Simon que je viens de donner offre une réflexion bien satisfaisante et honorable. On y voit, à chaque génération, que tous les Membres de cette Famille se sont toujours rendus essentiellement utiles en remplissant des emplois distingués dans la Diplomatie et la Magistrature. Je me suis occupé de cette carte avec plaisir, avec reconnaissance même, pour les égards dont Madame Goubau, née Simon, me comble dans toutes les occasions. L'hommage que je lui rends est celui que je dois à la vérité.

Cette généalogie a été sévérement faite sur titres. Je réserve au mot Simon des documens qui prouveront plus amplement l'ancienneté de cette famille. En épousant Mademoiselle Simon, M. Goubau donne à ses enfans des ancêtres maternels qui ont joui d'une grande considération de génération en génération pendant plusieurs siècles. On n'oubliera jamais à Bruges que M. Simon, père de cette Dame, fut un des Ecoutètes qui a vécu avec le plus d'honneur. Affabilité, douceur, politesse, grand usage du monde, générosité, bienfaisance, toutes ces qualités étaient réunies dans M. Simon. Madame Goubau ne fixe pas moins l'attention des sociétés par sa figure agréable, une très-grande naïveté, des saillies spirituelles et expressives, du talent dans l'exécution des *Adagio* sur la harpe, et mille autres agrémens. Je n'aurai pas moins de plaisir à me rendre utile aux Dames de Borsele, Pemaranda et Maroux (*sœurs de Mme. Goubau*) qui font également les délices des sociétés à Bruges.

A son arrivée à Bruges, M. Eugène-Joseph-Marie

Goubau a donné connaissance des titres de sa famille à Messieurs les Bourguemaîtres et Echevins du Pays du Franc de Bruges. Ces Messieurs prirent en chambre le 11 Février 1791 une résolution telle qu'il lui compétait. Voici ce qu'on fit dans le Registre.

« Le Sr. Greffier de la Chambre fit rapport que le » Seigneur Echevin Goubau lui avait transmis plu» sieurs Actes des Hérauts d'Armes de Sa Majesté *et » autres documens* pour constater que ledit Seigneur » Echevin Goubau a droit *de se qualifier du titre de » MESSIRE et de jouir des prérogatifs attachés à la » NOBLESSE ANCIENNE ET CHEVALE» RUSE* avec demande que le Collége, après exa» men desdites pièces, agréerait qu'à lui Seigneur Gou» bau fut donnée ladite qualification de Messire tant » dans les Actes publics que privés.

» Le tout considéré et nommément après avoir » entendu la lecture des pièces précitées.

» Fut résolu d'agréer qu'au prénommé Seigneur » Echevin Goubau il soit donné la qualification de » MESSIRE tant dans les Actes publics que privés, » où il interviendra ou comparaîtra : que de plus copie » authentique de la présente soit remise aux Sieurs » Greffiers de la Chambre Orpheline et de la Notarie » du Pays afin de s'y conformer.

» Ainsi se trouve au predit Registre des Résolutions. » En témoignage le soussigné premier Conseiller Pen» sionnaire et Greffier de la Chambre du Franc. » *Signé SOLA* ».

Parmi les pièces produites se trouvait la carte suivante :

FRANÇOIS GOUBAU Sgr. de Triest etc. épousa D. Isab. Van den Broecke, Dame de Longchamps, Bousval.	MAXIMILIEN GÉRARDI issu d'une ancienne Maison Noble d'Italie, épousa Dame Marie-Claire de Coxie.	GÉRARD DE BERTRAND Ecuyer, epousa Dame Anne Van der Straeten.	JEAN-IVES D'HEUSDEN D'ELSHOUT Ecuyer issu des anciens Comtes de Clèves, épousa Dame Lucrèce de Boncamp de Kaetler.				
JEAN FRANÇ. GOUBAU Chev. Sgr. de Beveren, Triest, Bousval, Laloo etc.	Dame CÉCILE-CATHERINE GÉRARDI.	Messire JOSSE DE BERNARD Chev. Sgr. de Boeninghe.	Dame MARIE CATHERINE D'HEUSDEN dite D'ELSHOUT.	Messire DIÉGO-FERDINAND DE VILLEGAS Baron de Hovorst fils de Messire Paul-Melchior de Villegas Baron de Hovorst, Sgr de Broeckhout, Voorschooten etc. et de Dame Isabelle Van Ophem.	Dame MARIE-JEANNE DE VILLEGAS fille de Mess. Diego Ferdinand de Villegas Chev. Sgr. de Berville, etc. et de Dame Isabelle-Lucie Van Opmer.	Mess. FRANÇOIS-CHARLES DE WISSENKERCKE Baron de Pellenbergh Sgr de Sprang fils de Noble Sgr. Jacq. de Wissenkercke Sgr. de Sprang et de Valckenvoort et de D. Eléonore de Lisola.	Dame ANNE VANDER DUYN fille de Mess. Nicolas Van der Duyn Sgr. de Ryswick et de Dame Anne de Berchem.

PIERRE FERDINAND GOUBAU Ecuyer Sgr. de Courtewalle, Teyzèle etc. — Dame LUCRÈCE-ANTOINETTE DE BERNARD. — Messire MELCHIOR-JOSEPH DE VILLEGAS Baron de Hovorst. — Dame ANNE-MARIE-FRANÇOISE DE WISSENKERCKE Baronne de Pellenbergh.

CHARLES-HENRI GOUBAU, Chev. Sgr. de Middelswaele, Dietteson etc. — Dame REINE-CHARLOTTE DE VILLEGAS.

EUGÈNE JOSEPH-MARIE GOUBAU présentement Echevin du Franc de Bruges.

« Nous Soussignés certifions et attestons que la » Carte généalogique ci-dessus de Messire Eugène-» Joseph Marie Goubau est exacte et véritable, tant » pour son origine et la chaîne de filiations de ses an» cêtres que pour leurs armoiries qui y sont exacte» ment dépeintes et désignées avec leurs émaux, ainsi » que leurs écussons, béaumes, lambrequins, et » autres décorations. Nous certifions en outre que les » ascendans sont tous issus d'anciennes familles No» bles ce que nous affirmons, sous notre parole d'hon» neur et de Gentilshommes, en lieu de serment comme chose à nous connue, et dont nous avons d'ail» leurs pris ultérieure et parfaite connaissance dans » les documens authentiques qui nous ont été remis à » cet effet. En foi de quoi nous avons signé les pré-
1785. » sentes à Bruxelles le 14 Juillet 1785, et y apposé » le cachet de nos armes. Etaient signés François » Vicomte de Nieulant et de Pottelsberghe. — » M. François Van Grave. — Le Comte Longueval-» de-Bucquoy et le Baron d'Hovorst de Pellenbergh.

Les quatre quartiers de Dame Lucrèce-Antoin. de Bernard, savoir Bernard, Van der Straeten, Heusden et Boucamp, ont été prouvés et admis 4 fois, 1°. Pour l'admission de M. le Baron de Boinebourg (*arrière-petit-fils de Messire Josse de Bernard*) comme Cham-
1781. bellan de S. A. E. l'Electeur de Trèves en 1781 : 2°. à l'admission de M. Jos. Goubau à l'Abbaye Noble de Ste.-Gertrude à Louvain : 3°. pour l'admission de Mlle. Thérèse Goubau à l'Abbaye de Herkenrode, pays de Liége : 4°. pour l'admission dudit Messire Eugène-Joseph Goubau à l'appartement de la Cour de L. A. R. Sérénissimes Gouverneurs-Généraux des Pays-Bas, en vertu de leur Décret du 17 Décembre 1784.

On a trouvé à la mortuaire de ce Baron de Boinebourg plusieurs documens qui concernent la Maison de Bernard. Il était héritier féodal médiat dudit Messire Josse son bisaïeul. Parmi les titres, légalement nventoriés, se trouvait l'ancien Registre de Famille de Goubau, dont j'ai donné un extrait ci devant p. 139.

M. Goubau a sauvé un monument précieux pour les artistes C'est le mausolée de son sextaïeul Don Diégo de Villegas époux de Dame Adrienne de la Corona. Il représente un cabinet d'armes à deux battans décorés des quartiers suivans.

Villegas, Ayala, Stephanes, Pesquera.

De la Corona, Pamele, Castro, Breydele.

L'intérieur de ce monument présente un *ex voto* avec les portraits de M. et Madame de Villegas, et de leurs douze enfans peints par le célèbre Porbus.

On y lit l'inscription suivante : « *Dnæ. Adrianæ de* » *la Corona viduæ Dni. Didaci de Villegas Pamp*- » *lianæ virtutis, Nobilitatisque veræ Coronæ et pa*- » *renti optimæ hæredes mœsti posuere. Obiit 3 idibus*
1579. » *Novembris* 1579 ».

Au bas de ce mausolée se trouve ce qui suit : « *Dnus.* » *Eugenius-Josephus-Maria-Gislenus Goubau eorum* » *abnepot, Franconatus Brugensis tunc temporis Con*- » *sul, restaurari ac reponi curavit anno Dni.* 1793 ».

On y voit les armoiries de Goubau avec bordure et couronne au lieu de timbre et deux griffons pour supports, entourés de seize quartiers qui sont :

Goubau, Wassenaer *dit Van der Broeck*, Gerardi, Cozie.

Bernard-Braze, Van der Sraeten, Heusden-d'Elshout, Boucamp zu Kaetler.

Villegas, Van Ophem, Villegas, Van Opmeer.

Wissenkercke, Lisoia, Brederode *dit Van der Duyn*, Berchem.

Le rétablissement de ce mausolée est un hommage religieux rendu par M. Goubau à la Maison de Villegas dont je ferai connaître l'origine au mot *Villegas*. En attendant je présente ici plusieurs cartes intéressantes. On y trouve les Quartiers et Ascendans des Villegas, Comtes de St.-Pierre, *mes parens*.

Mess CHRISTOPH. DE SPOELBERCH fils de Mess. Ferdin. de Spoelberch Sgr. de Lovenjoel et d'Anne de Grimaldi-de Morazana fille de Simon Chev. et de Madel. de Joigny-Pamele, petit-fils de Messire Jean-Bapt. Chev. et de Marie Garet épousa D. Cath. Jean: Becx fill. de Damoiseau Adolphe et de D. Ide d'Eynhouts de Bruhere fill. de Waut. Ecuyer et de D. Hester de Straelen, petite-fil. de Jacq. Becx Ecuyer et de D Cath. Van der Waeters.

Mess. JEAN-PIERRE-IGNAC. LE COMTE dit d'Orville fils de Mess. Charles-Phil. le Comte dit d'Orville, Chev. de l'Ord. Militaire de St. Jacq. et de D. Anne-Claire le Comte fille de Pierre Chev. et de D. Marie le Clercq dite du Chasteler, pet. fils de Louis le Comte Chev. et de D. Anne Hellinex, épousa D. Alexandr. Barbe Van den Hecke fille de Mess. Jean Van den Hecke Chev. et de D. Marie Lallemand fille Jacques et de D. Barbe Astener, petite-fille d'Emanuel Van den Hecke Ecuyer et de D. Catherine d'Albora.

Mess. CHARL. ALB.-FRANÇ. DE LA BAWETTE Capit. au service de S. M. fils de Messire Charles de la Bawette Capit. au Rég. de Laverne et de Mar. le Cornet épousa Anne-Mar. de Cruyninghen, fille de Damois. Gér. de Cruyninghen et de D. Jacquel. de Wely, pet.-fille de Nicolas et de Marie Van Winde.

Mess. MELCHIOR-LÉOP. VAN DE VELDE Sgr. de Melroy fils de Mess David Van de Velde Chev. et de D. Madel. Van Cortbemde fille de Balthasar Cons. et Sur-Intendant du Mont-de-Piété à Anvers et de Claire Van Paris, pet.-fils de Jean Van de Velde Cons. du Conseil de Brabant le 7 Août 1644 et de D. Sibille Raessen, épousa Reine-Caroline DE VILLEGAS fille de Mess. Paul-Melch. de Villegas Baron de Hovorst Sgr. de Viersel, Bouchout etc. et de D. Marie-Isab. Van Ophem D. de Luttre fill unique de Jacq. et d'Isab. Vits, *Voyez ci-dev. pages* 135 *et* 138.

Mess. FRANÇOIS-PHILIPPE DE SPOELBERCH Sgr. de Lovenjoel Bourguemaître de Louvain.

Dame JEANNE-ISABELLE LE COMTE dite d'Orville.

Damoiseau CHARLES-JOS.-FRANÇOIS DE LA BAWETTE Ecuyer.

Dame MARIE-JACQUELINE-THÉRÈSE VAN DE VELDE. *C'est à tort que cette famille, qui est ancienne, prend aujourd'hui le nom de Van Velde au lieu de Van de ou Van den Velde.*

Mess: FERD. JOS D'OLMEN Ecuyer Comte de St. Remy fils de Mess. Franç. Floris le Clercq dit d'Olmen, Sgr. de la Courtaubois et de D. Marie-Françoise-Hipolyte de Vicq de Meulevelt.

Dame MARIE-FRANÇOISE DE PAPE fille de Mess. Pierre-Martin de Pape et de D. Jeanne-Marie Maes.

Mess. FRANÇ. PHIL. DE VICQ Bar. de Cumptich etc. fils de Mess. Phil. Albert de Vicq Chev. Baron de Cumptich et de Madel.-Charlotte Chretienne le Cocq.

D. MAR-JOS. BLONDEL Baronne de Meer fille de Mess. Jean Bapt Bernard Blondel Ecuyer Baron de Meer etc., et de Marie-Jos.-Gabrielle-Agnès du Bosch-Ronsfeld Baronne de Meer.

Mess. CHARL.-CHRÉT.-JEAN DE SPOELBERCH Sgr. de Lovenjoel Chev. de l'Ordre Militaire de Christ.

HIÉRONOMINE-ISABELLE-THÉRÈSE DE LA BAWETTE.

Mess. JOS-MATHIEU-HYACINTHE D'OLMEN Comte de St. Remy Sgr. d'Herbais, Pietermal, l'Escaille et dans Ophem.

Dame MARIE-HIPPOLYTE-CATHERINE-GHISLAINE DE VICQ DE CUMPTICH.

Mess. JEAN-CHARLES-LAURENT-JOSEPH DE SPOELBERCH admis à l'appartement à la Cour de LL. AA. II. à Bruxelles le 24 Janvier 1785, *ce que prouve la déclaration page suiv.* N°. I.

Dame HENRIETTE-MARIE-PHILIPPINE GHISLAINE D'OLMEN DE ST. REMY.

Messire AUGUSTIN-FRANÇOIS-GHISLAIN-JÉRÔME DE SPOELBERCH, *Voyez la déclarat.* N°. II.

1785. **DÉCLARATION N°. I.** « Le 24 Janvier 1785 » Messire Jean-Charles-Laurent-Joseph de Spoelberch » de la Bawette a été admis à l'Appartement à la » Cour et présenté à Leurs Altesses Royales Madame » Monseigneur les Gouverneurs-Généraux des Pays-» Bas, ayant le susdit Messire Jean-Charles-Laurent-» Joseph de Spoelberch de la Bawette fait la preuve » de filiation et Noblesse dans la forme établie pour » ceux qui aspirent à la Clef de Chambellan, confor-» mément au Décret de Leurs Altesses Royales du 17 » Décembre 1784. *Signé* MARIE, ALBERT. *Contresigné* » CRUMPIPEN. En foi de quoi j'ai signé cette et y fait » apposer le cachet de nos Armes à Bruxelles le 14 » Mai 1787. *Signé* BEYDAELS-DE-ZITTAERT Chef-» Commissaire de la Commission établie à cet effet. » *Avec le Scel de S. M.* »

DÉCLARATION N°. II. « Nous Messire Char-» les-Jean-Beydaels Sgr. de Zittaert etc. Conseiller » de Sa Majesté l'Empereur et Roi, son premier Roi » d'Armes de la Toison d'Or et Chef de la Chambre » Héraldique aux Pays-Bas et de Bourgogne, décla-» rons et certifions que la Carte de douze Quartiers » ci-dessus de Messire Augustin-François-Ghislain-» Jérôme de Spoelberch est exacte et véritable tant » pour l'origine et la chaîne de filiation de ses ancêtres » que pour leurs Armoiries qui y sont exactement » dépeintes et désignées avec leurs émaux, ainsi que » leurs Ecussons, Héaumes, Lambrequins et autres » décorations, ayant pour ses huit Quartiers paternels »

» Spoelberch, Becx, le Comte dit d'Orville, Van » den Hecke.

» La Bawette, Cruyninghe, Van de Velde, Villegas.

» Lesquels quartiers ont été admis et reçus lors de » réception de l'Aspirant à l'Appartement de la Cour » de Leurs Altesses Royales, et pour ses quatre ma-» ternels,

» Olmen, de Pape, de Vicq, Blondels

» Lesquels Quartiers ont également été admis et » reçus lors de la réception de Messire Ferdinand-» Joseph-Ghislain d'Olmen Comte de St. Remy, frère » germain de ladite mère de l'Aspirant à l'Apparte-» ment de la Cour des Sérénissimes Gouverneurs-Gé-» néraux des Pays-Bas. En foi de quoi nous avons » signé la présente que nous avons fait munir du Sceau » de notre Charge Royale. A Bruxelles en la Cham-» bre Héraldique le 30 Décembre mil sept cent qua-» tre vingt-huit. *Signé* BEYDAELS DE ZYTTAERT ».

La Carte suivante me paraît utile aux enfans de M. de Spoelberch.

Mess PHILIPPE-CHARLES LE CLERCQ dit d'Olmen, Ecuyer Sgr. de Chaufontaine, Courtaubois etc. fils de Charl. Ecuyer Sgr. de Courtaubois et de Dame Isabeau Boote, Dame de Chaufontaine, épousa D. Anne Van den Cruyce fille de Messire Franç. Chev. et de Dame Françoise Godin.	Mess. PHILIPPE-ALBERT DE VICQ Chev. Sgr. de Meulevelt fils de Messire Henri Chev. et de Dame Hippolyte de Male, dit Malinez, épousa Dame Catherine de Palma-Carillo fille de Ferd. Ecuyer et de Dame Agnès Fernandez.	Mess. PHIL.-GUILLAUME DE STEENHUYS Baron de Poederlé fils de Mess. Guill. Chev. et de D. Marguerite de Gottignies, épousa Dame Walburge Snoy, Dame de Poederlé fille de Mess. Philippe Chev et de D. Florence de Brimeu.	Mess. PIERRE VAN ACHELEN Ecuyer Sgr. de Grand-Mesnil et en Laecken fils de Messire Folcard Ecuy. et de D. Dame Marie Bogaert épousa Dame Hélène-Robertine Male dit Malinez fille de Messire Aurèle-Augustin Chev. et de Dame Anne Prats.	Mess. LOUIS DE CORTE Chevalier Sgr. d'Oostkerke, fils de Maximilien Ecuyer et de Anne Van der Eycken, épousa Dame Anne de Zanneghem fille de Philippe Ecuyer et de D. Marie d'Iterin.	Mess ADOLPHE DE MALDEGEM Ecuyer fils de Messire Adolphe Chev. et de D Marie de Casembroot épousa Dame Jeanne Wouters de Vinderhaute, fille de Messire Jean Chev. et de Dame Eleonore Bernard.	Mess. HENRI-OTHON DE HOMIN Ecuyer Seigneur de Wardin, Turchamps. fils de Mess. Claude Chev. et de D. Anne-Charlotte d'Jterin, épousa Dame Hippolyte de Male, dit Malinez fille de Messire Aurèle-Augustin Chev. et de Dame Anne Prats.	Mess. ERNEST WOIDLAWSKY, Ecuyer fils de Jacq. Ecuyer et de D. Marie de Clain, épousa Dame Antoinette Van Donia, fille de Pierre-Paul Ecuyer et de Dame Catherine Wytter-Hellicht.

Mess. FRANÇ. FLORIS D'OLMEN Sgr. de Chaufontaine et de la Courtaubois.	Dame MARIE-HIPOLYTE DE VICQ.	Mess. JEAN ERARD IGNACE DE STEENHUYS Baron de Poederlé.	Dame MARIE-FRANÇOISE VAN ACHELEN.	Mess. PHILIPPE CHARLES DE CORTE Sgr. d'Ogierlande, etc.	Dame CATHERINE DE MALDEGHEM.	Mess. CLAUDE-FRANÇOIS DE HOMYN Vicomte de St. Albert.	Dame JEANNE-MARIE WOIDLAWSKY.

Mess EUGÈNE-JOSEPH D'OLMEN Baron de Poederlé Sgr. de la Courtaubois, Ottignies.	Dame MARIE-HÉLÈNE DE STEENHUYS Baronne de Poederlé.	Messire AUGUSTIN-FRANÇ. DE CORTE Sgr. d'Ogierlande, Vicomte de St. Albert.	Dame CLAUDINE CHARLOTTE DE HOMYN.

Messire PHILIPPE-EUGÈNE-JOS. D'OLMEN Baron de Poederlé, Vicomte de St.-Albert.	Dame MARIE LIVINE MONIQUE DE CORTE D'OGIERLANDE, Vicomtesse de St.-Albert.

Dame MARIE-JOS.-GHISL. COLETTE D'OLMEN DE POEDERLÉ Chanoinesse à Nivelles.

La branche des Villegas St. Pierre dont j'ai parlé ci-dessus est rappellée en entier page 166 du Nobiliaire des Pays-Bas, tome IV. Il y est parlé des enfans de Gaspard-Bernard-Jean-Dominiq. De Villegas Comte de St. Pierre-Yette et d'Isab.-Marg.-Théod.-Jos. Van der Laen. Mais on ne voit pas s'ils sont mariés. C'est pourquoi je donne les alliances suivantes;

1°. Phil.-Jos.-Ghisl. De Villegas Comte De St. P

1780. Pierre fils aîné a épousé à Bruxelles en 1780 Caro-
1793. line Van Reynegom morte en 1793 fille de Messire Jean-André-Jos.-Ghisl. Baron Van Reynegom et de Dame Marg.-Caroline-Isab.-Gasparine-Jos.-Charliers. Il y a six enfans.

a. Pierre-Franç.-Rod.-Ghisl. De Villegas St. Pierre

FRA

est époux de Dame Marie-Thérèse-Amée Plunkett-de-
Rathmore dont le frère est époux avec enfans d'une
Comtesse de Peralta.
3°. Balthazar-Jos.-Charl.-Ghisl. De Villegas St-
Pierre épousa 1°. Jeanne-Albertine de Le Mede morte
1782. en 1782 fille ainée de Mess. Nicolas-Jos. Le Mede
Sgr. d'Emines et St. Marc. Lieut. Col. au service de
S. M. l'Imp. et de Dame Marie-Jeanne-Caroline Pan-
1798. gaert. Il épousa : 2°, en 1798 Mar.-Louise-Monique-
Ant.-Jos. Comtesse de Peralta dont enfans. La Carte

FRA

qui suit représente leurs seize quartiers. Il est actuellement époux de Thérèse-Jacq.-Mar. Ghisl fille de Messire Robert Moerman Vicomte d'Harlebeke Sgr. de Ledeghem, Ayshove et Voorhaute, Grand-Bailli du Pays de Waes, et de Dame Françoise-Jeanne Bapt. Lutgarde Malcamp.

Voici les seize quartiers des enfans de Balth.-Jos.-Ch.-Ghisl. de Villegas et de Mar. Louise-Mon.-Ant.-Jos. Comtesse de Peralta, tous deux nés à Bruxelles et Baptisés à la Paroisse de la Chapelle.

Paul-Melchior de Villegas créé Baron de Hovorst en 1675 frère de Jacq.-Ferdinand époux de Marie-Lucie Van Opmeer (*Carte de Bronchoven, page 135*) épousa Marie-Isabelle Van Ophem.	Antoine du Bois dit Van den Bossche fils d'Ant. et d'Elisabeth Van den Velde, épousa Marie-Claire Jacobs fille de Henri et de Marie Steemaer.	Jean-Bapt. Van der Laen créé Chev. en 1633 fils de Nicol. créé Chev. en 1599 et de Merg. Pieters de Cats, épousa Barbe-Philippote de Camargo Baronne du St. Empire.	Arnoul Ysebrant Ecuyer Sgr de Rillant ép en 1660 Isabelle-Pétronille Van Roy en fill. de Charles et de Marguer. Impyns.	André Martinez de Péralta, épousa Françoise de Cascales.	Hugues Jean-François de Cassina Baron de Boulers, épousa Magdel.-Marie-Julienne Moutens Comtesse héritière de Woensheim.	Wautier de Maillen, épousa Marie de La-verne.	Guill.-François de Savary, épousa Albertine-Ferdinande de Tencle. *Cette famille de Savary n'est pas celle de Savary de Warcoing.*
Paul-Philippe de Villegas Sgr. de Luttre, épousa Anne-Thérèse-Hyacinthe de Kinschot, fille de François Chev. de St. Pierre Baron de Riviere et d'Angelique-Hélene d'Oyenbrugghe Chanoinesse de Moustier.	Pierre Ant. du Bois dit Van den Bossche, Sgr. de Terscharent, épousa Anne de Nieulant fille de Féderic et de Marie-Anne de Crane dont Marie-Anne-Jos. ci-dessous. Pierre-Ant. du Bois ép 2°. Anne Philippote de Dongelberg fille de Charles et de Marie de Ryswyck.	Ghisl.-Nicolas Van der Laen né en 1651 Sgr. de Ter-Meersche frère de Jean-Baptiste Hyacinthe époux d'Isab.-Charlotte de Jallet avec enfans, épousa D. Anne Van Huerne dont la mère est Piers.	Jean Charles Ysebrant Ecuyer Sgr de Rillant et de Lindonck ép. en 1693 Isab.-Florentine-Yolenthe Marquise de Saluces-Bernemicourt fille de Messire Marc et de Jolenthe-Jeanne de la Motte-Baraffle dont la mère était Marie Baronne de Saint Genois, nièce du Duc de Médina-Celi.	Ant. Martinez de Péralta Regent de Ségolta, épousa Isabel. del Rio fille de François Frutos del Rio et de Monique Munez de Nistrosa.	Phil.-Guillaume de Cassina Baron de Boulers Comte de Woensheim épousa Marie-Thérèse Van Cauteren fille d'Antoine et d'Isab. Van de Vyvere.	Jacq. François de Maillen Sgr. de Ry, Hamoir, épousa Marie-Elisab. fille d'Albert-Balthazar de Brabant, dit Brant, et de Louise de Fagniaux.	Franç. de Savary, épousa Ursule de Loyers Dame de Chaltin fille de Jacq. et d'Ursule de Chey.
Jean-Dominique-Joseph de Villegas, né le 26 Mars 1697, mort le 4 Avril 1743.	Marie-Anne-Jos du Bois dite Van den Bossche, demi-sœur de Guill.-Dominique du Bois qui épousa 1°. Marie-Thérèse de Landman, 2°. Marie-Louise-Colette-Scholastique Van der Haeghen.	Phil. Louis-Thierri Van der Laen Sgr. de Bresende, né en 1698, cousin germ. de Henri-Jean-Baptiste-Jos. Van der Laen qui ép. Françoise-Jos. de Rotiano.	Marguerite-Franç.-Jos. Ysebrant. *Voyez ci-devant page 122.*	Rodriguez de Péralta, Chev. de l'Ordre de Calatrava, Maréchal des Camps sous le Roi Philippe, Membre de la Noblesse des Etats de Hainaut le 17 Février 1717, Sgr. de Louvignies etc. *Voyez le 1er. vol. p. 78.*	Isabelle-Thérèse-Françoise de Cassina.	Claude Wautier de Maillen Sgr. d'Ohay, Milliez, Sorée, Terret, Normont.	Marie de Savary Dame de Chaltin.

Gaspard-Bernar-Jean-Dominique de Villegas né en 1724 Comte de St. Pierre-Yette par Diplôme de 1767, Baron de Rivière, Sgr. de Kinschot, Ham, Bever etc, cousin germ. de Pierre-Franç.-Rod. du Bois dit Van den Bossche de Weghemaele.	Marguerite-Thiériette-Jos Van der Laen Dame de la Thieuloye par succession de la Maison de Saluces-Bernemicourt, cousine germaine de Charles-Nicolas-Joseph-Ysebraut époux d'Antoinette-Joséphine Comtesse de Saint Genois de Grandbreucq.	Philippe-Joseph-Félix Comte de Péralta Membre de la Noblesse des Etats de Hainaut, Chambellan du Duc de Bavière, Sgr. de Louvignies en Hainaut.	Marie-Thérèse-Françoise de Maillen sœur d'Albert-Dieudonné Baron et Marquis de Maillen, Grand-Veneur et Grand-Fauconnier du Pays de Liége, époux de Ferdinande Comtesse de Geloes.

Balthasar-Joseph-Charles Ghislain de Villegas Comte de St. Pierre marié 2°. le 27 Juillet 1798.	Marie-Louise-Monique-Antoinette Comtesse de Péralta y-Cascales morte au Château de Louvignies le 16 Août 1802.

Thérèse-Philippine-Ghislaine-Euphrosine de Villegas.

Pierre-Charles-Alphonse-Antoine-Balthazar-Ghislain de Villegas.

Ces deux sont nés à Bruxelles et baptisés à la Paroisse de la Chapelle.

FRA

. Madame de Villegas-St.-Pierre née Plunkett est
1733. fille de *Jean-Joseph-Ferdinand, né en 1733*, et de
Marie-Gab.-Amée Cossée. Le frère de cette Dame est
époux d'une Comtesse de Péralta.

SON AYEUL est Joseph Plunkett, Capitaine en
Autriche, mort Commandant à Lierre le 31 Mai
1748. 1748, époux de Marie-Anne fille de Ferdin. Goffart.

BISAYEUL. Patrice Plunkett dont les biens furent
1688. confisqués en 1688 parce qu'il suivit le Roi Jacques II.

TRISAYEUL. Robert Plunkett époux de N. fille de Tobie Butler, de Dublin.

QUARTAYEUL. Jacques Plunkett, deuxième fils, époux de Marg. fille de N. Fitz-John, du Comté de Meath.

QUINTAYEUL. Richard Plunkett, époux de Jeanne fille du Chevalier Luc Dillon *et sœur de Jacq.* I. Comte de Roscommon, et de Henri qui épousa Elisabeth fille de Lord Culpepper.

SEXTAYEUL. Christophe Plunkett, mort avant son père, époux de N. Barnewalt, de Crukston, au Comté de Meath.

SEPTAYEUL. Alexandre Plunkett, de Rathmore,
au Comté de Meath, Chev. Lord Chancelier d'Ir-
1500. lande, mort en 1500, époux de Marg. fille du Chev.
Jacques et sœur de Pierre Butler, créé Comte d'Os-
1527. soni le 23 Février 1527.

OCTAYEUL. Thomas Plunkett, troisième fils, Chef Justicier du Banc commun sous Edouard IV, ép. de Marie-Anne, fille et héritière de Cruis de Rathmore au Comté de Meath. Son frère ainé Luc Plunkett était Baron de Killeen.

NONAYEUL. Christophe Plunkett (*fils de Richard, petit-fils de Thomas arrière-petit-fils d'Alexandre*) Baron de Killeen par son épouse Jeanne fille et héritière de Luc Cusack, Baron de Killeen.

J'ai copié le 10 Août 1806 très-*exactement* cette
1744. filiation d'un acte original, donné le 10 Mars 1744,
qui déclare « M. Jos. Plunkett, Capitaine au service de
» S. M. I., Commandant de Lierre, fils légitime de
» M. Patrice Plunkett, descendu en ligne directe de
» l'ancienne et illustre famille de Plunkett, de Rath-
» more, dans le Comté de Meath en Irlande, *qui ont*
» *perdu leurs biens et fortune pour le soutien de leur*
» *Religion et de leur Roi légitime* » Cet acte est signé par
1°. Bernard Archevêque d'Armagh, Primat et Métropolitain de toute l'Irlande; 2°. Jacques Evêque de
Kildare; 3°. Roc Mac-Mahon Evêque de Clocher;
4°. Denis Byrne Doyen de l'Eglise Métropolitaine à
Dublin; 5°. Etienne Evêque (*Mireusir*); 6°. L. Mich.
Evêque de Kilmore; 7°. Patrice Fitz Simons Grand-
Vicaire de Dublin, Protonotaire Apostolique. Leurs
signatures sont attestées par Daniel O Relly, Proto-
notaire Apostolique, Président du Collége Irlandais à
Anvers.

M. Plunkett de Rathmore père de Madame de Villegas a été pendant très-long-temps un des Chefs du Magistrat à Mons. J'ai eu l'honneur d'être Député des Etats avec lui; il m'était un modèle rare pour son activité, son intelligence et pour toutes les vertus qui caractérisent un bon Administrateur.

J'ai donné, page 139, le testament que Jean Goubau, fils légitime du Sgr. Henri Goubau Chev. de
l'Ordre de Calatrava, et de Dame Aldegonde de Cuyck,
1560. fit en 1560. On a vu que ce Testament fut passé à
Anvers en présence de Pierre Bosschaert, Henri Cornelissen, Jean Van Deurne, Lucas Van der Beken,
Jean de Man, Jérôme, Gilles et Antoine Cogels. On
y a lu qu'Alexandre est rappellé fils du testateur. Il
existait à Anvers une charge honorable et importante, c'est celle d'Aumônier-Général. Selon le Père

FRA.

Jésuite Scribanus, dans son ouvrage intitulé *Ant-*
1610. *verpia*, page 88, *imprimé en 1610* chez Moretus,
aux Aumôniers-Généraux était confiée l'administration
des Hospices. On était difficile pour le choix: on ne
les prenait que parmi les premières familles: *Octo ergo*,
dit cet auteur, *apud nos pauperum ærario præsunt:*
prioresque quatuor ab elemosynarum erogatione nomen
sortiti, posteriores a spiritu sancti benefica largitione
annis singulis duo e civium potentissimis planeque
primis, nobilitate, opibus, industria, fide, mori-
bus, etc, diliguntur.

J'ai recueilli avec soin la liste de ces Aumôniers-
1458. Généraux depuis 1458 jusqu'en 1758. Selon cette
1758. 1603. liste Alexandre Goubau en 1603 et Jean Goubau fils
1607. dudit Alexandre, en 1607, tous deux contemporains
de l'auteur Scribanus, étaient honorés de cet emploi
d'autant plus difficile à remplir, qu'il existait alors un
très-grand nombre de Fondations et que d'ailleurs la
population était triple de ce qu'elle est aujourd'hui.

De Roveroy, dans ses *Annales d'Anvers*, p. 271,
1554. fait connaître qu'*en* 1554 Jean Goubau et Gaspar Van
Nytrecht étaient Régisseurs de la Chapelle de N. D.
en la Cathédrale d'Anvers. On peut croire que ce
Jean Goubau fut ce même testateur dont je viens de
parler; dans ce cas les qualifications qu'il prend ne
doivent pas étonner. Scribanus parle de ces Régisseurs de la manière suivante, dans l'ouvrage ci-dessus
rappellé page 129: *Senatorii*, dit-il, *qui aliquando*
lecti in Senatum ex iis Patricii *qui ex* vetusta Nobilitate *aut Consulari aut Senatoria longa retro majorum*
serie noscibitis.

Je dois ici parler de l'avantage qu'on peut retirer
lorsqu'on veut connaître ses aieux. S'ils ont pratiqué
des vertus, on veut les imiter. J'en trouve une preuve
1554. dans la Famille dont je parle. En 1554, 1603, 1607
1603. et années suivantes, les Ancêtres de M. Goubau de-
1607. meurant à Bruges étaient investis de la confiance publique. Leurs exemples ne furent pas inutiles. On a
vu à Bruges leur descendant, M Goubau, remplir
GRATIS les mêmes fonctions près des Hospices. Le
zèle qu'il y apporta le rend digne de ses aieux. On ne
peut pas trouver de fonctions plus honorables que
de se vouer au secours de son semblable. Voilà la
vraie philosophie. Aussi s'empressa-t-on de présenter
M. Goubau pour être Membre du Corps Législatif.
Il s'occupait à Paris des fonctions que cette Dignité
1809. exige lorsque, le 23 Novembre 1809, S. M l'Empereur daigna le choisir pour Président du Tribunal
1810. Civil de Malines. Le premier Mai 1810, jour de son
installation, il prononça le discours suivant:

« Je suis infiniment sensible, MESSIEURS, à » tout ce que M. LE PROCUREUR IMPÉRIAL » veut bien m'adresser de flatteur. Je suis bien loin » de mériter aucun des éloges qu'il m'applique. Le » sacrifice que j'ai l'air de faire, en acceptant mes » nouvelles fonctions, n'en est réellement pas un, » puisque je dois compter à bien de titres ce jour » pour un des plus beaux de ma vie. Le désir que » plusieurs de mes compatriotes ont témoigné de me » revoir parmi eux, l'accueil flatteur que je reçois » dans ma Ville natale, le plaisir de me retrouver » au milieu de mes anciens compagnons d'étude et » de mes amis, la grace enfin dont le Souverain m'ho- » nore en daignant me placer à la tête de ce Tribu- » nal, sont en effet des motifs bien puissans pour » émouvoir l'ame la moins sensible. Recevez ici, » MESSIEURS, l'expression des sentimens que la » mienne éprouve en ce moment. A celui d'une sa- » tisfaction complette se joint le désir ardent de me » concilier votre estime et de mériter la considération

» des justiciables du Tribunal que j'ai l'honneur de » présider.

» Il ne me manquera ni zèle, ni application, pour » tâcher de remplacer avec exactitude et dignité le » ministère à-la-fois honorable et pénible qui m'est » confié : mais je dois douter de moi-même en ren- » trant dans le Sanctuaire de la Justice; et j'avoue, » MESSIEURS, qu'ayant depuis neuf ans couru la » carrière Administrative, et la Législation étant, » depuis cette époque, presqu'entièrement changée, » au moins quant aux formes judiciaires, celle que » je reprends est nouvelle pour moi. J'aurai donc » grand besoin d'y être guidé par l'expérience de mes » Collègues et les lumières de celui qui exerce le » MINISTÈRE PULIC avec autant de prudence que » de succès. Je réclamerai long-temps leur indulgence » pour excuser les fautes que mon inexpérience me » fera commettre. J'ose compter sur l'une et sur les » autres, et cette confiance me rend moins timide.

» Je ressisis d'ailleurs avec plaisir des occupations » que j'ai toujours aimées, et qui, depuis mon ado- » lescence, ont fait le principal objet de mes études. » Pourrais-je au reste manquer de zèle lorsque je me » retrace l'image de cette espèce d'Aréopage où tant » de Magistrats célèbres ont siégé depuis près de qua- » tre siècles, et lorsque je revois ce même local où j'ai » fait mon entrée dans le Barreau.

» La postérité conservera toujours un saint respect » pour CETTE COUR SUPRÊME de Justice dont » les Arrêts étaient marqués au coin de la sagesse et » de la plus exacte intégrité. Elle citera encore long- » temps pour exemple cette pureté de mœurs qui ca- » ractérisait les Membres du Grand-Conseil de Ma- » lines. Voilà pour nous, Messieurs, des modèles » bien propres à exciter notre émulation. Heureux si, » en marchant sur leurs traces, nous pouvions, » comme eux, mériter l'estime et la confiance du pu- » blic. Mais, j'ose le dire, ce n'est qu'en remplissant » nos devoirs avec exactitude et impartialité et en at- » tachant à toutes nos actions publiques et privées la » dignité du Magistrat dispensateur de la Justice, que » nous atteindrons un but si désirable. Disons avec » le CÉLÈBRE D'AGUESSEAU *Que la Magistra-* » *ture doit être jalouse de la véritable dignité du* » *Sénat, et que c'est la discipline qui lui assure l'in-* » *tégrité de sa réputation.* C'est par ce moyen que » nous pouvons mériter d'être portés honorablement » sur la liste des Juges dont la formation périodique » est prescrite par l'article 9 de la nouvelle Loi sur » l'administration de la Justice du 21 Avril 1810 ».

Revenons à la liste intéressante des Aumôniers-Généraux d'Anvers. La voici. Je l'ai arrangée par ordre alphabétique afin que les familles y trouvent plus facilement ce qui les concerne.

1677 As (V. d) François.
1531 Achelen (V.) Henri.
1503 Adrisens. Henri.
1514 Adrisens. Henri.
1529 Adrisensen. Andries.
1506 Adriaenssens. Jean.
1519 Adrisenssens. Antoine.
1542 Adriaenssens. Corneil.
1653 Aelst. Jean.
1499 Aernouts Ritsarts.
1484 Alleman Aert Jans, *alias* Alleman.
1525 Alst (V.) Jean.
1598 Andries. Jacques.
1507 Anthonis. Jacques.
1543 Anthonis. Jean.
1566 Anthonis Rombout.
1567 Arnouts. Pierre.
1493 Ast (V. d.) Cornelis.
1495 Baex. Cornelis.
1586 Bals. Herman.
1570 Bardoul. Adrien.
1554 Baseliers. Willem.
1692 Basaliers. Vincent.
1633 Batkin. Charles.
1643 Batkin. Jean Baptiste.
1616 Battel (V.) Antoine.
1758 Baudewyns. Joseph.
1742 Beeckmans. Jean-Baptiste.
1464 Been (de) Jean.
1497 Belschot. Jean.
1655 Bemmell (V.) Corneil.
1695 Bemmel (V.) Alexandre.
1459 Berbier (de) Jean.
1496 Berge (V. d.) Sander.
1463 Berghe (V. d) Willem.
1601 Berghe (V. d.) Pierre.
1484 Bertels. Pierre.
1735 Bertels. Joseph-Albert.
1712 Bertius. André.
1705 Bie (de) Léonard.
1746 Bie (de) Thomas-Jean.
1517 Biscop. Simon.
1625 Bisthoven (de) Martin-Jansen.
1634 Bisthoven (de) Pierre-Jansen.
1668 Bisthoven (de) Jean-Charles.
1585 Blois (V.) Jean.
1462 Bloote (de) Jean.
1550 Borhout (V.) Henri.
1476 Bock (de) Jean.
1468 Bockelere (de) Jean.
1567 Boermans. Aert.
1462 Boeyens. Claes.
1645 Bolarte. Jean.
1510 Bollaert. Jean.
1715 Bollen. Jean-Baptiste.
1693 Boon. Corneil.
1495 Boonaert. Joos.
1589 Boot. Michel.
1736 Borcht (V. d) François.
1703 Borght (V. d.) François.
1549 Borrekens Lauwerys.
1655 Borrekens. Adrien.
1565 Bosscaert. Paul.
1603 Bosscaert. Corneil.
1661 Bosschaert. Corneil.
1665 Bosschaert Wouter.
1672 Bosschaert. Jacques.
1714 Bosschaert (de) Charles-François.
1721 Bosschaert Jean-Charles.
1747 Bosschaert (de) Jacques-Joseph.
1748 Bosschaert (de) Joseph-Henri.
1756 Bosschaert (de) Charles.
1694 Bossche (V. d.) Jean-François.
1472 Bot (de) Claes.
1605 Bott (de) Jean.
1725 Bouchout (V.) Jean-Laurent.
1541 Bouhus (V.) Goosen.
1543 Breem (V.) Gilles.
1561 Breuseghem (V.) Adrien.
1682 Breuseghem (V.) Alphonse.
1651 Breusighem (V.) Jean-Baptiste.
1550 Broecke (V. d.) Joseph.
1572 Broecke (V. d.) Jean.
1612 Broecke (V. d.) Jean.
1621 Broecke (V. d.) Alexandre.
1696 Broeckmans. Théodore.
1745 Broets. Jean-Charles.
1470 Brouwere (de) Jean.
1510 Bruggen. Jean.
1733 Bruyn (de) Michel-Gérard.
1540 Bruyseghem (V.) Gilles.
1533 Bueren (V.) Jacques.
1514 Bullerstrate (V.) Magnus.
1479 Byns. Henri.
1604 Cachopin. Jean.
1624 Calvaert Guillaume.
1754 Cambier. Edmond.
1640 Candele (de) Louis.
1613 Canis. Juste.
1666 Canjuweel Gaspar.
1648 Carena. Jacques-Antoine.
1657 Carena. Guillaume-François.
1692 Cat (le) Jean.
1475 Cater (de) Adrien.
1636 Ceulen (V.) Jean.
1586 Charles Jaspar.
1690 Charles. Paul.
1683 Chauwin. Paul-Michel.
1698 Chauwin Jean-Dominique.
1464 Claes. Pierre.
1597 Clarisse. Rogier.
1621 Clarisse. Roger.
1493 Clerck (de) Arnoult.
1523 Clerck (de) Claes.
1535 Clerck (de) Jean.
1608 Clerck (de) Henri.
1708 Cleves (de) Jacques.
1471 Cloot. Pierre.
1467 Cock (de) Jacques.
1726 Cocqueel. Charles.
1733 Corqueel. Alexandre.
1559 Cocquiel. Charles.
1691 Coeck. Pierre.
1671 Coevoorder. Jean.
1732 Cogels. Jean-Baptiste.
1719 Coget. Jean-Antoine.
1711 Colen (V.) Jean.
1719 Colen de Bouchout (V.) Charl.-Jos.
1722 Colen (V.) Louis.
1496 Coninck (de) [illegible].
1689 Coninck (de) Jacques.
1738 Coninck (de) François-Xavier.
1539 Cordes (de) Jacques.
1635 Cornelissen. Cornelis.
1508 Cornelissens. Jacques.
1516 Cornelissens. Paul.
1697 Cortois. Michel.
1737 Cranenbroeck (V.) Franç.-Arnoul.
1650 Crayer (de) Guillaume.
1508 Crull. Jean.
1551 Cruyce (V. d) François.
1573 Cruyce (V. d.) Joos.
1587 Cruyce (V. d) Melchior.
1592 Daems. Pierre.
1504 Daile (V.) Jean.
1488 Dale (V.) Pierre.
1512 Dale (V.) Aert.
1545 Dale (V.) Sébastien.
1558 Dale (V.) Valère.
1678 Damme (V.) Charles.
1465 Danckaerts. Jacques.
1578 Daniels. Baptiste.
1562 Della-Faille. Jean.
1565 Della-Faille. Martin.
1609 Demons. Sixte.
1526 Denys. Paul.
1627 Deynse (V.) Antoine.
1741 Diercxsens. Pierre.
1746 Diercxsens. Jacques-Norbert.
1566 Donckaerts. Jean.
1591 Doncker. François.
1606 Doncker. Balthasar.
1627 Doncker. Jean fils de François.
1641 Doncker. François fils de Balthasar.
1644 Doniquers. Jean.

1491 Driele (V.) Claes.
1515 Driele (V.) Pierre.
1656 Du Bois Gille.
1675 Du Bois Gilles.
1704 Du Bois. Arnoul.
1743 Du Bois. Arnoul.
1743 Du Bois Jean-Antoine.
1731 Du Bois d'Aische. Louis-Joseph.
1671 Du Mont. Gilles.
1686 Du Mont. Jacques.
1554 Duppegieter. Emondt.
1503 Dyck. Pierre.
1531 Dyck. Corneil.
1480 Eeckeren (V.) Jean.
1585 Eckeren (V.) Robert.
1735 Eelkens. Henri.
1753 Eelkens. Jean-Henri.
1659 Elias. Jacques.
1466 Elsacker (V.) Joos.
1699 Emtinck. Edouard.
1482 Ende (V. d.) Jean.
1702 Engelgrave. Henri.
1721 Engelgrave. François.
1513 Esbeeinde (V.) Christian.
1619 Eycke (V.) Jacques.
1523 Eynde (V.) Jean.
1557 Eyverven (V.) Pierre.
1720 Faille (de la) Gaspar-Henri.
1701 Fezelier (le) Jean-François.
1652 Flie (de la) Jean.
1553 Frairyn. Louis.
1594 Fredericx. Gerbrandt.
1655 Fredericx. Gerbrand.
1604 Fredricx. Antoine.
1629 Fredricx. Jean-Baptiste.
1658 Gansacker. Abraham.
1687 Gansacker. Abraham.
1560 Gansepoel (V.) François.
1667 Geeraets. Jean.
1681 Geeraets. Jean-Baptiste.
1491 Geest (V. d.) Jacques.
1505 Gelders. Simon.
1708 Gelthoff. Gio-Martin.
1545 Ghamel. Jean.
1546 Gheils. Bartholomée.
1662 Gillebert. Jean-Charles.
1678 Gillebert. Pierre-Ignace.
1479 Gilleman. Wouter.
1710 Gillis. Michel.
1478 Gillyts. Claes.
1617 Ginderdeuren (V.) Martin.
1622 Ginderdeuren (V.) Pierre.
1622 Ginderdeuren (V.) Nicolas.
1576 Goes (V. d.) Pierre.
1587 Goes (V. d.) Jean.
1590 Goes (V. d.) Pierre.
1596 Goes (V. d.) Alexandre.
1610 Goes le jeune (V. d.) Jean.
1619 Goes (V. d.) Cesar.
1628 Goes (V. d.) Pierre.
1606 Goos. Jacques.
1625 Goos. Jacques.
1501 Gootens. Laurys.
1731 Goris. Norbert.
1752 Goris Louis.
1603 Goubau. Alexandre.
1607 Goubau. Jean fils d'Alexandre.
1629 Goubau. Alexandre.
1689 Goubau. Jean-Corneil.
1690 Goubau. Alexandre.
1725 Goubau. George-Alexandre.
1682 Goyvaertsen. Jean.
1624 Grassis. Jean-Baptiste.
1615 Greyns. Lambert.
1721 Grisgis. Jean-Etienne.
1750 Grisgis. Nicolas-François.
1494 Grosbeke (V.) Sander.
1663 Gryspere (V.) Jacques.
1668 Gryspere. François.
1645 Guyot. Jacques.
1670 Guiot. Alexandre.
1599 Hecke. Pierre.
1624 Hecke (Van) Pierre.
1520 Helleman. Aert.
1564 Hellemans. Pierre.
1686 Hellincx. Jean.
1704 Hellincx. Jean.
1593 Helman. Ferdinand.
1579 Hemssen. David.
1680 Hennekin. Jean-Norbert.
1740 Henssens. Jean-Pierre.
1739 Herck (V.) Charles.
1723 Herry. Alphons fils de Jean.
1750 Herry. Philippe.
1755 Herry. Pierre-Joseph.
1565 Hersbeeck (V.) Aert.
1712 Heurck (V.) Jean-Charles.
1646 Heuvel (de) Simon.
1683 Heuvel (de) Louis.
1687 Heuvel (de) Jean-François.
1744 Heuvel (de) Jean-Simon.
1757 Heuvel (de) Louis.
1621 Heyens. Jean.
1673 Hildernissen (V.) François.
1559 Hofman. Gilles.
1549 Hoffman. Henri.
1556 Hoilassen (V.) Henri.
1600 Hontsem (V.) Jean.
1612 Horne (V.) Pierre.
1640 Horne (V.) Pierre.
1588 Hove (V.) Jean.
1594 Hove (V.) Jean.
1655 Huart. Jean-Baptiste.
1478 Jacobs Jean.
1644 Jacobs. Martin.
1656 Jacobs. Jean.
1658 Jacobs. Sébastien.
1534 Jacobyns. Adolf.
1557 Jacot. Jean.
1484 Jans. Aert, *alias* Alleman.
1724 Janssens. Lucas.
1666 Jaspersen. Pierre.
1538 Immerzeel (V.) Willem.
1596 Immerseel (V.) Jean.
1524 Ionge (de) Jean.
1546 Kessel (V.) Tilman.
1636 Kessel (V.) Jean.
1715 Kessel (V.) Pierre Jacques.
1574 Kesseler. Jean.
1553 Kesselt (V.) Lambrecht.
1635 Knyf Jean.
1651 Knyf. Gérard.
1548 Kockaert. Jean.
1500 Koelkys. Vranke.
1660 Koninck (de) Jean.
1649 Labiestraete (de) Charles.
1674 Labistrate (de) Jean-Charles.
1690 Labistrate (de) Franç.-Ignace.
1714 Labistrate (de) Jean-Baptiste.
1745 Labistrate (de) Jean-Charles.
1669 Laer (V.) Gilles.
1704 Laer (V.) Gilles.
1611 Lambert. Claes.
1499 Lambrecht. Cornelis.
1536 Lambrecht. Adrien.
1752 Lancker (V.) Jacques.
1600 Lang. David.
1590 Langart. Gabriel.
1571 Langaigne (de) Jacques.
1486 Langedonck (V.) Corneil.
1540 Lantmeter (de) Jean.
1534 Laureys Henri.
1644 Lauryssen. N.
1489 Lauwers Jean.
1688 Leemans. Jacques-François.
1631 Leerse Sébastien.
1492 Lege (de) Michel.
1575 Lemens (V.) Henri.
1532 Lengaigne (de) Jean.
1633 Le Roy. Philippe.
1622 Letter (de) Jean.
1628 Letter (de) Jacques.
1483 Leyen (V.) Corneil.
1506 Liberme. Willem.
1654 Librechts. Marcelis.
1468 Lier (V.) Henri.
1458 Loenhout (V.) Gilles.
1528 Loesschaert. Jaspar.
1493 Logveren (V.) Jean.
1519 Lossaert. Ghysbrecht.
1591 Losson. Jean.
1631 Losson. Jean.
1601 Lunden. Melchior.
1620 Lunden. Melchior.
1639 Lunden. Bernard.
1650 Lunden. Guillaume.
1684 Lunden. Arnoul-Albert.
1691 Lunden. Guillaume-François.
1694 Lunden. Guillaume-Albert.
1719 Lunden. Jean-François.
1728 Lunden. Guillaume-Charles.
1732 Lunden. Arnoul-Albert.
1643 Lundens. Segers.
1492 Maes. Jean.
1599 Maes. Willem.
1609 Magnus Charles.
1481 Man (de) Adrien.
1701 Man (de) Pierre.
1749 Man (de) Charles-Jos.
1488 Mangeleer (de) Adrien.
1477 Mandemacker (de) Claes.
1471 Mannaert. Jacques.
1578 Mariscal. Jean.
1652 Martins. Grégoire.
1517 Mast (V.) Andries.
1645 Mayer (de) Jérôme.
1472 Meissens. Jean.
1521 Meere (V. d.) Jean.
1670 Meeren (V. d.) Wouter.
1706 Melyn. Pierre.
1708 Melyn. Jean-Michel.
1723 Melyn. Daniel-Gérard.
1754 Mendiets (de) Michel-Antoine.
1592 Mertens. Andries.
1606 Mertens. Jean fils d'Andries.
1700 Mertens. Jean-Baptiste.
1709 Mertens. Jean-Baptiste.
1716 Mertens. Jean-Baptiste.
1720 Mertens. Jean-Guillaume.
1757 Mertens. Jacques-Guillaume.
1580 Mesureur (le) Pierre.
1611 Mesureur (le) Pierre.
1739 Meulder (de) François-Paul.
1501 Meurs (V.) Dirick.
1626 Meurs (V.) Jean.
1661 Meurs (V.) Jacques.
1538 Meyer (de) Jean.
1486 Michiels. Jean.
1509 Milde (de) Jean.
1564 Mocius. Henri.
1588 Moens. Henri.
1620 Moens le jeune. Henri.
1647 Moens. Daniel.
1657 Moens. Henri.
1521 Moeyen. Henri.
1487 Moirtere (V. d.) Jean.
1530 Molenere (de) Willem.
1685 Moretus. Baltazar.
1707 Moretus. Baltazar.
1717 Moretus. Jean-Jacques.
1741 Moretus. Simon-François.
1748 Moretus. Paul-Jacques.
1751 Moretus. François-Joseph.
1674 Morisses. Jean Baptiste.
1569 Moye (de) Dierick.
1500 Munstere (de) Daniel.
1539 Munter. Louis.
1520 Mussche. Adrien.
1467 Muylhout. Pierre.
1666 Muyltinckx. Nicolas.
1684 Muyltinckx. Engelbert.
1715 Muyltinckx. Nicolas.
1665 Nackens. Jean.
1697 Nackens. Jean-Charles.
1727 Nackens. Jean-Charles.
1530 Nagels. Joos.
1711 Neuf (de) Simon-Baltazar.
1734 Neuf (de) Simon-Charles.
1745 Neuf de Borght (de) Engelbert.
1747 Neuf (de) Baltasar.
1755 Neuf (de) Simon-Joseph-Charles.
1710 Nieles. Nicaise.
1677 Noller (de) Thomas.
1563 Nyeverven (V.) Jacques.
1498 Oeikelem (V.) Jean.
1615 Ollermans. Jaspar.
1563 Omen (V.) Henri.
1558 Oort (V.) Jean.
1610 Oostering. Jaspar.
1736 Paeffenrode (V.) Godefroid-Jean.
1573 Panhuys. Pierre.
1502 Pape (de) Aert.
1608 Papenbroeck Jean.
1533 Pau (de) Jean.
1489 Peeters. Lucas.
1513 Peeters. Dirick.
1536 Peeters. Jacques.
1607 Peeters. Melchior.
1688 Peeters. Michel.
1714 Peeters. Michel-Jean.
1745 Peeters. Michel.
1747 Peeters. Michel.
1746 Pelgrim. Jean-Joseph.
1544 Pels. Arnoul.
1736 Pick. François-Xavier.
1749 Pick. Pierre.

1752 Pick. François-Ignace.
1507 Pickaert. Pierre.
1577 Pilgrom. Henri.
1671 Pipere (le) Philippe.
1642 Piqueri. Nicolas.
1616 Potter (de) Philippe.
1641 Potter (de) Thomas fils de Philip.
1718 Praet (V.) Jacques-André.
1743 Praet (V.) Jean.
1750 Praet (V.) Antoine.
1672 Pret (de) Jacques.
1677 Pret (de) Philippe.
1717 Pret (de) Arnoul.
1749 Pret (de) Arnoul fils de Jean-Bapt.
1552 Pruenen. Thebalt.
1672 Pruyssen (V.) François.
1700 Pruyssen (V.) Jean-Etienne.
1702 Pruyssen (V.) Ferdinand.
1741 Pruyssen (V.) Ferdinand.
1613 Raet (de) François.
1602 Ram (de) Jean.
1541 Raye. Gomar.
1474 Reepken. Adrien.
1544 Reyniers. Adam.
1532 Robyns. Paul.
1572 Rogiers. Daniel.
1614 Rogiers. Louis.
1647 Rosendael (V.) Christian.
1668 Rosendael (V.) Théodore.
1693 Rosendael (V.) Christian.
1470 Riddere (de) Claes.
1487 Rutgeert. Herbout.
1673 Sallet. Corneil.
1721 Sallet. Corneil.
1565 Santvoort (V.) Adrien.
1742 Schatten. François-Joseph.
1753 Schelstrate (V. d.) Jean.
1630 Scheuaerts. François.
1646 Scheuaerts Jacques.
1722 Scheuaerts. Jacques.
1663 Schilder. Henri-François.
1698 Schilder. François.
1490 Schilleman. Claes.
1505 Schoemaker. Jean.
1578 Scholiers. David.
1667 Scholiers. Jacques.
1745 Schorel de Wilrych (V.) Pierre.
1569 Schot (de) François.
1679 Schott (de) Jean.
1698 Schott (de) Pierre.
1618 Schott (de) Pierre fils de Pierre.
1522 Schuermans. Henri.
1680 Schut. Norbert.
1695 Schut. Pierre-Henri.
1527 Seris. Rombout.
1707 Solmaker. Jean-Baptiste.
1740 Soolmaker. Jean-Charles.
1552 Sorbruecque (de) Gilles.
1482 Soutman. Jean.
1474 Spycker Jean.
1543 Steene (V. d.) Joos.
1570 Steene (V. d.) Joos.
1572 Steene (V. d.) Jean.
1617 Stevens. Adrien.
1632 Stevens. Pierre fils d'Adrien.
1709 Stevens. Jean-Antoine.
1526 Stocvisch. Robbaert.
1518 Stollaert. Servaes.
1494 Struyve. Cornelis.
1542 Stuytelincx. François.
1605 Suerck (V.) Joos.
1469 Sweert. Jean.
1602 Sweerts. François.
1465 Symons. Jean.
1502 Simons Willem.
1481 Teerlinck. Geert.
1618 Tholincx. Imbert.
1623 Tholincx. Jean.
1660 Tholincx. Bartholomée.
1662 Tholincx. Jacques.
1656 Thosse (de) Simon.
1493 Tielt (V.) Joos.
1576 T'Kint. Arnoul.
1611 T'Kint. Guillaume.
1642 T'Kint. Guillaume.
1649 Tongerloo (Van) Jean.
1676 Trenen (V.) Nicolas.
1528 Triere (V) Willem.
1483 Tucklant. Joos.
1535 Turnhout (V.) Jean.
1577 Vekemans ou Veckemans, Joris.
1637 Veckemans. Jean.
1648 Vekemans. Jean.
1537 Veken (V. d.) François.
1724 Verachter. Jean-Guillaume.
1461 Verbecke. Henri.
1485 Verbecke. Michel.
1685 Verbiest. Paul.
1738 Verdussen. Corneil.
1473 Verbeyen. Jean.
1525 Verjuys. Claes.
1560 Verjuys. François.
1574 Vermeulen. Gilles.
1675 Vermoelen. Léonard.
1706 Vermoelen. Christian-Phil.
1720 Vermoelen. Charles.
1730 Vermoelen. Jean-François.
1751 Vermoelen. Philippe.
1725 Verpoorten. Jacques.
1639 Verspreet. Guillaume.
1710 Vesterhavens François.
1485 Vervocht. Martin.
1696 Vinck. Henri.
1726 Vinck. Jean-François.
1626 Vinque. Jean.
1463 Vlashuys. Wynant.
1669 Vlieger (de) Paul.
1703 Ullens. Jean-Baptiste.
1733 Ullens. Antoine-Jean.
1580 Vloet (V. d.) Jacques.
1527 Vogelaer (de) Adrien.
1518 Vorselman. Hubrecht.
1679 Vorst (V. d.) Michel.
1497 Vos (de) Willem.
1681 Vos (de) Pierre.
1692 Vos (de) Nicolas.
1718 Vos (de) Jean-Baptiste.
1743 Vos (de) Ignace.
1547 Vrancx. Pierre.
1680 Wael (de) Corneil.
1560 Warchmans Heybrecht.
1585 Way (le) Nicaise.
1480 Wechelen (V.) Willem.
1636 Weerden (V.) Pierre.
1654 Weerden (V.) Jean.
1514 Weert (de) Jean.
1648 Wellems. Corneil.
1649 Wellems. Pierre.
1730 Wellens. Jacques-Théodore.
1736 Wellens. Antoine-Gérard.
1547 Werner François.
1682 Willemsen. Jean.
1460 Wilmaer. Jean.
1689 Wit (de) Jean-Adrien.
1623 Witer (le) Roger.
1511 Witte (de) Claes.
1568 Witte (de) Sébastien-Corneil.
1756 Witte (de) Paul-François.
1734 Wittebol. Jean-Charles.
1548 Wolfaert. Jacques.
1477 Wonselle (V.) Willem.
1637 Wonsel (V.) Gaspar.
1562 Woonssel (V.) Jean.
1664 Woonsel (V.) Jacques.
1728 Wouters. Christian Pierre.
1729 Wouters. Marcelle.
1731 Wouters. Christian.
1737 Wouters. Pierre.
1597 Wouver (V. d.) Jean.
1555 Ysebout. Corneil.
1522 Ysenbout. Jean.
1498 Zeghers. Jean.

Dans les premiers jours qu'il remplissait les fonctions de Président du Tribunal Civil de Malines, le... Mai 1810, M. Goubau eut le bonheur de repaître ses regards de la présence de l'Empereur Napoléon et de son Auguste Epouse l'Archiduchesse Marie-Louise. Voici le compliment qu'il dût leur adresser le jour de leur passage par Malines :

SIRE ET MADAME,

« Le Tribunal Civil de l'Arrondissement de Malines s'empresse de présenter à VOS MAJESTÉS Impériales et Royales l'hommage de son profond respect et de son inviolable attachement à ses Augustes Maîtres.

» Il ne peut assez exprimer l'allégresse que LES MALINOIS ont fait retentir en apprenant que le plus Grand Homme de l'Univers avait mêlé son sang avec celui de ses anciens Souverains.

» LES MALINOIS se flattent de surpasser, s'il est possible, leurs Ancêtres dans les sentimens de fidélité et de dévouement que ceux-ci ont constamment témoignés a leurs Illustres Seigneurs des Maisons de Bourgogne et d'Autriche.

» LE TRIBUNAL joint ses vœux à ceux de ses Justiciables pour que cette heureuse alliance soit bientôt cimentée par la naissance d'un Prince digne héritier de la Gloire et des Qualités éminentes de ses Augustes Parens ».

Pendant le séjour que ces Augustes Personnages faisaient dans la Belgique, j'étais frappé d'admiration de voir dans nos contrées la Majesté de l'Empereur Napoléon ne faire qu'une avec celle de la Fille chérie de l'Empereur d'Autriche. Je me suis occupé de la Carte suivante, dans l'intention d'honorer cet Ouvrage d'un événement du nombre des plus marquans de l'univers. J'ai cru pouvoir placer au bas de cette Carte mon Hommage de Littérature, de respect et d'attachement, avec le style qui appartient à un homme franc, loyal, toujours fidèle à ses Maîtres. J'y parle de mes malheurs. Pourquoi pas? Ma confiance envers mes Souverains a toujours été et sera à jamais sans bornes. Il n'est pas ridicule de parler d'un crime reconnu avoir été audacieusement employé pour me dépouiller, ce qui est prouvé par l'Arrêt que j'ai eu le bonheur d'obtenir en ma faveur le 23 Juillet dernier.

REQUÊTE CIVILE A LA COUR D'APPEL DE BRUXELLES,

TROISIÈME SECTION.

AUDIENCE DU 20 JUILLET 1810.

JOSEPH DE SAINT-GENOIS DE GRANDBREUCQ né en Mai 1749, MARIE-ANNE DE MORZIN son épouse, LOUIS ET FERDINAND DE SAINT-GENOIS leurs enfans; le premier, Volontaire dans les Chasseurs de garnison à Tournay, âgé de 16 ans et demi; le second Etudiant externe au Collége de Tournay,

A Messieurs, Messieurs les Président, Juges, Procureur-Général, Substituts, etc., etc., de la Cour d'Appel de Bruxelles.

MESSIEURS,

Vous allez vous occuper d'une cause célèbre et allarmante, cause qui a déjà fixé votre attention, cause à laquelle un public entier prend le plus vif intérêt depuis plusieurs années. Vous avez reconnu nos grands malheurs : ils sont hélas infiniment au-delà de ce que vous pouvez vous représenter.

Exposé naïf et malheureusement vrai des malheurs de la Maison de St. Genois, par suite de l'Arrêt du 13 Fructidor an 12.

1. Plus de meubles à la ville et à la campagne. Ils sont vendus, ensuite d'exécution.

2. Saisies par les Anversois sur tout ce qui peut exister, depuis Septembre 1804.

3. Depuis lors, Gardiens presque tous les mois pour payer les contributions. Ce n'est qu'en empruntant à usure qu'on y parvient.

4. Plus de possibilité de trouver crédit, ni moyen d'être aidé, manquant même très-souvent du nécessaire.

5. Le père de famille, l'époux (heureusement gai et bien portant) obligé de travailler hors de chez lui pour gagner la vie, mais avec honneur, mais approuvé par les Chefs et premiers Ministres du Gouvernement.

6. Une épouse, une mère de famille, qui regarde sans cesse ce qui l'entoure en pleurant, forcée d'abandonner aux suites de l'indigence ses enfans dont l'éducation était le bonheur de son existence.

7. Un fils brûlant d'ardeur pour, à l'exemple de ses aïeux, courir à la victoire, au service de son légitime Souverain, le GRAND NAPOLÉON, forcé d'être simple soldat dans les Chasseurs de garnison à Tournay, faute de pouvoir [illegible] témoignage de ses chefs prouve qu'il s'y comporte avec honneur.

8. Un autre fils dont il est impossible de payer la pension interne pour continuer ses études au Collége de Tournai. Ses maîtres n'hésitent pas de donner un témoignage qui atteste sa religion, ses bonnes mœurs, son aptitude et son application.

9. Le désespoir de voir effacer de la liste des contribuables du département de Jemmappes la trop malheureuse Maison de Saint Genois que vous connaissez être une des plus riches en domaines territoriaux, des plus anciennes, des plus illustres et des plus honorées des départemens réunis. Il ne lui restera pas un centime de revenu, si la Requête Civile n'est pas accueillie. Cependant il lui était aisé de payer généralement ses créanciers et de conserver une masse de beaux biens pour la valeur d'un million. Ceci n'est pas exagéré. Nous avons vendu, depuis la transaction, 37 bonniers pour cent vingt mille livres, ce qui fut payé chez le receveur des Anversois. Il nous était possible de continuer les ventes avec le même avantage : mais non, les Anversois, par suite de l'Arrêt fatal qu'ils ont surpris de votre religion par le mensonge et le faux, ont cédé une grande masse de propriétés pour un prix tellement vil qu'il est en dessous des Domaines Nationaux, lors de leur dépréciation. La Cour a reconnu cette vérité affligeante que les ventes faites par les Anversois nous ont causé une perte au-delà de 300 mille livres. Votre Arrêt, du 7 Septembre 1808, dit qu'ils devaient vendre *arbitrio boni viri*. S'ils avaient vendu de cette manière, la Maison de Saint-Genois aurait tout payé. La Maison de Saint-Genois pourrait aisément créer un majorat, transmettre le titre de Comte qu'elle porte depuis plusieurs siècles, et, comme ses aïeux, être revêtue des premières dignités à la Cour. Mais non, répétons-le, il ne lui restera pas un centime de revenu, si la Requête Civile n'est pas accueillie.

Anéantissement éternel de cette Maison si la Requête Civile n'est pas accueillie.

La Cour reconnaît, mais trop tard, les dilapidations faites dans la vente des biens de J. de St. Genois.

10. Voir employer pour derniers efforts tout ce que la malice criminelle de la chicane peut offrir pour excuser et même légitimer une honteuse spoliation, à laquelle on n'est parvenu que par une longue série de procès que nous avons gagnés partout en première instance et en appel, excepté celui du 13 Fructidor an 12 surpris à votre religion par l'emploi du mensonge et du faux.

Toute espèce de malice pour excuser le crime de Boucqueau.

Ce qu'il y a d'extraordinaire dans cette longue série de procès, depuis 14 ans, c'est que Boucqueau, qui se croit le talent d'interpréter les visions du Prophète Daniel, a affecté ne pas vouloir comprendre ce que signifie *contre-temps inattendus*, termes qui se trouvent dans notre première transaction, termes dont il a profité indécemment avec Dillis pour plaider éternellement, pour s'enrichir, duper ses commettans et consommer notre ruine.

Voilà, Messieurs, une très-courte analyse de nos malheurs.

NOUS AVONS TOUT FAIT POUR OBTENIR LA PAIX. Le 26 Juin 1809, nous avons présenté aux trois Chambres de la Cour d'Appel, un recueil dont le titre était « Hommage de respect, de reconnaissance et

La Cour d'Appel a tout fait

pour voir finir ces procès par un coup rompu. Mme. de St. Genois a consenti à tout. Dillis au contraire a tout refusé.

» de confiance à la Cour d'Appel de Bruxelles, dédié à Monsieur Michaux, Président de la troisième section » par Joseph de Saint Genois de Grandbreucq ». Le principal but de ce recueil était de supplier la Cour d'accorder de nouveau sa médiation à Madame de Saint-Genois, afin que cette malheureuse mère de famille put traiter directement avec ses créanciers, en présence de MM. les Commissaires pris dans le sein de la Cour, et parvenir à un dernier arrangement qui anéantît toutes difficultés à perpétuité.

MESSIEURS WITTOUCK ET VOLCKERICH siégent aujourd'hui parmi vous. Qu'ils vous rendent compte, Messieurs, de notre consentement à toutes leurs propositions, sans aucune réserve, lorsqu'ils se sont assemblés comme Commissaires *ad accordandum!* Qu'ils vous rendent compte également de l'entêtement, des propos mensongers et humilians de ce mauvais et inepte Procureur, Dillis, qui abuse d'une confiance qu'il a usurpée par la trop grande crédulité de ses principaux Anversois.

Si Messieurs les Commissaires étaient parvenus à réussir dans l'*accordandum*, nous renoncions, dès cet instant, à continuer la recherche de la preuve écrite nécessaire pour baser notre Requête Civile, preuve que nous avons acquise par le dépôt que l'Avoué Honnorez fit pour les Anversois le 10 Novembre 1809.

M. De le Rue ancien Jurisconsulte à Lille prête l'argent nécessaire pour consigner l'amende. Il a tout employé pour sauver la Maison St. Genois.

Sans le secours de M. le Jurisconsulte DE LE RUE, *dont vous connaissez les talens et l'attachement pour notre Maison*, nous ne serions jamais parvenus à signifier la Requête Civile. Nous étions sans argent : il nous a prêté ce qui était nécessaire pour la consignation de l'amende. Nous n'hésitons pas de lui rendre cet hommage de notre reconnaissance. Il est sans doute honorable à l'homme de venir au secours de son semblable, lorsqu'il le peut! Mais n'est-il pas du devoir de l'homme obligé, *surtout lorsque Sœurs, Parens et autres l'abandonnent*, de faire connaître son bienfaiteur ?

C'est le 20 de ce mois de Juillet que la Cour s'occupe de cette Requête Civile. Ce que vous allez examiner est très-simple.

Questions préalables sur la Requête Civile.

1. Sommes-nous dans le terme voulu par la Loi ?

2. Les Anversois ont-ils menti, ou pas, en vous disant que le Conservateur des hypothèques n'avait jamais refusé de radier ?

3. Ont-ils produit un faux, ou pas, en posant sur votre bureau, séance tenante, un certificat même de ce Conservateur déclarant qu'il n'a jamais refusé de radier?

4. Sont-ils fondés dans leur reticence, dans leur opiniâtreté de ne pas produire l'acte que nous demandons, l'acte par lequel le Conservateur déclare n'avoir jamais refusé de radier, l'acte criminellement posé sur votre bureau, l'acte enfin mentionné dans l'Arrêt du 13 Fructidor an 12? Celui du 25 Messidor an 13, non demandé, qu'ils produisent, n'y ressemble en rien. Nouveau mensonge, faux confirmé. DOL PERSONNEL BIEN DÉMONTRÉ. Voilà ce qui a dirigé Messieurs les Avocats de Vigneron, Petit et De la Hault, dans leur consultation requise par la Loi pour fonder la Requête Civile, consultation trouvée sagement rédigée par la Commission de Législation et autres chez S. E. Mgr. le Ministre de la Justice.

Les Anversois soutiennent que Boucqueau seul est criminel.

5. Sont-ils fondés à s'écrier : ce crime ne nous est pas imputable; mais bien à Boucqueau seul que nous avons renvoyé comme indigne de notre confiance?

6. Sont-ils fondés à soutenir que mentir réellement POUR NUIRE, produire un faux réellement POUR NUIRE, est tout au plus faire un raisonnement faux? C'est ajouter l'impudeur au crime.

6. Sont ils fondés à soutenir que ce mensonge et ce faux n'ont pas donné lieu à l'Arrêt? Les Juges étaient assemblés pour s'occuper d'une seule demande que nous leur adressions par l'organe de M. de Burck actuellement Président du Tribunal Civil à Courtray. Ce savant et respecté Jurisconsulte invoquait un sursis, en disant aux Anversois : *per vos stetit* : et ajoutant : *in omnibus causis pro facto accipitur id in quo per alium mora fit quominus fiat.* Les Anversois, par l'organe de Boucqueau, criaient avec un ton de voix qui ressemblait au RUGISSEMENT le plus effrayant :

Saint-Genois est un menteur.

Saint-Genois ne veut pas payer.

Le Conservateur n'a jamais refusé de radier.

Le Conservateur le déclare d'une manière positive par son certificat ici produit sur le bureau.

Eh bien, MESSIEURS, voilà le moyen scandaleux, voilà la conduite criminelle et fortement répréhensible de ce parjure qui a empêché le cours de la justice, dans l'intention de ruiner une famille à perpétuité.

Elle comparait devant vous, Messieurs, cette famille déjà indigente, cette famille injustement opprimée, cette famille victime du mensonge, du faux, de l'IRRÉLIGION D'UN PARJURE qui emprunte les dehors trompeurs et séduisans d'un DÉVOT.

M. Tarte le cadet, à la demande de Jos de St. Genois, de Mrs. De le Rue et Audoor, consent à défendre cette cause trop célèbre qui doit fixer l'attention du Ministre de la Justice pour faire cesser de pareils crimes.

Nous avons réussi à convaincre de la légitimité de nos réclamations Monsieur le Jurisconsulte TARTE le cadet, que nous avons pris dans le sein des Avocats famés, intègres, dignes de votre confiance, et domiciliés à Bruxelles.

Daignez écouter avec patience notre défenseur. Permettez aussi que MM. les Jurisconsulte De le Rue et Avoué Audoor vous communiquent leurs réflexions. Le recueil général des causes célèbres, qu'on lit toujours avec étonnement, n'en présente aucune plus extraordinaire, ni plus touchante que la nôtre.

Que dirait le grand Législateur de l'Europe, s'il était informé qu'un Avocat, au nom de ses Cliens, profane ses intentions connues par la sagesse de son Code des Lois, en substituant le mensonge, le faux et le parjure à la vérité seul apanage de la justice? Vous êtes dignes du Grand Monarque que vous représentez sur vos siéges. Vous aimez à être éclairés. Vous serez justement courroucés contre l'imposture employée pour vous tromper. Vous déclarerez votre Arrêt nul. Vous déclarerez aussi nulles les ventes faites depuis lors. Vous accorderez la levée des saisies. Vous rendrez enfin à la Maison de Saint Genois la tranquillité qu'elle n'aurait jamais perdue sans l'existence du dol personnel.

Nous sommes très-respectueusement,

MESSIEURS,

JOSEPH DE SAINT GENOIS DE GRANDBREUCQ, MARIE-ANNE DE MORZIN, LOUIS DE SAINT GENOIS, FERDINAND DE SAINT GENOIS,

Tournay 16 Juillet 1810.

ADMISSION DE LA REQUÊTE CIVILE.

NAPOLÉON par la Grace de Dieu et les Constitutions Empereur des Français, Roi d'Italie, Protecteur de la Confédération du Rhin, Médiateur de la Confédération Suisse, à tous présens et à venir, SALUT.

Saint Genois Demandeurs.

La Cour d'Appel séant à Bruxelles, troisième Chambre, a rendu l'Arrêt qui suit entre le St. Joseph de Saint Genois de Grandbreucq et la Dame son épouse née Morzin, propriétaires domiciliés au Château de Grandbreucq, Arrondissement de Tournay, Demandeurs en Requête Civile contre un Arrêt rendu à la troisième Chambre de la Cour d'Appel de Bruxelles le 13 Fructidor an 12, enregistré le 20 du même mois au droit de trois francs trente centimes, représentés par M. TARTE cadet Avocat, assisté de M. Audoor Avoué, d'une part,

Anversois Défendeurs.

Et les Sieurs Philippe - Louis Van de Werve de Schilde, Henri - Joseph Geelhand de Merxem, Jean - Baptiste Ullens et Jacques-Nicolas Dierixsens Propriétaires à Anvers, agissant tant pour eux que comme fondés de pouvoirs des autres Créanciers hypothécaires des Sieur et Dame de Saint Genois mentionnés dans la transaction faite et passée entre parties le 25 Nivôse an 11, Défendeurs à la Requête Civile, représentés par M. VAN VOLXEM Avocat, assisté de M. Honnorez Avoué, d'autre part.

Conclusions de J. de Saint Genois.

M. Audoor pour les Demandeurs a conclu à ce qu'il plût à la Cour rétracter son Arrêt du 13 Fructidor an 12 attaqué par voie de Requête Civile et remettre les Parties au même état où elles étaient avant ledit Arrêt, déclarer que les conclusions primitives des Demandeurs en sursis et en prorogation de délai ont dû leur être adjugées, et par suite que les ventes faites par les Défendeurs en exécution dudit Arrêt des biens hypothéqués en sûreté de leurs rentes et appartenant aux Demandeurs seront pareillement rétractées et de nul effet.

2. Dire que les saisies pratiquées ensuite du même Arrêt seront levées.

3. Que les Défendeurs devront faire compte aux Demandeurs des fruits et revenus provenant desdits biens depuis les ventes et des sommes reçues chez les Receveurs.

4. Que les sommes de trois cents francs pour amende, de cent cinquante francs pour indemnité aux Parties et de quarante-cinq francs pour subvention, consignées par les Demandeurs, leur seront restituées.

5. Condamner les Défendeurs aux dépens et en tous dommages et intérêts.

Conclusions des Anversois.

M. Honnorez pour les Défendeurs à la Requête Civile a conclu à ce qu'il plût à la Cour déclarer les Demandeurs non recevables et subsidiairement non fondés dans leurs conclusions prises par exploit de l'Huissier le Mire le 9 Juin 1810, avec condamnation aux dépens.

Faits.

POINT DE FAIT.

Par acte public du 6 Février 1792 les Sieur et Dame de Saint Genois ont constitué au profit du Sieur Van de Werve et de ses consors une rente perpétuelle au capital de trois cent soixante mille florins de change qui furent assis sur hypothèques.

En l'an 5 les Sieur et Dame de Saint Genois furent assignés en paiement d'arrérages échus.

Transaction en l'an 6.

Le procès fut terminé par une transaction sous la [illegible] Vendémiaire an 6.

Transaction en l'an 11 rédigée par Bourquean, signée à minuit.

Il y eut ensuite divers procès entre parties qui amenèrent la transaction du 25 Nivôse an 11.

Par l'art. II de cette transaction le restant du capital fut porté à deux cent soixante-six mille sept cent cinquante florins neuf sols quatre deniers, et la somme dûe pour les intérêts à cinquante-quatre mille cinq cent seize florins treize sols trois deniers.

Les Sieur et Dame de Saint Genois s'obligeaient à payer cette dernière somme en trois paiemens égaux, savoir avant le 25 Floréal et le 25 Thermidor an 11 et avant le 25 Brumaire an douze.

Article V.

L'article V porte que si l'un de ces trois paiemens ne s'effectuait point à l'échéance, de Saint Genois et son épouse seraient tenus de se libérer non-seulement de toutes les sommes, mais encore du capital restant et de faire vendre au profit des créanciers les fonds nécessaires pour effectuer ces libérations.

Article VI.

Par l'article VI les débirentiers s'obligent en ce cas à rembourser le capital de six en six mois et par sixièmes.

Les articles XIV et XVI relatifs au titre actuel sont ainsi conçus :

Article XIV.

Article XIV. « Les Défendeurs feront vendre chaque lot ou marché desdites ventes quitte et libre des charges » des crédirentiers et des autres charges ; bien entendu que cette clause de la libération des charges des Demandeurs à laquelle les Demandeurs consentent, ne devra être exécutée que du moment que le prix d'achat de » chaque vente sera reçu et payé par eux ou par lesdits citoyens Dillis ou Piat-Lefebvre, et que l'exécution de la- » dite clause se fera sans frais des Demandeurs au moyen d'une simple autorisation pour consentir en leur nom » à la levée de leurs hypothèques sur l'objet de ladite vente.

Article XVI plus difficile à comprendre que les visions de Daniel.

Cet article a été désapprouvé par MM. les Commissaires de la Cour Fournier et Bens.

Article XVI. » Si les Défendeurs n'accomplissaient pas ponctuellement les clauses et conditions contenues dans » le présent contrat et que ce soit par simple omission, soit par quelque difficulté, contretemps, prétextes ou obs- » tacles quelconques ou même par quelque raison ou événement que ce fut ou put être, attendus ou inattendus, pensés » ou non pensés, soit défaut d'amateurs, d'offres suffisantes, ou d'enchérisseurs véritables ou factices, avenus par la » faute ou sans la faute des Défendeurs, dans ce cas, et dans chacun de ces cas, les Défendeurs dès-à-présent, pour » lors, renoncent au pouvoir de vendre eux-mêmes leurs biens et autorisent lesdits Citoyens Van de Werve, Geel- » hand, Ullens et Dierixsens, tant en leur nom que comme constitués des autres Demandeurs à faire eux-mêmes » les ventes desdits biens à leur choix et au nom des Défendeurs par dix jours de siége, distant de quinzaine, par- » devant Notaires, à trois mois de crédit, pour les prix d'achat être employés à la même destination comme ci- » devant jusqu'à concurrence de ladite somme totale ou du résultat de ladite somme, les dettes, rénonciation et » autorisation étant ici stipulées et déclarées irrévocables comme faisant partie du présent contrat de transaction. » Bien entendu qu'avant chacune desdites ventes les Demandeurs la feront afficher au lieu de la situation et insé- » rer dans une feuille publique et qu'ils en feront au surplus avertir les Défendeurs afin que ceux-ci s'y trouvent » si bon leur semble »;

Entraves dans les ventes par les Anversois. Ils ont empêché de continuer les ventes.

Le 25 Floréal an 11 le Sieur de Saint Genois n'avait pas fait le premier paiement stipulé article III de la transaction : en conséquence il se mit en devoir de vendre une partie de ses biens pour se libérer; mais il soutient qu'il rencontra divers obstacles, principalement de la part de ses créanciers mêmes qui tardaient à envoyer les procurations nécessaires afin de radiation.

Cependant les crédirentiers commencèrent les opérations préalables pour vendre par eux-mêmes en vertu de l'article XVI.

De Saint Genois leur fit signifier par exploit du 29 Floréal an 12, qu'il s'opposait à toute expropriation de ses biens. Il assigna ses créanciers à comparaitre devant la Cour à l'Audience du 25 Prairial suivant.

La cause ne fut point plaidée à cette audience.

Malgré cette opposition les créanciers du Sieur de Saint Genois firent annoncer par affiches la vente de plusieurs parties de ses biens.

Ils prétendirent que les affiches furent faites pour le 10 et ensuite pour le 26 Fructidor an 12.

Demande en sursis.

De Saint Genois se pourvut alors devant la Cour en demandant un sursis, et, à l'audience du 12 Fructidor an 12, il conclut à ce qu'il plût à la Cour accorder un nouveau délai pour continuer par lui-même les ventes dont il s'agissait.

Il se fondait principalement sur ce que l'obstacle qui l'avait empêché de vendre par lui-même dans le terme convenu et d'effectuer le paiement stipulé était le propre fait de ses créanciers qui d'abord avaient retardé l'envoi de la procuration et ensuite n'avaient pas suffisamment autorisé le Conservateur à rayer les inscriptions hypothécaires. Il rappellait l'article XIV de la transaction d'après lequel les biens devaient se vendre quittes et libres. Il posait en fait que le Conservateur des hypothèques à Tournay, après avoir commencé les radiations, avait refusé ensuite de radier les inscriptions prises sur les biens déjà vendus, par la raison que la procuration à fin de radiation était donnée par Van de Werve, Geelhand, Ullens et Dierixsens, tandis que les inscriptions étaient prises par un Sieur de Meulenaere et Compagnie. Il en concluait que ses créanciers étaient eux-mêmes cause qu'il n'avait exécuté à la rigueur les clauses et conditions de la transaction; que par conséquent ils ne pouvaient se prévaloir de son retard pour se permettre de vendre par eux-mêmes.

Les Anversois s'opposent au sursis.

Mensonge et faux produits par Boucqueau.

Les créanciers des Sieur et Dame de Saint Genois s'opposaient à tout sursis. Ils soutenaient qu'ils avaient droit de vendre par eux-mêmes les biens de leurs débiteurs, conformément à l'article XVI de la transaction. Ils ont nié que jamais le Conservateur des Hypothèques eut fait quelques difficultés relativement à la radiation des inscriptions et ils ont ajouté que l'assertion de Saint Genois était démentie par le certificat même du Conservateur par eux remis sur le bureau : disant que c'était M. de Saint Genois lui-même qui avait violé la transaction en faisant une coupe d'arbres. Ils ont ajouté qu'une nouvelle procure n'était pas nécessaire d'après l'article XIV : que la première procure était arrivée en temps et avant tout paiement, attendu que le premier paiement n'avait eu lieu que le 8 Thermidor an 11, tandis que la procure était arrivée dès le 4.

Arrêt du 13 Fructidor an 12 contre St. Genois.

Sur cette contestation est intervenu, le 13 Fructidor an 12, le jour même de la plaidoyerie, un Arrêt qui déboute les Sieur et Dame de Saint Genois de leurs conclusions en prorogation de délai pour vendre par eux-mêmes.

« Attendu que les Demandeurs sont restés en défaut d'accomplir la transaction du 25 Nivôse an onze : qu'au » cas d'inexécution dans les termes fixés les Dem[illegible], par l'article seize de ladite transaction, renoncé » à vendre par eux mêmes, et ont consenti que la vente fut faite à la diligence et à la requête des Défendeurs; » que les Demandeurs n'ont fait aucune diligence judiciaire pour constituer les Défendeurs en demeure sur l'en- » voi des procurations, ni justifié de l'obstacle que le retard de cet envoi a pu mettre à la continuation des ventes » qu'ils ne se sont pas mis en devoir de poursuivre dans les délais fixés par la transaction ».

Les Sieur et Dame de Saint-Genois se sont pourvu en cassation contre cet Arrêt mais leur pourvoi a été rejetté.

Demande de St. Genois en Requête Civile.

Consultation énonçant le dol personnel.

Par exploit précité de l'Huissier le Mire sous la date du neuf Février 1810, ils ont fait signifier à leurs adversaires une demande en Requête Civile contre le même Arrêt. Cet exploit contenait en tête; 1°. Une copie de la quittance du Receveur de l'enregistrement pour les sommes consignées au vœu de l'article 494 du Code de Procédure Civile. 2°. Copie d'une consultation de trois Avocats savoir : Messieurs *de Vigneron*, *Petit et de la Hault*, exerçant depuis dix ans au moins, près le Tribunal de première instance de Mons, lesquels déclaraient être d'avis de la Requête Civile. Cette consultation énonçait pour ouverture le dol personnel.

Audience du 20 Juillet 1810.

A l'audience de la Cour du 20 Juillet 1810 les Avoués respectifs des parties ont pris les conclusions ci-dessus transcrites.

Consultation lue par Jos. de St. Genois.

Moyens de St. Genois dévéloppés par M. l'Avocat Tarte le cadet.

Voici l'analyse des moyens que les Demandeurs en Requête Civile ont fait valoir devant la Cour contre l'Arrêt du 13 Fructidor an douze.

Par la transaction du 25 Nivôse an onze, les Sieur et Dame de Saint Genois s'étaient obligés à vendre une partie de leurs biens afin de se libérer envers leurs créanciers hypothécaires, mais il était convenu que les biens se vendraient quittes et libres de toutes charges.

A cet effet les crédirentiers s'étaient engagé de leur côté à faire radier leurs inscriptions. On se rappelle aussi qu'une des clauses de la transaction portait que, si de Saint Genois manquait à remplir ses engagemens, il perdrait la faculté de vendre par lui-même. Dans ce cas les Créanciers étaient autorisés à vendre en son nom. *Les termes stipulés pour effectuer les divers paiemens sont trop rapprochés pour que le Sieur de Saint Genois fut en état d'y faire face.*

Entraves dans les ventes par les Anversois.

Quoiqu'il en soit, il s'était d'abord mis en devoir de procéder à la vente d'une partie de ses biens, mais il rencontra des obstacles. Ses Créanciers mêmes y apportaient des entraves. Ils ont été en retard d'envoyer les procurations nécessaires pour faire rayer les inscriptions. La première était informe et irrégulière. Le conservateur des Hypothèques lorsqu'il s'est apperçu de l'insuffisance a refusé de radier. Il a exigé même que la nouvelle procuration contint la ratification du consentement aux radiations déjà faites.

Le Sieur de Saint Genois avait les mains liées. Le temps s'écoulait : les termes expiraient et cependant les ventes étaient arrêtées.

Dans ces circonstances les Créanciers du Sieur de Saint Genois se prévalurent du retard et ils invoquèrent inhumainement l'article seize de la transaction.

Ils prétendent que leur débirentier a perdu la faculté de vendre par lui-même : et ils se mettent eux-mêmes en mesure de procéder aux ventes. De Saint Genois s'oppose à cette mesure qui peut dégénérer en dilapidation, surtout si les Créanciers mettent dans leur exécution l'esprit d'aigreur et de précipitation qui paraît les animer.

Il demande un sursis. Il soutient que le retard provient du fait même de ses Créanciers. Il pose formellement en fait que le Conservateur des Hypothèques de Tournai a refusé de rayer les inscriptions prises sur les biens vendus parce que les crédirentiers ne lui ont point donné des pouvoirs suffisans. Il en conclut que le retard ne peut lui être imputé et que par suite il n'a pas perdu la faculté de faire les ventes par lui-même. Il dit qu'il a exposé toutes ses raisons à l'audience de la Cour du 13 Fructidor an 12.

Ce refus du Conservateur était parfaitement à la connaissance de ses créanciers puisqu'ils avaient envoyé une nouvelle procuration et ainsi positivement reconnu l'insuffisance de la première. Leur Mandataire le Sieur Piat Lefebvre de Tournay leur en avait fait part. Cependant l'Avocat (*Boucqueau*), qui plaidait alors pour eux, dénie formellement à la même audience que jamais le Conservateur des Hypothèques ait fait les moindres difficultés à ce sujet. Il alla plus loin. Il remet sur le Bureau une pièce qu'il dit être un certificat du même Conservateur : et il annonce que ce certificat dément l'assertion du Sieur de Saint Genois.

Description du crime repréhensible de Boucqueau.

Le Défenseur de ce dernier (*de Burck*) ne soupçonne pas la manœuvre de son adversaire. Il était de bonne foi que la pièce produite atteste que jamais le Conservateur n'a fait les moindres difficultés au sujet des radiations : il reste muet.

L'Avocat de Burck et les Juges atterés par le crime affreux de Boucqueau.

Dans cet état de choses, la Cour, séduite par le prétendu certificat non contredit, porte l'Arrêt du 13 Fructidor an douze qui rejette la demande. De Saint Genois surpris de ce qui s'est passé à l'audience ne soupçonne pas ses adversaires.

Il s'en prend au Conservateur des Hypothèques : il le poursuit en justice pour le forcer à expliquer sa conduite à son égard. Ce fonctionnaire déclare que jamais il n'a délivré à personne de certificat autres que ceux de radiations d'inscriptions, d'où les Demandeurs inféraient que selon le Conservateur le certificat vanté à l'audience était contraire à la vérité puisqu'il avait en effet, *après les premières radiations faites par inadvertance*, refusé de radier les inscriptions dont il s'agissait.

Crime de Boucqueau prouvé par le Conservateur.

Alors les soupçons de Saint Genois se portent sur ses adversaires : il les somme de lui communiquer ce prétendu certificat. Ceux-ci en font faire le dépôt au Greffe de la Cour le dix Novembre 1809.

La lecture seule de cette lui persuade et tout à la fois lui donne la preuve que ses adversaires ont employé le dol pour obtenir l'Arrêt du 13 Fructidor an douze. En effet ce prétendu certificat n'était qu'un état pur et simple des inscriptions prises sur les Biens du Sieur de Saint Genois, et énonçant quelques radiations. Cette pièce porte la date du 25 Messidor an douze.

De tout ce qui précède, il résulte que les Défendeurs ont fait une dénégation mensongère et de mauvaise foi pour l'appuier et qu'ils ont fait un emploi insidieux d'une pièce indifférente à la cause qu'ils ont fait valoir avec artifice comme un certificat du Conservateur démentant l'assertion du Sieur de St. Genois, tandis qu'il n'y était pas seulement question du certificat.

M. Tarte se résume.

Après cet exposé, les Demandeurs en Requête Civile ont rappelé les principes de la matière pour démontrer que la dénégation faite par leurs adversaires à l'audience du 13 Fructidor an 12, combinée avec l'emploi du prétendu certificat présentait le dol le plus évident et le plus grave : et ils ont invoqué l'article 480 du Code de Procédure qui porte :

Dol le plus évident démontré.

« Les Jugemens contradictoires etc. pourront être retractés sur la Requête de ceux qui y auront été parties ou » duement appellés pour les causes ci-après : 1°. S'il y a eu dol personnel etc. »

Ils ont plus amplement développé les moyens énoncés dans la consultation des trois Jurisconsultes qui avaient été d'avis de la Requête Civile.

Les Défendeurs ont d'abord proposé quatre fins de non-recevoir contre la demande.

Les trois premières étaient prises de ce que les Demandeurs s'étaient pourvus en Requête Civile à tort et hors du délai de la Loi.

Moyens des Anversois développés par M. Van Volxem.

1. Les Défendeurs, disaient-ils, ont eu connaissance du prétendu dol dès le 12 Fructidor an douze puisque la pièce du 25 Messidor a été employée à l'audience du même jour. L'arrêt du 13 Fructidor en fait mention en ces termes.

« Il est faux encore que cette Procuration aurait été insuffisante. Elle est conforme aux termes de l'article » quatorze. Et on nie que jamais le Conservateur des Hypothèques ait fait quelque difficulté à cet égard. Cette » assertion est démentie par le Certificat même de ce Conservateur produit sur le Bureau » :

Il oppose trois fins de non recevoir.

Et cet Arrêt a été notifié aux Demandeurs par exploit du vingt-cinq Fructidor ! Or la demande en Requête Civile n'a été formée que le neuf Février 1810.

2°. Dans le procès en réparation d'injures entre de Saint Genois et l'ancien défenseur de ses créanciers, le premier a demandé et obtenu la communication de cette pièce à l'Audience du dix Décembre 1808. Donc il en a eu connaissance de ce jour là : il n'a donc pas formé sa demande dans les trois mois.

3°. Enfin les Demandeurs ont eu bien sûrement connaissance de la pièce dont l'emploi est argué de dol, le 3 Juin 1809, jour auquel ils ont sommé les Défendeurs de leur en donner communication, et sur-tout le 26 Juin 1809, lorsque le Sieur de Saint Genois dit dans une lettre imprimée qu'il adresse à M. Michaux Président de la troisième Chambre de la Cour d'Appel.

Il se prévaut d'une lettre de Jos. de St. Genois à M. le Président Michaux.

« J'ai travaillé constamment et toujours inutilement A LA DÉCOUVERTE DU FAUX employé pour me dé» pouiller. Ce n'est qu'àprésent que j'ai eu le bonheur d'atteindre cette preuve qui donne lieu à la Requête Civile. » Mais de quels moyens astucieux ne se sert-on pas pour m'empêcher de m'en prévaloir ? »

La quatrième fin de non recevoir proposée par les Défendeurs se puise dans la circonstance que la Dame de Saint Genois avait assisté à la vente, du 25 Juin 1807, dont elle avait signé l'Acte en vertu des Procurations

4e. fin de non recevoir.

de son Mari du 21 Mai 1807, enregistrées à Tournay le 25 du même mois. Les Défendeurs en induisaient un acquiescement à l'Arrêt du 13 Fructidor an 12.

Subsidiairement les Défendeurs ont soutenu que la demande en Requête Civile n'était pas fondée, 1°. parce que d'après l'art. 480 du Code de procédure le dol doit être personnel à la partie. Or, *disaient les Défendeurs - aucun de nous n'a même eu connaissance du Certificat du 25 Messidor an 12, ni de l'emploi que* Notre Avocat *d'abord en a fait :*

2°. Parce que le dol doit être grave, et qu'ici ç'aurait été tout au plus UN RAISONNEMENT FAUX que l'avocat des Demandeurs aurait facilement pu relever et refuter.

3°. Enfin parce que les Demandeurs n'avaient pas prouvé que l'Arrêt du 13 Fructidor an 12 eut été porté sur le prétendu dol.

Autres motifs de défense des Défendeurs. Est-il honorable à M. Van Volxem de répéter les mensonges de Boucqueau?

A l'analyse des moyens des Demandeurs il fut opposé de la part des Défendeurs, outre ce qui a déjà été dit, que le Sieur de Saint Genois était constamment resté en arrière. Que depuis la création de la rente en 1792, *il n'avait payé exactement que le premier canon et un a-compte sur le deuxième*, mais, pour tout ce qui était échu depuis, il avait toujours fallu les moyens judiciaires pour le contraindre au paiement. Que, ce n'était qu'après diverses échéances qu'ils avaient fait afficher la vente de quelques Biens pour une première séance au 10 Fructidor an 12, et la vente définitive au 25 du même mois, et ainsi plus de 18 mois après la transaction du 25 Nivôse an 11. Qu'il n'y avait donc là ni aigreur, ni précipitation, ni apparence de spoliation, mais seulement le désir de voir enfin la transaction du 25 Nivôse an 11 accomplie.

Que le Sieur de Saint Genois avait tort de dire qu'il n'avait pu continuer la vente des Biens par lui-même parce que les Défendeurs ne lui avaient pas envoyé la procure nécessaire pour radier les inscriptions. Car outre qu'ils avaient un intérêt marqué de faire tout ce qui pouvait tendre à faire réussir les ventes pour obtenir le paiement, ils soutenaient que les quatre Commissaires ayant pouvoir de tous les Créanciers avaient aussi celui de donner les radiations : que leur procure du 27 Messidor an 11 fut envoyée en temps utile.

Van Volxem emploie ici des moyens pour blanchir Boucqueau mais inutilement.

Qu'à l'audience du 13 Fructidor an 12, l'ancien Avocat des Défendeurs avait produit sur le Bureau un Certificat du Conservateur des Hypothèques du 25 Messidor an 12, dont il constait que, le 28 Nivôse an 12, ce Conservateur avait fait encore 6 radiations ensuite de la Procuration des Commissaires du 27 Messidor an 11. Il avait déduit de-là que cette procuration était suffisante pour opérer les radiations, et il nia que le Conservateur eut fait quelques difficultés à cet égard, attendu que ce Certificat démentait cette assertion.

Que si l'Avocat de M. de Saint Genois n'eut pas trouvé ce raisonnement en règle, il eut pu le rencontrer et dénier le fait. Et la Cour, en examinant les pièces avant de juger, pouvait également faire justice de ces moyens, sur-tout si elle les croyait péremptoires à la cause.

Boucquean mauvais Logicien.

Que cette dénégation qui n'avait été que la suite d'un raisonnement motivé sur le certificat du Conservateur n'était pas un dol, mais pouvait tout au plus être la conséquence d'une MAUVAISE LOGIQUE : que cependant au cas présent c'était une conséquence en règle. Que la déclaration du Conservateur donnée devant le Tribunal de Tournay l'avait été sans que les Défendeurs y avaient été cités, et sans que le Conservateur avait été admis à serment.

Phrase captieuse de Van Volxem, démentie par de St. Genois lui-même.

Les Demandeurs ont dénié la phrase suivante :

« *Et ainsi plus de* DIX-HUIT MOIS *après la* [illegible] *du vingt-cinq Nivôse an onze.* »

Et réponde aux trois premières fins de non recevoir :

Réponses de M. Tarte aux fins de non recevoir.

Qu'ils n'avaient véritablement eu la connaissance positive de la pièce du vingt-cinq Messidor que, dès le dix Novembre 1809, jour du dépôt, puisqu'avant l'Acte de ce dépôt les créanciers étaient libres de prétendre que l'état des inscriptions maintenant déposé n'était pas la pièce qu'ils avaient employée à l'audience du treize Fructidor an douze. Les Demandeurs avaient donc formé leur demande dans le délai de la Loi Qu'à la vérité ils connaissaient bien antérieurement l'existence d'un prétendu Certificat mis sur le Bureau à l'audience du treize Fructidor an douze, mais qu'ils en ignoraient absolument le contenu : qu'il était faux, *ajoutaient-ils*, que, dans l'instance en réparation d'injures, cette pièce leur eût été communiquée : qu'on l'avait absolument mise sous les yeux des Juges, outre que la remise de la pièce dans un procès étranger aux Défendeurs en Requête Civile pouvait toujours être critiquée par ceux-ci comme étant autre que celle qui avait existé au procès de l'an douze.

Réponse à la quatrième fin de non recevoir.

En ce qui concerne la quatrième fin de non recevoir prise de l'acquiescement, les Demandeurs ont répondu que tout acquiescement suppose de la part de la partie une volonté libre et spontanée d'exécuter la décision du Juge : qu'on pouvait d'autant moins appercevoir ici cette volonté que la voie de la Requête Civile ne suspend point l'exécution du Jugement attaqué et que ce n'est toujours qu'exécution forcée : que d'ailleurs, le dol, n'ayant été découvert que le dix Novembre 1809, le délai n'avait couru que de ce jour, et que conséquemment on ne pouvait supposer une rénonciation à un droit qui n'était pas encore né. Qu'enfin l'intervention de la Dame de Saint Genois à la vente du vingt-cinq Juin 1807 avait eu pour but unique de prévenir le Monopole des amateurs, déniant au surplus que la Dame de Saint Genois eût signé l'Acte de Vente.

Réplique de M. Tarte au fonds.

Au fonds les Demandeurs ont répliqué :

1. Que l'article quatre cent quatre-vingts du Code de procédure emploie le terme de *dol personnel* par opposition au *dol réel*.

Qu'au reste il est constant en principe que le dol du mandataire est personnel et commun au mandant qui s'en prévaut.

2. Que les manœuvres pratiquées par les Défendeurs à l'audience du treize Fructidor an douze caractérisaient un dol formel. Qu'il était ridicule de faire envisager ce dol comme un simple raisonnement faux, en invoquant la maxime *non argumentamur contra facta*.

3. Enfin que la lecture seule de l'Arrêt du treize Fructidor prouvait qu'il avait été déterminé par le dol des Défendeurs.

Tarte réfute les mensonges officieux de Van Volxem.

Ils ont observé que les Défendeurs cherchent à induire en erreur, en imputant des retards à Monsieur de Saint Genois et en alléguant la nécessité de recourir aux voies judiciaires.

S'il n'a payé d'abord qu'un canon et un à compte, c'est que deux ans se sont à peine écoulés entre la date de la constitution de la rente et l'émission des assignats, accompagnés de la Révolution et d'une PERTE DE TRENTE A QUARANTE MILLE LIVRES de rente pour le Demandeur en Droits Féodaux, Dîmes inféodées, Terrages etc.

Que Boucqueau, pour les Anversois, a perdu tous les procès contre J. de S. Genois.

S'il y a eu des contestations judiciaires, ce n'est pas aux Défendeurs à les rappeller; eux qui ont constamment succombé, ainsi qu'il en conste par deux Jugemens en dernier ressort du Tribunal d'Appel de la Lys, des douze Floréal et quatorze Fructidor an sept, et du Jugement arbitral concernant les arrérages : eux qui malgré des ÉVÉNEMENS DE FORCE MAJEURE qu'ils auraient du partager, puisqu'ils ont un droit réel sur les fonds Hypothèqués, ont obtenu en un seul paiement par compensation jusqu'à cent quatre-vingts mille livres environ : eux qui ont été condamnés pour avoir exigé en intérêt quatre-vingts mille livres de plus qu'il ne leur était dû.

Quant aux radiations, la pièce déposée qui sert de fondement à la Requête Civile, n'en présente que deux avec un etc., de manière que les assertions des Défendeurs à cet égard attestent un défaut de conformité, car les Demandeurs ne peuvent répondre qu'à ce qui leur a été signifié ou communiqué.

En résultat, ils démentent les faits relatifs au Conservateur. Ils sont rapportés par les Défendeurs et se référant à la déclaration donnée devant le Tribunal de Tournay.

Derniers efforts de Van Volxem.

Les Défendeurs ont relevé et nié ces faits, alléguant aussi que les deux transactions du vingt-un Vendémiaire an six, et vingt-cinq Nivôse an onze, n'avaient eu lieu qu'à la suite des procédures dans lesquelles M. de Saint Genois allait succomber.

Conclusions de M. Merckx en faveur de J. de Saint Genois.

PARTIES AMPLEMENT OUIES dans leurs moyens de demande et de défense, ensemble M. MERCX, Substitut du Procureur Général dans ses conclusions tendantes à l'admission de la Requête Civile; la Cour s'est proposé les questions suivantes :

Questions.

I. La demande en Requête Civile est-elle recevable ?

II. Y a-t-il eu dol personnel employé de la part des Défendeurs à la Requête Civile pour l'obtention de l'Arrêt du 13 Fructidor an 12?

Vu la quittance du Receveur, ainsi que la consultation des trois Avocats, en satisfaction aux articles 494 et 495 du Code de Procédure;

Prononcé de la Cour.

Considérant sur la première question que ce n'est que par la communication et l'examen même de la pièce du 25 Messidor an 12 que les Demandeurs ont pu être instruits de l'application qui en avait été faite à l'audience du 12 suivant de l'Arrêt du 13 Fructidor an 12;

Que cet examen n'a eu lieu par les Demandeurs qu'au moyen du dépôt qui en a été fait au Greffe de cette Cour le 10 Novembre 1809;

Qu'ainsi la demande en Requête Civile, ayant été donnée par exploit du 9 Février 1810, l'a été dans le temps utile;

Rejet des fins de non recevoir.

Que par suite il n'y a pas de fin de non recevoir à opposer du chef d'acquiescement à la vente du 25 Juin 1807, époque à laquelle le contenu de la pièce du 25 Messidor an 12 était encore ignoré des Demandeurs;

Considérant sur la deuxième question que la dénégation articulée de la part des Défendeurs à l'audience du 13 Fructidor an 12, *que jamais le Conservateur des Hypothèques aurait fait quelques difficultés à cet égard*, c'est-à-dire de radier les inscriptions prises sur les biens vendus était CONTRAIRE A LA VÉRITÉ.

Correspondance de M. Piat-Lefebure avec les Anversois, au sujet du refus de radier.

Que cette vérité était portée à la connaissance des Défendeurs, puisqu'ils en avaient reçu la nouvelle de la Maison Piat-Lefebvre et Fils, leur correspondant à Tournay, du 13 Nivôse an 12, *que le Conservateur des Hypothèques avait élevé des difficultés* relativement à la teneur de la procuration qu'il prétendait être insuffisante en ce qu'elle ne faisait aucune mention du Sieur de Meulenaere au nom duquel les inscriptions avaient été prises;

La Cour reconnaît que Boucqueau, pour les Anversois, est un menteur.

De sorte qu'on n'a pu dans l'intérêt de leur cause articuler, SANS TRAHIR LA VÉRITÉ, une telle dénégation non plus que l'appuyer de la pièce du 25 Messidor an 12, PRÉTENDUEMENT QUALIFIÉE DE CERTIFICAT, qui ne contenait point la preuve du démenti de l'assertion que le Conservateur ait jamais fait quelques difficultés d'effectuer les radiations;

Que c'est cependant sur la foi de la sincérité de cette dénégation de la part des Défendeurs que la Cour s'est déterminée à ne point admettre les Demandeurs à la vérification du fait par eux posé *que le retard des ventes* et l'obstacle à leur continuation étaient imputables aux *Défendeurs*;

Que de ce qui précède, il résulte que dans l'espèce il y a eu dol personnel suffisamment caractérisé pour prononcer l'admission des Demandeurs à la Requête Civile.

Admission de la Requête Civile.

PAR CES MOTIFS, la Cour, sans prendre égard aux fins de non recevoir opposées par les Défendeurs, et *sans s'arrêter, QUANT A PRÉSENT, aux conclusions des Demandeurs en nullité des ventes faites postérieurement au 13 Fructidor an 12*, admet la Requête Civile desdits Demandeurs; déclare que l'Arrêt du 13 Fructidor an 12 est et demeure rétracté. En conséquence remet les parties au même état où elles étaient avant icelui. Ordonne la restitution des sommes consignées tant à titre d'amende que pour dommages-intérêts. Condamne les Défendeurs aux dépens de l'Instance sur Requête Civile.

Les dépens taxés à *deux cent quatre-vingt-huit fr. quarante-deux cent.*, non compris le coût du présent Arrêt.

Ainsi jugé et prononcé en audience publique, le 23 Juillet 1810. Présens MM. Latteur P. P., Coremans, D. Mosselmans, de Reine, Volckerick, Wittouck, Wyns, de Villegas-Pellemberg, Juges; Garnier, Juge-Auditeur; Merck, Substitut du Procureur-Général, et H. Spruyt, Commis-Greffier.

Signé Latteur, et H. Spruyt, *Greffier.*

Mandons et ordonnons à tous Huissiers sur ce requis de mettre le présent Arrêt à exécution, à nos Procureurs près les Tribunaux de Première Instance d'y tenir la main, à tous Commandans et Officiers de la Force publique de prêter main-forte lorsqu'ils en seront légalement requis.

En foi de quoi ledit Arrêt a été signé par le Président et par le Greffier, avec le Scel.

Signé G. J. Frionnaux, *Greffier.*

Enregistré à Bruxelles le 18 Août 1810. Reçu trois francs. Greffe, cent huit francs. Subvention, onze francs dix centimes. *Signé* De la Haye.

Coût du Jugement, 146 liv. 5 cent. *Signé* Aubooy.

Signification à l'Avoué.

A LA REQUÊTE de M. AUDOOR, Avoué des Demandeurs soit signifié à M. Honnorez Avoué des Défendeurs copie de l'Arrêt qui précède pour son information dont acte à Bruxelles le 21 Août 1810.

Signifié par moi Philippe-Barthélemy Stas Huissier Audiencier près la Cour d'Appel de Bruxelles y domicilié rue de Ste. Gertrude Sect. 7, n°. 258 à M. Honnorez Avoué en son domicile parlant à sa Servante. Ce 21 Août 1810 a huit heures du soir. Coût, 250 centimes. *Signé* P. B. STAS.

Enregistré à Bruxelles le 22 Août 1810. *Reçu un franc un décime.*

Signification aux Anversois.

A LA REQUÊTE de Monsieur JOSEPH DE SAINT GENOIS DE GRANDBREUCQ Propriétaire et de Madame MARIE-ANNE DE MORZIN son épouse demeurant au Château de Grandbreucq Commune d'Ecanaffle, canton de Celles, Arrondissement de Tournay, *Département de Jemmapes.*

JE PAUL LE MIRE Huissier du Tribunal de Première Instance séant à Anvers patenté dans la troisième classe délivrée à Anvers le dernier demeurant Bourse Anglaise, Section première n°. 104, ai signifié et donné copie de l'Arrêt en admission de Requête Civile qui précède.

1°. Au Sieur Philippe-Louis Van de Werver de Schilde.

2°. Au Sieur Henri-Joseph Geelhand de Merxem.

3°. Au Sieur Jean-Baptiste Ullens.

4°. Au Sieur Jacques-Nicolas Dierixsens.

Tous quatre rentiers domiciliés à Anvers Départ. des Deux-Nèthes tant pour eux qu'à cause qu'ils se disent *(sans l'avoir vérifié jusqu'aujourd'hui)* fondés de pouvoirs de leurs Consors Crédirentiers dudit Joseph de Saint Genois de Grandbreucq, dont pareille copie a été signifiée à Maître Honnorez, Avoué, le 21 Août dernier, par acte enregistré le lendemain.

A LA REQUÊTE des mêmes que dessus, j'ai fait commandement auxdits Sieurs Van de Werve, Geelhand, Ullens, et Dierixsens de payer d'abord, sous peine d'exécution, chez moi Paul le Mire Huissier, chargé de recevoir, savoir, la somme de cinq cent soixante-sept francs vingt-cinq centimes,

		fr.	cent.
1°.	Pour dépens taxés.	288 fr.	42 cent.
2°.	Pour coût du Jugement.	146	5
3°.	Pour signification à l'Avoué, compris enregistrement.	29	88
4°.	Pour transcription et signification du présent Arrêt aux domiciles desdits Sieurs Van de Werve, Geelhand, Ullens et Dierixsens.	102	90
	Ensemble.	567	25

Signification aux Créanciers par J. de Saint Genois en personne, et propositions d'arrangement.

A LA REQUÊTE au surplus de Joseph de Saint Genois de Grandbreucq, témoin à ces quatre significations, j'ai notifié aux quatre crédirentiers que dessus, en leurs domiciles respectifs, qu'ils sont invités à accepter les propositions qu'ils ont reçues par lettre écrite de Bruxelles le 23 Juillet 1810, intitulée : PROPOSITIONS DE PAIX *par Joseph de Saint Genois de Grandbreucq à ses Créanciers d'Anvers*, lettre écrite avec réflexion et intention de *faire toutes les démarches possibles à l'homme* pour se concilier et prendre des arrangemens utiles et convenables aux deux parties. Il ajoute ce qui suit :

« Joseph de Saint Genois est sans fiel. Il a les intentions les plus pures, intentions qui sans doute *pour la millième* » *fois* seront encore dénaturées PAR CE DILLIS, malheur des deux parties : PAR CE DILLIS qui s'est opposé à » l'arrangement proposé par MM. Wittouck et Volckerick nommés Commissaires *ad accordandum* par Messieurs les » Président et Juges de cette même Cour d'Appel : PAR CE DILLIS qui, de concert avec Boucqueau, a discrédité » ses propriétés, a imaginé toute espèce d'entraves pour écarter la tranquillité, etc., a fait dépenser des som» mes énormes pendant quatorze ans : PAR CE DILLIS qui en a toujours imposé à la Justice par ses instructions, » et a perdu tous les procès qu'il a suscités injustement : PAR CE DILLIS enfin qui ne perd pas l'espoir de » plaider encore pendant plusieurs années ».

Langage de Dillis à ses commettans.

« Quoi, Messieurs, VA-T-IL DIRE ! Monsieur de Saint Genois a gagné le rescindant, mais il ne parviendra » pas à gagner le rescisoire. Oui, Messieurs, nous avons encore l'espoir,

» 1°. De vaincre ce fameux Joseph de Saint Genois.

» 2°. Que les suites du rescindant seront de peu de conséquence.

» 3°. Que les ventes seront confirmées.

» 4°. Que vous continuerez à faire les ventes par vous-mêmes.

» Oui, Messieurs, j'ai l'espoir de parvenir à l'heureuse satisfaction de voir à jamais ce Joseph de Saint Genois » dépouillé du reste de ses propriétés ».

Observations de Jos. de Saint Genois à ses Créanciers. Vérités affligeantes.

Joseph de Saint Genois vous représente à son tour.

« Repassez, VOUS DIT-IL, les annales des difficultés inutiles qu'on nous a suscitées. Relisez les consultations » des plus grands jurisconsultes de l'Europe, tous les Jugemens que j'ai obtenus contre vous : car enfin vous » n'avez gagné aucun procès, excepté celui du 13 Fructidor an 12. Mais on vient de déclarer qu'il est l'effet du » mensonge, du faux, du dol enfin qui vous est personnel ».

» Avec quelle conscience, AJOUTE JOSEPH DE SAINT GENOIS, vous quatre Messieurs Van de Werve, » Geelhand, Ullens et Dierixsens, vous permettez-vous de dilapider la fortune des veuves et des orphelins vos con» sors, par des dépenses aussi injustement et follement prodiguées » ?

» Vous vous dites chargés de procuration et vous ne l'êtes pas ! Relisez celle que vous avez : elle est du 2 Com» plémentaire an 5. Certes elle ne vous donne aucun des pouvoirs que vous usurpez uniquement pour me nuire ».

» Vos consors doivent-ils partager la honte et le désagrément que vous éprouvez justement aujourd'hui et cela » par votre trop grande confiance dont les Dillis et Boucqueau ont abusé ».

» Les suites de la Requête Civile vous sont funestes. Je ne vois pas possible ».

1°. Que vous soyez plus heureux par le rescisoire.

» 2°. Que les ventes faites par vous ne soient pas déclarées nulles, l'étant déjà par l'admission de la Re» quête Civile ».

» A quels dommages et intérêts ne serez vous pas condamnés pour toutes les pertes que nous avons essuyées » depuis ce fatal Arrêt que vous avez surpris » !

» Vous avez saisi partout ».

» Vous nous avez habitués à l'aspect effrayant et continuel d'Huissiers, de Gardiens, d'humiliations, de pri» vations etc. »

« Vous nous auriez même fait SOUFFRIR LA FAIM s'il avait été en votre pouvoir.

» Il doit vous être connu, Messieurs, que ce tableau n'est pas exagéré. N'importe, je sais oublier. C'est » le seul moyen de reconnaître le bienfait que la Providence m'a accordé, en permettant que les Juges fus» sent éclairés d'une lumière suffisante pour accueillir la Requête Civile.

» N'attendez pas qu'on plaide le rescisoire. Profitez de l'invitation que je vous fais de bon cœur : voyons » nos Avocats communs se rapprocher et faire un plan, modifié, et conforme autant que possible à ce qui » convient à vous, Messieurs, à mon épouse et à mes enfans. Messieurs Willems et Van Volxem, en qui » vous venez de placer votre confiance doivent consulter l'honneur dû au GRAND NOM d'AVOCAT et le bien» être des parties ».

Et afin que Messieurs Van de Werve, Geelhand, Ullens et Dierixsens ne prétextent cause d'ignorance de l'Arrêt et Exploit qui précèdent, j'en ai délivré copie aux domiciles de

1. M. Philippe-Louis Van de Werve de Schilde, demeurant rue de parlant à
2. M. Henri-Joseph Geelhand de Merxem, demeurant rue de parlant à
3. M. Jean-Baptiste Ullens, demeurant rue de parlant à
4. M. Jacques-Nicolas Dierixsens, demeurant rue de parlant à

Reçu

Signé PAUL LE MIRE, Huissier.

JOSEPH DE SAINT GENOIS DE GRANDBREUCQ, témoin à la Signification.

FRAGMENS DU PLAIDOYER

DE M. TARTE LE CADET,

Ancien Jurisconsulte, et Ancien Membre du Corps Législatif.

La demande en Requête Civile que nous soumettons à la Cour, et à laquelle s'attache le sort d'une Illustre Famille, se fonde sur un moyen unique, LE DOL PERSONNEL.

La Loi le place au premier rang des causes qui donnent lieu à cette mesure extraordinaire. En effet, MESSIEURS, si la chose jugée est censée être la vérité la plus pure, quoi de plus opposé à l'essence même des jugemens que l'imposture, concertée pour les produire, lorsqu'elle parvient à son but ? Conçoit-on en même-temps rien de plus odieux, rien de plus contraire à la dignité des Tribunaux, que les manœuvres ténébreuses et mensongères par lesquelles le Juge est entraîné malgré lui à condamner la Partie dont l'équité et les lois appuyaient la défense et qui, sans ces pratiques déloyales, eût triomphé d'un injuste adversaire.

Mr. et Made. de Saint Genois sont dans la position avantageuse de pouvoir démontrer, par les apperçus les plus simples, que l'Arrêt du 13 Fructidor an 12, contre lequel ils réclament en ce moment, n'eût jamais existé, si l'Avocat des Défendeurs n'avait étayé la dénégation mensongère du fait essentiel du procès par l'assertion si étrange et non moins fausse qu'il tenait à la main une pièce probante et en ajoutant qu'il la déposait sur le Bureau. . . . . (Suit la série des faits).

Eh bien! MESSIEURS, la preuve est aujourd'hui acquise que le certificat vanté n'est pas sorti du néant. Cette preuve, les Défendeurs en Requête Civile ne la récuseront pas : ils y ont attaché le sceau de l'aveu judiciaire, en déposant à votre Greffe, le 10 Novembre 1809, comme étant celle dont ils avaient fait usage le 13 Fructidor an 12, la pièce qui exprime toute autre chose que la prétendue déclaration du Conservateur et qui ne contient qu'un Etat d'inscriptions.

Dans la plaidoirie, sur laquelle cet Arrêt est intervenu, Mr. et Made. de Saint Genois avaient présenté comme moyen décisif de leur défense, puisé dans le strict droit, les obstacles apportés par leurs adversaires à l'exécution du contrat. Ceux-ci pouvaient-ils profiter d'une inexécution qui est leur ouvrage? La raison naturelle, compagne des bonnes lois, a fait admettre avant la loi positive la maxime, *factum cuique suum non adversario nocere debet*, d'où dérive la conséquence de cet argument accablant *per vos stetit quominus contractus impleatur.*

Le dessein qu'avaient formé quelques-uns de leurs créanciers de s'emparer de leurs biens pour vendre à tout prix ne pouvait plus se réaliser que par la MANOEUVRE COUPABLE et astucieusement combinée qui fut pratiquée dans ce jour mémorable: dénier avec audace le fait essentiel de la cause, le refus du Conservateur : traduire à ce moyen M. de Saint Genois devant la Cour, en imposteur, et lui ôter la faveur que sa cause et sa situation inspiraient : mais, ce qui est effrayant, s'appuyer, pour soutenir sa dénégation, d'une pièce que l'on n'a pas : déclarer qu'on la dépose sur le Bureau, tandis qu'une pièce insignifiante est JETTÉE A LA PLACE de celle que l'on vante dans un volumineux dossier : employer tant d'art perfide, en l'absence de l'infortuné qui ne peut contredire. Telles sont les menées qui ont fait éclore l'Arrêt du 13 Fructidor an 12.

Maintenant, Messieurs, vous pouvez juger de l'effet du double mensonge. La foudre n'est pas plus rapide. M. de Saint Genois, comme je l'ai dit, n'était pas à l'audience et ne pouvait éclairer sur la ruse : son Défenseur M. de Burck, dont la noble candeur est confiante, ne peut imaginer que son adversaire ait voulu tromper la Cour. L'idée même de l'INFERNALE INVENTION de la pièce ne lui vient pas : le doute seul, en cas semblable, lui eût paru injurieux : La défense expire sur ses lèvres : Il n'a plus de voix La Cour se retire : Elle décide séance tenante, et sur le champ, que les époux de Saint Genois *n'ont pas justifié de l'obstacle que le retard de l'envoi des procurations a pu mettre à la continuation des ventes.* LA FRAUDE TRIOMPHE.

Qu'arrive-t-il ? M. de Saint Genois instruit de la catastrophe se rend à Bruxelles, vole au greffe ; la prétendue déclaration avait disparu.

Vous connaissez, Messieurs, les suites des ventes opérées d'après l'Arrêt du 13 Fructidor. Jamais dilapidation ne fut plus désastreuse. Les plus belles propriétés dans un sol favorisé de la nature données plutôt que vendues ! La perte essuyée excède 300 mille livres. Un cri général s'est élevé. La Cour et le Ministère public ont été frappés d'indignation. Un premier Arrêt ordonne aux Anversois de surseoir à de nouvelles ventes ; un second déclare que, comme mandataires, ils ont dû procéder dans ces opérations ARBITRIO BONI VIRI, et il leur enjoint de rendre compte. Ces deux Arrêts précèdent la découverte légale du dol dont nous nous plaignons. Les faits et circonstances, qui y ont donné lieu, contribuent à le rendre plus odieux.

Qu'avaient donc fait les demandeurs en Requête Civile pour s'attirer des procédés aussi violens, outre ceux que l'honneur désavoue ? L'époux avait remboursé une partie du capital dont il trouva grévées ses grandes et belles propriétés au décès de son Père, malgré la perte d'un revenu de 30 à 40 mille livres, par la suppression des Droits Féodaux et de Dîmes Inféodées, terrages, et cens dans 18 Communes dont il était Seigneur. Il avait dédaigné de composer, à l'instar de plusieurs grandes familles de ce pays, avec ses créanciers hypothécaires. Tous les arrérages, à une obole près, leur ont été payés. C'est pour des capitaux non exigibles, au remboursement desquels il s'est soumis PAR UNE TROP GRANDE FACILITÉ qu'il se voit accablé.

Qu'avait donc fait cette intéressante épouse, modèle de toutes les vertus, née d'une des premières maisons de l'Allemagne, et dont l'union avec M. de Saint Genois avait été consentie par la Cour Impériale de Vienne qui ordonna, à l'époque du mariage, de veiller à la sûreté de son Douaire? Loin de braver des hommes devenus injustes par l'excès de leurs prétentions, et ne consultant que sa tendresse maternelle, elle alla les voir, tâcha de les calmer par tout ce que la raison et l'humanité ont de plus pressant. Comment caractériser le sentiment qui pousse un créancier, *dont les sûretés sont intactes*, à la ruine totale de débiteurs si intéressans ?

Pour le succès de la Requête Civile, il suffit qu'une déclaration Judiciaire du Conservateur, que l'aveu d'une nouvelle procuration, que les lettres des Agens des Anversois aient prouvé que tout avait été imposture et fraude dans les faits audacieusement articulés par le Mandataire de ces derniers, à votre audience du 13 Fructidor an 12. Il en est des Jugemens comme des Conventions, et les articles 1116 et 1117 du Code Napoléon annullent ces dernières dans les cas identiques à l'espèce.

En vain entreprend-on d'atténuer le dol commis, en vous disant que l'ancien Avocat des Anversois n'a proféré tout au plus qu'un faux raisonnement : Tout était ici dans le Domaine du fait. Un fait est une chose fixe et positive, d'où est née la maxime *non argumentamur contra facta.*

Le refus du Conservateur dans un temps donné était un fait : sa dénégation isolée eut amené un interlocutoire. Mais la combinaison de cette dénégation avec l'annonce fastueuse d'un Certificat constatant l'inexistence du refus a dû produire, sans argumentation, L'ARRÊT FOUDROYANT du 13 Fructidor.

Nos adversaires prétendent ensuite que pour que le dol soit personnel, il doit avoir été commis par la partie elle-même. Erreur s'il en fut jamais. Il est *reconnu en droit civil* que chacun est responsable non-seulement du dommage qu'il cause par son propre fait, mais encore de celui qui émane du fait des personnes dont il doit répondre (*art.* 1384 *du C. N.*). Or l'Avocat est le Mandataire de la partie. D'ailleurs, celle-ci ne s'approprie-t-elle pas le dol, lorsqu'elle veut en profiter ?

Qu'on ne craigne pas qu'un ARRÊT VENGEUR multiplie les Requêtes-Civiles. Quel est l'Avocat qui ne préférât l'état le plus obscur à sa Noble profession, si ses triomphes devaient être achetés par les moyens odieux qui furent employés contre M. et Mad. de Saint Genois ? Nous pensons au contraire que le comble de la perversité est de faire servir les organes des Lois à l'injustice par des surprises qui otent aux jugemens leur attribut essentiel, LA VÉRITÉ.

RÉQUISITOIRE DE M. MERCX,

Substitut Procureur-Général, Ancien Conseiller et Fiscal du Conseil Souverain de Brabant.

Monsieur Mercx, portant la parole, a fait à la cause l'application des principes de la matière dans un Réquisitoire éloquent et improvisé qui a fait une vive impression sur le nombreux auditoire assistant aux débats. Certains d'affaiblir ses pensées et ses expressions, nous regrettons que ce discours n'ait pas été écrit. Cependant pour ne pas en priver entièrement le Public, nous rendrons, autant que la mémoire nous le permet, les passages qui nous ont le plus frappé.

« Dans tous les temps de ma vie et durant quarante ans que j'ai suivi le Barreau, j'ai senti que *rien n'était plus opposé* à la SAINTETÉ DES LOIS que les détours, les subterfuges et les moyens obliques qu'on emploie quelquefois pour surprendre la religion du juge. *L'expérience a affermi* en moi cette opinion qui est devenue un sentiment profond.

» Lorsque, dans l'exercice de mes fonctions publiques, j'ai eu l'occasion de déployer ma sévérité à cet égard, je n'ai point fléchi. Récemment encore je vous ai proposé la rétractation d'un de vos Arrêts, parce qu'il était basé sur une assertion erronée, mise en avant par l'Avocat d'une des parties : quoique non contredite par l'adversaire, vous avez adopté mes conclusions. Cependant, d'après la moralité de cet Avocat, nous avons cru l'erreur involontaire : mais la partie était coupable pour avoir voulu en profiter.

» Dans l'espèce actuelle que voyons-nous? M. de St. Genois s'était rendu responsable des événemens de force majeure par l'article 16 de la transaction passée avec ses créanciers hypothécaires. Il autorisait ces derniers à vendre eux-mêmes ses biens (*ce qui est une sorte d'expropriation*) s'il ne se libérait dans les termes fixés, quelque fut la cause du retard.

» Le cas de non acquittement étant arrivé, ils se sont prévalu de *la clause et se sont mis* en devoir de procéder aux ventes. Opposition de M. de St. Genois. Demande d'une prorogation de délai. Il leur objecte son activité ; que les ventes, qu'il a opérées, ont eu tout le succès désirable et que s'il n'a pas satisfait complettement ses Créanciers aux termes de la transaction, c'est que ceux-ci *ont été en retard d'envoyer une Procuration suffisante à l'effet de rayer les inscriptions*, comme cela était convenu par l'art. 14. Il pose en fait que le Conservateur, *après avoir rayé quelques parties*, avait refusé de continuer les radiations : qu'il exigeait une Procuration plus régulière qui contînt en même-temps la ratification de la première. Le principe PER VOS STETIT était donc la base des conclusions de M. de St. Genois et il s'appuyait du refus du Conservateur. Tout le procès était dans ce fait.

» L'Avocat des Créanciers dénie le refus. Jamais, dit-il, il n'a fait de difficulté à cet égard. Nous le prouvons par le Certificat du Conservateur que nous déposons sur le Bureau. Cependant il est avéré non-seulement que le refus a existé, mais que le Conservateur n'a donné aucun Certificat contraire. La pièce QUE L'ON DIT AUJOURD'HUI avoir été déposée alors sur le Bureau est un état d'inscriptions, et de quelques radiations, absolument étranger au refus. Ainsi la dénégation du fait fondamental de l'action, et la preuve de cette dénégation, sont également contraires à la vérité. Ces mensonges combinés ont eu pour mobile et pour résultat le préjudice d'autrui. Ils constituent le dol.

» Se disculpera-t-on, en prétendant que l'Avocat de M. de Saint Genois pouvait contredire, examiner la pièce et faire appercevoir l'erreur ; que la Cour elle-même avait les moyens de la détruire ? Mais le dol a-t-il été moins commis ? Est-il moins vrai que l'Arrêt a été rendu sur la conviction que le Conservateur avait constamment jugé les procurations suffisantes : que les aliénations de M. de Saint Genois n'avaient point été arrêtées dans leur marche et que l'allégation du retard provenant du fait même de ceux qui s'en sont emparé pour exproprier le débiteur, était l'œuvre de l'imagination de M. de Saint Genois qui trouvait un démenti formel dans le Certificat du Fonctionnaire public dont il osait usurper le nom ?

» Les circonstances donnent à ce procédé de mauvaise foi une teinte sombre. Les créanciers connaissaient si bien le refus du Conservateur que leur Banquier en avait averti leurs fondés de pouvoirs. Ceux-ci avaient satisfait à sa demande en envoyant une nouvelle procuration. Tout cela résulte de deux Lettres rapportées par les Demandeurs en Requête-Civile dont la réalité n'est pas contestée.

» Au fond, la première Procuration était insuffisante : elle était donnée par quatre préposés dont aucun n'avait requis l'inscription. Nul doute que la crainte du Conservateur sur l'insuffisance, que sa demande de la ratification des premières radiations par le Sr. de Meulenaer, *dont le nom seul figure dans l'inscription*, ne soient fondées.

» Cependant ces faits sont audacieusement déniés avec la vantise d'une prétendue pièce à l'appui. L'Avocat, qui eût soupçonné en ceci la mauvaise foi de son confrère, eût fait une insulte au Barreau. M. de St. Genois était absent. M. DE BURCK, son Défenseur, *dont la confiante intégrité et la candeur vous sont encore présentes, comme ses lumières et sa sagacité*, se retire stupéfait. Loin de lui le soupçon que SON SAVANT ADVERSAIRE veuille se procurer l'avilissant avantage de triompher de lui, par une ruse. Non, il croit que son client l'a trompé. La Cour indignée en a la même opinion, et dans la même séance refuse à M. de St. Genois le délai demandé.

» Si un Jugement consiste dans la déclaration *de ce qui est juste et vrai*, l'Arrêt, du 13 Fructidor an 12, ne peut subsister, puisque ses élémens sont essentiellement l'ERREUR, LE MENSONGE, LA RUSE, CONSEQUEMMENT LE DOL.

» Ce dol est devenu *personnel à la partie* dès qu'elle s'est approprié, comme elle l'a fait, l'Arrêt qui en est résulté et qu'elle en a retiré tous les avantages. Sans cela il faudra supprimer le dol comme moyen de Requête Civile, car jamais Plaideur ne viendra l'employer en personne à la Barre de la Cour ».

Par ces motifs plus amplement développés M. MERCX A CONCLU A L'ENTERINEMENT DE LA REQUÊTE,

Me voici enfin parvenu à l'heureuse possibilité de répondre à la confiance dont mes souscripteurs m'honorent. Ce qui reste à faire avec les Anversois est peu de choses. J'ai à combattre un autre Avocat, *M. Delhaye de Tournay*, chargé des affaires de Madame de Grass. Pourquoi me chagriner inutilement et avec peu d'honneur sur-tout lorsqu'il s'agit de difficultés aisées à arranger entre frère et sœurs? Ne sera-t-on pas bientôt dépouillé du plaisir de me nuire? Le procès célèbre que je viens de gagner me met à même de mettre le meilleur ordre dans mes affaires et de dire un ADIEU ETERNEL AUX HUISSIERS dans le terme d'un an tout au plus.

Je vais à présent reprendre le fil de mes recherches.

Je trouve une carte qui ajoute des connaissances utiles à quelques familles reprises dans celle des Demoiselles Baronnes Goubau. Ce sont les seize quartiers de Marie-Françoise-Adélaïde Visart de Bocarmé. La mère de cette Dame est Eugénie-Françoise Bureau de l'Esclatière, sœur de Marie-Thérèse-Josephe Bureau épouse de Denis-Joseph Marin, dont la fille Marie-Françoise-Eugénie Marin de la Motte a épousé Jean-François de Villegas Baron de Pellenberg, père et mère de M. de Villegas de Pellenberg, Juge de la Cour d'Appel de Bruxelles en 1810, et de Madame la Baronne Goubau. Voyez ci-devant page 138.

Voici la carte de Mademoiselle de Bocarmé.

ROBERT VISART Ecuyer Sgr. de Soleil-val, épousa Dame Jeanne de Calonne.	Mess. PIERRE DU BUS Sgr. de Beroy, épousa Dame Cécile le Grand.	Mess. ANT. DE BLOIS Vicomte d'Arondeau Sgr. de Foulen, épousa Dame Anne Marquise d'Itre Vicomtesse de Foulen.	Mess. FRANÇOIS DE TOUSSAINT de Normandie Marquis de Carency, Pair d'Aire en Artois, épousa Dame Anne de Bethencourt Vicomtesse de Cauchelin.	CORNIL BUREAU Sgr. de l'Esclatière, épousa Dame Barbe Motte de Carville de Jauche.	LOUIS DU MONT Ecuyer Sgr. de la Wastinne, Lieutenant-Gouverneur des Ville et Châtellenie d'Ath, épousa Dame Catherine de Henyn.	JACQUES DESCAMP Ecuyer Sgr. de Marpineau, épousa Dame Marie-Catherine Pottier.	JEAN HANOYE Ecuyer Sgr. de Gomanponc, épousa Dame Jeanne de Glarges.
Mess. JACQ.-JOSEPH VISART Sgr. du Comté de Bocarmé et de Bury, des Terres de Ponange, Croix-Fontaine-au Bois.	Dame MARIE-ANTOINETTE DU BUS.	Mess CHARLES-ANTOINE DE BLOIS Vicomte d'Arondeau.	D. MAR.-LOUISE DE TOUSSAINT Marquise de Carency. *Voyez la Généalogie de Toustain dans la Chenaye-des-Bois.*	PAUL-FRANÇOIS BUREAU Ecuyer Sgr. de l'Esclatiere.	Dame ISAB DU MONT DE LA WASTINE ET DE DU MONT. *Voyez nécessairement le 1er. volume de cet Ouvrage pag. 81 et 87.*	JEAN-BAPTISTE DESCAMPS Ecuyer, Sgr. de Marpineau, Mauville etc.	Dame ANNE-MARIE HANOYE DE MARCHIPONT.

Messire JEAN-FRANÇ. VISART Sgr. du Comté de Bocarmé et de Bury, des Terres de Ponange, Orsinval etc.	Dame MADELAINE DE BLOIS Vicomtesse d'Arondeau.	FRANÇ.-JOS. BUREAU Ecuyer Sgr. de l'Esclatière, la Ghsoel etc. *Voyez la Carte des Dlles. Goubau ci-dev. pag. 138.*	Dame ANNE-MARIE-URSULE DESCAMPS DE MARPINEAU, MAUVILLE ET D'ESPELOIGNES.

Messire LOUIS-FRANÇOIS Comte de Visart, de Bocarmé, de Bury, Ponange, Orsinval etc. *Le premier volume de cet Ouvrage cite un Testament passé en 1590 de Dame Jeanne de Preys veuve d'Arnoul de Visart. Je l'ai vu dans les Archives de la Maison-de-Ville de Tournay.*	Dame EUGÉNIE-FRANÇOISE BUREAU DE L'ESCLATIÈRE Dame de Nazareth, Craveau etc.

MARIE-FRANÇOISE-BARBE-ADÉLAÏDE VISART DE BOCARMÉ.

L'aîné et chef de la famille de Blois d'Arondeau, rappellée dans la carte qui précède, demeure à Tournay. Il est époux d'une Dame de Roisin, d'une maison reconnue pour une des plus anciennes et des plus illustres de la Belgique. Il est fils de Jos.-Maxim. de Blois Vicomte d'Arondeau, Sgr. de Roucourt et de Marie-Isabelle-Maximilienne del Rio fille de Pierre-François del Rio et de Marie-Isabelle-Françoise de la Woestine: petite-fille de Pierre-François del Rio, Sgr. d'Esdeghem, Deutergbem, Nieukercke, Bourguemaître du Franc de Bruges, et de Marie-Anne de Crombrugghe, arrière-petite-fille d'Antoine-Gabriel del Rio et de Françoise Borluut-Hoogstraete.

PETIT-FILS de Charles-Antoine de Blois Vicomte d'Arondeau et de Marie-Henriette Robert.

ARRIÈRE-PETIT-FILS de Charles-Claude de Blois Sgr. de Beauregard, Foulant, d'Arondeau, et de Marie Pollet.

ARRIÈRE-ARRIÈRE-PETIT-FILS de Charles-Ant. de Blois, rappellé dans la carte qui précède comme Sgr. et Vicomte d'Arondeau, époux de Dame Marie-Louise de Toustaint. *Voyez* l'Ouvrage Généalogique de M. Hellin Chanoine de Gand, page 227 du *Supplément*. Je donnerai de plus amples renseignemens sur les de Blois à l'article de Toustaint.

Je désire être alors à même de donner les Titres qui prouvent avec évidence que Messieurs de Blois d'Arondeau sont de la Maison de Blois-Chastillon, qu'on sait être alliée à la Maison Royale de Bourbon par le mariage de Mahaut de Chastillon, Dame de Leuze, Condé, Carency et de plusieurs grands Domaines, épouse de Jacq. de Bourbon Sgr. de Duisant, XIIIe. Aieux maternels de Marie-Louise Impératrice de France. En attendant je vais donner les Lettres par lesquelles la Terre d'Arondeau fut érigée en Vicomté pour Antoine de Blois Sgr. de Beauregard. Elles sont utiles à MM. de Blois d'Arondeau et de Blois de Feignies. Il existe aussi à Mons une famille de Blois-de-Quartes. Elle a aussi la prétention, appuyée par Patentes, qu'elle descend des de Blois-Chastillon. J'en parlerai plus tard. De cette dernière descendent les Comtes de Saint Genois de Grandbreucq, Barons de Secus, de Grouff-d'Erckens, Masnuy, Galant de Carnières, Barons de Malaingreau, Cossée de Semeries et autres.

1675. « LOUIS PAR LA GRACE DE DIEU ROI DE
» FRANCE ET DE NAVARRE SALUT. Désirant à
» l'exemple des Roys de France Nos prédécesseurs
» distinguer du commun ceux de Nos subjects qui
» sont issus des plus Nobles et Anciennes Familles
» par des marques d'honneur non-seulement en leurs
» personnes, mais encore en décorant leurs Terres de
» Tiltres éminens et qui passent à la postérité, les
» engageons d'autant plus par ce moyen à suivre les

FRA

» dignes traces de leurs ancêtres et ayant esté bien
» infoŕmez que Notre cher et bien amé ANTHOINE
» DE BLOYS Seigneur d'Arondeau, Beauregard et
» de Foulen EST ISSU DU COSTÉ DE SON PÈRE
» *de l'ancienne Maison de Blois de Chastillon en ce*
» *Royaume de la Branche de Bloys-Treslon alliée*
» *des Maisons d'Arquel, de Harchies, Barbançon,*
» *Hennin-Lietard, Gore, Hamstelle* et autres gran-
» des Maisons tant en France qu'aux Pays-Bas, ET
» DU COSTÉ DE SA MÈRE *de l'ancienne Mai-*
» *son d'Ire, issue des Comtes de Foucamberge et en-*
» *core alliée par Mariage à la Maison de Toustaint*
» *de Normandie* par laquelle alliance il l'est encore
» des Maisons *des anciens Comtes d'Hiesmes, de*
» *Montfort, de Crequy, de Mailly, de Vieupont,*
» *de Bethencourt, de Sauvaige, d'Auxy, de Crois-*
» *mare de Boves, de Mailly et autres* : que ledit
» Sr. de Blois d'Arondeau a donné et donne à toutes
» occasions des marques de son zèle pour Nostre
» service, sachant aussi que sa Terre d'Arondeau
» située près de Tournay dans Nre. Chlnie. d'Ath
» qui relève de Nous à cause de Nre. Chlnie. est
» très-considérable à cause de son estendue, y ayant
» de plus Haute, Moyenne et Basse Justice avec un
» ancien Château, SCAVOIR FAISONS que pour
» ces causes et autres bonnes considérations a ce
» Nous mouvans Nous avons de Nre. certaine scien-
» ce, Grace spécialle, pleine puissance et autorité
» Royalle, créé, érigé et décoré par ces présentes
» signées de Nostre Main, créons, érigeons et déco-
» rons ladite Terre et Seigneurie d'Arondeau située
» comme dict est en Nostre Chlnie. d'Ath, en Titre,
» Nom et Vicomté pour en jouir par ledit Sr. de
» Blois, ses Successeurs et Ayant Cause propriétaires
» d'icelle et estre iceux tenus censés nommés et
» qualifiés tant en jugement que dehors, Vicomtes
» d'Arondeau aux mesmes Droicts, Priviléges, Hon-
» neurs, Prérogatives, Prééminences en faict de
» Guerre, Assemblées de Noblesse et par-tout ail-
» leurs qu'en jouissent et usent à présent les autres
» Vicomtes de Nostre Royaume suivant la Coustume
» dud. Pays ou lad. terre d'Arondeau est scituée.
» Voullons et Nous plaist que tous les Vasseaux et
» Tenanciers de quelque qualité et condition qu'ils
» soyent tenant Noblement et en roture de la Mou-
» vance de lad. Vicomté fassent et baillent doresna-
» vant leurs hommages et reprises de Fiefs, adveus
» desnombremens et déclarations aud. Sr. d'Aron-
» deau et sesd. Successeurs a tousjours audt Nom et
» Titre de Vicomte, sans que pour raison de ladite
» création lesdits Vassaux soyent tenus payer plus
» grands droicts qu'ils faisoyent auparavant, comme
» aussy que les Juge, Lieutenant, Greffiers, Of-
» ficiers de la Justice de lad. Seignourie intitulant leurs
» Actes Sentences et Jugemens de lad. qualité de
» Vicomte en toutes Causes civiles et Criminelles,
» en demandant et deffendant, sans néantmoins que
» les appellations puissent ressortir ny estre relevées
» ailleurs ny en autre forme et manière que comme
» elles ont accoustumé par le passé, ny rien innover
» aux droicts de justice foy et hommage qui pour-
» royent appartenir à autres qu'a Nous, ny aussy
» contravenir aux cas Royaux, et à la charge que si
» lad. Vicomté venait à passer es mains de Seigneurs
» faisant profession de la Religion prétendue réformée,
» il n'y pourra estre faict aucun exercice publicq
» d'icelle, à peine de nullité des présentes. SI DON-
» NONS EN MANDEMENT Aux Amés et Feaux
» Con. les Gens tenant Notre Conseil Souverain
» de Tournay que ces présentes Nos lettres d'Erec-

FRA

» tion de lad. terre d'Arondeau en Vicomté ils ayent
» à enregistrer et de tout le contenu en icelles fassent
» jouir et user lesds de Blois, ensemble ses Succes-
» seurs et ayant cause propriétaires d'icelle pleinement
» paisiblement et perpétuellement, cessant et faisant
» cesser tous troubles et empêchement au contraire.
» CAR TEL EST NOTRE PLAISIR et afin que
» ce soit chose ferme et stable à toujours Nous avons
» faict mettre nostre Scel à cesd. présentes sauf en
» autre chose Notre droict et lautruy en toutes.
» DONNE (*à Versailles ajouté en haut*) au mois
» d'Octobre l'an de grace mil six cent soixante-quinze
» de Nostre règne le trente-troizième est signé LOUIS
» sur le reply par le Roy signé *Le Tellier*. En marge
» du reply se lit ce qui suit : Lettres enregistrées au
» Conseil Souverain de Tournay, Ouy et ce consen-
» tant le Procureur-Général du Roy pour estre exé-
» cutées selon leur forme et teneur ce trente-uniesme
» de Mars XVI. C. soixante-dix-sept est signé *Sour-*
1677. » *deau* 1776.

Le frère de la Dame de Visart est connu sous le
nom de Comte de Bocarmé. Il est époux d'une Dame
née Marquise du Chasteler Tante du Feld-Maréchal
de ce nom qui fait honneur aux Belges par ses
vertus, sa valeur et ses grands talens. La Maison
du Chasteler a été connue dans tous les siècles
pour une des Familles les plus illustres du Hainaut
où elle a possédé les emplois de Grand-Baillis dès
le 14me. siècle Le premier volume de cet Ouvrage
fait connaître un très-grand nombre de titres qui
concernent Thiéri du Casteler (Chasteler) à qui
le Comte de Hainaut avait donné la Terre de
1307. Hellemmes le 14 Septembre 1307 en considération
des longs services qu'il lui avait rendus Cette Maison possédait aussi alors la belle Terre de Belaing
1455. qui cessa de lui appartenir en 1455, auquel temps
Foy et Hommage fut rendu à l'Abbé de St.-Amand,
par-devant Melchior du Gardin, Prévôt de Valenciennes, Bailli de St.-Amand, par Noble Homme
Regnault Thurot Sgr. d'Hoiry, de Belaing, Helesmes,
pour un fief-lige situé audit Helesmes, à lui échu
en vertu du Droit Seigneurial après la mort d'A-
lexandre Bâtard de Belain, fils naturel de Jean du
Casteler Seigneur de Belaing mort sans enfans. La
Terre de Belaing appartient aujourd'hui a Monsieur
Moreau, possesseur de plusieurs autres Terres, Je ne
dois pas hésiter de le présenter comme issu légitimement d'une des plus anciennes Familles du Cambrésis.
Je le prouve avec évidence par les titres successifs et
très-authentiques que j'ai placés dans le Tableau ci à
coté qui, quoique petit, peut satisfaire la curiosité
et la sévérité des généalogistes. C'est ainsi que je
me fais un plaisir de rédiger les titres lorsqu'ils me
paraissent aussi évidens. C'est une offre de service
que j'ai l'honneur de faire sur-tout à mes Souscripteurs.

On voit par la Carte qui précède que la famille de
Visart a pour première alliance une Dame de la Maison de Calonne dont les titres qui se trouvent dans le
premier volume prouvent l'ancienneté la plus reculée.
1590. Il existe dans ce même premier volume, page 1045,
un testament fait en 1590 par Dame Jeanne de Preys
veuve d'Arnoul de Visart. Elle parle de Jeanne de
Visart fille de Denis, de Marie de Visart épouse de
Pierre de Poliachove. J'en ai indiqué l'original en
1790, à M. le Comte de Bocarmé comme titre essentiel à sa famille. Je l'ai découvert, comme mille
autres, dans les archives de la Maison-de-Ville de
Tournay. Ces Testamens se trouvent aujourd'hui
sans ordre!

TABLE GÉNÉRALE

POUR FAIRE DES RECHERCHES HISTORIQUES, CHRONOLOGIQUES, GÉNEALOGIQUES, APPUYÉES DE PREUVES, DANS LE RECUEIL QUI PRÉCÈDE.

On ajoutera à plusieurs noms des notes essentielles prises dans le premier volume de cet Ouvrage et dans un grand nombre de titres, manuscrits etc. qui y sont relatifs, ce qui rendra cette Table plus instructive et infiniment utile aux amateurs de l'Antiquité. Elle pourra même servir de Supplément au fameux Ouvrage qui a pour titre : l'*Art de vérifier les Dates*, qu'on sait être une des plus savantes productions des Religieux de la Congrégation de Saint-Maur. Cette Table prouvera que l'Ouvrage dont le titre est *Monumens Anciens*, donne, pour les 10, 11, 12 et 13me. siècles, des renseignemens inconnus jusqu'aujourd'hui.

A A

AA. Le Sgr. de la Gruthuse se qualifiait Sgr. d'Aa en 1336. Page 33

François Van der Aa Grand Aumônier d'Anvers en 1677 Page 156. Voyez Snoy

ABBIETTE (Abbaye à Lille) Donation à cette maison en 1303 par le Comte de Flandre, en confirmation de celle faite en 1296 Page 1.

ABBEVILLE. On lit dans les Lettres Patentes par lesquelles la Terre de la Berlière a été érigée en Baronie, en 1664, que Messire Jacques d'Ennetières est extrait de la Maison d'Abbeville. Page 117.

ABCOUDE. Sueder d'Abconde Chev. frere de Guillaume en 1379. *Ibidem*

ABLAIN. Cath. d'Abblin (*ainsi écrit*) dite de Launoy, épouse de Pontus du Bois dit de Fiennes, dont la fille épousa Jean de Becquehem. Page 120.

On voit le quartier d'Ablain sur l'Épitaphe de Phil. Baudequin mort en 1686 Pages 98 et 117.

Isabelle d'Ablain, épouse de Phil. de la Rivière. *Voyez la Rivière.*

ABRASSART. Marie Abrassart, épouse de Michel Delattre en 1604 Pag. 108

ACHAYE (Principauté). Isabelle Princesse d'Achaye en 1307. Page 1.

ACHELEN. Henri Van Achelen Grand Aumônier d'Anvers en 1631 Page 156.

Marie-Franç. Van Achelen épouse de Jean Erard. Ign. de Steenhuys, fille de Pierre, petite fille de Folcard Carte de Mme. de Poederle Chanoinesse de Nivelles. Pag 153.

AGRENE. La Terre d'Acrene appartenait à Guyot d'Audenarde qui eut des contestations concernant la rivière qui se trouve dans cette Terre en 1309 P. 1.

ADORNES. Pierre Adornes Receveur Général de Flandre et d'Artois, en 1394. Page 1.

ADRIAENSSEN. Andries Adriaenssen Grand Aumônier d'Anvers en 1529. Page 156.

ADRIAENSSENS. Jean Adriaenssens Grand Aumônier d'Anvers en 1506. Pag. 156

AEDELISE. Elbert de Carenci eut, de son épouse Aédelise, Hugues Sgr. Desplancques, un des ancêtres de M. de Bethune Desplancques Page 68

AELMAN. Rose d'Aelman de Wildre épouse de Domin. de Wolff Ecuyer. Pag 84. Voyez Wolff

AELST. Jean Van Aelst Grand Aumônier d'Anvers en 1526. Pag. 156.

A E

AELTERT. Voyez Ninove.

Robert de Fiennes cède, en 1362, la Terre d'Aeltert à Louis Comte de Flandre Page 88

AERLE Henriette Van Aerle fille de Henri et d'Aleyde Van der Heyden, épouse de Gilles de Brouchoven. Page 136.

AERLEBEKE Wautier d'Aerlebeke Chev. en 1330. Page 1.

AERNOUTS. Ritsaerts Aernouts Grand Aumônier d'Anvers en 1499 P. 156.

AFFRY. Le Comte d'Affry. Voyez Grenut Pages 106 et 107.

AFFAYTADI. Jean Charles d'Affaytadi, Gentilhomme de Crémone, se fixe à Anvers en 1498. Jean François son fils fut crée Prince de Hilst en 1563. Lettres Patentes. Page 142.

Attestation donnée en 1562 par les Jurés et Archivistes sermentés de la Ville de Crémone sur l'ancienneté de la Noblesse de la Maison d'Affaytadi. Page 142

Les descendans modernes de cette Maison, domiciliés à Bruxelles et à Bruges, viennent en ligne directe de Messire Côme d'Affaytadi, propriétaire de la Baronnie de Ghistelles, frère de Jean-François crée Prince de Hilst. *Ibid.*

M. le Comte de Peellaert, Chambellan de S M. l'Emp. Napoléon, époux d'une dame d'Affaytadi, et, a titre d'elle, propriétaire de la belle Terre de Ghistelles, me donne des renseignemens très-intéressans sur la Maison d'Affaytadi. J'en ferai usage plus tard.

AGIMONT. Jean Sgr. d'Agimont et de Walehaing, du nombre des Nobles de Brabant en 1334. Page 33.

Louis d'Azimont (*ainsi écrit*) en 1339. Page 21.

Jean Sire d'Agimont et de Walehaing, Mahaut son épouse, au sujet de la Terre de Ransines, Pag. 1.

Ponchar Châtelain d'Agimont en 1313. *Ibid.*

Marie fille de Jean d'Agimont Chev. renonce, en 1357 à la Terre d'Agimont, dont elle était héritière par Jean son oncle, en faveur de Jean Sgr. de Rochefort. *Ibid.*

AIGREMONT. Anseil d'Aigremont, Homme de fief du Comte de Hainaut en 1301. Page 118.

AILLY. Robert Sire d'Ally (*ainsi écrit*) et de Merchem, époux d'Isabeau en 1330. Page 1.

A I

Messire Robert d'Ailly, époux de Florence de le Saulch. Page 78

AIMERIES Hommage de la Terre d'Aimeries, en 1321, par Jean Roi de Bohême au Comte de Hainaut. Page 21.

AIRE Jean de Varennes fit un accord en 1361, comme Prévôt du Chapitre de St-Pierre d'Aire avec le Sgr. Drincquam. Les Prévôts du même Chapitre firent un autre accord en 1362. Page 2.

Messire Henri d'Espierres confirmé Bailli d'Aire en 1383. *Ibid.*

Aliaume de Longpré Ecuyer, Bailli d'Aire, au sujet d'un arrentement fait à l'Abbaye de St.-André les Aire en 1393 *Ibid*

Assignation sur les revenus de la Terre d'Aire en 1396. *Ibid.*

AISNE (*souvent écrit Ayne.*) La Terre d'Ayne appartenait, en 1341, à Marie fille et heritiere de feu Jean Sgr. d'Ayne Chev. et épouse de Jean Châtelain de Lens en Artois. On voit que cette Terre est située entre Gand, Audenarde et Tournai. Page 81.

Hommage au Comte de Hainaut par Manaart d'Ayne en 1340 *Ibid.*

Jean Sire d'Aisne Chev. avait un procès, en 1384, contre Willaume de Wargny Chev. *Ibid.*

Alard d'Ayne Bailli de St.-Omer par commission donnee en 1386 *Ibid.*

Gerard dit Sausses d'Aisnes, Ecuyer, Bailli de Hainaut en 1334, 1336 et 1339 Pages 11, 58 et 211.

Lettres d'Engueran de Lattre Prévôt du ressort de Lille en 1336 à Sausset d'Aisnes Bailli de Hainaut. Page 65.

AISEAUX. Donation de la Terre d'Aiseaux, en 1355, par Jean III Duc de Brabant a Jean dit Brant. Page 137.

AIX-LA-CHAPELLE. L'Empereur Charlemagne enterré a Aix-la-Chapelle en 814. Page 55. Lothaire I Roi de France avait un Palais a Aix-la-Chapelle en 956. *Premier volume, page* 464.

A LA TRUYE. Sentence à Lille, 1610, par le Souverain Baillage contre les Officiers Fiscaux en faveur de Sebastien A la Truye dit Delvigne. Il y est déclaré d'ancienne Noblesse; fils de Louis; petit-fils de Baudoin et de Denise du Fresnoy; arrière-petit-fils de Hues et de Dame Jeanne de Cordes. Arrière-arrière-petit-fils de Barthelémi et de Marie Pacy. Ledit Barthelémi fils d'Ogier à la Truye, reçu

AL

Bourgeois de Lille en 1377 et de Dame Marie Escarpielle. Il y est parlé des actes qui établissent la preuve de ces générations. P. 153. Voyez de le Rue.

ALBELLO. Bernard de *Albello* en 1327. Page 94.

ALBON. Messire Jos. Bruno Comte d'Albon épousa en 1769 Honoré Jos. Carol Baronne d'Eynatten. Page 116.

ALBORA. Catherine d'Albora ép. d'Emman. Van den Hecke, Ecuyer. P. 152.

ALBRET. Jeanne d'Albret, Reine de Navarre, épouse d'Antoine de Bourbon. Pag. 61.

ALCKMAER. Les habitans d'Alckmaer promettent fidélité au Comte de Hainaut en 1304. Page 2

ALLEGAMBE. Jean Allegambe (*écrit As-Ghambes*) Ecuyer, Receveur de Flandre en 1379. P. 2. Voyez Nieulant.

ALLEGATI. Marg. Allegati ép de Conni de Nobili. *Carte d'Udekem 3e. colonne page* 111.

ALLEMAGNE. Voyez Brabant en 1308. Page 2.

Il est parlé du Roi d'Allemagne en 1308. Page 32. Le Roi d'Allemagne en 1302 Page 37 Le Roi d'Allemagne en 1312. Page 38.

ALLEMANS. Jean dit Allemans Chev. Bâtard et Bailli du Comte de Hainaut en 1365. Pages 3 et 24.

Il est parlé en 1333 d'un fief au Fayt venant de Hues dit Allemans du Fayt. Page 15.

Jean dit Alleman, oncle, Bâtard du Comte de Hainaut en 1385. Page 11.

ALLY. *Voyez Ailly.*

ALMARE. Gilles d'Almare en 1318. Page 2.

ALNET La maison d'Alnet appartenait en 1363 a Raoul Sire de Coucy Page 9.

ALOST. Assignation sur la Terre d'Alost en 1312. Page 91.

Partage en 1309 entre Louis fils aîné du Comte de Flandre et Robert son frère. La Terre d'Alost fait partie de ce partage Page 90.

Robert Comte de Flandre investit son fils Robert de la Terre d'Alost en 1317; pag 3 Robert renonce à la Terre d'Alost en 1318. Page 41.

Claix d'Ouremere Bailli d'Alost en 1331. *Ibid.*

Henri de Merkerke Gouverneur de la Terre et Comté d'Alost, en 1333, pour la Dame de Cassel. Page 43.

Alost comme bonne ville de Flandre dans le traité de paix, en 1336, entre Louis Comte de Flandre et Jean Duc de Brabant. Pages 33 et 34.

Rente sur Alost appartenant en 1362 à Robert Sire de Fiennes (*écrit Fieules.*) Page 88.

Hommage des Terres que le Duc de Bar avait dans le Comté d'Alost en 1391. *Ibid.* Pag. 2.

ALOUAIGNE Sohier d'Alouaigne, Chev. Garde (Gouverneur) de la Terre d'Avesnes en 1339. Page 6

ALSACE. L'Empereur Charlemagne reçut dans son Palais de Seltz en Alsace la Députation que l'Empereur d'Orient Nicephore lui envoya. Page 55

ALTHANN. Le Comte d'Althann Grand Maître de la Cour d'Autriche au mariage de l'Archiduchesse Marie-Louise avec S. M. l'Empereur Napoléon. Page 158.

ALTONITIS. Arnoul de *Altonitis* de Florence en 1341. Pag 39

ALVERINCE. Wautier Alverince un des Recteurs et pacificateurs de la Ville de Gand en 1304. Page 102.

ALUYE La Terre d'Aluye reprise en 1309 dans le partage entre les enfans du Comte de Flandre. Page 90

ALYNS Pierre Alyns en 1356. Page 2.

AMAND. Madel. Phil. Amand fille de

AM

Michel, Ecuyer, et de Cath. Soubreille épouse de Guill. Charles Baron de Kerchem. Page 108.

AMBAU. Masset dit Ambau en 1327. Page. 94.

AMBOISE. La Seigneurie d'Amboise en 1334. Page 3.

AMERVAL. Le Château, Bois et Sart d'Amerval appartenaient, en 1304, au Borgne d'Amerval. Page 3.

Fredegonde d'Amervalle, dite de Boulogne, épouse d'Arnoul de Neufville Sgr. de Bacquehem. Page 119.

AMEZAGA. Marie Jos. de Vos de Steenwyck, veuve de Messire Louis d'Amezaga. Page 116.

AMIENS. Commission du Roi de France, en 1310, au Bailli d'Amiens pour examiner si le Comte de Flandre a droit de juger en matière d'obligations. Page 90

Voyez Tournai en 1312 Page 91.

Sentence par le Bailli d'Amiens en 1333. Page 35.

Autre sentence par le Bailli d'Amiens, en 1333. Page 42.

Commission en 1334 pour ajourner la Dame de Cassel. Suit la Sentence rendue en la même année. *Ibid.*

Trève faite à Amiens en 1339 entre la France et l'Angleterre. Page 4.

Jean Maugbiers Garde du Scel du Bailliage d'Amiens, en 1369 Page 3

Lettres du Roi de France au Bailli d'Amiens en 1392. Page 27.

AMIOTE. Voyez Crovemberch. Jean Amiote Chapelain en 1531 Page 41.

AMMANSTRES. La Mairie de Courtrai appellée Ammanstres en 1579. Pag. 62.

AMMOISIES Bauduin Sgr. d'Ammoisies Chev. en 1318. Page 16.

AMNEREZ. Assiette sur la maison et Terre d'Amnerez en 1349 Page 3.

AMSTELLE. Ghiselbert d'Amestelle (*ainsi écrit*) en 1285 au sujet d'un Traité avec le Comte de Hollande. Page 29

Le Sgr. d'Amstelle en 1305. Page 5.

ANAY. La Dame d'Anay, veuve en 1638. Pag 70.

ANCHIN. Donation de la Justice d'Emmerin a l'Abbaye de St.-Sauveur d'Anchin en 1312 Page 3.

Promesse en 1340 de ne point mettre des Gens de guerre à l'Abbaye d'Anchin. *Ibid.*

Excès coupables commis en l'Eglise d'Anchin en 1358 Page 3.

Contrainte contre l'Abbaye d'Anchin en 1381. Page 75.

Sentence interlocutoire, en 1381, entre l'Abbaye d'Anchin et la Ville de Douay. Page 75.

Armoiries de Warnier de Davre Abbé d'Anchin en 1615. Page 97.

ANDELOT. Messire Adrien Conradin d'Andelot, Sgr. de Hove, en 1703. Page 80.

La Comtesse d'Andelot née Rodoan. Page 98.

ANDRELUES. La Terre d'Andrelues annexée a la Terre de Fontaine en 1697 Page 95.

ANDRIES. Jacques Andries Grand Aumônier d'Anvers, en 1507. Page 156.

ANDRION. Le Sr. Andrion Capitaine Commandant en 1670. Page 126.

ANGLAIS. Démarches, en 1311, des Anglais près du Comte de Flandre pour recouvrer leurs biens. Page 4.

Louis de Namur accusé, en 1368, d'avoir dit que le Comte de Flandre avait le cœur d'un Anglais. Page 62.

ANGERFIELD. Un nommé Angerfield accusateur acharné contre Lady Elizabeth Somerset. Page 148.

ANGLETERRE Traité de paix en 1311 entre Edouard II Roi d'Angleterre et le Comte de Flandre. Page 3.

AN

Il est parlé dans les plaintes adressées à Tournai en 1311 à Mgr. Jean de Saint Genois, Chevalier, que le Roi de France n'avait fait une alliance avec le Comte de Hainaut que pour se fortifier contre celle que Gui de Dampierre avait faite avec le Roi d'Angleterre ennemi de la France. Page 104.

Traité en 1320 entre les Procureurs du Roi d'Angleterre et ceux du Comte de Flandre. Page 4.

Fondation d'un Hôpital avec 7 Religieux et d'un Monastère de Chartreux à Gand, Bruges et Ipres, en 1347, par Edouard III qualifié Roi d'Angleterre, de France et Sgr. d'Irlande, en mémoire des Flamands et des Anglais tués. Page 4.

Pouvoir donné en 1367 par Edouard Roi d'Angleterre de signer le traité d'alliance avec le Comte de Flandre. *Ibidem.*

Articles d'alliance entre le Roi d'Angleterre et le Comte de Flandre en 1367. page 4.

Accord entre les Députés du Roi d'Angleterre et ceux du Comte de Flandre au sujet du Commerce en 1371. Leurs noms s'y trouvent, ainsi que ceux des Députés de Gand, Bruges et Ipres *Ibidem.*

Commission en 1371 au sujet de la guerre entre Philippe Roi de France et Edouard Roi d'Angleterre.

Somme prêtée en 1379 à Walerand de Luxembourg pour payer sa rançon en Angleterre. Page 63.

ANNAY. Marg. d'Annay ép. de Bertrand des Baux, Comte de Montrains en 1342 Page 46.

ANNEUX Cather d'Anneux dite Blancard epouse d'Arnoul V de Bacquehem Maréchal de Camp d'Edouard III, Roi d'Angleterre. Page 119.

ANSEREUL. Reliefs par-devant la Cour Féodale d'Ansereul en 1502. Page 101.

ANSSEAU Jean Ansseau fils de Thieri vendit la Terre de Papeignies en 1606. Page 71.

Jean Anseau (*ainsi écrit*) assista en 1629 à l'acte de partage fait par Thieri d'Offignies. Page 111.

ANSTAIN. Jeanne du Chastel de la Hovardrie épouse, en 1469, de Mgr. d'Anstain Chev. Page 77.

ANTHON. La Terre d'Anthon dans le Perche reprise, en 1309, dans le partage des enfans du Comte de Flandre. Page 90.

ANTHONI. Anne Anthoni ép. Jean II Goubau. Page 139.

ANTHONIS. Jacq. Anthonis en 1507; Jean Anthonis en 1543, Rombout Anthonis en 1566, tous Grands Aumôniers d'Anvers. Page 156.

ANTOING. Don en 1339 par le Roi de France, Phil. de Valois, à Henri d'Antoing Chev. en recompense de ses services. Page 4.

Pension sur le Bois de Nieppe due en 1372 à Henri d'Antoing Chev. *Ibid.*

Récépissé en 1373 de Henri d'Antoing Chev. Lieutenant de la Comtesse de Bar. *Ibidem.*

Quittance par le même en 1383. *Ibidem.*

Henri d'Antoing Chev. en 1389. Page 6.

Henri d'Antoing en 1391. Page 10.

Henri d'Antoing Chev en 1389. P. 6.

Henri d'Antoing en 1391. Pag. 10.

Cession en 1384 par Yolenthe de Flandre de la Sgrie. du Pont d'Estaires à Henri d'Antoing Chev. Sgr. de Haveskerke. *Ibid.*

Hugues Sgr. d'Antoing en 1357. P. 12

Le sire d'Antoing nommé en 1373 pour représenter le Duc de Bavière. Page 12.

A N

Henri d'Antoing Sgr. de Bughenot, parmi les Nobles de Hainaut en 1336. Pag 34

ANVERS Protestation du 15 Avril 13·3 faite à Anvers dans le Chapitre de N. D Diocèse de Cambrai. P. 5.

Anvers du nombre des Villes de Brabant en 1104 Pag 28. En 1322. Pag. 29 En 1336 Pag 33 et 34.

Promesse, en 1255, par le Duc de Brabant à la Ville d'Anvers pour son commerce avec la Ville de St.-Quentin. Pag. 28

Nicole du Chatel Doyen de l'Eglise N. D d'Anvers en 1347 Pag 36.

Gele le Chat Archidiacre d'Anvers dans l'Eglise N D en 1302 Pag. 60.

Les Marchands et Négocians d'Anvers effrayés de la marche de l'Armée ennemie vers leur Ville, sont encouragés par Jean d'Alfaydati créé Prince de Hulst en 1563 en considération de très-grands services rendus à cette époque. Pag 141.

Arrêt en Requête Civile prononcé en 1810 en faveur de Joseph de Saint Genois, Auteur de cet Ouvrage, contre un grand nombre de très riches et très respectables Familles d'Anvers, égarées par Dillis et Bouqueau. Pag. 161

AOUST Le quartier d'Aoust sur l'Epitaphe de François d'Ennetières, mort en 1370 Pag. 118.

APCHON Jacq. Alb d'Apchon époux d'Agnès Dessus le Moustier. Pag. 70.

APPELTERE L'Epitaphe de Messire Claude de la Haye, mort en 1720, a pour quartier maternel Appeltere. Pag 117.

AQUITAINE L'Empereur Charlemagne possédait l'Aquitaine. Pag. 45.

ARBOIS. Mandement au Prévôt d'Arbois en 1335. Pag 26

Philippe d'Arbois Doyen de Bruges en 1345 Pag. 34 et 35.

Il reçut, en 1347, une procuration pour traiter le Mariage entre Louis Comte de Flandre et Marie fille du Duc de Brabant Pag. 35.

ARBALESTRIERS. Ordonnance en 1383 pour la Contrairie des Arbalestriers a Douay Pag 75.

ARBRE. Oston d'Arbre Homme de Fief de Hainaut en 1334. Pag 28.

ARCADIE. Le Sgr d'Arcadie Noble de Hainaut en 1638. Pag. 70

ARCKEL. Otte Sgr. d'Arckel, père de Jean Sgr. de Hagestein, Pierrepont et Malines, en 1388. Pag. 5.

ARDEMBOURG Les Habitans de la Ville d'Ardembourg en 1309. Pag. 89. Ils obtiennent, en la même année, rep pour payer leurs dettes. Pag 105. Les mêmes en 1316. Pag. 92

Mandement du Bailli d'Ardembourg en 1309. Pag. 17.

Rente sur la Ville d'Ardembourg en 1330. Pag 5.

La Ville d'Ardembourg du Comté de Flandre en 1382. Pag. 36.

Le 1er. volume, pag. 802, indique une très-ancienne famille de ce nom. Il y est parlé de la vente faite, en 1291, de six bonniers de Moere, situés à Assenede, à Marguerite veuve de Gherwin d'Ardembourg, à Gherwin son fils et à Anescete veuve de Banghelin de la Motte fils de ladite Marguerite. L'aîné de cette famille, connu à Mons sous le nom de Gibieque, est époux d'une Hérissem' Cette Dame, d'une Maison très-distinguée, a une figure constamment jolie, agréable, douce, polie, avec infiniment de candeur

ARELE. Jean Sgr. d'Arele en 1322 Pag 32

AREMBERG Madame la Duchesse d'Aremberg fille de Louis Léon Félicité de Brancas, Pag. 99 Voyez Ligne.

A R

Le Duc d'Aremberg du nombre des Chevaliers de la Toison d'Or sous l'Empereur Charles VI. Pag. 158.

ARENNES. Jean d'Arennes Chev. en 1330 Pag. 26

ARGENTEAU. Marg de Hamal Douairière d'Argenteau. Pag 95.

ARGENTOEL. Jean d'Argentoel en 1335. Pag. 26.

ARLIN. Simon-Paul d'Arlin Baron de Bornival époux de Dame Isab. Alardine de Rodoan, dont la fille ép. en 1688 Phil. de Franeau d'Hyon. Page 109.

ARMAGH. Bernard Archevêque d'Armagh, Primat et Métropolitain de toute l'Irlande en 1744 Page 153.

ARMOISES. Jean Josiaus des Armoises en 1303. Pag. 88

ARNAUD. M. Arnaud Grand Archidiacre de Cambrai en 1326 Page 39.

ARNEMUDE. Privilége accordé, en 1288, aux habitants d'Arnemude par Jean Duc de Brabant. Page 29.

ARNOUL Marg. Arnould ép. de Lambert de Petit. *Carte de Ponty*. Page 112.

ARNOUTS. Pierre Arnouts Grand Aumônier d'Anvers en 1567. Page 156.

ARONDEAU. Lettres Patentes par lesquelles la Terre d'Arondeau fut érigée en Vicomté en 1675 pour Ant de Blois Sgr. de Beauregard. Page 167.

ARRAS. (*famille*) Thomas d'Arras en 1301. Page 88.

Sentence rendue en 1386 entre Guill. d'Arras Chev. et Arn. du Wes Chev. *Ibidem.*

L'Abbaye de St.-Jean à Laon dépendait de l'Abbaye de St.-Vast à Arras en 1308. Page 5.

Cession du droit de Gaule, en 1388, par le Duc de Bourgogne au Chapitre de N. D. d'Arras. *Ibidem.*

Robert Comte de Flandre sjourné, en 1313, par Philippe Roi de France à Arras. Page 92.

André Evêque d'Arras Ambassadeur du Roi Philippe VI en 1333. Page 33.

Lettres des Maire et Echevins d'Arras en 1326. Page 63.

Lettres en 1393 a l'Evêque d'Arras Chancelier du Duc de Bourgogne. Page 13. Le même en 1395 Page 5.

Fameuse retraite de devant Arras en 1654. Page 61.

ARSY Eudes d'Arsy.

ARSCHOT. Godefroid de Brabant Sgr. d'Arschot en 1293. Page 30. Lui en 1295. *Ibidem.*

La Duchesse d'Arschot en 1638. Pag. 70.

ARSY Eudes d'Arsy en 1335. Page 26.

ARTISIEN. Guillaume l'Artisien en 1395 Page 6. Gui l'Artisien en 1396. *Ibi lem*

ARTOIS. Sentence rendue en 1238 par le Comte d'Artois au sujet de Poilvache Page 29.

Mahaut Comtesse d'Artois au sujet des Terres que le Comte de Flandre possédait en Artois en 1306. Page 6.

Le Comte d'Artois au sujet de la Terre de Molebeque en 1309 Pag 14.

Accord en 1330 pour la succession de Jeanne d'Artois Reine de France. Page 26.

Différens en 1378 entre les Comtes d'Artois et de Bar au sujet de Neuf-fosset. Page 10.

Quittance de Blanche de Bretagne veuve de Philippe fils aîné du Comte d'Artois et de Robert leur fils. en 1309. *Ibidem.* Les mêmes en 1311. Page 6.

Mahaut Comtesse d'Artois mise en possession en 1310 de ce qui appartenait au Roi de France à Bethune. Page 18. Cession en 1311 par le Roi

A S

Phil. à cette Comtesse de tout ce qu'il avait eu ou dû avoir dans Bethune. Page 25.

Procès en 1314 au sujet de Clairmarais entre Mahaut Comtesse d'Artois et le Comte de Flandre. Page 59 Information relative a cette cause en 1338. *Ibidem.*

Le Duc de Bourgogne comme Comte d'Artois ordonne en 1386 de tenir et faire tenir les assises et les plaids le matin avant heure du dîner. Page 6.

Nicole d'Artois épouse de Simon de St.-Vaast Ecuyer. Page 67.

ARTRIKE Simon et Jean d'Artrike Hommes de fief de la Cour de Bailleul en 1365. Page 8.

ASCLOKETTES. Michel Asclokettes Chanoine d'Anvers en 1311 Page 38.

ASPRE. La Terre d'Aspre en 1310. *Voyez Château Vilain.*

ASPREMONT. Gobert Sire d'Aspremont, en qualite de Cousin, assiste en 1318 au Traité entre Louis fils aîné du Comte de Flandre et Edouard Comte de Bar. Page 6. Les mêmes en 1318, *ibid.*

Le Comte de Nevers donne en la même année audit Sire d'Aspremont la maison de Bois-Jardin. Page 6. Quittance donnee par Robert Sire d'Aspremont au Comte de Flandre en 1375. *Ibid.*

Le Seigneur d'Aspremont (*écrit Auspremont*) appose son scel en 1321. Page 15.

Gobert Sire d'Aspremont en 1521. Page 21. Voyez La Barre.

ASSCERGNY. Jacques Asscergny en 1304 Page 102.

ASSCHE. Jean d'Assche un des héritiers de l'Evêque de Cambray en 1389. Page 6.

Quittance de Robert d'Assche Chev. Sire de Meulbem en 1390. *Ibidem.*

Jean d'Assche epoux de Béatrix Serclaes en 1391. *Ibidem.*

ASSIGNIES. Noble Homme François d'Assignies, Seig. dudit lieu, cousin germain en 1589 de Cath. de Beauffremez epouse d'Olivier de Bacquehem. Page 121.

Assignies est un des quartiers d'une Nedonchel mariee Bacquehem. *Ibid.*

Citation d'un manuscrit généalogique infiniment précieux fait par dom Jean d'Assignies Moine de Cambron et Abbé de Nizelles. Page 60

Ferdinand Comte d'Assignies époux de Jeanne-Franç. d'Ennetieres veuve d'Ant. l'Hermite. Page 112.

Ferdinand Comte d'Assignies époux d'Isabelle de la Barre, un des auteurs des Ducs de Looz Page 11.

ASSENEDE. Michel d'Assenede un des Députés de Bruges en 1371. Page 4.

Les Briefs d'Assenede affectes en 1394. Page 95.

ASSO. La Terre d'Asso en Flandre. 1317. Page 1.

ASSONLEVILLE. Isabeau d'Assonleville veuve de Pierre le Vaillant Sgr. de Waudripont Page 68.

AST. Cornelis Van der Ast Grand Aumônier d'Anvers en 1493 Page 156.

ASTEN. Guill. de Roover donne, en 1306, le Patronage d'Asten au Monastère de Postel. Page 137.

ASTENET. Barbe Astenet épouse de Jacques Lallemand. Page 152.

ASTICE. Jean li Brun d'Astices Chev. en 1313. Page 39.

N. d'Asuches parmi les Nobles de Hainaut en 1638 Page 70.

ATH. La ville d'Ath en 1356 et 1357. Pages 34 et 12.

La Châtellenie d'Ath déclarée en 1339 hors du Royaume de France. Page 6.

AT

ATHENES. Madame la Duchesse d'Athenes fille de Florent Comte de Hainaut fait hommage de la Terre d'Estroeu en 1305. Page 6 Elle est dite fille d'Isabelle Princesse de la Morée en 1311. *Ibidem*. Elle passe un accord avec sa mère en la même année. *Ibid.*

ATHIS. Traité conclu à Athis en 1305, ratifié à Paris en 1309, concernant la ville de Bruges. Page 36.

ATTHEMS. Marie Anne Comtesse d'Atthems fille de Frédéric et de Franç Marquise de Strozzi, épouse de Jean-Louis Baron de Zollner. *Carte de la Comtesse de Wildenstein Chanoinesse à Mons*. Page 110.

AUBERIVE. Wiberkon d'Auberive Homme de Fief d'Agimont en 1315. Page 1.

AUBERMONT. Jacqueline d'Aubermont épouse de Gérard Pipart mort en 1495. Page 119

Robertine d'Aubermont épouse de Jean de Beer Pages 123 et 135.

AUBIGNY. Commission en 1310 par Phil. Roi de France à Denis d'Aubigny. Page 18

AUBLUX. Voyez Du Puis. Page 81.

AUBRECHICOURT. Lettres de Bauduin d'Aubrechicourt Chev. Sire d'Estainbourg en 1302 On voit par un autre titre de la même année que Bauduin d'Aubrechicourt (*ainsi écrit*) Chev Sgr. d'Etainbourg était époux de Yolenthe fille de Baudri Chev. Sgr. de Roisin Page 7

Bauduin d'Aubrechicourt Chev. Sgr. d'Etainbourg en 1308 Page 63. Lui en 1316 *Ibidem*.

Procès en 1336 entre Bauduin d'Aubrechicourt Chev. en la Cour du Roi à Lille et entre Rasse de Briffuel Chev. Page 65.

AUBRY. La veuve de l'Huissier d'Aubry en 1638 Page 70.

AUBY. Robert d'Auby, en 1336. Page 22.

AUCHY. Les habitans d'Auchy contre Jean Desplancques en 1461. Page 68.

AUDENARDE. Don d'une rente en 1233 par le Duc de Brabant à Arnoul d'Audenarde pour services rendus. Page 28. Voyez nécessairement le 1er vol.

Lettres de l'an 1265 concernant Marg. d'Audenarde. Page 29

Jean d'Audenarde (*écrit Aldenarde*) frère de l'Ordre des Augustins en 1304 Page 36.

Répi accordé en 1309 aux habitans d'Audenarde pour payer leurs dettes. Page 103.

Difficultés au sujet des biens du Sgr d'Audenarde en 1310. Page 90.

Testament d'Arnoul Sire d'Audenarde en 1314. Il y est dit frère de Guyon et père de Willaume de Mortagne Sgr. de Dossemer. Page 7.

Quittance en 1317 par Jean d'Audenarde Sgr. de Rosoit pour l'acquisition des Terres de Flobecq et de Lessines par le Comte de Hainaut Page 107. Voyez Mortagne.

Gérard Preit Sgr. de Hufalize et Isabelle sa femme en 1321 au sujet de la Terre et Baronnie d'Audenarde dont leur fils Guillaume était adhérité On y voit ce qui était dû à Marie d'Audenarde leur fille. Page 7. Un titre de l'an 1335 prouve que Gerard Preit Sgr. de Hufalize et Gérard Granpret Sgr. de Hufalize étaient les mêmes. *Ibidem*

Les procureurs de la Ville d'Audenarde assistent en 1316 au traité de paix entre Raoul Evêque de St. Malo et Amé Comte de Savoye. Pag. 92.

Taxe sur la Flandre en 1383 jusqu'à la soumission de la ville d'Audenarde. Page 95.

Un titre de l'an 1391 fait connaître que Jean de Pouques a bien exercé l'office de Capitaine du nouveau Château et Forteresse d'Audenarde Page 7.

Services rendus par Pierre Colins au Sgr. d'Audenarde Page 60.

Dame Marg. d'Audenarde dont la mère était Preudhomme épouse de Bruno Bayart. Page. 131.

AU

AUDEGNIES. Gerard d'Audegnies en 1591. Page 11.

AUDIFREDI. Tres illustre Dame Violenthe-Marie Audifredi épouse de très-illustre Sgr Jean Gabriel de Bonne Chef de la ville d'Alexandrie. Page 65 et 108.

AUDOOR M Audoor Avoué dans la cause en Requête Civile et autres pour Joseph de Saint Genois à qui il a donné des preuves constantes du plus sincere attachement, de générosité, et de désintéressement. Page 159

AVESNES. Jean d'Avesnes accorde sa bienveillance en 1230 à Henri Franeau qui avait pris son parti. Page 105.

Difficultés en 1301 concernant Avesnes-le-Waubert. Page 37.

Jean d'Avesnes Comte de Hainaut frère de Guy Evêque d'Utrecht en 1305. Page. 3

Gobert Sire de Fousommes Garde des Bailliage et Terre d'Avesnes reçoit en 1310 la Princesse de la Morée en l'hommage de la Terre d'Estrœu relevant d'Avesnes. Page 58.

Compromis entre le Comte de Hainaut et Gui de Chatillon Sire d'Avesnes, en 1321. Page 7.

Marg. d'Avesnes sœur de Guillaume Comte de Hainaut, Nonne (Religieuse) à Espinlieu en 1335 Page 12.

Gui de Chatillon Sire d'Avesnes en 1342. Page 58.

Rapport en 1396 de la Terre d'Avesnes par Jean de Bretagne. Page 35. Autre rapport de cette Terre par le même en 1398 Page 7. On voit dans le premier volume de cet ouvrage le dénombrement de la Terre d'Avesnes donné en 1473 avec les arrieres-fiefs et les noms des feudataires tels qu'ils sont dans le cartulaire original déposé à Mons au Greffe du Tribunal Civil.

AVESNES DE RONCY. Seize quartiers d'Antoine Emman. d'Avesnes prouvés à son admission à l'Ordre Militaire de Saint-Jacques Il a pour huitieme aïeul Bouchart d'Avesnes Chanoine à Lille frère de Gautier Sgr. d'Avesnes. Ce Chanoine fit deux enfans à la cadette des filles du Comte de Flandre dont il était tuteur. C'est de ce fils naturel Jean d'Avesnes, mort à Tournai en 1341, que Messire Ant. Em. d'Avesnes de Roncy, Lieutenant-Colonel au service d'Espagne, Chev. de St. Jacques, descend directement. Il a les recueils les plus précieux en matière Heraldique. Il les communique avec infiniment de complaisance. Je lui suis redevable des connaissances que j'ai acquises dans mon genre de travail. Page 131.

AUFAIMONT. Alix d'Aufaimont ép. de Jean de Dampierre en 1325. Pages 7 et 64.

AUGUSTE Charlemagne prend le nom d'Auguste comme Empereur d'Occident. Nicephore prend aussi le nom d'Auguste comme Empereur d'Orient. Page 65.

AUGUSTINS. Donation aux Augustins de Bruges en 1304. Page 36.

AULESY. Guill. d'Aulesy, Sire de Jailly époux d'Agnès Dame de Tracy fit une promesse en 1315 au Comte de Flandre. Page 7.

AVOCAT. L'Avocat du Roi en Artois plaide contre la Dame de Franeau en 1652. Il perd son procès. Page 16.

AV

AVRANCHES Jean de Vienne Evêque d'Avranches en 1328. Page 41.

AVROULT. Antoinette d'Avroult 2me. épouse de Nicolas du Chastel de la Hovardrie Page 80. Voyez Rubempré.

AUSNOIT. Jeannet d'Ausnoit en 1383. Page 11.

AUSSONNE. Guill. d'Aussonne en 1327. Page 94. Lui en 1333. Page 7

AUSY. (*Auxy*) Hues d'Ausy Sire de Coupes en 1330. Page 7.

AUTERIVE Ricouart Sire d'Auterive Chev. Bailli de Douay en 1383. Pages 8 et 75

AUTRICHE. Léopold Duc d'Autriche en 1386 au sujet de l'accomplissement du mariage de Léopold Duc d'Autriche son second fils avec Catherine seconde fille du Duc de Bourgogne. Page 8.

Sigismond d'Autriche Roi de Hongrie en 1397. *Ibid.* Voyez Brabant.

Revolution des Belges contre la Maison d'Autriche. Page 31.

Ancêtres de Marie-Louise Archiduchesse d'Autriche, Imperatrice de France. *Carte à côté de la page* 158.

AUTUN. L'Eglise d'Autun en 1359. Page 26.

AUXONNE. Guill. d'Auxonne Chancelier du Comte de Flandre en 1332. Page 13. Lui en 1335. Page 26.

Guillaume d'Aussonne Evêque de Cambrai en 1341. Page 159

Guill d'Auxonne en 1355. Page 62.

AWANS Noble et Illustre Sgr. Mess. Jean d'Awans de Lonchin, époux de Gérardine de Groesbeek père et mère d'Isabeau d'Awans Chanoinesse de Maubeuge épouse de Messire Guill. n'Yve Page 110.

AXELLE. Philippe d'Axelle le père et Phil. son fils en 1317 Page 2.

Jean d'Axelle un des Nobles de Flandre en 1336. Page 33 Phil. Sgr. d'Axelle un des Sgrs. de Flandre en 1339. Page. 34.

Jean Sgr. et Patron d'Axelle donne la collation de la Chapelle de St-Jacq. à Axelle à Jean de Caliga en 1357. Page 8.

AYALA. Ayala un des quartiers de la Maison de Villegas. Page 152.

AYBZ-WYNGART. Assignation en 1333 sur une Vigne dite Aybz-Wingart près de Cologne Page 61.

AYCELIN. Gilles Aycelin Archevêque de Narbonne en 1304 Page 102.

AYNE. (*Voyez Aisne.*)

AYS La Terre d'Ays tenue de Mgr de Bouvignies appartenait en 1469 à Arnoul du Chastel de la Hovardrie. Page 77.

AYSHOVE. Jean d'Ayshove en 1336. Page 33. Il est rappellé comme un des Sgrs. du Brabant en 1339. Page 34.

BA

BACQUEHEM. Arnoul de Bacquehem, Jean et Simon de Saint Genois, tous trois Chevaliers comparaissent en 1325 à l'acte d'Hommage rendu par Robert de Flandre Sgr. de Cassel Page 41.

Ancêtres de Louise-Charlotte de Bacquehem fille unique épouse d'Ildesbald-Franç.-Ghislain Ysebrant de Lindoncq, père et mère entre autres d'un fils marié avec une Dame de la Maison d'Auxi. Ces ancêtres sont prouvés, non par des attestations de la Chambre Héraldique, par des Lettres Patentes, par des copies collationnées, mais par tout ce qui peut prouver en matière de succession, c'est-à-dire par des originaux qu'on peut trouver dans les dépôts publics, Lettres de Reliefs, Hommages, Dénombremens et tous autres titres qu'on exigeoit pour l'entrée des carosses du Roi. Voici les ancêtres de

BA

cette Dame. *Père* Ant.-Franç. Augustin de Bacquehem époux 2. de Marie-Louise Lucrèce le Ricque *Aïeul* Jean-Phil. époux d'Eléonore Aldegonde du Bois de Hoves. *Bisaïeul* Jean François ép de Marie-Jeanne de Nedonchel. *Trisaïeul* Jean de Bacquehem ép. de Marie le Vasseur d'Esquelbeque. *Quatraïeul* Olivier de Bacquehem époux de Cath. de Beauffremez *Quintaïeul* Antoine époux de Gertrude Carette. *Sextaïeul* Philippe de Bacquehem ép. de Jeanne Griguart *Septième Aïeul* Jacques époux de Jacqueline de Baillon. *Octaïeul* Arnoul IV de Bacquehem époux de Florence de Caudry *Nonaïeul* Nicolas de Bacquehem époux de Peroune de Wingles. *X Aïeul* Toussaint de Bacquehem époux d'Anne de Courteville. *XI Aïeul* Arnoul III Sgr. de Bacquehem époux de Jeanne de Withem. *XII Aïeul* Arnoul II de Bacqurhem époux de Gillette d'Inchy. *XIII Aïeul* Arnoul Sgr. de Bacquehem, puiné de la Maison de Neufville-Witasse époux de Marie de Boubaix. Pages 120, 121 et 122.

Les Marquis de Bacquehem sont établis en Allemagne. Pages 122 et 124.

Huit quartiers de Jean-François de Bacquehem et huit quartiers de son épouse Jeanne de Nedonchel. Pag. 121.

Dans le 1er. volume des Mémoimoires Généalogiques page 275, que je fis imprimer en 1780, j'ai parlé de Marie-Bonne de Bacquehem fille de Jean Franç. et de Jeanne de Nedonchel. Voici ce que j'y dis :

« Alexandre de Carondelet fut baptisé le 11 Fév. 1697 Ses Parain et Maraine furent M. Alexandre Duc de Bournonville Gouverneur de Valenciennes et Madame l'Abbesse de Denain. Il épousa le 9 Décembre 1690 Marie-Bonne de Bacquehem fille de feu Messire Jean-François et de Jeanne de Nedonchel qui assistèrent au contrat de mariage de leur fille, accompagnée de Messire de Bacquehem Sgr. de Pont-à-Beuvry, de la Vallée etc.

« Les quartiers gravés sur le Mausolée de Marie-Bonne de Bacquehem font voir que cette Dame était parente aux premiers Seigneurs du Cambresis, de l'Artois et de la Châtellenie de Lille et qu'elle mourut a Hardinghem le 3 Janv. 1733, treize ans après la mort de son époux ».

Le deuxième volume de ce même ouvrage, page 12, présente la gravure de cette épitaphe dont voici l'inscription :

Ici repose Noble et Illustre Dame Madame Marie-Bonne de Bacquehem *Baronne Douairière de Noyelles-sur-Selles Province de Hainaut, morte le 3 Janvier* 1733, fille de Messire Jean-Franç. de Bacquehem Chev. Sgr. du Liez et de Dame Jeanne de Nedonchel-Bouvignies. *Elle avait épousé Noble et Illustre Sgr. Alexandre de Carondelet Sgr. de Noyelles Vicomte de la Hestre Sgr. de Hayne, St. Pierre et Guennebreucq, Steenbreucq, issus des Barons de Chauldey au pays de Bresse, décédé audit Noyelle où il gist le vingt-deux Avril* 1719.

Les huit quartiers de Bacquehem sont 1°. Bacquehem ; 2. Beaulfremez ; 3. Vasseur ; 4 Bethencourt ; 5. Nedonchel ; 6. Massiet ; 7. Lannoy-Desplechin ; 8. du Chastel-Hovardrie.

On voit par tout ce qui précède que Madame Yeebrant de Lindoncq est alliée aux plus grandes Maisons. C'est une consolation pour une mère de famille de voir ses enfans perpetuer les mêmes alliances. Cette Dame a la satisfaction que son fils, quoique jeune, vient d'épouser une Dlle. de la Maison d'Auxy-de-Fouleng dont la mère est Pally. Mlle. Charlotte Yeebrant, dont on connait l'esprit, l'ame élevée, a beaucoup contribué à ce mariage par son désintéressement. Elle voulait voir son frere époux d'une Dame qui put continuer la série des grandes alliances de ses aieux. Voyez le 1er. vol. de mes Mémoires Généalogiques, imprimé en 1780, page 18.

Charlotte de Bacquehem épouse de Louis de Galamez. Page 128.

BACX. Cornelis Bacx Grand Aumonier d'Anvers en 1495 Page 156.

BADUELLE. Jeanne Regnault épouse de Gui d'Ursel avait pour mère une Baduelle. Page 111.

BAENST. Isabelle de Baenst épouse de Jean Van der Gracht trisayeux directs de Gertrude Van der Gracht Chanoinesse à Andenne en 1627. Page 132.

BAERSDORP. Madel. Van Baesdorp dont la mere etait Van der Gracht épousa en 1447 Gerard Yeebrant. Page 132.

BAILLET. *A la Chambre des Comptes de Lille :*

1. 6 Juillet 1548, François Baillet Sergent de l'Empereur, pour le fief de la Grande-Vacquerie a Coutiche Motte d'Orchies.

2. 19 Mars 1584, Franç. Buyqueslos fils de Mathieu qui était fils de François et de Laurence Baillet sa femme fille ainée de Jean Sgr de Carnin.

3. 21 Avril 1673, Michel-Philippe et Gaspard Baillet enfans de Philippe et de Jacqueline Muher sa femme fille de Michel qui était fille de Jean et de Jeanne Beghin, pour trois fiefs à Phalempin.

4. Même date, Antoinette Baillet épouse de Franç. de Roy, pour trois fiefs situés a Phalempin.

BAILLEUL. Le Sgr. de Bailleul en 1301. Page 88.

Sohier de Bailleul en 1317. Page 9.

Difficultés au sujet d'un homme pris en la terre et justice de Bailleul. P. 93.

Jean de Bailleul en 1320. Page 81.

Difficultes au sujet d'un homme pris en la terre et justice de Bailleul en 1324 Page 93.

Guill. de Bailleul en 1326. Page 63.

Jean de Bailleul Chev. en 1331. Page 42.

Jean de Bailleul Sgr. de Doulieu et Sohier de Bailleul tous deux Nobles de Flandre en 1336 Pages 33 et 34.

Robert de Bailleul (Bellœuil) Sgr. d'Estrepy Chev. frère de Jean de Condet Sgr. de Bailleul (Bellœuil) un des ancêtres de la Maison de Ligne 1356. Page 22.

Ravestissement des Terres Ville et Châtellenie de Bailleul en Flandre en faveur de Dame Isabelle Comtesse de Roucy en 1365. Page 8.

Willaume de Flechin héritier des biens en la Cour de Bailleul en 1378 par la mort de Jean de Bailleul son Aieul. Page 95.

La Dame de Doulieu sœur de Pierre de Créquy chev. veuve de Messire Pierre de Bailleul en 1391. P. 8 et 63.

Titres à la Chambre des Comptes de Lille :

1. Sans date. Guillaume de Bailleul dit de Bapaume pour le fief de Cliquesnoy à Wambrechies. Halle de Phalempin.

2. Le jour de St.-Martin 1230 à Hirchonwelz, Jean de Bailleul et de Berinsart.

3. Le lundi après St.-Clément 1286 à Wiudale, Sohier de Bailleul Chevalier. *Original en parchemin.*

4. Le vendredi après Pâques 1287 Gillebert Châtelain de Berghes et Sohier de Bailleul Maréchal de Flandre, Chev. Homme du Comte de Flandre et Receveur de la Terre de Flandre. *Orig. en parch.*

5. Le 5 Février 1295 (en latin) Bauduin Châtelain de Bailleul Chev. et Dame Agnès sa femme. *Origin. en parch.*

6. Le 19 Mai 1461, Catherine Braine veuve de Louis de Bailleul, pour un franc Alleux de Lille.

7. 16 Octobre 1563, M. de Bailleul Capitaine au service de l'Empereur, prisonnier en France. *Lettres dépêchées.*

8. 3 Avril 1621, Vaast de Bailleul fils de Franç dem. a Lille pour un fief à Lille.

9. 13 Septembre 1672, Guillaume de Bailleul fils de Guillaume pour un fief a la Bassée, Halle de Phalempin.

BAILLON. Jacqueline de Baillon épousa de Jacques de Bacquehem. Page 120.

BAILLY. Richard de Bailly Notaire au Chatelet de Paris en 1388. Page 40.

J'ai trouve à Bruges l'acte de mariage d'une famille très distinguée du nom de le Bailly. Il est de l'année 1561, Paroisse N. D. deuxième portion et contenant ce qui suit : *Noel le Bailly du Diocèse d'Arras et Cath. de la Porte du même Diocèse.*

Voici cinq titres qui concernent la famille de le Bailly ; ils existaient et existent peut-être encore à la Chambre des Comptes de Lille. Monsieur Poret ancien Religieux de la Congrégation de St.-Maur, homme aussi poli que savant, qui a remplacé M. Godefroid, se fera un plaisir de satisfaire aux vœux des personnes qui lui adresseront des demandes

Le 8 Décembre 1388 et 23 Février 1389 Jean le Bailly et Perette du Pont son épouse pour le fief de Ploye et 3 fiefs à Houplines, Châtellenie de Lille.

2 21 Août, Gilles le Bailly pour le fief des Sergenteries du Bailliage de Lille, Halle de Phalempin.

3. 2 Avril 1505, Porus le Bailly avait un fief au Domaine de Bapaume.

4. 13 Octobre 1561, Dlle. Marie Bontemps veuve de Simon le Bailly, pour un fief a Ronchin, Halle de Phalempin.

5 17 et 20 Octobre 1594, Claire le Bailly femme de Henri Denain Receveur de Bapaume.

BAINANG. *A la Chambre des Comptes de Lille :*

27 Mai 1461, Michel Bainang pour un franc Alleu de Lille.

BAINIER. Jean le Bainier en 1384 P. 84

BAKE. Wautier de Bake Clerc en 1332. Page 93.

BAKELANT. Wautier Bekelant en 1320. Page 81.

BAKER Le Chev. Richard Baker. Son opinion sur Henri Sidney qu'il présente comme un des grands hommes d'Angleterre. Page 149.

BALDEZ. *A la Chambre des Comptes de Lille :*

26 Janv. 1663 et 1er. Fév. 1666, Gasp. de Baldez Baron d'Herd comme fils ainé de Dame Florence Damen veuve de Messire Louis de Baldez Baron et Sgr. desdits lieux, pour deux fiefs du Luc à Templeuve en Dossemer Châtellenie de Lille.

BALDINGTON. Judith Baldington fille de Robert Sgr. du Manoir de Tham dans le Comté d'Oxford, ensuite héritière de cette branche épouse de Geofroy Dormer. Page 149.

BALKARD. Jean Balkard en 1304. Page 36.

BALLET. Cath. Carol. Ballet née en

1685 épouse de Charle Franç. d'Hoebrouck. Elle est fille d'Emmanuel Ballet et de Rosine Hipolite Volckaert. *Petite-fille* d'Adrien François et de Jeanne Marie Van Spiere. *Arrière petite fille* d'Emman. Ballet, et de Madel. de Beer. *Arrière-arrière petite fille* de Nicolas créé Chev. en 1629 et de Franç. Bave. Page 123.

Emmanuel Ballet ci-dessus époux de Charl. Hipp. Volckaert avait épousé 1°. Mar. Marg Van Kerckhove dont Emman. Charles Ballet qui de son épouse Barbe Reylof eut Mar. Barbe Ballet Mariée Comtesse de Rumbeke. Page 144

BALLINBERG. La Sgrie. de Ballinberg en 1395 Page 11.

BALS. Herman Bals Grand Aumônier d'Anvers en 1586. Page 156.

BANASTER. Marie Banaster sœur et hérit. de Sir Edouard Banaster Chev. mort en 1670 sans postérité, épouse Robert Dormer. Page 147.

BAR. Jean de Bar Chev. Sgr. de Puisoye avait un différent avec le Comte de Flandre en 1311. Page 8.

Traité du Comte de Flandre en 1318 contre Edouard Comte de Bar. Page 6 Edouard Comte de Bar nomme des Députés vers le Comte de Flandre en 1329 Page 8

Traité de mariage entre Henri Comte de Bar et Yolenthe fille de Robert Comte de Flandre en 1337. P. 4.

Arrêt entre la Comtesse de Bar en 1346 et entre Jean de Morbeque et Gui Sgr. de Rely. Page 43.

Lettres entre M. de Bar et Mme. sa femme d'une part et les Procureurs du Roi d'autre part en 1342. Page 43.

Hommes de fief de la Comtesse de Bar pour sa Châtellenie de Bourbourg en 1350. Page 24

Députés de la Comtesse de Bar en 1352. Page. 74.

Don en 1353 par la Comtesse de Bar du consentement de Phil. de Navarre son mari Page 80.

Confirmation d'une rente par la Comt. de Bar à Jean le Maître en 1355 Page 43

Difficultés entre Yolenthe de Flandre Comtesse de Bar et Robert de Fiennes en 1357. Page 9.

Eloi Surieu Clerc de la Comtesse de Bar en 1359. Page 9

Mandement du Duc de Bar Marquis de Pont au Dojen de Bar son Chapelain en 1359. *Ibid.*

Hommage de Phil. de Navarre comme époux de la Comt. de Bar au Comte de Flandre en 1361. Page. 9.

Députés de la Comt. de Bar en 1362. Page 14.

Rénonciation d'Yolenthe de Flandre Comt. de Bar aux dettes de Phil. de Navarre son mari en 1363. P. 9.

Protestation par la Comt. de Bar contre les inventaires faits par ordre du Comte de Flandre des meubles de feu Phil. de Navarre son mari en 1363. Page 9.

Procès-verbal envoyé à Raoul de Coucy par ordre de la Comtesse de Bar en 1363. Page 9.

Commission du Roi Charles V en 1364 contre la Comtesse de Bar. *Ibid.*

Effets sur la Comtesse de Bar en 1367 Page 9.

Mandement de la Comtesse de Bar de payer à Guill. de la Mothe Ecuyer en 1365.

Lettres du Roi Charles V en 1365 à la Comt. de Bar au sujet de Clignet de Brabant. *Ibid.*

Sommes payées en 1367 pour le mariage du Duc de Bar. Page 10.

Prétentions de la Comt. de Bar en Normandie à titre de son mari en 1367. *Ibid.*

Elargissement de prison accordé à Jean Dallere en 1367, par le Comte de Bar. Page 80.

Obligation souscrite au profit de la Comtesse de Bar en 1374. Page 60.

Henri de Bar Chev. remis par le Comte de Flandre à la Comtesse de Bar en 1372. Page 94.

Henri d'Antoing Receveur de la Comtesse de Bar en 1373. Page 4.

Offres de transaction présentées à la Comtesse de Bar entre Wautier et Roger de Morbeque en 1378. Page. 27.

Commission de la Comtesse de Bar en 1386 pour ajournement. Page 5.

Correspondance de la Comtesse de Bar avec Sohier le Courtrisien en 1385. Page 10.

La Comtesse de Bar cède la Sgrie. du Pont d'Etaires à Henri d'Antoing en 1387. *Ibid.*

Assignation des revenus de Bornehem en 1389 par la Comtesse de Bar. Page 6

Lettres de la Comt. de Bar à Mess. Henri de Reinchevliet en 1391. P. 10.

Sentence rendue par la Comtesse de Bar au sujet de la mort du Sire de Morbeque en 1391. *Ibid.*

Mémoire par la même contre les Hommes de Cassel en 1391. *Ibid.*

La Comtesse de Bar mise en possession d'une maison à Paris en 1391. Page 5.

Lettres de contrainte par la Comtesse de Bar contre Sohier Bistoul en 1391. Page 20.

Sentence en 1392 entre la Comtesse de Bar et Jacques Harle, changeur. Page 10

Ajournement à la Requête de la Comtesse de Bar en 1392. Page 11.

Hommage fait par le Duc de Bar des terres qu'il a dans le Comté d'Alost en 1394. Page 2.

Somme due à la Comtesse de Bar en 1395. Page 11.

Fiefs relevans de la Comtesse de Bar en 1395. Page 44.

Fin du Procès entre le Duc de Bar et l'Abbaye de Watenes en 1396. P. 11.

Dénombrement par le Duc de Bar des Terres de Cassel, Dunkerque, Gravelines et Bois de Nieppe en 1397. *Ibid.*

BARAFLE. Adrien de Bacquehem de Barafle en 1610. Page 120.

BARAT. Willaume dit Barat de la Haye en 1354. Page 23. Lui en 1336 P. 58.

Jean Barat en 1384. Page 8. Voyez *Barras.*

BARBAIZE. Plusieurs familles ont intérêt à connaître l'acte suivant. C'est une déclaration juridique donnée en 1607 par quelques principaux de la Ville de St.-Quentin.

A tous ceux qui ces Pntes. Lres. veiront. Nicolas de la Fons Escuyer Seigneur d'Happencourt Licentié en droicts Conseiller du Roy Nre. Sire et son Lieutenant Civil à St.-Quentin à Monsieur le Bailly de Vermandois, Salut. Scavoir faisons que ce jourdhuy date de ces pntes par devant Nous sont comparus vénérables et discretes personnes *Mre. Nicolas Pelletier* Prêtre et Chanoisne de l'Eglise Collégiale de M. St.-Quentin y demeurant âgé de 66 ans ou environ. *Mre. Henri Pelletier* Pre. aussy demeurant à St.-Quentin âgé de 63 ans ou environ. *M. Robert de Y* Escuyer Sr. de Tournison Sereucourt Souverain Mayeur audit lieu Procureur du Roy audit St.-Quentin âgé de 44 ans ou environ. *Mre. Jean de la Croix* Procureur au Siège dudit St.-Quentin âgé de 55 ans lesquels ont dit et affirmé et attesté et ainsi affirmeront et attesteront par devant tous qu'il appartiendra avoir entendu et veu par tiltres anciens que les Sieurs de Barbaize estoient issus et descendus de la Ville de St.-Quentin: Que Arnould de Barbaize aurait esté le premier aurait demeuré en la Ville de Cambray quatre-vingts ans sont et plus. Qu'iceux de Barbaize ont toujours esté tenus et réputez pour Nobles et Gentilshommes du Pays vivants Noblement et avoir pris alliances en Maisons Nobles comme celles de Y et Platecorne desquelles Maisons de par les femmes iesdits Barbaize sont descendus mesme qu'ils possédoient plusieurs Biens et Seignries. entre la terre de Caingny Douchy et plusieurs bois proche de Sany Courtiguy et Selnon et environs de St.-Quentin lesquels Bois portent encore pour le présent le nom des Bois de Barbaize mesmes lesdits Pelletier avoir plusieurs fois tant au précédent la prise de St.-Quentin que depuis ouy recommander qui se font tant en l'Eglise Mons. St.-Quentin que aux Cordeliers de prier pour les ames des Seigrs. de Barbaize bienfaiteurs desdites Eglises et qui auroit toujours esté continué jusqu'au commencement des troubles derniers. De quoi Sire Robert de Barbaize Escuyer Sr. de Bourlon nous at requis acte à lui octroyé pour lui servir aussy que de raison En signe de quoy avons signé ces pntes. et faict signer par Nostre Greffier et sceller du Seel dudit Bailliage de St.-Quentin. Ce fust faict certifié attesté et affermé audit St.-Quentin le 11 de Sept. 1607 auxquels susnommez avons aussi faict signer les pntes. — N de la Fon. — De Y. — Jean de la Croix, Collationné. N. Pelletier, H. Pelletier.

BARBANÇON. (*Souvent écrit Barbençon et Barbanchon*) Jean et Hugues Barbanchon témoins à un acte Notarial de l'an 1311. Page 39.

Jean Sgr. de Barbanchon assista en 1312 au traité de mariage de Guill. fils du Comte de Hainaut avec la fille du Duc de Brabant. Page 33.

Jean Sgr. de Barbançon en 1318. Page 44.

M. de Barbançon en 1319. Page 12.

Jean de Barbançon en 1331. Page 75.

Jean Sgr. de Barbanchon en 1336. Page 58 Le même *ibidem.*

Jean Sgr. de Barbanchon et Huon de Barbanchon Sgr. de Sorre, Nobles de Hainaut en 1336. Page 34.

Le Sgr. de Barbanchon en 1341. Page 40.

Jean Sgr. de Barbanchon en 1357. Page 12 Voyez Mastain.

BARBANTERE. Godefroi de Barbantère Bailli de Gand en 1304. P. 102.

BARBESSAN. Clais Barbessan en 1395. Page 37.

BARBIERES. *A la Chambre des Comptes à Lille :*

Sans date. Jean li Barbières dit le Marisiel pour un fief à Templeuve en Dossemer, Châtellenie de Lille.

BARBIEUX. Marie de Barbieux épouse de Jean de Lannoy. Page 127.

A la Chambre des Comptes de Lille :

1. 10 Octobre 1447. Jean le Barbieux pour trois fiefs à Templeuve en Dossemer, Châtellenie de Lille.

2. 23 Septembre 1615. Toussaint des Barbieux Bourgeois de Lille, pour le fief de Pretz à Flers, Châtel. de Lille.

3. 11 Juin 1678. Dame Anne de Barbieux fille de Toussaint Ecuyer Sgr. de Salomez des Pretz et épouse de

B A

Messire Guill de Taldenbrouck Chev. pour un fief à Salomez Halle de Palemp.

BARD. *A la Chamb. des Comp de Lille:*

En 1298 Gérard Bard Valet de Guy Comte de Flandre. *Orig. en parch.*

BARDOUL. Adrien Bardoul Grand Aumônier d'Anvers en 1570. Page 156.

BARÉ Mausolée de Heneman Baré de Comogne fils de Heneman Chev. et de Dame Jeanne de Lardier. On y voit les armoiries de Comogne et de Baré qui sont les mêmes. On y voit aussi celles de Rixensart et de Lardier. Cet Henneman est un des aïeux directs de M. Baré de Comogne demeurant à Namur, suivant la preuve qu'il en a donnée au Gouvernement à Bruxelles, en vertu desquelles le Fiscal de Namur l'a enregistré comme ancien Gentilhomme avec la qualité de Messire. Page 112. Voyez nécessairement Comogne.

Noble Dame Anne Baré de Comogne fille de Noble Homme Jacques et d'Anne le Bidart, épouse de Noble Homme Jean Marqz. Page 112.

BAREIS. Fastré Bareis Chev. en 1336. Ce Fastré est de la même Maison que Henneman qui précéde, ce que je démontrerai. Page 11.

BARGHE (de la) *A la Chambre des Comptes de Lille :*

28 Janv. 1644, Mathieu de la Barghe dmt. a Lille, pour un franc Alleu de la Salle de Lille.

BARGIBANT. Marie Barbe de Bargibant épouse de Jean Bapt. Desenfans Sgr de Lannoy Page. 77.

BARI. Barthelemi Archevêque de Bari en 1378. Page 11.

BARIDIEL, Gillon Baridiel en 1333, P. 15.

BARIERE. *A la Chambre des Comptes de Lille :*

14 Juillet 1441, Guillaume de Barrière Ecuyer mari d'Anne Midekerque avant veuve de Jean Gard, pour fief à Flers Halle de Phalempin.

BARLEZ. Jean de Barlez, Ecuyer, Valet et familier du Comte de Hainaut en 1311. Page 11.

BARNEWALT. N. Barnewalt épouse de Christophe Plunkett. Page 155.

BARON. *A la Chambre des Comptes de Lille :*

B A

Sans date. Martines Baron Archer du Corps du Duc de Bourgogne pour 3 fiefs a Vossier, Château de Douay.

BARONS. Les Barons du Brabant, du Hainaut et de Flandre en 1154 P. 28.

Lettres aux Barons de Flandre en 1311. Page 36.

BARQUES. *A la Chambre des Comptes de Lille :*

8 Juil. 1593, Messire Phil. de Barques Chev. Sgr. du Plantin, pour fief dépendant du Château de Douay.

BARRAS. (*souvent écrit Baras*) Messire dit Baras de Sars Sire du Mesnil Chevalier en 1335. Page 11.

BARRE (de la). Le Pensionnaire de Mons la Barre en 1633. Page 70.

Noble Homme Ferdinand de la Barre Sgr. de Mouscron Souverain Bailli de Flandre en 1559 Page 77.

Armoiries de la famille de la Barre du Hainaut, ancêtres de Messieurs de la Barre d'aujourd'hui, sur une vitre de 1615 du Prieuré du Bois Sgr. Isaac. Depuis lors ils ont pris les armes de la Barre de Flandre. Ce la Barre était époux d'une Frauran. Page 97.

A la Chambre des Comptes de Lille :

1. Le samedi après la mi-carême 1289, Jakemel de la Barre. *Orig. en parch.*

2. Environ 1385, Messire Tercelet de la Barre Chev. et Procureur de la Comt. de Bar. *Copie simple.*

3. 14 Decembre 1388, Jacques de la Barre fils de Betremieu pour trois fiefs de Barles à Vrelenghem, Châtelenie de Lille.

4. 12 Mai 1389, Bretemieux de la Barre pour deux fiefs a Wambrechies Châtellenie de Lille

5. 18 Novembre 1398, Barthelemi de la Barre pour fief à Marquette Châtellenie de Lille.

6. 3 Juin 1411, Jore de la Barre fils de Bertemieu et Georges de la Barre Ecuyer fils de Barthèlemi, pour deux fiefs à Wambrechies Châtelenie de Lille.

7. 4 Septembre 1441, Georges de la Barre Ecuyer pour fief a Wambrechies Halle de Phalempin.

8. 16 Mai 1457, Bertrand de la Barre fils de Jean pour fief de le Becque à Wambrechies Châtel. de Lille.

9. 10 Fév. 1473, Jean de la Barre dit Brissart demt. à Douay pour deux fiefs à Aix en Pevele Châtellenie de Douay.

10. Sans date. Jeanne de la Barre femme de Dausel de Blangy pour trois fiefs a Aix en Pevele Chât. de Douay.

11. 4 Fév. 1473, Jacques Barre bourgeois de Douay fils de Jean et époux de Marie de Terin.

12 Sans date. Dlle. Marg. Barre veuve de Pierre le Quieure Ecuyer fille de Jean pour fief.

13 29 Juillet 1507, Philippe de Longueval dit de le Barre, Ecuyer Sgr. de Court-St. Etienne Echanson de S. M. pour le fief de le Becque situé à Wambrechies Halle de Phalempin.

Il existe dans les Archives de Mons un grand nombre de titres utiles aux la Barre connus et domiciliés dans la Province de Hainaut depuis plus de trois siecles, tous issus de Nicaise de la Barre. C'est sur-tout dans les Archives du Château de Mons où j'ai trouvé un grand nombre de fardes de procès utiles aux différentes branches de cette ancienne famille. Je me bornerai à en citer trois.

1. Procès entre Dlle. Tabouret veuve de François de Ghozée contre Simon de Ghozee et consors en Août 1628. J'y ai trouvé le contrat de mariage passé à Mons le 10 Novembre 1565, entre Charles de Ghozée fils de Quintin Mre. de forges demeurant a Fourmy et entre Vinchienne de la Barre fille de Simon, niece de Jean Tuckart et belle-sœur de François Galopin.

2. Farde de Dlle. Vinchienne de la Barre veuve de Quintin de Ghozée en Novembre 1621 On y voit que David Longhet dmt. à Mons âge de 57 ans en 1621 etait cousin germain de Robert de la Barre dmt. en Angleterre; que Guy Galopin dmt. a Mons était aussi cousin germain dudit Robert.

3. Procès entre Jean de la Barre Sgr. du Vieux-Maisnil et l'Abbaye d'Aumont de l'an 1623.

Voici les seize Quartiers de Dame Agathe-Charlotte-Barbe-Françoise Josephine Baronne de la Barre.

SEIZE QUARTIERS de Dame Agathe Charl.-Barbe-Franç.-Jos *Baronne de* LA BARRE, *attestés le 20 Juillet 1789 par les Dames Prévôte et Chanoinesses du Chapitre de Nivelle, comme étant tous Quartiers acceptés et reconnus par ledit Chapitre.*

Mess. Phil. Jos. Baron de la Barre Sgr. du Maisnil Balinghe et en Bievene, fils de Messire Jean-François de la Barre Sgr. de Balinghe Arondelle et en Bievene et de Noble D. Marie-Claire Pottier.	Nob. Dame Claire-Agn.-Ale de Vinchant fille de Messire Jean-Bapt. de Vinchant, Chev. Sgr. de Morval et de Noble D. Marie-Jeanne Robert.	Mess. Sébis. Nicol. Jos de Croix Comte de Clairfayt et de Calonne, au service de S. M. I. Gouvern. de Binche, fils de Mess. Phil. de Croix Comte de Clairfayt Sgr. de Bruille, Député de l'Etat Noble de Hainaut, Capit. de Cav. de S. M. C. et de Nob. D. Polixène de Calonne.	D. Mar.-Anne Jos. le Duc fille de Mess. Adrien-Dom. le Duc, Sgr. d'Onezies Haynin, Angreau, Autreppe, et de Nob. D. Marie-Rose de Sars. Per. fille de le Duc et de Scockart.	Mess. Jean de Marches, Chev Capit. au Régim de Warigny au serv. de France, fils de Messire Jean de Marches de Celerico, Capit. de Cav. au Régiment de Merinvile en France, et de Noh. D. Cath. de Superiori.	Noble Dame Anne-Claire de Vaucleroy Dame de Cobreville fille de Mess Jérôme-Alexandre de Vancleroy Sgr. de Cobreville, Gentilhom. de l'Etat Noble de Luxembourg, et de Nob. D. Marie-Cécile de Battenhove.	Mess Claude Comte de Montbelhard, de Francquemont, Sgr. de Courdowe, Chambellan de S. A. R. de Lorraine, fils de Mess Nicolas-Joseph de Montbeillard de Franquemont et de Noble Dame Jeanne de Mallen.	Noble Dame Barbe-Franç. Comtese d'Aspremont fille de Mess. Char. Comte d'Aspremont Sgr. de Tillombois Courouve, Général de bataille au serv. de S. M. I., et de Noble Dame Marie Gabr. de Laubrussel.

Messire Charl Jos Trophème Baron de la Barre Sgr. du Maisnil, Balinghe, Noirchain, Salmonsart, Leval, la Tourelle et en Bievene.	Noble Dame Polixène-Augustine de Croix, Comtesse de Clairfayt, sœur du Comte de Clerfayt mort Chev. de la Tois. d'Or, Feld-Maréc., Gr. Croix de l'Ordre de Marie-Thérèse.	André Baron de Marches, Sgr. de Remehoghes, Mussot, Capit. de Drag. au Régimt. de Grammont, Député de l'Etat Nob de Luxemb. époux 1 d'une Comtesse de Reiffenberg.	2 Femme Noble Dame Barbe-Catherine Comtesse de Montbelliard, de Francquemont.

Mess. Sébastien-Charl.-Jos. Baron de la Barre Sgr. du Maisnil, Noirchin, Charege, ancien Capit. d'Inf. au serv. de S. M. I. et R. Chev. de l'Ordre de St.-Etienne de Toscane, Député de l'Etat Noble du Duché de Luxembourg, vivant en 1812.	Noble Dame Barbe-Françoise Baronne de Marches, Dame de l'Ordre de la Croix étoilée par Patentes du 14 Septembre 1784, vivante en 1812.

Dame Agathe-Charl.-Barb.-Franç.-Jos. Baronne de la Barre.

BA

Le nom de la Barre de la branche du Hainaut, issue de Nicaise de la Barre, avait déjà été prouvé au même Chapitre dans la personne de Dame Odille de la Barre épouse de Messire Ferdin. Comte d'Assignies neveu du Comte de Saint Genois dont la fille D. Marie-Franç.-Ferdin.-Odille épousa Félix-Emmanuel Duc de Looz-Corswarem. Dame Odille de la Barre était fille de Messire Jean-Paul de la Barre Chev. Sgr. du Maisoil, Manissart, Grand-Escaussines, Buleux etc. et de Dame Dorothée-Jeanne de la Hamaide fille de Jean. Dame Odille de la Barre était fille de Messire Jean de la Barre Chev. Sgr. du Maisnil, Manissart et de Jeanne Dessus le Moustier Dame de Grande Ecaussine. Ce Jean de la Barre époux de Dessus le Moustier avait pour bisaïeul Nicaise de la Barre Maître Keux de Madame de Savoye, mort à Soignies le 3 Février 1531, enterré sous une tombe qui le déclare Maître d'Hôtel de Marguerite Gouvernante des Pays-Bas. Nicaise avait épousé Marie Resteau qui vivait encore en 1534.

BARRET. Le Sgr. Jacques Barret en 1393. La Douairière de Visscher dmt. à Bruxelles, Dame d'une grande vertu, est née Barret. Une de ses filles est mariée Dormer.

BARREZ. Jacquemart Barrez Homme de Fief du Comte de Hainaut en 1336. Page 2.

BARRY. Agnès de Barry épouse de Jean de Thibegot Page 119.

BARVINCHOVE. *A la Chambre des Comptes de Lille :* Wautier de Barvinchove, Wautier de Bordiere et Gui de Burcke.

BASELIERS. Dame Barbe Baseliers ép. de Remacle Roberti. Page 150.

Willem Baseliers en 1570. Vincent Baseliers en 1554, tous deux premiers Aumôniers d'Anvers. Page 156.

BASIN. Messire Basin de Pereur en 1322. Page 63.

BASSECOURT. *A la Chambre des Comptes de Lille :*

1. 5 Mars 1563, Charles de Bassecourt Ecuyer Bailli d'Orchies, comme témoin pour le fief du Chastelet et fief à Auchy Motte d'Anchin.

2. 20 Juil. 1574, Robert de Bassecourt Bailli d'Orchies, pour fief à Coutiches et le fief du Metz à Auchy, Motte d'Anchin.

3. 1er. Octobre 1620, Jean Bassecourt et Jean, Barbe et Marguerite de Bassecourt enfans mineurs de feu Nicolas et de Charlotte Lefebvre, pour fief à Wattignies Châtelenie de Lille.

4. 16 Décembre 1620, Honorable Homme Gabriel de Bassecourt Ecuyer Sgr. de la Herlière Bailli d'Orchies, pour le fief du Fay à Auchy, Motte d'Anchin. Je dois faire observer que la qualification d'Ecuyer qui précède est d'autant plus réelle qu'elle se prend devant l'Officier Public du Roi, tandis que dans les contrats de mariage et testamens, c'est la Famille qui se la donne et que très-souvent on est presque toujours tenté d'enfler et de créer même les qualifications.

BASSERODE. La Famille de Basserode alliée à celle d'A la Truye. Page 145.

BASSIGNIES. Le Sgr. de Bassignies de la Chambre de la Noblesse des Etats de Hainaut en 1638. Page 70.

BASTARD. Jean Bastard Procureur du terroir de Furnes en 1309. Page 89.

BATAILLE. *A la Chambre des Comptes de Lille :*

1. 9 Avril 1603, Antoine Bataille fils d'Antoine dmt. à Watrelot, pour fief à Wattelot Châtel. de Lille.

2. 30 Août 1670, Nicolas Bataille pour fief à Seclin Halle de Phalempin.

BATARDS. Réflexions sur les Bâtards des siècles reculés. Page 19.

Ordonnance sur les héritages des Bâtards échus pour la Châtelenie de Bourbourg en 1350. Page 24.

Louis dit le Haze fils Bâtard de Louis Comte de Flandre en 1372. Page 94.

BATEUR. *A la Chambre des Comptes de Lille :* 26 Août 1615, Catherine le Bateur veuve de Jacq Haynin, pour fief à Marquettes Halle de Phalempin.

BAUCHAUS. Pierre Bauchaus Bailli du Roi à Lille en 1339. Page 4.

BAUDAIN (ou Bauldain). *A la Chambre des Comptes de Lille :*

1. Messire Nicolas de Bauldain Chev. Sgr. de Villers époux de Dame Adrienne de le Neufville Dame desd. lieux pour fief à Bouvignies, Château de Douay, le 15 Juillet 1561.

2. 17 Septembre 1567, Jacques de Bauldain Ecuyer Sgr. de Mauville pour 3 fiefs du Chastelet à Auchy, Motte d'Orchies.

3. 7 Mai 1591, Dame Marie de Baudain ép. de Alexa. Franç. d'Ongnies Chev. Sgr. de Coupigny, Houstain etc. pour le fief du Metz à Orchies.

BAUDELO. Voyez Pape en 1392. P. 11.

Fondation en 1291 à l'Abbaye de Baudelo pour Marg. Duchesse de Brabant. Page 30.

BAUDEQUIN *Voyez Croix-Dadizele.*

Lettres accordées en 1589 à Charles, Catherine et Françoise Baudequin, enfans de feu Philippe Baudequin Greffier du Bureau de la Maison de l'Empereur, *petits enfans* de Daniel de Baudequin Sommelier de la Cave de l'Empereur. *Arrières petits-enfans* de Paul Baudequin aussi Sommelier à la Cour de l'Empereur. Page 115.

Carte de Madel. Théodore Baudequin reçue Chanoinesse à Moustier en 1764 *Pere* Charles-Phil. Martin époux de Marie-Anne d'Eynatten. *Ayeul* Claude Eugène Baudequin époux de Madelaine de Croix-Dadizelle. *Bisaïeul.* Philippe Baudequin époux de Claude d'Ennetieres. *Trisaïeul.* Claude Baudequin époux de Marie de la Rivière. *IV Aïeul* Phil. Baudequin époux de Marie de Zomberghe. *V Aïeul* Denis Baudequin époux de Jeanne Macheco. *VI Ayeul* Paul Baudequin époux de Jeanne de Cuiry. Page 115.

Tableau intérressant présenté à S. M. l'Empereur Napoléon par M. de Baudequin de Peuthy pour faire revivre la fondation faite en 1658 par Louis de Borchgrave. Réflexions sur les intentions pieuses de M. de Peuthy. Pages 116 et 117 Voyez Borchgrave.

Décret de S. M. l'Empereur Napoléon accordé en 1795 au sujet de la Fondation qui précède sur représentation, *y est-il dit*, de M. Idesbalde Aybert Jos. de Baudequin de Peuthy, chef d'une famille distinguée du Département de la Dyle. Page 117.

Epitaphe aux Carmelites de Lille, avec 8 quartiers de Marie Baudequin Douairière de Lamoral Claude de la Haye morte en 1733. Page 117.

Marie de Baudequin fille de Claude et de Marie de la Rivière epousa Jacq d'Ennetières. Page 118 et 136.

Il me fait plaisir d'indiquer à M. de Peuthy le titre suivant qui se trouve à la Chambre des Comptes à Lille.

Le 23 Fév. 1389, Paucet Baudequin fils de Henri avait un fief à Phalempin Châtellenie de Lille.

13 Juin 1672, Phil de Baudequin Chev. Sgr. d'Alincourt, la Haye, de Metz, d'Elfant, héritier de Claude de Baudequin son père, pour le fief de la Haye à Attiche, Halle de Phalempin.

BAUDES. *A la Chambre des Comptes de Lille :* 23 Janvier 1469, Oste de Baudimont Ecuyer fils de Jean Baudimont Ecuyer Sgr. de Bachy, pour fief à Houplines Châtel. de Lille.

BAUDESCOT. Jean Baudescot Tabellion Apostolique et Impérial en 1384. Page 95.

BAUDEWYNS Jos. Baudewyns Premier Aumônier d'Anvers en 1758. Page 156.

BAUDOUR. Vente de la terre de Baudour en 1335 par le Comte de Hainaut à Gerard de Jauche pour la tenir en Pairie. Page 12.

Prisée de cette terre en la même année *Ibid.*

Vente en 1335 des bois de Baudour par Gérard de Jauche Page 11.

BAUDRAIN. *Voyez Canny.*

Jean Baudrain demeurant à Baudricourt en 1594. Page 128.

BAUDRIC. *A la Chambre des Comptes de Lille :* 2 Octobre 1384, Messire Georges Baudric Chevalier de Bruges. *Orig. en parch.*

BAUDRINGHIEN. *A la Chambre des Comptes de Lille :*

1. 1er. Octobre 1672, Dame Anne de Baudringhien épouse de Messire Pierre de Croix Chev. Sgr. de Preseau, Oyembourg, Triete, Barghes, Frezieres, pour fief de Barghes à Wattignies Halle de Phalempin.

2. 9 Février 1678, Dame Anne-Thér. de Baudringhien épouse de Walerand-Phil. de Hangouart Ecuyer Sgr. d'Hanchin, pour 2 fiefs à Engles Halle de Phalempin.

BAUDUIN. *A la Chambre des Comptes de Lille :* 28 Août 1594, Charles de Bauduin Sgr. de Biastre, la Thour etc. Bailli de Douey, pour le fief des Damoiseaux Châtel. de Douay

BAUGIS. M. de Baugis Commandeur de l'Ordre de Malthe, Chancelier du Grand Prieuré de France en 1784. Page 83.

BAUQUESNE. *A la Chambre des Comptes de Lille :* 20 Juin 1620, Michel de Bauquesnes fils d'Adam dmt. à Lille, pour fief à Lille.

BAUSSART. *A la Chambre des Comptes de Lille :* 2 Décembre 1422, Boudart de Baussart pour fief de Lespierre à Capelle en Pevelle Chât. de Lille.

BAUVIN. *A la Chambre des Comptes de Lille :* 25 Août 1405, Laurent de Bauvin dmt à Lille pour fief à Santes Chât. de Lille et pour un fief à Wavrin aussi Chât. de Lille.

BAVAY Différents entre les Lombards de la Table de Bavay et ceux de la Table de Mons en 1355. Page 11.

BAVE. Françoise Bave épouse de Nicolas Ballet Chev. Page 123.

BAVEDAME. Isabeau Van Bavedame épouse de Jean Colins. Page 60.

BAVELAINCOURT. Bauduin de Bavelaincourt Ecuyer Homme de Fief de la terre de Dargies. Page 64.

BAVIÈRE. Promesse de Guill. de Bavière à Walerand de Luxembourg en 1356 Page 12.

Guill. Duc de Bavière Comte de Hainaut promet d'aider le Comte de Flandre en 1357. *Ibid.*

Aubert de Bavière Palatin du Rhin Gouverneur de Hainaut, Hollande etc. au sujet du mariage de Jean de Gomegnies avec Cunegonde de Weschx de Bavière, en 1363. *Ibid.*

Contr. de mariage en 1375 entre Guill fils d'Aubert Duc de Bavière et Marie fille du Roi de France. *Ibid.*

Mandement de Guill. de Bavière Comte d'Ostrevant aux habitans de Flemaing en 1397. Page 95.

Je dois parler ici d'Agnès-Françoise le Louchier qui eut de S. A. E. Maximilien-Emman.-Marie Duc de Bavière le Fils Naturel qui suit :

II. Emman.-Franç.-Jos. dit Comte de Bavière Marquis de Villacerf Grand d'Espagne de la 1re. Classe Maréchal des Camps et Armées du Roi de France, Chev. des Ordres et de celui de son nom au service de France. Après avoir été légitimé il épousa D. Marie-Joseph-Caroline de Bavière aussi fille Naturelle de l'Empereur Charles VII dite Comtesse de Hohenfeld, dont une fille.

III. Amélie-Caroline-Jos.-Franç.-Xavière de Hohenfeld de Bavière, Grande d'Espagne de la 1re. classe par succession paternelle, Marquise de Villacerf dans le Comté de Troies, née le 2 Décembre 1744 épousa le 3 Février 1716 Amand-Charles-Emman. Comte de Hautefort fils d'Emman. Marquis de Hautefort, Maréchal de Camp, Ambassadeur Extraordinaire de France à Vienne et de Françoise de Harcourt sa 2e. femme.

Agnès-Françoise le Louchier était d'une des plus anciennes Familles de Tournay. Elle était sœur de Franç.-Ghisl. le Louchier Sgr. de la Terre de Rosne à Anvain, Chanoine à Gand depuis 1699 jusqu'en 1715. Après avoir quitté son Canonicat il fut fait Capitaine au Régiment Royal de Bavière en France. Il épousa Thérèse de Malart fille d'André Chev. de St.-Louis Sgr. de le Raboudrie, Lieut.-Colon. d'Infant. et de Marie-Cath. de Malabert Dame de Rosne à Harquegnies près de Frasnes-lez-Buisenal. Agnès-Françoise était fille de Jean-Franç. le Louchier et de Marie-Carol. d'Aubermont.

Huit Quartiers de Madame Agnès-Françoise le Louchier *Mère d'*Emmanuel-François-Joseph *Comte* de Bavière.

Guill. le Louchier (ainsi écrit) Chev. Sgr. de Popuelle, Rosne, fils d'Arn. Sgr. desdits lieux, Lieut. Gouv. du Château de Tournay, mort en 1578, et d'Ant. de Farvacques.	Jeanne Hangouart mariée en 1559, fille de Guillaume Sgr. de Pommereaux, et d'Antoinette de Croix.	François de Wouters Chev. Sgr. de Vinderbaute, Merentre, Belsele.	Marie de Dierickx, dite de Gaverelle.	Charles d'Aubermont Chev. Sgr. du Quesnoy, Desplanques Chef du Magistrat de Tournay fils d'Antoine Sgr. desdits lieux, et de Geneviève Despars.	Barbe de Parys fille de Denis Sgr. de Froyenne, et de Jeanne Savary; petite-fille de Jean et de Jeanne de la Tremouille.	Philippe de Rym, Chev. Sgr. de Roodonck.	Madel. de Beer Dame de Meullebeek.

Jacques le Louchier Chev. Sgr. de Popuelles, Rosne etc.

Anne de Wouters-de-Vinderhaute mariée le 27 Avril 1633.

Pierre d'Aubermont Chev. Sgr. du Quesnoy, Grand Prévôt de Tournay depuis 1658 jusques 1674.

Robertine de Rym-de-Roosdonck.

Jean-François le Louchier Sgr. de Popuelle, Grand Prévôt de Tournay. Il avait épousé 1°. Cath. d'Ostrel morte sans enfans.

Marie-Caroline d'Aubermont.

Agnès-Françoise le Louchier Mère d'Emmanuel-François-Joseph Comte de Bavière.

BAVIÈRE EN FLANDRE. La Carte d'Ysebrant, page 122, fait mention d'une Cath. de Bavière fille de Mess. Jacq. Chev. et de Marguerite Sallart. On y voit que cette Dame épousa Jean Sanders dont la fille Jacqueline épousa Arnoul Hauweel. Catherine de Bavière était sœur de Jacques de Bavière Sgr. de Noortvelde marié 1°. en 1600 avec Jeanne-Livine Van de Poele fille de Jean et de Jeanne Moye, morte en 1619 et enterrée à Wachtebeke. 2°. Anne Braodt. Il y eut des enfans des deux lits. Catherine de Bavière était petite-fille de Mess. André de Bavière Lieutenant Civil de Gand et de Jaquel. Ommejaghere. L'ancienne extraction et les services de cet André de Bavière sont détaillés très-amplement dans les Lettres-Patentes de Chevalerie que l'Empereur Charles V lui accorda le 16 Octobre 1545 Ladite Catherine de Bavière, par sa mère Marguerite Sallart, était cousine germaine de Jacques le Normant Sgr. d'Ozelaere un des ancêtres directs de Messieurs de Norman d'aujourd'hui établis à Gand, Bruxelles et Vienne. Elle était cousine germaine de N. de Vischer Sgr. de Schiplaeken un des ancêtres directs de M. le Comte de Celles Préfet d'Amsterdam en 1812.

J'ai trouvé à la Mairie de Bruges plusieurs titres utiles à ceux qui portent le nom de Bavière. Je vais en citer quelques-uns. 1. Compte rendu en 1636 après la mort de Cath. fille de Wouter. 2. Autre compte rendu en 1648 après la mort de Wouter de Bavière. Ces deux comptes contiennent des titres essentiels à cette famille. 3. L'acte de Mariage à Bruges, Paroisse de N. D. seconde, en 1579, de Philippe de Visch Ecuyer avec Dame Pétronille de Bavière. Ils sont ainsi qualifiés dans le Registre original. 4. Acte de Mariage en 1786 à Bruges, Paroisse de N. D. première, d'Adrien Van den Bavière Avocat à Berghes-St.-Winocq, neveu de Charles Baron d'Hondt avec Dame Anne-Thér.-Eug. Piers sœur de Ch.

BAUME. Pierre de Baume Maître en Théologie en 1327. Page 94.

BAUPARISIS. *Voyez Borgne.*

BAUQUESNE. *A la Chambre des Comptes de Lille :* 20 Juin 1620, Michel de Bauquesne fils d'Adam dmt. à Lille, pour fief à Lille.

BAUSSART. *A la Chambre des Comptes de Lille :* 2 Décembre 1422, Boudart de Baussert, pour un fief de Lespierre à Capelle en Pevelle. Chât. de Lille.

BAUTERLIN. Jeanne de Bauterlin veuve de Watier de Canny, épouse 2. de Bernard de Themericourt en 1338. Pages 40 et 59.

BAUVIN. *A la Chambre des Comptes de Lille :* 25 Août 1405, Laurent de Bauvin dmt. à Lille, pour un fief à Santes Chât. de Lille et pour un fief à Wavrin aussi Châtel. de Lille.

BAUX. Arrêt en 1342 entre Bertr. des Baux Comte de Montrains Marguerite d'Anney son épouse et entre le Comte et la Comtesse de Bar. Page 43.

BAUZEMONT. Gotfroit de Bauzemont épousa Béatrix de Germiny environ 1490, sans enfans. La Seigneurie de ce nom est passée à Charles Comte de Tornielle comme héritier d'Anne du Chastellet sa mère fille d'Oubry Sgr. dudit Bauzemont et de Jeanne de Sepeaux. *Preuves à Nancy en* 1674.

BAWETTE. Hieronime. Isab. Thérèse de la Bawette épouse de Mess. Charl. Chrét. Jean de Spoelberch, *fille* de Charl. Jos. Franç. et de Mar. Thér. Van de Velde. *Petite fille* de Charl. Alb. Franç de la Bawette et d'Anna Marie de Cruyningham. *Arrière-petite fille* de Charles et de Marie le Corner. Pages 152 et 153.

BAYART. Mar. Ant. Bayart ép. de Phil. Jos. Luytens, *fille* de Bruno et de Marg d'Audenarde. *Petite fille* de Bayart et de Cuvillon. Page 131.

BAYE. *A la Chambre des Comptes de Lille :* 1. Jean Baye fils Barat Homme de la Cour de Cassel. 2 30 Av. 1610, Vincent le Baye et Pasquier le Baye son frère, pour fief à Fromelles et fief à Auberch, Halle de Phalempin.

BAYER-BOPPART. Selon les preuves produites à Nancy en 1674, Anna Bayer Baronne de Boppart épousa Christophe Baron de Crehanges. Voici ses ancêtres. *Pere* Adam Bayer Baron de Boppart époux de Marie de Malberg fille de N. de Malberg Baron dudit lieu et de Catherine de Brandebourg. *Aïeul* Georges Bayer Baron de Boppart époux d'Anne de Dompmartin, fille de Guillaume et d'Anne de Neufchâtel. *Bisaïeul.* Jean Bayer Baron de Boppart Sieur du Château Brehain époux d'Eve d'Isembourg fille de Gerlac d'Isembourg et d'Anastasie de Sarverdem. *Trisaïeul.* Adam Bayer Baron de Boppart époux de Marguerite de Paroye fille de Féry et de Madeleine du Chastelet. *Quartaïeul.* Jean Bayer

Baron de Boppart époux de Jeanne de Lenoncourt fille de Jean et de Lise de Chambley.

BAYNAST. Augustin de Baynast Ecuyer Sgr. d'Aubencheul, beau-frère de Feri de Waziers en 1646 Page 99.

Voici les preuves de cette Famille qui ont été acceptées à Arras.

I DEGRÉ. Charles-François de Baynast Ecuyer Sgr. de Sept-Fontaines, Milfaut, Chev. de St-Louis, Capit. des Carabiniers, allié à Dame Bénoîte-Thérèse Accary.

II. DEGRÉ. Messire Claude de Baynast Ecuyer Sgr. de Sept-Fontaines, Ferlughem, de la Motte, Feelleu, Vergy, ancien Maître des Eaux et Forêts de Picardie, allié à Dame Anne-Charlotte de Bettizy Dame de Milfaut.

III. DEGRÉ. Messire Honoré de Baynast Chev. Sgr. de Sept-Fontaines, la Motte, Balleux, Conseil. du Roi, Maître des Eaux et Forêts de Picardie dans le Comté de Ponthieu, allié à D. Mar.-Mad. de la Miray.

IV. DEGRÉ. Messire François de Baynast Chev. Sgr. de Sept Fontaines, Capitaine au Régiment d'Humières, Maître des Eaux et Forêts de Picardie, allié à Antoinette le Bel.

V. DEGRÉ. Messire François de Baynast Chev Sgr. de Sept Fontaines, la Forest etc. allié à Jeanne de Bourdel.

VI. DEGRÉ. Messire Jean de Baynast Chev. de l'Ordre du Roi, Sgr. de Maziere, Herleville, Forest, allié à Noble D. Marie le Prevost Dame de Sept-Fontaines. Il fit son testament au Château de Forest le 5 Nov. 1573.

VII. DEGRÉ. Messire Léon de Baynast allié à D. Marg. de Malfiance.

BAYOL. Une branche de cette très-ancienne Maison vint s'établir à Bruxelles dans la personne de Noble Richard de Bayol né à Maestricht en 1695. Il épousa le 16 Janvier 1728 Jacqueline Hache née à Bruxelles, issue de la Famille Van den Leene. Leur fille Marie-Angeline-Joséphine-Louise de Bayol née à Bruxelles en 1729, épousa en 1762 Messire André-Eman.-Jos. de Spoelberch dont l'ancienne extraction est connue. Je présente ici une carte qui fait connaître les aïeux de Noble Richard de Bayol. On observera qu'une carte sans preuve n'est qu'une indication vraie ou fausse. Je dis vraie ou fausse parce qu'il arrive souvent que des cartes, que j'appelle cartes de fabrique, ne sont faites que pour satisfaire l'orgueil ou les prétentions mensongères des familles. Ces cartes ont souvent plus de crédit que des Titres originaux qui prouvent leur fausseté. Ces cartes servent à augmenter les Recueils de ces Généalogistes ambulans qui, pour tout talent, savent les copier, en dessiner les Armoiries etc. Mais lorsqu'il est question de parler de Titres probans, très-souvent ils ne savent pas lire et n'ont pas même le talent de faire l'applicat du Titre qui prouverait leur erreur. Je vais citer un exemple de ce que je viens de dire. En Décembre 1811 on m'a présenté une carte d'une Famille connue, signée par Delaunay et deux autres Hérauts d'Armes. Avant de la copier je demandai quels Titres la prouvaient. On me donna Contrats de mariage, Testamens et autres Actes. Je prouvai avec évidence que cette carte présentait plusieurs Quartiers faux. On reconnut l'évidence de mes observations et on m'en remercia.

Revenons à la Maison de Bayol. Quel est mon but? C'est de prouver les Ancêtres de Marie-Angeline-Joséphine-Louise de Bayol épouse de Mess. André Emman.-Joseph de Spoelberch, jusques compris son bisaïeul Noble et Perillustre Louis de Bayol époux de Claude Cheze ou Chieza. Je ne me borne pas à cette preuve, je veux donner celles qui font connaître que MM. de Bayol Modernes descendent également desdits Noble et Perillustre Louis de Bayol et de Claude de Chieza.

Ier. DEGRÉ. — PÈRE COMMUN. — LOUIS DE BAYOL épousa CLAUDE DE CHIEZA.

II. DEGRÉ. *A* LOUIS DE BAYOL né à Avignon le 9 Octobre 1657 époux de Catherine Van Toll. — *Extrait des Registres des Actes de Naissances de la Paroisse St-Pierre, deposés au Secrétariat de la Mairie d'Avignon.* L'an mil six cent cinquante-sept et le neuf Octobre a été baptisé Louis Bayol né aujourd'hui, *fils naturel et légitime* de Louis Bayol et de Claudine de Cheze mariés. Les Parrains ont été M. Louis de Guillermi et Madame Marguerite de Laudis. — *H Silorayod Curé. Ainsi signé.* Pour expédition conforme à l'Original délivré par Nous Maire de la Ville d'Avignon le 9 Fevrier 1811. *Signé Bertrand.* — Suit la legalisation par le President du Tribunal Civil.

II. DEGRÉ. *H* CRESP. DE BAYOL né à Avignon en 1654 ép. de Diane de Brun. — *Extrait des Registres des Actes de Naissances de la Paroisse St-Pierre, déposé au Secrétariat de la Mairie d'Avignon.* L'an mil six cent cinquante-quatre et le 9 Février a été baptisé Crépin Bayol né hier à six heures du matin *fils naturel et legitime* de Louis Bayol et de Dame Claudine de Cheze mariés. Les Parains ont été M. Crepin Bayol son Oncle et Dlle. Catherine Robert. — *H. Silorayod Curé Ainsi signé.* Pour expédition conforme à l'Origina. delivré par Nous Maire de la Ville d'Avignon le 9 Fevrier 1811. *Signé Bertrand.* — Suit la légalisation par le Président du Tribunal Civil.

III. DEGRÉ. *B.* RICHARD DE BAYOL né à Maestricht en 1695 époux de Jacqueline Hache. — *Extrait des Registres aux Baptêmes de la Paroisse de Ste.-Catherine, déposés à la Mairie de Maestricht Département de la Meuse-Inférieure.* L'an mil six cent quatre-vingt-quinze le vingt Février est baptisé Richard fils de Généreux Monsieur Louis de Bayol, Capitaine au Régiment du Très-Excellent Seigneur le Rhingrave, et de Dame Catherine Van Tol. Temoin le Généreux Monsieur Richard Van Vheden, Capitaine au susdit Régiment au service des Etats Confedérés de la Belgique. — Pour extrait conforme, par le Maire, le Secrétaire en Chef de la Mairie, *signé Lipkens.* Suit la légalisation par le Président du Tribunal Civil. Il est à observer que le Curé de cette Paroisse a donné en 1728 une copie authentique de ce même Acte de baptême.

C Etat Civil de Bruxelles d'un Acte de mariage inscrit au Registre des Actes de mariages faits dans la ci-devant Paroisse de Ste-Gudule pendant l'année 1728 a été extrait ce qui suit : L'an mil sept cent vingt huit, le seize de Janvier contractèrent mariage Monsieur Richard de Bayol Avocat au Conseil de Brabant et Mademoiselle Jacqueline Josephe Hache. Temoins Monsieur Jean-Lambert de Keerle, Monsieur Pierre Van Velpe et Monsieur Gille de Beaufaye. — Extrait et collationné sur le Registre sus-énoncé par moi Secrétaire de la Mairie de Bruxelles, Chef-Lieu du Département de la Dyle, pour lequel il a été payé .... non compris le timbre, ce vingt deux Mai mil huit cent sept. *Le Secrétaire Général de la Mairie, signé Germain.*

D Etat Civil de Bruxelles d'un Acte de naissance fait dans la ci-devant Paroisse de Ste-Gudule pendant l'année 1708, a été extrait ce qui suit : L'an mil huit cent huit, le seize Juin est baptisée Jacqueline-Josephe fille legitime d'Antoine Hache et de Catherine-Josephe Borrens conjoints. Parrain Monsieur Joseph Van den Leene, Premier Roi d'Armes. Marraine Jacqueline Haynens. — Extrait et collationné sur le Registre sus-énoncé par moi Secrétaire de la Mairie de Bruxelles, Chef-Lieu du Département de la Dyle, pour lequel il a été payé. . . . . non compris le timbre. Ce vingt-quatre Mars mil huit cent sept. *Le Secrétaire Général de*

III. DEGRÉ. *I* LOUIS-JOS. DE BAYOL né en 1686 époux 2°. de Rose de Baudrant. Il etait frère de Joseph Ignace de Bayol né en 1688. *Extrait des Registres des Actes de naissances de la Paroisse St.-Agricol, déposés au Secrétariat de la Mairie d'Avignon.* L'an mil six cent quatre-vingt-six et le vingt-huit Janvier a été baptisé Louis-Joseph né le même jour, fils naturel et légitime de M. Crépin Bayol, et de Mme. Diane de Brun mariés. Les Parrains ont été M. Louis Bayol son oncle et Dlle. Jeanne de la Martinière sa Grand Mère.—*Cabry, Curé. Ainsi signé.* Pour expédition conforme à l'Original délivré par Nous soussigné Maire de la Ville d'Avignon le 9 Février 1811. *Signé Bertrand.* Suit la légalisation par le Présid. du Tribunal Civil.

K. Extrait des Regist. des Actes de naissance de la Paroisse St-Agricol, deposés au Secrétariat de la Mairie d'Avignon. L'an mil six cent quatre-vingt-huit et le seize Décembre a été baptisé Joseph-Ignace né hier sur les dix heures du soir, fils naturel et légitime de M. Crépin Bayol, Docteur ez Droits et de Mme. Diane de Brun mariés. Les Parrains ont été M. Joseph Brun, Docteur en Medecine, et Dlle. Elisabeth de Bayol Tante de l'Enfant. — *Aubespin Curé. Ainsi signé au Registre.* Pour expédition conforme à l'Original délivré par Nous soussigné Maire de la Ville d'Avignon le 9 Février 1812. *Signé Bertrand.* Suit la légalisation par le Président du Tribunal Civil.

L. Commission donnée en 1763 par Jos.-Ignace de Bayol à Charles-Michel de Spoelberch pour le représenter comme Parrain de l'enfant de sa parente paternelle Marie-Angeline de Bayol mariée de Spoelberch. Nous Joseph-Ignace de Bayol, ancien Auditeur et Lieutenant de cette Legation Générale d'Avignon, Président de la Rote et du Sacré Palais Apostolique de la même Ville d'Avignon et actuellement Doyen de ladite Rote, commettons le Noble et Révérend Seigneur *Charles-Michel de Spoelberch de Grimaldi-Morazana*, Chanoine Gradué Noble Grand Pénitencier et Confesseur de S. Exc. le Comte de Franquenbergh Archevêque de Malines, afin qu'il daigne en notre place tenir sur les Fonds de Baptême et donner un nom à l'Enfant légitime à naître de Noble Dame Marie-Angeline de Bayol Notre parente paternelle, épouse d'And.-Emm. de Spoelberch-d'Eyntboudes, Echevin de la Ville de Louvain de la part des Nobles, et de faire à cet effet tout com-

la Mairie, signé Germain. Suit la légalisation par le Président du Tribunal Civil.

me si Nous étions présens En foi de quoi Nous avons signé cette Notre Commission; Nous y avons fait imprimer Notre Cachet de Famille, et pour plus ample témoignage Nous avons fait apposer le Scel authentique de Notre Tribunal Avignon, le 26 Février 1763 *Signé Bayol Rot. Decanus* Se trouvent le Scel du Tribunal de la Rote, le Cachet de Famille. Plus bas se trouve: Soient scellées par Ordre de l'Illustrissime et Révérendissime Seigneur le Doyen. *Signé Berard Notaire et Secrétaire.*

IV. DEGRÉ *E.* MARIE ANGELINE-JOSEPH-LOUISE DE BAYOL née en 1729, épouse d'André-Emmanuel Jos. de Spoelberch. *Etat Civil de Bruxelles, d'un Acte de Naissance inscrit au Registre des Actes de Naissance fait dans la ci-devant Paroisse de Ste.-Gudule, pendant l'année* 1729, *a été extrait ce qui suit:* L'an mil sept cent vingt neuf, le quatorze Decembre est baptisée Marie-Angeline-Josephine-Louise fille légitime de M. Richard de Bayol et de Josephe-Jacqueline Hache, conjoints. Parrain M. Guillaume-Pierre Van Velpe Avocat au Conseil Souverain de Brabant, au nom de M. Louis de Bayol, Capitaine d'un Escadron de Cavalerie au service des Etats Généraux des Provinces-Unies. Maraine Marie Angeline Josephine Jarens. — Extrait et collationné sur le Registre sus-énoncé par Moi Secrétaire de la Mairie de Bruxelles, Chef-Lieu du Département de la Dyle, pour lequel il a été payé..... non compris le timbre, ce vingt-quatre Mars mil huit cent sept. *Le Secrétaire Général de la Mairie, signé Germain.* Suit la légalisation *Il est à observer que ce Louis de Bayol, Parrain, est l'aïeul de l'enfant, rappellé au deuxième degré.*

F. Etat Civil de Louvain d'un Acte de mariage inscrit au Registre des Actes de mariages faits dans la Paroisse de St.-Michel, pendant l'année 1762, *a été extrait ce qui suit:* L'an mil sept cent soixante-deux, le vingt-six Mars ont contracté mariage, après avoir obtenu une dispensation dans les trois Bans et l'empêchement du temps clôturé et avoir prêté le Serment accoutumé, *le très-Noble Seigneur* Andre Emmanuel-Joseph Van Spoelberch, Licencié ès Droits, Echevin de cette Ville etc et *très-Noble* Demoiselle Marie-Angelique de Bayol, en présence de Moi Curé du lieu et du Révérendissime et Consultissime Seigneur Servais Verbeeck, Professeur Ordinaire ès Droits et le très Révérend et Erudit Sieur A. Le Page Mon Vicaire, *témoins.* Extrait collationné et translaté du latin en français sur le Registre sus-énoncé *et purgé des qualifications prohibées par la Loi* par Moi soussigné Maire de la Ville de Louvain, 2me Arrondissement du Département de la Dyle, ce onze Mars 1811. *Signé d'Onyn de Chastre.* Suit la légalisation par le Président du Tribunal Civil

IV. DEGRÉ. *M.* JEAN-PAUL-CÉSAR THOMAS DE BAYOL, né en 1725, époux de Marie-Philippine-Hyolenthe de Bruc. *Extrait des Registres des Actes de Naissances de la Paroisse St.-Agricol, déposés au Secrétariat de la Mairie d'Avignon.* L'an mil sept cent vingt-cinq et le vingt-deux Décembre, Nous soussigné Toussaint Du Bois, Prêtre et Curé de la Paroisse de St.-Agricol, avons baptisé un enfant né hier a cinq heures du soir, fils naturel et légitime de M. Joseph-Louis de Bayol, et de Mme. Rose de Baudran, auquel on a donné les noms de Jean-Paul-Cesar-Thomas. Les Parrains ont été M. Jean-Paul César de Bayol et Elisabeth de Bayol, Aïeule de l'Enfant. *Du Bois Curé. Ainsi signé au Registre.* Pour Expédition conforme à l'Original délivré par Nous soussigné Maire de la Ville d'Avigdon, le 9 Février 1811. *Signé Bertrand.* Suit la légalisation par le Président du Tribunal Civil.

V. DEGRÉ *G* ALEXANDRE-JOS.-FRANÇOIS DE SPOELBERCH né en 1763, frere de M. de Spoelberch, Président du Tribunal Civil de Louvain, actuellement Conseiller de la Cour Impériale de Bruxelles. *Etat Civil de Louvain d'un Acte de naissance inscrit au Registre des Actes de Naissances faits dans la Paroisse de St-Michel, pendant l'année* 1763, *a été extrait ce qui suit:* L'an mil sept cent soixante-trois, le vingt-trois Mai, le Curé a baptisé Alexandre Joseph-François fils du *Noble Seigneur* André Emmanuel-Joseph de Spoelberch-d'Eynhoudts, *Echevin Noble de la Ville de Louvain* et de *Noble* Dame Marie-Angeline de Bayol conjoints. Les Parrains furent *le très Noble Seigneur* Charles-Michel-François de Spoelberch, *Chanoine Noble Gradué, Pénitencier et Juge Synodal de l'Archidiocèse de Malines*, au nom de *très-Illustre et Révérend Seigneur* Joseph-Ignace de Bayol, *Ancien Auditeur et Lieutenant de la Légation Genérale d'Avignon, Président de la Rote du Sacré Palais Apostolique et actuellement Doyen*, Parent paternel de la prédite Dame, et *Noble* Dame Thérèse-Françoise de Spoelberch, Epouse de *Noble Seigneur* Jean-Laurent de Vroey, *Ecuyer Seigneur de Landen*, Ancien Premier Bourguemaître de cette Ville. — Extrait collationné et translaté du latin en français sur le Registre sus-énoncé *et purgé des qualifications prohibées par la Loi*, par Moi Soussigné Maire de la Ville de Louvain, 2me. Arrondissement du Département de la Dyle, ce onze Mars 1811. *Signé d'Onyn de Chastre.* Suit la légalisation.

V. DEGRÉ *N.* JEAN-BAPTISTE-CÉSAR DE BAYOL né à Avignon en 1784. Député de son Departement en 1810. *Extrait des Registres des Actes de Naissances de la Paroisse de St.-Agricol, déposés au Secrétariat de la Mairie d'Avignon.* L'an mil sept cent quatre-vingt-quatre et le vingt Décembre j'ai baptisé Jean-Baptiste-Cesar, né hier à une heure après-midi, fils naturel et legitime de M. Jean Paul-César Thomas de Bayol et de Dame Marie-Philippine Hyolande de Bruc, originaire de la Ville de Nantes, mariés Les Parrains ont été M. Esprit Bénoît Jean-Baptiste de le Vieux-de Laverne et Dlle Anne-Françoise-Madeleine-Agathe de le Vieux frère et sœur *A. Arnavon Chanoine et Curé. Ainsi signé au Registre* Pour expédition conforme à l'Original délivré par Nous soussigné Maire de la Ville d'Avignon, le 9 Février 1811. *Signé Bertrand.* Suit la légalisation.

Par les Titres qui précèdent la filiation des deux branches de Bayol est on ne peut pas plus légalement prouvée. Je vais donner deux actes qui prouvent l'extraction Le premier, Patentes de Licences en l'Université de Louvain; le second est une déclaration par le Secrétaire de l'Hôtel-de-Ville d'Avignon, qui atteste, le 25 Mai 1762, l'ancienneté de la Maison de Bayol.

Ier TITRE. *O Patentes de Licences en l'Université de Louvain, du 28 Novembre* 1720, *pour Noble Seigneur Richard de Bayol.* Je pourrais ne donner qu'un extrait de ce Diplôme. Son contenu me paraît intéressant par sa forme. D'ailleurs ces Lettres sont d'un style qui montre la dignité de cette Université qu'on doit regretter ne plus voir exister.

« Universis et Singulis Præsentibus Litteris Visuris pariter et Audituris, Prior et Collegium utriusque juris almæ Universitatis generalis studii oppidi Lovaniensis, Mechliniensis Diœcesis, Salutem in eo qui diligit justitiam et odit iniquitatem. Justitiæ convenit et æquitati ut quos diligenti servitio Nostrarum facultatum honores promeruisse comperimus, eosdem ad debitos sibi gradus promoveamus et eisæ promotionis fidele testimonium non denegemus Cum itaque probus eruditus ac PRÆNOBILIS DOMINUS RICHARDUS DE BAYOL MOSAE-TRAJECTINUS in juris utriusque scientia tam diligenter apud Nos laboraverit, ut ad *Gradum Baccalaureatus* ascendere, et in ea amplius meruerit honorari. Nos ipsi veritatis testimonium perhibentes, Notum facimus et Attestamur per Præsentes dictum Dominum Richardum de Bayol ad impleto tempore studii juris utriusque ad hoc requisito præcedentibus Disputationibus et Repetionibus tam publicis quam privatis, actibusque cæteris scholasticis ac tandem coram Nobis *examine rigoroso* per eum strenue et laudabiliter excusso, factâque per eum coram Nobis de fide vita et Religione ipsius Catholica et præstite prius juxta Pii IV constitutionem juramento secundum formam et tenorem infrascriptam. Ad Nostram præsentationem Reverendo admodum Amplissimo, ac *eximio viro Domino D. Hermanno Domens* S. Theol. Doct. et Profess. Ordin., ac *Regenti Collegii Attrebatensis Præsidi*, nec non in signis Ecclesiæ Collegiatæ *Sti. Pauli Lovanii Canonico* et cum potestate Apostolica Gradus Academicos conferendi Decano in choro Ecclesiæ Collegiatæ Sti. Petri hujus Oppidi Lovaniensis *die* 28 *Novembris anno a Nativitate Domini* 1720. Juxta Nostrarum Facultatem morem statum et consuetudinis, servatis quôque solemnitatibus debitis et consuetis *in utroque Licentiæ Gradum* honorifice suscepisse, cum omnibus suis juribus Honoribus et Prærogativis, etiam cum summa laude et gloria. Prædicti vero Juramenti quod præstitit forma est ejusmodi. *Richardus de Bayol Firma Fide credo* etc. etc. etc. *Ego idem Richardus de Bayol spondeo, voveo et juro; sci me Deus adjuvet et hæc Sancta Evangelia.* In cujus rei testimonium Nostræ Facultatis juris utriusque Sigillum præsentibus Litteris duximus appendendum. Datum Lovanii Anno 1720 Mensis Novembris die 28. *Signé J. F. Herenthals, J U. L. Antecessor Primarius, S. C. Prior.*

IIme. TITRE *P. Attestation par le Secrétaire de l'Hôtel-de-Ville d'Avignon.*

« Nous Secrétaire de l'Hôtel de cette Ville d'Avignon soussigné, certifions et attestons à tous qu'il appartiendra que par les livres des Conseils soigneusement gardés dans les Archives de ladite Ville, il appert que NOBLE ET PERILLUSTRE LOUIS DE BAYOL, Docteur ès Droits fut élu Assesseur de ladite Ville en l'année mil six cent soixante-trois; que NOBLE ET PERILLUSTRE CRISPIN BAYOL fils dudit Louis, a été élu sept fois à la même Magistrature, savoir ès années mil six cent septante-neuf, mil six cent nonante-quatre, mil sept cent, mil sept cent sept, mil sept cent treize, mil sept cent vingt et mil sept cent vingt-sept; que NOBLE ET PERILLUSTRE LOUIS-JOSEPH DE BAYOL fils dudit Crispin a été élu quatre fois à ladite Magistrature, savoir ès années mil sept cent vingt-trois, mil sept cent vingt-neuf, mil sept cent trente-trois et mil sept cent cinquante-un.

» Attestons en outre que le susdit Crispin Bayol fut admis *parmi les Nobles de cette Ville de la 1re. Main ou Classe dans le Conseil de l'Election des Conseillers tenu le Samedi dix-sept Décembre mil sept cent vingt-neuf*, ainsi que du tout plus amplement appert dans les susdits livres et registres des Conseils, étant au pouvoir de Nous Secrétaire, auxquels Nous Nous rapportons. En foi de quoi etc. Donné à Avignon le vingt-cinquième Mai mil sept cent soixante-deux. *Signé Mezières, Secrétaire.*

Nous Juge de la Cour ordinaire et Temporelle de Saint-Pierre de cette Ville d'Avignon pour Notre St.-Père le Pape et St. Siége Apostolique, certifions à tous qu'il appartiendra que M. Mezières qui a expédié et signé l'attestation ci-dessus, est Secrétaire de l'Hôtel de cette Ville d'Avignon, et tel qu'il se qualifie aux écritures duquel munies de semblable seing que dessus pleine et entière foi est ajoutée en jugement et dehors. En foi de quoi etc. Donné audit Avignon ce vingt-cinq Mai mil sept cent soixante-deux. *Soient scellées.* Scel de la Cour. *Signé Monery, Juge.* Plus bas, *signé Vandivers, Secrét. Greff.*

La Carte que je présente fait connaître une des principales alliances des Bayol avec la Maison de Chieza. Il importe aussi de présenter les Titres qui en prouvent les filiations, afin de ne rien donner au hasard. Pour y parvenir voici cinq documens. 1°. Le Baptistaire de Sébastien de Chieza. 2°. La Provision de Conseiller pour Jérôme et Sébastien de Chieza. 3°. Testament de Sébastien de Chieza, du 19 Août 1679, par lequel il conste que Claude de Chieza, épouse de Louis de Bayol était sa sœur. 4°. Procuration de Louis de Bayol par la Dame de Lapie, Douairière de Sébastien de Chieza en 1681. 5°. Vente de maison et jardin pour François de Chieza.

Toutes ces pièces et celles qui précèdent m'ont été communiquées, en forme authentique et probante, par M. Jean-Henri-Joseph de Spoelberch, Président du Tribunal Civil de Louvain. Je voudrais avoir plus souvent la satisfaction de rencontrer des personnes aussi instruites et aussi sévères dans cette partie, j'augmenterais nécessairement mes connaissances et j'ajouterais à mon mode de travail.

Ier. TITRE DE CHIEZA. *Q.* Baptistaire de Sébastien de Chieza. *Extrait des Registres des baptêmes de l'Eglise Cathédrale d'Orange, déposé aux Archives de la Mairie de ladite Ville.* Année mil six cent vingt-cinq, le seize Février, a été baptisé Sébastien de Chieza, fils de Noble Jérôme de Chieza, Avocat, et de Dame Marguerite de Vassous. Le parrain Noble Sébastien de Laurent. La marraine Demoiselle Joseph de Sabot. — Expédié et collationné par Nous Maire de la Ville d'Orange, ce septième Février mil huit cent onze. *Signé Vouan.* Légalisé par le Président du Tribunal Civil.

IIme. TITRE DE CHIEZA. *R. Provision de Conseiller pour Jérôme et Sébastien de Chieza père et fils en 1658. Ce Titre est très-curieux.* Guillaume-Henri, par la Grace de Dieu, Prince d'Orange, à tous ceux qui ces présentes verront, *Salut.* Considérant les soins que Nos Prédécesseurs ont employé à établir la paix et repos entre les Sujets de Notre Etat et Principauté d'Orange, même entre ceux de diverses Religions, ayant fait divers Edits pour cela, par celui du 23 Août 1607, accorde à iceux que la Cour de Parlement serait mi-partie et composée de Conseillers et Officiers tant d'une que d'autre Religion. Sur les plaintes que les Ecclesiastiques et autres personnes Catholiques de Notre Etat Nous ont faites que les Edits n'étaient pas observés et qu'en la formalité et instruction des procès il n'y avait aucun Conseiller Catholique, mais seulement deux de la Religion, outre l'Avocat et Procureur Général; voulant leur témoigner que Nous n'avons pas moins d'inclination à leur conserver leur tranquillité que Nos Prédécesseurs ont eue de la leur acquérir, avons, de l'avis et consentement de Son Altesse Royale, comme aussi de Son Altesse la Princesse Douairière d'Orange, tant pour soi-même qu'au nom de Son Altesse Electorale de Brandebourg en vertu de ses pouvoirs Notre très-honorée Mère, Aïeule et Oncle Nos Tuteurs, statué et ordonné, statuons et ordonnons par ces présentes qu'il sera fait une crue en Notredit Parlement de deux Conseillers, l'un Catholique, qui sera obligé de résider en Notredite Ville d'Orange, pour travailler incessamment à la formalité et instruction des procès, et l'autre de la Religion Reformée pour conserver l'égalité entre Nosdits Conseillers et Officiers, en façon que Notredite Cour de Parlement qui n'est composée que de huit Conseillers, le sera dors en avant de dix. C'est pourquoi considérant combien les récompenses faites au mérite de ceux qui servent les Lois et les Princes Souverains sont utiles au bien et conservation de leur Etat et Souveraineté, Voulant donner à connaître par effet le désir que Nous avons de récompenser nos bons et loyaux Serviteurs et Sujets des faveurs dignes de leur mérite, Savoir faisons que mettant en considération les bons et fidèles services que Nous ont rendus et rendent encore tous les jours NOS CHERS ET AMÉS JEROME ET SEBASTIEN CHIEZE père et fils et Paul de Drevon, Docteurs et Avocats au Parlement d'Orange, à ce Nous mouvant avons donné et octroyé donnons et octroyons par ces présentes, savoir audit *Jérôme Chieze père* l'Etat et Office de Conseiller Catholique, à condition de demeurer et faire perpétuelle résidence audit Orange, et audit *Paul de Drevon* celui de ladite Religion Réformée qu'avons de nouveau créés par les causes dont ci-dessus aux Honneurs, Autorité, Prérogatives, Prééminences, Priviléges, Franchises et Gages de deux cents livres chacun pour chacun an, et aussi aux Droits, Profits, Emolumens audit Office appartenant comme en jouissent Nos autres Conseillers. Et comme Notre principal dessein en la crue dudit Office d'un Catholique a été de donner satisfaction aux Ecclésiastiques et autres Catholiques de Notre Etat, considérant que LEDIT CHIEZE PÈRE est plus que sexagenaire, et qu'arrivant la mort d'icelui Nosdits Sujets Catholiques tomberaient aux mêmes inconvéniens qu'auparavant, et que Nous recevrions les mêmes plaintes d'iceux; pour remédier à icelles avons audit cas de mort ou de démission, créé et nommé audit Office ledit SEBASTIEN CHIEZE pour tenir et exercer icelui de même que ledit Chieze sans qu'audit cas il soit tenu de prendre de Nous autres Lettres que ces présentes. Si donnons en Mandement à Nos Amés et Féaux Conseillers tenant Notre Parlement à Orange, que pris et reçu *dudit Chieze pere* et *Drevon* le Serment en tel cas requis et accoutumé, pareillement *dudit Chieze fils* lorsque le cas écherra, ils les mettent et instituent en possession et saisine desdits Offices et les en fassent jouir et user chacun au temps qu'ils en sont pourvus ensemble des Honneurs, Prérogatives, Prééminences, Droits, Gages, Profits et Emolumens appartenant à iceux. Mandons en outre à Notre Féal Trésorier Général en Notredite Principauté de payer et délivrer d'ores en avant par chacun an audit Chieze et Drevon, lorsqu'ils seront en exercice, leurs gages, lesquels voulons être passés et alloués en la dépense de ses comptes, lui mandant ainsi le faire sans difficulté. Car tel est Notre grand plaisir. Fait sous Notre grand Sceau et la Signature de Nosdits Tuteurs à La Haye le troisième de Mai mil sept cent

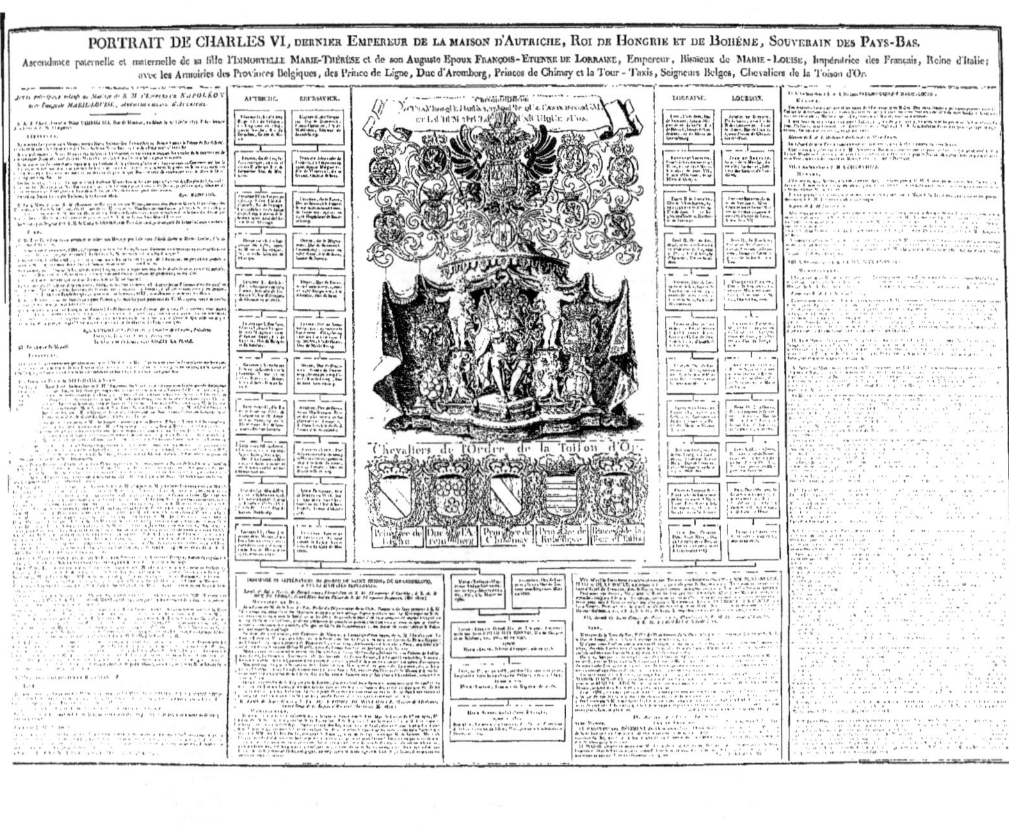

PORTRAIT DE CHARLES VI, DERNIER EMPEREUR DE LA MAISON D'AUTRICHE, ROI DE HONGRIE ET DE BOHÊME, SOUVERAIN DES PAYS-BAS.

Ascendance paternelle et maternelle de sa fille l'IMMORTELLE MARIE-THÉRÈSE et de son Auguste Epoux FRANÇOIS-ETIENNE DE LORRAINE, Empereur, Bisaieux de MARIE-LOUISE, Impératrice des Français, Reine d'Italie; avec les Armoiries des Provinces Belgiques, des Prince de Ligne, Duc d'Aromberg, Princes de Chimay et la Tour-Taxis, Seigneurs Belges, Chevaliers de la Toison d'Or.

AUTRICHE. BRUNSWICK.

LORRAINE. BOURBON.

TABLEAUX SUR TITRES DES MAISONS DE BAYOL ET DE CHIEZA UTILES A LA MAISON DE SPOELBERCH,

Aux différentes Branches de celles de BAYOL établies à Avignon, Aix en Provence, Bretagne, ainsi qu'aux différentes Branches de l'Illustre Maison de CHIEZA Marquis de Roddi et Ciusan.

1. 2. 3. 4. 5. 6. 7.

BAYOL.

8. 9. 10. 11. 12. 13. 14.

CHIEZA.

TABLE DES NOMS REPRIS DANS CETTE CARTE

D'APRÈS LES CHIFFRES DES COLONNES.

TRENTE-DEUX QUARTIERS DE MADAME THÉRÈSE-CLAIRE DE TROOSTEMBERGH,

Épouse de JEAN-HENRI-JOSEPH DE SPOELBERCH, Conseiller de la Cour Impériale de Bruxelles, auparavant Président du Tribunal civil de Louvain.

1. 2. 3. 4. 5. 6. 7. 8.

9. 10. 11. 12. 13. 14. 15. 16.

17. 18. 19. 20.

21. 22.

23.

RÉCEPTION DES DAMES DE METTECOVEN ET DE GELOES AU CHAPITRE DE NIVELLES.

Cette Carte est utile aux TROOSTEMBERGH, SPOELBERCH, METTECOVEN, GELOES, DE THIENNES DE LOMBISE et autres Maisons.

PREUVES INCONTESTABLES

DES CARTES QUI PRÉCÈDENT.

TROOSTEMBERGH.

NOUS MESSIRE GERARD XAVIER BARON DE HERCKENRODE …

DE LA HAMAYDE.

PAR-DEVANT LE NOTAIRE PUBLIC de la Résidence de Tournay …

… DAME MARIE-MAGDELAINE DE CALONNE … FRANÇOIS JOSEPH DE LA HAMAYDE … PIERRE DE LA HAMAYDE … CLAUDE … CLAIRE D'ARRAS … JEAN DE LA HAMAYDE …

TABLE DES NOMS REPRIS DANS CETTE CARTE. — Pour faciliter la recherche on a placé des numéros.

cinquante-huit. *Marie-Amelie Princesse d'Orange.* Et sur le repli : Par Ordonnance de Son Altesse et Commandement de Leurs Altesses ses Tuteurs, *Buyssers.* Scellé du Grand Sceau en cire rouge à double queue pendant.

S. LE PRINCE D'ORANGE. *Très-Chers et Féaux.* Avons vu avec étonnement par votre Lettre du 29 Mai dernier, qu'il semble que vous faites difficulté d'enregistrer l'Edit par Nous statué le troisième Mai dernier par délibération et consentement de Son Altesse Royale, comme aussi de Son Altesse la Princesse Douairière d'Orange, tant pour soi-même qu'au nom de Son Altesse Electorale de Brandebourg, en vertu de son pouvoir Notre très-honorée Mère, Aïeule et Oncle Nos Tuteurs, d'une crue de deux Conseillers en Notre Parlement, l'un Catholique qui sera obligé de résider en Notre Ville d'Orange pour travailler incessamment à la formalité et instruction des Procès, et l'autre de la Religion Réformée pour conserver l'égalité entre Nosdits Conseillers et Officiers, et d'autant que cet Edit a été par Nous statué et ordonné par Délibération et avec Notre Conseil et aveu comme dessus pour bonnes raisons et pour le bien de Notre Etat et de Nos bons Sujets, et pour ôter et appaiser toutes plaintes et mécontentemens émus entre les deux Religions, Nous avons bien voulu expressément vous ordonner et enjoindre par cette que vous ayez sans aucun ultérieur délai ou difficulté a faire enregistrer Notredit Edit purement et simplement comme il appartient et ensuite recevoir et installer les Sieurs Chieze et Drevon en leurs Charges respectives en leur faisant prêter le Serment accoutumé, d'autant que Nous avons trouvé que cela se doit pour le bien de Notre Etat et de Nos bons Sujets, à quoi Nous nous remettons, ou autrement serons nécessités d'y pourvoir selon que Nous jugerons convenir pour la conservation de Notre Souveraine Autorité et Puissance. A tant Très-Chers et Féaux Dieu vous ait en sa Sainte Garde, le troisième de Juillet mil six cent cinquante-huit. Et plus bas : Vos Affectionnés Amis, Marie-Amelie P. d'Orange; et à la fin de la première page et à l'extrémité du papier d'icelle y est écrit : *Au Parlement d'Orange.* Les susdites Patentes et Lettres de jussion ont eté ici enregistrées ensuite de l'Ordonnance rendue par Monseigneur *le Comte de Bona* Gouverneur Lieutenant et Capitaine General pour Son Altesse de cedit Etat et Principauté en la présence et assistance du Seigneur Conseiller de Guiran le neuvième jour du mois d'Aoust mil six cent cinquante-huit. *Signé Deidier Greffier,* ainsi à l'Original.

Extrait collationné par Nous Notaire Royal de cette Ville d'Orange soussigné sur le Registre qui Nous a été représenté par Noble Jean-Gabriel Deidier et par lui dans l'instant retiré. A Orange le 23 Octobre 1775. *Signé Benet Notaire.*

IIIme. TITRE DE CHIEZA. *T. Testament de Sébastien de Chieza du 19 Août 1679 Il était frère de Claude de Chieza épouse de Louis de Bayol.*

AU NOM DE DIEU SOIT. *Je Sébastien Chieze* considérant que la plus sérieuse comme la plus ordinaire occupation de la vie doit être de penser à la mort, après m'être remis entre les bras de la Divine Miséricorde, ai dressé le présent Testament écrit et signé de ma main, laissant à la discreption de mes Héritiers ou Testamentaires le soin de mon Enterrement que je désire être fait sans aucune cérémonie ou apparat dans la Paroisse du lieu où je viendrai à décéder, à moins que ce ne fut à Madricq auquel lieu je choisis pour ma Sépulture l'Eglise des Révérends Pères Ecossais de la Compagnie de Jésus, où il y a trois de mes enfans enterrés; priant mes Héritiers de fonder une Messe perpétuelle dans le lieu de ma Sépulture, et une autre Messe perpétuelle *dans l'Eglise d'Orange lieu de ma naissance.*

Je laisse aux pauvres la quantité de trois cents livres tournois, savoir *cent livres à l'Hôpital Général* du lieu où je viendrai à mourir et les deux cents livres restans *se distribueront à des pauvres dudit lieu.*

Je lègue *à chacun de mes Domestiques* trois mois de gages à compter du jour de mon décès.

Plus je donne et lègue *à Susanne fille de Marguerite Tienete* morte à mon service, la somme de trente livres payable lorsqu'elle viendra à se marier ou autrement à l'âge de vingt cinq ans avec la somme qui se trouvera dans mes comptes être due *à lad. Marguerite sa mère*, sans qu'il soit rabattu aucune chose de ce qui a été fourni tant à elle *pour sa pension à Saline qu'à feue sa mère* pour habit et cas advenant que lesd. comptes fussent égarés, *il sera payé à ladite Susanne* la somme de trois cents livres tournois au temps porté ci-dessus et advenant la mort *ab intestat* de ladite Susanne, ladite somme sera employée en œuvres pieux pour le repos de leurs ames, ainsi que ladite Marguerite m'a chargé en mourant.

Je donne et lègue au nommé *Henri Birt Hollandais* la somme de trois mille livres payable lorsqu'il aura atteint l'âge de vingt-cinq ans, et cependant il lui en sera payé les intérêts au denier vingt.

Feue Dame Claude de Chieze ma Tante veuve de MM. de Parpaille et de Colin ayant ordonné par son Testament (reçu par Rigaud Notaire d'Avignon en 1658 ou 59) une Pension annuelle de sept écus *pour mettre successivement des pauvres enfans en métier* à la nomination de ses Héritiers sous la direction de Messieurs de la Confrairie de l'Aumône de la Fusterie d'Avignon, et lesdits Sieurs s'étant excusés depuis quelque temps de ce soin, je prie *Messieurs de la Congrégation de la Miséricorde* de la Ville d'Orange de vouloir s'en charger, par la charité qu'ils professent, ordonnant expressément à mes Héritiers de payer, une année après mon décès, à ladite Congrégation la somme de trois cents livres pour les arrérages qui pourraient être dus de ladite Pension depuis le dernier enfant qu'on a mis en métier, lesquelles seront employées au même pieux usage, comme aussi mesdits Héritiers seront chargés de payer réglement à l'avenir ladite Pension de sept ecus *à la disposition de ladite Confrairie de la Miséricorde* aux conditions portées par le susdit Testament.

Je lègue à *François de Chieze mon fils* la somme de quinze mille livres payable lorsqu'il viendra a se marier ou autrement lorsqu'il aura atteint l'âge de vingt-cinq ans, en quoi je l'institue mon héritier particulier.

Plus *à Suzanne et Jeanne de Chieze mes filles* je donne et lègue la somme de douze mille livres à chacune, payables lorsqu'elles auront atteint l'âge de vingt-cinq ans, et cependant elles seront nourries, élevées et entretenues par mes Héritiers suivant leur qualité, en laquelle somme de douze mille livres j'institue *lesd. Suzanne et Jeanne* mes Héritières particulières. V. Tournois.

Je lègue *au posthume ou posthumes* à chacun la somme de douze mille livres aux termes et conditions ci-dessus.

Plus je lègue à tous ceux qui pourraient prétendre au présent Testament la somme de cinq sols chacun.

Je donne et lègue à Dame Marie Lapie ma très-chère Femme l'usufruit de tous mes Biens pendant sa viduité et jusqu'à ce que mon héritier ci-dessous nommé ait atteint l'âge de vingt-cinq ans, pendant lequel temps elle aura soin de faire élever et entretenir mes enfans suivant leur condition près d'elle, et étant mondit Héritier parvenu audit âge de vingt-cinq ans, je lègue à madite Femme la troisième partie dudit usufruit sa vie et viduité durant, la priant de se contenter de ladite portion pour toutes les prétentions qu'elle pourrait avoir sur mes Biens en vertu de son Contrat de mariage, ensuite duquel madite Femme a reçu les joyaux par moi à elle promis.

Au surplus de mes Biens je nomme et institue mon Héritier Universel *ledit François de Chieze mon fils*, et venant ledit François de Chieze mon fils à mourir sans enfans ou a entrer en Religion, je substitue le posthume ou posthumes mâles. A défaut de mâles, je substitue lesdites Suzanne et Jeanne de Chieze mes filles par égales parts et portions.

Et a défaut desdites filles, je substitue ladite Dame Claude-Marie Lapie ma très-aimée Femme la priant de remettre après son décès ou le cas advenant qu'elle vint a se marier, mesdits Biens et Héritage à MADEMOISELLE CLAUDE CHIESE MA SOEUR FEMME DE M. LOUIS BAYOL, à ses enfans mâles ou à leurs enfans, et à leur défaut aux filles de madite sœur et à leurs enfans.

Je nomme et déclare *ladite Dame Claude-Marie Lapie* Tutrice de la personne et Biens de mesdits enfans avec pleine et entière Administration, sans être obligée de rendre compte, dresser inventaire ni donner aucune caution que celle de ses Biens, l'autorisant par le présent Testament de faire tout ce que par le conseil de *M. le Prieur de Cazal* Chanoine et Diacre de l'Eglise d'Orange, de *M. Paul de Drevon* Conseiller audit Parlement et de M. Marin de Weert mon Cousin Avocat audit Parlement, il sera jugé à propos de faire pour le plus grand avantage des Pupilles même de vendre sans aucune formalité de Justice les Fonds, Maisons et Meubles qui seront le plus à charge à l'Hoirie.

Déclarant être ici ma dernière volonté que je prétends valoir par droit de Testament ou tout autre, cassant, annullant et révoquant tous les autres Testamens que je puis avoir faits ci-devant, quelque clause dérogatoire qui y soit opposée et nommément le dernier Testament solemnel par moi fait à Orange le mois de Juin ou Juillet de l'an mil six cent septante lequel je déclare nul le présent Testament demeurant seul bon. En foi de quoi je l'ai écrit et signé de ma main à Madricq le dix-neuf Août mil six cent septante-neuf. CHIESE. Ainsi signé à l'Original.

Suit le rapport d'adveration fait le 12 Juillet 1679 par MM. André Pollet et Jean Roquier Notaires Commis. Ils déclarent avoir procédé à l'adération de la lettre et signature apposée au Testament autographe du susdit feu Sr. de Chieze. *Suivent aussi les collations légales*, Collationné par Nous Notaire Royal de cette Ville d'Orange soussigné sur le Registre qui Nous a été représenté par Noble Jean-Gabriel Deydier Dépositaire desdits Registres qui l'a dans l'instant retiré. A Orange le 20 Novembre 1780. *Signé Benet.* Suit la Légalisation.

IVme TITRE DE CHIEZA. *V. Procuration sur Louis de Bayol par la Dame de Lapie Douairière de Sébastien de Chieza en 1681.*

NAPOLEON *par la Grace de Dieu et les Constitutions de l'Etat Empereur des Français, Roi d'Italie, Protecteur de la Confédération du Rhin, à tous présens et à venir, Salut. Savoir faisons que*

L'an mil six cent huitante-un et le neuvième jour du mois d'Avril après midi par-devant moi Notaire Public soussigné et présent le témoin ci-après nommé établi en personne ILLUSTRE DAME CLAUDE-MARIE DE LA PIE DOUAIRIERE DE NOBLE SEBASTIEN DE CHIEZE *Comte d'Ustrope et Cevinasquo, vivant Envoyé Extraordinaire de Son Altesse Royale Monseigneur le Prince d'Orange et des Hauts et Puissans Seigneurs Messieurs les Etats Généraux des Provinces-Unies des Pays-Bas près de Sa Majesté Catholique et Conseiller en son Parlement dudit Orange*, TUTRESSE *de Nobles Suzanne et Jeanne de Chieze ses Enfans Héritiers dudit Sgr. Conseiller de Chieze*, laquelle de son gré tant en son propre et privé nom que de la susdite qualité de Tutresse, sans révocation de ses autres Procureurs, elle a fait et constitué de nouveau son Procureur spécial et général une qualité ne dérogeant à l'autre savoir est Monsieur *Mre. Louis de Bayol Advocat de la Ville d'Avignon* absent comme présent pour et au nom de ladite Dame de Lapie et de ladite Hoirie poursuivre et continuer toutes les Instances et Procès qui sont pendant et a faire vider etc. etc. Fait et passé audit Orange dans la Salle Haute de la Maison d'habitation de ladite Dame. Présens à ce Mess. Philippe de Janvier Conseiller en la Cour du Parlement de cette Ville et Noble Louis de Drevon Avocat en ladite Cour Témoins appellés et soussignés avec ladite Dame de Lapie, de Chieze, Janvier, de Drevon et moi Jean Fermin Notaire, ainsi à l'original. COLLATIONNÉ et expédié par Nous Esprit-Louis Benet Notaire Impérial de residence à Orange Département de Vaucluse sur le Protocole dudit Me. Fermin dont Nous sommes Propriétaires, et délivré au requis de M. Gabriel-Prosper de Chieze le neuf Février mil huit cent onze. *Signé Benet Notaire.*

Vme. TITRE DE CHIEZE. *X. Vente de Maison, Cour et Jardin par François de Chieze fils de Sébastien le 9 Novembre 1706.*

NAPOLEON *par la Grace de Dieu et les Constitutions de l'Etat Empereur des Français, Roi d'Italie, à tous présens et à venir, Salut. Faisons savoir que*

L'an mil sept cent six et le neuvième jour du mois de Décembre apres midi Régnant Très-Haut, Très-Puissant et Très-Excellent Prince LOUIS QUATORZE par la Grace de Dieu Roi de France etc. etc. etc. Je Soussigné en présence des témoins ci-après nommés, établi en personne MESSIRE

FRANÇOIS DE CHIEZA Comte de Sevigussco, Capitaine des Carabiniers au service de Sa Majesté, Résidant en cette Ville d'Orange, *Fils et Héritier universel de Mess. Sébastien de Chieza quand vivant Conseiller au Parlement de cette Ville et au Bureau des Domaines et Finances de Son Altesse son Premier Intendant en la Franche-Comté de Bourgogne et Succession de la Maison de Châlons et Chazel-Belin, Envoyé Extraordinaire de Son Altesse à la Cour du Roi Catholique à Madrid, et Envoyé Extraordinaire des Etats des Provinces-Unies en ladite Cour*, lequel de son bon gré, tant en son propre que en ladite qualité a vendu, aliené, cédé, remis et transporté par les présentes à *Noble Jacques Daymard Ecuyer* Citoyen de cette Ville ci présent, stipulant et acceptant pour lui et les siens, savoir est une Maison Cour et Jardin ensemble une petite Maison joignante de l'Héritage du *feu Seigneur Conseiller de Chieza son père* qu'icelui a eues en échange des Hoirs de feu Sieur Ulysse Vichet, acte reçu par *Maître André Pellet Notaire* de cette Ville le neuvième Novembre mil six cent soixante-neuf, scises dans le circuit de cette Ville etc. etc. etc. Fait audit Orange dans une chambre de la Maison de *Messire Antoine de Jullian lui présent et Messire Alexandre Casau* Chanoine en l'Eglise Cathedrale de cette Ville Témoins appellés soussignés avec les parties. *De Chieza, d'Aymard, Julien, Casau* et moi *Antoine Thomas* Notaire Public de cette Ville et Principauté d'Orange soussigné *Thomas Notaire.* Grosse expédiée au requis de M. Gabriel-Prosper de Chieza Parent d'une des Parties. *Signé Benet Not.* Suit la légalisation par le Président du Tribunal du 1er. Arrondissement de Vaucluse le 12 Février 1811

BAYON. Une fille dernière de cette Maison, morte en 1469, porta la Terre de son nom en mariage à Charles de Haraucourt père de Jean de Haraucourt Bailli de Saint Mihiel. Les descendans eurent cette Terre pendant cent cinquante ans et plus. Depuis lors Diane de Dompmartin en fit l'acquisition de Jacob Harault père du Sieur de Saint Balmont et des autres co-Seigneurs Ce Domaine fut substitué par la Maison de Croy en faveur des Mâles. Charles-Alexandre Duc de Croy qui en était le Seigneur, n'ayant eu qu'une fille nommée Marie-Claire de Croy d'Yolenthe de Ligne sa femme, après sa mort en 1625, cette Seigneurie échut en vertu de la substitution a Ernestte Bugislaus Duc de Croy son neveu fils d'Ernest Duc de Croy, Sgr de Fenestranges et d'Anne de Pomeranie fille du dernier Duc de Poméranie *Preuves à Nancy en 1674.*

BAZOCHE. Il est parlé de la terre de la Bazoche dans le partage du Comte de Flandre en 1312. Page 90.

BEAUCARNE. *Titres à la Chambre des Comptes de Lille* 23 Août 1447. Jacques de Beaucarne fils de Jacques pour Fief à Arc. Châtel. de Lille.

BEAUFFREMEZ. Desheritement par Thomas de Beauffremez Sire de Fequières d'un fief situé a la Gorgue en 1353. Page 13.

Jeanne de Beauffremez, fille de François, épousa Jean de la Riviere P 98

Catherine de Beauffremez épousa, en 1589, Olivier de Bacquehem. Page 121 On voit que la mère de Catherine était la Chapelle. *Ibid.*

A la Chambre des Comptes de Lille. 1. 24 Septembre 1389 Thomas Beauf-

fremez pour Fief à Mesnil. Châtel. de Lille. — 2. 10 Septembre 1392, M. de Bauffremez pour Fief à Erkinghem et Fief à Armentières Châtel. de Lille. — 3 20 Mai 1461, Nicaise de Beauffremez pour Franc-Alleu de Lille. — 4. 13 Mars 1444, Agnès de Beauffremez Dame des Aubeaux, d'Auberch, de Lomme etc. pour Fief à Premecque. Halle de Phalempin. — 5 14 Mai 1461, Grard de Beauffremez pour Franc Alleux de Lille. — 6. 2 Avril 1540, D. Marg. de Beaufremez épouse de Maître Antoine de Montmorency Sgr. de Sangbissart, pour le Fief de Sangbissart, Châtel. de Lille. — 7 20 Octobre 1569, François de Beauffremez Ecuyer Sgr. dudit lieu, pour le Fief de Fiertin à Fretin. Châtel. de Lille. — 8. 17 Mai et 8 Août 1561, Franç de Beauffremez Ecuyer, pour 2 Fiefs à Pierbaix à Radinghem Halle de Phalempin. — 9. 18 Octobre 1558, Me Antoine de Beauffremez Prêtre et Chanoine de N. D. de Tournay frère de D Jeanne de Beaulfremez veuve de Noble Homme Jean de Beaufort Sgr. de Bailleul à Corneilles — 10. 24 Décembre 1595, Ysabeau de Beauffremez fille de M. Jean Maître en la Chambre des Comptes de Lille, Dame de Fauquissart, Desmottes etc. et de Dame Marie de Beauffremez sa sœur, veuve de Noble Homme Robert de Boulogne Sgr. de la Broye, Commis des Finances de S. M pour le Fief du Bois à Phalempin. — 11. 25 Septembre 1615, Messire Jean de Beauffremez Chev. Sgr. de Haillies pour Fief de Paradis à Themi. Châtel. de Lille. — 12. 9 Mars 1616, Robert, Jacques, Julien, Charles, François, Antoine, Marie et Anne de Beauffremez fréres et sœurs, enfans de feu Franç. Ecuyer Sgr. de Harnes, Beauprez, le Grand-Faulx, pour le Fief du Châtelain à Rodinghem. Halle de Phalempin.

BEAUFORT. Jean de Beaufort Trésorier de Ste.-Croix de Cambrai en 1301. Pages 37 et 88. Le même en 1306. *Ibid.*

Il est parlé d'une terre de Beaufort en Bourgogne en 1335. Page 26

Un titre de 1336 fait mention d'une terre de Beaufort en Hainaut. P. 58.

Gillon de Beaufort Chev. en 1384. Page 28.

Véronique de Beaufort ép. d'Arn. VI de Bacquehem. Page 120

A la Chambre des Comptes de Lille. Voyez Beaulfremez en 1558.

Une des plus anciennes Baronnies de l'Artois est la Terre de Beaufort, souche de l'Illustre Maison de ce nom qui s'est honorée jusqu'à nos jours par ses vertus, ses services a l'Etat, ses grandes Alliances. Tournay a l'avantage d'avoir dans son sein le Chef de la Maison de Beaufort époux d'une Comtesse de Mérode-Westerloo. Son fils y a épousé une Dame de la Maison de Wignancourt dont je donnerai plus tard des documens très-intéressans pour l'Histoire de l'Ordre de Malthe. On n'a pas oublié à Tournay que Gossuin de Beaufort y fut Evêque en 1204. Ce Prélat était frère d'Aléaume Sgr. de Beaufort, Noyelles-Wyon, Chev. époux de Marg. de Brimeu. C'est de cet Aléaume que descendent toutes les Branches de cette Maison. *Voyez Lannoy.*

BEAUFORT-SPONTIN Anne de Beaufort-Spontin fille de Jean-Phil. Mayeur de Namur et de Phil. de Bouzanton, épousa Hugues de Huy. Page 112. *Voyez Spontin.*

BEAUHARNAIS. M. le Comte de Beauharnais de la Cour de S. M. l'Empereur Napoléon, à son mariage à Vienne,

BE

avec l'Archiduchesse Marie-Louise. Page 158.

BEAUJENCY. Jeanne de Beanjency, Dame de la Ferté, pour une difficulté en 1336 avec la Dame de Cassel. P. 43

La même Dame de Beaugency (*ainsi écrit*) en 1342 Page 63.

BEAUJEU. Guichard Sire de Beaujeu avait, en 1317, les Châteaux de Pernes, de Tise, de Lay, de Chavaigne, les terres de Belleville, de Ronnens et autres Page 13.

Madame Blanche de Beaujeu Dame de Louvreus, cousine du Comte de Flandre, avait une rente en 1330. *Ibidem*.

Il est parlé d'un Messire Louis de Beaujeu dans un titre de l'an 1384. Page 27

BEAULOT. Il est parlé des Bois de Beaulot en 1386 Page 61

BEAUMARET. *A la Chambre des Comptes de Lille*. 29 Novembre 1617, Roland de Beaumaret pour le fief de Beauffremez Châtellenie de Lille.

BEAUMONT Jean de Hainaut Sire de Beaumont, père de Jeanne de Beaumont, épouse de Charles de Blois en 1336 Page 20.

Gieuffroi de Biaumont Sgr. de Lude Chambellan du Roi en 1334 Page 58.

Bauduin Châtelain de Beaumont Sire de Solre le Château en 1356 Page 2.

Jean Sgr de Beaumont frère du Comte de Hainaut en 1336. Page 34

Marguerite Dame de Beaumont Comtesse de Soissons épouse de Jean de Hainaut au sujet d'une partie de la terre de Chimay dont la fille Jeanne épousa Louis de Chatillon fils aîné du Comte de Blois, 1336. Page 58.

Jeanne de Beaumont adhérita Jean de Hainaut son père pendant la vie de Marg Comtesse de Soissons mère de ladite Jeanne en 1336. *Ibidem*.

Louis Comte de Blois et Jeanne de Peaumont son épouse rendent, en 1344, le Comté de Soissons à Jean de Hainaut Sgr. de Beaumont Comte de Soissons et à Marg. son épouse, père et mère de Jeanne épouse de Louis de Chatillon unique héritière. Page 59.

Marg. de Beaumont épouse de Corn. Sandelyn Ecuyer. Page 123.

A la Chambre des Comptes de Lille. 6 Septembre 1392, Jacques de Biaumont pour Fief a Allenes. Châtel. de Lille. — 2. 15 Mars 1447 Nicolas de Biaumont pour Fief a Anappes. Chât. de Lille. — 3. 15 Mars 1637, le Sr. Beaumont Receveur de Hesdin, pour Fief au Domaine d'Hesdin — 4. 17 Septembre 1676, Antoine de Beaumont mari de Dlle. Marie de Castekere fille de Jean, pour fief à Herrin. Halle de Phalempin.

BEAUPRÉ Il est parlé de la Maison de Beaupre lez Bruges en 1330 Page 5.

Le Comte de Flandre donne cette terre en 1330 à Messire Gui de Flandre. On voit qu'elle avait appartenu à Mgr. Gérard le Mor. Page 13.

Hommage de cette terre et du moulin en 1332. *Ibid*.

Hommage en 1343 de cette terre par Jean de Luxembourg. *Ibid*.

BEAUQUESNE. La Prevôté Foraine de Beauquesne en 1369. Pag. 3 et 5

A la Chambre des Comptes de Lille. 25 Septembre 1615, Michel de Beauquesne dmt. à Lille, pour Fief à Ostricourt. Halle de Phalempin.

BEAURENG. Le fief de Beaureng appartenant à Jaquemin de Beaureng en 1304. Page 3.

BEAUREWART. Jean Sgr. de Beaurewart en 1354 Page 22

BEAUSSART. Malin de Beaussart Connétable de Flandre en 1309. Page 19.

Robert de Beaussart Connétable de Flandre en 1347. Page 35.

BEAUVAIS. Leonard de St.-Nicolas Clerc de Beauvais Notaire en 1347. Page 35.

BEAUVAL. Vente d'une rente en 1362 par Jean de Beauval Sgr. de Haveskerke et de Neuf Berkin à Thibaut de Bourmont. Page 13

Sentence entre la Dame de Cassel et la Dame de Beauval et de Haveskerke en 1335. Page 43.

BEAUVEAU. Henri de Beauveau Sgr. de Fleville donna ses preuves à Nancy en 1674. *Père*. Henri de Beauveau Baron de Manonville, époux de Cath. de Haraucourt fille d'Elizee de Haraucourt marquis de Fauquemont, et de Chretienne de Marcossey *Aïeul*. Charles de Beauveau, Sgr. de Fleville, époux de Philiberte de Saulx, fille de Théodore de Saulx Sgr. d'Ars sur Thil et de Panges, et de Catherine de Haraucourt Dame d'Ormes et Paroye. *Bisaïeul* Claude de Beauveau Sgr. de Manonville époux de Nicole de Lutzbourg, fille de Nicolas Sgr de Fleville et de Marg. de Lucy. *Trisaïeul*. Rénê de Beauveau Baron de Roltay époux de Claude Baudorbe, fille de Claude Sgr. de Panges et Moulin, et de Phil. de Serrières. *Quartaïeul*. Pierre de Beauveau Sgr. de Roltay, Manonville, époux de Marguerite de Montberon.

BEAUVOIR. Le Sgr. de Beauvoir en 1566 Page 57.

A la Chambre des Comptes de Lille. 1. 27 Mai 1461. Willot et Lorrequin de Beauvoir enfans de Jean, pour Franc Alleux de Lille. — 2, Même date, Isabelle de Beauvoir veuve de Pierre du Thoit, pour Franc Alleu de Lille.

BEAUVOIR. *A la Chambre des Comptes de Lille*. 1 Mars 1491, à Malines. La Dame de Beauvoir tante de Dlle. Antoin. de Dienat

BEC Jean Bec en 1355 Page 43.

A la Chambre des Comptes de Lille. en 1295, Maître Jacquemon Bec. *Titre original*.

BECKE (V. D.) *A la Chambre des Comptes de Lille*. En Février 1556, M Jean Van der Becke Maître de la Chambre des Comptes de Lille. *Domaine d'Arras*.

BECQUE Jacques de le Becque en 1391. Page 10.

Le même Officier et familier de la Dame de Cassel en 1393. Page 44.

A la Chambre des Comptes de Lille. François de le Becque Bailli de Dunkerque. *Original en parchemin*. — 2 9 Mai 1390, Watier de le Becque, pour fiel à Cernin.

BECQUET. *A la Chambre des Comptes de Lille* 1. 25 Janvier 1502, Messire Mathieu Becquet Prêtre, pour Fief à Hautbourdin. Châtel. de Lille. — 2. 9 Décembre 1567, Antoine Becquet Greffier de la Gouvernance de Douay, pour le Fief du Chastelet à Auchy Motte d'Orchies. — 3 16 Juillet 1586, le même Antoine Becquet, pour deux fiefs à Bouvignies, Château de Douay. — 4. 26 Novembre 1571, le même Antoine Becquet pour le Fief de la Hargerie et trois Fiefs à Nomaing, Château de Douay. — 5. 12 Juin 1592, le même Antoine Becquet mari d'Antoinette de la Ruelle, pour Fief à Estrée, Château de Douay. — 6. 15 Juin 1619, Jacques Becquet Licencié ès Droits, époux de Dame Marie de Manville, pour le Fief du Fay et un Fief à Auchy, Motte d'Orchies. — 7. 23 Juillet 1650, Jean Bacquet (ainsi écrit). La Famille de Becquet éxiste encore à Douay, où elle est très honorée.

BECX. Cath. Jeanne Becx épouse de Christophe de Spoelberch. *Fille* de Damoiseau Adolphe et d'Ide d'Eynhouts de Bruhere. *Petite-fille* de Jacques Becx Ecuyer et de Catherine Van der Waeters. Page 152 et 153.

Jeanne Becx qui épousa Christophe de Spoelberch était sœur de 1. Jacob-Bonaventure Becx mort sans enfans. 2. Jacqueline Becx épouse de Jean de Rhoo, Capitaine de Cavalerie au service de S. M. mort sans enfans 3. Hestrine Becx épouse de Jean Van Eraborn, dont Adolf Van Eraborn de Nieustadt époux de D. Magdel. Fredericx Van der Bochols fille de Geerbrand. La famille de Van Eraborn est très-considérée à Anvers depuis plusieurs générations. La Maison d'Autriche en faisait beaucoup de cas par les grands services qu'elle reçut d'elle dans les temps les plus difficiles. Un de cette famille est aujourd'hui Sous-Préfet à Audenarde. 4. Jossine-Gerardine Becx épouse de Daniel Van der Meulen Echevin et Trésorier à Bois-le-Duc, petit fils de Daniel Ambassadeur du Roi de France vers les Etats de Hollande. Il y a postérité. 5. Catherine Isabelle Becx épouse de Lambert Miling Van Gerwen, mort sans enfans 6. Marg. Becx.

BEDET. Une maison à St.-Ghislain appartenait en 1493 à Nicaise Biernier veuve de Nicolas Bedet. Page 108.

BEELEN-BERTHOLF. L'acte qui suit est donné le 15 Mai 1772 par la Généralité de la Chambre Heraldique de Bruxelles. On ne doit pas confondre pareille déclaration avec celles que donne un Héraut-d'Armes en son privé nom. On ne peut pas suspecter un Corps entier et je n'hésite pas de croire que la Déclaration suivante a toute l'authenticité possible.

« CEUX DE LA CHAMBRE HERALDIQUE de Sa Majeste et Roi » de Hongrie et de Bohême aux Pays-» Bas et Cercle de Bourgogne, *à la » demande de Charles-Aimé-Emma-» nuel Van der Meere de Brouwere » Ecuyer, Epoux de Dame Catherine-» Louise-Josephe de Beelen-Bertholf*, » ont déclaré et certifié, déclarent et » certifient par les presentes que la-» dite Dame Catherine-Louise-Josephe » de Beelen-Bertholf est *fille aînée* lé-» gitime de Messire Nicolas-Ferdinand-» Antoine-Ignace de Beelen-Bertholf, » des Barons de ce nom, et de Dame » Louise de Castro-y-Toledo de Fa-» mille très-ancienne et Chevaleres-» que. Icelui Nicolas-Ferdinand-An-» toine-Ignace de Beelen-Bertholf *fils » puîné légitime* de Messire Jean-» Albert Baron de Beelen-Bertholf, » Conseiller de l'Empereur Charles VI » et Auditeur Général des Troupes de » feue Sa Majesté l'Impératrice Douai-» rière et Reine Marie-Thérèse d'E-» ternelle Mémoire, et de Dame » Jeanne-Marie-Charlotte de Mabieu » sa première femme, fille de Léon de » Mabieu Chev. Sgr. de Warelles. » *Petit-fils* de Philippe-Lambert de » Beelen Ecuyer, Premier Conseiller » Pensionnaire et Député au Cercle » de l'Empire, Haut-Drossart et Lieu-» tenant des Fiefs du Duché de Lim-» bourg, né le 14 Février 1667, et de » Dame Marie Waltere de Gedelmann. » Icelui Philippe-Lambert de Beelen » ayant eu *pour père* Jean de Beelen » Ecuyer, et *pour mère* Dame Cathe-» rine Brauman tante de Guillaume » Brauman Commandeur de l'Ordre » de Malthe, où il est mort. *Pour*

Aïeul Lambert de Beelen Ecuyer, surnommé le Riche, et *pour Aïeule* Dame Danielle de Meoth dite Donrard. *Pour Bisaïeux* Henri de Beelen Ecuyer IV du nom, allié à Dame H. de Gulpen Famille Chapitrale. *Pour Trisaïeux* Henri de Beelen 3e. du nom et Dame Anne de Dobbelstein - Deinenbourg Famille reçue à l'Ordre Teutonique. *Pour 4e. aïeux* Henri de Beelen 2e. du nom et Dame Pelzer sa 2e. épouse. *Pour 5e. aïeux* Jean de Beelen Ecuyer et Dame Marie-Agnès Bertholf son ép. *et pour 6es. aïeux directs* Henri de Beelen premier du nom fils de Lambert de Beelen Chev. Vaillant Capitaine de son temps, et Dame Marie Deys dite Bendal veuve de N. Gulpen qu'il avait épousée en l'an 1458. DECLARANT DE PLUS CEUX DE LADITE CHAMBRE HERALDIQUE que la Famille de Beelen-Bertholf est alliée aux Familles Nobles de *Dobbelstein*, *Gulpen*, *Mahieu*, *de Neve*, *Steelant*, *Bellarmé*, *Castro*, *Bayart*, *de Gontau*, *Beaufort*, *Hertoghe*, *Villers*, *Bomal*, *Luna - Sersanders*, *Montmorency*, *Pottelsberghe*, *le Poivre*, *Van Mechelen* et autres, et que ladite Famille a été revêtue autrefois des Charges importantes et distinguées, telles que celles de Mestre de Camp Majors, Capitaines, Gouverneurs de Villes et Forteresses, de Conseiller au Conseil de Brabant, en icelui des Domaines et Finances, de Président au Conseil de Flandres, de Ministre à Ratisbonne, de Député aux Etats de Limbourg aux Inaugurations, à l'Installation de l'Ordre de la Toison d'Or, de Maître d'Hôtel des Archiducs Albert, Ernest et du Duc de Parme, d'Audiencier etc. selon que le tout appert de la Généalogie de la susdite Famille de Beelen-Bertholf, enregistrée par les Conseillers Premier Roi d'Armes *I. A. A. Jaerens* et *G. A. Labina de Bausen* dans le Registre duquel se trouve la Généalogie précitée et le Certificat qui en a été expédié le 25 Mars 1777, ainsi que des Preuves Légales qui ont été subministrées alors, lesquelles Messire Fréderic-Eugène Baron de Beelen-Bertholf Sgr. d'Overham, Greffier des Domaines et Finances, actuellement Résident de Sa Majesté à Philadelphie a retirées. Fait en la Chambre Héraldique de Sa Majesté sous les signatures des Chefs et Membres dudit Corps et l'apposition des Sceaux de leurs Charges Royales. A Bruxelles le 15 Mai 1792. signé C. Beydaels de Zittaert Premier Roi d'Armes dit Toison d'Or et Chef de la Chambre Héraldique de S. M. — G. A Labina de Bausen Conseiller et Roi d'Armes de Flandres, Tournay et Tournesis. — Ph. O Kelly Conseiller et Roi d'Armes de Hainaut ».

Je m'occupe avec un vrai plaisir et avec intérêt de ce nom, par le souvenir des marques distinguées d'estime que je reçus de feu M. le Baron de Beelen - Bertholf dans les instans les plus difficiles de ma vie Madame son épouse, née de Castro-Y-Toledo, a eu pour moi les mêmes attentions. D'un autre côté leur fille est épouse de Charles-Aimé-Emmanuel Van der Meere, Comte de l'Empire Français, d'une Maison très - ancienne et très-bien alliée. Ses Ancêtres et les miens ont été constamment parens pendant plus de quatre siècles par différens mariages avec les Maisons de la Hamaide-d'Anvaing, Cebelliau, la Marck-Lummene, de la Deuze, les anciens Comtes de Varax et autres. Je présente ici les seize Quartiers des enfans de M. le Comte Van der Meere pour y voir ceux de Madame son Epouse née de Beelen.

SEIZE QUARTIERS

d'EUGÉNIE-DÉSIRÉE *et* d'AUGUSTE-NICOLAS VAN DER MEERE *dont la Mère est* CATHERINE-LOUISE-JOS. DE BEELEN - BERTHOLF.

CHARLES-FRANÇOIS VAN DER MEERE Sgr. de Cranevelt fils d'Emmanuel (*frère de Marg. ép. de François-Lamoral de Tenremonde*) et de Marie-Pétronille Ballet, fille d'Adrien - Franç. et de Jeanne-Mar. VanSpiere.	ALDEGONDE-ONUPHRIDE DE CRANE fille de Mich. et d'Anne - Françoise Vilain 4 femme fille de Jean François et de Cath. Hourman. Petite-fille de Pierre de Crane et de Cath. Snouck.	ISAAC-ALB.-JOS. VAN SLYPE Lieutenant des Gardes du Corps en Espagne, fils de Roger-Godef. Van Slype Capitaine au service de Hollande, et d'Eugénie - Madel. fille de Josse-Alb. Van der Meere, et de Marie - Phil. de Nebra.	ANNE-PÉT. ALVAREZ - Y-ESTRADA fille de Louis-Guil. Alvarez-y-Estrada et d'Ignace-Françoise Dias fille de Simon Dias et de Cath. Pacheco. Petite-fille de Diego-Alexandre Alvarez-y-Estrada et d'Emmanuelle del Castillo.	JEAN - ALB. Baron de Beelen - Bertholf fils de Phil.-Lambert Baron de Beelen et de Marie Wethere de Gedelman Petit fils de Jean de Beelen et de Cath. Brauman.	JEANNE MARIE CHARL DE MAHIEU fille de Léon de Mahieu Sgr. de Warelles, et de Marie-Jeanne de Martin.	FRANÇ.-JOS. DE CASTRO-Y-TOLEDO Sgr. de Puyvelde, fils de Franç.-Jos de Castro-y-Toledo, et d'Anne-Jacq. Van Coppenholle. Pet.-fils de Jacques de Castro-y-Toledo et d'Antoinette-Claire de Hertoghe.	MAR.-CATH.-PHIL - ANT. DE NEVE fille de Charles-Ant. de Neve et de Carol.-Ang. de Rop. Petite fille de Pierre-Sixte de Neve, et d'Agile-Marguerite d'Oosterlinck.

JEAN - CHARLES Comte Van der Meere Bourguemaître d'Audenarde.	LOUISE - JOSEPHINE - JEANNE VAN SLYPE Dame de Lambres.	NICOLAS - FERDINAND - ANTOINE Baron de Beelen - Bertholf.	CHARLOTTE LOUISE DE CASTRO - Y - TOLEDO.

CHARLES - AIMÉ - EMMANUEL VAN DER MEERE Comte de l'Empire Français.	CATHERINE-LOUISE-JOSEPHINE Baronne de Beelen-Bertholf.

EUGÉNIE - DÉSIRÉE et AUGUSTE - LOUIS - NICOLAS VAN DER MEERE.

On vient de voir que Dame Barbe-Onuphride de Crane épousa Franç. Van der Meere, qu'elle est fille de Michel de Crane Sgr. de Wingaerde et d'Anne-Françoise Vilain sa 4me. Femme. Il me fait infiniment de plaisir de placer ici une Carte très-ample et bien faite de cette Famille. Ce document a aujourd'hui infiniment d'importance, en ce qu'il est nécessaire à différentes Familles qui croyent avoir des droits à la succession de Madame de Villeges née de la Farge morte sans enfans à Malines. Il ne m'appartient pas de décider qui est le plus proxime Héritier : mais je réponds de l'authenticité des générations qui s'y trouvent placées d'une manière autant claire qu'il m'a été possible. On voit que cette Dame était cousine issue de germain de Charles Van Varnewick, tué à la Bataille de Breslau, et d'Anne Van Varnewick ; qu'elle était parente au même degré de Mar. Jos. - Alexandre de Crane, de Charles-Louis de Crane et de Pierre-Joseph de Crane. Cette Carte fait aussi voir à quel degré les suivans appartiennent à la défunte. 1°. Les enfans de Van der Meere et de Crane. 2°. Marie - Anne du Bois dite Van den Bossche épouse de Jean Dominique de Villegas, Sgr. de Kinschot. 3°. Marie-Thérèse de Lantman épouse de Guillaume-Dominique du Bois dit Van den Bossche. 4°. George - Adolphe d'Olisy Seigneur de Notax époux de Marie - Claire de Brune. 5°. Marie-Antoinette de Saint Genois épouse de Charles - Maximilien Robert. 6°. Messire Charles Baron de Saint Genois - Desmottes époux de Marie - Catherine de Lanfranchy. 7°. Marie-Eléonore de Saint Genois épouse de Messire Pierre - Louis Van der Varent. 8°. François - Bernard d'Hane époux de Marie - Josephe de l'Epée 9°. Sébastien-Guillaume d'Hane époux d'Anne - Pétronille Van Overwalle. 10°. Les Kutsebrieter. 11°. Les Van der Veken.

FILIATION DE LA MAISON DE CRANE

POUR CONNAITRE LES PROCHES PARENS DE MADAME DE VILLEGAS NÉE DE LA FARGE,

Morte à Malines sans Enfans, laissant sa Succession à ses plus proches Parens Paternels et Maternels. Cette Carte en designe une partie, tels que VAN DER MEERE, VAERNEWYCK, CRANE, VAN DEN BOSSCHE, DE VILLEGAS, LANTMAN, OLISY, DE SAINT GENOIS-DESMOTTES, D'HAANE, KUTHSCHREITER, VAN DER VEKEN, VAN DEN BOSSCHE mariée DE KELLER.

GERARD DE CRANE FILS UNIQUE

ÉPOUSA

ELISABETH MORNA.

C'est ici l'essentiel et le grand point d'utilité de cette Carte. En la donnant, mon but fut de faire connoître un grand nombre de Familles du Brabant, de Flandre, du Hainaut etc., lesquelles descendent toutes de ce Gérard de Crane. Ils sont, par ..., Epoux d'Elisabeth Morna, tous parents de Madame de Villegas, née de la Farge, morte sans enfans, comment pour ses Héritiers ses Parens Paternels et Maternels. ...

POSTÉRITÉ de JEAN-CHARLES DE BOUBAY Fils de JEAN-DOMINIQUE (Col. 10) et de BARBE-PAUL. D'HERBOYS.

PARENTÉ de MM. CHARLES DE VARGAS et CHARLES D'ARGUEVILLE, avec Mme de Villegas, née de la Farge, morte à Malines sans enfans.

BE

Omit, page 186, dans la Carte des seize Quartiers d'Eugenie-Désirée et d'Auguste-Louis-Nicolas Van der Meere que Madame leur mère Cath.-Louise-Jos. Baronne de Beelen-Bertholf a pour Bisaïeul Phil.-Lambert Baron de Beelen. Je dois actuellement transmettre les Lettres-Patentes par lesquelles Marie-Thérèse accorde, en 1773, à Jean-Albert de Beelen-Bertholt le titre de Baron avec effet rétroactif sur son père Phil.-Lambert de Beelen-Bertholf et permission de sommer d'un bonnet de Baron à l'antique les anciennes Armoiries de sa Famille.

« MARIE-THERESE par la Grace de » Dieu Impératrice etc. etc. à tous » ceux qui ces Présentes verront ou » lire oiront, Salut. De la part de » Notre Cher et Féal *Jean-Albert de » Beelen-Bertholf* Ecuyer Nous a été » très-humblement représenté qu'à l'i- » mitation de ses Ancêtres il aurait » servi depuis 1715 Notre Auguste » Maison, tant en qualité de Lieute- » nant, de Capitaine, de Lieutenant- » Colonel et de Lieutenant-Auditeur- » Général aux Pays-Bas, que de Con- » seiller de feu l'Empereur et Roi » Charles VI Notre très-cher et très- » honoré Père et Seigneur de glorieuse » mémoire. *Qu'il aurait épousé en* » 1723 *Jeanne-Charlotte de Mahieu » fille d'Antoine-Léon Chevalier Sgr. » de Waelles Que son fils aîné Fre- » deric-Eugène-François de Beelen- » Bertholf Sgr d'Overhem, procréé » de ce mariage, aurait épousé l'an* » 1759 *Jeanne-Marie-Thérèse de » Castro y Toledo fille de François- » Joseph Ecuyer Sr de Villers-Peru- » wez et Ruyvelde*, et que lui Remon- » trant ne souhaitant rien avec plus » d'ardeur que d'animer ses Descen- » dans à donner a l'exemple de leurs » Aieux des marques de zèle, de fidé- » lité et d'attachement à Notre Au- » guste Maison, Nous supplie à ces » causes en toute soumission de L'HO- » NORER DU TITRE DE BARON » de son Nom de Beelen-Bertholf *et de » daigner lui accorder cette illustra- » tion avec effet rétroactif sur son père » Philippe-Lambert de Beelen-Ber- » tholf* pour en jouir ainsi que ses » Descendans légitimes de l'un et de » l'autre sexe nes et à naître en ligne » directe et selon l'ordre de progeni- » ture avec faculte de pouvoir appli- » quer ce même Titre sur telle Terre » et Seigneurie déjà acquise ou à ac- » quérir sous Notre Domination et » Obéissance aux Pays-Bas, *comme » aussi de lui permettre de sommer » d'un bonnet de Baron a l'antique* » les anciennes Armoiries de sa Fa- » mille qui sont *d'argent au rencontre » de chèvre de sable accorné et bouclé » d'or surmonté ainsi que les cornes » de trois corneilles de sable coupé de » sable à la roue d'or, accoste de deux » billettes de même en pointe posées » l'une a dextre en barre et l'autre a » senestre en bande et de les faire sup- » portes par 2 Lions-Léopards d'or » armés et lampassés de gueule.* Nous » ce que dessus consideré et voulant » bien faire une attention favorable A » L'ANCIENNE NOBLESSE de cette » Famille avons de l'avis de Notre » Chancelier de Cour et d'Etat fait et » créé de Notre certaine Science Grace » Libéralité Pleine Puissance et Auto- » rité Souveraine comme Nous Faisons » *et Créons par les présentes non-seu- » lement le même Jean-Albert de » Beelen-Bertholf Baron de Beelen- » Bertholf*, *AVEC EFFET RE- » TROACTIF SUR SON PERE » Philippe-Lambert de Beelen-Bertolf* » mais aussi ses Enfans et Descendans » de l'un et de l'autre sexe nés et à » naître de mariage légitime en ligne » directe et selon l'ordre de primogéni- » ture *Barons et Baronnes* Consen- » tons et permettons que Lui et ses » Descendans de l'un et de l'autre » sexe comme dit est, puissent et » pourront porter ce même Titre de » Baron de son Nom et l'appliquer sur » telle Terre et Seigneurie qu'ils trou- » veront convenir, deja acquise ou à » acquérir sous Notre Domination et » Obéissance aux Pays-Bas, Erigeant » dès-à-présent pour lors la même » Terre et Seigneurie etc. etc. pour » jouir et user à jamais Eux et leurs » Enfans et Descendans légitimes selon » l'ordre de primogéniture etc. etc. en » la même forme et manière que font » et sont accoutumés de faire les au- » tres Barons aux Pays-Bas et dans » tous Nos Royaumes et Etats etc. etc. » lui accordons et permettons etc. etc. » de pouvoir sommer d'un Bonnet de » Baron à l'antique l'Ecu des Armoi- » ries blasonnées ci-dessus et de les » faire supporter par deux Lions-Léo- » pards d'or armés et lampasses de » gueules etc. etc. CAR AINSI NOUS » PLAIT-IL etc. etc. A quelle fin » Nous les avons signé et Nous y » avons fait mettre Notre Grand Scel. » Donné à Vienne le 2 Août l'an de » Grace mil sept cent soixante-treize » et de Nos Règnes le trente-troisième. » Paraphé R. R Vt Signé MARIE- » THERESE Plus bas Par l'Impé- » ratrice Douairière et Reine. *Contre- » signé* A. G LEDEPER

» Cejourd'hui 25 Janvier 1774 M. » de Beelen-Bertholt Greffier du Con- » seil des Domaines et Finances de » S. M. a prêté le serment dont il » est chargé par les presentes Lettres- » Patentes du Titre de Baron et ce en » mains de S A. R. Mgr le Duc de » Lorraine et de Bar, Grand Maître » de l'Ordre Teutonique, Lieutenant- » Gouverneur et Capitaine Général » des Pays-Bas etc. etc. etc. Moi pré- » sent Signé H CRUMPIPEN »

Une superbe terre DU NOM DE BELLEM était un des Domaines de la Maison de Rym et ensuite de Montmorency comme on le voit par la Carte suivante.

JEAN RYM Baron de Bellem, Sgr de Schiinvelde fils de Charles créé Baron le 25 Janv 1653 et de Marie Rodrigues de Vera-y-Vega, Epousa Marie-Thérèse de Haue fille de Jean-Baptiste et de Mar.-Anne de Rieulant.	GUILL.-FRANÇOIS Prince de Montmorency, Vicomte de Roulers, Neuville, dixième enfant de Guill Sgr. de Neuville, Epousa Claire-Eugén. de Hornes Marquise de Veroy, morte en Avril 1712.
CHARLES-FRANÇ. RYM Baron de Beelem, de Schiinvelde et d'Eckenbeche, mort avant sa femme Epousa Mar.-Anne-Ferd. Van den Erkhoute D^me de Somerghem par achat et de Wanneghem etc. Gît à S Michel a Gand. fille de Ferd. V D. Eckhoute et d'Isab. V. der Elst Pet. fille de Jean et de Josine Van der Piet.	FRANÇ Prince de Montmorency, Vicomte de Roulers, Sgr de Neufville etc Colonel au Régt de Condé, mort en 1705 Epousa Charlotte-Louise de Saveuse Dame de Cardonnet, Poulainville, morte en 1724, Gît à Amougies fille de Franç de Saveuse Sgr de Coisy etc et de Françoise d'Estourmel F. de Louis Sgr. de Fouilloy etc.
MARIE-ANNE-THÉRÈSE RYM Baronne de Bellem morte le le 17 Août 1738, enterrée à Gand, près de son mari, qu'elle avait epousé en 1729.	LOUIS-FRANCOIS Prince de Montmorency Vicomte de Roulers, Clève Baron de Houchin, Vendegies, Sgr. de Neufville, Wistache, Amougies, Russignies, mort à Gand le 23 Juillet 1736, enterré à S.-Michel.

Les enfans sont 1°. Marie-Anne-Françoise-Philippe-Thérèse de Montmorency Dame du Palais de la Reine de France, épousa le 2 Avril 1747 Charles-Jos.-Marie Duc de Boufflers né le 17 Août 1731, Gouverneur de Flandre, Hainaut etc. mort sans enfans le 13 Sept. 1751 fils de Jos.-Mar. et de Madel.-Angel de Neufville de Villeroy.

2° Caroline-Philip.-Louise-Franç. de Montmorency née le 20 Fevrier 1733, épousa le 28 Novembre 1753 Adrien-Louis de Gaines de Bonnières de Melun Comte de Souastre Marquis de Cottes, né en 1735, fils de Guy-Louis et d'Adrienne-Louise-Isab de Melun.

3°. Philippote-Auguste de Montmorency née en Janvier 1735, épousa le 21 Mars 1759 Charles-François Comte de Broglio né le 20 Août 1719, fils de Victor-François Duc de Broglio et de Marie-Anne Du Bois.

4°. Louis-Ernest-Gabriel Prince de Montmorency né à Gand le 22 Décembre 1736, epousa à Amsterdam en Août 1761 Marg.-Elis.-Barbe de Wassenaer fille de Gérard-Ant et d'Elis.-Marie Van Crombout

5°. Louis-Franç.-Jos de Montmorency fils posthume, né le 21 Mars 1737, Comte de Logny, epousa à Paris en 1764 Louise-Franç.-Pauline de Montmorency-Tingry veuve d'Anne-Franç Duc de Montmorency-Luxembourg; Un Prince de cette Maison célèbre est ép. d'Euphémie de Harchies dont la mère est une Comtesse de Plettenberg Le Père de cette Dame est Frère de feu M de Harchies ep. d'une Stappens et aussi Frère de D de Harchies ep. de M le Général Tilon, dont à Bruxelles, en 1812.

(ERREUR *a la ci-devant p* 186) on y lit. *Charles-Aime-Emman. Van der Meere Comte de l'Empire François.*

M. Van der Meere n'est point Comte de l'Empire François. C'est une erreur de ma part Au fait le nom de Van der Meere est si beau, si ancien, si illustre, si bien allié, qu'il n'a pas besoin d'être precede ou suivi du Titre de Comte qui a été accordé à sa Maison en 1741 par l'Auguste Marie-Thérèse. Voici l'extrait des Lettres-Patentes :

« Marie-Thérèse etc etc. De la Part » de Notre Cher et bien Amé *Philip- » pe-Norbert Van der Meere Sgr. de » Voorde, Huysgravie etc.* Nous a » été remontré en dû respect qu'il se- » rait *fils légitime de Jacques-Maxi- » milien Van der Meere en son vi- » vant Seigneur desdits lieux* etc ci- » devant Page de feu le Serenissime » Prince Electoral Palatin du Rhin » Jean-Guillaume Duc de Juliers etc. » *et de Dame Florence-Caroline de » Grass* fille du Baron de Nokeren. » Qu'il serait issu de la très-Noble, » Ancienne et Chevaleresse Famille » de Van der Meere en la Province » et Comté de Flandres, reçue dans » plusieurs Chapitres Nobles aux Pays- » Bas, dont les Ancêtres se seraient » toujours distingués depuis plusieurs » siècles tant par leurs Nobles Allian- » ces que par les Emplois Militaires » et Civils qu'ils auraient exercés auxdits Pays-Bas au Service de leurs Princes Souverains et Légitimes Nos Glorieux Prédécesseurs. Qu'outre autres son *Quart-Ayeul Jacques Van der Meere aurait eu l'honneur d'être Page de feu le Sérénissime Empereur Mathias de Glorieuse Mémoire* et que récemment deux de ses Oncles Paternels auraient été tués au Service de feu l'Emper. Léopold Notre très-honoré Ayeul dont l'Aîné nommé François en considération de ses Services rendus en qualité de Volontaire à la levée du siége de Vienne, depuis Capitaine dans le Régiment du Comte d'Aspremont, de Commandant de Gran, et presque dans toutes les Batailles et Siéges qui se seraient faits pendant la Guerre d'Hongrie, *aurait été honoré et qualifié du Titre de Comte* et du Commandement des Volontaires au dernier Assaut qui se serait donné à la Ville de Belgrade, où animant sa Troupe par son exemple il aurait eu le malheur de périr sur la brêche le 8 Septembre 1688, ce qui aurait causé *que le Diplôme n'aurait pas été lévé*. Mais comme il laisserait le Remontrant héritier de ses Services et Mérites que d'ailleurs il possederait déja un Comté auxdits Pays-Bas et qu'il souhaiterait fort de faire valoir avec plus de lustre et d'éclat les Services si fidellement rendus par sesdits Ancêtres de même que ceux qu'il esperait de rendre en personne à Notre Auguste Maison, afin d'animer et aiguilloner davantage ses Enfans, leur Postérité, Parens, Amis et Alliés à suivre son exemple et à s'evertuer toujours de plus en plus au moyen de quelque Grace spéciale, IL NOUS A TRES-HUMBLEMENT SUPPLIE *que Notre bon plaisir soit de le Faire et Créer Comte* ainsi que ses Enfans et leurs Descendans males et femelles à naître de léal mariage Comtes et Comtesses *en lui permettant de porter le Titre de son Nom de Van der Meere* et de l'Eriger sur telles Terres et Seigneuries qu'il trouvera convenir, *et qu'au défaut d'Hoirs Males en ligne directe* ledit Titre passera à celui de ligne collaterale qui sera possesseur *des Biens compris dans le Majorat* érigé par Octroi de feu Sa Majesté Impériale et Catholique Notre très-Honoré Pere et Seigneur de Glorieuse Memoire *en faveur de Messire Guillaume-Joseph Van der Meere Conseiller et Maître de Notre Chambre des Comptes*, et de lui permettre pour plus ample Grace de pouvoir faire soutenir l'Ecu de ses anciennes Armoiries qui sont *d'azur à trois feuilles d'or posées deux et une*, de deux Lions d'or contournés armés au naturel et lampassés de gueules et de les décorer d'une Couronne à hauts fleurons. NOUS CE QUE DESSUS CONSIDERE etc. etc. etc. *Faisons et Créons ledit Philippe-Norbert Van der Meere Comte.* etc. etc. Consentant et permettant *qu'au défaut d'Hoirs en ligne directe ce Titre passera à celui de ligne collatérale qui possédera le Majorat* érigé par Octroi de feu Sadite Majesté Notre très-honoré Père et Seigneur de glorieuse memoire, et qu'il puisse et pourra porter le Titre de Comte de Son Nom de Van der Meere et l'appliquer sur telles Terres et Seigneuries acquises ou à acquérir sous Notre Domination et Obéissance en Nos Pays-Bas. Que Lui et ses Descendans et au défaut de ceux-ci celui en Ligne Collatérale qui sera possesseur dudit Majorat trouveront ou trouveront convenir. Que Nous Erigeons dès maintenant pour lors en Titre, Nom et Prééminence de Comté avec leurs appendances et dépendances pour de ladite Erection en Comté avec le Titre de Comte etc. etc. jouir et user à jamais par ledit Philippe-Norbert Van der Meere etc. etc. Nous accordons et permettons audit Philippe-Norbert Van der Meere de faire soutenir les Armoiries de sa Famille blazonnées ci-dessus par deux Lions d'or couronnés, armés et lampassés de gueules et de les sommer d'une Couronne à hauts fleurons etc. etc. Nous avons signé etc en Notre Ville et Résidence Royale de Vienne en Autriche le 14me. jour du Mois de Juin l'an de Grace dix-sept cent quarante-un et de Nos Règnes le premier. Etait signé MARIE-THERESE. Par Ordonnance de Sa Majesté, signé *Peres de Segura* ».

Je pourrais donner des renseignemens très-intéressans, inconnus même à M. Van der Meere On les trouvera plus avant. On verra les belles alliances de Marguerite-Madel. Van der Meere epouse de Lamoral-Franç. de Tenremonde Chev. Sgr. de Merignies dont la fille Anne-Marie de Tenremonde fut Chanoinesse à Denain. Cette Dame Anne-Marie de Tenremonde épousa Maximilien-François de Mailly Baron d'Ebleghem, dont: Louis-François de Mailly Chev. Baron d'Ebleghem, qui de Marie-Catherine de Melun qu'il épousa le 10 Fevrier 1708 eut pour fils Louis-Valentin-Jos. Vicomte de Mailly Chev. de St.-Louis Colonel d'Infanterie qui épousa à Lille le 16 Avril 1765 Cath.-Louise le Prevost de Basserode. Les 64 Quartiers de Marg. Van der Meere mariée de Tenremonde sont.

Van der Meere, Bracle, Clessenaere, Van der Beke.

Bourgogne, Utenhove, Van der Camere, de Neve

Chasteler, Borsée, Proissy, Lannoy.

Hatchies, Henin-Lietard, Resse, Hamal.

Du Chastel-Blangerval, Garvel, Brande, Préc.

Bois-de-Boyeffe, Mieure, Amiens, Marguois.

De la Salle, Geberes, Briois, Marquesent.

Turpin, Herby, Lupart, Fleury.

Les Lettres-Patentes du Comte ci-dessus rappellées disent que Philippe-Norbert Van der Meere a épousé Dame Françoise-Caroline de Grass. La Maison de de Grass n'est pas moins illustre Je vais donner quelques documens qui prouvent ses grandes alliances. La Carte suivante montre celle avec les Marquis de Cernay à présent la Marck-Arenberg. Je suis aise de donner à ma sœur, *Douairière de Grass*, et autres de cette Maison, des connaissances qu'elles n'ont pas. Je serai par là utile à mes nièces de Jardin et de Ghellincq nées de Grass.

JEAN-PHILIPPE LE DANOIS né en 1644 Comte de Cernay Baron de Novion, *fils* de Charl. Grand Maréchal Vicomte Héréditaire de Hainaut et de Marie de Noyelles. *Petit-fils* de Philibert le Danois et de Louise de Rohan,

Epousa

Cather.-Franç. le Danois de Joffreville. Sa cousine fille de Philibert le Danois Vicomte de Rouchères Marquis de Joffreville, et d'Antoinette *(fille de Franç. Dorjault Sgr. de Hauteville et de Cath. d'Estourmel)*. Cath.-Françoise était fille de Franç. le Danois et d'Anne-Cather. le Danois Vicomt. de Ronchères fille de Charles et de Marg. de Lenoncourt. Ledit Franç le Danois fils de Philibert et de Louise de Rohan.

PHILIPPE-HENRI DE LA PIERRE dit Marquis de Bousies, fils de François-Philippe Sgr. de Vedergracht *par son Grand-Père paternel, qualifié Baron de Bousies* et d'Hélène-Albertine le Picard,

Epousa

Dorothée-Christophine de Courcy fille de Gilles Baron de Courcy.

CHARLES-JOS. qualifié Marquis de Cernay Sgr de Raismes Command. des Chevaux-Legers de Berry et Maréchal de Camp mort en 1734,

Epousa

Marie-Gillette d'Estourmel fille de Louis Marquis d'Estourmel Baron de Campi Sgr. de Susanne, Frize, Templeux, le Fossé, Guignancourt, Marquais etc. etc. et de Marie-Aimée de Hautefort de Montignac qu'il avait épousée le 8 Mai 1680, fille de Gilles Comte de Montignac Vicomte de Segur Baron de Thenon et de Marthe d'Estourmel Dame d'Estourmel.

HENRI-THÉODORE Marquis de Bousies mort le 18 Juillet 1756 âgé de 71 ans,

Epousa

Marie-Angelique de Grass Dame de Hemelverdinghe décédée le 9 Mai 1752. FILLE de Ferdin.-Alphonse de Grass Baron de Nokeren mort le 24 Janvier 1698 et de Jeanne-Françoise Damman Dame de Hemelverdinghe fille de Charles Damman Sgr. de Hun et de Marg. Couke. PETITE-FILLE de Jean-Corneil de Grass et d'Anne Borlaut.

FRANÇOIS-MARIE LE DANOIS qualifié Marquis de Cernay Sgr. de Raismes, Grand Maréchal Héreditaire de Hainaut Commandr. de l'Ordre Royal et Militaire.

JEANNE-FRANÇ.-HENRIETTE-COLETTE DE LA PIERRE morte avant son père le 2 Mars 1756 au Château de Raismes, mariée en 1729.

MARIE-FRANÇOISE-COLETTE LE DANOIS née en 1737, Marquise de Bousies.

Epousa 1°. le 15 Octobre 1754

François-Joseph le Danois fils unique né le 13 Septembre 1731, Marquis de Geoffreville, mort en 1754. FILS de Louis-Hubert le Danois Chev. de St.-Louis Maître de Camp de Cavalerie, et d'Anne-Marie le Beggues Comtesse du St.-Empire, mariée en 1727 et morte en 1747 fille de Joseph le Beggues Comte du St.-Empire *et de Françoise* Comtesse de Rennel. PETIT-FILS de Philibert le Danois Vicomte de Rouchères Marquis de Joffreville et d'Ant. d'Orjault.

Marie-Françoise-Colette le Danois épousa 2°. Mess. Pierre-Louis de Chastenet Comte de Puysegur Colonel au Régiment de Normandie Maréchal de Camp Inspecteur Général d'Infanterie.

Du 1er. lit Marie-Françoise le Danois Marquise de Clernay-Bousies fille unique,

Epousa le 23 Novre. 1774 à Raismes

Auguste-Raimond Comte de la Marck,

BE

Prince d'Arenberg, Sgr. de Lummene, Grand d'Espagne de la première Classe, Colonel Propriétaire d'un Régiment Allemand né le 30 Août 1753, 2e. fils de Charles-Mar.-Raymond Duc Souverain d'Arenberg, Arschot, Croy etc. etc. etc. et de Louise-Marguerite Comtesse de la Marck. Un fils est marié en Allemagne avec une Comtesse de Windisgratz. Il m'inspire les sentimens les plus vifs de reconnaissance; il est le PROTECTEUR DE MON FILS AINE.

Voici une Carte qui prouve de quelle maniere la Terre de Nokeren entra dans la Maison de de Grass.

ROLAND DE GRASS Sgr. de Bouchaute, Maldre, Bourguemaitre de Bruges, Député vers l'Empereur à Vienne, pour le Traité des Barrières en 1714, fils de Jean-Alphon. de Grasse, Bourguemaître de Bruges, ensuite Prêtre Séculier, et de Marg. Isabelle de Bourgogne. *Petit-fils* de Mess. Alphonse de Grass Chev Sgr. de Bouchaute, Capitaine de 300 hommes d'Inf. au Service de S. M. C, Bourguemaître de Bruges, et d'Anne-Catherine Van Hove fille de François Sgr. de Burgswyndrecht et Berendrecht, et de Digne de Deckere, dite Dudzeele. *Arrière-petit-fils* de Mess. Roland de Grass Chev. Sgr. de Buggenhaute, Gestelhove, Bourguemaitre de Bruges, et de Françoise de la Vichte fille de Messire Jean Vicomte d'Erbodeghem Sgr. de Nockere, Bevere près d'Audenarde.

MARIE DE GRASS DE MORSELE morte en 1733 fille d'Albert de Grass Sgr. de Morsele Capit. de 300 hommes, et de Marie Pardo. *Petite-fille* de Roland de Grass Sgr. de Buggenhaute, Gistelhove, Bourguemaitre de Bruges, et de Franç. de la Vichte Vicomtesse d'Erbodeghem Nockere, Bevere, fille de Jean et d'Anne Van Royen.

Marie Pardo épouse d'Albert de Grass étart fille de Jean de Pardo (*dont la mere etait Ancheman*) et de Jeanne de Vuldere fille de Mess. Antoine de Vuldere Chev. Conseiller au Conseil d'Etat, et de N. de Wichuus.

Marg.-Isabelle de Bourgogne épouse d'Alphonse de Grass etait fille de Fred. de Bourgogne dit Herlaer. *Petite-fille* de Thierry Grand-Ecuyer de Brabant, Prévôt-General des Pays-Bas Comte de Wacken, et d'Isabeau de la Merck de Lummene.

ALBERT-FRANÇ. DE GRASS Sgr. de Maldre.

BAWETTE (de la). On a trouvé ci-devant page 173 ce qui concerne l'Heritière de cette Maison Hieronomine-Isabelle-Thérèse de la Bawette epouse de Messire Charles-Chretien de Spoelberch. Plusieurs personnes me prient de faire usage de plusieurs documens que j'ai sur cette même famille de la Bawette. Je le fais avec plaisir. Heureux lorsque je peux rendre mon Ouvrage d'une utilité réelle. Voici un Titre qui ne permet pas de douter de l'ancienneté de cette Maison. Toutefois qu'on prouve avoir fait nombre des Gentilshommes Membres de la Chambre de la Noblesse de sa Province, on peut se regarder d'une ancienne extraction. Ce Titre prouve que le 19 Mai 1622 Noble Seigneur Jean de la Bawette Sgr. d'Oleye et Grandaxbe a été admis comme Membre de la Noblesse des Etats de Liége.

« NOUS LES DEPUTES de l'Etat » de la Noblesse du Pays de Liége et » Comté de Looz Certifions et Attestons » tous ceux à qui il appartiendra que » *Noble Seigneur Jean de la Bawette* » *Sgr. d'Oleye et Grandaxbe* a été » admis et reçu à Notredit Etat le 19 » Mai 1622 comme il Nous a paru de » son admission inserée dans un de » Nos Registres aux réceptions com» mençant le 15 Juin 1620.

« Certifions de plus et attestons que » ledit Seigr de la Bawette a comparu » aux journées d'Etat y étant convo» qué comme il Nous a paru d'un de » Nos Registres authentiques, com» mençant le 5me. Juin 1619 *où le* » *dit Seigr. de la Bawette Seigr. d'O-* » *leye*, se trouve inscrit avec tous les » autres Gentilshommes qui ont com» paru à la journée d'Etat tenue le » 11me. de Mars 1614 et à celle tenue » le 22me. d'Avril 1630.

« Certifions finalement qu'au temps » de l'admission dudit Noble Seigr. » Jean de la Bawette, *il était requis* » *de prouver que le Prétendant des-* » *cendait et était issu de père et de* » *mère d'ancienne Chevalerie Mili-* » *taire*. En foi de quoi Nous avons » fait dépêcher la présente sous la si» gnature de Notre Greffier sermenté » et l'impression de Notre Seel ordi» naire. Fait a Liege le huitième de » Mai 1791. Par Ordonnance de Mes» dits Seigrs. *Signé Duchasteau* ».

Ce Jean de la Bawette Sgr d'Oleye repris dans le Titre précédent a épousé Marie de Heyenhove, Chanoinesse d'Andenne morte le 7 Mai 1653 inhumée a St.-Christophe à Liege, avec ces quartiers.

Bawette, Hofstade, Vaulx, Tenremonde.

Vaulx, Fumal, Pottiers, Warisoulx.

Heyenhove, Bremph, Warisoulx, Crehen.

Horion, Hornudergoor, Aemltenrardt, Cortenbach.

Il etait fils de Jean de la Bawette Sgr. d'Aische en Refail, Membre de l'Etat Noble de Namur, mort le 19 Août 1601, et de Marie-Jeanne de Vaulx-d'Araines dernière de sa Maison, morte le 2 Mai 1629 Ses Quartiers sont sur sa Tombe à St.-Christophe a Liége.

Vaulx, Berlaimont, Fumal, Ursel.

Pottiers, Clocquier, Warisoulx, Hologne.

Il etait petit-fils de Jean de la Bawette, Membre de l'Etat Noble du Pays de Liege par reception du 7 Mars 1513, mort le 3 Octobre 1603, et de Jeanne de Vaulx Dame d'Aische en Refail, morte le 2 Mars 1620. Elle etait fille de Pierre de Vaulx Sgr. d'Aische en Refail et de Marie de Tenremonde morte le 15 Juillet 1555. Ils sont inhumés à Aische avec ces Quartiers.

Vaulx, Glymes, Cerf, Schepe.

Tenremonde, Neez, Berghes, Wees.

Je ne peux me dispenser de dire un mot sur le nom de Tenremonde. Il est celui d'une de mes parentes, la Douairière de Tenremonde nee de Wariers, Dame qui etonne *par son esprit, sa très-grande activité dans les affaires, toujours attentive dans les Sociétés pour ne dire que des choses agréables.*

Marie de Tenremonde épouse de Pierre de Vaulx, etait fille de Joachim de Tenremonde Sgr de Sart-à-Walhain Chev. mort 22 Juillet 1536, inhumé à Walhain avec son épouse Jeanne Van Neez dite Lambrechts, surnommée aussi de Roosendael, fille de Corneille et de N. de Bautersem fille Bâtarde d'Henri Sire de Berg-op-Zoom. Jeanne Van Neez mourut le 31 Juillet 1554.

Elle était fille de Henri de Tenremonde *qui ecartelait avec Sombeke*, et de Marie Chevalier sa seconde épouse, ayant eu pour première femme Jeanne de Berghes Dame du Sart-à-Walhain près de Gembloux au Wallon-Brabant. Cet Henri de Tenremonde était frère de Madelenne 3e. femme de Jacques Baron de Harchies Sgr. de Bomale qu'il vendit à Joachim de Tenremonde.

Son Bisaïeul était fils de Jacques de Tenremonde et de N. de Sombeke famille d'Anvers. Jacques vint s'établir en Brabant. Il était frère ainé de Henri de Tenremonde qui épousa 1°. Marie de le Vacquerie. 2°. Marie Fremault. 3°. Jacqueline Fremault fille de Lothaire et de Cath. de Nepveu. Il était aussi frère de Pasque Guillaume Chevalier de Rodes.

Son Trisaïeul était Guillaume de Tenremonde epoux de Jeanne de Dragon.

Son Quartaieul était Jean de Tenremonde Chevalier, époux de Saincte de Canart fille de Gilles et de Marie de Pontrewart

Revenons à présent à la Bawette. Je vais donner un titre utile aux Beekman, Desenfans, Udekem-d'Acoz et autres. Ce Titre contient des faits historiques infiniment curieux Le voici:

« LES ARCHIDUCS. Comme de la » part de Nostre Féel et bien Amé » CHARLES DE LA BAWETTE Sei» gneur d'Assurville si que mari et » Bailly de Mademoiselle Catherine » de Veve de Hollegnoul auparavant » vefve de feu JEAN DE VDEKEM » *en son vivant Seigneur de Guerte-* » *chin et de Rosieres Capitaine et* » *Gouverneur de la Ville et Forte-* » *resse de Landrechies* d'une part et » d'aultre pour et au nom de Gérardt » de Vdekem Seigneur desdits lieux » mineur d'ans fils unicq et legitime » du susdict Seigneur Jean et de la » susdicte Damoiselle Catherine de » Veve sa léale espeuse. Ledict Sei» gneur CHARLES DE LA BAWET» TE Nous aurait très-humblement » remoustrez que le presnommez Gé» rardt son beau-fils dernier Hoir » masle vivant du nom et d'armes *de* » *la très Noble et très Ancienne Fa-* » *mille de Vdekem originaire du Lieu* » *Terre et Seigneurie de ce nom* qui » seroit scituez au Quartier de Lou» vain en Nostre Pays et Duchez de » Brabant à l'endroict vulgairement » nommé de Weybempde soubs l'ap» pendance de la Baronnie de Bier» beke et qu'il seroit que les anciens » Sires de Vdekem et aultres leurs » Successeurs au auroient par Nos » Prédécesseurs et aultres aussi Nos » Ancêtres de Glorieuse memoire » Ducqs et Duchesses de Lothier et » de Brabant estés convoquez tant aux » Inaugurations d'iceulx qu'aux as» semblees des Estats Nos Pays-Bas » avec les aultres Gentilshommes » Membres desdits Estats *commoaussi* » *que le Pere, Ayeul, Bisayeul,* » *Trisayeul et Quartayeul égalcment* » *aultres ulterieurement les Ancêtres* » *paternels du susdict Gerardt de* » *Vdekem auroient paisiblement sans* » *destourbier quelconque et à leur vo-* » *lontez librement portez le TILTRE* » *DE BARON* et d'icelluy faict usa» ge tant en publicq comme en parti» culier tellement que ledict Seigneur » d'Assurville Nous auroit faict cons» ter en due et légale forme par nom» bre notable de Tiltres et Documents

» authenticqs dignes de pleine foy et croyance Nous requérant en dus respect que cela prit en Nostre haulte et pleine considération Nostre bon plaisir seroit de daigner bien vouloir déclarer Nostre volontez suprême et Royale intention au regardt de Nostre dernier Placcardt esmanez sur ces dits Tiltres et marques d'Honneur le 14 de Décembre 1616 Nous inclinant favorablement à l'humble supplication dudict Seigneur d'Assuiville avons après avoir estez pleinement satisfaicts sur ce que dict est et oultre en Nostre certaine science et ultérieures considérations dict et déclarez **DISONS ET DECLARONS** *que les presnommez Gerardt de Vdehem luy ses descendans légitimes de son nom et léal mariage masles et femelles peuvent et pourdront à toujours à l'advenir comme ci devant* **PORTER LE TILTRE DE BARON DE VDEKEM** en jouyr et librement en faire usage toutes et quantes fois il serat de convenance en particulier comme en publicq avec tous Droicts Honneurs et Prerogatifs y appartenants au port et continuation des Armoyries modernes de la branche aisnée de la Maison de Vdekem tellement qu'elles se trouvent cy au mytant dépeinctes et enluminées et **CONCEDEES LÉ 30 DE JUING** 1488 par feu le très Puissant et très Auguste Prince Maximilien alors Roy des Romains et du depuis Empereur (le premier de ce nom qui fust Nostre Trisayeul à qui Dieu fasse paix) à feu Jean d'Vdekem Sir de Gueitechin Gentilhomme d'Armes de la Garde-du-Corps du prédict Roy des Romains qui seroit Quartayeul au susdict Gerardt de Vdekem en rénumeration des bons et loyals Services que le susdict Seigneur Jean de Vdekem auroit rendu à son susdict Prince son Seigneur et Roy lorsque les Brugeois et Gantois révoltez l'an susdict 1488 furent tellement mal advisez que de le retenir audacieusement prisonnier en la Ville de Bruges et notamment pour avoir aussi ledict Seigneur Jean de Vdekem au grand péril de sa vie adroictement par sa bravoure et courage saulvez une notable partie des Meubles de la Couronne nommément le Dais et aultres Ameublemens du Thrône par un jour qui fust le 7 du mois de Febvrier dudict an 1488 que les susdicts Brugeois et Gantois s'advisèrent témerairement de piller le Palais Royal que Sadicte Majestez le Roy des Romains habitait en ladite Ville de Bruges. En mémoire et souvenance de quoy Sadicte Majesté auroit octroyez audict Seigneur Jean de Vdekem la permission *de pouvoir sommer l'Ecu de ses Armes d'une Couronne d'or ornee d'un rang de perles et de poser le tout soubs un Dais en Pavillon a la Royal* tellement que cy au mytant se trouvent dépeint. Et ne voulant aller directement ny indirectement contre droict de quiconque il pouldroit appartenir. Si ordonnons et mandons à tous Justiciers Officiers et Subjects de selon ces Eux se régler sans aulcuns contredicts ny destourbier. En tesmoignage de quoy avons ces signez de Nostre main et y avons faict apposer à icelles Nostre commun Seel imprimez sur hostie rouge couverte d'une estoyelle de papier blanc. A Marimont le 19e. jour du mois de May de l'an de Grace 1617. Ont signé **ALBERT-ISABELLE.** Plus bas signe **DELLA FAILLE** ».

Ce Titre est une déclaration des Archiducs Albert et Isabelle Princes Souverains des Pays-Bas, donnée le 17 Mai 1617 en faveur de Gérard Baron de Vdekem en confirmation de l'ancien Titre de Baron dans la famille et du port d'un Pavillon Royal sur les Armoiries de cette famille accordés par l'Empereur Maximilien Roi des Romains en 1488, en faveur de Jean Baron de Vdekem Gentilhomme de la Garde de Sadite Majesté Impériale et Royale.

Je continuerai la Bawette. Voici une Carte qui montre de quelle maniere elle est eteinte par mâles. Cette Carte convient à plusieurs familles. La voici.

REINIER DE LA BAWETTE Sgr de Huldembergh Membre de l'Etat Noble de Namur Sergent-Major en Espagne, né le 23 Mars 1626 *Fils* de Charles Seigneur de la Bawette Capitaine au Service du Roi, et de Françoise de Dyon,

Epousa

Anne de Vitry, Dame de Warnicamp, Rubempre, morte le 18 Août 1668 fille de Hugues Sgr. desdits lieux, Membre des Etats d'Artois, et d'Isabeau le Sergeant.

REIGNIER DE LA BAWETTE,

Epousa

Anne de Vitry.

JACQUES DE LA BAWETTE Sgr. de Warnicamp, Rely, la Motte, Wadimpreaux, Beaudricourt et de Rubempré, Chef du Magistrat de Douay,

Epousa

Anne-Cath.-Phil. de Gouy-d'Arcy fille de Michel-Phil. de Gouy-d'Arcy et d'Anne le Vaillant, fille de Phil. Sgr. de Waudripont et de Marie du Bosquel. Petite-fille de Jean de Gouy et de N. de Renaucourt.

PHIL.-IGNACE DE LA BAWETTE Sgr. de Guldemberghe, Lieutenant-Colonel du Régiment de Capres,

Epousa

Claire-Eugénie de Ghodemart Dame de Wadympreau fille de Robert et de Bonne de Berthy fille de Jean-Bapt. Secrétaire du Conseil Privé de S. M. et d'Isabelle Cockaert. Petite-fille de Nicolas de Ghodemart et de Marie du Trieu. Arrière-petite-fille de Mathieu de Ghodemart et de Nicole de Boussu.

JACQUES-ADRIEN DE LA BAWETTE Sgr. de Warnicamp, Rely, la Motte, Nouvelles, Baudricourt, Rubempré, Capit. d'Int. en France.

DOROTHÉE-PHIL. DE LA BAWETTE Dame de Wadimpréau, Guldemberghe etc.

ADRIEN-FRANÇOIS-JOSEPH Baron de la Bawette Sgr. des lieux ci-dessus, Mousquétaire de la Garde en France, né le 8 Août 1688, mort le 6 Septembre 1743,

Epousa

Anne-Françoise Baronne de Udekem-Gentinnes ex matre Nicolaerts, sœur de

Madame de Limminghe (Voyez Des Enfants.)

CHARLES-GHISL.-JOS. Baron de la Bawette Sgr. des susdites Terres eut un fils unique mort à Maestricht sans hoirs, le dernier de sa maison. *Cette filiation m'est donnée par M. d'Vdekem-d'Acoz.*

Je trouve une Carte dans laquelle on voit que Marie-Françoise de la Bawette fille de Renier et d'Anne de Vitry a épouse Messire François-Frédéric Columbanus. La voici :

Messire JACQUES D'ONYN Sgr. de Terguies,

Epousa

Louise de Boschman Dame de Chastre-Notre-Dame à Liernes.

Mess. HENRI COLUMBY dit Duythens Gentilhomme à la suite des Archiducs Albert et Isabelle, avec lesquels il vint s'établir aux Pays-Bas,

Epousa

Marguer. Usselinck. Les Usselinck ont été Seigneurs de Laeken près de Bruxelles.

Messire ANTOINE D'ONYN Seigr. de Chastre et de Terguies,

Epousa

Marie de Vos, Dame de la Franche-Comté fille de Messire Hugues de Vos Sgr. de la Franche-Comté et d'Anne Van Velp, dite Everaerts.

Mess. JEAN DUYFKENS dit Columbanus denommé par le Roi d'Espagne pour rétablir l'Université de Padoue, dont il fut Pro-Recteur Royal,

Epousa 20 Mai 1652

Jeanne de la Bawette *ex matre* Dyon née le 11 Juillet 1627.

Mess. JEAN-JACQUES D'ONYN

Epousa

Jeanne-Marguer Jonart fille de Mess. Daniel Gentilhomme Commissaire Ordinaire de Guerre au train d'Artillerie de S M. C., et de Marg. Pinchart de Tiege fille de Mess. Phil. de Pinchart Sgr. de Tiege, et de Marg. Ghenne.

Mess. JEAN-FRANÇOIS-FREDERIC COLUMBANUS Baill de la Ville et Franchise de Wavre,

Epousa 2 Mars 1677

Marie-Franç. de la Bawette dont la Mère était Vitry et l'Aieule Dyon.

Messire JACQUES-ANT.-DIEUDONNÉ-JOS. D'ONYN Lieut. au Regiment du Marquis de Pancalier.

CATHERINE-FRANÇOISE COLUMBANUS née le 9 Septembre 1696, mariée le 26 Janvier 1723.

Messire JACQUES-FRANÇOIS-JOS. D'ONYN Sgr. de Chastre né le 12 Septembre 1729, Conseiller Premier Bourguemaitre de la Chef-Ville de Louvain, en cette qualité Premier Depute Perpetuel aux Etats de Brabant,

Epousa

Marie-Catherine de Herckenrode Dame de la Baronnie de Roost, de Tendael, Dame et Vouée de Racour.

Voici les Quartiers de cette Dame :

Messire JEAN de Herckenrode Seigr. de la Motte à Galman,

Epousa

Marie Seronex.

Massire GUILL. HUCO,

Epousa

Suzanne de Weyes.

Messire GÉRARD de Herkenrode, Seigr de la Motte à Gelman,

Mess. PIERRE-HERMAN HUCO Conseiller Bourguemaitre de Tirlemont,

Epousa

Epousa
Antoinette de Velpen Vouée Héréditaire de Racour fille de Messire Gerard de Velpen Voué Héréditaire de Racour et de Marie de Copis de Binderveldt.

Epousa
Catherine d'Arnhem fille de Messire Laurent d'Arnhem et de Catherine de Fontiguy.

Baillerye, et de Noble Dame Dorothée le Gras. *Petite-fille* de Mess. Alphonse de Fusco de Matalony Bourguemaître de Louvain, et de Jeanne Baronne de Relly.

GÉRARD DE HERCKENRODE Voué Héréditaire de Racour, Sgr. de la Baronnie de Roost,
Epousa
Anne - Christine Corselius fille de Messire Vincent de Coursele dit Corselius Echevin de la Chef-Ville de Louvain, et d'Appolonie Neylens fille de Messire Jean Neylens et de Catherine Convents.

Messire ETIENNE HUGO Colonel et Brigadier en Espagne, Sgr. de Tendael,
Epousa
Justine - Olive Haecx fille de Mess. Melch. Haecx Bourguemaître puis Conseiller d'Anvers, Sgr. de Reninghe et de Bulscam et de Marie Van Eycke de Terbiest fille de Messire Jacq. Van Eycke Sgr. de Terbiest, et de Marie Roose.

JEAN-EUGÈNE-JOS. DE LONGPRÉ né à Walhain le 15 Juillet 1711, marié le 24 Novembre 1734 avec sa cousine germaine.

ANNE-MARIE D'ONYN Dame Héritière de la Franche-Comté, née au Château de Sart - Messire-Guillaume.

CHARLES-ALEXANDRE - MICHEL DE HERCKENRODE, Voué Héréditaire de Racour Sgr. de la Baronnie de Roost.

MARIE-ISABELLE-ADÉLAIDE HUGO Dame de Tendael.

JEAN-PHIL.-EUGÈNE-ALB. DE LONPRÉ, Sgr. de la Libre Seigneurie de la Franche-Comté,
Epousa 1°. 24 Novembre 1781
Phil.-Henriette Helman, des Baronnes de Willebrouck
Epousa 2°.
Isabelle d'Onyn sœur de Mme. Pollart.

MARIE-CATH. DE HERCKENRODE
Epousa
Mess. Jacques-Franç.-Jos. d'Onyn ci-dessus.

1. FULVIE, 2. EULALIE DE LONPRÉ.

Il me reste à donner la Carte de Jean-Philippe-Engelbert de Longpré Sgr. de la Franche - Comté par sa mère Anne-Marie d'Onyn. La voici.

Messire JEAN DE LONGPRÉ Gentilhomme Lorrain établi à Bruxelles, où il mourut le 19 Mai 1691,
Epousa
Noble Dame Caroline Marguerite Jasquemine.

Messire ANTOINE D'ONYN
Epousa
Marie de Vos.

PHIL.-EUGÈNE DE LONGPRÉ né à Bruxelles en 1659,
Epousa
Noble Dame Marie-Thér. Jos. Verbeek fille de Pierre et d'Anne - Marie Goossens. Petite-fille de Pierre et de Jeanne Millecamps fille d'André. Arrière petite-fille de Pierre Verbeeck et de Guillelm. Christyn fille de Guill.

JEAN - JACQ. D'ONYN
Epousa
Jeanne-Marguer. Jonart.

PHILIPPE-EUGENE-JOSEPH DE LONGPRÉ né à Bruxelles le 15 Novembre 1684,
Epousa
Marie - Thérèse d'Onyn.

SÉBASTIEN D'ONYN Sgr. de la Franche-Comté et de Sart-Messire-Guillaume,
Epousa
Marie - Caroline de Fusco de Matalony. *Fille* de Charl.-François Sgr. de Sart-Messire-Guillaume et d'Anne-Helène Cupis de Camargo fille de Theodore de Cupis de Camargo Sgr. de la

---

L'extraction Noble et ancienne de la Famille de d'Onyn alliée à celle de la Bawette n'est point douteuse. Elle fut prouvée très-légalement lorsque Messire Gérard-Xavier-Bern.-Joseph d'Onyn Sgr de Chastre N. D. à Lierne fut reçu Amman de Bruxelles En voici l'intendit qui démontre que les six générations de Noblesse requises pour desservir cet emploi ont été acceptées.

« I. Se voit par l'Extrait Baptistaire » *ci-joint sous A* en copie authentique » que le Remontrant est fils legitime » de très-Noble Sgr. Jacques-Franç.- » Joseph d'Onyn, Sgr. de Chastre- » Notre-Dame à Lierne, et de très- » Noble Dame Marie - Catherine de » Herckenrode.

» II. Se voit par acte authentique » d'admission *ci-joint sous B* que le » père du Remontrant a été reçu comme » Gentilhomme au College des Fa- » milles Patriciennes de la Chef-Ville » de Louvain. De plus il conste par » le même Acte que le susdit Jacques- » Franç.-Jos. d'Onyn étoit fils légitime » de feu Jacq - Ant. -Dieudonné-Jos. » d'Onyn Ecuyer, et de Dame Marie- » Franç. Columbanus, comme aussi » par le Testament de sondit père *ci-* » *produit sous C*.

,, III. Que le susdit Jacques - An- ,, toine - Dieudonne - Joseph d'Onyn ,, etait fils légitime de Jean - Jacques ,, d'Onyn Ecuyer, et de Dame Mar- ,, guerite Jonnart, conste par leur ,, Testament conjonctif *ci-produit en* ,, *forme authentique sous D*, en le- ,, quel lesdits conjoints se trouvent ,, qualifiés, lui du titre d'Ecuyer, ,, elle de celui de Dame. Comme ega- ,, lement *par la piece ci-jointe en* ,, *forme legale sous E*, qui est une ,, Sentence du Conseil Souverain de ,, Brabant en laquelle ces mêmes con- ,, joints y sont qualifies, lui d'Ecuyer ,, et elle de Dame. Laquelle qualifica- ,, tion d'Ecuyer se trouve encore ap- ,, puyée en faveur du prenommé Jean- ,, Jacques d'Onyn par certain Décret ,, du 20 Novembre 1689 donné par ,, le Conseil Provincial de Namur, à ,, charge du Procureur-Général dudit ,, Conseil par le susdit Décret *ci-* ,, *dessus produit sous F*, comme aussi ,, par le Testament *ci-dessus produit* ,, *sous C*.

,, Que ce même Sr. Sébast. d'O- ,, nyn se trouve être enterré en l'E- ,, glise Paroissiale de Chastre-Notre- ,, Dame à Lierne au milieu du Chœur ,, sous une pierre sépulchrale cou- ,, vrant le caveau de la Famille de ,, d'Onyn; se prouve par la copie au- ,, thentique de cette même pierre *ci-* ,, *joint sous G*, sur laquelle sont re- ,, présentés les huit Quartiers dudit ,, Sebastien d'Onyn, savoir :

,, Onyn, Niquet, Bósman, Gonebault, de Vos, Teuremonde, Vel- ,, pe dit Everaerts, Van de Velde, ,, avec l'inscription suivante :

,, *D. O. M. Hic jacet Prænobilis* ,, *Dnus. Sebastianus d'Onyn Topar-* ,, *cha de Chastre - Dame à Lierne il-* ,, *lustri quantum vir Sanguine na-* ,, *tus hic magis virtutum Nobilitate* ,, *nicat scilicet existens nam tunc* ,, *fuit æque benignus ac pius et rectus.* ,, *Pace fruatur Amen.*

,, De plus sa qualité d'Ecuyer et ,, nommement son ancienne Noblesse ,, se trouvent confirmées davantage par ,, acte de déportation de certain pro- ,, cès que le Héraut d'Armes à titre de ,, Namur s'étoit avisé de lui susciter ,, tant à effet de lui disputer la quali- ,, fication d'Ecuyer, que la qualité ,, d'ancien Gentilhomme, tellement ,, qu'il en conste *par la pièce ci-jointe* ,, *en original sous H*.

,, IV. Que le prénommé Jean-Jacq. ,, d'Onyn était fils légitime de feu ,, Antoine d'Onyn Ecuyer Sgr. de ,, Chastre-Notre-Dame à Lierne, et ,, de Dame Marie de Vos Dame Hé- ,, ritière de la Franche-Comté conste ,, par le Testament de cette Dame *ci-* ,, *joint en original sous J*, là où elle ,, rappelle entre les trois plus jeunes ,, de ses fils le prénomme Jean-Jac- ,, ques d'Onyn.

,, Que le prénommé Ant. d'Onyn ,, était fils légitime de Jacques Ecuyer ,, Sgr. de Tergnies et de Dame Louise ,, Bosman Dame Héritière de Chastre- ,, N.-D. à Lierne, conste par le Relief ,, de ladite Sgrie de Chastre *ci-joint* ,, *en forme légale sous K*, comme ,, aussi par leur Testament *ci-joint en* ,, *due forme sous L*, en lequel ledit ,, Jacques d'Onyn y est qualifié d'E- ,, cuyer et son epouse du titre de ,, Damoiselle.

,, Par ce même Testament il conste ,, aussi que ce même Jacques d'Onyn ,, etait fils légitime de Jean d'Onyn ,, Ecuyer et de Dame Anne de Ni- ,, quet, Dame Héritière de Tergnies- ,, sur-Sambre, lequel Jean d'Onyn ,, et Anne de Niquet susdits se trou- ,, vent qualifies lui d'*Ecuyer* et elle de ,, *Damoiselle* dans un acte de Relief ,, de la Seigneurie de Tergnies *ci-joint* ,, *en forme legale sous M*.

,, Que cette Famille de Donyn s'est ,, de temps immémorial servi publi- ,, quement des mêmes armoiries jus- ,, qu'à cejourd'hui, savoir, *un Ecu* ,, *d'azur seme de billettes d'argent &* ,, *la bande d'or brochant sur le tout :* ,, *l'écu surmonté d'une couronne aussi* ,, *d'or et pour cimier un vol dont la* ,, *partie dextre est d'or et celle senes-* ,, *tre d'azur* ; conste par les differen- ,, tes pièces ci-jointes par copies au- ,, thentiques tant des Blazons ornés ,, de Quartiers qui se trouvent au ,, Chœur de l'Eglise Paroissiale de ,, Chastre que des verrières des Cloî- ,, tres des Révérends Pères Recolets ,, de Namur et de St.-François-sur- ,, Sambre. sur lesquelles les Armoi- ,, ries de la Famille de d'Onyn se trou- ,, vent dépeintes avec leurs attributs ,, de Noblesse. Finalement aussi par ,, la copie figurative et authentique ,, *ci-jointe sous N*, de certain Mauso-

,, lée reposant en l'Eglise Paroissiale de Notre-Dame à Namur, ornés des Quartiers des deux femmes de feu le Sr. Vincent d'Onyn ainsi que des siens, avec l'inscription suivante :

D. O. M.

ONYN.	SUETMAN.
AMANDE.	SIENNE.
PONTY.	CORSWAREM.
MARON.	HUSDAL.
FLORIET.	GILLON.
HAULTEPENNE.	DERREL.

,, *Cy gist Vincent d'Onyn Bourguemaitre de Namur qui trespassat le 5 Mai 1587,*

ET DILES.

,, *Marguerite de Ponty sa première femme morte le jour de Pâques* 1571,

,, *Et Anne de Corswaren morte le . . . sa deuxième femme.*

R. I. P.

,, Attendu que les Maisons de Ponty et de Corswarem sont tenues entre les Anciennes et Illustres du Pays et Comté de Namur, il est évident que celle de Onyn n'était pas moins estimée avec elles.

,, VI. Finalement *l'on joint ici sous O,* les Lettres-Patentes en original de Gentilhomme de Wautrait du Pays et Duché de Brabant expédiees en faveur de Messire Sébastien d'Onyn, Seigneur de Sart-Messire-Guillaume et de la Franche-Comté, fils de feu le Seigneur Sébastien d'Onyn Sr. de Partonval et de Dlle. Marie-Thérèse de Fusco de Matalony. Ce Sébastien d'Onyn Sr. de Partonval susdit fils du Sr. Jean-Jacques d'Onyn et de Daelle. Marguerite Jonnart *ci-devant mentionnee à la lettre D*, laquelle Place ou Office de Gentilhomme de Wautrait, lequel en même-temps est Lieutenant du Grand-Veneur, ne se donne qu'à des Gentilshommes d'ancienne Noblesse.

J'ai placé avec plaisir l'intendit qui précède parce qu'il est bienfait. Il présente tous Titres dignes de foi pour la filiation, les alliances et l'extraction. Il est donné à un Magistrat d'une des Villes les plus marquantes des dix-sept Provinces Belgiques. On y trouve SOUS F un Titre que je dois donner ici en entier. C'est un Décret du 20 Novembre 1689 par le Conseil Provincial de Namur à Charge du Procureur-Général Impétrant contre les qualifications Nobles prises par Jean-Jacques d'Onyn frère de Sébastien d'Onyn Ecuyer Sgr. de Chastre.

,, CHARLES-NICOLAS DE BERCKEL Chevalier de l'Ordre Militaire du Christ Seigneur d'Erembodeghem, Gentilhomme Ordinaire de la Maison du Roi, son Genéalogiste et Premier Roi d'Armes à titre des Duchés de Brabant et de Lothier, Marquisat du St.-Empire et Pays y enclavé, à tous ceux qui les présentes verront *Salut*. LE Sr. SEBASTIEN D'ONYN Ecuyer Seigneur de Chastre-Notre-Dame à Lierne fils ainez d'Antoine d'Onyn et de Damoiselle Louise Boschman Dame dudit lieu Nous ayant présentez et délivrez les Armes de sa Famille qui sont *d'azur billeté d'argent a la bande d'or surmonté d'un tymbre ouvert d'argent treillez liserez et couronné d'or et pour cimier un vol d'azur ombragé d'or*, SAVOIR FAISONS qu'en conséquence de l'article 13 du Placard Héraldique et Royale Ordonnance décrétée le 14 Décembre 1616 sur le port et usage de Armoyries tymbrées, Tiltres et autres marques d'Honneur et de Noblesse, avons lesdites Armes, telles qu'elles sont ci-dessus dépeintes et blazonnees, enregistré dans l'Armorial du Pays et Duchez de Brabant, *ensemble tenu note de certain Décretement* fait le 20 de Novembre 1682 par les Gouverneurs, Président et Gens du Conseil Provincial du Roi ordonné à Namur *en faveur du Sr. Jean-Jacques d'Onyn* frère de l'Avant nommez Sgr. de Chastre ajourné d'une part et à charge du Procureur-Général dudit Conseil Impétrant et Demandeur d'autre part. Par quel Décret il Nous ast apparut et Nous ast consté qu'au moyen DU DESISTEMENT dudit Procureur-Général le Titre d'Ecuyer a été confirmé au prétouché Jean-Jacques d'Onyn, et comme il est juste et raisonnable de donner Acte et certificat de pareille enregistrature faite en faveur et à réquisition de ceux qui y ont de l'intérêt et le demandent, Nous avons à celle du susnommez Sr. Sébastien d'Onyn Seigneur de Chastre-Notre-Dame à Lierne etc. etc. Donné le présent sous Notre signature et le Sceau dont Nous sommes accoutumez d'user ez Dépêches de Notre Office pour servir et valoir par-tout que besoin serat cy que de raison. Fait à Bruxelles, en l'Office Heraldique de Brabant le 22e. jour du mois de Juin de l'an 1701.

Signé DE BERCKEL.

On m'a donne le Titre en vertu duquel les Herckenrode prennent la qualification de Baron. Le voici :

,, NOUS MESSIRE CHARLES-JEAN BEYDAELS Seigneur de Zittaert Conseiller de Sa Majesté l'Empereur et Roi son premier Roi d'Armes dit Toison-d'Or aux Pays-Bas et Cercle de Borugogne et Chef de sa Chambre Héraldique et GILLES-ANGE LABINA dit Labinau Seigneur de Baussen Conseiller Roi et Héraut d'Armes dudit Empereur et Roi à titre de la Province de Flandres, Tournay et Tournesis, Declarons et Certifions d'avoir enregistré, ensuite de l'article 13 de l'Edit du 14 Décembre 1616 à la réquisition de MESSIRE JOSEPH-ANTOINE-FRANÇOIS BARON DE HERKENRODE Seigneur de Waenrode, la Motte, epoux de Dame Jeanne-Marie-Claire d'Udekem fille de Messire Ferdinand-Philippe-Joseph d'Udekem Ecuyer Bourguemaitre de Louvain, et de Dame Marie-Barbe-Thérése de la Bawette, les Titres et Documens de sa Famille *lesquels ont déja été enregistrés en l'Office du Roi d'Armes de Brabant P. A. DE LAUNAY le 21 Novembre* 1681 et desquels il nous est suffisamment apparu que ledit Seigneur Baron de Herkenrode requerant est fils légitime de Jean-Baptiste Baron de Herkenrode Sgr. de Steenberghe, Valbeeck, Grand-Mayeur de la Ville de Louvain, et de Dame Thérèse-Françoise Bols-d'Arendonck, et neveu de Messire Théodore-François Baron de Herckenrode Doyen du Chapitre de Notre-Dame à Termonde. *Petit-fils* de Messire Simon Baron de Herckenrode Seigneur de Geest à Gerempont et Ollius et de Dame Claire-Thérèse Jacobs de Terbeeck Dame de Steenberghe, Valbeeck etc. *Arrière-petit-fils* de Gérard Baron de Herckenrode Sgr. de Mulcken, Voué Heréditaire de Raedshoven et de Dame Anne-Christine Corselius. Ledit *Gerardt Baron de Herkenrode* fils de Jean Baron de Herkenrode Sgr. de Mulcken et de Dame Antoinette Van Velpen. *Petit-fils* de Messire Jean Baron de Herckenrode Sgr. dudit Mulcken et de Dame Marie Seronx. *Arrière-petit-fils* de Messire Lambert Baron de Herkenrode et de Dame Anne Van Rychel. Le susdit *Lambert fils de Messire Thierry* Baron de Herckenrode et de Dame Christine Provener et *petit-fils* de Messire Henri Van (ou Zu) Herckenrode SEPTIEME AYEUL *dudit Seigneur Requérant* QUI FUT CREE BARON lui et tous ses descendans *ainsi que son frère germain Wolfride* par Lettres-Patentes de l'Empereur Charles-Quint *données respectivement à Cologne en quinze cent vingt-trois et quinze cent vingt-quatre* a Aix-la-Chapelle. Laquelle Famille de Herckenrode originaire de l'Empire porte pour Armoiries Nobles et anciennes *un Ecu d'or à la croix d'azur chargé de neuf vaires d'argent posés vers celui du centre. Ledit écu posé sur un double aigle de sable armé et lampassé de gueules, sommé d'un bonnet de Baron à l'antique surmonté d'un héaume ou casque d'argent grille et lisere d'or fourré de gueules posé en face et couvert d'une couronne a cinq pointes d'or*, et pour cimier *un dextrochère armé d'un sabre ensanglanté d'argent à la poignée d'or accompagné de quatre panaches de gueules aux hachemens d'or et d'azur*. Le susdit écu *tenu par deux hommes sauvages ceintres et couverts de sinoples, armés d'un bouclier d'argent et d'une massue au naturel et portant chacun une bannière l'une a dextre d'or à la croix d'azur et celle à senestre d'azur chargé de* 9 *vaires d'argent posés trois, trois et trois en face*, tels et de même maniere qu'elles sont peintes et exprimees à la tête du present acte que Nous avons également fait enregistrer à la suite des Titres et documens réclames ci-devant et lesquels Nous avons restitués audit Sgr. Requérant En foi de quoi Nous avons signé la presente que Nous avons fait munir des Sceaux de Nos respectives Charges Royales en la Chambre Heraldique de Sa Majeste, à Bruxelles, le 16 Janvier 1789. Etait signé C. BEYDAELS de Zittaert, G. A. LABINA de Baussen. Et plus bas sont imprimés en hostie rouge deux sceaux, celui à droite *aux armes de Sa Majesté l'Empereur et Roi*, et celui à gauche *celles de Flandres* ».

On s'étonnera de lire le nom de Launay Heraut d'Armes dans l'acte qui précède. J'observe que deux frères de ce nom ont existé dans les mêmes fonctions. P. A. de Launay ci dessus rappellé a éte irréprochable. Il n'en est pas de même de Jean de Launay son frère qui a eté condamné à mort par Arrêt prononcé en Parlement à Tournay le 16 Mai 1687, pour avoir falsifié un millier d'actes, de diplômes et généalogies.

Je vais donner d'une manière plus étendue les générations rappellées dans l'intendit présenté par Messire Gérard-Xavier-Bernard-Joseph d'Onyn Seigneur de Chastre pour être Amman de Bruxelles. Il fut nommé Maire de Louvain par Décret Impérial du 18 Mars 1808. Actuellement (en 1812) il est Membre du Corps Législatif.

Gérard-Xavier-Bernard d'Onyn Sgr. de Chastre a épousé le 11 Avril 1801 Marie-Carol.-Philip.-Justine-Jos. d'Onyn-du-Wez sa cousine sous-germaine fille de Jacques-Antoine-Jos. et de Henriette-Appollonie de Hocx.

Il est frère 1°. de Charles-Laurent-Jos. d'Onyn mort en célibat le 14 Avril 1797, âgé de 38 ans.

2°. Maximilienne-Josephine d'Onyn de Chastre. Elle épousa le 2 Juin 1783 Jacques-Franç.-Jos. Baron d'Udekem, Sgr. d'Acoz, Lasprelle, Villers-la-Potterie, Membre de l'État Noble du Pays et Comté de Namur. Leurs enfans sont 1. Claire-Charl.-Josephine née le 9 Mars 1784. 2. Gérard-Franç.-Xavier-Jos. né le 1er. Mars 1785. 3. Jeanne-Marie-Appollonie née le 9 Février 1787. Les soixante-quatre Quartiers de M. d'Onyn de Chastre et de la Baronne d'Udekem se trouvent ci-devant page 190.

3°. Catherine-Ghislaine d'Onyn de Chastre épouse de Joseph-Constantin Van der Stegen de Putte Baron de Gruutere dont voici les soixante-quatre Quartiers :

Van der Stegen, Sterck, Favre, Van der Noot. — Van Assche, de Schoore, Van Swieten, de Kerchove.

Van der Meere, du Chastel, de Croix, Preys. — Peeters-Stommelins, Mortagne, Stalins, Berlemont.

De Brouchoven, de Weert, Maes, Boisschot. — De Calvaert-Sassignies, de la Croix, Van der Goes.

Balbany, de Riedwyck, de Mérode, Baronaige. — Bourgogne, Absalons, Nieuwenhuyse, Brouchoven, Horenbeeck.

Gruutere, Hembiese, Ydeghem, Hasselt. — Lalaing, Fourneau, Van der Noot, Taye.

Holthausen, Boukolt, Van Spée, Van den Horst. — Van der Vekene, Goubau, Van der Veken, Van der Stracten.

Du Bois de Fiennes, Ligne, Pynnappel, Nunen. — Sanchez de Renteria-y-Salazar, N..., Sanchez de Rivera-y-Salazar, Somorostro.

Caproens, Eguoy, Borremans, Van Doorne. — De Gyger, N..., Herrbeeck, N...

Leurs enfans sont 1. Philippe Van der Stegen de Gruutere. 2. Adèle Van der Stegen.

4°. Charlotte-Josephine d'Onyn de Chastre épouse de Jean-Ant. Paschal d'Onyn *(frère de Madame Pollart de Canivry)* Capitaine Chef d'Escadron de Chevaux légers de la Tour Dragons au Service de S. M. l'Emp. d'Allemagne. Leur fille est Marie d'Onyn.

5°. Marie-Victoire-Eugénie d'Onyn non mariée.

II. PERE. Jacq.-Franç.-Jos. d'Onyn Sgr. de Chastre-Notre-Dame à Lierne, pendant douze ans consécutifs premier Bourguemaître de la Chef-Ville de Louvain, né le 12 Septembre 1729, mort le 27 Décembre 1785 ayant épousé Marie-Catherine de Herckenrode Dame de Roost, Tendael, Dame vouée Héréditaire de Racour. Voyez ses Quartiers ci-devant page 196, 3°. colonne. Les frères et sœurs de Jacq.-Franç.-Jos. d'Onyn sont :

1. Anne-Hélène-Josephine d'Onyn épouse de Cyprien de Bouilhe Sgr. d'Oleac Chev. de St.-Louis, Capit. au Régt. du Roi, Membre des États Nobles de Bigorre. *Sans hoirs.*

2. Françoise-Maxim.-Jos. d'Onyn épouse de Guill.-Jos.-Ghislain-André de Snellinck Ecuyer Sgr. de Sart, Conseiller-Auditeur de la Chambre des Comptes à Bruxelles. *Sa mère* est Kessel. *Son aïeule* Reyneghom. *Sa bisaïeule* Azazola de Ognati, *et sa bisaïeule* Vits.

3. Ant.-Jos.-Jérôme d'Onyn *dit le Chevalier d'Onyn* mort à Wavre le 27 Août 1787 ayant épousé Dominique-Marie Tappers dite Tapperius de Roosendael, fille d'André Ecuyer et d'une D. Laets, dont :

A. Jean-Ant.-Paschal d'Onyn ép. de Charl.-Josephine d'Onyn de Chastre, dont Marie d'Onyn.

B. Marie-Josephine-Cath. d'Onyn épouse de Phil.-Albert-Ant.-Jos. Pollart Sgr. de Canivris, Echevin de Bruxelles, fils de Charl.-Franç.-Thiéri Pollart Sgr de Canivris et de Marie-Claire-Charlotte Schotte mariés le 30 Avril 1764, sœur 1°. de Charles-Albert-Lamoral Schotte dont je parlerai ci-après. 2°. Isabelle-Albertine Schotte épouse dès le 1er. Mai 1764 de Henri-Phil.-Jos.-Bruno Sgr. de Casteau. 3°. Jeanne-Françoise-Claudine Schotte qui épousa le 3 Mai 1768 Jos.-Alois-Gonzague Bruneau Sgr de la Motte et d'Oostkerke Mar.-Jos.-Cath. d'Onyn mariée Pollart a pour fille unique Flore Pollart de Canivry. Je donnerai des renseignemens intéressans sur la famille de Pollart à l'article de Bussaret. Je serai aise d'être utile à M. et Madame Pollart mes très-proches parens qui, dans un moment où je suis tourmenté tout à-la-fois de peines, de chagrins, d'une maladie violente, me prodiguent tous les jours des secours et les égards les plus affectueux. Je donnerai ici quelques renseignemens sur la mère de M. Pollart. Marie-Claire-Charlotte Schotte fille de Charles-Théodore Schotte Vicomte de Bergues-St.-Winox, et de Jeanne-Marie-Françoise d'Amezaga Dame de Bossut, Pockrode, Archennes, Nielpiereux, Vaulx, Nil-Saint-Vincent. Jeanne-Marie-Françoise d'Amezaga était fille de Messire Marc-Antoine Sgr. de Bossut, Pockrode, Archennes, Nielpiereux, Vaulx, Nil-St.-Vincent, et de Madel. Deens fille de Guillaume et de Marie Van den Poel. *Voici les huit Quartiers de Messire Marc-Antoine d'Amezaga :*

DON HIERONIMO DE AMEZAGA Colon. de Cavalerie, Gouverneur de Louvain après son beau-père. Ses Quartiers étaient : Amezaga, la Torre, Pesano, Ferrari. Epousa Anne de Fusco-Matalony fille de Fabio Fusco de Matalony Gouverneur de Louvain et de Termonde en 1582, et de Catherine de Tenremonde Dame de Sart-Messire-Guillaume. Petite-fille de Fabio Fusco de Matalony et de Catherine de Caraffa-de-Corbusia. Catherine de Tenremonde était fille de Joachim et de Marguer. de Bazinghen. Petite-fille d'Antoine de Tenremonde et de Catherine de Huldenberghe.	GUILL. LE ROY Sgr. de Bossut-lez-Louvain fils de Renier et d'Adrienne Van den Berghe de Limminghe, Epousa Gertrude de Croy sœur de Jeanne de Croy Dame de Corroy-le-Grand morte le 19 Nov. 1650, épouse de Charles de Rolly. Fille de Michel de Croy, Sgr. de Corroy-le-Grand et de Jeanne de Tenremonde, fille d'Ant. de Tenremonde Sgr. de Sart et de Cather. de Huldenberg dite Van der Borgh de Smeyerberghe, *ex matre* Berchem. Antoine de Tenremonde était frère de Jeanne épouse de Jean de Petin et de Marie ép. de Pierre de Vaulx.
JEAN-JACQ. D'AMEZAGA Gouverneur de Louvain, Epousa Jeanne-Claire Van den Vorst Dame héritière de Winghe, Nielpiereux, Vaulx, fille de Jean Mayeur de Louvain, et de Claire Van den Tymple de Brabant.	MARC-ANTOINE LE ROY Sgr. de Bossut, Archennes, Epousa Anne-Marie de Dielbeck fille d'Antoine Sgr. d'Altenhove et de Suzanne Van der Vorst de Loenbeeck.
JEAN-FRANÇOIS D'AMEZAGA Sgr. de Winghe-St.-George, Nilpiereux, Nil-St.-Vincent, Vaulx.	MARIE-THÉRÈSE LE ROY fille unique Dame de Bossut, Archennes, Pèckrode.

MARC-ANTOINE D'AMEZAGA Sgr. de Bossut etc.

Epousa

Madeleine Deens.

JEANNE-MARIE-FRANÇOISE D'AMEZAGA épouse de Charles-Théodore Schotte, dont Marie-Claire-Charlotte épouse de Charles-Franç.-Thiéri Pollart.

C. Isabelle d'Onyn épousa Jean-Phil.-Eugène de Lonpré son cousin germain Echevin de Bruxelles, veuf sans enfans de Philippine-Henriette-Baronne Helman de Willebroeck. Leurs enfans sont 1. Fulvie. 2. Eulalie de Lonpré.

III. AYEUL. Jacq.-Ant.-Dieud.-Jos. de Chastre né le 21 Novembre 1682, Capitaine au Régiment de Pancarlier épousa Dlle. Marie-Cath. Colombanus fille de Jean-Franç. Ecuyer Baillı de la Ville et Franchise de Wavre, et de D. Marie-Françoise de la Bawette. Ses frères et sœurs sont :

1. Pierre-Franç. d'Onyn Recdet.

2. Jean-Franç. d'Onyn Seigneur de Chastre N. D. à Lierne et de la Franche-Comté fils aîné, mort en célibat.

3. Agnès-Catherine d'Onyn épousa François le Joeune Ecuyer Sgr. de Hoelede Capitaine au Service d'Espagne, époux 2. d'Isabelle-Henriette Baronne de Croeser Dame d'Hoelede près de Tirlemont.

4. Jeanne-Marg. d'Onyn épousa Erard de Hemptines, Ecuyer.

5. Anne-Hélène-Josephine d'Onyn.

6. Marie-Thérèse d'Onyn épousa Philippe-Eugène-Joseph de Lonpré Gentilhomme Lorrain attaché au service de la Maison de Lorraine-Vaudemont.

7. Sébastien d'Onyn Sgr. de Parfonval Cornette de Cavalerie dans Cordova mort en 1709, épousa D. Marie-Thér. de Fusco de Mathalony Dame de Sart-Messire-Guillaume. Fille de Charles-Franç. et d'Anne-Hélène de Cupis de Camargo. Elle était sœur de 1. Catherine Abbesse à Wauthibraine. 2. Bernard.-Franç. de Fusco de Mathalony épouse de Balthazar de Hulder dit de Bonchamp annobli sous le Nom et Armes de Cupis de Camarg

go, dont Pierre-Joseph de Hulder Avocat à Bruxelles. *Voyez Fusco.*

8. Jeanne d'Onyn fille dévote.

9. Françoise d'Onyn Annonciade à Nivelles.

10. Philippe-Joseph d'Onyn Sgr. du Wez né en 1686 épousa D. Albert. Dorothée de Kessel-Blamont fille de Guill. de Kessel Sgr. de Blamont et d'Anne de Roly. Elle était sœur entre autres de Guillaume-Gabriel de Kessel Sgr. de Blamont qui de son épouse Marie-Thér.-Agnès de Man Dame de Watermael et d'Ouverghem eut pour fille Thérèse de Kessel épouse d'André-Théodore-Auguste de Snellinck et pour fils Jean-Guill. Baron de Kessel Sgr. de Blamont mort en 1769, époux de Marie-Thér.-Hyacinthe Van Uffels née Baronne d'Heembek dont : 1. Jos.-Benoît-Casimir-Hyacinthe Baron de Kessel. 2 Joseph-Jacq.-Hyacinthe-Ghislain de Kessel marié en Espagne avec postérité. 3. Marie-Cath.-Lutgarde de Kessel épouse de Pierre-Bruno Petit Sgr. de Goberwez dont une fille mariée de Pestre de la Ferté, dont un fils unique. 4. Thérèse-Isab.-Hyacinthe-Ghislaine de Kessel épouse de Pierre-Félix-Marie Comte de Vinchant de Milfort.

IV. *BISAYEUL.* Jean-Jacq. d'Onyn de Chastre dit de la Vallée né en 1637 Capitaine au service de S. M. Cath. épousa D. Marg. Jonart fille de Daniel Ecuyer Chef-Commissaire Royal de Cavalerie Espagnole pour le Service du Roi et de D. Marguerite de Pinchart de Tiege, dont les quartiers sont :

Pinchart de Tiege, Bernard de Braze, Ghenne, du Bois.

Ses frères et sœurs sont :

1. Sébastien d'Onyn Ecuyer Sgr. de Chastre N. D. à Lierne et de la Franche-Comté, mort en célibat le 24 Mars 1713, inhumé à Chastre sous une Tombe ornée de ses 8 Quartiers.
2. Agnès d'Onyn.
3. Jeanne d'Onyn.
4. Suzanne d'Onyn.
5. Marg. d'Onyn.
6. Charles d'Onyn Sgr. de la Franche-Comté, mort en célibat.

Quatre autres enfans.

V. *TRISAYEUL.* Ant. d'Onyn Ecuyer Sgr de Chastre N D à Lierne et de Tergnies en 1614 frère de Jean qui n'eut point d'enfant de sa femme Jeanne de Glymes, épousa D. Marie de Vos Dame héritière de la Franche-Comté, fille d'Alexandre Ecuyer Sgr. dudit lieu, Lieutenant Grand-Bailli du Wallon-Brabant etc. et de D. Anne Van Velpe.

VI. *QUARTAYEUL.* Jacq. d'Onyn Ecuyer Sgr. de Tergnies en 1594 et de Chastre en 1608 du chef de son ép. D. Louise Boschman fille d'Ant. Ecuyer et de D. Anne de Gondebault. Ses 4 Quartiers sont.

Boschman, Limminghe, Gondebault, Ittre d'Hoobrughe.

VII *QUINTAYEUL.* Jean d'Onyn Ecuyer Sgr. de Tergnies-sur-Sambre du chef de son ép. D. Anne de Niquet fille d'Ant. Ecuyer Sgr. de Tergnies, et de D. Marguer. de Baisier de Gerpinnes Dame dudit Tergnies. Ses 4 Quartiers sont :

Niquet, de Henry, Baisier, Enghien-Havrech.

Je m'arrête à cette génération, voulant me borner à celles prouvées par l'intendit qui précède.

J'ai placé avec plaisir, je le répète, cet intendit parce que, comme je l'ai dit, il est bien fait. On y trouve encore la preuve des différentes alliances de la famille de d'Onyn avec celle de la Bawette. Je vais faire voir le père commun avec cette Dame de la Bawette mariée de Spoelberch.

CHARLES Sgr. de la Bawette Capitaine au service du Roi,
Epousa
Françoise de Dyon.

REINIER DE LA BAWETTE Seigr. de Huldenbergh, Membre de l'Etat Noble de Namur Sergent-Major en Espagne, né le 23 Mars 1626, Epousa Anne de Vitry Dame de Warnicamp.	CHARL. DE LA BAWETTE Epousa Marie le Cornet.

JACQUES DE LA BAWETTE Sgr. de Warnicamp, Epousa Anne-Cath.-Philip°. de Gouy-d'Arcy.	MAR.-FRANÇOISE DE LA BAWETTE Epousa Mess. Jean-Franç.-Fréderic Columbanus.	CHARLES-ALB.-FRANÇOIS DE LA BAWETTE, Epousa Anne-Marie de Cruyninghem.
JACQUES-ADRIEN DE LA BAWETTE Sgr. de Warnicamp, Epousa Dorothée-Phil. de la Bawette.	CATHERINE-FRANÇ. COLUMBANUS Epousa Mess. Jacq.-Dieudonné-Jos. d'Onyn Lieut. Colonel, Sgr. de Chastre.	CHARLES-JOSEPH DE LA BAWETTE Epousa Marie-Thérèse Van de Velde.
ADRIEN-FRANÇ.-JOS. Baron de la Bawette Sgr. de Warnicamp, Epousa Anne-Françoise Baronne de Vdekem-Gentinnes.	JACQUES-FRANÇ.-JOS. D'ONYN Sgr. de Chastre, Epousa Mar.-Cath. de Herckenrode.	HIÉRONIM.-ISAB.-THÉR. DE LA BAWETTE Epousa Mes. Charl.-Chret.-Jean de Spoelberch.

CHARLES-GHISLAIN-JOS. Baron de la Bawette.	GÉRARD XAVIER JOSEPH D'ONYN Memb. du C[ps]. Législatif.	MAX.-JOSEPH. D'ONYN Ep. Jacq.-Franç. Baron d'Udekem-d'Acoz.	JEAN-CHARLES-LAURENT DE SPOELBERCH Ep. Henriette-Marie-Philipp.-Ghislaine d'Olmen.

CHARLES-GHISL.-JOS. Baron de la Bawette dernier hoir mâle de sa Maison. testa à Maestricht en 1784, Epousa Marg.-Julie Cordier de Roucourt.	Un garçon et deux Demoiselles de Vdekem d'Acoz.	Deux fils Cheval[rs]. de Malthe par Patentes du quatre Août 1794.

Je reconnais ici combien il est dangereux de ne travailler que sur des manuscrits, des notes de Famille, sans voir les preuves. Le crayon qui précède dit que Phil.-Ghisl.-Jos. Baron de la Bawette, dernier hoir mâle de sa Maison, est fils de Charles-Ghislain et petit-fils d'Adrien-François : que cet Adrien-François serait fils de Jacques-Adrien et de Dorothée-Phil. de la Bawette. Ceci est contradictoire avec un autre crayon généalogique qui se trouve chez M. de Spoelberch, dont le père a épousé l'héritière de la Maison de la Bawette. Ce dernier crayon, que je donnerai ci-après, dit que Charles-Ghisl.-Joseph dernier de l'ancienne Maison de la Bawette est fils de Jacques-Adrien et de Dorothée-Phil. de la Bawette : que ce Charles-Ghisl.-Joseph fit son Testament à Maestricht en 1784. Voici ce Testament en entier :

,, Cejourd'hui 12 Septembre 1789 par-devant moi André Ruyters Notaire Public admis et résidant à Maestricht et les Témoins ci-après dénommés fut présent *très-Noble Illustre Seigneur Messire CHARLES-GHISLAIN-JOSEPH BARON DE LA BAWETTE Chevalier de droit et Commandeur de l'Ordre Chapitral D'ANCIENNE NOBLESSE, Conseiller d'Etat Intime de la Sérénissime Maison de Holstein-Limbourg, Maréchal de la Cour de Son Altesse Sérénissime Monseigneur le Prince de Limbourg-Styrun-Holstein*, demeurant maintenant en cette Ville, lequel Seigneur Comparant gisant au lit malade de corps, cependant sain d'esprit, mémoire et entendement, ainsi qu'il est apparu à moi Notaire et témoins, et considérant qu'il n'y a rien de si certain que la mort ni de si incertain que son heure, conséquemment craignant d'être prévenu avant que d'avoir pensé au Salut de son Ame et disposé des biens qu'il a plu à Dieu de lui départir en ce monde, a fait dicter et nommer à moi Notaire et Témoins son présent Testament et Ordonnance de dernière volonté en la manière qui en suit.

,, Premièrement comme Chrétien Catholique a recommandé son Ame à Dieu le Créateur Père, Fils et St. Esprit, suppliant sa Divine Bonté qu'il lui plaise par le mérite de Son Fils unique Jesus-Christ notre Sauveur et Rédempteur et de tous les Saints la placer quand elle sortira de son corps au Royaume des cieux et la recevoir au nombre des Bienheureux.

,, Désire et Ordonne que son corps soit inhumé en l'Eglise des RR. PP. Dominicains de cette Ville et qu'en Mémoire perpétuelle il soit placé dans ladite Eglise *une Pierre quarrée de marbre blanc sur l'un ou l'autre pillier*, cette Pierre devant avoir la hauteur de trois pieds et deux et demi de largeur, avec cette Inscription : *Ici gît Noble et Illustre Seigneur Messire Charles-Ghislain-Joseph de la Bawette, Commandeur de l'Ordre Chapitral d'ancienne Noblesse, dernier de son Nom. — R. I. P.* — Sur le devant de la pierre devront être gravées les Armes du Sgr. comparant avec la date de son décès. Et quant à la Pompe de ses Funérailles et Enterrement, le Sgr. Testateur l'a laissée à la volonte et discretion de son Exécuteur Testamentaire ci-après à nommer, lequel il prie d'en faire son devoir de la façon la plus honnête, en faisant dire pour le soulagement et repos de l'Ame du Sgr. Testateur le plutôt possible après son trepas *quatre cent messes basses* dont cent cinquante dans ladite Eglise des Dominicains et le reste

„ seront répartis entre différentes Communautés de cette Ville, à douze sols chaque Messe.

„ Donne et lègue le Sgr. Comparant à *son Domestique Joseph de Haf* une année de gages et toute sa garde-robe, hormis trois habits complets, savoir : un de velours cramoisi, un de soie brune et un uniforme, douze chemises garnies et deux douzaines de mouchoirs blancs.

„ Donne et lègue le Sgr. Comparant à *Madame Chanraine Queleries épouse du Seigneur Louis-Alexandre Comte de Calonne Beaufayt, demeurant à Douai*, dix écus argent de France, pour un souvenir et pour la reconnaitre.

„ Donne et lègue le Sgr. Testateur à *Mademoiselle la Baronne de Gentinnes, Dame du très-Illustre Monastère de Herkenrode*, par forme d'aumône, *une rente viagère de douze louis d'or et demi*, due par le Sieur Diverchon, demeurant à Bavay en Hainaut et hypothéquée sur sa maison et héritages situés rue des Juifs en ladite Ville de Bavay.

„ Donne et lègue le Seigneur Comparant à *Philippe-Joseph Cambier* demeurant à Bavay, une somme de six louis d'or une fois. Et quant au résidu de tout et chacun ses autres biens-meubles et immeubles, droits et actions présens et à venir, y étant compris les droits et actions sur l'Héritage jacent de feu *M. et Dame Ghodemart décédés à Mons*, ledit Seigneur Testateur a nommé et institué son HERITIERE UNIVERSELLE *Mme. Marie-Josephe Maufroid, fille de M. Gaspar Maufroid et de Mme. Marie-Thérèse Richard, native de Sivry* en Hainaut, en récompense de ses longs et fidèles services qu'elle a bien voulu rendre au Seigneur Testateur pendant ses maladies, qui ont été fréquentes, comme aussi pour son fidèle maniement dans les affaires domestiques du Sgr. Testateur, lequel se trouve obligé d'en faire mention par celle-ci en faveur de la vérité.

„ Sauf néanmoins de l'usufruit des biens-fonds ou immeubles compétant à MADAME MARGUERITE-JULIE CORDIER DE ROUCOURT EPOUSE DU SEIGNEUR TESTATEUR pour sa vie durant, en vertu du Traité Ante-nuptial passé au Château de Roucourt le onze de Mai mil sept cent soixante-douze, par-devant M. F. J. Evrard Notaire Royal, assignant le Sgr. Comparant pour paiement de ses Funérailles et Enterrement et des dettes qui se trouveront à son décès un capital de quatre mille et deux cent livres argent de France, affecté sur la Terre et Seigneurie d'Oth, dont le Sgr. Testateur peut disposer ensuite du consentement donné par Madame sadite épouse depuis cinq à six mois. Et pour exécuter et accomplir le present Testament, le Seigneur Testateur a fait et nommé son *Exécuteur testamentaire Monsieur F. G. Durant, Lt. Colonel au Service de l'Etat*, lui priant de vouloir s'en charger et de lui rendre ce dernier témoignage d'amitié, avec pouvoir de substituer une personne de confiance en cas de besoin, donnant audit Monsieur Durant ou son Substitué tout et tel pouvoir et autorité que suivant les Lois et Coutumes appartiennent à cette qualité.

„ De tout le prescrit le Seigneur Comparant ayant eu lecture, il déclare ceci être sa plus expresse et dernière volonté, ordonnant qu'elle sorte les effets soit par forme de Testament, Codicile, Donation à cause de mort, ou de telle autre manière que selon Lois et Coutumes elle pourra le mieux subsister, laissant le Seigneur Comparant pour l'entretien du Pont de la Meuse un écu et à la Fabrique de St.-Lambert à Liége un sol, avec consentement après sa mort dans la réalisation où besoin sera et constitution à cet effet sur tout porteur; déclarant le Seigneur Comparant en outre qu'il doit audit Monsieur Durant quinze louis d'or, argent prêté, laquelle somme il veut que son Héritière lui rembourse le plutôt possible, au cas que cette dette ne fut pas acquittee avant son décès.

„ Ainsi fait et passé à Maestricht en date que dessus, dans la maison du Sieur la Rose sise au Vryhof. Présens Messieurs Henri Holtshausen, Médecin, et Pierre Nivar le jeune, Bourgeois de cette Ville, Témoins requis, lesquels, avec le Sgr. Testateur, ont signé l'Original écrit sur papier timbré de deux florins, ayant le Sgr. Testateur apposé à sa Signature le Cachet de ses Armes en cire rouge, et de suite remis en mains de moi Notaire, qui lui attaché à la grosse. Ce que j'atteste ».

Etait signé AND. RUYTERS. 1784.

C'est ainsi que finit la Maison de la Bawette par le dernier Hoir mâle dont je viens de donner le Testament. Il faut s'occuper à présent de la dernière Heritière de cette même Maison, Hiéronyme-Isabelle-Thérèse de la Bawette née le 30 Mai 1719, épouse de Chrétien-Jean de Spoelberch Chev. Sgr. de Lovenjoul, Auditeur de la Chambre des Comptes de S. M., Chevalier de l'Ordre Militaire du Christ. L'ancienneté de ces deux conjoints a éte prouvée dans les personnes de Jean-Baptiste-Louis et Alexandre de Spoelberch leurs petits-fils, reçus Chevaliers de Malthe par Patentes du 4 Août 1794. On a reconnu que Hiéronyme-Isabelle-Thérèse de la Bawette était fille de Charles-Franç.-Joseph de la Bawette et de Marie-Jacq.-Thérèse Van de Velde Melroy, fille de Melchior Chev. et de Régine-Caroline de Villegas. Ce Charles-Franç.-Joseph de la Bawette avait épousé 2°. une Wouters dont la fille était la mère de M. d'Vdekem d'Acoz époux de Mme. d'Onyn de Chastre, dont voici les 32 Quartiers :

D'Vdekem, de Veve, de Nobily, d'Ursel.

De Marotte, d'Offignies, d'Enghien-d'Havrech, de Huy.

De Borlé, d'Ancillon, de Portugal-de-Fraypont, de Corswarem.

Thoma, Dynsbrich, de Berckel, Creusen de Creusenberg.

De la Bawette, de Dyon, de Cornets de Stomont, de Camorra.

De Cruyninghen, Van Winde dit Linden, de Wely-d'Holede, de Voel.

Wouters de Wattes, Kegele, de Baenst, de Boxhorn.

De Flemale de Chocquier, de Sart dit Helman, de Liverloo, de Wez.

La Carte généalogique de la Maison de la Bawette qui est chez M. Spoelberch donne les Ayeux suivans à Hiéronyme-Isabelle-Thérèse de la Bawette, ainsi qu'ils ont été prouvés à Malthe.

PERE. Charles-François-Joseph de la Bawette succéda à la Maison Féodale de la Bawette par le décès de son Ayeule. Il la releva le 26 Janv. 1736. Il épousa 1°. en 1718 Marie-Jacq.-Thérèse Van de Velde-Melroy, fille de Melchior Chev. et de Régine-Caroline de Villegas. *Voyez Carte de Goubau, page* 238.

AYEUL. Charles-Albert de la Bawette Capit. d'Infanterie né en 1643, mort le 5 Août 1676, enterré en l'Eglise de Wavre, épousa Marie-Anne de Cruyninghen fille de Gérard et de Cath. de Wely. On trouve dans le 1er. volume de cet Ouvrage des Titres de cette Maison aussi ancienne, aussi illustre que Brederode, Egmont, Arckel. Un de Cruyninghen a été Chev. de la Toison-d'Or.

BISAYEUL. Charles de la Bawette Ecuyer, Capitaine au Service de S. M. C. réédifia la Maison Féodale de la Bawette en vertu du Fidei-Commis ordonné par le Testament de son père. Il mourut le 20 Septembre 1676, comme le prouve son Blason funèbre exposé en l'eglise paroissiale de Wavre. Il avait épousé Marie-Barbe de Cornet dernière de cette Famille qui portait 6 cornets, 3, 2, 1.

Ses frères et sœurs étaient :

1. Cath. de la Bawette née en Septembre 1610, épouse d'Antoine Huwalet Sergent-Major au Service de S. M. C., mort le 6 Mars 1675.

2. Marguerite de la Bawette née le 3 Janvier 1613, épouse d'Antoine de Cocq, Enseigne au Service de S. M. Cath.

3. Anne de la Bawette née le 24 Janvier 1614, épouse de Jean de la Vallee. Elle mourut le 14 Janvier 1677.

4. Renier de la Bawette Ecuyer Sergent-Major du Régiment du Comte de Hornes, au Service de Philippe IV, époux de Marie de Vitry, Dame de Warnicamp, dont postérité.

5. Jean de la Bawette né le 12 Décembre 1617.

6. Jacques né le 20 Avril 1620, Cornette, assassiné le 30 Mai 1666, gît en l'Eglise de Wavre avec ses Armoiries.

7. Etienne, Cornette, né le 25 Janvier 1623.

8. Philip. de la Bawette née le 23 Mars 1626 épouse de Théodore de Romenville, Capitaine au Service de S. M. C.

10. Jeanne de la Bawette née le 11 Juillet 1629, épouse 1°. de Jean Columbanus Docteur et Recteur de l'Université de Padoue. 2°. Jean-Baptiste Vecquemans Docteur en l'université de Louvain.

TRISAYEUL. Charles de la Bawette Ecuyer, mort le 5 Octobre 1633 inhumé à Wavre avec Quartiers, ep. Françoise de Dion.

QUARTAYEUL Jean de la Bawette Ecuyer reprit les Armes pleines de sa Maison, ce qu'on voit dans l'Eglise de Basse-Wavre où il gît. Il ép. Anne Frerart en 1612. Sa sœur Marg. épousa Jean Husselet Echevin et Capitaine des Bourgeois de Louvain. Deux autres frères moururent à Ath.

QUINTAYEUL. Pierre de la Bawette Ecuyer releva la Maison du Sgr. de Wavre en 1536. Gît en la Paroisse de Wavre. Il épousa Catherine de Huy fille de Robert, comme conste du Contrat Ante-nuptial.

Ses frères et sœurs sont :

1. Jean de la Bawette Ecuyer reçu parmi les Nobles de Namur comme issu d'une Ancienne et Chevalereuse Famille par Decret des Députes Nobles des Etats de cette Province. Il épousa Jeanne de Vaulx, Dame Dassche au Refay. Leur Testament est du 15 Août 1551.

Voici le Décret des Députés de la Noblesse des Etats de Namur.

« A SON EXCELLENCE D'AIGUEMOND Prince de Gavre, Chevalier de l'Ordre, Gouverneur Général de Namur.

» Remonstre en due révérence JEAN DE LA BAWETTE *Ecuyer combien Lui et ses Prédécesseurs Père* Ave et Abave *aient été mandé aux Etats de ce Pays et Comté comme Gentilhomme qualifié et sortis de Noblesse sans aucune tache vilaine ni de bâtardise quelconque*, comme estant très-notoire que les proches Parens et Alliés tant du côté paternel que maternel de Lui et de sa Compagne soient pourvus en Cloîtres d'Andenne, Moustier et ailleurs, tenus moins à la convocation des Etats dernièrement faite en cette Ville n'aurait été mandé avec les autres Gentilshommes dudit Pays, encore qu'il ait la plupart de ses biens en divers Villages qu'il tient, tant par ses Domestiques que par Censiers, Cause pourquoi supplie qu'il plaise à Votre Excellence donner ordre à ce subjet la première Assemblée ou sinon dire les raisons pourquoi il ne doit être mandé avec les autres de sa Qualité.

» Pour justification du Narré que dessus, le susdit Suppliant fait déclaration de ses quatre Quartiers Paternels et Maternels ensemble de ceux de son Epouse, et pour les deux paternels ratification de la Justice de Louvain de l'an 1535 estant les uns assez cognus ensemble comme Lettre missive envoyés à son feu Père employant icelle à lui depuis exceptés qui sont des ventes presles.

» *Soit montré aux Députés des Etats. Fait à la Cour ce 18 Octobre 1600. LES SIEURS DYVE, DE FLORINNE et DE CRUPET Députés des Nobles, disent et déclarent que le susdit Suppliant at toujours esté réputé pour Noble comme procédant d'ancienne Noblesse et par ainsi mandé comme ses Prédécesseurs aux Estats avec les autres Seigneurs et Gentilshommes de ce Pays et Comté.* Jusque a l'entrée de Son Excellence Daigmont au Gouvernement dudit Pays. Fait à Namur le 25 de Janvier 1602. » Par Ordonnance des susdits Sgrs. » Députes.

Etait signé HANNEKAERT. 1602.

Pour extrait conforme à son Original; ce que j'atteste.

Etait signé LAMBERT OGIER Not. Publ. résidant à Liége.

Ce Jean de la Bawette laissa pour enfans Jean de la Bawette Sgr. d'Assche en Refay époux de Jeanne de Vaulx d'Avenne, fille unique et Hérit. de N. Sgr. Guill de Vaulx Sgr. d'Avenne et d'Anne Pottiers. Elle décéda le 2 Mai 1629 et gît en l'Eglise St.-Christophe au Faubourg d'Avroit-lez-Liége Il eut aussi pour fils Renier de la Bawette Gentilhomme des Etats de Namur, dont les enfans sont 1. Charles de la Bawette Ecuyer Sgr. d'Assche en Refay et d'Asserville, mort le 20 Janvier 1630 2. Jean de la Bawette, Ecuyer Sgr. d'Olay et Grantaxbe, reçu à l'Etat Noble de Liége le 19 Mai 1622, mort le 26 Janvier 1632. Il avait épousé Marie de Heyenhoven Chanoinesse d'Andenne, morte le 7 Mai 1653, gissent audit St.-Christophe.

2. Bartholomée mort sans alliance. Il assista au mariage de son neveu avec Anne Frerart.

3. Renier de la Bawette Ecuyer ép. Isabeau de Montjardin. Elle était veuve en 1662. Ils eurent pour enfans 1. Bartholomée qui de Cath. Huwelet eut Bartholomée et Marg. épouse de Jean Huwelet. 2. Rose. 3. Jeanne. 4. Marguerite.

4. Barbe de la Bawette épouse de Jean de Verlaine Liégeois d'origine.

5 et 6. Cath. et Anne de la Bawette.

SEXTAYEUL. Renier de la Bawette Ecuyer est cité dans le Contrat de Mariage de son fils Pierre de la Bawette avec D. Cath. de Huy, passé par-devant Martinus Everard Notaire le 20 Octobre 1512, et dans les reliefs de la Maison de la Bawette par ledit Pierre. Il épousa Elisab. Van der Hoffstadt fille de Jean d'une ancienne Famille Noble Chevalereuse et Militaire Patricienne de Louvain, issue de celle de Rhodes.

SEPTAYEUL. Bartholomee de la Bawette Ecuyer vers 1430, tint sa résidence en sa Maison de la Bawette mouvante en plein Fief des Seigneurs de Wavre au Wallon-Brabant et possédée par ceux de ce Nom, comme se vérifie des Registres des Fiefs appartenant au Seigneur de Wavre faisant mention, fol. 31, d'un Wautier de la Bawette vivant en 1329. Il avait épousé une D. de la Famille de Malfier.

On m'a confié les Epitaphes suivantes :

1re. EPITAPHE. Cy gist Noble Pierre de la Bawette que Dieu absoult. Il trespassa en l'an M. D. XLIX. XX Décembre et par ensemble Damlle. Catherine de Huy sa femme que Dieu pardonne. Elle décéda l'an XV c. On y voit ces 4 Quartiers :

La Bawette, Malfier, Van der Hoffstadt, Roelofs.

2me. EPITAPHE. Cy gist Noble Homme Charles de la Bawette en son temps Seigneur à Assurville, qui décéda de ce Monde le XX de Janvier XVI c. XXX. Priez Dieu pour son âme. Voici les Quartiers :

La Bawette, Hoffstadt, Vaulx, Tenremonde.

Vaulx, Fumal, Pottiers, Warissoulx.

3me. EPITAPHE. Cy gist feu Noble Dame Jeanne de Vaulx dernière de sa Maison, relicte de feu Noble Homme Jean de la Bawette, laquelle décéda de ce Monde le 2 de Mai de l'an XVI c. XXIX. Avec ces Quartiers :

Vaulx, Bairlaimont, Fumal, Ursel.

Pottiers, Clocquier, Warissoulx, Holdigne.

4me. EPITAPHE à *Huy*. Ici gist très Noble Dame Cécile de la Bawette Dame Douagère de Frizel, qui trépassa le 30 Avril 1668, Relicte de très-Noble Homme Jean de Pinchart, vivant Seigneur dudit Frizel. Et très-Noble Dame Marie-Charlotte de Pinchart leur fille, Relicte de très-Noble Philippe d'Anvin, vivant Seigneur de Burdine, laquelle trépassa le 16 Janvier 1708. Les Quartiers sont :

La Bawette, Malfier, Hoffstade, Roeloff.

Vaulx, Cerf, Termonde, Berghe.

Vaulx, Berlaimont, Fumal, Limette.

Pottiers, Clochir, Warizou, Holloigne.

5me. EPITAPHE. Attestation de la Sépulture de Noble Seigneur Charles-Joseph-François de la Bawette du 23 Août 1739, et de Noble Dame Marie-Thérèse Van Velde son épouse, du 18 Juin 1720, avec ces Quartiers :

De la Bawette, de Cornet, Van Cruyninghen, de Wely.

Van Velde, Cortbemde, Villegas, Van Ophem.

« A LA REQUISITION DE Mme. LA DOUAIRIÈRE DE SPOELBERCH NEE DE LA BAWETTE etc. etc.

» Je soussigné Notaire admis au Conseil Souverain de Sa Majesté ordonné en Brabant, residant en la Ville et Duché de Wavre, Corswarem, Looz, au Wallon-Brabant, me suis transporté ce jourd'hui dans l'Eglise de Notre-Dame de Wavre en lieu nommé à présent Bas-Wavre et m'étant avancé dans le grand Chœur de ladite Eglise j'ai vu et trouvé dans le pavement dudit Chœur devant le grand Autel une grande Tombe ou Pierre Sepulchrale avec les Inscriptions et les Quartiers tout à fait conformes à la pièce ou figure y attachée, contenant dans le milieu de mot à mot : *Sépulture de Noble Seigneur Messire Charles-Joseph-François de la Bawette qui mourut le 23 Août 1739, et de la Noble Dame Marie-Jacqueline-Thérèse Van Velde sa Compaigne qui mourut le 18 Juin 1720. — R. I. P.* — » A côté gauche sur la même Tombe sont les Armoiries de la Bawette, de Cornet, de Van Cruyninghen et de Wely. Au côté droit, toujours sur la même Tombe, sont celles de Van Velde, de Cortbemde, de Villegas et de Van Ophem. Par-dessus sont celles de la Bawette et de Van Velde, ayant au-dessus un Héaume surmonté d'un Homme couronné, comme le tout est figuré dans la pièce ci-jointe qui est tout-à-fait conforme à ladite Tombe ou Pierre Sépulchrale. En foi de quoi en témoignage de tout ceci j'ai signe la presente ce 11 Mars 1773.

Signé J. B. BOUQUEAU *Not. Publ.* 1775.

Voici, par ce qui précède, l'héritière de la Bawette mariée de Spoelberch. Je donne une Carte qui prouve que les deux Maisons étaient égales en Ancienneté et en Alliances. ANCIENNETE, un Acte de 1396 le prouve. Il fait connaître que Wautier de Spoelberch époux d'Emilie à la qualification de *Nobilis Vir* et qu'il était Seigneur du Château de Spoelberch, qu'il était Chevalier, qu'il était père de Henri également Chevalier et de Jean Chanoine Régulier de Ste.-Gertrude. Qu'Emélie 1ere. épouse de Wautier Sgr. du Château de Spoelberch était fille de Fréderic de Scheerenberg : que ledit Chev. Wautier a épousé 2e. Cath. de Rode fille de Guillaume Chevalier. ALLIANCES. La 8e. colonne de la Carte généalogique que je donne fait connaître que Fréderic de Spoelberch Chevalier a épousé le 12 Janvier 1626 Agnès de Grimalde de Morazana fille de Simon, *(fils de Jean-Baptista élu Duc de Gênes)* et de Madelaine de Joigny de Pamele. FILLE de très-illustre Seigneur Jean de Blondel-Joigny de Pamele Ecoutette de Bruges, Sgr. de Castre, Gothem et de Jacqueline Van de Cauwenberg fille de Pierre Ecuyer et de Livine Mesdach ;

PETITE FILLE d'Adolphe et de Madelaine Van den Heide Fille du Vicomte de Vive. Que ledit Adolphe était arrière-petit fils d'Oudard de Blondel Baron de Pamele, Ber de Flandre. De sorte que du chef de Grimaldi les Spoelberch appartiennent à un grand nombre de Maisons Souveraines de l'Europe et du chef de Blondel-Joigny de Pamele à une très-grande partie des plus anciennes et des plus illustres Maisons de la Belgique.

ÉPITAPHE A L'ABBAYE DE LA THURE

DE MESSIRE CLAUDE DE CARONDELET,

ET DE DAME JACQUELINE DE JOIGNY, DITE DE PAMELE,

SŒUR D'ANNE DE BLONDEL-JOIGNY DE PAMELE, CHANOINESSE A MONS.

Ci-Gist Messire CLAUDE DE CARONDELET Chevalier Seigneur de Solre-sur-Sambre et d'Arveny Conseiller Chambellan et Chief de Conseil de l'Empereur Charles Ve. Roy des Espaignes en les Pays de Pardecha et son Bailli d'Aumon au comté de Bourgne lequel trépassa le dernier jour de Mai l'an 1518.

Et Dame JACQUELINE DE JOIGNY dite de Pamele son Epouse Dame de susdits lieux laquelle termina vie par mort le 16 de Septembre 1558.

POSTÉRITÉ DE MESSIRE CLAUDE DE CARONDELET,

Epoux de JACQUELINE BLONDEL *dite* JOIGNY DE PAMELE*, dont l'Epitaphe précède.*

Mess. CLAUDE DE CARONDELET Epousa Jacquel. Blondel dite Joigny de Pamele D. d'Honneur à la Reine de Castille.	Mess. GUILLAUME DE MÉRODE Sgr. de Rumen, Epousa Jeanne Van der Aa.	Mess. PIERRE D'ESCLAIBES Epousa Jeanne Rogier de Hory.	Messire MICHEL DE LA HAMAIDE Sgr. de Cherens, Epousa Anne de Wingle.	Mess. CHARLES DE LOUVERVAL, Sgr. et Baron de Lapré, Epousa Anne Rovillée.	Messire NICOLAS DESPLANQUES Epousa Jacqueline Destocq.	Mess. JEAN II MANESSIER Epousa Antoinette le Roy-St.-Lande.	Mess. LOUIS I DE VILLERS Sgr de Liancourt, Epousa N. du Fresne.
FÉRY I DE CARONDELET, Gouvern d'Avesnes Châtelain d'Ath, Epousa Cath. d'Esne Dame de Marcq.	GUILL. DE MÉRODE Sgr. de Rumen, Epousa Catherine de Bawers Dame de Gutrupont.	GEORGES I D'ESCLAIBES, Sgr. de Bruels, Clairmont, Epousa Marie de Villers au Tertre.	CLAUDE DE LA HAMAIDE, Sgr. du Fay, Epousa Marguer. de Beauffremez.	JACQUES DE LOUVERVAL Sgr. de Barchelin, Epousa Catherine Daneux.	JEAN DESPLANQUES Chev. du St.-Sépulchre de Jérusalem, Epousa Chrétienne Lievart.	G. MANESSIER Epousa Jacquel. Lefebvre de Caumartin.	L. DE VILLERS, Epousa M. Gonnet Dame de Rousseville.
JEAN DE CARONDELET Baron de Potteles tué au Siége de Tournay en 1584, Epousa M. d'Horion, D. dudit lieu.	RICHARD DE MÉRODE Sgr. de Rumen Souverain Mayeur de Liége, Epousa Nicole de Berlo.	ADRIEN D'ESCLAIBES Sgr. de Clairmont, Epousa Marguer. de Hornes Dame de Coeghem.	NICOLAS DE LA HAMAIDE Epousa Catherine de Haynin.	PHILIPPE DE LOUVERVAL, Sgr. de Barchelin, Epousa Jeanne d'Oppé.	ROGER DESPLANCQUES Epousa Bonne de St. Vast.	JEAN III MANESSIER Epousa I. de Georgette.	LOUIS DE VILLERS Sgr. de Rousseville, Epousa Catherine de Suchy.
FERRI II DE CARONDELET, Chev. de Cour à Mons, Baron de Pottelles, Epousa Michelle de Goegnies Dame de Baudignies.	JEAN DE MÉRODE Sgr. de Rumen Grand et Souverain-Mayeur de Liége en 1601, Epousa Constance de Linden.	GEORGES II D'ESCLAIBES, Sgr d'Amerval, d'Agy, Epousa Isabelle de la Hamaide.	FÉRY DE LA HAMAIDE Chevalier Sgr. du Fay, Ogimont, Epousa Agnès de Marnix.	PHILIPPE II DE LOUVERVAL Sgr. de Barchelin, Jouvency, Epousa H. de Creton.	PIERRE DESPLANCQUES Seigneur de Villers-au-Flos, Epousa Marie le Rien.	MICHEL I DE MANESSIER Epousa I. de Holland.	FRANÇOIS DE VILLERS Sgr. de Rousseville Epousa Franç. Destocq.
FERRY III DE CARONDELET, Baron de Pottelles.	ANNE-MARG. DE MÉRODE, Chanoinesse. à Munsterbilsen	NICOLAS D'ESCLAIBES Sgr. d'Amerval.	AGNÈS-THÉRÈSE DE LA HAMAIDE.	JEAN-PHIL. DE LOUVERVAL Chev. Sgr. de Villers-au-Flos de Barchelin.	CATH. DESPLANCQUES.	MICHEL II DE MANESSIER Chev. Sgr. de Maison Capit. de Cav.	CATHER. DE VILLERS.

CHARL.-NIC. DE CARONDELET Chev. Baron de Pottelles, Sgr. de Beaudegnies, Capelle.	ADRIENNE-THÉRÈSE-ROBERTINE D'ESCLAIBES Dame de Vantouzel.	PIERRE-FRANÇ. DE LOUVERVAL Chev. Sgr. de Villers-au-Flos de Barchelin.	MAXIMILIENNE DE MANESSIER.

CHARLES-MAR. DE CARONDELET Chev. Sgr. de Beaudignies, Capelle etc.	MAXIMILIENNE-THÉRÈSE DE LOUVERVAL.

Dame MARIE-MICHELLE DE CARONDELET-POTTELLES née le 28 Octobre 1746, reçue au Chapitre de Denain le 31 Juillet 1758.

POSTERITÉ des mêmes pour y remarquer l'Alliance des CARONDELET-POTTELLES avec CARONDELET-NOYELLES.

Mess. CLAUDE DE CARONDELET Sgr. de Solre-sur-Sambre, Pottelles, fils de Mess. Jean de Carondelet Chev. Sgr. de Champvant et de Marg. de Chassey.	JACQUEL. DE BLONDEL, fille de Messire Josse de Blondel Chev. Baron de Pamele, Templeuve Tourcoin, Offemez etc. et de D. Jossin. de Rockegem D. de la Heyde, Kerkonette.	Mess. ANT. D'ESNE Chev. Sgr. de Marcques fils de Mess. Gerard d'Esne Chev. et de Dame Jeanne de Trazegnies.	ADRIENNE DE BOURNONVILLE fille de Mess. Louis Chev. Sgr. de Bournonville Baron de Leaume et de Dame Claire de Beauvoir.	Messire MICHEL de la Hamaide Chev. Sgr. de Ronsart fils de Mes. Jacq. de la Hamaide Chev. Sgr. de Cherens et de Michelle de Croix dit Drumez Dame de la Vechten.	ANNE DE WAVRIN dite de Wingle, fille de N. de Wavrin Chevalier Sgr. du Mesnil et de Dame Jacqueline de Remy.	Mess. PIERRE DE BEAUFFREMEZ Chevalier Sgr. de Haillu fils de Messire Jean de Beauffremez et de Dame Catherine de Cacherie.	ISABEAU RUFFAULT fille de Mess. Jacques et de Dame Marie Carlin.

Messire FERY DE CARONDELET Chev. Sgr. de Pottelles, etc., Gouverneur d'Avesnes, Châtelain d'Aath.	Dame CATHERINE D'ESNE, Dame de Marcques.	Messire CLAUDE DE LA HAMAIDE, Chev. Sgr. de Ploich, Fay, Vechten, etc.	Dame MARGUERITE DE BEAUFFREMEZ.

Messire FERRY DE CARONDELET, Gouverneur de Menin, Capitaine du Régiment Viel de Reaty.	Dame MARIE DE LA HAMAIDE Dame de Plouich, Fay, etc.

Dame MARIE DE CARONDELET Héritière de Plouich, etc. Epouse de Messire George de Carondelet Chev. Baron de Noyelles, Sgr. de Hestre, Hayne, Gouverneur de la Ville et Châtellenie de Bouchain, Député des Etats de Hainaut.

CHARLES DE CARONDELET Ecuier reçu, le 2 Juillet 1630, Page l'Empereur Ferdinand II par les preuves ci-dessus.

ÉPITAPHE A SAINT-AUBERT A CAMBRAY

De Messire JEAN DE LA MOTTE-BARAFFLE, *Baron d'Havraincourt, Membre de la Noblesse des Etats d'Artois* (frère de François, Seigneur de Bourquembray, Membre de la Noblesse des Etats de Hainaut) *époux de Marie de Bloudel.*

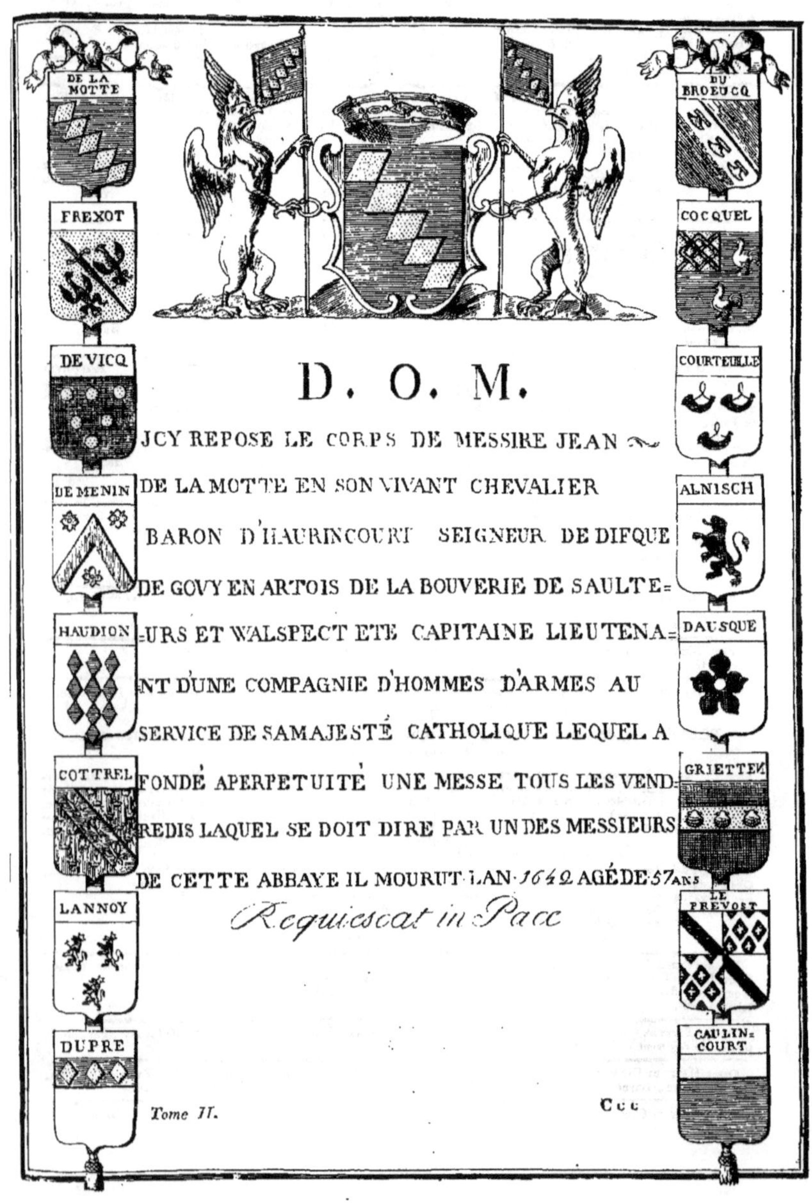

DE LA BAWETTE *avec Hofstadt.* Je parlerai encore de cette Maison. Renier de la Bawette Ecuyer, père de Pierre qui épousa Catherine de Huy en 1412, était le Sextaïeul de Hiéronyme-Isabelle-Thérèse de la Bawette, née le 30 Mai 1719, épouse de Chrétien-Jean de Spoelberch, Chevalier. Pierre de la Bawette épousa Elis. Van den Hofstadt fille de Jean et d'une Dame de la Maison de Roelofs, d'une ancienne Famille Noble Chevalereuse et Militaire Patricienne de Louvain, issue de celle de Rhodes. M. le Comte de Cuypers a fait la preuve de l'ancienneté de la Maison de Van der Hoffstadt, ce qu'on voit par la Carte suivante attestée le 3 Octobre 1770 par le Notaire de Trez et le 22 Janvier 1772 par MM. de Locquenghien Chanoine de Tournay *(grand Généalogiste)*, de Doetinghen Echevin de la Ville de Bruxelles et le Baron de Romerswal.

Messire PIERRE DE CUYPERS fils de Daniel Ecuyer, petit-fils de Gilles, Epousa Noble Dame Marie Van der Hoffstadt fille d'Antoine Ecuyer, petite-fille de Jean.	Messire HUBERT-GIELIS-HUJOEL fils d'Erasme Ecuyer, petit-fils de Guillaume Ecuyer, Epousa N. D. Claire Macharis fille d'Adam Ecuyer, petite-fille de Judôc Ecuyer.
Messire DANIEL-FRANÇOIS CUYPERS Epousa Noble D. Jeanne-Marie Hamers, fille de Messire Jean et de N. D. Elisab.-Marguerite Dauman, fille de Pierre Ecuyer, petite-fille de Jean Ecuyer. Messire Jean d'Hamers était fils de Nicolas Ecuyer, petit-fils de Henri.	Messire GUILLAUME-FRANÇOIS GIELIS-HUJOEL, Epousa N. D. Jeanne-Marie-Pétron. Van Paepenbroeck, fille de Mess. Jean et de N. D Anne-Marie Fabri fille de Louis Ecuyer, petite fille de Louis. Messire Jean Van Papenbroeck était fils de Jean Ecuyer, petit-fils du Marc Ecuyer.
Mess JEAN-FRANÇOIS DANIEL DE CUYPERS.	Noble D. CLAIRE-JEANNE GIELIS-HUJOEL.

Messire JOSEPH-FERDIN. GHISLAIN Comte de Cuypers-de-Reymenam, Sgr. Banneret d'Alsingen de S'Hertogen, de Mayselwyck, de Walynesse, de Plettenbroeck etc. etc.

Lettres de décoration d'Armoiries accordées en 1695 à Dan.-Franç. Cuypers pour y remarquer l'alliance de Pierre Cuypers Cons. du Grand Conseil de Malines avec Marie Van der Hoffstadt.

« Charles par la Grace de Dieu Roi » de Castille etc. de la part de Notre » Cher et Bien Aimé Daniel-François » Cuypers Nous a été très-humblement remontré qu'il serait issu de » l'Ancienne et Noble Famille de » Cuypers originaire du Quartier de » Louvain, laquelle de tout temps se » serait maintenue dans la Religion » Catholique et dont seraient sorties » plusieurs Branches et aurait été alliées aux Familles Nobles des Pays-» Bas, et entre autres ses Prédécesseurs à sçavoir Henri Cuypers qui » aurait porté pour Armoiries *un ecu* » *au premier et quatrième d'or à une* » *trèfle de sinople pai tie pallé de gueu-* » *les et d'or de six pièces et coupé* » *d'azur à l'étoile de six pieces d'ar-* » *gent; au second et troisième d'ar-* » *gent à trois ondes ou fuces ondoyées* » *d'azur surmonte en chef de trois* » *merlettes de sable, et ledit écu sur-* » *monté d'un héaume d'argent grillé* » *et liseré d'or.* Cimier *une tête et col* » *de coq de sable, crété, barbé et al-* » *lumé de gueules entre un vol à* » *dextre d'or et à sinestre d'azur,* lequel Henri aurait épousé *Marie Van der Tommen* et en un fils nommé » *Jean-Marie* marié à *Isabeau de* » *Bruck* fille d'*Hilaire* et de *Jeanne* » *Quarré* dont le fils nommé *Guillaume* aurait épousé *Gertrude de* » *Blehem*, desquels serait issu *Gilles* » *Cuypers* marié à *Catherine Van der* » *Duynen* qui aurait eu un fils nommé *Daniel*, qui épousa *Cornille* » *Van Nieuwenhuyse*, lesquels auraient procréé deux fils, le premier » *Pierre Cuypers* père du Remontrant » Cons. du G[d]. Conseil séant à Malines, » et le second *Guillaume*, à present » Conseiller Pensionnaire de la Ville » et Province de Malines. Lequel » *Pierre* aurait épousé MARIE VAN » HOFFSTADT fille d'*Antoine* Sgr, » de Muyselwyck et d'*Anne Launain* » pareillement issue d'ancienne Noblesse. Lesquels Conjoints auraient » délaissé deux fils, l'aîné *Antoine-* » *Hyacinthe*, Seigneur dudit Muyselwyck, et le Remontrant *Daniel-* » *François Cuypers* dont les Ancêtres » paternels et maternels auraient rendu des signalés services à leurs » Princes Souverains Nos Augustes » Prédécesseurs, les ayant suivis tant » à la guerre qu'autrement. C'est pourquoi et s'évertuer davantage à l'exemple de ses Parens et Prédécesseurs, » il Nous a très-humblement supplié » que Notre bon plaisir fut de décorer le susdit Ecu de ses Armes avec » une Couronne d'or au lieu de Bourrelet, et pour tenans deux Tigres » tenant chacun une bannière à dextre aux Armes du premier et à senestre du second quart de son-» dit Ecu, et lui en faire dépêcher » Nos Lettres-Patentes en tel cas requises etc. Donné en la Ville de Madrid le 17 de Janvier 1695.

Messire Joseph-Ferdinand-Ghislain Comte de Cuypers était père de François Ghislain Comte de Cuypers dont la fille Anne-Françoise est épouse de Messire François-Guillaume-Antoine du Toict fils de Guillaume, à qui l'Empereur Joseph II a donné des Lettres Patentes le 10 Février 1786. On lit dans ces Lettres ce qui suit :

» Que voulant faire une attention » favorable à l'Ancienne Illustration » de cette Famille et eu égard aux » déclarations que le Conseil Provincial en Flandre et la Chambre Héraldique aux Pays-Bas ont faites sur » les Documens qui leur ont été administrés en forme authentique, » comme aussi prenant en considération les bons et fidèles services que » cette Famille a rendus à son Auguste Maison depuis son établissement sous sa Domination et Obéissance dans les Provinces Belgiques, » il déclare dans son Autorité Souveraine que les Lettres de Noblesse » accordées en 1768 à Guillaume du » Toict n'ont pu et ne pourront porter » aucun préjudice à leur Noble et Ancienne extraction ni à leur Titre » Héréditaire de Vicomte, ni au port » de leurs anciennes Armoiries. Et » que voulant donner audit François-» Emmanuel du Toict, *qui lui est* » *personnellement connu*, une marque ultérieure de sa Munificence » Royale il l'exempte par Grace spéciale du paiement de tous les Droits » Royaux quelconques qui seraient à » acquitter à la Caisse Royale à l'occasion de ces Patentes de DÉCLA-» RATION DE NON PRÉJUDICE » A LEUR ANCIENNE ILLUSTRA-» TION ».

On remarque dans ces Lettres que S. M. l'Empereur déclare *qu'il connait personnellement le Vicomte du Toict.* C'est une expression bien flatteuse et un témoignage très-honorable. Pendant le séjour que je fis à Vienne, j'entendis les éloges de M. le Vicomte du Toict souvent répétés par le Prince de Kaunitz qui en faisait beaucoup de cas par les connaissances, la bonne éducation, le maintien respectueux, sans bassesse, qu'il avait reconnus en lui.

Les mêmes Lettres disent que M. le Vicomte du Toict a obtenu une déclaration du Conseil Provisoire de Flandre. La voici :

« Nous Soussignés Conseillers Fiscaux de S. M. au Conseil de Flan-» dre certifions avoir examiné la Re-» quête presentée audit Conseil le 17 » Septembre 1784 pour Constantin-» Guillaume Joseph du Toict Seigneur » d'Oyvaernast et de Goechte, Eche-» vin actuel de la Ville de Courtrai, » et François-Emmanuel-Xavier-Jo-» seph du Toict, Seigneur de Triest, » frères germains et fils légitimes de » feu Guillaume-Jacques-Ignace du » Toict, vivant Seigneur de Triest, » Ackelghem et Beverwale, Premier » Conseiller Pensionnaire de la Ville » de Courtray, et de Dame Jeanne-» Xavière le Monnier, Dame de Ter-» Hamme, tendante afin de pouvoir » jouir du Titre Héréditaire de Vi-» comte dans les Pays de Sa Majesté » l'Empereur et Roi, et trouvé tant » par ladite Requête que par les Piè-» ces, et Titres y joints que lesdits » Sieurs du Toict sont issus en ligne » directe et legitime de Messire Léo-» pold Vicomte du Toict, *alias* del » Tecto, originaire du Royaume d'Es-» pagne, et de Dame Louise de Basth » leurs Sextaïeul. En foi de quoi Nous » avons délivré cette présente Décla-» ration munie du Cachet de Nos ar-» mes. A Gand ce 29 Janvier 1785. » Ont signé L. MAROUX-D'OPPRACLE et » B. DE HAVESKERKE. »

Je donnerai plus tard de plus amples détails des Familles de Cuypers et de du Toict, et auxquelles je désire être utile.

PREUVES REÇUES A MALTHE *de Messire* CHARLES-JOSEPH DE BLONDEL-BEAUREGARD *en* 1745. — *Filiation des* BLONDEL-CUINCHY, BLONDEL-BEAUREGARD, BLONDEL-DRUHOT, BLONDEL-JUIGNY DE PAMELE.

1. Extrait de Baptême de Charles-Joseph Blondel, du 7 Février 1744.

2. Bref du passage de minorité, du 10 Mars 1745, par Emmanuel Pinto.

3. Quittance de Finance donnée par Religieux Seigneur Frère Henri-Paul de la Luzerney de Beuzeville, Chevalier de St. Jean de Jérusalem, Commandeur de Loizon, Procureur et Receveur-Général dudit Ordre au Grand Prieuré de France, passée devant Notaire à Paris le 4 Mars 1747.

JOSEPH DE BLONDEL PERE.

4. Contrat de Mariage passé au Château d'Oisy le 19 Juin 1735, auquel sont intervenus très-Noble et très-Illustre Dame Anne-Marguerite le Merchier, Douairière de très-Illustre Sgr. Antoine de Blondel, Sgr. de

Beauregard sa mère, *d'une part*. Très-Noble et très-Illustre Dame Anne-Jos. d'Assignies-Tournay, Douairière de très-Noble et très-Illustre Sgr. Robert-Charles-Joseph de Mortagne, Chev. Baron de Landas : très-Noble et très-Illustre Dlle. Robertine-Jos. de Mortagne sa fille.

5. Récépissé du Rapport et dénombrement servi aux Trésoriers de France, Généraux des Finances, Juges des Domaines et Grands-Voyers de la Généralité de Lille, qu'a très-Haut, très-Puissant et très-Excellent Prince Louis XV du nom, Roi de France et de Navarre, fait et donné par Messire Joseph de Blondel, Chev. Sgr. de Beauregard, du Payage et autres lieux, d'un Fief et Noble tenement à lui échu par succession le 9 Mai 1760.

6. Convocation aux Etats de Lille par les Députés de la Noblesse du 6 Juillet 1759, signée Petitpas de la Potinerie, Buisseret-d'Hantes.

7. AYEUL. Contrat de Mariage en Grosse de Noble Sgr. Antoine de Blondel Sgr. de Beauregard, fils de Mess. Louis de Blondel, Chev. Sgr. de Beauregard, et de Dame Marie de Cambry, *d'une part*. Dame Marg. de Waziers, Veuve Douairière de Ghislain le Merchier, Ecuyer Sgr. du Payage et Dlle. Anne le Merchier, sa fille *d'autre part*, par-devant Notaires d'Artois le 11 Août 1693.

8. Testament conjonctif en expédition authentique de Noble et Illustre Sgr. Louis de Blondel, Sgr. de Beauregard, Capitaine-Lieutenant d'une Compagnie de 50 Hommes d'Armes, et de Dame Marie de Cambry, Dame du Chastelet, son épouse, passé à Douay, devant Notaire, le 23 Mars 1669.

9. Récépissé du Dénombrement d'un Fief Noble servi à la Seigneurie de la Neuville-St.-Remy par Noble Sgr. Messire Antoine-Philippe de Blondel, Chev. Sgr. de Beauregard, à lui échu par le trépas de Messire Louis de Blondel, Chev. Sgr. de Beauregard, son père. 25 Juillet 1679.

10. Acte des Députés de la Noblesse de la Province de Lille, du 6 Juillet 1759, qui consto que ledit Messire Antoine-Philippe de Blondel étant également convoqué à toutes les Assemblées des Etats de la Province

11. BISAYEUL. Extrait des Registres des Mariages à St.-Jacques à Tournay, de Louis Blondel et Marie de Cambry, du 20 Juin 1634.

12. Grosse du Testament de Dame Marie de Bertoul veuve 1°, de Messire Jean Blondel, Chev. Sgr. de Beauregard, et 2°. de Messire Floris le Vasseur, Chev. Sgr. du Valloy etc., dans lequel elle légue à Noble Homme Louis de Blondel, Sgr. de Beauregard son fils aîné. Passé à Roubaix le 2 Mai 1642.

13. Expédition authentique du Testament de Hugues de Cambry, Ecuyer Sgr. de Baudimont, dans lequel il rappelle Dame Marie de Cambry, veuve de Messire Louis de Blondel Chev. Sgr. de Beauregard, passe devant Notaires à Tournay, le 16 Décembre 1647.

14. Relief en parchemin par Messire Louis de Blondel, Chev. Sgr. de Beauregard, en action de Dame Anne de Cambry, son épouse, du Fief du Chastelet, relevant de l'Evêché de Tournay. 11. Janvier 1648.

15. TRISAYEUL. Grosse du Contrat de Mariage de Jean de Blondel, Ecuyer Sgr. de Beauregard, dans lequel est intervenue Dame Marie de Martigny, veuve de Messire Louis de Blondel, Chev. Sgr. de Beauregard ses père et mère, *d'une part*. Dlle. Marie Bertoul, fille de feu Adrien, Ecuyer Sgr. d'Herboval, et de Dame Jeanne de Cambry. Passé à Arras, le 7 Novembre 1592.

16. Grosse du Testament conjonctif de Messire Louis de Blondel, Chev. Sgr. de Beauregard, et de Dame Marie de Martigny, son épouse, dans lequel est rappellé Jean de Blondel leur fils. Passé à Arras, le 15 Juillet 1580.

17. QUATRIEME ET CINQUIEME AYEUX. Arrêt en parchemin du Grand Conseil de Malines, du 15 Mars 1631, en faveur de Jean de Blondel et ses enfans. On y lit page 3 :

« Lesdits Demandeurs auraient fait » dire et assigner que défunt Antoine » de Blondel, Ecuyer Sgr. de Cuinchy, Manchicourt etc. aurait été allié par mariage à aussi defunte » Damoiselle Agnès Oudart, laquelle » avait eu pour sœur germaine Dame » Marguerite Oudart, à son trepas » veuve de feu Thomas de la Papoir, » vivant Conseiller en Notre Grand » Conseil. Que desdits Antoine et » Dame Agnès etaient provenus 1°. » Jacques de Blondel, Chev. Sgr de » Cuinchy, Gouverneur de Tournay » et Tournesis. 2°. Louis de Blondel, » Chev. Sgr. de Beauregard, avec » plusieurs filles, auxquels enfans lesdits Antoine et Dame Agnès Oudart leur père et mère avaient fait » partage et division de leurs Biens » en la forme qu'était portée par Let. » données des Echevins de Cambray » le 25 Novembre 1534. Depuis était » advenu que ledit Louis de Blondel, » Sgr. de Beauregard s'était allié par » mariage avec ladite Dame Anne de » Martigny le 3 Février 1542, et » porté audit mariage plusieurs grands » Biens de la Succession de sesdits » père et mère. Duquel mariage aurait été procréé ledit feu Jean de » Blondel qui fut allié à ladite Marie » de Bertoul et deux ans après les enfans qu'elle avait de sondit feu » mari ».

18. *Supplément aux Titres*. Contrat de Mariage du 7 Novembre 1592 de Jean de Blondel, Ecuyer Sgr. de Beauregard, fils de feu Messire Louis de Blondel, Chev Sgr. de Beauregard, des Hautbois, Commissaire-General des Monstres de Sa Majesté, et de Dame Martigny, *d'une part*, avec D. Marie Bertoul, fille de feu Adrien, Ecuyer Sgr. d'Herheval, Guidon de la Compagnie d'Ordonnance sous la charge du Comte de la Roche, Gouverneur-General du Pays d'Artois, et de Dlle. Jeanne le Cambier, sa femme, lors épouse de Jean Bruois, Conseiller du Roi.

19. Baptistaire du 7 Février 1744 à St.-Jacques à Douay, de Noble Charles-Jos. de Blondel de Beauregard fils de Nob. Sgr. Mess. Joseph de Blondel Sgr. de Beauregard, et de très-Noble Dame Robertine de Mortagne-Landas.

20. Testament reçu le 15 Juillet 1580 de Messire Louis de Blondel, Chev. Sgr. de Beauregard, dit Hautbois, Commissaire ordinaire des Monstres de S. M., et Dame Marie de Martigny son épouse. On voit qu'il avait des filles à l'Abbaye de Flines.

21. Relief de Fief en 1648 par Honorable Homme Gilles Errembault, Greffier de l'Echevinage de Tournay, comme Procureur de Messire Louis de Blondel, Chev. Sgr. de Beauregard, en action de Dlle Marie de Cambry, son épouse, fille feu Hugues de Cambry, Ecuyer Sgr. de Baudimont à l'Evêque de Tournay, savoir la Terre du Chastelet.

22. Rapport et Dénombrement en 1600 par Jean de Blondel, Ecuyer Sgr. de Beauregard, du Noble Fief dit Beauregard, situé à Inchi, échu par la mort de Messire Louis de Blondel, Sgr. de Beauregard et des Hautbois, Chev. son père.

23. Testament et Codicille du 12 Mai 1642 par D Marie de Bertoul, veuve en 2mes. noces de M. Floriel le Vasseur et auparavant de Mre. Jean de Blondel, Chev. Sgr de Beauregard. Elle parle de son fils aîné Noble Homme Jean de Blondel, de Noble Jean de Blondel, Sgr. de Boullel son 2e. fils, d'Allart de Blondel son neveu, fils aîné dudit Sgr Jean.

24. Relief du 9 Mai 1760 par Mre. Joseph de Blondel, Chev. Sgr. de Beauregard, du Payage, des Fiefs du Payage et d'Amerval par succession de Gabriel-Joseph de Coupigny, Ecuyer Capitaine de Marine, son cousin germain maternel.

25. Testament reçu le 23 Mars 1669 par Noble et Illustre Sgr. Louis de Blondel, Sgr. de Beauregard, Capitaine-Lieutenant d'une Compagnie de 50 Hommes d'Armes, et Dlle. Marie de Cambri, son épouse. Dame du Chastelet. Ils parlent 1°. de Louis, leur fils aîné ; 2°. d'Antoine-Philippe, leur 2e. fils ; 3°. de François-Fréderic leur 3e fils.

26. Rapport et Dénombrement du 25 Juillet 1679, par Noble Sgr. Messire Antoine-Philippe de Blondel, Sgr de Beauregard, Amplier, Gadifer, Puisieux, Toufflers, Estaflers, du Chastelet et de Calonne, de la Terre de Beauregard, par la mort de Mess. Louis de Blondel, Chev. Sgr. de Beauregard, son père.

27. Bref de Benoit XIV en Février 1744 donné à Noble Charles Joseph de Blondel, fils de Nobl. Sgr de Blondel, Sgr. de Beauregard, et de Robertine-Josephe de Mortagne-Landas.

28. Extrait Mortuaire du 15 Avril 1732, à l'Eglise de St-Jacques à Douay, de Noble et Illustre Sgr. Messire Antoine de Blondel, âgé de 82 ans.

29. Denombrement du 17 Septemb. 1671 par Ghislain le Merchier, Ecuyer Sgr. du Payage, Amerval.

30. Lettres passées par-devant Tristan de Blondel, Ecuyer, Gouverneur des Terres de Crevecœur, Arleux, Rumilly, en 1463

31 Patentes de Sur-Intendant des ouvrages en faveur de Messire Jacq. de Blondel, du 8 Septembre 1554.

32. Commission par Philippe II Roi d'Espagne à Messire Jacques de Blondel, Chev Sgr. de Cuinchy, de passer à Monstre et avec la Bande de 100 Hommes d'Armes du Duc de Savoye, Gouverneur des Pays-Bas, du 30 Avril 1556.

33. Commission de Commissaire des Monstres de S. M. Philippe II à Messire Louis de Blondel, Chev. Sgr. de Beauregard, pour Flandre, Hainaut, Artois et Cambresis en 1572.

34. Commission donnée par le Duc d'Albe, Gouverneur des Pays-Bas, à Messire Jacques de Blondel, Chev. Sgr. de Cuinchy, pour lever des Gens de Guerre pour la garde du Château de Tournay 12 Janvier 1572.

35. Lettres de Chevalerie en faveur de Jacques de Blondel.

36. Patentes de Mestre de Camp

BE

d'un Terce de Cuirassiers par le Roi d'Espagne à Messire Jacques - Ignace de Blondel, Chev. Sgr. de Cuinchy, du 7 Mars 1666.

37. Pension de mille écus accordée à Messire Jacques de Blondel, en faveur de ses services, du 22 Mars 1668.

38. Patentes de Colonel par le Roi d'Espagne a Messire Jacques - Ignace de Blondel, Baron de Cuinchy, en 1668.

39. Patentes de Capitaine d'une Compagnie de 100 chevaux Cuirassiers accordées à Messire Jacques - Ignace de Blondel, Baron de Cuinchy, en 1668.

40. Commission de Mestre de Camp de Cavalerie par le Roi d'Espagne a Messire Marie - Jacq. - Ignace de Blondel. 29 Mars 1668.

41. Commission de Mestre de Camp d'Infanterie de huit Compagnies de Cavalerie par le Roi d'Espagne au même en 1669.

42. Commission de Capitaine de 100 chevaux Cuirassiers accordée au même. 17 Mars 1669.

43. Commission par l'Archiduc Léopold-Guillaume, Gouverneur des Pays-Bas, à Messire Jacq. - Ignace de Blondel, avec permission de lever une Compagnie de 100 Cuirassiers. 12 Avril 1653.

44. Commission de Capitaine-Lieutenant d'une Compagnie d'Hommes d'Armes à Messire Louis de Blondel, Chev. Sgr. de Beauregard. 11 Mai 1655.

45. Etat et Office de Prévôt le Comte de Vallenciennes par Louis XIV à Messire Marie - Jacques - Ignace de Blondel, Baron de Cuinchy. 28 Avril 1677.

46. Commission de Lieutenant-Général des Armées de Louis XIV au même en 1678.

47. Contrat de Mariage entre très-Noble et Illustre Sgr Messire Eustache-Joseph-Amauri de Mortagne, Baron de Landas, et très - Noble et Illustre Dame Marie-Dorothée de Croix, passé au Château de Dadizeele près de Menin, le 22 Novembre 1748. On y lit ce qui suit.

« Très - Noble et très - Illustre Sgr.
» Messire Eustache-Joseph-Amauri de
» Mortagne, Baron de Landas, assisté
» de très-Noble et Illustre Sgr. Mes-
» sire Joseph de Blondel, Sgr de
» Beauregard, Payage, Etrpignies etc.
» époux de très-Noble et très-Illustre
» Dame Robertine-Jos. de Mortagne,
» iceux Sgr et Dame de Mortagne,
» Enfans de feu très - Noble et très-
» Illustre Sgr. Robert-Charles-Joseph
» de Mortagne, Baron de Landas, et
» de très-Noble et Illustre D. Anne-
» Jos. d'Assignies-d'Oisy, *d'une part.*
» Très - Noble et Illustre D. Marie-
» Dorothée de Croix, majeure d'âge,
» assistée de très - Noble et Illustre
» Messire Joseph - Adrien - Ferdinand
» Comte de Croix et de Mauwe, Ba-
» ron de Wingbem, Sgr. de Dadi-
» zelles etc., et de très-Noble et Il-
» lustre Sgr. Messire François - Phil.-
» Jos. Franeau de Hyon, Comte de
» Gomignies, Sgr. d'Aubre, Attre,
» Hautmarez, Venise, Neufville, San-
» tis, Hyon et autres, époux de No-
» ble et Illustre Dame Marie - Anne-
» Eugénie de Croix, enfans de feu
» très-Noble et Illustre Sgr. Messire
» Ignace-Ferdinand de Croix, Comte
» de Mauve, et de très-Noble Dame
» Madame Marie - Louise de Zomber-
» ghe, Dame de Thurissart, *d'autre*
» *part* ».

48. Contrat de Mariage du 13 Novembre 1541, dans lequel on lit :

« Comparurent Jacques de Blondel,
» Ecuyer Sgr. de Cuinchy, fils aîné de
» feu Antoine Blondel, Ecuyer Sgr.
» de Manchicourt, et de Dlle. Agnès
» Oudart, Dame de Cuinchy, accom-
» pagné de Louis Blondel, Ecuyer
» Sgr. de Beauregard, son frère, de
» Messire Jacques de Temermonde,
» Chev. Sgr. de la Broye, son beau-
» frère, *d'une part* Dlle. Marie le
» Blanc, fille de Messire Guillaume,
» Chev. Sgr. de Houchin, et de feu
» Dame Philippote Ruffault, accom-
» pagnée de Noble Homme Jean de
» Beauffremez, Conseiller de l'Empe-
» reur et Maître de ses Comptes à
» Lille, et Bauduin Vredière, Sgr.
» de le Warewaine, ses beaux - on-
» cles, et Messire Chev. Sgr. de
» Hailhes, son beau-frère ».

CAMBRY *(Second quartier paternel)*
49. Acte de Mariage de Hughes de Cambry, Ecuyer Sgr. de Baudimont et Dlle. Jeanne de Heydendael, en l'Eglise de St.-Jacques à Tournay. 10 Fevrier 1612

50. Expédition authentique du Testament de Hugues de Cambry, Ecuyer Sgr. de Baudimont ci-des. mentionné au 1er. Quartier Paternel, dans lequel il rappelle Dame Marie de Cambry, ép. de Messire Louis de Blondel, Chev Sgr. de Beauregard passé à Tournay le 16 Décembre 1647

51. Expédition authentique de Jean de Cambry, Ecuyer Sgr. de Baudimont et de Dlle Marie de Thouars, son epouse, dans laquelle il est dit qu'ils voulaient et ordonnaient que Hughes de Cambry, leur fils aîné, tienne pour sa parçon etc Passé a Blandin 29 Mai 1609.

52. Suit la teneur d'un Certificat.

« Nous Notaires Royaux de la ré-
» sidence de la Ville et Cité de Tour-
» nay en Flandre soussignés, Nous
» sommes transportés ce jourd'hui 27
» Janvier 1759 a la réquisition de
» Messire Joseph de Blondel, Chev.
» Sgr. de Beauregard etc., demeu-
» rant en la Ville d'Arras, en l'Eglise
» Paroissiale de St. - Jacques audit
» Tournay, pour tirer copie authen-
» tique d'une Epitaphe de marbre at-
» tachée sur la muraille vis-à-vis la
» Chapelle de N. D. de Tongre en
» ladite Eglise, armoyée de 8 Quar-
» tiers, 4 à droite et 4 à gauche.
» Ceux de la droite representant les
» Quartiers de Cambry.
» *Cambry, Malaine, du Rets, le*
» *Clercq.*
» Sur la gauche ceux de Thouars.
» *Thouars, Calonne, Bouvry,*
» *Grebert.*
» Au bas de l'Epitaphe se trouve
» l'Inscription suivante.
» *Chy gissent Sire Jean de Cam-*
» *bry, Ecuyer Sgr de Meulenaer,*
» *Houplines, Viescourt, Chastelet,*
» *etc., en son vivant Prevost de la*
» *Ville de Tournay, lequel trespassa*
» *le x d'Octobre 1581, et Damlle.*
» *Anne du Rets sa femme qui fina*
» *ses jours le IIIe. d'Octobre 1590*
» *Jean de Cambry fils des dessus*
» *nommes aussi en son vivant Es-*
» *cuyer Sgr. desdits lieux et Dame*
» *Marie de Thouars sa femme dont*
» *le premier le 2 de Juin 1600 et*
» *sad. femme le 15 de Juin 1637.*
» *Hughes de Cambry Ecuyer Sr.*
» *des lieux susdits fils de Jean et de*
» *Damlle. Marie de Thouars décé-*
» *dé le 13 Decembre 1647 et aussi*
» *Dalle. Jenne de Heydendael sa*
» *compaigne décédée le 6 de Février*
» *1619 et Emmanuel de Cambry*
» *Ecuyer Sr. desdits lieux fils dudit*
» *Hugues et de Jenne de Heydendael*
» *trepassa le 4 Octobre 1643.*
» Collationné se trouve concorder
» à lad. Epitaphe reposant comme
» dit est vis-à-vis la Chapelle de N.
» D. de Tongres en lad Eglise Pa-
» roissiale de St Jacques audit Tour-
» nay par les soussignés Notaires
» Royaux de la résidence de ladite
» Ville, les jour, mois et an que
» dessus. *Etaient signés Vangdiel et*
» *Poutrain, Notaires, avec paraphe.*
» Légalisé le 27 Janvier 1759. *Signé*
» *P. Monnier*, et scellé».

53. Testament du 28 Novembre 1644 par Hughes de Cambry, Ecuyer Sgr. de Baudimont. Il veut être enterré à St.-Jacques à Tournay, sous l'Epitaphe qu'il avait fait dresser pour feu Jeanne de Heydendael, son épouse. Il parle d'Emmanuel de Cambry et lui donne le fief de Baudimont, le fief de Houplines, situé à Templeuve-lez-Dossemer, le fief de Visecourt. Il donne a Marie de Cambry, épouse de M. Louis de Blondel, Sgr. de Beauregard. le Fief du Chastelet Il lègue à Alexandre-François de Cambry son petit-fils et filleul. Il nomme Exécuteur testamentaire Honorable Homme Gilles Errembault, Greffier de l'Echevinage de Tournay.

54. Testament du 9 Décembre 1631 fait par D. Marie de Thouars, veuve de Michel de Cambry, Ecuyer Sgr. de Baudimont. Elle parle de ses deux fils Hughes de Cambry, Ecuyer Sgr. de Baudimont, et Maximilien de Cambry, Chanoine et Proto-Notaire, conformément au partage fait par feu Jean de Cambry, son mari, le 9 Mai 1600. Elle donne aux enfans de Philippe de Cambry, son fils, Ecuyer Sgr. du Bosquel Elle parle de Marie de Cambry, Dame de Quicrieux, sa fille.

LE MERCHIER. *(Troisième Quartier paternel)* 55. Grosse du Contrat de Mariage de Noble Sgr. Ghislain le Merchier, Ecuyer Sgr. du Payage, *d'une part*, et Damlle. Marguerite de Waziers, fille de Noble Sgr. Ponthus de Waziers, pareillement Ecuyer Sgr. de Femy etc., et de Dame Catherine le Maire. A Douay, 5 Juillet 1664.

56. Grosse du partage entre Marguerite de Waziers, veuve de Noble Homme Ghislain le Merchier, Sgr du Payage et d'Amerval, fille d'André, Ecuyer Sgr. desdits lieux, tant comme Procuratrice spéciale de Dlle. Jeanne Catherine le Merchier sa fille, que comme mère ayant la Garde Noble de ses autres enfans qu'elle a retenus dudit Sieur le Merchier, *d'une part*, Damlles. Marie et Angelique Florence le Merchier, filles et héritières dudit feu Sieur André, *d'autre part.* Passé à Arras, le 23 Juin 1682.

57. Grosse du Contrat de Mariage entre André le Merchier, Ecuyer Sgr. d'Amerval, fils d'Hector le Merchier, Ecuyer Sgr. du Payage, *d'une part*, et Dlle. Anne de Zomberghe, fille de feu Sire Joachim de Zomberghe, Ecuyer Sgr. de Montrecourt. 6 Octobre 1623.

58. Partage entre Dlle. Anne Delval, veuve d'Hector le Merchier, Ecuyer Sgr. du Payage, Amerval etc. *d'une part*, Adrien le Merchier, aussi Ecuyer Sgr. du Payage, Nicolas le Merchier, Chanoine de Soignies, et Damlle. Françoise le Merchier, tous enfans dudit feu Sgr. du Payage, et de ladite Dame comparante. Passé à Arras le 11 Novembre 1626.

BE

59. Testament d'Hector le Merchier Ecuyer Sgr. du Payage, Amerval. Du 5 Janvier 1618.

60. Partage Noble passé le 23 Juin 1682 entre Dlle. Marguerite de Waziers, veuve de Noble Homme Ghislain le Merchier, Ecuyer Sgr. du Payage et d'Amerval, fils d'André, Ecuyer Sgr. desdits lieux, tant pour elle que pour sa fille Dlle Jeanne le Merchier.

DE WAZIERS *(Quatrième Quartier paternel)*. 61. Contrat de Mariage entre Noble Sgr. Ghislain le Merchier, Ecuyer Sgr. du Payage, et Dame Marguerite de Waziers. 5 Juillet 1664.

62. Contrat de Mariage entre Noble Homme Charles Pontus de Waziers, Ecuyer Sgr. de Femy, fils de feu Noble Homme Eustache de Waziers, Sgr. de Femy, et d'alors vivante D[lle]. Marguerite de Wascal *(ainsi écrit) d'une part*, et Dlle. Catherine le Maire, fille de feu Noble Homme Jacques le Maire, Ecuyer Sgr. de Wailly, Blanchemaille, Baron de Gavrelle, et de Dlle Antoinette de Longueval, *d'autre part*. Passé à Douay 2 Juillet 1626.

63 Epitaphe sur une grande pierre bleue dans l'Eglise des Annonciades à Douay.

« Ici repose le Corps de Charles » Pontus de Waziers, Ecuyer Sgr. de » Femy, de Sary et d'autres lieux, » en partie Fondateur du Convent et » vertueuses Religieuses des Annon- » ciades de cette Ville de Douay. le- » quel décéda le vingtième de Juillet » 1664, âge de soixante - cinq ans. » Auprès de lui Dame Catherine le » Maire, son epouse, laquelle decéda » le premier de Septembre 1690, » âgée de 87 ans. Priez Dieu pour » leurs ames ».

Au-dessus de l'Inscription sont 2 Ecussons armoiriés. L'un à droite aux Armes de Waziers, et l'autre à gauche aux Armes de le Maire. Au-dessus un Casque et un Cimier. Aux deux côtés de l'Inscription sont les Quartiers suivans :

« *Waziers, Gonnelieu, Wasque-* » *hal, Habart.*

» *Le Maire, Termemonde, Lon-* » *gueval, Longueval.*

64. Expédition authentique du Testament de Barbe de Habart, veuve de Noble Homme Charles de Wascal, Ecuyer Sgr. de Wasqual. Il y est dit que feu son mari lui a laissé 3 enfans : 1. Pontus. 2. Michel. 3. Marguerite : qu'à Marguerite de Wasquehal sa fille puinée, veuve d'Eustache de Waziers, Ecuyer Sgr. de Femy, chargée de 3 enfans, elle donne certains Fiefs etc. Passé à Douay, 24 Octobre 1618.

65. Epitaphe aux Annonciades à Douay :

« Icy dessoubz Gist Mad[lle]. Margue- » rite de Wasquehal fille de Noble » Homme Sieur Charles de Wasque- » hal et de Dam[lle]. Barbe de Habart » Fondatrice de cette Maison et veive » de Noble Hômme feu Eustache de » Waziers Ecuyer Sr. de Femy, la- » quelle trépassa le 17 de Mai 1637. » Priez Dieu pour son ame ».

Au-dessus de cette Inscription il se voit deux grandes figures en bas-relief, l'une d'homme ayant l'épée au côté, et l'autre de femme en longue-robe; au-dessus desquelles figures, savoir sur celle de l'homme, est l'Ecusson de Waziers avec Casque et Cimier : au-dessus de la femme l'Ecusson en lozange avec les Armes de Waziers et Wasquehal. On y voit aussi les Quartiers suivans :

BE

« *Waziers, Henin-Lietard, Gonne-* » *lieu, Basserode.*

» *Wasquehal, Habart, Baudain,* » *Waziers* ».

LANDAS - MORTAGNE *(Premier Quartier maternel)*. 66. Contrat de Mariage entre Noble et Illustre Sgr. Messire Robert-Charles-Jos. de Landas-Mortagne, Sgr. de Couchy, fils aîné et unique de Haut et Puissant Sgr. Messire Nicolas-Lamoral de Landas-Mortagne, Chev. Baron de Landas, Sgr. de Couchy, Baillencourt, Gossencourt, Abancourt, Espesse etc., et de Haute et Puissante Dame Robertine d'Ostrel, Dame de Couchy, *d'une part*. Noble et Illustre Dlle. Anne-Jos. de Tournay-d'Assignies-d'Oisy, fille aînée de Haut et Puissant Sgr. Messire Jean-Eustache de Tournay-d'Assignies, Chev. Comte d'Oisy, Sgr. de Noyelle-sous-Bellone, Mericourt etc., et de Haute et Puissante Dame Marguerite-Claire de Berghes, icelle fille de Haut et Puissant Sgr. Messire Pierre de Berghes, Chev. Vicomte d'Arleux, et de Haute et Puissante Dame Catherine de Haynin. Passé au Château d'Oisy, 2 Janvier 1708.

67. Expédition authentique d'une Transaction entre Haut et Puissant Sgr. Messire Nicolas-Lamoral de Landas de Mortagne, Chev. Baron de Landas, Gossencourt etc., veuf de Dame Barbe-Robertine d'Ostrel, *d'une part*. Haut et Puissant Sgr. Messire Robert-Charles-Jos de Landas de Mortagne, leur fils, mari de Dame Anne-Jos. de Tournay-d'Assignies-d'Oisy, *d'autre part*. Passé au Château de Landas, le 7 Novembre 1716.

68 Arrêt du Parlement de Flandre entre Dame Anne-Jos. de Tournay-d'Assignies-d'Oisy, Douairière de Messire Robert-Charles-Joseph de Landas de Mortagne, *d'une part* Messire Eustache-Jos.-Amory de Landas de Mortagne, Baron de Landas, le 8 Février 1757.

BISAYEUL. 69. Acte de Baptême de Nicolas-Lamoral de Landas, Chev. Baron dudit Landas, dit de Mortagne, Sgr de Gossencourt etc, demeurant audit Landas, fils d'Ant.-Robert-Ignace de Landas, Baron dudit lieu, et de Dame-Anne Caroline du Quesnoy, Baronne de Landas, du 2 Septembre 1657, en la Paroisse de St.-Vast audit Landas.

70. Contrat de Mariage entre Nicolas-Lamoral de Landas, Chev. Baron dudit Landas, dit de Mortagne. Sgr. de Gossencourt, etc., demeurant audit Landas, fils d'Antoine-Robert-Ignace de Landas, Chev. Sgr. desdits lieux, et de Dame Anne-Catherine du Quesnoy, *d'une part*. Dlle. Barbe-Robertine d'Ostrel, fille de Messire Antoine d'Ostrel, Chev. Sgr. de Couchy, Balincourt, et de Dame Marie Hapiot.

71. TRISAYEUL. Testament de feu Messire Antoine-Robert de Landas de Mortagne, Baron de Landas, passé à Douay, le 5 Novembre 1678. et empris par Messire Nicolas-Lamoral de Landas, son fils, par acte du 15 Decembre 1683.

72. Relief de la Terre et Baronnie de Landas fait au Baillage de Douay, le dernier Avril 1697, par Honorable Homme Charles de la Chapelle, Tuteur et Curateur avec Messire Jacques de Namur, Chev. Sgr. de Berzées, aux Corps et Biens d'Antoine-Ignace de Landas, ensemble à Noble Marguerite-Marie-Charlotte et Florence, frere et sœurs, enfans de feu

BE

Robert, vivant Chevalier Baron dudit Landas etc. qu'il eut de Dame Marg. d'Assonville, son épouse.

73. Dénombrement servi au Bailliage du Roi à Orchies, par Messire Nicolas de Landas de Mortagne, Chev. Baron de Landas, du Fief des Esperches, échu par la mort de Messire Antoine-Rob.-Ign. son père. 20 Mai 168?.

74. OSTREL *(Deuxième Quartier maternel)*. Contrat de Mariage de Noble Homme Antoine d'Ostrel, Sgr. de Couchy, Capitaine de Cavalerie, fils de Haut et Puissant Sgr. Messire Robert d'Ostrel, Chev. Sgr. de Cambliceul, Flamermont, Couchy, Marconville, Billemont, Haute-Capelle, etc, et de Dame Madelaine - Bonne de Lannoy, *d'une part*. Dlle. Marie Hapiot, fille d'Honorable Homme Hapiot, vivant Sgr. de Lannoy, et de Dlle. Barbe du Puis. Passé à Houdain, 17 Février 1648.

75. Sentence du Conseil d'Artois, du 13 Octobre 1655, du différent entre Noble Homme Antoine d'Ostrel, Sgr. de Couchy etc., et Dlle. Marie Hapiot, sa femme, *d'une part*. Pierre Crespel, Laboureur, dmt. à Mouchy-Breton.

76. Hommage servi au Bureau des Finances à Lille par Messire Nicolas-Lamoral de Landas-Mortagne, Chev. Baron de Landas, Sgr de Goussemont, Espesse, Couchy, Bassecourt, etc., comme époux de Dame Barbe-Robertine d'Ostrel, à cause du Fief de Couchy, à lui échu par le trépas de Mess Ant. Chev. Sgr. dudit Couchy, son père 17 Decembre 1693.

77. ASSIGNIES-OISY *(Troisième Quartier maternel)*. Contrat de Mariage entre Haut et Puissant Sgr. Messire Jean-Eustache de Tournay-d'Assignies, Comte d'Oisy, Vicomte de Favreulle, Sgr. de Noyelles-sous-Bellone, *d'une part*. Très-Illustre Dlle. Marguerite-Claire de Berghes, fille de Haut et Puissant Sgr. Messire Pierre de Berghes, Vicomte d'Arleux, et de Haute et Puissante Dame Catherine de Haynin. Passé à Arleux, le 20 Juin 1687.

78. Pour memoire que les deux Quartiers Assignies et Berghes ont été prouvés en l'Enquête qui fut faite des preuves de M. le Chev. d'Oisy, vers 1737. Icelui petit-fils de Jean-Eustache de Tournay-d'Assignies, Comte d'Oisy, et de Dame Marguerite-Claire de Berghes. Icelui cousin germain de Dame Robertine-Jos. de Mortagne, mère de Charles-Jos. dont s'agit

DE PARTZ *(Nom de la mère de Messieurs de Blondel.*

Preuves de François-Joseph-Gaston de Partz de Pressi, reçues pour être admis au nombre des Gentilshommes que Mgr. le Duc de Mazarin nommait pour être eleves au Collége de Mazarin, comme Fondateur de ce Collége.

79. Ier. DEGRÉ. Extrait Baptistaire à Esquer, Diocèse de Boulogne, du 23 Septembre 1712, de Franç.-Jos.-Gaston, fils de M. François-Jos. de Partz, Chev. Sgr. d'Esquer, Herlin, Crespi etc, Député de la Noblesse des Etats d'Artois, et de D. Jeanne-Isab. de Beaufort.

80 IIe DEGRÉ. Contrat de Mariage de Messire François-Joseph de Partz, Sgr. d'Esquere, Herlin et de Pressi, fils aîné de Messire Jean-François et de Dame Cather. Payen, sa veuve, accordé le 23 Septembre 1701 avec D. Jeanne-Isabelle, fille de Mes-

sire Ant.-Jos. de Beaufort, Chev. Sgr. de Lassus, du Cauroy et de Beaurain, et de Dame Antoinette-Adrienne du Mont-St.-Eloy-Sauveur, Dame de la Bouchardrie. Ledit Contrat passé à Arras devant Lannoy et le Soing, Notaires.

81. Lettres-Patentes données à Versailles en 1712 d'Erection de la Terre d'Esquière en Marquisat pour Franç.-Jos. de Parts, Sgr. d'Esquière, Crespin et Hertin, Député de la Noblesse des Etats d'Artois, auparavant Capitaine dans le Régiment Wallon d'Isenghien, *comme issu d'une très-Noble et Ancienne Maison de cette Province, alliée aux plus considérables Familles des Pays-Bas.*

Lettres de convocation aux Etats d'Artois des années 1699 et 1703 au Sgr. de Parts.

82. IIIe. DEGRÉ. *(Jean-François de Parts, Sgr. d'Esquières et Cather. Payen, sa femme.)* Transaction du 30 Mars 1697 sur le Douaire que Dame Catherine Payen, veuve de Messire Jean de Parts, Chev. Sgr. d'Esquière demandait à Messires Franç.-Joseph et Christophe-Antoine de Parts, ses enfans, Chevaliers Sgrs. d'Esquières. Le premier Capitaine, le second Lieutenant dans Isenghien. Cet acte reçu par Guiot et le Forge, Notaires à Arras.

83. Testament de Dlle. Marie Bassée, veuve de Jean de Parts, vivant Ecuyer Sgr. de Buisartain, Capitaine d'Avesnes-le-Comte fait le 22 Mars 1638. Elle veut que les Fiefs de sa succession appartiennent à Jean-François de Parts, son fils aîné. Elle le fait son héritier avec Marc-Antoine et Jean-Joseph de Parts, ses autres enfans. Elle nomme Tuteur son frère François Bassé, Sgr. d'Esquière et de Walon. Cet acte reçu par Lacour et Beaurain, Notaires à Arras.

84. Lettres de Convocation du 8 Mars 1680, à la Chambre de la Noblesse des Etats d'Artois, au Sgr. d'Esquière.

85. Lettres de Chevalerie accordées en Mai 1673 à Jean-François de Pars, Sgr. d'Erhn et d'Esquières, comme issu d'ancienne Noblesse.

86. IVe. DEGRÉ. *(Jean de Parts Sgr de Buissartain et Marie Bassée, son épouse.)* Contrat de Mariage de Jean de Parts, Ecuyer Sgr. de Buisartain, Gouverneur d'Avesnes-le-Comte, accordé le 10 Janvier 1626 avec D. Marie Bassee, fille de feu Jean Ecuyer Sg. de Labats, et de Dame Eleonore de Verloing. Ce contrat passé devant Gautier et Beauraing, Notaires à Arras.

87. Donation faite le 27 Septembre 1607 par Antoine de Parts, Ecuyer Sgr. de Buissartain, à Jean de Parts son fils aîné, et de Dlle. Marie le Feutre, son épouse. Cet acte passé devant les Echevins de Grandmout et signé Virsberg.

88. Lettres données à Bruxelles en Janvier 1619, par lesquelles les Archiducs Albert et Isabelle donnent à Jean de Parts, Ecuyer Sgr. de Buiscertain *(ainsi écrit)* l'Office de Forestier, Garde des Bois, Capitaine, Mayeur et Conjurateur des Echevins d'Avesnes-le-Comte.

89. Mandement des Archiducs Albert et Isabelle, donné à Malines le 30 Mai 1607, pour faire payer à Jean de Parts, fils aîné d'Antoine, Ecuyer Sgr. de Buisartain, les arrerages dus à cause d'un arrentement fait le 30 Juillet 1583 de plusieurs Héritages en Artois et Boulenois et qui avaient appartenus à Dlle. Ant. d'Amiens, mère dudit Antoine de Parts. Cet acte signé à la relation du Conseiller Pensait.

90. Ve. DEGRÉ. *(Antoine de Parts Sgr. de Buisartain, et Marie le Feutre, son épouse.)* Contrat de Mariage d'Antoine de Parts, Ecuyer Sgr. de Buiscertain *(ainsi écrit)* accordé le 1er. Juin 1582 avec Dlle. Marie le Feutre, fille de feu Antoine, Ecuyer. Ce contrat passé à Arras et signé du Bois.

91. Accord fait le 30 Juillet 1583 par Antoine de Parts, Ecuyer Sgr. de Buisartain, demeurant à Hert-le-Sec, sur la demande qu'il faisait à Philippe Pepin, Ecuyer Sgr. de Fossaine, de 118 florins de rente, dus à cause de plusieurs Fiefs Nobles situés en Artois et Boulonnais, lesquels Fiefs appartenaient à Dlle. Antoinette d'Amiens, sa mère, veuve de Pierre de Parts, Ecuyer. Cet acte passé devant les Echevins de la Ville de Fau quemberg. Signé Coopot.

92. VI. DEGRÉ *(Pierre de Parts, Ecuyer Sgr. de Plouits, et Antoinette d'Amiens, son épouse).* Sentence du Conseil d'Artois du 15 Juin 1574, portant defense de troubler ni d'inquieter D. Antoinette d'Amiens, veuve de Pierre de Parts l'aîné, Ecuyer, demeurant à Herlin-le-Sec, dans la possession des Biens qu'ils avaient entre St.-Pol et Doulens.

93. Lettres donnécs à Bruxelles le 24 Octob. 1552, par lesquelles l'Empereur Charles V laisse à Pierre de Parts l'aîné, Ecuyer, la jouissance de la Terre de Calmont, située près de St.-Pol en Artois, pour le recompenser des pertes et dommages qu'il avait soufferts pendant la guerre contre la France. Ces Lettres scellées du grand sceau et signées Dou Warlop.

BLONDEL-DRUHOT. *(Je fis le dépouillement suivant chez M. le Baron de Taintignies le 2 Novembre 1803. Ces Titres sont utiles a la branche de Blondel-Druhot, Clément de Taintignies, de la Grange, Hangouart, Caulincourt etc.)*

94. (BLONDEL.) Extrait Baptistaire à St.-Vaast à Arras de Louis-Hyacinthe, fils de Messire Antoine-Hyacinthe de Blondel, Baron de Druhot, et de Geneviève-Angelique de Caulincourt.

95. Contrat de Mariage de Messire Ant.-Hyacinthe Druhot, Sgr. des Grand et Petit Lecs, Marille, Golard, Fechin, du Barlet etc., Mestre de Camp de Cavalerie, fils de Messire Louis de Blondel et de D. Catherine Druhot, avec Dlle. Geneviève-Angelique de Caulincourt, fille de Messire François-Armand, Chev. Marquis de Caulincourt. Ledit Contrat passé au Village de l'Empire en Cambresis. 1719. Original au Tabellion de Cambray.

96. Testament conjonctif en original au Tabellion de Bouchain de Messire Antoine-Hyacinthe Druhot, Sgr des Grand et Petit Lecs, Marille, Golard, Fechin, du Barles etc., Mestre de Camp de Cavalerie (fils de feu Messire Jean-Louis de Blondel, Sgr. du Barles, et de Dame Marie Drouhot, *ainsi écrit*) et de Dame Geneviève-Angelique de Caulaincourt, accompagné de Messire Louis-Hyacinthe de Blondel-Drouhot, Capitaine de Cavalerie dans Royal-Piémont; de Messire Marie-Francois-Louis de Blondel-Drouhot, Sous-Lieutenant dans les Gardes Wallonnes au Service du Roi d'Espagne, et d'Antoinette-Geneviève de Blondel-Drouhot. Ledit acte passé au Château de Fechain le 30 Juillet 1748.

97. Extrait de Mariage à la Paroisse de St.-Quentin à Caulaincourt, Diocèse de Noyon, du 31 Janvier 1719, entre Messire Ant.-Hyacinthe Blondel de Drouhot et Dlle. Geneviève-Angelique de Caulaincourt.

98. Extrait Mortuaire en la Paroisse de St.-Vaast à Fechin, du 5 Août 1748, de Messire Ant.-Hyacinthe de Blondel-Drouhot, ancien Colonel et Brigadier de Cavalerie, Sgr. de Féchain, âgé de 79 ans.

99. Extrait Mortuaire *ibidem* du 6 Mars 1707, de Geneviève-Angelique de Caulaincourt, âgée de 76 ans, épouse de feu Messire Ant. Hyacinthe de Blondel-Drouhot.

100. IIe. DEGRÉ. Contrat de Mariage, dont l'original existe dans les Archives de M. Drouhot, entre Messire Jean-Louis de Blondel, Chev. Sgr. du Barlet, Claire-Fontaine, Marille etc., et Dlle. Marie-Catherine Drouhot, fille de Messire Antoine, Gouverneur de Bouchain. 22 Août 1667.

101. Testament conjonctif de Mess. Jean-Louis de Blondel, Sgr. de Barlet, du Millen, Clair-Fontaine, Fechin, la Mailière, Grand-Leez, Petit-Leez, Marille, Golard etc., et de Dame Marie-Catherine Drouhot, passé le 12 Septembre 1704, pour partager leurs enfans : 1. Ant.-Hyacinthe, Lieutenant-Colonel de Cavalerie au Service de S. M. Cathol. 2. Ferdinand-Albert, Capitaine de Grenadiers. 3. Pierre-Claude, Cornette de Cavalerie. 4. Marie-Antoinette. 5. Jacq.-François. 6. Louise-Ursule-Rosalie. 7. Jacqueline-Emérenciane. Passé au Cateau-Cambresis et Enregistré au Tabellion de Bouchain.

102. Extrait Baptistaire à Bouchain, Diocèse d'Arras, du 22 Novembre 1643, de Mar.-Catherine, fille de M. le Gouverneur Antoine Drouhot et de Madame Emérentiane de St. Marets.

103. Extrait Mortuaire à Féchain, du 20 Novembre 1708, de Messire Jean-Louis de Blondel, Châtelain de Cateau.

104. Extrait Baptistaire du 9 Novembre 1757, de Marie-Thér.-Louise, fille de Messire Louis-Hyacinthe Blondel, Chev. Baron de Druhot, Sgr. de Féchin, Diocèse d'Arras, et de Dame Cath. Corre des Gouttes. A la Paroisse de Jossigny.

105. CAULAINCOURT. Contrat de Mariage de Messire Franç.-Armand Marquis de Caulaincourt, Chev. Sgr. de Caulaincourt, fils de feu Messire Louis et de Dame Elisabeth de Myce, avec Françoise de Béthune, fille de Haut et Puissant Sgr. Messire Maxim. de Béthune, et de Dame Cath. de la Porte. Passé à Paris, le 27 Mai 1686.

106. Lettres d'Emancipation données au Châtelet à Paris, le 22 Janvier 1689, en faveur de Messire François-Armand de Caulaincourt, âgé de 21 ans, et de Messire Louis de Caulaincourt, âgé de 20 ans, enfans mineurs de feu Messire Louis de Caulaincourt, Sgr. dudit lieu, et de Dame Charlotte de Myce-de-Guespré.

107. Acte de partage entre Mess. Franç.-Armand et Louis de Caulaincourt, du 21 Mars 1697.

108. Extrait Baptistaire du 13 Octobre 1671. On y remarque que ce jour 13 Octobre ont été suppleés les cérémonies du Baptême de François-Armand, âgé de 6 ans, né en légitime mariage de feu Messire de Caulaincourt, Ecuyer Sgr. de cette Pa-

BE

-roisse de Caulaincourt, et de Dame Elis.-Charlotte de Myeé.

109. Extrait Mortuaire à la même Paroisse de St.-Quentin à Caulaincourt, du 27 Août 1731, de Messire Franç.-Armand de Caulaincourt, âgé d'environ 70 ans.

110. Extrait Mortuaire *ibidem* du 1er. Janvier 1744, de Madame Françoise de Béthune, Marquise de Caulaincourt

111. Vente faite le 15 Décembre 1663 par Messire Louis de Lameth, Chev. veuf de Dame Marie de Caulaincourt, comme tuteur de son fils, enfant mineur Acte passé au Château de Caulaincourt.

112. CAULAINCOURT *(Filiation avec preuves)*. Ier. DEGRÉ. *Raoul de Caulaincourt*. Transaction au sujet de la Bannalité du moulin de Caulaincourt du 29 Juin 1317. Sentence contre Raoul de Caulaincourt.

113. IIe. DEGRÉ. *Jean de Caulaincourt*. Dénombrement donné en 1420 à Jean de Caulaincourt, Chev.

114. IIIe. DEGRÉ. *Jean de Caulaincourt. époux de Jeanne de Burelle*. Testament du 7 Octobre 1443 de Jeanne Burelle, épouse 2e. de Henri de Sailly et 1e. de Jean de Caulaincourt, par lequel elle rappelle Gilles de Caulaincourt, son fils aîné.

115. IVe. *Gilles de Caulaincourt, Sgr. dudit lieu, épousa Elisabeth le Cat*. Denombrement de la Terre de Caulaincourt, du 18 Septembre 1447. Sentence en Août 1447.

116. V[e]. *Jean de Caulaincourt, Ecuyer Sgr. de Caulaincourt, époux de Jeanne le Vasseur*. Relief de Caulaincourt en 1477. Acquisition de Bihecourt en 1480 avec Relief de cette Terre du 14 Février 1506. Testament de Jeanne le Vasseur, du 17 Mai 1529.

117. VIe. *Jean de Caulaincourt, Sgr. dudit lieu, épousa Louise d'Aizincourt*. Contrat de Mariage du 8 Janvier 1504. Relief de Caulincourt en 1502. Ledit Jean a épousé 2°. Jeanne de Moy, fille de Messire Antoine de Moy, Sénéchal de Vermandois, et de Marguerite de St. Blaise, suivant Contrat de Mariage du 16 Décembre 1519. Sans enfans.

118. VIIe. *Jean de Caulaincourt, Sgr. dudit lieu, né du premier lit, épousa Françoise de Biez*. Dénombrement de Caulaincourt, du 28 Avril 1523. Contrat de Mariage du 24 Août 1531. Transaction du 23 Juin 1568 avec les héritiers de Messire Jean de Biez, de Robert de Caulincourt.

119. VIIIe *Robert de Caulaincourt, Sgr. de Caulaincourt, épousa Rénée d'Ailly*. Relief de Caulaincourt du 17 Février 1567. Contrat de Mariage du 5 Octobre 1571.

120. IXe. *Robert de Caulaincourt, époux de Marie d'Estourmel, fille de Louis d'Estourmel, et de N. de Blanchefort*. Contrat de Mariage du 5 Octobre 1571. Relief de Caulaincourt. 28 Février 1612.

121. X[e]. *Louis de Caulaincourt, Sgr. de Caulaincourt, époux de Charlotte de Myee-Guesprés*. Contrat de Mariage du 17 Mars 1655.

122. XIe. *François-Armand, Marquis de Caulaincourt, épousa Françoise de Béthune*. Relief de Caulaincourt, du 27 Mai 1686. Contrat de Mariage du 10 Juin 1689. Erection de la Terre de Caulaincourt en Marquisat en 1714.

123. XIIe. *Louis-Armand, Marquis de Caulaincourt, époux de Pelagie de Bouille, Dame d'Eppeville*. Contrat de Mariage du 1er. Juillet 1716. Relief du 24 Août 1731.

124. MYÉE. Ier. *Richard de Myée, Ecuyer Sgr. de Guesprés, de la Motte etc., épousa Cath. Vipart*. Il étoit frère de Thomas de Myée, Commandeur de Malthe, selon un acte du 28 Février 1569. Contrat de Mariage. Testament en 1525.

125. IIe. *Jean de Myée, Ecuyer Sgr. de Guesprée, épousa Marie de Chambray*. Contrat de Mariage du 11 Février 1589, auquel est comparu François de Myée, Chev. de St.-Jean de Jérusalem.

126. IIIe. *Jean de Myée*, frère de François, Chev. de Malte, *épousa Renée de Tiercelin*. Contrat de Mariage auquel est comparu Franç. de Myée, Chev. de l'ordre de St.-Jean de Jérusalem.

127. IVe. *Philippe de Myée, Chev. Baron de Guesprée, épousa Charlotte de Mulseau*. Contrat de Mariage du 28 Juin 1626.

127. V[e]. Charlotte de Myée épousa Louis de Caulaincourt. Sa sœur Geneviève de Myée épousa Messire Phil. de Béthune, Chev. Sgr. et Vicomte de Meaux, Baron de Champron.

129. LE CLÉMENT DE TAINTIGNIES. Contrat de Mariage du 27 Mai 1634 entre Charles le Clément, Seigneur de St. Marcq, et Dame Marie de Hangouart, veuve de François du Chastel, Sgr. de Lenglée. On y lit·

« Charles le Clement, Ecuyer Sgr.
» de St. Marcq, Molinel etc., fils
» de feu Pierre, vivant aussi Ecuyer
» Sgr. du Leausque, et de Dlle. Anne
» de la Grange, accompagné d'Ant.
» de la Rue, Ecuyer Sgr de Lobel,
» beau-frère allié de François-Everard
» Ecuyer Sgr. de Preudesain, aussi
» beau-frère et germain audit Sgr.
» de St Marc, *d'une part*. Dlle.
» Marie de Hangouart, veuve de Francois du Chastel, Ecuyer Sgr. de
» Langh, assistée de Phil. de Grenut, Ecuyer Sgr. de Roucy, oncle
» maternel; Walerand de Gombault,
» Ecuyer Sgr. de Mannaing, cousin
» germain paternel, et d'Antoine de
» Laughenhaghe, Ecuyer Sgr. d'Inglant, beau-frère allié à ladite Dlle
Original n°. 2.

130 Lettres de Chevalerie Héréditaire accordées en 1692 à Phil.-Clément, Sgr. de St. Marcq par le Roi de France. *Original*.

131. Lettres de Bourgeoisie accordées en 1633 à Arras, à Charles dit le Clement, fils de Pierre, natif du Village d'Ambrinne, Ecuyer Sgr. de St. Marcq. *Orig. en parch*.

132. Contrat de Mariage en parchemin entre Phil le Clement, Ecuyer Sgr de St Marcq, assisté de Mess. Philippe-Walerand de Gombault, Chev. Sgr de Monnaing, son oncle, allié du côté maternel; de Dame Anne le Clément, veuve de Messire Ant. de la Rue, Sgr. de Lobel, sa tante paternelle; de Messire Walerand de Hautcourt, Chev., son cousin, et de François de Hapiot, Ecuyer Sgr. de Hautcour, son cousin germain, *d'une part*, et entre Marie-Cath. du Bus, fille de Mess. Robert, Sg. dudit lieu, Frévet etc., et de Dame Catherine de Parmentier. assistée de ses père et mère; de Josse de Parmentier, Ecuyer Sgr. du Grand-Bus, son père-grand maternel; de Guill. Petitpas, Ecuyer Sgr. de la Moussene, et de M. Nicaise Lippens, Licencié-ès-Droits, Conseiller Pensionnaire de la Ville de Lille, sa cousine, d'autre part. Passé à Lille en 1658.

133. Partage passé à Lille le 19 Septembre 1660 entre Jean-Baptiste Obert, Ecuyer Sgr. de Noyelle, ép. de Dame Anne-Mar.-Franç du Chastel, fille héritière de Dme Marie de Hangouart, veuve de Charles le Clément, Ecuyer Sgr. de St. Marcq, *d'une part*. Philippe le Clement, Ecuyer Sgr. de St. Marcq, aussi fils et héritier de ladite Dlle. de Hangouart, *d'autre part*.

134. Extrait des Registres aux Bourgeois de la Ville de Lille, reposant en la Trésorerie. On y voit Charles Clément, Ecuyer Sgr. de St. Marcq, fils de feu Pierre et de Dlle. Anne de la Grange, ayant épousé Marie de Hangouart, fille de feu Wallerand. Par relief du 21 Août 1634.

135. Même extrait pour Philippe le Clément, Ecuyer Sgr. de St Marcq, fille de feu Charles, aussi Ecuyer Sgr. dudit lieu, et de Dlle. Marie de Hangouart, fille de Messire Robert, Chev. Sgr. du Fresnel, et de Dame Cath. Parmentier. Par relief du 11 Octobre 1658.

136. *Idem* que dessus, pour Pierre Clement, fils de feu Jean, Ecuyer Sgr. de la Marque, natif d'Arras, ayant épousé ledit Pierre-Anne de la Grange. 23 Octobre 1592.

137. Contrat de Mariage passé à Lille le 22 Octobre 1591, entre Pierre Clément, Ecuyer Sgr. de Leuwacque, fils de feu Jean et de Dlle. Jeanne du Moustier, assiste de Dlle. Cath. du Moustier, sa tante; de Jacques Gosson, Ecuyer Sgr. du Rumevillemon, ses cousins issus de germain; de Jean Angot, Avocat, époux de Jeanne Gosson, cousin issu de germain, et entre Dlle. Anne de la Grange, assistée de Messire Paul de la Grange, Chev. Sgr. de Nedonchel, Conseiller du Roi, Président et Premier Maître en sa Chambre des Comptes à Lille, et d'Anne-Cath. Havet, ses père et mère; d'Ant. Havet, Chanoine de St.-Pierre à Lille, son oncle; de Jean de la Grange, Cons. Assesseur du Roi en la Gouvernance de Lille, son frère; de Franç. de la Rue, Sgr. de Lobel, et de Sébastien Prevost, Ecuyer Sgr. de Marisson, ses beaux-frères. On voit que le futur avait des frères et sœurs d'un second mariage.

138 Testament passé à Arras le 12 Decembre 1618, de Pierre le Clement, Ecuyer Sgr. de Leuvacq etc., et d'Anne de la Grange, demeurant à Feuchy. Ils parlent de Jean le Clément, leur fils aîné, Ecuyer Sgr. de St. Marcq; de Pierre 2e. fils; de Charles 3e. fils; de Paul 4e. fils; d'Elisabeth, fille aînée, Professe à l'Abbaye Desprets à Douay; d'Anne et Louise, leurs trois filles. Ce Testament duement enregistré au Conseil d'Artois au Registre des Substitutions.

139. Bail fait le 7 Janvier 1594 par Jeanne du Moustier, veuve de Jean Clément, Ecuyer, demeurant à Arras, d'une partie de Biens situés à Montrecourt à Jean Baudrain, dmt. à Baudricourt.

140. Sentence rendue par le Conseil de l'Election d'Artois, le 15 Octobre 1588 en faveur de Pierre Clément, Sgr. de Leuvacq, déclarant qu'il est issu d'Ancienne Extraction paternelle et maternelle; qu'il est issu de Willaume Clement, en son vivant Ecuyer, dmt. à Ambrines, lequel se retira, pour cause des guerres, à

Thérouane, ayant des Biens près de la Ville; s'est ensuite retiré de cette prédite Ville de Thérouane dont il était Sgr. en partie; qu'il avait épousé 1°. Marg. Potronon, 2°. Gill. de Renty; 3°. Marg. de Linzel; qu'il eut entre autres enfans Jacques et Jean; que Jacques, fils aîné, épousa Marguer. de Courteville; qu'il eut pour fils Adrien, Ecuyer, époux d'Antoinette de Renty. Que Jean, 2°. fils de Willaume, dmt. à Ambrines, est père de Jean, qui épousa Dlle. Gilles Gosson, dont Jean III allié à Dame Jeanne de Moustier, père et mère du prédit Pierre. Que le prédit Willaume avait pour frère Robert, époux de Marie Marottes, dont Jean, époux de Noh. Dlle. Marg. de Canteleu, dont trois enfans: 1°. Noble et Honorable personne Robert-Clément, Chanoine à Hesdin; 2°. Jacques, Ecuyer Sgr. de Wailincourt, mort à marier. 3°. Antoinette, épouse de Jean de Watines, Ecuyer Sgr. et Mayeur de Monchy-aux-Bois, dont Hughes et Barbe. Ledit Hughes Ecuyer Sgr. de Walencourt, Terre échue par le trépas dudit Jacq.-Clément, son oncle maternel. Que Hughes disait aussi avoir Sentence d'Arrêt au Conseil d'Artois qui le declarait Noble et issu de Noble Génération, qu'il épousa Françoise Penel, aussi de Noble Extraction, duquel mariage était issu Nicolas de Watines, aussi Ecuyer Sgr. Moderne de Warlincourt, époux de Dlle Barbe de Mont-Saint-Eloy, fille de Pierre, en son vivant Ecuyer Sgr. de Wendin, Conseiller du Roi en son Conseil Privé d'Artois. Ladite Barbe de Watines, épouse de Wallerand de Galamé, Sgr. Moderne de Cauron, dmt. à Hermonville, ép. de Charlotte de Bacquehem, fille de Jacques.

141. Rapport et Dénombrement donné en 1588 par Pierre Clément à Messire Adrien de Gomiecourt, Chev. de l'Ordre de St.-Jacques.

142. Partage de Biens passé à Lille le 1er. Septembre 1660, entre Dlle. Marg. le Clément, Dame de Levacque, et entre Louis et George le Josne, Ecuyer Sgr. de Grandmarets, époux de Marie-Anne le Clement, toutes deux filles de feu Pierre le Clément, demeurant à Lille, *d'une part*, et Phil. le Clément, Ecuyer Sgr. de Boilleux, St. Marcq, dmt. à Lille, fils de feu Charles, Ecuyer Sgr. dudit lieu, lesquels déclarent que par le trépas de Paul le Clément, vivant Sgr. de la Frêle *(duquel les premiers Comparans sont héritiers Fidéi-Commissaires pour la moitié, et ledit Sgr. de Boilleu, St. Marcq, pour l'autre moitié)* plusieurs biens, etc.

143. Transaction passée à Arras le 23 Juin 1666, entre Dame Anne le Clément, veuve de Messire Ant. de la Rue, Chev. Sgr. de Lobel, fille de feu Pierre, Ecuyer, et d'Anne de la Grange, *d'une part*. Dlle. Marg. le Clément, Louis-George le Josne, Ecuyer Sgr. du Grandmaret, et Dlle. Marie-Anne le Clément, au sujet de la Ferme de Marquettes.

144. Acte qui déclare 1°. que Pierre le Clément fut fait Magistrat de Lille en 1568, Voir, Juré en 1596. 2°. Charles le Clément, Sgr. de St. Marcq, fait Voir, Juré et Conseiller en 1636.

145. Bail passé à Arras le 18 Avril 1556 par Jeanne Muret, veuve de Charles du Moustier, Maître Adrien du Moustier, Jean Clément, Dlle. Jeanne du Moustier, son epouse, Madelaine et Cath. du Moustier, tous enfans et héritiers dudit feu Charles du Moustier et de ladite Jeanne. Ledit Bail accordé à Jean de Lye, dmt. à Montevescourt, savoir 38 mencaudées y situés.

146. Huit Quartiers de Messire Maximilien le Josne, Chev. Marquis de la Ferté, époux de Dame Marie-Marg.-Jos. Deslyons. On voit qu'il est fils de Messire Louis-Georges, Sgr. de Grandmarets etc., et de Dame Marie-Anne le Clément, fille de Piere et d'Anne de Messiatis, remariée à Adrien le Josne, 3e. du nom. On voit que Messire Louis le Josne était fils d'Adrien le Josne, Sgr. de Grandmarais, et de Floris le Viseux, fille de Martin le Viseux et de Françoise Colbaut, fille de Phil. Colbaut et de Dlle. Maurice de Belsages; qu'Adrien III a épouse 2°. Anne de Messiatis; qu'il était fils d'Adrien II, Sgr. du Grandmarais, et de Marie de Froideval, petit-fils d'Adrien le Josne et de sa 2e. épouse Marg. Courcol.

147. Partage fait le 15 Juin 1610 et passé à Lille entre Dlle. Isabeau de la Grange, veuve de Mess. Franç. de la Rue, Sgr. de Lobel, Sebastien le Prevost, Ecuyer Sgr. de Maisons, Marcq, époux de Cath. de la Grange, Faisant fort de Dame Phil. de la Grange, veuve de Messire Michel Gomer, Chev. Sgr. de Scouvelde; Pierre le Clément, Ecuyer Sgr. de Levacque, époux d'Anne de la Grange; Dlle. Jeanne Blondel, veuve de Jean de la Grange, Ecuyer Conseiller Assesseur de la Gouvernance de Lille, mère et tutrice de 1°. Phil. 2°. Alexandre. 3°. Marie de la Grange, ses enfans mineurs qu'elle avait dudit feu Jean; de 1°. Paul, 2°. Cath. 3°. Michelle ses enfans majeurs qu'elle avait de sondit mari; de 1°. Phil. 2°. Isabeau. 3°. Cath. 4°. Anne, enfans de Messire Paul de la Grange, Chev. Sgr. de Nedonchel, Conseiller du Roi, Président et 1er. Maître Ordinaire de sa Chambre des Comptes à Lille, et de feu Dame Cath. Havet; lesdits enfans de feu Jean de la Grange, neveux et nièces en ligne directe au defunt.

148. Disposition du 12 Décembre 1641 par Marie de Hangouart, veuve de Charles le Clément, Ecuyer Sgr. de St. Marcq, avec un fils d'icelui, et auparavant veuve de François du Chastel, Ecuyer Sgr. de Langletz, dont Anne-Marie-Françoise du Chastel. Elle donne à sondit fils les Biens qu'elle a à Guignées, Mortagne; elle donne le reste auxdits deux autres enfans.

149. Accord passé à Lille le 10 Mars 1637 entre Marie de Hangouart, veuve de Charles le Clément, Ecuyer Sgr. de St. Marcq, Paul le Clément, Ecuyer Sgr. de la Ferté, et Ant. de la Rue, Ecuyer Sgr. de la Rue, ép. de Dlle. Anne le Clément, Beleux, frères et belle-sœur de ladite Marie.

150. Déclaration du 27 Mai 1634 des Biens appartenant à Charles le Clément, Ecuyer Sgr. de St. Marcq, du Molinel, qu'il donne pour port de mariage à Dlle. Marie de Hangouart, veuve du Sgr. de Langle, 1°. la Sgrie, de St. Marcq en 80 mencaudées, occupés par Jacq. Bonart. 2°. le Fief du Molinel, consistant en plusieurs Rentes Seigneuriales etc. etc., avec déclaration des Biens de lad. Dlle. Marie de Hangouart, entre autres la Sgrie. de la Patinerie en 14 bonniers, et plusieurs autres Biens.

151. Contrat de Mariage du 27 Mai 1634, entre Charles le Clement Ecuyer Sgr. de St. Marcq, Molinel etc, fils de feu Pierre, Ecuyer Sgr. de Levascque, et de Dlle. Anne de la Grange, assisté d'Ant. de la Rue, Ecuyer Sgr. de Lobel, beau-frère de François Everard, Ecuyer Sgr. de Pren, de Fain, aussi beau-frère; de Messire Paul de la Grange, Chev. Sgr. de Nedonchel, cousin germain audit de St. Marcq, *d'une part*, et entre Dlle. Marie de Hangouart, veuve de François du Chastel, Ecuyer Sgr. de Langle, Dame de la Patinerie, assistée de Phil. de Grenut, Ecuyer Sgr. de Roncy, oncle maternel; Walerand Gombault, Ecuyer Sgr. de Mauaing, cousin germain paternel; d'Antoine de Loghenhage, Sgr. d'Ingland, beau-frère allié à ladite Dlle. *Original à Orchies*.

152. Dénombrement de Walru, donné le 29 Janvier 1630 par Charles le Clément, Ecuyer Sgr. de St. Marcq, après la mort de son père, aussi Ecuyer. Il y est dit 3e. fils et héritier testamentaire du côté de Madelaine du Moustier, veuve d'Antoine de Bulloy, et Dlle. Cath. du Moustier, veuve d'Allard Crigeot, ses tantes maternelles, lesquelles ont pareillement éte filles et héritières de Charles.

153. Extrait Baptistaire à Ste.-Catherine à Lille, du 19 Juillet 1664, de Phil.-Franç. fils de Phil. le Clément, Sgr. de St. Marcq et de Mar.-Cath. du Bus.

154. Contrat de Mariage entre Messire Phil.-Franç. le Clément, Chev. Sgr. de St. Marcq etc., Colonel d'Infanterie en France, fils de feu Messire Philippe, Chev. Sgr. de St. Marcq, et de Dame Marie-Cath. du Bus, et entre Dlle. Marie-Ther. de Lannoy, fille de feu Messire Jean-Bapt.-Franç. Olivier, Chev. Sgr. Despretz, et de Franç.-Henriette de Tramecourt. Passé à Lille, le 1er. Octobre 1714. *Original a Lille, au Dépôt*.

155. Contrat de Mariage passé le 10 Janvier 1750 entre Messire Phil.-Alexandre le Clément, Chev. Sgr. de St. Marcq, Tintignies, Guignies, Blasart dit John etc., assisté de Dame Marie-Thérèse de Launoy, veuve de Messire Philippe-Franç. le Clément, Chev. Sgr. de St. Marcq, Colonel d'infanterie en France, sa mère; de Dame Marie-Franç.-Phil. de Lannoy, Comtesse de Geneck, Messire Alex.-Eugène Descoste, Chev. Sgr. de Pombeck, Maréchal des Camps, et Dame Marie-Elisab. de Launoy, son épouse, *d'une part*, et entre Marie-Thérèse d'Ostrel, fille de Mess. Ant.-Jos. d'Ostrel, Chev. Baron de Flers, Marquis de Cambligneul, Sgr. de Couchy etc., demeurant en son Château de Flers, et de Dame Mar.-Jos.-Aimée Mayoul. *Original à Lille, au Dépôt*.

156. Extrait Baptistaire à Lille, Paroisse de la Magdeleine, de Philippe-Alexandre le Clément, fils de Phil.-Franç. Sgr. de St. Marcq, et de Dame Marie de Lannoy. Du 21 Juillet 1720.

157. Extrait Mortuaire *ibidem* du 18 Décembre 1756, de Mar.-Thér. de Lannoy, Dame d'Emmerie, Pecquerie etc., veuve de Messire Philippe-François le Clément, âgée de 68 ans.

159. Dénombrement donné le 25 Octobre 1714 du Fief et Sgrie. de la Vichte, par Messire Philippe-Franç. le Clément, Chev. Sgr. de St. Marcq, Colonel d'Infanterie en France, fils et

héritier de Messire Philippe, Chev Sgr. de St. Marcq, et de Dame Mar.-Cath. du Bus. *Original.*

159. Bail d'une Maison, rue de la Magdelaine à Tournay, par Dame Béatrix de Lalaing, veuve de M. Pierre-Joseph du Mortier, Conseiller Assesseur aux Finances de Tournay, comme mère et tutrice des enfans qu'elle eut de sondit mari, à Messire Philippe le Clément, Chev. Sgr. de St. Marcq, Taintignies, Guignies etc. Du 17 Juillet 1770.

160. Extrait Mortuaire à Taintignies du 8 Juillet 1766, de Noble Sgr. Phil.-Alexandre-Jos. le Clement.

161. Extrait de Mariage du 21 Janvier 1750 de Messire Philippe-Alex-Jos. le Clément, Ecuyer Sgr. de St. Marcq, de la Paroisse de la Magdelaine à Lille, et entre Mar. d'Ostrel de Flers. A la Paroisse de Ste. - Gergulphe à Cambray.

162. Extrait Baptistaire à la Magdelaine à Lille, du 30 Janvier 1751, de Messire Phil.-Mar.-Jos. fils de Mess. Phil.-Alex.-Jos. le Clement, Chev. Sgr. de St. Marcq, et de Dame Mar.-Thér.-Jos. d'Ostrel de Flers.

163. Le Sgr. de St. Marcq reçu Chev. de St. Louis à Maubeuge le 21 Juin 1719, par M. de Montmorency. Ledit St. Marcq Colonel d'Inf. réformé.

FILIATION DE LA MAISON DE BLONDEL.

Je la donne telle qu'elle se trouve dans les Archives de Messieurs de Blondel-Beauregard.

164. I. Baudoin de Blondel portait pour Armes *de sable à la bande d'or*, cri *Gonnelieu*, et selon un autre Manuscrit le cri est *Luxembourg*. Ce Manuscrit le dit fils de Henri Blondel, Comte de Luxembourg, et de Marg. de Bar. Il n'en est pas parlé dans les Archives de la Maison. Ils font connaître que Bauduin a épousé Béatrix de Rosoy, fille de Roger et d'Alix de Namur. Leurs enfans sont : 1° Jean qui suit. 2°. Guillaume, Lieutenant du Roi du Pays de Vermandois et Conseiller d'Etat. 3°. Ghislain de Blondel, époux de l'héritière de la Maison de Joigny. Il sera parlé de sa brillante postérité après celle de Blondel-Beauregard.

165. II. Jean de Blondel, Sgr. de Sailly, épousa Agnès de Furnes. Il est enterré à Sailly, y ayant fondé un Obit et donné six rasières aux pauvres. Le Graduel en fait mention en ces termes : *Obitus Nobilis Equitis Joannis A Blondel et Dominæ Agnetis de Furnes conjugis*. Jean Epousa 2°. Alix le Preudhomme, sans enfans. Du premier lit Simon qui suit.

166. III. Simon de Blondel vivait en 1360. Il épousa Béatrix de la Fosse, fille de Messire Hoston, Sgr. d'Ayette, et de Béatrix Hincourt, dont Jean qui suit.

167. IV. Jean, dit Bauduin de Blondel, du nom de son grand-Oncle Maternel, Chevalier et Sergent-Major de Bataille sous Philippe, Duc de Bourgogne, épousa 1°. Marie de Marabille, dite Badar. 2°. Catherine de Lambres, héritière de Manchicourt-lez-Richebourg et de le Ghore, fille de Hughes, Sgr. de Lambres, Cambrin, Manchicourt et de le Ghore, et de Cath. de Longuencourt. Cette Dame mourut en 1425. Les enfans du 1er. lit sont : 1°. Simon, mort sans hoirs. 2°. Marguerite, épouse de Jacq. Hellin, dit Lefebvre. 3°. Marie, épouse de Simon de la Deirière. Les enfans du 2me. lit sont : 1°. Jean qui suit. 2°. Natalie, épouse de Jacques de Givency. 3°. Marie, épouse de Jacques Douchet, dit Aubaut, Gentilhomme d'Artois. 4°. Jeanne, épouse de Jean de Bellevál. 5°. Cath. épouse d'Adrien de Harlebecque, Chev.

168. V. Jean, dit Tristan de Blondel, du nom de Messire Tristan de Lambres, son Bisaïeul Maternel, né du 2me. lit, Sgr. de Manchicourt et de le Ghore, Gouverneur de St. Valery et de Malmaison pour le Duc Philippe de Bourgogne. Il épousa Marie de Rouvroy, fille de Jean Sgr. de Rouvroy, et de Marguer. de Cavech, fille de Charles et de Marg. de Hertaing. Il en eut 1°. Antoine ci-dessous. 2°. Jean après la postérité de son frère. 3°. Robertine, épouse de Mathieu Cailleu, Grand-Pannetier du Duc de Bourbonnais et d'Auvergne. 4°. Marg. Dame de Rullecourt, épouse de Jean Sgr. de Ricamez en Artois. 5°. Jacq. 6°. Ghislain. 7°. Jean-Bapt. Chanoine de St. Aubert à Cambray.

169. VI. Antoine de Blondel, Vicomte de Vadencourt en Vermandois, épousa Herbine Vignon, dont Bauduin qui suit.

170. VII. Bauduin de Blondel, Vicomte de Vadencourt, épousa Claudine de Maignac, fille de Maurin, Maître d'Hôtel du Duc de Nemours, et de Jeanne le Carlier. Il gît en l'Eglise des Cordeliers à Valence en Dauphiné. On ne connaît pour fils que Jean qui suit.

171. VIII. Jean de Blondel, Vicomte de Vadencourt, Sgr. de Bayenpont, mort le 18 Avril 1530, enterré dans l'Eglise de St. Pierre à Guise, au milieu du Chœur, ayant épousé 1°. Catherine de Noyelles, dont Antoine qui suit. 2°. Jeanne d'Espinoy en Artois, fille d'Antoine, Sgr. de Harcourt.

172. IX. Antoine de Blondel, Vicomte de Vadencourt, Sgr. de Bayenpont, Conseiller d'Etat et du Conseil Privé du Roi de France, mort sans hoirs. Sa sœur, son héritière, épousa N. du Peschi, Gouverneur de Guise. Elle gît à Guise près de ses père et mère, sous une belle sépulture.

173. VI. Jean, dit Tristan de Blondel, Sgr. de Manchicourt, le Ghore, Hainville, Grand Prévôt de Cambray (2°. *fils de Jean et de Marie de Rouvroy*) épousa 1°. Jeanne de Proissy, veuve de Jean Creton, Chevalier Sgr. de Manville, sans hoirs. 2°. Marie de Rozel, Dame de Hordaing, fille de Guy, Sgr. dudit lieu, et de Marie de Molenbais. Ils eurent pour fils Antoine qui suit.

174. VIII. Antoine de Blondel, Sgr. de Manchicourt, le Ghore, Hordaing, Hainville et de Beauregard, *par retrait de la Maison d'Inchy, d'où ladite Terre provenait*, épousa Agnès Oudart, Héritière de Cuinchy, fille aînée de Martin, Sgr dudit lieu, et de Christine de Carneulx. Leurs enfans sont : 1°. Jacques ci-dessous. 2°. Louis, *après la postérité de son frère* 3°. Antoine de Blondel, Sgr. des Hautbois, d'Havraincourt et du Fay, Gouverneur de Philippeville, Colonel d'un Régiment Wallon, mort à marier en 1570, ayant institué héritier son frère Louis de Blondel. 4°. Marg. de Blondel, épouse de Jacq. de Tenremonde, Chev. Sgr. de Mérignies, fils de Messire Antoine, Sgr. dudit lieu, et d'Antoinette de Cuinghien, Dame de Bachy. 5°. Marie de Blondel, épouse de Philippe de St. Venant, Sgr. de la Cessoye et de Langle, fils de Bauduin, Sgr. desdits lieux, et de Cath. Gantois. Antoine eut pour fille naturelle Florence de Blondel, épouse du Sieur Gourdin, dmt. à Douay.

175. IX. Jacques de Blondel, Sgr. des Deux-Cuincy, Villers-au-Bois, Saulchoye et de Halle, Commissaire Général des Monstres de S. M. Cath. Philippe II en Flandre, Artois, Hainaut et Cambresis *(après le Comte de Lalaing)*. Il fut Gouverneur, Grand Bailly des Ville et Château de Tournay-Tournesis, Mortagne et St.-Amand. Il fut inhumé à Cuincy. Voici son Epitaphe :

« Ci-dessous Gissent les Corps de » feu Messire Jacques de Blondel, » Sgr. de Cuincy, en son vivant » Gouverneur, Capitaine et Grand-» Bailly des Ville et Château de Tour-» nay et Pays de Tournesis, Morta-» gne et St. Amand, et Dame Marie » le Blanc, sa femme, que Dieu ab-» solve, lesquels décédèrent de ce » Monde mortel, savoir ledit Sgr. » en 1582, et ladite Dame le 16 Dé-» cembre 1564 ».

Jacques avait épousé par Contrat de Mariage du 13 Novembre 1541, Dame Marie le Blanc, héritière de Capelle à Warneton, du Biez, Cauroy, fille de Guillaume, Sgr. de Houchin, Lambersart et Meurchin, et de Philippote Ruffault. Elle est inhumée près de son mari. Leurs enfans sont 1° Antoine ci-dessous 2°. Michelle de Blondel, Dame de Capelle à Warneton, épouse d'Eustache de la Viesville, Sgr. de Watou-Vilers-Sire-Simon, Steenworde, Fils de Phil., Sgr. desdits lieux, et de Françoise de Failly, fille de Joachim, Sgr. de Rumilly, et de Françoise de Berghes-St.-Winoc. Elle mourut le 21 Novembre 1621 et fut inhumée près de son mari dans le Chœur des Recolets à St. Omer, sous une pierre, avec cette inscription : *Sépulture de Madame Michelle de Blondel, fille de Messire Jacques de Blondel, Chev. Sgr. de Cuinchy, Gouverneur, Capitaine et Grand Bailly des Ville, Château et Pays de Tournesis, Mortagne et St.-Amand, et femme de Messire Eustache de la Viefville, Chev. Sgr. de Watou, Steenworde, laquelle mourut le 21 de Novembre 1621.*

176. X. Antoine de Blondel, Baron des Deux-Cuincy, Sgr. de Manchicourt, le Ghore, Villers-au-Bois, Saulchoy, Verquigneul. Il commanda l'Infanterie au secours de Malthe. Son Epouse fut Magdelaine de Bercus, veuve de François de Beaufremez, Sgr. de Harnes, fille de Mess. Franç. de Bercus, et de Jeanne le Preudhomme d'Haillies. Ils gissent à Cuinchy. Leurs enfans sont : 1°. Jacques qui suit. 2° Antoine-Floris de Blondel, Sgr. de Manchicourt, mort en Italie. 3°. Louis, après la postérité de son frère. 4°. Jeanne, morte à marier.

177. XI. Jacques de Blondel, Baron de Cuincy, Sgr. de Manchicourt, Villers-au-Bois, Haillies, Saulchoy et de Halle, épousa le 6 Août 1602 Anne de la Viefville, sa cousine germaine, fille de Messire Eustache, Sgr. de Watou, et de Michelle de Blondel. Jacques mourut en 1652 ; son épouse en Decembre 1649. Ils gissent à Cuinchy. Leurs enfans sont : 1°. Alexandre qui suit. 2°. Don Eustache, Religieux

B E

à Marchiennes. 3°. Jean Sgr. de Vilers-au-Bois, mort à marier, laissant des enfans naturels de Magdelaine Van Drusse, dont la branche existe à Arras. 4°. Ignace, après la postérité de son frère. 5°. Charles, après son frère Ignace. 6°. Jacqueline. 7°. Michelle. 8°. Françoise. 9°. Michel; tous quatre sans alliance.

178. XII. Alexandre de Blondel, Sgr. de Manchicourt, Capitaine d'Infanterie, mort avant son père en 1631, épousa Michelle-Anne de Beaufort, héritière de Boileux et de Mercatel, fille de Messire Louis, Sgr. de Warlincourt, Vendegies-au-Bois, Gouverneur du Quesnoy, et d'Antoinette de Gongnies, Dame de Vendegies. Leurs enfans sont 1°. Marie-Jacq.-Ignace ci-dessous. 2°. Marie-Antoinette, morte à marier.

179. XIII. Marie-Jacq.-Ignace de Blondel, Baron de Cuincy, Sgr. de Boileux, Mercatel, Rochefort, Lieutenant-Général des Armées en France, mort le 26 Octobre 1684, inhumé à Cuincy. Il épousa 1°. Justine-Hélène de Bosq, veuve de Franç.-Antoine de Haynin, Sgr. de Querinaing, fille de Philippe, Baron de Maesdam, et de Hélène de Hertoghe. 2°. Marie de Verreycken. Les enfans du second lit sont 1°. Césarion-Mar.-Chrétien de Blondel, Marquis de Boileux, mort en 1679. 2°. Marie-Thér. Héritière Baronne des Deux-Cuincy, morte à marier à Lille, le 21 Mars 1685. Il gît à Cuincy.

180. XIV. Ignace de Blondel, Sgr. d'Haillies (*fils de Jacq. et d'Anne de la Viefville*), épousa 1°. la fille aînée de Don François Del Campo, Gentilhomme des Archiducs Albert et Isabelle, dont la mère était Doovrin. Il épousa 2°. Marie-Franç. de Lannoy, Dame d'Ablaing, fille de Jean-Bapt., Sgr. du Hautpont, et de Jeanne de Coudenhove. Un enfant du premier lit, savoir, N. de Blondel, épouse de N. du Mesnage, Capitaine à la Bassée. Ceux du second lit sont: 1°. Marie-Jeanne de Blondel, épouse 1°. de Lamoral de Lannoy, Sgr. d'Ablaing, fils de Messire Antoine, Sgr. dudit lieu, et de Florisse Fournel, dont enfans. Elle épousa 2°. François l'Hospitalier, Sgr. de Finor, Lieutenant de la Cité d'Arras. 2°. Marie-Florence-Lamoral de Blondel épousa 1°. Charles-Phil. d'Ideghem, Comte de Watou, fils de Charles-Philippe, Sgr. de Watines, Hembise etc., et de Marie-Françoise d'Ideghem, dont enfans. Elle épousa 2°. Eustache-Louis-Benoît-Hyppolite de Bonnieres, dit de Gunnes, Sgr. de Noulette, fils de Charles-Ign., Comte de Souastre, Baron de Nieurlet, et de Jeanne-Marie-Thérèse de Créquy, héritière de Villers-Bruslin.

181. *Ascendance et Parentée de* Marie-Françoise de Lannoy, *Epouse d'*Ignace de Blondel.

Messire Hugues, Sgr. de Lannoy et de Lys, mort en 1349, fils de Messire Hugues Sgr. de Lannoy et de Lys, vivant en 1320, et d'Isabeau de Cléry-sur-Somme. Petit-fils de Messire Hellin de Lannoy, Sgr. dudit lieu et de Lys, qui donna deux muids de terre à l'Abbaye Desprets, du consentement de son épouse. On dit Hellin fils du Marquis de Franchimont et d'une Princesse de Bavière.

Ledit Messire Hugues épousa Marguerite-Henriette de Maingo-

B E

val en Artois, dont la mère etait de la Maison de Berlaimont. Il eut aussi de Mar. d'Abonnel Jean qui suit.

182. Mess. Gilbert de Lannoy, Sgr. de Santes en la Châtellenie de Lille, épousa Catherine, Héritière de Molembais, fille de Michel et d'une Dame de St. Albin, Héritière de Wilerval.

Messire Jean de Lannoy, dit de Percheval, vivant en 1391, *dont la mère est Abonel*, épousa Marie de Cordes, Dame d'Ogimont, issue des anciens Sgrs. de Waudripont, propriétaires de Renaix etc.

183. Mess. Bauduin de Lannoy, Sgr. de Molembais, de Lannoy, dit *le Begue*, comparut en 1419 à un acte avec Messire Simon de Saint Genois, Prévôt de Tournay. Il fut créé Chev. de la Toison d'Or par Philippe-le-Bon, Duc de Bourgogne au 1er. Chapitre tenu à Bruges le 10 Janvier 1429, Gouverneur des Villes, Châtelenies de Lille, Douay et Orchies, reçu avec les principaux Sgrs. du Pays au Banquet du Faisan, que le Duc de Bourgogne tint à Lille; mort en 1474. Il gît à Solre-le-Château, au Chœur, devant le grand Autel,

Epousa

Adrienne de Berlaimont, Dame de Solre-le-Château, fille de Mess. Jean, Sgr. dudit lieu, et de Cath. de Robersart. Elle mourut en 1439.

Messire Jean de Lannoy, Sgr. de la Motterie, Ogimont, frère de Jeanne de Lannoy, épouse de Messire Gérard de Costre, Sgr. de Licke,

Epousa

Isabeau de Croix-du-Mez, fille de Messire Jean, Sgr. du Mez, de Croix et de Flers, Cons. et Chambellan du Duc de Bourgogne, Grand-Bailli de Lille, *le premier qui prit les Armes de Croix pleines*, et de Cath. de la Tosnerie, Dame de Wambrechies. *Petite-fille* de Messire Jean Sgr. du Mez, de Croix et de Flers, morte en 1410, inhumée à Croix. *Arrière-petite-fille* de Messire Guill. du Mez, et d'Isab. de Croix, D. de Croix et de Flers.

L'Héritier de cette très-ancienne Maison, époux d'une Dame de la Grange, demeure a Tournay en 1813.

1.

184. Jean, Sgr. de Lannoy, Lys, Maingoval, Cléry,

Ep. en 1384

Jeanne, fille de Jean de Croy et de Renty, Grd. Maitre et Bouteiller de France, et de Marg. Craon, dont les 16 Quart. sont: 1 Craon, 2 Suilly, 3 Coucy, 4 Hignies, 5 Flandre, 6 Nesle, 7 Hainaut, 8 Luxembourg, 9 Chastillon, 10 St. Pol, + 11 Dreux, 12 Montfort, 13 Coucy, 14 Ellignies, 15 Chastillon, 16 Brabant.

2.

Antne. de Lannoy Sgr. de la Motterie,

Epousa

Philippote de Lommel, D. du Moulin, fille de Jean Sgr. de la Grange, du Prest, la Haye, Wasme, du Moulin, Maître des Comptes à Lille, et de Dame Jeanne de Troye.

Son frère Rob. de Lannoy, Seigr. d'Orgemont et de Coustre a épousé Jeanne, fille Héritière du Sgr. de Croix en Hainant, et d'une Dame de Buillemont.

3.

Pierre de Lannoy Sgr. de Hardiplancques,

Epousa

1°. Agnès d'Escaussines veuve de Mess. Gaspar de Harchies, Sgr. de Millomez, la Motte, et Moustier.

Pierre a épousé 2°. Jeanne, fille de Gérard, Sgr. de Buillemont, et de Jeanne de Lalaing Dame de Lesdaing.

Jeanne de Lalaing était *fille* de Jean Sgr. de Lesdaing et de Jeanne de Wetten. *Petite-fille* de

B E

1.

Jean de Croy, Malt. d'Hôtel de Charle VI, Roi de France, 1er Chambellan des Ducs Philippe-le-Hardi et Jean de Bourgogne, mourut à la Bataille d'Azincourt le 28 Octobre 1415.

185. Ant. de Lannoy, Sgr. de Maingoval, Prévôt-le-Comte à Vallenciennes en 1467 et 68, frère de Jean Sgr. de Lannoy, Lys, Richebourg, Bossu-sur-l'Escaut etc. Chev. de la Toison d'Or en 1451. Ambassadr. de France en Angleterre, Gouverneur de Hollande, Zelande, Frise, des Villes et Chât. de Lille, Douay et Orchies, Grand Bailli d'Amiens,

Epousa

Jeanne de Ville, Dame d'Audregnies et de Senzelles, fille de Quintin, Sgr. desdits lieux, et de Jeanne, Hérit. de Senzelles.

186. Jean de Lannoy, Sgr. de Maingoval, d'Audregnies, de Rieulay,

Epousa

Philippote de Lalaing, fille de Simon Sgr. de Montigny-St.-Christophe et de Hantes, Conseil. Chamb. des Ducs de Bourgogne,

2.

Un autre frère Jean a ép. la Dame Héritière de Baudimont.

Une sœur Jeanne a ép. Thomas Mallet, Sgr. de Berlettes fils de Jean dit Hustin, Sgr. de Coupigny.

Antoine de Lannoy Sgr. de la Motterie, vivant en 1536,

Epousa

Jacqueline du Bois, fille de Sobier, Sgr. de Hoves, et de Jeanne de Sailli. Le 1er. vol. de cet Ouvrage, p. 143, donne les 8 Quart. de Zègre du Bois, Chev. Sgr. de Hoves, frère de Jacquel. ci-dessus. Les voici: 1 du Bois, 2 Escaussines, 3 de Bos, 4 Espinay, 5 Sailly, 6 Longueval, 7 Argies, 8 Forceville. On y voit aussi ceux de Mar. de Thiennes Epouse dudit Zègre: 1 Thiennes, 2 Delft, 3 Wavrin. 4 Piennes, 5 Longpré, 6 Claerout, 7 Loodick, 8 Malmins. Cette Maison de du Bois de Hoves existe à Tournay en 1813.

Louis de Lannoy Sgr. de la Motterie, Wasnes, Cortebecque et du Plati, mort le 26 Juillet 1565, gît à Toufflers avec sa 2me. épouse. Il épousa 1°. Mar. le Boulengier, veuve de Louis Creton, Sgr. de Manville, fille de Nico-

3.

Nicolas Sgr. de Lalaing, Grand Bailli de Hainaut en 1380 et de Mar. Hérit. de Montigny en Ostrevant dont la mère est Havesquerque. *Arrière-petite-fille* de Simon de Lalaing, Grand Bailli de Hainaut en 1358 et de Mahaut d'Aspremont.

Antoine de Lannoy Sgr. d'Hardiplanques à Blandain, frère de Mar.-Madelaine, ép. 1°. de Balthasar de Gavre, Sgr. de Manny, dont enfans. Ep. 2°. de Louis de Buillemont, fils aîné de Gérard Sgr. de Buillemont, et de Jeanne de Lalaing, Dame de Lesdaing, fille de Jean de Lalaing et de Jeanne de Wetten, D. de Lesdaing. Jean de Lalaing était frère d'Othon 1er. Baron de Lalaing, qui ép. Yolenthe de Barbançon,

Epousa

Magdelaine du Pret de Lille.

Martin de Lannoy Sgr. de Hautpont décédé en 1544, gît à St.-Nicolas à Tournay, Chapelle de St.-Nicolas,

Eponsa

Jacqueline de Cottrel, fille de Jean Sgr. d'Esplechin, et de Valentine Crocquevilain.

1. 2. 3. 1. 2. 3

B E

1.

Philippe et Charl., Prévôt le Comte, Gouv. de Beaumont, Bailli d'Amiens, Amiral, Grand-Veneur et 1r. Commissaire à créer les Lois de Flandre, Capitaine de Lescluse, Ambassadr. par Ordonnance desdits Princes, porta la Bannière à l'entrée du Duc de Bourgogne Phil. dans Paris en 1461, fut Grand Jousteur et Tournoyeur, Chef de l'Armée du Duc de Bourgogne, chanta l'Evangile le jour de Noel devant le Pape Eugène, au Concile de Ferrare, en 1437, y tint la place au nom de l'Empereur, fut des Cheval. premiers institués au Parlement de Malines, ép. de Jeanne de Gavre, Dame d'Escornaix, mort en 1476, gît à Deynse.

Jean de Lannoy avait épousé 1°. Cath. d'Ococche.

2.

les et d'Anne d'Audomez. Il était frère de Cath. de Lannoy, ép. de Jean Sgr. de Hemsrode.

Epousa 2°.

Michelle d'Ognies fille de Jacq., Sgr. d'Estrées, Grulon, et d'Anne de Brant.

3.

Il était frère de Jean de Lannoy, Sgr. de Hardiplancques et d'Agnès Decarmaing dite Haussy en Cambresis, Dame de Beilloeul.

Il était aussi frère d'Isabeau de Lannoy, ép. de Philippe de Haudion, dit Guibrechies, Sgr. de Bourquembray, fils de Rasse, Sgr. desdits lieux, et d'Aldegonde de Cottrel-d'Esplechin. Leur fille Magdel. de Haudion de Guibrechies, D. de Bourcquembray, ép. Adrien de la Motte, Sgr. de Baraffe, Capitaine au Château de Tournay, dont le fils, François de la Motte, Sgr. de Baraffe, de Bourcquembray, Capitaine d'une Compag. d'Infanterie Wallone, Lieutenant-Général des Ville et Bailliage de Saint-Omer, créé Chevalier le 15 Janvier 1579, épousa Marguerite du Broeucq.

187. CHARLES DE LANNOY, Sgr. de Senzelles, Chev. de la Toison d'Or, Grand Mre. d'Espagne, Génér. des Armées de l'Empr. Charles V en Italie, Vice-Roi de Naples, PRIT FRANÇOIS Ier. PRISONNIER à la Bataille de Pavie, mourut à Caieta en 1547,

Epousa

Françoise de Montbel, fille de Jacques, Comte de Montbel et de Jeanne de St. Maur. (Histoire de

JACQ. DE LANNOY Sgr. de la Motterie, frère de Claude, ép. d'Hélène de Bonnières et de Marie, ép. de Jean de Hennin-Liétart, Sgr. de Cuvillers, Pair du Cambresis, fils d'Antoine et d'Antoinette de Mericourt. Claude de Lannoy, frère de Jacques, eut pour fille Hélène, Dame du Moulin, Loo et Deffresnes, ép. de Jean de Thiennes Sgr. de Willersy, Noeuf-

CHARLES DE LANNOY Sgr. de Hautpont Epousa 2.

Marguerite du Bois, Dame de la Longuerie, fille de Jean et de Jeanne de Sivry.

Charles avait épousé 1°. Jeanne Ruffault, fille de Charles et de Jeanne Boulangiers, sans hoirs.

Charles était frère, entr'autres, de Marie de Lannoy, qui ép. 1°. Charles de Louvignies Sgr. de la Froissarderie, S. H. 2°. Jean

1. 2. 3.

B E

1.

Tournay par Mr. Hoverlant, tom. 50, p. 195, tom. 51, p. 105.)

Charles de Lannoy était demi-frère de Jean Sgr. de Maingoval, Audregnies, époux de Phil. Desplaines, veuve de Pierre de Bourbon, Sgr. de Carancy. Leur fils, Nicolas de Lannoy, Sgr. de Maingoval eut de son ép. Anne de Lalaing, Bonne de Lannoy, Hérit. de Maingoval, Rieulay, Bugnicourt, Villers-au-Tertre, Monscourt, Auberchicourt, Tressin, Berbières, Hordaing, Noyelles-Wyon, qui ép. Philip. Sgr. de Ste. Aldegonde, de Noircarmes, Gd. Bailli de Hainaut etc.

2.

Ville, Warelles, fils de Jean-Bapt. et de Marg. de Guiselin, fille de Georges et de Magdelaine de Croix de Drumez, dont la mère était Landas

Epousa

Suzanne de Noyelles, fille d'Adrien Sgr. de Croix et de Françoise de Lille.

3.

du Chasteler Sgr. de Moulbais, fils de Philippe et de Jeanne de Proissy, Vicomtesse de Bavay.

Il était frère de Jeanne de Lannoy, épouse de Jean Cabillau, Sgr. de Choeves, Sains, Triponceau, fils de Guillaume Sgr. desdits lieux, et d'une Dame de Moor.

Charl. avait pour soeurs Jacqueline, Abbesse de Bourbourg; Bonne, Religse. à l'Abbaye Desprets à Tournay; Anne, Abbsse. d'Espinlieu, à Mons.

188. Philippe de Lannoy, Prince de Sulmone, Sgr. de Senzelles, Chev. de la Toison d'Or en 1546 par l'Empr. Charles V, Général de la Cavalerie Espagnole et Italien. contre les Protestans d'Allemagne,

Epousa

Isab. Colonna, veuve du Prince Louis de Gonzague fille de Vespasien et de Béatrix Appia.

Philip. de Lannoy était frère, entre autres, de Clém., dont la 1re épouse était Hypolite, fille de Franç. Des Ursins, Duc de Gravino. La 2e. Hypolyte Castriotti. Il était frère de Ferdin. de Lannoy, Comte de la Roche en Ardenne, Duc de Bayonne, ép.

CLAUDE DE LANNOY, Comte et Sgr de la Motterie, Chev. de la Tois. d'Or, du Conseil Suprême de Guerre de S. M. C., Mestre de Camp, Général de ses Armées aux Pays-Bas, Gouvr. de Mastricht près de Namur. Il était frère d'Adrien de Lannoy, Sgr. de Wasnes, ép. 1°. d'Honorine Baudain, fille de Jacq. et d'Anne de Longueval; 2° Catherine de Croix fille de Jean Sgr. de Dadizele, et de Marie-Jacquel. du Pret,

Epousa

Mar. Françoise le Vasseur, dite de Guernonval, De. de Contaville, soeur d'Hubert Albert, Chev. Baron d'Eskelbeke Sgr. de Guernonval, Rose-

LOUIS DE LANNOY Sgr. de Hautpont, Bersée, Gd. Prévôt de Tournay, frère de Celestine de Lannoy, épouse de Charles Resteau Sgr. de Roels près de Bouchain, Bengnies et Flenguies, fils de Gilles et de Henriette du Chasteler fille de Charles, Sgr. de Moulbais, et de Gillette de Harchies; aussi frère de Gillette de Lannoy, ép. d'Antoin. de Harchies Sgr d'Allennes,

Epousa

Jeanne du Quesnoy, D. de Locron, veuv. de Jacques de Coudenhove, Sgr de Tongerle, Fauconnier de Brabant, Gentilhomme. de la Chambre de Philippe II Roi d'Espagne, fils de Jean de Coudenhove, Sgr.

1. 2. 3.

B E

1.

1°. de Françoise de la Palu, Comtesse de Varax. *Marie, Comtesse de Varax, est la 7e. Aieule directe de Joseph de St. Genois de Grandbreucq Auteur de cet Ouvrage.* 2°. de Marguerite Perrenot, soeur du Cardinal de Granvelle.

2.

mont, *Quevaussart*, Aix en Issart, et Harsbeke, du Conseil de Guerre de S. M. C., Capitaine d'une Compag. de Cuirassiers, Gouvern. et Capitaine de Gravelines, puis Grand-Bail. de Gand époux 1°. de Marie de Luna-Y-Carcamo, fille de Don Alonzo, Gouverneur de Lierre, puis de Dunkerque, et d'Ide de Jappoigne. 2°. Marie-Jacq. Triest, fille de Nicolas IV, créé Baron d'Auweghem, et de Marguer. de Maleghem.

3.

d'Overmeere, et de Marie d'Amerongue.

Jeanne était fille d'Ant. du Quesnoy, Sgr. de Loise et de Liévine Bets (*Bette*). Il est à remarquer que dans les siècles reculés on ne trouvait jamais Bette. Il s'écrivait toujours Bets. Voyez le 1er. vol. de cet Ouvrage.

189. HORACE DE LANNOY, Prince de Sulmone. Chev. de la Toison d'Or, frère de Beatrix de Lannoy, ép. de Balthazar Aquaviva, fils d'Antoine Prince de Caserta, Marquis de Bellanti, et de Jéromette Cavetano,

Epousa

Antoinette d'Avalos, fille d'Alphonse, Marquis de Pescara, Guasto, et de Mar. d'Arragon, fille de Ferdin., Duc de Montalto.

Horace était frère cadet de Charles, marié S. H.

PHIL. Comte de Lannoy, du St. Empire et de Beaurepaire, Sgr. de Caucourt, Général de Bataille des Armées de S. M. I. Cath. Chev. de la Tois. d'Or,

Epousa

Louise-Jacqueline d'Ognies, fille de Maximilien, et de Marie de Ligne.

JEAN-BAPTISTE DE LANNOY, Sgr. du Hautpont, du Locron, Prévôt de Tournay en 1637, frère d'Anne de Lannoy, épouse de Philippe de Leval, Sgr. de Graincourt, Briastre, Gognies, fils de Maximilien, Sgr. desdits lieux, et de Jolenthe de Mallery,

Epousa

Jeanne de Coudenhove fille de Jacq. Sgr. d'Overmeere, et de Charlotte de Baudrenghien.

Jean-Bapt. de Lannoy était cousin germain de Jean de la Motte-Baraffe, Baron d'Havraincourt, ci-devant n°. 188.

190. IGNACE-PHILIPPE Comte de Lannoy, du St. Empire et de Beaurepaire, Sgr. de Caucourt, Bethonsart, Hermen, Baptisé à Ypres en 1650,

Epousa

Marie-Françoise Coloma, fille de Jean-François, Comte de Bornhem, et de Marie-Thérèse d'Ognies.

MARIE-FRANÇOISE DE LANNOY,

Epousa

Ignace de Blondel, Sgr. de Haillies, fils de Jacq. Baron de Cuincy, et d'Anne de la Viefville

Marie-Françoise était soeur

1. 2.

1.

Leur fils Charles-François, Comte de Lannoy et du St. Empire, Comte de Beaurepaire, Vicomte de Douxlens, Sgr. de Cancourt, Bethonsart, Hermin, épousa, par Contrat passé au Château de Gouzencourt en Artois, le 13 Mai 1719, Alix-Françoise-Barbe Guy de St. Vaast, fille de Gaston-François de St. Vaast, Sgr. Des Mottes, Hamette, et de Marie-Magdel. de Beauffort, fille d'Antoine de Beauffort, Chev. Sgr. de Lassus, Coroy, Baurain, et d'Ant.-Adr. du Mont-St.-Eloy, qu'il avait épousée par contrat passé à Arras le 26 Janv. 1675, fille de Nicolas du Mont St.-Eloy, Sgr. de Frévillers, et d'Antoinette Maillet. Antoine-Jos. de Beauffort était fils de Jean de Beauffort, Sgr. du Ponchel, et de Jeanne de Belvalet. Petit-fils de Hughes de Beauffort, Sgr. de Ballecourt, Baurain, et de Marguerite de le Val, avec laquelle il partagea ses enfans le 3 Août 1597. Arrière-petit-fils de Jean de Beauffort, Sgr. de Bullecourt, Beaurain, et de sa 2e. épouse Cornille de Kils qui comparaît comme veuve dans le partage fait à Arras le 1er. Juin 1560, par les enfans des deux lits de son époux Jean de Beauffort, dans lequel elle parle de Hughes et Gabrielle de Beauffort, ses enfans.

2.

de Ferdin. de Lannoy, Marquis du Hautpont, Colonel et Mestre de Camp au Service de S M. Cath., époux de Léopoldine de Croy, fille d'Eusta^e^. Comte du Rœulx, et de Théodore Marie de Ketteler. Elle était sœur d'Hélène-Louise de Lannoy, épouse de Messire Antoine de Carondelet, Sgr. de Noyelles et de Maulde, fils de Paul de Carondelet, Gouverneur de Bouchain, et d'Anne de Montiguy, Héritière de Noyelles. Elle était sœur d'Anne-Thérèse de Lannoy, épouse de Pierre-Evrard de Boulogne, Sgr. de Florimont. Une autre sœur, Dame Hospitalière à N. D. de Tournay.

191. XII. Charles de Blondel, Sgr. de Manchicourt, du Maisnil (*fils de Jacques et d'Anne de la Viefville, N.* 177), épousa la fille de Messire de Villa-Soca, Capitaine Espagnol, dont la mère est Winsonne. Leurs enfans sont 1 et 2 un Jésuite et un Capucin. 3 Anne-Idesberge ci-dessous. 4 Françoise-Angélique de Blondel, Dame Heritière de Cuincy, épouse de Philippe-François Comte de la Motte S. H. Il était fils de Philippe, Sgr. du Troncquoy, Libremont, Capitaine d'une Compagnie de Cuirassiers en Espagne, et d'Anne-Marie de Hemers. 5 Marie-Géneviève.

192. XIII. Anne-Idesberge de Blondel, Héritière de Villers-au-Bois, Manchicourt, épousa Pierre-François de Blondel-Joigny-de-Pamele, créé Baron d'Oudenhove Ste. Marie, *sous le nom de Blondel*, en 1675, Sgr. de Michelbecque et de Rye, Sur-Intendant de la Justice Militaire, Conseiller au Conseil d'Etat Privé, dont il mourut Chef et Président, fils de Pierre de Blondel-Joigny-de-Pamele, Chev. Sgr. d'Oudenhove, successivement Procureur-Général du Grand Conseil à Malines, Cons. des Conseils d'Etat et Privé et de l'Amirauté Suprême, Conseiller et Commis aux Causes Fiscales du Roi en sondit Conseil Privé, et de Marguerite de Grassis, fille de Jean-Baptiste. Pierre-François de Blondel et son épouse Anne-Idesberge firent leur Testament conjonctif devant le Notaire Joseph Petenbroeck à Bruxelles le 27 Mai 1687. Leurs enfans sont : 1 Pierre-Jacques qui suit. 2 Charles-Claude après la postérité de son frère. 3 Anne-Marguerite, épouse de Marc, Comte d'Effonseca, dont un fils mort à Bruxelles.

193. XIV. Pierre-Jacques de Blondel, Baron d'Oudenhove, épousa Marie-Anne-Marguerite Brandez, *dite Brandelin*, dont Anne-Pierre ci-dessous.

194. XV. Anne-Pierre de Blondel-Joigny-de-Pamele, Baronne d'Oudenhove, épousa 1 à Arras le 17 Mars 1748 Louis-Franç. Palisot, Sgr. de Warluzel, Incourt, Divion etc. Premier Président du Conseil d'Artois, dont Albert-François Palissot, fils unique. Cette Dame épousa 2 le 11 Juin 1655, Charles-François-Valentin Boudart, Sgr. de Maingrival.

195. XVI. Albert-François Palisot, fils unique.

196. XIV. Charles-Claude de Blondel-Joigny-Pamele, Sgr. de Lilers, frère de Pierre-Jacques ci-dessus n° 193, ép. de Catherine-Jos. de Alvaredo-Y-Braccamonte, dont,

197. XV. Cath.-Pétronille-Charl.-Jos. de Blondel-Joigny-Pamele, Dame de Lilers, ép. Ferdinand-Antoine, Baron de Boonem S. H.

198. XI. Louis de Blondel, (*fils d'Antoine et de Magdel. de Bercus* N. 176) Sgr. de Verquigneul, Grand Bailly de Lille, épousa 1 Magdelaine Hennin, Dame de Ghislenghien, dont la mère est de Heystre. 2 la fille de Guill. de St. Auley, Colonel d'un Régiment Ecossais et d'une Dame de Hamilton. Les enfans du premier lit sont : 1 Albert qui suit. 2 N. de Blondel, épouse de Nicaise de la Porte, Maître de la Chambre des Comptes à Lille. Ceux du 2e. lit sont 1 un fils Carme. 2 une fille, épouse de H. Massiet, Colonel, tué à Valenciennes.

199. XII. Albert de Blondel, Sgr. de Ghislenghien, épousa en 1643, Anne-Thérèse de Logenhagen, fille d'Ant., Sgr d'Engueland, et de Catherine Hangouart. Leurs enfans sont : 1 N. de Blondel, mariée avec N. Chammejan, Marquis de Fouville, Capitaine aux Gardes, Brigadier des Armees du Roi, Commandeur de l'Ordre de St. Louis etc. 2 N. de Blondel, épouse de N. Dideman, Sgr. de la Riandrie. 3. N., mariée à N. Imbert de la Basecque. 4 une autre fille, mariée Canteleu.

200. XIX. Louis (*2e. fils d'Antoine et d'Agnès Oudart*) Sgr. de Beauregard, des Hautbois, Havraincourt, Baillelet, Hainville, Bois Lesquier, Commissaire Ordinaire des Monstres de S. M. en Flandre, Artois, Haynaut, Cambresis et Tournesis, après son frère, mort le neuf Mai 1581, inhumé dans le chœur des Grands Carmes à Arras, épousa Marie de Martigny, Dame de Lassus, fille de Louis, Sgr. duditlieu, et de Jeanne de la Salle. Leurs enfans sont : 1 Louis ci-dessous. 2 Jean après son frère. 3 Hugues de Blondel, né le 15 Août 1550, Chev. de Malthe, mort à l'âge de 19 ans, faisant ses caravanes. 4 Anne, née le 27 Septembre 1551, épousa Messire Aimeri de Grebert, Sgr. de Douchy, Esseville, fils d'Aimeri et de Marie du Chastel, Héritière de Douchy, Esseville. 5 Eléonore, née en 1554, Religieuse à Flines près de Douay. 6 Marie, née en 1559, Religieuse *ibidem*. 7 Louise, née en 1556, Dame du Saulchoye de Halle, par retrait lignager comme vendu au Baron d'Auchy par Messire Jacques de Blondel, Baron de Cuincy. Elle mourut en 1639 à Alechin, où elle est enterrée. Elle avait épousé Philippe Desprez, Sgr. de Rochaincourt, Hautcourt, Marneville, fils de Messire Jean, Sgr. desdits lieux, et de Jacquel. de Belvalet.

201. X. Louis de Blondel, Seigneur des Hautbois, Havraincourt, Hordaing, né en 1547, mort en 1583. Par contrat de mariage passé à Béthune le 31 Mai 1579, il épousa Liévine Snouck, fille unique de Messire Liévin, Sgr. de Hultsberg, Walle etc., et de Marguerite Petrins, Dame de Weseguem. Elle épousa 2 Louis Allegambe, Sgr. de Wazegune. Leurs enfans sont : 1 Marie qui suit. 2 Marguerite, Religieuse à l'Abbaye de Hosterloo-lez-Gand. 3 Liévine, née à Tournay en 1583.

202. XI. Marie de Blondel, Héritière des Hautbois et Hordaing, épousa 1 Ferdinand de Cardevacque, Sgr. de Beauvoir, Beaumont, St. Amand, Gouy, Manicourt, Vandelicourt, fils unique de Charles Sgr. desdits lieux, et de Marie Briois, dont enfans. Elle épousa 2 Messire Jean de la Motte-Barafle, Sgr. Difque, Baron d'Havraincourt, Membre de la Noblesse des Etats d'Artois, Capitaine-Lieutenant d'Hommes d'Armes pour S. M., fils de Messire François, Sgr. de Barafle, Capitaine d'Infanterie Wallonne, et de Marguerite du Brœucq, Dame de Difque et d'Ausque. J'ai donné son Epitaphe page 199. Par les Quartiers paternels on voit que François de la Motte était très-proche parent à la très-Illustre Maison des Comtes de Lannoy, et, par les Quartiers maternels, qu'il appartenait à la Maison de Caulaincourt et à celle de Ste. Aldegonde, ce qui se prouve par les Quartiers suivans :

203. ANT. DU BROEUCQ	D. JEANNE DE COURTEVILLE	NICAISE D'AUSQUE	DAME ANTOINET^e^. LE PREVOST
Ecuy^r^. Sgr. de Difque, fils de Nicol. Ecuyer et d'Antoinette Cocquet, mar. en 1461, fille de Jean, Sg^r^ de Houchet, et de Phil. de la Bricque F. Simon. Ledit Antoine petit-fils de Gilles du Brœucq Ecuyer, et de Mar. de Ste Aldegonde.	fille de Dierick Ecuyer Sgr. d'Esquenberg, et de Marie de Hallevisch, fille de N. Ecuyer, et de N. Stavele. Lad^e^. Jeanne pet.-fille de Jean, Ecuyer Sg^r^ d'Esquenberg, et de Nicolle de Winnezelle.	Ecuyer, fils de Martin d'Ausque, Ecuy. Homme d'Armes, ensuite Echevin de S. Omer et de Jacql. de Griete, fille de N. Sgr. de Lescore. Ledit Nic^se^. petit-fils d'Antoine Ecuyer, et de Michelle du Brœucq.	fille de Messire Pierre Le Prevost Chev. Sgr. de la Motte, et de Dame Marie de Caulaincourt, dont la mère est Desfontaines.

ANTOINE DU BROEUCQ, Ecuyer Sgr. de Difque.

MARG. D'AUSQUE.

MARG. DU BROECQ, D. de Difque et d'Ausque, ép. Mess. Jean de la Motte-Barafle, Sgr. de Bourquembray etc. Capit. d'une Comp. d'Inf. Wallone et Lieutenant-Général du Bailliage de St.-Omer.

204. Jean de la Motte-Baraffle étoit frère de François, Sgr. de Bouquembray, Baraffle, Dilque, et d'Jolenthe, Baronne de Saint Genois, fille de Jean Sgr. de Clerieux, Haudion, et de Marguerite de Landas qui étoit fille de Walerand de Landas, Sgr. de Beaufremez, et de Jeanne de la Cessoye fille hérit de Gilles, Sgr. de Wanneham, et de Peronne de Boncourt. Elle étoit petite-fille d'Antoine de Landas, Sgr de Beaufremez, *par achat qu'il en fit de Walerand, Sgr. de Landas, son cousin germain*, et de Marie du Bus, fille de Jean. Ils sont inhumés à Cysoing. Elle étoit arrière-petite-fille de Gilles de Landas et de Jeanne du Chastel, Dame de Bruyelle. Elle étoit arriere-arriere-petite-fille de Mathieu Baron de Landas et d'Isabeau de Bousies.

François de la Motte-Baraffle, époux de Marguerite du Brœucq, étoit fils d'Adrien, Sgr. de Baraffle, Capitaine du Château de Tournay, et de Magdeleine de Haudion de Guibrechies, fille de Philippe, Sgr. de Bouquembray, et d'Isabelle de Lannoy de Hautpont. Je donnerai a l'article de Bermincourt les 64 Quartiers d'Jolenthe-Jeanne de la Motte-Baraffle, épouse de Marc, Marquis de Saluces de Bermincourt.

205 L'aîné de la Maison de la Motte-Baraffle, demeurant à Tournay en 1813, est époux d'une Dame de le Vaillant, proche parente de la Princesse de Béthune, née le Vaillant Baronne de Waudripont. On trouve dans les Archives des Etats d'Artois les preuves de Messire Alexandre-André le Vaillant, Ecuyer, Sgr. de Jollain, Merlain, Huldbroucq, ancien Officier aux Gardes-Wallonnes, allié à Marie-Joseph. Védastine du Pire, et fils de Messire Jean-François-André le Vaillant, Ecuyer, Sgr desdits lieux, et de Dame Marie-Monique-Jos. de Chastillon, ce qui se prouve 1°. par son Extrait baptistaire en date du 10 Mai 1716, tiré des Registres de la Paroisse de Jollain, Diocèse de Tournay. 2°. Son Contrat de Mariage avec D. Marie-Jos.-Védastine du Pire, fille de Messire-Louis-Alexandre Baron du Pire et d'Hinge, Grand-Bailli de Béthune, et de Jeanne-Jos. de Glorieux, passé à Béthune le 25 Septembre 1746, par-devant Lespillet, Notaire Royal y résident.

206. IIe. DEGRÉ. Jean-Franç. le Vaillant, Ecuyer Sgr. de Merlain, Jollain, du Chastelet, Capitaine des Gardes à cheval du Roi d'Espagne, allié à D. Marie-Monique-Jos. de Chastillon, et fils de Messire Phil.-Franç. le Vaillant, Ecuyer, et de D. Jeanne des Enffans.

1°. Extrait Baptistaire du 30 Novembre 1681 à la Paroisse de Jollain. 2°. Contrat de Mariage avec D. Monique de Chastillon, fille de Charles-Franç.-Jos. de Chastillon, Sgr. d'Hulbroucq, et de Marie-Monique-Angel. de Chastillon, passé à Tournay le 16 Avril 1714, par-devant Vinchent, Tabellion, y demeurant. *M. Vinchent, Notaire à Tournay en 1813, descend directement du même Vinchent, Tabellion en 1714.*

207. IIIe DEGRÉ Philippe-Franç. le Vaillant, Sgr. de Merlain, du Chastelet, allié à D. Jeanne-Thérèse des Enffans, fille de Simon des Enffans, Ecuyer Sgr. de Lannoy, et de D. Cath. Haccart, passé à Tournay le 6 Septembre 1679. Elle étoit sœur de Jean-François, dont les 8 Quartiers se trouvent ci-devant page 67. Les voici :

Des Enffans, Froidmont, Haynin, Picau.
Haccart, Hornu, Gomer, Carnin.

208 IVe. DEGRÉ. Nicolas-Franç. le Vaillant, Ecuyer Sgr. de la Bassardrie, allié à D. Marie-Maximilienne d'Oultreman, Dame de Merlain. 2°. à Haute et Puissante Dame Felicite, Baronne d'Herissem, et fils de M. Phil. le Vaillant, Sgr. de Waudripont, et de Marie du Bosquel.

Contrat de Mariage avec D. Marie-Max d'Oultreman, fille de Mess. Jean-François, Chev. Sgr. du Chastelet, Marlière, la Motte, et de Jeanne de Fournanoir, Dame de Merlain, passé à Tournai le 8 Juin 1657, par-dev. Jacq. Denis, Notaire, y demeurant.

Contrat de Mariage avec Haute et Puissante Dame Felicité de Herissem, fille de Haut et Puissant Sgr. Phil.-Philibert, Baron de Herissem et du St. Empire, Chev. Sgr. de Garentier et d'Enencourt, Grand Ecuyer de Son Altesse Electorale de Mayence, passé à Tournai le 4 Octobre 1660, par-devant Antoine le Blon, Notaire Royal, y résident. *L'aîné de l'illustre Maison d'Herissem, frère de Me de Gibrecq, demeure à Bruxelles en 1813*

209. Ve DEGRÉ Messire Phil. le Vaillant, Chev. Sgr de Waudripont, allié à D. Marie du Bosquel, et fils de Pierre le Vaillant, Ecuyer, et de D. Isabeau d'Assonleville.

Son Contrat de Mariage avec D. Marie du Bosquel, fille de Jean, Ecuyer Sgr de Guisignies, Peruwez, et de D. Marie de Hangouart. Passé à Lille le 14 Juin 1613, par-dev. Jean Bourel, Notaire.

210 VIe. DEGRÉ. Noble Homme Pierre le Vaillant, Ecuyer Sgr. de Waudripont, du Thil, allié à Dame Isabeau d'Assonleville, et fils de Jean le Vaillant et de D. Cather. de Waudripont.

Son Contrat de Mariage avec Dame Isabeau d'Assonleville, fille de Gilles d'Assonleville, Ecuyer Sgr de Petoumal, Tinière, et de D. Marie Gomerie. Passé à Anvers le 27 Août 1588, par-devant Rombaut de Bacquere, Notaire et Tabellion Public, y résident.

211 VIIe. DEGRÉ. Noble Homme Jean le Vaillant, Ecuyer, Sgr. des Vallées, allié à D. Cather. de Waudripont, fille de Noble Homme Jacq de Waudripont, Ecuyer, Sgr. du Foresteau, et d'Agnès Lallin Catherine étoit sœur de Marguerite de Waudripont qui épousa 1°. Jean de le Planeque, Baron de Gavrelle. 2°. Noble Homme Jean d'Aubermont, Ecuyer Sgr. de Ribaucourt Jacques de Waudripont, père de Catherine, étoit fils de Jean de Waudripont.

Contrat de Mariage de Noble Homme Jean le Vaillant, Ecuyer Sgr. des Vallées, avec D. Cath. de Waudripont, fille de Noble Homme Jacques de Waudripont, Ecuyer Sgr du Foresteau, passé le 26 Octobre 1534, par-devant Jean Mariscal, Prêtre, Notaire Apostolique.

Cette filiation a été prouvée aux Etats d'Artois le 23 Novembre 1757 et reçue par MM. le Comte d'Houchin, Landas Comte de Louvignies, G. Comte de Guines, et le Baron d'Hayon

212. On ne doit pas confondre Jean de Waudripont (Aïeul de Catherine de Waudripont épouse de Jean le Vaillant) fils de Roland et de Marie de Harchies, avec un autre Jean de Waudripont mentionné dans un Titre original en parchemin qui se trouve chez M. de la Motte-Baraffle, et dont j'ai pris un extrait le 20 Janvier 1813. Le voici :

« Haut et Noble Homme Jean de
» Harchies, Sgr. de Milomez, Jean
» de Waudripont, fils naturel de feu
» Monseigneur Gilles de Waudri-
» pont, et Gilles Machon, Executeurs
» du Testament de feu Arnould d'An-
» taing, en son vivant fils de feu
» Pierre, d'une part Noble Homme
» Jacques de Hem, Ecuyer Sgr. de
» Frasnes en Buissenal, Arnoul du
» Pret et Guillart Maleu, comme
» Curateurs de D^{lle}. Agnès d'An-
» taing ».

Cet acte fut passé le 14 Mai 1472 à Tournay par-devant Gilles de Lovancourt, Martin de Bary, Colart de Hurtebise, Colart Hornut, Jean le Roy le père, Adam le Grut et Eluthère Bernard.

213 Marguerite de Waudripont, *sœur de la Prieure de la Noble Abbaye de Ghislenghien, près d'Ath*, étoit fille de Jean de Waudripont, Sgr de Foresteau, et de Waudru Lefebvre Les huit Quartiers de ce Jean étoient :

Waudripont, Antoing, Hamaide, Van Craehen.
Harchies, Escaussines, Noyelles, Mastain

Ladite Dame Marguerite de Waudripont a epousé Arnould, Baron de Saint Genois et du St. Empire, Sgr. de Grandbreucq (*frère de Jean, Baron de Saint Genois. Echanson du Roi de France Louis XI*) L'Epitaphe d'Arnould de Saint Genois se trouvoit aux Recolets d'Ath, avec l'inscription suivante.

« Cy gist Noble et Puissant Seigneur Ernoul, Baron de Saint Genois et du Saint Empire, Sgr de Grandbreucq, Ecanafle, la Berlière, Petit-Hollay, la Deuze, Mainage-au-Bois Hembrie, etc Cousin a Hault, Excellent et Puissant Prince Monseigneur Philippe de Bourbon, Sgr. de Duisant, Aubigny, Lescluse, Prince du Sang de France

» Ledit Ernould prit a première femme Haulte et Puissante Dame Jacqueline de la Deuze, fille unique a Jehan Sgr de la Deuze, et de Marguerite de la Marck de Lumain, de la Maison des Ducs de Limbourg.

» Il trespassa l'an de l'Incarnation 1529 ayant eu pour deuxième espeuse Haulte et Puissante Dame Marguerite de Waudripont, sœur a la Prieure de la Noble Abbaye de Ghislenghien ».

R. I P

Voici le Crayon qui fait connoître la parentée consanguine d'Arnould, Baron de Saint Genois avec la Maison Royale de Bourbon.

214 Gillon de Mastaing, Sgr. de Jauche, Sassignies, etc.

Epousa

Marguerite d'Antoing, dite de Briffeuil.

Willaume de Mastaing, Sgr. de Sassignies,	Jehanne de Mastaing
Epousa	Epousa
Isabeau fille d'Othon, Baron de Trazegnies.	Jean de Noyelles.
1.	2.

BE

1.	2.
Jeanne de Mastaing Epousa Jean de Robersart.	Gertrude de Notelles, Chanoinesse à Mons, Epousa Jacques Baron de Harchies.
Marie, Dame Héritière de Robersart Epousa Sanche de Lalaing, fils d'Otton, qui vécut 108 ans.	Marie de Harchies Epousa Roland, Sgr. de Waudripont.
Jeanne de Lalaing Epousa Philippe de Bourbon, Sgr. de Duisant, Prince du Sang de France.	Jean, Sgr. de Waudripont, Epousa Waudru de Lefebvre.
Marie de Bourbon.	Marguerite de Waudripont Epousa Arnould, Baron de Saint Genois, Sgr. de Grandbreucq.

215. Désirant donner aux Familles les connaissances qui me paraissent leur être nécessaires, je place ici le père commun de l'antique Maison des Sgrs. de Waudripont et des de Cordes. Ce Crayon est utile à MM. de le Vaillant, la Motte-Baraffle, Princes de Béthune, Assignies et à moi-même. Je le présente tel que je l'ai trouvé dans les Mémoires de M. de Visch à Gand.

216. I. En l'an 1108, Messire Hughes, Sgr. de Waudripont, fit le voyage d'Outre-Mer avec Conrard, Empereur de Rome, et Thieri d'Alsace, Comte de Flandre. Il portait pour Armes *d'or a deux trompes adossées de gueules bordées d'azur à champ semé de trefles d'azur*. On trouve la description de ce voyage dans Pierre Ondeghers, Chap. 73. C'est de ce voyage que fut apporté le Saint Sang de N. S. donné par ledit Comte à la Ville de Bruges. Il épousa la Dame Héritière de Renaix, dont:

217 II. Messire Gui, Sgr. de Waudripont, Renaix etc. fit aussi le voyage de la Terre-Sainte avec Thierri. Il y mourut en 1146, ayant épouse la Dame de Pamele, dont:

218. III. Messire Oste, Sgr. de Waudripont, Renaix, Anières, la Chapelle, Wacquettes, Caestres, Russignies, Amougies, Ogimont, Rosebeke etc. Il se distingua dans la Terre-Sainte devant Andrinople avec Thomas de Savoye, qui changea ses Armoiries en lui donnant *deux lions adossés de gueule armés et langués d'azur;* pour Cimior, *un mulet de Gueule bridé et barbé d'or, une clochette d'argent au col*, et pour cri : *Cul à cul.* Il épousa la fille du Sgr. de Leuse, Prévôt de Tournay, Sgr. de Cordes, dont:

1.	2.
219. IV. Gérard de Waudripont, Baron de Renaix, dont il affranchit les habitans de Tailles et Corvées. Cette Terre de Renaix fut vendue ensuite au Comte de Flandre. Epousa N.....	Rasse de Waudripont, 2e. fils, Sgr. de Cordes, *(dont il prit le nom)* Ogimont, Annières, mort en 1240, Epousa N.....
220. V. Jean de Waudripont, mentionne dans une Charte de l'an 1230, portant accord entre Alard de Strepy, Successeur de Mgr. Thieri de la Hamayde, dit d'Anvaing, d'une part, et l'Abbaye de Liessies sur le Bois dit d'Antoing dans l'Avouerie de Frasnes, appartenant à la Maison de St. Genois. *Cette belle Propriété est transmise héréditairement jusqu'à Joseph de Saint Genois, Auteur de cet Ouvrage.*	Gérard Sgr. de Cordes, Ogimont, Annières, mort en en 1300, inhumé à Cordes, Epousa N.....
221. VI. Jean, Sgr. de Waudripont, Epousa Isabeau de Wallincourt.	Rasse de Waudripont, Sgr de Cordes, Ogimont, Anières, Arcques, mort en 1318, enterré à Cordes, Epousa N.....
222. VII. Arnoul Sgr. de Waudripont, mort en 1380, Epousa Marie Vilain.	Oste de Waudripont de Cordes, Sgr. de Cordes, Ogimont, Anières, Arcques, mort en 1367, gît à Cordes près de son père, Epousa Isabeau de Florines.
223. VIII. Pierre Sgr. de Waudripont, Epousa Marguerite le Prevost de Campinghem.	Noble Homme Simon de Waudripont, dit de Cordes, Sgr. d'Arques, Annières, vint demeurer en Flandres en 1376. Il vendit les Terres d'Arcques et d'Anières au Sgr. de la Hamaide en 1382. Elles furent incorporées à la Pairie de Rebaix. Il mourut en 1398 et est enterré à Caestres, près d'Audenarde; Epousa Marguer. Van der Crayen, dite Wonseghem, fille de Louis, Sgr. de Rasseghem.
224. IX. Jean, Sgr. de Waudripont, Chev. Epousa Jacqueline d'Antoing, Nièce de Henri.	Rasse de Waudripont, dit de Cordes, mort en 1460, gît à Caestre, Epousa Jeanne Van der Schaegem, fille de Joseph et de Marie de Hallewin.
225. X. Jean, Sgr. de Waudripont, Epousa Jeanne de la Hamaide.	Rasse de Waudripont, Sgr. de Cordes, de Basseghem, par retrait en 1443, de Didier de la Hamaide, son cousin issu de germain, fils de Messire Didier et d'Agathe Van der Crayen, Dame de Basseghem. Il mourut en 1461, gît à Caestres, Epousa Jossine Ryckers, fille de Jean Ecuyer, comme appert du Livre des Avoués d'Audenarde.
226. XI. Roland, Sgr. de Waudripont, Grand Ecuyer du Duc de Bourgogne, Epousa Marie de Harchies.	Joos de Waudripont de Cordes, Sgr. de Basseghem, mort en 1531, inhumé à Caestre, au Chœur, Epousa Catherine Van der Motte, morte en 1540, inhumée à Ste.-Walberge, à Audenarde, devant l'Autel du Nom de Jésus fondé par elle.
227. XII. Jean, Sgr. de Waudripont, Epousa 2°. Bonne d'Azincourt. Il avait épousé 1°. Waudru de Lefebvre, dont Marg ép. d'Arn. Baron de St. Genois, Sgr. de Grandbreucq.	Rasse de Waudripont, dit de Cordes, Sgr. de Basseghem, Bourguemaître de la Ville d'Audenarde, mort en 1584 inhumé à Caestre où il fonda 2 Anniversaires. Il laissa beaucoup de Bâtards qu'il légitima. Epousa Jossine Van der Meere.
228. XIII. Jacques, Sgr. de Waudripont, demi-frère de Marguerite, ép. d'Arn. Baron de St. Genois, fils de Simon, Chambellan de Louis XI, et de Marie de Gouy, Epousa Agnès Taffin.	Antoine de Waudripont, dit de Cordes, Sgr. de Basseghem, Bourguemaître de Berghes-St.-Winoc, Epousa en 1596 Anne de Schietere, fille de Jean, Ecuyer, et de Cath. de Damhoudere.
229. XIV. Cath. de Waudripont fit son Testament en 1594 par lequel elle voulut être inhumée au Chœur de l'Eglise de Waudripont. Elle fit des legs à Mme. du Sauchoy, sa sœur, à Catherine le Vaillant sa fille, à Jean des Martins son neveu. Elle nomma pour Légataire Universel Pierre le Vaillant, son fils, et pour Exécuteurs Testam. Jean de Saint Genois, Sgr. de Clerieux et de Haudion son neveu, Marc du Sart, Procur.-Fiscal à Tournay. Epousa Jean le Vaillant, Sgr. des Vallées, frère d'Agnès le Vaillant, Dame de Stackery, ép. d'Arnoul de Saint Genois,	Marie de Waudripont dite de Cordes, sœur 1°. de Charles, mort en 1641, enterré à St. Jacques à Gand, laissant, de son ép. Marguerite de Massiet, Charles Sgr. de Basseghem, ép. d'une Van der Beke. 2°. d'Anne de Waudripont, dite de Cordes, epouse de Lambert Morel-de-Tangri. Epousa Eustache d'Assignies, Sgr. de Haghederne, Wasnel, Capitaine de la Bande d'Ordonnance du Marquis de Berghes, fils d'Antoine d'Assignies et d'Anne de Tournay. Antoine était frère de Pierre d'Assignies, époux d'Antoinette du Rost, dont 1°. Guill. d'Assignies

B E

1

Seigneur de Clerieux. Ils étaient enfans de Léon le Vaillant et d'une Dame le Cocq, Dame de Nonancourt.

Arnoul de Saint Genois, époux d'Agnès le Vaillant, était frère 1°. de Marie de Saint Genois, épouse de Jean de Tollenaer, Sgr. de Mortagne, Belleghem, St.-Silvestre, Capelle etc. 2°. de Catherine de St. Genois, épouse de Philippe de Harchies, Sgr. de la Motte, fils de Gilles de Harchies et d'une Dame de Hacart, lequel Gilles était frère de Marie de Harchies, épouse de Roland, Sgr. de Waudripont. *Petit-fils* de Jacques de Harchies, Sgr. de Moustier-lez-Frasnes, *où se trouvent de superbes Mausolées des Harchies avec Saint Genois*, et de Gertrude de Noyelles. *Petit fils* de Jacques-Gaspard de Harchies et d'Agnès, fille d'Othon, Sgr. d'Ecaussines, et de Jeanne de Gavre. *Arrière-petit-fils* d'Arn[t]. de Harchies, Sgr. de la Motte. et d'Isabeau de Launay. *Arrière-arrière-petit-fils* d'Arnoul de Ville, Sgr. de Harchies, Milomez etc., et de Jeanne de la Hamaide, fille de Jean et de Marie de Cisoing. Ledit Arnoul de Ville était aussi père de Jean de Ville, Sgr. de Harchies, Grand-Bailli de Hainaut en 1338, époux de Marguerite de Somaing, dont Jacques qui vendit la Terre de Harchies en 1440 à Jacques Mouton, dont les descendans prirent le nom de Harchies.

230. XV. Noble Homme Pierre le Vaillant, Ecuyer,

1.

2.

qui de Dame Corneille de Waes son épouse eut Antoinette d'Assignies, Chanoinesse à Denain. 2°. Antoine d'Assignies, époux de Marie de Saint Genois. 3°. Louis d'Assignies, époux d'Isabeau de Massiet, dont Lamoral époux de Marie de Bryer, dont Marie-Françoise d'Assignies, épouse de Nicolas, Baron de Saint Genois, Sgr. de Grandbreucq, Chambellan de la Maison d'Autriche, Trisaïeul de Joseph de Saint Genois de Grandbreucq, Auteur de cet Ouvrage.

Eustache d'Assignies, époux de Marie de Waudripont, était petit-fils de Pontus d'Assignies et de Sainte de St Pinchon. Pontus d'Assignies, *fils de Leon et de Marie de Lannais; pet.-fils de Jean III et de Jeanne de Barbançon, arr. pet.-fils de Jean II et de Marie de Tournignies, arrière-arrière-petit-fils de Jean I et de Jeanne de Cambrin*, était frère de Jacq. d'Assignies. Aîné de cette grande Maison et un des Aieux directs de Bonaventure Baron d'Assignies, RIVAL EN TALENS des plus grands Musiciens, Peintres et Courtisans, demeurant à Lille en 1813. Son ép[se]. est UNE DES PLUS FORTES DE L'EMPIRE FRANÇAIS sur la Harpe. Elle est fille de Jean-Ghislain-Marie de Boucquel, Chev. Sgr de Beauval, Saitou, Warlues etc. etc. et de Marie-Franç. Hyacinthe Imbert, fille d'Albert-Marie-Jos. Imbert, Comte de la Basecque, et de Marie-Barbe-Caroline de Massiet. Les 8 Quartiers de Messire Jean-Ghislain-Mar. Boucquel sont

Boucquel, du Puich-Mesplau, Boucquel, des Lyons.

Quarré, Payen, Boucquel, du Puich-Mesplau.

Julien-Eustache d'Assignies, substitué aux Nom et

2.

B E

1.

Sgr. de Waudripont

Epousa

D. Isabeau d'Assouleville.

231. XVI. Phil. le Vaillant, Sgr. de Waudripont,

Epousa

Marie, fille de Jean du Bosquel et de D. Marie de Hangouart. *Voyez page 211, n°. 209.*

2.

Armes de Tournay, par Philip. de Tournay, Chev., Comte d'Oisy, son cousin, mort sans hoirs,

Epousa

Françoise Taffin.

Jean-Eustache de Tournay-d'Assignies, Comte d'Oisy,

Epousa

Marie-Marguer.-Claire de Bergues-St.-Winox. *Voyez le 2e. Tableau à coté de la page 214.*

Postérité de Louis de Blondel et de Marie de Martigny.

232. X. Jean de Blondel, Sgr. de Beauregard, Baillelet, Hainville, Bois-Lesquier, né le 9 Juillet 1561 (*2e fils de Louis et de Marie de Martigny. n°200*) mort le 27 Mars 1606, gît au Chœur des Grands-Carmes à Arras, près de ses père et mère, sous une Epitaphe. Il épousa Marie de Bertoul, Dame d'Amblicz, fille de Messire Adrien, Sgr de Herbeval, Amplicz, et de Jeanne le Cambier, hérit. d'Aignies. Leurs enfans sont 1 Louis ci-dessous. 2. Jean après son frère. 3. Adrien, Sgr. de Bois-Leguier, né en 1601, fut tué en Hongrie en 1631, étant Porte-Guidon Impérial de l'Empereur Ferdinand. 4. Antoine, né en 1606, Capitaine d'Infanterie, mort en 1676, épousa Catherine du Carieul, fille d'Adrien, Lieutenant-General des Villes d'Arras et dependances, et d'Isabeau Payen. Elle mourut en 1642 sans hoirs.

233. XI. Louis de Blondel, Sgr. de Beauregard, Amplicz et du Bois-Leguier, Capitaine-Lieutenant d'une Compagnie d'Hommes d'Armes pour le Roi, né en 1598, mort en 1669, épousa Marie de Cambry, fille de Messire Hugues Sgr. de Baudimont, Houplines, et de Jeanne de Heydendael. Elle gît près son mari à St.-Jacques à Douay, Chapelle de St.-Louis. Leurs enfans sont : 1. Louis, Sgr. de Beauregard, né aveugle en 1639, *mort à* marier en 1682, inhumé à St.-Jacques à Douay, près ses père et mère. 2. Hughes-Alexandre, né en 1646, mort à marier en 1608, gît près de ses père et mère. 3 Antoine ci-dessous. 4. François-Fréderic, né en 1655, mort à Paris en 1679, Capitaine de Cavalerie dans le Régiment du Prince de Ligne.

234. XII. Antoine de Blondel, Sgr. de Beauregard, Amplicz, du Chastelet, né le 18 Fevrier 1650, mort à Douay le 15 Avril 1732, enterré à la Paroisse de St.-Jacques, près de ses père et mère, épousa Anne-Marguer. le Merchier, fille de Messire Ghislain Sgr. du Payage, Amerval, et de Marguerite de Wasiers-Wavrin, morte au Château de Velu, près de Bapaume, âgée de 67 ans. Elle est enterrée dans le Chœur de la Paroisse. Leurs enfans sont. 1. Antoine-François, né le 21 Août 1692, mort à marier le 31 Mars 1712, inhumé à St.-Jacques à Douay. 2. Jacqueline-Florence, née le 14 Decembre 1694, morte à la Noble Famille à Lille. 3. Joseph ci-dessous. 4. Louis, Major d'un des Bataillons de Royal Artillerie, épousa Dlle. le Conube, fille du Commandant de Grenoble 5. Geneviève, Religieuse.

235. XIII. Joseph de Blondel, Sgr. de Beauregard, du Chastelet, mort en 1769, inhumé à St.-Jacques à Douay, épousa, par contrat passé au Château d'Oisy, le 19 Juin 1736, Robertine-Jos. de Mortagne, fille de Robert-Charles-Joseph de Mortagne, Baron de Landas, Sgr de Gosencourt, et d'Anne-Joseph d'Assignies-Tournay-d'Oisy. Leurs enfans sont : 1. Jean-Baptiste-Joseph ci-dessous. 2. Charles-Joseph, né en 1743, Chevalier de Malthe, mort à Douay, Capitaine de Cavalerie en France.

236 XIV. Jean-Baptiste-Joseph de Blondel, né le 24 Juin 1737, baptisé à St-Jacques à Douay. épousa le 11 Juin 1770 Reine-Elisabeth de Partz, Dame de Viane, Beaulieu, Langhaken, Pumbeke etc., fille aînée de Jean-Paul de Partz de Bussertin. Sgr desdits lieux, et de Marguerite-Eleonore, Marquise de Devenisch-d'Athlone. Leurs enfans sont : Octave-Joseph de Blondel ci-dessous. 2. Charles-Joseph après son frère.

237. XV. Octave-Joseph de Blondel de Beauregard né à Douay le 26 Juin 1771, baptisé à St.-Jacques, eut pour Parain Messire Octave-Joseph de Partz, Sgr de Terbiest et de Montelez, son Grand-Oncle maternel, et pour Maraine Dame Robertine-Joseph de Mortagne, Baronne de Landas, sa Grand-Mère paternelle. Il épousa en 1811 Marie-Thérese-Julie de la Motte-Barafile (BELLE) dont

238. XVI. Octavie-Reine de Blondel, née le 15 Septembre 1811. Erminie-Appoline née en Décembre 1812.

239. XV. Charl.-Jos. de Blondel, né le 4 Août 1773 à Douay, frère d'Octave-Jos. baptisé à St.-Jacq., eut pour Parain Messire Charles-Joseph de Blondel, oncle paternel, et pour Maraine Dame N. de Mortagne, Baronne de Landas, née Comtesse de Croix. Il mourut âgé de 8 ans.

240. XVI. Eustache-Joseph-Marie de Blondel, né à Viane, le 11 Juin 1775, eut pour Parain Eustache-Marie d'Assignies, Comte d'Oisi, et pour Maraine Dame N. d'Aoust, Marquise de Jumelles, née de Mortagne, Baronne de Landas. Son epouse est Marie-Therèse-Julie de la Motte-Baraile (TRÈS-JOLIE), sœur de la precedente. Ils ont pour fils :

241 XVII Alfrede de Blondel, né en 1811

242 BLONDEL JOIGNY-DE-PAMELE. On a vu page 207, que Bauduin Blondel a epousé Beatrix de Rosoy, fille de Roger et d'Alix. Comtesse de Namur; que Bauduin était fils aîné, d'où descendent les Blondel-Cuinchy, les Blondel-Beauregard etc.; que Ghislain Blondel, fils cadet, fut époux d'une heritière de la Maison de Joigny dont il prit les Armes. Cependant les Descendans de cette Illustre Alliance ne crurent pas devoir renoncer à leur Nom primitif. On voit même que dans toutes les occasions où ils s'adressèrent au Souverain, pour en obtenir des Graces, ils affectèrent de prendre le nom de Blondel. Ceci est prouvé par un Diplôme accordé à Malines en 1479 par Maximilien, Roi des Romains, dans lequel Diplôme François Blondel est appellé fils d'Amé et Feal Chevalier Josse Blondel, Sgr. de Pamele, et de Catherine de la Chapelle. De ce Josse Blondel, Sgr. de Pamele, descendent directement MM de Joigny d'aujourd'hui. L'aîné est epoux d'une Baronne de

Steenhuys. Son frère a épousé la fille du Marquis d'Ennetières. Une sœur est épouse du Comte de Carnin.

243. Josse de Blondel-de-Joigny-de-Pamele avait pour sœurs 1°. Isabeau Blondel de Joigny, Dame de Gennets, épouse de Jacques de Ste. Aldegonde de Noircarmes. 2°. Jeanne Blondel de Joigny, épouse de Jean de Herselles, Chev. Sgr. de Lallers.

244. SES PERE ET MERE. Oudart Blondel de Joigny, Baron de Pamele, Beer de Flandre, et sa 1re. épouse Marie Alaert, Dame de Gennets, fille de Daniel, Sgr. de la Brycke. Il épousa 2°. Isabeau de Gavre d'Escornaix, fille d'Arnould.

245. *Frères et sœurs d'Oudard.* 1. Jeanne Blondel de Joigny épousa Louis Sgr. de Touteville, dont est descendu le Duc de Touteville. 2. Marguerite Blondel épousa Jean dit Pons, Sire de Wattines, Chev. Sgr. de Nomaing, Gentilhomme de Charles VI, Roi de France. 3. Bonne Blondel de Joigny épousa Eustache Folques, dit de Gallois de Beuty, Sgr. d'Embry et de Courlain. 4. Pierre de Joigny, Chev. Sgr. de Saulx-Oultran, Gouverneur du Quesnoy, épousa Marie de Cayen

246 BISAYEUL. Jean Blondel de Joigny, Sgr. de Longvillers, Canteleu etc, mort en 1415, époux de Blanche du Quesnoy, Dame d'Audenarde, Baronne de Pamele, Beere de Flandre, fille de Gossuin et d'Yolenthe Dame d'Audenarde.

247. *Frères de Jean de Joigny.* 1. Pierre Blondel de Joigny, Sgr. de Roques et de Bulteraux. 2. Guillaume Blondel de Joigny, Sgr. de Dominois et de Gravelinges, Senechal lez Boulenais, Chambellan du Duc de Brabant, épousa Isabeau de Cambronne, Dame d'Argoules. Leurs enfans sont. 1. Isabeau Blondel de Joigny, épouse de Jean, Sgr. de Lières en Brabant, Nordwyck, Ranst et Berchem. 2. N. Blondel de Joigny, épouse de Messire Maillet de Manez, Chev. Sgr. de Nyelles, dont les Descendans sont au Boulenois. 3. Jean Blondel de Joigny, Sgr. de Longvillers, Marguise etc., épousa Chretienne Cornehuse, dont Nicolas Sgr de Trelbinghen, ép. de Marguerite de la Mothe, Dame de Bellebrone, dont les Sgrs. de Bellebrone au Boulonnais. 2. Marguerite Blondel, morte sans hoirs, épousa 1. François de Crequy, Sgr. de Courières. 2. Le Sgr de Bailleul.

248. TRISAYEUL. Jean de Blondel-Joigny, Sgr. de Cantilleu, Mery, Toutencourt, *troisième fils*, épousa Isabeau de Béthune, Dame de Lilo, Tenremonde.

249. *Frères de Jean de Blondel de Joigny.* 1. Regnault Blondel, Comte de Joigny, inhumé au Chœur de N. D. au Prieuré de Joigny, épousa Jeanne de la Tremouille, dont Marguerite, Comtesse de Joigny, épouse de Jean de Noyers, mort en 1369, gît à l'Hôpital de Joigny, dont descendans.

250. QUARTAYEUL. Jean de Blondel, Comte de Joigny, Sgr. de Château-Renard, épousa Marguerite de Brienne en Champagne. De cette Maison était Marguerite de Brienne, morte en 1275, épouse de Thierry de Bevere, dont j'ai donné l'Epitaphe gravée dans le premier volume de cet Ouvrage, page 46. Brienne, une des plus belles résidences de l'Empire Français, est à une lieue de la belle Terre de Rosnay, appartenant au Comte de ce nom *(de la Maison du Metz)* dont le père était Mait. des Requêtes à Paris.

Une autre Terre de Ronnay existe en Normandie près de Falaise. Elle a appartenu à la Maison de Ronnay qui l'a possédée dès la fin du 10e siècle sous les Ducs de Normandie, et l'a conservée jusqu'au commencement du 18e., que cette Terre fut portée en dot dans une Maison étrangère, d'où elle était arrivée par succession au Comte de Chambray qui l'a vendue vers 1789. M. de Ronnay, Conseiller de Préfecture à Bruxelles en 1813, descend directement en ligne masculine des anciens Sgrs. de cette Terre de Ronnay. Une autre Terre de Ronnay, en Poitou, appartenait en 1809 à la Maison de Vaugiraud

251. QUINTAYEUL. N. de Blondel, Comte de Joigny, épousa la fille du Sire de Mareuil et de N., fille d'Archembaut le Grand. De cette alliance et de celle de Marguerite de Brienne, appert par un ancien livre manuscrit qui était chez le Sgr. de Croonendaele, Greffier des Finances du Roi de France, et par les Titres aux Châteaux de Pamele et de Longvillers.

252. SEXTAYEUL. Bauduin de Blondel, époux de Pérette, Comtesse de Joigny, Dame de Château-Renard, fille de Pierre de Courtenay et d'Anne, seule Héritière de Joigny, issue de Geoffroy, Comte de Joigny, dont la fille épousa 1°. Josse de Courtenay. 2°. Isabeau de Montenay, et dont le petit-fils Regnauld reprit les Armes de Joigny. La descente de Geoffroid se trouve dans les Grandes Annales de Belleforest jusqu'à Perette, Dame de Château-Renard. Cet Auteur cite : « Lettres du Roi Charles VI, » par lesquelles il ordonne que le » Comté de Joigny ressortisse par-» devant le Bailli de Troyes, d'au-» tant que le Comte de Joigny est le » Doyen des sept Comtes de Cham-» pagne qui portent le Titre de Pairs » et avaient séance près du Comte de » Champagne lorsque ce Prince tenait » les Etats, comme le premier des » Seigneurs ».

253 SEPTAYEUL. Messire Bauduin de Blondel, PERE COMMUN de la branche des Blondel-Beauregard et de MM de Joigny, *tous domiciliés à Tournay en* 1813, épousa Beatrix de Rosoy, fille de Roger et d'Alix, Comtesse de Namur, fille de Godefroid, Comte de Namur, et d'Isabelle de Porceau.

254. Tels sont les Ancêtres de Josse de Joigny, qui, comme je l'ai dit ci-devant page 207, n°. I, est un des Aieux directs de MM de Joigny d'aujourd'hui, tous issus de François de Joigny de Pamele. Sgr de Rambrouve, Bailli de la Prévôté de Bruges, et de Catherine de Breydel qu'il épousa le 1er. Septembre 1497. Cette Dame fille de Corneille, Ecuyer, mourut le 8 Avril 1537, gît avec son mari à Bruges en la Chapelle de Pamele. Sur le Sépulchre est la figure d'un Ecuyer armé de toutes pièces. On a vu que François est fils de ce Josse de Joigny, Baron de Pamele, et de Catherine de la Chapelle, petit-fils d'Oudart et de Marie Allaert.

255. *Enfans de François de Joigny et de Catherine de Breydel.* 1. Simon de Joigny de Pamele. 2, 3, 4 et 5 Antoine, Jean, Josine et Anne morts jeunes, 6 et 7, Marie et Marguerite Religieuses; 8 Françoise de Joigny de Pamele, née en 1499, épouse 1°. de Lopez de la Corona; 2°. Pierre de Griboval, Sgr de Berguyn de Plessy et de Gemelles; 9 Adolphe-François de Joigny de Pamele, Chev, Conseiller au Conseil Privé, Sgr de Gothem, Caestre, mort le 29 Juillet 1547, épousa le 12 Septembre 1525 Magdelaine Van den Heede *(fille du Vicomte de Vyve et de Michelle Blondel, fille de Jacques, Baron de Cuinchy)* et de N. de Raet. Cette Famille des Anciens Châtelains de Tenremonde.

256. Guillaume de Joigny de Pamele, né à Bruges le 29 Novembre 1528, Chef-Président du Conseil Privé, épousa Anne Winoc, née le 15 Janv. 1532, morte le 14 Jan. 1596. Elle était Dame de St. Quintin. Guillaume est appellé Guil. de Pamele, *quoique cette Terre ne lui appartient pas*, dans les Lettres de Chevalerie signées à Lisbonne le 20 Sept. 1581. Voici ce que le Roux dit de ce Seigneur, p. 55.

« Il naquit de la Ville de Bruges le » 29 de Novembre 1528, fils d'Adol-» phe, vivant Conseiller dudit Con-» seil. Il fut premièrement Maître aux » Requêtes et Conseiller du Grand » Conseil du Roi séant à Malines ; » d'où ayant été évoqué audit Conseil » Privé en la Charge de Conseiller et » Maître des Requêtes, et de là de-» nommé Président du Conseil de » Dole en Bourgogne, de quoi s'é-» tant excusé, il a été fait Président » de celui de Flandre, et après Con-» seiller du Conseil d'Etat. Il mou-» rut sans génération de Dame Anne » Winnoc sa compagne le 21 de Jan-» vier 1593. Elle, le 14 de Janvier » 1596, ayant été née le 15 audit » mois en l'an 1532, laissant Jean et » Adolphe ses frères héritiers. Il por-» tait pour Armoiries *de gueules à 3* » *faces d'or, écartelé de gueules à* » *l'aigle éployée d'argent* ».

257. Jean de Joigny de Pamele, frère de Guillaume, mort en Janvier 1599, épousa Jacqueline de Cauwenborg, veuve de Jacques de Gruutere, Sgr. de Mariekercke et de Vaernewyck, fille de Pierre et de Livine Mesdach. Selon les renseignemens qui me sont donnés, Jean épousa 2° Françoise de Vlaminckpoorte. Il eut du 1er. lit 1. Anne de Joigny, épouse de Josse de Maldeghem, dont Jacqueline de Maldeghem épouse d'Albert de Steelant. 2. Guillaume de Joigny de Pamele, Chanoine de Ste-Waudru à Mons. 3. Magdelaine de Joigny de Pamele, morte à Bois-le-Duc le 29 Octobre 1624, épousa 1°. Simon de Grimaldi, Secrétaire du Conseil Privé des Archiducs Albert et Isabelle, Envoyé Extraordinaire à Ratisbonne *(fils de Jean-Baptiste; petit-fils de Simon et de Susanne de Pallavicini de la Rocca, issu de l'Illustre Maison de Grimaldi-Monaco)* mort le 13 Février 1613, laissant pour enfans : 1. Cecile de Grimaldi, morte le 13 Septembre 1640 S. H. 2. Anne, morte le 6 Janvier 1634. Cette Dame épousa Ferdinand-François de Spoelberch, Sgr de Lovenjoul, Chev. de l'Ordre Milit de Christ. Je place ci à côté 1°. une Carte Généalogique de la Maison de Spoelberch, suivie d'une autre Carte qui représente les Alliés des Joigny de Pamele 3. Marguerite-Florence de Grimaldi, Dame de Walle, épousa Jean-Pierre de Nonancourt, Capitaine d'Infanterie, Sgr. de Pouvilly, fils de Henri, Ecuyer, et de Marie d'Habarrec, petit-fils de Nicolas, Ecuyer, Sgr. de Pouvilly, et de Bonne d'Argeau en Lorraine, d'où il était. Leur fils Franç. de Nonancourt, mourut sans hoirs le 18 Novembre 1686.

(Tab. I., page 114, 1er. volume de Jos. de St. Genois.)

GÉNÉALOGIE DE LA MAISON DE SPOELBERCH,

Faite sur Titres et les Ouvrages les plus accrédités, en dix-sept Générations directes sans Bâtardise, d'une souche Chevaleresque.

17.

TITRE de 1398 concernant les Wauwer, Sgr. de Spoelberch,

TABLE DES NOMS

QUI SE TROUVENT DANS CE TABLEAU.

INDEX DES CARTES.

TABLEAU UTILE AUX BLONDEL-BEAUREGARD, BLONDEL-JOIGNY DE PAMELE

ET A LEURS ALLIES, AVEC PLUSIEURS CARTES CHAPITRALES

A. Seize Quartiers de Messieurs DE BLONDEL-BEAUREGARD.

B. Seize Quartiers d'EDOUARD-CHARLES-MARIE DE CARNIN, Auditeur, fils de Jean-Charles et de Mar.-Charl.-Jacq. de Joigny de Pamele.

C. Seize Quartiers d'ANNE-JOSINE-CLAIRE LE POVRE, Vicomtesse d'Audenarde, Dame de Melhem, morte en 1722.

D. Seize Quartiers des Princesses DE GAVRE, sœurs du Comte DE GAVRE, Préfet à Versailles en 1813, etc. etc.

E. Seize Quartiers de CHARLES, *issu en ligne directe*, sans bâtardise, des Comtes Souverains d'Arberg, de Neufchâtel et de Vallengin, Préfet à Brême, Cousin au quatrième Degré du Roi de Bavière.

F. Seize Quartiers de MAXIMILIEN, Comte de SAINTE ALDEGONDE, Chevalier de la Toison-d'Or, Gouverneur de Namur, de l'Artois, etc.

G. PERE COMMUN DES BLONDEL-CUINCHY, BLONDEL-BEAUREGARD ET BLONDEL-JOIGNY DE PAMELE.

H. JOSEPH DE SAINT GENOIS DE GRANDBREUCQ A MM. SES SOUSCRIPTEURS.

TABLE DES NOMS

DEPUIS LA PAGE 200 SUIVANT LES NUMEROS.

Plusieurs personnes m'ont observé que je ferais plaisir si je donnais des Tables partiaires, vu le grand nombre de noms qui se trouvent dans cet ouvrage. Il est vrai que, par ce moyen, chacun pourra trouver ce qui lui convient sans longues recherches. Toujours empressé d'obliger, j'ai imaginé de numéroter les articles depuis la page 200, *et c'est d'apres ces numéros que j'indique les noms, plan que je suivrai dorénavant.*

TITRES CURIEUX POUR L'HISTOIRE D'ANVERS.

Je les ai extraits à la Chambre des Comptes à Lille en 1792. Accueilli par M. Godefroid, Archiviste estimable, instruit, infatigable, tres-poli et désintéressé, j'ai pu me procurer des renseignemens inconnus jusqu'aujourd'hui, et cependant essentiellement utiles à l'Histoire. Je tâcherai de profiter du peu de temps qu'il me reste à vivre pour procurer à chaque Département ce qu'on peut désirer

1. (1358.) Commission donnée par le Comte de Flandre Louis au Prevôt de N. D. de Bruges, son Clerc et Conseiller, et à Oddon Machet, Watergrave, pour faire information de l'usage du Marché de Malines à l'égard de l'avoine, du temps du Duc Jean son père, savoir si *les habitans d'Anvers* pouvaient acheter en ladite Ville le mille d'avoine, et si les étrangers pouvaient acheter et vendre en ladite Ville d'Anvers toutes sortes de grains. 1358, 20 Mars. *Registre des Chartes de Flandre, tenu sous M. Sohier de le Beque, Prévot de Harlebeque, Chancelier de Flandre, page 180, à la Chambre des Comptes de Lille.*

2. (1359.) Lettres par lesquelles le Comte Louis déclare bon et valable l'accord fait entre le Duc de Brabant son père et les Doyen et Chapitre de l'Eglise N. D. d'Anvers, au sujet des Dimes et Biens que ce Chapitre possédait dans la Terre de Lillo et aux environs : déboute Alard Van Os, Maître Rentier de Brabant, de l'opposition qu'il avait formée à cet accord, et commet l'Ecoutête d'Anvers pour remettre lesdits Doyen et Chapitre d'Anvers en paisible possession desdites Dîmes et Biens. Présens le Seigneur de Maldeghem, Jean Van der Zickele, Receveur, Pierre fils Jean Watergrave, le Châtelain de Bevere et autres. 1359, 4 Nov. à Anvers. En flamand. *Ibid. page* 191 v°.

3. (1358) Lettres du Comte Louis par lesquelles il mande au Fermier d'Anvers de payer tous les ans, sur le Tonlieu de Chevalerie, appellé le petit Tonlieu d'Anvers, la somme de 25 petits florins à Arnoul de Cruninghen, Arnoul de Comne, Florkin de Machline, Chevaliers Wautier Van der List, Clais Van den Venne, Willaume Drake, Dlle. Elisabeth Alcins et ses enfans, et Dlle. Digne Spapen pour cause des dommages qu'ils ont soufferts de ceux de Malines. 1358, 3 Mars, à Anvers, en flamand. *Ibid. page* 191.

4. (1359.) Commission donnée par le Comte Louis à Godenart Van der Delft, son Conseiller, et à Wautier de Zeebrouc, Ecoutète d'Anvers, Chevaliers, pour s'informer si les habitans de Zantvliet sont tenus de payer l'Aide de Brabant : et, s'ils le trouvent ainsi, d'imposer ledit Aide sur les habitans de Zantvliet, en prenant attention de ne pas trop les charger. 1359, 5 Nov. à Anvers, en flamand. *Ibid page* 191.

5. (1369.) Lettres du Comte Louis par lesquelles il declare que, pour le plus grand profit de la Ville d'Anvers, il permet aux bourgeois et marchands de la Ville d'Utrecht de venir établir leur Etape en ladite Ville d'Anvers, pendant le terme de quatre ans, sans qu'on puisse y arrêter leurs personnes

ni leurs biens, effets et marchandises. 1369, 5 Novembre. *Ibid. page* 191 v°.

6. (Voyez 2.)

7. (1359.) Lettres du Comte Louis et Marguerite de Brabant, son épouse, par lesquelles ils assignent à Godenart de Helt, de Malines, 200 liv. de rente à prendre sa vie durant sur le Tonlieu d'Anvers, pour le dédommager des pertes qu'il a souffertes par le bannissement auquel il a été condamné par la Loi de Malines pour certaines choses faites de l'ordre desdits Comte et Comtesse. 1359, 16 Mars, à Gand, en flamand. *Ibid. page* 195.

8. (1359.) Mention de semblable don de 60 liv. de rente viagère sur ledit Tonlieu d'Anvers, à Jean de Heffene, Avoué de Malines. Même date, en flamand. *Ibid page* 195.

9. (1360.) Articles de la Sentence et Ordonnance rendue par Henri de Flandre, Louis de Namur, les Villes de Gand, Bruges et Ipres, entre le Comte de Flandre et la Ville d'Anvers, au sujet du meurtre de Wautier de Zeebrouc, Ecoutète d'Anvers, du Geolier, de ses Valets et autres.

I. Les habitans d'Anvers viendront au devant du Comte hors la Ville, en chemise et tête nue, et là, aux genoux du Comte et les mains jointes, ils les supplieront de pardonner ledit meurtre

II La Ville d'Anvers payera aux parens de ceux qui ont été tués les sommes ci-après, savoir : pour la mort de Wautier de Zeebrouc, Ecoutète, et de son fils, 120 livres de gros, pour la mort de Jean Van Haken, 20 liv. de gros; pour celle de Theuse le Cordonnier, Valet, 10 liv. de gros, et pour celle de Roulkine le Clerc, 5 liv. de gros.

III. Les parens desdits Wautier et Jean de Zeebrouc demeureront quittes et paisibles pour les blessures de Gillekin Wulhs.

IV. A l'égard de Godenart Van der Delft, Gilles de Hobouken, Rainou Van den Werve et Laurent Volkeerd, il est ordonne que les six personnes demeureront toujours hors la Ville et Franchise d'Anvers.

Présens. *pour la Ville de Gand*, Liévin Van den Hole, Henri Heckard et Jean de Otter. *Pour la Ville de Bruges*, Lambrecht Bave et Pierre Gaderpennine. *Pour la Ville d'Ipres*, Simon Van den Loo, Pierre de Roubrouck et Jean Boudekin. 1360, 14 Juin, à Anvers, en Flamand. *Ibid. page* 147.

10. (1360.) Commission donnée par le Comte Louis à Gérard de Rassighem, Chevalier, à M^e. Testard de la Woestine, Clerc, ses Conseillers, et à Olivier Van den Hove, Bailli de Gand, pour informer des dommages soufferts par les habitans de la Ville d'Anvers et de ceux qui ont causé ces dommages. 1360, 16 Aout, à Gand, en flamand. Presens : Henri de Flandre, M^e. Jean Blankard, Pierre fils Jean, Receveur, et les trois Villes. *Ibid. page* 192.

11. (1361.) Don fait par le Comte Louis et Marg. de Brabant, Dame d'Anvers, son épouse, a Jean Van Namen en récompense de ses services de la place de Geolier d'Anvers, pour en jouir sa vie durant. 1361, 3 Août, à Audenarde, en flamand. *Ibid. page* 83 v°.

12. (1362.) Lettres par lesquelles le Comte Louis promet payer annuellement à Godenart Persone, sa vie durant, 20 liv. gros de Flandre, et deux draps rayés pour se vêtir, ainsi qu'à ses compagnons pour par ledit Godenart et sept compagnons garder bien et duement la longue Tour étant au Marché au Poisson d'Anvers. 1362, 23 Octobre en flamand. *Ibid. page* 85.

13. (1364.) Lettres par lesquelles Louis, Comte de Flandre, de Nevers etc., et Marguerite, Comtesse desd. Pays et Dame d'Anvers, sa femme, donnent à ferme pour trois ans à Messire Josse Van Volmarbeke, Chevalier, et à Dame Catherine, sa femme, le Tonlieu d'Anvers et ses appartenances, moyennant 178 liv. gros tournois par an. 1364, 2 Septembre, à Bruges, en flamand. *Autre gros volume des Chartes, par le même*, 3e. *Registre, page* 167.

14. (13....) Mémoire des Droits qui ont appartenu au Duc de Brabant et qui appartiennent présentement à la Comtesse de Flandre, savoir sur l'Escaut à Vosvliet-Hille jusqu'à Boisbaerc-Muyden; a Lendrecht, sur la chaussée qui mène de Berghes à Borchvliete, de là à Ossendrecht, Zantvliete, Haernisse et de là au Tonlieu de Heistops, qui s'etend jusqu'à Borbueren. Tout ce qui est en dedans de ces limites est tenu en fief du Marquisat d'Anvers. La Comtesse de Flandre, ou son Ecoutète d'Anvers, a droit de faire Justice dans le Vierscare d'Anvers des meurtres, rapts, vols et autres forfaits qui se commettent dans l'etendue de ces limites.

Avec mention d'un Droit de Tonlieu établi par le Comte de Hollande sur tous ceux qui naviguent entre Anvers et Bergues, auquel établissement le Duc de Brabant s'était opposé. *Ibid. page* 167. *A la Chambre des Comptes à Lille*.

15. (1364.) Lettres du Comte Louis par lesquelles il donne à ferme pour trois ans à Josse de Volmarbeke, Chevalier, et à Catherine, sa femme, le petit Tonlieu, nommé *le Tonlieu de Chevalerie*, moyennant 11 liv. gros tournois par an et aux mêmes conditions qu'Englebert de Moelenaere et Zegebrecht Wellen, Bourgeois d'Anvers, tenoient ledit Tonlieu de Chevalerie. Même date, en flamand *Ibid. page* 167 v°.

16. (1365.) Lettres des Echevins et Conseil d'Anvers, par lesquelles ils reconnaissent avoir reçu celles du Comte de Flandre y insérées, données à Bruges le jour de St. Mathieu Evangeliste, en Septembre 1365, portant permission de lever Assis et Peage en ladite Ville d'Anvers sur toutes sortes de marchandises pendant trois ans, à charge de payer audit Comte 2000 liv. parisis par an 1365, 23 Septembre en flamand. *Ibid. page* 168.

17. (1366.) Mention de l'accord fait entre Wautier et Costin de Berchem, frères, et Costin de Berchem, fils de leur frère, pour eux et consorts d'une part, et Jean de Stoure, pour lui, Gilles, son frère, et les leurs d'autre part; par lequel lesdits de Berchem ont nommé Willaume de Berchem. Jean de Stoure a nommé Gerard Van der Elst, Arbitres, pour, avec le Doyen d'Anvers, Clerc et Conseiller du Comte de Flandre, nommé par le Comte, terminer la contestation qu'il y avait entre les parties pour le partage de la Terre de Berchem et autres biens delaissés par Messire Wautier de Berchem.

Presens du Conseil du Comte, le Chancelier, M^e. Testard de le Wastine et le Watergrave Presens aussi Willaume Van den Walle, Bailli de Gand, le Sgr de Haesbam Heiman Kaufman, Henri de Sombeke, Josse de Volmarbeke, Wautier de Sombeke, Volker de Pape et Wautier de Kets. 1366, 12 Avril, à Gand, en flamand. *Ibid. page* 168 v°.

18. (1365) Mention des lettres du Comte de Flandre par lesquelles il exempte de l'impôt de 12 deniers par tonne de cervoise, toutes les cervoises qui seront brassées en la Ville d'Anvers, et que des Bourgeois seulement de ladite Ville feront amener ou ameneront en Flandre. 1365, 5 Janvier, à Gand. *Ibid. page* 31.

19. (1361.) Lettres de Louis, Comte de Flandre, et de Marguerite de Brabant, sa femme, Dame d'Anvers, par lesquelles ils reconnaissent avoir reçu de la Ville d'Anvers une Charte scellée des Sceaux des Duc et Duchesse de Luxembourg, leurs frère et sœur, et de ceux des Sgrs. de Pierewers, de Duffle, de Gerard de Vorslar, du Sgr. de Bouchout et de Bernard de Borgneval, et promettent rendre cette Charte à ladite Ville. 1361, 23 Octobre, en flamand *Ibid. page* 142.

20 (1362.) Lettres par lesquelles le Comte Louis permet à plusieurs Lombards, Citoyens d'Ast, de demeurer, vendre, changer, prêter etc. pendant douze ans en la Ville d'Anvers les exempte pendant ce temps de toutes Tailles, Corvées, Ost, Chevauchées et de toutes exactions, excepte de la commune Assise de la Ville d'Anvers, à charge de payer au Comte 10 liv. gros, monnaie de Flandre, par chacune desdites douze années 1362, le jour de la Nativité de St.-Jean-Bapt. à Malines. *Ibid. page* 142 v°.

21. (1366.) Mention des lettres du Comte de Flandre, par lesquelles il déclare que, pour l'avantage de la Ville d'Anvers et l'avancement commun, il a permis aux Bourgeois et Habitans de la Ville d'Utrecht d'établir en la Ville d'Anvers une Etape de toutes sortes de marchandises de matières grasses pendant trois ans, sans que leurs personnes et leurs biens puissent être arrêtés pour quelque cause que ce soit, à moins qu'ils ne soient obligés par lettres ou de bouche. 1366, 3 Septembre, à Gand, en flamand *Ibid. page* 171.

22. (1366.) Mention des lettres par lesquelles le Comte de Flandre a permis à la Ville d'Anvers de vendre jusqu'à 10 liv. gros tournois de rente viagère pour acquitter les charges de cette Ville 1366, 13 Fevrier, à Gand, en flamand. *Deuxième des trois Registres reliés en un volume, fait sous Maître Guillaume Vernaechtenzone, qui fut nommé Chancelier de Flandre le* 28 *Octobre* 1366, *page* 127, *à la Chambre des Comptes à Lille.*

23. (1367.) Lettres par lesquelles Louis, Comte de Flandre, declare qu'à la prière de Franke de Hale, Chevalier, son Conseiller, il a donné pouvoir à Marguerite de Brabant, son épouse, Comtesse de Flandre et Dame d'Anvers, de permettre audit Franke de charger son Fief de Lilloo et tous les autres Biens qui lui appartenaient dans le Marquisat d'Anvers d'une somme de 1200 liv. par. envers Messire Jean Van den Gruuthuse, en execution du Contrat de Mariage fait entre ledit Franke et Dlle. Marie de Ghistelle. 1367, 10 Juin, à Gand, en flamand. *Ibid. page* 127.

24. (1367.) Lettres par lesquelles le Comte Louis permet à la Ville d'Anvers de vendre jusqu'à 15 liv. gros tournois de rente viagère pour acquitter les dettes de cette Ville 1367, 12 Août, à Gand, en flamand. *Ibid. page* 127.

25. (1367.) **Lettres de Louis**, Comte de Flandre, et Marguerite de Brabant, son épouse, Dame d'Anvers, par lesquelles ils donnent à ferme pour trois ans à Clais de Kets et à Catherine sa femme, le Tonlieu d'Anvers, moyennant 188 liv. gros tourn. par an. 1367, 24 Janvier, a Gand, en flamand. *Ibid. page* 127 v°.

26 (1367.) Lettres de Louis, Comte de Flandre, par lesquelles il donne à terme pour trois ans à Clais de Kets et à Catherine sa femme, le petit Tonlieu d'Anvers, appellé le Tonlieu de Chevalerie, moyennant 11 liv. gros tourn. par an, et aux mêmes conditions qu'Ingelbert de Moelnare et Segelbert Wetten, Bourgeois d'Anvers, tenaient ce Tonlieu. 1367, 24 Janv. a Gand, en flamand. *Ibid page* 128.

27. (1367.) Mention de la permission donnée par ledit Comte à la Ville d'Anvers de vendre jusqu'à 10 liv. gros tournois de rente viagère pour acquitter les dettes de la Ville. 1367, 4 Mars, à Bruges, en flamand. *Ibid. page* 128.

28. (1368.) Mention des lettres par lesquelles le Comte a permis à la Ville d'Anvers de vendre 36 liv. gros tournois de rente viagère pour construire le Port de ladite Ville. 1367, 22 Avril, à Gand, en flamand.

29. (1368.) Lettres par lesquelles Louis, Comte de Flandre, et Marguerite de Brabant, son épouse, donnent à Dlle. Marie de Lambourg, leur Nièce bâtarde, en exécution des promesses qu'ils lui ont faites par son Contrat de Mariage avec Martin d'Essine, 100 liv. parisis, monnaie de Flandre, la vie durant de ladite Dlle.; qu'ils assignent sur la recette d'Anvers. 1368, 24 Avril, à Gand, en flamand. *Ibid. page* 128.

30. (1368.) Lettres de Louis, Comte de Flandre, et de Marguerite de Brabant, Dame d'Anvers, son épouse, par lesquelles ils donnent à Jean de Mierlaer, Chevalier, 200 scilden de rente sa vie durant, chaque schild valant 24 gros monnaie de Flandre, à tenir en Fief et Hommage desdits Comte et Comtesse et de leurs Successeurs Comtes de Flandre, et à recevoir tous les ans sur le Tonlieu d'Anvers, moyennant laquelle rente ledit Mierlaer sera tenu de servir lesdits Comte et Comtesse et leurs Successeurs contre tous, excepté contre le Duc de Gueldres. 1368, 24 Mai, à Gand, en flamand *Ibid page* 128 v°.

31 (1368.) Lettres de Jean de Mierlaer, Chevalier, par lesquelles il reconnait avoir reçu les lettres de don qui précèdent, et promet servir le Comte de Flandre contre tous, excepté contre le Duc de Gueldres. 1368, 25 Mai, en flamand. *Ibid page* 129.

32. (1368.) Mention de la donation faite par le Comte de Flandre et Marguerite de Brabant, son épouse, a Jean de Grouselt, de 100 scilden de rente sa vie durant, à prendre sur le Tonlieu d'Anvers, moyennant laquelle rente il doit servir ledit Comte contre tous. 1368, 24 Mai, en flamand. *Ibid. page* 129.

33. (1368). Lettres du Comte Louis par lesquelles il déclare qu'ayant donné à Jean Caedsant, en reconnaissance de ses services, la moitié d'une maison située en la Ville d'Anvers, et de 50 mesures de terre situées à Lillo, confisquées sur Coot de Bouchout, qui avait été banni par la Loi d'Anvers, pour émeutes, pour par ledit Caedsant jouir desd. moitié de maison et de terre sa vie durant. Ledit Caedsant ayant échangé ladite moitié de maison a perpétuité avec la femme dudit Coot, à laquelle appartenait l'autre moitié desdits Biens, pour dix mesures de terre situées à Lillo, joignans lesdites 25 mesures dont il avait été adhérité. Le Comte donne à Hennekin de Caedsant, fils bâtard dudit Jean et de Dlle. Aechten Van der Most, lesdites 35 mesures de terre pour en jouir sa vie durant après la mort de son père. 1368, dernier Mai, à Gand, en flamand. *Ibid. page* 129.

34. (1368.) Lettres par lesquelles ledit Comte établit Jean de Cote *Comte de toutes les Eaux* situées dans les Mairies d'Anvers. 1368, 23 Juillet, à Gand, en flamand. *Ibid. page* 129 v°.

35. (1368.) Lettres de Louis, Comte de Flandre, par lesquelles il permet de lever Assis en la Ville d'Anvers pendant trois ans, à charge de lui payer 2000 liv. parisis par an. 1368, 2 Novembre a Malines, en Flamand. *Ibid. page* 196 v°.

36. (1368.) Sentence rendue par le Comte de Flandre entre le Sgr de Gruuthuse, au nom du Sgr. de Ghistelle, Chevalier, et les Religieux, Abbé et Couvent de St-Michel à Anvers, pour l'exécution d'un accord fait entr'eux par Franko de Hale et le Prevôt de N. D. de Bruges, Conseillers du Comte, au sujet de l'ancienne Terre de Zandvliet et Berendrecht, lequel accord est inseré dans cette Sentence et porte ce qui suit :

Les Abbé et Couvent de St-Michel seront mis en possession de ladite Terre, et ensuite on partagera cette Terre en 2 portions égales La moitié appartiendra à l'Abbaye de St-Michel seule. L'autre moitié sera partagée en deux parties egales dont l'une appartiendra au Sgr. de Ghistelle, et l'Abbé de St.-Michel donnera l'autre partie au Comte de Flandre, pour qu'il accorde protection et secours à l'Abbaye.

L'Abbaye de St.-Michel percevra six deniers de Louvain sur la portion du Comte de Flandre et sur celle du Sgr. de Ghistelle. Chaque partie sera tenue en Fief du Comte de Flandre. L'Abbé aura aussi la Justice jusqu'à 27 sols sur sa moitié et il pourra etablir des Echevins.

Les Comte et Comtesse de Flandre retiennent la Haute Justice sur ces Terres. L'Abbé aura la Pêche et la Dîme sur les portions du Comte de Flandre et du Sgr. de Ghistelle.

Le Comte, ayant fait lire cet accord en présence des Parties, en fait ordonner l'execution par son Conseil, sauf ses droits.

Présens : le Vicomte de Dixmude, les Sgrs. de Steenisse, de Maldeghem, de Pouke, de Coolscamp, Willaume de Reingersvliet, Roger Boetelin, le Prévôt d'Harlebeque, le Doyen de St. Donat de Bruges, le Chancelier, et Gossuin de Wilde, Receveur de Flandre.

Après ce Jugement le Sgr de Ghistelle a rendu hommage à la Comtesse Marguerite de Brabant de la Justice jusqu'à 27 sols, qu'il tient de ladite Dame, sur sa portion, auquel Hommage il a été reçu. 1368, 6 Nov. à Malines, en flamand *Ibid page* 129 v°.

37. (1368.) Lettres du Comte Louis et de la Comtesse Marguerite de Brabant, Dame d'Anvers, par lesquelles ils donnent à Bussard de Munte la mesure de bled en la Ville d'Anvers, qu'on appelle la Cuilhère, avec tous les profits et revenus y appartenant, pour en jouir sa vie durant. 1368, à la N. D. de Sept. à Crubeke, en flamand *Ibid. page* 130.

38. (1383.) Lettres de Louis, Comte de Flandre, par lesquelles il permet aux Bourgeois d'Anvers de naviguer et venir librement par eau et par terre en leur Ville avec leurs biens et marchandises en payant le Tonlieu et autres Droits dus à ce Comte : et mande aux Châtelains de Rupelmonde, de Bevere et de Chavetinghes et à tous autres Châtelains et Officiers de laisser jouir les Bourgeois d'Anvers de cette Grace. 1383, 11 Novembre, à Arras, en flamand. *Ibid.* 3e. *Registre, page* 30 v°.

39. (1389.) Ordonnance de paix rendue par le Duc de Bourgogne entre Pierre, Guillaume et Gilles Bode frères, enfans de feu Jean Bode, demeurans à Anvers, leurs parens et aidans d'une part; Jean et Claus de Wineghem frères, Jean de Wineghem, dit Wimkin, leur cousin, meurtriers dudit Jean Bode. 1389, 12 Janvier, à Bruges. *Registre des Chartes de Flandre, cote* 2, *à Lille, page* 19.

40. (1395.) Privileges accordés par le Duc de Bourgogne aux marchands Allemands appellés de la Hanse qui viendraient commercer en la Ville d'Anvers. 1395, Décembre, à Paris, en latin. *Idem, coté* 3, *page* 20 v°.

41. (1396.) Lettres par lesquelles le Duc de Bourgogne permet à la Ville d'Anvers de vendre et constituer jusqu'à 300 liv. de gros vieux des rentes viagères, pour le principal desdites rentes être employé au rachat de rentes héritières. 1396, 16 Avril, à Arras. *Ibid. page* 36.

42. (1396.) Mandement du Duc de Bourgogne aux Baillis de Tenremonde et d'Alost, aux Châtelains de Rupelmonde et de Bevre, de contraindre les Habitans et Bourgeois de la Ville d'Anvers à payer le Droit de Tonlieu pour leurs denrées et marchandises, attendu que lesdits Bourgeois et Habitans n'avaient joui de l'exemption dudit Tonlieu qu'à charge de contribuer aux frais et dépens nécessaires pour curer et nettoyer les fossés du Château d'Anvers, et qu'ils venaient de refuser de payer une somme de 880 nobles, à laquelle ils avaient été taxés pour leur part desdits frais. 1396, 23 Septembre, à Conflans lèz Paris. *Ibid. page* 49.

43. (1400.) Lettres par lesquelles le Duc de Bourgogne ordonne de prendre sur les 1500 Nobles qui etaient dus par les Villes et lieux qui devaient contribuer aux frais pour curer, vuider et nettoyer les fosses du Bourg et Châtel de la Ville d'Anvers, à cause de leur exemption du Tonlieu et Pénge d'Anvers, la somme de 200 nobles pour les employer aux ouvrages du Château de Courtray, et donne la moitié des 1300 nobles restans à Guyot de Loncpré, Ecuyer, Châtelain de Rupelmonde, en faveur de son Mariage. 1400, 24 Février, à Conflans les Paris. *Inventaire des Chartes de Flandre, n°.* 4, *a Lille, page* 481,

44. (1401.) Commission donnée par le le Duc de Bourgogne au Watergrave de Flandre pour exécuter ce qui restait au Duc de Bourgogne des 1500 nobles ci-dessus sur la Ville d'Anvers, autres Villes et lieux qui devaient contribuer aux curage, nettoyement et vidange des fossés des Bourg et Château d'Anvers. 1401, 12 Avril, après Pâques, à Lille. *Ibid. page* 49.

45. (1401.) Lettres du Duc de Bourgogne aux Baillis d'Alost, de Tenremonde et d'Audenarde, aux Habitans des Châteaux de Rupelmonde et d'Anvers, par lesquelles il leur mande de contraindre les Bourgeois et Habitans d'Anvers, par saisie et arrêt de leurs marchandises, et par toutes autres voies, à payer dorénavant aux Châ-

telain de Chaeftinghes et Bailli de Rupelmonde, le Droit de Tonlieu de leursdites marchandises et denrées duquel ils étaient exempts ci-devant, à charge de contribuer aux frais et dépens pour faire curer et nettoyer les fossés du Château d'Anvers, et ce attendu le refus fait par les Bourgeois et Habitans de ladite Ville d'Anvers de payer une somme de 880 nobles à laquelle ils avaient été imposés par les Commissaires du Duc pour leur contribution aux frais du curage et nettoyement des fossés dudit Château d'Anvers. 1401, 12 Avril après Pâques, à Lille. *Ibid. page* 49.

46. (13... *Sans date.*) Commission donnée par le Comte Louis à Gérard de Rassighem, Chevalier, à M^e. Testard de le Woestine, Clerc, et à Gérard le Bosch, Bailli des Eaux, pour tenir le Plaid en la Ville de Malines contre les Sujets des Duc et Duchesse de Luxembourg et de Brabant, ses frère et sœur, au sujet du Tonlieu d'Anvers, ainsi que pour la Paix. *Ier. Cartul. des Chartes sous M. Soher de le Becque* ut supra, *page* 95.

47. (13... *Sans date.*) Articles en flamand exigés par le Comte de Flandre de la Ville d'Anvers pour l'utilité de cette Ville.

I. Personne ne viendra au Conseil des Echevins sans y avoir été appellé. Les Echevins ne tiendront aucun Conseil sans être assistés des plus Opulens et Capables de la Ville.

II. Le Comte rappelle et annulle tous les Sceaux des Métiers de la Ville, à l'exception du Privilege que les Bouchers ont obtenu du Duc. Il veut que ses Ecoutètes et Echevins dressent une ordonnance pour les Métiers et la lui envoyent pour l'examiner et la corriger en augmentant ou diminuant.

III. Le Comte défend à ses Ecoutètes et Echevins de donner aucun Scel aux Métiers sans son consentement.

IV. Le Comte ordonne que les Brasseurs, Teinturiers et Chaussetiers de la Ville retourneront et demeureront avec les gens oisifs de la Ville comme ci-devant.

V. Il veut que le Privilége des gens mariés et des survivans reste à la discrétion des Echevins et du plus Capable de la Ville.

VI. Il veut que le Pontgelt ait cours comme ci-devant, suivant la Coutume jusqu'à son rappel.

VII. Il défend d'élire aucuns Echevins ou Gouverneurs de Metiers, ni de tenir aucune assemblee à ce sujet, sans en donner connaissance aux Ecoutètes et Echevins *Ibid. page* 142.

---

48. Je m'étais flatté de donner des Recueils d'une utilité évidente et importante pour les habitans d'Anvers, pour les Familles qui, etrangères, sont venues s'y fixer, et pour celles qui d'Anvers ont été s'établir ailleurs. Je me suis présente à la Mairie pour faire connaître qu'un dépouillement général des Registres de l'Etat Civil serait un Recueil très-curieux : j'offris d'y travailler à mes frais. Le Conseil de la Mairie prit attention à mon projet. Je fus accueilli et j'eus toutes les aisances désirables dans les Bureaux. MM. les Maire et Adjoints appuyèrent mon projet, dont S. Exc. le Ministre de l'Intérieur CHAMPAGNY m'avait donné l'idée Je trouvai dans MM. Ferrari, Chef du Bureau de l'Etat Civil, et Rossaert qui travaillait dans le même Bureau, des collaborateurs et des Amis. Lorsque je ne savais pas déchiffrer un nom, ils m'aidaient à le lire. Je vais donner une idée de ce Recueil, auquel on n'a jamais pensé qu'en s'effrayant. Voici quelques noms repris dans les Registres de la Paroisse St.-Georges.

Mariages à Anvers, Paroisse Saint-Georges.

49. Ardenbourg. En 1649, Antoine Van Wilsaeden et Anne Peeters. Temoin, H. Van Aerdenbourg.

50. Adriaenssens. En 1650, Jean Adriaenssens-Leytens et Dorothée Hermans. En 1651, Jacq. de Tavernis et Anne Adriaenssens. En 1651, Nicolas Storps et Mar. Adriaenssens. En 1654, Thomas Adriaenssen et Elizab. Van Camp. En 1655, Jean Adriaenssens et Jeanne Brabant. En 1655, Adrien Adriaenssens et Jeanne de Jode. En 1657, Jacques Adriaenssens et Elizab. Brants. En 1658, Corneil de Bruyn et Marie Adriaenssens En 1658, Jean Adriaenssens et Barbe Pyl en 1660, Guil. de Raimaker et Marg. Adriaenssens.

51. Bogaert (V. D.) En 1647, Gerard Van den Bogaert et Eliz. Van Linden. En 1648, Ant. Van den Bogaert et Marie Bulten. En 1656, Jean Bogaert et Anne Kenninex. En 1656, Adrien Van den Bogaert et Anne Says.

52. Boschaert. En 1654, François Van Born et Mar. Boschaert.

53. Cornelissen. En 1649, Franç. Haeghere et Agnès Cornelissen En 1650, Pierre Cornelissen et Marie Van Beuman. En 1659, Jean Blom et Gert. Mees Cornelissen. En 1660, Jean Cornelissen et Ant. Baral. En 1662, Jean Malcontent et Perpis Cornelissen. En 1662, Jean Verkamer et Cornelie Cornelissen

54. Cornet. En 1649, Pierre le Clercq et Jeanne Cornet. En 1650, Jean Van der Bosch et Ursule Cornet. En 1659, Henri Boudon et Jeanne Cornet.

55. Diericks et Diricx. En 1647, Corn. Dirickx et Esther Aboet-Lyns. En 1647, Jean Raymackers et Cath. Diericks. En 1650, Henri Van Trier et Cath. Diericks. En 1651, Theodore Molys et Jacques Diericxs. En 1651, Jacq. Willems et Anne Dierixs. En 1654, Olivier Spaenhoven et Anne Diricx. En 1654, Raphael Specks et Marg Diricx. En 1654, Jean Spermon et Jeanne Diricx. En 1657, François Bossu et Sus. Diricx. En 1659, Arnoul du Brou et Adrienne Diricx. En 1659, Jean Heus et Anne Diricx. En 1660, Adrien Diricx et Barbe Van Baendonck. En 1662, Pierre Van Loven et Marie Diricx.

56. Della Faille. En 1648, Servais Thisius, Ecuyer, et Marie de Fallie *(ainsi écrit)*. En 1658, Messire Balthasar de Cordes et D. Marie-Béatrix Della Faille *(ainsi écrit)*. Temoins : Jean-Amand Della Faille *(ainsi écrit)*, et Melchior Della Faille En 1658, Messire Valère Della Faille et D. Isabelle Van der Goes. En 1661, Mess. Balthazar Della Faille et D. Cath. Van der Goes. Témoin : Messire Valère Della Faille. En 1662, Thomas Della Faille et Emérentiane Hoomers.

57. Gillis. En 1655, Jacques Pensaer et Anne Gilis. En 1655, Gille Gillis et Jeanne de Licht En 1656, Henri Winnent et Elis. Gilis. En 1656. Théodore Gilis et Barbe Travail.

58. Gracht (Van der). En 1655, Mess. Jean-Fred. Van der Gracht et Dame Marg.-Franç. Van Varick. En 1655, Messire Jean-Bapt. Van der Gracht et Dame Louise-Franç. Van Varick.

59. Groot. En 1651, Pierre de Groot et Franç. Tykens. En 1655, Antoine de Groot et Madel. Joons. En 1654, Abraham de Groot et Anne Verheyen. En 1656, Antoine de Groot et Cath. Gyssens. En 1658, Nicolas Willems et Cath. de Groot. En 1658, Hubert de Groot et Cath. Vermende. En 1659, Ramold Ritsart et Cornelie de Groot. En 1662, Antoine de Groot et Christ. Borremans.

60. Hermans En 1648, Ant. Stoes et Madel. Hermans. En 1648, François Hermans et Marie Van den Leemputte. En 1649, Jacques Girlis et Jacquemine Hermans. En 1650. Jean Adriaenssens-Leytens et Dorothée Hermans. En 1651, Gilles Van Vol et Christine Hermans. En 1652, Jean Boninx et Marie Hermans En 1655, François Hermans et Anne Van Wynsbergen. En 1659, Pierre Bay et Angeline Hermans. En 1659, Pierre Janssens et Elis.-Adrienne Hermans. En 1659, Bartholomée Capruyns *(credo)* et Anne Hermans En 1660, Jean Prins et Catherine Hermans. En 1660, Jean Hermans et Anne-Marie Trister En 1661, Jean Snoeck et Christine Hermans. En 1662, Jean Slabbeeck et Anne Hermans

61. Jonghe (de). En 1649, Nicolas Dielis et Elis. de Jonghe. En 1654, Jean Bouts et Anne de Jonghe. En 1654, Jean de Clercq et Sara de Jonghe. En 1655, Jean de Jonghe et Elisab Tni. En 1657, Charles Jaussens et Mar. de Jonghe.

62. Kinderen (der) *Des Enffans* En 1654, Jean der Kinderen et Catherine Mossmans En 1658, Phil. le Beuf et Jeanne der Kinderen.

63. Merck. En 1655, Jean Aerts et Barba Mercx. En 1659, André Mercx et Cath. Keyms.

64. O Morian. En 1656, Corneil O Morian et Adrienne Carmer En 1657, Louis Macauna et Marie O Morian.

65. Paternoster. En 1651, Michel Marchant et Béatrix Paternoster.

66. Quickelberghe En 1655, Gérard Smits et Mar. Van Quickelberghe. En 1656, Gilles Van Quickelberghe et Elis. Tonnau En 1662, Martin Nys et Pauline Van Quickelberghe.

67. Robiano (de). En 1661, Messire Jean-Bapt de Robiano *(Consiliarius*, y est-il dit, *et Questor Generalis Dominiorum Regis in Districtu Casselatensi)* et D. Marg. Van Opmer

68. Santvorde (Van) En 1655, Florent Van Santvorde et Agnès de Pape.

69. Tys. En 1658, Jean Tys et Marg. Van Neroni

70 Vinck. En 1650, Gerard Van den Dries et Jeanne Vinck. En 1653, Emman. Simom et Cath. Vinck. En 1658, Michel Peeters et Amelberge Vinck. En 1659, Laurent de Vinck et Justine-Ursule Geratto.

71. Wael (de). En 1652, Joris Ladyn et Cath. de Wael En 1653, Jean de Boke et Jacquel. de Wael. En 1658, Jean de Wael et Magdel. Janssens. En 1660, Guillaume de Blauder et Marie de Wael.

72. Yaddart. En 16..., Jean Rigau et Mar. Yaddart.

73. Zyp. (Van der). En 1660, Jean-Baptiste Fredricx et Marie Van der Zyp.

74. On peut juger par ce qui précède de l'utilite de pareil Recueil s'il etait donné pour plusieurs Departemens, comme je l'avais projetté. J'avais même commencé pour Gand, Malines, Bruges, Lille, Mons et ailleurs.

Je vis à Anvers une partie des Archives. J'y remarquai entre autres une Lettre très-flatteuse pour la Famille de Bosschaert. Le but de mon Ouvrage étant d'annoncer ce qui est relatif à l'honneur des Familles, j'obtins la permission d'en prendre une copie que voici :

LE MAGISTRAT D'ANVERS

A S. E. le Cte. DE KONIGSEGG, *Ministre, le* 8 *Fevrier* 1716.

« MONSEIGNEUR,

» La mort de feu le Sr. de Fierlants, Conseiller de Brabant, nous » fait prendre la liberté de supplier » avec tout le respect possible Vre. » Exc. de vouloir prendre des égards » favorables aux intérêts de Nre. Ville » et remplir ladite place *d'une per-* » *sonne capable et instruite de nos* » *Coutumes*, devant connaître de tou- » tes les Causes y portées par réfor- » mation. Il nous importe beaucoup » d'y avoir une personne qui en ait » la connaissance nécessaire pour en » informer les autres Conseillers, *spé-* » *cialement au fait de Commerce et* » *de Change*, fondé particulièrement » sur les Coutumes et Usages, puis- » qu'il n'y en a plus natifs de cette » Ville, et plusieurs de toutes les au- » tres, *contre ce qui s'est observé de* » *tout temps par les Augustes Prédé-* » *cesseurs de Sa Majesté*, lesquels » ont conservé toujours, autant qu'il » était possible, l'égalité entre les » Chefs-Villes pour en remplir cet » Illustre Corps, devant servir de » Lict de Justice en dernier ressort » pour toute la Province de Brabant.

» Nous avons, MONSEIGNEUR, » d'autant plus de raison d'en réité- » rer notre très-humble prière que » nous sommes informés que le Sieur » Avocat BOSSCHAERT s'y présente, » lequel étant né Notre Bourgeois, » quoiqu'établi à Bruxelles, y étant » Conseiller-Assesseur et APPARTE- » NANT A NOS PRINCIPALES FA- » MILLES, d'ailleurs d'une probité » notoire et savoir requis, renferme » certainement dans sa personne l'ap- » probation et le contentement du » Public, et pour Notre particulier » y trouvant la satisfaction d'avoir » obtenu de Votre Exc. cette pre- » miere Grace pour les intérêts de » Notre Ville, ce sera un surcroît d'o- » bligations à lui témoigner en toutes » manières autant par une juste re- » connaissance que par devoir, la par- » faite soumission et respect avec le- » quel Nous aurons l'honneur d'être » toujours,

De Votre Excellence,
Etc. etc. etc. »

75. Cette Lettre concernoit Corneil-François Bosschaert, Avocat et Conseiller-Assesseur du Drossart de Brabant, époux de Dame Isabelle de Kessel, fille de Théodore-André et de Dame Catherine de Redtakeer. Il était frère 1°. de Franç. Bosschaert, Drossart de Rumpst et de Boom, né à Anvers le 1er. Octobre 1642, qui, de Catherine de Parst, eut pour enfans trois filles Béguines et Corneil Bosschaert, marié avec Madel. Van den Borghe, dont Jean Bosschaert, né à Boom en 1710. 2°. Claire-Mar. Bosschaert, épouse de Pierre de Vos, Aumônier d'Anvers, avec postérité. Je vais faire connaître les Ancêtres de Corneil-François Bosschaert.

76. PÈRE ET MÈRE. Corneil-François Bosschaert, époux de Marie Van der Piet, fille de Franç., morte en 1689.

Ses frères et sœurs étaient, 1°. Adrien Bosschaert, mort le 6 Avril 1640. Il épousa Marie Van der Piet, fille de Pierre, morte le 10 Mars 1657, dont Anne Bosschaert, épouse de Guillaume Lunden, fils de Melchior et de D. Catherine Bosschaert, son germain, et Corneil Bosschaert, mort le 13 Décembre 1707, époux de D. Anne Lunden, *sœur de Guillaume ci-dessus*, père et mère de Marie-Catherine Bosschaert, qui épousa, le 28 Janvier 1687, Jean-Adrien de Witte, né le 31 Octobre 1658, Sgr. de Leverghem, Terbecq etc., Amman de la Ville d'Anvers, fils puîné de Jacques Antoine, Ecuyer, et de Dame Anne-Catherine Maillaerts, Dame de Quarebbe, et Anne-Franç. Bosschaert, épouse de Guill.-Albert Lunden, fille d'Arn.-Albert et de Catherine Moens. Il y a un troisième enfant d'Adrien Bosschaert et de Marie Van der Piet, savoir : Adrien Bosschaert, époux de Mar.-Cath. Janssens de Bisthoven, fille de Pierre-Jos., Echev. d'Anvers, et de Marie Schoenmacker, dont 8 enfans morts à marier, et 2 autres mariés ; le 1er. Cath.-Claire, ép. de Franç. d'Arendonck. Le 2e. Jean-Charles Bosschaert, époux de Marie-Thér. Knyft, fille de Jacques-Gérard et de Marie-Agnès Verbies, morte le 13 Juin 1655. 2°. Wautier Bosschaert, mort en 1655. Il épousa 1°. Marie de Groot, fille de Balthazar. 2°. Marie de Groot, fille de Henri. Les enfans du premier lit sont A. Wautier Bosschaert, mort à Hoboken, qui d'Anne-Marie Carlier son épouse eut Marie-Thér. Bosschaert, morte le 11 Oct. 1752, ayant épouse Jean-Baptiste Lunden, fils de Jean-Baptiste et d'Hélène-Françoise Rubbens, mort le 4 Septembre 1735. B. Balthazar Bosschaert, dont je donnerai les enfans ci-après. C Marie Bosschaert, épouse de Jean de le Flie. Les enfans du deuxième lit sont : D. Sibille Bosschaert, épouse de Henri François Schilder, Aumônier, fils de Franç. et de Michelle Gerbrande Van Nirop, mort le 18 Octobre 1680. E. Jacq. Bosschaert, époux de Helène Vincque, dont Jacq. mort S. H., et Charles Bosschaert, qui de D. Isab. de le Candèle, fille de Louis, eut trois enfans, le 1er. D. Isabelle-Magdelaine Bosschaert, morte le 7 Février 1764, épouse de Georges-Alexandre Goubau, Sgr. de Molsen etc., fils d'Alexandre, Chev., et de Marie-Cons.-Albertine Rubens. Elle mourut en Août 1760. *Le deuxième* Jacques-Joseph Bosschaert, épouse Isabelle-Claire Melyn, fille de Jean-Michel et d'Isab.-Claire Van Havre, dont Jacques né en 1754, et Jos. Bosschaert, né en 1755, qui eut de son épouse Anne-Catherine de Lunden de Lachnen deux garçons, dont l'aîné épousa Angélique Della Faille. F. N. Bosschaert, Capucin. G. Marie-Catherine Bosschaert, épousa Charles-François Courtois, Chev., Sgr. de Bouchout, fille de Balthazar et de Marie de la Bistrade. H. Anne-Marie Bosschaert, morte en 1699, épouse de Nicolas Cheens, fils de Jean et de Marie Van D. Piet. 3°. Claire Bosschaert, morte le 18 Mai, 1633, épouse de Jacques Goos, fils de Jacques et de Claire Moens. Il mourut en 1666, âgé de 77 ans. 4°. Anne Bosschaert, née en 1610, épousa en 1653 Jean Van den Piet, fils de Pierre et de Marie Keickens.

77. *Enfans de Balthazar Bosschaert et de Cath Fourment, ci-devant sous la lettre B.* 1°. Charles-François Bosschaert, Sgr. de Baerendonck, Voorde etc., mort le 25 Octobre 1748 ; il épousa Anne-Marie-Cath. Van den Branden, fille de Jean-Baptiste, Sgr. de Rect, morte le 11 Février 1765, dont je parlerai ci-après des enfans. 2°. Anne Bosschaert, épouse d'Alexandre Della Faille. 3°. Alexandrine-Marie Bosschaert, morte le 1er. Décemb. 1735, épouse de Jean-Joseph de Bisthoven, fils de Jean-Charles et de Cath. Janssens. 4°. etc. plusieurs autres.

78. *Enfans de Charles-François Bosschaert et d'Anne-Marie-Cather. Van den Branden.* 1°. Anne-Marie-Cath. épouse de François-Jean Van den Borght, fils de François et d'Anne-Marie-Elis. Moens. 2°. Charles-Nicol. Bosschaert. Il épousa en Oct. 1756 D. Cornélie-Crol.-Jos. de Pret, fille d'Arnoul et d'Anne-Mar. Van Hoorne, dont A. Charles-Jean Jos. Bosschaert, né le 6 Mai 1759, demeurant à Anvers dans l'ancienne maison du célèbre Rubens. B. Thérèse-Marie Bosschaert, née le 12 Novembre 1760, épouse de Louis-Charles-Paul-Jos. Van Colen, *ex matre* Fraula. 3°. Séraphine, Béguine. 4°. Jean-François, Piêtre. 5°. Thérèse Bosschaert, épouse de Michel Knyft, dont postérité. 6°. Jos.-Henri Bosschaert, qui épousa le 16 Août 1752, Isabelle-Anne-Marie de Witte, née le 30 Août 1728, 2e. fille de Jean-Guill.-Nicolas, Sgr. de Levergem, Doorne, Terbeck, Derlaekene, Beauvel, et de D. Anne-Marie-Jos. de Vliegere, sa 2e. femme ; petite-fille de Jean-Adrien de Witte et de Mar.-Cath. Bosschaert.

79. *Enfans de Joseph-Henri Bosschaert et d'Isabelle-Anne-Marie de Witte.* 1°. Anne-Marie-Isabelle. 2°. Charles-Joseph-Martin. 3°. Paul-Joseph-Jean Bosschaert, né le 22 Juin 1756, époux de N. de Bauli, dont Jeanne-Isabelle épouse de Ferdinand Osy. 4°. Jean-Alois-Joseph Bosschaert, né le 16 Nov. 1757, MEMBRE DU CORPS LÉGISLATIF. 5°. Joseph-François-Henri Bosschaert. 6°. Michel. 7°. Cath. Marie-Isabelle Bosschaert, née le 16 Août 1761, épouse de N. de Bruyn, Sgr. de Viersel, dont deux filles. 8°. Carol. Bosschaert, mariée Della Faille, dont quatre filles.

80. AYEUL. Corneil Bosschaert, né le 24 Juillet 1570, Aumônier d'Anvers, mort le 6 Juillet 1630, epousa D. Claire Van Valckenborch, morte le 25 Novembre 1626, gissent à la Cath. d'Anvers, avec Armoiries et Epitaphe, sous l'Apôtre Saint-Simon, à la grande nef.

81. *Frères et sœurs de Corneil.* 1°. Anne Bosschaert, née le 13 Novemb. 1559, morte à Amsterdam S. H. Son premier mari fut Jérôme Van Dale, le second Abraham Adriaenssen, le troisième Jacques Boon. 2°. André Bosschaert, mort le 31 Mars 1611, épousa Cath. Basseliers, morte le 18 Sept. 1599, dont Cath. Bosschaert, morte le 4 Décembre 1653, ayant épousé le 20 Août 1610 Melchior Lunden, fils de Melchior et de Catherine Van Solt. Catherine mourut le 7 Mai 1655. 3°. Paul Bosschaert, né le 25 Janv. 1562, mort à Amsterdam, époux d'Isabelle Van Selt. On ignore s'ils eurent postérité. 4°. Jeanne, née en Mars 1564, épouse de Pierre V. D. Piet. 5°. Marie, épouse d'Adrien Stevens, Aumônier d'Anvers, mort en 1640. 6°. Wautier. 7°. Thiéri, né le 20 Fév. 1569, mort à Hambourg. Sa première épouse fut Cath. Snellinck La seconde, Suzanne Vermeeren. La troisième, Sara Verbrouck, veuve de Renier Van Wesenbrouck. 8°. Melchior, né le 27 Janvier 1573, époux de D. Elisabeth Herberts. 9°. Marg. Bosschaert, née le 25 Septembre 1574, morte à Amsterdam le 8 Juillet 1636, épousa 1°. Corneil Van Beselaer. 2°. Gaspard Van Wickefurt. 10°. Gaspard Bosschaert, né le 2 Février 1578, submergé à Hambourg le 2 Juin 1602.

82. BISAYEUL. Wautier Bosschaert,

né le 13 Juillet 1537, mort à Hambourg le 7 Octobre 1611, époux de Marguer. Schot, morte à Anvers le 2 Janv. 1583. Wautier épousa 2°. Marguerite Van Horck. 3°. Marguerite Michilsen. On le croit frère de Marie Bosschaert, épouse de Thieleman Tielens, morte en 1570.

83. TRISAYEUL. Paul Bosschaert, Aumônier d'Anvers, mort en 1588, époux d'Anne Keerman, morte en 1582. Il était frère d'Anne Bosschaert, morte le 23 Août 1572, âgée de 59 ans, ayant épousé François de Schot, Sgr. de Bautersem, morte 23 Avril 1587, gissent à la Cathédrale d'Anvers, avec sepulture.

84. QUARTAYEUL. Jacq. Bosschaert, mort le 21 Janvier 1529, époux de D. Adrienne Goedens, morte le 29 Juillet 1538.

85. *Enfans de Corneil-François Bosschaert*, ci-devant n°. 76, *et de Dame Isabelle Van Kessel*. 1°. Isab. Bosschaert, épouse de Jacques-Henri de Greve, Echevin de Bruxelles. 2°. Marie-Catherine, épouse de N. Van der Heyden. 3°. Jacq.-Franç. Bosschaert, Chev., Conseiller et Commis. des Finances de S. M. I., mort le 30 Mars 1754, époux de Thérèse-Jos. Boucheron, morte en 1752.

86. *Enfans de Jacq.-Franç. Bosschaert et de Thérèse-Jos. Boucheron*. 1°. Guill.-Jacq.-Jos. Bosschaert, Greffier de la Chambre d'Uccle à Bruxelles, Directeur du Musée en 1813. Il est difficile de réunir plus de talent et plus de politesse que lui. Sa Majesté l'Impératrice de France a daigné l'honorer de son affection lors de son entrée dans cette même Ville avec son Auguste Epoux Napoléon. 2°. Jean-François-Joseph mort Pensionnaire de la Ville de Bruxelles S. H. 3°. Marie-Thérèse Bosschaert, Religieuse au Berlaimont. 4°. Isab.-Jos. Bosschaert, née le 22 Janvier 1739, épousa le 12 Fevrier 1765 Jean-Bapt. Goswin, Comte de Wynants, né le 27 Octobre 1726, Cons. Maître Honoraire des Comptes de S. M. Imp., Garde des Chartes du Duché de Brabant, fils de Pierre-Melchior-Henri, Conseiller du Conseil de Brabant, et de Cath. Pangaert, dont 1. Albertine-Cornelie-Jos. née le 31 Novembre 1765. 2. Justine-Jos. de Wynants, née le 18 Août 1770.

87. On voit plusieurs alliances des Bosschaert avec l'Illustre Maison de Fraula. Je dis illustre, parce que les Fraula se sont distingués de toute maniere et se sont toujours rendus utiles depuis plusieurs siècles. C'est ce qu'on lit dans les Lettres-Patentes de Baron et de Vicomte en faveur de Charl.-Ant. de Fraula, du 20 Août 1783. En voici un extrait :

88. « JOSEPH etc. etc. De la part de Notre Cher et Feal Jean-Charles-Antoine de Fraula, Sgr. de Goinmanpon, fils de C. J. Baron de Fraula, et de Marie-Madelaine le Brun-de-Miraumont, sa seconde épouse; *petit-fils* de Thomas-Emmanuel de Fraula, Ecuyer, et de Jeanne-Emmanuelle de Fraula; *arrière-petit-fils* d'Emmanuel de Fraula, Ecuyer, Colonel Propriétaire d'un Régiment de Cuirassiers de son nom, Inspecteur-Général de Cavalerie et Marechal des Camps et Armées du Roi Catholique, et de D[e]. Isabelle-Claire Antoine, fille de J. B. Chevalier, et de Marie-Suzanne de Launoy, et *arrière-petit-fils* de Nicolas de Fraula, Ecuyer, Commissaire Extraordinaire des Moustres des Gens de Guerre du Roi aux Pays-Bas et Pagador General de Campagne, et de Marie Antoine, fille d'Alexandre, Nous a été très-humblement représenté qu'il descendrait en ligne directe et masculine de l'Ancienne et Noble Famille de Fraula, originaire du Royaume de Naples et y reconnue pour telle depuis un temps immémorial, d'où Virgilio Fraula, Ecuyer, son Quartayeul, né dans la Ville de Naples le 30 Octobre 1558 et baptisé dans la Paroisse de St.-Jean le Majeur, serait venu le premier dans nos Provinces Belgiques et y aurait épousé Jeanne Motquin. Lequel Virgilio aurait été fils de Jacome de Fraula, Ecuyer, et de Zénobie de Millo, lequel aurait eu pour frère Virgilio de Fraula, CHEVALIER DE L'ORDRE DE MALTHE, *mort en combattant contre les Infidèles l'an* 1591, proche de Livourne; *petit-fils* d'Antoine de Fraula, Ecuyer, Sgr de Mossolino en Romanie et Juge de la Chambre Aulique de la Reine Jeanne, lequel aurait épousé une Dame de la très-Noble Maison de Caraciolo, morte le 6 Septembre 1524, et aurait eu pour frère Alphonse de Fraula, créé Chevalier en Chypre l'an 1519, étant au service de Boniface, Marquis de Montferrat. *Arrière-petit-fils* de Charles Fraula, Ecuyer, surnommé le Vieux, Sgr. de Mosolino en Romanie, et de D[e]. Marguerite Antinori, et *arrière-petit-fils* de Robert de Fraula, Ecuyer, Sgr. de Mosolino, et de Laurette de Catana, fille de Don Lorenzo, Gouverneur du Château de St.-Ange et de Caliopoli en Calabre. Que cedit Robert aurait été *fils* de Tiberio de Fraula, Ecuyer, Sgr. de Restina, très-Vaillant Capitaine sous le Règne du Comte de Brienne, Duc d'Athenes, mort à la Bataille de Poitiers en 1256, et de D. Laura de Papacoda: *petit-fils* d'Octavio de Fraula, Ecuyer, Sgr. de Rezina, Cons. et Chambellan de Philippe de Sicile, Empereur de Constantinople, pour lequel il aurait eu l'honneur de traiter le Mariage avec Cath. de France, fille de Charles, Comte de Valois, de la Maison de France, lequel Mariage aurait été finalement conclu par sa bonne conduite, et de Dame Fulmara, issue de la très-Noble Maison Del Flito, lesquels vivaient en 1352; *arrière-petit-fils* de Giovani de Fraula, Ecuyer, Sgr. de Resina, Capitaine des Gardes de Jean, Roi de Naples, duquel il aurait eu l'honneur d'être Armé et Créé Chevalier en récompense de ce qu'il avait donné des marques éclatantes de sa Valeur à la Bataille de Capoue, en 1297, et de Veronique de Fontanarosa, fille d'un Noble Napolitain, et *arrière-petit-fils* d'Hercule de Fraula, Ecuyer, Sgr dudit lieu, situé entre la Ville de Naples et celle d'Acera, mort en 1279 et enterré dans l'Eglise de St.-François à Naples; lequel Hercule aurait épousé Violente, fille d'un Seigneur Napolitain, avec laquelle il aurait acquis la Seigneurie de Resina, comme il consterait par deux Certificats et Documens authentiques, attestés par ceux de la Chambre Héraldique, dont le premier aurait été donné le 15 Janv. 1665, Signé R. d'Andelot et J. Prevost de le Val, Rois et Hérauts d'Armes, légalisé par ceux du Magistrat de Notre Ville de Bruxelles, le 16 Janv. de la même année, signé par le Secrétaire Jacq. M. Sans et scellé en due forme; et le second donné le 10 Juillet 1723, signé Joseph Van den Leene, Sr. de Lodelinlant, et Casillon, Cons. de l'Empereur et Roi, premier Roi d'Armes aux Pays-Bas, et par L. Van Ursel, Roi d'Armes de Flandres et A. J. Jaerens, Roi d'Armes de Luxembourg, légalisé par le Secretaire de Notre Conseil de Brabant, signé F. Tombelle, en date du 11 Juillet 1723, et scellé en due forme.

89. « Que le susdit Virgilio Fraula, Ecuyer, son Quartayeul, se serait distingué au Service Militaire du Roi d'Espagne, pour lors Souverain des Pays-Bas, et aurait été tué en combattant valeureusement. Que Marc, *fils aîné* de ce dernier, ayant suivi le même exemple, serait mort de ses blessures à la Bataille de Honnecourt, l'an 1642, et son frère Nicolas, TRISAYEUL DE LUI SUPPLIANT, aurait eu pour fils aîné Thomas Fraula, *Bisayeul Pater-Maternel du Remontrant*, Chevalier, Seigneur de Rovierbois, lequel aurait été chargé le 30 Janvier 1665, de la garde du Trésor Royal du Palais; que le 16 Avril 1668 il aurait été fait Commissaire Extraordinaire des Monstres; envoyé le 30 Octobre 1673 en Espagne pour assister aux comptes et autres dépenses de la Pagadorie Génerale; que le 8 de Juin 1675 il aurait été fait Aide de la Chambre de Don Jean d'Autriche, et autorisé pour desservir la Place de Pagador-Général le 6 Août 1680; Conseiller et Maître de la Chambre des Comptes; que le 21 Mai 1686, ayant été compris dans la réforme, il aurait été fait Secrétaire du Roi à Titre de Castille; le 13 Août 1687 Conseiller et Commis des Domaines et Finances; le 2 Octobre 1690 Envoyé par ordre du Marquis de Gastanaga, Gouverneur-Général des Pays-Bas, en Hollande vers les Etats-Généraux pour y concerter avec eux sur les moyens de pousser la guerre contre la France avec vigueur; en 1692 Secrétaire de *l'Azienda* près l'Electeur de Bavière, Gouverneur-Général des Pays-Bas, le 26 Janvier 1693 déclaré par le Roi Charles II de la Jointe de *Hazienda*, et le 22 Août de la même année, chargé par ledit Duc de Bavière de la Direction Générale de tous les Revenus du Pays; le 10 Décembre 1706 établi premier Juge pour décider, en dernière instance et par appel, des fraudes et contraventions; le 19 Janvier 1709 chargé de la part du Gouvernement des Provinces Belgiques pour liquider avec le Receveur des États-Generaux la somme de cinq millions et 500,000 florins, et chargé de veiller aux réparations du Château de Gand et du Port d'Ostende; qu'en 1713 et 1714 il aurait été envoyé en Hollande pour différentes affaires du Service Royal; le 2 Juin 1717 chargé de faire les fonctions de Trésorier-Général des Domaines et Finances, et le 28 Septembre 1720 nommé Conseiller du Conseil d'État et Directeur-Général des Finances de S. M. l'Empereur et Roi Charles VI; que ce Monarque, en considération des longs et fidèles Services que ledit Thomas avait rendus et eu égard à sa NOBLE ET ANCIENNE EXTRACTION, Léauté, Expérience et Prudence, l'avons créé par Grace spéciale Vicomte par Lettres-Patentes du 23 Avril 1732, avec rémission de la moitié des Finances. Qu'enfin, par une suite des

» bontés de Sadite Majesté, il aurait
» en recompense de ses services ulté-
» rieurs, été fait COMTE par Lettres-
» Patentes du 21 Juillet 1736. *Que ce*
» *Titre de Comte serait parvenu*, par
» le décès de Simon-Louis-Grégoire-
» Joseph Comte de Fraula, mort Con-
» seiller et Maitre de la Chambre des
» Comptes et Commissaire Royal des
» Monnaies, sans postérité, *à Thomas-*
» *François-Joseph Comte de Fraula*,
» **CHEF DE LA FAMILLE**, et que
» comme lui Suppliant *serait fils du*
» *Baron Charles-Joseph de Fraula*,
» *du second lit, lequel aurait epousé*
» *Hélene-Joséphine de Fraula*, sa cou-
» *sine germaine, fille unique de Tho-*
» *mas-Jean-Baptiste-Joseph de Fraula*
» *et de Suzanne-Hortense-Jeanne Van*
» *Colen, Dame d'Olegem*, il désire-
» rait, pour avoir plus d'occasions de
» se consacrer entièrement sans ré-
» serve à Notre Royal Service, obte-
» nir pour lui et ses enfans et des-
» cendans légitimes en ligne directe
» et suivant l'ordre de primogéniture,
» **LE TITRE DE VICOMTE ET DE**
» **BARON DE SON NOM DE FRAU-**
» **LA**, avec faculté *d'appliquer l'un*
» *et l'autre sur telles Terres déja ac-*
» *quises ou à acquerir sous Notre*
» *Domination aux Pays-Bas*. Nous
» ce que dessus considéré etc. etc.,
» faisons et créons par les présentes
» le même Charles-Antoine de Fraula
» Baron et Vicomte de son nom de
» Fraula, ainsi que ses enfans et des-
» cendans de l'un et l'autre sexe etc. »

90. Ce Diplôme m'a été donné par M. de Neufforge, demeurant à Bruxelles, *Généalogiste passionné, intelligent et tres-communicatif.* Il m'a aussi donné une Carte qui represente les 8 Quartiers de Jean-Charles Antoine de Neufforge, son Aieul, époux d'une Dame de Fraula, savoir:

Neufforge, Hannot, Sobremont, Toulmonde.

Moutard, Potesta, Bodesson, Bellevaux.

J'avoue que j'ai vu très-peu de Cartes aussi bien faites que celle-ci. Le frère de M. de Neufforge ayant aussi épousé une Dame de la Maison de Fraula, il convient de la donner, elle est faite sur titres.

91. JACQ.-IGNACE DE NEUFFORGE, *Ecuyer, Mayeur de la Haute Cour de la Ville et Duché de Limbourg*, fils légitime d'*Erasme de Neufforge et de D. Marie Hannot*

Conste par son Ext. Bapt. du 24 Mars 1641, de la Paroisse d'Olne, au Comté de Daelhem. Lettres-Patentes du Duc de Villa-Hermosa, du 26 Janv. 1672. Acte de Rédumption passé devant la Justice de Bolland, le 24 Janvier 1689. Par trois extraits légalisés 1°. de sa Tombe Sépulchrale et de son Ep. ornée d'Inscription et de leurs Armoiries timbrées dans l'Eglise Paroissiale de la Ville de Herve, Prov. de Lim-

1.

1.

bourg. 2°. De ses Armoiries timbrées, peintes sur une verrière des Encloitres des Recolets de Bolland. 3°. De la Tombe sépulchrale d'Erasme de Neufforge, Ecuyer, et de Dame Marie Hannot, ses pere et mère, en date du 13 Mai 1645. Extrait de la Tombe de Dame Marie-Jos. de Neufforge, ép. de J. E. Thisquen, dans l'Eglise Parois. de la Ville de Limbourg. Son Mariage, par la declaration du Curé de Herves.

Ep. 1 Déc. 1662

Marie-Marg. de Sobremont, fille légitime d'Arnold-Christian de Sobremont, Ecuyer, et de Dame Marie Toulmonde.

Filiation prouvée par l'attestation du Curé de Bolland, Duché de Limbourg en date du 9 Dec. 1754. *Idem* pour son Mariage. Tombe sépulchrale d'Arn.-Christian de Sobremont et de Marie Toulmonde, ses pere et mère, avec Inscription et Titres, Armoiries timbrées à Bolland, 25 Mai 1675. Extrait légalisé des Armoiries timbrées dudit Arn-Christian, peintes dans l'Eglise Paroissiale et des Recolets à Bolland. Une verrière au cloître des Recolets.

JEAN-DIEUDONNÉ DE MOUTARD, *Ecuyer*, fils légitime *de Jean de Moutard, Ecuyer, et de Dame Hélene de Potesta.*

Conste de sa filiation et mariage par attestation du Curé de la Ville de Malmendy le 6 Juillet 1754. Sa Tombe sépulchrale et de son épouse. Celle de Jean de Moutard et d'Hélène de Potesta, ses père et mère, toutes avec Inscription et Armoiries timbrées des conjoints, en date du 17 Janv. 1690 et du 24 Octob. 1702, dans la Paroisse de Malmendy.

Epousa

Marie-Catherine de Bodesson, fille

2.

2.

legitime de Gilles de Bodesson, Chev. et de Dame Anne de Bellevaux.

Conste de sa filiation et mariage, par l'attestation légalisée de A. Cocquelet, Curé, et par l'extrait de la Tombe de son épouse. *Voyez ci à côté.* Item trois extraits legalisés, 1°. de la Tombe de Gilles-François de Bodesson, Chev., etc., frère à la susdite, dans la Paroisse de Malmendy, avec Inscription et Armoiries. 2°. Armoiries timbr. et sommées d'une couronne de la Famille de Bodesson, peintes aux deux côtés du Maître-Autel des Capucins à Malmendy. 3°. Armoiries de la Famille de Bellevaux, surmontées d'une couronne de Comte aux deux côtés de l'Autel de St.-Antoine dans l'Eglise des Capucins.

92. CHARLES-HUBERT DE NEUFFORGE, *Ecuyer, Cons. de S. M. le Roi de Prusse pour ses affaires aux Pays-Bas.*

Conste de la filiation par attestation du Curé de Malmendy. Lettres-Patentes données à Berlin par le Roi de Prusse le 10 Août 1728.

MARIE-CATH.-JOS DE MOUTARD, *mariée le 30 Nov. 1715.*

Filiation et mariage prouvés par l'attestation ci-dessus du Curé de Malmendy. Partage de ses père et mère, du 7 Août 1716.

93. JEAN-CHARL.-ANT. DE NEUFFORGE, *Chevalier, Conseiller et Receveur Général des Terres franches et enclavees de S. M. I. et R.*

94. On m'a confié la Carte des Dames de Clauwet-Briant, Chanoinesses d'Andenne. J'y remarque le Quartier de Dirixen, Famille d'Anvers, ce qui m'engage à la placer ici. Ceux de cette Ville qui désireront voir leurs Familles insérées dans mon Ouvrage, doivent compter sur mon empressement à leur être utile, nonobstant les procès ruineux que la plupart d'elles m'intentent injustement. Voici la Carte des Dames de Clauwez:

95. Mess. CHARLES CLAUWEZ DE BRIENNE, dit Briant, Chev., 1er Echevin de Cambray,

Epousa 1°.

Dame Thérèse-Louise de Wignacourt.

96. MICHEL CLAUWEZ DE BRIANT, Souverain Grand-Bailli de Cambray et Comté de Cambresis, par Patentes du 20 Février 1647.

Epousa 2°.

Cath. Gerardelle, fille de Franç. Sgr. de Preroye et d'Aubencheul, Echevin de Cambray, et de Dame Isabeau Preudhomme d'Haillies.

97. CHARLES-MICHEL CLAUWEZ,

Epousa

Dame Anne-Cornélie Dirixen, FILLE de Jean-Cornelis Dirixen et de Dame Mar. de Rynestein, fille de Philippe et d'Agnès de Polanen. PETITE-FILLE de Messire Cornelis de Dirixen, Grand-Amiral de Hollande, qui gagna la Bataille de Henchhuyse en 1573.

98. CHARL.-JOS.-THOM. CLAUWEZ DE BRIANT, Conseiller et Intend. des Monnaies de S. M., confirmé Successeur au Titre de Baron par l'Empereur Charles VI, et ensuite créé Comte de Clauwez-Briant,

Epousa

Adrienne-Jaqueline Van der Sare, FILLE de Bernard, Sergent-Major du Pays de Waes, et de Ther.-Carol. de Clercq. PETITE-FILLE de Guill. Van der Sare, Haut-Echevin du Pays de Waes, et de Dame Antoinette Damas, fille de Claude et de Marie Haccart. ARRIÈRE-PETITE-FILLE de Josse et de Marg. de Laene.

Thérèse-Caroli-

1.

Messire PHILIPPE PHILIBERT DE SPANGEN, Gentilhomme de la Chambre des Archiducs, Colonel d'un Rég. Allemand Gd.-Bailli du Wallon-Brabant,

Epousa

Eléon. Damman Dame d'Ottignies

NICOLAS-ANTOINE DE SPANGEN, Sgr d'Ottignies, Mousty, Chapelle-Saint Lambert,

Epousa

Anne-Livine de Gaernonval, fille de Philippe-Albert-Hubert, Baron d'Eskelbecke, et de Dame Marie-Françoise de Ghistelles. Dame de la Motte Provence.

FRANÇOIS-JOSEPH Baron de Spangen Sgr. d'Ottignies Mousty, Chapelle St.-Lambert, Mellet, Biesmel,

Epousa

Marie-Jeanne de Glymes, Chanoinesse de Nivelle, FILLE de Winand, Comte de Glimes, Vicomte de Jodogne, Watines, Sgr. de Boneff, et de Michelle, fille de Jean d'Ydeghem, Comte de Watou, Baron de Busbeeck, Sgr. de Wiesc, Bost, Belle, Meere, Chev. de Saint-Jacques, Grand-Bailli d'Ypres, et de Marie de la Viefville. PETITE-FILLE de Charles, Comte de Glimes, et de Jeanne de Houtain, D. de Hollebecke, Wyngaerde.

HENRI-JOS., Baron de Spangen, Sgr. de Mellet, Biesmes,

Epousa

Anne-Marie-Albertine-Alexand. du Mont, FILLE de Paul-François, Sgr. du Buret, et d'Anne-Livine de Craesbecke, Dame de Franquenies. PETITE-FILLE de Jean-François du Mont, Sgr. de Buret, qu'il releva le 29 Août 1646, et de Françoise le Gillon, fille de Jacques et de Cather. de Fonteny. ARRIÈRE-PETITE-FILLE de Jean du Mont, Sgr. de Buret, qu'il releva le 29 Août 1646, et de Marie Marcx.

Anne-Livine de

2.

1.

ne de Clercq était FILLE de Bernard de Clercq, Ecuyer, Sgr. de Walbrugge, Hurtebise, Herleghem, Hergeldale, Grand-Fauconier et Premier Haut-Echevin du Pays de Waes, et d'Anne-Corneille de Fumal, fille de Robert, Sgr. de Beversluys et Hurtebise, et d'Anne du Quesnoy. PETITE-FILLE de Gérard de Clercq, Ecuyer, Grand-Bailly du Pays de Waes, et de Marie de Sevecote.

2.

Craesbecke était FILLE d'Etienne Sgr. de Franqueniers, Capitaine de 200 Hommes d'Armes au Service de S. M., et de Marie-Rose-Alexandrine Brunetty, fille de François et de Bonne Descouleurs. PETITE-FILLE de Jean de Craesbecke, Sgr. de Franqueniers, Contick, Vissenaken, et de Jeanne Peronne de Pas.

99. MAXIMILIEN-FERDINAND-JOSEPH, Comte de Clauwez-Briant, Sgr de Cruceberg, Marle, Mellet.

MARIE-ANNE-JOS.-PAULINE DE SPANGEN, Dame de Cour de l'Archiduchesse Marie-Elisabeth.

100. MARIE-ELISABETH-NICOLE et ROSE-URSULE DE CLAUWEZ-BRIANT, Chanoinesses d'Andenne, sœurs de Messire Charles-Albert-Joseph-Ghislain, Comte de Clauwez-Briant, Chambellan de S. M. l'Empereur d'Autriche.

TABLE DES NOMS

DEPUIS LA PAGE 216 SUIVANT LES NUMEROS.

TRÉSOR HISTORIQUE ET GÉNÉALOGIQUE

POUR LA FLANDRE ET L'ARTOIS.

CARTULAIRES ORIGINAUX A ARRAS.

Ce n'est pas une fanfaronade de nommer *Trésor Historique et Généalogique* ce que je vais donner sur la Flandre et l'Artois. Je le dois à la très-grande activité de l'incomparable M. de Godefroid, Archiviste très-distingué, actuellement OCCUPÉ GRATIS à former des inventaires des Titres des Hospices de Lille. Quatre Cartulaires et Titres originaux, dont je donne l'Analyse ont enfin échappé aux momens destructeurs du 18me. Siècle. M. de Godefroid a trouvé depuis à Arras tous les Titres, sans en excepter aucun, dans le même ordre qu'il les avait arrangés. Le fils de Mr. de Godefroid fait ses études à Paris avec succès. Il dit tous les jours qu'il veut marcher sur les traces de ses Ancêtres très-connus dans la Littérature depuis plusieurs siècles.

Je numéroterai chaque article. Je donnerai une Table à la fin de chaque Cartulaire, suivant les numéros. Rien ne me coûte lorsqu'il s'agit de me rendre utile, sur-tout à une des belles Provinces de France, dont les intérêts ont été les nôtres pendant plusieurs siècles sous les mêmes Souverains.

Les Familles, qui désirent demander un extrait authentique de ce qui les concerne, peuvent s'adresser avec confiance à l'Archiviste d'Arras.

PREMIER CARTULAIRE ORIGINAL A ARRAS.

1 (Année 1190) Lettres par lesquelles Phil. Comte de Flandre et de Vermandois déclare qu'Alard de Croisilles a donné, en presence du Comte Thierri son père, à l'Eglise de St. Vindicien du Mont St.-Eloi la 3e. partie de la Dîme de Bullencourt.

Que l'Aleu de *Noella*, que Noble Dame Godele avait donné à cette Abbaye, avait été réclamé par Baudouin de Warneton, qui avait épousé la niece de Godeloe; mais qu'il s'est désisté de sa demande en presence dudit Comte Thierri.

Qu'Ansel de Roisin a donné à cette Maison la Dîme et ce qui lui appartenait dans la Paroisse de *Rebrovies* (Rebreuve.)

Que Roger de Sombrin a donné à cette Abbaye la quatrième partie des Aleux que Saugalon Huchedieu tenait de lui à Sombrin.

Que le Comte Robert et Robert le Jeune son fils ont donné à cette Maison le Vivier d'Anzaing qui va jusqu'aux Moulins de Longueval, avec tant de liberté que personne ne pourra, sans la permission de l'Abbé ou des Chanoines du Mont-St.-Eloi, y mettre un bateau, ni y pêcher.

Que Sangalo Huchedieu a donné à cette Abbaye le tiers de la Dime de Humières que Baudouin d'Eskerchin tenait en Fief du Comte et qu'il avait vendu audit Sangalon.

Et qu'y ayant beaucoup de difficulté entre cette Abbaye et Jean, Chevalier *de Squanus*, au sujet du Moulage de la Ville du Mont-St.-Eloy, la Cause a été portée à la Cour d'Hugues d'Oisy, parce qu'elle était de son Fief et qu'il y a été jugé que ce Moulage appartenait à l'Abbaye

Philippe, Comte de Flandre, confirme ces Lettres en faveur de cette Abbaye en 1190. *Pièce* 98.

2. (1253.) Mahaut, Comtesse de Boulogne, remet à Philippe d'Oyes, Chev., 13 rasières et un quartier d'avoine qu'il lui devait annuellement, le reçoit pour son Homme et lui donne en augmentation de Fief 26 rasières et 3 quartiers d'avoine de rentes sur les Dimes de Merc pour faire en tout 40 rasières, qui seront tenues de ladite Mahaut. 1255, en Juillet. *Ces Lettres sont dans celles de Robert, Comte d'Artois, données à Hesdin, le Mercredi après la Toussaint.* 1298. *Pièce* 103.

3 (1282.) Lettres par lesquelles Alfonse, Roi de Castille, Tolède, Léon, Galice, Séville, Cordoue, Murcie, Gehen et d'Algarve, déshérite Sanche son second fils, Pierre, Jean et Jacques ses autres fils, et tous leurs complices et fauteurs, et les déclare ODIEUX ET INGRATS A DIEU, AU ROI, A LA PATRIE ET AUX LOIS; donne tous ses Royaumes et Possessions aux enfans de feu Ferdinand son fils aîné et de Blanche fille de St.-Louis; s'oblige de mettre en possession de ces Royaumes celui que le Roi de France lui enverra, et donne au Roi Philippe le Hardi ces mêmes Royaumes, si ses petits-fils meurent sans enfans. S'il manque à sa parole, il prie le Pape Martin IV de l'obliger à l'exécuter, de lancer contre lui l'Excommunication et de mettre toutes ses Terres en interdit.

Ces Lettres ont été passées en présence de Dom Raymond, Archevêque de Séville; Suger, Evêque de Cadix, Dom Martin Gilles, Dom Jean d'Abujen, *Barons de Portugal;* Dom Roderic Etienne, Maître - Alcade de Séville; Dom Gomesius Petri, Grand Alguasil de Séville; Tellius Guterius,

Grand Alguasil de la Cour; Garcia Gauffridi, Dom Garsia, Pierre de Ambia, Grand Official de la Cour; Dom Sugerius, Pierre de Barbosa, Fernand Masteri et Fernand Petri Maymon, *Expeditores* de la Cour. Me. Jean de Crémone, Notaire, a écrit par ordre du Roi. 1282, le Dimanche 8 Novembre, à Séville, dans le Parlement du Roi. Sous le vidimus de Robert, Comte d'Artois, de Janvier 1297. *Piéce* 19.

4. (1296) Robert, Comte d'Artois, confirme les acquisitions faites en Artois par les Abbé et Couvent de Notre-Dame de Loncvillers en Boulonnais, et les Aumônes qu'ils ont reçues, savoir : 10 s. de rente par Enguerran de Fremessant, Chev.; 5 s. et un chapon de rente par Jean Oudart de Roullers; un poquin d'avoine par Huon d'Estaples; 4 journaux de terre par Dame Catherine de Courteville, des prés appellés Grands-Anglés, acquis d'Arnoul d'Atyn, Chev.; 22 s. de rente par Pierron de Longueville; 4 journaux par Thomas de Sainte Maroieville; 10 s. de rente par Jean de Reulebronne, un terrage à Alyn par Guillaume de Lonviller, Chev., pour l'anniversaire d'Agnès de Fiaune, sa femme, 24 mesures de terre et une mesure de bois, achetées d'Huon d'Isseque, et quatre mesures achetées de Robert d'Aire. Tous lesquels Biens ont été rapportés par l'Abbaye aux Gens établis par le Comte pour recevoir les Droits dus par personnes *Nobles*, non Nobles pour achat de Fiefs, arrières-Fiefs et par les Eglises et Abbayes pour rentes et autres terres, à charge de payer annuellement au Comte à St. Omer, le jour Saint-Remi, 12 deniers parisis, et pour lesquelles cette Abbaye lui a payé 60 liv., sauf ses Droits et Justice. Le Jeudi après St. Denis, en Octobre 1294. *Piece* 174.

5. (1294.) Le Comte d'Artois mande au Bailli de St. Omer qu'il a donné au Châtelain de St. Omer 300 liv. de rente à recevoir pendant sa vie sur les revenus des Biens de la Châtelaine sa femme. A Calais, 22 Mars 1294. *Piece* 24.

6 (1295) Le Comte Robert confirme, comme *Sire Souverain*, l'acquisition faite par Jacquel. fille de Jean Bissot de Masengarbe, *femme de Jacquemon de Loes*, de Jean dit Ramelot d'Angic, fils de feu Tassart d'Angic, de 22 mencaudees de terre et d'un manoir à Courières, tenues en Fief à demi-lige de Pierron de Courrières, Chev., qui les tenait de Bauduin de Hennin, Chev., et ledit Bauduin du Comte, rapportées aux Gens chargés de recevoir les droits dus par personnes non Nobles et d'Eglise pour l'acquisition de Fiefs, arrières-Fiefs, Aleux et autres Terres, et ce moyennant 8 liv. parisis que ledit Jacques a payé au Comte A Arras, en Septembre 1295, en françois. *Piece* 127

7. (1296.) Robert, Comte d'Artois, décharge de toute Exaction, Justice et Service, met hors de son *Fief* et de son Domaine et amortit toute la Dime des Paroisses de Goy et Bavincourt et lieux adjacens du Diocèse d'Arras, que Willaume d'Arras, Chev., frère de feu Bauduin, Châtelain d'Arras, avait vendu au Chapitre et à l'Eglise d'Arras, du consentement de Hugues de Habarc, Ecuyer, Sgr. de Habarc, et de Jacques de Chatillon. Sgr. de Leuze et de Condé. Isabelle de Carion, Dame de Bruay, femme dudit Willaume d'Arras, approuve cette vente. *Piece* 48

8. (1297, *Jeudi avant St.-Remi à Anglemoustier, en françois*) Lettres de Robert, Comte d'Artois, qui terminent toutes les difficultés entre *Haut Homme et Noble Mgr.* Othe Comte de Bourgogne, mari de Mahaut, fille du Comte d'Artois son frère, au sujet de la succession d'Amicie de Courtenay, mère desdits Philippe et Mahaut. Ces lettres sont effacées et difficiles à lire. *Pièce* 1.

9. (1297. *Dimanche après St.-Nicolas d'hiver, à St.-Omer.*) Le Comte Robert donne pouvoir à ses Chers Jean de Sainte-Aldegonde et Robert de Plesseye, son Bailli de Hesdin, de se trouver avec le Bailli d'Amiens dans le Comté de Guines et d'y recevoir une Assignation de Terre pour la valeur de 2000 livrées de revenu annuel que le Roi lui avait donné *Piece* 2.

10. (1297. *Le Vendredi jour de Ste.-Luce Vierge, à Arras.*) Robert, Châtelain de Bapaume, Sgr. de Beaumez, Chev., Capitaine des Villes et Territoires de Bapaume, Arras, Lens et Beuvry. *Piece* 3.

11. (*Même date.*) Mention de pareille Commission de Capitaine accordee au Sgr. Arnoul de Wandonc, Chev., pour St-Omer, Merc. Calais, leurs Territoires et Châtellenies; au Sgr Bauduin deLongo-Vado (*Longueval*) Chev., pour Bapaume, Arras, Lens et Beuvry, et au Sgr. Pierre le Maigre (*de Petera Villa*) Chev., pour Choles, Aire et leurs Territoires jusqu'à St - Omer *Piece* 3 *bis*.

12. (1297. *Le jour de Ste.-Luce à Arras*) Mandement du Comte Robert à tous ses Baillis et sujets de ne pas contreindre Jean de Saint Pierre Maisnil, Ecuyer, à payer ses dettes tant qu'il sera au Service du Roi dans l'Establie (*la Garnison*) de Lille. *Piece* 4.

13. (*Même date, en françois.*) Robert, Comte d'Artois, commet Guillaume de Bekenes pour garder tous les Biens de l'Abbaye d'Avesnes près Bapaume, de pourvoir à la nomination des Religieuses de cette Abbaye et à l'entretien des Edifices, et ce à cause des troubles qu'il y avait dans cette Maison, les Religieuses ayant elu deux Abbesses. *Pièce* 5.

14. (1297. *Dimanche après Ste.-Luce, à Arras, en françois.*) Mandement du Comte d'Artois de payer dans le compte de Jean de Hove, Bailli de Merc, 160 liv. qu'il avait payé par les ordres à Mgr. Wale de Paele, son Echevin *Pièce* 6.

15. (*Même date, le Mardi, en françois*) Robert, Comte d'Artois, mande à ses Baillis et Sujets qu'ayant chargé Jeannot de Goy de quelques affaires secrettes, ils le lui renvoyent sous bonne garde s'ils le trouvent avec des malfaiteurs, tels que larrons, voleurs etc. et ne lui fassent aucun mal *Pièce* 7.

16. (1297. *Jeudi avant Noel, en françois.*) Le Comte Robert reconnaît avoir reçu de Manfroi Paele et de Obechin Paele. Marchands Lombards, 75 liv qu'ils devaient lui payer tous les ans pour avoir la permission de demeurer dans les Villes de Calais et de Merc *Pièce* 8.

17. (1297. *Vendredi avant Noel, en françois.*) Le Comte Robert permet aux Mayeur et Echevins de St.-Omer de lever pendant six ans, commençant le jour de la Nativite de St. - Jean-Baptiste 1299, des Assises, appellées Maltotes, sur toutes les marchandises qui seront vendues et achetées dans cette Ville et sur tous les Heritages qui sont dans leur Jurisdiction, de la manière qu'ils trouveront plus convenable. *Piece* 9

18. (1297 *Le jour de St-Thomas avant Noel, à Arras, en françois.*) Le Comte Robert quitte Baude le Normant, son Receveur, de différentes sommes qu'il a payées par ses ordres. *Piece* 10.

19. (1297.) *Dimanche avant Noel, à Arras, en françois*) Le Comte d'Artois donne à Sarrain Joie, veuve de Baude de Pas, et à Ansel de Beugi, son mari, tous les Meubles et Héritages situées dans sa Terre et dans celle de l'Abbaye de St-Vaast et autres ses Sujets où il a Haute et Basse Justice, à lui échus pour bâtardise dudit Baude. *Piece* 11.

20. (1297. *A Arras, la veille de Noel, en françois.*) Robert, Comte d'Artois, reconnait avoir reçu, par la main de Bernard Tronquière, son Valet, 4000 liv. parisis à compte de 6000 liv. que les Mayeur et Echevins de St - Omer lui devaient au sujet de l'Assise qu'il leur avait accordé pour six ans *Piece* 12.

21. (1297. *Le jour de Noel, à Arras, en françois*) Mandement du Comte à Baude le Normant, son Receveur, de payer 84 liv. pour des bestiaux qui lui avaient été envoyés à l'Armée devant Lille. *Pièce* 13.

22. (1297 *Samedi après Noel, à Creil, en françois.*) Le Comte d'Artois écrit à Noble Homme et Sage M Gui de Neele, Maréchal de France, lui mande de faire ce qu'il voudra de Robert Copin, Lambert, ses frères, qu'il tenait prisonniers à Montdidier pour avoir tué dans l'Armée de Flandre près Courtray Guyot de Warviller, et que ledit Guyot a dit, avant de mourir, avoir tué le pere et un des frères desdits Copin *Pièce* 14.

23. (1297 *La veille des Rois, à Devre, en françois.* Le Comte Robert commet Jacques le Moyne de la Devre, son Bailli de Fournehem *Piece* 15 — Même Commission de Bailli de Bapaume pour Jean Deule. Même date. *Pièce* 16.

24 (1297 *Lundi avant St.-Vincent, en françois.*) Le Comte d'Artois reconnait avoir reçu d'Ansel de Beugy et de Sarrain Joie sa femme, veuve de Baude de Pas, 2000 liv. tourn. au sujet de la Bâtardise dudit Baude. *Pièce* 17.

25 (1297. *Jour des Rois, en françois.*) Mandement du Comte Robert à Mr. Baude le Normant, son Receveur, de payer à Fremin, Garde de sa Maison de Conflans pres Paris, 15 liv. pour reste de compte, gages et ouvrages dans les vignes *Piece* 18.

26 (1297 *Samedi après les Rois, en françois*) Le Comte Robert reconnait que Baude le Normant, son Receveur, a reçu d'Ansel de Beugy et de Sarrain Joye sa femme, veuve de Baude du Pas, 2000 liv. en consequence de l'accord fait pour les droits dudit Comte sur les Biens dudit Baude. *Piece* 20.

27. (1297. 13 *Fevrier, à Hesdin.*) Mandement de Robert, Comte d'Artois, à Nicholet de *Barulo*, son Trésorier, de donner à son Nain et au Valet de ses chevaux 25 charges de bled. *Pièce* 22.

28. (1297. 14 *Fevrier, ibid. en françois*) Le Comte d'Artois accorde à Noble Homme Sgr. Wallon Paele, son Chevalier, de pouvoir comparaitre jusqu'à la Noel par Procureur par-devant tous Juges. *Piece* 23.

29. (1297. *A Paris, Mercredi 1er. jour de Carême, en françois.*) Le Comte Robert reconnait avoir reçu par les mains de Mgr Jean de Grhry, son Chevalier, et de Philippe de Lorris, son Clerc, 4000 liv. tourn petits, à compte de 10000 liv. tourn. que le Roi lui avait donné. *Pièce* 21.

30. (1297. 12 *Mars, à Hesdin, en françois.*) Le Comte Robert donne à Enguerand de Geulesin, son *Saucier*. et

à Oendeline Séguine, sa femme, pour le cours de leur vie, un Manoir avec Jardin à Bleviller, près de la Chapelle, 9 journaux de terre y tenans, 5 journaux situés hors Bleviller, 80 verges à la Keue du Puich, 9 journaux au Val-Louvain et 2 journaux au Val de Marues, lesquelles Terres ont été confisquées sur Enguerran et Jean Roussel, freres. *Pièce* 45.

31. (1297. 18 *Mars, en français.*) Mandement du Comte à Robert le Normant, son Receveur, de payer à Binchin Rogier, son Valet, 300 liv. par. *Pièce* 23.

32. (1298. *Lundi avant St.-Marc, à Paris, en français.*) Robert, Comte d'Artois, donne à Maître Jean de Douay, dit de Mons, pendant un an, tous les Biens qu'Amé de Mons, père dudit Jacq. avait acquis en Artois, lesquels Biens ont été fourfaits par ledit Amé pour être demeuré à Douay pendant la Guerre avec les ennemis du Roi et ceux du Comte. *Pièce* 37.

33. (1298. 24 *Avril, à Fremaincourt, en français.*) Commission de Châtelain et Garde du Château de Ruost par Rob. Comte d'Artois a Moreau d'Anvin, son Chevalier. *Pièce* 28.

34. (*Même date en français.*) Mandement du Comte à Moreau d'Anvin, son Chevalier, de remettre le Château de Calais à Anseau d'Anvin qu'il avait nommé Châtelain et Garde dud. Château. *Pièce* 29.

35. (*Même date, en français.*) Mandement du Comte à Anseau d'Anvain, pour remettre à Moreau d'Anvin le Château de Ruost. *Pièce* 30.

36. (*Même date, en français.*) Robert, Comte d'Artois, nomme Moreau d'Anvin, son Chevalier, pour se rendre à la journée qui doit se tenir en-deçà de Bruges avec les Gens du Comte de Hollande, son Cousin, pour s'informer avec exactitude des dommages que se sont faits sur la Mer par les Sujets respectifs de ces deux Comtes. *Pièce* 31.

37. (1298. 25 *Avril, à Fremaincourt, en français.*) Mandement du Comte à son Bailli de St.-Omer de payer à Gérard de Lavaine, Sergent de la Forêt d'Eperleke, ses gages sur le pied de dix deniers par. par jour. *Pièce* 26.

38. (1298. *Jour de St.-Marc, à Fremaincourt-les-Dreges, en français.*) Le Comte Robert déclare que par son Ordonnance et par son Conseil, pendant son sejour en Sicile, feu Mgr. Eustache de Hardecourt, Chevalier, epousa Madame Catherine, fille de feu Mgr. Gilles de Vanleche, Chev., et qu'ils demeurèrent ensemble en Sicile comme mari et femme jusqu'à la mort dudit Eustache. *Pièce* 27.

39. (1298. *Le lendemain de St.-Marc, à Anet, en français.* Le Comte Robert reconnaît devoir aux Mayeur et Echevins de St.-Omer 4000 liv. par. qu'ils lui avaient prêté. *Pièce* 32.

40. (*Même date, à Jory, en français.*) Le Comte Robert mande aux Mayeur et Echevins de St.-Omer de lui envoyer 1060 liv. parisis qu'ils ont reçu de la D^me^. de Morbeke, fille de M. Gautier de Relenghes, Chev., laquelle somme a été forfaite par ladite de Morbeke pour être demeurée chez les ennemis pendant la guerre. *Pièce* 33.

41. (1298. 26 *Avril, à Anet.*) Mention des lettres qui accordent 10 liv. de rente viagère à Martin de Pas, Cuisinier du Comte. *Pièce* 35.

42. (1298. *Le lendemain de St.-Marc, à Jory, en français.*) Le Comte Robert amortit une rente annuelle de 40 livrées de terre avec 30 mesures de terre dans le Balliage de St.-Omer, dont deux pourront servir pour le Cimetière et l'Atre que son Cher Jean de Ste. Aldegonde, fils de feu Jean, son Homme et Bourgeois de St.-Omer, avait donné pour fonder une Maison de Chartreux, sauf et réservé au Comte la Garde et toute la Jurisdiction et Justice Haute et Moyenne dans cette Maison. *Pièce* 30.

43. (1298. *Lundi avant St.-Jacques et Phil, à Anet, en français.*) Le Comte Robert nomme Daniau Cant de Bruges son Bailli de Langle. *Pièce* 38.

44. (1298. *Dimanche après St.-Jacq. et St.-Phil.*) Le Comte Robert reconnaît que Géraud, dit Balence, Trésorier du Roi, a payé 999 liv. 13 s. 8 d. tournois petits que le Comte devait à plusieurs marchands de Toulouse, Montauban, Marmande et Moissac, pour des vivres fournis aux Gens du Comte dans l'Armée de Gascogne. *Pièce* 39.

45. (1298. 4 *Juin, à Paris.* Le Comte Robert mande aux Doyen et Chapitre de N. D. de Lens, de recevoir pour Chanoine de leur Eglise Renaut, dit Barbou le Jeune, Clerc, fils de Renaut de Barbou, Bailli de Rouen, auquel le Comte a donné la Prébende vacante par la mort de Gui, dit Barbou. *Pièce* 39.

46. (6 *Juin* 1298, *à Paris, en français.*) Le Comte Robert reconnaît avoir reçu de Pierre Labene, Trésorier du Roi, 2000 liv. tourn petits, à compte de ce que le Roi lui devait et Jean de Dammartin et de Thierri, Clerc du Comte, pour l'affaire de Gascogne. *Pièce* 40.

47. (1298. 14 *Juin, à Miralmont, en français.*) Mandement du Comte Robert à son Bailli de Beuvry de payer à Renaut de Villeman, son Chambellan, 500 liv. tourn. pour le prix de deux chevaux, dont il a donné un à M. Oudart de Rippaultes. *Pièce* 49.

48. (1298. *Jour de St.-Jean-Baptiste, à Hesdin.*) Le Comte Robert veut que l'on tienne compte à Regnaut Coignet de *Barulo*, Chev., Garde de ses Terres, de 140 liv. qu'il a payées à Jean de Ghisnes, son Valet. *Pièce* 41.

49. (1298. *Jour St.-Jean-Bapt., à Hesdin, en français.*) Mandement du Comte Robert à tous Baillis, Prévôts etc., de laisser passer librement les vins et marchandises que Clai de Linde, Marchand et Bourgeois de St.-Omer, fait conduire en cette Ville. *Pièce* 42.

50. (1298. 28 *Juin, à Hesdin, en français.*) Le Comte d'Artois donne à Clais Clincambre un sauf-conduit pour aller dans sa Terre avec une nef qui appartient à Henri le Marquis, son Chevalier, et à tous ceux de sa Compagnie, sauf ceux qui ont été à la mort de son Bailli et de ses Gens à Calais. *Pièce* 43.

51. (1298. *La veille de St.-Pierre et St.-Paul, ibid. en français.*) Le Comte d'Artois confirme et amortit l'achat d'une mencaudée de terre située entre les Mesnil et Etrée en le Cauchie, que les Abbé et Convent du Mont.-St-Eloy avaient fait de Tassart du Maisnil. *Pièce* 44.

52. (1298. *Samedi après St.-Jean, à Hesdin, en français.*) Mandement du Comte à son Bailli de Bapaume de payer à Robert de Nedonchel, son Chevalier et Familier, 100 liv. tourn. *Pièce* 46.

53. (1298. 4 *Juillet, à St.-Omer, en français.*) Le Comte d'Artois reconnaît avoir reçu de Renaut Coignet de Barlette, Garde de sa Terre, 2000 liv. que les Habitans de Calais lui devaient en vertu de la paix qu'il avait faite avec eux pour un fait commis contre lui par la mort de son Bailli de Calais. *Pièce* 50.

54. (1298. *Mardi après l'Octave des Apôtres St.-Pierre et St.-Paul, à Hupelande près Boulogne.*) Le Comte Robert mande aux Doyen et Chanoines de N. D. de Lens de recevoir pour Chanoine de leur Eglise Bonabé, dit le Borgne, Clerc, auquel il avait donné la Prébende vacante par la resignation de Robert de Pigierreal, dit de *Abricis*. *Pièce* 54.

55. (1298. *Octave de St.-Pierre et St.-Paul, à Tournehem, en français.*) Commission de Maître et Garde de la Forêt d'Eperleque pour Thomas Briet, Valet du Comte. *Pièce* 51.

56. (1298. 10 *Juillet, à la Devrene, en français.*) Commission de Sergent de Merc, par le Comte d'Artois. *Pièce* 56.

57. (1298. 10 *Juillet, à St.-Omer.*) Le Comte d'Artois déclare qu'en sa présence Robert de Beaumez, Châtelain de Bapaume, et Hughes de Sappigni, Chevaliers, au nom et pour Bauduin de Sappigni, Chev. du Comte, et Renaut Coignet de Barlette, Chev., le Château de *Florentie*, dans la Justice de la Basilicote, qui avait été donné auxdits Bauduin et Renaut par le Roi de Jérusalem. *Pièce* 53.

58. (1298. 10 *Juillet, à St.-Omer, en français.*) Mandement du Comte à Baude le Normant, son Receveur, de payer à Baudet de Croisilles 19 liv. 4 s. pour un *Atour* d'Armoiries avec couvertures et bannières. *Pièce* 55.

59. (1298. 14 *Juillet, au Neuf-Chatel, en français.*) Idem, de payer 75 liv. par. pour 2 Palefrois achetés à Bruges. *Pièce* 59.

60. (1298. 21 *Juillet, à Hesdin.*) Le Comte mande de passer en compte audit Renaut Cuignet 67 liv. 14 s. 6 d. qu'il avait payé à *Palmerio de Vuso*, son Médecin. *Pièce* 61.

61. (1298. *Lundi avant la Madelaine, Juillet.*) Le Comte Robert donne à Henri Marquisio (le Marquis) Chev., son Familier, une Terre à Yvrigni, en Flandre, qui a appartenu à Bauduin de St.-George. *Pièce* 67.

62. (1298. *Jour de la Madel., à Hesdin, en français.*) Mandement du Comte à son Bailli de Beuvri de payer à Robert le Barbier et Andrieu de Grigni, ses Valets, leur dépense pendant qu'ils étaient hors de son Hôtel. *Pièce* 62.

63. (1298. *Jeudi après la Magdelaine, en français.*) Mandement au même de payer à Martinet, son *Keu*, et à Colet, son Veneur, 100 liv. qu'il leur avait donné à cause de leurs mariages. *Pièce* 63.

64. (*Même date, en français.*) Mandement à Baude le Normant de payer à M. Wale de Paiele, Chev., 64 liv. par. qu'il lui devait. *Pièce* 64.

65. (*Même date, en français.*) Le Comte Robert déclare que Robert de Bermeraing, Bailli de Cambresis, ayant rendu, à sa prière, à ses Gens, savoir: Mgr. Wale Pahele et Henri le Marquis, Chevaliers, qu'il avait envoyé pardevant lui 4 particuliers qui avaient commis des vols contre les Gens et Bourgeois de sa Terre, il reconnait que c'est une grace qu'il lui a faite et que cela ne peut porter aucun préjudice à l'Evêque ni à l'Eglise de Cambray. *Pièce* 65.

66. (*Même date.*) Mention de pareilles lettres pour Haubergbon Soul, l'un de ces quatre. *Pièce* 65 *bis*.

67. (*Même date, en français.*) Mandement du Comte Robert à tous ses Baillis et Justiciers de veiller à ce qu'on observe la Grace qu'il avait accordée à Pierre d'Aubert, Chev., de pouvoir aller et venir dans sa Terre jusqu'à l'Octave de N. D. Mi-Août, sans pouvoir être arrêté pour dettes. *Pièce* 66.

68. (1298. (*Samedi après la Madel., à Hesdin, en français.*) Le Comte Robert donne à Guillaume le Trompeur et à ses Descendans 160 mencaudées d'avoine, mesure d'Arras, à 5 s. parisis le mencaud, à recevoir tous les ans sur le Gavre d'Arras, au lieu d'une rente de 40 liv. parisis qu'il lui avait donnée sur ledit Gavre. *Pièce* 68.

69. (*Même date, en français.*) Le Comte d'Artois mande à Baude le Normant, son Receveur, de payer à son Amé Chev. Hue de Sapignies 60 liv. petits tournois, pour ses gages et pour ceux de quatre Ecuyers qui ont été avec lui au Service du Comte à Calais pendant 40 jours, à raison de 10 s. par jour pour le Chevalier, et 5 s. pour chaque Ecuyer. *Pièce* 69.

70. (*Même date, en français.*) Mandement du Comte à son Bailli de Langle de payer à Jeannot fils Bouchier, son Cuisinier, 100 s. tourn. de rente et de le mettre en possession des cressonnières qui sont au-dessus du moulin de Remi. *Pièce* 70.

71. (1298. *Le Samedi après St.-Jacques et St.-Christophe, à Hesdin.*) Le Comte Robert déclare qu'en sa présence Oudin Cisor, son Valet, a nommé Gautier de Broucelles, Panetier du Roi, Raoul de Pacy et autres ses Procureurs-Généraux, pour demander devant tous Juges et recevoir en son nom 50 liv. tournois petits, que le Sgr. Abraham de Jadongne, Chev., devait à feu Jean, frère dudit Oudin. *Pièce* 73.

72. (1298. 28 *Juillet, à St.-Omer, en français.*) Le Comte Robert quitte les Bourgeois de sa Ville de Calais de la somme de 10,000 liv. parisis qu'ils avaient payées à Renaut Cuignet de Barlette, Chev., Garde de sa Terre, faisant moitié de ce qu'ils s'étaient obligés de lui payer, par composition, pour la mort de son Bailli de Calais, tué par les Habitans. *Pièce* 92.

73. (1298. 2 *Août, à Arras, en Français.*) Le Comte Robert confirme la donation faite par feu Jean de Paris à Ermenfroi de Paris, son fils, d'un Fief de 126 mesures de marais en une seule pièce, située sur le Territoire d'Ardre, du côté de la Rivière, tenu du Comte de Guines, aligée de 10 liv. de relief, et le Comte de Guines du Comte d'Artois, selon le rapport qu'il en a fait aux Gens établis par le Comte au sujet des acquêts faits dans le Comté d'Artois par personnes non Nobles et d'Eglise. *Pièce* 71.

74. (1298. 2 *Août, à Arras, en français.*) Le Comte Robert déclare que Noble Homme Renaut Cuignet de Barlette, Chev., Garde de sa Terre, a payé par ses ordres à Guyot de Ribecourt, son Valet, à Jean de le Hale, Clerc de la Ville de St-Omer, à Jean de Ste.-Aldegonde, à Bernard Tronquière 1583 liv. 13 s. 4 den. parisis. *Pièce* 72.

75. (1298. *Le Dimanche après St-Pierre entrant Août, à Hesdin, en français*) Mandement de Robert, Comte d'Artois, à tous ses Hommes qui tiennent de lui des Fiefs et arrière-Fiefs de se trouver le Samedi prochain à Arras, avec chevaux et armes, pour se rendre où il leur ordonnera. *Pièce* 74.

76. (1298. *Le Mercredi suivant, en français.*) Mention d'autres lettres adressées aux mêmes Hommes pour leur mander de ne faire aucun mouvement jusqu'à nouvel ordre. *Pièce* 74.

77. (1298. *Le Jeudi après St.-Pierre entrant en Août, à Arras, en français.*) Mandement du Comte à Renaut Cuignet de payer aux Personnes y nommées ce qu'il leur devait pour fournitures faites à Hesdin pendant le sejour que le Roi y fit à la dernière Fête de Toussaint. *Pièce* 76.

78. (*Même date, en français.*) Mandement au même de payer certaine somme pour du vin d'Auxerre fourni audit Comte. *Pièce* 77.

79. (1298. 7 *Août, à Arras, en français.*) Le Comte Robert mande à Renaut Cuignet qu'il veut qu'on passe dans son compte ce qu'il a payé à Pierre de Ste.-Croix, son Chevalier, pour ses gages. *Pièce* 78.

80. (1298. 8 *Août, à Arras, en français.*) Mandement du Comte à Renaut Cuignet de Barlette, Chev., Garde de sa Terre, de payer à Jacques Balainer, Charpentier, des ouvrages de St.-Omer, 240 liv. parisis pour avoir rétabli le Château d'Eperleque et y avoir construit deux ponts à neuf. *Pièce* 79.

81. (*Même date, en français.*) Mandement de laisser passer sans empêchement les draps, les chevaux et les chariots que conduit Pierre de Bourges, son Tailleur, attendu que c'est pour lui et pour ses Gens. *Pièce* 80.

82. (1298. *Le jour de St.-Laurent, à Arras, en français.*) Le Comte Robert mande à tous ses Hommes qui tiennent des Fiefs et arrières-Fiefs qui ont appartenu à Bauduin de St. Georges en Flandre, situés au Terroir d'Ivergny, que les ayant donné à Henri le Marquis, son Chevalier, ils ayent à lui faire Hommage, sauf et réserves au Comte la Haute et Basse Justice et toute Jurisdiction. *Pièce* 81.

83. (1298. *Le jour de St.-Laurent, à Arras, en français.*) Lettres par lesquelles le Comte d'Artois déclare qu'ayant avec les Abbé et Couvent de Corbie des Terres communes au Terroir de Conchy qu'ils labouraient alternativement tous les trois ans, et, étant convenu de les partager, il confirme le partage qui en a été fait de la manière suivante :

Le Comte aura cent journaux de terre ou environ, appellés les *Manses*, et la piece de terre du Marrais Coselin qui touche au Bois de Roussefay.

L'Abbaye jouira de cent journaux de Terre, mais le Comte y aura toute la Sgrie. Haute et Basse. *Pièce* 82.

84. (*Même date, en français.*) Lettres par lesquelles Robert, Comte d'Artois, déclare qu'ayant mis et enclos dans son Parc de Hesdin la Communauté de la Ville de Grigny, dont les Habitans usaient et jouissaient depuis long-temps, il a acheté de M. Ennelant de Grigny, Chevalier, son Homme, pour les dédommager, 80 journaux de terre ou environ, situés à Grigny, du côté de Huby, entre la Forêt et la Rivière, qu'il donne auxdits Habitans à raison de 3 quarterons chacun pour joindre à leurs maisons, à charge de lui payer tous les ans, le jour de St.-Remi, des cens et Rentes, et de ne pouvoir les séparer de leurs maisons lorsque ces maisons se vendront. Le Sire Tréfoncier ne pourra percevoir aucuns Droits sur ces terres. *Pièce* 83.

Toutes les pièces suivantes sont en français, excepté celles qui seront distinguées.

85. (*Même date.*) Mandement du Comte aux Bourgeois de sa Ville de Calais de payer à Robert Crespin d'Arras et à Baude, son frère, 4000 liv. parisis sur les 10,000 liv. qu'ils lui devaient. *Pièce* 84.

86. (1298. *Mardi après St-Laurent, à Arras.*) Mandement du même Comte à Renaut Cuignet de Ballette, Chev., de payer 10 liv. tourn. *Pièce* 85.

87. (1298. 12 *Août, à Arras*) Mandement du Comte audit Renaut de payer differens objets, entr'autres 36 aunes de draps pour la livrée de trois Valets. *Pièce* 86.

88. (1298. *Mardi après St.-Laurent.*) Le Comte Robert consent et approuve que les Abbé et Couvent de Clairmarais, Ordre de Citaux, Diocèse de Térouane, cédent à Mahieu de Fies, son Homme, 22 mesures et 40 verges de terre en deux pièces amorties, situées dans le Comté de St.-Pol, dans la Paroisse de Fies, tenues de son frère Guyon, Comte de St.-Pol, pour être tenues doréuavant à toujours du Comte d'Artois, en échange de pareille quantité de terre située dans la même Paroisse, que ledit Mahieu tenait en Fief du Comte d'Artois, que l'Abbaye tiendra du Comte de St. Pol. *Pièce* 87.

89. (1298. *La veille de N D. mi-Août, à Arras.*) Mandement du Comte à Renaut Cuignet de payer à Robert du Plaissiet, son Valet et Bailli de Hesdin, 200 liv. par. pour faire un vivier près des murs de la Ville de Hesdin et de la Maison des Frères Mineurs. *Pièce* 88.

90. (*Même date, en latin.*) Le même Comte mande audit Renaut qu'il veut qu'on lui passe en compte 2500 liv. parisis qu'il a fait payer dans sa Chambre. *Pièce* 89.

91. (1298. *Le jour demi-Août, à Esclusers.*) Le Comte Robert mande au même de payer aux Habitans de la Châtellenie de Bapaume la valeur des bestiaux et des grains qu'on leur avait pris pour ses provisions pendant qu'il était devant Lille avec le Roi. Ces lettres sont barrees. Il est écrit à côté qu'elles seront placées ailleurs. *Pièce* 90.

92 (1298. 28 *Août, à Paris, en latin*) Mandement du Comte audit Renaut de payer à Pierre de Ste. Croix, Chev., son Familier, 140 liv. tourn. petits, pour un grand cheval mort à son service. *Pièce* 91.

93. (1298 *Août.*) Robert, Comte d'Artois, confirme, comme Sire Souverain, la Fondation faite par son Amé Clerc et Conseiller Maître Hue de Bapaume, Archidiacre d'Ostrevant, dans l'Eglise d'Arras, d'une Chapelle perpétuelle dans sa Maison d'Avesnes, près Bapaume, dans un endroit appellé à le Motte. Il amortit 16 mencaudées de terres situées à Faverelles, au lieu dit le Camp de Courchelles, lesquelles ont appartenu à feu Jean Wittegot et sont tenues du Comte, à charge de deux deniers par mencaudée de cens annuel. Plus un Manoir tenu du Prieur de St.-Aubin, situé à Avesnes devant la porte de la Motte, avec six mencaudées de terre situées auprès. *Pièce* 99.

94. (1298. 2 *Septembre, à Paris.*) Mandement du Comte à Renaut Cuignet de payer ce qui restait dû pour chevaux achetes par Simon de Cinq Ourmez, Chev. *Pièce* 92.

95. (1298. *Mardi* 21 *Octobre.*) Lettres par lesquelles Robert, Comte d'Artois, déclare que par Traité de Mariage fait entre lui et Noble Damoiselle Marguerite, fille de Noble Homme Jean, Comte de Hainaut, il lui a donné et aux enfans qu'ils auraient 7000 liv. de terre à Tournois, à tenir à toujours en Fief et Hommage du Comté d'Artois. Marguerite aura pour son Douaire la moitié desdits 7000 liv., de laquelle somme 2000 liv. sont assignées sur la Terre que le Roi de France lui a donnée, et le surplus sur les Ville et Châtellenie de Lens, et en cas d'insuffisance, sur les Terres de Violaines, Aubigni, Remi et Avesnes-le-Comte. Cette prisée se fera par Mgr. Robert, Sgr. de Biaumets et Châtelain de Bapaume, et Mgr. Jean, Sgr. de Haveskerke, nommés par le Comte d'Artois. Mgr. Gilles de Berlaimont, et Mgr. Bauduin d'Auberchicourt, nommés par le Comte de Hainaut.

Le Comte prie Nobles Hommes Robert Comte de Boulogne, Jacquemon de Chastillon, Sgr. de Leuze et de Condé, Robert, Sgr. de Biaumetz et Châtelain de Bapaume, Robert de Wavrin, Sgr. de St. Venant, et Alard de Seninghehem, Chevaliers, de Sceller ces Lettres avec lui, ce qu'ils ont fait. *Pièce* 100.

Mêmes Lettres sous la date de Cambray, 21 Octobre 1298. *Pièce* 96.

96. (1298. 23 *Octobre à Arras.*) Mandement du Comte Robert à Renaut Cuiquet de Ballette de payer les bestiaux et les grains pris dans la Châtellenie de Bapaume et conduits à Lens pour la dépense de son Hôtel pendant qu'il était avec le Roi devant Lille : le bled à 6 s. 9 d. le mencaud, l'avoine à 5 s. 2 d. le mencaud. *Pièce* 97.

97. (1298. *Mardi après la Toussaint, à Hesdin.*) Le Comte Robert déclare qu'ayant nommé Guillaume dit Morel d'Anvin, son Chevalier, pour traiter avec Florent de le Toulle, Chev., et M^e^. Henri de Durredrecht, Clerc du Comte de Hollande, son cousin, au sujet des difficultés qu'il y avait entre ses Gens et ceux dudit Comte de Hollande, et lesdits Députés s'étant trouvés dans la Ville de Bruges où ils n'avaient pu les terminer et devant s'y trouver encore à la Fête de St.-Martin pour allonger jusqu'à Pâques les Trêves qu'il devait y avoir entre les Sujets des deux Comtes, il confirme et approuve ces Trêves jusqu'à Pâques. *Pièce* 102.

98. (1298. *Mercredi après la Toussaint, à Hesdin.*) Le Comte Robert confirme les acquisitions faites par Renaut Cuignet de Barlette, Chev., Garde de toute sa Terre, savoir, de Robert Tasteham, fils de feu Robert, un Manoir appellé Pulle, avec 122 mesures de terre, située dans le Marais de Merc, tenu du Comte moyennant une rasière d'avoine par mesure de cens annuel, de Jean de Borcscravee, trois mesures situées dans ledit Marais, dont moitié tenue du Comte comme dessus, et l'autre tenue en Franc Alleu de Mgr. Ghillebert, Sgr. de Fosseus, Chev.; un Fief tenu du Comte, situé à Oye, au lieu dit Loisdit, consistant en 20 liv. 13 s. de rente, avec un Hommage que tient Grars Maure · de Baude Hardewst 40 rasières d'avoine que le Comte lui doit annuellement sur la dixme qui lui appartient dans la Terre de Merc, en vertu de donation faite par Mahaut Comtesse de Boulogne à Mgr. Philippe d'Oye, Chev., père dudit Bauduin, et de plusieurs personnes 10 mesures et demie et un quarteron et demi de marais situés près cette Maison, tenus du Comte, à charge d'une rasière d'avoine par mesure de cens annuel, pour en jouir à toujours par ledit Renaut et ses Hoirs Franchement et Justicialement en un seul Fief Lige et Homage, sauf la Haute Justice que le Comte se réserve. *Pièce* 103.

99. (*Même date.*) Le Comte Robert mande à Renaut Cuignet qu'il veut qu'on lui tienne compte des sommes qu'il a payées pour les causes y mentionnées. *Pièce* 104.

100. (*Même date.*) Le Comte Robert donne à son Amé et Féal Robert don Plaissie, son Chevalier, et à ses Hoirs descendans en légitime mariage 40 liv. de terre à tenir en Fief et Homage Lige. *Pièce* 105.

101. (*Même date.*) Le Comte Robert reconnait avoir reçu dudit Cuignet 1960 liv. 11 s. paris. *Pièce* 106.

102. (*Même date.*) Le Comte Robert donne à Robin Sal, son Fauconnier, la Dîme de Biauvoir avec 8 *Versanghes* dues tous les ans par plusieurs personnes de la Châtel. de Tournehem pour les tenir en Fief pendant sa vie. *P.* 107.

103. (*Même date.*) Le Comte Robert donne à Thomas Briet, son Châtelain d'Eperleke, 40 liv. parisis de rente tant qu'il sera à son service. *Pièce* 108.

104. (*Même date.*) Le même Comte donne à Mgr. Simon, dit Boulet de Flechin, Chev., un Manoir et la terre en dépendant, échu au Comte par confiscation sur Colart Alighet, pour en jouir par ledit Simon pendant sa vie. *Pièce* 109.

105. (1298. *Vendredi après la Toussaint, à Hesdin.*) Le Comte Robert mande à Renaut Cuignet qu'il veut qu'on lui passe en compte certaine somme qu'il a fait payer pour les dépenses de son Hôtel. *Pièce* 111.

106. (*Même date.*) Mandement du Comte à Renaut Cuignet de payer 39 liv. 16 s. pour 4 tonneaux de vin d'Auxerre que Robert don Plaissie, Bailli de Hesdin, avait acheté. *Pièce* 112. *Idem* de payer ce qu'il devait à la Campagnie de Perruces. *Pièce* 113.

107. (*Même date.*) *Idem* de donner à Jean de Ghismes, son Valet, qu'il a nommé pour payer les dépenses de l'Hôtel de la Comtesse d'Artois, sa femme, ce qu'il lui demandera. *Pièce* 114.

108. (1298. *Samedi des Octaves de la Toussaint, à Hesdin.*) Le Comte d'Artois reconnait avoir reçu du Comte de Hainaut, son père, 5000 liv. tournois pour le paiement échu à la Toussaint, en diminution de 30,000 liv. qu'il lui devait par son Contrat de Mariage. *Pièce* 115.

109. (*Même date.*) Mandement du Comte audit Renaut de payer à M^e^. Bienvenu, son Physicien, 64 liv. paris. pour les chevaux qu'il avait perdus quand il fut devant le Roi en Gascogne, et de le faire rendre cette somme quand le Roi payera aux Gens de son Hôtel ce qu'il leur doit pour ce voyage. *Pièce* 116.

110. (1298. 20 *Novembre, à la Folie.*) Sauf-conduit par le Comte d'Artois à celui qui conduit les provisions de son Hôtel à Paris. *Pièce* 118. *Idem* pour celui qui conduira les provisions à Hesdin. *Pièce* 119.

111. (1298. *Jeudi avant St.-Clément, à Arras.*) Le Comte d'Artois quitte Thierri de Hiricon, son Clerc et Familier, nommé pour recevoir et payer les dépenses de sa Chambre, de tout ce qu'il a reçu et payé depuis le 1er. Mai jusqu'au 23 Juillet. *Pièce* 123.

112. (1298. *Le Vendredi après l'Octave de St.-Martin d'hiver, à Arras.*) Le même Comte quitte Baude li Normans d'Arras, chargé de la recette des Revenus du Comte d'Artois depuis le jour de la Magdelaine 1297, qu'il revint de Gascogne en Artois, jusqu'à la Toussaint dernière, du compte de ladite recette qu'il a rendu devant Robert de Beaumetz, Renaut Cuignet et Hue de Bapaume *Pièce* 124.

113. (1298. *Jeudi avant St.-André, à Hesdin.*) Lettres par lesquelles le Comte Robert déclare que ses Gens ayant rompu son Vivier de Ruhout, appellé le Vivier de la Candèle, et fait sortir les eaux afin d'avoir du poisson pour la Fête qu'il donna à Hesdin à la dernière arrivée du Roi et de la Reine, il ne veut pas que cela porte préjudice aux Lettres qu'il a données aux Abbé et Couvent de Clairmarais. *Pièce* 120.

114. (1298. *Vendredi avant St.-André, à Hesdin.*) Le Comte Robert reconnait avoir quitté pendant trois ans, commencés le 24 Oct. dernier, moyennant 400 liv. paris, le droit d'avoir le vin à 3 deniers le lot pendant le temps qu'il est dans la Ville de Hesdin. *Pièce* 121.

115. (1298. 2 *Décembre, à Remi.*) Quittance du Comte de 957 liv. payées à Bernard Tronquiere, son Valet. *Pièce* 125. — Autre quittance pour 160 liv. *Pièce* 122.

116. (1298. *Samedi après la Conception N. D., à Paris.*) Le Comte Robert veut que l'on passe en compte à Renaut Cuignet de Barlette 10 liv. pour un faucon acheté à Paris et donné à Mgr. Alain de Montandre; 6 liv. 10 s. pour écrire et noter 16 Offices de Mgr. St.-Louis et pour le parchemin, etc. *Pièce* 130.

117. (1298. *Mardi avant St.-Thomas, à Paris.*) Commission de Bailli de St.-Omer pour Jean Cazier. *Pièce* 126.

118. (1298. *Dimanche avant la Noel, à Paris, en latin.*) Le Comte Robert nomme Renaut de Louvres, Clerc, son Procureur dans la Cour du Roi. *Pièce* 160. — Autre Procuration au même. *Pièce* 161.

119. (1298. *Le lendemain de Noël, à Paris.*) Le Comte Robert mande à Noble Homme Mgr. Robert de Torquenville, son bon Ami, qu'il peut venir avec sûreté puisqu'il a des Lettres du Sgr. de Harcourt qui répondent de lui. *Pièce* 128.

120. (1298. *Dimanche après Noël, à Paris, en latin.*) Procuration donnée par le Comte Robert à Renaut de Louvres, Clerc, pour toutes les affaires qu'il aura en la Cour du Roi de France. *Pièce* 124.

121. (1298. *Le 5e. jour de Noel, à Paris.*) Le Comte d'Artois veut qu'on passe à Renaut 1160 liv. paris. *Pièce* 129.

122 (*Même date.*) Mandement audit Renaut de payer différentes sommes. *Pièce* 138.

123. (*A Paris*, 30 *Décembre, sans date d'année*) Mandement du Comte à son Bailli de Hesdin de payer à Arnoul le Cirier, son Sergent, nommé pour garder les Eaux de Hesdin et le *Foretel*, les mêmes gages dont jouissait Raoul le Boutelier qui en était chargé. *Pièce* 131.

124. (1298. *Mercredi après Noël, à Paris.*) Commission de Prévôt et Châtelain des Ville et Château de Calais par le Comte d'Artois à Henri le Marquis, Chev. *Pièce* 132.

125. (*Idem*) Mandement du Comte Robert audit Renaut de s'informer pour quelle raison on a ôté de l'Echevinage d'Arras Pierre de Neufville, Bourgeois de cette Ville, de le punir s'il a commis un méfait, et, s'il n'est pas coupable, le retablir dans son Office et amender les Echev. d'Arras *Pièce* 135.

126. (1298 *Samedi après les Rois, à Paris.*) Mandement du Comte Robert à Elenars de Ste.-Aldegonde, son Prévôt de Calais, de remettre à Henri le Marquis, Chev., son Prévôt de Calais, tous les papiers concernant cette Prévôté, ainsi que l'Ordonnance faite par Renaut Cuignet de Barlette, touchant la manière dont le Prévôt de Calais doit juger en cette Ville. *Pièce* 133.

157. (*Même date.*) Le Comte Robert mande à Ansel d'Anvin, Châtelain du Château de Calais, de remettre à Henri le Marquis, son Chevalier, qu'il a nommé Garde et Châtelain dudit Calais, le Château de Calais avec toutes les Garnisons qui s'y trouvent et d'en faire faire un inventaire. *Pièce* 134.

128. (1298. 5 *Janvier, à Paris, en latin.*) Lettres par lesquelles Robert, Comte d'Artois, commet Philippe de Lorris, son Clerc et Familier, pour, conjointement avec Gaufride de Bosca, Commissaire nommé par le Roi, exiger le paiement des 100mes. et 50mes dus au Comte dans tout le Pays d'Artois. *Pièce* 139.

129. (1298. 7 *Janvier, à Paris.*) Mandement du Comte à Pierre de Ponz de payer à Renaut Coignet 250 liv. tourn. qu'il avait reçu du Roi pour solde du Comte pendant qu'il était en Gascogne. *Pièce* 137.

130. (*Même date.*) Le Comte Robert ordonne de tenir compte à Renaut Cuignet de Barlette de plusieurs sommes payées par ses ordres. *Pièce* 140.

131. (1298. 11 *Janvier, à Paris.*) *Idem.*, de payer certaine somme. *Pièce* 141.

132. (*Même date.*) *Idem*, de payer 14 liv. paris. pour une cape brodée achetée pour sa Chapelle. *Pièce* 143.

133. (1298. 15 *Juillet, à Paris, en latin.*) Le Comte Robert déclare qu'ayant promis de donner à Renaut de Louvres, Clerc et son Procureur, en récompense de ses Services, un Bénéfice, il mande à Renaut Cuignet de lui conférer le premier qui vaquera à sa nommation. *Pièce* 150.

134. (1298. 16 *Janvier, à Paris.*) Mandement du Comte à Renaut Cuignet, Chev., de payer à Goffroy Cocatrix, Echanson du Roi et Valet du Comte, 3076 liv. 18 s. 1 d. qu'il lui devait. *Pièce* 144.

135. (1298. *Samedi avant St.-Vincent.*) Mandement au même de payer à Mgr. de le Crois de Corbie. *Pièce* 143.

136. (1298. 22 *Janvier, à Paris.*) Mandement audit Renaut de payer les gages de la Concierge du Comte à Paris. *Pièce* 149.

137. (1298. 24 *Janvier, à Paris.*) Mandement du Comte à son Bailli de Lens d'acheter pour les deux Chapelains de la Comtesse un drap et 4 foriemes à l'avenant. *Pièce* 146.

138. (1298. 24 *Janvier, à Paris, en latin.*) Mandement du Comte aux Maîtres de son Comté de payer à Robinet, fils de feu Robin de Forgia, son Maréchal, 20 liv. de rente sa vie durant. *Pièce* 151.

139. (1298. *Le jour de la Conversion de St.-Paul, à Paris.*) Mandement du Comte à Renaut Cuignet de Barlette de payer *Pièce* 152.

140. (1298 *Mardi avant la Chandeleur, à Paris.*) Le Comte d'Artois reconnaît avoir reçu en prêt des Trésoriers du Roi 1000 liv. tourn. *Pièce* 148.

141. (1298. *Jeudi avant la Chandeleur, à Paris.*) Le Comte d'Artois déclare avoir nommé Jean Cazier son Bailli d'Arras. *Pièce* 145.

142. (1298. *Samedi avant la Purification, à Paris.*) Le Comte Robert déclare avoir chargé Guffroy Cocatrix, Echanson du Roi et Valet du Comte, de lui envoyer à Montreuil-sur-Mer 160 tonneaux de vin. *Pièce* 157.

143. (1298. *La veille de la Chandeleur, à Paris.*) Le Comte Robert mande de payer dans les comptes de Renaut Cuignet. *Piece* 153.

144. (1298. *Le lendemain de la Chandeleur, à Paris.*) Le Comte d'Artois veut que l'on passe audit Renaut ce qu'il avait payé pour les dépenses de sa Chambre *Pièce* 254.

145. (1298, 4 *Février, à Paris.*) Pareilles Lettres pour 1020 liv. que ledit Renaut avait fait remettre au Comte. *Pièce* 155.

146. (*Même date.*) Mandement du Comte au même de payer. *Pièces* 159, 162, 163.

147. (*Même date.*) Mandement de payer à Pierre de Recloses de Paris. *Pièce* 164.

148. (*Même date.*) Cinq pareils Mandemens de payer des fournisseurs. *Pièces* 165, 167, 168, 169 et 171

149. (1298. 6 *Février, à Paris.*) Robert, Comte d'Artois, reconnaît avoir reçu du Comte de Hainaut, son père, 5000 liv. pour le terme échu à la Chandeleur, à compte de 30,000 liv. qu'il lui doit pour le Traité de Mariage dudit Robert avec Marg. fille du Comte de Hainaut. *Pièce* 158.

150. (1398. 7 *Février, à Paris.*) Le Comte d'Artois mande à tous les Receveurs des péages de laisser passer librement 12 sommiers qui portaient en Artois différentes choses qu'il avait fait acheter à la Foire de Lagni pour les Garnisons de son Hôtel. *Pièce* 166.

151. (1298. 7 *Février, à Lagni-sur-Marne.*) Mandement du Comte à Renaut Cuignet de payer ce qu'il avait acheté à la Foire de Lagni. *Pièce* 170.

152. (1298. *Février.*) Mandement du Comte audit Renaut de payer à la Compagnie des Perruches 5000 liv. paris. *Pièce* 172.

153. (1298. 3 *Mars, à Calais.*) Commission de Bailli de St.-Omer pour Jean de Biaukaine. *Pièce* 173.

154. (1298. 10 *Mars*, apud Exdinium, *en latin.*) Le Comte d'Artois veut que l'on passe dans les comptes de Philippe de Lorris, son Clerc, nommé pour recevoir ce qui revenait au compte du 50me. denier levé par la Cour du Roi dans tout le Comté d'Artois, 900 liv. tourn. payées à Gautier *de Villanis*, son Clerc, et 100 liv. à Rob. du Plessie, Chev., Bailli de Hesdin. *Pièce* 175.

155. (1298. *Le Mercredi après les Brandons, à Hesdin.*) Lettres par lesquelles Robert, Comte d'Artois, declare que les Gens et la Communauté de la Ville de Calais lui ayant prouvé qu'ils avaient contracté beaucoup de dettes, pendant qu'ils avaient Loi et Echevinage et qu'ils lui devaient aussi à cause de leurs méfaits, il leur permet de lever des Assises, tant qu'il leur plaira, sur les avoir et marchandises que les Habitans se vendront les uns aux autres dans la Ville et Prévôté de Calais, et non sur les avoirs que les marchands étrangers y amèneront et vendront.

Tarif des Assises · 16 s. paris. pour chaque tonneau de vin qui sera vendu en détail et 8 s. pour chaque tonneau vendu en gros, 5 s. pour chaque lest de hareng sor et blanc ; 2 s. 6 d. pour chaque lest de hareng courée. Le propriétaire d'une barque de pêcheur, qui ira à la pêche, payera une part et demie telle qu'un homme gagnera ; quand un bateau ira en marchandises, celui qui le conduira payera 2 s. pour chaque 20 s. qu'il gagnera au-dela des frais, pour chaque tonneau de gondalle d'Angleterre vendu en detail ou en gros 10 s. ; pour chaque cent de rasières de sel de Poitou 10 s., et de sel blanc 1 d. ; pour chaque rasière de bled 2 d. ; pour chaque pokin d'avoine 2 d. ; autant pour chaque rasière de pois, fève, veche, seigle et orge ; pour chaque cent de rasières de charbon d'Angleterre ou d'autre Pays 8 s. 6 d. ; pour chaque poise de sin, vint et cire qui sera vendue 20 s. ; chaque faiseur de chables ou autres cordes payera chaque loiseil qu'il mettra en œuvre, une maille ; pour tous reiz, filets, 6 d. par 20 s. ; pour chaque flete de tan ou d'écorce 1 d. par rasière ; le meunier qui moudra ces écorces payera 12 d. par buteau ; pour chaque tonneau de poix vendu 2 s., et pour chaque tonneau de tar 6 d. ; tout poissonier payera 5 d. pour chaque 20 saudées de poisson qu'il vendra, les boulangers 3 d. par rasière de bled ; les bouchers 6 d. pour 20 saudées ; ceux qui vendront chevaux, jumens, vaches ou autres bestiaux, payeront 6 d. par 20 s du prix de la bête ; pour chaque quartier d'huile, miel, sain ou autre graisse 12 d. ; pour chaque cent de fer de la Ferté ou de Monsterel 2 s. ; pour chaque cent de fer d'Espagne 6 d. ; pour chaque poix de plomb 6 d. ; pour chaque cent liv. d'etain 12 d. ; chaque orfèvre, demt. à Calais, payera 2 d. par semaine ; chaque chaudronnier 6 d. de chaque 20 s. qu'il vendra ; les serruriers 6 d. de chaque 20 s. qu'il vendra ; les serruriers 6 d. de chaque sodée de fer qu'il mettra en œuvre et revendra ; les barbiers 2 d. par semaine ; chaque parmentier de drap neuf 2 d. ; chaque tailleur de drap vieux un obole ; chaque pelletier 6 d. pour 20 s qu'il vendra ; chaque cuvelier payera de même ; chaque charron payera 4 d. par semaine ; le *scuteman* 6 d. pour chaque 20 s. qu'il vendra ; tout conducteur de chevaux attelés à char ou charrette payera 1 d. par semaine ; tout faiseur de nef 4 d. ; tout borderre de nefs 2 d. ; tout *clenquerre* 1 d. ; le maître charpentier 4 d. ; le maçon 2 d. ; pour chaque pokin de bray que l'on vendra 4 d. ; chaque tisseran qui tient ostel payera 2 d. par semaine.

Ceux qui conserveront des harengs, qui chargeront du vin, qui vendront des porcs, du foin, de l'herbe, des pierres de moulin, qui loueront des maisons ou des celiers, qui vendront du bois et des merceries, les Teinturiers, taverniers, loueurs de bateaux, vendeurs de cuirs et de peaux, ceux qui auront dans leurs maisons des chaudières de plomb ou d'airain, ceux qui vendront de la bierre, loueront des chevaux et vendront des toiles, payeront de même. *Pièce* 176.

156. (1298. 17 *Mars, à Tournhem.*) Mandement du Comte au Bailli de St.-Omer de faire remettre au porteur 20 liv. de *drogue* que l'on a fait faire pour lui, à 9 s. la livre, et une liv. de gingembre à 6 s. tourn. *Pièce* 177.

157. (1298. 20 *Mars, à St.-Omer*) Le Comte d'Artois donne à Adrien de Grigni, son Valet, et à ses Hoirs, un Mez et une Maison situés à Bourchuel près Hennin-Liétard, avec 8 mencaudées et 3 coupes et demi de terre lab. chargée de rentes envers plusieurs Seigneurs, lesquelles maisons et terres sont échues au Comte par le forfait d'Emmelot le Martin de Dourges, qui avait assassiné Baude le Marssain, son mari, et qui fut brûlée par Jugement des Hom.. du Château de Lens. *Pièce* 180.

158. (*Même date.*) Le Comte Robert veut que l'on passe dans les comptes de Renaut Cuignet de Barlette differentes sommes. *Pièce* 181.

159. (*Même date*) Le Comte Robert mande aud Renaut Cuignet que l'ayant nommé avec Robert, Châtelain de Bapaume, Sgr de Biaumez, et le Sgr. de Haveskerke pour traiter de l'affaire d'Eperleke avec son frère le Comte de Blois, et craignant qu'ils ne puissent s'y trouver tous trois, il lui donne pouvoir de remplacer celui des trois qui ne pourrait s'y rendre. *Piece* 184.

160. (1298. 24 *Mars, à St-Omer.*) Le Comte Robert quitte l'amende de 1000 liv. paris. que Rogiers Castelos, de Bapaume, devait lui payer, laquelle amende qui était d'abord de 2000 liv. avait été réduite à moitié à la prière d'Adam Castelet, frère de Rogier. *Pièce* 178.

161. (1298. 23 *Mars, à St.-Omer.*) Le Comte d'Artois déclare que Simon Danyn ayant été banni de sa Terre au sujet de la mort de son Bailli de Calais, il lui accorde un sauf-conduit jusqu'à la Pentecôte. *Pièce* 179.

162 (1298. *Lundi après Oculi mei, à St.-Omer.*) Lettres de Robert, Comte d'Artois, aux HOMMES DE GRANDE NOBLESSE ses Chers Amis, les Sgrs. Jean, Comte d'Assele et Jean Commin le Jeune, par laquelle il leur recommande Guillaume *Langardinus*, Marchand Bourgeois de St.-Omer, qui voulait commercer dans leur pays. *P.* 185.

163. (*A Tournehem, Mardi veille de N. D. en Mars, sans date.*) Mandement du Comte à Renaut Cuignet de payer à Guillot Dangiet les gages qui lui sont dus. Ces lettres sont barrées. *Pièce* 182.

164. (1298. 25 *Mars, à Tournehem.*) Pareilles lettres. *Pièce* 186.

165. (1298. *Le jour N. D. en Mars, à Tournehem.*) Mandement du Comte audit Renaut d'acheter une queue de vin et de l'envoyer à la femme de Robin, son Fauconier, pour sa *gesine*. *Piece* 187.

166. (1298.) Robert, Comte d'Artois, confirme la vente faite par Yde, Dame d'Estraieles, veuve de Jean, Sgr. de Chaules, Chev., et Jean Paiele, Bourgeois d'Arras et Jeanne de Courcelles, sa femme, de tout ce qui lui appartenait dans les Terroirs d'Estraielles, Estrées et appartenances, consistant en Manoirs, Terres labourables, Bois, Homage-Liges, demi-Liges à 7 s. 6 d. et *à Merci*, en Reliefs, Terrage, Terres, Hommes et Tenans à Merci; Hostes, sons-Hostes, Rentes en argent, Chapons, Poulets, Bled, Avoine, Travers, Loix, Fourfaits, Amendes, Justice, Seigneurie, Entrées, Issues, Ventes, Octrois et autres choses pour en jouir par lesd. Jean Paiele et sa femme pendant leur vie seulement, et après leur mort retourner à lad. Yde et à ses Hoirs, qui demeureront toujours Hommes du Comte d'Artois pour ces parties. *Pièce* 94.

167. (1298. *En latin.*) Le Comte Robert quitte Renaut Cuignet de Barlette de la somme de 900 liv. paris. qu'il lui avait fait payer à Compiègne par les mains de Bernard Tronquiere. *Pièce* 95.

168. (1298. *A Arras.*) Le Comte Robert commet Jean de Monchy, son Bailli d'Arras, Jean de Biauquaisne et Jean Grant de Rulecourt pour mettre des Bornes au Vivier d'Anzin qui appartient à l'Abbaye du Mont-St.-Eloy. *P.* 101.

169. (6 *Fév. à Orteys en Béarn.*) Mandement du Comte d'Artois aux Maîtres de sa Terre d'Artois de payer 100 liv. par. de rente annuelle à Mgr. Wale Pahele, son Chev. et Familier et à ses Hoirs en ligne directe, pour services rendus tant en la Guerre de Gascogne qu'ailleurs, à charge de tenir cette rente du Comte d'Artois en Fief-Lige. *Pièce* 117.

170. (1297. *Samedi avant St.-Clément, en Novembre, à Paris.*) Le Comte Robert mande aux Maîtres de son Comté d'Artois de payer à Colet *Venator*, son Familier, en reconnaissance de ses services, 20 liv. de rente à vie, à tenir en Fief-Lige. *Pièce* 34.

171. (1298. 2 *Juil. à St.-Omer.*) Le Comte d'Artois mande à ses Baillis, Prévôts, Sergens et autres Officiers qu'il a permis aux Féaux du Roi, les anciens et nouv. Echev. et Bourgeois de Douay de porter des armes pour leur défense et d'aller armés dans sa Terre. *Pièce*. 37.

172. (1298. 10 *Juil. à St.-Omer.*) Le Comte Robert donne à D[lle]. Marie, fille de Mgr. Baudum, Connétable du Boulonnais, la Terre qui a appartenu à Guill. de Haveskerke, Prévôt d'Aire, que tient le Comte faute d'Homme; Lad. D[lle]. ayant déclaré être la plus proche Héritière dud. Guillaume. *Pièce* 60.

173. (1298. 11 *Juillet, à St.-Omer.*) Le Comte Robert permet à Jean Daudenchem; qu'il avait envoyé à St.-Nicolas-dou-Bar, de revenir dans le Pays. *P.* 57.

174. (1298. 14 *Juillet, à Neuf-Chatel.*) Mandement du Comte Robert à Renaut Cuignet de Barlet, Chev., Garde de sa Terre, de payer à Noble Homme le Sgr. de St. Venant 140 liv. tourn. petits, pour un cheval. *Pièce* 58.

FIN DU Ier. CARTULAIRE.

TABLE DES NOMS DEPUIS LA PAGE 224 SUIVANT LES NUMEROS.

166. (1298.) Robert, Comte d'Artois, confirme la vente faite par Yde, Dame d'Estraieles, veuve de Jean, Sgr. de Chaules, Chev., et Jean Paiele, Bourgeois d'Arras et Jeanne de Courcelles, sa femme, de tout ce qui lui appartenait dans les Terroirs d'Estraielles, Estrées et appartenances, consistant en Manoirs, Terres labourables, Bois, Homage-Liges, demi-Liges à 7 s. 6 d. et *à Merci*, en Reliefs, Terrage, Terres, Hommes et Tenans à Merci; Hostes, sous-Hostes, Rentes en argent, Chapons, Poulets, Bled, Avoine, Travers, Loix, Fourfaits, Amendes, Justice, Seigneurie, Entrées, Issues, Ventes, Octrois et autres choses pour en jouir par lesd. Jean Paiele et sa femme pendant leur vie seulement, et après leur mort retourner à lad. Yde et à ses Hoirs, qui demeureront toujours Hommes du Comte d'Artois pour ces parties. *Pièce* 94.

167. (1298. *En latin.*) Le Comte Robert quitte Renaut Cuignet de Barlette de la somme de 900 liv. paris. qu'il lui avait fait payer à Compiègne par les mains de Bernard Tronquiere. *Pièce* 95.

168. (1298. *A Arras.*) Le Comte Robert commet Jean de Monchy, son Bailli d'Arras, Jean de Biauquaisne et Jean Grant de Rulecourt pour mettre des Bornes au Vivier d'Anzin qui appartient à l'Abbaye du Mont-St.-Eloy *P.* 101.

169. (6 *Fev. à Orteys en Béarn.*) Mandement du Comte d'Artois aux Maîtres de sa Terre d'Artois de payer 100 liv. par. de rente annuelle à Mgr. Wale Pahele, son Chev. et Familier et à ses Hoirs en ligne directe, pour services rendus tant en la Guerre de Gascogne qu'ailleurs, à charge de tenir cette rente du Comte d'Artois en Fief-Lige. *Pièce* 117.

170. (1297. *Samedi avant St.-Clément, en Novembre, à Paris.*) Le Comte Robert mande aux Maîtres de son Comté d'Artois de payer à Colet *Venator*, son Familier, en reconnaissance de ses services, 20 liv. de rente à vie, à tenir en Fief-Lige. *Pièce* 34.

171. (1298. 2 *Juil. à St.-Omer.*) Le Comte d'Artois mande à ses Baillis, Prévôts, Sergens et autres Officiers qu'il a permis aux Féaux du Roi, les anciens et nouv. Echev. et Bourgeois de Douay de porter des armes pour leur défense et d'aller armés dans sa Terre. *Pièce.* 37.

172. (1298. 10 *Juil. à St.-Omer.*) Le Comte Robert donne à D[lle]. Marie, fille de Mgr. Baudum, Connétable du Boulonnais, la Terre qui a appartenu à Guill. de Haveskerke, Prévôt d'Aire, que tient le Comte faute d'Homme; Lad. D[lle]. ayant déclaré être la plus proche Héritière dud. Guillaume. *Pièce* 60.

173. (1298. 11 *Juillet, à St.-Omer.*) Le Comte Robert permet à Jean Daudenchem; qu'il avait envoyé à St.-Nicolas-dou-Bar, de revenir dans le Pays. *P.* 57.

174. (1298. 14 *Juillet, à Neuf-Chatel.*) Mandement du Comte Robert à Renaut Cuignet de Barlet, Chev., Garde de sa Terre, de payer à Noble Homme le Sgr. de St. Venant 140 liv. tourn. petits, pour un cheval. *Pièce* 58.

FIN DU Ier. CARTULAIRE.

TABLE DES NOMS DEPUIS LA PAGE 224 SUIVANT LES NUMEROS.

www.ingramcontent.com/pod-product-compliance
Lightning Source LLC
Chambersburg PA
CBHW050643170426
43200CB00008B/1140
* 9 7 8 2 0 1 4 5 2 6 6 6 0 *